7., vollständig überarbeitete Auflage

Frank Herrmann

PERU Westbolivien

STEFAN LOOSE
TRAVEL HANDBÜCHER

Inhalt

Routenplaner 8

Travelinfos von A bis Z 38

Land und Leute 92

Lima 146

Südperu 192

Themen

◂ Im Lares-Tal

PERU Westbolivien
Die Highlights

Peru und Westbolivien bieten so viel Abwechslung, dass für jeden etwas dabei ist: Schneeberge, Regenwälder, Wüsten, eine vielfältige Flora und Fauna, archäologische Stätten von Weltrang, lebendige indigene Kultur und Essen vom Feinsten ziehen alle Besucher in ihren Bann.

1

1 **LIMA** Perus Hauptstadt bietet außer modernen Wolkenkratzern eine attraktive Altstadt, exzellente Küche, ein lebendiges Nachtleben – und viel Überraschendes, wie etwa eine vorgelagerte Insel voller Robben oder Paragliding direkt oberhalb der Küste. Außerdem punktet die Metropole mit attraktiven Museen und eröffnet Naturliebhabern in den nahe gelegenen Anden schier unerschöpfliche Wandermöglichkeiten. S. 148

2

3

2 ZUGFAHRT LIMA – HUANCAYO Die spektakuläre Bahnfahrt führt von der Küste über einen 4800 m hoch gelegenen Pass in die Anden-Großstadt Huancayo. S. 181

3 CUSCO Reizvolle Kolonialbauten, lebendige Märkte, eindrucksvolle Inkamauern und eine herrliche Umgebung locken Reisende aus aller Welt nach Cusco. Im Touristenmekka Perus verschmelzen Geschichte und Gegenwart zu einer unwiderstehlichen Mischung. S. 213

4 URUBAMBA-TAL Neben Salzterrassen bietet das Heilige Tal der Inka sehenswerte Überreste vergangener Kulturen, bunte Märkte und lebendiges lokales Brauchtum. S. 247

5

5 **INKATRAIL NACH MACHU PICCHU** (Abb. vorige Seite) Wer rechtzeitig bucht und über ausreichend Fitness verfügt, kann auf dem berühmtesten Trail Südamerikas in vier Tagen zur berühmtesten Ruinenstätte der Inka wandern. S. 262

6 **PARQUE NACIONAL MANU** Abenteuerlustige, die den langen Weg über die Anden bis zu einem der artenreichsten Regenwald-Schutzgebiete der Welt auf sich nehmen, werden mit einzigartigen Naturerlebnissen belohnt. S. 285

7 **COLCA-CANYON** Die tiefe Schlucht, berühmt für ihre präinkaischen Feldterrassen, ist Ziel von Wanderern und Kondorbeobachtern. S. 340

7

8

9

8 NASCA-LINIEN Die gigantischen Wüstenzeichnungen der Nasca-Kultur lassen sich am besten aus der Vogelperspektive bewundern. S. 366

9 OASE HUACACHINA Keine Fata Morgana: Nur wenige Kilometer von der Wüstenstadt Ica entfernt erheben sich riesige Sanddünen an einer stimmungsvollen Lagune. S. 378

10 OXAPAMPA UND POZUZO Das etwas andere Peru: In Oxapampa und Pozuzo begibt man sich auf die Spuren deutsch-österreichischer Einwanderer. S. 426.

11 DIE UMGEBUNG VON CHICLAYO Die Grabfunde vergangener Kulturen sind in sehenswerten Museen eindrucksvoll aufbereitet. S. 470

12 STRÄNDE NORDPERUS Ganz im Norden des Landes sorgt die El Niño-Strömung für dauerhaft warme Temperaturen und eine gute Brandung. Perfekt für Sonnenhungrige und Surfer gleichermaßen. S. 484

13 CORDILLERA BLANCA Gigantische Eisriesen und vielseitige Berglandschaften im höchstgelegenen Tropengebirge der Welt laden zum Wandern, Klettern und Bergsteigen ein. S. 494

14 KUÉLAP Die Felsenfestung der „Wolkenkrieger", die inzwischen auch per Seilbahn erreichbar ist, besticht durch ihre besondere, geheimnisvolle Atmosphäre. S. 540

15 BOOTSFAHRT YURIMAGUAS – IQUITOS Bei einer Bootsfahrt nach Iquitos lässt man die Regenwälder des nördlichen Amazonasgebiets gemächlich an sich vorüberziehen. S. 562

16 ISLA DEL SOL, TITICACA-SEE Stress ist auf der mystischen Sonneninsel ein Fremdwort. Traditionen werden hier mit zahlreichen Festen gepflegt. S. 594

17 LA PAZ Die quirlige Großstadt in einem Talkessel zu Füßen des Ilimani besitzt das größte urbane Seilbahnnetz der Welt. S. 600

18 LA PAZ – COROICO (Abb. Folgeseite) Die spektakuläre Mountainbikeabfahrt auf der „Todesstraße“ überwindet einen Höhenunterschied von 3345 m. S. 638

17

Reiseziele und Routen

Reiseziele

Peru und Westbolivien sind traditionell für ihre **kulturellen Schätze** und **Traditionen** bekannt, entwickeln sich aber in den letzten Jahren aufgrund ihrer enormen landschaftlichen und biologischen Vielfalt immer mehr zum Paradies für **Naturliebhaber** und **Abenteuersportler**. Die weitläufigen Bergketten der Anden sind das ideale Betätigungsfeld für Wanderer und Bergsteiger. In den **Regenwäldern** des Amazonasgebiets lassen sich viele exotische Tierarten beobachten. Und an den weiten **Stränden** des Pazifiks findet sich immer ein Plätzchen zum Entspannen, Baden oder Surfen (s. Kasten „Urlaub aktiv", S. 28).

Der nachfolgende Überblick soll helfen, Entscheidungen bezüglich der Reiseroute zu erleichtern. Es empfiehlt sich angesichts der beträchtlichen Entfernungen in Peru und Bolivien, im Vorhinein eine Auswahl der Reiseziele zu treffen. „Alles geht nicht" und „Weniger ist mehr", sollten die beiden Devisen lauten, denn es geht ja beim Reisen nicht um stupides Abhaken von Sehenswürdigkeiten, sondern um das Sehen, Erleben, Probieren und Spüren der Gastländer.

Archäologische Fundstätten

Peru ist das Kernland der Inkawelt, und so gut wie jeder Besucher kommt auf seiner Reise nach **Cusco**, in die ehemalige Hauptstadt der Inka im Südwesten Perus.

In und um Cusco bekommt man viele interessante archäologische Überreste zu sehen, doch zieht es die meisten Besucher nach **Machu Picchu** (S. 268), der berühmtesten Ruinenstätte des Landes und einer der absoluten Hauptsehenswürdigkeiten Perus.

Mitten in der Küstenwüste Südperus liegen die **Nasca-Linien** (S. 366), weltberühmte, großflächige Scharrbilder, die vor rund 2000 Jahren entstanden. Ein Besuch lohnt besonders, wenn man die Linien während eines Rundflugs von oben betrachtet.

Die schönsten Feste

Virgen de la Candelaria mit über 200 Folkloregruppen in Puno Anfang Februar (S. 315).
Osterfeierlichkeiten in Ayacucho mit nächtlichen Prozessionen (S. 201).
Q'oyllur rit'i, farbenfrohe Prozession zu den Gletschern des Schneebergs Ausangate in der ersten Juniwoche (S. 246).
Inti Raymi in Cusco am 24. Juni (S. 231).
Während der Feiern zu Ehren der **Virgen de Copacabana** (Bolivien) verwandelt sich Copacabana am Titicaca-See Anfang August in ein Tollhaus (S. 589).

Das Sonnenwendfest Inti Raymi in Cusco: touristisch, aber dennoch spektakulär

© SHUTTERSTOCK.COM/MYRIAM B

? Fragen und Antworten

Peru und Westbolivien haben jede Menge Superlative zu bieten. Auch Loose-Autor **Frank Herrmann**, der beide Länder seit mehr als zwei Jahrzehnten bereist, entdeckt auf seinen Touren immer wieder neue Facetten. Der Abschied fällt ihm jedes Mal aufs Neue schwer, und die Gründe für eine Rückkehr gehen niemals aus.

Wenig Zeit: Süden oder Norden?

Wer Peru zum ersten Mal bereist, entscheidet sich in aller Regel für den Süden. Dort liegen mit Machu Picchu, Cusco und dem Titicaca-See drei der wichtigsten touristischen Zentren des Landes. Und auch Westbolivien lässt sich von hier aus gut erreichen. Wer allerdings Sonne, warmes Meer und die besten Surfreviere haben möchte, sollte den Norden Perus besuchen.

Wann ist die beste Jahreszeit zum Reisen?

Wer in den peruanischen oder bolivianischen Anden wandern oder bergsteigen möchte, sollte von Mai bis September in der Region unterwegs sein. Wer Strand mag und nicht in den äußersten Norden Perus will, in dem die El-Niño-Strömung dauerhaft warmes Meerwasser produziert, sollte in der Zeit von Januar bis März nach Peru reisen. Dafür regnet es in diesen Monaten im Hochland, den Osthängen der Anden und im Amazonasbecken meist sehr viel.

Kann man höhenkrank werden?

Die Gefahr besteht meist erst ab Höhen von etwa 3000 m. Das Blut nimmt in der dünnen Luft weniger Sauerstoff auf. Man fühlt sich schlapp, bekommt Kopfschmerzen und kämpft mit Übelkeit. Es besteht

Der seltener besuchte Norden Perus wartet mit jeder Menge lohnender Kulturstätten auf. So kann sich das spektakuläre **Kuélap** (S. 540), eine hochgelegene Festung der Chachapoyas-Kultur, durchaus mit Machu Picchu messen, auch deshalb, weil Perus einzige Seilbahn dorthin führt.

Rund 200 km nördlich von Lima lohnt ein Abstecher nach **Caral** (S. 447), einer der ältesten Städte Amerikas und von der Unesco zum Weltkulturerbe erklärt.

Bei Trujillo beeindruckt **Chan Chan** (S. 455), die größte Lehmziegelstadt der Welt, ihre Besucher mit filigranen Verzierungen. Hier befinden sich auch die faszinierenden Monumente der Moche- und Chimú-Kulturen, darunter die spektakulären Lehmziegelpyramiden **Huaca de la Luna** (S. 459) und **Huaca Cao Viejo** (S. 461).

Noch etwas weiter nördlich kann man in der Nähe von Chiclayo die Nachbildung des Fürstengrabes von **Sipán** (S. 470) bewundern.

Etwas schwieriger zu erreichen, aber nicht minder sehenswert, sind die in der Cordillera Blanca gelegenen Ruinen **Chavín de Huántar** (S. 518), das erste panperuanische Kultzentrum, und als Geheimtipp die wenig besuchten, aber gut erhaltenen Inkaruinen von **Huánuco Viejo** (S. 527), direkt auf der einstigen Hauptstraße der Inkas, dem Capac Ñan, bei La Unión gelegen.

Tiwanaku (S. 625), die herausragende präkolumbische Ausgrabungsstätte Westboliviens, liegt südöstlich des Titicaca-Sees auf rund 4000 m Höhe im kalten bolivianischen Hochland.

Kirchen und Kolonialbauten

Lima (S. 148) wartet als ehemaliges Zentrum der Neuen Welt mit der landesweit größten Anzahl an Kirchen und Klöstern auf. Zudem birgt die Altstadt 600 denkmalgeschützte Gebäude und rund 300 Balkone, darunter viele aus Holz. Auch in Boliviens Metropole **La Paz** (S. 600) befindet sich das eine oder andere interessante Gottes- oder Kolonialhaus. Mit einer einmaligen Mischung aus alten Kolonialbauten, Kirchen und Überresten der Inkakultur ist **Cusco** (S. 213) ausgestattet.

jedoch kein Grund zur Panik: Mit genügend Ruhepausen und Flüssigkeit (ideal: Kokatee) verschwinden die Symptome in den meisten Fällen recht bald. Wer sich allerdings über mehrere Tage schlecht fühlt, sollte schnellstmöglich tiefere Lagen aufsuchen. Für Wanderer und Bergsteiger gilt: Tagsüber Höhenmeter machen, aber zum Schlafen wieder etwas absteigen.

Machu Picchu und der Inkatrail: ja oder nein?

Ja, Machu Picchu ist sehr gut besucht, und die gesamte Tour samt Eintritt ist teuer geworden. Trotzdem gilt nach wie vor: Die Ruinen sind absolut sehenswert. Wer seinen Besuch clever plant, kann die Menschenmassen vermeiden und Geld sparen. Es gibt kostengünstigere Alternativen zur Fahrt mit dem Zug, und der Fußmarsch von Aguas Calientes zu den Ruinen spart Geld und Wartezeit. Die zahlreichen alternativen Wanderrouten im Gebiet um Machu Picchu brauchen sich hinter dem Inkatrail nicht zu verstecken. Doch eines hat nur die beliebteste Wandertour Südamerikas zu bieten, die man übrigens lange im Voraus buchen muss: den Blick vom Sonnentor auf die alte Inkastadt nach vier Tagen anstrengendem Trekking.

Wie gefährlich ist eine Reise ins Amazonasgebiet?

Egal ob in der Gruppe, mit Dschungelführer oder solo: Ein wenig Vorbereitung, wirksamer Insektenschutz, langes Hemd und Hose sowie solides Schuhwerk sind immer ratsam. Die Unterkunft sollte über dichte Moskitonetze verfügen. Die Wahrscheinlichkeit, von einer Schlange, einer Spinne oder einem Skorpion gebissen oder gestochen zu werden, ist denkbar gering. Häufiger sind hingegen Ameisenbisse, die man nicht aufkratzen sollte. Obwohl die gefürchteten Piranhas harmlos sind (wer geht schon mit einer blutenden Wunde ins Wasser?), sollte man vor dem Baden in Flüssen oder Seen immer die Einheimischen fragen.

Ein Muss für Kulturbegeisterte ist **Arequipa** (S. 324) im Süden Perus. Neben einer wunderschönen Plaza lohnt sich der Besuch der vielen Kirchen und Konvente, unter denen die ausgedehnte Anlage des Klosters Santa Catalina herausragt. In Nordperu ist die weitläufige Plaza von **Trujillo** (S. 449) von ockerfarben und blau getünchten Kolonialgebäuden eingerahmt. Aber auch in den Nebenstraßen lassen sich einige koloniale Schätze entdecken.

Nordöstlich von Trujillo liegt im Anden-Hochland das geschichtsträchtige **Cajamarca** (S. 527), dessen weitläufige Plaza und zahlreiche gut erhaltene Kolonialbauten ebenfalls einen Abstecher lohnen.

Märkte und Kunsthandwerk

Noch immer kauft der Großteil der Bevölkerung trotz steigender Supermarktdichte die Dinge des täglichen Bedarfs auf dem Markt ein. Daher verfügt jede Stadt und jedes Dorf über mindestens einen Markt. Einen Besuch lohnen die „Hexenmärkte" von **Chiclayo** (S. 467) und **La Paz** (S. 608) mit ihren Wunderheilmitteln, der lebhaft-chaotische Markt im Belén-Viertel von **Iquitos** (S. 569) sowie die Sonntagsmärkte von **Huancayo** (S. 400), **Pisac** (S. 248) und **Chinchero** (S. 255).

Spaß macht es auch, über die Bioferia in **Lima** (S. 172) zu schlendern. Der Ökomarkt wird immer samstags veranstaltet. Seit Jahrzehnten nahezu unverändert findet zweimal wöchentlich der Tiermarkt des Andenstädtchens **Juli** (S. 323) am Titicaca-See statt.

Unbedingt probieren

Papa a la huancaina: kaltes Kartoffelgericht der Anden (Vorspeise)
Ceviche: marinierter roher Fisch
Pisco Sour: der beliebteste Cocktail Perus
Helado de Lúcuma: Eis aus der Lúcuma-Frucht *(Pouteria lucuma)*
Salteñas: gefüllte Teigtaschen aus Bolivien

Die beeindruckendsten Naturschutzgebiete

Parque Nacional Manu: Eines der artenreichsten Naturschutzgebiete der Erde mit dichtem Regenwald und verspielten Flussottern (S. 287).
Reserva Nacional Salinas-Aguada Blanca: Lamas, Alpakas und Vicuñas in freier Wildbahn beobachten (S. 324).
Colca-Canyon: Den majestätischen Kondor aus nächster Nähe in einer Schlucht fliegen sehen (S. 341).
Reserva Nacional de Paracas und Islas Ballestas: Inmitten einer tollen Wüstenlandschaft bekommt man einmalige Einblicke in die maritime Tierwelt der Pazifikküste (S. 383).
Área de Conservación Privada Chaparrí: In Perus erstem privaten Schutzgebiet werden Brillenbären ausgewildert (S. 475).
Parque Nacional Huascarán: Das Unesco-Biosphärenreservat schützt die einmalige Flora und Fauna der Cordillera Blanca. Rund ein Fünftel der Berglandschaft ist von Gletschern bedeckt (S. 494).
Reserva Natural Pacaya-Samiria: Perus größtes Naturreservat im Amazonas-Tiefland bietet gute Gelegenheiten, Flussdelphine zu Gesicht zu bekommen (S. 579).
Parque Nacional Sajama: Noch auf 5000 m Höhe trotzen zähe Queñual-Bäume Wind und Wetter und bilden den höchsten Wald der Erde. Hauptattraktion ist der Sajama, mit 6542 m Boliviens höchster Berg (S. 649).

Kunsthandwerk wird in unglaublicher Vielfalt angeboten. Auf den Märkten in **Lima** (S. 173), **Cusco** (S. 232) und **La Paz** (S. 608 und S. 615) findet sich alles, was in beiden Ländern von Hand hergestellt wird.

Wichtige Produktionsstätten sind außer Cusco auch **Puno** (S. 309), kleinere Orte bei **Huancayo** (S. 397), **Chiclayo** (S. 466) und Orte in der Umgebung von **Piura** (S. 481). Ein Überblick über die wichtigsten Kunsthandwerkszentren findet sich auf S. 42.

Museen

Auch hier sind wieder die Metropolen **Lima** (S. 148) und **La Paz** (S. 600) die wichtigsten Anlaufstellen. Die Vielfalt der Museen Limas ist in ganz Lateinamerika unübertroffen.

Fast alle großen Ausgrabungsstätten besitzen eigene Museen, und darüber hinaus finden sich auch in entlegenen Regionen manchmal wahre Schmuckstücke – so zum Beispiel das modern und übersichtlich gestaltete **Museo Leymebamba** (S. 538) beim gleichnamigen Ort in Nordperu, in dem Fundstücke der Chachapoyas-Kultur zu bewundern sind.

Auch das **Museo Tumbas Reales de Sipán** in **Lambayeque** (S. 471), in der Umgebung von Chiclayo, in dem das Grab des Herrschers von Sipán untergebracht wurde, ist absolut sehenswert.

In Lima (S. 159), Cusco (S. 226), Pisac (S. 249) und Ollantaytambo (S. 256) kommen Kakaofreunde in den **Chocomuseos** auf ihre Kosten – probieren und selber machen inklusive.

Reiserouten

Die hier vorgestellten **Hauptrouten** führen zu den beliebtesten Zielen in Peru und Westbolivien und passieren dabei auch gelegentlich entlegene Gebiete auf nicht asphaltierten Straßen.

Die **Nebenrouten** führen überwiegend durch abgelegene Regionen, die absolut sehenswert, aber nicht frei von Risiken sind. Wer sich (besonders allein!) für eine Reise durch diese Gegenden entschließt, sollte sich darüber im Klaren sein, dass er oder sie im Zweifelsfall auf sich alleine gestellt ist. Die touristische Infrastruktur ist bescheiden bzw. inexistent und die medizinische Versorgung ist auf ein Minimum be-

Die Kirchen Cuscos wurden auf den Überresten von Inkapalästen errichtet.

schränkt. Gute Spanischkenntnisse sind für ein Bereisen dieser Gebiete unerlässlich.

Für Haupt- wie Nebenrouten gilt vor allem in der Regenzeit: Vor Aufbruch sollte man sich bei den Einheimischen über die **aktuelle Sicherheitslage** informieren.

Die angegebenen Zeiten sind als **Mindestreisedauer** (mit öffentlichen Verkehrsmitteln inklusive Besichtigung der aufgeführten Orte) zu verstehen.

Hauptrouten in Nord- und Zentralperu

Von Lima nach Ecuador

■ 12–14 Tage

Die abwechslungsreiche Route vereint Kultur, Bergsport und Baden. Von Lima geht es per Bus in die **Cordillera Blanca** (S. 494), eines der spektakulärsten Wander- und Klettergebiete Südamerikas.

Eine wenig befahrene Route durch den eindrucksvollen Cañon del Pato führt in die größte Stadt Nordperus: **Trujillo** (S. 449). In der Umgebung liegen riesige Lehmziegelstädte mit reich verzierten Pyramiden.

Von **Chiclayo** (S. 466) aus gelangt man zum lohnenden privaten **Naturschutzgebiet Chaparrí** (S. 475) und zum exzellenten Goldmuseum des Herrschers von Sipán. **Piura** (S. 477) ist das Eingangstor für die schönen Strände Nordperus, die sich von hier bis **Tumbes** (S. 490) an der Grenze zu Ecuador erstrecken. An ihnen wird das ganze Jahr über gebadet und gesurft. Jugendlich-quirlig geht es in **Máncora** (S. 484) zu, die umliegenden Strände sind ruhiger. Von Tumbes aus lassen sich unterschiedliche Naturschutzgebiete mit Mangroven- und tropischen Trockenwäldern besuchen, und man gelangt in kurzer Zeit zur Grenze nach Ecuador und weiter nach Guayaquil oder Loja.

Von Lima nach Iquitos

■ 10–12 Tage

Von Lima aus gelangt man über einen 4800 m hohen Pass nach **Huánuco** (S. 409), das mit einem milden Klima gesegnet ist und die sehenswerten Ruinen von Kotosh samt gutem Museum bietet. Bereits üppig tropisch zeigt sich die Landschaft beim Städtchen **Tingo María** (S. 412), dessen Umgebung mit zahlreichen Höhlen und schönen Wasserfällen aufwarten kann. Nach einigen Stunden Busfahrt erreicht man die schnell wachsende Urwaldmetropole **Pucallpa** (S. 431), Ausgangspunkt für Regenwaldtouren und die mehrtägige Bootsfahrt auf dem Río Ucayali Richtung **Iquitos** (S. 564), Ausgangspunkt für Touren in den Regenwald. Eine Unterbrechung der Reise mit Besichtigung des Regenwalds lohnt in **Contamana** (S. 441), das auch mit Schnellbooten und dem Buschflieger zu erreichen ist.

Von Trujillo nach Brasilien oder Kolumbien

■ 12–14 Tage

Von Trujillo am Pazifik geht es serpentinenreich bergauf nach **Cajamarca** (S. 527), der geschichtsträchtigen Goldstadt in den nördlichen Anden. Nahebei liegen die bekannten Thermalquellen **Baños del Inca**. Über einige Bergpässe und durch den grandiosen Canyon des Río Marañon wird das Bergstädtchen **Chachapoyas** (S. 544) erreicht, Startpunkt für Touren nach **Kuélap** (S. 540). Die (noch) wenig besuchte Felsenfestung der Chachapoya-Indianer steht Machu Picchu in nichts nach. Rund um Chachapoyas locken weitere Ruinen und mit dem **Gocta** (S. 549) und **Yumbilla** (S. 550) außerdem zwei der weltweit höchsten Wasserfälle.

Immer grüner wird die Landschaft, je mehr man sich **Tarapoto** (S. 555) nähert. Das quirlige Tropenstädtchen liegt bereits im Amazonasgebiet Perus. Über eine Asphaltstraße gelangt man nach **Yurimaguas** (S. 561), einer kleinen Hafenstadt am Río Huallaga. Gemütlich kann man von dort im Boot in zwei bis drei Tagen in die am Río Amazonas liegende Dschungelmetropole **Iquitos** (S. 564) reisen, die weltweit größte Stadt, die nur auf dem Wasser- oder Luftweg erreichbar ist. Dort sind immer noch die architektonischen Spuren des Kautschukbooms sichtbar.

Urlaub aktiv

Highlights

- **Wandern** auf dem Inkatrail nach Machu Picchu (S. 262), rund um den Ausangate (S. 244), vorbei am Salkantay (S. 214), nach Choquequirao (S. 209) auf dem Santa-Cruz-Trail (S. 511) oder rund um die Cordillera Huayhuash (S. 523).
- **Sandboarding** in der Umgebung der Oase Huacachina bei Ica (S. 379)
- **Bergsteigen** in der Cordillera Blanca (S. 496) und der Cordillera Real (S. 630)
- **Schnorcheln** mit Robben vor Lima (S. 184)
- **Rafting** auf dem Río Cañete (S. 189) und dem Río Chili (S. 334)
- **Surfen** an Perus Nordküste (S. 466, S. 483, S. 484)
- **Paragliden** an der Costa Verde, Lima (S. 173)
- **Mountainbiken** auf der „Todesstraße" von La Paz nach Coroico (S. 639)

Wann ist die beste Zeit für …?

- **Wanderungen**: April–Oktober
- **Bergsteigen** in der Cordillera Blanca: Mai–August
- **Inkatrail** nach Machu Picchu: April, Mai, September, Oktober
- Besuch im **Regenwald**: April–November
- **Surfen** in Nordperu: Januar, Februar, September–Dezember
- **Surfen** in Südperu: Januar–März
- **Strand** in der Region Piura bis Tumbes: ganzjährig
- **Strand** in den restlichen Gebieten: Dezember–April
- **Vogelbeobachtung**: September–Dezember
- **Mountainbiken** auf der „Todesstraße" in Bolivien: April–Dezember

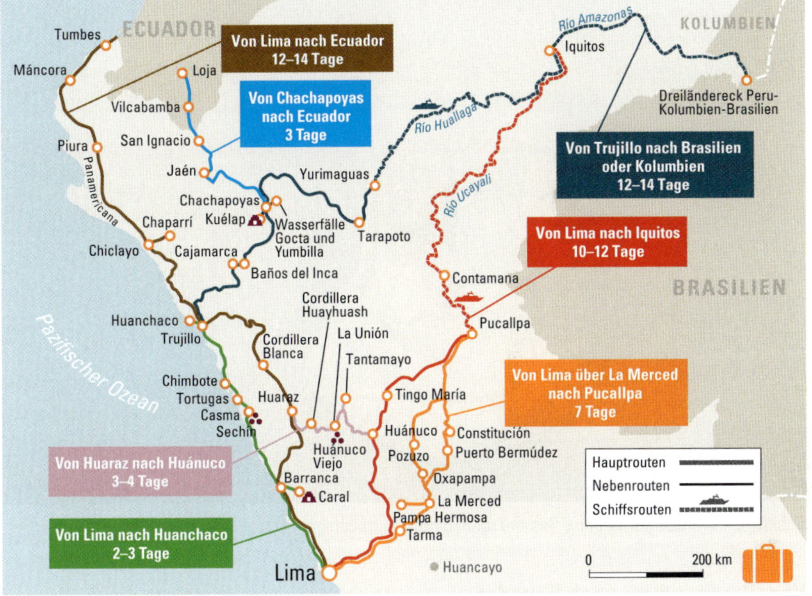

Dem Río Amazonas flussabwärts folgend wird das informelle Dreiländereck **Peru-Kolumbien-Brasilien** (S. 584) erreicht. Von hier aus ist die Weiterreise den brasilianischen Teil des Río Amazonas hinab oder per Flugzeug nach Bogotá in Kolumbien oder Manaus in Brasilien möglich.

Nebenrouten in Nord- und Zentralperu

Von Lima nach Huanchaco

■ 2–3 Tage

Diese Route folgt der Panamericana Norte entlang der Pazifikküste nach Trujillo und ist vor allem für Kulturinteressierte und Fans von Meeresfrüchten interessant. Südlich von **Barranca** (S. 446) zweigt bei Supe eine Nebenstraße zu den restaurierten Überresten von **Caral** (S. 447) ab, einer der ältesten Städte Amerikas. Weiter nördlich kann man bei Casma die **Ruinen von Sechín** (S. 447) bewundern. Vorbei an der Hafenstadt **Chimbote** (S. 448) wird bei Trujillo das Fischerdorf **Huanchaco** (S. 462) mit seinen sehenswerten Schilfbooten und leckeren Fischgerichten erreicht.

Von Lima über La Merced nach Pucallpa

■ 7 Tage

Von Lima aus überquert man die Anden und gelangt über das nette Andenstädtchen **Tarma** (S. 418) ins Obst-, Kaffee- und Kakaoanbauzentrum **La Merced** (S. 423). Von hier aus lassen sich Abstecher zu einigen Asháninka-Gemeinden oder in das Naturschutzgebiet **Pampa Hermosa** (S. 422) unternehmen. Oder man begibt sich auf die Spuren deutscher Aussiedler, die zurückgezogen in **Oxapampa** (S. 426) und **Pozuzo** (S. 428) leben.

Von Pozuzo aus gelangt man zumindest in der Trockenzeit auf einer rauen Urwaldpiste nach **Constitución** (S. 431). Oder man nimmt die abwechslungsreiche Strecke über **Puerto Bermúdez** (S. 431) zur schnell wachsenden Urwaldmetropole **Pucallpa** (S. 431).

Schilfboote werden am Titicaca-See nur noch für die Touristen gebaut.

Von Chachapoyas nach Ecuador

■ 3 Tage

Wer von Chachapoyas (oder Tarapoto) aus nach Ecuador weiterreisen möchte, kann mit der Route über Jaén nicht nur Zeit sparen, sondern bekommt auf der wenig befahrenen Strecke auch tolle Landschaften zu sehen. Vom Kaffeezentrum **Jaén** (S. 552) führt eine hügelige Straße nach **San Ignacio** (S. 552) und weiter zur Grenze. Dort geht es auf der ecuadorianischen Seite nach Vilcabamba und Loja.

Von Huaraz nach Huánuco

■ 3–4 Tage (ohne Trekking)

Auf der Fahrt Richtung **La Unión** (S. 526) kann man einen Abstecher zur **Cordillera Huayhuash** (S. 521), einem tollen Trekkinggebiet, machen. Oberhalb von La Unión liegen die gut erhaltenen Inkaruinen von **Huánuco Viejo** (S. 527)und der Wandereinstieg in die Königsstraße der Inkas, den **Capac Ñan**, entweder Richtung Süden oder Norden. Auf der Fahrtstrecke zwischen La Unión und **Huánuco** (S. 409) zweigt eine Piste nach Norden Richtung **Tantamayo** (S. 412) ab. Dort finden Kulturinteressierte Überreste der Yarowilca-Kultur vor.

Hauptrouten in Südperu und Westbolivien

Von Lima über Cusco in das Amazonasbecken

■ 10–12 Tage (ohne Ausflüge ab Cusco)

Entlang der Panamericana Richtung Süden lohnt ein erster Stopp im Gebiet **Ica/Paracas** (S. 373 und S. 383). Hier stehen Sandboarding in der **Oase Huacachina** (S. 378), Wüstentouren, Tierbeobachtung und Weinprobe auf dem Programm.

In **Nasca** (S. 363) ist ein Flug über die berühmten Nasca-Linien angesagt. Von der Kolonialstadt **Arequipa** (S. 324) aus lassen sich die eindrucksvollen Canyonlandschaften des **Colca-Tals** (S. 340) besuchen.

Bergsteiger zieht es auf den **Misti** (S. 339), den Hausvulkan Arequipas, oder den **Chachani** (S. 339), einen Sechstausender. An den Ufern des **Titicaca-Sees** (S. 308) liegt **Puno** (S. 309), Ausgangspunkt für den Besuch zahlreicher Inseln, auf denen die Bauern trotz zunehmendem Tourismus weitgehend ursprünglich leben.

Von Puno aus kann man mit dem Bus oder Zug nach **Cusco** (S. 213) gelangen. Die einstige

Hauptstadt des Inka-Imperiums ist das peruanische Touristenzentrum schlechthin und Ausgangspunkt für Ausflüge in das **Urubamba-Tal** (Valle Sagrado, S. 247), zu versteckt gelegenen Ruinenstätten, aber auch für mehrtägige Touren in den **Parque Nacional Manu** (S. 285)

Das Reise-Highlight schlechthin ist die entlegene Inkastadt **Machu Picchu** (S. 268), die von Cusco mit dem Zug, mit dem Kleinbus, zu Fuß über den Inkatrail oder über andere Wanderrouten erreicht werden kann.

Von Cusco nach La Paz (Bolivien)

■ 6 Tage

Diese Route verläuft immer auf Höhen von 3500 m oder mehr. Auf dem Weg von Cusco nach Puno lohnen sich Abstecher zu den Inkaruinen von **Raqchi** (S. 302), dem **Tinajani-Canyon** bei Ayaviri (S. 304) und den **Grabtürmen von Sillustani** (S. 317). Von **Juliaca** (S. 305) aus gelangt man auf die Nordostseite des **Titicaca-Sees** (S. 308) und zur Halbinsel **Capachica** (S. 321).

Von **Puno** (S. 309) führt eine landschaftlich reizvolle Strecke entlang des Ufers des Titicaca-Sees bis zum bereits auf bolivianischer Seite liegenden Wallfahrtsort **Copacabana** (S. 589). Von hier lohnt ein Besuch der **Isla del Sol** (S. 594), der Sage nach der Ursprungsort der Inka. Nachdem die See-Enge von Tiquina mit der Auto- bzw. Busfähre überwunden worden ist, sind es nur noch wenige Stunden bis nach **La Paz** (S. 600), der im doppelten Sinn atemberaubenden Hauptstadt Boliviens.

Nebenrouten in Südperu und Westbolivien

Von Lima über Ayacucho nach Cusco

■ 7–8 Tage

Diese Route ist vor allem etwas für Fans toller Berglandschaften und der andinen kleinbäuerlichen Lebensweise sowie Zug-Nostalgiker. Mit dem Bus oder mit dem nur selten verkehrenden Zug (S. 181) geht es von Lima nach **Huancayo** (S. 397), im breiten Tal des Río Mantaro gelegen. Hier lässt es sich prima wandern oder Kunsthandwerk einkaufen. Mit dem Zug oder dem Bus gelangt man zur Minenstadt **Huancavelica** (S. 403) und von dort durch spektakuläre Andenlandschaften nach **Ayacucho** (S. 194) mit lohnenden Ausflugszielen in der Umgebung. Über die

Majestätische Vulkane wie der Sajama warten entlang der Route von La Paz nach Tacna.

Kleinstädte **Andahuaylas** (S. 206) und **Abancay** (S. 207), Ausgangspunkte für schöne Wanderungen, wird die Inkastadt **Cusco** (S. 213) erreicht.

Die beschriebene Route sollte vorzugsweise **außerhalb der Regenmonate** Januar bis März genommen werden. In dieser Zeit machen starke Regenfälle und Erdrutsche die inzwischen überwiegend asphaltierten Straßen oftmals unpassierbar.

Von Cusco nach Brasilien

■ 3 Tage (ohne Besuch einer Dschungellodge)

Diese Strecke ist Teil der Interoceánica, einer inzwischen fertiggestellten geteerten Straßenverbindung vom Pazifik (Peru) zum Atlantik (Brasilien). Zunächst führt die Route über **Urcos** (S. 243) in das kleine Dorf **Tinqui** (S. 246), dem Ausgangspunkt der mehrtägigen Rundwanderung um den Nevado Ausangate.

Nach dem Überqueren der letzten Andenkämme geht es hinab ins Tiefland des Amazonas bis zur Dschungelstadt (S. 291), die man wahlweise auch mit dem Flugzeug von Cusco aus ansteuern kann. Die Stadt ist das Tor zum Naturschutzgebiet **Tambopata-Candamo** (S. 298) mit seinen zahlreichen Dschungellodges. Auf der anderen Seite des Río Madre de Dios führt eine gute Straße zum peruanischen Grenzort **Iñapari** (S. 296). Auf brasilianischer Seite gelangt man über Asis Brasil und Brasiléia nach Rio Branco, von wo aus gute Fluganbindungen ins restliche Brasilien bestehen.

Von La Paz nach Tacna

■ 5–6 Tage (mit je einem Tag in den beiden Nationalparks)

Die Dreiländertour führt durch spektakuläre Berglandschaften. Von La Paz geht es mit optionalen Stopps vorbei an den Nationalparks **Sajama** (S. 649) und **Lauca** (S. 651) mit ihren imposanten Vulkangipfeln bis in die chilenische Pazifik-Stadt **Arica**. Wahlweise kann man nun nach Süden Richtung Santiago de Chile oder Richtung Norden in das peruanische **Tacna** (S. 356) reisen.

Von La Paz in die Yungas

■ 3–4 Tage (ohne Wanderungen)

In die feuchten Andenabhänge östlich von **La Paz** (S. 600) gelangt man zu Fuß über traditionelle Wanderrouten wie den **Choro-Trail** (S. 631) oder den **Takesi-Trail** (S. 64), mit dem Mountainbike über die **„Todesstraße"** (S. 639) oder mit dem Bus. Übernachtet wird meist im pittoresk gelegenen **Coroico** (S. 636), das über eine gute touristische Infrastruktur verfügt und Ausgangspunkt für Ausflüge und Wanderungen in der Umgebung ist.

Klima und Reisezeit

In Peru und Bolivien unterscheidet man zwei Jahreszeiten, die sich in den Landesteilen Pazifikküste, Hochland und Amazonasbecken unterschiedlich auswirken. Im Bergland der Anden, zu dem auch Westbolivien gehört, beginnt die kalte **Trockenzeit** im Mai und dauert bis September/Oktober. Sie heißt *Invierno* (spanisch: Winter). Entsprechend wird die **Regenzeit** von Oktober bis April *Verano* (Sommer) genannt. An der Pazifikküste ist es von Dezember bis April warm und sonnig bei hoher Luftfeuchtigkeit. In der übrigen Zeit bildet sich entlang der Pazifikküste (Ausnahme der Norden ab Piura) ein dichter Nebel *(Garúa)*, der gelegentlichen Nieselregen mit sich bringt. Dieses Wetterphänomen, verursacht durch die kalte Humboldtströmung, ist in Lima besonders stark ausgeprägt. Die Regenzeit im Amazonasbecken dauert von Dezember bis Mai. In den übrigen Monaten ist es bei gleichbleibend hohen Temperaturen trockener, regnet jedoch gelegentlich.

Wegen der unterschiedlichen Klimazonen und Höhenlagen lassen sich Peru und Bolivien das ganze Jahr bereisen. Es folgt ein Überblick über die Vor- und Nachteile jeder Jahreszeit. Für Westbolivien siehe Stichwort „Hochland".

Januar–März/April

Hochland: Die regenreichste Zeit des Jahres, die zum Wandern nicht empfehlenswert ist.
Küste: Badesaison an der Pazifikküste. Das Klima ist heiß und sonnig, bei hoher Luftfeuchtigkeit.
Amazonas: Die regenreichste Zeit des Jahres. Die Niederschläge lassen die Flüsse steigen.

März/April–Juni

Hochland: Die Regenfälle lassen nach, ab April/Mai beginnt die Wandersaison.
Küste: Die Badesaison nähert sich ihrem Ende. Im Mai/Juni Küstennebel *(Garúa)* – Ausnahme: nördlich von Piura.

Wetter

Peru: 🖳 www.senamhi.gob.pe
Bolivien: 🖳 www.senamhi.gob.bo

Amazonas: Der Regen lässt nach, die Flüsse erreichen ihren Höchststand.

Juli–September

Hochland: In der trockensten Zeit des Jahres sind die Nächte kalt und klar. Beste Wanderzeit und touristische Hochsaison.
Küste: Besonders im Juli/August kalt und grau, mit gelegentlichem Nieselregen – Ausnahme: nördlich von Piura. Im Hinterland der Küste bleibt es warm und sonnig.
Amazonas: Die trockenste Zeit des Jahres, nur gelegentliche Schauer, die Flusspegel sinken.

Oktober–Dezember

Hochland: In der Übergangsphase muss man mit den ersten Regenfällen rechnen. Das Wandern ist immer noch möglich, weniger Tourismus.
Küste: Es ist weiterhin neblig und diesig; im Dezember zeigt sich die Sonne wieder öfter.
Amazonas: Steigende Temperaturen und Niederschlagsmengen.

Klimadiagramme s. Folgeseite

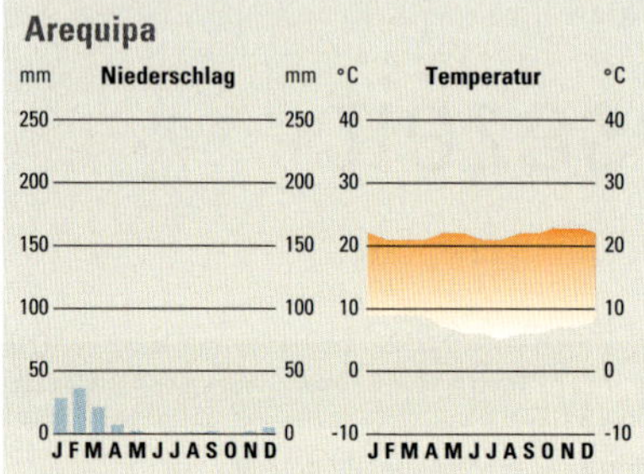

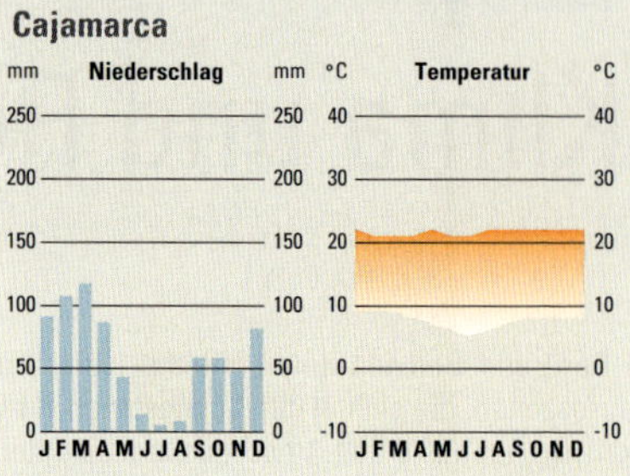

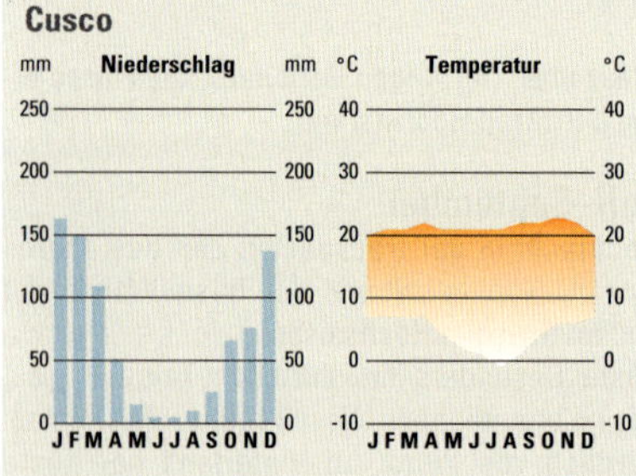

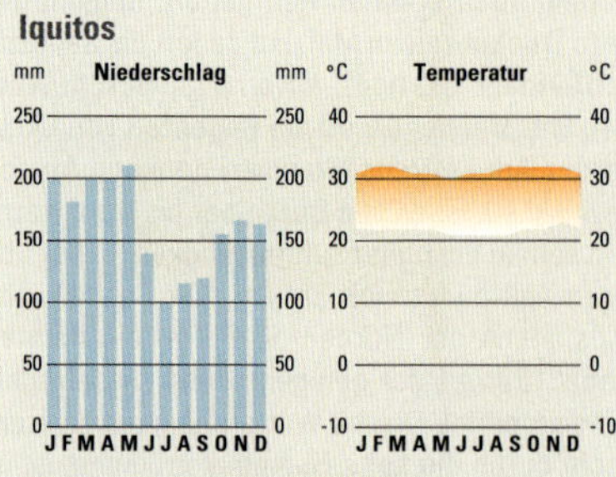

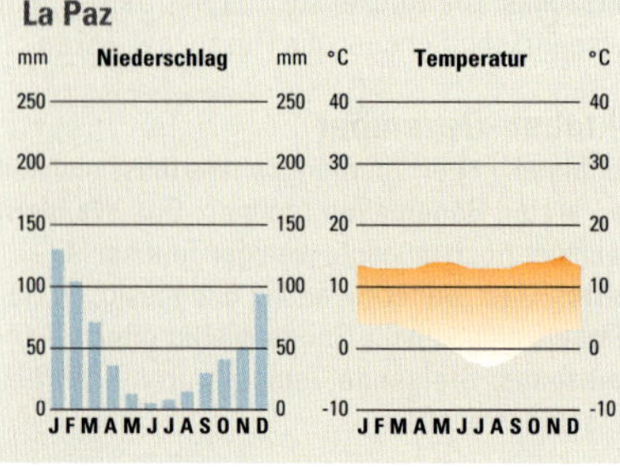

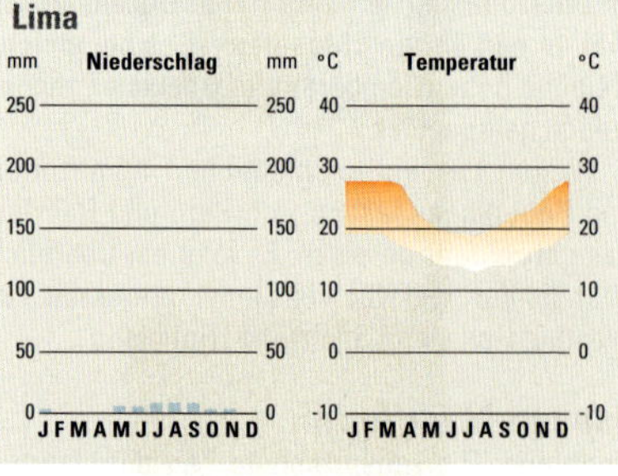

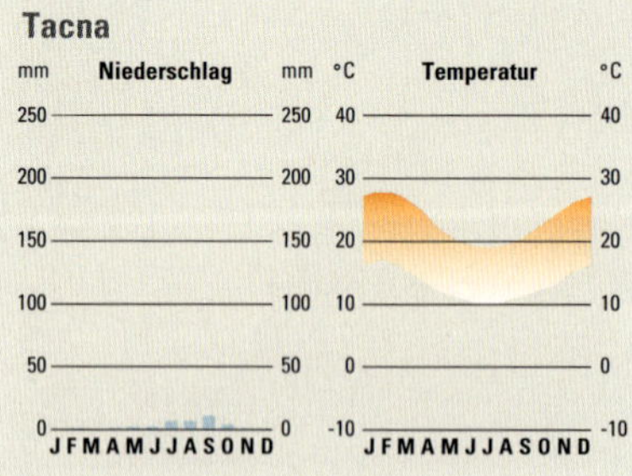

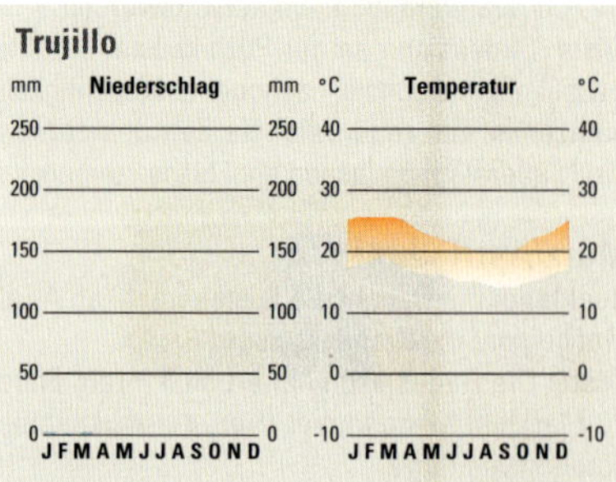

Unterwegs in den Bergen Südperus, zwischen Lares und Huarán ▸

Reisekosten

In Peru und vor allem in Bolivien lässt es sich noch immer preiswert reisen. Je nach Region können die Reisekosten allerdings erheblich schwanken. So liegt das Preisniveau in den Hauptstädten und Touristenzentren z. T. deutlich höher als in ländlichen Gebieten. Allgemein ist Peru ca. 20–30 % teurer als Bolivien. Als **Untergrenze** für Übernachtung und Mahlzeiten sollten pro Tag rund 20 € eingeplant werden. Hinzu kommen die Ausgaben für Transport, Aktivitäten, Eintrittsgebühren und Einkäufe. Wer sich auf das Wesentliche beschränkt, kann mit rund 1200–1300 € ganz gut einen Monat lang in Peru und Bolivien reisen.

Die Preise für **Unterkünfte** schwanken je nach Saison oder Ferienzeit (z. B. Ostern) und können selbst an Wochenenden ansteigen (z. B. an der Pazifikküste während der Sommermonate). Die Reise zu zweit ist günstiger, da Einzelzimmer oft kaum billiger sind als Doppelzimmer.

In Peru und Bolivien kann man preiswert **essen**: Während das Frühstück mit 2–5 € noch vergleichsweise teuer ist, bekommt man in vielen Restaurants für den gleichen Betrag ein sättigendes Mittagsmenü. Gute Adressen für billiges Essen sind vegetarische Restaurants und *Chifas* (chinesische Lokale). In einigen einfachen Restaurants wird auch abends ein Menü für 4–5 € serviert. In guten Restaurants muss abends mit 8–15 € gerechnet werden. Erheblich günstiger isst man auf lokalen Märkten, wo bereits für 2 € eine komplette Mahlzeit serviert wird.

Auch das **Busfahren** ist günstig. Linienbusse zwischen den großen Städten kosten durchschnittlich etwa 1,50–2 € pro 100 km Fahrtstrecke (abhängig von der Qualität des Busses). Hingegen muss man für Luxusbusse (u. a. Cruz del Sur, Oltursa) mit 3–5 € pro 100 km schon etwas tiefer in die Tasche greifen. Für kürzere Entfernungen stehen in den meisten Orten **Sammeltaxis** bereit, die teurer, aber auch deutlich schneller als Busse oder Kleinbusse sind.

Die Preise für **Inlandsflüge** sind vor allem in Peru nach dem Markteintritt der Billigairlines Viva Air und Sky Airline stark gesunken. Ähnlich günstig wie in Europa fliegt, wer – vor allem in

Boote sind weiterhin das Transportmittel Nummer eins im Amazonasgebiet.

der Hauptsaison – früh bucht. In Bolivien sind Inlandsflüge teurer als in Peru.

Besuche archäologischer **Sehenswürdigkeiten** und **Nationalparks** sind nicht immer billig. So verlangt man in Machu Picchu ca. 41 €, für einen Besuch der Touristenzone des Manu-Nationalparks sind rund 40 € fällig. Da deutschsprachige **Fremdenführer** rar und teuer sind, kann es günstiger sein, an einer englischsprachigen Führung teilzunehmen. Wer einen internationalen **Studentenausweis** besitzt, bekommt in Peru und Bolivien in einigen archäologischen Stätten (z. B. Machu Picchu), bei Veranstaltungen und eventuell bei Flügen Vergünstigungen.

Die Löhne in Serviceberufen und besonders im Tourismus sind sehr niedrig. Für die meisten Angestellten ist das **Trinkgeld** ein wichtiges Zubrot. Auch wenn Einheimische nichts oder wenig geben, sollte man bis zu 10 % des Rechnungsbetrags als Trinkgeld liegen lassen. Auch in einfachen Unterkünften und Lokalen freuen sich die Mitarbeiter über eine Aufmerksamkeit.

Was kostet wie viel?

Die angegebenen Preise gelten für Peru, das Preisniveau in Bolivien liegt 10–30 % darunter.

Getränke	
1,5-Liter-Flasche Wasser im Laden	ca. 2,50–3,50 S/. (0,70–1 €)
1 kleine Flasche Bier im Restaurant	5–10 S/. (1,35–2,70 €)
Cappuccino aus der Espressomaschine	7–10 S/. (1,90–2,70 €)
Mahlzeiten	
Frühstück	8–15 S/. (2,20–4,20 €)
Mittagessen (Menü)	5–15 S/. (1,40–4 €)
Abendessen à la carte	15–50 S/. (4–14 €)
Unterkunft	
Bett im Schlafsaal	25–35 S/. (7–9,50 €)
Günstige Unterkunft mit Privatbad	bis 100 S/. (bis 27 €)
Mittelklassehotel (DZ mit Bad)	100–250 S/. (27–67 €)
Gehobener Standard (DZ mit Bad)	ab 250 S/. (67 €)
Unterwegs	
Lima–Arequipa (1000 km, Luxusbus)	80–160 S/. (22–44 €)
Hin- und Rückflug Lima–Cusco	ab 200 S/. (53 €)
Boot Yurimaguas–Iquitos (2–3 Tage)	
mit Kabine / Hängematte	ab 152 / 100 S/. (41 / 27 €)
Eintrittsgebühren	
Parque Nacional Manu	150 S/. (40 €)
Machu Picchu	152 S/. (43 €)
Tiwanaku (Bolivien)	100 Bs. (13 €)
Kommunikation	
1 Std. Internet	2–3 S/. (0,53–0,80 €)
Ferngespräch nach Deutschland pro Min.	1–2 S/. (0,27–54 €)

Travelinfos von A bis Z

Auf eigene Faust durch Peru und Westbolivien? Kein Problem! Auf den folgenden Seiten gibt es Antworten auf wichtige Reisefragen: Was gehört in den Rucksack? Muss ich mich impfen lassen? Wie und wo kann ich einreisen? Wo bekomme ich Geld, und wo gibt es Internet? Wie sicher sind Peru und Westbolivien? Soll ich bettelnden Kindern Geld geben? Und warum nennen uns die Südamerikaner eigentlich „Gringos"?

Kurz und knapp

Flugdauer Frankfurt–Lima 15–20 Std., nach La Paz einige Stunden länger

Einreise Visumfrei. 90 Tage für Peru, 30 Tage für Bolivien

Geld Währung in Peru ist der Peruanische Nuevo Sol, in Bolivien der Boliviano.

Smartphones WLAN ist in beiden Ländern weit verbreitet.

Zeitverschiebung in Peru MEZ minus 6 Std. (Bolivien minus 5 Std.), während der Sommerzeit minus 7 Std. (Bolivien minus 6 Std.)

Inhalt

Anreise

Von Europa

Von Deutschland aus gibt es weder nach Peru noch nach Bolivien Direktflüge. Die **Gesamtreisezeit** von Frankfurt nach Lima beträgt bei kurzem Stopover mindestens 15 Stunden und von Frankfurt nach La Paz noch einige Stunden länger.

Für manche Reisende sind **Gabelflüge** interessant, die beispielsweise von Iberia und Latam ab Madrid in der Kombination Hinflug Lima/ Rückflug Santiago de Chile oder aber Hinflug Lima/Rückflug Rio de Janeiro oder São Paulo angeboten werden.

Nach Lima, Peru

Folgende Airlines fliegen mit Zwischenstopps bzw. Umsteigen von Deutschland in die peruanische Hauptstadt (Airlines, die innerhalb Lateinamerikas nach Peru fliegen, finden sich im Kapitel „Lima", S. 182).

Air Europa (ab Frankfurt über Madrid),
🖳 www.air-europa.com
Air France (über Paris), 🖳 www.airfrance.com
American Airlines (über Miami, Dallas),
🖳 www.aa.com
Avianca (ab Frankfurt via Madrid, Bogotá und Quito), 🖳 www.avianca.com
Condor (über Santo Domingo/DomRep und Panama-Stadt), 🖳 www.condor.com
Delta Airlines (ab Frankfurt, München und Stuttgart über Atlanta), 🖳 www.delta.com
Iberia (ab Frankfurt über Madrid),
🖳 www.iberia.com
KLM (über Amsterdam und die Niederländischen Antillen), 🖳 www.klm.com
Latam Airlines Group (ab Frankfurt über Madrid, Barcelona oder São Paulo),
🖳 www.latam.com
Lufthansa (nur Teilstücke, z. B. nach Panama-Stadt oder San José, Costa Rica, von dort weiter mit lokalen Partner-Airlines),
🖳 www.lufthansa.com
United Airlines (ab Frankfurt, Berlin, Hamburg und Köln über New York oder Houston),
🖳 www.unitedairlines.de

Adressen

Folgende Abkürzungen tauchen oft bei peruanischen und bolivianischen Adressen auf:

Av.	Avenida (Allee)
C.	Calle (Straße)
Cdr.	Cuadra (Straßenblock)
Dpto.	Departamento (Wohnung)
Edif.	Edificio (Gebäude)
Jr.	Jirón (nur in Peru, Bezeichnung für Straße)
Loc.	Local (Geschäft, z. B. in einem Einkaufszentrum)
Lt.	Lote (Grundstück)
Mz.	Manzana (Grundstücksblock)
Of.	Oficina (Büro)
Piso	Stockwerk
Planta baja	Untergeschoss
Primer piso	Erdgeschoss
Psj.	Pasaje (Passage, kleine Nebenstraße)
Urb.	Urbanización (Wohnsiedlung)

Nach La Paz, Bolivien

Der Flughafen von La Paz wird aufgrund seiner Höhe (knapp über 4000 m) nur von wenigen Airlines angeflogen, von europäischen Fluggesellschaften gar nicht. Die meisten internationalen Flüge werden über Santa Cruz im bolivianischen Tiefland abgewickelt. Die bolivianische Airline **BOA**, 🖳 www.boa.bo, fliegt ab Madrid und Barcelona mehrmals wöchentlich nach Santa Cruz. Von dort bestehen Anschlussmöglichkeiten nach La Paz. Auch Air Europa bedient diese Route. Alternativen sind die Anreise mit Lufthansa/ Avianca ab Frankfurt über Bogotá (Kolumbien) oder mit Latam ab Frankfurt über São Paulo (Brasilien). Von dort fliegt die BOA nach La Paz. Einige Flüge von Iberia nach Peru werden mit dem Kooperationspartner Latam nach kurzem Stopover in Lima mit Ziel La Paz fortgesetzt. Von Lima gelangt man auch mit Avianca direkt nach

Weniger fliegen – länger bleiben! Reisen und Klimawandel

nachdenken • klimabewusst reisen
atmosfair

Der Klimawandel ist vielleicht das dringlichste Thema unserer Tage. Wer reist, erzeugt auch CO_2: Der Tourismus trägt mit einem Anteil von bis zu 10 % zur globalen Erwärmung bei. Wir sehen das Reisen dennoch als Bereicherung: Es verbindet Menschen und Kulturen und kann einen wichtigen Beitrag für die wirtschaftliche Entwicklung eines Landes leisten. Reisen bringt aber auch eine Verantwortung mit sich. Dazu gehört darüber nachzudenken, wie oft wir fliegen und was wir tun können, um die Umweltschäden auszugleichen, die wir mit unseren Reisen verursachen. Wir können insgesamt weniger reisen – oder weniger fliegen, länger bleiben und Direktflüge nehmen (sie verursachen weniger Klimagase). Und wir können einen Beitrag an ein Ausgleichsprogramm wie **www.atmosfair.de** leisten.

Dabei ermittelt ein Emissionsrechner, wie viel CO_2 unsere Reise produziert und was es kostet, eine vergleichbare Menge Klimagase einzusparen. Mit dem Betrag werden Projekte in Entwicklungsländern unterstützt, die den Ausstoß von Klimagasen verringern helfen.

Auch die Wahl einer Fluglinie, die durch den Einsatz moderner Maschinen, enger Bestuhlung und hoher Auslastung weniger CO_2 erzeugt als die Konkurrenz, kann helfen, Klimagase zu verringern. Diesen Vergleich kann man mithilfe des jährlich veröffentlichten **atmosfair Airline Index** (s. Website) selbst machen.

So viel CO_2 verursacht ein Flug nach Peru oder Bolivien

Frankfurt – Lima (umsteigen in Madrid) 3154 kg CO_2 (=19 000 km Autofahren), Kompensationszahlung 73 €*

Frankfurt – La Paz (umsteigen in Madrid und Lima) 3420 kg CO_2 (=20 500 km Autofahren), Kompensationszahlung 81 €*

*berechnet mit dem Klimarechner von atmosfair.de

La Paz. Die bolivianische Airline **Amaszonas**, www.amaszonas.com, und Latam fliegen direkt von Cusco nach La Paz.

Flugpreise

Die immer noch recht günstigen Kerosinpreise der vergangenen Jahre und die starke Konkurrenz unter den Airlines machen Flüge nach Peru (Lima) für unter 800 € und unter 1000 € nach Bolivien (La Paz) möglich.

Flüge in den Hauptreisemonaten Juli und August über Weihnachten/Neujahr sowie rund um die jeweiligen Nationalfeiertage (s. S. 51) sollten so früh wie möglich gebucht werden. Inlandflüge (S. 79) können unter Umständen als günstige Anschlussflüge gebucht werden.

Die Geltungsdauer von Billigtickets kann eingeschränkt sein. Zudem kann man mit ihnen nicht die Fluggesellschaft wechseln und bekommt kein Geld zurückerstattet, wenn der Flug nicht angetreten wird. Bei weniger strikter Handhabung ist zumindest eine Stornierungsgebühr fällig. Für die Umbuchung des Flugs fallen z. T. hohe Gebühren an.

Flüge online buchen

Die Zahl der Fluganbieter im Netz ist kaum noch zu überschauen. Zu den bekannten Plattformen gehören:

- www.flug.idealo.de
- www.google.de/flights
- www.skyscanner.de
- www.swoodoo.com

Nach Peru mit dem Schiff

Eine Reise mit dem Schiff nach Lima (Puerto Callao) empfiehlt sich denjenigen, die viel Zeit mitbringen und bereit sind, für die Bootsfahrt mehr Geld als für einen Flug zu bezahlen. Wer Peru, Bolivien oder ganz Südamerika mit dem Auto, Motorrad oder Wohnmobil erkunden möchte, kann sein Fahrzeug mit spezialisierten Reedereien verschiffen. Infos unter:
Frachtschiff-Touristik, 💻 www.zylmann.de
Navis Schifffahrts- und Speditions-Aktiengesellschaft, 💻 www.navis-ag.com
Spedition Carl Hartmann, 💻 www.carl-hartmann.de

Botschaften und Konsulate

Vertretungen Perus im Ausland

Deutschland

Botschaft der Republik Peru
Taubenstr. 20, 4. Stock, 10117 Berlin
📞 030-2064103
💻 www.botschaft-peru.de

Zudem unterhält Peru **Generalkonsulate** in München, Offenbach und Hamburg sowie **Honorarkonsulate** in Bremen, Hannover und Düsseldorf.

Österreich

Botschaft der Republik Peru
Mahlerstr. 7/22, 1010 Wien
📞 01-7134377
✉ embajada@embaperuaustria.at

Schweiz

Botschaft der Republik Peru
Thunstr. 36, 3005 Bern
📞 031-3518555
💻 www.embaperu.ch

Vertretungen Boliviens im Ausland

Deutschland

Botschaft des plurinationalen Staates Bolivien
Wichmannstr. 6, 10787 Berlin
📞 030-2639150
💻 www.bolivia.de

Österreich

Botschaft des plurinationalen Staates Bolivien
Prinz-Eugen-Str. 18, 1040 Wien
📞 01-5874675
💻 www.embajada-bolivia.at

Schweiz

Generalkonsulat des plurinationalen Staates Bolivien
Rue de Lausanne 72, 1202 Genf
📞 022-7317189
✉ conboliviasuiza@gmail.com

Die Adressen der **diplomatischen Vertretungen in Peru** und Westbolivien finden sich im Kapitel Lima (S. 175) und La Paz (S. 617).

Einkaufen

Weiche Alpaka-Pullover, praktische Ledertaschen, geschnitzte Kürbisse – die vielen bunten Märkte laden geradezu zum Kaufen ein. Handeln ist hier Pflicht, aber bevor man sich in den Trubel stürzt, sind ein paar Dinge zu berücksichtigen. Wer sich bereits ein paar Wochen im Land aufhält, kennt sich besser mit der Preisstruktur aus und weiß, was wo für wie viel Geld zu haben ist. Dem Rucksackreisenden erspart das späte Kaufen Platz- und Gewichtsprobleme oder unnötige Ausgaben, denn Pakete zu verschicken ist kostspielig.

Zwischenhändler verteuern das Produkt, das sie vorher in großen Mengen günstig erworben haben, oftmals unnötig. Daher sollte man versuchen, **direkt beim Erzeuger** zu kaufen. Dies bedeutet allerdings, sich abseits der touristischen Trampelpfade umzuschauen und Werk- und Pro-

Die wichtigsten Kunsthandwerkszentren Perus

© SHUTTERSTOCK.COM/WAYFARERLIFE

Catacaos (Provinz Piura)	Gold- und Silberarbeiten
Chulucanas (Provinz Piura)	erdfarbene Glasurkeramik
Cusco (Provinz Cusco)	religiöse Figuren, Keramik, Textilien
Huamanga (Provinz Ayacucho)	Steinfiguren
Huanchaco (Provinz La Libertad	Schilfboote, -hüte, -körbe
Monsefú (Provinz Lambayeque)	Flecht- und Holzarbeiten
Mórrope (Provinz Lambayeque)	Tonarbeiten
Pucallpa (Provinz Ucayali)	Keramik, Textilien
Puno (Provinz Puno)	Holzmasken, Ton- und Glaskeramik, traditionelle Textilien
Valle del Mantaro (Provinz Junín)	Silberarbeiten, bemalte Kalebassen

duktionsstätten aufzusuchen, wobei sich Vorteile für Produzent und Käufer ergeben. Zum einen erfährt man etwas über die Herstellung des Produkts und das Kunsthandwerk an sich. Zum anderen hat man, selbst wenn der Kaufpreis ebenso hoch sein sollte wie der beim Händler, immerhin die Gewissheit, dass der Produzent einen deutlich höheren Gewinn erzielt. **Produktionskooperativen** mit Direktverkauf gibt es in vielen Dörfern des Hochlands. Und in den meisten Fällen freuen sich die Menschen sehr, wenn man Interesse an ihrer Arbeit bekundet und sie vor Ort besucht.

Über den **Preis** wird auf peruanischen und bolivianischen Märkten bei allen Waren verhandelt – Lebensmittel machen da keine Ausnahme. Aber wie kommt man zu einem Preis, mit dem beide Parteien leben können? Man möchte ja schließlich nicht übers Ohr gehauen werden, aber dennoch einen fairen Preis zahlen, der dem Wert der Ware entspricht. Nicht ganz einfach, denn immer wieder nutzen Touristen die starke Konkurrenz der Händler untereinander schamlos aus und drücken die Preise bis unter die Schmerzgrenze.

Tatsache ist, dass viele Indígenas ihre Arbeiten zu einem viel zu niedrigen Preis anbieten müssen. Lohnkosten werden dabei völlig unzureichend oder überhaupt nicht berücksichtigt.

Fairer Handel in Peru und Westbolivien

Aus Peru und Bolivien stammen zahlreiche fair und ökologisch erzeugte und gehandelte Lebensmittel, Kunsthandwerk, Kleidung und sogar Gold (Fairmined, Fairtrade). So ist Peru der weltweit größte Produzent von Biokaffee, ein Großteil davon wird auch fair gehandelt. Das heißt, die Produzenten, meist Kleinbauern, erhalten einen Mindestpreis über Weltmarktniveau und eine Fairhandelsprämie für gemeinschaftliche Projekte in ihren Dörfern. Bei uns erkennt man die Produkte, darunter Bananen, Kaffee, Kartoffelchips, Kräutertees, Mangos, Paranüsse, Quinoa, Schokolade und Zucker, am blau-grünen Fairtrade-Logo, www.fairtrade-deutschland.de, und immer öfter auch an dem weniger bekannten Siegel SPP, www.spp.coop, dem einzigen Siegel, das den Kleinbauern gehört und von ihnen verwaltet wird. Kunsthandwerk wird oft von der World Fair Trade Organization zertifiziert, www.wfto.com. In Peru vereinigt die Organisation **Coordinadora Nacional de Comercio Justo Perú**, www.comerciojusto.pe, die Kleinproduzentengenossenschaften des Fairen Handels.

Fair einkaufen zu Hause

Wer auf seiner Reise durch Peru und Westbolivien keine Gelegenheit hatte, Kleinbauern und ihre Projekte zu besuchen, kann zumindest ihre Waren bei folgenden Stellen kaufen: **Weltläden**, www.weltladen.de, direkt bei den deutschen **Fairhandelsorganisationen** Gepa, www.gepa.de, El Puente, www.el-puente.de, Weltpartner, weltpartner.de, Ethiquable, www.ethiquable.de, Contigo, www.contigo.de, Rapunzel, www.rapunzel.de, www.regenwaldladen.de und Fair Band, www.fair-band.de; in Österreich über Eza Fairer Handel, www.eza.cc, und in der Schweiz bei Claro Fair Trade, www.claro.ch, und Gebana, www.gebana.com.

Kleinere, spezialisierte Unternehmen des Fairen Handels

www.elinka.info (Schmuck, Taschen, Musikinstrumente, Kleidung)
www.mariposa-fairtrade.de (Accessoires und Bekleidung aus ungefärbter oder pflanzengefärbter Alpakawolle und Biobaumwolle)
www.handtrade.de (ökologische und fair produzierte Bekleidung und Accessoires)
www.janspille.de (Goldschmuck)
www.mitka.de (Kaffee)
www.kooperativenohnegrenzen.net (Kaffee, Kakao, Zucker)
www.perupuro.de (Kakao, Schokolade)
www.suesse-hoffnung.de (Schokolade)

Bei all diesen Anbietern unterstützt man mit seinem Kauf einen gerechteren Welthandel und bessere Anbaubedingungen.

Faire Projekte in Peru und Bolivien

Agropia (Kartoffelchips aus Huancayo/Huancavelica, Peru), S. 402
ANPI und **anzüglich organic&fair** (Kleidung aus Cusco, Peru), S. 232
Awamaki (Tourismusprojekt aus Ollantaytambo, Peru), S. 261
El Ceibo (Kakao und Schokolade aus den Yungas, La Paz, Bolivien), S. 615
FairMail (Postkarten aus Huanchaco, Peru), S. 462
Norandino (Kaffee, Kakao, Zucker aus Piura und Tourismusprojekt in der Umgebung von Piura, Peru), S. 480

Buchtipp

Fair einkaufen – aber wie? Das Handbuch für fairen Konsum, Martina Hahn, Frank Herrmann (Brandes&Apsel, 2019)

Das soll nun nicht heißen, sofort den erstbesten geforderten Geldbetrag auf den Tisch zu legen. Aber man sollte bei einem wirklich günstigen Preis nicht auch noch übermäßig feilschen. Ratsam ist es, sich zunächst bei verschiedenen Händlern nach dem Preis für das gewünschte Objekt zu erkundigen. Den vom Anbieter genannten Preis gilt es dann um ca. 20–40 % zu unterbieten, um sich so dem für beide Parteien akzeptablen Endpreis anzunähern. Einfühlungsvermögen und eine Prise Humor können hierbei sicher nicht schaden. Hat man die Ware langwierig auf einen günstigen Preis heruntergehandelt, dann sollte man sie auch nehmen. Anderenfalls wird der Verkäufer – nicht zu Unrecht – verärgert sein.

Vorsicht beim **Kauf von Antiquitäten**: Selbst wenn das erworbene Stück entgegen aller Wahrscheinlichkeit echt sein sollte, ist die Ausfuhr illegal. Weitere Infos hierzu s. „Zoll", S. 91.

Wer **nach der Rückkehr** Sehnsucht nach Pisco, *Inca Kola* oder peruanischem Wein verspürt, findet all das und noch einiges mehr online bei diesen Händlern: www.peru-weinversand.de und www.delikatissimo.de.

Essen und Trinken

In Peru und Bolivien kann man überall billig und gut essen. An jeder Straßenecke wird gekocht und gebrutzelt. In ländlichen Gegenden ist die Speisenvielfalt allerdings oft auf einige wenige Gerichte beschränkt. Besonders preiswerte Mahlzeiten bieten Garküchen und Essenstände in oder bei Markthallen an. Vor allem in Lima findet sich eine wachsende Anzahl von Gourmet-Restaurants, die Perus Ruf als kulinarisches Zentrum Südamerikas untermauern.

Viele Hotels, aber nicht alle Restaurants und Cafés, servieren **Frühstück** *(Desayuno)*. Dieses besteht in Großstädten und touristischen Gegenden entweder aus Brot, Butter, Marmelade, Kaffee oder Tee und manchmal einem Saft *(Desayuno continental)* oder aus dem bereits Erwähnten plus Eiern in beliebiger Zubereitungsart *(Desayuno americano)*. In besseren Hotels gibt es meist Frühstücksbuffets *(Desayuno buffet)*. Müsli und Joghurt erhält man nur in den Hauptstädten und großen touristischen Zentren. Auf dem Land wird traditionell deftig und warm gefrühstückt.

Das **Mittagessen** *(Almuerzo)* wird in vielen Restaurants als billiges Menü *(Menu)* serviert. Dazu gehören eine Suppe und ein Hauptgericht plus ein alkoholfreies Getränk. Teurere Menüs enthalten zusätzlich ein Dessert und Kaffee/Tee. Kleine Essenstände und Imbissbuden beleben zur Mittagszeit und am frühen Abend das Bild der größeren Städte. Wer sparen möchte, kann sich dort an Snacks billig satt essen.

Das **Abendessen** *(Cena)* ist teurer als das Mittagessen, und nur wenige Restaurants tischen auch abends ein Menü auf. In größeren Städten finden sich die bekannten Fastfood-Ketten, die sich auch in Peru krebsgeschwürartig ausbreiten (in Bolivien deutlich weniger, s. Kasten).

In beiden Andenländern gehören Kartoffeln, Mais und Reis zu den **Grundnahrungsmitteln**. Hinzu kommen nur im Andenraum kultivierte Getreidesorten, die schon den Inka bekannt waren. Zu diesen Amaranth-Gewächsen zählen u. a. Quinoa und Kiwicha. Aus ihnen werden Brot, Müsli und Müsliriegel hergestellt; außerdem ist das auch „Inkaweizen" genannte Getreide eine sättigende Suppeneinlage. Im Amazonasbecken ist Maniok *(Yuca)* ein wichtiger Bestandteil der täglichen Ernährung.

McDonald's-freie Zone

Nicht nur in Iran, Nordkorea, Island oder Kambodscha konnte oder durfte der Burgerbrater McDonald's aus den USA nicht Fuß fassen: Auch in Bolivien ist er seit 2002 nicht mehr vertreten. Obwohl es kein generelles Fastfood-Verbot gibt, engagiert sich die Regierung gegen die schnelle Küche. Das Hauptmotiv ist der Kampf gegen die gesundheitlichen Folgen. Doch eigentlich sind es die Bolivianer selbst, die nicht so richtig auf den Fastfood-Zug aufspringen wollen. Ihre Lebenseinstellung passt nicht zu schnell und lieblos zubereitetem, ungesundem Essen. Sie bevorzugen mehrheitlich frisches Essen aus einheimischen Zutaten.

Pachamanca

Seit vielen Jahrhunderten bereiten die Hochlandbewohner Perus ihre Speisen in **natürlichen Erdöfen** zu. Dazu wird eine kleine Grube ausgehoben und mit Steinen ausgelegt. Die Steine werden in einem Feuer erhitzt. Wenn das Feuer erloschen ist, beseitigt man die Asche, legt die rohen Lebensmittel in die heiße Vertiefung und versiegelt die Öffnung mit Stroh, Lehm und weiteren Steinen. Die Nahrung gart nun von alleine. Heute existieren noch rund 40 Zubereitungsvariationen von *Pachamanca* in Peru. Das Quechua-Wort bedeutet „Erdtopf". Die *Pachamanca* hat seit rund hundert Jahren auch die peruanische Pazifikküste erobert und darf bei einem zünftigen Landausflug nicht fehlen. Eine typische *Pachamanca* enthält Hirsch-, Rind- oder Alpakafleisch, Zwiebeln, Paprika, Maniok, verschiedene Kartoffelsorten, Saubohnen, Essig und Salz.

Typische Gerichte

Peru

Wie das Klima, so unterscheidet sich auch die Küche nach der jeweiligen geografischen Region. An der Pazifikküste sind Fisch und Meeresfrüchte ständig auf dem Speisezettel anzutreffen. Den Stellenwert eines **Nationalgerichts** hat *Ceviche:* in Zwiebeln und Limettensaft marinierter roher Fisch (oder Meeresfrüchte), der ganz frisch zubereitet gegessen werden sollte. Besonders die Hauptstadt Lima hat erstklassige Meeresfrüchterestaurants zu bieten.

Im Hochland überwiegen fleischlastige Gerichte wie **Meerschweinchen** *(Cuy)*, **Alpakasteaks** *(Lomo de alpaca)* oder gegrillte **Rinderherzstücke am Spieß** *(Anticuchos)*. Eine sehr beliebte Vorspeise sind gekochte **Kartoffeln** mit einer würzigen Soße *(Papa a la huancaina)*.

Bei der Zubereitungsart **Pachamanca** werden die Fleischstücke zusammen mit Gemüse in einem Erdofen aus Lehm zwischen heißen Steinen gegart. Sehr gut sind auch die **Regenbogenforellen** *(Truchas)*, die im gesamten Hochland serviert werden.

Das Amazonasbecken mit seiner fantastischen Artenvielfalt wartet mit einer ebenso großen Speisenvielfalt auf. Beliebt sind in dieser Region Gerichte wie **Kochbananenknödel mit Speck** *(Tacacho)* oder **Reis mit Hühnchenfleisch**, in grünen Bijau-Blättern gekocht *(Juanes)*. Daneben stehen zahlreiche Fisch- und Wildsorten auf der Speisekarte.

Zum Dessert gibt es neben **Obstsalat** *(Ensalada de frutas)* und süßen **Kuchen** *(Pastel)* auch **Pudding** *(Flan)* und *Manjar blanco* (Süßspeise aus Kondensmilch). In Großstädten bekommt man außerdem ausgezeichnetes **Eis**, zum Teil aus (für europäische Gaumen) exotischen Fruchtarten wie *Chirimoya* oder *Lúcuma* hergestellt.

Bolivien

Durch den fehlenden Direktzugang zum Meer ist die bolivianische Küche nicht ganz so variantenreich wie die peruanische. Aber auch Bolivien wartet mit einigen Spezialitäten auf. Überall werden *Salteñas* verkauft: knusprige **Teigtaschen**, gefüllt mit einer Fleisch-Gemüse-Ei-Mischung. Beliebt sind auch **Hähnchen mit Mais** *(Chocko)*, **Fleischbrühe mit gefriergetrockneten Kartoffeln** *(Chairo)* oder **Schweinefleisch in einer Pfefferminz- und Chilisoße** *(Fritanga)*. Das Gegenstück zur peruanischen Pachamanca heißt **Huatia**.

Getränke

Warme Getränke

In beiden Ländern wird **Kaffee** *(Café)* angebaut und auch gern getrunken. Die Qualität ist in den letzten Jahren deutlich besser geworden, vor allem in Großstädten und Touristenzentren. Schwarzer Kaffee *(Café negro)* und Milchkaffee *(Café con leche)* wird in vielen Restaurants als kalter Kaffeeextrakt *(Esencia)* auf den Tisch gestellt, den man je nach Gusto mit heißem Wasser und/oder heißer Milch auffüllt. Viele Cafés und Restaurants in Großstädten und Touristenorten haben sich inzwischen Kaffeemaschinen angeschafft und servieren ausgezeichneten Espresso und Cappuccino. Ein *Café cortado* ist ein Espresso mit Milchschaum.

Schwarzen **Tee** *(Té negro)* bekommt man überall in Teebeuteln. Wer in entlegene Gebiete reist, sollte vorsichtshalber ein paar mitnehmen. Weit verbreitet sind außerdem Kokatee (*Mate de coca;* gut zur Höhenanpassung), Zimt- *(Té de canela)* und Kamillentee *(Té/Infusion de manzanilla)*. Probieren sollte man einheimische Kräutertees wie *Muña* oder *Cedrón*.

Kalte Getränke

Wasser sollte weder in Peru noch in Bolivien aus der Leitung oder aus Flüssen getrunken werden. Wasser aus höher gelegenen Gebirgsbächen sollte man sicherheitshalber mit Entkeimungsmitteln wie *Micropur* oder *Certisil* desinfizieren. Die auf Touristen eingestellten Restaurants und Kneipen benutzen zur Herstellung ihrer Getränke versiegeltes Wasser. Man bekommt es abgefüllt in Plastikflaschen *(Agua pura)* oder als Mineralwasser *(Agua mineral)*. Wer keine Eiswürfel *(hielo)* möchte, bestellt Getränke *sin hielo*.

Reine **Fruchtsäfte** nennen sich *Jugo*, mit Wasser oder Milch *(Leche)* vermischt werden sie *Batidos* genannt. Sie werden überall frisch zubereitet. Wer den Zuckergehalt senken möchte, bestellt *sin azúcar* (ohne Zucker) oder *con*

Ernährungsbewusste, Vegetarier und Veganer

Wer Fruchtsäfte bestellt, sollte daran denken, dass sie oftmals mit viel Zucker zubereitet werden. Obstsalate werden meist mit Joghurt, Müsli und Honig serviert. Wer das nicht möchte, sollte beim Bestellen einen entsprechenden Hinweis geben *(sin azúcar, sin jogurt, sin miel, sin cereal)*. **Vegetarier** sind in Peru und Bolivien trotz fleisch- und fischlastiger Küche recht gut aufgehoben. In so gut wie allen größeren Städten finden sich vegetarische Restaurants, die preiswerte Menüs und Tellergerichte anbieten. Sie sind im Reiseteil aufgeführt. Auf dem Land lässt man einfach das Fleisch weg und bittet um etwas mehr Beilagen. Die meisten Restaurants sind flexibel, was die Zubereitung der Speisen angeht. **Veganer** haben es ungleich schwerer, können aber für die eigene Speisenzubereitung auf den Märkten auf ein großes Angebot an Obst, Gemüse und Hülsenfrüchten zurückgreifen. In Supermärkten sind zudem Sojaprodukte erhältlich. Vegetarische und vegane Restaurants in Peru und Westbolivien lassen sich über die Website www.happycow.net finden.

Aus der Aguaje-Frucht wird ein leckeres Getränk bereitet.

poco azúcar (mit wenig Zucker). Ein aus kaltem Tee oder Fruchtsirup hergestelltes Getränk heißt *Refresco*. **Softdrinks** haben in Peru und Bolivien auch den allerletzten Winkel des Landes erobert. Ganz Peru scheint *Inca Kola*, einer zuckerhaltigen, nach Bonbons und Chemie schmeckenden Limonade, verfallen zu sein. Sie hat in beiden Ländern von grellbunten, sehr süßen Softdrinks Konkurrenz bekommen. Ein beliebtes traditionelles Erfrischungsgetränk ist *Chicha morada*, die aus lila Mais hergestellt wird.

Milch erhält man in beiden Andenländern mit wenigen Ausnahmen als H-Milch.

Alkoholische Getränke

In Peru und Bolivien kann man ausgezeichnetes **Bier** trinken. Die bekanntesten heimischen Biermarken Perus sind *Arequipeña* aus Arequipa, *Cristal* aus Lima, *Pilsen* aus Callao und *Cusqueña* aus Cusco. Von der peruanischen Filiale der brasilianischen AmBev-Brauerei stammt die Billigbiermarke *Brahma*. In Trujillo wird ebenfalls Pilsen gebraut, das dort auch als Schwarzbier erhältlich ist. In Bolivien trinkt man u. a. *Paceña*. Fassbier *(Chopp)* ist nicht sehr verbreitet und wird nur in wenigen Kneipen ausgeschenkt. In Touristenorten sind auch ausländische Biersorten auf der Getränkekarte zu finden. Immer mehr Anhänger finden die inzwischen zahlreichen Craft-Biere *(Cerveza artesanal)*.

Liebhaber stärkerer Alkoholika sind in Peru und Bolivien gut aufgehoben. Der bekannteste peruanische Schnaps – ein Traubenweinbrand – heißt **Pisco**. Er ist der Hauptbestandteil des peruanischen Nationalgetränks **Pisco Sour** (Rezept S. 382). Beliebt ist auch der **Coctel de Algarobina**, der aus dem Saft des Algorobo (Johannisbrotbaum) zusammen mit Pisco und Eiweiß gemixt wird.

Emoliente

Der **heiße Tee** wird besonders gerne in den Bergregionen Perus getrunken und für wenig Geld am Straßenrand angeboten. Die Mischung aus unterschiedlichen Kräuter- und Fruchtextrakten kann individuell zusammengestellt werden.

Fair und grün reisen – ein paar Sprachhilfen

Mit einigen wenigen spanischen Sätzen kann man umweltbewusster reisen und auch den Einheimischen gegenüber ein Zeichen setzen. Dabei sollte man natürlich immer höflich bleiben.

Gibt es hier einen Bioladen/Biomarkt in der Nähe?	*Hay una tienda orgánica/una bioferia/ feria ecológica cerca?*
Haben Sie einen Kompost für den Bioabfall?	*Tiene un compost para la basura orgánica?*
Ich esse kein Fleisch/keinen Fisch/keine Eier.	*No como carne/pescado/huevos.*
Gibt es hier in der Nähe ein vegetarisches/veganes Restaurant?	*Hay un restaurant vegetariano/vegano cerca por aqui?*
Bitte ohne Strohhalm.	*Por favor, sin pajilla/caña,* in Bolivien: *bombilla*
Bitte keinen Plastikbecher. Ich hätte gern ein Glas.	*Por favor, sin copa de plástico. Quiero un vaso de vidrio.*
Danke, ich brauche keine Plastiktüte.	*Gracias, no necesito una bolsa plástica.*
Wo bekomme ich sauberes/abgekochtes Wasser für meine Trinkflasche?	*Dónde consigo agua limpia/hervida para mi botella?*
Bitte füllen Sie mir das Essen in mein Behältnis.	*Por favor, ponga la comida en mi recipiente/contenedor.*
Bitte schalten Sie den Motor aus!	*Por favor, apague el motor!*

In Bolivien wird **Singani**, ein klarer Traubenschnaps, destilliert. Man kann ihn auch gut mit Sprite oder 7 Up trinken.

Der peruanische **Wein** kann durchaus mit der benachbarten Konkurrenz aus Chile mithalten. Der recht hohe Preis für einen guten Tropfen schreckt allerdings etwas ab. Die Preise für Wein sind in peruanischen Supermärkten sehr oft in US-Dollar angegeben. Die bekanntesten Weingüter (S. 376) liegen im Departamento Ica.

Vergorenes Maisbier nennt sich **Chicha de Jora** und wird in beiden Andenstaaten während der zahlreichen Fiestas in rauen Mengen getrunken. Traditionell wird die säuerlich schmeckende Chicha selbst gebraut.

Fair reisen

Reisen wirkt sich auf die Umwelt und die besuchten Menschen aus. Das fängt beim Flug an und hört bei der Nutzung lokaler Ressourcen auf. Es ist beklemmend zu sehen, wenn in Peru und Bolivien riesige Wassermengen für die Bewässerung von Golfplätzen oder die Gartenanlagen von Luxushotels verschwendet, gleichzeitig aber Familien aus armen Stadtvierteln für teures Geld mit brackigem Wasser aus Tanklastwagen versorgt werden. Touristen verbrauchen durchschnittlich mehr Strom und produzieren mehr CO_2 und Müll als die Einheimischen. Viele Lebensmittel, die Touristen im Ausland verzehren, müssen aufwendig und umweltschädlich importiert werden. Auch werden Beschäftigte im Tourismus beider Andennationen sehr schlecht bezahlt, arbeiten weit mehr als acht Stunden täglich und erhalten meist keine Sozialleistungen.

Natürlich hat der Tourismus auch gute Seiten. Er hat vielen Menschen einen Weg aus der Armut gezeigt, ihnen ermöglicht, einen Beruf zu ergreifen, sich weiterzubilden. Er stimuliert lokale Investitionen, verbindet Kulturen und trägt zur Gleichberechtigung der Geschlechter bei. Außerdem hat er vielerorts Naturreservate geschützt, die ohne Touristen den Kettensägen zum Opfer gefallen wären.

Tipps für umweltbewusstes und sozial verträgliches Reisen

Beim Reisen ist jeder Einzelne gefordert, auch in Ländern, in denen die Bevölkerung sich selbst nicht immer umweltbewusst verhält. Das Argument: „Die Einheimischen machen das doch auch", ist wenig überzeugend. Besser ist es, selbst mit gutem Beispiel voranzugehen und die goldene Regel anzuwenden: Alle Plätze so verlassen, wie man sie selbst gerne vorfinden würde.

Umweltbewusst reisen

- Den durch die Reise verursachten **CO_2-Ausstoß** (Flug, Bus, Schiff, Zug) über einen als gemeinnützig anerkannten Kompensationsdienstleister neutralisieren (S. 40).
- Bei **Busausflügen** den Fahrer bitten, den Motor bei längeren Stopps auszuschalten.
- Keine **Souvenirs** aus bedrohten Pflanzen oder Tieren kaufen! Das Washingtoner Artenschutzabkommen verbietet deren Import nach Europa ohnehin.
- **Klimaanlagen** vermeiden und in jedem Fall Licht und AC ausstellen, wenn man das Zimmer verlässt.
- Mit **Wasser** immer sparsam umgehen. Duschen statt baden.
- **Pfandflaschen** kaufen und auf Dosen verzichten. Softdrinks nicht in Plastiktüten umfüllen lassen!
- Eine **Flasche** von zu Hause mitbringen und in Hotels/Restaurants etc. auffüllen lassen. Siehe hierzu auch die Tippkästen „Aktiv gegen Plastikmüll".
- Statt mit **Batterien** besser mit Akkus reisen, und wenn sich Batterien nicht vermeiden lassen, diese mit nach Hause nehmen.
- Von zu Hause biologisch abbaubare **Shampoos und Seifen** mitbringen und auf die meist in Plastik verpackten Hygieneartikel in (besseren) Hotels verzichten.
- Für Einkäufe einen **Beutel** und für Essen einen **Behälter** mitbringen; die Ware nicht in Plastiktüten packen lassen.

Fair und grün – gewusst wo

Einrichtungen, die sich durch besonders umweltfreundliches oder sozial verträgliches Verhalten auszeichnen, sind in diesem Buch mit einem **Baumsymbol** gekennzeichnet. Sie verwenden z. B. Solarenergie, bieten Bioprodukte an, nutzen Trockentoiletten, zahlen faire Löhne, investieren ihre Gewinne in soziale Projekte, propagieren einen nachhaltigen Tourismus oder stellen Besuchern Informationen für umweltverträgliches Verhalten bereit.

Besonders empfehlenswert:

Cajamarca, Hospedaje Los Jazmines (Unterkunft, Sozialprojekt), S. 532
Chachapoyas, Milpuj (privates Naturschutzgebiet), S. 541
Cusco, CBCtupay, Veranstalter, Unterkunft, Kunsthandwerk), S. 236
Cusco, RESPONSible Travel Perú (nachhaltiger Veranstalter), S. 238
Huancabamba, Centro Yanachaga (Unterkunft, Projekt für Jugendliche), S. 429
Huanchaco, FairMail (Reise mit peruanischen Jugendlichen), S. 462
Huaraz, Trivio (Biokaffee, Gratis-Filterwasser, regionale Produkte), S. 501
Ica/Lima, Samaca (Bioprodukte aus der Wüste, Laden in Lima), S. 380
Nuevo Tingo, EcoKuélap (Ökolodge), S. 543
Ollantaytambo, Awamaki (indigenes Frauenprojekt), S. 261
Puerto Maldonado, Estancia Bello Horizonte (Ökolodge, Projekte), S. 295
Tambopata, Posada Amazonas (Dschungellodge, Sozialprojekt), S. 300

Sozial verantwortlich reisen

- Auf **respektvollen Umgang** mit der Bevölkerung und den Angestellten der Tourismusbetriebe achten und ggf. auch Mitreisende darauf hinweisen.
- Den persönlichen **Wohlstand nicht zur Schau stellen**. Bettelnden Kindern kein Geld geben. Wirksamer ist es, einer lokalen Kinderhilfsorganisation Geld zu spenden.

Buch-Tipp

Für alle, die sozial- und umweltverträglich reisen wollen, bietet **FAIRreisen – Das Handbuch für alle, die umweltbewusst unterwegs sein wollen** von Loose-Autor Frank Herrmann viele interessante Infos. Es gibt einen Überblick über die Schattenseiten des Tourismus und macht Lust auf verantwortungsvolles Reisen mit zahlreichen Tipps, Infos und Adressen. Das Buch wurde 2017 im Rahmen der Reisemesse ITB als bestes touristisches Fachbuch ausgezeichnet. Aktuelles zum Thema nachhaltiger Tourismus bietet der Autor in seinem Blog www.faireinkaufenaberwie.blogspot.de.

- Kleinen lokalen Hotels, Restaurants, Reiseveranstaltern, Guides etc. gegenüber großen nationalen und internationalen Ketten den Vorzug geben – das erhöht die Chance, **zu lokalen Einkommen beizutragen**.
- **Kunsthandwerk** möglichst direkt beim Produzenten bzw. Kleinunternehmer kaufen und große Zwischenhändler umgehen.
- Landwirtschaftliche **Produkte aus der Umgebung** statt importierte Waren kaufen.
- Auf **fair gehandelte und biologisch erzeugte Waren** zurückgreifen und danach fragen.
- Wenn der Service stimmt, an ein **Trinkgeld** denken. Viele Angestellte bekommen einen sehr niedrigen Grundlohn und sind fürs Überleben auf Trinkgelder angewiesen.

Besuch von Naturschutzgebieten, Trekking- und Raftingtouren

- Darauf achten, dass der **ökologische Fußabdruck** minimiert wird: Plastikmüll vermeiden, organischen Müll vergraben, nicht organischen mit in die nächste Stadt nehmen sowie Flora und Fauna ungestört lassen.
- Ehrgeizige Reisende sammeln den herumliegenden **Müll** auf einer Trekkingroute bzw. am Flussufer auf – eine schöne Art, Mitreisende und die lokale Bevölkerung für das Thema zu sensibilisieren.
- Beim **Buchen eines Treks** möglichst darauf achten, dass die Agentur ihren Mitarbeitern (Guides, Trägern, Köchen etc.) gesetzliche Arbeitnehmeransprüche wie Mindestlohn, Ausrüstung, Verpflegung etc. garantiert.
- In ländlichen Gebieten nachfragen, ob die Bevölkerung von dem Besuch profitiert.

Nützliche Adressen

Als bewusst reisender Tourist kann man heute viel bewirken. Wer die Atmosphäre schonen möchte, kann zum Beispiel für seinen Flug eine freiwillige CO_2-Abgabe bezahlen (S. 40). Wer wissen möchte, wie er vor Ort umweltfreundlich und sozial verantwortlich reisen kann, findet im Kapitel Umwelt (S. 101) und bei den Literaturempfehlungen im Anhang (S. 673) Anregungen. Informationen zu Freiwilligenarbeit stehen auf S. 53, zu eingeschränkter Mobilität auf S. 65. Weitere Tipps unter:

www.faireinkaufenaberwie.blogspot.com
www.fairunterwegs.org
www.oekom.de/fileadmin/buecher/FAIRreisen-die-Liste_2016.pdf
www.stefan-loose.de/fair-gruen
www.tourism-watch.de

Nachhaltige Tourismussiegel und -initiativen

In Peru und Bolivien geben einige anerkannte nachhaltige Tourismussiegel und Label-Initiativen Reisenden Orientierung für die Auswahl.

Caltur (Calidad Turística), www.calidadturistica.pe. Das peruanische Wirtschafts- und Tourismusministerium Mincetur versucht, mit einem Siegel die Qualität von Hotels, Veranstaltern und Restaurants zu verbessern – auch bei der Nachhaltigkeit. Wer die Prüfung erfolgreich besteht, darf sich mit dem *C de Calidad y Compromiso* oder dem *C de Compromiso Ambiental* schmücken. Die entsprechenden Unternehmen finden sich hier: www.calidadturistica.pe/Publico/Busqueda.

Rainforest Alliance, www.rainforest-alliance.org/green-vacations. Die international tätige Zertifizierungsorganisation mit Sitz in New York vergibt ihr Siegel nicht nur für landwirtschaftliche Produkte, sondern auch an touristische Einrichtungen. In Peru sind u. a. die Cock-of-the Rock Lodge bei Cusco (S. 284) und die Tahuayo Lodge bei Iquitos (S. 582) ausgezeichnet worden.

TourCert, 🖳 www.tourcert.org. Das Siegel für nachhaltigen Tourismus ist nun auch in Peru und Bolivien aktiv. **TourCert Andina**, 🖳 www.tourcert.org/projects/tourcert-latina, hat seit Projektbeginn 2015 mehr als 80 Unternehmen und Destinationen, darunter den Reiseveranstalter CBC Tupay aus Cusco (S. 236) sowie die Unterkünfte El Albergue aus Ollantaytambo (S. 257) und die Casa Campesina aus Cusco (S. 229), mit dem TourCert-Siegel ausgezeichnet. Darüber hinaus haben mehr als 60 Organisationen das Einstiegssystem für das TourCert-Siegel, denTourCert Check, erfolgreich bestanden, darunter La Paz on Foot, S. 616.

Turismo Cuida, 🖳 www.turismocuida.org. Ableger der US-Stiftung Tourism Cares, der nachhaltige Tourismusprojekte im Land durchführt.

Feste und Feiertage

Eine der vielen Fiestas mitzuerleben ist ein ganz besonderes Erlebnis, das zu einer Peru- und Bolivien-Reise ebenso gehört wie das Probieren des schmackhaften Nationalgetränks Pisco Sour. Die meisten Feierlichkeiten haben einen religiösen Hintergrund. Das mehrtägige **Heiligen- oder Patronatsfest** *(Fiesta patronal)* einer Stadt oder eines Dorfes wird mit einer Prozession, bei der die Abbildung des Schutzpatrons durch die Straßen getragen wird, der Aufführung traditioneller Maskentänze, viel Feuerwerk und Weihrauch gefeiert.

Christliche Feste werden in Peru und Bolivien mit großem religiösen Eifer begangen, wobei die **Osterfeierlichkeiten** *(Semana Santa)* besonders herausragen. Ausschweifend wird auch der **Karneval** vor allem im Andenhochland gefeiert. Dazu gehört auch, dass man sich ausgiebig mit Wasser bespritzt (Touristen inklusive).

Maskentänze dürfen bei den zahlreichen Fiestas nicht fehlen.

Gesetzliche Feiertage

Peru

1. Jan	**Año Nuevo**, Neujahr
März /April	**Jueves Santo**, Gründonnerstag
	Viernes Santo, Karfreitag
1. Mai	**Día del Trabajo**, Tag der Arbeit
29. Juni	**Día de San Pedro y San Pablo**, Peter und Paul
28./29. Juli	**Fiestas Patrias**, Unabhängigkeitstage
30. Aug	**Santa Rosa de Lima**, Tag der Stadtheiligen von Lima
8. Okt	**Batalla de Angamos**, Gedenktag der Schlacht von Angamos
1. Nov	**Día de Todos los Santos**, Allerheiligen
8. Dez	**Día de la Inmaculada Concepción**, Tag der unbefleckten Empfängnis
25. Dez	**Navidad**, Weihnachten

Bolivien

1. Jan	**Año Nuevo**, Neujahr
22. Jan	**Nacimiento del Nuevo Estado Plurinacional de Bolivia**, Gründungstag des Neuen Vielvölkerstaats Bolivien
März	**Carnaval**, Karneval
März /April	**Viernes Santo**, Karfreitag
1. Mai	**Día del Trabajo**, Tag der Arbeit
Mai /Juni	**Corpus Cristi**, Fronleichnam
6. Aug	**Día de la Independencia**, Unabhängigkeitstag
2. Nov	**Día de Todos los Difuntos**, Allerseelen
25. Dez	**Navidad**, Weihnachten

Karnevalshochburgen sind Cajamarca und Puno in Peru sowie Oruro in Bolivien.

Mit steifen Paraden und Umzügen, an denen auch Kinder aktiv teilnehmen, werden die Feierlichkeiten zum **Unabhängigkeitstag** – dem 28. Juli in Peru und dem 6. August in Bolivien – begangen.

Zu **Allerheiligen** *(Todos los Santos)* ziehen die Bewohner beider Länder in großen Scharen auf die bunt geschmückten Friedhöfe. Ganze Großfamilien gedenken ihrer Toten, indem sie ihnen Geschenke und Essen darbringen. Die Stimmung ist fast immer heiter und ausgelassen. **Weihnachten** *(Navidad)* ist in Peru und Bolivien inzwischen in weiten Teilen des Landes wie auch bei uns zu einer kommerziellen Großveranstaltung verkommen.

Feste in Peru

Januar

1.1. – **Entrega de Varas** (Cusco), Zepterübergabe der lokalen Autoritäten an ihre Nachfolger

2.1. – **Festival de la Marinera** (Trujillo), Tanzfestival, in dessen Mittelpunkt die Marinera, ein Paartanz, steht

Februar bis April

2.2. – **Virgen de la Candelaria** (Puno), zweiwöchiges Spektakel mit über 200 Folkloregruppen

Karneval (Cajamarca, Ayacucho, Puno)

1. Märzwoche – **Abenteuersportwoche** (Lunahuaná), mit Rafting, Mountainbiking, Trekking und anderen Sportarten

2. Märzwoche – **Festival de la Vendimia** (Ica), Weinfest mit Prozessionen, Musik und Tanz
Osterfeierlichkeiten (Ayacucho)

Mai

3. Mai – **Festival de la Cruz**, Festival des Kreuzes in den Departamentos Lima, Apurímac, Ayacucho, Junín, Ica und Cusco mit Prozessionen

Juni

1. Woche (manchmal auch Ende Mai) – **Qoyllur Rit'i** (Quispicanchis, Cusco), Tausende von Indígenas steigen begleitet von Tänzern zur Schneegrenze des Nevado Ausangate, um den Apus (Berggeistern) zu huldigen
24.6. – **Inti Raymi** (Cusco), Inka-Sonnenwendfeier in der Festung Sacsahuyamán mit Tausenden Zuschauern

Juli

28.7. – **Día de la Independencia** (landesweit), Unabhängigkeitstag mit Paraden und anderen Aktivitäten

August

30.8. – **Santa Rosa de Lima** (Lima), Fest zu Ehren der Schutzpatronin der Hauptstadt

September

Letzte Woche – **Festival Internacional de Primavera** (Trujillo), internationales Frühlingsfest mit Tänzen, Konzerten und Umzügen

Oktober

18. Oktober – **Señor de los Milagros** (Lima), große Prozession zu Ehren des „Herrn der Wunder"

November

1.–2.11. – **Todos los Santos** (landesweit), an Allerheiligen und Allerseelen werden traditionell Blumen und Essen auf die Friedhöfe gebracht

Dezember

24.–25.12. – **Navidad** (landesweit), Weihnachten

Feste in Westbolivien s. S. 617, La Paz.

Frauen

Von Gleichberechtigung sind die Gesellschaften Perus und Boliviens noch weit entfernt, und auch Ansätze feministischer Bewegungen – vornehmlich in den Hauptstädten – haben daran bislang nicht viel ändern können. Dennoch können Frauen in Peru und Bolivien im Großen und Ganzen stressfrei reisen. Von gelegentlichen Zurufen und Pfiffen sollten sie sich nicht aus der Ruhe bringen lassen; die einheimischen Frauen ignorieren dies schlichtweg. Indessen spielt die Kleidung eine nicht unerhebliche Rolle, wenn es darum geht, sich Männer „vom Leib" zu halten. Aufreizende Kleidung wird leicht als Aufforderung zum Flirt interpretiert. Weibliche Reisende, die die Knie bedeckt halten und einen BH tragen, werden seltener Opfer von Belästigungen.

Mit Spanischkenntnissen lassen sich potenziell unangenehme Begegnungen weiter entschärfen, da ein Hinweis auf den Freund, Ehemann oder Bruder aufdringliche Männer zum Rückzug veranlasst. Auch ein paar klare Worte in der Landessprache, die deutlich machen, dass man in Ruhe gelassen werden möchte, verfehlen selten ihre Wirkung. So kann sich frau verbal wehren: *Déjeme en paz!* (Lassen Sie mich in Frieden!), *Vayase!* (Hauen Sie ab!), *No me moleste!* (Belästigen Sie mich nicht!), *No me toque!* (Fassen Sie mich nicht an!).

Freiwilligenarbeit

Immer mehr Reisende, darunter zunehmend junge Leute, möchten sinnvoll reisen und ihren Trip mit einem Freiwilligendienst verbinden. Dazu bieten Peru und Westbolivien zahlreiche Möglichkeiten. Einige davon werden in diesem Buch vorgestellt. Wer direkt Kontakt mit diesen Organisationen aufnimmt, kann viel Geld sparen. Vermittler im Internet verlangen hohe Preise, kümmern sich dafür aber auch um alles Organisatorische. Um den Organisationen vor Ort unnötigen Verwaltungs- und Arbeitsaufwand zu ersparen und Enttäuschungen vorzubeugen, sollten sich Interessenten im Vorfeld gut über das Thema Freiwilligenarbeit auf Webseiten wie www.wegweiser-freiwilligenarbeit.com oder www.freiwilligenarbeit.de informieren. Auf junge Leute zwischen 18 und 28 Jahren ausgerichtet ist der staatlich geförderte Freiwilligendienst Weltwärts, weltwaerts.de. Wer Erfahrungen auf einem Biobauernhof in Peru oder Westbolivien sammeln möchte, findet entsprechende Angebote unter www.wwoof.net.

Nachfolgend ein Überblick über Freiwilligenprojekte in Peru und Westbolivien:

Projekte in Peru

Cabanaconde, Pachamama Hostel (Mitarbeit im Hostel), S. 348
Cajamarca, Projekt Cajamarca (verschiedene Projekte), S. 532
Chachapoyas, International Language Center (Sprachunterricht), S. 547
Chanchamayo, Asháninka Perú (Umweltschutz, Bildung), S. 424
Cusco, Healing House (spiritueller Aufenthalt), S. 235
Cusco, Fair Services (Sozialarbeit, Arbeit mit Kindern), S. 237
Huancayo, Incas del Peru (Kinderheime, Schulen, Waisenhäuser), S. 400
Huanchaco, Fairmail (Fotografieunterricht für peruanische Jugendliche), S. 462
Ica/Oase Huacachina, EcoDunas Huacachina (Müllsammelaktion), S. 377
Iquitos, Isla de Monos (Affenpflege), S. 576
Iquitos, Centro de Rescate Amázonico (Tierpflegestation), S. 577
Iquitos, Pilpintuwasi (Schmetterlingsfarm), S. 576
Manu, Palmaceda-Projekt (Naturschutz, Bäume pflanzen), S. 290
Ollantaytambo, Awamaki (Textildesign, Marketing, Tourismus), S. 261
Puerto Maldonado, Wasai (Naturschutz, Aufforstung, Ökotourismus), S. 292
Puerto Maldonado, Amazon Shelter (Tierpflegestation), S. 296
Puerto Maldonado, Projects Abroad (Taricaya-Naturschutzgebiet), S. 294

Projekte in Westbolivien

Coroico, La Senda Verde Animal Refuge (Tierpflegestation), S. 636
Coroico, Uchumachi, Govardhan (verschiedene Projekte, holistischer Lebensansatz), S. 640
Sorata, El Vergel Ecolodge (Permakulturprojekt), S. 641

Projekte privater Organisationen in Peru

Zahlreiche private NGOs (darunter auch einige deutsche), die Projekte in Peru unterhalten und nicht im Buch beschrieben werden, ermöglichen ebenfalls Freiwilligenarbeit:
amntena e. V., www.amntena.de (Projekte in Peru, Bolivien und Chile)
Asociación Cultural Peruana „CHASQUI" e. V., www.elchasqui.de
Chaskawasi, www.chaskawasi-manu.org (Nähe Nationalpark Manu)
Color Esperanza, www.coloresperanza.de (Freiwilligendienst für peruanische Jugendliche in Deutschland)
El Buen Samaritano, www.ebsev.de (Lima)
Erzbischöfliches Seelsorgeamt, Fachstelle Internationale Freiwilligendienste, www.fif.kja-freiburg.de (u.a. Peru)
Freundeskreis Peru Amazonico e. V., www.peru-amazonico.de (Projekt in Peru)
Internationaler Verband Westfälischer Kinderdörfer e. V., www.ivwk.de (Projekt in der Nähe von Lima)
Manthoc Cajamarca, www.foerderverein-manthoc-cajamarca.de (Cajamarca)
Manu, CREES (Naturschutz), www.crees-manu.org (Projekte im Nationalpark Manu)
San Blas Spanish School, www.spanishschoolperu.com/voluntary.php (Projekte in Cusco und Umgebung)
Seeds of Hope, www.seedsofhope.pe (Kinderprojekt in Huaraz)
Volunteers Peru, www.volunteersperu.org (Projekte in Arequipa und im Cotahuasi-Canyon)
Welthaus Bielefeld, www.welthaus.de/auslandsprojekte/peru/start (Projekte in Peru)

Geld

Währungen

Peru: 1991 löste der **Nuevo Sol** den **Inti** ab und ist bis heute die peruanische Landeswährung geblieben. Im Umlauf sind Banknoten im Wert von 10, 20, 50, 100 und 200 Nuevo Soles sowie Münzen zu 1, 2, 5 Nuevo Soles und Münzen zu 50, 20, 10 und 5 Centavos.

Bolivien: Die bolivianische Landeswährung **Boliviano** löste 1986 den inflationsgepeinigten Peso ab. Erhältlich sind Geldscheine im Wert von 200, 100, 50, 20, 10 und 5 Bolivianos sowie Münzen zu 1 und 2 Bolivianos. Darüber hinaus sind Münzen zu 50, 20, 10 und 5 Centavos im Umlauf.

Bargeld

Trotz des höheren Risikos (Diebstahl, Verlust) sollte man immer einen kleinen Bargeldbetrag *(Dinero en efectivo)* bei sich haben. In beiden Ländern wird der **US-Dollar** neben den jeweiligen Landeswährungen akzeptiert, weshalb man für eine Reise nach Peru und Bolivien unterschiedliche Zahlungsmittel (auch US-Dollar und Euro) mitnehmen sollte. Von Vorteil ist es, auch kleinere Stückelungen (Ein- und Fünf-Dollar-Noten) in der Geldbörse zu haben, mit denen man bezahlen kann, wenn die einheimische Währung ausgeht. Abgegriffene, bekritzelte oder eingerissene Geldscheine (besonders US-Dollar) werden oft nicht akzeptiert, aber auch ganz und gar „fabrikneue" erregen Misstrauen. Der **Euro** kann inzwischen in den Hauptstädten und größeren Touristenzentren getauscht werden – wenn auch meist zu einem schlechten Kurs. Kleine Scheine in der Landeswährung sind vor allem auf dem Land sehr hilfreich, da fast niemand über ausreichend Wechselgeld verfügt.

Geldwechsel

Bargeld kann in beiden Ländern bei Banken, Wechselstuben, in einigen Geschäften und bei autorisierten Geldwechslern getauscht werden *(Casa de Cambio)*. Die **Banco de la Nación** sollte man jedoch meiden, da dort ein Großteil des öffentlichen Zahlungsverkehrs abgewickelt wird und mit entsprechend langen Wartezeiten zu rechnen ist. Am schnellsten und sichersten tauscht man sein Geld in Wechselstuben, die meist bessere Kurse als die Banken anbieten. Auf jeden Fall sollte man aber den Zustand der Geldscheine überprüfen und sich gegebenenfalls besser erhaltene Banknoten geben lassen.

Die Banken in **Peru** haben in der Regel Mo–Fr von 9–18 und Sa von 9–13 Uhr geöffnet. In **Bolivien** sind die Geldinstitute meist Mo–Fr von 8.30–12 und 14.30–17 Uhr sowie am Samstagvormittag geöffnet. Einige Banken haben auch durchgehend geöffnet. Die Wechselstuben haben ähnliche Öffnungszeiten.

Vor vielen Banken bieten autorisierte Geldwechsler ihre Dienste an. Die meisten von ihnen sind seriös, aber natürlich finden sich auch schwarze Schafe unter ihnen. Da ihr Kurs nur unwesentlich höher liegt als der Kurs der Banken und Wechselstuben, sollte man nur im Notfall auf die Straßenhändler zurückgreifen. Wer dennoch das Geldwechseln auf der Straße und den damit möglicherweise günstigeren Wechselkurs vorzieht, sollte die Operation langsam durchführen, die Scheine kontrollieren und das Geld gut nachzählen!

Geld sicher abheben

Da es vorgekommen ist, dass Geldautomaten Geldbeträge abrechnen, aber nicht auszahlen, sollte man Abhebungen an Geldautomaten während der Öffnungszeiten der Bank vornehmen. So kann man direkt in der Bank Bescheid geben. Zudem sollte man sich die Uhrzeit, das Datum und den Betrag der misslungenen Transaktion notieren und umgehend seine Bank in Deutschland von dem Vorfall unterrichten. In der Regel wird das Geld recht schnell und unbürokratisch wieder dem Konto in Deutschland gutgeschrieben. Aus Sicherheitsgründen sollten für das Abheben von Bargeld Geldautomaten im Inneren einer Bank bevorzugt werden.

Reiseschecks

Immer weniger Touristen reisen mit Travellerschecks und immer weniger Stellen akzeptieren sie. American Express und Thomas Cook haben die Ausgabe in Deutschland bereits vor Jahren eingestellt. Doch davor ausgestellte Reiseschecks bleiben weiter gültig.

In Peru sind Reiseschecks von **American Express** unter anderem bei den Interbank-Wechselstuben an den Flughäfen Lima und Cusco einlösbar, in Westbolivien nur in La Paz in Filialen der Banco Bisa und der Wechselstube Sudameris. Die Adressen und weitere Annahmestellen finden sich unter 💻 www.aetclocator.com.

Wechselkurse

Peru

1 €	=	3,70 S/.	1 S/.	=	0,25 €
1 sFr	=	3,45 S/.	1 S/.	=	0,30 sFr
1 US$	=	3,40 S/.	1 S/.	=	0,30 US$

Bolivien

1 €	=	7,40 Bs.	1 Bs.	=	0,13 €
1 sFr	=	6,80 Bs.	1 Bs.	=	0,15 sFr
1 US$	=	6,70 Bs.	1 Bs.	=	0,15 US$

Aktuelle Wechselkurse unter 💻 www.oanda.com/lang/de/currency/converter

Kreditkarten

Kreditkarten *(Tarjetas de crédito)* sind in Peru und Bolivien weit verbreitet. Ebenso wächst das Netz der Bankautomaten, an denen man mit ihnen Geld abheben kann. Dennoch sollte man sich nicht ausschließlich auf seine Plastikkarte verlassen, denn kleine Geschäfte oder Pensionen akzeptieren sie oft gar nicht oder nur gegen einen kräftigen Aufschlag. Bankautomaten können defekt oder leer sein, und wenn der Magnetstreifen der Karte beschädigt ist, geht nichts mehr. Trotzdem ist eine Kreditkarte überaus hilfreich. Alle Autovermietungen fordern sie als Sicherheit, und auch Privatkliniken nehmen Patienten oftmals nur gegen Vorlage einer Kreditkarte auf. Wer seine Rechnungen mit Kreditkarte begleicht, zahlt zusätzlich mindestens 1 % des Rechnungsbetrags an den Kreditkartenaussteller. Banken, die Kreditkarten ausstellen, mit denen man weltweit kostenlos Geld abheben kann, finden sich beispielsweise unter 💻 www.reisekreditkarten-vergleich.de.

Ein kleiner Vorrat an Kleingeld ist in Peru und Bolivien immer nützlich.

Oftmals werden beim Bezahlen mit Kreditkarte vom Verkäufer willkürlich mehrere Prozent auf den Kaufpreis hinzugerechnet (vor allem in kleineren Reiseagenturen und Geschäften), sodass es billiger sein kann, Geld mit der Kreditkarte abzuheben und dann bar zu bezahlen.

Die gängigsten Karten in Peru und Bolivien sind **Visa** und **Master-/Eurocard**. American Express und Diners Club werden deutlich seltener akzeptiert (Repräsentanzen in Peru, S. 176). Barabhebungen mit **EC-Karte** des Maestro-Systems sind nur eingeschränkt möglich, mit EC-Karten des „V-Pay"-Systems gar nicht.

Prepaid-Kreditkarten

Noch recht neu sind aufladbare Kreditkarten, mit denen man weltweit Geld abheben kann. Sie werden inzwischen von einigen Banken und Kreditkarteninstituten angeboten. Man kann die Karten ohne Bonitätsprüfung erwerben und ohne ein Konto bei der entsprechenden Bank zu besitzen. Für das Ausstellen der Karte und das Abheben an Geldautomaten werden Gebühren erhoben, die sehr unterschiedlich sein können (Preis- und Leistungsvergleiche unter 💻 www.kostenlose-kreditkarten.net/prepaid-kreditkarten.html).

Geldautomaten

Das Abheben von Bargeld vom Geldautomaten (*Caja automática* oder *Cajero automático*) gehört in aller Welt zum Alltag. Die Automatendichte ist stark gestiegen und inzwischen kann man damit rechnen, neben den Hauptstädten auch in den meisten Provinzhauptstädten Kreditkartenautomaten vorzufinden. In Peru kann man an so gut wie allen Geldautomaten wahlweise in der Landeswährung Nuevo Sol und/oder US-Dollar abheben. Die Gebühr beträgt für Kreditkarten rund 4 %. Hinzu kommt das Entgelt der Hausbank für den Auslandseinsatz, bei der EC-Karte ist es abhängig von den Konditionen der Bank, bei der abgehoben wird, liegt aber etwa bei 5–10 €. Auf den Automaten sind die Logos der Kreditkarten angebracht, die akzeptiert werden. An Geldautomaten mit dem Maestro-Zeichen kann auch mit EC-Karte abgehoben werden. Ohne lokale Gebühren zu zahlen, kann man in Peru bei der **Banco de la Nación** (max. 400 S/. pro Abhebevorgang) und der **Banco de Crédito** (max. 700 S/.) mit der Kreditkarte Geld abheben. In Bolivien ist dies – kartenabhängig – bei der Mercantil Santa Cruz und der Banco Nacional de Bolivia (BNB) möglich. Der maximale Geldbetrag pro Abhebevorgang liegt meist bei 2000 Bs. Leser berichten, dass man an einem der Bankautomaten der BNB-Filiale in La Paz, Calle Camacho 1312, Ecke Colón, auch etwas größere Mengen US-Dollar bekommt.

Kreditkarten

Kartensperrung im Ausland

EC-Karte, Mastercard, Visa- und American-Express-Karte der meisten Banken lassen sich aus dem Ausland beim **Sperrnotruf**, 💻 www.sperr-notruf.de, unter der gebührenpflichtigen Nummer ✆ +49-30-40504050 oder ✆ +49-116116 sperren (Kontonummer, Kartennummer und Bankleitzahl bereithalten). Auch die Online Banking- und E-Mail-Accounts einiger Anbieter oder Mobilfunkkarten lassen sich hier sperren.

Die Postbank, die nicht am Notrufsystem teilnimmt, hat folgende Sperrnummer: ✆ +49-228-5500 5500.

Unter 💻 www.kartensicherheit.de gibt es viele Tipps rund um die Sicherheit von Kreditkarten. Man kann sich dort einen „SOS-Info-Pass" und eine Sperr-App herunterladen.

Aufpassen beim Bezahlen mit der Kreditkarte

Die Kreditkarte sollte beim Bezahlen möglichst nicht aus den Augen gelassen werden, damit kein zweiter Kaufbeleg erstellt werden kann, auf dem später die Unterschrift gefälscht wird! Sie darf auch niemals in einem Safe, der auch anderen zugänglich ist, verwahrt werden. Viele Reisende mussten zu Hause den Kontoauszügen entnehmen, dass während ihrer Abwesenheit hemmungslos „eingekauft" worden war.

Überweisungen

Am schnellsten überweist man online über **Moneygram**, 💻 www.moneygram.com, oder **Western Union**, 💻 www.westernunion.com. Kurz nach Einzahlung bei einer heimatlichen Zweigstelle kann der Begünstigte das Geld in Peru bzw. Bolivien in Empfang nehmen.

Gepäck

Wer überwiegend mit öffentlichen Verkehrsmitteln unterwegs ist und längere Strecken zu Fuß zurücklegen will, reist am besten mit **Rucksack**. Kameras können in **Fototaschen** verstaut werden, die möglichst nicht von außen auf den wertvollen Inhalt schließen lassen. Sie sollten aus festem Material bestehen (nicht aufschlitzbar), gut verschließbar sein und Platz für weiteres Handgepäck haben. Praktisch ist ein **Stoffbeutel** für Einkäufe auf lokalen Märkten. Er hilft zudem, den ausufernden Plastikmüll zu reduzieren. Wer nicht ständig Plastikflaschen auf seiner Reise kaufen möchte, sollte eine **Trinkflasche** im Gepäck haben. Diese lässt sich in vielen Hotels und Restaurants mit sauberem Trinkwasser auffüllen.

Bei vielen Busfahrten liegt das Gepäck oben auf dem Bus und ist Wind, Wetter und dem rauen Umgang durch das Buspersonal ausgesetzt. Empfehlenswert ist daher ein **Rucksackschutz** in Form eines Seesacks oder einer stabilen Plastikhülle. Manche dieser Schutzhüllen sind zudem abschließbar, was zusätzlich vor Diebstahl schützt. Zunehmender Beliebtheit erfreuen sich abschließbare Drahtnetze, die über den Rucksack gezogen werden.

Wertsachen sichern

Den **Reisepass**, das **Flugticket** und andere wichtige Dokumente zu Hause einscannen und die Datei an die eigene E-Mail Adresse schicken – so hat man immer Zugriff auf die Kopie, falls ein Dokument abhanden kommt.

Wertsachen wie Geld, Pässe, Schecks und Flugtickets immer dicht am Körper aufbewahren. Ideal hierfür ist ein Geldgürtel, eine eingenähte Hosentasche mit Reißverschluss oder ein Hüftgurt aus Baumwolle, den man unauffällig unter Hosen und Kleidern tragen kann. Wichtig: Wertsachen zusätzlich durch eine Plastikhülle gegen Feuchtigkeit schützen!

Gesundheit

Obwohl Peru und Bolivien zu den sogenannten Entwicklungsländern zählen, sind die Standards im Bereich Hygiene und Gesundheit vor allem in Lima und La Paz und in touristischen Gebieten hoch. Ratsam ist, gesundheitliche Risiken zu minimieren, das heißt: nur versiegeltes oder lang genug abgekochtes Wasser trinken, Obst schälen, auf rohe und nicht ausreichend gekochte oder gebratene Speisen verzichten und sich vor Mückenstichen schützen. Zudem sollte man den gesunden Menschenverstand walten lassen und angetaute Eiscreme, Pommes im Uraltfett und übel riechende Speisen liegen lassen. Ein Restrisiko bleibt. Wer jedoch ständig darüber grübelt, was man sich alles einfangen kann, vermiest sich den Urlaub. Schließlich lernt man ein neues Land und dessen Kultur auch über die Geschmacksnerven kennen. Siehe auch „Reisemedizin zum Nachschlagen", S. 665.

Gesundheitsvorsorge

Es ist ratsam, sich rechtzeitig im Voraus um einen ausreichenden **Impfschutz** zu kümmern, vor allem den Basisimpfschutz aufzufrischen, wenn seit der letzten Impfung mehr als zehn Jahre vergangen sind. Da die Impfungen bis zu acht Wochen vor Abflug erfolgen müssen, empfiehlt es sich, frühzeitig den Hausarzt oder ein **tropenmedizinisches Institut** (Deutschland 💻 www.dtg.org/institut.html, Österreich 💻 www.tropeninstitut.at, Schweiz 💻 www.swisstph.ch) zu konsultieren. Medizinischen Rat für Reisen in die Tropen bietet auch das Internet, z. B. die Websites 💻 www.crm.de und 💻 www.die-reisemedizin.de.

Sehr zu empfehlen sind die üblichen Schutzimpfungen gegen Tetanus (Wundstarrkrampf),

Notfallkit

- ☐ **Antibiotikum** gegen bakterielle Infektionen
- ☐ **Antiseptikum** zur Desinfektion von Wunden
- ☐ **Wund- und Heilsalbe**
- ☐ **Ibuprofen** oder **Paracetamol** gegen Schmerzen und Fieber
- ☐ **Augentropfen** gegen Bindehautentzündung
- ☐ **Loperamid** gegen Durchfall
- ☐ **Elotrans** zur Rückführung von Mineralien
- ☐ **Antimykotikum** gegen Pilzinfektionen
- ☐ **Verbandzeug**
- ☐ **Fieberthermometer**

Wer regelmäßig Medikamente nehmen muss, sollte einen Vorrat mitbringen. Nicht geeignet sind Zäpfchen und andere hitzeempfindliche Medikamente.

Diphtherie, Polio, Typhus und Hepatitis A, bei Aufenthalt von mehr als drei Monaten auch gegen Hepatitis B. Manche Ärzte raten außerdem zum Impfschutz gegen Tollwut (S. 671). Alle Impfungen werden in einen **Internationalen Impfausweis** eingetragen, der zu den Reiseunterlagen gehört und bei der Einreise auf dem Landweg vorzulegen ist.

Obwohl **Peru** momentan keine Impfungen bei der Einreise verlangt, ist es sinnvoll, sich für Aufenthalte im Amazonasgebiet gegen **Gelbfieber** (S. 667) immunisieren zu lassen. Falls man aus einem gefährdeten Gebiet (z. B. Brasilien, Bolivien) einreist und/oder zwischen dem peruanischen und bolivianischen Amazonasgebiet hin und her reist, können die Behörden den Nachweis einer Gelbfieberimpfung verlangen und gegebenenfalls vor Ort anordnen. Unabhängig davon sollte sich jeder vor einem Besuch der Amazonasregion schon in Europa gegen Gelbfieber impfen lassen. Die Impfung (Schutz auf Lebenszeit) wird von den meisten Tropeninstituten durchgeführt, im internationalen Impfpass vermerkt und sollte spätestens zehn Tage vor der Einreise erfolgen. Den Impfpass (und eine Kopie) sollte man auf jeden Fall auf die Reise mitnehmen.

Reisende (Kinder über 1 Jahr), die Gebiete **Boliviens** besuchen, in denen Gelbfieber-Gefahr herrscht (Tiefland östlich der Anden), müssen seit 2017 eine Gelbfieberimpfung nachweisen. Bei Ausreise aus Bolivien muss jeder eine solche Impfung nachweisen, wenn er in ein Land ausreist, in dem es ebenfalls Endemiegebiete gibt.

2016 traten auch in Peru und Bolivien erste Fälle des **Zika-Virus** auf. Mückenschutz (auch tagsüber) ist in Höhen unter 2000 m daher angeraten. Besonders schwangere Frauen sollten sich vor Mückenstichen schützen. Eine Impfung, eine Chemoprophylaxe oder eine spezifische Therapie stehen derzeit nicht zur Verfügung. Mehr zum Zika-Virus auf S. 671.

Die Prophylaxe gegen **Malaria** (S. 669) beginnt bereits vor der Einreise in gefährdete Gebiete.

Medizinische Versorgung

Apotheken *(farmacias* oder *bóticas)* gibt es in Peru und Bolivien wie Sand am Meer. In entlegenen Gegenden ist die Auswahl an Medikamenten allerdings begrenzt. In den Großstädten Lima und La Paz haben einige **Apotheken** 24 Stunden geöffnet und bieten einen Lieferdienst frei Haus. Bei leichteren Gesundheitsproblemen sind sie die erste Anlaufstelle. Man sollte sich möglichst vom Besitzer oder Geschäftsführer bedienen lassen, da diese über besseres Fachwissen als manche Angestellte verfügen. Die Chance, dass sie ein paar Brocken Englisch sprechen oder einen guten Arzt empfehlen können, ist ebenfalls deutlich höher.

Im Allgemeinen sind gängige **Arzneimittel** wie Schmerztabletten billiger als in Deutschland, wogegen selten verkaufte Mittel und auch Antibiotika recht teuer sein können. Beim Kauf von Medikamenten auf das Verfallsdatum und die Unversehrtheit der Packung achten und den Inhalt auf Vollständigkeit prüfen. Gute Apotheken machen dies allerdings von sich aus. In vielen Apotheken erhält man nur die benötigte Anzahl Tabletten ohne die Verpackung. In diesem Fall sollte man sich den Beipackzettel in der Apotheke zeigen lassen. Wer spezielle Medikamente benötigt, sollte diese in ausreichender Menge von zu Hause mitbringen.

Ärzte und Krankenhäuser

Wenn möglich, sollte man sich bei einem Notfall in den Hauptstädten behandeln lassen. Hier gibt es ausgezeichnete **Privatkliniken** und viele in den USA ausgebildete Ärzte. Der Standard ist im privaten Bereich durchaus auf deutschem Niveau. Die deutsche Botschaft in Lima und La Paz verfügt über eine **Ärzteliste**. Auch in den Touristenzentren und in größeren Städten ist die medizinische Versorgungslage noch zufriedenstellend. Für einen Krankenhausaufenthalt in einer Privatklinik empfiehlt sich eine Kreditkarte, ohne die man möglicherweise nicht aufgenommen wird. Adressen von Ärzten und Kliniken finden sich im Reiseteil des jeweiligen Ortes.

In entlegeneren Gebieten täuschen **Provinzkrankenhäuser** und **Gesundheitsstationen** *(puesto de salud)* über die prekäre Situation des Gesundheitswesens auf dem Lande hinweg. Oftmals fehlt es hier sogar an Verbandszeug oder Spritzen. Privatpraxen werden hier von teils dubiosen Quacksalbern geführt, denen der eigene Geldbeutel wichtiger als die Gesundheit ihrer Patienten ist. Zahnärzte auf dem Land sollten nur in absoluten Notfällen aufgesucht werden. Bezahlt wird sofort und in bar. Es ist ratsam, sich eine Bestätigung mit genauer Auflistung der Leistungen geben zu lassen.

Informationen

Da weder Peru noch Bolivien Fremdenverkehrsämter in Europa unterhalten, haben die jeweiligen Botschaften (S. 41) diese Aufgaben mit übernommen. Das von dort aus versendete Infomaterial (gegen frankierten DIN-A4-Umschlag) ist allerdings recht dürftig.

Fremdenverkehrsämter

Das peruanische Tourismusministerium *(Ministerio de Turismo)* betreut Besucher über seinen Ableger **PromPerú** (Kommission der Förderung Perus). PromPerú unterhält mit qualifiziertem Personal ausgestattete Informationsstellen mit Namen **I-Perú** in zahlreichen Städten des Landes. Die Adressen finden sich bei den jeweiligen Städten unter „Sonstiges/Informationen" oder im Internet unter 💻 www.peru.travel/iperu.aspx. In Bolivien ist das **Ministerio de Culturas y Turismo**, 💻 www.minculturas.gob.bo, für die Betreuung von Touristen zuständig.

Im Internet

Peru

💻 **www.andeantravelweb.com/peru**
Englischsprachige Website, die viele gute Infos zum Reisen in Peru bietet, u. a. Informationen zu Reiseveranstaltern, Trekking, digitale Karten.

💻 **www.infostelle-peru.de**
Die Informationsstelle Peru wurde 1989 von Peru-Solidaritätsgruppen gegründet. Der Verein bietet Hintergrundberichte sowie Themen der Solidaritätsarbeit und unterstützt Menschenrechtsgruppen.

💻 **www.liportal.de/peru**
Länderinformationsportal der Gesellschaft für Internationale Zusammenarbeit (GIZ)

💻 **www.perulinks.com/pages/german**
Vielseitiges Portal zum Land inkl. Tourismusinfo, auch auf Deutsch.

💻 **www.peru.travel**
Website von PromPerú, dem peruanischen Fremdenverkehrsbüro, auch auf Deutsch.

Bolivien

💻 **www.bolivia.com**
Umfangreiches Infoportal in spanischer Sprache mit Tourismuslink (Turismo).

💻 **www.boliviaweb.com**
Vielseitiges Portal zum Land inkl. Tourismusinfo in englischer Sprache.

💻 **www.liportal.de/bolivien**
Länderinformationsportal der Gesellschaft für Internationale Zusammenarbeit (GIZ)

Weitere Websites zu Bolivien s. „La Paz/ Informationen“, S. 617

Lateinamerika

Aktuelle Nachrichten zu Lateinamerika gibt es auf den Plattformen 💻 www.latinapress.com, 💻 www.npla.de/poonal und bei der Informationsstelle Lateinamerika, 💻 www.ila-bonn.de.

Neue Medien, soziale Netzwerke und Blogs

💻 **www.couchsurfing.org**
Kostenloses Netzwerk, dessen Mitglieder entweder eine kostenlose Unterkunft auf Reisen finden möchten oder selbst eine Unterkunft anbieten.

💻 **www.info-peru.de**
Website mit Blog, die umfassend über Reisemöglichkeiten in Peru informiert.

💻 **www.philipplaage.de/category/suedamerika**
Unterhaltsam geschriebene Geschichten, auch zu Peru und Bolivien.

💻 **www.stefan-loose.de**
Im Globetrotterforum und bei den Updates gibt es aktuelle Tipps zu Peru und Westbolivien.

Jobben

Wer nicht von einer deutschen Firma oder Organisation mit einem Arbeitsvertrag nach Peru oder Bolivien geschickt wird, darf offiziell ohne Arbeitserlaubnis *(permiso de trabajo)* nicht arbeiten. Ohnehin darf man aufgrund des niedrigen Lohnniveaus an die Vergütung keine hohen Erwartungen stellen. Am ehesten bekommt man noch einen Job als Bedienung in einem Restaurant oder einer Kneipe, die von Ausländern frequentiert wird. Deutschunterricht zu geben, lohnt sich nur bei guten Kontakten. Die Chance, bei einer Entwicklungshilfeorganisation vor Ort arbeiten zu können, ist relativ gering. Am einfachsten findet man eine Stelle in der ehrenamtlichen **Freiwilligenarbeit** *(trabajo voluntario)*, s. S. 53.

Aktuelle Sicherheitslage

Die **Außenministerien** bieten unter folgenden Websites Sicherheitshinweise, Reiseinformationen und Auskunft über Krisengebiete:
Deutschland 💻 www.auswaertiges-amt.de
Österreich 💻 www.bmeia.gv.at
Schweiz 💻 www.eda.admin.ch

Kinder

Eine Reise nach Peru und Bolivien mit Kindern kann zu einem sehr schönen Erlebnis werden, sofern man sich entsprechend vorbereitet und einige Einschränkungen in Kauf nimmt. Beide Länder haben eine hohe Geburtenrate aufzuweisen, und Kinder sind immer und überall zu sehen. Die Einheimischen sind Kindern gegenüber sehr tolerant; sie werden so gut wie nie als störend empfunden. Oftmals kommt man durch die eigenen Kinder mit einheimischen Eltern ins Gespräch, und auch die Kinder selbst finden leicht Kontakt.

Buchtipp: *Reisen mit Kindern, 11 Blogger verraten ihre besten Tipps* (World for Kids, 2019).

Gepäck

Wer mit Kindern reist, hat beim Gepäck oft die Qual der Wahl. Flasche, Milchpulver, Windeln und Wäsche brauchen viel Platz. Eine solide Kindertrage mit Hüftgurt, die auf den Rücken geschnallt wird, ist einem Kinderwagen vorzuziehen. Babyflaschen und Milchpulver gibt es vor Ort, Babynahrung aus Gläsern und Wegwerfwindeln bekommt man dagegen nur in den großen Städten und Tourismuszentren. Kinderkleidung kann auch unterwegs gekauft werden (auf reine Baumwolle achten!). Eine gute Idee ist ein eigener kleiner Spielzeugrucksack,

Sicher im Flugzeug

Für Kinder über zwei Jahren muss ein eigener Sitzplatz gebucht werden, der etwas günstiger ist als der für Erwachsene. Doch die Sitze sind nicht für Kinder gemacht – auch nicht der Sicherheitsgurt. Immer öfter ist es möglich, einen **Autokindersitz** mit in den Flieger zu nehmen und die Kleinen kindgerecht anzuschnallen. Geeignete Kindersitze (z. B. von den Herstellern Maxi Cosi, Römer oder Kiddy) sind am TÜV Rheinland-Zeichen mit dem Hinweis „For use in aircraft" erkennbar. Auch für Babys unter zwei Jahren lohnt es sich, einen Platz zu buchen: Im eigenen Sitz angeschnallt, erhöht sich ihre Sicherheit um ein Vielfaches. Vor Ort bietet der Kindersitz zudem Schutz bei Autofahrten. Man kann ihn aber auch im Flughafen für die Dauer des Urlaubs in Verwahrung geben. Leider lassen bisher noch nicht alle Gesellschaften einen solchen Sitz zu und die, die es tun, verlangen eine Voranmeldung (eine Bestätigung sollte man sich schriftlich geben lassen). Alle anderen Systeme, etwa das Festschnallen des Kindes auf dem Schoß der Eltern, sind nachweislich untauglich. **Weitere Infos** finden sich unter 💻 www.tuv.com/de/deutschland/home.jsp (in der Suchmaske „Kindersitze" eingeben).

den die Kinder selbst packen und tragen können. Weitere essenzielle Sachen für Kinder auf Reisen s. Kasten.

Anreise mit dem Flugzeug

Der lange Flug und die Zeitverschiebung können für die Familie zur ersten Belastungsprobe werden. Wer aber Wartezeiten auf den Flughäfen geschickt nutzt, kann sich während des Fluges eine Menge Stress sparen. In den Wasch- bzw. Mutter/Kind-Ruheräumen können die Kinder gewaschen und umgezogen werden und ihre Zähne putzen. Kinder sind froh, wenn sie unter Aufsicht auf dem Flughafen herumrennen und sich austoben dürfen. Renommierte Fluggesellschaften (im Gegensatz zu Billiganbietern) behandeln Reisende mit Kleinkindern bevorzugt. Sie lassen sie vor den übrigen Passagieren ein- und aussteigen, verteilen Kinderbettchen für Säuglinge und servieren Kindermenüs, bevor die übrigen Passagiere bedient werden. Auch mit Spielen und Bastelmaterial wird den Kleinen der lange Flug verkürzt. Eine möglichst frühzeitige Kontaktaufnahme mit dem Flugpersonal ist empfehlenswert. Für den Fall einer Verspätung oder eines verpassten Anschlussflugs sollte man eine „Notausrüstung" mit Windeln, Babynahrung und Wäsche zum Wechseln mit sich führen.

Nicht nur einheimische Kinder sind in Peru und Bolivien gern gesehene Gäste.

© FRANK HERRMANN

Im Land

Nach der Ankunft benötigen Kinder genügend Zeit, um sich an die neue Umgebung zu gewöhnen. Wenn sie nicht hitzeempfindlich sind, können sie alle Gegenden Perus und Boliviens besuchen. Gut geeignete Orte für Familien mit Kindern sind naturgemäß die Touristenzentren, in denen es **Hotels** gibt, die auf Eltern mit Kindern eingestellt sind. Wichtig ist, die Kinder vor Mückenstichen zu bewahren, nach dem Baden im Meer oder im Swimmingpool ausgiebig zu duschen und eventuelle Wunden (auch kleine) sorgfältig zu desinfizieren. Wer mit Kindern reist, muss nicht unbedingt in teuren Nobelherbergen absteigen. Viele Mittelklassehotels sind sauber, gepflegt und haben ausreichend große Zimmer. Gegen einen geringen Aufpreis wird ein zusätzliches Bett im Zimmer aufgestellt. Ein Zimmer im Erdgeschoss mit Zugang zum Innenhof ist sicherlich angenehmer als eines im zweiten Stock.

Kinder bekommen in Peru und Westbolivien bei allen Sehenswürdigkeiten **ermäßigten Eintritt**. Das gilt auch für Busfahrten. Bezüglich des Alters gibt es jedoch keine allgemeine Regelung.

Peruanisches und bolivianisches **Essen** ist normalerweise nicht scharf und die Auswahl ist zumindest in den Touristenzentren ausreichend. Obst und Fruchtsäfte gibt es reichlich, und viele Restaurants bereiten den Kleinen auch gern etwas außerhalb der Speisekarte zu. Sorgen wegen der Tischmanieren sind unbegründet, denn selbst Tischnachbarn ohne Kinder zeigen sehr viel Nachsicht. Wer nicht ständig im Restaurant essen gehen möchte, kann die Kleinen mit einem Picknick begeistern. Natürlich sollten sie auch zum Einkaufen mitgenommen werden.

Bei **Feierlichkeiten** in größeren Städten gehen viele Peruaner und Bolivianer mit ihren Kindern am frühen Abend auf die Straße und vergnügen sich an Imbissbuden und Fahrgeräten. Der Kontakt ist garantiert.

Selbstverständlich sollte es sein, die Kinder so weit wie möglich in das Urlaubsgeschehen mit einzubeziehen. Das beginnt bei der Reiseplanung zu Hause und endet mit der Ausflugsplanung vor Ort.

Nicht vergessen

- ☐ **(Kinder)Reisepass**
- ☐ **Impfpass**
- ☐ **SOS-Anhänger** mit allen wichtigen Daten
- ☐ **Kleidung** – möglichst strapazierfähige, leichte Sachen
- ☐ **Wegwerfwindeln**
- ☐ **Babynahrung**
- ☐ **Fläschchen** für Säuglinge
- ☐ **MP3-Player**
- ☐ **Spiele** und **Bücher**
- ☐ **Fotos** von wichtigen Daheimgebliebenen gegen Heimweh
- ☐ **Kuscheltier** (muss gehütet werden wie ein Augapfel, denn ein verloren gegangener Liebling kann allen den Rest der Reise verderben – reiseerprobte Kinder beugen vor, indem sie nur das zweitliebste Kuscheltier mitnehmen)
- ☐ **Sonnencreme** mit hohem Lichtschutzfaktor
- ☐ **Kopfbedeckung**

Maße und Elektrizität

Maße und Gewichte

In Peru und Bolivien wird das metrische System verwendet. Einige spanische und nordamerikanische Maße wie US-Gallonen (1 Galón = 3,785 Liter) oder Pfund (1 Libra = 453,6 Gramm) werden gelegentlich noch verwendet.

Elektrizität

In **Peru** und **Bolivien** beträgt die Stromspannung 220 Volt Wechselstrom (60 hz). Die Steckdosen sind in vielen besseren Hotels mit europäischen Steckern kompatibel, dennoch ist die Mitnahme eines zweipoligen Flachsteckeraufsatzes bzw. eines Adapters ratsam. Auf dem Land kann es gelegentlich zu Stromausfällen kommen. Außerdem sind viele Städte abends schlecht beleuchtet. Man sollte daher immer eine kleine Taschenlampe bei sich haben.

Medien

Die Machtkonzentration auf dem peruanischen **Zeitungsmarkt** nimmt zu. Im August 2013 kaufte die Mediengruppe um die wichtigste peruanische Tageszeitung *El Comercio* die Mediengruppe *Epensa* (mit der Tageszeitung *Correo*) auf. Damit hat die Comercio-Gruppe ihren Anteil am peruanischen Zeitungsmarkt von 50 auf 80 % erhöht. Acht von zehn Zeitungen werden somit von einer einzigen Mediengruppe herausgegeben. Mit knapp 20 % Marktanteil bildet die Mediengruppe *La República,* die sich beim Übernahmepoker um die Mediengruppe *Epensa* geschlagen geben musste, den zweitgrößten – aber wesentlich kleineren – Zeitungsverleger.

Bei den Tageszeitungen gelten lediglich der konservative *El Comercio* und *La República* (eher links von der Mitte einzuordnen) als seriös. Zu den positiven Ausnahmen zählen außerdem die politische Wochenzeitschrift *Caretas* und der Fernsehkanal *N (Canal 8).* Die restlichen Fernsehsender (zehn Fernsehkanäle werden privat und ein weiterer – *Canal 7* – staatlich geleitet) und Blätter leben in erster Linie von staatlicher Propaganda und seichten Unterhaltungsprogrammen. Führend in der Lesergunst sind Schundblätter, die in Peru *Prensa chicha* genannt werden und wenig mehr als nackte Fotomodelle und *Crónica roja* (Blut und Gewalt) zu bieten haben. *Trome,* das Boulevardblatt der Comercio-Gruppe, ist die Zeitung mit der höchsten Auflage in ganz Hispano-Amerika.

Unter den zahlreichen **Rundfunkstationen** des Landes gelten *Radio Programas de Peru* und *CPN* als seriös. Die übrigen berieseln ihre Zuhörer mit Musik und quälen sie mit Dauer-Monologen der Moderatoren.

Die **Deutsche Welle**, 💻 www.dw-world.de, strahlt ihr 24-stündiges Fernsehprogramm **DW-World** in Deutsch, Englisch und Spanisch über verschiedene Satelliten aus. Einige Hotels speisen das Programm in das hoteleigene Netz ein. DW-World ist auch als Livestream über das Internet zu sehen. Die Nachrichten von DW-World gibt es zudem auf Facebook, Twitter, Google+ und Xing. Die App „DW News Portal“ ist kostenlos verfügbar.

Öffnungszeiten

In Peru öffnen die meisten **Geschäfte** Mo–Sa 9–18 Uhr, einige auch sonntags (z. B. Supermärkte bis 22 Uhr). Besonders an der Pazifikküste und auf der Andenostseite schließen die Geschäfte über Mittag und öffnen erst gegen 16 Uhr wieder. In Bolivien sind die Läden Mo–Fr 8.30–12.30 und 14.30–18.30 Uhr oder länger geöffnet, Sa 9–12 Uhr.

Für **Banken** gilt in Peru: Mo–Fr 9–18 Uhr (mittags gelegentlich von 13–16 Uhr geschlossen), Sa 9–12 Uhr, in Bolivien: Mo–Fr 9–12 und 14–16, Sa 9–12 Uhr.

Die **Post** hat in Peru Mo–Sa 8–20 Uhr, in Bolivien (Correo Central in La Paz) Mo–Fr 8–20, Sa 8–18, So 9–12 Uhr, geöffnet.

Behördengänge sollten so früh am Tag wie möglich erledigt werden. Beamte trifft man in Peru Mo–Fr 9–17 Uhr an, in Bolivien Mo–Fr 9–12 und 14–18 Uhr.

Viele **Museen** haben montags geschlossen.

Post

Briefe und Postkarten aus Peru und Bolivien nach Europa brauchen durchschnittlich 7–10 Tage. In Peru ist das staatliche Unternehmen Serpost, 💻 www.serpost.com.pe, für den Post- und Paketversand zuständig. In Bolivien sorgt dafür die Agencia Boliviana de Correos, 💻 www.correos.gob.bobolivia.com.

Da man in beiden Ländern kaum Briefkästen vorfindet, sollten Briefe und Postkarten immer auf der Post eingeworfen werden – möglichst in Filialen größerer Städte, da sie sonst deutlich länger brauchen. In besseren Hotels nimmt die Rezeption Post an.

Auf keinen Fall sollte man Bargeld, Schecks oder Dokumente per Post schicken oder sich schicken lassen. **Wertvolle Güter** sendet man besser mit einem privaten Kurierdienst oder zumindest als Einschreiben *(certificado).*

Post nach Peru und Bolivien kann an das Postamt einer größeren Stadt geschickt werden. Dazu muss sie neben dem Namen des

Die **Badesaison** beschränkt sich auf die Monate Dezember bis April, wenn auf der Südhalbkugel Sommer ist. In den übrigen Monaten sind die Strände wie ausgestorben.

Weiter im **Norden**, ungefähr in Höhe der Provinz Piura, schwächt sich der Einfluss der kalten Humboldtströmung ab und wird von der wärmeren El-Niño-Strömung ersetzt. Bis zur ecuadorianischen Grenze findet man an diesem Küstenabschnitt das ganze Jahr über angenehme Badetemperaturen und viel Sonne vor. Dementsprechend befinden sich hier auch meistbesuchtesten und schönsten Meeresstrände Perus. Beliebte Badeorte sind **Lobitos, Máncora, Los Órganos, Punta Sal, Zorritos** und die Region um **Tumbes**.

Die meisten **Badestrände der Hauptstadt** liegen südlich von Lima (S. 183). Die Wasserqualität lässt aber aufgrund der Nähe zur Hauptstadt zu wünschen übrig. Außer an Wochenenden, der Osterwoche und während der Sommerferien (Jan/Feb), hat man dort genug Platz. Wie auch in Lima beschränkt sich die Badesaison der Strandorte des südlichen Küstenabschnitts auf wenige Monate (Dez–April), da die Küste in den übrigen Monaten von einer trostlosen grauen Nebeldecke überzogen ist. Nördlich von Lima finden sich in Ancón, Puerto Supe und Barranca ordentliche Strände.

Südperu verfügt über jede Menge Strände, die teilweise aber schwierig zu erreichen sind. Einen langen Sandstrand findet man in der Bucht von **Chala**, auf halber Strecke zwischen Lima und Arequipa. Die kleine Bucht von **Puerto Inca**, wenige Kilometer weiter nördlich, hat zusätzlich Inkaruinen zu bieten. Ein beliebtes Ausflugsziel der Einwohner Arequipas sind die Badestrände von **Mollendo**. Die Flüsse und Seen des Andenhochlands eignen sich aufgrund der niedrigen Temperaturen nur für hartgesottene Traveller zum Baden.

Auf der **Andenostseite** und dem Tiefland des **Amazonas** kommen Badefreunde aufgrund der hohen Niederschlagsmengen der Gegend voll auf ihre Kosten. Jede Menge Wasserfälle, kleine Flüsse und Seen laden zum erfrischenden Bad ein. Die Einheimischen kennen die besten Bademöglichkeiten vor Ort.

Bergsteigen und Felsklettern

Bergsteiger und Kletterer kommen in Peru und Westbolivien voll auf ihre Kosten. Dutzende **Fünf- und Sechstausender** mit unterschiedlichstem Schwierigkeitsgrad genügen auch den ausgefallensten Ansprüchen.

Einige deutsche Veranstalter (z. B. der Deutsche Alpenverein oder Hauser) bieten Bergtouren auf die höchsten Andengipfel an, doch deren sehr teure Touren kann man vor Ort wesentlich günstiger buchen. **Spezialagenturen** vermieten die komplette Bergausrüstung. Wer eine Bergbesteigung mit einer Agentur unternimmt, sollte sich im Vorfeld genügend Zeit nehmen, um die Preise zu vergleichen und die Konditionen genauestens schriftlich abzuklären. Ein scheinbar günstiges Angebot kann teuer zu stehen kommen. Um Geld zu sparen, setzen manche Veranstalter nämlich alte Ausrüstung, unerfahrene Guides und klapprige Transportmittel ein.

Ganz entscheidend für eine erfolgreiche Bergbesteigung ist eine ausreichende **Höhenanpassung**, die bereits mehrere Tage vor der eigentlichen Bergtour beginnen sollte (S. 668, „Reisemedizin zum Nachschlagen"), und ein Mindestmaß an bergsteigerischer Erfahrung.

Zu den beliebtesten Regionen fürs Bergsteigen in Peru und Westbolivien zählen:

Peru: Cordillera Blanca mit dem Huascarán, dem Alpamayo und dem Pisco; Cordillera Huayhuash mit dem Yerupajá; Cordillera Vilcanota mit dem Ausangate; Cordillera Vilcabamba mit dem Salkantay sowie der Vulkan Misti und der Nevado Chachani bei Arequipa.

Westbolivien: Cordillera Real mit dem Illimani, Illampu und Huayna Potosí sowie der Vulkan Sajama.

Felsklettern ist in Peru noch nicht so stark verbreitet wie in Europa, doch das Land verfügt über ausgezeichnete Kletterreviere, die in tieferen, wärmeren Regionen liegen, wo man selten auf andere Kletterer trifft. Zu den beliebten Stellen gehören die felsigen Täler unweit von **Lima** (Vichuya im Lurín-Tal, Quebrada de Canchacalla und Camacho) sowie Hatun Machay bei **Huaraz** und Cumbemayo bei **Cajamarca** in Nordperu. In

Huaraz und **La Paz** bieten einige Agenturen Eisklettern an.

Hochseefischen

Der Reichtum des Humboldtstroms an Kleinstlebewesen lockt auch die größeren Meeresbewohner an. Daher hat sich besonders der Norden Perus zur Ausgangsbasis von Angelausflügen auf hoher See entwickelt. Dieser „Sport" wird vorwiegend von wohlhabenden Nordamerikanern betrieben, die sich dann vor ihrer Beute – riesigen Schwertfischen, Marlinen oder Zackenbarschen – ablichten lassen. Das Zentrum der Sportfischer liegt in **Cabo Blanco**, unweit von Talara.

Höhlenbesichtigungen

Auf der Andenostseite kann man auf Entdeckungstour in einigen Höhlen gehen. Die leicht zugängliche und wegen ihrer Lage und Tierwelt sehr attraktive Tropfsteinhöhle **Cueva de las Lechuzas** liegt in der Nähe von Tingo María in Zentralperu. Ein Besuch der tiefsten Höhle Südamerikas, der **Gruta de Guagapo**, lässt sich von Tarma aus organisieren.

Mountainbiken

Diese Sportart hat inzwischen die gesamten Anden erobert, doch für Touristen geeignete Strecken beschränken sich auf einige wenige Stellen, an denen man Räder leihen und organisierte Touren unternehmen kann. An der peruanischen Pazifikküste wird gern im Gebiet um die Ruinen von Pachacámac, in der Region Asia und auf der Halbinsel Paracas gefahren. In Cusco werden Mountainbike-Touren unter anderem im Urubamba-Tal angeboten. Beliebtes Radterrain ist auch die Region Tarma in den peruanischen Zentralanden.

Auch in der Cordillera Blanca lassen sich ausgedehnte, anspruchsvolle Ausflüge mit dem Mountainbike unternehmen. Zentrum und Ausgangspunkt aller Aktivitäten ist Huaraz im Callejón de Huaylas.

Immer beliebter wird die spektakuläre Abfahrt mit dem Mountainbike auf der „Todesstraße" von La Paz in die bolivianischen Yungas, bei der rund 3000 Höhenmeter überwunden werden (S. 638). Verschiedene Unternehmen in La Paz bieten organisierte Touren an.

Paragliding

In aller Regel werden Tandemflüge zusammen mit einem Fluglehrer angeboten, aber auch mehrtägige Kurse sind im Programm. Erste Versuche lassen sich bereits in **Lima** unternehmen. Flüge werden ansonsten auch in der **Cordillera Blanca** und in **Cusco** angeboten.

Rafting

Die vielen Flüsse des Landes bieten ideale Voraussetzungen für diesen Wassersport. Rafting-Touren finden außer in den Monaten Januar bis März (Regenzeit!) das ganze Jahr über statt. Der Schwierigkeitsgrad ist abhängig vom jeweiligen Wasserstand. Die beliebtesten **Flüsse** zum Raften sind: Río Cañete, Lunahuaná/Lima; Río Colca im Colca-Canyon/Arequipa; Río Co-

Thermalbäder

Unter den Bergen arbeiten vulkanische Kräfte, die sich vielerorts durch heiße Quellen zeigen. Große Ansprüche an die Hygiene sollte man allerdings nicht stellen.

Beliebte **Thermalquellen** gibt es in folgenden Orten (in Klammern die Provinz) oder in ihrer unmittelbaren Umgebung: Baños del Inca (Cajamarca, S. 535), Monterrey (Huaraz, S. 505), Churín (Lima, S. 445), Aguas Calientes (Cusco, S. 276), Yura (Arequipa, S. 338) und Chivay/Colca-Canyon (Arequipa, S. 342).

tahuasi im Cotahuasi-Canyon/Arequipa; Río Apurímac bei Cusco.

Reiten

Reiten ist als Sport in Peru und Bolivien nur den Allerreichsten vorbehalten. Einige Anbieter haben sich auf die Interessen ausländischer Besucher eingestellt und bieten Ausritte in den Touristenzentren **Arequipa** und **Cusco** sowie in der Umgebung von **Chiclayo** an.

Sandboarding

Bei dieser immer beliebter werdenden Trendsportart fährt man ähnlich wie beim Snowboarding auf einem Brett stehend die peruanischen Sanddünen herunter – entweder individuell oder im Rahmen einer Sandbuggy-Tour. Optimale Bedingungen für das Surfen auf Sand bietet die Oase **Huacachina** bei Ica. Aber auch von Pisco oder Nazca aus lassen sich Touren organisieren, beispielsweise zum **Cerro Blanco**, der höchsten Sanddüne der Welt.

Spanischkurse

Wer seine Reise dazu nutzen möchte, um Spanisch zu lernen oder sein Spanisch aufzupolieren, hat dazu in Peru und Bolivien Gelegenheit. **Intensivkurse** werden allerdings nur in den Touristenzentren angeboten. Die Spanischkurse, die viele Universitäten durchführen, dauern meist mehrere Wochen und Monate. **Privatlehrer** werden fast überall vermittelt. Auch hier helfen die Touristeninformationen mit konkreten Kontakten weiter. Einige Schulen organisieren ein kostenloses Rahmenprogramm wie Ausflüge, sportliche und soziale Aktivitäten, Filmabende oder Tanzkurse. Viele Lehrinstitute bieten auch Spezialvokabular für einzelne Berufsgruppen.

In einigen Orten besteht die Möglichkeit, bei **Gastfamilien** zu wohnen (Hinweise zu den jeweiligen Schulen in den Ortskapiteln). Orte mit regelmäßigen Kursen und/oder erfahrenen Lehrern sind Arequipa, Cusco, La Paz und Lima.

Surfen

Mit Dutzenden fürs Surfen bestens geeigneten Stränden gehört Peru zu den beliebtesten Surfrevieren weltweit. Im Einzugsbereich des kalten Humboldtstroms (südlich von Piura) wird zum Surfen ein Wetsuit benötigt. Diesen kann man – ebenso wie die Surfbretter – an den entsprechenden Stränden mieten. Bis zu 6 m hohe Wellen locken die Surffans von überallher an. Die besten Surfmonate für die Nordküste sind von September bis Februar, im Süden wird von März bis Dezember gesurft. Zu den besten Stränden im Norden gehören **Chicama**, **Pacasmayo**, **Cabo Blanco**, **Los Órganos** und **Máncora**. Die besten Strände südlich von Lima sind **Punta Hermosa**, **Punta Rocas** und **Pico Alto**.

Tauchen und Schnorcheln

Tauchgebiete vor der peruanischen Pazifikküste sind die Halbinsel **Paracas** und die Bucht von **Pucusana** (beide südlich von Lima gelegen) sowie das Gebiet um **Tumbes**, das mit wärmeren Gewässern als der Süden aufwarten kann. Die Sicht ist außerhalb der Regenzeit in den Monaten April bis November am besten. Auf einigen Lima vorgelagerten Inseln leben große Robbenkolonien. Diese kann man im Rahmen von organisierten Bootstouren aufsuchen und dabei mit den flinken Schwimmern schnorcheln. Die besten Monate dafür sind Januar bis April. Mehr dazu auf S. 184.

Trekking

Peru und Bolivien eignen sich in einzigartiger Weise zum Wandern und Trekken. Im **Andenhochland** laden zahlreiche Wege zu ausgedehnten Wanderungen ein, vorbei an entlegenen Bergdörfern, durch idyllische Täler oder karges, von Gletschern gesäumtes Hochland.

Da Wanderer sich bei den interessantesten Routen auf Höhen zwischen 3000–5000 m bewegen, sollten sie nicht einfach drauflos stiefeln, sondern sich gründlich vorbereiten. Viele Wanderpfade durchqueren menschenleeres

Lohnende Wanderrouten in Peru und Bolivien

Die nachfolgend aufgeführten Trekkingrouten sind vom Autor selbst gewandert worden und werden im Länderteil detailliert beschrieben. Die bei einigen Treks beigefügten Wanderskizzen dienen ausschließlich der Groborientierung und können kein genaues Kartenmaterial oder einen einheimischen Führer ersetzen! In den jeweiligen Kapiteln werden weitere Wanderungen, darunter auch **Tagestouren**, beschrieben.

Peru

Wanderstrecke	Region	Start in	Schwierigkeit	Dauer	Seite
Alpamayo-Umrundung	Cord. Blanca	Hualcayán	schwer	8–10 Tage	S. 514
Ampay	Abancay	Kerapata	mittel	3–4 Tage	S. 208
Ausangate	Cord. Vilcanota	Tinqui	schwer	4–6 Tage	S. 244
Huari/Chacas	Cord. Blanca	Huari	einfach	2–3 Tage	S. 519
Huayhuash	Cord. Huayhuash	Lllamac	mittel	3 Tage	S. 524
Huayhuash	Cord. Huayhuash	Matacancha	mittel	8–10 Tage	S. 523
Inkatrail	Machu Picchu	KM 82	mittel	4 Tage	S. 262
Lares-Tal	Cord. Urubamba	Urubamba	mittel	4 Tage	S. 258
Salkantay	Cord. Vilcabamba	Mollepata	mittel	3–4 Tage	S. 214
Sta. Cruz/Llanganuco	Cord. Blanca	Cashapampa	mittel	3–5 Tage	S. 511

Westbolivien

Wanderstrecke	Region	Start in	Schwierigkeit	Dauer	Seite
Illampu	Cord. Real/Sorata	Sorata	schwer	5–6 Tage	S. 643
La Cumbre/Coroico	Cord. Real/Yungas	La Cumbre	mittel	3–4 Tage	S. 631
Pelechuco/Curva	Cord. Apolobamba	Pelechuco	mittel	4–5 Tage	S. 649
Takesi	Cord. Real/Yungas	Ventilla	einfach	2–3 Tage	S. 634

Auf einigen Wanderstrecken ist es zu Diebstählen und Überfällen auf Touristen gekommen. Solche Ereignisse bilden die ganz große Ausnahme, dennoch sollte man sich möglicher Gefahren bewusst sein und **Vorsichtsmaßnahmen** treffen:

- Immer mit einem einheimischen Führer oder Maultiertreiber bzw. in Gruppen in die Berge gehen
- Sich vor der Wanderung nach der aktuellen Sicherheitslage in der betreffenden Region erkundigen
- Den Angestellten des Hotels, in das man nach der Wanderung zurückkehrt, das geplante Rückkehrdatum mitteilen
- Keine Wertsachen mit in die Berge nehmen
- Nicht zu dicht am Wegesrand zelten
- Nicht in der Nähe größerer Ortschaften zelten
- Nachts alle Sachen mit ins Zeltinnere nehmen

Unterwegs auf dem beliebten Santa-Cruz-Trek in der Cordillera Blanca

Gebiet abseits aller Zivilisation. Wer in eine Notsituation gerät, muss sich selber zu helfen wissen. Daher sind drei **Grundregeln** zu beachten, die überlebenswichtig sein können: ausreichende Höhenanpassung, optimale Ausrüstung und wo immer möglich einheimische Begleitung.

Nicht zu unterschätzen sind die einzelnen Tagesetappen (besonders wenn man einen schweren Rucksack trägt), bei denen zum Teil erhebliche Höhendifferenzen zu überwinden sind. In aller Regel bieten die Wege keine schwierigen Stellen, an denen geklettert werden müsste, aber einige Passagen können Leuten, die nicht schwindelfrei sind, Probleme bereiten. Nicht alle Flüsse verfügen über Brücken.

Wer noch nie im **Hochgebirge** gewandert ist, sollte sich zunächst auf kurze Wanderungen beschränken, bevor er zu großen Touren in entlegene Regionen der Anden aufbricht.

Die beste **Jahreszeit** für Trekkingtouren in den Anden sind die meist trockenen Monate Juni bis Oktober. Dies sind aber auch die kältesten Monate, in denen ab Höhen von 3500 m mit Nachtfrost und weiter oben mit Temperaturen weit unter dem Gefrierpunkt gerechnet werden muss. Mai und November sind Übergangsmonate, in denen es noch oder bereits wieder regnen kann. Die meisten Niederschläge gibt es in den Monaten Januar bis März; in dieser Zeit sollte man besser nicht wandern. Wer beabsichtigt, seine Trekkingtour über eine lokale Agentur zu buchen, sollte den Abschnitt „Bergsteigen und Felsklettern" (S. 67) lesen.

Vogelbeobachtung

Vogelliebhaber finden in Peru und Bolivien ein ideales Revier. Mehr als 1700 Arten sind bisher identifiziert worden, davon rund 300 endemische Arten. An der Biologischen Station Cocha Cashu im Manu-Nationalpark im südlichen Amazonasgebiet Perus wurden an einem einzigen Tag 361 Vogelarten identifiziert. Weltrekord! Mittlerweile sind für einige Regionen sogar Vogellisten von Veranstaltern und Naturschutzorganisationen erhältlich. Lokale Reiseagenturen bieten professionelle Ausflüge mit spezialisierten Guides

Inkatrail nach Machu Picchu

Für den berühmtesten Wanderweg Südamerikas gelten inzwischen besondere Bestimmungen, die eine rechtzeitige Planung vor allem während der Hauptsaison (Juli–Sep) erforderlich machen (S. 262). Im Monat Februar ist der Inkatrail nach Machu Picchu jedes Jahr wegen Instandhaltungsarbeiten komplett geschlossen.

an. Viele Vogelarten leben im Regen- bzw. Nebelwald und sind daher nur schwer zu beobachten. Ein Fernglas, Geduld und die richtige Uhrzeit sind unerlässlich. Die meisten Vögel sind während des Morgengrauens und der Dämmerung aktiv.

Die schönsten Regionen, um Vögel zu beobachten, finden sich auf S. 99.

Wal- und Delphinbeobachtung

Über 30 Wal- und Delphinarten sind in peruanischen Gewässern bislang identifiziert worden. Die beste Zeit, Wale zu sehen, ist zwischen August und Oktober. Zum Zeitpunkt der Recherche bot Pacifico Adventures in Los Órganos (S. 484) Whale Watching an.

Telefon und Internet

Mobiltelefon (Celular)

Beim Telefonieren mit Handys und Smartphones aus Deutschland fallen in Peru und Bolivien **Roaminggebühren** an. Vorher unbedingt die Tarife vergleichen! Die beiden größten Mobilfunkunternehmen in Peru, **Claro**, 💻 www.claro.com.pe, und **Movistar**, 💻 www.movistar.com.pe, bieten günstige Prepaid-SIM-Cards oder Prepaid-Handys *(móvil/prepago)* an, die mittels Telefonkarten oder in zahlreichen Geschäften direkt aufgeladen werden können. Beim Kauf unbedingt den Reisepass mitbringen!

Alle **Handynummern** in Peru sind neunstellig, beginnen mit einer „9" und werden im ganzen Land ohne Vorwahl direkt gewählt. In Bolivien beginnen sie mit der Ziffer „7" und sind achtstellig.

WLAN

Wer mit Smartphone, Laptop oder Tablet unterwegs ist, kommt in so gut wie allen Hotels kabellos per **WLAN** *(Internet inalámbrico)* ins Internet. Geschwindigkeit und Reichweite lassen aber oft zu wünschen übrig. Wir erwähnen in diesem Buch WLAN/Internet bei Hotels nur dort, wo es keines gibt oder es nur sehr eingeschränkt verfügbar ist. Zahlreiche Restaurants und Cafés – vorwiegend in touristischen Gegenden und/oder Großstädten – verfügen ebenfalls über WLAN. Auch an immer mehr öffentlichen Plätzen und Flughäfen gibt es – mitunter zeitlich begrenzt – Gratis-WLAN.

Trotz der zunehmenden Verbreitung von Smartphones finden sich in Peru und Bolivien immer noch zahlreiche **Internetcafés** *(Cabinas de Internet)*. In entlegenen Regionen ist die Datenübertragung allerdings oft instabil und sehr langsam. Die Preise sind niedrig (2–3 S/. pro Std., in Bolivien noch billiger), allerdings sind die Kabinen oft sehr eng, die Tastaturen abgegriffen und der Lärmpegel hoch. Wer einen USB-Stick nutzt, sollte auf Viren achten!

Öffentliche Telefone

Öffentliche Telefone *(Teléfono público)* sind kaum noch in Betrieb. Eine Alternative sind private **Telefonkabinen** *(Locutorios)*, oft zu finden in Internetcafés (meist auch mit Skype etc. ausgestattet), von denen aus man günstig in alle Welt telefonieren kann. In La Paz stehen zudem an einigen Straßenecken Personen, die ihr Mobiltelefon, das mit einer Kette gegen Diebstahl gesichert ist, für landesweite Gespräche anbieten. Die Telefon- und Faxtarife von Hotels sind meist sehr hoch.

Vorwahlnummern

Nach Peru von

Deutschland/Österreich/Schweiz: ✆ 0051, anschließend die Vorwahl des Departamentos ohne 0 und die bis zu siebenstellige Nummer des Teilnehmers wählen (Mobilnummern werden nach der Ländervorwahl direkt eingegeben).

Von Peru nach

Deutschland: ✆ 0049, **Österreich:** ✆ 0043, **Schweiz:** ✆ 0041.

Bei Anrufen mit dem Mobiltelefon von Peru ins Ausland muss der 00 die 19xx vorangesetzt werden. XX steht für den jeweiligen Anbieter (u. a. Claro 1909, Movistar 1911).

Nach Bolivien von

Deutschland/Österreich/Schweiz: ✆ 00591, anschließend die Vorwahl des Departamentos ohne 0, die zweistellige Vorwahl des Telefonanbieters (s. u.) und die bis zu achtstellige Nummer des Teilnehmers wählen.

Von Bolivien nach

Deutschland/Österreich/Schweiz: Erst muss man die Nummer einer bolivianischen Telefongesellschaft eingeben: 0010 (Entel), 0011 (AXS), 0013 (Boliviatel), 0014 (Nuevatel), 0016 (Cotel) oder 0017 (Tigo). Dann wählt man die 49 (Deutschland), 43 (Österreich) oder 41 (Schweiz) und die Teilnehmernummer.

Transport

Die wichtigsten Verkehrsmittel Perus und Boliviens sind der Bus und das Flugzeug. Im Amazonasbecken mit seiner begrenzten Infrastruktur spielt zudem der Bootsverkehr auf größeren Flüssen eine wichtige Rolle. Der Schienenverkehr verliert zunehmend an Bedeutung, und Passagiere werden nur noch auf wenigen Strecken befördert. Ohne den Tourismus gäbe es wahrscheinlich schon heute keine Personenzüge mehr.

Das Straßennetz Boliviens ist um einiges grobmaschiger und in schlechterem Zustand als das Perus.

Busse

Der Bus ist das **Hauptverkehrsmittel** in Peru und Bolivien. Das ist nicht weiter verwunderlich, da die meisten Bewohner beider Länder zu arm sind, um sich ein eigenes Auto leisten zu können. Zudem sind die Straßennetze beider Andenstaaten in den letzten Jahren ausgebaut worden. Vor allem in Peru hat die Kilometerlänge der asphaltierten Straßen deutlich zugenommen, und mit dem Bus lässt sich so gut wie jeder Ort erreichen. Ausnahmen bilden einige Orte des dünn besiedelten Amazonasbeckens, die nur per Boot oder Flugzeug mit der Außenwelt verbunden sind. Ein weiteres Beispiel sind die Ruinen von Machu Picchu, die man nur mit dem Zug oder aber zu Fuß erreichen kann.

In vielen Städten gibt es einen zentralen Busbahnhof *(Terminal de Buses, Terminal Terrestre, Terrapuerto)* oder eine Konzentration von Busunternehmen in einem bestimmten Bezirk. Die komfortabelsten **Busunternehmen** Perus, deren Busse vor allem die Hauptrouten bedienen, sind Cruz del Sur und Oltursa. Die Großunternehmen móvilbus, Flores, Civa und Tepsa decken ebenfalls einen Großteil der Hauptstrecken ab.

Die Qualität der Busse und damit auch die Fahrpreise schwanken beträchtlich. Die Hauptstrecken werden von supermodernen **Doppeldecker-Luxusbussen** (je nach Buslinie unterschiedliche Namen wie *Imperial, Royal* oder *Cruzero Suite*) bedient, die über Liegesitze, AC, Chemieklo, Bordverpflegung, Hilfspersonal, Mahlzeiten und Video verfügen und nicht nur eigene Terminals und Gepäckdienste haben, sondern auch ein Höchstmaß an Sicherheit bieten. Sie sind erwartungsgemäß aber auch am teuersten. Busse dieser Kategorie empfehlen sich besonders für Nachtfahrten auf der oft geradeaus führenden Panamericana durch die peruanische Küstenwüste. So gelangt man z. B. bequem in rund 16 Std. von Lima nach Arequipa und spart sich obendrein die Übernachtungskosten.

Im Kontrast zu den Luxusbussen stehen die **Busse 2. Klasse** *(Económico)*, die eng bestuhlt und mit erheblichem Geräuschpegel ihren Dienst auf kurvigen, staubigen Hochlandpisten absolvieren. Sie sind in aller Regel brechend voll, technisch nicht immer auf der Höhe und halten unterwegs oft an. Obwohl die Fahrt neben tollen Landschaftsimpressionen interessante Einblicke in den Reisealltag sowie Kontakte mit der Bevölkerung ermöglicht, sollte man sich der bevorstehenden Strapazen, insbesondere bei Nachtfahrten, bewusst sein. Um bei den niedrigen Fahrpreisen überhaupt etwas Gewinn zu erwirtschaften, fahren viele dieser Busse erst dann los, wenn das Dach mit Waren aller Art beladen und der Innenraum mit Menschen und Kleingetier vollgepfercht ist. Langweilig wird es mit Sicherheit nicht. Dafür sorgt schon der Busfahrer mit seiner rasant-gefährlichen Fahrweise – die Kreuze am Wegesrand sprechen für sich. Doch wer die beiden Andenstaaten wirklich kennenlernen möchte, hat keine großen Alternativen zu diesen Rußwolken ausstoßenden Ungetümen, in denen die Luft stickig ist und ununterbrochen Musik dröhnt.

Die einfachen Busse fahren meist von größeren Terminals los, die sich oftmals in Marktnähe befinden, und halten für jeden, der am Wegesrand steht. Um nicht beim Fahrpreis übers Ohr gehauen zu werden, sollte man schauen, was die Einheimischen bezahlen oder sich direkt bei ihnen erkundigen. Das Fahrtziel steht meist irgendwo an oder über der Windschutzscheibe angeschrieben.

Sehr aufmerksam sollte man bei diesen Bussen das **Auf- und Abladen des Gepäcks** beobachten: Große Rucksäcke dürfen normalerweise nicht mit in den Bus genommen werden. Sie werden ins Gepäckfach oder gelegentlich auch aufs Dach gelegt und sind somit Staub und Regen ausgesetzt (die meisten Busse haben aber eine große Plastikplane auf dem Dach). Für Vielfahrer ist daher ein abschließbarer Packsack oder ein stabiler Plastiksack, *Costal* genannt, ratsam. Letzteren gibt es spottbillig auf allen Märkten (beim Kauf darauf achten, dass er innen sauber ist).

Bei mehrstündigen Fahrten hält der Fahrer unterwegs an einem Straßenrestaurant, um einen Essens- und Toilettenstopp einzulegen. Diese Restaurants sind auf schnellen Durchgangsverkehr eingestellt und servieren meist rasch eine Mahlzeit, deren Qualität stark variiert. Die hygienischen Verhältnisse der Toiletten lassen oft zu wünschen übrig.

Eine – wenn auch teure – Alternative zu den normalen Bussen sind **Touristenbusse**, die auf ausgewählten Strecken ausschließlich Touristen in bequemen Fahrzeugen befördern und dabei in einigen Fällen unterwegs Sehenswürdigkeiten anschauen, Fotostopps machen und zum Essen halten. Beliebte Strecken sind Cusco–Puno (S. 238), Chivay–Puno (S. 345) und Cusco–Chivay (S. 238). Bei Peru Hop (Lima–Arequipa und andere Strecken, S. 179) und Bolivia Hop (u. a. Copacabana–La Paz, S. 179) besteht außerdem die Möglichkeit, flexibel zu- und auszusteigen.

Bustickets online kaufen

Immer mehr Busgesellschaften schließen sich zusammen und ermöglichen den Kauf von Online-Tickets auf gemeinsamen Plattformen. Eine beliebte **App** für den Kauf von Bustickets auf den Hauptstrecken in Peru ist redBus Peru, 💻 www.redbus.pe, die zahlreiche Busunternehmen listet – außer Cruz del Sur. Einige Busunternehmen wie Cruz del Sur, Oltursa oder Civa bieten zum Ticketkauf eigene Apps an. Außerdem kann man in Peru Busse über die Website 💻 www.recorrido.pe online buchen.

Sammeltaxis

In vielen Gegenden verkehren Sammeltaxis *(Taxis colectivos)*. Meist handelt es sich um Pkw, die erst fahren, wenn sie voll sind. „Voll" heißt meistens vier bis fünf Passagiere, es können aber auch sechs Mitfahrer, ein überladenes Dach und ein vollgestopfter Kofferraum vorkommen.

Die Preise sind naturgemäß höher als beim Bus, aber die Zeitersparnis kann – wenn man nicht zu lange auf die Abfahrt warten muss – gegenüber Bussen beträchtlich sein.

Empfehlungen für stressfreies Reisen mit dem Bus

- Das **Ticket** immer so früh wie möglich, spätestens aber einen Tag vor Abfahrt kaufen. Dies gilt besonders für die langen Hauptstrecken, in Ferienzeiten und in der touristischen Hochsaison von Juli bis September. Preise vergleichen!
- **Sitzplätze** im vorderen Teil des Busses wählen, da man hinten mehr durchgeschüttelt wird und sich die Bordtoilette ebenfalls hinten befindet. Allerdings sollte man auch die Sitze direkt hinter dem Fahrer und hinter der Eingangstür meiden. Diese sind zugig und bieten oft weniger Beinfreiheit, ebenso wie die Sitzplätze über der Hinterachse.
- Immer nach dem genauen **Abfahrtsort** des Busses fragen. Dieser ist nicht notwendigerweise identisch mit der Verkaufsstelle.
- Teurere Busgesellschaften verstauen das Gepäck in seitlichen Gepäckabteilen, die verschlossen werden. Wie beim Fliegen erhält man einen **Gepäckschein**, den man gut aufheben sollte. Kameras und Wertsachen nicht offen herumtragen.
- Im Busterminal immer sehr gut aufs **Gepäck** aufpassen. Nicht ablenken lassen; Diebe arbeiten oft in Teams. Vorsicht auch beim Aus- und Einsteigen bzw. beim Auf- und Abladen des Gepäcks. Besonders auf den stark von Touristen frequentierten Strecken wird geklaut.
- Spätestens 15 Minuten **vor der Abfahrt** am Bus sein. So kann man in Ruhe seinen Sitz suchen und das Verladen des Gepäcks beobachten.
- In der **Regenzeit** können sich die Fahrzeiten der Busse aufgrund von Erdrutschen und heftigen Regenfällen erheblich verlängern.
- Obwohl bei längeren Busfahrten Pausen eingelegt werden, in denen man sich verpflegen kann, und in einigen Bussen fliegende Händler Essen anbieten, sollte man immer etwas **Notproviant und Wasser** bei sich haben.
- Abwägen, ob man tagsüber oder nachts fährt. **Nachtfahrten** auf kurvigen Pisten können recht lang und anstrengend werden. Außerdem verpasst man die tolle Landschaft. Bequem sind Nachtfahrten auf allen asphaltierten Hauptrouten, auf denen Luxusbusse mit Liegesesseln eingesetzt werden. Da es besonders bei Nachtfahrten im Hochland sehr kalt werden kann, sollte man warme Kleidungsstücke mit in den Bus nehmen.
- Da die teuren Busse auf fast allen Routen **Klimaanlagen** nutzen, die oft stark heruntergekühlt sind, sollte man auch hier an ein warmes Kleidungsstück denken.

Autofahren

Straßennetz und Tankstellen

Insgesamt verfügt Peru zurzeit über ein **Straßennetz** von ca. 140 000 km, von denen aber nur rund ein Viertel asphaltiert sind. In Bolivien sind es rund 85 000 km, davon ca. ein Drittel asphaltiert. Der überwiegende Teil des Straßennetzes beider Länder besteht demnach aus befestigten und unbefestigten Erdstraßen, die in einem mehr oder weniger guten Zustand sind. Asphaltstraßen sind in beiden Ländern in der Regel mautpflichtig *(peaje)*. So etwas wie Autobahnen gibt es nur in Lima und auf der Strecke Lima–Pisco.

Benzin ist aufgrund einiger Preiserhöhungen auf ca. 1–1,20 € pro Liter Superbenzin (Diesel etwas billiger) nicht mehr so günstig wie in früheren Jahren. Deutlich billiger ist es in Bolivien (ca. 0,50 € pro Liter Super), denn dort wird der Sprit subventioniert. Die Menge beim Tanken wird in US-Gallonen angezeigt (1 US-Gallone = 3,78 Liter). Modernste Tankstellen schießen im ganzen Land wie Pilze aus dem Boden – selbst in entlegenen Gebieten. Besonders außerhalb der Städte ist es dennoch ratsam, den Tank aufzufüllen, wann immer das möglich ist. In peruanischen Großstädten haben viele Autofahrer – vor allem Taxis – inzwischen auf das wesentlich billigere **Autogas** umgerüstet.

Verkehrsregeln und -kontrollen

Autofahren in Peru und Bolivien folgt eigenen Regeln und Gesetzen und könnte als anarchisch-**chaotisch** bezeichnet werden. Außerhalb der chronisch überfüllten Großstädte, in denen Staus zum Normalzustand geworden sind, müssen Wagenlenker besonders in entlegenen Gegenden auf Überraschungen jeglicher Art gefasst sein: Kühe auf der Straße, ein Laster mit Tempo 25 auf der eigenen Spur, tiefste Schlaglöcher und betrunkene Fahrer gehören zum Verkehrsalltag. Licht- und Signalanlagen funktionieren vor allem bei vielen älteren Fahrzeugen nur unzureichend oder gar nicht. Seinen ernsthaften Willen, abzubiegen, untermauert ein Autofahrer, indem er den Arm aus dem Fenster hält.

Mit größter Vorsicht sind die rücksichtslos fahrenden Busse zu genießen, denen man besser die Vorfahrt lässt. Je weiter man sich von der Hauptstadt und den Hauptrouten entfernt, desto entspannter ist die Verkehrslage, da die Zahl der Fahrzeuge abnimmt. Dieser Vorteil wird aber durch den schlechten Straßenzustand wieder ausgeglichen.

Wer eine **Panne** hat, legt ein paar Zweige auf die Straße; Warndreiecke sind selten, obwohl sie vorgeschrieben sind. Besonders schnell wird allerdings mit wenigen Ausnahmen nicht gefahren, was auch in Anbetracht der Straßenverhältnisse kaum möglich wäre.

In größeren Städten sollte man seinen Wagen aus Sicherheitsgründen immer auf einem der zahlreichen bewachten **Parkplätze** abstellen und keine Wertsachen sichtbar im Wageninneren liegen lassen.

Verkehrskontrollen der Polizei finden relativ häufig statt, und wer in Peru und Bolivien mit dem Pkw unterwegs ist, sollte stets gültige Fahrzeug- und Ausweispapiere (am besten internationaler und nationaler Führerschein) mit sich führen. Die Polizei ist in beiden Andenländern überwiegend zuvorkommend und freundlich. Wer an Polizisten gerät, die es offensichtlich darauf abgesehen haben, ihr mageres Gehalt mit einer *Coima* (Schmiergeld, Bestechung) aufzubessern, sollte es auf keinen Fall mit Bestechung versuchen. Besser ist es, darauf zu bestehen, dass man sich nichts zuschulden hat kommen lassen. Wird die Situation unangenehmer und die Polizei hartnäckiger, sollte man sich ruhig die Fahrzeugnummer der Patrouille und wenn möglich auch die Namen der Beamten notieren. Ganz wichtig: immer freundlich-sachlich bleiben.

Unfälle und Pannen

Wer in einen **Unfall** verwickelt wird, sollte auf jeden Fall die Botschaft seines Heimatlandes einschalten. Ein kleiner Blechschaden lässt sich dagegen meist vor Ort regeln.

Trampen

Angesichts der niedrigen Fahrpreise ist das Trampen in Peru und Bolivien nicht nötig und kann obendrein gefährlich sein. Wir raten davon ab.

Ein hilfreicher Mechaniker ist nicht schwer aufzutreiben, aber Ersatzteile sind auf dem Land für manche Automodelle schwierig zu bekommen. Das trifft vor allem auf Autoreifen zu, die wegen der heißen Asphaltstraßen und steinigen Nebenpisten sehr leiden. **Reifenpannen** gehören daher zum Alltag, doch Werkstätten, die man meist an der Aufschrift *Vulcanizadora* und einem aufgestellten Reifen erkennt, finden sich überall. Sie reparieren den Reifen billig und schnell. Wer auf wenig befahrenen Strecken unterwegs ist, sollte neben Reserverad, Erste-Hilfe-Kasten und etwas Werkzeug auch Trinkwasser und Notproviant nicht vergessen.

Der Pannendienst des **Touring y Automóvil Club del Perú**, 💻 www.touring.pe, ist nur im 30-km-Radius um Lima sowie in einigen Großstädten im Landesinneren aktiv.

Das Pendant in Bolivien ist der **Automóvil Club Boliviano**, 💻 www.acbbolivia.com.bo. Zwischen Peru und Bolivien besteht kein Abkommen über die Ein- und Ausfuhr von Fahrzeugen. Wer die Grenzen zwischen beiden Ländern mit dem eigenen Pkw überqueren will, sollte sich vorher beim zuständigen Automobilclub über die aktuellen Vorschriften informieren.

Mietwagen

Mietautos *(Alquiler de autos)* sind nur dann eine Alternative zu öffentlichen Verkehrsmitteln, wenn man mit mehreren Personen unterwegs ist und/oder unter Zeitdruck steht. Da die Asphaltstraßen oft verlassen werden müssen, um touristische Sehenswürdigkeiten anzufahren, ist es erforderlich, ein recht teures Allradfahrzeug zu mieten. Zu beachten ist, dass man wesentlich langsamer vorwärtskommt als in Europa. Autofahrer sollten sich auf jeden Fall weniger an Kilometerangaben orientieren und lieber nach der jeweiligen Fahrtzeit erkundigen! Eine sinnvolle Überlegung ist, ein **Fahrzeug mit Fahrer** zu mieten, was preislich oftmals auf dasselbe hinausläuft. Zudem braucht man sich nicht um die Orientierung zu kümmern, die wegen fehlender Beschilderung oft mehr als schwierig ist. Ein Navi und/oder die Smartphone-App Maps.me leisten hier gute Dienste.

Mietwagen bekommt man normalerweise nur in einigen wenigen Großstädten wie Lima, La Paz, Arequipa und Trujillo. An den Flughäfen in Lima und La Paz befinden sich mehrere **Mietwagenfirmen**. Hier kann man alle Preise vergleichen. Die bekannteren Firmen wie Hertz, Nacional, Avis, Dollar oder Budget verlangen mehr als nationale Anbieter, haben aber meist die besseren Fahrzeuge.

Preise und Konditionen

Alle Vermieter verlangen vor Vertragsabschluss eine Kreditkarte. Wer ein Auto mieten möchte, muss mindestens 23 Jahre alt sein und benötigt einen gültigen internationalen Führerschein. Ein Mittelklassewagen kostet je nach Mietdauer rund US$50–60 pro Tag, meist mit 200–300 Freikilometern; Geländewagen sind rund 50–100 % teurer. In der Regel beinhaltet der Mietpreis eine Insassen- sowie eine Unfall- und Diebstahlversicherung, die aber oft nur einen geringen Schadensersatz bei einer hohen Selbstbeteiligung umfasst. Vor Abfahrt ist eine gründliche Kontrolle (Ersatzrad, Wagenheber etc.) des Wagens einschließlich Probefahrt ratsam. Selbst kleine Lackschäden sollten auf der Mängelliste erfasst sein.

Der Grenzübertritt ist in der Regel mit Mietfahrzeugen nicht gestattet. Einwegmieten (z. B. Abholen in Lima, Abgabe in Cusco) können wegen der Rücküberführung durch den Verleiher sehr teuer werden.

Motorrad

Motorrad fahren ist in Peru und Bolivien nicht ungefährlich. Auch wenn atemberaubende Landschaften und stellenweise wohlig warme

Vom Atlantik zum Pazifik

2011 wurde die letzte noch fehlende Brücke über den Río Madre de Dios bei Puerto Maldonado eingeweiht. Nun ist es möglich, mit dem Auto auf der **Interoceánica**, einer rund 2600 km langen asphaltierten Landverbindung, von der Atlantikküste Brasiliens bis zu den peruanischen Pazifikhäfen in Ilo, Mollendo oder San Juan de Marcona zu fahren.

Temperaturen locken, sollten nur Fahrer mit viel Erfahrung das Land auf diese Art und Weise bereisen. Ähnlich wie Radfahrer werden Motorradfahrer von vielen einheimischen Autofahrern schlichtweg ignoriert. In größeren Städten des Amazonasbeckens kann man Vespas und Kleinmotorräder für wenig Geld stunden- oder tageweise mieten. Eine gründliche Inspektion des zu mietenden Motorrads sowie ein Helm und feste Kleidung helfen, unangenehmen Situationen vorzubeugen. Besonders stressfrei reist, wer sich ein Mototaxi (S. 81) mit Fahrer mietet.

Fahrrad

In den letzten Jahren besuchen immer mehr Fahrradtouristen Peru und Bolivien. Sie kämpfen sich auf der Panamericana durch die einsame Küstenwüste, erklimmen die hohen Bergpässe der Sierra und schwitzen an den Ostabhängen der Anden. Sie brauchen sowohl gute Nerven als auch eine gute Kondition. Für den ersten langen Fahrradtrip sind die beiden Andenländer sicherlich nicht zu empfehlen.

Anders ist es mit Tagestrips. Überall werden **Mountainbike-Touren** angeboten, komplett mit Full Suspension Bikes, Helm und Trinkflasche. Beliebte Bikerzentren in Peru sind Cusco und Huaraz, s. „Sport und Aktivitäten", S. 68. Wer ein eigenes Mountainbike mitbringt, findet in Pachacámac (Lima), auf der Halbinsel Paracas, in der Gegend um Tarma und am Titicaca-See anspruchsvolle **Radstrecken**. In Bolivien wird die Downhill-Strecke vom Pass La Cumbre nach Coroico in den Yungas immer beliebter. Zahlreiche Unternehmen bieten die landschaftlich reizvolle Tour an, bei der ein Höhenunterschied von über 3000 m bewältigt wird (Infos auf S. 638/639).

Eisenbahn

Das Zeitalter der Eisenbahnen in Peru und Bolivien neigt sich dem Ende entgegen. Immer mehr Asphaltstraßen, auf denen immer mehr Busse immer schneller verkehren, stellen eine Konkurrenz dar, mit der die langsamen alten Züge nicht mehr mithalten können. Die Eisenbahn kämpft vor allem in Peru um ihr Überleben. Auch

Ökologisch wertvoll: das immer seltener anzutreffende Triciclo

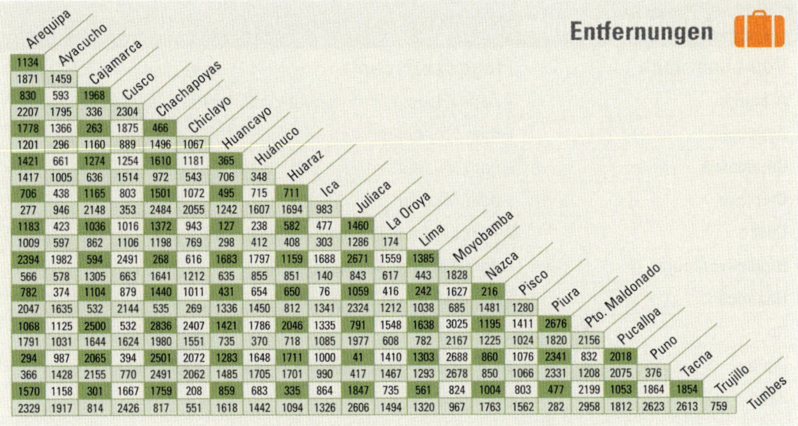

Entfernungen

	Arequipa	Ayacucho	Cajamarca	Cusco	Chachapoyas	Chiclayo	Huancayo	Huánuco	Huaraz	Ica	Juliaca	La Oroya	Lima	Moyobamba	Nazca	Pisco	Piura	Pto. Maldonado	Pucallpa	Puno	Tacna	Trujillo
Ayacucho	1134																					
Cajamarca	1871	1459																				
Cusco	830	593	1968																			
Chachapoyas	2207	1795	336	2304																		
Chiclayo	1778	1366	263	1875	466																	
Huancayo	1201	296	1160	889	1496	1067																
Huánuco	1421	661	1274	1254	1610	1181	365															
Huaraz	1417	1005	636	1514	972	543	706	348														
Ica	706	438	1165	803	1501	1072	495	715	711													
Juliaca	277	946	2148	353	2484	2055	1242	1607	1694	983												
La Oroya	1183	423	1036	1016	1372	943	127	238	582	477	1460											
Lima	1009	597	862	1106	1198	769	298	412	408	303	1286	174										
Moyobamba	2394	1982	594	2491	268	616	1683	1797	1159	1688	2671	1559	1385									
Nazca	566	578	1305	663	1641	1212	635	855	851	140	843	617	443	1828								
Pisco	782	374	1104	879	1440	1011	431	654	650	76	1059	416	242	1627	216							
Piura	2047	1635	532	2144	535	269	1336	1450	812	1341	2324	1212	1038	685	1481	1280						
Pto. Maldonado	1068	1125	2500	532	2836	2407	1421	1786	2046	1335	791	1548	1638	3025	1195	1411	2676					
Pucallpa	1791	1031	1644	1624	1980	1551	735	370	718	1085	1977	608	782	2167	1225	1024	1820	2156				
Puno	294	987	2065	394	2501	2072	1283	1648	1711	1000	41	1410	1303	2688	860	1076	2341	832	2018			
Tacna	366	1428	2155	770	2491	2062	1485	1705	1701	990	417	1467	1293	2678	850	1066	2331	1208	2075	376		
Trujillo	1570	1158	301	1667	1759	208	859	683	335	864	1847	735	561	824	1004	803	477	2199	1053	1864	1854	
Tumbes	2329	1917	814	2426	817	551	1618	1442	1094	1326	2606	1494	1320	967	1763	1562	282	2958	1812	2623	2613	759

das Konzept, spezielle Touristenzüge einzurichten, geht nur an wenigen Stellen auf, denn vielen Besuchern ist der Transport auf der Schiene schlichtweg zu teuer. In Bolivien ist die Lage ein bisschen besser: Das Schienennetz ist dort mit ca. 3700 km knapp doppelt so groß wie in Peru mit rund 1900 km. Infos zu den aktuell befahrbaren Strecken finden sich auf S. 181 (Lima–Huncayo), S. 401 (Huancayo–Huancavelica) und S. 239 (Cusco). Mehr zu den bolivianischen Zugstrecken im Abschnitt „La Paz/Transport", S. 621.

Boote

Auf dem **Titicaca-See** werden Bootstouren sowohl auf bolivianischer als auch auf peruanischer Seite zu den vorgelagerten Inseln angeboten. Der länderübergreifende Bootsverkehr wurde allerdings eingestellt. An der Pazifikküste kann man von der **Halbinsel Paracas** aus an Bootsausflügen teilnehmen und so der Tierwelt der Ballestas-Inseln einen Besuch abstatten. Im **Amazonasbecken** ist der Bootsverkehr auf den zahlreichen Flüssen oftmals die einzige Alternative zum Flugzeug. Bevorzugter Bootstyp ist das *Peque-peque*, ein motorisiertes Langboot. Beliebt ist die Fahrt auf großen Handelsschiffen, die zwischen Iquitos und Pucallpa, Iquitos und Yurimaguas sowie zwischen Iquitos und dem Dreiländereck Peru, Kolumbien, Brasilien verkehren (S. 584). Im südlichen Amazonasgebiet Perus fahren Boote von Puerto Maldonado zur bolivianischen Grenze.

Flugzeug

Der peruanische Inlandflugmarkt wird vom Unternehmen Latam dominiert, das aus der Fusion der chilenischen Fluggesellschaft Lan mit der brasilianischen Tam hervorgegangen ist. Lokale Bedeutung haben außerdem Peruvian Airlines (zum Zeitpunkt der Recherche in Zahlungsschwierigkeiten) und Star Perú, die eng kooperieren, aber zunehmend Marktanteile an die Billigfluganbieter Viva Air, eine Ryanair-Tochter, und Sky Airline aus Chile verlieren. Im nördlichen Amazonasgebiet bedient Saeta einige Strecken.

Lima ist weiterhin die wichtigste Drehscheibe und der einzige internationale Flughafen von Bedeutung. Außerhalb von Cusco soll bei Chinchero in den kommenden Jahren ein neuer internationaler Flughafen entstehen. Leider gibt es nur wenige Querverbindungen, die Touristen die Routenplanung erleichtern und ihnen weniger besuchte Regionen erschließen könnten.

Die Adressen der **Fluggesellschaften** stehen im Lima-Kapitel auf S. 182. Die Telefonnummern der größten nationalen **Flughäfen** finden sich hier: 🖳 www.corpac.gob.pe/vuelos/contactos_provincias.asp.

Direkte Flugverbindungen

Von Lima nach ...	Fluggesellschaft
Arequipa	Avianca, Latam, Peruvian Airlines/Star Perú, Sky Airline, Viva Air
Ayacucho	Latam, Sky Airline
Cajamarca	Latam, Viva Air
Chiclayo	Latam, Viva Air
Cusco	Avianca, Latam, Peruvian Airlines/Star Perú, Sky Airline, Viva Air
Huancayo/Jauja	Latam, Peruvian Airlines/Star Perú
Huánuco	Peruvian Airlines/Star Perú
Ilo	Latam
Iquitos	Latam, Peruvian Airlines/Star Perú, Sky Airline, Viva Air
Jaén	Latam, Viva Air (nicht tgl.)
Juliaca	Latam, Viva Air (nicht tgl.)
Piura	Latam, Peruvian Airlines/Star Perú, Sky Airline, Viva Air
Pucallpa	Latam, Peruvian Airlines/Star Perú, Sky Airline
Puerto Maldonado	Latam
Tacna	Latam, Peruvian Airlines/Star Perú, Viva Air
Tarapoto	Latam, Peruvian Airlines/Star Perú, Sky Airline, Viva Air
Trujillo	Avianca, Latam, Sky Airline, Viva Air
Tumbes	Latam, Sky Airline

Weitere Strecken

Arequipa – Cusco	Latam, Peruvian Airlines/Star Perú
Chachapoyas – Tarapoto	Saeta
Cusco – Iquitos (nur Juni–Nov)	Latam
Cusco – Juliaca	Latam
Cusco – Puerto Maldonado	Latam
Iquitos – Pucallpa	Peruvian Airlines/Star Perú
Iquitos – Tarapoto	Peruvian Airlines/Star Perú
Pisco – Cusco	Latam
Pucallpa – Tarapoto	Peruvian Airlines, Saeta
Trujillo–Cusco (nur Juni–November)	Latam

Bolivien

Adressen und Flugverbindungen s. Abschnitt „La Paz“ unter „Transport“, S. 621.

Infos zu bolivianischen Airlines und den Verbindungen ab/bis **La Paz** finden sich auf S. 621.

Nahverkehr

In den Großstädten sind Unmengen öffentlicher Transportmittel unterwegs, die alle sehr preiswert sind. Lima verfügt neben einem **Schnellbussystem** auch über eine **S-Bahn-Linie** *(Tren eléctrico)*. In La Paz hat der Bau eines öffentlichen **Seilbahnnetzes** (S. 619) den Verkehr entlastet. Die Hauptlast des öffentlichen Nahverkehrs schultern in beiden Ländern aber weiterhin **Busse** und **Kleinbusse** *(Bus, Combi* und *Micro)*, die zwar auf festen Routen verkehren, aber nicht immer feste Haltestellen haben. Jeder kann zu- oder aussteigen, wann er möchte.

Taxis sind preisgünstig und zahlreich vertreten. Neben den organisierten Fahrzeugen zirkulieren jede Menge privater Taxis. Da Taxis in beiden Ländern keine Taxameter besitzen, sollte man den Fahrpreis immer vor der Fahrt aushandeln (für Strecken innerhalb der Städte zahlt man meist nur wenige Euro) und genug Kleingeld dabeihaben. Spätabends und nachts erhöhen sich die Beförderungskosten.

Eine Besonderheit in La Paz (Bolivien) sind **Trufis**, Sammeltaxis, die auf festen Routen verkehren. Sie sind schneller als Busse und Colectivos, kosten aber dementsprechend etwas mehr. Immer verbreiteter sind dreirädrige **Motorradtaxis** (*Mototaxi* oder *Motokar*) – und dies nicht nur in wärmeren Gefilden, sondern auch in Städten bis zu 3000 m Höhe wie z. B. Tarma in Peru. Im gesamten Amazonasgebiet sind sie Nahverkehrsmittel Nummer eins. Sie können mindestens drei Personen mit Gepäck transportieren und kosten weniger als Taxis. Der Fahrpreis sollte ähnlich wie beim Taxi zu Beginn der Fahrt ausgehandelt werden. Eine Besonderheit hat das peruanische Puerto Maldonado zu bieten: Hier fährt man auf dem Rücksitz von Motorrädern mit.

Übernachtung

Hotels

Peru und Bolivien bieten Unterkünfte *(Alojamiento)* für jeden Geschmack und in allen Preisklassen. Man findet *Hoteles* (Hotels), *Pensiones* (Pensionen), *Posadas* (Gasthöfe), *Casas de huéspedes* (Gästehäuser), *Hospedajes* und *Albergues* (Herbergen). Die Vielfalt der Bezeichnungen sagt nicht unbedingt etwas über den Standard der jeweiligen Unterkunft aus. In der Regel sind jedoch *Pensiones* sowie *Hospedajes* und *Albergues* schlichter als die Häuser der anderen Kategorien.

Ausstattung

Bei den **unteren Preiskategorien** sollte man auf einfachste Unterkünfte, z. T. mit Gemeinschaftsbad, vorbereitet sein. Oft sind die Räume dunkel und klein und die Betten bisweilen nur Klappliegen mit einfachen Matratzen. Besonders in ländlichen, von Touristen wenig besuchten Gegenden nimmt die Qualität der Zimmer stark ab. Dennoch sind die meisten Zimmer und sanitären Einrichtungen sauber. Billige Übernachtungen beginnen bei 5 € p. P. und Nacht. Für diesen Preis findet sich im ganzen Land – ausgenommen in Lima (dort 8–10 € p. P.) – ein sehr einfaches Hotelzimmer mit Gemeinschaftsbad. Zimmer mit Du/WC und Einzelzimmer sind natürlich etwas teurer. Wenn eine im Reiseteil erwähnte Billigunterkunft ausschließlich Zimmer mit Gemeinschaftsbad anbietet, ist dies vermerkt. Wer in einer kleinen Gruppe reist, kann durch das Belegen von Mehrbettzimmern Geld sparen.

Vor allem in der Nebensaison ist es ratsam, über den Zimmerpreis zu verhandeln. Wem das

Hostelketten

In den letzten Jahren haben viele Backpacker-Hostels Filialen in den wichtigsten Touristenorten eröffnet. In der Regel handelt es sich dabei um teilweise recht große, komplett auf die Bedürfnisse sehr junger Traveller eingestellte Hostals. Alle diese auch **Partyhostals** (Nomen est omen) genannten Übernachtungsmöglichkeiten verfügen über Bar, Restaurant, Mehrbettzimmer in verschiedenen Größen, einige Doppelzimmer, Internet, WLAN, Rucksack-Schließfächer, Tourservice und in Einzelfällen sogar über einen Pool. Das Frühstück ist meist im Preis inbegriffen. Wer es gerne ruhig und beschaulich mag, sollte diese Hostels meiden. Bekannte Ketten sind:

Dragonfly Hostels, www.dragonflyhostels.com, in Lima, Cusco und Arequipa

Flying Dog Hostels, www.flyingdogperu.com, in Lima, Arequipa, Cusco, Iquitos und Urubamba

Kokopelli Backpackers, www.hostelkokopelli.com, in Lima, Cusco und Paracas

Loki Hostels, www.lokihostel.com, in Lima, Cusco, Máncora, Santa Teresa und La Paz

The Point Hostels, www.thepointhostels.com, in Lima, Cusco und Máncora

Wild Rover Hostels, www.wildroverhostel.com, in Arequipa, Cusco Huacachina, Máncora und La Paz

gezeigte Zimmer nicht gefällt, der sollte sich Alternativen zeigen lassen. Immer prüfen, ob im **Bad** tatsächlich Wasser aus der Leitung kommt! Viele Hotels verfügen über Elektroduschen mit z. T. abenteuerlichem Kabelwirrwarr, bei denen die Wassertemperatur von der durchlaufenden Wassermenge abhängt. Je schwächer der Wasserstrahl, desto heißer das Wasser. In einigen einfacheren Hotels gibt es nur zu bestimmten Zeiten warmes Wasser.

Außer in sehr günstigen Unterkünften sind Handtuch, Toilettenpapier und Seife meist im Preis enthalten, man erhält sie allerdings bisweilen erst auf Nachfrage. Da die Toiletten aufgrund der engen Abflussrohre und des geringen Wasserdrucks recht schnell verstopfen, empfiehlt es sich, Toilettenpapier, Binden oder Tampons etc. immer in die bereitgestellten Eimer zu werfen.

Viele Hotels, vor allem der **Mittel- und Oberklasse**, schließen ein – oftmals spartanisches – Frühstück im Zimmerpreis mit ein. Ventilator oder Klimaanlage sind eigentlich nur in der Amazonasregion nötig. Zimmer mit Klimaanlage sind deutlich teurer. Bessere Hotels und so gut wie alle Dschungel-Herbergen bieten ihren Gästen **Moskitonetze** an. Die Anschaffung eines eigenen Moskitonetzes lohnt sich nur für diejenigen, die bevorzugt in Billigunterkünften übernachten und mehrtägige Touren im Regenwald unternehmen. Wer sich längere Zeit in der Amazonasregion aufhält und dort eine mehrtägige Bootstour plant, sollte auf jeden Fall neben dem Moskitonetz auch eine Hängematte kaufen (beides ist vor Ort preiswert erhältlich).

Reservierung und Buchung

Schwierigkeiten bei der Zimmersuche kann es während der Osterwoche *(Semana Santa)*, der Weihnachtszeit *(Navidad)* sowie an Feiertagen und während Fiestas geben; an der Pazifikküste auch an Wochenenden und besonders in der Zeit von Dezember bis März. Dann verbringen viele Einheimische ihren Urlaub am Meer. Während der Monate Juni bis August kann es in touristischen Zentren wie Cusco zu Engpässen beim Übernachtungsangebot kommen. Es empfiehlt sich für diese Zeiträume, rechtzeitig ein Zimmer zu reservieren.

Wer sich die Zimmersuche am ersten Abend nach der Ankunft ersparen möchte, sollte ebenfalls reservieren. Die Zimmerreservierung via Internet wird immer beliebter, und die Zahl der Hotels mit E-Mail-Anschluss oder eigener Webseite nimmt ständig zu. Bekannte internationale Zimmersuchmaschinen und Buchungssysteme sind unter anderem 💻 www.booking.com, 💻 www.agoda.com, 💻 www.tripadvisor.de, 💻 airbnb.com oder 💻 www.hostelworld.com.

Jugendherbergen

Jugendherbergen *(Albergue juvenil)* sind in Peru und Bolivien eher als **Hostales** bekannt. Sie sind am bekannten Jugendherbergssymbol mit der Aufschrift „Hostelling International" zu erkennen. Inhaber eines Internationalen Jugendherbergsausweises kommen in den Genuss einer Preisermäßigung.

Die weltweit gültige **Mitgliedskarte** bekommt man über die Jugendherbergswerke in Deutschland, 💻 www.jugendherberge.de, Österreich, 💻 www.jugendherberge.at, und der Schweiz, 💻 www.youthhostel.ch. Jugendherbergen weltweit lassen sich über 💻 www.hihostels.com finden. Dort gibt es auch eine Übersicht über **Rabatte**, die Besitzern eines Jugendherbergsausweises gewährt werden.

Zimmer mit Familienanschluss

Überall dort, wo es Sprachschulen für Touristen gibt, besteht die Möglichkeit, günstig bei einer einheimischen Familie zu übernachten. Allerdings kann von Familienanschluss nicht immer die Rede sein. Besonders in Cusco verdienen zahlreiche Familien sich auf diese Weise ein Zubrot: In vielen Fällen sind mehrere Studenten gleichzeitig bei einer Familie untergebracht und essen auch zusammen. Die Familie lässt sich fast nur noch zum Abkassieren blicken. Als Faustregel gilt: Je entlegener der Sprachschulort, desto enger der Familienanschluss. Informationen über ein Zimmer mit Familienanschluss erteilen die jeweiligen Sprachschulen.

Preiskategorien (pro Doppelzimmer)

Wir haben die Hotels in sechs Preiskategorien eingeteilt:

❶	bis 15 € (57 S/. oder 114 Bs.)
❷	bis 30 € (113 S/. oder 228 Bs.)
❸	bis 45 € (170 S/. oder 343 Bs.)
❹	bis 60 € (226 S/. oder 457 Bs.)
❺	bis 80 € (302 S/. oder 610 Bs.)
❻	über 80 € (302 S/. oder 610 Bs.)

Apartments

Wer sich länger vor Ort aufhält, findet bei 💻 airbnb.de eine riesige Auswahl an möblierten Apartments oder Zimmern in allen Preisklassen. Über Aushänge in Hotels, Touristeninfozentren, Reiseagenturen, Sprachschulen oder in den örtlichen Veranstaltungsmagazinen angebotene Unterkünfte werden meist langfristiger vermietet.

Camping

Warum sollte man in einem unbequemen Zelt übernachten, wenn es doch in einem Hotelzimmer viel angenehmer ist? Das ist die Einstellung der meisten Peruaner und Bolivianer zum Camping, und bis auf die Badesaison (Dez–April), während der man wilde Camper am Strand beobachten kann, hat Camping in Peru und Bolivien keine Tradition. Entsprechend dünn gesät sind komplett ausgestattete Zeltplätze. Gelegentlich bieten Hotels oder Hostels zusätzlich Campingmöglichkeiten an. Zeltausrüstung wird in Huaraz, Lima, Arequipa, Cusco sowie La Paz verliehen und kann dort auch neu oder gebraucht gekauft bzw. repariert werden.

Wer mit einem Wohnmobil unterwegs ist, sollte auf Hotels mit geräumigen Parkmöglichkeiten ausweichen. Campingausrüstung lässt sich in den Touristenzentren des peruanischen Hochlands (z. B. Huaraz, Cusco) oder in den Hauptstädten Lima bzw. La Paz kaufen bzw. ausleihen (Adressen in den jeweiligen Regionalkapiteln).

Einfache, rustikale, aber gemütliche Unterkünfte finden sich häufig in Peru.

Unterhaltung

Wie in anderen lateinamerikanischen Ländern wird auch in Peru und Bolivien gerne und viel gefeiert. Während die Einheimischen in der Regel nur an Wochenenden und Feiertagen ausgehen, ist in den Touristenzentren wie Cusco auch unter der Woche immer was los. In den Sommermonaten Januar bis April verlagert sich die Party dann an die Strände. Am meisten los ist in den Großstädten, während in vielen Andenstädtchen die Bürgersteige schon recht früh hochgeklappt werden.

Peruaner und Bolivianer lieben es zu tanzen. Auf vielen Familienfeiern spielen Livebands und auch in Discos steht man nicht lange rum, bevor getanzt wird. Dabei ist eine Aufforderung zum Tanzen nicht gleich als „Anmache" zu verstehen.

Livekonzerte finden überwiegend in größeren Städten statt. Fußball ist in beiden Ländern Volkssport.

Verhaltenstipps

Andere Länder, andere Sitten: Diese so oft gebrauchte Floskel ist noch immer gültig – trotz internationaler Hotelketten, der Verbreitung von Fastfood und der globalen Vernetzung. Wer in ferne Länder reist, will in der Regel auch fremde Kulturen und die dort lebenden Menschen kennenlernen. Wie es dann allerdings mit der Umsetzung dieser Absicht vor Ort aussieht, ist eine andere Frage: Viele Traveller wollen die Reize des Gastlandes kennenlernen, aber zugleich nicht auf ihren gewohnten Komfort verzichten. So bewegen sie sich stets innerhalb einer austauschbaren touristischen Scheinwelt, ohne das Gastland wirklich zu erleben. Man reist von Ort zu Ort, bleibt unter seinesgleichen und hat immer eine heiße Dusche oder ein kaltes Bier zur Hand.

Die Gespräche von Reisenden, die auf diesem „Gringo-Trail" unterwegs sind, kreisen oft nur um billige Unterkünfte und Szene-Kneipen. Die **Kontakte mit Einheimischen** bleiben im wahrsten Sinne des Wortes auf der Strecke. Dabei sind es gerade diese kleinen Begegnungen, die im Gedächtnis haften bleiben und die den eigentlichen Reiz der Reise ausmachen. Wer sich auf dem Indígena-Markt eine ruhige Ecke zum Beobachten sucht, wer als einziger Ausländer einem Heiligenfest in einem Dorf abseits der großen Routen beiwohnt, wer wandert, statt nur im Touristenbus zu sitzen, wird das Land mit anderen Augen sehen. Dies ist gerade in Peru und Bolivien empfehlenswert, da es sich um facettenreiche Länder handelt.

Peruaner und Bolivianer sind meist offene, unkomplizierte und sehr hilfsbereite Menschen. Jeder redet mit jedem, und Kontakte sind schnell geknüpft. Wer als Tourist hilflos mit einem Straßenplan an einer Kreuzung steht, wird schnell angesprochen. Des Öfteren bekommt man dann gute Ratschläge wie *derecho* („geradeaus" – *a la derecha* heißt dagegen „nach rechts") oder *a la vuelta* („um die Ecke") zu hören, die erfahrungsgemäß jedoch nur bedingt weiterhelfen. Wer nach Entfernungen und zeitlichen Distanzen fragt, wird bei drei Befragten drei verschiedene Antworten erhalten. **Gesicht wahren** heißt die Devise der Einheimischen, und dazu gehören kleine oder größere Notlügen, wenn man die korrekte Antwort nicht weiß. Zurückhaltender sind die Menschen in entlegenen Gebieten, vor allem dort, wo der Terrorismus der 1980er-Jahre seine Spuren hinterlassen hat. Aufgrund schlechter Erfahrungen und vieler Entbehrungen sind die **Dorfbewohner** misstrauisch und vorsichtig geworden.

Betteln

Gebettelt wird an Orten, wo Reich und Arm aufeinanderprallen, also verstärkt in der jeweiligen Landeshauptstadt und in allen touristischen Zentren. Überwiegend sind es Kinder, die zum Teil von ihren Eltern zum Betteln angehalten werden. Kindern sollte auf keinen Fall Geld, Süßigkeiten oder Ähnliches gegeben werden. Sie gewöhnen sich sehr schnell an diese Gaben und schwänzen dann die Schule. Wer Kindern wirklich helfen möchte, sollte sich an entsprechende Organisationen wenden (z. B. Unicef, das Kinderhilfswerk der Vereinten Nationen).

Livemusik ist in Peru und Bolivien häufig zu hören.

Aufgrund fehlender sozialer Netze bilden gerade Ältere und Behinderte Randgruppen, denen oft nichts anderes übrig bleibt, als zu betteln. Eine kleine Spende tut in diesen Fällen niemandem weh und lindert die Not ein wenig.

Ehe und Familie

Nach außen gilt die Familie immer noch unangefochten als wichtigster Sozialverband in der Gesellschaft beider Andenländer. Ein Freundeskreis rangiert in seiner Bedeutung immer unter der Familie. Die **Rollen** sind in allen Gesellschaftsschichten auch im 21. Jh. weiter klar verteilt, auch wenn es in den Großstädten zunehmend Ausnahmen gibt. Der Mann ist Beschützer und Ernährer seiner Familie, während die Frau sich weitestgehend allein um Haushalt und Kinder kümmert. Nachwuchs wird als Gabe Gottes betrachtet; besonders auf dem Land heißt, viele Kinder zu haben, sehr fruchtbar zu sein. Dies verschafft Anerkennung (Familien mit fünf Kindern und mehr sind dort keine Seltenheit).

Es ist nicht ungewöhnlich, dass Kinder auch noch nach der **Heirat** bei den Eltern wohnen. Von der Frau wird erwartet, dass sie jungfräulich in die Ehe geht. Besonders die Indígenas heiraten sehr jung. Es kommt nicht selten vor, dass das Brautpaar bei der Hochzeit noch nicht volljährig ist. In vielen indianischen Ehegemeinschaften hat auch der Mann vor der Heirat noch keine sexuelle Erfahrung, vor allem auf dem Land. In der Stadt greifen Männer hierfür auch auf Prostituierte zurück. Prostitution ist zwar offiziell verboten, wird aber geduldet. Die Scheidungsrate ist außer bei indigenen Paaren sehr hoch. Viele Frauen sind alleinerziehend, werden kaum von den Vätern der Kinder unterstützt und sind oftmals die alleinigen Ernährer der Familie.

Kindesmissbrauch und **Gewalt** in der Ehe sind trauriger Alltag, werden aber von der Gesellschaft weitestgehend tabuisiert. Seit 1982 protestieren in Lima jährlich mehr als 60 Frauenorganisationen am „Internationalen Tag zur Beseitigung der Gewalt gegen Frauen" gegen häusliche Gewalt, Macho-Kultur und Morde an Frauen.

Fotografieren

Das Fotografieren von Personen ist heikel und ein Thema, über das man sich immer vorher Gedanken machen sollte. Wer wird schon selbst gern ohne Einwilligung von einer fremden Person aus nächster Nähe beim Autowaschen oder Beten in der Kirche abgelichtet? Wegen eines guten Schnappschusses religiöse Zeremonien zu stören oder Menschen aus allernächster Nähe ohne deren Zustimmung zu fotografieren ist respektlos. Auch ohne Sprachkenntnisse sollte man Blickkontakt mit den Menschen aufnehmen, die man fotografieren möchte, sie immer fragen – und ein Nein akzeptieren.

Jeder Einheimische hat das Recht, für ein Foto Geld zu verlangen. Posieren ist eine Dienstleistung, und mit dem Kauf von ein paar Bananen erwirbt man sich nicht automatisch das Recht, die Verkäuferin abzulichten. Jeder muss dann für sich entscheiden, ob ihm das Foto den geforderten Preis wert ist.

Gäste in einem fremden Land

Wer in Peru und Bolivien reist, sollte versuchen, sich auf die fremde Mentalität einzulassen und nicht nur Vergleiche mit daheim anzustellen. Respekt, Toleranz und Zurückhaltung sind die wichtigsten Tugenden eines Reisenden auf fremdem Terrain. Man kann nicht erwarten, in ein paar Wochen oder Monaten komplexe Verhaltensmuster der Einheimischen zu erfassen und zu verstehen. Viele Dinge heißt es so zu akzeptieren, wie sie sind – auch wenn man fest davon überzeugt ist, dass sie nicht sinnvoll sind.

Schwule und Lesben

Viele Peruaner und Bolivianer hegen noch immer Vorurteile gegen gleichgeschlechtliche Beziehungen, denn sie passen einfach nicht in die sexuelle Vorstellungswelt der lateinamerikanischen Machos und der katholischen Kirche. Homosexualität ist aber nicht verboten. Wer keinen Anstoß erregen möchte, sollte sich diskret verhalten.

Direkte Kritik ist in beiden Ländern unüblich. In diesem Punkt reagieren Einheimische sehr sensibel. **Zurückhaltung** ist angebracht, denn wer anfängt, zu brüllen oder beleidigend zu werden, erreicht oft nur das Gegenteil des Beabsichtigten. Dies gilt besonders für Kontakte mit der Staatsgewalt und mit öffentlichen Angestellten. **Höflichkeit**, und sei sie auch nur vorgeschoben, ist ein wichtiger Aspekt menschlichen Zusammenlebens in Peru. Händeschütteln und (luftige) Küsse auf die Wange sind bei Begrüßung und Verabschiedung üblich.

Höhepunkt einer Reise ist sicherlich eine private **Einladung** einer einheimischen Familie. Saubere, ordentliche Kleidung versteht sich bei solch einem Ereignis von selbst. Wer auf dem Land bei einer indianischen Familie eingeladen ist, sollte den Gastgebern etwas Essbares (keine Grundnahrungsmittel, sondern etwas Besonderes wie Pralinen oder teureres Obst) als **Geschenk** mitbringen. Eine gute Idee sind außerdem ein paar Mitbringsel von zu Hause (Münzen, Postkarten und private Fotos). So etwas lockert die Atmosphäre und bietet eine Menge Gesprächsstoff. Bei einer Ladino-Familie freut sich die Hausherrin über ein paar Blumen. In jedem Fall wird der Gast reichlich mit Essen und Trinken bewirtet.

Gringos

Ursprünglich waren damit die verhassten nordamerikanischen Soldaten gemeint, die im 19. Jh. in ihren grünen Uniformen zu Mexiko gehörende Gebiete annektierten. Aus dem Ausruf „Green go!" der Bewohner dieser Gebiete wurde dann im Laufe der Zeit Gringo. Für Peruaner und Bolivianer sind alle hellhäutigen Touristen zunächst einmal Gringos. Dieser nicht unbedingt abwertend gebrauchte Begriff hat eher die allgemeine Bedeutung „Fremder", kann aber bei entsprechender Betonung auch zum Schimpfwort werden. Oft rufen die Kinder fremden Besuchern diesen Begriff hinterher. Es schadet daher nicht, sich als Deutscher zu erkennen zu geben. Wenn sich dann die darauf folgenden Bemerkungen um die nationalsozialistische Vergangenheit, Fußball und die Frage, ob Deutschland wirklich

Auf den Haciendas der Kolonialzeit finden sich meist kleine Kapellen.

wiedervereinigt sei, drehen sollten, ist Gelassenheit geboten. Es stecken gewöhnlich keine bösen Absichten, sondern echte Neugier dahinter.

Kleidung

In Peru und Bolivien wird sehr auf ein gepflegtes Erscheinungsbild geachtet. Selbst in einfacheren Bevölkerungsschichten trägt man ordentliche, saubere Kleidung. Unverständnis ernten Reisende, die in abgewetzter Kleidung oder gar barfuß umherlaufen. Für die meisten Einheimischen ist es nicht nachvollziehbar, wenn ein ausländischer Besucher, der sich einen teuren Flug leisten konnte, in schäbiger Kleidung auftritt. Richtiggehend lächerlich macht sich, wer indianische Kleidung trägt.

Generell hat sich die **Kleiderordnung** etwas gelockert. Es ist nicht ungewöhnlich, in touristischen Orten oder am Strand in kurzer Hose, Rock oder ärmellosem T-Shirt zu flanieren. Frauen sollten jedoch immer einen BH tragen und sich der Anziehungskraft kurzer Kleidungsstücke auf die einheimische Männerwelt bewusst sein. Außerhalb der Touristenhochburgen und besonders im Hochland gelten strengere Regeln: Die Kleidung ist wesentlich konservativer, hier sind ein langer Rock bzw. lange Hosen angebracht.

Nacktbaden ist in Peru unbekannt, und dies sollte auf jeden Fall respektiert werden. Selbst ein Bikini ist bei einheimischen Frauen außerhalb der Hauptstädte selten zu sehen. Einige von ihnen tragen sogar über dem Badeanzug noch ein T-Shirt und Shorts.

Religion

In Peru und Bolivien spielt die Religion (S. 136) traditionell eine große Rolle im Leben der Bevölkerung. Wie auch immer man zu den einzelnen Glaubensrichtungen eingestellt sein mag: Das oberste Gebot heißt **Zurückhaltung**. Wer Kirchen betritt, sollte sich dementsprechend kleiden und sich ruhig und unauffällig verhalten. Einem Fotografierverbot an heiligen Stätten ist unbedingt Folge zu leisten.

Sprachkenntnisse

Die Sprache ist der Schlüssel zu fremden Kulturen. Je besser man eine fremde Sprache beherrscht, desto intensiver gestaltet sich der Kontakt zur einheimischen Bevölkerung. Während man sich in der Hauptstadt und den Touristenorten, besonders in größeren Hotels und Restaurants, noch mit **Englisch** durchschlagen kann, ist bei Reisen abseits der ausgetretenen Pfade ein kleiner Spanischwortschatz unerlässlich. Ein paar Begrüßungs- und Höflichkeitsfloskeln in **Spanisch** kann sich auch der Unbegabteste aneignen (s. Sprachführer S. 652). Dies zeugt von Respekt vor der Bevölkerung des Gastlandes, und der gute Wille allein wird von jedem Einheimischen honoriert werden.

In vielen Gegenden des peruanischen und bolivianischen Hochlands wird vorwiegend eine **indianische Sprache** (Quechua oder Aymara) gebraucht; vor allem die Frauen sprechen dort oft sehr wenig Spanisch. Wer sich zusätzlich ein paar Brocken solch einer Indígena-Sprache aneignet, erleichtert sich den Zugang zur jeweiligen ethnischen Gruppe.

Zeitbegriff

In Peru und Bolivien ticken die Uhren anders als in Europa. Was heute nicht geht, geht vielleicht morgen. **Warten** gehört zum Alltag. Lange Schlangen vor Banken und staatlichen Einrichtungen sind Routine; man erträgt sie stoisch bis gelassen – geschicktes Vordrängeln ist aber beliebt. Da die Stadtbusse keine festen Fahrpläne haben, stellt man sich einfach an die Straße und wartet, bis einer kommt. Am besten passt man sich diesem Rhythmus an. Wer langsam reist, sieht mehr!

Versicherungen

Auslandskrankenversicherungen mit Rücktransport werden von fast allen großen Versicherern und einigen Kreditkartenorganisationen angeboten. Für eine Versicherung mit 30-Tage-Schutz zahlt man meist nur 6–12 € jährlich. Bei Langzeitreisen muss ein etwas teurerer Schutz in Anspruch genommen werden.

Im Krankheitsfall muss der Behandelte das Geld vorstrecken. Die im Ausland anfallenden Behandlungskosten werden von den Versicherungen meist erst später erstattet. Die bei der Versicherung einzureichende **Rechnung** sollte folgende Angaben erhalten:

- Name, Vorname, Geburtsdatum
- Behandlungsort und -datum
- Diagnose
- erbrachte Leistungen in detaillierter Aufstellung (Beratung, Untersuchungen, Behandlungen, Medikamente, Injektionen, Laborkosten, Krankenhausaufenthalt)
- Unterschrift des behandelnden Arztes
- Stempel

Ein Rücktransport wird nur gezahlt, wenn er „medizinisch notwendig" ist. Einigen Versicherern genügt es, wenn der behandelnde Arzt den Transport in die Heimat für sinnvoll hält.

Weitere **Einschränkungen** gibt es bei Zahnbehandlungen (nur Notfallbehandlung) und chronischen Krankheiten (Bedingungen durchlesen).

Visa

Bürger aus Mitgliedstaaten der EU sowie der Schweiz können sich **ohne Visum** mit einem mindestens sechs Monate gültigen **Reisepass** pro Jahr maximal 180 Tage in **Peru** aufhalten. Meist bekommt man bei der Einreise 90 Tage in den Pass gestempelt. Die sind bei der Einwanderungsbehörde (Adresse s. u.) verlängerbar (*Prórroga de permanecencia*). In **Bolivien** bekommt man in der Regel 30 Tage, zweimal verlängerbar auf maximal 90 Tage.

Oder man reist in ein Nachbarland aus und wieder ins Ursprungsland ein. Das kann je nach Grenze und Wohlwollen der Beamten auch am selben Tag möglich sein. Dabei bekommt man in der Regel erneut drei Monate in den Pass ge-

Weiterreise in die Nachbarländer

Im Folgenden werden die bekanntesten **Grenzübergänge** mit Seitenverweis gelistet:

Von Peru nach Bolivien

- Von Puno über Yunguyo nach Copacabana und La Paz: S. 323
- Von Puno über Desaguadero nach La Paz: S. 323
- Von Moquegua nach Desaguadero: S. 355
- Von Juliaca am Nordostufer des Titicaca-Sees entlang nach Puerto Acosta: S. 307
- Von Puerto Maldonado flussabwärts nach Puerto Heath: S. 297

Von Peru nach Brasilien

- Von Iquitos flussabwärts nach Tabatinga: S. 584
- Von Puerto Maldonado über Iñapari nach Assis de Brasil: S. 296

Von Peru nach Chile

- Von Tacna nach Arica: S. 356

Von Westbolivien nach Chile

- Von La Paz nach Arica: S. 650

Von Peru nach Ecuador

- Von Tumbes nach Machala: S. 494
- Von Piura über La Tina nach Loja: S. 480
- Von Jaén über Balsa nach Vilcabamba: S. 552

Von Peru nach Kolumbien

- Von Iquitos flussabwärts nach Leticia: S. 574

stempelt – aber nur für Peru; in Bolivien soll dies nicht mehr möglich sein.

Empfehlung: Eine Kopie des Reisepasses inkl. Einreisestempel machen, an einem sicheren Ort aufbewahren und ein Foto von beiden knipsen.

Einwanderungsbehörde

Superintendencia Nacional de Migraciones, Prolongación Av. España 734, Breña, Lima, ✆ 01-2001000, 🖳 www.migraciones.gob.pe. ⏲ Mo–Fr 8–16, Sa 8–12 Uhr.

Außenstellen unterhalb des Ovalo Gutiérrez, ✆ 01-2001143, ⏲ Mo–Sa 8–20 Uhr, und am internationalen Flughafen, ✆ 01-2001102, ⏲ rund um die Uhr. Die Adressen der Büros im Landesinneren stehen im jeweiligen Regionalteil dieses Buches oder unter „Oficinas a nivel nacional" auf der Website.

Die **Ausreise** ist auch möglich, wenn man nach Überschreiten der genehmigten Aufenthaltsdauer pro Tag eine Strafgebühr von US$1 und eine einmalige Verwaltungsgebühr von 26 S/. zahlt. Diese Gebühr lässt sich im Flughafen bei der Passkontrolle oder an den entsprechenden Grenzstellen erledigen.

In Bolivien ist die **Dirección General de Migración** zuständig, s. S. 618.

Zeit

Peru liegt sechs Stunden hinter der MEZ zurück (während der deutschen Sommerzeit minus 7 Std.): Ist es also in Deutschland 23 Uhr, zeigt die Uhr in Peru erst 17 bzw. 16 Uhr. **Bolivien** liegt fünf Stunden zurück (Sommerzeit minus 6 Std.).

Zoll

Bei der **Einreise** nach Peru per Flugzeug dürfen persönliche Gegenstände, 3 Liter Alkohol (in Bolivien 1 Liter), 400 Zigaretten oder 50 Zigarren (in Bolivien 200 Zigaretten oder 50 Zigarren) und Geschenke im Warenwert von bis zu US$300 zollfrei eingeführt werden. Am internationalen Flughafen von Lima wird das Gepäck ankommender Reisender per Zufallsgenerator durchsucht.

Die **Ausfuhr** von archäologischen Fundstücken sowie bedrohten Tier- und Pflanzenarten ohne Genehmigung ist streng untersagt. Auf **Drogenschmuggel** (Kokain) stehen in Peru hohe Gefängnisstrafen. Die Einfuhr von Koka-Blättern oder Koka-Teebeuteln nach Europa ist verboten. Weitere Informationen erhält man bei der Zollbehörde:

Aduana Central
Av. Garcilaso de la Vega 1472, Lima,
✆ 0801-12100,
💻 www.sunat.gob.pe/customsinformation/index.html,
🕒 Mo–Fr 8.30–18, Sa 9–13 Uhr.

Land und Leute

Knochentrockene Wüste und der fischreiche Pazifik im Westen, schneebedeckte Berggipfel im Hochland der Anden sowie tropischer Regenwald im Osten – die landschaftliche Vielfalt Perus ist ebenso einmalig wie der reiche Schatz an landwirtschaftlichen Produkten, archäologischen Stätten, Traditionen und Festen. Den fehlenden Zugang zum Meer macht Bolivien mit einer lebendigen indigenen Kultur und spektakulären Berglandschaften wett.

CHOLAS; © FRANK HERRMANN

Inhalt

Steckbrief Peru

Offizieller Name
República del Perú (Republik Peru)

Staatsform
Präsidialrepublik

Hauptstadt und Regierungssitz Lima

Staatsoberhaupt Martín Alberto Vizcarra Cornejo (seit 2018)

Einwohnerzahl 33,2 Mio.

Amtssprache Spanisch; weitere Sprachen: Quechua, Aymara

Steckbrief Bolivien

Offizieller Name
Estado Plurinacional de Bolivia (Plurinationaler Staat Bolivien)

Staatsform Präsidialrepublik

Hauptstadt Sucre

Regierungssitz La Paz

Staatsoberhaupt Juan Evo Morales Ayma (seit 2006)

Einwohnerzahl 11,5 Mio.

Amtssprache Spanisch; weitere Sprachen: Quechua, Aymara

Geografie

Peru

Fläche: 1 285 216 km² (Deutschland 357 050 km²)

Größte Städte: Lima (10 Mio. Einw.), Arequipa (1 Mio. Einw.), Trujillo (800 000 Einw.)

Längste Flüsse: Río Ucayali (2700 km), Río Marañon (1300 km), beide Flüsse vereinigen sich bei Iquitos zum Río Amazonas

Höchste Berge: Huascarán (6768 m), Yerupajá (6634 m)

Das drittgrößte Land Südamerikas, dreieinhalbmal so groß wie Deutschland, grenzt im Süden an Chile, im Südosten an Bolivien, im Osten an Brasilien sowie im Norden an Kolumbien und Ecuador und liegt zwischen dem Äquator und dem 18. Grad südlicher Breite. Drei Naturräume lassen sich unterscheiden: die Pazifikküste *(Costa)*, das Bergland der Anden *(Sierra)* und das tropische Amazonastiefland *(Selva)*.

Costa

Von der ecuadorianischen bis zur chilenischen Grenze verläuft ein 30–150 km breiter und 2300 km langer Wüstenstreifen. Er nimmt rund 12 % der Landesfläche ein. Ihre Entstehung verdankt die Küstenwüste dem kalten, aber nährstoffreichen **Humboldtstrom**, der vor der peruanischen Küste verläuft – er verhindert die Erwärmung der Luft über dem Festland und somit Niederschläge. Nur der nördlichste Zipfel der Küste liegt im Einflussbereich der vom Norden kommenden wärmeren **El-Niño-Strömung**, was bei Tumbes zur Entstehung von Mangrovenwäldern beigetragen hat.

Über 50 Flüsse strömen von den Anden in den Pazifik und bringen etwas Grün in die Brauntöne der Küstenwüste. Das Bergwasser ermöglicht in den oasenartigen Tälern mithilfe künstlicher Bewässerungssysteme landwirtschaftlichen Anbau – hier wachsen u. a. Weintrauben, Baumwolle, Oliven, Zuckerrohr und Reis.

Entlang der gesamten peruanischen Küste erheben sich eine Reihe niedriger isolierter Hügel, die **Lomas**. Auf ihnen gedeihen aufgrund des mehrmonatigen Küstennebels kleinwüchsige Wüstenpflanzen. Weiter östlich gehen die Lomas in die steilen Westabhänge der Anden über, die auch *Vertiente andino* (1000–2000 m) genannt werden.

Die teilweise starken Erdbeben, von denen Peru immer wieder heimgesucht wird, haben ihre Ursache in einer unterirdischen Spalte, die entlang der Küste verläuft. Hier treffen zwei **Kontinentalplatten** aufeinander. Dabei schiebt sich die Nasca-Platte vom Pazifik her unter die Südamerikanische Platte.

Sierra

So nennt sich das mineralhaltige Bergland der Anden, das 30 % der Landesfläche einnimmt. Die zweitgrößte Bergkette der Erde, mit 45 Erhebungen über 6000 m, durchzieht Peru von Nordwesten nach Südosten in mehreren, überwiegend parallel zueinander verlaufenden Kordilleren. Im Norden Perus sind dies zum einen die **Westkordillere** *(Cordillera occidental)*, die parallel zur Küste verläuft und die Wasserscheide zwischen Pazifik und Atlantik bildet. Östlich davon liegt die **Zentralkordillere** *(Cordillera central)*, die mit dem Nevado Huascarán (6768 m) den höchsten Gipfel des Landes umschließt. Der bei Bergsteigern beliebte Eisriese liegt mitten in der Cordillera Blanca, dem weltweit größten Gletschergebiet auf tropischen Breitengraden. Die **Ostkordillere** *(Cordillera oriental)* bildet eine natürliche Barriere für die Wolken des Amazonastieflands, was in dieser Region zu sehr hohen Niederschlagsmengen führt.

Die drei Gebirgszüge vereinigen sich in Zentralperu und gabeln sich weiter südlich in die vulkanisch aktive West- und Ostkordillere. Dazwischen liegt der **Altiplano**, eine Hochebene auf rund 3600–3800 m, die nordwestlich des **Titicaca-Sees** beginnt und sich bis zur bolivianischen Grenze erstreckt. In den lang gezogenen Tälern der Sierra betreiben Bauern intensive Landwirtschaft. In Höhen bis zu 3000 m bauen sie Mais an, darüber Weizen, Gerste sowie die einheimischen Getreidesorten Quinoa und Kiwicha. Bis 4000 m werden Kartoffeln angebaut; in noch größerer Höhe ist nur noch Weidewirtschaft (Lamas, Alpakas, Ziegen, Schafe, Kühe) möglich.

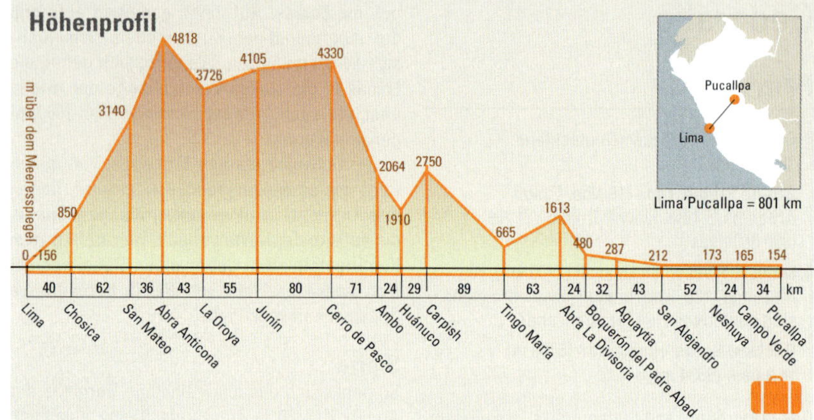

Selva

Das riesige, wenig erschlossene Tieflandareal im Osten des Landes nimmt 58 % der Staatsfläche ein. Peru ist nach Brasilien das Land mit dem zweitgrößten zusammenhängenden Urwaldgebiet der westlichen Halbkugel. Die Selva besteht aus großen, geschlossenen Regenwaldflächen, die von gewaltigen Flusssystemen durchzogen sind. Straßen sind immer noch selten, viele Orte lassen sich nur per Boot oder Flugzeug erreichen.

Die beiden größten Flüsse, der **Río Marañon** und der **Río Ucayali**, vereinigen sich im Tiefland Perus zum **Río Amazonas**. Trotz seiner dünnen Besiedlung ist das sensible Gleichgewicht des Amazonastieflands von der Zerstörung durch den Menschen bedroht. Während die hier ansässigen Naturvölker Brandrodungsfeldbau praktizieren, führen die starke Abholzung von Edelhölzern, die Jagd auf exotische Tierarten, der Goldabbau sowie die Erdöl- und Erdgasförderung zu ökologischen Problemen (s. S. 105).

Um von der Sierra in die Selva zu gelangen, muss man die steilen und waldreichen **Osthänge der Anden** durchqueren. Der landschaftlich reizvolle Übergang mit seinen dichten Nebel- und Bergwäldern von den kargen Andenplateaus hinunter in das Amazonastiefland wird auch als „Augenbraue des Waldes" *(Ceja de la selva)* bezeichnet. In diesem Naturraum werden überwiegend Kaffee und Koka-Blätter angebaut.

Bolivien

Fläche: 1 098 581 km² (Deutschland 357 050 km²)

Größte Städte: La Paz (1,8 Mio. Einw., inkl. El Alto), Santa Cruz (1,65 Mio. Einw.), Cochabamba (700 000 Einw.). Die Hauptstadt Sucre hat rund 285 000 Einw.

Längste Flüsse: Río Beni (1559 km), Río Grande (1438 km)

Höchste Berge: Sajama (6542 m), Illimani (6439 m)

Neben Paraguay ist Bolivien der einzige Staat Südamerikas, der keinen direkten Zugang zum Meer hat. Das Land ist dreimal so groß wie Deutschland und grenzt im Nordwesten an Peru, im Südwesten an Chile, im Süden an Argentinien und Paraguay sowie im Norden und Osten an Brasilien. Bolivien lässt sich grob in die drei Naturräume Altiplano, Sierra und Selva untergliedern:

Altiplano

Die waldlose Hochebene mit Höhen zwischen 3600–4000 m wird im Nordwesten vom **Titicaca-See**, im Süden vom **Lago Poopó** sowie von der Ost- und Westkordillere begrenzt. Der Altiplano umfasst ca. 15 % der Landesfläche. Im trockenen Süden der Hochfläche liegen riesige Salzseen, darunter der **Salar de Uyuni**.

Sierra

Das Bergland der Anden liegt östlich des Altiplano und wird von zwei Gebirgsketten beherrscht. In der Westkordillere befindet sich mit dem **Nevado Sajama** (6548 m) die höchste Erhebung des Landes. Der höchste Berg der vergletscherten Ostkordillere ist der 6439 m hohe **Nevado Illimani**. Die Osthänge der Anden werden in Bolivien **Yungas** genannt. Sie bestehen aus dicht bewachsenen Berg- und Nebelwäldern mit steilen, tief eingeschnittenen Schluchten in Höhen zwischen 1000–3600 m.

Selva

Das riesige Tiefland Boliviens umfasst unterschiedliche Naturräume, die rund zwei Drittel des gesamten Staatsgebiets ausmachen. Der Norden besteht aus **tropischem Regenwald**, durchzogen von großen Flüssen wie dem **Río Mamoré**, dem **Río Beni** und einem seiner Zuflüsse, dem aus Peru kommenden **Río Madre de Dios**, die alle in den **Río Amazonas** entwässern. Daran schließen sich südlich die Überschwemmungszonen der **Feuchtsavanne** *(Pampas)* an. Sie stehen in starkem Kontrast zur dornigen Buschsteppe und den Trockenwäldern des **Gran Chaco** im Südosten des Landes, die sich bis nach Paraguay und Argentinien hinein erstrecken.

Flora und Fauna

Die unterschiedlichen Naturräume (s. Karte S. 97) haben eine vielfältige Tier- und Pflanzenwelt hervorgebracht. Peru gehört sogar zu den zehn Ländern mit der **weltweit höchsten Artenvielfalt** (Megadiversität). Bislang haben Wissenschaftler hier rund 35 000 Pflanzenarten identifiziert, von denen ca. 16 % nur in Peru vorkommen. 19 % aller weltweiten Vogelarten und 18 % aller Schmetterlingsarten sind in Peru vertreten.

Säugetiere

In Peru existieren 431 Säugetierarten (Bolivien rund 400). Am häufigsten bekommt man Affen zu sehen, die mit 21 Arten vertreten sind. Am lautesten ist der **Rote Brüllaffe** *(Mono aullador; Alouatta seniculus)*. Gegen sein weithin hörbares, raubtierähnliches Brüllen nehmen sich die helleren Schreie der **Klammer-** oder **Spinnenaffen** *(Maquisapa; Ateles spp.)* harmlos aus.

Wollaffen *(Mono barroso; Lagothrix spp.)* beanspruchen Territorien von bis zu 500 ha für ihre Familien. Sie bewegen sich in großen, lärmenden Gruppen durch den Wald und ernähren sich überwiegend von Früchten und Samen. **Kapuzineraffen** *(Capuchinos; Cebus ssp.)* sind Allesfresser, die neben Früchten und Samen auch Eier, Insekten und Reptilien vertilgen.

Die nur ca. 14 cm großen **Zwergseidenaffen** *(Leoncito; Cebuella pygmaea)*, die kleinsten Affen Perus, ernähren sich überwiegend von den Säften bestimmter Urwaldbäume, verschmähen aber auch Insekten nicht.

Obwohl **Ameisenbären**, **Gürteltiere** und **Faultiere** sehr unterschiedlich aussehen, gehören sie doch zur selben Familie der *Edentata*. Alle drei besitzen einen ähnlichen Skelettaufbau, ähnliche Kreislaufsysteme und verwandte Geschlechtsorgane. Der **Ameisenbär** *(Oso hormiguero; Tamandua)* ist ein Einzelgänger, der Termiten und Ameisen bevorzugt und selbst Killerbienen nicht verschmäht. Mit seinen scharfen Klauen verteidigt er sich, klettert auf Bäume und bricht Nester auf.

Der Körper des **Gürteltiers** *(Armadillo; Dasypus novencinetus)* ist mit übereinanderliegenden Hornplatten gegen Feinde geschützt. Bei Gefahr rollt sich das nur ca. 40 cm große Tier zusammen oder rennt ins Unterholz. Dank seines ausgezeichneten Geruchssinns kann es Insekten unter der Erde riechen.

Faultiere *(Perezoso)* kommen in Peru mit zwei *(Choloepus didctylus)* oder drei Zehen *(Bradypus variegatus)* vor. An den Zehen besitzen Faultiere Krallen, mit denen sie sich im Geäst festhalten. Sie bewegen sich so aufreizend langsam, dass große Raubvögel und Raubtiere sie oftmals gar nicht als Beute wahrnehmen.

Zwei Arten von **Pekaris** *(Coche de monte)* durchstreifen die Regenwälder Perus und Boliviens. Während *Tayassu tajacu* einen weißen Halsring besitzt, schmückt *Tayassu pecari* ein heller Fleck an der Unterlippe. Ihre schlechte Sicht und das nur mäßige Gehör gleichen die in großen Gruppen umherstreifenden Tiere durch einen hervorragenden Geruchssinn aus.

Der scheue **Weißwedelhirsch** *(Venado cola blanca; Odocoileus virginianus)* ist eine von sechs Hirscharten, die in Peru leben. Er ernährt sich von Fallobst, Blättern und Rinden, die er wiederkäut. Sein Fleisch ist als Delikatesse sehr geschätzt.

Die Familie der amerikanischen Kleinkamele *(Camelidae)* umfasst vier Vertreter. **Lamas** und **Alpakas** kommen nur noch in domestizierter Form vor. Frei leben die grazilen **Vicuñas** und die etwas größeren **Guanacos**. Mehr zur Familie der *Camelidae* auf S. 344/345.

Obwohl die Familie der Nagetiere mit 90 Arten in Peru vertreten ist, bekommt man in der Regel nur einige wenige Arten zu Gesicht. Zur Familie der *Agoutidae* gehören das **Schwarze Aguti** *(Dasyprocta fuliginosa)*, das **Paca** *(Agouti paca)* und das **Capybara** *(Hydrochaeris hydrochaeris)*. Charakteristisch sind das braune kurzhaarige Fell und die langen Beine und Köpfe, die denen von Eichhörnchen ähneln. Das Schwarze Aguti ist weit verbreitet und wiegt nur 5 kg. Pacas sind mit rund 12 kg deutlich schwerer und kommen neben dem Amazonastiefland auch im Nebelwald vor. Mit bis zu 65 kg Körpergewicht ist das Capybara das weltweit schwerste Nagetier.

Der **Tapir** *(Danta; Tapirus terrestris)*, das größte Landsäugetier Perus und Boliviens, steht ganz oben auf der Liste der bedrohten Tierarten. Bis zu 300 kg bringt ein männlicher Tapir auf die Waage. Seine natürlichen Feinde sind alle großen Wildkatzen. Ein sehr widerstandsfähiges Gebiss ermöglicht es dem Tapir, Samen und Nüsse zu zermalmen. Blätter und junge Zweige ergänzen seine Diät. Während der Flachlandtapir im tropischen Regenwald beheimatet ist, lebt der kleinere und seltene Bergtapir auf der Andenostseite im äußersten Norden Perus in Höhen zwischen 2500 und 4000 m.

Der **Brillenbär** *(Oso de anteojos; Tremarctos ornatus)* ist in den Nebelwäldern und Hochlandsteppen der Anden in Höhen über 1800 m heimisch. Mehr zur einzigen Bärenart Lateinamerikas auf S. 475.

Aufgrund seines wertvollen Pelzes hat der **Riesenotter** *(Lobo del Río; Pteronura brasiliensis)* in Peru fast nur in den Seen und Flüssen der Nationalparks des Amazonasbeckens überlebt, beispielsweise im Nationalpark Manu oder im Naturreservat Tambopata. Mehr zu diesem eleganten Schwimmer auf S. 287.

Die **Fledermaus** *(Murciélago;* Familie *Chiroptera)* stellt mit fast 170 Arten in Peru die größte Familie unter den Säugetieren. Ihr Lebensraum ist auf warme und gemäßigte Klimazonen beschränkt; oberhalb der Baumgrenze existieren keine Fledermäuse mehr. Sie sind nachtaktiv und bevorzugen daher Höhlen oder abgestorbene Baumstämme.

Der König der Fleischfresser Amerikas ist der **Jaguar** *(Jaguar; Panthera onca)*, von den Einheimischen auch *Otorongo* genannt. Außer dem Krokodil kennt er keine natürlichen Feinde. Während er tagsüber ruht und bestenfalls sein Territorium durch Kratzspuren markiert, geht er nachts auf die Jagd. Seine bevorzugte Beute sind Wildschweine, aber zur Not tun es auch Eidechsen, Fische oder sogar Aas. Nur große, zusammenhängende Naturschutzgebiete können das Überleben des Räubers gewährleisten.

Ähnlich stellt sich die Situation des **Pumas** dar, der von den Einheimischen auch Löwe *(León; Puma concolor)* genannt wird. Ebenso ungefleckt wie das Fell des Pumas ist das des **Yaguarundi** *(Herpailurus yaguaroundi)*, einer seltenen Wildkatzenart. Zwei kleinere Wildkatzenarten – der **Ozelot** *(Tigrillo; Leopardus pardalis)* und die **Tigerkatze** *(Margay; Leopardus wiedii)* – werden wegen ihres ähnlichen schwarz gepunkteten, hellen Fells oft verwechselt. Dabei ist die Tigerkatze kleiner als das Ozelot und ähnelt von der Größe her eher einer Hauskatze. Beide leben und jagen überwiegend auf Bäumen. Die kleinste Raubkatze Perus – von der Größe einer Hauskatze – heißt **Oncilla**.

Im Wasser lebende Säugetiere

Vor der peruanischen Küste leben **Seelöwen** *(Lobos marinos; Otaria byronia)* und **Pelzrobben** *(Arctocephalus australis)*. Letztere sind deutlich kleiner, haben eine kleinere Nase, ein dickeres Fell und tiefere, weichere Stimmen als die Seelöwen.

Die seltene **Seekuh** *(Manatí; Trichechus inunguis)* kommt in Peru nur an den Flussläufen des Amazonas und seiner Hauptzuflüsse vor. Die

scheuen Kolosse (die Männchen heißen Seebullen) werden bis zu 2,80 m groß und ernähren sich ausschließlich von Unterwasserpflanzen. Diese guten Schwimmer sind überwiegend nachtaktiv, tauchen nur alle 10–20 Minuten zum Luftholen auf und sind entsprechend schwer zu beobachten.

Häufiger bekommt man den **Amazonasdelfin** *(Boto; Inia geoffrensis)* zu sehen, der an ruhigen Stellen der Flüsse des Amazonastieflands lebt. Er kann eine Größe von bis zu 3 m erreichen. Kleiner und seltener ist der **Gewöhnliche Delfin** *(Delfín común; delphinus delphis)*, der sich am ehesten in den Flüssen in der Nähe der peruanisch-brasilianischen Grenze aufhält. Weitere Delfinarten sind vor der Küste Perus zu sehen.

Der **Buckelwal** *(Ballena jorobada; Megaptera novaeangliae)* ist von allen Walarten diejenige, die an der Pazifikküste Perus am häufigsten zu sehen ist.

Vögel

Peru und Bolivien sind Vogelparadiese. Weltweit jede fünfte Vogelart hat sich hier niedergelassen. In Peru wurden bislang rund 1700 Arten, in Bolivien etwa 1400 Arten gezählt. Die interessantesten Regionen Perus für Vogelbeobachter stehen im Kasten auf S. 99.

An der peruanischen Pazifikküste leben immer noch große Schwärme von Seevögeln. Dennoch hat sich ihre Zahl aufgrund von Überfischung im letzten Jahrzehnt stark verringert. Häufig zu sehen sind **Pelikane** *(Pelícano; Pelecanidae)*.

Große Kolonien des **Peruanischen Tölpels** *(Piquero peruano; Sula variegata)* produzieren riesige Menge Vogeldungs *(Guano)*, einst Perus wichtigstes Exportprodukt. Die am weitesten verbreitete Vogelart der Küste ist der **Kormoran** *(Cormorán; Phalacrocorax spp.)*. Sein größerer Verwandter, der **Anhinga** *(Anhinga anhinga)*, kommt auch in den Mangrovenwäldern des Nordens und im Amazonas vor.

Der **Humboldt-Pinguin** *(Pingüino; Speniscus humboldti)* lebt ausschließlich vor der Westküste Chiles und Perus und ist die einzige dort vorkommende Pinguinart. **Flamingos** *(Flamenco; Phoenicopterus spp.)* halten sich den überwiegenden Teil des Jahres an den Salzseen der Anden in über 4000 m Höhe auf. Zwischen Juni und September wandern einige von ihnen an die Pazifikküste, wo man sie auf der Paracas-Halbinsel und im Mejia-Reservat beobachten kann.

Die meisten der 26 peruanischen **Möwenarten** *(Gaviota; Larus spp.)* bevölkern die Küste. Der Lebensraum der **Andenmöwe** und der Amazonasarten ist durch Eingriffe des Menschen gefährdet. Die 17 verschiedenen peruanischen **Reiherarten** *(Garza)* sind leicht zu erkennen. Es sind meist große, schlanke, aufrecht stehende Vögel, die an Küsten, Flussläufen und Seeufern leben. An einigen Seen und in Sumpfgebieten des Amazonastieflands (Region Río Ucayali und Departamento Madre de Dios) ist der **Hoatzin** *(Opisthocomus hoatzin)* mit seinem struppigen Kopfschmuck zu sehen. Der truthahngroße Urvogel kann nicht fliegen und bewegt sich mit großen Sprüngen durch das Unterholz.

Dank der vielen überfahrenen Hunde und offenen Müllkippen brauchen sich die **Geier** *(Gallinazo;* Familie *Cathartidae)* in Peru und Bolivien über ihren Fortbestand keine Sorgen zu machen

Wo es Fisch gibt, sind auch Pelikane nicht weit.

Die besten Gebiete, um Vögel zu beobachten

Departamento	Ort / Reservat / Naturraum	Höhe	Seite
Ancash	Callejón de Huaylas	3000–4200 m	S. 494
Arequipa	Colca-Canyon	3000 m	S. 340
Arequipa	Salinas y Aguada Blanca	3700 m	S. 338
Cajamarca	Tal des Río Marañon	800–1500 m	S. 476
Chiclayo	Chaparrí	500–1350 m	S. 475
Cusco	Machu Picchu	1800 m	S. 268
Huánuco	Tingo María	600 m	S. 413
Ica	Halbinsel Paracas	0–250 m	S. 383
Junín	Pampa Hermosa	1200 m	S. 422
Madre de Dios	Tambopata und Manu	300 m	S. 298, 283
Puno	Titicaca-See	3800 m	S. 308
San Martín	Alto Mayo	800–1600 m	S. 550
Tumbes	Pto. Pizarro und Umgebung	Meereshöhe	S. 494
Tumbes	Zona Reservada de Tumbes	500–900 m	S. 493

(Ausnahme Kondor). Von den sechs in Peru vorkommenden Arten ist der Andenkondor *(Cóndor; Vultur gryphus)* mit bis zu 3 m Flügelspannweite die größte Geierart der Welt, S. 341. Der farbenprächtige Königsgeier *(Cóndor de la selva; Sarcoramphus papa)* lebt in tropischen Gefilden und ist selten zu sehen. Etwas häufiger ist der Truthahngeier *(Gallinazo de cabeza roja; Cathartes aura)*, während der schwarze Rabengeier *(Gallinazo de cabeza negra; Coragyps atratus)* die zahlenmäßig größte Gruppe der Geierarten stellt.

Nur noch selten zeigt sich der **Nandu** *(Pterocnemia pennata)*, die lateinamerikanische Variante des Vogel Strauß. Der scheue Laufvogel, der in Peru **Suri** genannt wird, lebt in kargen Regionen des Páramo (vorwiegend im Departamento Arequipa) und wird wegen seiner Federn und Eier gejagt. Sein Restbestand wird auf weniger als 5000 Exemplare geschätzt.

Die 10–80 Flügelschläge pro Sekunde in Form einer Acht ermöglichen den nur in Amerika vorkommenden **Kolibris** (*Colibrí, Chupaflor;* Familie *Trochilidae*) Flugbewegungen in alle Richtungen. Dabei erreichen sie Geschwindigkeiten von bis zu 150 km/h bei bis zu 1000 Pulsschlägen pro Minute. Aufgrund des hohen Energieverbrauchs müssen Kolibris, von denen es in Peru 116 Arten gibt, täglich mehr als ihr eigenes Körpergewicht an Nahrung zu sich nehmen. Sie bevorzugen Nektar, den sie mit ihren langen Schnäbeln aus Blüten saugen. Dabei bestäuben sie die Pflanze. Auch Insekten stehen gelegentlich auf ihrem Speiseplan.

Eine ungewöhnliche Vogelart ist der **Fettschwalm** *(Guacharo; Steatornis caripensis)*, der auch Ölvogel genannt wird. Mehr zu ihm auf S. 414.

Der grellorangefarbene Nationalvogel Perus, der **Felsenhahn** *(Gallo de peña; Rupicola peruviana)*, gehört zur Cotinga-Familie, von der es rund 40 Arten in Peru gibt. Sein Lebensraum sind die Nebelwälder der Osthänge der Anden.

Der **Montezuma-Stirnvogel** *(Oropendola; Gymnostinops montezuma)* ist leicht an den Gluckslauten der männlichen Balzgesänge und den gelben äußeren Schwanzfedern zu erkennen. Oropendolas leben in großen Gruppen und bauen ihre hängenden Nester in hohen Bäumen.

Die 17 in Peru vorkommenden **Tukanarten** *(Tucan; Familie Ramphastidae)* gehören zu den auffälligsten Vogelarten Amerikas. Charakteristisch sind ihre bunten Schnäbel, leicht und scharf zugleich, sowie die vielen Farben ihres Federkleids. Oft fliegen sie in kleinen Gruppen umher, begleitet von ihren kleineren Verwandten, den **Arakaris** *(Tucancillo)*. Die Allesfresser ernähren sich von Früchten, Insekten, Schlangen sowie den Eiern anderer Vögel. Man findet Tukane in den Tieflandregionen des Amazonas und in den Nebelwäldern der Ostanden.

Der **Rote Riesenara** *(Guacamaya roja; Ara macao)* bietet besonders dann einen spektakulären Anblick, wenn sich Dutzende von ihnen lärmend an den Wänden einer Minerallecke zu schaffen machen. Riesenaras kann man vor allem in den Nationalparks des südlichen Amazonasgebietes Perus (Manu und Tambopata) beobachten. Insgesamt existieren in Peru 49 Papageienarten.

Reptilien und Amphibien

In Peru leben 364 Reptilienarten. Ganz weit oben in der Nahrungskette befinden sich die fünf Krokodilarten Perus. Sie sind überwiegend an Flüssen und Seen in den Nationalparks der tropischen Landesteile Perus anzutreffen. Am häufigsten bekommt man den bis zu zweieinhalb Meter großen **Brillenkaiman** *(Caimán; Caiman crocodilus)* zu sehen, der zu klein ist, um Menschen gefährlich zu werden. Wesentlich aggressiver verhält sich der **Mohrenkaiman** *(Caimán negro; Melanosuchus niger)*, der bis zu 6 m lang werden kann. Der Lebensraum des **Spitzkrokodils** *(Crocodylus acutus)* liegt im Nordwesten des Landes.

Auf schlammigen Uferpartien und Baumstämmen in Flüssen und Seen des Amazonasbeckens trifft man des Öfteren **Wasserschildkröten** *(Tortuga del río)* an. Sie können bis zu 25 kg Gewicht erreichen. Die **Landschildkröte** *(Geochelone denticulata)* ist die einzige terrestrisch lebende Schildkröte Perus. Die **Lederrückenschildkröte** *(Dermochelys coriacea)*, die weltweit größte Schildkrötenart, und die **Oliv-Bastardschildkröte** *(Lepidochelys olivacea)* leben im Meer und besuchen die Strände Perus, um im Sand ihre Eier abzulegen.

Der **Grüne Leguan** *(Iguana verde; Iguana iguana)* braucht ein schattiges Versteck und ein Plätzchen zum Sonnen in einem Baum am Ufer eines Flusses. Dieses Territorium verteidigt er gegen seinesgleichen mit aufgeregtem Kopfnicken.

Von den 186 peruanischen Schlangenarten sind lediglich 32 giftig genug, um Menschen gefährlich zu werden. Eine der giftigsten Schlangen ist die schlanke **Lanzenotter** *(Jergón; Bothrops atrox)*, die zur Familie der Vipern gehört. Das nachtaktive Tier, das in Sumpfgebieten des Tieflands und entlang von Flussläufen vorkommt, kann bis zu 2 m lang werden. Größer ist die **Buschmeisterschlange** *(Shushupe; Lachesis muta)* – die mit bis zu 3,50 m größte Vipernart der westlichen Hemisphäre.

Zur Familie der Kobras gehört die giftige **Korallenschlange** *(Coral; Micrurus langsdorffi)*. Ihr bunt geringeltes Kleid ist von vielen nicht giftigen Schlangen imitiert worden und vom Original nur schwer zu unterscheiden.

Die Würgeschlange **Boa constrictor** *(Boa; Boa constrictor)* kann trotz ihrer Größe von bis zu 4 m einem Menschen nicht viel anhaben. Die **Anakonda** *(Eunectes murinus murinus)*, die bis über 10 m lang werden kann, lebt überwiegend an und im Wasser von Flüssen des Amazonastieflands. Nachdem die Schlange ihr Opfer – Reptilien, Vögel und kleinere Säugetiere – erwürgt hat, schluckt sie ihre Beute komplett.

Rund 300 Frosch- *(Rana)* und Krötenarten *(Sapo)* sind in Peru beheimatet. **Giftpfeilfrösche** (Familie *Dendrobatidae*) sind für ihre grelle Färbung bekannt, die Feinde abschrecken soll. Der überwiegende Teil lebt terrestrisch in Nebel- oder tropischen Regenwäldern. Die Ureinwohner des Regenwalds verwenden nur das Gift von drei Arten für ihre Blasrohrpfeile, die den Fröschen ihren Namen gegeben haben. **Baumfrösche** (Familie *Hylidae*) zeigen sich nur selten, da sie fast ihr ganzes Leben in Trichterbromelien auf den Ästen größerer Bäume verbringen.

Insekten

Die Hälfte der Biomasse aller Insekten besteht aus Ameisen. Von den vielen Arten sind die **Blattschneiderameisen** *(Hormiga; Atta sp.)* die auffälligsten. Auf richtigen „Autobahnen" transportieren sie Unmengen von Blättern in ihren Bau, wo diese dann zerkaut werden. Die so gewonnene Substanz dient den Ameisen zum Aufbau von Pilzkulturen, von denen sie sich ernähren.

Termiten *(Termita; Nasutitermes sp.)* leben in kompliziert angelegten Bauten an Baumstämmen oder Ästen und ernähren sich von Holz. Die Wärme liebenden, lichtscheuen Tiere legen Tunnelgänge an, um zu ihren Futterquellen zu gelangen.

Stechmücken *(Zancudos, Mosquitos)* sind nicht so häufig, wie vielfach angenommen. Gehäuft treten Moskitos besonders in der Dämmerung auf.

Für Liebhaber von **Schmetterlingen** ist Peru das Paradies. Rund 4250 Arten – davon 430 endemisch – warten auf Besucher. Das sind rund 18 % aller weltweit bekannten Arten.

Die vielen Spinnenarten sind zumeist harmlos. Die haarige **Vogelspinne** *(Avicularia sp.)* beißt nur in Notwehr. Ihr Gift ist schmerzhaft, aber nicht lebensbedrohlich. Gleiches gilt für die verschiedenen **Skorpionarten** *(Escorpión)*. **Zikaden** *(Chicharras)* bilden die Hintergrundmusik für jeden Dschungelbesuch. Je heißer und trockener es ist, desto lauter ihr Konzert.

Fische

Vor der Küste Perus leben riesige **Sardellen**- und **Sardinenschwärme**, die Peru zum weltweit größten Exporteur von Fischmehl machen. Für Hunderte von Fischarten bietet der kalte nährstoffreiche Humboldtstrom einen idealen Lebensraum. Die Fischbestände der Sierra beschränken sich inzwischen auf **Forellenzuchtanlagen**, denn die Wildbestände sind stark zurückgegangen.

Eine einzigartige Symbiose gehen die vielfältigen Fischbestände des Amazonasbeckens mit ihrer Umwelt ein. Im gesamten Einzugsgebiet des Amazonas vermuten Wissenschaftler rund 3000 Arten. Sie spielen eine wichtige Rolle bei der Verbreitung von Pflanzen, dann nämlich, wenn sie sich während der Überschwemmungsperioden von Früchten und Nüssen der unter Wasser liegenden Baumarten ernähren und die Samen und Fruchtkerne an anderer Stelle wieder ausscheiden. Inzwischen sind aber viele **Süßwasserfischarten** durch Wasserverschmutzung und Überfischung bedroht, darunter auch der bis zu 2 m große **Paiche** *(Arapaima gigas)*, der in den großen Flüssen des Amazonasbeckens zu Hause ist. Das wohlschmeckende Fleisch des bis zu 170 kg schweren Fisches hat dazu geführt, dass er inzwischen auf der Liste der bedrohten Tierarten gelandet ist.

Längst nicht so gefährlich wie ihr Ruf sind hingegen **Piranhas**. Rund 25 Arten lassen sich im Amazonasbecken beobachten. Auch wenn Blut sie anzieht und sie unter bestimmten Umständen Menschen beißen, ist kein einziger Fall mit tödlichem Ausgang dokumentiert.

Umwelt

Obwohl das Thema **Natur- und Umweltschutz** in Peru und Bolivien seit einigen Jahren auf der politischen Agenda steht, kann die erfolgreiche Umsetzung von Umweltschutzmaßnahmen eher als Ausnahme betrachtet werden. Wie in allen Volkswirtschaften, die sich in ständigen finanziellen Schwierigkeiten befinden und mit einem geringen Steueraufkommen haushalten müssen, ist die oft kostspielige Durchführung von Projekten im Bereich Umwelt- und Naturschutz fast immer von der Beteiligung internationaler Geldgeber abhängig.

Leider folgen den schönen Worten der Politiker, Funktionäre und Wirtschaftsbosse zum Umweltschutz nur selten Taten, und die kleine, oft unverstandene Fraktion der Umweltschützer hat einen schweren Stand in Peru und Bolivien. Das verwundert nicht, sind doch ihre **Gegenspieler** mächtige Minen- und Großgrundbesitzer, hochrangige Militärs, Politiker und leider sehr oft auch der kleine Mann von der Straße. Letzterem fehlen neben dem Gesamtverständnis für die Umweltprobleme seines Landes oft einfach die Bildung und die Zeit, um sich mit dem Thema zu beschäftigen.

Naturschutzgebiete in Peru und Westbolivien

Perus 158 Naturschutzgebiete werden von der staatlichen Behörde **Sernanp** (Servicio Nacional de Áreas Naturales Protegidas por el Estado) in Lima, Calle Diecisiete 355, Urbanización El Palomar, ✆ 01-7177500, 💻 www.sernanp.gob.pe, überwacht. Die geschützten Flächen bedecken fast 17 % (rund 22,1 Mio. ha) der Landesfläche. Die wichtigsten Kategorien sind:

- Nationalparks (Parques Nacionales)
- Nationale Reservate (Reservas Nacionales)
- Nationale Stätten (Santuarios Nacionales)
- Historische Stätten (Santuarios Históricos)
- Reservate (Zonas Reservadas)
- Waldreservate (Reservas Forestales)

Ein Großteil der peruanischen Naturschutzgebiete besitzt keine oder nur eine ungenügende touristische Infrastruktur. Viele Gebiete sind zudem schwer zu erreichen, andere Parks für Touristen gar nicht zugänglich. Nachfolgend werden gut erreichbare Schutzgebiete aufgeführt, die über Besuchsmöglichkeiten verfügen.

Zu den meistbesuchten Naturschutzgebieten Perus zählen der Titicaca-See, Pacaya-Samiria, die Cordillera Blanca und Paracas.

Außerdem besitzt Peru 134 private Naturschutzgebiete, sogenannte **Áreas de Protección Privada** (ACP), die eine Gesamtfläche von 388 948 ha ausmachen. Bei den ACPs handelt es sich um private Schutzgebiete, die vom peruanischen Umweltministerium anerkannt sind, weil die Besitzer sich nachweislich für die Bewahrung der natürlichen Ressourcen einsetzen.

Pazifikküste (Peru)

Die 335 000 ha große **Reserva Nacional Paracas** liegt in der Provinz Ica. Sie bietet gute Einblicke in die maritime Tierwelt der peruanischen Küstenwüste und ist gut mit öffentlichen Verkehrsmitteln erreichbar. In der Nähe liegen zahlreiche Hotels aller Preisklassen (S. 385).

Wer sich für Mangrovenwälder interessiert, sollte dem **Santuario Nacional Manglares de Tumbes** an der Grenze zu Ecuador im Nordwesten von Peru einen Besuch abstatten. Das 2972 ha große Schutzgebiet ist mit Booten von der Provinzhauptstadt Tumbes aus erreichbar (S. 490).

Andenhochland (Peru)

Der Gipfel des höchsten Berges des Landes hat dem **Parque Nacional Huascarán** seinen Namen gegeben. Der 340 000 ha große Park umgibt die spektakuläre Cordillera Blanca, ein fantastisches Wander- und Klettergebiet in über 4000 m Höhe (S. 494).

Das 36 180 ha große Naturschutzgebiet **Reserva Nacional del Titicaca** umgibt Teile des höchsten schiffbaren Sees der Welt – den Titicaca-See auf 3800 m Höhe. Von der Provinzhauptstadt Puno aus lassen sich Bootstouren zu den Inseln des Sees unternehmen (S. 314).

Osthänge der Anden (Peru)

Die weltberühmte Inkaruinenstätte **Machu Picchu** liegt im gleichnamigen, 32 592 ha großen **Santuario Histórico** auf rund 2300 m Höhe und wurde als Unesco-Weltkulturerbe ausgezeichnet. Die abwechslungsreiche Region, die neben einer vielfältigen Fauna und Flora auch sehenswerte archäologische Stätten vorzuweisen hat, ist von Cusco aus in einer kombinierten Bus- und Bahnfahrt erreichbar. Wer mehr Zeit hat, kann auf dem berühmten Inkatrail nach Machu Picchu wandern (S. 262).

Amazonastiefland (Peru)

Die bekanntesten Naturschutzgebiete dieser Region sind der **Parque Nacional Manu** und die **Reserva Nacional Tambopata**. Beide sind von Cusco aus entweder per Flugzeug oder mit dem Auto und dem Boot zu erreichen.

Der 1,7 Mio. ha große Manu-Nationalpark gehört zu den weltweit artenreichsten Regenwaldgebieten. Allerdings ist nur ein kleiner Streifen für den Tourismus zugänglich. Immer beliebter wird ein Besuch der tropischen Wälder, Seen und Flüsse im Tambopata-Reservat. In dem 274 690 ha großen Gebiet haben sich inzwischen zahlreiche Lodges angesiedelt (Manu S. 283, Tambopata S. 298).

Im nördlichen Amazonasgebiet Perus lohnt ein Abstecher in die **Reserva Nacional Pacaya-Samiria**, mit 2 080 000 ha das größte Naturschutzgebiet des Landes (S. 579).

Naturschutzgebiete in Westbolivien

In Bolivien kümmert sich **SERNAP** (Servicio Nacional de Áreas Protegidas), Francisco Bedregal 2904 y Av. Víctor Sanjinés, Sopocachi, ✆ 02-2426304, 💻 www.sernap.gob.bo, um die Unterhaltung der mehr als 80 bolivianischen Naturschutzgebiete.

Südwestlich von La Paz liegt der 100 223 ha große **Parque Nacional Sajama**. Die Hauptattraktion des Parks, der auf Höhen über 4200 m liegt, ist der Vulkan Sajama, mit 6542 m Boliviens höchster Berg (S. 650). An den Nationalpark Sajama grenzt direkt im Westen der sehenswerte, 137 883 ha große **Parque Nacional Lauca**, der zu Chile gehört.

Nördlich des Titicaca-Sees erstreckt sich in der Cordillera Apolobamba das Naturschutzgebiet **Área Natural de Manejo Integrado Nacional Apolobamba**. Das tolle, 483 744 ha große Wandergebiet, das auch bei Bergsteigern sehr beliebt ist, kann mit öffentlichen Verkehrsmitteln nur umständlich erreicht werden (S. 646).

Zerstörung der Regenwälder

Peru besitzt – nach Brasilien, der Demokratischen Republik Kongo und Indonesien – den weltweit viertgrößten Bestand an tropischem Regenwald. Doch Jahr für Jahr fallen hier und immer stärker auch in Bolivien Hunderttausende Hektar Regenwald den Motorsägen und absichtlichen Waldbränden zum Opfer. Beide Länder gehörten 2018 laut Global Forest Watch zu

Buen Vivir

Aus Bolivien und Ecuador stammt das indigen geprägte **Nachhaltigkeitskonzept** Buen Vivir (übersetzt „gutes Leben"), das auf ein auskömmliches Leben jenseits von Wachstum und Entwicklung abzielt. Dieses zentrale Prinzip in der Weltanschauung der indigenen Völker des Andenraums möchte die materielle, soziale und spirituelle Zufriedenheit aller erreichen, allerdings nicht auf Kosten anderer und nicht auf Kosten der natürlichen Lebensgrundlagen. 2009 fand das Konzept unter dem Namen *Suma Qamaña* Eingang in die Verfassung Boliviens.

den zehn Ländern mit der höchsten Verlustrate an tropischem Regenwald. Bolivien lag mit 154 448 ha an 5., Peru mit 140 185 ha an 7. Stelle. Von den großen Waldbränden 2019 im Amazonasgebiet waren neben Brasilien auch Bolivien und in geringerem Umfang auch Peru betroffen.

Neben dem Heißhunger der „ersten Welt" auf Edelholzarten wie Mahagoni und Zedern zwingt die Armut viele Menschen mangels Alternativen zum Abholzen, denn nur so können sie ihren Lebensmittel- und Brennstoffbedarf decken. Viele Bauern verlassen das dicht besiedelte Hochland, um in den endlos erscheinenden Regenwäldern des Amazonasbeckens **Brandrodung** zu betreiben.

An der Pazifikküste fallen die ökologisch wertvollen Mangrovenwälder der **Garnelenzucht** zum Opfer. Gas- und Ölförderung, illegale Jagd und Tierhandel, **unzureichende Wiederaufforstung** und **mangelnde Bewachung** der Naturschutzgebiete tun ihr Übriges. Obwohl die peruanische Regierung die ehrgeizige Strategie einer Null-Entwaldung verfolgt, wird anderen Prognosen zufolge der tropische Regenwald Perus in 20–30 Jahren auf wenige Prozent der Landesfläche zusammengeschrumpft sein. Bestärkt wird letztere Sichtweise durch fehlende Anreize im peruanischen Bodenrecht, mangelnde Strafverfolgung von **illegaler Abholzung** und **unzureichende Regulierungen** bzw. Umweltverträglichkeitsprüfungen bei der Vergabe von Bergbau- und Energie-Konzessionen. Ein positives Signal war die Umsetzung des Konsultationsgesetzes (entsprechend der Konvention Nr. 169 der ILO), das der indigenen Bevölkerung ein präventives **Konsultationsrecht** einräumt, bevor es zu Investitionsentscheidungen für Großprojekte kommt.

Abschmelzen der Gletscher

Von der globalen Erwärmung bleiben auch Peru und Bolivien nicht verschont. Besonders in der Andenregion lassen sich die Folgen des **Klimawandels** mit bloßem Auge erkennen. Allein in Peru liegen 70 % der weltweiten Gletschermas-

Ökodaten im Vergleich

Jährliche CO_2-Emissionen pro Einwohner:

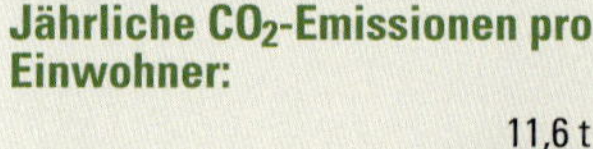

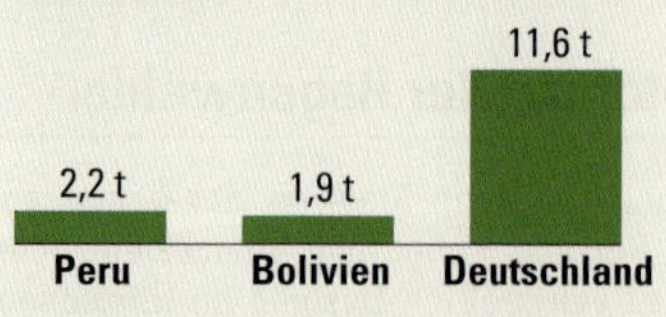

Ökologischer Fußabdruck pro Person:

(Weltweiter Schnitt 3,3 ha, zur Verfügung stehen 1,7 ha p. P., www.footprintnetwork.org)

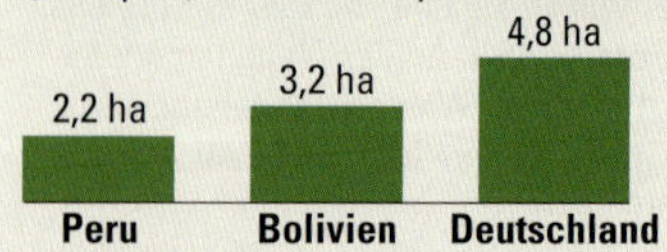

Earth Overshoot Day 2019

(Tag, an dem die natürlichen Ressourcen eines Jahres aufgebraucht waren, www.overshootday.org)

Peru: 23. September **Bolivien:** 6. Juli **Deutschland:** 3. Mai

Umweltorganisationen

Peru

Asociación Ecosistemas Andinas (ECOAN), Cusco, www.ecoanperu.org.
Asociación Peruana para la Conservación de la Naturaleza (APECO), Lima, www.apeco.org.pe.
Fondo Verde, Huancayo, www.fondoverde.org.
Perú Verde, Cusco, www.peruverde.org.
Pronaturaleza, Lima, www.pronaturaleza.org.

Bolivien

Überblick auf www.observatorioambientaluagrm.org, s. links unter Instituciones.

sen der Tropengebirge. Sie regulieren das Klima, versorgen die Landwirtschaft sowie die Stadtbevölkerung mit Wasser und sorgen dafür, dass ein Großteil des Strombedarfs mit Wasserenergie gedeckt werden kann.

Der Temperaturanstieg der letzten Jahrzehnte hat zu einem beträchtlichen Rückgang der andinen Gletscher in Peru und Bolivien geführt. Gleichzeitig hat die Anzahl von Bergseen zugenommen – von 630 auf 700 in den letzten 20 Jahren. Der Rückgang der Eismassen kann in den kommenden Jahrzehnten dramatische Auswirkungen haben (siehe hierzu auch „Bauer gegen Konzern“, S. 499). Während Bewohner von Hochlandregionen von **Überschwemmungen** bedroht wären, würden die Bauern in den Küstentälern unter Wassermangel leiden. Auch die Hauptstädte Lima und La Paz hätten – bei gleichzeitig wachsender Einwohnerzahl – unter immer mehr **Wasser- und Stromknappheit** zu leiden.

Bergbau, Gas- und Erdölförderung

Peru und Bolivien sitzen auf einer großen Schatztruhe, die mit Gold, Silber, Lithium, Zink, Kupfer, Erdöl und Erdgas gefüllt ist. Die schwierige wirtschaftliche Lage beider Länder verführt die jeweiligen Regierungen dazu, weiter auf die Karte **Bodenschätze** zu setzen. Immer mehr Bohrkerne fressen sich in die Erde, immer mehr Stollen durchlöchern die Berge und immer mehr Erdgasvorkommen werden erschlossen, zum Teil sogar in Naturschutzgebieten. Dabei verletzen auch ausländische Unternehmen massiv **Umwelt- und Sozialstandards**. Dies hat in Peru und Bolivien bereits zu zahlreichen Protesten der betroffenen Bevölkerung geführt (s. „Goldmine Yanacocha – mehr Fluch als Segen?“ auf S. 532).

Bevölkerung

Peru

Einwohner: 33,2 Mio.

Bevölkerungswachstum: 1,3 %

Bevölkerungsdichte: 25 Einwohner/km²

Lebenserwartung: 74,2 Jahre

Kindersterblichkeit unter 5 Jahre: 15,5 pro Tausend

Offizielle Alphabetisierungsrate: 94,2 %

Stadtbevölkerung: 77,9 %

Human Development Index: 0,750 (89. Platz von 189 Ländern; Deutschland 0,936, 5. Platz, Quelle: United Nations Development Programme, UNDP)

Demografische Daten

In den vergangenen Jahrzehnten ist die Bevölkerung Perus ständig gestiegen – von ehemals 3,8 Mio. (1900) über 7,6 Mio. im Jahr 1950 auf rund 33 Mio. im Jahr 2019. Die Alterspyramide bietet das klassische Bild eines Entwicklungslandes: Rund 27 % der Bevölkerung sind 15 Jahre oder jünger, und nur 7,3 % sind 65 Jahre oder älter.

Die durchschnittliche **Lebenserwartung** liegt bei 74,2 Jahren, unterliegt aber extremen regionalen Schwankungen. Die **Landflucht** ist ein verbreitetes Phänomen: Immer mehr Menschen ziehen in die Hauptstadt oder andere Großstädte.

Die **Bevölkerungsdichte** variiert extrem: An der trockenen Pazifikküste lebt inzwischen mehr als die Hälfte der peruanischen Bevölkerung und im Hochland etwas mehr als ein Drittel. Mit nur rund 12 % der Gesamtbevölkerung ist das peruanische Amazonastiefland, der größte Landesteil, am dünnsten besiedelt.

Ethnische Zusammensetzung

Die peruanische Bevölkerung ist äußerst heterogen zusammengesetzt. Mit **Mestizen** und **Indigenen** gibt es zwei Gruppen, die sich in vielen Bereichen voneinander abgrenzen. Mestizen – Mischlinge mit spanischem und indigenem Blut – galten noch bis weit in die Zeit nach der Unabhängigkeit von Spanien als Bürger zweiter Klasse. Sie kamen in der Hierarchie erst nach den in Europa und in Amerika geborenen Spaniern (Kreolen). Obwohl Mestizen nur etwas mehr als ein Drittel der Gesamtbevölkerung stellen (40 %), sind sie heute überproportional in allen öffentlichen Positionen vertreten. Sie bilden zusammen mit den 15 % **Weißen** europäischer Herkunft die Ober- und Mittelschicht, kleiden und geben sich westlich. In der Hauptstadt und an der Pazifikküste stellen sie den größten Bevölkerungsanteil.

Im Gegensatz zu den Mestizen sind die rund 12 Mio. Indigenen in allen bedeutenden Bereichen des zivilen Lebens benachteiligt, und dies, obwohl ihr Anteil an der Gesamtbevölkerung rund 40 % beträgt. In Peru leben in absoluten Zahlen die meisten Indigenen Amerikas. Ihr angestammter Lebensraum ist das Hochland der Anden – 91 % **Quechua** und 4,5 % **Aymara**. Die restlichen 4,5 % leben im Tiefland des Amazonas, unterteilt in über 53 verschiedene Ethnien. Zu den zahlenmäßig stärksten gehören die Asháninka mit rund 37 700 Mitgliedern und die Awajún mit etwa 25 000 Angehörigen. Etwa 5 % der Peruaner sind **asiatischer oder afrikanischer Herkunft**. Inzwischen leben auch mehr als 800 000 Flüchtlinge in Venezuela in Peru (s. Kasten S. 107).

Arm und Reich

Peru ist eine **Dreiklassengesellschaft**. Eine **Oberschicht** von 15–20 % Weißen und Mestizen erwirtschaftet einen Großteil des nationalen Einkommens. Weitere 20–30 % der peruanischen Gesellschaft gehören einer wachsenden **Mittelschicht** an. Zu ihr zählen überwiegend Mestizen, die als öffentliche Angestellte oder im mittleren Management arbeiten oder denen ein kleines Geschäft gehört. Neben Lima leben sie fast ausschließlich in den Provinzhauptstädten.

Rund 40–50 % der Peruaner leben an oder unter der **Armutsgrenze**. Mehr als zwei Drittel der Armen lebt auf dem Land. Ein großer Teil von ihnen sind Indígenas. Einige von ihnen ziehen in die Städte, wo sie sich als Saisonarbeiter, fliegende Händler oder mit Gelegenheitsjobs durchschlagen. Eine prekäre Wohnungssituation, der Bildungs- und Gesundheitsnotstand sowie Arbeitslosigkeit haben tiefe Spuren in der Gesellschaft hinterlassen. Die Folgen, vor allem in den Großstädten, sind Kriminalität, Alkoholismus, Kinderarbeit und Obdachlosigkeit.

Bildung

Besonders auf dem Land konnte die **Analphabetenrate** Perus in den letzten Jahrzehnten entscheidend gesenkt werden. Sie beträgt im Landesdurchschnitt 5 %. Auch die **Einschulungsraten** haben sich spürbar erhöht. Das Entwicklungshilfeprogramm der Vereinten Nationen (UNDP) hat jedoch andere Zahlen ermittelt. Demnach gelten die optimistischen Angaben des peruanischen Bildungsministeriums nur für die Hauptstadt und einige größere Städte. In allen anderen Departamentos muss von Analphabetenraten zwischen 32 und 45 % ausgegangen werden. Auf dem Land erreichen nur wenige Kinder einen Schulabschluss. Allzu oft müssen sie bereits in jungen Jahren zum Lebensunterhalt der Familie beitragen. Laut Umfragen arbeiten ca. 42 % der Jugendlichen zwischen 14 und 17 Jahren. Jeder Dritte von ihnen geht nicht auf eine weiterführende Schule.

Universitäten haben in Peru eine sehr lange Tradition. In Lima wurde bereits 1551 die erste Universität Südamerikas *(Universidad de San Marcos)* gegründet. Heute bieten Dutzende staatlicher und privater Universitäten eine Vielzahl von Studiengängen an. Leider bedeutet ein erfolgreiches Studium, das aufgrund hoher Studiengebühren oftmals unter erheblichen finanziellen Opfern absolviert wird, nicht automatisch auch den Erhalt eines lukrativen Arbeitsplatzes. Im Gegenteil: Viele Diplomanden müssen die schmerzhafte Erfahrung machen, dass ein Job als Taxifahrer oft mehr Geld bringt als die Buchhalterstelle in einer Firma.

Venezolaner in Peru

Man erkennt sie auf den Straßen Perus, wenn sie *Arepas* (Maisküchlein), *Tisana* (ein Fruchtgetränk) oder *Empanadas* (gefüllte Teigtaschen) anbieten. Manchmal tragen sie auch eine Mütze mit den Sternen ihrer Landesflagge. Oder man hört ihr melodiöses Spanisch, das für peruanische Ohren ausländisch klingt. Die Rede ist von den inzwischen über 700 000 Venezolanern, die in Peru Zuflucht gefunden haben, auf der Suche nach besseren Lebensbedingungen oder auf der Flucht vor Repression in ihrem Heimatland.

Peruanische Willkommenskultur …

Nach Kolumbien ist Peru das Land mit der höchsten Zahl an venezolanischen Migranten. Das hat vor allem zwei Gründe: Zum einen war Peru in den 1980er-Jahren wirtschaftlich am Ende; viele Peruaner suchten ihr Glück im damals reichen Venezuela. Sie kennen also Migrantenschicksale in ihrer eigenen Familie und geben gerne die Gastfreundschaft zurück, die ihre Verwandten früher in Venezuela genossen haben. Zum anderen dürfen Venezolaner in Peru legal arbeiten, zumindest wenn sie vor dem 31. Oktober 2018 eingereist sind. Denn für diese Venezolaner hat Peru ein spezielles Arbeitsvisum eingeführt.

Einfach haben sie es dennoch nicht. Auch Peruaner leiden unter miesen Arbeitsbedingungen, niedrigen Löhnen und unzureichenden staatlichen Dienstleistungen: Rund 70 % aller Erwerbstätigen in Peru sind im informellen Sektor tätig. Sie arbeiten ohne Verträge oder als Selbstständige und haben keine Sozialversicherung. In dieser Schattenwirtschaft finden die Venezolaner zwar rasch Arbeit, verdienen dafür aber oft weniger als den peruanischen Mindestlohn von rund 250 € im Monat. Hinzu kommen einige wenige staatliche Vergünstigungen wie der Zugang zu öffentlichen Schulen und die staatliche Gesundheitsversorgung für Kleinkinder und werdende Mütter.

… und Gelassenheit

Auf dem informellen Arbeitsmarkt macht sich die zunehmende Konkurrenz durch die Venezolaner vor allem ganz unten bemerkbar: Löhne für Hausangestellte, Pflegekräfte, Verkäufer, Kellner oder Maurer sind rapide gefallen. Gerade deswegen ist es bemerkenswert, dass die Peruaner noch immer relativ gelassen mit der großen Anzahl der Neuankömmlinge umgehen. Zwar findet man in sozialen Netzwerken und in Boulevardblättern die herkömmlichen Vorurteile gegenüber Migranten und durchaus auch Hetzartikel, aber bisher hat kein Politiker daraus Profit schlagen können oder gar eine fremdenfeindliche Partei aufgebaut.

Und auf einem Gebiet leisten die Venezolaner sogar ungeplante Entwicklungshilfe: In Venezuela existierte ein hervorragendes staatliches Musikschulsystem, während in Peru eine klassische Musikausbildung bisher der Elite vorbehalten war. Wenn auf Perus Straßen heute klassische oder karibische Töne zu hören sind, dann spielen hier höchstwahrscheinlich venezolanische Migranten-Musiker auf.

Ein Beitrag von Hildegard Willer

LAND UND LEUTE

Frauen in Peru

Die Lebenswirklichkeit peruanischer Frauen ist so vielfältig wie das Land selbst. Da sind Kleinbäuerinnen, Anwältinnen, Hausangestellte, Aktivistinnen, Kindermädchen, Verkäuferinnen, Politikerinnen, Frauenrechtlerinnen. Das Leben der Frauen im kargen Andenhochland ist anders als das der Frauen im Amazonasgebiet oder das ihrer Geschlechtsgenossinnen in der Hauptstadt. Gemeinsam haben so gut wie alle peruanischen Frauen – die Oberschicht ausgenommen – aber eins: Ihre Arbeitsbelastung ist höher als die der Männer. Die Frauen stehen früh auf, bereiten Frühstück und Mittagessen vor, gehen zur Arbeit ins Büro oder aufs Feld und sind oft die Letzten, die schlafen gehen, nachdem alles im Haushalt erledigt ist. Wenn sie es sich irgendwie leisten können, haben sie eine Hausangestellte, die wiederum ihre Kinder von der eigenen Mutter betreuen lässt. Frauen sind das Zentrum der Familie. Mütter werden hoch geachtet, und der Muttertag ist einer der wichtigsten Feiertage im Jahr.

Gewalt gegen Frauen

Junge Frauen in den Städten sind heute sehr viel unabhängiger und selbstbewusster, was ihre Rechte und Bedürfnisse betrifft. Sie finden Erfüllung in ihrer Berufstätigkeit und suchen nach neuen Wegen, ein selbstbestimmtes Leben zu führen. Aber auch sie sehen sich immer wieder mit einer Gesellschaft und Männern konfrontiert, die sie bevormunden. Der Machismo ist in Peru tief verankert und die Diskriminierung von Frauen groß. Das zeigt sich u. a. in einer extrem hohen Gewaltrate gegen Frauen. 2018 registrierten die peruanischen Behörden 149 Morde an Frauen, 2019 wurden bereits in den ersten drei Monaten 53 Frauen von ihren Partnern ermordet. Die Dunkelziffer ist weit höher, und Mordversuche gehen in die Hunderte. Geahndet werden diese Taten viel zu selten. Eine Studie der nationalen Ombudsbehörde aus dem Jahr 2015 zeigt, dass 81 % der Frauen, die einem Tötungsversuch entgingen, danach keinerlei Schutz von den Behörden erhielten.

Umfragen zufolge halten 74 % der Einwohner Limas die Gesellschaft für frauenfeindlich – gleichzeitig aber vertreten 53 % die Auffassung, dass eine Frau im Minirock selbst schuld daran sei, wenn sie belästigt wird. Auch der erzkonservative peruanische Kardinal Juan Cipriani Thorne, der bis Anfang 2019 im Amt war, sagte öffentlich, Frauen provozierten sexuellen Missbrauch durch zu aufreizende Kleidung. Auch die katholische Kirche spielt eine große Rolle in der Gewalt gegenüber Frauen.

Aufstehen für Frauenrechte

Im August 2016 gab es in Peru die bisher größten Demonstrationen gegen Gewalt gegen Frauen. Ausgelöst wurde die Protestbewegung, die parallel in verschiedenen lateinamerikanischen Ländern stattfand, darunter Argentinien, Uruguay, Chile und Mexiko, durch eine Welle grausamer Gewalttaten gegenüber Frauen. Ein Mann erschlug seine Frau, Mutter von sechs Kindern, mit einem Ziegelstein, weil das Essen angeblich missraten war. Fernsehbilder zeigten, wie ein nackter Mann eine junge Frau an den Haaren durch eine Hotelhalle in Ayacucho zog. Er bekam dafür nur eine Strafe

Gesundheitswesen

Noch immer sterben mehr als 16 von 1000 peruanischen Kindern vor dem fünften Lebensjahr – vor allem in den Elendsvierteln der Großstädte und in entlegenen Gebieten. Mangelnde Hygiene und Unterernährung sind ursächlich für verbreitete **Krankheiten** wie Cholera, Tuberkulose und Lungenentzündung. Noch immer haben große Teile der Bevölkerung keinen Zugang zu sauberem Trinkwasser und verfügen weder über eine Abwasserentsorgung noch über Latrinen.

Bis heute sind auf dem Land mehr als fünf Kinder pro Familie keine Seltenheit. Zwar ist die **Geburtenrate** auf rund 2,4 Kinder pro Frau gesunken, aber Themen wie Schwangerschaftsverhütung und Familienplanung werden nicht

Von Gleichberechtigung zwischen Mann und Frau ist die peruanische Gesellschaft noch ein gutes Stück entfernt.

auf Bewährung. Die Fälle lösten einen öffentlichen Aufschrei auf. Zehntausende von Frauen schilderten anschließend öffentlich mit vollem Namen ihre eigenen Gewalt- und Übergriffserfahrungen. Allein in Lima gingen 150 000 Menschen auf die Straße, landesweit waren es Hunderttausende. Unter dem Motto *Ni una menos* („Nicht eine weniger"), das auf die ermordete mexikanische Aktivistin Susana Chávez zurückgeht, kritisierten die Demonstrantinnen und Demonstranten die Gleichgültigkeit der Justiz gegenüber Gewaltverbrechen an Frauen und forderten ein Ende der machohaften Strukturen, in denen Frauen als Eigentum ihrer Männer betrachtet werden. Die Presse, national und international, berichtete über die Proteste, die auch in den darauffolgenden Jahren sichtbar blieben. Ein gesellschaftlicher Wandel hin zu mehr Gleichberechtigung und Respekt für Frauen ist ein langer Prozess. Peru hat diesbezüglich noch einen weiten Weg vor sich.

Ein Beitrag von Eva Tempelmann

offen genug angeschnitten, und viele Paare können sich teure Verhütungsmittel nicht leisten.

Die **medizinische Versorgung** in Peru ist von einem starken Stadt-Land-Gefälle geprägt. Obwohl nur jeder Dritte in der Hauptstadt lebt, konzentriert sich hier ein Großteil der medizinischen Infrastruktur. Eine private Krankenversicherung kann sich nur die Ober- und Mittelschicht leisten. Sie hat Zugang zu Privatkliniken, die qualitativ den internationalen Vergleich nicht zu scheuen brauchen. Der Rest der Großstadtbevölkerung ist auf die öffentlichen Krankenhäuser angewiesen, die chronisch überlastet und schlecht ausgestattet sind.

Außerhalb der Großstädte ist die medizinische Versorgung stellenweise inexistent.

Kunsthandwerk ist vor allem für Frauen eine wichtige Geldquelle.

Bolivien

Einwohner: 11,5 Mio.

Bevölkerungswachstum: 1,5 %

Bevölkerungsdichte: 10,5 Einwohner/km²

Lebenserwartung: 69 Jahre

Kindersterblichkeit unter 5 Jahre: 34,9 pro Tausend

Offizielle Alphabetisierungsrate: 92,5 %

Stadtbevölkerung: 69,4 %

Human Development Index: 0,693 (118. Platz von 189 Ländern)

Demografische Daten

Obwohl Bolivien mit 1 098 581 km² Landesfläche fast genauso groß ist wie Peru (1 285 216 km²), leben hier deutlich weniger Menschen als im Nachbarland. Rund 70 % der Bevölkerung konzentriert sich dabei auf den Altiplano, eine rund 700 km lange und 200 km breite, waldlose Hochebene.

Extrem dünn besiedelt ist das bolivianische Amazonastiefland. Im Großraum von La Paz wohnen dafür rund 1,8 Mio. Menschen, in der nominellen Hauptstadt Sucre hingegen nur etwa 285 000.

Ethnische Zusammensetzung

Bolivien stellt den **höchsten Indígena-Anteil** aller südamerikanischen Länder. Er liegt je nach Quelle, die man zu Rate zieht, bei rund 55 % (Quechua 30 %, Aymara 25 %, über 36 weitere Klein- und Kleinstgruppen, vorwiegend aus dem Amazonasgebiet) und ist damit höher als in Peru. Obwohl der Anteil spanischstämmiger Weißer (Kreolen) nur bei rund 15 % und der von Mestizen bei 30 % liegt, sind sie in allen Positionen des öffentlichen Lebens überproportional stark vertreten.

Das Bevölkerungswachstum hat sich auch in Bolivien in den letzten Jahren verlangsamt. Die **Bevölkerungsstruktur** ähnelt im Allgemeinen der Perus mit einem sehr hohen Anteil junger Menschen.

Gesundheits- und Bildungswesen

Bei den statistischen Daten im Gesundheits- und Bildungssektor bildet Bolivien oftmals das Schlusslicht der südamerikanischen Länder. So beträgt die durchschnittliche **Lebenserwartung** lediglich 69 Jahre – mit starken regionalen Schwankungen. Arbeiter der Silberminen in Potosí im Süden des Landes werden in aller Regel nicht älter als 35–45 Jahre. Noch immer können fast 8 % der Bolivianer weder schreiben noch lesen. Bei auf dem Land lebenden indigenen Frauen schnellt dieser Wert auf ein Vielfaches hoch.

Von einer ausreichenden **medizinischen Versorgung** kann nur in den größeren Städten ausgegangen werden. Besonders im schwer zugänglichen Tiefland und in entlegenen Regionen der Anden fehlt es an dem Grundlegendsten wie Gesundheitsstationen, Ärzten und medizinischer Ausstattung.

Geschichte

Die ersten Bewohner

Vor 20 000 Jahren gelangten die ersten Menschen nach Peru und Bolivien. Sie lebten als nomadische Jäger und Sammler. Um 3000 v. Chr. begannen sie mit dem Anbau von Kartoffeln, Bohnen und Kürbissen, wenig später auch von Mais und Baumwolle. Die Domestizierung von Lamas, Fleischlieferant und Lasttier zugleich, erleichterte ihren schweren Arbeitsalltag.

Rund 1000 Jahre später begannen die Menschen, sich in den Flussoasen der peruanischen Pazifikküste niederzulassen. Bewässerungssysteme ermöglichten erstmals regelmäßige landwirtschaftliche Erträge. Die daraus resultierenden Nahrungsmittelüberschüsse gaben den Menschen die notwendige Zeit, sich dem Kunsthandwerk zu widmen – die ersten Keramik- und Textilfunde fallen in diese Zeit. Die ersten Dorfgemeinschaften sowie größere Zeremonialzentren gründeten sich. An der Küste begann man mit dem Bau der ersten Lehmziegelpyramiden, die den Eliten als Grabkammern dienten. Im 2. Jahrtausend v. Chr. entstanden auch im Andenhochland erste kleine Siedlungen mit Tempelanlagen.

Präinkaische Kulturen

In der Frühphase der menschlichen Entwicklung bildeten sich vor allem auf peruanischem Gebiet zahlreiche regionale und überregionale Kulturen heraus, die in sogenannte (Kultur)-**Horizonte** eingeteilt werden.

Früher Horizont (900–200 v. Chr.)

Um das Jahr 1000 v. Chr. entstand die erste peruanische Hochkultur. Da sich ihr Zentrum auf 3200 m Höhe in der Nähe des Dorfes Chavín de Huántar, östlich von Huaraz in der Cordillera Blanca, befand, wird sie **Chavín** genannt. Die errichtete Tempelburg zählt heute zu den ältesten Steinmonumenten Perus. Das religiöse Heiligtum war einst das Ziel von Pilgergruppen, die ihren Göttern, steinernen Darstellungen von antropomorphen Wesen und Tierfiguren, huldigten.

Die Chavín-Kultur verbreitete sich nicht nur über das Hochland Zentralperus, sondern beeinflusste in ihrer späten Phase bis 100 n. Chr. die Südküste, wie Keramikfunde der **Paracas-Kultur** belegen. Auf der gleichnamigen Halbinsel am Pazifik, 250 km südlich von Lima, sind Hunderte von Grabkammern mit mumifizierten Leichnamen und Grabbeigaben gefunden worden.

Besonders erstaunlich ist die hohe Qualität des Kunsthandwerks. Neben Gold-, Silber- und Bronzearbeiten ist besonders die Textilkunst zu erwähnen. Farbenprächtige und fein gewebte Totentücher *(Mantos)*, mit natürlichen Farbstoffen gefärbt, zeigen geometrische Muster und mythische Figuren.

Frühe Zwischenperiode (200 v. Chr.–600 n. Chr.)

Kennzeichen dieser rund 800 Jahre dauernden Epoche ist die Herausbildung von Regionalkulturen. An der peruanischen Pazifikküste ging die Paracas-Kultur etwa um 200 v. Chr. in die **Nasca-Kultur** über. Obwohl Nasca in einer lebensfeindlichen Wüste liegt, bot die fruchtbare Flussoase gute Voraussetzungen für eine dauerhafte Besiedlung. Die polychrome Brandkeramik

ZEITLEISTE

ca. 18 000 v. Chr.	ca. 8000 v. Chr.
Erste Siedlungen im peruanischen Hochland (Pikimachay bei Ayacucho)	Erste Höhlenmalereien mit Darstellungen von Jagdszenen (Lauricocha, Quellgebiet des Río Marañon)

der Bewohner entwickelte sich zu einer wahren Kunst.

In der Region um Trujillo setzte die **Moche-** oder **Mochica-Kultur** neue Maßstäbe. In ihrer Blütezeit zwischen 200 v. Chr. und 600 n. Chr. wurden gewaltige Pyramiden aus Millionen von Lehmziegeln errichtet. Durch eine Vielzahl von Feldzügen brachte das kriegerische Moche-Volk einen Großteil der nordperuanischen Küstenwüste unter seine Gewalt. Ausgeklügelte Bewässerungssysteme versorgten die Landwirtschaft mit ausreichend Wasser. Ebenso weit entwickelt war die Metallschmiedekunst, wie der Sensationsfund des Grabs des Herrschers von Sipán in der Nähe von Chiclayo belegt, s. S. 470.

Weniger spektakulär entwickelte sich hingegen die **Lima-Kultur** in den Tälern der Flüsse Rímac, Lurín und Chanchay zwischen 200–700 n. Chr. Ihre kulturellen Errungenschaften bestanden in einem eigenständigen polychromen Keramikstil, der einen orangefarbenen Grundton mit geometrischen Linien in Schwarz, Weiß und Rot verband.

Mittlerer Horizont (600–1000 n. Chr.)

Als sich die Zeit der Regionalzentren im 6. und 7. Jh. n. Chr. ihrem Ende zuneigte, hatten sich im Hochland Perus und südlich des Titicaca-Sees auf heute bolivianischem Gebiet mit der **Tiwanaku-** und der **Wari-Kultur** zwei Zentren entwickelt, die viele Gemeinsamkeiten besaßen. Zusammen bildeten sie über mehrere Jahrhunderte einen gemeinsamen Kulturraum. Die Bewohner Tiwanakus entwickelten Verfahren zur Haltbarmachung von Kartoffeln und schafften es, das Fleisch ihrer großen Lama- und Alpakaherden zu trocknen und damit lagerungsfähig zu machen. Außerdem legten sie Hochbeete an, die von Kanälen durchzogen waren, was die Pflanzen mit ausreichend Feuchtigkeit versorgte und Frostschäden verhinderte (s. Kasten S. 627).

Das große Sonnentor, aus einem einzigen 2,80 m hohen und 3,80 m breiten Steinmonolith gehauen, belegt die architektonischen Fähigkeiten der Tiwanaku-Kultur. Man arbeitete mit Kupfer und kannte Bronzelegierungen. Die Keramikgegenstände, häufig mit Dämonendarstellungen versehen, ähnelten denen der Wari-Kultur, die sich erst später als die viel ältere Tiwanaku-Kultur entwickelte und von 600–800 n. Chr. ihren Höhepunkt hatte.

Das Zentrum der Wari-Kultur lag bei Ayacucho im zentralperuanischen Hochland. Hier hatten die Bewohner eine Tempelanlage und Stadtsiedlung erbaut, die rund 20 000 Menschen Zuflucht bot. Kriegerischer ausgerichtet als ihre Brüder am Titicaca-See, eroberten die Wari auch Teile der südlichen Pazifikküste. In Pachacámac, rund 35 km südlich von Lima, errichteten sie ein zweites Zentrum.

Späte Zwischenperiode (1000–1450 n. Chr.)

Unter den Kulturen, die auf die Wari-Kultur folgten, gehört das **Chimú-Reich** zu den bedeutsamsten. Sein Zentrum lag im ehemaligen Kernland der Moche, und nach mehreren Eroberungsfeldzügen erstreckte es sich rund 1000 km entlang der peruanischen Nordküste. In der Hauptstadt Chan-Chan in der Nähe von Trujillo lebten seinerzeit bis zu 100 000 Menschen.

Der Sage nach war der erste Chimú-Herrscher mit einem Balsafloß vom Meer gekommen und hatte das Reich gegründet. 17 weitere

ca. 2000 v. Chr.	ca. 1800–1000 v. Chr	1400–400 v. Chr.
Früheste Keramikfunde (Kotosh bei Huánuco)	Blütezeit von Caral, der ältesten bekannten Stadtsiedlung auf dem amerikanischen Kontinent	Chavín wird die erste peruanische Hochkultur genannt, deren Zentrum sich im Dorf Chavín de Huántar, östlich von Huaraz, befand.

Herrscher folgten, die große Pyramiden bauen ließen. Als Seevolk verehrten die Chimú den Mond. Sie perfektionierten die Goldschmiedekunst und legten im gesamten Einflussgebiet ein dichtes Wegenetz an.

Später Horizont (1450–1532)

Der letzte Horizont vor der Ankunft der Spanier wird ausschließlich von der politischen und militärischen Expansion der Inka geprägt. Ihnen gelang es, aus dem andinen Großraum ein einziges zusammenhängendes Imperium zu schaffen.

Die Inka (ca. 1200–1533)

Der Weg zur Großmacht

Die genaue Herkunft der Inka ist unbekannt und von vielen Legenden umrankt. In der Version des Inka-Chronisten Garcilaso de la Vega sandte der Sonnengott Inti seinen Sohn **Manco Cápac** und dessen Schwester **Mama Ocllo** auf die Isla del Sol (Sonneninsel) im Titicaca-See. Von dort gingen sie Richtung Norden und gründeten im Tal des Río Huatanay die Stadt Cusco.

In der Realität hatten sich kleinere Hochlandstämme im 11. und 12. Jh. im Tal von Cusco niedergelassen. Sie sprachen allesamt **Runasimi** (Ur-Quechua), bekriegten sich aber ständig untereinander. Im Laufe der Zeit gelang es den Inka, eine regionale Vormachtstellung zu erreichen. Allmählich wurden aus mythischen Herrschern Regenten aus Fleisch und Blut, die ab der Mitte des 15. Jhs. mit der Ausdehnung des Reiches begannen: **Pachacútec Yupanqui** gelang es, Cusco zu erobern; sein Nachfolger **Topa Inca** nahm die Küstengebiete ein und drang bis nach Nordchile vor.

Unter **Huayna Cápac** erreichte das Inka-Imperium zu Beginn des 16. Jhs. schließlich seine größte Ausdehnung. In nur rund 50 Jahren hatten die Inka ein Reich von 1,7 Mio. km² in Besitz genommen. Es erstreckte sich im Norden bis zum heutigen Südkolumbien und reichte im Süden bis in die Gegend der heutigen Stadt Santiago de Chile. Im Westen begrenzten die Fluten des Pazifiks und im Osten die undurchdringlichen Regenwälder des Amazonas das 4000 km lange und durchschnittlich 500 km breite Gebiet, in dem rund 8 Mio. Menschen, aufgeteilt in mindestens 100 Ethnien, lebten.

Staat und Gesellschaft

Die Inka nannten ihren gewaltigen Eroberungsstaat **Tahuantinsuyu**, übersetzt: die „vier miteinander verbundenen Gebiete". Diese wurden als *Suyus* bezeichnet und erstreckten sich vom „Nabel der Welt", der Inkahauptstadt Cusco, in alle vier Himmelsrichtungen: Contisuyu im Westen, Chinhasuyu im Norden, Antisuyu im Osten und Collasuyu im Süden.

Entgegen den Gepflogenheiten anderer Kulturen war es den Inka nicht daran gelegen, die eroberten Gebiete zu plündern und zu zerstören. Vielmehr beließen sie in den betroffenen Regionen alles weitestgehend beim Alten, wechselten aber gegebenenfalls die lokale Oberschicht gegen treu ergebene Fürsten aus. In Fällen, in denen die Eroberten sich widerspenstiger als erwartet zeigten, wurden Zwangsumsiedlungen ganzer Volksgruppen, sogenannte **Mitmaq** (im Spanischen: *Mitimaes*), durchgeführt. Aber auch den Inka wohlgeson-

700 v. Chr.–100 n. Chr.	200 v. Chr.–600 n. Chr.	400–1200
Blütezeit der Paracas-Kultur auf der gleichnamigen Halbinsel am Pazifik, südlich von Lima	Zwischenperiode, in der sich regionale Kulturen entwickeln, darunter die Vicus-Kultur, die Mochica-Kultur und die Nasca-Kultur in der südlichen Küstenwüste	Blütezeit der geheimnisvollen Tiwanaku-Kultur des bolivianischen Hochlands, deren religiöses Zentrum sich in der Nähe des Südufers des Titicaca-Sees befand

nene Völker konnten von einer Mitmaq betroffen sein, um in einem anderen Landesteil rebellische Völker zu überwachen.

Zum Prozess der Assimilation beziehungsweise der Inkaisierung unterworfener Völker trug dann in zunehmendem Maße auch die Einfüh-

600–1100	1000–1450	1000–1400
Die Wari-Kultur aus Ayacucho, eng verwandt mit der Tiwanaku-Kultur, prägt rund 500 Jahre lang die kulturelle Entwicklung weiter Teile Perus.	Chimú lautet der Name der größten präinkaischen Kultur, deren Einflussbereich sich an der Pazifikküste nördlich von Lima bis nach Süd-Ecuador erstreckt.	Die kriegerische Chachapoya-Kultur hat ihr Zentrum in der Festung Kuélap auf der Andenostseite. Auch sie wird später von den Inka unterworfen.

rung der Staatssprache Runasimi und die Verbreitung des Sonnenkults als Staatsreligion bei.

Ein weiteres Instrument der Herrschaftssicherung war die auf allen Hierarchiestufen straff durchorganisierte Staatsform. Die unterste Ebene hieß **Ayllu**, wobei es sich um einen sippenähnlichen Verband von Bauern handelte, dessen gemeinsamer Nenner die gleichen Vorfahren waren. Innerhalb des Ayllus war das Weideland Gemeinbesitz; Anbauflächen wurden den Großfamilien nach ihrer Größe zugeteilt. Privatbesitz war unbekannt. Die Ayllu-Bauern unterstanden dem *Puric*, dem Familien-Patriarchen. Rund einhundert Ayllus wurden von einem Großherrn *(Curaca)* kontrolliert, der dem Präfekten eines der vier Landesteile, dem *Apu*, unterstand.

Über all seinen Untertanen stand der oberste Repräsentant des Inka-Staates, der gottgleiche **Sapan Inka**, der „Sohn der goldenen Sonne". Neben ihm thronte seine Hauptfrau *(Coya)*. Bei Amtsantritt verließ das Staatsoberhaupt seine *Panaka* (blutsverwandte Familiengruppen, deren Mitglieder alle wichtigen religiösen, militärischen und administrativen Ämter im Inkareich besetzt hielten), um eine neue Blutlinie zu gründen. Nur den Mitgliedern der Familie des Sapan Inka war es gestattet, sich „Inka" zu nennen.

Wirtschaft

Die **Landwirtschaft** war Ernährungsbasis und wirtschaftliche Grundlage des Inkareichs. Dabei profitierten die Inka von den Errungenschaften eroberter Völker, die bereits über weitverzweigte Bewässerungsanlagen und Terrassenfelder verfügten. Privatbesitz von Grund und Boden war einer kleinen Oberschicht vorbehalten, das übrige Land war **Staatsbesitz**. Die Erträge der Anbauflächen wurden in drei Teile geteilt: Das erste Drittel war für den Inka und die Staatsverwaltung bestimmt, die davon in schlechten Zeiten Nahrung für die betroffenen Bevölkerungsteile bereitstellte. Das zweite Drittel ging an Priester und Diener von Tempelanlagen, und mit dem Rest bestritten die Dorfbewohner ihren Lebensunterhalt.

Das in Kleinparzellen unterteilte Land wurde von den Mitgliedern der Ayllus kollektiv bewirtschaftet. Überwiegend wurden auf den ausgedehnten Steinterrassen Getreide, Kartoffeln, Knollenpflanzen, Mais, Quinoa, Kürbisse, Tomaten, Bohnen, Baumwolle und Kokasträucher angebaut. Darüber hinaus grasten auf den Hochlandweiden große Lama- und Alpakaherden, die den Staat und seine Bewohner mit Fleisch und Wolle versorgten.

Anstelle von Geld, das den Inka unbekannt war, galt das **Prinzip der Gegenseitigkeit** (Reziprozität), dem alle Einwohner des Inkareichs, auch die Adligen und selbst der Sapa Inka, unterworfen waren. Wem von Verwandten oder Dorfbewohnern geholfen wurde, der hatte seinerseits die Verpflichtung, diese Hilfe zurück zu geben, sei es in Form von Arbeit oder mit kleinen Gaben. Arbeiten, von denen alle profitierten, wurden in gemeinschaftlichen Arbeitseinsätzen *(Minkas)* durchgeführt, an denen alle arbeitsfähigen Dorfbewohner teilnahmen. So konnten z. B. Bewässerungsanlagen oder Wege instand gehalten werden. Aber auch der Staat konnte eine **Arbeitsverpflichtung** *(Mita)* einfordern. So wurden Bauern für einen begrenzten Zeitraum in Bergwerken, beim Militär oder Straßenbau eingesetzt.

1200–1533

Die Inka erobern das Hochland um Cusco und schaffen ein Reich, das Ecuador, Peru, Bolivien sowie Teile von Argentinien und Chile umfasst.

1532

Die spanischen Eroberer unter Francisco Pizarro (Foto) landen an der nordperuanischen Küste. Im November wird der Inkaherrscher Atahualpa gefangengenommen.

LAND UND LEUTE

Straßennetz

Die Kontrolle des schnell gewachsenen Inkareichs war unter anderem nur möglich dank eines ausgedehnten Straßennetzes, das sich stets in einem optimalen Zustand befand. Die Inka nutzten die bereits vorhandenen Landverbindungen der Wari- und Chimú-Kulturen und bauten sie konstant aus. Bis zu 9 m breite Steinwege führten auf zwei Hauptrouten Tausende von Kilometern in Nord-Süd-Richtung durch das Inkareich.

Während die schnelle Küstenstraße kaum topografische Schwierigkeiten bereitete, mussten auf der königlichen Andenstraße, dem **Capac Ñan**, schneebedeckte Pässe, reißende Flüsse und tiefe Schluchten überwunden werden. Dazu wurden an einigen Stellen Erddämme angelegt oder sogar Treppen in den Fels gemeißelt. Querverbindungen ließen aus den Hauptsträngen ein dichtes Netz von Straßen und Wegen werden, auf denen Soldaten, Händler und Boten zügig vorwärts kamen. Die **Gesamtlänge** des Straßennetzes der Inka, das alle Landesteile mit Cusco verband, wird auf über 20 000 km geschätzt.

Die zahlreichen Bäche und Flüsse im Staatsgebiet wurden mithilfe von Baumstämmen, Steinbrücken und Korbseilbahnen überquert. Etwa 40 große und etwa 100 kleinere Hängebrücken aus Agavenfasern erleichterten das Vorwärtskommen. Nachrichten wurden mithilfe von **Stafettenläufern** *(Chasquis)* überbracht. Sie lösten sich je nach Beschaffenheit des Geländes alle 3–8 km ab, und so konnten dringende Botschaften innerhalb weniger Tage Tausende von Kilometern weit übermittelt werden. In Abständen von 25–30 km lagen **Raststätten** *(Tambos)*, in denen sich die *Chasquis*, aber auch andere Reisende, ausruhen konnten.

Für Eilmeldungen benutzten die Inka **Rauchsignale**, die sie von einem hoch gelegenen Punkt zum nächsten weitergaben. Spanische Chronisten berichten, dass es den Inka auf diese Weise möglich war, ganz dringende Nachrichten über mehrere Tausend Kilometer in wenigen Stunden zu übertragen.

Architektur und Kunsthandwerk

Die Inka bauten nüchtern, schlicht und zweckmäßig. Sie setzten natürliche Materialien wie Lehmziegel, Holzbalken und Stroh für den Bau ihrer Tempel, Terrassen und Wohnhäuser ein. Ihr bevorzugtes Baumaterial war **Stein**. Die Steinmetze der Inka waren in der Lage, große Steinblöcke so exakt zu bearbeiten und mörtellos zusammenzufügen, dass kein Blatt Papier mehr dazwischen passte. Bis heute ist nicht geklärt, wie die Inka die großen Steinmonolithen transportierten, denn sie benutzten dafür keine Räder. Doch dank des schier unerschöpflichen und fast kostenlosen Reservoirs an Arbeitskräften gelang es ihnen, monumentale Tempelbauten und Festungen zu errichten. Die typische Trapezform der Türen, Tore und Fenster übernahmen sie von der Wari-Kultur.

Die Wände größerer Gebäude sind oft leicht nach innen geneigt. Einfachere Gebäude wie z. B. Rasthäuser, Kasernen oder Wohnungen wurden aus kleineren, mit Lehm verbundenen Steinen gebaut. Das bevorzugte Baumaterial an der Pazifikküste blieb weiterhin der **Adobe-Ziegel**. Die Inka nutzten die vorhandene Bausubstanz und errichteten wenn möglich ihre Siedlungen auf den Bauten älterer Völker. Die

1533	1535	1541
Pizarro lässt Atahualpa in Cajamarca ermorden, erobert Cusco und beendet damit die Inkaherrschaft.	Pizarro gründet Lima, das zur Hauptstadt des neuen Kolonialreiches wird.	Ermordung Pizarros

Die spektakuläre Ruinenstätte von Choquequirao lässt auf ein einst bedeutendes Inka-Zentrum schließen.

Vielfalt der **Keramikgegenstände** ihrer Vorgänger, die unzählige Farben und Formen aufwiesen, reduzierten die Inka auf wenige Stilarten. Was nun zählte, war weniger künstlerische Selbstverwirklichung als vielmehr standardisierte Massenproduktion, denn produziert wurde ausschließlich für den Staat. Dekoriert waren die Gefäße mit geometrischen Mustern.

In anderen kunsthandwerklichen Bereichen machten sich die Inka die Fertigkeiten der ihnen unterworfenen Kulturen zunutze. So schufen die **Goldschmiede** der Chimú die fantastischen Arbeiten, die dem Sonnentempel in Cusco *(Coricancha)* seinen besonderen Glanz verliehen.

Religion und Riten

Der Machtanspruch der Inkaherrscher leitete sich vom mythischen Glauben an die eigene Göttlichkeit ab, die mit der Abstammung der Vorfahren von der Sonne begründet wurde. Der Sapan Inka war das Sprachrohr des Sonnengottes auf Erden und damit allmächtig. Ob die Inka allerdings nur an einen einzigen Gott glaubten, ist weiterhin ungeklärt. Zumindest in der Frühphase der Inkageschichte schien auch der Schöpfergott **Viracocha** eine bedeutende Rolle gespielt zu haben. Erst während der Regierungszeit von Pachacútec Inca Yupanqui (1438–1471) wurde die **Sonne** zur wichtigsten Gottheit der Inka.

1542	1572	1661
Gründung des Vizekönigreichs Peru	Hinrichtung des letzten Inka, Túpac Amaru, in Cusco	Aufstand ethnischer Gruppen in Alto Peru, dem heutigen Bolivien

LAND UND LEUTE

Neben den „himmlischen" Göttern existierten jede Menge **übernatürlicher Wesen** *(Huaca)*, die alle Naturelemente und bestimmte Orte (Höhlen, Quellen, Wasserfälle) beseelten. Auch auf den Berggipfeln wohnten Geister *(Apu)*, die ebenso wie die größeren und kleineren Götter nach Opfergaben verlangten. Die Inka gestatteten unterworfenen Völkern, ihre jeweiligen Götter und lokale Idole zu behalten, womit sich ihr Pantheon ständig erweiterte. Die Besiegten mussten allerdings dem Sonnenkult als Staatsreligion huldigen. Damals wie heute fanden gewaltige Zeremonien statt, bei denen **Pachamama**, die Mutter Erde, im Mittelpunkt steht. Ihr opfert man bei zahlreichen Anlässen Speisen und Getränke.

Die großen Feste der landwirtschaftlich ausgerichteten Inkakultur bestimmte der Agrarkalender. Neben den pompösesten Feierlichkeiten, die zur **Sommersonnenwende** *(Cápac Raymi)* und der **Wintersonnenwende** *(Inti Raymi)* begangen wurden, fand auch eine Vielzahl kleinerer Feiern statt.

Der Untergang des Inkareichs

Das große und relativ junge Imperium hatte bei Ankunft der Spanier noch keine gefestigten Strukturen entwickelt. Die Wunden der vielen Eroberungsfeldzüge waren noch nicht verheilt, viele Stämme waren den Inka weiterhin feindlich gesinnt, und noch konnte man nicht von einem einheitlichen Staatsgebilde sprechen. Zudem schwächte ein Erbfolgekrieg das Land. Die Söhne des 11. Inka Huayna Cápac (1493–1528), **Huáscar** und **Atahualpa**, stritten erbittert um die Vorherrschaft im Inkastaat.

1532 konnte Atahualpa seinen Bruder Huáscar gefangen nehmen und ließ ihn hinrichten. All dies begünstigte die Invasion der Spanier, denen es gelang, Atahualpa Ende 1532 in Cajamarca festzunehmen. Dabei spielte der Einsatz ihrer Feuerwaffen und Pferde eine gewichtige Rolle, denn beide waren den Inka unbekannt. Obwohl Atahualpa den Spaniern ein Zimmer voller Gold als Lösegeld anbot (das sie „dankend" annahmen), ermordeten sie ihn im August 1533. Damit war der Widerstand der Inka gebrochen. **Francisco Pizarro** durfte sich rühmen, mit wenigen Hundert Soldaten, Pferden, Musketen und ein paar Kanonen ein Großreich ungeahnten Ausmaßes erobert zu haben.

Die Kolonialzeit (1532–1821)

Nachdem die Spanier im November 1533 mit Cusco das Herz des Inkareichs erobert hatten, bedeutete dies nicht automatisch das Ende allen indigenen Widerstands. Bis Pizarro und seine Mitstreiter die letzte Zufluchtsstätte der Inka eroberten, vergingen weitere 39 Jahre. Die Jahre dazwischen waren geprägt von Zwistigkeiten der Spanier untereinander und von Auseinandersetzungen der Konquistadoren mit der spanischen Krone.

Eine spanische Expedition nahm 1572 den letzten Inka **Túpac Amaru** in Vilcabamba gefangen und ließ ihn öffentlich in Cusco enthaupten. Damit endete die turbulente Eroberungsphase, die vier Jahrzehnte früher mit der dramatischen Gefangennahme Atahualpas in Cajamarca begonnen hatte.

Wie im übrigen Lateinamerika hatte auch in der Andenregion das Eindringen der Spanier entsetzliche Auswirkungen auf die indigene Be-

1780/1781

Der Mestize José Gabriel Condorcanqui, genannt Túpac Amaru II. (Foto), erobert Cusco und belagert La Paz. Seine Truppe wird aber besiegt und er selbst hingerichtet.

© SHUTTERSTOCK.COM/VKILIKOV

1809–25

Befreiungskriege gegen Spanien unter Simón Bolívar und José San Martín

völkerung. **Epidemische Krankheiten** der Alten Welt wie Windpocken, Typhus und Grippe begannen die Einwohner Tahuantinsuyus zu dezimieren. Laut Berechnungen einiger Anthropologen verringerte sich die Bevölkerungszahl aufgrund eingeschleppter Krankheiten bis zum Ende des 16. Jhs. von ursprünglich 9–16 Mio. auf rund 3 Mio.

Wirtschaft

Sofort nach der Eroberung begannen die *Conquistadores* und die ihnen schnell folgenden Vertreter der katholischen Kirche, ihre neuen Kolonialgebiete aufzuteilen und die einheimische Bevölkerung systematisch auszubeuten. So konnte durch ein **Verteilungssystem** *(Repartimiento)* von Gesetzes wegen jeder männliche Indigene im Alter zwischen 14 und 50 Jahren zu Arbeiten an öffentlichen und privaten Gebäuden, in der Landwirtschaft und den Minen herangezogen werden. Die lokalen Behörden vermieteten die vor Ort „in Dienst genommenen" Arbeitskräfte gegen Bezahlung auf Zeit an spanische Kolonisten. Von diesen lukrativen Geschäftspraktiken profitierte das Mutterland zunächst nicht.

Erst ab 1550 übernahm die spanische Krone schrittweise selbst die Kontrolle über die indigene Zwangsarbeit. Eines der erfolgreichsten Kontroll-, Ausbeutungs- und Unterdrückungswerkzeuge, das erst um 1720 endgültig abgeschafft wurde, war das **Encomienda-System**. Als eine Art Belohnung für verdienstvolle Eroberer wies die spanische Krone jedem *Encomendero* mehrere Hundert (in seltenen Fällen sogar bis zu 2000) Indígenas zu, die er „schützen", zivilisieren und christianisieren sollte. Als Ausgleich hatte er Anspruch auf die kostenlose Arbeitskraft der ihm zugeteilten Personen, die obendrein noch Steuern zahlen mussten. Abgelöst wurde die *Encomienda* durch das *Hacienda*-Wesen. Die **Haciendas** waren aus staatlichen Landschenkungen, aus Zukauf und Inbesitznahme entstanden. Es handelte sich um landwirtschaftlichen Großgrundbesitz, auf dem der Besitzer *(Hacendero)* die Regierungsbefugnis innehatte. Somit konnte er frei über seine von ihm abhängigen (leibeigenen) Arbeitskräfte verfügen.

Zum Zweck der besseren politischen und religiösen Kontrolle bemühten sich staatliche und kirchliche Stellen um die Ansiedlung missionierter Indígenas in sogenannten **Reducciónes**. Dabei handelte es sich um Dörfer, in denen die Bewohner in eingeschränkter Selbstverwaltung und wirtschaftlicher Unabhängigkeit der Kontrolle der spanischen Eroberer unterstanden. Das *Mita*-System der Inka, über das Männer gelegentlich zu öffentlichen Arbeitseinsätzen herangezogen werden konnten verwandelte sich unter spanischer Herrschaft in ein Instrument der Zwangsarbeit. So war der Einsatz indigener Arbeitskraft ganz entscheidend für den Abbau der gewaltigen Mineralvorkommen, die Mitte des 16 Jhs. in der Andenregion entdeckt worden waren. Die **Silberminen** des *Cerro Rico* – des „reichen Hügels" – in Potosí (Südbolivien) wurden für die Spanier zur Schatzkammer Südamerikas und für Tausende von indigenen Zwangsarbeitern zum frühen Grab.

Zum Ende des 17. Jhs. ließen die Erträge aus dem Silberbergbau in Potosí merklich nach. Um neue Einkommensquellen zu erschließen, begannen die Spanier, die **Landwirtschaft** auszuweiten und besonders an der Küste großflächig Zucker,

28. Juli 1821	6. August 1825	1829
Unabhängigkeitserklärung Perus	Unabhängigkeitserklärung Alto Perus, das sich zu Ehren von Bolívar in Republik Bolivien umbenennt	Peru verlässt den bolivarischen Staatenbund, dem auch Panama, Kolumbien, Venezuela und Ecuador angehörten.

Baumwolle und Wein anzubauen. Dafür wurden vermehrt **Sklaven** aus Afrika herbeigeschafft, die widerstandsfähiger als die Hochlandindigenen waren. Während der Zucker überwiegend exportiert wurde, war die Baumwollproduktion für den einheimischen Markt bestimmt. Der Rohstoff versorgte große Textilfabriken, die im Hochland entstanden und neben Baumwolle auch Schaf- und Alpakawolle verarbeiteten.

Um die Indígenas in den allgemeinen **Geldkreislauf** einzubinden, nötigten die Spanier die Einheimischen, Waren zu überhöhten Preisen zu kaufen. Wer von den Indígenas die daraus zwangsläufig resultierenden Schulden nicht bezahlen konnte, verlor seinen Landbesitz und/oder musste seine Arbeitskraft kostenlos anbieten. Mit diesem **Reparto** genannten System der aufgezwungenen Warenverteilung gelang es den Kolonialherren, sich riesige Landgüter anzueignen, während sich die große Masse der indigenen Landbevölkerung mit dem Anbau von Subsistenzprodukten auf gemeinschaftlich bewirtschafteten Kleinparzellen durchschlagen musste.

Dieser über beinahe drei Jahrhunderte vollzogene **Landraub** stellte die Grundlage für die Unterentwicklung und soziale Ungerechtigkeit dar, unter der beide Andenstaaten bis zum heutigen Tag leiden.

Indigene Aufstände

Die oft aufgestellte Behauptung, die indigene Bevölkerung hätte die Ungerechtigkeiten des Kolonialsystems mehr oder weniger widerstandslos hingenommen, trifft vor allem auf die zweite Hälfte des 18. Jhs. nicht zu. Die soziale und wirtschaftliche Lage der Urbevölkerung, die im 18. Jh. begonnen hatte, sich zahlenmäßig zu erholen, verschlechterte sich durch die zunehmende Landknappheit. Außerdem hatte die spanische Krone die Steuern erhöht und die lokale Aristokratie hatte begonnen, immer mehr Überschüsse aus der indigenen Produktion für sich zu behalten. Der zunehmende Druck führte zur Überausbeutung und folglich zu verstärkter Gegenwehr der Einheimischen. Zählte man in den 1840er-Jahren nur fünf Aufstände, so rebellierte die Bevölkerung in den 1860er-Jahren bereits 20-mal.

Die Unruhen weiteten sich in den Folgejahren aus, und 1780 versammelte der Inkanachfahre **José Gabriel Condorcanqui** eine „Lumpenarmee" aus Einheimischen und Gegnern des Kolonialsystems und erhob sich gegen die Spanier. Condorcanqui, der sich zu Ehren des letzten Inka Túpac Amaru II. nannte, nährte die unrealistische Vorstellung seiner Armee von einer Rückkehr zu alten inkaischen Zeiten.

1781 nahmen königliche Truppen Túpac Amaru II. fest und ließen ihn und seine Familie öffentlich in Cusco hinrichten. Doch der Bruder des Rebellenführers führte den Aufstand im Hochland und am Titicaca-See fort, bevor die Spanier die Revolte schließlich im Jahr 1782 blutig beendeten. Gewarnt durch die Vielzahl von Aufständen, setzten die Kolonialbehörden einige soziale Reformen um, wenn auch eher halbherzig.

Die Unabhängigkeit Perus und Boliviens

Trotz der latenten Bereitschaft zu weiteren Aufständen spielten die am meisten unterdrückten unteren Bevölkerungsschichten bei der Un-

1830	1835–39	1864–66
Simón Bolívar legt alle Ämter nieder und stirbt in Kolumbien.	General Andrés de Santa Cruz erobert Lima und scheitert bei dem Versuch, aus Peru, Bolivien und Chile ein einziges Land zu machen.	Peru besiegt die spanische Flotte. Das ehemalige Mutterland hatte vergeblich versucht, am Guano-Boom teilzuhaben.

abhängigkeit Perus keine nennenswerte Rolle. Als im Zuge der französischen Invasion 1808 der spanische König Ferdinand vom Thron gestoßen wurde, kamen in den Kolonien immer stärkere Zweifel an der Legitimität der Krone als Oberhaupt der Kolonien auf. Die Truppen **Simon Bolívars** befreiten zwischen 1817 und 1820 die Gebiete des heutigen Venezuelas und Kolumbiens von der spanischen Herrschaft, und General **José de San Martín** gelang dasselbe 1816 mit Argentinien und 1817 mit Chile.

Im Vizekönigreich Peru und vor allem in Lima widersetzte sich die etablierte konservative, royalistische Elite mit militärischer Gewalt allen internen Umsturzversuchen. Die Unabhängigkeit Perus und Boliviens kam von außen. Im September 1820 landete General San Martín bei Pisco an der peruanischen Pazifikküste. Er erkämpfte sich seinen Weg Richtung Norden, befreite Lima am 28. Juli 1821 und erklärte die Unabhängigkeit Perus.

Doch der Widerstand der Royalisten war noch nicht gebrochen. Es bedurfte der Unterstützung Simon Bolívars, dessen General **Antonio José de Sucre** mit seinen Truppen von Norden her nach Peru einmarschierte und am 9. Dezember 1824 bei Ayacucho die entscheidende Schlacht gegen die letzten Anhänger der spanischen Krone gewann.

Peru nach der Unabhängigkeit

Verfall und Instabilität (1824–45)

Die chaotischen Jahrzehnte nach der Unabhängigkeit waren von politischer Instabilität und wirtschaftlichem Verfall geprägt. De facto bedeutete die neue Freiheit nur einen Machttransfer von der spanischen Aristokratie auf die kreolische Elite vor Ort. Diese Gesellschaftsschicht wollte an den bestehenden Besitzstrukturen kaum etwas ändern und hatte wenig Interesse an demokratischen Grundideen. Sogenannte **Caudillos**, oftmals ehemalige Offiziere der Befreiungsarmeen, versuchten mit Gewalt und strategischen Allianzen Einfluss zu gewinnen. Das führte zu ständigen Wechseln an der Regierungsspitze.

Peru hatte zwischen 1824 und 1845 mindestens 24 verschiedene Präsidenten und sechs unterschiedliche Verfassungen. Eine Konföderation zwischen Peru und Bolivien, die General **Andrés de Santa Cruz** 1836 ins Leben gerufen hatte, wurde von Chile im Jahr 1839 militärisch beendet.

Der politische Dauerwirrwarr hatte auch negative wirtschaftliche Konsequenzen. In den Nachwehen der Unabhängigkeit war der Silbermarkt, Perus Wirtschaftsmotor, zusammengebrochen. Zunehmende Kapitalflucht führte zu hohen Außenhandelsdefiziten. Erst zu Beginn der 1840er-Jahre begann sich die Wirtschaft zu erholen, als Wolle, Nitrate und zunehmend Guano exportiert wurden.

Die Guano-Ära (1845–70)

Drei Jahrzehnte lang exportierte der Andenstaat Millionen von Tonnen Guano (salpeterhaltigen Vogeldung) nach Europa, wo der natürliche Dünger die Entwicklung der kommerziellen Landwirtschaft begünstigte. Präsident **Ramón Castilla** (1797–1867) „nationalisierte" den Naturdünger, um die Staatsprofite zu maximieren. Die Erträge wurden überwiegend in exportorientier-

1879–83	1919–30	1940–41
Im Salpeterkrieg besiegt Chile Peru und Bolivien. Bolivien verliert den Zugang zum Meer. Chile annektiert die peruanischen Provinzen Arica, Tacna und Tarapacá.	Der umstrittene Diktator Augusto B. Leguía y Salcedo regiert Peru elf Jahre lang, bis ihn die Weltwirtschaftskrise zu Fall bringt.	Nach einem gewonnenen Krieg gegen Ecuador annektiert Peru große Amazonasgebiete des nördlichen Nachbarn.

te Anbauprodukte an der Küste investiert (Zucker, Baumwolle). Die Costa wurde zum dynamischsten Sektor der peruanischen Wirtschaft, mit dem das Hochland nicht mithalten konnte. Dies war auch der Grund für den Bau der Eisenbahnstrecke Lima–Huancayo, mit der Erze aus den Minen im Hochland zum Pazifik transportiert werden sollten.

Zwischen 1840 und 1875 verfünffachte sich der Export, und nach Peru gelangten im selben Zeitraum sechsmal so viele Waren. Das Land begann sich immer stärker zu verschulden, im Vertrauen auf die scheinbar unerschöpflichen natürlichen Ressourcen und ein **liberales Exportmodell**. Um 1870 begann das Kartenhaus in sich zusammenzufallen. Luxuskonsum, zu hohe Kreditaufnahmen, Missmanagement, eine unglückliche Hand bei der Wahl von Entwicklungsprojekten und die Erschöpfung der Rohstoffquelle Guano führten zum **Staatsbankrott**.

Ironischerweise fiel der Kollaps in die Amtszeit des ersten zivilen und frei gewählten Präsidenten des Landes. **Manuel Pardo**, der Peru von 1872 bis 1876 regierte, war Führer der **Partido Civilista** (Zivilpartei), der ersten politischen Partei des Landes. Diese diente neureichen Händlern und progressiven Großgrundbesitzern als Plattform gegen die Caudillos. Das neue Bürgertum war stark antimilitärisch ausgerichtet und setzte sich für mehr Mitspracherecht bei der Gestaltung eines Zivilstaates ein.

Der Pazifikkrieg (1879–83)

Im Länderdreieck Peru–Chile–Bolivien, einem eigentlich wertlosen Wüstenstreifen, besaßen alle drei Länder **Salpetervorkommen**, die zunehmend ausgebeutet wurden. Als Bolivien eine vertragswidrige Steuer auf den Exportschlager erhob, griff **Chile** den Nachbarn im Osten an. Über einen zuvor geschlossenen Beistandspakt hatte sich Peru zur Unterstützung Boliviens im Falle eines Angriffs verpflichtet und wurde mit in den Krieg hineingezogen. Da Präsident Pardo im Zuge eiserner Sparmaßnahmen den peruanischen Militärhaushalt stark beschnitten hatte, Chile jedoch über eine gut ausgestattete und moderne Armee verfügte, war der Ausgang des auch „Salpeterkrieg" genannten Konflikts vorprogrammiert. 1881 besetzten chilenische Truppen Lima.

Peru musste im Friedensvertrag von 1883 seine Salpetervorkommen an Chile abgeben, ebenso die Provinz Tarapacá und Arica sowie – bis 1929 – die Provinz Tacna. Bolivien verlor seinen einzigen Zugang zum Pazifik.

Erholung und Wachstum (1886–1930)

Nach der ausgedehnten Phase aufeinander folgender Zivilregierungen gelangte General **Andrés Avelino Cáceres** zweimal an die Macht (1886–90; 1894–95). Der Held der Untergrundbewegung im Salpeterkrieg begann mit dem Wiederaufbau des kriegsgeschädigten Landes, u. a. durch die Nationalisierung der Eisenbahn, den Verkauf von Guano-Rechten und die Landvergabe von Bodenstücken im Amazonastiefland an ausländische Gläubiger. Mit den Einnahmen bezahlte er die horrenden Auslandsschulden des Landes. Auf diese Weise stellte Cáceres das angeschlagene Vertrauen der Geldgeber wieder her und erhöhte die Kreditwürdigkeit des Landes. Besonders **Briten und US-Amerikaner** begannen verstärkt zu investieren. Die Exporterlöse Perus vervielfältigten sich zu Be-

1968–75	1980	1985–90
Der linksgerichtete General Juan Velasco Alvarado gelangt mit einem Putsch an die Macht. Seine Konzepte (Verstaatlichung, Landreform) gehen nicht auf.	Sich verschlechternde Lebensbedingungen begünstigen die Gründung der marxistisch-leninistisch-maoistischen Guerillagruppe „Leuchtender Pfad", *Sendero Luminoso.*	Der Populist Alan García von der APRA gewinnt die Wahlen. Seine Amtszeit ist gekennzeichnet durch Inflation, Terrorismus und soziale Spannungen.

ginn des 20. Jhs. dank einer Erholung des Silberabbaus, verbesserter Baumwoll- und Wollqualität sowie dem beginnenden Kautschukboom im Amazonasbecken. Auf Kosten der vorwiegend indigenen Tieflandbevölkerung, die in sklavenähnlicher Abhängigkeit Gummi sammelte, bereicherten sich vornehmlich britische Kautschukhändler.

1895 läutete der charismatische Politiker **José Nicolás de Piérola** die Phase der aristokratischen Republik in Peru ein, die bis 1919 dauern sollte. Sie war nicht nur von relativer politischer Harmonie und starkem Wirtschaftswachstum gekennzeichnet, sondern auch von sozialem und politischem Wandel. Unter der wieder erstarkten Partido Civilista bildete sich eine neue Oligarchie an der Küste; traditionelle Haciendas und kleine Bergwerke verwandelten sich in exportorientierte agroindustrielle Betriebe und Minenkonglomerate. Industriekomplexe in der Gegend um Lima zogen immer mehr Angehörige der Landbevölkerung an.

Den ersten **Arbeitervereinigungen**, die sich um 1911 bildeten, gelang es mittels Generalstreiks, eine Arbeitsgesetzgebung durchzusetzen, die soziale Fortschritte wie die Abschaffung der Nachtarbeit oder eine Entschädigung bei Arbeitsunfällen mit sich brachte. Der **Erste Weltkrieg** bedeutete für die Exportnation Peru zunächst Rezession und Inflation, dann konnte sich der Handel mit Kupfer, Zucker und Baumwolle wieder stabilisieren.

Soziale, wirtschaftliche und intellektuelle Neuorientierungen läuteten mit Arbeiterstreiks und Studentenunruhen das Ende der aristokratischen Ära ein. Präsident **Augusto B. Leguía**, der Peru elf Jahre (1919–1930) regierte, änderte zunächst die Verfassung, um soziale und wirtschaftliche Reformen durchzusetzen. Er ersetzte die Ziviloligarchie durch eine städtische Mittelschicht. Doch im Laufe seiner Regierungszeit unterdrückte er militante Arbeiter- sowie Studentenbewegungen und säuberte den Kongress von politischen Gegnern. Eine manipulierte Verfassungsänderung ermöglichte ihm die zweimalige Wiederwahl ohne Opposition. Seine sinkenden Popularitätswerte und die negativen Auswirkungen der weltweiten Wirtschaftskrise auf die Bevölkerung führten 1930 zu Leguías Entmachtung als Folge eines Militärputsches.

Massenpolitik und sozialer Wandel (1930–68)

In den 1920er-Jahren waren zwei neue Parteien entstanden, die Perus Politik in den folgenden Jahrzehnten prägen sollten. Der Journalist **José Carlos Mariátegui** gründete 1928 die Sozialistische Partei Perus *(Partido Socialista Peruano, PSP)*, die sich zwei Jahre später in **Kommunistische Partei (PCP)** umbenannte. Der überzeugte Marxist war der Meinung, dass nur die gleichberechtigte Integration des indigenen Bevölkerungsteils zum Entstehen einer wahren unabhängigen Nation führen könne. Wenige Jahre zuvor hatte der Studentenführer **Víctor Raúl Haya de la Torre** im mexikanischen Exil, in das ihn Präsident Leguía geschickt hatte, die Gründung der APRA, der **Revolutionären Amerikanischen Volksallianz** *(Alianza Popular Revolucionaria Americana)*, ausgerufen. Beide Parteien, die marxistische PCP und die populistische APRA, versuchten die neue Mittelschicht und die Arbeiterklasse zu mobilisieren, um sie in eine neue Phase nationaler Unabhängigkeit zu führen.

1990	1992	1995
Alberto Fujimori setzt sich im zweiten Wahlgang überraschend gegen den Schriftsteller Vargas Llosa durch.	Abimael Guzmán, der Führer des „Leuchtenden Pfads", wird verhaftet.	Alberto Fujimori wird erneut zum Präsidenten gewählt.

Besonders die APRA entwickelte sich zu einem langfristigen politischen Phänomen, das auch die jüngere Geschichte Perus beeinflusst. Nach den wirtschaftlich und politisch unruhigen 1930er-Jahren geriet Peru 1941 in einen kurzen militärischen **Grenzkonflikt mit Ecuador**, das gewaltsam versuchte, Territorialansprüche im Tiefland des Amazonas durchzusetzen. Der Schuss ging nach hinten los – Ecuador wurde besiegt und musste ein großes Regenwaldgebiet an Peru abgeben.

Der zunächst positive Wachstumstrend der Nachkriegszeit, von dem insbesondere der Bergbau und die Fischmehlindustrie profitierten, kehrte sich um. Unruhen unter den Arbeitern und zunehmende Inflation destabilisierten die Regierung, die auf Druck der Oligarchie von den Militärs entmachtet wurde.

Unter der **Militärdiktatur** des Generals **Manuel A. Odría** (1948–56) kehrte Peru zu alten Strukturen zurück: Die Linke wurde unterdrückt, die Wirtschaft richtete sich einseitig auf Export aus. Dabei wirkte sich die Tatsache international steigender Rohstoffpreise günstig für Odría aus. Von den stabilen Wachstumsraten der Jahre 1950 bis 1967 profitierte allerdings vorwiegend die fortschrittlichere Küstenregion. Die dualistische Struktur des Landes akzentuierte sich weiter und die **Entwicklungskluft zwischen Küste und Hochland** wurde noch breiter.

In den 1950er- und 60er-Jahren kam es daher zu zunehmender Abwanderung von Hochlandbewohnern Richtung Küste, vor allem in die Hauptstadt. Wer im Hochland geblieben war, schloss sich oftmals Protestbewegungen an. In der Zwischenzeit hatte sich an der prosperierenden Küste eine neue Mittelklasse herausgebildet, die mit der Gründung von zwei neuen Parteien, **Acción Popular** (AP) und **Partido Demócrata Cristiano** (PDC), gegen die alte Oligarchie aufbegehrte.

Mithilfe der Militärs gelang es dem charismatischen Führer der AP, **Fernando Belaúnde Terry**, sich 1963 gegen Odría und Haya de la Torre durchzusetzen. Die APRA- und Odría-Anhänger rächten sich, indem sie im Parlament mit einer gemeinsam erzielten Mehrheit sämtliche Regierungsprojekte blockierten, darunter Initiativen wie eine Landreform, die sie Jahre zuvor selber gefordert hatten.

Trotz einer boomenden Fischmehlindustrie, die Peru 1962 zur **weltweit führenden Fischereination** machte, kämpfte Belaúnde gegen Ungleichgewichte in der Zahlungsbilanz an, die zu einer Abwertung der Landeswährung führten. Als sich zudem herausstellte, dass der Präsident Geheimabsprachen getroffen hatte, die der nordamerikanischen Erdölfirma International Petroleum Company (IPC) eine bevorzugte Stellung auf dem peruanischen Erdölmarkt einräumten, zogen die Militärs unter General **Juan Velasco Alvarado** (1968–75) die Notbremse. Ihre Herrschaft sollte zwölf Jahre andauern.

Revolutionäre Militärdiktatur (1968–80)

Velasco begann unverzüglich, ein radikales Reformprogramm umzusetzen und zahlreiche Unternehmen in Staatsbesitz zu überführen. Dazu gehörte neben der Erdölfirma IPC, den Strom- und Telefongesellschaften sowie diversen Banken auch das Eisenbahnnetz. Hinzu kam 1969 die größte **Landreform**, die Lateinamerika (abgesehen von Kuba) bis dahin erlebt hatte. Ziel

2000	2001	2005
Fujimori gewinnt seine dritten Wahlen mit zweifelhaften Methoden. Im Oktober setzt er sich nach Aufdeckung eines Korruptionsskandals nach Japan ab.	Die Wahlen kann Alejandro Toledo von Perú Posible im zweiten Durchgang gegen den ehemaligen Staatspräsidenten Alan García für sich entscheiden.	Überraschende Rückkehr von Expräsident Fujimori aus dem japanischen Exil nach Chile

war es, die bestehende ökonomische Machtbasis der Plantagenbesitzer an der Küste und der Großgrundbesitzer im Hochland durch Enteignungen zu zerstören. Bis 1975 wurden rund 50 % des bebaubaren Landes in Form von Kooperativen und Produktionsgenossenschaften an ca. 350 000 Familien verteilt, die etwa ein Viertel der Landbevölkerung darstellten. Die meisten von ihnen waren staatliche Bedienstete und Pächter von kleinen Parzellen. Indigene Dorfgemeinschaften profitierten dagegen kaum von der Landreform. Gänzlich ausgesperrt blieb die runde Million Saisonarbeiter, die jährlich an die Pazifikküste wanderten, um dort Zucker und Reis zu ernten. Somit wirkte sich die Landreform nur mäßig auf die Beschäftigungslage aus und neue Konflikte um das Land begannen sich bereits abzuzeichnen.

Mit der linken Militärregierung übernahm der Staat zum ersten Mal in der Geschichte Perus eine dominante Rolle im Entwicklungsprozess des Landes. Velasco begann die exportabhängige Wirtschaftsstruktur zugunsten einer **importsubstituierten Industrialisierung** zu verändern. Die Direktinvestitionen des Staates nahmen zwischen 1968 und 1975 um rund 60 % zu. Gleichzeitig setzte die Regierung eine Vielzahl von Maßnahmen durch, bei denen der Schutz der Arbeiter und die Entwicklung des Binnenmarktes im Vordergrund standen.

Zur Verwirklichung ihrer ehrgeizigen Pläne benötigte die Militärregierung große Mengen an Geld, das sie sich zunehmend leihen musste. Die Inflation, das Handelsdefizit und parallel dazu die Unruhe in der Bevölkerung stiegen stetig an.

1975 setzten unzufriedene Offiziere Velasco ab und leiteten mit dem Machtwechsel die zweite Phase der Militärregierung ein. Obwohl die neue Führung unter General **Francisco Morales Bermúdez** vorgab, den alten Kurs weiterzuverfolgen, vollzog die Regierung einen Rechtsruck. Das harte **Sparprogramm** mit mehreren Abwertungen der Landeswährung, Subventionskürzungen und Verkauf von Staatseigentum führte zusammen mit Benzinpreiserhöhungen zu **Massenentlassungen** und einem Verfall der Reallöhne von rund 50 % in nur drei Jahren. Auf Streiks und Unmutsbekundungen des Volkes reagierten die Machthaber mit Gewalt. Als der Druck der Allgemeinheit jedoch weiter wuchs, bereiteten sich die Militärs darauf vor, die Regierung wieder in zivile Hände zu geben.

Wirtschaftskrise und Terrorismus (1980–90)

Bei den Wahlen von 1980 konnte sich erneut **Fernando Belaúnde Terry** durchsetzen, der Peru fünf Jahre lang bis 1985 regieren sollte. Das Peru, dessen Erbe Belaúnde als neuer Präsident antrat, unterschied sich gewaltig von dem Peru, das er bereits in den 1960er-Jahren regiert hatte. Die alte Exportoligarchie der Küste und die Großgrundbesitzer des Hochlands waren verschwunden. An ihre Stelle waren staatliche Betriebe und Kleinunternehmer getreten. Die deutlich konservativ eingestellte Regierung Belaúnde begann erneut, alles umzukrempeln, hin zu einem **neoliberalen Wirtschaftsprogramm**, das Staatsbetriebe privatisierte und für das Wachstum auf den Exportsektor setzte. Zusammen mit einer Reihe hausgemachter Probleme stürzte der Verfall der internationalen Rohstoffpreise Peru in eine seiner schlimmsten

2006	2007	2009
Alan García, Kandidat der Mitte-Links-Partei APRA, wird in einer Stichwahl zum zweiten Mal zum Präsidenten gewählt.	Ein starkes Erdbeben verwüstet im August mehrere südperuanische Küstenstädte. Chile liefert den 2005 aus Japan eingereisten Expräsidenten Fujimori an Peru aus.	Bei schweren Auseinandersetzungen zwischen Ureinwohnern und der Polizei in Bagua, Nordperu, kommen im Juni mehr als 30 Personen ums Leben.

Wirtschaftskrisen. Als Gegenmittel entschied Belaúnde sich für eine Neuverschuldung. Die Auslandsverpflichtungen stiegen innerhalb weniger Jahre um rund 35 % auf US$13 Mrd. und die Inflationsspirale war nicht mehr zu bremsen.

Die Lebensbedingungen der Bevölkerung verschlechterten sich rapide. Wut und Enttäuschung über die miserable Lage schufen den Nährboden für die Entstehung der Guerillaorganisationen **Sendero Luminoso** (Leuchtender Pfad, S. 200) und **MRTA** *(Movimiento Revolucionario Túpac Amaru)*, deren Gewaltakte zusammen mit den Vergeltungsmaßnahmen der Militärs ab 1980 mehrere Zehntausend Tote unter der Bevölkerung forderten. Trotz aller wirtschaftlichen Rückschläge und bürgerkriegsähnlicher Zustände in einigen Departamentos gelang es Belaúnde, seine fünfjährige Amtszeit offiziell zu beenden. Sein Nachfolger, **Alan García** von der APRA, gelangte 1985 an die Macht – der erste Wahlsieg der APRA nach mehr als 50 Jahren.

Mit der Einführung eines festen Dollarkurses und einer neuen Landeswährung (Inti) sowie einer geschickten Handelspolitik und selektiven Bezahlung der Auslandsschulden schien der erst 36-jährige Präsident die richtigen wirtschaftspolitischen Mittel gewählt zu haben, um der Krise Herr zu werden. Doch die Euphorie war von kurzer Dauer, denn aufgrund der zunehmenden Terroraktionen wurde zu wenig Geld im Land investiert. Ein hastig zusammengeschustertes Sparpaket ging mit exorbitanten Inflationsraten einher, die im Jahr 1990 bis zu 7650 % betrugen. Zum Ende der Amtszeit Garcias stand Peru vor einem Scherbenhaufen.

Die Ära Fujimori (1990–2000)

Bei den Wahlen des Jahres 1990 standen sich im zweiten Durchgang zwei Kandidaten gegenüber, die bis dahin nur wenig politische Erfahrung vorweisen konnten. Während der international bekannte Literat **Mario Vargas Llosa** für das rechtsgerichtete Wahlbündnis FREDEMO *(Frente Democrático)* ins Rennen ging, kandidierte der bis dahin auf der politischen Bühne völlig unbekannte Ingenieur **Alberto Fujimori** für die unabhängige Liste Cambio 90. Für alle überraschend konnte sich Fujimori, der Sohn japanischer Einwanderer, durchsetzen.

Nach seinem Amtsantritt schockierte Fujimori das Volk mit seiner **ultraliberalen Wirtschaftspolitik**. Mit der Abschaffung von Export- und Importbeschränkungen, der Abschaffung des Inti als Landeswährung und der Wiedereinführung des Sol sowie der Privatisierung von Staatsbetrieben konnte Fujimori die Hyperinflation beseitigen und die Gunst ausländischer Investoren zurückgewinnen. Trotz einer drastischen Verringerung der Realeinkommen begann das Strukturanpassungsprogramm des Präsidenten langsam zu greifen. Ab 1993 konnten wieder Wachstumsraten verzeichnet werden. Die **Abhängigkeit von Rohstoffexporten** blieb aber weiterhin bestehen. Auf der politischen Bühne erreichte Fujimori, von der Bevölkerung auch „El Chino" genannt, mit der Verhaftung von **Abimael Guzmán**, dem Anführer des „Leuchtenden Pfads", die Beendigung des blutigen Bürgerkriegs. Dies führte, zusammen mit seinen wirtschaftlichen Erfolgen, zu Fujimoris Wiederwahl im Jahr 1995.

In seiner zweiten Amtsperiode bis zum Jahr 2000 offenbarte Fujimori ein anderes Gesicht. Er

2011	2012	2016
Im Juni gewinnt Linksnationalist Ollanta Humala Tasso die Präsidentschaftswahl im zweiten Durchgang gegen Keiko Fujimori.	Die Polizei verhaftet „Artemio", den Anführer der Überreste des „Leuchtenden Pfads".	Pedro Pablo Kuczynski setzt sich in der Stichwahl knapp gegen Keiko Fujimori durch und wird neuer Präsident Perus.

regierte Peru immer autoritärer. Zu einem seiner letzten politischen Erfolge zählte neben einem Friedensvertrag mit Ecuador die Beendigung einer **Geiselnahme in der japanischen Botschaft** in Lima. Die Guerillagruppe MRTA hatte Ende 1996 rund 500 Geiseln genommen, die nach 126 Tagen von einem Spezialkommando befreit wurden.

Um ein drittes Mal als Präsident kandidieren zu können, hatte Fujimori Gesetzesänderungen durchgesetzt. In einem **schmutzigen Wahlkampf**, der teilweise aus Steuergeldern finanziert wurde und in dem sich Medien und Opposition Einschüchterungsversuchen ausgesetzt sahen, erreichte Fujimori die Stichwahl im Jahr 2000 gegen seinen Herausforderer Alejandro Toledo von der Bewegung Perú Posible. Da Toledo zur Stichwahl aus Protest gegen seinen durch die Regierung beschränkten Zugang zu den Medien nicht antrat, wurde Fujimori erneut zum Sieger erklärt.

Seine Freude über die Wiederwahl währte allerdings nur kurz, denn Fujimoris engster Vertrauter **Vladimiro Montesinos**, der Chef des Geheimdienstes Servicio de Inteligencia Nacional (SIN), wurde bei dem Versuch gefilmt, einen Kongressabgeordneten der Opposition zu bestechen. Der daraus resultierende Skandal zwang den Präsidenten, sich Hals über Kopf nach Japan abzusetzen.

Daraufhin erklärte der Kongress Fujimori als moralisch nicht handlungsfähig und setzte statt seiner den Interimspräsidenten Valentín Paniagua als Regierungschef ein. Dessen Aufgabe bestand darin, faire politische Rahmenbedingungen für die Neuwahlen im April 2001 zu schaffen.

Peru im 21. Jahrhundert

2001 wählten die Peruaner **Alejandro Toledo** *(Perú Posible)* in einer Stichwahl gegen Expräsident Alan García (APRA) zum Präsidenten. Toledo, der aus ärmlichen Verhältnissen stammt, indigene Vorfahren hat und in den USA Ökonomie studierte, hatte angekündigt, in größerem Umfang die Armut zu verringern, Arbeitsplätze zu schaffen, Straßen zu bauen, ausländische Investoren anzulocken und die Steuern zu senken. Seine Versprechen konnte er allerdings nicht halten. Nur am Rande erwähnten die Medien daher seine **politischen Erfolge**, darunter die fortschreitende Demokratisierung des Landes, die Beendigung der Grenzstreitigkeiten mit dem Nachbarland Ecuador und die Aufarbeitung der gewalttätigen jüngeren Vergangenheit Perus. Eine von Toldedo selbst verfügte Gesetzesänderung schloss seine direkte Wiederwahl bei den Präsidentschaftswahlen von 2006 aus.

Obwohl der Ultranationalist **Ollanta Humala** *(Unión por el Perú)* 2006 den ersten Wahlgang für sich entscheiden konnte, unterlag er in der Stichwahl Expräsident **Alan García** und dessen Mitte-Links-Partei APRA. Entgegen seinen Ankündigungen gelang es García nicht, entscheidende Akzente im Kampf gegen Armut und Korruption zu setzen.

2007 lieferte Chile den peruanischen Expräsidenten **Alberto Fujimori** an Peru aus. Fujimori war 2005 überraschend aus seinem japanischen Exil nach Chile gereist, um von dort Einfluss auf den Wahlkampf in Peru zu nehmen. Im April 2009 wurde er wegen des Einsatzes von Todesschwadronen während seiner Amtszeit zu 25 Jahren Gefängnis verurteilt.

2018	2019	
Korruptionsvorwürfe bringen Präsident Kuczynski zu Fall. Nachfolger wird sein bisheriger Vize Martín Vizcarra.	Kuczynski wird ebenso wie Expräsident Toledo wegen des Verdachts der Bestechlichkeit verhaftet. Expräsident Alan García begeht im April Selbstmord.	Präsident Vizcarra löst das Parlament auf, vereidigt ein neues Kabinett und setzt die Neuwahl des Parlaments für Januar 2020 fest.

Im Juni 2009 kam es in der Region Bagua in Nordperu zu schweren Auseinandersetzungen zwischen Ureinwohnern und der Polizei. Dabei starben 34 Personen. Hintergrund waren die Befürchtungen indigener Gruppen, das 2007 von der Regierung beschlossene **Regenwaldgesetz** könnte ausländischen Konzernen die Ausbeutung natürlicher Ressourcen ermöglichen und so ihre Lebensgrundlagen zerstören. Das Ende der Amtszeit von Präsident García war geprägt von **Antibergbauprotesten** in Puno und Juliaca.

Im Juni 2011 konnte der Linksnationalist **Ollanta Humala Tasso** von der Partei *Gana Perú* die Präsidentschaftswahl gegen die Tochter Alberto Fujimoris, Keiko Fujimori, für sich entscheiden.

2012 verhaftete die Polizei Florindo Flores Hala alias „Artemio", den letzten aktiven Rebellenführer der maoistischen Vereinigung „Leuchtender Pfad", im Nordosten des Landes.

Obwohl **Keiko Fujimori** den ersten Durchgang der Präsidentschaftswahlen des Jahres 2016 klar gewinnen konnte, scheiterte die Tochter des Expräsidenten Alberto Fujimori in der Stichwahl knapp an **Pedro Pablo Kuczynski**. Der ehemalige Wirtschaftsminister sowie Kabinettschef von Expräsident Toledo hielt sich allerdings nur kurz an der Macht. Um einem Amtsenthebungsverfahren aufgrund von Korruptionsvorwürfen zuvorzukommen, legte Kuczynski sein Amt im März 2018 nieder. 2019 wurde er wegen des Verdachts der Bestechlichkeit verhaftet und unter Hausarrest gestellt. Als Präsident löste ihn der bisherige Vizepräsident **Martin Vizcarra** ab. Der Korruptionsskandal um Schmiergeldzahlungen durch den brasilianischen Baukonzern Odebrecht, in den fünf Amtsvorgänger Vizcarras verwickelt sind, führte 2019 zum Selbstmord von Expräsident Alan García und der Festnahme von Expräsident Toledo. Nachdem Ende September 2019 ein Versuch der Abgeordneten, Präsident Vizcarra zu stürzen, scheiterte, löste dieser das Parlament auf. Anfang Oktober vereidigte er ein neues Kabinett und setzte den 26. Januar 2020 als Termin für Neuwahlen des Parlaments fest.

Bolivien nach der Unabhängigkeit

Nachdem General **Antonio José Sucre** mit seinen Truppen am 9. Dezember 1824 bei Ayacucho die entscheidende Schlacht gegen die letzten Anhänger der spanischen Krone gewonnen hatte, konnte der siegreiche General am 6. August 1825 die Unabhängigkeit Alto Perus, des heutigen Bolivien, ausrufen. Die Hauptstadt wurde ihm zu Ehren Sucre genannt. **Simon Bolívar**, der Namensgeber des Landes, wurde zum ersten Präsidenten gewählt.

Neben den politischen Wirren des 19. Jhs. wirkten sich besonders die großen **Territorialverluste** auf die Geschichte Boliviens aus. Zum Beginn der Unabhängigkeit umfasste das Land über 2 Mio. km², von denen nach mehreren verlorenen Kriegen nur noch die Hälfte übrig blieb. Den schmerzlichsten Verlust erlitten die Bolivianer im **Pazifikkrieg** 1879–83 (S. 122), in dem sie nicht nur die Salpetervorkommen der Atacama-Wüste abgeben mussten, sondern auch ihren einzigen Zugang zum Pazifik.

Während des **Kautschukbooms** zu Beginn des 20. Jhs. annektierte Brasilien die baumrei-

BOLIVIEN AB 2000	2002	2003
	Präsident wird einer der reichsten Männer des Landes: Gonzalo Sánchez de Lozada von der rechtsliberalen Nationalistisch-Revolutionären Bewegung (MNR).	Soziale Unruhen mit Protestmärschen und vielen Dutzend Toten führen zum Rücktritt des Präsidenten. Sein Stellvertreter Carlos Mesa übernimmt die Regierungsgeschäfte.

che Provinz Acre, und 1932 brach ein Krieg mit Paraguay um Erdölvorkommen aus, in dessen Verlauf sich der südliche Nachbar 130 000 km² der Region Chaco einverleibte.

Die sogenannte **April-Revolution** brachte 1952 die **MNR** *(Movimiento Nationalista Revolucionario)* unter ihrem Führer **Victor Paz Estenssoro** an die Macht. Er verstaatlichte den Bergbau, vertrieb die Zinnbarone und schaffte das antiquierte System der Leibeigenschaft *(Pongaje)* ab. Aufgrund weitreichender Reformen bei der Landverteilung, im Bildungswesen und in die Wege geleiteter Infrastrukturmaßnahmen konnte sich die MNR zwölf Jahre lang an der Macht halten, bevor sie 1964 einem **Militärputsch** zum Opfer fiel.

Im Kampf für seine linken Ideale und gegen die bestehenden Machtverhältnisse wurde der kubanische Guerillaheld **Ché Guevara** 1967 in Bolivien in La Higuera in der Cordillera Oriental in den Ostanden erschossen.

Die Folgejahre waren geprägt von sich abwechselnden **Militärregierungen**, deren Menschenrechtsverletzungen unter General **Hugo Banzer Suárez** 1971–78 einen unrühmlichen Höhepunkt erreichten. In den 1970er-Jahren profitierte Boliviens Wirtschaft von einer starken Nachfrage nach Zinn. Der Boom dauerte nur wenige Jahre, danach ersetzten Aluminium und Plastik den bolivianischen Rohstoff. Das Land versank in einem Strudel aus Schulden, hohen Inflationsraten und sinkenden Deviseneinnahmen.

1985 gelangte einmal mehr **Victor Paz Estenssoro** an die Macht. Sein radikaler Sparkurs bedeutete das Aus für die staatliche Minengesellschaft Comibol und den Verlust unzähliger Arbeitsplätze. Nachdem er in den Präsidentschaftswahlen von 1989 unterlag, konnte der Wirtschaftsreformer **Gonzalo Sánchez de Lozada** die Wahlen des Jahres 1993 für sich entscheiden. 1997 übernahm erneut **Hugo Banzer** das Amt des Staatspräsidenten. Unter seiner Federführung vernichteten paramilitärische Einheiten in wenigen Jahren rund 30 000 ha **Kokafelder** (s. auch Kasten S. 644/645), was viele Kleinbauern in eine schwierige wirtschaftliche Lage brachte. Die daraus resultierenden Proteste, Straßenblockaden und Streikwellen mit mehreren Todesopfern wurden von der Staatsmacht mit Gewalt aufgelöst.

Nachdem in der Stichwahl des Jahres 2002 zwischen dem sozialdemokratischen Kokabauernführer Juan Evo Morales Ayma und **Gonzalo Sánchez de Lozada** keiner der beiden Kandidaten die erforderliche Mehrheit erreichte, entschied sich das Parlament für Gonzalo Sánchez de Lozada als neuen Präsidenten Boliviens. Diese Entscheidung führte im Oktober 2003 zur schwersten **Staatskrise** seit der Rückkehr zur Demokratie im Jahr 1981: Wochenlange gewalttätige Proteste aller Bevölkerungsschichten gegen die Regierung führten schließlich zum Rücktritt des Präsidenten. Die Regierungsgeschäfte übernahm vorübergehend der ehemalige Stellvertreter des Präsidenten, **Carlos Mesa**, der im Juni 2005 zurücktrat.

Die Neuwahlen im Dezember 2005 gewann **Evo Morales**. Er ist der erste indigene Präsident des Landes seit der Unabhängigkeit von Spanien. Morales, der für eine anti-neoliberale Politik steht, leitete 2006 die **Verstaatlichung** der Erdöl- und Gasförderung Boliviens ein. Gegen diese Politik der Staatsintervention lehnten sich

2005	2006	2009
Im Juni tritt Präsident Mesa zurück. Die Neuwahlen im Dezember entscheidet der Kokabauernführer Evo Morales als erster Indígena mit deutlicher Mehrheit für sich.	Präsident Evo Morales nationalisiert die Öl- und Gasressourcen des Landes.	Bolivien erhät eine neue Verfassung.

Das bolivianische Parlament tagt an der Plaza Murillo in La Paz.

die fruchtbaren und rohstoffreichen Tiefland-Provinzen Santa Cruz, Beni, Tarija und Pando 2008 zunehmend auf. Deren Bevölkerungsmehrheit wünscht sich die Einführung einer föderalen Staatsstruktur mit regionaler Autonomie. Im Dezember 2009 wurde Evo Morales in seinem Amt bestätigt, und ein Referendum ermöglichte die Verabschiedung einer neuen Verfassung.

Im Oktober 2014 fanden Präsidentschaftswahlen statt, die der bereits amtierende Präsident Evo Morales mit einer deutlichen Mehrheit von 61 % für sich entscheiden konnte.

Obwohl sich bei einer **Volksabstimmung** im Jahr 2016 die Mehrheit der Bolivianer gegen eine erneute Kandidatur von Präsident Morales entschied, modifizierte das Verfassungsgericht 2017 die Verfassung und ermöglichte es dem Präsidenten, bei den Wahlen im Oktober 2019 erneut anzutreten. Bei diesen hatte sich Morales zunächst mit knapper Mehrheit zum Sieger vor seinem ärgsten Rivalen, Expräsident Carlos Mesa, erklärt. Doch wochenlange, teilweise gewalttätige Proteste der Bevölkerung wegen Wahlbetrugs, führten schließlich zum Rücktritt von Morales.

2014	2016	2019
Im Juli beschließt das Parlament, Kinderarbeit ab zehn Jahren zuzulassen. Präsident Evo Morales wird bei den Wahlen im Oktober im Amt bestätigt.	In einer Volksabstimmung entscheidet sich die Mehrheit der Bolivianer gegen eine erneute Kandidatur des amtierenden Präsidenten Evo Morales.	Nach den Präsidentschaftswahlen kommt es zu wochenlangen Protesten der Bevölkerung wegen Wahlbetrugs, die schließlich zum Rücktritt von Evo Morales führen.

Staat und Politik

Peru

Staatsform: Präsidialrepublik

Offizieller Staatsname: República del Perú

Offizielle Landessprache: Spanisch; weitere Sprachen: Quechua, Aymara

Landesregionen (Departamentos): 25

Staatspräsident: Martín Alberto Vizcarra Cornejo (seit 2018)

Politisch unterteilt sich der Andenstaat in 25 **Departamentos**, die seit 2002 selbst verwaltete Einheiten mit direkt gewählten Organen sind, 195 Provinzen *(Provincias)* und 1828 Bezirke *(Distritos)*. Die **Staatsflagge** besteht aus drei senkrechten Streifen in der Reihenfolge rot-weiß-rot. Die Idee hierzu kam von General José de San Martín. Den Helden der Unabhängigkeitskriege gegen Spanien inspirierten die Parihuanas, eine Flamingoart mit roten Flügeln und weißem Körper. Auf der weißen Fläche der Staatsflagge ist das **Staatswappen** abgebildet: Die Darstellung eines Vicuña, eines Queñual-Baumes und eines Füllhorns repräsentieren den Reichtum des Landes.

Die letzte gültige **Verfassung** des Landes aus dem Jahr 1994 verleiht dem direkt gewählten Staatspräsidenten als Oberhaupt der Präsidialrepublik Peru weitreichende Machtbefugnisse während seiner fünfjährigen Amtszeit. Der Staatschef ist Oberbefehlshaber der Streitkräfte und der Polizei, er besetzt wichtige Ämter direkt (z. B. den Vorsitzenden der nationalen Wahlkommission), darf nach seiner Amtszeit einmal wiedergewählt werden – allerdings nicht direkt im Anschluss an seine Amtsperiode – und kann mithilfe von Präsidialverordnungen direkt in politische Abläufe eingreifen.

Mit der Verfassungsänderung von 1994 wurde das bis dahin geltende Zweikammernsystem, bestehend aus Senat und Abgeordnetenhaus, abgeschafft und durch ein **Einkammer-Parlament** ersetzt. Die 120 Abgeordneten werden ebenso wie der Staatspräsident direkt vom Volk gewählt. In Peru herrscht **Wahlpflicht** für alle Bürger zwischen 18 und 70 Jahren.

Bolivien

Staatsform: Präsidialrepublik

Offizieller Staatsname: Estado Plurinacional de Bolivia

Offizielle Landessprache: Spanisch; weitere Sprachen: Quechua, Aymara

Landesregionen (Departamentos): 9

Staatspräsident: Juan Evo Morales Ayma (seit 2006)

Bolivien ist in neun **Departamentos** (La Paz, Beni, Chuquisaca, Cochabamba, Oruro, Pando, Potosí, Santa Cruz und Tarija) und 112 Provinzen *(Provincias)* eingeteilt, die sich wiederum in 1272 Kantone *(Municipios)* gliedern. Auf der **Staatsflagge** sind drei horizontale Streifen in der Reihenfolge rot-gelb-grün zu sehen.

Das **Zweikammernsystem** der Volksvertreter, bestehend aus Senat (27 Sitze) und Abgeordnetenkammer (130 Sitze), kommt jährlich zu einer dreimonatigen Sitzungsperiode in La Paz, dem Regierungssitz, zusammen. Der **Oberste Gerichtshof** tagt in Sucre, der Hauptstadt Boliviens.

Wirtschaft

Peru

BIP: US$225,2 Mrd.

BIP per capita: US$7002

Wachstum: 4,0 %

Inflation: 1,3 %

Auslandsverschuldung (in % des BIP): 26,8

Korruptionsindex: Platz 105 von 180 (Deutschland Platz 11, www.laenderdaten.de)

Die markante Topografie Perus beeinflusst nicht nur die Geschichte und die Gesellschaft des Landes, sondern auch seine ökonomischen Aktivitäten. Das Herz der peruanischen Wirtschaft schlägt in Lima. In der Hauptstadt konzentrieren sich zwischen 70 und 90 % aller Banken, Dienstleistungsunternehmen und Industriebetriebe.

Zu den traditionellen Wirtschaftszweigen der Küste zählt die **Fischindustrie**. Die wichtigsten Standorte der Fischfangflotte sind Paita, Chimbote, Callao und Pisco. Der frische Fisch wird überwiegend zu Fischmehl verarbeitet, das u. a. nach Europa exportiert wird, wo es als Futtermittel für Schweine und Hühner verwendet wird. Überfischung der Sardellenbestände und die drastischen Folgen der El-Niño-Jahre, in denen die Fangmengen weit unter dem Durchschnitt liegen, stellen eine der größten Fischfangflotten der Welt vor große Herausforderungen.

Landwirtschaft ist an der Küstenwüste in den rund 50 Flusstälern nur mit künstlicher Bewässerung möglich. Die wichtigsten Anbauprodukte der Küste sind Reis, Zuckerrohr und Baumwolle, aber in geringeren Mengen werden u. a. auch Wein, Spargel und Oliven auf großen Plantagen angebaut und weiterverarbeitet. Die Sierra gehört zur wichtigsten Agrarregion Perus. Neben der Erzeugung von Grundnahrungsmitteln wie Kartoffeln, Mais und Weizen werden auf natürlichen Weiden in großer Höhe Schafe, Lamas und Alpakas gehalten. Sie sind Wolllieferant und Fleischreserve.

Trotz rückläufiger Zahlen wird an den Osthängen der Anden weiterhin **Koka** (s. Kasten S. 644/645) angebaut. Da allerdings ein Großteil der Ernte das Land auf illegale Weise verlässt, fließen die Exporteinnahmen nicht in die volkswirtschaftliche Gesamtrechnung mit ein. Die Osthänge der Anden sind zudem ein beliebtes Anbaugebiet für Kaffee, Kakao und Zitrusfrüchte.

Bereits die Spanier beuteten die großen Mineralvorkommen der Anden aus. Noch heute zählen Edelmetalle und Mineralien zu den wichtigsten Devisenbringern des Landes. Der **Bergbau** ist mit rund 37 % weiterhin Perus wichtigster Exportsektor, sein Anteil am Bruttoinlandsprodukt (BIP) beträgt zusammen mit der Industrie rund 26 %. Peru gehört zu den weltweit größten Produzenten von **Gold** und **Kupfer**. Weitere international gefragte Metalle sind Zink, Zinn, Blei und Silber. Doch der überwiegende Teil der mehr als 80 Minen in Peru wird von ausländischen Unternehmen dominiert. Rund 240 000 Arbeitsplätze hängen direkt oder indirekt von den Aktivitäten der Minengesellschaften ab.

Die **Arbeitsbedingungen** der Minenarbeiter haben sich in den vergangenen Jahren vor allem bei den großen internationalen Bergbauunternehmen deutlich verbessert. Doch in den Hunderten von kleinen und informellen Minen, die oftmals in Höhen über 4000 m liegen, leiden die *Mineros* weiter unter niedrigen Gehältern, extrem langen Arbeitszeiten und unzureichenden Schutzmaßnahmen.

Früher lockten Gold und Kautschuk Abenteurer und Investoren in die unzugänglichste Region des Landes – das Tiefland des Amazonas. Heutzutage dringen Erdöl- und Holzfirmen auf der Suche nach Rohstoffen immer tiefer in die Regenwälder vor. Während die Erdölproduktion, die zum überwiegenden Teil im nördlichen Amazonasgebiet stattfindet, rückläufig ist, erhofft man sich von der anstehenden Ausbeutung der **Erdgasfelder** im südlichen Amazonastiefland einen Wachstumsschub. Zu Beginn des neuen Millenniums gelang es der Regierung, kapitalkräftige internationale Investoren (TGP, Pluspetrol und Tractebel) zu gewinnen. Inzwischen konnte eine Pipeline zum Pazifik fertiggestellt werden. In der Küstenregion um Talara wird im Offshore-Bereich **Erdöl** gefördert.

Menschenrechte

Die Liste von Menschenrechtsverletzungen in **Peru** ist leider immer noch viel zu lang: Sie reicht von bedrohten Umweltschützern, über die Gesundheitsgefahren, denen die meist ländliche indigene Bevölkerung durch den Bergbau ausgesetzt ist, bis hin zu Gewalt gegen Frauen und Mädchen und eingeschränkten Rechten von Lesben, Schwulen, Bisexuellen, Trans- und Intergeschlechtlichen. Mehr zum Thema hier: www.amnesty.org/en/countries/americas/peru und www.humanrights.ch/de/service/laenderinfos/peru.

In **Bolivien** wurde Ende 2017 das Landesbüro des UN-Hochkommissars für Menschenrechte geschlossen, nachdem die Regierung entschieden hatte, das Mandat nicht zu verlängern. Menschenrechtsverletzungen in Bolivien betreffen laut amnesty international Menschenrechtsverteidiger, Menschen mit Behinderungen, indigene Bevölkerungsgruppen, Homo-, Bi- und Transsexuelle sowie Frauen. Mehr unter www.amnesty.de/jahresbericht/2018/bolivien.

Das relativ stabile politische Klima der letzten Jahre hat in Peru günstige Perspektiven für den **Tourismus** geschaffen. Besuchten 1991 nur 232 000 internationale Touristen Peru, waren es im Jahr 2018 bereits rund 4,4 Mio. Etwa jeder vierte von ihnen stammt aus dem Nachbarland Chile, rund 80 000 aus Deutschland. Inzwischen ist der Tourismus zu einem der wichtigsten Devisenbringer des Landes aufgestiegen.

Auch im 21. Jh. hängt Peru weiterhin stark von seinen **Exporten** ab. Insgesamt exportierte es im Jahr 2018 Waren im Wert von US$49,1 Mrd., vor allem Rohstoffe wie Gold, Kupfer, Zink und Erdöl sowie Nahrungsmittel und Textilien. **Hauptabnehmer** waren China, USA, Indien, Südkorea und Japan. Nach Deutschland exportierte Peru 2018 Waren im Wert von rund 842 Mio. €.

Den Ausfuhren standen im gleichen Jahr **Importe** in einer Größenordnung von US$41,9 Mrd. gegenüber, davon rund US$1,26 Mrd. aus Deutschland. Neben Rohstoffen, industriellen

Megabergbau in Peru – Konflikte und Alternativen

Der Bergbau hat in den Anden eine lange Tradition. Schon vor den Inka kannte man die Verarbeitung von Gold, Silber und Kupfer, aber erst mit der Eroberung durch die Spanier begann die große Plünderung und der massive Abbau von Edelmetallen. Die Gier nach Gold hat seitdem nicht nachgelassen. Peru ist einer der größten Kupfer- und Goldproduzenten der Welt. Ein beträchtlicher Teil der Staatseinnahmen stammt aus dem Bergbau. Knapp ein Fünftel der gesamten Landesfläche Perus ist für Bergbauaktivitäten freigegeben. „Peru ist ein Bergbauland", betonen Politiker immer wieder.

Unkontrollierte Ausbeutung

In den 1990er-Jahren hatte die Regierung Fujimori den Bergbau massiv gefördert, um Investoren ins Land zu holen. Internationalen Anlegern winkten steuerliche Vergünstigungen, minimale Umweltauflagen und großzügige Konzessionen. Der Anstieg der Rohstoffpreise auf dem Weltmarkt seit 2005 hat zu einer unkontrollierten Ausbeutung der mineralischen Ressourcen geführt. Eine wirtschaftliche Diversifizierung blieb in diesen Jahren auf der Strecke. Um Investitionen zu fördern, hat die Regierung in den letzten Jahren mehrere Gesetzespakete verabschiedet, die den Schutz der kollektiven Rechte auf Land stark einschränken und Umwelt- und Menschenrechte aufweichen. Auch mit Deutschland schloss Peru 2014 ein Rohstoffabkommen, mit dem sich das Andenland Einnahmen und Deutschland Rohstoffe sichert – bei minimalen Umwelt- und Sozialauflagen.

Die Kehrseite der (Gold)-Medaille

Während die Regierung den Bergbau als Motor für wirtschaftliche Entwicklung preist, zeigen sich immer mehr Missstände und Konflikte – fast immer um Wasser und Land. Wo später Minen entstehen, werden Menschen unter massivem Druck umgesiedelt. Für den Förderprozess der Minen werden große Mengen Wasser benötigt. Es gelangt, mit Schwermetallen und Chemikalien verunreinigt (u. a. Blei, Quecksilber, Arsen, Cyanid), später wieder in die Flüsse und ins Grundwasser. Die Altlasten, die nach Ende der Bergbauaktivitäten zurückbleiben, sind tickende Zeitbomben. Weder die Bergbauunternehmen noch die Regierung kümmern sich um diese hochgiftigen Rückstände.

Die staatlichen Regulierungen für den Bergbau sind schwach: Es gibt weder transparente Umweltverträglichkeitsnachweise noch verbindliche Bodennutzungspläne. Die Umweltkontrolle wird den Unternehmern überlassen, und die staatlichen Behörden arbeiten immer enger mit Großunternehmen zusammen, zum Beispiel durch den Einsatz von Polizisten für den Werksschutz. Die gesetzlich vorgeschriebene Vorabkonsultierung der indigenen Bevölkerung über geplante Bergbauprojekte wird – wenn überhaupt – zur Infoveranstaltung über den Verlauf einer bereits genehmigten Bergbauaktivität. Offizielle Stellen preisen bei jeder Investition die Vorteile des Projekts: neue Arbeitsplätze, bessere Infrastruktur, mehr Schulen usw. Über die Nachteile des Bergbaus werden die Menschen viel zu selten informiert. Meist wandern die Gewinne der Mine ins Ausland ab. Die sozialen und ökologischen Folgen trägt die jeweilige Region.

Proteste in der Bevölkerung

Darum regt sich immer wieder erbitterter Widerstand in der Bevölkerung. Minenprojekte und Umweltkonflikte haben in den letzten Jahren gleichermaßen zugenommen. Die bislang heftigsten Auseinandersetzungen zwischen Bevölkerung und Militär mit vielen Toten gab es 2009 in Bagua in Nordperu. Aber auch 2012 in Cajamarca und 2015 in Arequipa eskalierten die Proteste.

„Peru ist kein Bergbauland; das ist ein selbst geschaffener Mythos", sagt Eduardo Gudynas, Forscher des Lateinamerikanischen Zentrums für Soziale Ökologie in Uruguay. „Kulturell und ökologisch ist Peru immer ein megadiverses Land gewesen." Es wäre also zu hoffen, dass Peru einen Weg aus der

© EVA TEMPELMANN

Immer öfter protestieren Peruaner und Bolivianer gegen fragwürdige Bergbauprojekte.

Ressourcenabhängigkeit findet. Einen Bergbau zu betreiben, der den Schutz von Umwelt- und Menschenrechten respektiert statt missachtet, wäre ein erster wichtiger Schritt.

Das landesweit arbeitende bergbaukritische Netzwerk **Red Muqui** analysiert Konflikte um Wasser und Land, stärkt die Rechte der Bevölkerung in den Bergbauregionen und unterstützt sie juristisch. Es entwickelt Vorschläge für einen verantwortungsvollen Bergbau und forscht zu Alternativen zur bestehenden neoliberalen Vorstellung von Entwicklung. Das Konzept des „Guten Lebens" (Buen Vivir, S. 104) spielt dabei eine zentrale Rolle. So verkaufen beispielsweise die Menschen in einigen Dörfern bei Huancayo Bioprodukte aus eigenem Anbau (Quinoa, Mais und Kartoffeln). In Cajamarca sammeln und verkaufen Frauen Heilpflanzen, und in Ayacucho haben Bauern ein System entwickelt, um in höher gelegenen Gebieten Wasser zu speichern und damit ihre Landwirtschaft produktiver zu machen.

Das Netzwerk Red Muqui organisiert auch **Bildungsreisen** in Peru zu den Folgen des Bergbaus und Alternativen. Info bei mattes.tempelmann@muqui.org.

Ein Beitrag von Eva und Mattes Tempelmann/Red Muqui

Vorprodukten, Maschinen, Transportmitteln und pharmazeutischen Produkten muss Peru zunehmend auch Nahrungsmittel einführen, überwiegend aus den USA, China, Brasilien, Mexiko und Ecuador.

Bolivien

BIP: US$41,4 Mrd.
BIP per capita: US$3682
Wachstum: 4,3 %
Inflation: 2,3 %
Auslandsverschuldung (in % des BIP): 53,9
Korruptionsindex: Platz 132 von 180

Schon seit der Eroberung durch die Spanier gehörte Bolivien zu den Ländern mit einem der weltweit höchsten Anteile an **Bodenschätzen**. Während in der Kolonialzeit vorrangig Silber abgebaut wurde, entwickelte sich im 20. Jh. **Zinn** zum Hauptexportprodukt. Aufgrund ständig fallender Weltmarktpreise verlor Zinn jedoch seit den 1980er-Jahren immer mehr an Bedeutung. Weitere wichtige mineralische Exportprodukte sind **Kupfer** und **Antimon**.

In den 1970er-Jahren wurden große Erdöl- und Gasvorkommen im östlichen Tiefland entdeckt, die verstärkt ausgebeutet werden und einen immer höheren Anteil am BIP erwirtschaften. **Erdgas** ist inzwischen für rund 42,5 % der bolivianischen Exporte verantwortlich – Tendenz steigend. Bedeutend könnte der Abbau des Metalls **Lithium** werden, von dem es in Bolivien die weltweit größten Reserven gibt.

Die wichtigsten wirtschaftlichen Standbeine des Landes sind neben dem Bergbau (rund 27 % des BIP zusammen mit der Industrie) und der Land- und Forstwirtschaft die Weiterverarbeitung von Erdöl, Nahrungsmittel, Tabak, Kunsthandwerk und Textilien.

Obwohl rund ein Drittel aller Bolivianer in der **Landwirtschaft** beschäftigt sind, machte der Anteil landwirtschaftlicher Erzeugnisse (inklusive Fischerei) am BIP 2018 nur 13,4 % aus. Hauptexportprodukte sind Chia, Kartoffeln und Reis und in kleinerem Umfang Zuckerrohr, Mais, Paranüsse und Kaffee.

Unangefochten an der Spitze stehen allerdings die illegalen Erlöse aus dem **Anbau von Kokablättern** (ca. 100 000 Tonnen), ohne die Boliviens Wirtschaft nicht überlebensfähig wäre (s. auch Kasten S. 644/645). Experten schätzen, dass der Ausfuhrwert der Kokablätter oder der veredelten Ware Kokain bzw. Kokapaste bei jährlich US$3–4 Mrd. liegt. Dies entspricht etwa 10–15 % des BIP.

Religion

Jahrhundertelang dominierte die mächtige **römisch-katholische Kirche** Peru und Bolivien, diente den spanischen Eroberern als Rechtfertigung für die größtenteils gewaltsame Bekehrung der indigenen Bevölkerung und bereicherte sich selbst an den Schätzen der Neuen Welt. Unzählige Ordensgemeinschaften, angeführt von Dominikanern, Franziskanern und Jesuiten, gründeten weitläufige Klöster, errichteten prachtvolle Kirchen und bauten Missionen in den entlegensten Regionen.

Doch obwohl die katholische Kirche Götzenbilder und Kultgegenstände der einheimischen Bevölkerung flächendeckend vernichten ließ und auf den Aschehaufen Kirchen und Kreuze errichtete, gelang es den Dienern Gottes nicht, althergebrachte Glaubensweisen vollständig auszurotten. Die indigene Bevölkerung entwickelte während der spanischen Herrschaft vielschichtige Mechanismen, um ihre eigenen Glaubensvorstellungen an diejenigen der katholischen Kirche anzupassen. Fetische, Amulette und Idole wurden versteckt, und die Indigenen brachten Heiligenfeste mit ihren traditionellen Festtagen in Einklang. So entstand im mehrheitlich von Indígenas bewohnten Hochland im Laufe der Jahrhunderte eine **synkretistische Religionsform** – eine Mischform traditioneller Bräuche und christlicher Rituale.

Daran hat sich bis heute nicht allzu viel geändert. Noch immer schmücken Heiligenbilder der katholischen Kirche Häuser und Busse, während die indigene Bevölkerung weiterhin regelmäßig den wichtigsten Naturkräften – **Pachamama**, der Erde, **Inti**, der Sonne, und den **Apus** (Berggeistern) – Opfer darbringt. Der Jahreskalender ist vollgestopft mit **Festtagen**, die unter anderem dem Dorfheiligen, aber auch althergebrachten Aktivitäten wie dem Erntedank gewidmet sind.

Die Verschmelzung der Religionen wird nicht zuletzt bei der **Eheschließung** deutlich. Bei den Quechua-Indigenen ist es für das zukünftige Brautpaar traditionell üblich, während einer Art „Probezeit" den Nachweis dafür zu erbringen, dass beide füreinander geeignet sind. Dabei lebt das Paar schon vor der eigentlichen katholischen Trauung gemeinsam bei den zukünftigen Schwiegereltern unter einem Dach. Daher ist es nicht ungewöhnlich, wenn bei der offiziellen Hochzeit bereits die ersten Kinder des Brautpaares mit vor dem Altar stehen.

Obwohl der institutionelle Einfluss der katholischen Kirche in den letzten Jahrzehnten auf verschiedenen Gebieten wie dem Erziehungswesen oder der Familienplanung zugunsten staatlicher Aktivitäten zurückgegangen ist, prägen christlich-religiöse Aktivitäten und **Rituale** den peruanischen und bolivianischen Alltag immer noch. Dies ist besonders gut an den großen katholischen Festtagen zu beobachten, die – wie die Osterwoche in Ayacucho oder die Großprozession zu Ehren des Señor de los Milagros in Lima – ausschweifend und inbrünstig gefeiert werden.

Aber auch an kleinen Gesten ist die Gläubigkeit der Menschen erlebbar. Nur wenige Peruaner oder Bolivianer gehen an einer Kirche oder heiligen Stelle vorbei, ohne sich zu bekreuzigen.

Entgegen den Tendenzen anderer lateinamerikanischer Staaten konnten mehrere Dutzend **protestantischer Glaubensgemeinschaften** seit den 1970er-Jahren in Peru und Bolivien noch keine allzu starken Akzente setzen. Mehr als 90 % der Bevölkerung beider Länder bekennen sich zum Katholizismus.

Kirche in Lajas, Bolivien

Kultur

Die innere Zerrissenheit der peruanischen bzw. bolivianischen Gesellschaft zeigt sich auch in den Gepflogenheiten der beiden größten Volksgruppen. Während **Quechua und Aymara** um die Bewahrung ihrer traditionellen Lebensweise und damit um ihre kulturelle Identität kämpfen, pflegen die **Mestizen** einen vergleichsweise unauthentischen Lebensstil, der stark nordamerikanisch geprägt ist. Kulturelle Gemeinsamkeiten haben Indigene und Mestizen nur wenige; sie reduzieren sich auf so profane Dinge wie die Vorliebe für Süßigkeiten, sentimentale Andenlieder oder Fußball. Auch die gemeinsam begangenen katholischen Feiertage können die **tiefe Kluft** nicht überwinden.

Im Allgemeinen bevorzugt die breite Masse eine **seichte Unterhaltung**, sei es in Form von schmalzigen Seifenopern im Fernsehen, deftigen Theaterkomödien, Karaokebars oder Kinohits aus Hollywood. Miss-Wahlen erfreuen sich großer Beliebtheit und dürfen auf keiner Großveranstaltung fehlen. Größere Menschenmassen mobilisiert der Volkssport **Fußball**. Selbst Sport zu treiben ist allerdings für die meisten Peruaner und Bolivianer ein Luxus, den sie sich aus Zeit- und Geldgründen nicht leisten können.

Auf Hochglanzprospekten werben Tourismusverbände oftmals mit „dem Zauber alter Traditionen", „vielseitigem Kunsthandwerk" und „lebendigen Kulturen". Auf diese Art und Weise wird der indigene Teil der Bevölkerung präsentiert, der ansonsten im eigenen Land keine große Lobby hat. Die Nachfahren der Inka und ihre Kultstätten sind Perus und Boliviens wichtigster touristischer Anziehungspunkt, und ein Großteil der ausländischen Besucher kommt gerade der farbenfrohen Trachten, der Tänze, des traditionellen Brauchtums und der aufwendig zelebrierten Fiestas wegen. Anhand des **einseitigen Tourismusmarketings** offenbart sich aber einmal mehr der zwiespältige, wenig respektvolle Umgang der Mestizen mit ihren indigenen Mitbürgern. Dabei liegt die Bewahrung ihrer Traditionen im Interesse aller Beteiligten. Zum einen, weil sie dringend benötigte Devisen ins Land bringt, zum anderen, weil sie den Indígenas als kultureller Schutzschild dient.

Die moderne Zeit hat auch vor den Nachfahren der Ureinwohner nicht haltgemacht: Fernsehen, Mobiltelefon, Internet, Globalisierung und Konsumverherrlichung gefährden die nach außen hin intakt wirkende indigene Kultur. Zusätzlich haben die latente Diskriminierung und die Armut viele Indigene dazu gebracht, ihre traditionelle Lebensweise und Sprache aufzugeben. Viele, die in die Hauptstadt abwandern, legen ihre Tracht ab und versuchen, die Lebensart der Mestizen zu imitieren. Die damit verbundene **Entfremdung** wird im Spanischen *Aculturacíon* genannt. Nicht selten hat sie zur Folge, dass sich gewohnte Denk- und Lebensweisen sowie traditionelle Werte verlieren. Es bleibt abzuwarten, ob das in den letzten Jahren – vor allem in Bolivien – stärker gewordene **ethnische Selbstbewusstsein** diesen Trend umkehren kann.

Sprache

Neben **Spanisch** *(Castellano)* gehören die indigenen Idiome **Quechua** und **Aymara** zu den offiziellen Sprachen in Peru und Bolivien. Sprachforscher schätzen, dass in Peru rund 6–8 Mio. Menschen Quechua beherrschen, mit Schwerpunkt in Cusco sowie Ayacucho und Umgebung. Für bis zu 2 Mio. von ihnen ist Quechua die einzige Sprache, in der sie sich verständigen. Unter den Inka verbreitete sich das Quechua aus Cusco im ganzen Reich, um als offizielle Amtssprache die Integration im Vielvölkerstaat zu fördern. Auch heute noch werden unterschiedliche Dialekte des Quechua in den Andenregionen Südkolumbiens, in Ecuador, Bolivien, Nord-Chile und dem Nordwesten Argentiniens gesprochen. Die Gesamtzahl der Quechua-Sprechenden wird auf bis zu 10 Mio. Personen geschätzt. Aymara sprechen heute bis zu 2 Mio. Menschen auf der Hochebene um den Titicaca-See, weiter südlich davon im bolivianischen Altiplano und in Nord-Chile.

Die größte sprachliche Vielfalt herrscht im Tiefland des Amazonasgebietes. Allein in Peru sind über 70 ethnische Gruppierungen bekannt, die allesamt unterschiedliche Sprachen sprechen. Viele dieser Sprachen sind vom Aussterben bedroht, da sie nur noch von wenigen Hundert, in einigen Fällen sogar nur noch von wenigen Dutzend Personen gesprochen werden. Die größten **Sprachgruppen des Amazonasgebietes** sind Asháninka, Aguaruna, Shipibo und Cocama.

Ein Sprachführer findet sich im Anhang auf S. 652. Englisch wird nur in den Hotels größerer Städte und in Touristenzentren gesprochen.

Traditionelle indigene Lebensweise

Trotz fortschreitender Technologie, Globalisierung und verbesserter Infrastruktur hat sich das Leben für viele Andenbewohner in den letzten Jahrhunderten wenig verändert. Besonders in entlegenen ländlichen Gebieten scheint die Zeit stehen geblieben zu sein. Die Tagesaktivitäten orientieren sich wie schon bei den Inka am Rhythmus der Jahreszeiten, am Aufeinanderfolgen von Aussaat und Ernte. Ein Großteil der indigenen Hochlandbevölkerung lebt auch heute noch von **Subsistenz-Landwirtschaft**, Viehzucht und ein wenig Kunsthandwerk. In vielen Gegenden sind Strom, fließendes Trinkwasser oder eine Kanalisation unbekannt.

Die **Andenbewohner** ländlicher Regionen leben in Lehm- oder Steinhäusern mit Ziegel-, Hartgras- oder Wellblechdächern. Der spartanisch ausgestattete Innenraum enthält eine – oftmals offene – Feuerstelle, wenig Möbel, und nur bei wohlhabenderen Familien ein Bett oder einen Tisch. Man steht früh auf, arbeitet tagsüber auf den Feldern und geht früh schlafen. Die Familie ist das Zentrum des Lebens, aber auch innerhalb der **Dorfgemeinschaft** gilt das Prinzip der Gegenseitigkeit, das zur Nachbarschaftshilfe verpflichtet.

Bei feierlichen Anlässen wie Taufen, Namenstagen oder Hochzeiten ist es üblich, die Gäste ausgiebig zu bewirten; es wird reichlich gegessen, getrunken und getanzt. Bei aller Ausgelassenheit vergisst man jedoch nicht, woher Speis und Trank kommen. Der erste Schluck *Chicha* (vergorenes Maisbier), Bier oder Schnaps wird auf den Boden geschüttet, um der **Mutter Erde** *(Pachamama)* zu danken. Um die zahlreichen **Naturgeister** gnädig zu stimmen, werden Lamas und Meerschweinchen geopfert und Kokablätter verstreut. Besondere Verehrung erfahren **Berggipfel** *(Apus)*, die jährlich in anstrengenden Pilgerfahrten aufgesucht werden.

Wer ein neues Haus baut, sollte bei der Grundsteinlegung daran denken, den getrockneten Fötus eines Lamas einmauern zu lassen, um die Langlebigkeit des Gebäudes und den Schutz vor Erdbeben zu garantieren.

Wird jemand krank, sucht man in aller Regel zunächst einen **Heiler** *(Curandero)* auf, der mithilfe von Naturarzneien versucht, das Übel zu beseitigen. Dazu verwendet er das jahrhundertealte medizinische Wissen seiner Vorfahren. Sogenannte *Yerbateros* heilen ihre Patienten mit Heilkräutern. In komplizierteren Fällen konsultiert man einen Wunderheiler, der aus Kokablättern oder den Innereien eines Meerschweinchens eine Diagnose abliest.

Märkte

Sie sind das **Zentrum wirtschaftlicher Aktivität** im ländlichen Peru und Bolivien und besonders in indigenen Gebieten unersetzlicher Bestandteil des **sozialen Lebens**. Märkte finden in so gut wie allen Dörfern ein- bis zweimal wöchentlich statt. Auf ihnen versammelt sich eine interessante Mischung aus Käufern und Verkäufern, die oftmals weite Strecken zurücklegen, um zum Marktplatz zu gelangen.

Bereits im Morgengrauen werden die ersten Stände, nach Waren sortiert, aufgebaut. Während Obst und Gemüse, Blumen oder Gewürze in einem Bereich des Marktes angeboten werden, findet man Fleisch, Fisch, Kleidung und handwerkliche Produkte in einem anderen. Auf vielen Hochlandmärkten werden Nutztiere angeboten. Zu jedem Markt gehören Garküchen, in denen Indígena-Frauen an brodelnden Töpfen stehen und schmackhafte Hausmannskost zubereiten.

Doch das Kaufen und Verkaufen, Feilschen, Handeln und Tauschen sind nur eine Facette eines turbulenten Indígena-Marktes. Denn hier treffen sich auch Verwandte, nutzen junge

Paare die Gelegenheit zum Flirt, versuchen Prediger die Massen im Schnelldurchlauf zu bekehren und bieten viele kleine Servicebetriebe ihre Dienste an: Schuhputzer, Eisverkäufer, Fotografen mit Uralt-Polaroidkameras, Scherenschleifer, Lastenträger usw. Doch die Atmosphäre ist trotz heftigem Gedränge und Geschubse friedlich und ruhig. Besonders hoch geht es während des Patronatsfestes her. Dann steigt neben dem Umsatz besonders der Alkoholkonsum.

Kunsthandwerk

Die aktuelle peruanische und bolivianische **Volkskunst** *(Artesanía popular)* hat sehr lange und traditionsreiche Wurzeln. Schon vor 10 000 Jahren begannen Menschen, Gegenstände aus Holz und Ton zu fertigen und zu verzieren. Später kamen Flecht-, Textil-, Keramik- und Metallarbeiten hinzu. Bei vielen Objekten handelt es sich ursprünglich um Gebrauchsgegenstände. Das zunehmende Interesse ausländischer Besucher an kunsthandwerklichen Produkten hat einige Sektoren, z. B. die traditionelle Weberei, stark aufgewertet.

War die Anfertigung von **Artesanía** früher ein Gelegenheitsjob, der sich durch die eine oder andere Auftragsarbeit ergab, so sind heute ganze Dörfer mit der Produktion und dem Handel von Kunsthandwerk beschäftigt. Zusätzliche Erlöse durch den Verkauf von Kunsthandwerk sind ein willkommenes Zubrot zum schmalen Einkommen vieler indigener Familien. Doch nur wenigen von ihnen ist es gelungen, eine größere Produktion aufzubauen und ausschließlich vom Kunsthandwerk zu leben. Die meisten Waren werden in Familienbetrieben produziert und auf Märkten verkauft. Handelt es sich um größere Mengen, übernehmen Zwischenhändler die Vermarktung.

Textilien stehen bei Touristen wie Einheimischen ganz oben auf der Beliebtheitsskala. Archäologische Ausgrabungsfunde belegen den hoch entwickelten Fertigungsstand präinkaischer Kulturen, der auch Jahrhunderte später von den Spaniern nur geringfügig beeinflusst wurde. Sie brachten zwar das Schaf und moderne Webstuhlarten in die Neue Welt, die alten Webtechniken haben aber bis in die Gegenwart überlebt. Heutzutage verlässt kaum ein Tourist das Land ohne einen Pullover, Schal, Müt-

Handgefertigte Textilien sind bei Touristen und Einheimischen beliebt.

ze oder Poncho aus Schaf- oder Alpakawolle. Relativ neu sind die Strickarbeiten, die von den Männern auf den Inseln Taquile und Amatani im Titicaca-See angefertigt werden. Sie stricken ihre einstmals für den Eigenbedarf hergestellten Westen, Mützen, Strümpfe und Handschuhe zunehmend für Touristen.

Kürbisse und **Kalebassen** gehören zu den ältesten Gebrauchsgegenständen südamerikanischer Kulturen. Schon früh wurde damit begonnen, sie mit Linien und später mit bäuerlichen Bildgeschichten zu verzieren. Kürbisschnitzereien werden in der Region Ayacucho und Huancayo angefertigt.

Mit der Einführung der bis dahin unbekannten Töpferscheibe und der Glasur durch die Spanier erfuhr die **Töpferkunst** vorübergehend einen beträchtlichen Aufschwung. Im 20. Jh. verdrängten importiertes Porzellan und Plastikprodukte die einheimischen Keramikgegenstände, deren Bedeutung für den Alltagsgebrauch nun rapide sank. Bewahrt hat sich die Produktion von kleinen Tonfiguren *(Conopas)* in Tierform, die einst rituellen Zwecken dienten, heute aber zu beliebten Mitbringseln geworden sind. Bevor aus ihnen dekorative Kunstwerke mit abwechslungsreichen Motiven wurden, dienten die kleinen Tonkirchen *(Iglesias de techo)* in der Region Ayacucho als „göttlicher" Schutz für ein neu errichtetes Haus. Gern gekauft werden auch die attraktiven Tongefäße der Shipibo im Amazonastiefland bei Pucallpa. Der dünnwandige Lehm wird mit Asche vermischt, bevor er mit Harz glasiert und in Erdöfen gebrannt wird.

Kleine aufklappbare **Holzaltäre** *(Retablos)* stammen ursprünglich – ebenso wie die Tonkirchen – aus der Region Ayacucho. Sie werden heute auf den meisten Hochlandmärkten angeboten und auch aus Huamanga-Stein (eine Art Speckstein) hergestellt. Auf ihnen sind christlich-religiöse Szenen mit Gips- oder Tonfiguren verewigt.

Neben dem fast überall anzutreffenden Angebot an Schilfbooten, -hüten und -körben findet sich ein ähnliches Sortiment an **Schilfflechtarbeiten** auf den Schilfinseln der Uros im Titicaca-See.

Silber, das einst wichtigste Edelmetall der bolivianischen und peruanischen Anden, wird auch heute noch als Schmuck oder Geschirr in zahlreichen Varianten verkauft. Zentren sind La Paz und Cusco.

Traditionelle Kleidung

Eine auffällige Ausdrucksweise der Indígena-Kultur und wichtiger Bestandteil ihrer Identität sind die abwechslungsreichen originellen Trachten. Während Indígena-Frauen ihre traditionellen Kleidungsstücke auch im Alltag tragen, hat sich die Tracht der Männer nur noch in ganz wenigen, ursprünglichen Regionen erhalten. Um nicht als „hinterwäldlerisch" zu gelten, tragen die Männer inzwischen überwiegend Hemden und Hosen westlichen Stils. Doch auch die bunte Trachtenvielfalt der Frauen ist bedroht: Viele Familien können sich die teuren Stoffe nicht mehr leisten und greifen auf billige Einheits- oder Importware zurück.

Die Bewohner indigener Dörfer unterscheiden sich traditionell durch ihre Trachten. Manche Historiker glauben, dass die spanischen Eroberer die Indígenas zur Anfertigung unterschiedlicher Kleidung zwangen, um die Bewohner einem Dorf zuordnen zu können. Die Tracht ist in jedem Fall ein variables Produkt, das sich im Laufe der Zeit verändert hat. Die Einführung synthetischer Farbstoffe hatte darauf ebenso viel Einfluss wie modische Extras. Inzwischen ist aus der traditionellen Kleidung mehr als nur ein Erkennungsmerkmal geworden: Mit den eingewebten Mustern und ihrer Symbolik, mit der Qualität der Arbeit sowie dem benutzten Material erzählt ein traditionelles Kleidungsstück eine Geschichte über die Person, die es trägt, verrät deren sozialen Status und Glauben.

Musik und Tanz

Eine ungeheure Vielfalt an Musikinstrumenten und Tänzen bereichert die Kulturen Perus und Boliviens. Funde belegen, dass schon vor rund 9000 Jahren an der peruanischen Pazifikküste Blasinstrumente aus Tier- oder Menschenknochen, Ton, Keramik oder Stein gefertigt wurden. Flöten- und Schlaginstrumente prägten die

Musik prähispanischer Kulturen. Die Spanier brachten bis dahin unbekannte Instrumente wie die Harfe, die Violine, die arabisch beeinflusste Chirimia und das Akkordeon in die Neue Welt. Sie wurden in die traditionelle Klangwelt übernommen, und neue Mischformen kamen hinzu. Ein Beispiel hierfür ist die **Charango**, die einer Mandoline ähnelt. Sie wurde früher aus dem Panzer eines Gürteltieres gebaut, wodurch diese Tierart fast ausgerottet wurde. Heute wird das fünfsaitige Instrument vorwiegend aus Holz hergestellt. Auch Harfen wurden an die lokalen Verhältnisse angepasst. Die Indigenen entwickelten kleinere, mit einem hölzernen Resonanzkörper ausgestattete Modelle, die man leichter transportieren und auch im Gehen spielen konnte.

Unabdingbarer Bestandteil einer andinen Folkloremusikgruppe sind die Flöten. Die berühmte **Panflöte**, die *Zampoña*, wird auf Quechua *Antara* und auf Aymara *Sicu* genannt. Sie besteht in der Regel aus mehreren parallel zueinander liegenden Schilfrohren unterschiedlicher Länge, die in einer Doppelreihe angeordnet sind. Je nach Länge der Rohre und ihrer Durchmesser werden unterschiedliche Töne erzeugt (die Rohre der Bass-Panflöte *Bajones* können bis zu 1 m lang sein). Die häufig anzutreffende *Quena* mit ihrem eingekerbten Mundstück besteht aus einem Stück *Chuqui*-Rohr und meist sechs Klanglöchern. Querflöten oder Kernspaltflöten werden *Pinkullu* bzw. *Tarka* genannt.

Den Rhythmus gibt in der Andenfolklore die *Bombo* oder *Tambor* genannte tiefe **Basstrommel** vor. Sie ist in aller Regel mit Ziegenhaut bespannt.

Selten geworden ist der Klang des **Muschelhorns**, der schon in prähispanischen Zeiten zur Signalübermittlung diente. Diese natürliche Trompetenart wird heute mancherorts durch Kuhhorn ersetzt. Doch die Andenmusik besteht nicht nur aus Trommeln, Flöten und Kleingitarren. Die für westliche Ohren typischen Andenklänge werden vorwiegend in der Region zwischen Cusco und dem Titicaca-See dargeboten. In anderen Gebieten gehören oftmals neben Blechblasinstrumenten auch Violine und Harfe zu den häufig gespielten Musikinstrumenten der lokalen *Orquestas* und *Bandas*.

An der peruanischen Pazifikküste entwickelten sich völlig andere Musikrichtungen. Zu Beginn des 20. Jhs. entstand der Begriff der **Música Criolla** (kreolische Musik). Sie vereint europäische Walzer- und Polkaelemente des 19. Jhs. mit neueren Stilformen wie Tango, Bossa Nova und Jazz. Ihre Blütezeit hatte diese ungewöhnliche Mischung zwischen 1920 und 1950, als sich die vierstrophigen Balladen mithilfe von Radio und Schallplatte in den Ballungsräumen der Küstenstädte verbreiteten und zur „Countrymusik" Perus wurden.

Erst in den 1950er-Jahren begann sich die **afroperuanische Musik** davon zu befreien, mit der Música Criolla in einen Topf geworfen zu werden. Mit einer Vielzahl landesuntypischer Musikinstrumente und Stilrichtungen, deren ursprüngliche Heimat Afrika war und die mit den afrikanischen Sklaven auf dem Umweg über die Karibik und Brasilien Einzug in Peru hielten, gelang es den schwarzen Musikern, eine eigenständige Musikszene zu gestalten. Die heutzutage bekannteste Vertreterin afroperuanischer Musik ist die Sängerin **Susana Baca**, die 2002 den Grammy Latino gewann und 2011 unter der Regierung Humala für kurze Zeit zur Kulturministerin avancierte. Sehr erfolgreich ist auch die junge Band **Novalima**, die afroperuanische Rhythmen mit elektronischen Klängen vermischt. Zentrales Instrument ist der **Cajón**, eine Holzkiste, auf der sitzend mit den Händen getrommelt wird. Eine kleinere Trommel, die **Cajita**, wird um den Hals gehängt und kann auch im Gehen gespielt werden. Aus Tierknochen, Bambus und Holz stellen die Afroperuaner weitere Instrumente her.

Vor allem unter jungen Leuten ist **Reggaeton** verbreitet. Der ursprünglich aus Puerto Rico, Panama und der Dominikanischen Republik stammende Musikstil – eine Mischung aus Reggae, Dancehall, Hiphop, Merengue und lateinamerikanischer Musik – hat sich in den vergangenen Jahren schnell in ganz Lateinamerika verbreitet.

In Peru und Bolivien wird gern und viel getanzt. Je nach geografischer Lage und Beweglichkeit der Tänzer bzw. Tänzerinnen reicht der Bogen hierbei vom Hayno der Anden und den afroperuanischen Tänzen über den Nationaltanz Marinera bis hin zu den moderneren Klängen des Salsa, Merengue, Chicha und Cumbia.

Die Andenfolklore mit Panflöte, Trommeln und Kleingitarren hat inzwischen die Fußgängerzonen europäischer Großstädte erobert. Fast jeder kennt das Lied *El Cóndor Pasa*, ein **Yaraví**, eine melancholische Musikform aus den Zeiten der Inka, die Yaravís zu rituellen Anlässen wie Getreideaussaat oder Hochzeiten spielten. Wesentlich fröhlicher geht es beim schwungvollen **Hayno** zu, der manchmal etwas penetranten Herz-Schmerz-Musik der indigenen Hochlandbevölkerung, die auf keiner langen Busfahrt durch die Anden fehlen darf und zu der auf Festen paarweise getanzt wird.

In den Großstädten hat sich in den letzten Jahren der **Hayno Urbano** entwickelt. Seine Textinhalte thematisieren das Stadtleben, und musikalisch werden traditionelle Stilelemente mit neueren Musikarten wie der aus Kolumbien stammenden **Cumbia** vermischt. Ähnliches widerfährt auch der seit den 1970er-Jahren populären Salsamusik, deren mit Folklore und Rock angereicherte Variante **Chicha** genannt wird.

Bekannte Tänze der afroperuanischen Bevölkerung werden besonders in der Region um Chincha, südlich von Lima, aufgeführt. Am bekanntesten ist der ausgelassene **Festejo**, der voller Erotik und sexueller Anspielungen steckt und während der Kolonialzeit verboten war.

Die **Marinera** – Perus Nationaltanz – ist ein dynamischer Paartanz im 6/8-Takt, bei dem sich die Körper der Taschentücher schwenkenden Tänzer wie auch beim **Vals**, der peruanischen Variante des Walzers, nicht berühren. Zu sehen bekommt man die Marinera in ihrer reinsten Form in Trujillo und Umgebung. Eine Variante dieses Tanzes ist in Bolivien populär, wo er als **Cueca Chilena** bezeichnet wird. Seine Wurzeln liegen im spanischen Fandango.

Während der mehrtägigen Karnevalsfeiern in Puno (Peru) und Oruro (Bolivien) werden eine Vielzahl traditioneller Tänze aufgeführt, darunter die berühmte **Diablada**, der Teufelsmaskentanz. Wesentlich beschaulicher und steifer geht es hingegen bei den unzähligen Paraden zu, die von Blechbläsergruppen, sogenannten *Bandas musicales*, begleitet werden.

Koloniale Architektur und Kunst

Nachdem die spanischen Eroberer die meisten Gebäude der Inka zerstört hatten, begannen sie, auf und mit den Trümmern ihre eigenen Kirchen, Paläste und Häuser zu errichten. Die Architektur der Gotteshäuser richtete sich dabei zunächst an den barocken Stilarten Europas aus. Im Inneren kam es im 16. und 17. Jh. zu einer **Vermischung von Baustilen**, deren Ausprägungen von gotischen Gewölben über spanisch-maurische Holzdecken im Mudéjar-Stil bis hin zu klassischen aufgebauten Altären, Holzsäulen und bogenförmigen Heiligennischen reichten.

Aufgrund der häufigen Erdbeben ging man dazu über, Kirchen und Kathedralen mit leichteren, widerstandsfähigeren Baumaterialien kompakter und sicherer zu bauen. In den **peruanischen Barock**, wie diese Stilepoche von 1670–1746 genannt wird, flossen aber auch Elemente indigener Künstler ein, deren Arbeitskraft zum Bau von Kirchen benötigt wurde. Sie verzierten die Fassaden mit einheimischen Tier- und Pflanzendarstellungen und Symbolen der indigenen Mythologie.

Der daraus resultierende **Mestizenstil** (*Estilo mestizo*, auch Mestizenbarock genannt), den man auch heute noch in vielen Kirchen Perus und Boliviens bewundern kann, wurde nach dem schweren Erdbeben von 1746 vom **Rokoko** und dieser wiederum ab 1790 vom **Klassizismus** abgelöst.

Zu Beginn der Kolonialzeit wurden Tausende von einrollbaren Gemälden (Konvolute) zeitgenössischer europäischer Künstler wie beispielsweise Rubens in die amerikanischen Kolonien verfrachtet. Der italienische **Manierismus** mit seinen religiösen Motiven und der flämische Malstil mit seinen landschaftlichen Themen inspirierten einheimische Künstler. Mit der Errichtung öffentlicher Gebäude stieg die Nachfrage nach Bildern zu Dekorationszwecken. Die Manieristen Bernardo Bitti und Mateo Pérez de Alesio begannen, Mestizen und Indígenas europäische Maltechniken zu lehren. Unter ihrer Federführung kopierten einheimische Künstler die Werke des alten Europas und setzten immer mehr eigene Akzente. Der Inkanachfahre **Diego Quispe Tito** wurde zum herausragenden Maler des 17. Jhs.

Im Laufe der Jahrzehnte entwickelten Indígenas und Mestizen einen eigenen Malstil, der in Cusco seine intensivste Ausprägung erlebte. Die **Cusqueñer-Schule** (*Escuela Cusqueña*, S. 224) brachte zwischen 1700 und 1780 zahlreiche Künstler hervor und genoss einen bedeutenden Ruf weit über die Landesgrenzen hinaus. Gegen Mitte des 18. Jhs. begann mit dem Zeitalter der Aufklärung das Interesse an barocken Stilformen zu erlahmen, die nach und nach durch den etwas nüchterneren neoklassizistischen Stil verdrängt wurden.

LAND UND LEUTE

Literatur und Film

Da die Inka bis auf die Knotenschnüre keine Schriftform kannten, wurden Sagen, Erzählungen und Mythen lediglich mündlich überliefert. Dies unterbanden die spanischen Missionare in kurzer Zeit derart erfolgreich, dass nur wenige Verse die Eroberung überstanden haben. Zu einer der wichtigsten Dokumentationen der Inkageschichte sollte schließlich das Werk *Comentarios Reales (Wahrhaftige Kommentare zum Reich der Inka)* von **Garcilaso de la Vega** (1539–1616) werden, das der Sohn eines spanischen Adligen und einer Inkaprinzessin in Spanien verfasste.

Spanische Missionare machten in der Zwischenzeit aus dem Quechua eine Schriftsprache, um den Indígenas das Evangelium leichter beibringen zu können. So konnten im 18. Jh. verschiedene Dramen entstehen, die wie der Dreiakter *Ollanta* in der prähispanischen Epoche spielen. Der bekannteste bolivianische Chronist der Kolonialepoche ist **Bartolomé Arzáns Orsúa y Vela** (1676–1736), der die Geschichte der Silberstadt Potosí seit ihrer Gründung 1545 Jahr für Jahr bis zu seinem Tod wiedergibt.

Während der Unabhängigkeitskämpfe erreichten die melancholisch-romantischen Gedichte im Stil der *Yaravís* (schwermütige Liebeslieder des südlichen Hochlands) von **Mariano Melgar** (1771–1815) einen gewissen Bekanntheitsgrad. In der zweiten Hälfte des 19. Jhs. prägten Autoren aus Lima die literarische Szene. Sie machten die Stadt und ihre Bewohner zum Thema ihrer teils romantisch verklärten Darstellungen der Kolonialzeit, wie **Ricardo Palma** (1833–1919) in seinen *Tradiciones Peruanas*, übten harsche Gesellschaftskritik wie **Manuel A. Segura** (1805–1871) oder nahmen wie **Felipe Pardo y Aliaga** (1806–1868) in satirischen Komödien und bissigen Kommentaren die Mächtigen und Reichen aufs Korn.

Verstärkt durch die Niederlage im Pazifikkrieg gegen Chile im Jahr 1881 und die darauf einsetzende Diskussion über die Frage der nationalen Integration, widmeten sich peruanische Autoren unter anderem Themen wie den Lebensbedingungen des indigenen Teils der Bevölkerung. In ihrem Roman *Aves sin Nido (Vögel ohne Nest)* beschreibt **Clorinda Matto de Turner** (1854–1909) die erbärmliche Situation der Indígenas.

Die Hinwendung zum Indigenismo kommt auch in den avantgardistischen und provokanten Werken von **Manuel González Prada** (1848–1918) zum Ausdruck, der mit der Einführung sozialkritischer Literatur ebenso wie Matto zum Vorbild ganzer Generationen Intellektueller wurde. Vom Geist des Indigenismo beseelt sind auch die weltweit bekannten Gedichte von **César Vallejo** (1892–1938) und die Kulturzeitschrift *Amauta* von **José Carlos Mariátegui** (1895–1930), die Peru wichtige kulturelle und politische Impulse gab. Sie verstanden ihre Werke nicht zuletzt als Plattformen, um ihre ideologischen Anliegen zu formulieren und einer breiten Öffentlichkeit zu präsentieren.

Parallel hierzu setzten sich auch in Bolivien zu Beginn des 20. Jhs. Schriftsteller wie Raúl Gosálvez und Alfredo Guillén verstärkt mit der Ausbeutung und Unterdrückung der indigenen Bevölkerung auseinander.

Der sozialkritische Roman *El mundo es ancho y ajeno (Die Welt ist groß und fremd)* von **Ciro Alegría** (1909–1967) beschreibt den Lebensalltag der Indígenas nüchtern-sachlich und ohne den moralischen Zeigefinger der frühen Indigenisten. Die breite Kluft zwischen spanischer und indigener Kultur zu überwinden, war die Absicht des Autors **José María Argüedas** (1911–1969), einem der bekanntesten Vertreter dörflich-länd-

© FRANK HERRMANN

Der peruanische Dichter Ricardo Palma

licher Literatur. Seine innere Zerrissenheit, aus der er keinen Ausweg sieht, führt letztendlich dazu, dass er Selbstmord begeht, und sein letztes Werk *El zorro de arriba y el zorro de abajo (Der Fuchs von oben und der Fuchs von unten)* bleibt unvollendet.

Kunstvoll und den Themen der Indigenistas verpflichtet, schildert **Manuel Scorza** (1928–1983) in einer mehrbändigen Buchreihe mit dem Titel *La guerra silenciosa* den Kampf indigener Gemeinden in den 1960er-Jahren gegen das Unternehmen Cerro de Pasco Corporation.

Seit den 1950er-Jahren stand das Leben in der Hauptstadt Lima erneut im Vordergrund. In kritischen Essays prangert **Sebastián Salazar Bondy** (1924–1965) die verbreitete Vorstellung von Lima als Stadt grüner Vorgärten an und ersetzt sie durch den Titel *Lima la horrible (Lima, die Schreckliche).* Satirische Darstellungen schrulliger Charaktere der Aristokratie Limas sind die Spezialität von **Alfredo Bryce Echenique** (geb. 1939).

Der bekannteste zeitgenössische Autor Perus ist aber eindeutig **Mario Vargas Llosa** (geb. 1936). Seine Werke folgen der Tradition des „magischen Realismus“, den Gabriel García Márquez berühmt machte. Nachdem Vargas Llosa 1990 bei den Präsidentschaftswahlen an Fujimori scheiterte, wanderte er nach Spanien aus. 2006 wurde ihm der Friedenspreis des deutschen Buchhandels und 2010 der Nobelpreis für Literatur verliehen. Viele seiner Romane schildern die Realität Perus vor einem politischen Hintergrund. Mehr zu seinen Büchern auf S. 672.

Filmregisseurin, Drehbuchautorin und Produzentin **Claudia Llosa**, eine Nichte von Mario Vargas Llosa, prägt seit Beginn des neuen Jahrtausends die peruanische Filmszene. Ihr Erstlingswerk *Madeinusa* erhielt zahlreiche Auszeichnungen auf internationalen Filmfestivals. Der Nachfolger *La teta asustada (Eine Perle Ewigkeit)* gewann 2009 den Goldenen Bären der Berlinale und wurde für die Oscars nominiert. 2011 entstand *Loxoro*, der auf der Berlinale 2012 gezeigt wurde.

Eine Liste (auf Spanisch) mit 15 peruanischen Filmen, die man gesehen haben sollte, findet sich hier: 💻 http://cineoculto.com/2018/07/15-peliculas-peruanas-indispensables.

PLAZA DE ARMAS, LIMA; © ISTOCK.COM / HOLGS

Lima

Die Hauptstadt steht bei fast allen Peru-Reisenden auf dem Programm. Wer koloniale Architektur, Museen, Shopping und gutes Essen zu schätzen weiß, ist hier bestens aufgehoben. Natürlich hat Lima auch ein abwechslungsreiches Nachtleben zu bieten. Und die Umgebung lockt mit wenig besuchten Berglandschaften, einem guten Sportangebot und Stränden – gleichermaßen ideal für Surfer wie Sonnenanbeter.

Stefan Loose Traveltipps

1 **Lima** Perus Hauptstadt überrascht mit einer attraktiven kolonialen Altstadt, hervorragender Küche und einem pulsierenden Nachtleben. S. 148

2 **Zugfahrt Lima – Huancayo** Nur noch selten fährt ein Touristenzug die spektakuläre Strecke von Lima über einen 4800 m hohen Pass nach Huancayo. S. 181

Islas Palomino Bei den Lima vorgelagerten Inseln kann man mit Robben schnorcheln. S. 183

Pachacamac Das Zeremonialzentrum der Wari-Kultur lohnt einen Ausflug. S. 184

Canta Viel gute Bergluft und prächtige Natur unweit der Hauptstadt. S. 188

Lunahuaná Rafting auf dem Río Cañete südlich von Lima. S. 188

Reserva Paisajística Nor Yauyos Cochas Das wilde Naturreservat lockt mit Bergseen, Wasserfällen und Fünftausendern. S. 190

ZUG ZWISCHEN LIMA UND HUANCAYO; © FRANK HERRMANN

HUTVERKÄUFER, LIMA; © FRANK HERRMANN

Wann fahren? Am schönsten ist Lima von Dez–März, dann ist es auch am wärmsten. Es regnet selten, dafür gibt es viel Küstennebel von April–Nov.

Wie lange? Nur für die Stadt 2–3 Tage, für das Umland weitere 2 Tage. Wanderer können hier zusätzlich mehrere Tage verbringen.

Bekannt für zähen Küstennebel, für den das beste Essen Südamerikas mehr als entschädigt.

Beliebte Mitbringsel Größte Auswahl an Kunsthandwerk im ganzen Land. Teure, aber hochwertige Textilien aus Baby-Alpaka-Wolle.

1 HIGHLIGHT

Lima

Der Ruf, eine triste, graue Metropole zu sein, haftet der Landeshauptstadt und – nach Kairo – zweitgrößten Wüstenstadt der Erde, zu Unrecht an. Doch wer in Lima landet, tut es meist in der Absicht, den **Zehn-Millionen-Einwohner-Moloch** am Pazifik so schnell wie möglich wieder zu verlassen. Dabei hat die größte Stadt Perus wesentlich mehr zu bieten, als es auf den ersten Blick scheint: So findet man in Lima neben der größten Auswahl an Museen in ganz Lateinamerika eine architektonisch interessante Innenstadt und die besten Einkaufs- und Unterhaltungsadressen des Landes – ganz zu schweigen von den kulinarischen Genüssen, für die Lima inzwischen weltweit einen hervorragenden Ruf genießt. Und in der näheren Umgebung kann man wandern, faszinierende archäologische Stätten besichtigen, an einem der zahlreichen Badestrände relaxen oder sogar mit Robben schnorcheln.

In Lima (Área Metropolitana de Lima inklusive Callao), das rund zwölf Grad südlich des Äquators liegt, leben heute auf einer Fläche von etwa 2800 km² beinahe 30 % der peruanischen Bevölkerung. Und täglich kommen Hunderte von Neuankömmlingen aus dem Landesinneren auf der Suche nach einem besseren Leben hier an. Ihre Wellblech- oder Schilfmattenhütten vergrößern den Elendsgürtel, der immer mehr in die Wüste hinein wächst. Die Slums, die hier hoffnungsvoll und zugleich ironisch *Pueblos jovenes* („junge Dörfer") genannt werden, haben meist kein Wasser und weder Strom noch Kanalisation. Nur wenige Kilometer davon entfernt lebt die Oberschicht Limas in prachtvollen Wohnvierteln mit gepflegter Rasenfläche, Dienstpersonal und Nobelkarosse. Das **soziale Gefälle** ist extrem.

Geschichte

Das heutige Lima hat nicht mehr viel gemein mit der *Ciudad de los Reyes*, der **„Stadt der Könige"**, wie sie einst **Francisco Pizarro** nannte. Mit seinem Degen ritzte der spanische Eroberer am

Lima Übersicht

ÜBERNACHTUNG
1. Pay Purix Backpacker Hostel
2. Pensión Lali
3. Hostal Martinika

ESSEN
1. Antica Pizzería
2. Malabar

SONSTIGES
1. Touring y Automóvil Club del Perú
2. Academia de Quechua Yachay Wasi
3. Goethe-Institut
4. INDECOPI
5. Tatoo Adventure Gear
6. Vacas Felices
7. Deutsche Botschaft
8. SERNANP
9. Instituto Geográfico Nacional
10. Camping Center
11. Peru Bike
12. Spanisch in Peru
13. Siete Enanos

TRANSPORT
1. Gran Terminal Terrestre de Lima Norte
2. Busse, Sammeltaxis nach Canta
3. Boote Hafenrundfahrt und Islas Palomino
4. Línea
5. Soyuz/PerúBus
6. Cruz del Sur, Exclusiva
7. móvilbus, Tepsa
8. Ferrocarril Central Andino
9. Sammeltaxis nach Chosica
10. Oltursa

Av. Canta Callao
Av. Japon
Av. Elmer Faucett
Av. Nestor Gambetta
FLUGHAFEN Jorge Chávez
Av. Argentina
Callao
Bellavista
Av. Sáenz Peña
Av. Buenos Aires
Estadio Miguel Grau
Av. Venezuela
Av. La Paz
Museo Histórico del Real Felipe
Malecón Figueredo
Playa Cantolao
La Punta
Playa Carpayo
Playa Malecón

N
0
2 km
Lima Norte, Trujillo
Canta, Santa Rosa de Quives
San Martín de Porres
Av. Izaguirre
Panamericana Norte
Av. Túpac Amaru
Av. Universitaria
Mega Plaza Norte
756
Co. San Jerónimo
San Carlos
Los Postes
Los Jardines
Pirámide del Sol
Caja de Agua
Presbítero Maestro
El Ángel
Miguel Grau
Gamarra
Nicolas Arriola
La Cultura
San Borja Sur
Angamos
Los Cabitos
Ayacucho
Jorge Chávez
Atocongo
San Juan de Lurigancho
Canto Grande
Av. Próceres de la Independencia
Parque Zoológico Huachipa, Huancayo, La Oroya, Pucallpa, Chosica, Chaclacayo
LIMA
Av. Thomás Valle
Av. Jr. Granda
Av. Perú
Rímac
Co. San Cristóbal
409
Malecón Checa Eguiguren
Autopista Ramiro Priaté
s. Detailplan Altstadt S. 164
Plaza Castilla (Unión)
Plaza 2 de Mayo
Av. Tacna
Av. Nicolás de Piérola
Av. Abancay
Av. Alfonso Ugarte
Lima
Jr. Huánuco
Av. Argentina
Av. Benavides (Colonial)
Universidad Nacional de San Marcos
Av. Venezuela
Av. Arica
Estación Central
Av. M. Grau
Plaza Bolognesi
Plaza Grau
Av. 28 de Julio
Av. Nicolás Ayllón
Parque de las Leyendas
Breña
Campo de Marte
Estadio Nacional
La Victoria
Gamarra
Museo Larco Herrera
Pueblo Libre
Av. Bolívar
Av. Brasil
Circuito Mágico de Agua
Paseo de la República
Av. México
Av. Circunvalación
San Luis
La Molina
Av. La Marina
San Miguel
Jesús María
Museo Nacional de Arqueología, Antropología e Historia
Museo de Historia Natural
Santa Catalina
Av. Canadá
Museo de la Nación, Ministerio de Cultura, Gran Teatro Nacional
Centro Comercial Jockey Plaza
Av. La Paz
Circuito de Playas
Magdalena
s. Detailplan Aktivtour Magdalena/ Pueblo Libre S. 160
Mercado Magdalena
Av. Salaverry
Lince
Av. Javier Prado Oeste
Clínica Ricardo Palma
Av. San Luis
Hipódromo
San Borja
Monterico
TOURISTEN-POLIZEI
Huaca Huallamarca
Camino Real
Av. Arequipa
Lima Golf Club
San Isidro
Av. Aviacion
Surquillo
Playa Mar Bella
Playa La Pampilla
Playa Los Delfines
LUM
Óvalo Gutiérrez
Av. Santa Cruz
Av. Angamos Este
Av. Tomás Marsano
Museo Oro del Perú
Av. Com. Espinar
Óvalo de Miraflores
Av. Panamá
Santiago de Surco
s. Detailplan Miraflores S. 166
Circuito de Playas
Playa Barranquito
Diagonal
Av. Larco
Miraflores
Av. A. Benavides
Playa Costa Verde
Paseo de la República
Av. Salvador Allende
Av. M. Grau
Av. San Martín
Av. Escuela Militar
Playa Redondo
s. Detailplan Barranco S. 169
Barranco
Av. de los Heroes
Playa Los Yuyos
Av. S. Pedro de Osma
Base FAP
Panamericana Sur
San Juan de Miraflores
Playa Agua Dulce
Chorrillos
Estación Matellini (Endhaltestelle)
Pachacamac, Arequipa, Nazca, Pisco
Metro de Lima L1 (Tren Eléctrico)
Metropolitano (Schnellbusstrecke)
Cerro Morro Solar
273
Playa La Herradura
TUNNEL
Av. Huaylas
Pantanos de Villa

18. Januar 1535 den quadratischen Grundriss im fruchtbaren Tal des Río Rímac (aus „Rímac" machten die Spanier „Lima") in den Boden.

Bereits 1551 wurde die erste Universität Amerikas gegründet. In den folgenden Jahrhunderten entwickelte sich Lima zum **religiösen, wirtschaftlichen und politischen Zentrum** der spanischen Kolonien Südamerikas. Die Stadt blühte unter dem ständigen Zufluss von Gold und Silber aus den Minen der Anden auf. Der Reichtum lockte Piraten und Freibeuter wie Sir Francis Drake an. Er überfiel 1579 Callao, den Hafen Limas. Erst knapp 100 Jahre später errichtete man einen Schutzwall gegen die drohenden Übergriffe. Zu diesem Zeitpunkt war die Einwohnerzahl Limas bereits auf über 25 000 angestiegen.

Mitte des 19. Jhs. begann eine Phase der Industrialisierung und 1854 wurde in der peruanischen Hauptstadt die **erste Eisenbahnlinie Südamerikas** eingeweiht. Während des **Salpeterkriegs** (1879–1883) besetzten chilenische Truppen die Stadt und plünderten sie. Zu Beginn des 20. Jhs. setzte dann ein erneuter Wachstumsschub ein. Auch viele ausländische Zuwanderer fanden den Weg an die peruanische Küste. Schon in der Kolonialzeit hatten die Spanier Sklaven aus Afrika geholt und später kamen Chinesen und Japaner als Vertragsarbeiter ins Land. So entstand im Laufe der Jahre ein buntes **Vielvölkergemisch**, das zum kosmopolitischen Flair der Stadt beiträgt.

Die zunehmende **Landflucht**, verstärkt durch eine landesweite Bevölkerungsexplosion, mangelnde Infrastruktur und Naturkatastrophen, trieb in der zweiten Hälfte des 20. Jhs. immer mehr Menschen in die Hauptstadt. Der Terror der Guerillaorganisation „Leuchtender Pfad" (S. 200) in den 80er-Jahren akzentuierte die Situation. Schon einige Jahrzehnte zuvor war die obere Mittelschicht aus dem überfüllten Stadtzentrum weggezogen. Sie gründete neue Stadtviertel wie Miraflores oder San Isidro, während die Reichen in den Distrikt La Molina im Osten Limas zogen.

Irgendwo dazwischen leben die Angehörigen der Mittel- und Unterschicht, aus deren ehemaligen Barackenstädten nun solide, einfache Wohnviertel geworden sind.

Lima heute

Das heutige Stadtbild lässt erahnen, dass Lima in den vergangenen Jahrzehnten schnell und wenig geplant gewachsen ist: Größere Parkanlagen gibt es nur wenige – Ausnahmen bilden die wohlhabenden Küstenstadtteile Miraflores, San Isidro und Barranco und das Villenviertel La Molina. Lima kämpft mit einer Vielzahl von **Umweltproblemen**: ausuferndem Straßenverkehr, hoher Luftverschmutzung, ungeklärten Abwässern und übel riechenden Müllbergen. Während sich die obere Mittelschicht in immer größeren Shopping-Malls vergnügt und die Reichen im Villenviertel La Molina abgeschottet leben, kommen Millionen Menschen in der Stadt gerade eben über die Runden. Der **informelle Sektor** wächst beständig: An vielen Straßenecken stehen Kinder, Frauen und Männer, die Kaugummi, Zeitungen, Uhren oder Obst verkaufen. Hinzu kommen Heerscharen von Schuhputzern und Taxifahrern. Für sie – ebenso wie für Hunderttausende venezolanische Migranten (S. 150) – ist die **Schattenwirtschaft** *(Economía popular)* die einzige Überlebenschance.

Die Altstadt

Karte S. 164

Die peruanische Hauptstadt ist in 43 Verwaltungsbezirke *(Distritos)* aufgeteilt. Hinzu kommen die sechs Bezirke der Region Callao. Der älteste von ihnen ist der **Distrikt Lima** *(Cercado de Lima)*, der im Norden durch den Río Rímac begrenzt wird. Im Zentrum liegt die **Plaza Mayor**, die bis 1998 *Plaza de Armas* hieß. Sie wird vom **Regierungspalast** *(Palacio de Gobierno)*, der **Kathedrale** *(Catedral)* und dem **Rathaus** *(Municipalidad)* eingerahmt. Von hier aus verlaufen die Straßen schachbrettmusterartig in alle vier Himmelsrichtungen. Die Straßenblocks, die sich aus dieser Einteilung ergeben, werden *Cuadras* genannt.

Ein guter Orientierungspunkt in der Altstadt mit ihren vielen historischen Gebäuden ist neben der Plaza Mayor auch die **Plaza San Martín** am Ende der **Fußgängerzone Jirón de la Unión**. Von der Plaza San Martín zweigt rechtwinkelig die **Avenida Nicolás de Píerola** ab. Sie führt in westlicher Richtung über die **Plaza Dos de**

Besuch des Regierungspalastes

€ Für eine Besichtigung des **Palacio de Gobierno** müssen sich Interessierte vorher unter ✆ 01-3113900, Durchwahl 523, oder im Edificio Palacio 264, 2. Stock, Conde Superunda, Ecke Jr. de la Unión (neben der Banco de la Nación), anmelden. ⌚ Mo–Do 9–13, 14–16 Uhr (Pass mitnehmen!). Zum kostenlosen Palastbesuch (Dauer ca. 1 Std.) findet man sich dann samstags um 9 Uhr (bei großem Andrang zusätzlich um 11 Uhr) an der Westseite des Gebäudes ein.

Mayo zum Flughafen und mündet ostwärts in die Avenida Grau. Südlich der Plaza San Martín liegt das weitläufige Gebiet der **Plaza Grau** mit dem Justizpalast und verschiedenen Museen. Hier beginnt der **Paseo de la República** (auch Vía Expreso), eine Schnellstraßenverbindung Richtung Miraflores und Barranco. Westlich der Plaza Grau begrenzt die **Plaza Bolognesi** den Distrikt von Lima. Hier zweigt mit der **Avenida Brasil** eine wichtige Verkehrsachse Richtung Südwesten zum Meer ab.

Die nordsüdlich verlaufende **Avenida Wilson** (auch Garcilaso de la Vega) geht ab der Avenida 28 de Julio in die **Avenida Arequipa** über. Die palmenbestandene Prachtallee führt auf rund 8 km vorbei an schönen Villen und Botschaftsgebäuden nach Miraflores.

Stadtrundgang

Der nachfolgend beschriebene Stadtrundgang führt an den wichtigsten Sehenswürdigkeiten der Altstadt von Lima vorbei. Wer nicht gleich eines der sehenswerten Museen Limas (S. 156–159) aufsucht, sollte die Besichtigung der Stadt im Zentrum der Altstadt an der **Plaza Mayor** beginnen. Lange Zeit war die Plaza, wie in spanischen Städten üblich, der Mittelpunkt des öffentlichen Lebens. So findet man an dieser Stelle neben dem Bronzebrunnen aus dem Jahr 1651 (Nullpunkt aller Entfernungen innerhalb des Landes) auch drei wichtige Gebäude: den Regierungspalast, die Kathedrale und das **Rathaus** (Municipalidad), auf dessen Rückseite sich die Touristeninformation (S. 176) befindet.

Die gesamte Nordseite der Plaza wird vom **Palacio de Gobierno** Ⓐ (Regierungspalast) eingenommen. Früher stand hier das Wohnhaus von Pizarro. Der wuchtige Bau im Stil des französischen Barocks wurde 1938 fertiggestellt. Der Palast ist Amtssitz des peruanischen Präsidenten und kann samstags besichtigt werden (s. Kasten). Gegen 11.45 Uhr findet von Mo–Fr vor dem Gebäude die **Wachablösung** statt, die von Soldaten des Husarenregiments aus Junín in Uniformen der Unabhängigkeitsbewegung durchgeführt wird. Links vom Palast steht eine **Reiterstatue** des Eroberers Pizarro.

Zurück an der Plaza Mayor fällt der Blick auf das Rathaus an der Westseite der Plaza. Es wurde erst 1944 erbaut, wirkt aber älter aufgrund der Holzbalkone, von denen aus der Bürgermeister gelegentlich eine Ansprache hält. Die Geschichte der **Kathedrale** Ⓑ an der Ostseite der Plaza ist von vielen baulichen Umgestaltungen und Zerstörungen durch Erdbeben geprägt. So ließ das Beben von 1746 die erste Bauversion aus dem 16. Jh. komplett einstürzen. Da die verschiedenen Baumeister im Laufe der Zeit immer wieder architektonische Veränderungen vornahmen, sind heute unterschiedliche Stilarten zu bewundern. Sie reichen von Renaissance über Barock bis zu Klassizismus. Im Vergleich mit anderen lateinamerikanischen Kirchen präsentiert sich das Innere der Kathedrale eher unspektakulär. Neben den 15 Seitenkapellen mit ihren goldüberladenen Altären ist das hölzerne Chorgestühl sehenswert, das gegen 1623 von Pedro Noguera angefertigt wurde. Für die Freunde sakraler Kunst lohnt ein Besuch der ehemaligen Sakristei neben dem Hauptaltar, die in das **Museo de Arte Religioso** umgewandelt wurde.

Neben der Kathedrale liegt an der Nordostseite der Plaza der **Erzbischöfliche Palast** *(Palacio del Arzobispado)*. Seine Holzbalkone – ein beliebtes Fotomotiv – stammen nicht aus der Kolonialzeit, sondern wurden in den 20er-Jahren des 19. Jhs. angebracht. ⌚ Mo–Fr 9–17, Sa 9–13 Uhr, Eintritt 20 S/. Man kann im Palast auch ein Doppelticket für Palast und Kathedrale kaufen (30 S/.)

Verlässt man die Plaza Mayor in nordöstlicher Richtung, passiert man zunächst das

Chocomuseo Ⓒ (S. 159) und erreicht am Ende des Jirón Carabaya den **Bahnhof Desamparados**. Von dem neoklassizistischen Gebäude aus dem Jahr 1908, in dem heute die **Casa de la Literatura Peruana** Ⓓ (S. 158) untergebracht ist, fahren nur noch gelegentlich Touristenzüge nach Huancayo ab (S. 181).

Hinter dem Bahnhof ist mit dem **Parque de La Muralla** eine neue Flusspromenade entstanden, auf der man flanieren und ehemalige Befestigungsmauern aus der Kolonialzeit bewundern kann. Der unterhalb der Promenade gelegene Uferbereich wird ebenfalls restauriert.

Folgt man nun dem ziemlich touristischen Jirón Ancash Richtung Osten, passiert man das linkerhand liegende **Museo de Sitio Bodega y Cuadra** Ⓔ (S. 156), bevor einen Block weiter mit dem religiösen Komplex **Iglesia y Convento de San Francisco** Ⓕ eine der Hauptattraktionen der Altstadt Limas erreicht wird. Zunächst fällt der Blick auf die dreischiffige Kirche. Der gelb getünchte Bau stammt aus dem Jahr 1546, wurde aber bei einem Erdbeben 1646 schwer beschädigt. Der Wiederaufbau mit robusten Säulen und bambusverstärkten Kuppeln hat weitere Beben weitestgehend unbeschadet überstanden. Sehenswert ist auch hier das Chorgestühl aus Zedernholz. ⌚ Kirche tgl. 7–11, 16–20 Uhr. Charakteristisch für das Innere des **Convento** (Museum, s. S. 157) ist der andalusisch-maurische Mudéjar-Stil. Schön zu sehen ist dies an den Säulen der Patios und an der Holzkuppel. In der **Pinakothek** des Konvents sind u. a. Werke berühmter Maler wie Rubens und van Dyck zu sehen, während in der eindrucksvollen **Bibliothek** rund 25 000 Bände aus Leder und ca. 6000 Pergamente aufbewahrt werden. Die **Katakomben** des Konvents, die erst 1951 entdeckt wurden, hatten der Stadt Lima bis zu Beginn des 19. Jhs. als Friedhof gedient. Hier werden die Knochen von rund 70 000 Verstorbenen aufbewahrt; sie können bei einem Rundgang besichtigt werden. Einige der Gänge sollen sogar bis zur Kathedrale und dem Inquisitionsgericht geführt haben.

Schräg gegenüber zieht ein sehenswertes Kolonialgebäude, die **Casa de Pilatos** Ⓖ, die Blicke auf sich.

Zwei Blocks südöstlich der Iglesia San Francisco liegt die **Plaza Bolívar** mit dem **Parlamentsgebäude** *(Congreso de la República)*. Die Fassade der **Casona de las Trece Monedas** Ⓗ ist ein sehenswertes Beispiel für den Rokokostil Mitte des 18. Jhs. und beherbergt das **Museo Nacional Afroperuano** (S. 159). Nicht weit davon entfernt kann man dem **Inquisitionsmuseum** Ⓘ *(Museo del Tribunal de la Santa Inquisición)* an der Südseite der Plaza Bolívar (s. auch S. 156) einen Besuch abstatten. Hier folterten Dominikanermönche ab 1570 Häretiker, um ihnen Glaubensgeständnisse abzuringen. Dennoch war die Inquisition weniger blutrünstig als oft dargestellt: In den 250 Jahren ihres Bestehens (bis 1812) wurden in Lima nur 34 Menschen wegen des Vorwurfs der Ketzerei (d. h. weniger als 3 % aller Angeklagten) auf dem Scheiterhaufen hingerichtet (s. auch S. 118).

Drei Blocks südlich des Parlamentsgebäudes lädt der **Zentralmarkt** *(Mercado Central)* mit seinen Essenständen zu einer Pause ein. An den Markt schließt sich das sehenswerte kleine **Chinesische Viertel** *(Barrio Chino)* an. Die meisten von Perus rund 300 000 Chinesen leben in Lima, und viele haben sich rund um die Calle Capón niedergelassen. Der Eingang zur Calle Capón ist am Torbogen zu erkennen. Es gibt massenhaft gute *chifas*, wie chinesische Restaurants in Peru genannt werden. Am meisten los ist hier, wenn das chinesische Neujahr gefeiert wird.

Folgt man nun dem Jirón Ucayali Richtung Westen, erreicht man bald darauf an der Ecke zur Azángaro die kleine, aber schöne **Iglesia de San Pedro** Ⓙ. Sie wurde 1638 von den Jesuiten gegründet und zählt zu den am besten erhaltenen Kolonialkirchen Limas. Beeindruckend sind die barocken Blattgoldaltäre, kleine geschnitzte Balkone auf beiden Seiten des Hauptaltars und die Ölgemälde der Sakristei und der Büßerkapelle.

Der **Palacio Torre Tagle** Ⓚ liegt nur wenige Meter von San Pedro entfernt. Das 1735 fertiggestellte Bauwerk wird als das schönste Kolonialgebäude der Stadt angesehen. Die Barockfassade mit den vergitterten Holzbalkonen ist auch auf dem 20-Soles-Geldschein zu bewundern. Heute ist hier das Außenministerium untergebracht, sodass die Besichtigungsmöglichkeiten stark eingeschränkt sind.

Einen Block weiter westlich liegt das **Museo del Banco Central de Reserva del Perú** Ⓛ

Die Luftstraßen der Altstadt – Limas Balkone

© FRANK HERRMANN

Über 300 Balkone – viele von ihnen aus Holz geschnitzt – sind die schwebenden Aushängeschilder des historischen Viertels der Stadt. Die ältesten stammen aus dem 17. Jh. „Luftstraßen" nannte der Augustinermönch Antonio de la Calancha damals die Balkonreihen, die sich gelegentlich auch um die Ecken der Häuser fortsetzen. Ihre Ursprünge liegen im Nahen Osten, in Städten wie Kairo oder Damaskus.

Waren die Balkone anfangs noch mit Jalousien ausgestattet, wurden ihre Fenster während des Barocks immer kleiner. Später übernahmen sie die verspielten Muster des Neoklassizismus. Balkone dienten allerdings nicht nur als Zierde. Auf ihnen fand ein Teil des Alltagslebens statt. Hier wurde beobachtet, gefeiert, gelästert und geliebt. Um die von der Unesco zum **Kulturerbe der Menschheit** erklärten Fassaden zu erhalten, kam die Stadtverwaltung auf eine geniale Idee: Mit dem Programm „Adoptieren Sie einen Balkon" konnten erfolgreich private Spender mobilisiert werden, um die Renovierung zu finanzieren.

(S. 156). Es stellt neben historischen Geldscheinen und Münzen auch archäologische Fundstücke der Vicus- und Mochica-Kultur aus. Nachfolgend biegt man nach links in die Fußgängerzone Jirón de la Unión ein und erreicht an der Kreuzung mit der Miró Quesada die **Basilica La Merced** Ⓜ. Vom ersten Gebäude aus dem frühen 16. Jh. ist nicht mehr viel erhalten geblieben, denn Erdbeben und ein Feuer im Jahr 1773 richteten große Schäden an. Bei der Nachbildung der schönen Barockfassade im Jahr 1939 orientierte man sich an den Originalplänen aus dem 17. Jh.

Eineinhalb Blocks weiter westlich beherbergt die aus dem Jahr 1760 stammende **Casa Riva Agüero** Ⓝ ein historisches Archiv und zeigt kunsthandwerkliche Ausstellungen. 🕒 Mo–Fr 10–13, 14–17 Uhr.

Das **Teatro Municipal** Ⓞ, weitere zwei Blocks westlich brannte 1998 ab. Die aufwendigen Restaurierungsarbeiten wurden erst Ende 2010 abgeschlossen.

Weiter Richtung Westen entlang des Jirón Huancavelica gelangt man zur **Iglesia de Las Nazarenas** Ⓟ. Der wenig spektakuläre Bau ist alljährlich am 18. Oktober das Ziel Tausender Pilger aus Lima und Umgebung. In einer großen Prozession tragen sie eine Kopie des Bildnisses des Señor de los Milagros durch die Straßen, der – wie sie glauben – für ein Wunder verantwortlich war: Ein Bildnis des gekreuzigten Christus war bei einem Erdbeben 1655 an der Wand hängen geblieben, obwohl das restliche Gebäude zerstört wurde.

Über die Avenida Tacna gelangt man zum **Santuario de Santa Rosa de Lima** Q, ebenfalls Ziel immenser Pilgerscharen. Besonders am 30. August huldigen sie der Heiligen Rosa, der Schutzpatronin von Lima. Isabel Flores de Oliva, so ihr bürgerlicher Name, wurde hier 1586 geboren. Während der Feierlichkeiten ziehen sich viele Frauen das violette Büßergewand der Heiligen über und viele Gläubige werfen Bittschriften in den Brunnen, in den die Heilige Rosa den Schlüssel zum Schloss jener Eisenkette warf, die sie zum Zeichen der Buße trug. Das Sanktuarium wurde 1671 gebaut und die Kirche 1728 errichtet.

Auf dem Rückweg Richtung Plaza Mayor passiert man an der Jirón Conde de Superunda 298 die **Casa Osambela** R. Das nette Kolonialhaus mit seinem attraktiven Innenhof ist der Sitz des inkaischen Kulturzentrums. Darüber hinaus finden hier wechselnde Kunstausstellungen statt. ⌚ Mo–Fr 9–17 Uhr, Eintritt frei.

Wer jetzt noch Energie besitzt, kann zum Abschluss dieses Rundgangs die **Iglesia y Convento de Santo Domingo** S (S. 157) besuchen. Hier war zunächst von 1551–1671 die San Carlos Universität im barocken Kapitelsaal des Konvents untergebracht. Die Kirche, mit deren Bau 1540 begonnen worden war, wurde im 18. Jh. modernisiert. Sehenswert ist vor allem einer von drei erhaltenen Kreuzgängen, der mit Kacheln aus Sevilla verkleidet ist. In einer Gruft der Kirche wird die Asche der Santa Rosa de Lima in einer Urne aufbewahrt.

Wenige Schritte weiter beherbergt das ehemalige Gebäude der Hauptpost das Museum **Casa de la Gastronomía Peruana** T, das 500 Jahre peruanische Esskultur präsentiert. In seiner überdachten Passage liegt auch die **Casa Aliaga** U, ein gut erhaltenes Kolonialhaus, das sich immer noch im Privatbesitz der Familie Aliaga befindet. Von hier aus kann man den Río Rímac auf der Puente Piedra, einer kolonialen Steinbrücke aus dem frühen 17. Jh., überqueren.

Rímac

Karte S. 148/149

In Gehweite der Plaza Mayor, auf der gegenüberliegenden Seite des Río Rímac, liegen verschiedene Sehenswürdigkeiten im Distrikt Rímac. Die Gegend ist allerdings etwas unsicher, daher keine Wertsachen mitnehmen! In der **Plaza de Acho** blicken sich Torero und Stier während der Stierkampfsaison von Oktober bis Dezember tief in die Augen. Amerikas älteste **Stierkampfarena** wurde 1766 erbaut und inzwischen mehrfach renoviert.

Nördlich davon, am Fuße des Cerro San Cristóbal, liegt der **Convento de los Descalzos**. Noch heute leben einige Mönche des Barfüßerordens der Franziskaner in dem 1595 gegründeten Kloster. Im Konvent befindet sich das **Museo de los Descalzos**, ✆ 01-4810441, in dem das Leben im Orden, die Geschichte Perus und religiöse Kunst dargestellt sind. ⌚ tgl. 9.30–17 Uhr, der Besuch ist nur mit Führung möglich, stdl. 9.30–12.30 und 14–17 Uhr. Zu anderen Zeiten ist die Tür geschlossen. Eintritt inkl. Führung 7 S/.

Der **Cerro San Cristóbal**, ein 409 m hoher Hügel im Norden der Stadt, bietet einen schönen Blick über Lima – soweit es Luftverschmutzung und Küstennebel zulassen. Auf dem Gipfel befindet sich ein riesengroßes Kreuz, das nachts beleuchtet wird. Obwohl die Polizeipräsenz zugenommen hat, sollte man vorsichtshalber mit dem Taxi auf den Gipfel fahren und nicht zu Fuß hochlaufen.

Miraflores

Karte S. 166

Der Stadtteil Miraflores war bis in die 40er-Jahre des 19 Jhs. ein eigenständiger Ort am Meer, mehrere Kilometer von Lima entfernt. Dies hat sich gründlich geändert; der Distrikt avancierte zum eigentlichen Zentrum, in dem das wirtschaftliche Herz der Hauptstadt schlägt. Fast alle namhaften Wirtschaftsunternehmen haben hier ihren Sitz.

Wichtige Verkehrsadern sind die nach Nord-Süd verlaufenden **Avenida Arequipa** und die Stadtautobahn **Paseo de la República** (auch **Vía Expresa**). Richtung Osten gelangt man über die **Avenida Angamos** und die **Avenida Benavides** zur Panamericana Sur. Im Kreuzungspunkt der **Avenida José Pardo** und der Avenida Arequipa liegt der **Óvalo de Miraflores**, das inoffizielle Zentrum des Stadtbezirks. Nördlich des Kreisels erstrecken sich entlang der Avenida Petit Thouars zahlreiche Geschäfte und Märkte, die Kunsthandwerk zu günstigen Preisen anbieten. Südlich befinden sich der dreieckige **Parque Central** und der **Parque Kennedy** mit der Kathedrale (beide mit Gratis-WLAN). An beiden Parkanlagen vorbei verläuft die **Avenida José Larco** südwärts Richtung Meer. An ihrem Ende liegt das **Einkaufszentrum Larcomar**, das in den Steilhang der Küste hineingebaut wurde. Am belebten **Óvalo de Gutiérrez**, einem großen Kreisverkehr, der von Supermärkten, Kinos, Restaurants und Geschäften umgeben ist, geht Miraflores ganz im Nordwesten in den Stadtteil San Isidro über.

Unzählige Restaurants, Kneipen und Diskotheken machen Miraflores auch abends zu einem beliebten Ausflugsziel. Touristische Sehenswürdigkeiten hat Miraflores allerdings nur wenige zu bieten. Neben der schönen **Uferpromenade** oberhalb des Meers mit vielen kleinen Parks und einigen Kiesstränden ist noch die im Nordwesten gelegene **Huaca Pucllana**, eine Lehmziegelpyramide der Lima-Kultur, erwähnenswert (S. 158, „Museen").

San Isidro

Karte S. 148/149

Dieser **vornehme Stadtteil** schließt sich im Nordwesten an Miraflores an. Neben guten, teuren Hotels (vorwiegend von Geschäftsleuten besucht), Restaurants und Einkaufszentren finden sich hier viele ruhige Wohngegenden und zahlreiche Grünflächen. Mittendrin liegt

Nächtliche Wassershow

© EVA TEMPELMANN

Circuito Mágico de Agua, Arequipa, Block 6. Die vielfarbig illuminierten Springbrunnen und Wasserfontänen stehen sogar im Guinnessbuch der Rekorde als größter Wasserfontänenpark und sind z. T. musiksynchronisiert. Ein Besuch der Wassershow (ideal für Familien) ist ein Muss und lohnt vor allem abends. ⌚ Di–So 15–22.30 Uhr, Eintritt 4 S/.

Die Museen Limas

Museen mit präkolumbischen Exponaten

Museo Nacional de Arqueología, Antropología e Historia, Plaza Bolívar s/n, Pueblo Libre, mnaahp.cultura.pe. Die Ausstellungsstücke (u. a. Textil- und Kunstschmiedearbeiten) vermitteln einen Überblick über die präkolumbischen Kulturen Perus. Herausragend sind der Tello-Obelisk und die Raimondi-Stele, steinerne Zeugnisse der Chavín-Kultur (1000–200 v. Chr.). tgl. 8.45–17 Uhr, Eintritt 10 S/., Führungen 20 S/. (auch auf Englisch).

Museo Oro del Perú, Alonso de Molina 1100, Monterrico, 01-3451292, www.museoroperu.com.pe. Im Untergeschoss des Gold- und Waffenmuseums befinden sich Tausende aus Gold, Silber, Kupfer und Ton gearbeitete Exponate der Chimú-, Nasca-, Paracas- und Inkakultur. Im Erdgeschoss kann man Textilien und eine umfangreiche Waffensammlung bewundern. Anfahrt am einfachsten mit dem Taxi (ca. 20 S/.). tgl. 10.30–19 Uhr, Eintritt 33 S/.

€ **Museo de la Nación**, Javier Prado Este 2465, San Borja. Der weithin sichtbare Betonklotz, in dem auch das Kulturministerium untergebracht ist, bietet einen guten Einstieg in die peruanische Kulturgeschichte. Zu sehen ist eine chronologische Darstellung prähispanischer Kunstobjekte (überwiegend Keramiken) von der Früh- bis zur Inkazeit. Di–So 9–17 Uhr, Eintritt frei.

Museo Rafael Larco Herrera, Bolívar 1515, Pueblo Libre, www.museolarco.org. Abwechslungsreiches Museum, das rund 50 000 präkolumbische Exponate aus der privaten Sammlung des Archäologen Rafael Herrera zeigt. Darunter Keramik- und Goldarbeiten, Textilien der Paracas-Kultur (1300 v. Chr.–200 n. Chr.) und Keramik-Gefäße der Mochica-Kultur (200 v. Chr.–600 n. Chr.) mit erotischen Darstellungen. Gutes Café-Restaurant. tgl. 9–22 Uhr, Eintritt 30 S/.

€ **Museo del Banco Central de Reserva del Perú**, Ucayali 291, Ecke Lampa, Lima, www.bcrp.gob.pe/museocentral.html. Das Museum zeigt das Kulturschaffen verschiedener Epochen. Di–Sa 9–17, Mi bis 19 Uhr, Eintritt frei (Ausweis bzw. Kopie mitbringen!).

Museo Amano, Retiro 160, Miraflores, www.museoamano.org. Kleine Privatsammlung von Yoshitaro Amano, in der überwiegend Keramiken und edle Textilien der Chancay-Kultur (1300–1450 n. Chr.) gezeigt werden. tgl. 10–17 Uhr, Eintritt 30 S/.

Museo Enrico Poli, Lord Cochrane 466, Miraflores. Sammlung präinkaischer Gold- und Silberschätze, darunter ca. 1000 Jahre alte Trompeten aus Nordperu. tgl. 9–16 Uhr (Anmeldung erforderlich, 01-4222437), Eintritt 50 S/.

Museo de Sitio Bodega y Cuadra, Jr. Ancash 213. Beherbergt eine kleine Ausgrabungsstätte mit Fundstücken aus vorkolonialen Zeiten, außerdem eine Sammlung verschiedener (prä-)kolonialer Epochen in zehn Räumen. Di–So 9–17 Uhr, Eintritt 4 S/.

Museen mit Exponaten aus der Kolonialzeit

Museo de Arte Colonial Pedro de Osma, Av. Pedro de Osma 423, Barranco, www.museopedrodeosma.org. Gemälde, Skulpturen, Möbel und Silberarbeiten. Di–So 10–18 Uhr, Eintritt 30 S/. inkl. 90-min. Führung (s. Website).

€ **Museo del Congreso y de la Inquisición**, Junín 548, Plaza Bolívar, Lima, www.congreso.gob.pe/museo.htm. Im ehemaligen Parlamentsgebäude aus dem 16. Jh., in dem die Inquisition rund 250 Jahre lang angebliche Ketzer folterte und hinrichtete, sind Folterszenen nachgestellt. tgl. 9–17 Uhr, Eintritt frei (zum Zeitpunkt der Recherche wegen Renovierung geschl.).

Kunstmuseen

Museo de Arte, Paseo Colón 125, Parque de la Exposición, Nähe Plaza Grau, 01-2040000, www.mali.pe. Ständige und wechselnde Ausstellungen. Di–So 10–19, Sa 10–17 Uhr, 1. Fr im Monat zusätzlich 17–22 Uhr, Eintritt 30 S/. Das angeschlossene Café hat tgl. geöffnet.

Casa de la Literatura Peruana

Museo de Arte Contemporáneo, Av. Grau 1511, Barranco, 💻 www.maclima.pe. Das Museum der zeitgenössischen Kunst liegt in einem frei zugänglichen Park und zeigt wechselnde Ausstellungen. 🕒 Di–So 10–18 Uhr, Eintritt 20 S/., Tour inkl.

Volkskunstmuseen

Casa de la Gastronomía Peruana, Conde de Superunda 170, Lima, 💻 www.casadelagastronomiaperuana.wordpress.com. Im ehemaligen Gebäude der Hauptpost werden 500 Jahre peruanische Esskultur anschaulich präsentiert. 🕒 Di–So 9–17 Uhr, 3 S/. (vorübergehend geschl.!)

Museo de Artes y Tradiciones Populares, Camaná 459, in der Casa Riva Agüero, Lima, 💻 ira.pucp.edu.pe/museo-de-artes-y-tradiciones-populares. Ausstellung peruanischer Volkskunst der Universität PUCP. 🕒 Mo–Fr 10–19 Uhr, Eintritt 2 S/.

Museo Nacional de la Cultura Peruana, Alfonso Ugarte 650, Lima, Ausstellung peruanischer Volkskunst, darunter auch indigene Trachten. 🕒 Di–So 9–17 Uhr, Eintritt 12 S/.

Kirchenmuseen

Museo de Arte Religioso de la Basílica Catedral de Lima, Plaza Mayor. Ausstellung religiöser Objekte und Gemälde des 15. Jhs. 🕒 Mo–Fr 9–17, Sa 10–13, So 13–17 Uhr, Eintritt 10 S/.

Museo del Convento de San Francisco de Asis de Lima, Ancash, Cuadra 3, Lima, 💻 www.museocatacumbas.com. Religiöse Artefakte, Pinakothek, unterirdische Gänge. 🕒 tgl. 9–20.15 Uhr, Eintritt 15 S/.

Museo del Convento de Santo Domingo, Camaná 170, Lima, 📞 01-4265521, 💻 www.conventosantodomingo.pe/museo. Religiöse Objekte, Bibliothek sowie Gräber von Santa Rosa de Lima und San Martín de Porres am Gründungsort der San Carlos-Universität. 🕒 tgl. 8.30–17.30 Uhr, Eintritt 10 S/.

Iglesia de San Pedro, Azángaro 451, Ecke Ucayali, Lima. Gebäude aus dem 16. Jh., das religiöse Gemälde und holzgeschnitzte Altäre beherbergt. 🕒 tgl. 7.30–12.30 und 17–20 Uhr, Eintritt frei.

Santuario de Santa Rosa de Lima, Tacna 100, Lima. Das Geburtshaus der Schutzpatronin Limas; Wunschbrunnen. ⌚ tgl. 9–13 und 15–18 Uhr, Eintritt frei.
Iglesia de Las Nazarenas, Huancavelica 515. Ecke Tacna, Lima. Bildnis des Señor de los Milagros, der im Mittelpunkt einer großen Prozession im Oktober steht. ⌚ tgl. 6–13 und 16–20.30 Uhr, Eintritt frei.
Basílica Nuestra Señora de la Merced, de la Unión 621, Lima. Zu sehen sind neben Altären verschiedener Epochen auch Skulpturen und Gemälde aus der Kolonialzeit. ⌚ Mo–Sa 8–12, 17–20, So 7–9 Uhr, Eintritt frei.

Museen in Ausgrabungsstätten

Museo de Sitio Huaca Pucllana, General Borgoño, Cuadra 8, Miraflores. In der Zeremonialpyramide der Lima-Kultur (200–700 n. Chr.) werden Fundstücke der Ausgrabungen ausgestellt. ⌚ Mi–Mo 9–17, 19–22 Uhr, Eintritt 12 S/. Sehr gutes Restaurant, s. S. 176.
Museo de Sitio Huaca Huallamarca, Nicolás de Rivera 201, Ecke El Rosario, San Isidro, ✆ 01-2224124. Restaurierte präinkaische Pyramide. ⌚ Di–So 9–17 Uhr, Eintritt 5 S/.
Museo de Sitio Pachacamac, s. „Die Umgebung von Lima", S. 184.
Museo Puruchuco, s. „Die Umgebung von Lima", S. 186.

Sonstige Museen

€ **Casa de la Literatura Peruana**, Jr. Ancash 207, im ehemaligen Bahnhof Desamparados, Lima, hinter dem Regierungspalast. Das Museum widmet sich den herausragenden Schriftstellern der peruanischen Literatur. Im Literaturcafé kann man ausliegende Zeitungen lesen. ⌚ Di–Sa 10.30–19 Uhr, Eintritt frei.

der weitläufige noble **Lima Golf Club**. Im Osten wird San Isidro von der Avenida Arequipa begrenzt und im Norden von der **Avenida Javier Prado Oeste**. Diese dreispurige Hauptverkehrsstraße, die westwärts schnurgerade auf die Panamericana zuläuft, ist zum Teil zu einer Schnellstraße ausgebaut worden. Östlich der Javier Prado liegen zahlreiche **Ministerien** und Regierungsgebäude, darunter das Innenministerium, PromPerú (Kommission zur Wirtschafts- und Tourismusförderung) sowie Sernanp, die staatliche Nationalparkverwaltung.

Barranco

Karte S. 169

Folgt man der Stadtautobahn Paseo de la República zu ihrem südlichen Ende, erreicht man den Stadtteil Barranco, der an Miraflores angrenzt. Hier haben sich Künstler, Intellektuelle und Aussteiger niedergelassen. Die teilweise **wunderschönen Häuser** in der Bauweise des 18. und frühen 19. Jhs. lassen vergessen, dass man sich in einer Metropole mit neun Millionen Einwohnern befindet. Bei einem Bummel durch das Viertel entdeckt man zahlreiche **Kunstgalerien** und ein abwechslungsreiches **Nachtleben**. An Wochenenden ist an und um den **Parque Municipal** die Hölle los.

Die **Puente de los Suspiros**, die Seufzerbrücke, ist ein Treffpunkt für Verliebte. Interessante Ausstellungen bieten das **Museo de Arte Colonial Pedro de Osma** und das **Museo de Arte Contemporáneo** (S. 157) sowie das **Museo de la Electricidad**, Av. San Pedro de Osma 105, ✆ 01-4776577, ⌚ Mo–Fr 9–17 Uhr, Sa/So 9–12 Uhr, Eintritt frei.

Gegenüber vom Museo de la Electricidad liegt der **Tranvio**, ein Straßenbahnwaggon früherer Zeiten. Auf Wunsch kann man sich mit dem antiken Gefährt ein paar Straßenblocks rauf- und runterfahren lassen (Di–So von 9–17 Uhr, Eintritt 4 S/., im Museum gegenüber Bescheid geben). Schokoladenfans sei ein Besuch im **Chocomuseo** empfohlen (s. Kasten „Die Museen Limas", S. 159).

ChocoMuseo, Jr. Carabaya 193, www.chocomuseo.com. Wissenswertes rund um das Thema Kakao und Schokolade. Außerdem werden Workshops angeboten, bei denen man lernt, wie aus Kakao Schokolade wird. So–Do 9–18.30, Fr, bis 20.30 Uhr, Eintritt frei. Filiale in Miraflores, s. S. 154.

Lugar de la Memoria, la Tolerancia y la Inclusión Social (LUM), Bajada San Martín 151 (an der Av. Ejército), Miraflores, 01-7192065, www.lum.cultura.pe. Die Ausstellung in einem gewaltigen Gebäude, das in die Klippen der Costa Verde hineingebaut wurde, thematisiert die Geschichte des Leuchtenden Pfads (S. 200). Der eigentliche Schwerpunkt liegt aber auf den Geschichten der Opfer, der Entwurzelung und Traumata, die bis heute fortwirken. Di–So 10–18 Uhr, Eintritt frei.

Museo Taurino Plaza de Toros Acho, Hualgayoc 332, Rímac, 01-4811467. Stierkampfmuseum, das neben Matadorkostümen themenbezogene Gemälde, u. a. von Picasso, ausstellt. Mo–Sa 9–16.30 Uhr, Eintritt 7 S/.

Museo Histórico Militar Fortaleza del Real Felipe, Av. Sáenz Peña s/n, Callao, www.realfelipe.com. Das größte spanische Fort Lateinamerikas wurde in ein militärhistorisches Museum umgewandelt. tgl. 9–16 Uhr, Führung 15 S/.

€ **Museo Nacional Afroperuano**, Casona de las Trece Monedas, Jr. Ancash 542, Centro, 01-4260689. Geschichte des Sklavenhandels in Peru sowie Exponate zu Musik, Tanz und Religion der afroperuanischen Gemeinschaft. Mo–Fr 9–16.30 Uhr, Eintritt frei.

Museo de Historia Natural, Av. Arenales 1256, Jesús María, museohn.unmsm.edu.pe. Naturkundemuseum der Universität San Marcos, im Garten sind Nachbildungen von Dinosaurierskeletten ausgestellt. Mo–Fr 9–17, Sa 9–16, So ab 10 Uhr, Eintritt 10 S/. inkl. Führung.

Chorrillos

Südlich von Barranco liegt das **Mittelklasseviertel** mit seiner breiten Uferpromenade und dem vor allem in Sommermonaten beliebten Strand. Im Süden begrenzt der 273 m hohe **Cerro Morro de Solar** den Küstenabschnitt, gut zu erkennen an den zahlreichen Fernsehantennen. Hier tummeln sich vor allem an Wochenenden Mountainbiker und Downhiller. Im unteren Bereich des Hügels steht ein Denkmal zu Ehren der Gefallenen des Pazifikkriegs und unweit hiervon ließ Ex-Präsident García zum Ende seiner Amtszeit Mitte 2011 eine 37 m hohe **Christusstatue** errichten, eine Kopie von Rio de Janeiros berühmtem Cristo do Corcovado. Der Küstenstraße folgend gelangt man zur **Playa La Herradura**, einem kleinen Strand, an dem sich einige Restaurants befinden und dessen Infrastruktur 2011 komplett renoviert wurde. Zurück geht es entweder zu Fuß über den Morro de Solar oder durch einen kleinen Tunnel, der den Strand mit Chorrillos verbindet.

Callao und La Punta

Im Stadtteil Callao, rund 15 km nordwestlich von Miraflores, liegen der Hafen, ein Marinestützpunkt und der internationale Flughafen Jorge Chávez. Der Bezirk wirkt etwas heruntergekommen und ist nachts nicht ganz ungefährlich, lohnt aber einen Abstecher. Besonders an Wochenenden ist ein Ausflug zur **Landzunge La Punta** zu empfehlen. Dann sind hier viele Einheimische unterwegs, die sich ein leckeres Ceviche in den zahlreichen Fischrestaurants schmecken lassen, und in den Sommermonaten sind die überwiegend steinigen Strände sehr beliebt. Ebenfalls in La Punta liegt das **Museo Histórico del Real Felipe** (S. 159), ein militärhistorisches Museum in einer ehemaligen Festungsanlage. Von hier führt die Straße vorbei an vielen historischen Gebäuden direkt zu den kleinen Stränden an der Westspitze der Landzunge.

Vom kleinen Jachthafen an der Nordseite der Halbinsel lassen sich halbstündige Motorboots-

Magdalena del Mar und Pueblo Libre

- **Route:** Mercado de Magdalena–Plaza Bolívar
- **Länge:** 7–8 km
- **Dauer:** halber bis ganzer Tag

Wer Lima authentisch erleben möchte, sollte die Mittelschicht-Stadtviertel Magdalena del Mar und Pueblo Libre besuchen. Hier lässt sich wunderbar ein ganzer Tag verbummeln. Der abwechslungsreiche Ausflug umfasst einen Abstecher ans Meer, passiert Lebensmittel- und Kunsthandwerksmärkte sowie ein Museum und endet in einer urigen Kneipe.

Magdalena del Mar

Startpunkt am Vormittag ist der quirlige, überdachte **Mercado de Magdalena** an der Plaza Tupac Amaru. Diese ist mit dem Taxi (15–20 S/. ab Miraflores) oder verschiedenen Bussen zu erreichen (auf die Aufschrift „Magdalena" achten) von allen Haltestellen entlang der Av. Pardo westlich vom Óvalo de Miraflores in Miraflores (nach 9 Uhr morgens ist der Verkehr entspannter und die Busse sind um einiges leerer als davor!). Wer noch keinen Kaffee getrunken hat oder einen weiteren möchte, sollte auf dem Markt den Stand von **D'Martín** aufsuchen (Verkaufsstand 222, Eingang an der Leoncio Prado nehmen, 🕒 tgl. 7–19 Uhr), wo es eine große Auswahl peruanischer Kaffeesorten gibt, die vor Ort gemahlen und frisch aufbrüht werden; auch zum Mitnehmen. Doch der Markt hat noch viel mehr Leckereien zu bieten.

Vor dem Mittagessen bietet sich ein kurzer Abstecher zum Meer an, das rund vier Blocks entfernt ist. Man folgt dem Jirón Castilla bis zum Ende, geht dann rechts über die Comandante Espinar bis etwa auf Höhe des **John-Lennon-Denkmals** und nimmt den dort beginnenden Fußweg ans Meer (bei starkem Küstennebel sieht man allerdings nicht viel!). Am Ufer trifft man auf die **Domos de La Costa Verde**, futuristische Zeltkon-

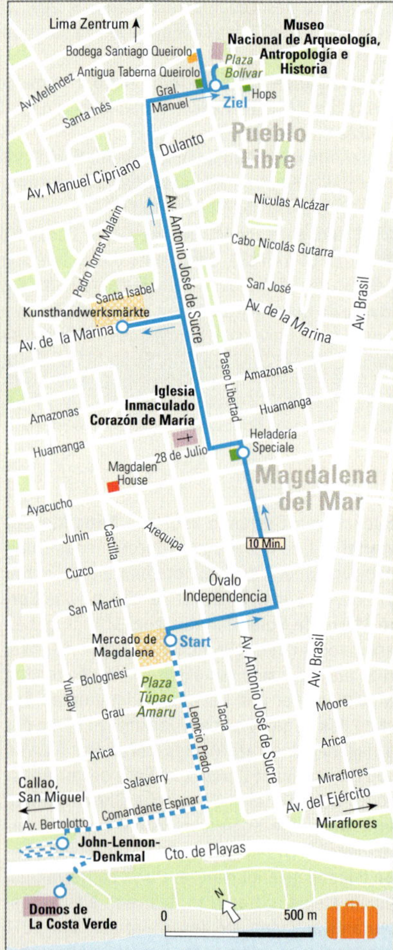

struktionen, die für Veranstaltungen genutzt werden (So vormittags findet dort ein kleiner Biomarkt statt).

Welche Bohne darf's denn sein? Auf dem Markt von Magdalena kann man Kaffee probieren und kaufen.

Nach dem Mittagessen auf dem Markt oder in einem der unzähligen Restaurants in der Umgebung geht es für den Nachtisch per Mototaxi oder in 10 Minuten zu Fuß zur exzellenten **Heladería Speciale**, Libertad 1227, 🕒 tgl. 11–22, Fr, Sa bis 23 Uhr, einer Institution in Magdalena (an Sommerwochenenden und abends kann es hier voll werden)! Einen Block westlich der Eisdiele trifft man an der Av. Antonio José de Sucre (kurz Av. Sucre) auf die eindrucksvolle Fassade der **Iglesia Inmaculado Corazón de María**. Folgt man der Av. Sucre nun vier Blocks nach Norden (vom Meer weg), gelangt man zur breiten Av. de la Marina. Von hier einen Block entfernt in westlicher Richtung finden sich ein paar nebeneinander liegende **Kunsthandwerksmärkte** (Mercados Artesanales), die zum gemütlichen Stöbern einladen.

Pueblo Libre

Danach setzen wir unseren Spaziergang entlang der Av. Sucre fort, oder nehmen einen beliebigen Bus bis zur Kreuzung Sucre/Av. General Manuel Vivanco. Alternativ kann man auch ein Taxi nehmen und lässt sich direkt bis zur **Plaza Bolívar** in Pueblo Libre bringen (zu Fuß etwa 10 Blocks, ca. 20 Min.). Rings um die Plaza dürfen (bislang) keine Hochhäuser gebaut werden, und man bekommt eine ganz gute Vorstellung davon, wie Lima früher einmal ausgesehen hat. An der Plaza liegt das lohnende **Museo Nacional de Arqueología, Antropología e Historia**, 💻 https://mnaahp.cultura.pe, 🕒 tgl. 8.45–17 Uhr, Eintritt 10 S/.

Nach dem Besuch kann man in der nur einen Block enfernten traditionsreichen Weinhandlung **Santiago Queirolo**, San Martín 1062, peruanische Piscos und Weine probieren, Ö Mo–Fr 8–18, Sa 8–13 Uhr. Der Laden gehört zu einer weiteren Institution im Viertel, der **Antigua Taberna Queirolo** an der San Martín 1090, 🕒 Mo–Do 8–23, Fr, Sa 8–24, So 8–14 Uhr. In der bei Einheimischen sehr beliebten Kneipe, deren Ursprünge bis 1880 zurückreichen, gibt es eine große Getränkeauswahl und leckere peruanische Küche. Wem es dort zu laut ist, findet rund um die Plaza Bolívar auch ruhigere Alternativen. Bierliebhaber sollten das gute Craft-Bier von **Hops** an der Plaza Bolívar testen, 🕒 Mo–Do 12–24, Fr, Sa 12–4 Uhr. Wer in Magdalena del Mar übernachten möchte, hat mit dem **Magdalen House**, Ayacucho 778, 📞 01-4616768, 💻 www.magdalenhouse.pe, eine gute Option. Das Hotel verfügt über große Zimmer mit Bad, die Wände sind von peruanischen Künstlern bemalt, Frühstücksbuffet inkl. ❷. Ansonsten sollte man für die Rückfahrt am Abend besser ein Taxi nehmen.

touren im Hafen oder längere Ausflüge zu den **Islas Palomino** unternehmen (S. 159).

San Borja und La Molina

Diese Stadtteile im Südosten der Stadt sind beide überwiegend **Wohnviertel**, obwohl sich auch das eine oder andere interessante Museum hier befindet (das **Museo de la Nación** in San Borja und das **Museo de Oro del Perú** in La Molina, S. 156). Während sich in San Borja der wohlhabende Teil der Mittelschicht ausbreitet, leben viele reiche Peruaner und Ausländer in La Molina. Die lange Fahrzeit zum Arbeitsplatz wird dadurch wettgemacht, dass die drei Distrikte in den Wintermonaten wesentlich sonniger und dadurch weniger feucht sind als die am Meer gelegenen Stadtteile.

Stadtstrände

Die nächstgelegenen Strände der Metropole erstrecken sich an der **Costa Verde** (Grüne Küste) am südlichen Stadtrand (Distrikte Chorrillos, Barranco und Miraflores). Der Name klingt vielversprechend, doch von Grün ist außer den Parks der höher gelegenen Uferpromenade kaum etwas zu sehen, die Wasserqualität lässt zu wünschen übrig, und der Lärm der nahen Schnellstraße verbessert das Strandfeeling auch nicht gerade. Die Wellen in diesem Bereich sind allerdings hoch genug zum Surfen, und jeden Tag kann man Dutzende Wellenreiter in den Fluten beobachten. Die Strände bestehen meist aus Kies mit kleineren sandigen Stücken (s. auch „Badestrände im Süden" auf S. 183).

ÜBERNACHTUNG

Die günstigsten Unterkünfte finden sich im Altstadtbereich (Distrikt Lima), der allerdings an einigen Stellen recht heruntergekommen und unsicherer als andere Stadtviertel ist. Teurer ist der beliebte Distrikt Miraflores. Meist noch teurer sind die Zimmer im Stadtteil San Isidro, der auch gern von Geschäftsleuten aufgesucht wird. Wer auf alternative Kunst, kleine Läden, gutes Essen und Nachtleben steht, findet einige schöne Unterkünfte im Stadtteil Barranco, der besonders bei Künstlern beliebt ist.

Altstadt

Karte S. 164

Pensión Ibarra, Tacna 359, 14. und 15. Stock, ✆ 01-4278603, ✉ pensionibarra@gmail.com. Familiäres Ambiente, sauber und billig. Kleine Zimmer mit Gemeinschaftsbad. Balkon mit Stadtblick, Küchenbenutzung und Waschmöglichkeit. Das 1. Frühstück ist gratis. ❶

Hotel España, Azángaro 105, ✆ 01-4279196, 🖳 www.hotelespanaperu.com. Große, angenehme Zimmer im Kolonialstil mit Bad. Cafeteria. ❷

Orchid Hostels, Carabaya 959, ✆ 977862653, 🖳 www.orchidhostels.com. Nahe der Plaza San Martín, ungewöhnliche Mischung aus Hotel, Spa und veganem Restaurant. Gute moderne Zimmer mit oder ohne Bad, unterschiedliche große Schlafsäle (ab US$8 p. P.; 4er-Frauenschlafsaal US$13 p. P., einfaches Frühstück inkl. ❸

Hotel Inka Path, Jr. de La Unión 654, ✆ 01-4261919, 🖳 www.hotelinkapath.com. Gut ausgestattetes Mittelklassehotel in der Fußgängerzone. Saubere, große Zimmer mit Bad, Fön, Kühlschrank und TV. Das Hotel hat eine Bar. Frühstück inkl. ❹

Hotel Kamaná, Camaná 547, ✆ 01-4267204, 🖳 www.hotelkamana.com. Schöne, große Zimmer mit Plasma-TV und Safe. Zudem Fahrstuhl, Wäscherei, Restaurant und Bar. ❹

Miraflores

Karte S. 166

Backpackerketten

Die Ausstattung und Preise der folgenden eher von jungen Reisenden besuchten Backpackerketten (S. 83) sind ähnlich. In unterschiedlich großen Schlafsälen nächtigt man ab 35 S/. p. P.; DZ mit Bad sind um einiges teurer ❷–❸. Küchennutzung und Frühstück sind in allen Hostels inklusive. Wer nachts Ruhe sucht, ist hier allerdings falsch:

Che Lagarto, Schell 121, 3. Stock, ✆ 01-4470588, 🖳 www.chelagarto.com.

Dragonfly Hostel Miraflores, Tarata 256, ✆ 01-2410995, 🖳 www.dragonflyhostels.com.
Flying Dog Hostel B&B, Lima 457, ✆ 4445753, 🖳 www.flyingdogperu.com.
Kokopelli Backpackers, Berlin 259, ✆ 01-2425665, 🖳 www.hostelkokopelli.com.
Loki Backpackers, José Galvez 576, ✆ 01-6512966, 🖳 www.lokihostel.com.
Pirwa B&B Hostel, Inclán 494, ✆ 01-2424059, 🖳 www.pirwahostels.com.

Sonstige Unterkünfte in Miraflores

Friends House, Clemente Palma (Ex Manco Cápac) 368, ✆ 01-4466248, 🖳 Facebook, ✉ friendshouse_peru@yahoo.com.mx. Gute Budgetoption mit einfachen, aber recht kleinen Zimmern ohne Bad und Schlafsaal (27 S/.). Das etwas teurere **Friends House 2** liegt in der José Gonzales 427 und verfügt auch über Zimmer mit Bad. Frühstück inkl. ❷

Kaclla Healing Dog Hostal, Porta 461, ✆ 01-2418977 🖳 www.kacllahostel.com. Kleines, gemütliches Hostel in Kolonialhaus mit Schlafsälen (35 S/. p. P.) und geräumigen Privatzimmern ohne Bad. Frühstück inkl.
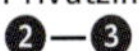
❷–❸

Pool Paradise Lima, Casimirio Ulloa 328, ✆ 941773804, 🖳 www.poolparadiselima.com. Beliebte Unterkunft, die über einen Pool, Garten, Bar und Restaurant verfügt, Zimmer mit Bad und Schlafsaal 30–45 S/. p. P. ❸

Backpacker Inkawasi, Aviación 210, ✆ 01-2418218, 🖳 www.inkawasihoteles.com. Ruhige Lage in der Nähe der Uferpromenade. Geräumige Zimmer, familiäre Atmosphäre. Schlafsaal für max. 8 Pers. (40 S/. p. P.). Küchenbenutzung, Trinkwasserfilter. Frühstück inkl. ❸–❹

Hostal Porta, Porta 686, ✆ 01-2420505, 🖳 www.hostal.pe. Gemütliches Kolonialhaus mit sauberen Zimmern nur wenige Blocks von der Küstenpromenade. Frühstück inkl. ❹

San Isidro

Karte S. 148/149

In San Isidro liegen so gut wie alle großen Luxushotels der bekannten Ketten wie Holiday Inn, Hyatt oder Radisson. Ein DZ bekommt man dort ab ca. US$120.

Pensión Lali, Las Oropendolas 243, Urb. El Palomar, Corpac. In Gehweite der Deutschen Botschaft, ✆ 01-6540485, ✉ pensionlali@hotmail.com. Familiengeführte Pension in ruhigem Wohnviertel. 3 Zimmer mit Gemeinschaftsbad. Tourangebote, auch Kochkurse und empfehlenswerter Taxiservice des Hausherrn Eduardo (Flughafen US$20). Küchenbenutzung. Auf Wunsch werden Mahlzeiten zubereitet. Frühstück inkl. ❷

Hostal Martinika, Arequipa 3701, ✆ 01-2214785. Sichere Lage und gute Verkehrsanbindung in die Altstadt oder Miraflores. Ordentliche Zimmer mit Bad, Restaurant und Bar. Frühstück inkl. ❹

Barranco

Karte S. 169

The Point Lima, Malecón Junín 300, ✆ 958969102, 🖳 www.thepointhostels.com. Partyhostel, nur 300 m vom Nachtleben Barrancos entfernt. Schlafsaal (ab 36 S/. p. P.) oder DZ mit Privatbad, Restaurant und Bar. Frühstück inkl. ❷

Barranco's Backpackers Inn, Malecón Castilla 260, ✆ 01-4126981, 🖳 www.barrancobackpackersperu.com. Schlafsaal (ab 50 S/. p. P.) oder Zimmer mit Bad, z. T. mit Meerblick. Küchenbenutzung, Frühstück inkl. ❸

Lima Wari Hotel Boutique, Av. Grau 723, ✆ 01-5868122, 🖳 www.limawarihotelboutique.com. Schönes altes Gebäude, große Zimmer mit oder ohne Bad, einige mit TV und Minibar, Cafeteria, Frühstück inkl. ❺ ohne Bad ❸

Casa Nuestra B&B, Tumbes 270, ✆ 01-2488091, 🖳 www.casanuestraperu.com. Saubere helle Zimmer mit/ohne Bad, Küchennutzung, Dachterrasse. Günstigere Preise für längere Aufenthalte, Frühstück inkl. ❸–❹

Second Home Perú, Domeyer 366, ✆ 01-2475522, 🖳 www.secondhomeperu.com. Geschmackvolle Unterkunft mit 8 geräumigen Zimmern (teurer mit Meeresblick) in renoviertem Tudor-Haus mit Bildern des peruanischen Malers Victor Delfin, der hier lebte. Ruhig und gepflegt. Kleiner Pool, schnelles Internet, Frühstück inkl. ❻

LIMA

Lima Altstadt
N
0
500 m
Mega Plaza Norte
Trujillo
Panamericana Norte
Avenida de los Próceres
Convento de los Descalzos
Río Rímac
Rímac
Jr. Villamar
Monserrate
Av. Sancho de Rivera
Puente Sta. Rosa
Jr. Ayabaca
Jr. Cajamarca
Cerro San Cristóbal
Plaza de Acho
Jr. Hualgayoc
Jr. Trujillo
Jr. Chiclayo
Jr. Lambayeque
Jr. Marañon
Jr. Julian Pineyro
Arequipa, Panamericana Sur
Puente Piedra
Desamparados
Jr. Oroya
Jr. Tayacaja
Jr. Angaraes
Plaza Castilla
Av. Argentina
Castilla
Av. Emancipación
Jr. Cañete
Jr. Chancay
Av. Tacna
Jr. Conde de Superunda
Jr. Callao
Jr. Ica
Cailloma
Pasaje Sta. Rosa
Zamora
Dos de Mayo
Av. O.R. Benavides
Plaza 2 de Mayo
Tacna Norte
Tacna Sur
Jr. Huancavelica
Rufino Torrico
MUNICIPALIDAD
Plaza Mayor
Parque de La Muralla
Jr. Lampa
Jr. Ancash
Jr. Junín
Jr. Ayacucho
Museo Nacional de la Cultura Peruana
Jr. Huarochiri
Jr. Moquegua
Jr. Camaná
Jirón de la Unión
Carabaya
Jr. Ucayali
Pasaje Acuña
Jr. Huallaga
Plaza Bolívar
PARLAMENT
Peñaloza
Av. Nicolás de Piérola
Jr. Ocoña
Wechselstuben
Jr. de la Unión
Jr. Miró Quesada
BIBLIOTECA NACIONAL
Jr. Zepita
Quilca
Jr. Quilca
Jr. Davalos Lisson
Jr. Ilo
Jr. Chacas
Jr. Carhuas
Av. Venezuela
Av. Alfonso Ugarte
Jr. Chota
Av. Uruguay
Av. Garcilaso de la Vega (Wilson)
Jr. Bueno Torrico
Plaza San Martín
Jr. Puno
Av. Cusco
Calle Capón
Barrio Chino
Jr. Andahuaylas
Jr. Paruro
MERCADO CENTRAL
Plaza Italia
Plaza Francia
Jr. Belén
Colmena
Jr. Azangaro
Apurímac
Abancay
Jr. Miro Quesada
Jr. Pachitea
Jr. Lampa
Jaenifo López
Breña
Av. Bolivia
UNIVERSIDAD SAN MARCOS
Jr. Cuzco
Av. Roosevelt
Real Plaza Centro Cívico
Paseo de la República
Estación Central
Av. Portugal
Jr. Washington
España
Av. España
Jr. Cotabambas
Jr. Miguel Aljovin
Jr. Sandia
Jr. Letica
Inambari
Jr. Puno
Jr. Leticia
Jr. Ayacucho
Jr. Montevideo
Jr. Manuel Cuadros
Carlos Zavala
Av. Paraguay
Breña
Av. Arica
Plaza Bolognesi
Av. 9 de Diciembre
Plaza Grau
Av. Grau
Av. Brasil
Museo de Arte
Parque Neptuno
Jr. Tarma
Huancayo
Chincha
Yauyos
Jr. Gregorio Paredes
Cervantes
Acobamba
Palca
G. Blanco
P. Gaspar
Av. Arequipa
Paseo de la República
Jardín Japonés
Jr. Antonio
Raymondi
Jr. Misti
Iquitos
Galvez
La Victoria
Jr. Huascarán
Pizarro
Jr. Renovacion
Jr. Andahuaylas
Jr. Obreros
Jr. Mendoza Merino
Jr. García
Naranjo
Augustín Antonete
Av. 28 de Julio
Av. José
Jr. Canta
Av. Plaza Manco Cápac
Av. Manco Cápac
Av. Luna
Jaime Bauzate y Meza
Jr. Abato
Jr. Manuel Cisneros
Jr. Humboldt
Horacio Urteaga
Campo de Marte
Av. Salaverry
Av. R. de Chile
Miraflores
Barranco

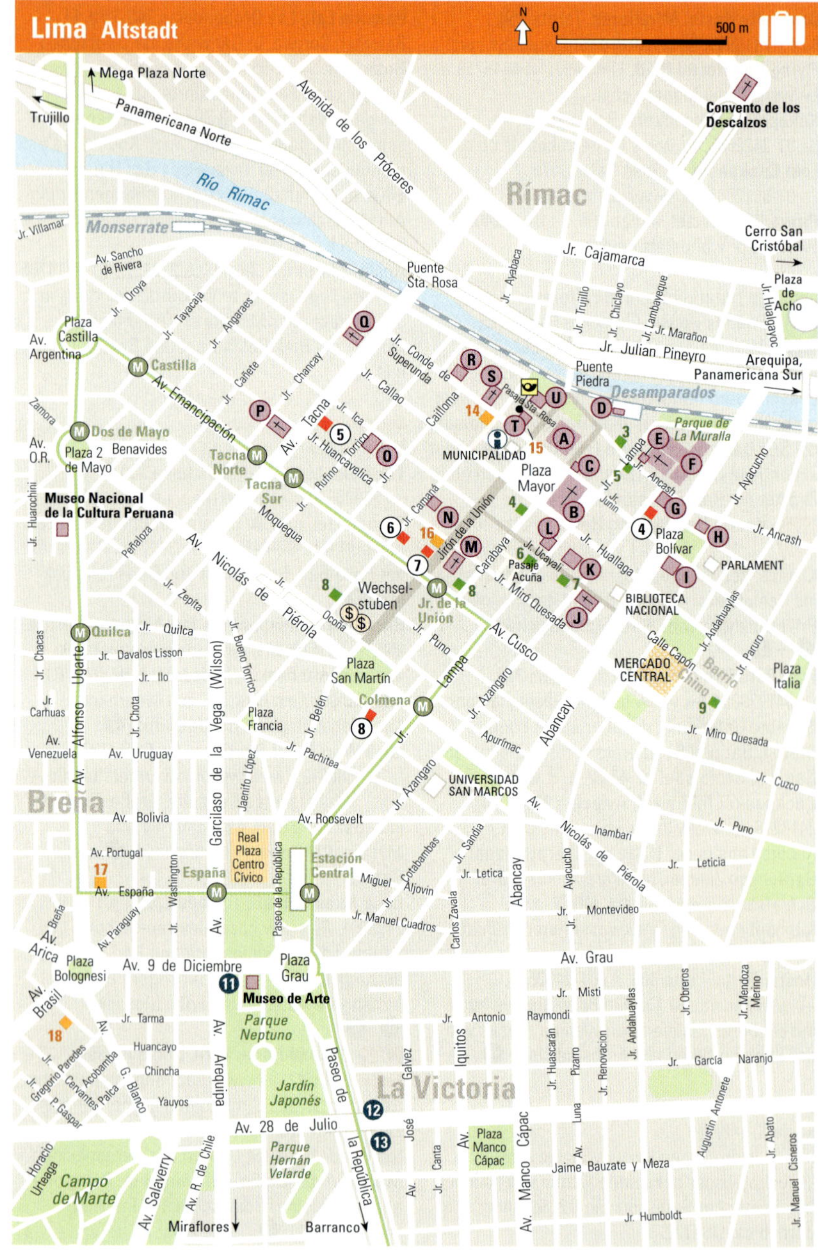

Sehenswürdigkeiten:
(A) Palacio de Gobierno
(B) Kathedrale & Erzbischöflicher Palast
(C) Chocomuseo
(D) Casa de la Literatura Peruana / Bahnhof
(E) Museo de Sitio Bodega y Cuadra
(F) Iglesia y Convento San Francisco
(G) Casa de Pilatos
(H) Casona de las Trece Monedas, Museo Nacional Afroperuano
(I) Museo del Tribunal de la Santa Inquisición
(J) Iglesia de San Pedro
(K) Palacio Torre Tagle
(L) Museo del Banco Central de Reserva del Perú
(M) Basilica La Merced
(N) Casa Riva Agüero
(O) Teatro Municipal
(P) Iglesia de Las Nazarenas
(Q) Santuario de Santa Rosa de Lima
(R) Casa Osambela
(S) Iglesia y Convento de Santo Domingo
(T) Casa de la Gastronomía Peruana
(U) Casa Aliaga

ÜBERNACHTUNG
(4) Pensión Ibarra
(5) Hotel España
(6) Hotel Kamaná
(7) Hotel Inka Path
(8) Orchid Hostels

ESSEN
3 Urqu Coffee Shop
4 Loving Hut
5 De César
6 Sanka
7 L'Eau Vive
8 Lima Café (2x)
9 Wa Lok

SONSTIGES
14 Centro Artesanal „La Casona" Santo Domingo
15 Anmeldung Palastbesuch
16 Supermarkt Plaza Vea
17 Migraciones
18 Las Brisas del Titicaca

TRANSPORT
(11) Busse nach Pachacamac
(12) Civa
(13) móvilbus, Flores

In Flughafennähe

Eine günstige Alternative ist das **Pay Purix Backpacker Hostel**, Av. Bertello Bolatti, Mz. F, Lt. 5, Urb. Los Jazmines, 1er etapa, ✆ 01-4849118, 🖳 www.paypurix.com, das nur wenige Blocks vom Flughafen entfernt liegt. Schlafsaal ab 35 S/. p. P. oder Zimmer mit Bad. Frühstücksbuffet inkl. ❸

ESSEN

Zur Mittagszeit findet man in jedem Stadtteil günstige Mittagsmenüs. Abends wird es in der Regel teurer. Die Restaurantpreise variieren wie auch die Hotelpreise je nach Stadtteil beträchtlich. Am teuersten isst man in Miraflores, San Isidro und Barranco. Bessere Restaurants schlagen oft ein Bedienungsgeld auf die Essenspreise auf oder berechnen ein Gedeck.

Altstadt

Vor allem mittags servieren zahlreiche Restaurants in der Umgebung der Plaza günstige Menüs. In der Pasaje Olaya und der Pasaje Los Ecribanos kann man auch draußen sitzen. Die besten chinesischen Restaurants finden sich in der Calle Cápon mitten im **Barrio Chino** (S. 152). Karte S. 164.

Cafés

Lima Café, Carabaya 552 und Camaná 758. Biokaffee, Kuchen, Snacks. 🕒 Mo–Sa 8–22.30 Uhr.

Urqu Coffee Shop, Ancash 251. Sehr guter Kaffee aus verschiedenen Regionen des Landes, Kuchen, Snacks. 🕒 Mo–Fr 8.30–19, Sa, So 10–19 Uhr.

Restaurants

De César, Ancash 300, Ecke Lampa. Gemütliche Atmosphäre und große Portionen. Breites Speisenangebot von Frühstück über Meeresfrüchte bis hin zu Fleisch, Pasta und Pizza. 🕒 Mo–Sa 8–21 Uhr.

L'Eau Vive, Ucayali 370. Neben französischer auch internationale Küche und günstige Mittagsmenüs. Das Restaurant wird von den Nonnen des Karmeliterordens geleitet. Die Einnahmen gehen an soziale Projekte.

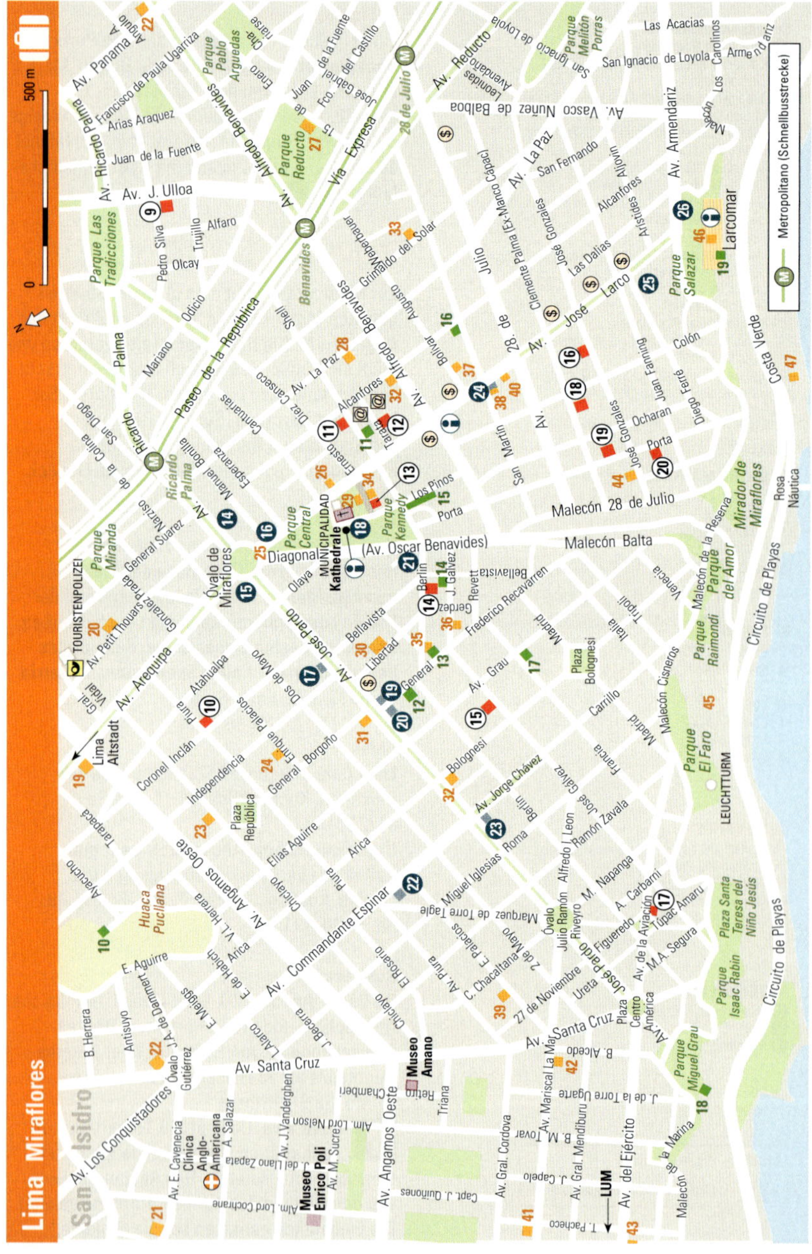

Lima Miraflores
500 m
Metropolitano (Schnellbusstrecke)
San Isidro
Huaca Pucllana
Parque Las Tradicciones
Parque Pablo Arguedas
Parque Reducto
Parque Miranda
Parque Central
Parque Kennedy
Parque Salazar
Larcomar
Parque Melitón Porras
Mirador de Miraflores
Parque del Amor
Parque Raimondi
Parque El Faro
LEUCHTTURM
Plaza Santa Teresa del Niño Jesús
Parque Isaac Rabin
Parque Miguel Grau
Plaza Bolognesi
Plaza República
Óvalo de Miraflores
MUNICIPALIDAD
Kathedrale
TOURISTENPOLIZEI
Lima Altstadt
Clínica Anglo-Americana
Museo Enrico Poli
Museo Amano
LUM
Av. Arequipa
Av. José Larco
Av. Alfredo Benavides
Vía Expresa
Paseo de la República
Av. Ricardo Palma
Av. J. Ulloa
Av. Angamos Oeste
Av. Commandante Espinar
Av. Santa Cruz
Av. Los Conquistadores
Av. del Ejército
Av. José Pardo
Av. Oscar Benavides
Diagonal
Malecón 28 de Julio
Malecón Balta
Malecón de la Reserva
Malecón Cisneros
Circuito de Playas
Costa Verde
Av. 28 de Julio
Av. Reducto
Av. La Paz
Av. Vasco Nuñez de Balboa
Av. Armendariz
Av. Petit Thouars
Av. Grau
Av. Jorge Chávez
Av. Mariscal La Mar
Av. Grau. Cordova
Av. Panama

⌚ Mo–Sa 12.30–15, 19.30–21.30 Uhr (im Feb meist geschl.).

Loving Hut, Carabaya 380. Veganes Mittagsbuffet, bei dem der Preis per Gewicht ermittelt wird. ⌚ tgl. 12–17 Uhr.

Sanka, Pasaje Acuña, hinter der Börse *(Bolsa de Valores)*. Fisch- und Fleischgerichte, aber auch ausgezeichnete Fettuccine und Frühstück. ⌚ Mo–Sa 8–17 Uhr.

Wa Lok, Paruro 878. Einer der besten *chifas* (chinesische Restaurants) der Stadt. Umfangreiche Speisekarte und große Portionen, mittlere Preisklasse. ⌚ tgl. 8–23, So 8–22 Uhr.

Miraflores

Karte S. 166

Cafés

Arabica Espresso Bar, Recavarren 269. Der Name ist Motto: ausgezeichnete Kaffees aus besten peruanischen Bohnen (selbst geröstet), Snacks und Kuchen. ⌚ Mo–Fr 8–23, Sa 9.30–23, So 15–21 Uhr.

Buena Vista Café, Parque Grau, Block 15 Malecón Cisneros (in westl. Verlängerung der José Pardo). Einziges Café (außer Larcomar) direkt über dem Pazifik. Sehr schön bei Sonnenuntergang. Der Kaffee stammt aus Peru, gute Snacks, gelegentlich Livemusik. ⌚ tgl. 9.30–23 Uhr.

Café La Mora, Av. Grau 400. Hier bekommt man neben Kaffee, Kuchen, Biotee und teurem Frühstück auch deutsches Brot, Laugenbrezeln und Apfelstrudel. ⌚ Mo–Sa, 7–23, So 8–22 Uhr.

KULCAfé, Calle Bellavista 370. Das deutsch-peruanische Café hat sich zu einem beliebten Traveller-Treffpunkt entwickelt. Guter Kaffee (u. a. „Nutella Latte"), deutsche Gerichte, Glühwein. ⌚ Mo–Do 8–23, Fr, Sa 8–24, So 10–22 Uhr.

Restaurants

Günstiges Essen (Menüs mittags und abends) gibt es in mehreren, nebeneinander liegenden Restaurants in der Los Pinos, zwischen Shell und Benavides.

Huaca Pucllana, General Borgoño, Cuadra 8, ✆ 01-4454042, 💻 www.resthuacapucllana.com. Zu der exzellenten, aber teuren peruanischen Küche kommt das edle Ambiente am Fuß

ÜBERNACHTUNG
(9) Pool Paradise Lima
(10) Pirwa B&B Inclán
(11) Che Lagarto
(12) Dragonfly Hostel Miraflores
(13) Flying Dog Hostal B&B
(14) Kokopelli Backpackers
(15) Loki Backpackers Lima
(16) Friends House 2
(17) Backpacker Inkawasi
(18) Friends House
(19) Kaclla Healing Dog Hostal
(20) Hostal Porta

M Metropolitano (Schnellbusstrecke)

ESSEN
10 Huaca Pucllana
11 Tierra Santa
12 Sabor y Vida
13 Arabica Espresso Bar
14 KULCAfé
15 Günstige Restaurants
16 Punto Azul
17 Café La Mora
18 Buena Vista Café
19 Mangos

SONSTIGES
19 Instituto Cultural Peruano-Norteamericano
20 Inka Market
21 Supermarkt Plaza Vea
22 Supermarkt Wong (2x)
23 Limavisión
24 SkyKitchen
25 Lima by Walking
26 Tayta
27 Bioferia
28 Jazz Zone
29 La Tasca
30 Hallenbad
31 Reisebüros
32 Supermarkt Vivanda (2x)
33 Escuela de Español El Sol
34 Supermarkt Metro
35 ChocoMuseo, King of Maps
36 Pirqa
37 Bike Tours of Lima
38 Lima Bici
39 Rutas del Peru
40 Exquisito Perú
41 Punto Orgánico
42 Sachún Restaurant Turístico
43 Sachún
44 Lima Yoga
45 Paragliding/Tandemflüge
46 Mirabici Peru
47 Pukana Surfing School

TRANSPORT
14 Haltestelle Flughafenbus Quickllama
15 Busse nach Callao, Magdalena del Mar, Óvalo Gutiérrez
16 Busse Altstadt Lima (Alternativ: alle Haltestellen des Metropolitano)
17 Sky Airline
18 Abfahrtsort Mirabus (Stadtrundfahrt Lima)
19 Peruvian Airlines
20 Latam Perú
21 Busse nach Barranco
22 Star Perú
23 Avianca
24 Peru Hop (Büro)
25 Abfahrtsort Turibus (Stadtrundfahrt Lima)
26 Haltestelle Airport Express

Vegetarisch und vegan essen in Lima

Perus Hauptstadt kann inzwischen mit Dutzenden vegan/vegetarischen Restaurants aufwarten. Allein auf der Website www.happycow.net finden sich unter „south_america/peru/lima" rund 80 Restaurants. Vor allem um die Mittagszeit ist die Auswahl enorm. Abends hingegen muss man immer noch ein wenig suchen.

LIMA

einer gewaltigen Lehmziegelpyramide (S. 158, Kasten Museen). Reservierung sinnvoll. ⌚ tgl. 12–16, 19–24 Uhr.

Mangos, Malecón de la Reserva 610, im Centro Comercial Larcomar. Internationale und peruanische Küche samt schöner Außenterrasse und Blick auf die Bucht von Lima. ⌚ tgl. 8–1, So 8–24 Uhr.

Punto Azul, San Martín 595, www.puntoazulrestaurante.com. Gute Fisch- und Meeresfrüchtegerichte; ab ca. 12.30 Uhr heißt es Schlange stehen (keine Reservierung möglich). Punto Azul gibt es noch weitere fünf Mal, s. Website. In der Filiale San Isidro, Ecke Javier Prado/Petit Thouars, bestellt man an der Theke und isst im Stehen. ⌚ Mo 18–24, Di–Sa 11–24, So 11–17 Uhr.

Sabor y Vida, Recavarren 156. Frühstück, gute vegetarische Mittagsmenüs und Abendessen, Getränk und Nachtisch inkl. ⌚ tgl. 9–21.30 Uhr.

Tierra Santa, Schell 354. Preiswerte arabische Küche, auch vegetarisch, WLAN. ⌚ Mo–Sa 9–24, So 12–21.45 Uhr.

San Isidro

Karte S. 148/149, wenn nicht anders angegeben

Restaurants

Antica Pizzería, Dos de Mayo 732. Nicht ganz billiger Italiener mit Filiale in Barranco (Alfonso Ugarte 242), bei dem das Ambiente stimmt. Leckere Holzofenpizza, gelegentlich Livemusik. ⌚ tgl. 12–24 Uhr.

Malabar, Camino Real 101, San Isidro, ☎ 01-4405200. Hier werden kulinarische Spezialitäten der peruanischen Regionen Küste, Berge und Regenwald zu außergewöhnlichen, teuren Kreationen verschmolzen. Reservierung sinnvoll. ⌚ Mo–Fr 12.30–15.30, 19–23 Uhr, Sa nur abends.

Barranco

Karte S. 169

Cafés

Crem dela Crem, am Parque Municipal 109. Sehr gute Eisdiele. ⌚ Di–Sa 12–22, So 12–23 Uhr.

Dédalo, Paseo Sáenz Peña 295. Ungewöhnlicher Laden (s. auch „Einkaufen"), in dem man eine gute Tasse Kaffee, Kuchen und Snacks bekommt. ⌚ Mo–Sa 10–20, So 11–19 Uhr, im Feb So geschl.

La Bodega Verde, Sucre 335. Etwas versteckt gelegenes Café, in dem man auch draußen sitzen kann. Kuchen, Sandwiches, Salate und Biokaffee. WLAN. ⌚ tgl. 8–22 Uhr. Filiale im Garten des MAC (s. „Museen"), ⌚ 8–20 Uhr.

Las Vecinas Eco Bar, Domeyer 219. Gemütlicher Laden mit Vintage- und recycelten Möbeln, leckeres Frühstück, alles bio. ⌚ Mo, Mi, Do, Fr 9–21, Sa 9–22, So 9–17 Uhr, Di geschl.

Restaurants

Canta Rana, Genova 101. Sehr beliebte Cevichería eines Fußballfans (unschwer an der Deko erkennbar), vor allem an Wochenenden sehr voll. ⌚ Mo 11–16.30, Di–Sa 11–22, So 11–18 Uhr.

Germinando Vida, Grau 209-A. Einen halben Block von der Plaza entfernt, schickes Restaurant mit veganen Gerichten, empfehlenswert ist die Pilz-Ceviche. ⌚ Mo–Sa 10.30–22, So 10–17 Uhr.

Las Mesitas, Grau 341. Günstige einheimische Kost, Menüs und Süßspeisen in gediegener Atmosphäre, oft voll. ⌚ tgl.11–23.

UNTERHALTUNG UND KULTUR

Die Zeitung *El Comercio* (Sektion Luces) enthält täglich Veranstaltungstipps und das aktuelle

Lima Barranco

0 200 m

Metropolitano (Schnellbusstrecke)

ÜBERNACHTUNG
- 21 Casa Nuestra B&B
- 22 Lima Wari Hotel Boutique
- 23 The Point Lima
- 24 Second Home Perú
- 25 Barranco's Backpackers Inn

ESSEN
- 20 Dédalo
- 21 Canta Rana
- 22 Las Vecinas Eco Bar
- 23 La Bodega Verde
- 24 Las Mesitas
- 25 Crem dela Crem
- 26 Germinando Vida

TRANSPORT

- 27 Busse Lima Altstadt
- 28 Busse Miraflores

SONSTIGES
- 48 Ssuks Surf Shop
- 49 Samaca
- 50 Fería Ecológica de Barranco
- 51 Damajuana
- 52 El Dragón
- 53 Dédalo
- 54 Sargento Pimienta
- 55 De Rompe y Raja
- 56 Lima Gourmet Company
- 57 Vacas Felices
- 58 Supermarkt Metro
- 59 La Noche
- 60 Ayahuasca
- 61 Lima by Walking
- 62 Juanito
- 63 Bar Ecológico El Trapiche
- 64 La Calandria
- 65 Sibaris Restobar
- 66 Victoria Bar
- 67 Posada del Ángel

Kinoprogramm. In der Freitagsausgabe erscheint ein ausführlicher Extrateil zu den Wochenendveranstaltungen in der Hauptstadt. Eine gute Online-Übersicht haben die Websites www.enlima.pe und www.joinnus.com (beide auf Spanisch).

Vorverkaufsstellen von Konzert-, Sport- und Theaterveranstaltungen finden sich in allen großen Supermärkten:

Teleticket, 💻 www.teleticket.com.pe (in Supermärkten Wong und Metro),

Tu entrada, 💻 www.tuentrada.com.pe (in Supermärkten Vivanda und Plaza Vea).

LIMA

Bars, Pubs und Discos

Barranco

Zahlreiche **Discos** finden sich in Barranco in der kleinen Fußgängerzone Pasaje Sánchez Carrión, zwischen Parque Municipal und Av. Bolognesi.

Ayahuasca, San Martín 130, Barranco, 💻 www.ayahuascarestobar.com. Coole aber teure Bar in einem restaurierten Haus aus dem 19. Jh. Große Auswahl an Cocktails auf Pisco-Basis und Snacks. 🕒 Sa–Mi ab 20, Do und Fr ab 18 Uhr.

Bar Ecológico El Trapiche, Grau 201, Barranco. Nette Bar, in der zu vorgerückter Stunde auch schon mal getanzt wird und die bekannt ist für ihre exotischen Dschungeldrinks. 🕒 Mo–Sa ab 18 Uhr.

El Dragón, Nicolas de Piérola 168, Barranco, 💻 www.eldragon.com.pe. Gute Disco mit unterschiedlicher Musik und einem gemischten Publikum. Auch Bar und Kulturzentrum. Eintritt 25 S/., Frauen gratis bis 23 Uhr. 🕒 Di–Sa ab 22 Uhr.

Juanito, Grau, an der Plaza. Bei Einheimischen beliebte Bierkneipe, die es seit 1937 gibt. Leckere Sandwiches. 🕒 tgl. 11–2 Uhr.

Sibaris Restobar, 28 de Julio 206B, Barranco. Beliebtes gemütliches Bistro, gutes Craft-Bier. 🕒 Di–So ab 12 Uhr bis spät.

Victoria Bar, Pedro de Osma 135, Barranco. Bar mit Tanzbereich in altem Kolonialhaus mit großem Garten, in dem man schön sitzen kann. Es gibt auch einfache Gerichte. 🕒 Di–So 19–3 Uhr.

Miraflores

Zahlreiche Bars/Discos liegen um den Parque Kennedy und entlang der Calle Berlin. Im Einkaufszentrum Larcomar gibt es ebenfalls die eine oder andere Bar oder Disco.

La Tasca, Diez Canseco 115 (beim Parque Kennedy), Miraflores. Kleine, oft randvolle Bar, die zur Backpacker-Kette Flying Dog (s. „Übernachtung“, S. 163) gehört und in der sich Touristen und Einheimische treffen. 🕒 tgl. ab 17 Uhr.

Tayta, Larco 437, 2. Stock (kleiner Eingang), Miraflores. Einfache Kneipe am Ovalo mit gemischtem Publikum, in der man auch etwas zu Essen bekommt. Manchmal Livemusik. 🕒 tgl. ab 19 Uhr.

Pueblo Libre

Antigua Taberna Queirolo, s. Kasten „Lima anders – Magdalena del Mar und Pueblo Libre“, S. 160

Kinos

Kinoinformationen finden sich täglich in den großen Tageszeitungen oder im Internet unter 💻 www.limaeasy.com. Dort sind auch Programmkinos und Kulturzentren mit Filmangebot aufgelistet. Di und/oder Do ist Kinotag mit ermäßigten Eintrittspreisen. Bekannte Kinoketten sind **Cineplanet**, 💻 www.cineplanet.com.pe, **Cinemark**, 💻 www.cinemark-peru.com, und **UVK Multicines**, 💻 www.uvkmulticines.com. Das laufende Programm findet sich unter dem Reiter *Cartelera*.

Livemusik

Bei den meisten Veranstaltungsorten Limas ist vor 22 Uhr nur wenig los. An und um die Plaza in Barranco befinden sich jede Menge Bars, in denen Livemusik gespielt wird.

Jazz Zone, Av. La Paz 656, Miraflores, ✆ 994273659, 💻 www.jazzzoneperu.com. Limas bekanntester und bester Jazzclub mit akzeptablem Restaurant, in dem man auch Blues, Rock und Comedy serviert bekommt. Reservierung sinnvoll. 🕒 tgl. ab 20 Uhr.

La Noche, Pasaje Sanchez Carrión 199, Barranco, 💻 www.lanoche.com.pe. Gemütliche Kneipe mit einem reichhaltigen

Angebot an Live-Rock und anderen Stilrichtungen. Montags Jazz-Jam-Night. ⌚ Bar tgl. ab 19 Uhr, Konzertbeginn meist ab 23 Uhr.
Posada del Ángel, Av. Pedro de Osma 164, Barranco. Livekonzerte, Pisco und Piqueos. ⌚ tgl. ab 19 Uhr.
Sargento Pimienta, Av. Bolognesi 757, Barranco, ✆ 01-2479096, 🖳 www.sargento pimienta.com.pe. Alteingesessene Rockbar, in der dienstagabends feinste Salsa aufgelegt wird. Regelmäßige Livekonzerte. ⌚ Di, Do–Sa ab 22 Uhr.

Peñas

Lima hat ein gutes Angebot an Peñas, traditionellen Folkloremusikkneipen – meist mit Restaurant. Reservierungen sind vor allem an Wochenenden und vor Feiertagen sinnvoll.
Damajuana, Av. República de Panama 240, Barranco, ✆ 01-2487547, 🖳 www.ladamajuana.com.pe. Buffet-Restaurant mit Tanzshow. ⌚ tgl. ab 19.30 Uhr, So auch Mittagessen mit Show 12.30–16 Uhr.
De Rompe y Raja, Manuel Segura 127, Barranco, ✆ 947308605, 🖳 www.derompeyraja.pe. Beliebte Peña mit gemischtem Programm.
Las Brisas del Titicaca, Jr. Héroes de Tarapacá 168, Lima (Querstraße zum Block 1 der Av. Brasil), ✆ 01-7156960, 🖳 www.brisasdeltiticaca.com. Kulturverein mit angeschlossenem Restaurant, der Mo–Sa Folkloreabende und gelegentlich Tanzshows zum Mittagessen veranstaltet. Die Eintrittskarten kann man auch bei Teleticket kaufen.
Sachún Restaurant Turístico, Av. del Ejercito 657, Miraflores, ✆ 01-4414465. Folkloredarbietungen aus ganz Peru und einheimische Küche. ⌚ Do–Sa ab 20.30 Uhr.

Theater

Gutes Theater wird auch in den verschiedenen Kulturzentren geboten (s. „Sonstiges", S. 177).
Gran Teatro Nacional, Av. Javier Prado Este 2225, San Borja (neben dem Kulturministerium), ✆ 01-7153659, 🖳 www.granteatronacional.pe. Schauspiel, Ballett und Folkloreabende im beeindruckenden, modernen Theatergebäude, das 2012 eröffnet wurde.
Teatro Municipal, Ica, Ecke Torrico, Lima, ✆ 01-6321705, Durchwahl 1762. Im 1915 erbauten Gebäude treten u. a. das Nationalballett, 🖳 www.balletmunicipal.com, und das Nationale Symphonieorchester auf.

EINKAUFEN

Bücher

Crisol, Av. Santa Cruz 816, Óvalo Gutiérrez, Miraflores, ✆ 01-2211010, 🖳 www.crisol.com.

Lima – die Schlemmerhauptstadt Südamerikas

Perus Starköche räumen auf internationalen Food-Festivals immer häufiger Preise ab – allen voran Gastón Acurio, 🖳 www.astridygaston.com, der – zusammen mit seiner deutschen Frau Astrid – ein millionenschweres Kochimperium aufgebaut hat. Peruaner sind stolz auf ihre Esskultur. Das zeigt sich im facettenreichen Speisenangebot, das man als Tourist nicht nur im Restaurant sondern auch auf kulinarischen Touren oder im Rahmen von Kochkursen kennenlernen kann.
Exquisito Perú, Larco 880, Miraflores, ✆ 961434979, 🖳 www.exquisitoperu.com. Mehrstündige kulinarische Entdeckungstouren (auch auf Englisch) durch die Altstadt von Lima oder in Barranco (dort auch vegane Tour). Transfer vom und zum Hotel inkl.
Lima Gourmet Company, Jr. Colina 107, Barranco, ✆ 01-4158159, 🖳 www.limagourmetcompany.com. Rund fünfstündige kulinarische Tour durch verschiedene Stadtteile, mit tollen Eindrücken für Auge und Gaumen, wahlweise tagsüber oder abends (auf Englisch und Spanisch). Transfer vom und zum Hotel inkl.
SkyKitchen, Enrique Palacios 470, bei 701 klingeln, Miraflores, ✆ 01-4468554, 🖳 www.skykitchen.pe. Dreistündiger Kochkurs auf Deutsch, Englisch oder Spanisch auf dem Dach eines Hochhauses in Miraflores.

Fair und bio einkaufen in Lima

© FRANK HERRMANN

In Perus Hauptstadt gibt es eine Reihe von lohnenden Adressen für den umweltbewussten und/oder sozial verträglichen Einkauf. Hier eine Auswahl:

BioFeria, Rückseite des Parque Reducto (Benavides, Ecke Paseo de la República). Hier erhält man jeden Samstag von 8–14.30 Uhr Bioprodukte wie Vollkornbrot, Eier, Honig, Kaffee, Obst, Gemüse etc. und kann sich an günstigen Snacks satt essen. Eine Alternativ ist die **Fería Ecológica de Barranco**, Av. San Martín, Block 7. ⌚ So 9–14 Uhr.

La Calandria, Av. 28 de Julio 206, Barranco. Bioladen mit Brot von Siete Enanos (s. u.). ⌚ Mo–Sa 9–20, So 13–19 Uhr.

Punto Orgánico, Av. La Mar 718, Miraflores, ☎ 01-2210966, 💻 www.puntoorganico.com. Bioladen mit sehr gutem Brot aus der Biobäckerei Siete Enanos (s. u.), frischem Gemüse, Obst und Milchprodukten. Auch Kochkurse und Workshops zu Ernährung. ⌚ Mo–Fr 9–18, Sa 9–15 Uhr.

Siete Enanos, Av. Guardia Peruana 1069, Chorrillos, ☎ 01-4671559. Deutsche Biobäckerei, die das beste Brot Limas herstellt (auch im Punto Orgánico und in La Calandria erhältlich, s. o.). 50 % der Einnahmen fließen in ein Projekt für Kinder mit Behinderungen. ⌚ Mo–Fr 7–13.30, 15–18.30, Sa 7–14 Uhr.

Samaca, Av. Tejada 510, Barranco. Der Bioproduzent aus der Umgebung von Ica (S. 380, Kasten „Bio aus der Wüste") führt eine nette Cafetería mit Verkaufsladen. ⌚ Mo–Sa 8–21, So 9–18 Uhr.

Vacas Felices, in den Bioläden Av. Grau 5, Barranco und Eléspuru 305, San Isidro. Außerdem auf den Ökomärkten in Miraflores und Barranco, ☎ 01-2645518, 💻 www.vacasfelices.com. Familienunternehmen, das Bioprodukte vertreibt. ⌚ Mo–Sa 8–20, So 10–18 Uhr.

pe. Sehr gut sortierter Buchladen mit Filialen in zahlreichen Einkaufszentren und anderen Städten Perus. ⌚ So–Do 10–23 Uhr, Fr, Sa bis Mitternacht.

Campingausrüstung

Camping Center, Benavides 1620, Miraflores, ☎ 01-4455981. ⌚ Mo–Fr 10.30–14 und 15–19, Sa 10–13 Uhr.

Tatoo Adventure Gear, Av. Prescott 295, San Isidro, ✆ 01-4211562. Moderner Outdoor-Laden, Trekkingschuhe bis Größe 44. ⌚ Mo–Sa 10–20.30, So 10–18 Uhr.

Einkaufszentren

Larcomar, Malecón de la Reserva 610, Miraflores, ✆ 01-6254343, 💻 www.larcomar.com. Modernes, an der Uferpromenade gelegenes Einkaufszentrum mit vielen Restaurants, Bars, Cafés, einem großen Kino, einem Büro von Perurail und einer Infostelle von I-Perú. Das Plus ist der schöne Blick auf die Bucht. ⌚ tgl. 11–22 Uhr, Kino und Bars/Restaurants länger.
Real Plaza Centro Cívico, Av. Garcilaso de la Vega 1337, Lima Altstadt, ✆ 01-6118200, 💻 www.realplaza.pe/centro-civico/portada. Großes Einkaufszentrum in der Altstadt. ⌚ tgl. 10–22 Uhr, Kinos und Restaurants länger.

Kunsthandwerk

Centro Artesanal „La Casona" Santo Domingo, Superunda 225-239, Lima. Gute Auswahl kunsthandwerklicher Produkte auf mehreren Etagen bei günstigen Preisen. ⌚ So–Fr 10–21 Uhr.
Dédalo, Paseo Sáenz Peña 295, Barranco, 💻 www.dedalo.pe. Ungewöhnlicher Designer- und Geschenkeladen sowie Kunstgalerie in einem. Auch wenn man nichts kaufen möchte, lohnt der Abstecher, mit Café im Inneren (s. „Essen/Barranco"). ⌚ Mo–Fr 10–20, Sa, So 11–19 Uhr.
Inka Market, Petit Thouars 5245, Miraflores, etwa 3 Blocks nördl. der Ricardo Palma. Bietet eine große Auswahl peruanischen Kunsthandwerks zu günstigen Preisen. Drumherum gibt es zahlreiche ähnliche Märkte. ⌚ tgl. 9–18 Uhr.

Mode und Alpaka-Wolle

Kuna, 💻 kuna.com.pe. Besitzt u. a. einen Laden im Einkaufszentren Larcomarund, bietet qualitativ hochwertige Produkte aus Alpaka- und Baby-Alpakawolle. ⌚ tgl.10–22 Uhr.
Lima Sustainable Concept Store, im Centro Comercial Jockey Plaza, Javier Prado Este 4200, Surco, 💻 Facebook. Erster Modeladen Limas, der nachhaltig produzierte Kleidung verschiedener Marken anbietet. ⌚ tgl. 11–22 Uhr.

Märkte

Alle Märkte haben tgl. von morgens bis abends geöffnet.

Gamarra ist ein textiles Einkaufsparadies mit rund 20 000 (!) Läden auf einer Fläche von rund 6x6 Straßenblocks im Stadtviertel La Victoria. Der Zugang erfolgt am besten über die Av. 28 de Julio im Norden. Die Anfahrt ist auch mit dem Tren Eléctrico möglich, Haltestelle „Gamarra". In Gamarra sollte man gut auf seine Sachen aufpassen (Taschendiebstahl), außerhalb besser ein Taxi nehmen.
Mercado Central, im Zentrum von Lima, einen Block östl. der Abancay, zwischen Huallaga und Ucayali. Obst, Gemüse und günstiges Essen.

Supermärkte

In so gut wie allen Supermärkten, die man in allen größeren Einkaufszentren findet, gibt es Geldautomaten und/oder Bankfilialen, Apotheke, Reise- und Airline-Büros sowie Vorverkaufsstellen für Konzerte etc. (siehe „Unterhaltung und Kultur", S. 170). In großen Supermärkten (Wong, Metro) kann mit US-Dollar in bar bezahlt werden. ⌚ tgl. von 8–22, manchmal bis 23 Uhr.
Metro, 💻 www.metro.com.pe.
Plaza Vea, 💻 www.plazavea.com.pe.
Vivanda, 💻 www.vivanda.com.pe.
Wong, 💻 www.wong.com.pe.

AKTIVITÄTEN UND TOUREN

Bootstouren zu den Islas Palomino

Ganz in der Nähe von Lima kann man Meeresvögel bestaunen und mit Robben schnorcheln (S. 184).

Gleitschirmfliegen

Bei entsprechenden Windverhältnissen werden in der Nähe des Leuchtturms im **Parque Raimondi**, Miraflores, Tandemflüge angeboten. An Wochenenden ist besonders viel los, dann heißt es warten oder vorab reservieren. Die Flüge können vor Ort gebucht werden. Weitere Orte zum Gleitschirmfliegen befinden sich auf

LIMA

Lima mit Kindern

Bootstour zu den Islas Palomino. Robben und Seevögel aus nächster Nähe erleben (S. 184).
Circuito Mágico de Agua. Ein Besuch der Springbrunnen und Wasserfontänen (Badesachen, Handtuch und Wechselkleidung mitnehmen) lohnt vor allem von Dezember bis April (Kasten S. 155).
La Granja Villa Sur, Av. Alameda del Premio Real 397, Los Huertos de Villa, Chorrillos, 01-7177771, www.lagranjavilla.com. Freizeit- und Vergnügungspark beim Vogelschutzgebiet Pantanos de Villa (S. 183). tgl. 10–18 Uhr, Eintritt 50 S/., Kinder bis 80 cm Körpergröße gratis.
Parque de las Leyendas, Av. Las Leyendas 580, San Miguel, 01-7179878, www.leyendas.gob.pe. Der zoologische Garten ist in die wichtigsten drei peruanischen Landschaftszonen unterteilt, in denen man sich die Tierwelt von Costa, Sierra und Selva anschauen kann. tgl. 9–17 Uhr, Eintritt 15 S/., Kinder (3–12 Jahre) 8 S/.
Parque Zoológico Huachipa, etwas außerhalb in der Av. Las Torres s/n im Stadtviertel Ate Vitarte, 01-3563141, www.zoohuachipa.com.pe. Eine gute Alternative, um allerlei unterschiedliche Tiere anzuschauen. tgl. 9–17.30 Uhr, Eintritt Zoo und Aquarium 19 S/., Sa, So, Feiertage 21 S/., Kinder (2–12 J.) 12–14 S/.

dem Cerro San Cristobal, in Lurin und Pachacamac, außerdem in Paracas.

Radfahren

Siehe „Stadtbesichtigungen".

Reisebüros

Zahlreiche **Reisebüros** findet man entlang der Av. Pardo, Miraflores.
Limavisión, Jr. Chiclayo 444, Miraflores, 01-4477710, www.limavision.com. Langjähriger Anbieter für halb- und ganztägige Touren in Lima und Umgebung, auch nächtliche Spaziergänge.
Rutas del Peru, Enrique Palacios 1110, Miraflores, 01-4445405, www.rutasdelperu.com. Umfangreiches Angebot von Stadtbesichtigungen, Tagestouren in der Umgebung Limas bis hin zu mehrtägigen Abenteuertouren. Die Chefin Gisela Woyke spricht Deutsch.

Sprachschulen

Academia de Quechua Yachay Wasi, Psje. Mar del Caribe 232, Urb. Benjamín Doig Lossio, La Perla, Callao, 01-989860307, quechuayachaywasi@gmail.com. Quechua-Sprachschule.
Escuela de Español El Sol, Grimaldo del Solar 469, Miraflores, 01-2427763, elsol.idiomasperu.com.
Spanisch in Peru, Manuel de Amat y Juniet 103, Urb. La Virreyna, Santiago de Surco, 969137823, http://lernspanisch-peru.de. Kleines deutsch-peruanisches Schulprojekt. Unterbringung mit Verpflegung bei einer Gastfamilie im Stadtteil Santiago de Surco, wo auch der Unterricht stattfindet. Das Geld kommt komplett der Gastfamilie und den weiteren daran beteiligten Personen (Lehrkraft, Putzhilfe etc.) zugute.

Stadtbesichtigungen

Aktiv

Bike Tours of Lima, Bolívar 150, Miraflores, 01-935679594, www.biketoursoflima.com. Bietet u. a. Touren durch die Altstadt oder entlang der Bucht. Außerdem stehen geführte Stadtrundgänge sowie Jogging-Touren auf dem Programm, s. www.limarunningtours.com.
Weitere Anbieter sind **LimaBici**, Av. Larco 812, Miraflores, www.limabici.com, **Mirabici Peru**, Parque Alfredo Salazar, am Larcomar, Miraflores, www.mirabiciperu.pe und **Peru Bike**, Punta Sal 506, Surco, www.perubike.com.

Auf Deutsch

Alois Kennerknecht, 998906636, ecoalke@gmail.com. Veranstaltet eine alternative Stadtrundfahrt mit Führung durch die *Pueblos jovenes*, die Armenviertel Limas.

(Fast) gratis

Lima by Walking, ✆ 940397914, 💻 www.limabywalking.com. Kostenlose Führung (Trinkgeld erwünscht) durch die Altstadt, Miraflores und Barranco; Treffpunkte und Zeiten, s. Webseite. Die Guides tragen hellblaue Westen.

Im Bus

Mirabus, 💻 www.mirabusperu.com, und **Turibus**, 💻 www.turibusperu.com, offerieren unterschiedliche Stadtrundfahrten auf Englisch und Spanisch in oben offenen Doppeldeckerbussen. Mirabus fährt beim Infokiosk in der José Olaya 190 ab und Turibus startet vom Einkaufszentrum Larcomar. Abholung vom Hotel gegen Aufpreis bei Turibus möglich.

Klettern

Pirqa, José Galvez 360, Miraflores, ✆ 01-2432470, 💻 www.pirqa.com. Kleine Kletteroase, hohe Kletterwand, Laden für Ausrüstung und Café mit Vintage-Möbeln. ⏲ Mo–Fr 14–22.30 (Jan/Feb ab 10.30 Uhr), Sa, So 10–20 Uhr.

Surfen

An den Stränden Limas, vornehmlich in Miraflores und Barranco wird täglich, vor allem aber an Wochenenden, gesurft.

Pukana Surfing School, Playa Makaja, beim Restaurant Rosa Nautica, ✆ 997654166, 💻 www.pukana-surf.com. Kurse und Verleih von Surfbrettern.

Ssuks Surf Shop, Enrique del Horne 174, Barranco, ✆ 965890641, 💻 www.ssuks.com. Kompletter Surfladen, der Ausrüstung für Wellenreiten, Bodyboarding, Kitesurfen und Stand Up Paddling anbietet. Außerdem Kurse und Touren. ⏲ Mo–Sa 10.30–13, 14–20 Uhr.

Wandern

Club de Mochileros Perú, 💻 www.clubdemochilerosperu.com. Wanderungen und Felsklettern in der Umgebung Limas.

Yoga

Lima Yoga, José Gonzales 181, Miraflores, ✆ 01-4443726, 💻 www.limayoga.com. Bekannte Yogaschule mit weiteren Übungsräumen in Miraflores, San Isidro, Surco, La Molina und Magdalena del Mar.

SONSTIGES

Automobilclub

Touring y Automóvil Club del Perú, S. 77.

Autovermietungen

Avis Rent a Car, 💻 www.avis.com.
Budget Car Rental, 💻 www.budgetperu.com.
Hertz / Inkas rent a car, 💻 www.inkasrac.com.
Sixt, 💻 www.sixt.com.pe.
Zügig Rent a Car, 💻 www.zugig.pe.

Botschaften und Konsulate

Bolivien, Los Castaños 235, San Isidro, ✆ 01-4402095, 💻 www.boliviaenperu.com.

Brasilien, Av. José Pardo 850, Miraflores, ✆ 01-5120830, 💻 http://lima.itamaraty.gov.br.

Chile, Javier Prado Oeste 790, San Isidro, ✆ 01-7102211, 💻 http://chile.gob.cl/peru/en.

Deutschland (Embajada de la República Federal de Alemania), Dionisio Derteano 144, Edificio Alto Caral, 7. und 8. Stock, San Isidro, Lima 27, ✆ 511-2035940, Notfall-Handy ✆ 0051-997576200, 💻 www.lima.diplo.de. ⏲ Mo–Do 8–16.30, Fr 8.30–13.30 Uhr.

Ecuador, Las Palmeras 356, San Isidro, ✆ 01-2124027, 💻 http://peru.embajada.gob.ec.

Kolumbien, Av. Víctor Andrés Belaúnde, 340 Of. 602, San Isidro, ✆ 01-2019830, 💻 http://peru.embajada.gov.co.

Österreich (Embajada de Austria), Av. República de Colombia 643, 5. Stock, San Isidro, Lima 27, ✆ 511-4420503, Notfall-Handy ✆ 0051-997376645, 💻 www.bmeia.gv.at/oeb-lima. ⏲ Mo–Fr 10–12 Uhr.

Schweiz (Embajada de Suiza), Av. Salaverry 3240, San Isidro, Lima 27, ✆ 511-2640305, 💻 www.eda.admin.ch/lima. ⏲ Mo–Fr 9–12 Uhr.

Deutsche Organisationen

Colegio Peruano Alemán-Deutsche Schule Alexander von Humboldt, Benavides 3081, Miraflores, ✆ 01-6179090, 💻 www.colegio-humboldt.edu.pe.

Colegio Waldorf Lima, Av. José Antonio 125, Urb. Parque de Monterrico, La Molina, ✆ 01-4365455, 💻 www.waldorf-lima.edu.pe.
Deutsch-Peruanische Industrie- und Handelskammer, Camino Real 348, Of. 1502, San Isidro, ✆ 01-4418616, 💻 peru.ahk.de.
Deutsche Gesellschaft für Internationale Zusammenarbeit (GIZ), Av. Prolongación Arenales 801, Miraflores, ✆ 01-7043532, 💻 www.giz.de.
Evangelisch-Lutherische Gemeinde, Monte Casino 190, Surco, ✆ 01-4424452, 💻 www.ev-kirche-peru.org.
Goethe-Institut, s. Kulturzentren.
Katholische Gemeinde San José, Dos de Mayo 259, Miraflores, ✆ 01-4471881, 💻 www.sanjoselima.org.

Feste

18. Januar: Tag der Stadtgründung, am Vorabend Konzert auf der Plaza Mayor.
28. Juli: Nationalfeiertags (Fiestas Patrias), Militärparade auf der Plaza Mayor.
1. Sonntag im August: Patronatsfest zu Ehren der Virgen Shoquita, María de la Asunción, mit Umzügen, Prozessionen und Andentänzen in der Iglesia San José de Barrios Altos.
30. August: Prozession zu Ehren der Schutzpatronin Limas, der heiligen Santa Rosa de Lima.
18. Oktober: Großprozession mit mehreren Hunderttausend Gläubigen zu Ehren des Señor de los Milagros, des Herrn der Wunder.

Geld

Geldwechseln geht in Wechselstuben *(Casas de Cambio)* am schnellsten. Wer nur einen kleinen Betrag tauschen muss, greift auf offizielle Geldwechsler vor den Banken zurück. In den Banken ist der Kurs etwas schlechter und man wartet meist länger. Der Kursunterschied zwischen den einzelnen Bankketten ist minimal. Große Scheine kann man gut an Tankstellen *(Grifos)* wechseln.

Banken

Banco Continental BBVA, 💻 www.bbvabancocontinental.com,
Banco de Crédito BCP, 💻 www.viabcp.com,
Interbank, 💻 www.interbank.com.pe,
Scotiabank, 💻 www.scotiabank.com.pe.

Geldtransfer

Western Union, 💻 www.westernunion.com.pe,
Money Gram, 💻 www.moneygram.com

Kreditkarten

Mastercard, Av. Camino Real 456, Torre Real, Piso 16, Of. 1603, San Isidro, ✆ 01-4421661 und 0-800-50587. Partnerbank ist die Scotiabank (s. o. „Banken", auch für **MaestroCard/GiroCard**).
Visa, Pardo 831, 10. Stock, ✆ 01-614800, www.visanet.com.pe. Vertreter von Visa in Peru ist u. a. Interbank (s. o. „Banken").

Wechselstuben

In Miraflores gibt es Wechselstuben entlang der José Pardo, Nähe Óvalo de Miraflores. In der Altstadt von Lima finden sich zahlreiche Wechselstuben im und um den Block 2 der Ocoña.
Sperrnummern, S. 57.

Informationen

Tourismusbüros

Oficina Municipal de Información Turística, Nicolas de Rivera 145, hinter dem Rathaus (Municipalidad), Lima, ✆ 01-6321542. 🕒 Mo–Fr 8–18, Sa, So 9–18 Uhr.
I-Perú, Jorge Basadre 610, San Isidro, ✆ 01-42 11627, 💻 www.peru.travel. 🕒 Mo–Fr 9–18 Uhr, auch Büros am Flughafen, ✆ 01-5748000, 🕒 tgl. 24 Std.
I-Perú, Centro Comercial Larcomar, Plaza Gourmet, Nivel 1, Stand 211, Miraflores, ✆ 01-2340340. 🕒 tgl. 10–21 Uhr.
An der Benavides, Ecke Larco und im Parque Kennedy von Miraflores befindet sich je ein **Infostand** der Stadtverwaltung, ✆ 01-6177272, Durchwahl 7259, 🕒 tgl. 9.30–18 Uhr.
Información Turística de la Municipalidad de Barranco, am Parque Municipal im alten Bibliotheksgebäude, ✆ 01-7192046, 💻 www.munibarranco.gob.pe. 🕒 Mo–Sa 9–17.30, So 14–18.30 Uhr.

Kulturministerium

Das **Ministerio de Cultura**, Av. Javier Prado Este 2465, San Borja, ✆ 01-6189393, 💻 www.

cultura.gob.pe, hat Ableger im ganzen Land und ist für die Verwaltung staatlicher Museen und archäologischer Stätten zuständig.

Nationalparkbehörde
SERNANP (Servicio Nacional de Áreas Naturales Protegidas por el Estado), Calle Diecisiete 355, Urb. El Palomar, ✆ 01-7177500, 💻 www.sernanp.gob.pe. Staatliche Naturschutzorganisation, die Nationalparks verwaltet. ⏲ Mo–Fr 8.30–16.30 Uhr.

Verbraucherschutz
Wer Probleme mit Reiseveranstaltern, Fluglinien, Hotels, Zoll, Polizei etc. bekommt, kann sich bei I-Perú am Flughafen, ✆ 01-5748000, oder bei **INDECOPI** (Instituto de la Libre Competencia y de la Protección de la Propriedad Intelectual), La Prosa 104, San Borja, Lima, ✆ 01-2247777, 💻 www.indecopi.gob.pe, beschweren. Die Hotline des Beschwerdebüros ist rund um die Uhr besetzt und der Operator spricht auch Englisch. ⏲ Mo–Fr 8.30–16.30 Uhr.

Internet

Mehrere Internetcafés liegen in der Fußgängerzone Tarata, zwischen Shell und Benavides, Miraflores.

Karten

Instituto Geográfico Nacional, Av. Aramburú 1184, Surquillo, ✆ 01-4753030, 💻 www.ign.gob.pe. Erhältlich sind (oft veraltete) Landkarten im Maßstab 1:250 000, 1:100 000 und 1:25 000. Von einigen Karten bekommt man nur Kopien. ⏲ Mo–Fr 8.30–17 Uhr.
Empfehlenswert sind die Stadtpläne von **Lima 2000**, Av. Arequipa 2625, Lince, ✆ 01-4403486, 💻 www.lima2000.com.pe, ⏲ Mo–Fr 9–15 Uhr.

Kulturzentren

Instituto Goethe, Jr. Nazca 722, Jesús María, ✆ 01-4333180, 💻 www.goethe.de/lima.
Centro Cultural de España, Natalio Sánchez 181, Höhe Block 6 der Av. Arequipa, Santa Beatriz, ✆ 01-3300412, 💻 www.ccelima.org.
Instituto Cultural Peruano Norteamericano, Hauptbüro in der Angamos Oeste 160, Miraflores, ✆ 01-7067001, 💻 www.icpna.edu.pe. Bieten auch Spanisch-Sprachkurse.

Medizinische Hilfe

Clínica Anglo-Americana, Alfredo Salazar 350, San Isidro, ✆ 01-6168900, 💻 www.clinicaanglo americana.com.pe.
Clínica Ricardo Palma, Av. Javier Prado Este 1066, ✆ 01-2242224, 💻 www.crp.com.pe.
Wer für längere Zeit ins Amazonasgebiet reist und/oder zwischen Brasilien, Bolivien und Peru pendelt, kann sich in Krankenhäusern und bei folgenden Stellen gegen **Gelbfieber** (S. 58) impfen lassen (mindestens 10 Tage vor dem geplanten Aufenthalt): **Aeropuerto Internacional Jorge Chávez**, im Erdgeschoss, rechte Seite unterhalb der Rolltreppe zu den Abflugterminals, ✆ 01-5751745, ca. 85 S/., ⏲ tgl. 24 Std., und **Centro de Vacunación Internacional**, Av. del Ejército 1756, San Isidro, ✆ 01-2646889, ⏲ Mo–Fr 8–15, Sa 8–14 Uhr.
Die deutsche Botschaft hält eine Liste **deutschsprachiger Ärzte** bereit. Notfalltelefon der Botschaft, tgl. 7.30–24 Uhr, ✆ 997576200.

Polizei

Policia Nacional del Perú – Dirección de Turismo y Protección del Ambiente (Touristenpolizei), General Vidal 230, Miraflores, ✆ 01-7156553. ⏲ 24 Std.

Post

Serpost, Filialen und ihre Öffnungszeiten unter 💻 www.serpost.com.pe, s. unter „Red de oficinas".

Sport

Fußball: Erstligaspiele und Länderspiele finden im Estadio Nacional statt. Tickets: **Teleticket**, 💻 www.teleticket.com.pe, und **Tu entrada**, 💻 www.tuentrada.com.pe.
Hallenbad: Asocación Jesús Reparador, Libertad 151, Miraflores, ✆ 01-4893999.
Tauchen: Peru Divers, Av. Defensores del Morro 175 (ex-Av. Huaylas) Chorrillos L-09, ✆ 01-2516231, 💻 www.perudivers.com.
Gleitschirmfliegen, **Radeln**, **Trekking**, **Klettern** und **Surfen**, s. „Touren" S. 173.

NAHVERKEHR

Lima besitzt außer einem Schnellbussystem und der 2012 in Betrieb genommen Hochbahnlinie kein Massentransportmittel. Der öffentliche Nahverkehr wird teils privat, teil von der Stadt organisiert in Bussen, Kleinbussen, Taxis und in einigen Stadtvierteln auch von Mototaxis abgewickelt. Inzwischen halten sich viele **Busse** an feste Haltestellen – zumindest dort, wo die Polizei den Verkehr überwacht. Man wird allerdings auch oft mitgenommen, wenn man sich einfach an den Straßenrand stellt und ein Handzeichen macht.

Auf den Hauptverkehrsachsen der Stadt verkehren Transportmittel im Sekundentakt. Das Fahrtziel, das an der Frontscheibe angeschrieben steht, wird zudem zusätzlich lauthals vom **Helfer des Fahrers**, dem *Ayudante* oder *Cobrador*, ausgerufen. Während der Rushhour *(Hora pico)* von 7–9 und 18–20 Uhr sind die meisten Fahrzeuge voll. Wer in Lima größere Entfernungen mit Bussen zurücklegt, sollte genügend Zeit einplanen und mit kleinem Gepäck reisen. Kleingeld ist ratsam!

Für die Planung von Fahrten mit dem Bus in Lima ist die App **Moovit**, 💻 https://moovitapp.com, hilfreich.

Sistema Metropolitano de Transporte

€ Der **Metropolitano**, ein gasbetriebenes Schnellbussystem, verbindet tgl. zwischen 5.20 und 23 Uhr die Stadtbezirke Chorrillos im Süden (Terminal Sur Matellini) mit Independencia im Norden (Terminal Norte). Die Strecke verläuft zu einem Großteil entlang der Hauptverkehrsader Paseo de la República (auch Vía Expresa genannt) und führt durch die Innenstadt von Lima. Haupthaltestelle ist die unterirdisch gelegene **Estación Central**, in der sich die Route vorübergehend in zwei Arme aufteilt (Route A und B, siehe Webseite,

Preise Busse, Colectivos und Combis

Normalstrecke (innerhalb der Stadt): 1–1,50 S/.
Langstrecke (innerhalb der Stadt): 1,50–2 S/.
In die Außenbezirke: 2 S/. und mehr.

Fahrpreis 2,50 S/.). Zum Bezahlen muss man an einem Automaten an den Haltestellen eine **Chipkarte** *(Tarjeta inteligente)* kaufen, die man dann am Drehkreuz entwertet (5 S/., auch gültig für die Metro). Sie lässt sich an den Automaten mit Münzen oder Scheinen (kein Rückgeld!) aufladen. Wer es eilig hat und zu einer der Haupthaltestellen möchte, sollte den schnelleren **Expreso** nehmen. Informationen zu Routenverlauf, Abfahrtzeiten etc. stehen unter 💻 www.metropolitano.com.pe. Ein Bus verbindet die Estación Central des Metropolitano mit der Estación Grau der Metro.

Metro de Lima

Die 2012 eingeweihte **S-Bahn (Tren Eléctrico)** ist für Reisende von geringer Bedeutung, da sie östl. der Touristenzonen Miraflores, San Isidro und Barranco verläuft. Die S-Bahnlinie **Metro de Lima L1** verbindet die Stadtbezirke San Juan de Lurigancho im Norden mit Villa El Salvador im Süden. Dazwischen liegt die Station Lima Altstadt. Der Preis für eine Fahrt beträgt 1,50 S/. (bezahlt wird mit einer Chipkarte (5 S/.). Die Bahn verkehrt tgl. von 6–22 Uhr alle 15 bzw. 20 Min. (genaue Fahrtzeiten s. 💻 www.lineauno.pe).

Busse und Kleinbusse

Die wendigen Kleinbusse, **Combis** genannt, wurden auf einigen Strecken durch die blauen Busse des Sistema Integrado de Transporte (SIT) ersetzt. Sie arbeiten mit festangestellten Busfahrern, ordentlichen Fahrzeugen und festgelegten Haltestellen – ein Novum für viele Hauptstädter. Die blauen Busse verkehren im sogenannten *Corredor Azul*, auf den aufeinanderfolgenden Avenidas Arequipa, Garcilazo (Wilson) und Tacna, die Limas Altstadt mit dem Stadtteil Miraflores verbinden. Seit 2016 verkehren weitere Busse Richtung San Isidro und Barranco. Neu eröffnet wurde außerdem der *Corredor Rojo*: Hier fahren Busse zwischen La Molina (Òvalo Huarochiri) und San Miguel (Av. Elmer Faucett) sowie zwischen San Miguel und Cercado de Lima (via Universitäten San Marcos und Católica). Die Busse auf dem Corredor Azul verkehren Mo–Sa 5–24,

Hop on, Hop off – nur bedingt empfehlenswert!

Busfahrten mit flexiblem Zu- und Aussteigen ermöglicht **Peru Hop**. Auf der Strecke Lima – Paracas – Huacachina (Ica) – Nasca – Arequipa – Puno – Cusco (s. auch „Cusco/Transport", S. 238) können Fahrgäste unbefristete Stopps einlegen (das Ticket ist ein Jahr gültig). Von Cusco fahren die Busse bis nach Copacabana und La Paz (Bolivien, ab der Grenze geht es weiter mit Bolivia Hop). Die Busse für die Weiterfahrt verkehren auf der Strecke regelmäßig alle 2 Tage. Im Preis enthalten sind die Abholung vom Hostel, die eine oder andere Tour und ein englischsprachiger Guide, der Hostels für die Übernachtung empfiehlt (Unterkunft und weitere Touren können hinzugebucht werden). Adressen der Büros und Abholpunkte in Lima, Cusco und La Paz, s. Webseiten, 💻 www.peruhop.com, www.boliviahop.com.
Diese ziemlich überteuerte Art des Reisens, vorbei an Land und Leuten, ist am ehesten für sehr sicherheitsbedachte Traveller ohne Sprachkenntnisse geeignet. Die angebotenen Busstrecken und Touren lassen sich auch problemlos vor Ort für viel weniger Geld organisieren.

So 5–23 Uhr, auf den Corredores Rojo Mo–So 5–23 Uhr, 1,50 S/. Da die Av. Arequipa im Rahmen des *Ciclodía*, einer fahrradorientierten Initiative der Stadtverwaltung, immer sonntags bis 13 Uhr für motorisierte Fahrzeuge gesperrt ist, verkehren die blauen Busse in diesem Zeitraum in den Parallelstraßen, den Avenidas Arenales und Petit Thouars.

Taxis

Die Taxis in Lima (und in ganz Peru) besitzen keinen Gebührenzähler. Der Preis ist Verhandlungssache und sollte immer *vor* der Fahrt ausgehandelt werden. Die meisten Taxis sind mehr oder weniger legale Ein-Mann-Betriebe, aber es gibt auch Ruftaxis, die zu einem offiziell registrierten Unternehmen gehören. Wer eine längere Strecke mit Gepäck fährt (z. B. zum Flughafen, s. Kasten S. 182), sollte auf Ruftaxis oder vom Hotel empfohlene Taxis zurückgreifen. Wer nach Lima anreist, sollte idealerweise den Transfer zum Hotel mitbuchen. Eine kurze Fahrstrecke innerhalb eines Stadtteils kostet rund 6 S/., eine längere Strecke 7–15 S/. Nach 22 Uhr steigen die Preise um 30–50 %.
Ruftaxis (24-Std.-Service):
Taxi 24 Horas, ☎ 01-4791155, 💻 www.taxi24horas.com.pe.
Wer sein Taxi gerne online bestellt kann dies über die Apps von **Easy Taxi**, 💻 www.easytaxi.com/pe/home, oder **Beat**, 💻 https://thebeat.co/pe, tun.

TRANSPORT

Busse

In Lima gibt es außer dem **Busbahnhof Terminal Norte** im Norden der Stadt, der für Touristen kaum Bedeutung hat, keinen zentralen Busbahnhof. Alle **Busgesellschaften besitzen eigene Terminals**. Da die Abfahrtsorte teilweise in unsicheren Gegenden der Stadt liegen, empfiehlt sich besonders frühmorgens und spätabends die An- und Abfahrt per Taxi. Wer die Gelegenheit hat, sollte sich seine Fahrkarte mindestens einen Tag vor dem gewünschten Fahrtermin besorgen. Dies gilt ganz besonders für die Weihnachtszeit, Neujahr, die Osterwoche und die Tage um die Fiestas Patrias (Unabhängigkeitsfeier am 28. Juli). Dann sind die Busse schon tagelang vorher restlos ausgebucht.
In den jeweiligen Busterminals sollte man gut auf sein Gepäck aufpassen. Bei den großen Busunternehmen geben die Passagiere ihr Gepäck vor der Abfahrt ab und erhalten einen Beleg (gut aufbewahren).
Bustickets bekommt man an den Schaltern der jeweiligen Busterminals, bei vielen Reisebüros und online, entweder über die Websites der bekannteren Buslinien oder über die Apps **Redbus**, 💻 www.redbus.pe, oder **Recorrido**, 💻 www.recorrido.pe.

Nationale Busunternehmen

Da einige Unternehmen verschiedene Büros und Terminals in Lima haben, sollte man immer nachfragen, von wo genau der Bus abfährt! Bei Touristen beliebt sind die sicheren und gut mit dem Taxi zu erreichenden Busterminals von Cruz del Sur, móvilbus, Excluciva und Tepsa, die fast nebeneinader an der Javier Prado (Block 10 und 11) liegen. Einige Busgesellschaften unterhalten Terminals im Südosten des Distrikts Lima sowie im Nordwestteil des angrenzenden Distrikts La Victoria.

LIMA

Besonders für **Nachtfahrten** bieten sich die teureren, besser ausgestatteten Busse an (nachfragen, welchen Neigungswinkel die Sitze haben; zum Schlafen gut geeignet sind 160 und 180 Grad, die von vielen Unternehmen angeboten werden). Ein *Bus Cama* ist ein Bus mit Liegesitzen. Bei zweistöckigen Bussen sind im unteren Bereich die besseren, aber teureren Sitzplätze untergebracht.

Die besten und zuverlässigsten Busunternehmen Perus sind Cruz del Sur, móvilbus und Oltursa.

Civa, Av. Paseo de la República 569, La Victoria, ✆ 01-4181111, 💻 www.excluciva.pe. Zahlreiche Reiseziele landesweit. Die Luxusbusse (Exclusiva) fahren in der Jr. Prado Este 1155 ab (Nähe Cruz del Sur).

Cruz del Sur, Javier Prado Este 1109, San Isidro, Info-Hotline und kostenlose telefonische Ticketbestellung in Lima und vielen Großstädten unter ✆ 01-3115050, 💻 www.cruzdelsur.com.pe. Sehr gute Busse und ebenso guter Service. Siehe auch „Internationale Buslinien". Tickets sind in vielen Reisebüros oder in den Supermärkten Wong und Metro (Teleticket) erhältlich. Online-Buchung möglich.

Flores, Paseo de la República 627 und 683, La Victoria. Busse mit Liegesitzen fahren von der Montevideo 523 in La Victoria ab; Kontakt und Ticket-Lieferservice ✆ 01-4800725, 💻 www.floreshnos.pe. Zahlreiche Reiseziele landesweit. Die billigen Busse meiden!

Línea, Paseo de la República 941-959, La Victoria, ✆ 01-4240836, 💻 www.linea.pe. Nordperu-Spezialist.

móvilbus, Paseo de la República 749, La Victoria, Lima, und Javier Prado Este 1093 (Nähe Cruz del Sur), ✆ 01-7168000, 💻 www.moviltours.com.pe. Sehr empfehlenswerte Buslinie mit landesweiten Verbindungen.

Oltursa, Aramburú 1160, Miraflores, ✆ 01-7085000 (Call Center Lima und kostenlose Ticketbestellung), 💻 www.oltursa.pe. Hervorragende Busqualität und sehr guter Service (u. a. WLAN an Bord). Dementsprechend teuer. Fahrtziele entlang der Pazifikküste bis zu den jeweiligen Grenzen, aber auch Huaraz, Cusco, Huancayo.

Soyuz/PerúBus, Abfahrtsterminal: Av. México 333, La Victoria; Ankunftsterminal schräg gegenüber der Av. México 280, ✆ 01-2052370, 💻 www.soyuzonline.com.pe und 💻 www.perubus.com.pe. Sie fahren Richtung Süden bis Ica und Richtung Norden bis Huacho.

Tepsa, Javier Prado Este 1091, La Victoria, Informationen und telefonische Ticketbestellung ✆ 01-617-9000, 💻 www.tepsa.com.pe. Weitverzweigtes Netz in Süd- und Nordperu.

Turismo Central, Av. Nicolas Arriola 515, La Victoria, ✆ 01-4727565 und Av. Luna Pizarro 442, ✆ 01-3302676, 💻 www.turismocentral.com.pe. Auf Zentralperu spezialisiert.

Internationale Buslinien

Caracol, Terminal Plaza Norte, Tupac Amaru, Ecke Tomas Valle, Local 120, ✆ 01-4311400, 💻 www.perucaracol.com. Fährt nach Argentinien, Brasilien, Bolivien, Chile und Paraguay.

Cata Internacional, Terminal Flores, 28 de Julio 1204, Ecke José Gálvez, La Victoria, ✆ 01-7344883, 💻 www.catainternacional.com. Fährt von Lima über Chile nach Buenos Aires (Argentinien).

Cruz del Sur, Javier Prado Este 1109, La Victoria, Info-Hotline sowie kostenlose telefonische Ticketbestellung (nur in Lima) unter ✆ 01-3115050, 💻 www.cruzdelsur.com.pe. Fährt nach Argentinien, Chile, Ecuador und Kolumbien.

Nationale Verbindungen

Die angegebenen Fahrzeiten sind Durchschnittswerte. Sie können vor allem bei Langstrecken um einige Stunden variieren und in der Regenzeit deutlich länger ausfallen. Auf den Hauptrouten zwischen den Großstädten verkehren ständig Busse. Je kleiner der Ort, desto seltener die Busverbindung.

2 HIGHLIGHT Mit der Eisenbahn ganz hoch hinaus

Vom ersten Spatenstich am 1. Januar 1870 dauerte es ganze 38 Jahre, bis der erste Zug auf der Strecke Lima–Huancayo verkehrte. Am 22. September 1908 war die **technische Meisterleistung** vollbracht, deren 68 Tunnel, 61 Brücken und 6 Zickzack-Anstiege es ermöglichen, von Meereshöhe in das 346 km Schienenkilometer entfernte Huancayo im zentralen Hochland auf 3271 m Höhe zu gelangen. Unterwegs wird mit der Station Galera auf 4781 m der **höchste Bahnhof der Welt** passiert. Noch immer dient die Zugverbindung zum Transport von Erzen und Mineralien von den Minen in La Oroya und Umgebung nach Lima. Nur noch selten wird der Zug für touristische Fahrten eingesetzt: Zwischen April und November findet meist nur noch eine Fahrt pro Monat statt (hin jeweils freitags, zurück ab Huancayo jeweils sonntags). Abfahrtsort für die rund 12-stündige Zugfahrt ist die Estación de Desamparados in der Javier Ancash im Zentrum von Lima (Abfahrt 7, Ankunft 19 Uhr). Die Route führt über GALERA (4781 m) und LA OROYA (3726 m) nach HUANCAYO (3271 m). Veranstaltet werden die Zugfahrten von **Ferrocarril Central Andino**, Av. Circunvalación Golf Los Incas, Edif. More, Of. 302, Surco, ✆ 01-3905858, Durchwahl 222 und 216, 💻 www.fcca.com.pe. Dort oder über die Teleticket-Büros in allen Wong- und Metro-Supermärkten bekommt man die mittlerweile leider völlig überteuerten Fahrkarten: je nach Klasse (Clásico oder Turístico) 500-750 S/. (einfach) bzw. 700–1000 S/. (Hin- und Rückfahrt). Tipp: Nur die günstigere Rückfahrt ab Huancayo buchen, denn die kostet „nur“ zwischen 311 und 520 S/.!

LIMA

ABANCAY (u. a. Cruz del Sur, Oltursa, Civa, móvilbus, Tepsa) 15 Std. (903 km).
AREQUIPA (u. a. Oltursa, Cruz del Sur, Civa, Flores, Tepsa) 14 Std. (1003 km).
AYACUCHO (u. a. Cruz del Sur, móvilbus, Tepsa, Excluciva) 9–9 1/2 Std. (565 km).
CAJAMARCA (u. a. Cruz del Sur, Civa, móvilbus, Tepsa) 14–15 Std. (860 km).
CHACHAPOYAS (u. a. Civa, móvilbus) 22–23 Std. (1198 km).
CHICLAYO (u. a. Civa, Cruz del Sur, Oltursa, móvilbus) 12 Std. (770 km).
CUSCO (u. a. Cruz del Sur, Oltursa, móvilbus, Civa) über ABANCAY (18–22 Std., 1154 km) oder AREQUIPA (26 Std., 1520 km, Buswechsel in Arequipa).
HUANCAYO (u. a. Cruz del Sur, Oltursa, móvilbus) 7–7 1/2 Std. (300 km).
HUARAZ (u. a. Cruz del Sur, Oltursa, móvilbus, Excluciva) 8 Std. (400 km).
ICA (u. a. Cruz del Sur, móvilbus, Soyuz/ Perúbus) 4 Std. (300 km).
LA MERCED (u. a. móvilbus) 8–9 Std. (305 km).
MÁNCORA (u. a. Cruz del Sur, Oltursa, Excluciva) 15–18 Std. (1165 km).
NASCA (u. a. Cruz del Sur, móvilbus, Flores, Oltursa) 7 Std. (446 km).
OXAPAMPA (u. a. móvilbus) 12 Std. (384 km).
PARACAS (u. a. Cruz del Sur, Oltursa) 4 1/2 Std. (260 km).
PISCO (u. a. Soyuz/PerúBus, Flores) 3 1/2–4 Std. (240 km).
PIURA (u. a. Cruz del Sur, Civa, Oltursa, Línea) 13–15 Std. (1038 km).
PUCALLPA (u. a. Tepsa, móvilbus) 18–23 Std. (800 km).
PUNO (u. a. Cruz del Sur, Excluciva, Tepsa) 22 Std. (1300 km).
TACNA (u. a. Cruz del Sur, Oltursa, Excluciva, Tepsa) 21–22 Std. (1293 km).
TARAPOTO (u. a. Civa, móvilbus, Tepsa) 28–30 Std. (1450 km).
TARMA (u. a. móvilbus) 6 Std. (235 km).
TRUJILLO (u. a. Cruz del Sur, Civa, Oltursa, Línea, móvilbus, Tepsa) 8 Std. (561 km).
TUMBES (u. a. Cruz del Sur, Oltursa, Excluciva) 18–22 Std. (1267 km).

Eisenbahn

Perurail verwaltet folgende Routen: CUSCO–OLLANTAYTAMBO–MACHU PICCHU und CUSCO–PUNO–AREQUIPA. Infos und Tickets bekommt man im Einkaufszentrum Larcomar, Malecón de la Reserva 610, 1. Stock Miraflores,

⌚ tgl. 11–22 Uhr, und im internationalen Flughafen Jorge Chávez (2. Stock zwischen Gates 13 und 14), ⌚ tgl. 4–20 Uhr. Fahrpläne, Preise und Online-Buchung unter 💻 www.perurail.com.

Flüge

Der **Aeropuerto Internacional Jorge Chávez** liegt an der Avenida Faucett, rund 15 km nordwestlich des Stadtzentrums im Distrikt Callao, Telefonzentrale ☎ 01-5173100, Fluginformation ☎ 01-5116055, 💻 www.lap.com.pe. Hier starten und landen alle nationalen bzw. internationalen Flüge. Im Abflugbereich befinden sich Wechselstuben, Geldautomaten, Post, Restaurants und Souvenirläden. An einem Zeitschriftenkiosk sind für viel Geld die deutschen Magazine *Stern* und *Spiegel* erhältlich. Für die **Anfahrt zum Flughafen mit dem Taxi** s. „Taxis", S. 179.

Vom und zum Flughafen

Eine günstige und bequeme Art, **vom Flughafen nach Miraflores, Barranco, Surco und San Isidro** oder umgekehrt zu gelangen, ist der **Airport Express Lima**, 💻 www.airportexpresslima.com, ein stdl. zwischen 7 Uhr und Mitternacht verkehrender, klimatisierter und mit WLAN ausgestatteter Shuttlebus (Haltestellen s. Website, One-way-Ticket US$8, hin- und zurück US$15, Ticket ist gültig für eine beliebige Uhrzeit; es genügt, das Ticket auf dem Smartphone vorzuzeigen).

Eine preiswerte Alternative für den Transport vom Flughafen nach Miraflores und umgekehrt sind die violetten Shuttlebusse von **Quickllama**, 💻 www.quickllama.com, die fast rund um die Uhr fahren (ebenfalls klimatisiert und mit WLAN). Man steigt entweder an der Ricardo Palma 262, Nähe Parque Kennedy, ein (15 S/.) oder lässt sich direkt vom Hotel abholen (20 S/.).

Wer mit dem **Taxi** vom Flughafen in die Stadt möchte, muss je nach Ziel mit rund 50–70 S/. rechnen. Dabei sind die Taxis der Fahrer, die direkt am Flughafengebäude warten, günstiger als die **offiziellen Flughafentaxis**, die man in der Ankunftshalle vor dem Ausgang bucht. Die außerhalb des Flughafenbereichs vorbeifahrenden Taxis sind zwar noch günstiger, sollten aber aus Sicherheitsgründen gemieden werden.

Auch viele **Hotels** bieten den Transfer vom und zum Flughafen zu ähnlichen Preisen wie Taxis an. **Taxiapps**, s. S. 179.

Inlandflüge

Näheres zu den Flugverbindungen S. 79.

Avianca, Pardo 811, Miraflores, ☎ Callcenter 01-5118222, 💻 www.avianca.com, ⌚ Mo–Fr 7–19, Sa 9–14 Uhr.

Latam, Pardo 513, Miraflores, ☎ Callcenter 01-2138200, 💻 www.latam.com. ⌚ Mo–Fr 9–19, Sa 9–14 Uhr.

Saeta, kein Büro in Lima, s. Transport Iquitos, Tarapoto oder Pucallpa.

Star Perú, Comandante Espinar 331, Miraflores, ☎ Callcenter 01-7059000, 💻 www.starperu.com. ⌚ Mo–Fr 9–18.30, Sa 9–13 Uhr.

Peruvian Airlines, Pardo 495, Miraflores, ☎ Callcenter 01-716-6000, 💻 www.peruvian.pe. ⌚ Mo–Fr 9–19, Sa 9–16 Uhr.

Sky Airline, Pardo 380, Miraflores, ☎ 01-2437998, 💻 www.skyairline.com/peru, ⌚ Mo–Fr 9–18, Sa 9–12 Uhr.

Viva Air, nur am Flughafen, ☎ 01-7050107, 💻 www.vivaair.com.pe.

Internationale Fluggesellschaften

Die Büros der Airlines sind in der Regel Mo–Fr von 9–18 und Sa vormittags geöffnet. Manche Büros schließen über Mittag.

Aerolíneas Argentinas (Argentinien), 💻 www.aerolineas.com.ar.

Aeroméxico (Mexiko), 💻 www.aeromexico.com.

Air Canada (Kanada), 💻 www.aircanada.ca.

Air Europa (Spanien), www.aireuropa.com.

Air France (Frankreich), s. KLM.

Alitalia (Italien), 💻 www.alitalia.com.

American Airlines (USA), 💻 www.aa.com.pe.

Avianca (Kolumbien), s. o. „Inlandflüge/Avianca".

British Airways (Großbritannien), s. Iberia.

Continental Airlines (USA), s. United Airlines.

Copa Airlines (Panama), 💻 www.copaair.com.

Delta Airlines (USA), 💻 www.delta.com.
Iberia (Spanien), 💻 www.iberia.com/pe.
KLM (Niederlande), www.klm.com.
Lufthansa (Deutschland), 💻 www.lcc-hansa peru.com.
Spirit Airlines (USA), 💻 www.spirit.com.
United Airlines/Continental Airlines (USA), 💻 www.united.com.

Die Umgebung von Lima

Die Gegend rund um Lima ist abwechslungsreicher als es das triste Braun der Küstenwüste auf den ersten Blick vermuten lässt. Neben Kurztrips zu archäologischen Stätten oder Bootsfahrten zu vorgelagerten Inseln bietet sich die Möglichkeit, an Pazifikstränden zu relaxen oder Rafting-Touren zu unternehmen. Wer mehr Zeit hat, kann spektakuläre (Wander)-Ausflüge in die Zentralanden unternehmen oder eine Raftingtour buchen.

Halbtages- und Tagesausflüge

Badestrände im Süden

Die Strände *(Playas)* südlich der Stadt sind vor allem in den Sommermonaten (Jan–März) das bevorzugte Ausflugsziel der *Limeños*. Besonders sonntags kann es richtig voll werden (Diebstahlgefahr!). An fast allen Stränden kann man Sonnenschirme und Liegestühle leihen und bekommt auch zu essen. Die Strände sind mit öffentlichen Verkehrsmitteln nur unter beträchtlichem Zeitaufwand zu erreichen. Taxis nehmen je nach Entfernung 50–100 S/. pro Strecke. Übernachtungsmöglichkeiten findet man vor allem in den größeren Badeorten wie El Silencio, Punta Hermosa, San Bartolo oder Pucusana (Kasten S. 186).

Rund 100 km südlich von Lima, liegt **Asia**, ein Strandkomplex betuchter *Limeños* mit Shopping-Mall, Restaurants und Discos. Besonders in den Sommermonaten zwischen Dezember und April wird hier an Wochenenden kräftig abgefeiert. Nach Asia gelangt man mit den Bussen von Soyuz/Perúbus (s. „Lima/Transport", S. 180).

Achtung Hauptstädter unterwegs!

Vor allem um Weihnachten und Neujahr, in der Osterwoche und um den Nationalfeiertag (28. Juli) sind Heerscharen von *Limeños* rund um Lima, aber auch im ganzen Land unterwegs. Auch an den Sommerwochenenden in den Monaten Januar bis März ist an den Stränden viel los. Wer den Massen entfliehen möchte, vermeidet diese Termine. Ansonsten heißt es, Transport und Unterkunft rechtzeitig buchen!

Islas Palomino

Von der Landzunge La Punta (S. 159) starten Bootstouren zu einer vorgelagerten Inselgruppe mit den Eilanden **Islas Palomino** (Seelöwen und Seevögel), **Fronton** (ehemalige Gefängnisinsel), **Islas Cabinazas** (Guanotölpel), **El Camotal** (gehörte einst zu Callao) und **San Lorenzo** (größte Insel des Landes). Dorthin gelangt man mit **Ecocruceros**, Pasaje José Olaya 129, Miraflores, ✆ 01-2268530, 💻 www.ecocruceros.com. Tägliche Abfahrten von La Punta, Callao (ca. 4 Std., US$49 p. P., Anmeldung erforderlich), s. auch Kasten S. 184.

Zona Reservada de los Pantanos de Villa

Das kleine, nur 263 ha große Wasserschutzgebiet im Süden Limas ist hauptsächlich für **Vogelliebhaber** interessant. 154 Vogelarten wurden in dem **Sumpfgebiet** identifiziert, die Hälfte davon Wandervögel, die hier in den Monaten September/Oktober eintreffen. Hinzu kommen rund 62 Pflanzenarten. Das Sumpfgebiet liegt im Distrikt Chorrillos, am Ende der Avenida Huaylas, ganz in der Nähe der Panamericana Sur. Ehrenamtliche Helfer informieren über das Ökosystem und bieten etwa 30-minütige Bootstouren durch die Sümpfe an. Eintritt 8 S/., Bootstour (1–4 Pers.) 12 S/. ⌚ tgl. 8.30–16.30 Uhr. Hinter dem Schutzgebiet liegt der bekannte, 3 ha große Freizeitpark **La Granja Villa Sur**, s. Kasten „Lima mit Kindern", S. 174.

Mit dem Segelboot zu den Robben

© FRANK HERRMANN

Auf dem großen **Segelboot** von **Eugenio Oliveira**, 01-4295171 oder 998147387 (nach 19 Uhr), eugoliveira@hotmail.com, macht der Ausflug zu den Robben, die auf den Inseln vor Lima leben, doppelt Spaß. Abfahrt ist beim Jachtclub in La Punta. Der Kapitän legt Wert auf ein relaxtes Ambiente, macht das Essen und die Drinks selbst und lässt den Teilnehmern so viel Zeit fürs Baden oder Schnorcheln, wie sie möchten, auch Kajaks sind mit an Bord. Der Tagesausflug kostet pro Person 200 S/. alles inkl. (Min. 6, max. 10 Pers.). Die besten (da wärmsten) Monate für diesen Trip sind Januar bis April, in dieser Zeit frühzeitig reservieren!

Die Ruinen von Pachacamac

Der weitläufige Tempelkomplex mit Cafeteria liegt ca. 31,5 km südöstl. von Lima. Schon lange vor der Ankunft der Spanier war Pachacamac ein bedeutendes **Zeremonialzentrum der Huari-Kultur**. Der Ursprung der Anlage, die aus ungebrannten Lehmziegeln gebaut wurde, reicht bis zu den Anfängen unserer Zeitrechnung zurück. Zwischen 500–900 n. Chr. entwickelte sich Pachacamac zum Sitz des berühmtesten Heiligtums der Küste. Der Name *Pacha Camay* bedeutet so viel wie „Weltschöpfer" und lässt die Wichtigkeit der Tempelstadt erahnen. Das Orakel der Anlage war jahrhundertelang das Ziel unzähliger Pilger, bis die Spanier 1533 Pachacamac plünderten und die Tempelpriester ermordeten.

Bei einem Rundgang durch die weitläufige Anlage (Gehzeit mind. 1 Std.) passiert man zunächst die **Casa de las Mamaconas** (auch Mondtempel genannt), einen rekonstruierten Gebäudekomplex aus der Inka-Zeit, der in den Jahren 1940/41 von dem peruanischen Archäologen Julio César Tello freigelegt wurde.

Höhepunkt der Anlage ist der künstlich aufgeschüttete **Sonnentempel**, dessen 80 m hohes Fundament einst als Unterbau für die eigentlichen Tempelgebäude diente. Vom höchsten Punkt bietet sich ein schöner Blick über das Lurín-Tal, das Meer und die vorgelagerten Inseln. Auf dem Gelände befindet sich ein **Museum**, 01-3215606, http://pachacamac.cultura.pe, in dem eine ansehnliche Sammlung von Exponaten ausgestellt ist: hauptsächlich Opfergaben aus Keramik, Stoff, Holz und Metall, die Pilger vor langer Zeit in der heiligen Stätte Pachacamac hinterlassen haben. Di–Sa 9–17, So bis 16 Uhr, Eintritt 15 S/., geführte Tour 25 S/. p. P.

TRANSPORT

Um zu den Ruinen zu gelangen, kann man einen Bus ab der Ecke Paseo Colón (9 de Diciembre)/ Av. Garcilaso de la Vega (Wilson) beim Museo de Arte de Lima nehmen. Alternativ starten **Busse** an der Panamericana Sur, Höhe Av. Angamos Richtung „Pachacamac" oder

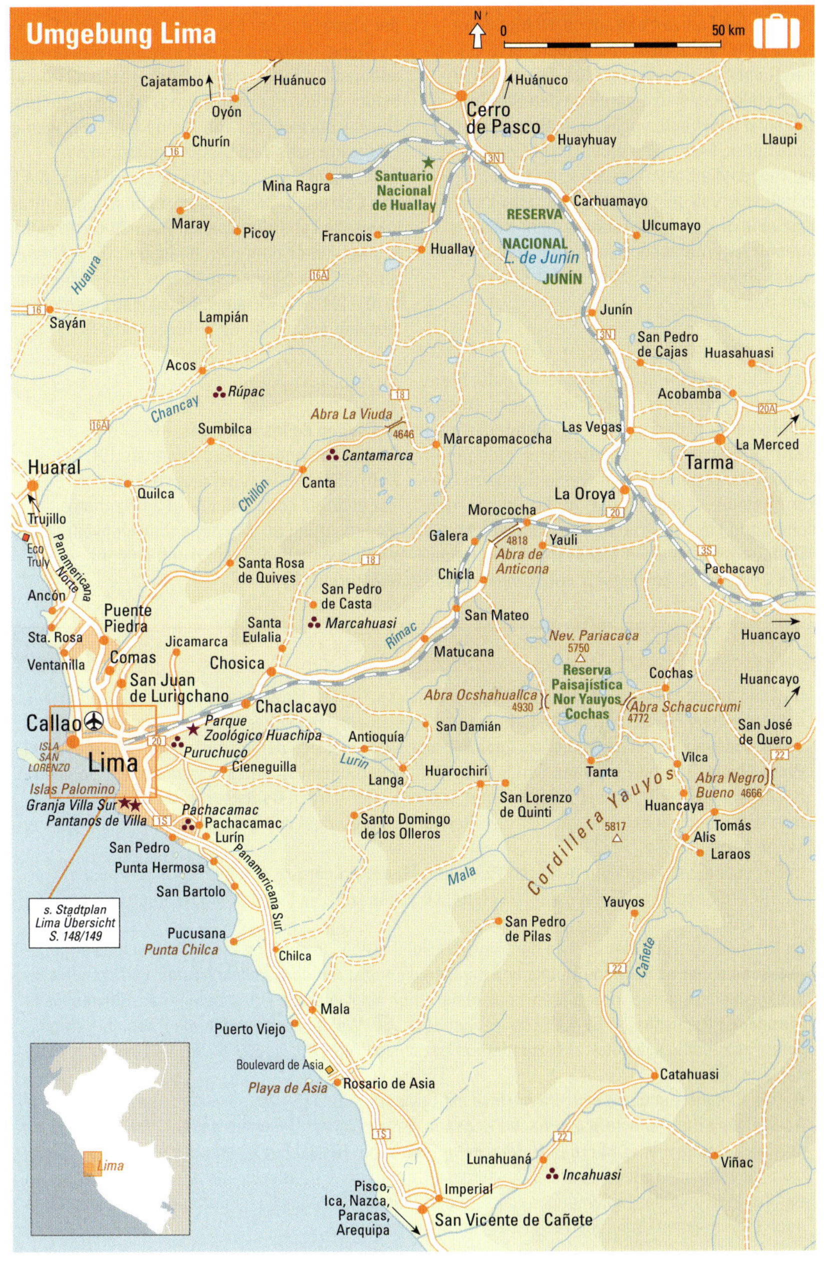
N
0
50 km
Cajatambo
Huánuco
Huánuco
Oyón
Cerro de Pasco
Churín
Huayhuay
Llaupi
Mina Ragra
Santuario Nacional de Huallay
Carhuamayo
Maray
Picoy
Francois
Huallay
RESERVA NACIONAL JUNÍN
L. de Junín
Ulcumayo
Huaura
Sayán
Lampián
Junín
San Pedro de Cajas
Huasahuasi
Acos
Rúpac
Acobamba
Chancay
Abra La Viuda
4646
Las Vegas
La Merced
Sumbilca
Marcapomacocha
Cantamarca
Tarma
Huaral
Canta
La Oroya
Quilca
Chillón
Trujillo
Morococha
Eco Truly
Panamericana Norte
Galera
4818
Yauli
Abra de Anticona
Santa Rosa de Quives
Chicla
Pachacayo
Ancón
San Pedro de Casta
Puente Piedra
San Mateo
Sta. Rosa
Santa Eulalia
Marcahuasi
Rímac
Huancayo
Jicamarca
Nev. Pariacaca
5750
Ventanilla
Comas
Chosica
Matucana
Cochas
San Juan de Lurigchano
Reserva Paisajística Nor Yauyos Cochas
Huancayo
Abra Ocshahuallca
4930
Abra Schacucrumi
4772
Chaclacayo
Callao
Parque Zoológico Huachipa
San Damián
San José de Quero
Isla San Lorenzo
Lima
Antioquía
Puruchuco
Lurín
Vilca
Cieneguilla
Tanta
Huarochirí
Abra Negro Bueno
4666
Islas Palomino
Langa
Cordillera Yauyos
Granja Villa Sur
San Lorenzo de Quinti
Huancaya
Pachacamac
Pantanos de Villa
Pachacamac
Santo Domingo de los Olleros
5817
Tomás
Lurín
Alis
San Pedro
Laraos
Punta Hermosa
Panamericana Sur
Mala
San Bartolo
Yauyos
s. Stadtplan Lima Übersicht S. 148/149
San Pedro de Pilas
Pucusana
Punta Chilca
Chilca
Cañete
Mala
Puerto Viejo
Catahuasi
Boulevard de Asia
Rosario de Asia
Playa de Asia
Lima
Lunahuaná
Viñac
Incahuasi
Pisco, Ica, Nazca, Paracas, Arequipa
Imperial
San Vicente de Cañete
16
16A
18
20
20A
3N
3S
1S
22

„Lurín". Die Fahrzeit beträgt ca. 60 Min. Man sollte dem Fahrer Bescheid geben, dass man an den Ruinen aussteigen möchte. Für die Rückfahrt stellt man sich einfach an den Straßenrand und winkt jeden beliebigen Bus Richtung Lima heran. Man sollte nicht zu spät zurückkehren, da die Colectivos am späten Nachmittag sehr voll sein können. Alternativ kann man eine **organisierte Tour** mit einer Reiseagentur unternehmen. Oder man nimmt ein Taxi zu den Ruinen (ca. 60 S/.) und fährt dann mit dem Bus zurück.

Chaclacayo und Chosica

Besonders während der Wintermonate Mai–Dezember entfliehen die *Limeños* gern an den Wochenenden der grauen Wolkendecke des Pazifiks, um in den landeinwärts gelegenen Naherholungsgebieten ein wenig Sonne zu tanken. Beliebt ist ein Ausflug in die Region zwischen den kleinen Ortschaften Chaclacayo auf 650 m und Chosica auf 850 m Höhe. Sie liegen rund 25 bzw. 40 km östlich von Lima entlang der Carretera Central. Hier reihen sich Country Clubs, Restaurants und private Freizeitareale aneinander. Eingerahmt ist das gesamte Tal auf beiden Seiten von steil aufragenden Bergketten. Nur im Bereich des Río Rímac lenkt ein wenig Pflanzenwuchs vom tristen Graubraun ab.

Auf dem Weg nach Chosica wird bei KM 4,5 der Carretera Central der rekonstruierte präinkaische Lehmziegelpalast **Puruchuco** erreicht. Er liegt hinter dem gleichnamigen Dorf. Neben Räumen und Gängen stellt ein kleines **Museum**, ✆ 01-4942641, Keramik, Musikinstrumente und Textilien aus. ⌚ Di–So 9–16, Eintritt 5 S/.

ÜBERNACHTUNG

La Casona de los Cóndores, KM 27,5 an der Puente Los Angeles, Las Begonias 101-109, ✆ 01-3582427, 💻 www.lacasonadeloscondores.com. Beliebtes Familienhotel (Reservierung an Wochenenden sinnvoll) mit Schwimmbad, Jacuzzi und gutem Restaurant. ❻

Pucusana – Fischerdorf und Badeort

Der südlichste Stadtbezirk des Großraums Lima (ca. 10 000 Einwohner) ist eine Mischung aus authentischem Fischerdorf mit Naturhafen und Touristenort. Besucher sieht Pucusana vorwiegend in der Badesaison von Dezember bis Ende Februar. Dann füllt sich der ansonsten ruhige Badestrand **Playa Naplo**, der mit Pucusana durch einen Tunnel verbunden ist und sich nur wenige Gehminuten östlich des Zentrums befindet. Von dort und im Hafen werden **Bootstouren** um die vorgelagerte Insel Galápagos angeboten, bei der man Robben, Meeresvögel und gelegentlich einen Pinguin zu sehen bekommt.

In Pucusana bekommt man leckeren **Fisch und Meeresfrüchte** zu erschwinglichen Preisen (z. B. an der Promenade im El Rey), aber auch Italienisches (z. B. im La Casa nostra in der Av. Leoncio Prado 703).

Im Ort (und nur sehr begrenzt an der Playa Naplo) werden Zimmer und kleine Apartments angeboten. Zudem gibt es einfache Hotels und Zimmer, die meist nur über kaltes Wasser verfügen. Backpacker bleiben gerne in den Mehrbettzimmern der oberhalb des Ortes gelegenen **Hospedaje El Mirador de Pucusana**, ✆ 01-4309228, 💻 Facebook, ❷. Wer es komfortabler mag, kann in der familiären, aber gut ausgestatteten **Hospedaje 717**, Leoncio Prado 717, ✆ 959886267, 💻 Facebook, übernachten. ❸

Für die Hinfahrt empfiehlt sich die **Anreise** mit Soyuz/Perú Bus (S. 180, aussteigen bei KM 60 an der Abzweigung der Panamericana nach Pucusana, Fahrer vorher Bescheid geben). Von dort geht es per Taxi, Mototaxi oder Micro in 10 Min. nach Pucusana. Für die Rückfahrt sollte man einen Combi nach Lima nehmen (Royal Express, Av. Alfonso Ugarte, ca. 1 1/2 Blocks von der Plaza entfernt): An der Kontrollstelle der Panamericana aussteigen *(puesto de control)* und dort einen beliebigen Bus nach Lima nehmen (Sonntag Nachmittag/Abend vermeiden!).

Mit einem Ausflug auf dem Meer lässt man die hektische Großstadt hinter sich.

TRANSPORT

Sammeltaxis fahren ab der Av. Arequipa, Ecke Javier Prado.

Ausflugsziele nördlich von Lima

Die nördlich von Lima gelegenen Ausflugsziele Reserva Nacional Lomas de Lachay, Huacho, Churín, Puerto Supe, Barranca und Caral werden im Kapitel „Nordperu“ ab S. 445 beschrieben.

Mehrtägige Touren ab Lima

San Pedro de Casta und Marcahuasi

■ 1–2 Tage

In Chosica zweigt eine Schotterpiste in nördlicher Richtung in das Eulalia-Tal ab. Eine serpentinenreiche Straße führt zum spektakulär gelegenen Bergdorf San Pedro de Casta (3280 m). Auf den 40 km dorthin werden rund 2500 Höhenmeter überwunden. Abgesehen vom 28. Juni geht es in San Pedro beschaulich zu. Zum **Patronatsfest** aber kommen Heerscharen von *Limeños*. Es wird viel getrunken, Bands spielen durcheinander und der Schutzpatron San Pedro wird auf wackeligen Tragegestellen durch das Dorf geführt. Ein Stierkampf mit echten Toreros rundet das unterhaltsame Spektakel ab.

Von der Plaza aus sieht man ein Kreuz, das auf dem Berg oberhalb des Dorfs errichtet wurde. Direkt dahinter erstreckt sich auf rund 4000 m Höhe ein 4 km^2 großes Hochplateau, auf dem die steinernen Überreste der Ruinenanlage **Marcahuasi** liegen. Es führen mehrere gut sichtbare Wege zum Hochplateau. Marcahuasi kann als Rundwanderung an einem Tag von San Pedro aus besichtigt werden, aber allein der fantastische Sternenhimmel (der Ort ist auch bei Ufo-Fans beliebt) lohnt durchaus eine in den Bergen verbrachte (Zelt)-Nacht.

Der Aufstieg (rund 800 Höhenmeter, Gehzeit 3–4 Std.) beginnt an der Plaza de Armas in San Pedro, wo auch Guides und Maultiere für den Gepäcktransport (ca. 15 S/.) oder Reitpferde angeheuert werden können (ca. 20 S/.). Das Dorf erhebt eine Weggebühr von 10 S/.

Der längere – und damit nicht so steile Weg – führt linker Hand um das Gebirgsmassiv herum, überquert eine Viehweide und endet im sogenannten **Anfiteatro**, einer von Felsen umgebenen Grasebene. Der geschützt liegende Ort eignet sich sehr gut zum Zelten. Es gibt Latrinen, aber **kein Trinkwasser**. Vom Anfiteatro aus kann man die Hochebene überqueren und gelangt zu den Ruinen und zum Kreuz.

Wer Zeit sparen will, steigt dann steil über einen Pfad in Richtung der Trinkwasserreservoirs oberhalb des Dorfes ab. Am Einstieg des Pfads befindet sich die mehr als 25 m hohe natürliche Felsformation **Monumento a la Humanidad**. Zurück nach San Pedro gelangt man in rund 2 Std.

ÜBERNACHTUNG UND ESSEN

Es gibt mehrere einfache, günstige Unterkünfte, meist mit Gemeinschaftsbad.
Die **Restaurants** an der Plaza tischen akzeptables Essen auf.

TRANSPORT

Einen Block vom Parque Echenique in Chosica fährt tgl. ein **Bus** um 8 und 15 Uhr nach San Pedro de Casta, 3–4 Std.

Das Tal des Río Chillón und Canta

■ 2 Tage

Rund 25 km nordöstlich von Lima windet sich die Straße im Tal des Río Chillón bergauf. Nach 64 km wird der Ort **Santa Rosa de Quives** auf rund 1100 m Höhe passiert, in dem vor allem am 30. August zahlreiche Pilger der restaurierten Kapelle **Hermita de Santa Rosa** einen Besuch abstatten. Hier lebte von 1596 bis 1604 die Heilige Rosa, die Schutzpatronin Limas.

Rund 4 km unterhalb von Quives weist ein Schild bei KM 60 den Weg zu den **Petroglyphen von Checta**. Auf rund 300 registrierten Steinen lassen sich Einritzungen in Form von Sternen, der Sonne und verschiedenen Tierarten erkennen.

Das Tal des Río Chillón wird nun immer enger, die Felswände immer steiler, bevor sich das Tal nach einigen letzten Serpentinen erneut öffnet. Auf einer Anhöhe liegt inmitten einer anmutigen Berglandschaft der kleine Ort **Canta** auf 2837 m Höhe. Hier endet die Asphaltstraße bei KM 102. Wer eine schöne Landschaft zum Wandern in der Nähe der Hauptstadt sucht, ist in Canta genau richtig. Interessant ist ein Besuch im September, wenn zu Ehren des *Señor de los Auxilios* und der *Virgen del Carmen* ausgiebig gefeiert wird.

Beliebt ist die mehrstündige Wanderung zu den Ruinen von **Cantamarca** auf ca. 3600 m Höhe. Der Weg dorthin zweigt nach rund 10 km rechter Hand von der Straße nach Cerro de Pasco ab. Bis zur Abzweigung kann man mit Combis gelangen, die zu nahe gelegenen Dörfern fahren. Die Wanderzeit beträgt ab Canta rund 3–4 Std. (ca. 17 km).

Oberhalb von Canta windet sich die Straße vorbei an kleinen, malerischen Bergdörfern zum **Abra La Viuda** (4646 m) bei KM 150. Danach folgen weite Blicke in die Umgebung der Cordillera de Viuda mit ihren unzähligen Seen. Bei KM 214 wird das kleine Städtchen **Huayllay** auf 4310 m Höhe erreicht, Zentrum der lokalen Bergwerksindustrie. Von dort fahren Sammeltaxis vorbei am Naturschutzgebiet **Santuario Nacional de Huayllay** (S. 408) nach Cerro de Pasco.

ÜBERNACHTUNG

Unter der Woche ist es kein Problem, ein Zimmer in Canta zu finden, aber an den Wochenenden kann es zu Engpässen kommen. Während der Osterwoche steigen die Hotelpreise drastisch. Im 3 km entfernten und rund 300 m tiefer liegenden Dorf **Obrajillo** bestehen Campingmöglichkeiten.

La Casa del Coronel, Bolognesi 351, ✆ 01-3352921, 🖳 www.casadelcoronel.com. Ordentliche Zimmer mit Bad, Warmwasser und TV in einem dreistöckigen Haus (2. und 3. Stock mit schöner Aussicht). Frühstück inkl. ❸

TRANSPORT

Minibusse und Sammeltaxis nach CANTA fahren vom Terminal Norte, ab KM 22 (Trapiche) im Distrikt Carabayllo, wo sich die Av. Túpac Amaru und Universitaria treffen. Dorthin fahren Busse Richtung Comas und Carabayllo mit der Aufschrift KM 22 (bis Canta: ca. 3 Std., 102 km, über SANTA ROSA DE QUIVES).

Lunahuaná

■ 1–2 Tage

Der sonnenverwöhnte Ort liegt 182 km südöstlich von Lima auf 479 m Höhe und ist mit dem

Bus in rund 3 Std. zu erreichen. Lunahuaná ist der Ausgangspunkt für ganzjährig veranstaltete **Rafting-Touren** auf dem attraktiven **Río Cañete**. Aufgrund des ganzjährig angenehmen Klimas kommen auch Kletterer, Mountainbiker und Gleitschirmflieger gerne hierher.

Die Gegend um Lunahuaná ist ein **Anbaugebiet** von **Weintrauben**, und Pisco kann in den dortigen Winzereien *(Bodegas)* probiert werden, z. B. in der **Bodega El Sol**, KM 35,2, Langla, ✆ 976490032. Empfehlenswert ist auch die kleine, authentische **Bodega Reina de Lunahuaná**, Catapalla, ca. 6 km nördl. von Lunahuaná. Bedeutsam ist ebenfalls die Produktion von Mispelfrüchten *(Níspero)*. In der Nähe des Ortes liegen die nicht sonderlich spektakulären Ruinen von **Incahuasi**.

ÜBERNACHTUNG

Lunahuaná sollte man möglichst unter der Woche besuchen. Von Freitag bis Sonntag ist der Ort fest in der Hand sonnenhungriger Hauptstädter.

Eco Albergue Retablos Perú, Pasaje El Molino s/n, KM 37 der Hauptstraße (ca. 2 km unterhalb von Lunahuaná, ✆ 988992089, 🖳 www.retablosperu.com. Kleine, familienfreundliche, ökologisch ausgerichtete Unterkunft mit günstigen Zimmern. Leckeres Essen, kleiner Pool, Camping möglich. Frühstück 15 S/. ❷

Hostal Los Andes, Los Andes s/n, ✆ 01-2841041. Sehr angenehme, ruhige Anlage mit nettem Garten und Parkplatz. Gute Zimmer mit Bad, Warmwasser und TV. ❷

La Confianza, Catapalla s/n, ✆ 968213093, 🖳 www.laconfianza.com.pe. Etwa 15 Min. hinter Lunahuaná liegt dieses ehemalige Weingut mit spitzgiebeligen Bungalows und Blick auf den Fluss. Schwimmbad, gutes Restaurant, Frühstück inkl. ❺

Es gibt mehrere Restaurants an der Plaza und am Ortseingang, entlang der Hauptstraße Richtung Cañete. Gut ist das **Restaurant El Pueblo**, Grau 408, das auch Flussgarnelen *(Camarones del río)* anbietet.

Camping

In und um Lunahuaná finden sich jede Menge Campingplätze am Fluss, u. a. der von **Río Cañete Expediciones**, KM 33 Lunahuaná, ✆ 01-2841271, 🖳 www.riocanete.com. Zum Unternehmen gehört der Campingplatz San Jerónimo am Fluss, der mit einer Kletterwand aufwarten kann.

ESSEN

Es gibt mehrere Restaurants an der Plaza und am Ortseingang, entlang der Hauptstraße Richtung Cañete. Gut ist das **Restaurant El Pueblo**, Grau 408, das auch Flussgarnelen *(Camarones del río)* anbietet.

SONSTIGES

Feste

Im Januar begeht man das **Festival del Señor de los Milagros**. Abenteuersportler kommen während des **Sportfestivals** im Februar/März auf ihre Kosten. Am ersten Märzwochenende findet das große Weinfest **Festival de la Uva** statt. Der Schutzpatron **Santiago** steht im Mittelpunkt der Feierlichkeiten des 25. Juli. Im Oktober wird das **Festival del Níspero** gefeiert.

Rafting (Canotaje)

Zahlreiche Anbieter und auch die meisten Hotels arrangieren Floßfahrten. Die rund 90-minütigen Touren (inkl. Einweisung) beginnen meist einige Kilometer oberhalb des Ortes und enden in oder unterhalb von Lunahuaná (Streckenlänge je nach Tour 5–21 km). Die Preise beginnen bei 35 S/. p. P.

Warko Adventures, KM 33 der Straße von Cañete nach Lunahuaná, ✆ 800559 6580, 🖳 www.warkoadventures.com. Sie offerieren auch mehrtägige Rafting-Touren und dreitägige Ausflüge nach Huancaya, Rafting inkl.

TRANSPORT

Soyuz und Perú Bus, s. „Lima/Transport" S. 180, fahren ständig bis Cañete (140 km, 2 Std.). An der Abzweigung nach Lunahuaná geht es weiter mit Combi oder Sammetaxi nach Imperial (ca. 5 km) und von dort weiter mit Sammeltaxis nach Lunahuaná (ab Cañete 37 km, 60 Min.).

© FRANK HERRMANN

Postkartenidylle beim Bergdorf Vilca

LIMA

Reserva Paisajística Nor Yauyos Cochas

Tolle Berglandschaften erwarten alle diejenigen, die sich von Lunahuaná auf der wenig befahrenen, kurvenreichen und engen RN 22 Richtung Huancayo bewegen. Nach rund 120 km wird bei **Alis** (3107 m) die Abzweigung zur Reserva Paisajística Nor Yauyos Cochas und zu den pittoresken Andendörfern Huancaya (nicht zu verwechseln mit der Großstadt Huancayo weiter östl.) und Vilca erreicht, die beide am unwirklich schönen Oberlauf des Río Cañete liegen.

Das 221 268 ha große Naturreservat **Reserva Paisajística Nor Yauyos Cochas**, ein wunderschönes Wandergebiet mit Bergseen, Wasserfällen und Inkawegen zu Füßen des 5750 m hohen **Nevado Pariacaca**, lohnt eine mehrtägige Erkundung. Touristen kommen vor allem zum Wandern, Angeln, Reiten oder Kajakfahren hierher. Ein guter Ausgangspunkt mit Hotels und Restaurants ist **Huancaya** (3554 m). Sehenswert ist die Brücke aus Kolonialzeiten über den Río Cañete oberhalb des Orts. Ansonsten lässt sich das Reservat auch von Jauja (S. 394) und Huancayo (S. 397) erreichen. Die Abzweigung befindet sich entlang der Straße La Oroya-Huancayo bei KM 42,5 (Puente Pachacayo).

Von Huancaya führt eine Straße in das verschlafene **Vilca** (3800 m), das Ex-Präsident Fujimori gerne mit dem Hubschrauber auf einen Kurzurlaub besuchte. Außerhalb des Orts hat der Río Cañete einen sehenswerten Wasserfall und oberhalb davon die Laguna Papacocha zu bieten. Von einem kleinen Pavillon auf einem Hügel, der fußläufig von der Plaza zu erreichen ist, hat man einen schönen Talblick.

Wer bei der Kreuzung Alis geradeaus fährt, erreicht bald darauf das kleine Andendorf **Tomás**, wo es eine einfache Übernachtungsmöglichkeit gibt. Nach weiteren rund 20 km wird der 4666 m hohe Abra Negro Bueno überquert. Über zahlreiche kleine Dörfer wird **Chupaca** erreicht (rund 105 km nordöstl. von Alis), von dem es nur noch 15 km bis Huancayo sind.

ÜBERNACHTUNG UND ESSEN

Huancaya

La Casa de Papa Estelo, Simón Bolívar 170, ✆ 954685166. Schlichte, günstige Unterkunft beim hilfsbereiten Señor Felix und Familie. Bietet gute Führungen in der Umgebung an. ❶

Hotel Las Lagunas, direkt an den Wasserfällen Cabracancha, über eine Hängebrücke zu erreichen, ✆ 999121710, 🖳 www.huancaya-peru.com. Gemütliche Zimmer, Restaurant. Sie organisieren auch Touren, 🖳 www.pakarytravel.com, und haben weitere Unterkünfte im Ort (Calle Lima 12 und an der Plaza de Armas, Ecke Grau). ❷.

Zelten ist oberhalb der Kolonialbrücke auf der linken Flussseite erlaubt.

Vilca

Im winzigen Örtchen Vilca gibt es einige einfache **Hospedajes** an der Plaza und ein paar Essmöglichkeiten. Die schönste Unterkunft ist die von **Señora Inés**, am Fluss an der alten Brücke am Ortseingang, ✆ 995408929: saubere Zimmer mit Holzdielen und Balkon sowie Blick auf den Fluss und Weiden. Mahlzeiten auf Anfrage (unter anderem leckere Forelle); sie werden auf der rustikalen, überdachten Terrasse serviert, ❶.

Außerhalb von Vilca ist **Zelten** bei den Wasserfällen ebenfalls gestattet.

TOUREN

Von Lunahuaná aus werden mehrtägige Touren (s. „Lunahuaná/Rafting") nach Huancaya angeboten, die auch Rafting auf dem Río Cañete mit einschließen.

Wer sich näher mit der Region beschäftigen möchte, dem sei der Reiseführer *Nor Yauyos Cochas – La ruta del Pariacaca* empfohlen (nur auf Spanisch in den Buchhandlungen Limas erhältlich).

TRANSPORT

Es gibt keine Direktverbindungen von Cañete oder Lunahuaná nach Huancaya. Mehrmals tgl. passieren Busse aus CAÑETE die Kreuzung Alis. Von dort sind es rund 16 km bis Huancaya und 35 km bis Vilca. Es gibt unregelmäßigen Verkehr mit Sammeltaxis. Für die Anfahrt ab Jauja, S. 395, Anfahrt ab Huancayo, S. 401.

VINICUNCA (RAINBOW MOUNTAIN); © ISTOCK.COM / MUNDOSEMFIM

Südperu

Im Süden Perus liegen die bekanntesten Sehenswürdigkeiten des Landes. Neben dem Touristenmekka Cusco und der Inkastadt Machu Picchu zählen hierzu auch der Titicaca-See, Arequipa, die zweitgrößte Stadt Perus, und der spektakuläre Colca-Canyon. Auch die trockene Küstenwüste mit der Oase Huacachina und den Nasca-Linien hat ihre Reize. Im Amazonasgebiet warten die artenreichen Naturschutzgebiete Manu und Tambopata.

Stefan Loose Traveltipps

3 **Cusco** Perus Touristenhauptstadt bietet eine reizvolle Altstadt, bedeutende Ruinen der Inkakultur und imposante Kolonialgebäude. S. 213

4 **Urubamba-Tal** Sehenswerte archäologische Stätten, indianische Märkte und eindrucksvolle Berglandschaften. S. 247

5 **Inkatrail nach Machu Picchu** Zu Fuß zur sagenumwobenen Inkafestung. S. 262

6 **Parque Nacional Manu** Expedition in eines der artenreichsten Naturschutzgebiete des Planeten. S. 285

7 **Colca-Canyon** Wandern, Kondore beobachten und in heißen Quellen baden. S. 340

8 **Nasca-Linien** Nur aus der Luft lassen sich die riesigen Scharrbilder angemessen bewundern. S. 366

9 **Oase Huacachina** Mächtige Sanddünen bilden die Kulisse für die Bilderbuchoase. S. 378

SCHILFINSELN AUF DEM TITICACA-SEE; UROS © FRANK HERRMANN

RAQCHI; © FRANK HERRMANN

Wann fahren? In die Anden von Mai–Dez, in die Küstenwüste von Dez–April. Viel Regen im Amazonasgebiet von Jan–April

Wie lange? Mindestens zwei Wochen

Bekannt für die klassischen Peru-Reiseziele: Cusco, Machu Picchu, Colca-Canyon, Titicaca-See, Arequipa und Nasca

Outdoor-Tipp Rundwanderung um den Ausangate, den höchsten Berg Südperus

Schöner Tagesausflug Wanderung zu den Inkaruinen von Huchuy Qosqo

Unbedingt probieren Gegrilltes Meerschweinchen in Tipón bei Cusco

Von Lima nach Cusco

Wer Zeit und Muße hat, sich auf ein Stück weitestgehend unverfälschtes Peru abseits der Touristenströme einzulassen, dem sei diese Route über die Anden, die trotz unvergleichlicher **landschaftlicher Schönheit** zu einer der weniger besuchten Regionen des Landes gehört, empfohlen. Den Besucher erwarten **archäologische Stätten** wie Vilcashuamán oder Choquequirao, freundliche Menschen, ursprüngliches Brauchtum, traditionelles Kunsthandwerk und fantastische Berglandschaften. Westlich von Cusco liegt die imposante und kaum erschlossene Cordillera Vilcabamba, ein Paradies für erfahrene Wanderer, denen zahlreiche abenteuerliche **Wanderrouten** zur Verfügung stehen, von denen viele schon seit Jahrhunderten von der indianischen Bevölkerung als wichtige Verbindungswege zwischen ihren Städten und heute als Zugang zu entlegenen Andendörfern genutzt werden. Inmitten der wilden Bergkette thront der mächtige, 6271 m hohe **Nevado Salkantay**, der umwandert (S. 267) oder bestiegen werden kann. In den letzten Jahren sind Wanderungen in dieser Region immer beliebter geworden, besonders der Trek nach **Choquequirao** (S. 209) zieht immer mehr Besucher an.

Die Infrastruktur des südlichen Hochlands verbessert sich ständig. So kann man inzwischen von Lima bis Huancavelica und von Ayacucho bis Cusco auf einer durchgehend asphaltierten Straße reisen. In der Regenzeit können allerdings Erdrutsche und Geröllawinen das Reisen behindern. Näheres zum ersten Teilstück dieser Strecke von Lima nach Ayacucho und zu den Orten Jauja, Concepción, Huancayo und Huancavelica im Kapitel „Zentralperu", S. 392.

Ayacucho

Jahrhundertelang war das auf 2760 m gelegene Ayacucho (ca. 200 000 Einwohner inkl. Umgebung) nur über Fuß- und Eselspfade mit der Außenwelt verbunden. Erst in den 1920er-Jahren baute man eine Straßenverbindung zur Küste. Die Abgeschiedenheit der Region hat dazu geführt, dass sich die vielfältigen **traditionellen Bräuche** und das abwechslungsreiche **Kunsthandwerk** erhalten haben. Das Stadtbild im Zentrum ist immer noch von **kolonialen Gebäuden** geprägt – es überwiegen weiß getünchte Fassaden mit engen Holzbalkonen und Ziegeldächern. Ayacucho ist bekannt für seine zahlreichen **Kirchen** – es sind mehr als dreißig. Sehr aufwendig und mit besonderer Hingabe werden die **Osterprozessionen** begangen.

Geschichte

Erste Anzeichen menschlicher Besiedlung datieren von vor rund 10 000–15 000 Jahren; sie wurden in der Höhle Pikimachay gefunden, kaum 24 km von Ayacucho entfernt. Erste feste Ansiedlungen mit kleineren, von der Chavín-Kultur beeinflussten **Zeremonialzentren** entstanden ab 1500 v. Chr. in Rancha, Chupas und Wichqana. Mit dem Ende der Chavín-Kultur bildeten sich im Tal von Ayacucho Kleinstaaten, die ihre Bewässerungstechniken und landwirtschaftlichen Anbaumethoden perfektionierten sowie Handelskontakte zu den Völkern der Pazifikküste unterhielten.

Im 6. Jh. n. Chr. kam es zu Vereinigungsprozessen, aus denen sich die **Wari-Kultur** herausbildete, die sich in ihrer Blütezeit im 9. und 10. Jh. n. Chr. über weite Teile Perus ausbreitete. Die Wari-Hauptstadt, in der bis zu 10 000 Menschen gelebt haben sollen, befand sich rund 22 km nordöstlich von Ayacucho. Der Verfall der Wari-Städte im 13. Jh. und die wachsende Bedrohung von außen veranlassten zahlreiche Völker der Zentralanden, sich zur Konföderation Chankas zusammenzuschließen. Schließlich gelang es den **Inka** aber doch, das Gebiet zu erobern und die widerspenstigen Besiegten in andere Landesteile umzusiedeln. Die Inka errichteten mit Vilcashuamán ein wichtiges Regionalzentrum.

Die Spanier suchten einen strategisch günstig gelegenen Ort auf der langen Strecke zwischen Lima und Cusco, und 1539 gründete **Francisco Pizarro** die Niederlassung Ayacucho unter dem Namen San Juan de la Frontera. Nur ein Jahr später benannte man sie in Huamanga um. Handel, Landwirtschaft und Bergbau ließen die Stadt im 16. und 17. Jh. aufblühen. Die Textil-

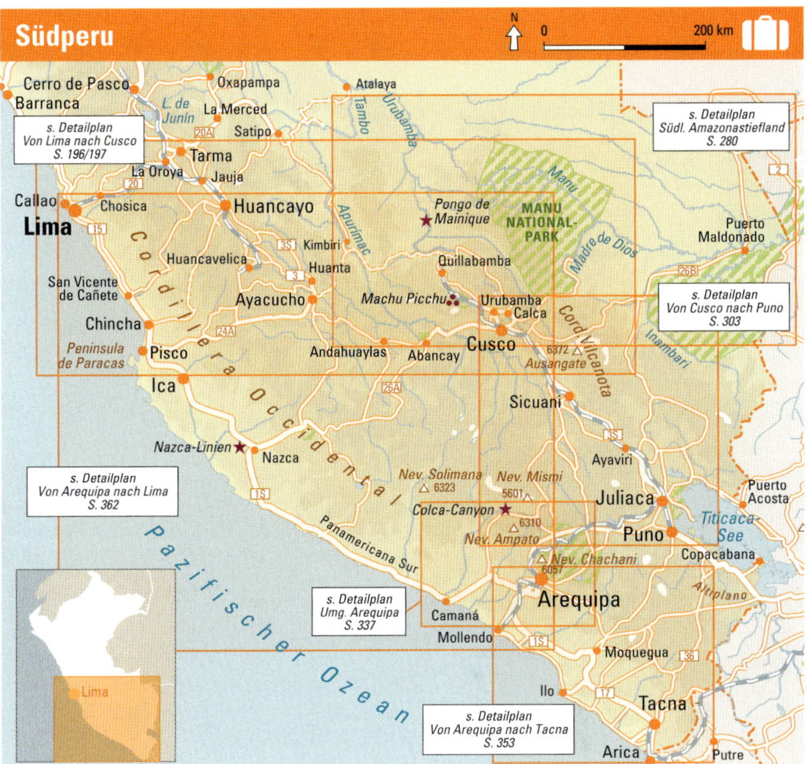

industrie entwickelte sich, Ayacucho bekam eine eigene Universität und wurde zum **Erzbistum** ernannt.

In dieser Zeit wurden die meisten Kirchen und Herrschaftshäuser gebaut. Mit dem Erschließen alternativer Handelsrouten und dem **Verfall der Minen** zogen viele wohlhabende Spanier in andere Landesteile, und die Bedeutung Ayacuchos nahm beständig ab.

In den **Unabhängigkeitskriegen** gewannen die Truppen Bolívars und Sucres in der Pampa de Quinua, unweit der Stadt, am 9. Dezember 1824 eine entscheidende Schlacht gegen die königlichen Truppen. Huamanga gehörte somit zu einer der letzten Regionen Perus, die vom spanischen Joch befreit wurden. Der Name der Stadt wurde in Ayacucho abgeändert, was auf Quechua so viel wie „Ort der Toten" bedeutet.

Die Verelendung und Verarmung in weiten Teilen der peruanischen Zentralanden bot den idealen Nährboden für den jahrelangen Terror der maoistischen Gruppe **Leuchtender Pfad** (Sendero Luminoso). Tausende starben, und zu Beginn des 21. Jhs. brachen mit dem Öffnen von Massengräbern und der Suche nach Schuldigen alte Wunden wieder auf. Dennoch ist die Aufarbeitung der Verbrechen ein wichtiger Bestandteil der nationalen Versöhnung (S. 200/201).

Sehenswertes

Das Zentrum der Stadt ist die **Plaza Mayor**, die von den Bewohnern meist **Parque Sucre** genannt wird, da in ihrer Mitte eine Reiterstatue des Generals Sucre thront. An der Plaza, die von vier überdachten Bürgersteigen (Portales) eingerahmt ist, finden sich interessante Beispiele

Von Lima nach Cusco

für die geräumigen Herrschaftshäuser (Casonas) der Kolonialzeit. Zu den schönsten zählen die **Casona Castilla y Zamorra** (Portal Municipal 50), der bereits 1550 gebaute **Palacio del Marqués** (Portal Unión 37), die **Casona Velarde Alvarez** (Portal Unión), und die **Casona Chacón** (Portal Unión 28).

Die **Kathedrale** wurde nach beinahe 30-jähriger Bauzeit im Jahr 1669 fertiggestellt. Sie beherbergt verschiedene Gold- und Silberaltäre, die überwiegend im überladenen Churrigueresco-Stil gearbeitet wurden. Viele wertvolle religiöse Gemälde zieren die dreischiffige Kirche.

Ayacucho oder Huamanga?

Viele Einwohner Ayacuchos benutzen den alten Namen **Huamanga,** wenn sie von ihrer Stadt sprechen. Der Name Ayacucho wird von ihnen eher für das Departamento Ayacucho verwendet.

Die **Iglesia Santo Domingo** wurde bereits 1548 gegründet. Lohnenswert sind die Sakristei und der mit kunstvollen Bildern geschmückte Kreuzgang.

Die **Iglesia San Francisco de Paula** besitzt die schönste Holzkanzel Ayacuchos. Das geschnitzte Hochrelief zeigt eine Darstellung der vier Evangelisten.

Die prächtig verzierte Kassettendecke im **Convento Santa Clara**, der 1568 von einem wohlhabenden Minenbesitzer erbaut wurde, ist ein schönes Beispiel des spanisch-maurischen Mudéjar-Stils. Von außen ist die Anlage eher schlicht.

Im 1552 von Franziskaner-Mönchen gegründeten **Monasterio Santa Teresa** täuscht das

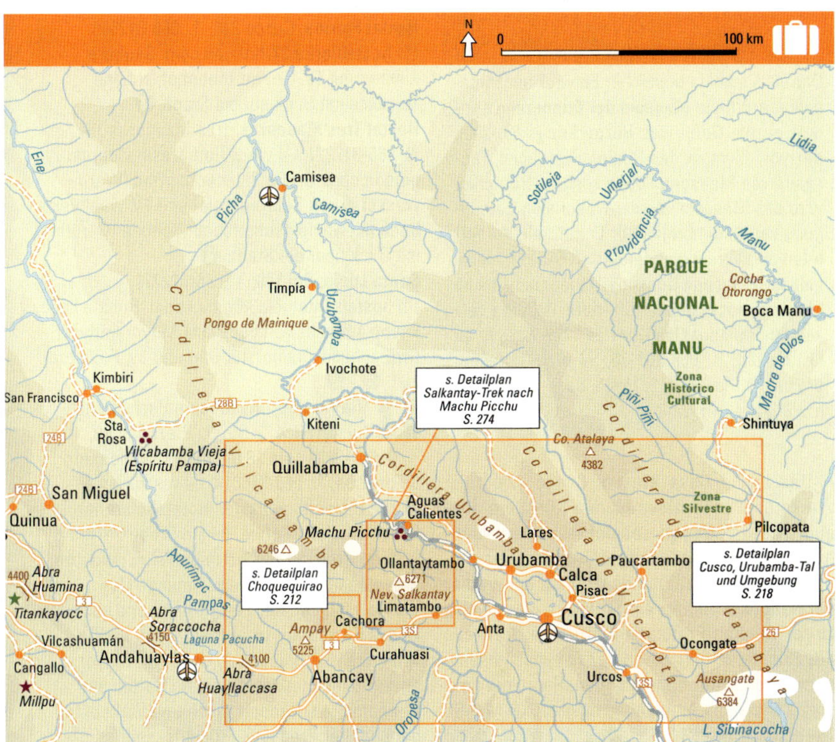

nüchterne Äußere darüber hinweg, dass im Inneren eine große Gemälde- und Skulpturensammlung untergebracht ist. Beeindruckend sind auch die reich vergoldeten Altäre der dreischiffigen **Iglesia San Francisco de Asis**.

Wie die meisten Kirchen Ayacuchos besitzt auch die 1605 erbaute **Iglesia La Compañía de Jesus** einen Grundriss in Form eines lateinischen Kreuzes. Im Inneren stehen filigran geschnitzte Skulpturen und ein attraktiver Hauptaltar.

Das **Viertel Santa Ana** im Süden der Stadt beherbergt zahlreiche kleine Kunsthandwerkstätten und Ateliers. Oberhalb des Viertels liegt der Aussichtspunkt **Mirador Turístico** mit schönem Blick auf Ayacucho (mit dem Taxi 5 S/., die Busse 8, 11 oder 14 fahren über die Libertad und am Markt vorbei bis zum Fuß des Miradors).

Neben den mehr als 30 Kirchen besitzt Ayacucho einige sehenswerte Museen. Das **Museo Arqueológico Hipólito Unanue y Jardín Botánico de Cactáceas**, Av. Independencia 502, befindet sich im Centro Cultural Simón Bolívar. Zu sehen sind Keramiken der wenig erforschten Wari-Kultur (auch Huari geschrieben), außerdem einige Exponate der Mochica- und Nasca-Kulturen.

In einem kleinen Garten kann man verschiedene Kakteenarten bewundern. 🕒 Di–So 9–13 und 15–17 Uhr, Eintritt 2,50 S/.

Öffnungszeiten der Kirchen

Die meisten Kirchen haben frühmorgens und spät nachmittags geöffnet, wenn Messen stattfinden. Die genauen Uhrzeiten sind bei der Touristeninformation zu erfahren (s. „Sonstiges/Informationen").

SÜDPERU

Museo de la Memoria

Das 2005 mithilfe deutscher Entwicklungshilfegelder eröffnete **Museum der Erinnerung** erinnert an die Opfer des Bürgerkriegs (S. 200), der vor allem in der Region Ayacucho Tausende von Menschenleben kostete. Betrieben wird das Museum von der Nationalen Vereinigung von Angehörigen der Entführten, Verhafteten und Verschwundenen (ANFASEP), mehrheitlich einfachen Quechua-Bäuerinnen, die im Museum auch selbst gefertigte Textilien verkaufen. Prolongación Libertad 1229, Parque de la Libertad, ✆ 066-317170, 💻 www.anfasep.org.pe. 🕒 Mo–Fr 9–13, 15–18, Sa 9–13 Uhr, Eintritt 3 S/.

Das kleine **Casa Museo**, Cusco 424, zeigt Werke und Bilder des andinen Künstlers Joaquín López Antay in seinem früheren Wohnhaus mit Werkstatt. López wurde 1975 als erstem Quechua sprechenden Kunsthandwerker der Nationale Kulturpreis verliehen, was damals zu zahlreichen Protesten führte. Die Urenkelin des Künstlers führt durch das Familienmuseum mit kleiner Cafeteria und Laden. Retablo-Workshops sind nach Anmeldung möglich. 🕒 Mo–Sa 15–18 Uhr, Eintritt 4 S/.

Das **Museo Andrés Avelino Cáceres**, 28 de Julio 508, trägt den Namen des Kriegshelden Cáceres, der während des Pazifikkriegs gegen Chile (1879–1883) die Truppen kommandierte. Dementsprechend stellt das Museum militärische Exponate aus dieser Epoche aus. 🕒 Mo–Fr 9–13, 15–17, Sa 9–13 Uhr, Eintritt 3 S/.

ÜBERNACHTUNG

Zur Osterzeit sollten Zimmer weit im Voraus gebucht werden. Die Preise steigen in dieser Zeit, wie auch um den 28. Juli, stark an.

Hostal El Mesón, Arequipa 273, ✆ 066-312938, 💻 www.hotelelmesonayacucho.com. Helle, moderne und saubere Zimmer mit Bad und Warmwasser. Minuspunkte gibt es für die frühe Auscheck-Zeit (10.30 Uhr) und das mickrige Frühstück (10 S/.), auf das man verzichten kann. ❷

Hostal Florida, Cuzco 310, ✆ 066-312565, ✉ hostalflorida2@hotmail.com. Saubere Zimmer mit TV. Grüner Innenhof, schöne Terrasse mit Blick auf die Stadt. ❷

Hostal Tres Máscaras, Tres Máscaras 194, ✆ 066-312921, 💻 www.hoteltresmascaras.galeon.com. Große Zimmer mit Bad (Warmwasser durch Solarenergie) und TV, wahlweise auch mit Gemeinschaftsbad. Schöner Garten mit Blick über die Stadt. ❷

Santa Lucia, Sol 140, ✆ 066-312771, ✉ hostalsantalucia3@gmail.com. Ruhige Lage, knapp 4 Blocks von der Plaza Mayor entfernt. Große, helle Zimmer mit Bad und TV. Frühstück inkl. ❷–❸

ViaVia Hotel Ayacucho, Portal Constitución Nr. 4, 2. Stock, Plaza Mayor, ✆ 066-312834, und 28 de Julio 720, Alameda Valdelirios, ✆ 066-316014, 💻 www.viavia.world. Umweltbewusstes Hotel (Solarenergie, Recycling, faire Löhne, lokale Produkte) mit 2 Standorten. An beiden finden sich moderne, unterschiedlich dekorierte Zimmer. Das **ViaVia 1** liegt an der Plaza Mayor und hat ein klasse Restaurant (s. „Essen"), das **ViaVia Alameda** ist 7 Blocks von der Plaza Mayor entfernt und punktet mit einem Garten und Hängematten. Büchertausch und Verkauf fair gehandelter Produkte. Frühstücksbuffet inkl. ❸–❹

ESSEN

Auf jeden Fall sollte man die einheimische Küche auf dem **Mercado de Abastos** probieren: z. B. **Llipta** (sprich „Jipta"), eine flüssige Süßspeise aus aromatischen Kräutern und braunem Mais.

Im Innenhof des **Centro Turístico Cultural San Cristóbal**, 28 de Julio 262, in Plaza-Nähe, befinden sich verschiedene Restaurants und Cafés, darunter **Lalos Café** mit Frühstück, Mittagsmenü, Pizza und Pasta, Kaffee und leckerem Kuchen. 🕒 tgl. 8–16, 17–23 Uhr.

Chifa Shanghai, Portal Independencia 57. Der Eingang liegt versteckt hinten links; moderner und leckerer Chinese. 🕒 tgl. 12–23 Uhr.

El Nino, 9 de diciembre 205, Plazoleta Luís Carranza. Pizza, Pasta und Grillgerichte in

Ayacucho
N
0
300 m
ÜBERNACHTUNG
1 Santa Lucia
2 ViaVia
3 Hostal Florida
4 Hostal El Mesón
5 Hotel Tres Máscaras
6 ViaVia Alameda
1, Museo de la Memoria
Hospital Regional de Ayacucho
Museo Arqueológico Hipólito Unanue y Jardín Botánico de Cactáceas, Pisco, Lima
Lima
Libertad
Av. 26 de Enero
Av. Maravillas
Garcilazo
Jr. Pichincha
Independencia
Av. del Deporte
Venezuela
Jr. Wari
Jirón Quinua
Plaza El Arco
Parque de la Juventud
Jr. Manco Cápac
M.Montessori
A.Salazar Bondy
Los Andes
J.S. Chocano
Mariscal Andrés Avelino Cáceres
Garcilasco dela Vega
9 de Diciembre
Miller
J. Heraud
Jr. Unión
El Calvario
Iglesia Santo Domingo
Asamblea
Maria Pallado de Bellido
Plazoleta Luis Carranza
Roma
Óvalo Magdalena
3S
Callao
Sucre
Tres Mascaras
Jr. Untiveros
Jr. Puno
Protzel
8, Huanta, Cusco, Abancay
Iglesia San Francisco de Paula
PREFECTURA
Plaza Mayor
MUNICIPALIDAD
Cusco
Jr. Huanta
Jr. Lima
Kathedrale
TOURISTEN-POLIZEI
Francisco Pizarro
Casa Museo
Glorieta
Iglesia La Compañía de Jesús
Arequipa
Sol
Miguel Grau
28 de Julio
2 de Mayo
San Martín
Jr. Carlos F. Vivianco
Arco del Triunfo
Convento Santa Clara
Mercado de Abastos
Iglesia San Francisco de Asis
Fr. Pizarro
Puente Nuevo
Mariscal Castilla
Pj. Londres
C. Nueva
S.Juan de Dios
TOURISTEN-POLIZEI
Mercado 12 de Abril
Jr. Chorro
C. Itana
Museo Andrés Avelino Cáceres
C. Teneria
Rio Seco
San Lorenzo
Monasterio Santa Teresa
Barrio Santa Ana
Iglesia de los Santos de los Últimos Días
Plaza Santa Ana
ESSEN
1 El Nino
2 La Casona
3 ViaVia Café
4 Chifa Shanghai
5 Vida Saludable
6 Lalos Café
Portale an der Plaza Mayor:
A Portal Unión
B Portal de Constitución
C Portal Municipal
D Portal Independencia
SONSTIGES
1 Mercado Artesanal Shosake Nagase
2 Peña Tupana Wasi (2x)
3 Wallpa Sua
4 E & N Huamanga Tours
5 Café Ayacuchano
6 Wari Tours
7 Centro Cultural San Cristóbal
TRANSPORT
1 Terrapuerto
2 Expreso Molina
3 Busse, Autos nach Quinoa
4 Antezana
5 Móviltours
6 Cruz del Sur
7 Vans nach Andahuaylas
8 Terminal Totora: Huari, San Francisco, Kimbiri,
9 Latam
10 Terminal Sur

Der Leuchtende Pfad

Die nächtlichen Eindringlinge kannten die Ortschaft oder waren von ihren Komplizen aus der Nachbarschaft genau informiert worden. Sie stellten Wachposten an den Ortseingängen auf, durchkämmten alle Häuser, holten die Leute gezielt anhand einer Liste aus dem Schlaf und trieben sie mit Fußtritten und Stößen zum Platz vor der Kirche. „Einige trugen Turnschuhe und andere Gummisandalen, ein paar gingen barfuß", beschreibt Vargas Llosa, Perus wohl bekanntester Schriftsteller, die Senderistas in seinem 1993 erschienenen Roman Tod in den Anden. Die Gesichter waren unverhüllt, nur zwei oder drei trugen eine Wollkappe, fast alle jedoch Maschinenpistolen, Knüppel, Macheten und Messer. „In ihren Reihen überwogen die jungen Burschen und Männer, aber es gab auch Frauen und Kinder, von denen einige keine zwölf Jahre alt sein mochten". Dann fingen sie an zu singen: „Hymnen an die proletarische Revolution, in Spanisch und Quechua, worin sie verkündeten, dass das Volk dabei war, die Ketten zu sprengen." Und anschließend begannen die **Prozesse**. Gegen den Bürgermeister beispielsweise, der die Bewohner aufgefordert hatte, die Sympathisanten der Revolution ans Militär zu verraten. „Die Richter, das waren die Dorfbewohner", schreibt Llosa. „Allmählich, nachdem sie ihre Verwirrung überwunden hatten, getrieben von der eigenen Angst, der aufgeheizten Atmosphäre und dunklen Motiven – alte Streitereien, dumpfer Neid, Hass zwischen Familien – fassten die Einwohner sich ein Herz und baten ums Wort". Immer mehr Dorfbewohner traten auf den Platz hinaus und trugen ihre Klagen vor. Erhoben Stunden später ihre Hände, in denen schwere Steine lagen, mit denen sie auf die Verurteilten einschlugen. Auf die Sterbenden, die sie hatten niederknien und den Kopf auf die Schutzmauer des Wasserbrunnens legen lassen. „Nicht ein Schuss wurde abgefeuert", schreibt Vargas Llosa.

Manchmal hatten es die Aufständischen des Sendero Luminoso – des Leuchtenden Pfads – leicht, Anhänger in den bitterarmen, abgeschiedenen Dörfern zu finden. Die meisten Bauern jedoch waren gegen die Besetzung ihrer Häuser durch die Guerillagruppen, gegen den Raub ihrer Ernten und die Zwangsrekrutierung ihrer Kinder. Doch wer Widerstand leistete, bezahlte dies oftmals mit dem Leben. Doch nicht nur die Subversiven des Sendero Luminoso überzogen die Hochanden mit einem **Regime der Angst**: Der Staat begegnete der Gewalt mit Gegengewalt; Soldaten und Polizisten töteten und brandschatzten – und rechtfertigten dies mit dem Argument, die Bauern hätten mit den Aufständischen kollaboriert, sie versteckt, ihre Kinder rekrutieren lassen und ihnen Lebensmittel gegeben.

1970, nach der Spaltung der kommunistischen Partei Perus, gründete der charismatische Philosophieprofessor **Abimael Guzmán** nach maoistischem Vorbild den „Leuchtenden Pfad". El Presidente Gonzalo, wie Guzmán genannt wurde, lehrte an Ayacuchos Universidad Nacional San Cristóbal de Huamanga. Die Bewegung, die bis 1980 noch als Partei fungierte und erst danach den blutigen Volkskrieg begann, hatte sich zum Ziel gesetzt, die Gesellschaft radikal zu reformieren: Oligar-

einem alten Kolonialhaus mit Garten, Spielgeräte für Kinder. ⌚ tgl. ab 17 Uhr.

La Casona, Bellido 463. Einheimische Küche, große Portionen, Mittagsmenü. ⌚ tgl. 12–22 Uhr.

ViaVia Café, Portal Constitución Nr. 4, Plaza Mayor, 2. Stock. Sehr gutes Restaurant, das von der Terrasse einen schönen Plaza-Blick und ein umfangreiches, aber auch hochpreisiges Speisenangebot bietet. Neben Frühstück stehen Mo–Fr 3 Mittagsmenüs (darunter ein vegetarisches) zur Auswahl, Sa nur eines. ⌚ tgl. 7.30–23.30 Uhr.

Vida Saludable, 2 de Mayo 120. Vegetarisches Restaurant, das neben leckeren Säften auch Gerichte zu allen Tageszeiten anbietet. ⌚ So–Fr 8–21 Uhr.

UNTERHALTUNG UND KULTUR

Live-Folkloremusik gibt es am Wochenende in der **Peña Tupana Wasi**, Bellido 213, 3. Stock (schmaler Eingang mit Treppe). ⌚ tgl. 19.30–2 Uhr. Die Filiale in der 9 de Diciembre 270 ist nur freitags und samstags geöffnet.

chien sollten zerstört, Löhne erhöht und große Teile des Landes an die Campesinos zurückgegeben werden.
Am stärksten litt das Departamento Ayacucho, das bis heute zu den ärmsten des Landes gehört, unter den Repressalien des Leuchtenden Pfads. Doch bis Anfang der 90er-Jahre war es der Bewegung gelungen, im ganzen Land präsent zu sein, auch in den Städten. Und so kam es landesweit zu schweren **Menschenrechtsverletzungen**, überwiegend jedoch in den Regionen Ayacucho, Huancavelica und Apurímac. Diese Gebiete galten um 1990 als völlig isoliert, ihre Wirtschaft lag brach und ein Großteil der Bewohner war in die Zentren an der Pazifikküste geflüchtet.
Rund 20 Jahre dauerte der Bürgerkrieg, der 1983 und 1984 seinen Höhepunkt der Gewalt verzeichnete. Im Jahr 2000 wurde die **Wahrheitskommission** (Comisión de la Verdad y Reconciliación) ins Leben gerufen, um die zwischen 1980 und 2000 begangenen Verbrechen zu recherchieren und Vorschläge zu erarbeiten, wie das Land versöhnt werden kann. Sie legte im August 2003 ihren Abschlussbericht vor. Danach sind im besagten Zeitraum rund 70 000 Menschen verschwunden und wahrscheinlich getötet worden: Campesinos, Senderistas, Polizisten, Soldaten. Rund 75 % der Opfer, so der Bericht, waren Indígenas und sprachen Quechua. Ruhiger wurde es erst nach der Festnahme von Guzmán am 12. September 1992, ein Erfolg, der der Regierung Fujimori zugeschrieben wird – zu Unrecht, wie viele meinen. Fest steht aber, dass Guzmáns Verhaftung wie ein tödlicher Schlag auf die nun führerlose Bewegung wirkte.
Die Überreste des Leuchtenden Pfads haben sich in zwei **Fraktionen** aufgesplittet: die „Acuerdistas" und „Proseguir". Die „Acuerdistas", die schätzungsweise 80 % ausmachen, befürworten heute eine politische Lösung. Sie haben – zumindest verbal – dem bewaffneten Kampf abgeschworen und unterstützen das von Guzmán 1993 erklärte Friedensangebot an den peruanischen Staat.
Mitglieder der Fraktion „Proseguir" hingegen – laut Angaben der peruanischen Regierung etwa 170 Guerilleros – halten bis heute am bewaffneten Kampf fest. Sie agieren vor allem von der unzugänglichen Dschungelregion des Amazonasbeckens (den Flusstälern des Ene, des Apurímac und des Huallaga) aus. Dieser **Sendero Rojo**, wie er sich selbst nennt, setzt sich in erster Linie aus losen, marodierenden Banden zusammen, die ihre Waffenkäufe über Geschäfte mit der Drogen- und Holzmafia finanzieren. Allerdings gelang es der Polizei im Februar 2012 Florindo Flores Hala alias „Artemio", den letzten aktiven Rebellenführer der maoistischen Vereinigung „Leuchtender Pfad", im Nordosten des Landes festzunehmen. Daher warnen die meisten peruanischen und internationalen Politologen und Soziologen davor, eine Reorganisation des Leuchtenden Pfades überzubewerten. Die Kriminalitätsrate in der Hauptstadt, schrieb ein Kommentator der Zeitschrift Somos, sei „erheblich schwerwiegender".

Martina Hahn

SÜDPERU

In der Hähnchenbraterei **Wallpa Sua**, Garcilaso de la Vega 240, gibt es Fr, Sa Livemusik ab ca. 20 Uhr.
Das **ViaVia Alameda** (s. Übernachtung) veranstaltet gelegentlich Kulturabende und zeigt donnerstags Filme.

FESTE

Das wichtigste Ereignis des Jahres ist die **Semana Santa**, die Osterwoche, die zu den bedeutendsten religiösen Festen in Peru zählt. Prunkvolle Prozessionen vor Tausenden von Gläubigen ziehen sich eine Woche vor Karfreitag bis zum Ostersonntag, an dem der Wiederauferstandene auf einem pyramidenartigen Tragegestell mit rund 3000 brennenden Kerzen ins Stadtzentrum getragen wird.
Wenn er nicht in die Osterfeierlichkeiten fällt, wird auch der Geburtstag von Ayacucho, der **Aniversario de Huamanga**, um den 25. April gefeiert.
Ein weiteres Highlight ist der **Karneval** (Februar oder März), der ausgelassen gefeiert wird.

Sehenswert sind auch die folkloristischen Umzüge, die in den vier Wochen vor dem Karneval jeweils sonntags an der Plaza Mayor stattfinden. Die Touristeninformation I-Perú hat eine detaillierte Liste aller Fiestas, die in Ayacucho und Umgebung stattfinden.

EINKAUFEN

Typische Souvenirs sind die **Retablos**, kleine tragbare Holzaltare (bis zu 1 m hoch), die mit Szenen aus dem andinen Leben verziert sind. Dies trifft auch auf die *Piedras de huamanga*, geschnitzte Alabasterfiguren, und die *Platería* (barocke Silberarbeiten) zu. Sehenswert sind neben den Webarbeiten, die vorwiegend aus Schafwolle angefertigt werden, auch die Keramiken aus dem Dorf Quinua, die *Mates burilados*, geschnitzte Kalebassen, und die *Tablas de Sarhuá*, farbenfrohe Darstellungen ländlicher Motive auf Holzbrettern.

Kunsthandwerk

Außer auf dem **Mercado de Abastos** sind diese Arbeiten auf dem **Mercado Artesanal Shosake Nagase** an der Plaza El Arco, am Nordende der Jr. 9 de Diciembre, zu erwerben. Eine weitere Möglichkeit ist die **Plaza Santa Ana** im gleichnamigen Stadtviertel im Süden Ayacuchos. Hier haben Kunsthandwerker kleine Läden eröffnet.

Lebensmittel

Der **Mercado de Abastos** liegt an der Jr. Vivanco, zwischen 28 de Julio und Av. Grau.
Im **Café Ayacuchano**, Portal Unión 37, bekommt man Kaffee, Schokolade, Marmeladen und Tees, meist in Bioqualität. Ist auch nett zum Sitzen, aber die Qualität von Kaffee und Kuchen ist ausbaufähig. 🕒 tgl. 8.30–22 Uhr.

TOUREN

Beide Veranstalter fungieren auch als Reisebüro und bieten neben Citytouren auch Ausflüge in die Umgebung an.
E & N Huamanga Tours, Portal Constitución 9, Int. 1 und Portal Unión 39, Central Cultural UNSCH, ✆ 066-317268, 💻 www.huamangaviajes.com.
Wari Tours, Lima 138, ✆ 066-311415, 💻 www.waritoursayacucho.blogspot.com.

SONSTIGES

Geld

Geldautomaten unter anderem Plaza Mayor bei der **Banco de Crédito**, Portal Unión 28.
US-Dollar und Euro kann man in den zahlreichen Wechselstuben im Portal de Constitución und dem Portal Unión an der Plaza Mayor wechseln.

Informationen

I-Perú, Plaza Mayor, Cusco 108, ✆ 066-318305, ✉ iperuayacucho@promperu.gob.pe. 🕒 Mo–Sa 9–18, So 9–13 Uhr.

Medizinische Hilfe

Hospital Regional de Ayacucho, Av. Independencia 355, ✆ 066-312180.

Polizei

Comisaría de Turismo, Jr. Sol 480, ✆ 066-315892. 🕒 tgl. 8–21 Uhr.

Abkürzung nach Cusco und Machu Picchu

Wer das Abenteuer sucht, kann in der Trockenzeit über eine Dschungelroute in zwei Tagen von Ayacucho nach **Quillabamba** (S. 300) am Río Urubamba gelangen. Am ersten Tag geht es von Ayacucho in sechs Stunden zu einem ehemaligen Koka-Anbauzentrum am Río Ene, ca. 190 km nordöstlich von Ayacucho. Übernachtet wird entweder in den Orten **San Francisco** oder besser in **Kimbiri** (auf der anderen Flussseite). Am nächsten Tag gelangt man dann in ca. 8 Std. über eine Dschungelpiste nach Quillabamba. Von dort braucht man nur etwa drei weitere Stunden zum „Hintereingang" von **Machu Picchu** (Straße über Santa Teresa zum Wasserkraftwerk, S. 240). Nach **Cusco** sind es ab Quillabamba in der Trockenzeit rund fünf Stunden.

Die Plaza Mayor von Ayacucho lädt zum Flanieren ein.

NAHVERKEHR

Mototaxis sind im Zentrum verboten. Man findet sie aber u. a. an der Asamblea, Ecke Manco Cápac.
Taxis, im Zentrum 5 S/., zum Terrapuerto und den anderen Busterminals von Ayachucho 7 S/. und zum Flughafen ca. 7 S/. (Flughafentaxis in die Stadt 15 S/.).

TRANSPORT

Die Straße vom Küstenort Pisco nach Ayacucho ist vollständig asphaltiert und es bestehen regelmäßige Flugverbindungen in die peruanische Hauptstadt. Auch das Teilstück nach Cusco ist asphaltiert.
Autofahrer sollten die Hochlandverbindung von Ayacucho nach Cusco über Andahuaylas und Abancay, aber auch die direkte Route zwischen Ayacucho und Huancayo besser tagsüber fahren, zum einen um die spektakuläre Landschaft zu genießen, zum anderen um die Gefahr von Unfällen zu verringern.

Busse, Vans und Colectivos

Die Überlandbusse (bis auf Cruz del Sur) fahren vom **Terrapuerto Los Libertadores de América**, Av. Javier Pérez de Cuellar (rund 10 Busminuten nördlich der Stadt), ✆ 066-311710, ab. Tickets können dort oder bei den Busunternehmen (s. unten) gekauft werden. Die Büros liegen fast alle in der Manco Cápac zwischen Garcilaso de la Vega und 9 de Diciembre.
Kleinbusse nach Vilcashuamán, Vischongo und Cangallo starten vom **Terminal Sur**, Av. Cusco 416, Distrito San Juan (ca. 10 Min. von der Plaza Mayor). Vom **Terminal Totora** (ca. 1 km außerhalb, der Mariscal Cáceres folgend) geht es nach San Francisco/Kimbri und Huanta. Vans und Sammeltaxis nach San Clemente (Kreuzung Panamericana, Lima, Pisco, Ica) fahren vom

Grifo Ayacucho am nördlichen Ortsausgang von Ayacucho.

Gesellschaften

Antezana, Manco Cápac 273, ✆ 066-311348
Cruz del Sur, Mariscal Cáceres 1345, ✆ 066-312813
Expreso Molina, 9 de Diciembre 457, ✆ 066-319989
móvilbus, Manco Cápac 276, ✆ 956383670

Verbindungen

ANDAHUAYLAS Minivans fahren tgl. vom Terminal Sur zu unterschiedlichen Tageszeiten, Los Chankas fährt mehrmals tgl., 5–6 Std. (260 km).
CANGALLO Kleinbusse fahren vom Terminal Sur, ca. 4 Std. (100 km).
CUSCO (móvilbus, Los Chankas) 20, 20.30 Uhr, fahren direkt über ANDAHUAYLAS und ABANCAY. Von der Pasaje Mariscal Cáceres fahren Minivans tgl. ab 4.30 Uhr alle 2 Std. nach Cusco, 15 Std. (601 km).
HUANCAVELICA (Molina) Direktbus abends, 5 1/2–6 Std. (245 km). Ein Bus von Ticclas fährt vom Terrapuerto freitas und sonntags vormittags direkt über die Kreuzung Rumichaca. Alternativ frühmorgens einen Bus Richtung Lima/Ica nehmen und nach 2–2 1/2 Std. an der Kreuzung Rumichaca in ein Sammeltaxi oder einen Kleinbus nach Huancaveliva umsteigen.
HUANCAYO (Expreso Molina) Mehrere Abfahrten tgl., meist abends, aber auch morgens um 8.50 Uhr. Die Route, die über HUANTA und IZCUCHACA führt, ist extrem kurvenreich und nichts für schwache Nerven! Sammeltaxis fahren vom Terminal Totora, 8–9 Std. (257 km).
HUANTA Combis und Sammeltaxis fahren vom Terminal Totora, 1 Std. (47 km).
ICA Abfahrten abends nach 20 Uhr (u. a. Palomino, Antezana), 8 Std. (389 km).
LIMA zahlreiche Anbieter und ebenso zahlreiche Abfahrten, überwiegend abends (u. a. Cruz del Sur, móvilbus) móvilbus fährt auch morgens um 10 Uhr, 9–9 1/2 Std. (565 km).
PISCO (6 Std., 356 km) s. Ica oder Lima; bis Kreuzung San Clemente und von dort mit einem Colectivo oder Taxi nach Pisco.
QUINUA Combis und Sammeltaxis fahren von der Cuadra 6 der José Santos Chocano über WARI (1 Std., 32 km).
SAN FRANCISCO/KIMBIRI (Río Apurímac) Camionetas, Sammeltaxis und Vans fahren vom Terminal Totora, 5–6 Std. (192 km). Von San Francisco/Kimbiri gelangt man in rund 8 Std. über eine neue Dschungelpiste nach Quillabamba (s. Kasten S. 202).
VILCASHUAMÁN (3 1/2–4 Std., 118 km). Combis fahren vom Terminal Sur über VISCHONGO.
WARI s. Quinoa, 35 Min. (22 km).

Flüge

Der **Aeropuerto Mendivil Duarte**, Av. del Ejército 950, ✆ 066-527092, liegt im Osten der Stadt und ist mit Taxis in ca. 10 Min. zu erreichen. Es gibt einen Geldautomaten.
Latam, 9 de diciembre 107, ✆ 066-310998, www.latam.com, fliegt tägl. nach LIMA (ca. 1 Std.). Mo–Fr 9–19, Sa 9–13 Uhr.
Sky Airlines, nur am Flughafen und im Internet, ✆ **Sky**, ✆ 01-243 7998 (Lima), www.skyairline.com/peru, fliegt tgl. nach LIMA.

Die Umgebung von Ayacucho

Viele der weiter entfernten Ausflugsziele sind nur umständlich oder mit großem Zeitaufwand zu erreichen.

Wer in einer kleinen Gruppe reist, für den lohnen sich unter Umständen die Angebote der Tourveranstalter (s. „Touren", S. 202).

Complejo Arqueológico Wari und Quinua

Rund 22 km nordöstlich von Ayacucho liegt die ehemalige Hauptstadt der Wari (auch Huari geschrieben). Die ca. 1600 km² große Zone besteht aus den steinernen Überresten von Wohnräumen, Werkstätten, Zeremonialzentren, Grabstätten, Straßen und Steinkanälen für Trink- und Abwasser. Die Wari-Kultur (600–1100 n. Chr.), die auf mysteriöse Weise verschwand, zeigt Einflüsse der Nasca-Kultur und der zeitlich etwas späteren Tiwanaku-Kultur.

Folgt man der Straße ab Wari Richtung Norden für weitere 15 km, gelangt man in den kleinen, malerischen Ort **Quinua** auf 3300 m Höhe. Das Dorf ist bekannt für seine Töpferarbeiten. Auf vielen Dächern sieht man Motive aus Ton, etwa kleine Kirchen, die vor bösen Geistern schützen sollen. Ein etwa 3 km entfernter weißer **Obelisk** markiert die Stelle der Unabhängigkeitsschlacht von Ayacucho im Jahr 1824.

Der archäologische Komplex Wari lässt sich mit allen Colectivos erreichen, die nach Quinua fahren (letzte Rückfahrt nach Ayacucho gegen 16.30 Uhr). Das **Ortsmuseum** stellt Keramiken und andere Fundstücke aus. ⏲ tgl. 9–13, 15–17 Uhr, Eintritt 3 S/.

Huanta

Das kleine Kolonialstädtchen mit seinem angenehmen Klima auf 2628 m Höhe liegt rund 48 km nördlich von Ayacucho. Neben der Besichtigung einiger Kolonialbauten eignet sich ein Aufenthalt, um zu relaxen oder in der schönen Umgebung zu wandern. Es bestehen einfache Übernachtungsmöglichkeiten (Transport s. „Ayacucho“).

Vilcashuamán

Lohnenswert ist auch der Besuch der Region um Vischongo (3126 m), dem Ausgangspunkt für eine Besichtigung der **Inkaruinen** von Vilcashuamán. Sie liegen rund 120 km südöstlich von Ayacucho im gleichnamigen Ort und sind über eine gute Asphaltstraße zu erreichen. Mit dem Bau des wichtigen politischen und militärischen Zentrums wurde unter dem Inka Pachacútec begonnen, vollendet wurde die Anlage unter Huayna Cápac. Im Zentrum des archäologischen Komplexes, dessen Grundriss in Form eines Falken terrassiert wurde, steht der **Ushnu**, eine vierstöckige Pyramide, die zeremoniellen Zwecken diente. Auf ihr wurde aus einem Steinblock ein zweisitziger Thron für den Inka modelliert. Vom Sonnen- und Mondtempel an der Plaza von Vilcashuamán sind nur noch die Grundmauern zu sehen. Darüber thront heute die katholische Kirche. Eintritt wird nur für die Zeremonialpyramide Ushnu verlangt, ⏲ tgl. 8.30–17.30 Uhr, 3 S/. Ganz okay und mit Privatbad/Warmwasser übernachten kann man im **Hostal 13 Incas**, Av. Halcón Sagrado, in Plaza-Nähe, ✆ 941367284, ❶. Genügend Bargeld mitnehmen! Es gibt keinen Geldautomaten.

Bereits vor Vischongo zweigt eine Piste zur **Laguna Pomacocha** ab, einer von den Inka künstlich angelegten Lagune, an deren Ufer sich die Ruinen **Intihuatana** (Gehzeit ab der Hauptstraße hin und zurück ca. 1 Std., Eintritt 2 S/.) befinden. Mehrere Veranstalter aus Ayacucho bieten ein- oder zweitägige Ausflüge in das Gebiet an, das auch mit öffentlichen Verkehrsmitteln erreichbar ist (s. „Ayacucho/Transport“, S. 203). In Vischongo kann man übernachten und an der Laguna Pomacocha ist Zelten möglich.

Titankayocc

Naturfreunde sollten den weltweit größten Wald von **Puya-raimondii**-Pflanzen (S. 506) nicht versäumen, der von **Vischongo** aus in etwa 2–3 Gehstunden (ca. 900 Höhenmeter, zurück 1 1/2–2 Std.) zu erreichen ist. Das rund 450 ha große Areal beherbergt Tausende Exemplare der größten Bromelienart der Erde. Die Einheimischen nennen die Pflanze **Titanka**, was übersetzt „verbrannte Blume“ bedeutet. Diesen Namen verdankt die *Puya raimondii* der Tatsache, dass sie nach einmaligem Blühen abstirbt. Dabei färben sich die Blätter schwarz, was aussieht, als wäre die Pflanze verbrannt. Den unteren Teil der Puyas brennen die Einheimischen regelmäßig ab, damit sich ihre Weidetiere nicht an ihnen verletzen.

Millpu – Aguas Turquesas

Immer beliebter wird auch ein Besuch bei den türkisfarbenen, kristallklaren und eiskalten Wasserbecken **Millpu**, auch bekannt als Aguas Turquesas. Sie befinden sich etwa 3 1/2 Autostunden (124 km) südlich von Ayacucho beim Dorf Circamarca. Von dort sind es noch rund 1,7 km zu Fuß Richtung Süden. Das Naturwunder verfügt (bisher) über keinerlei touristische Infrastruktur, ist aber gerade deswegen reizvoll, Eintritt 3 S/.

Ein Besuch kann nur schwer mit öffentlichen Verkehrsmitteln an einem Tag bewältigt werden. Besser ist eine Tour mit einem Veranstalter. Die Agenturen in Ayacucho bieten den Ausflug an. Wer es dennoch auf eigene Faust probieren möchte: Colectivo vom Terminal Sur nach Circamarca nehmen (Rückfahrt absprechen!). Ideale Besuchszeit ist von April bis Oktober. Der Veranstalter Eric Adventures (S. 236) bietet die Tour von Cusco aus an (3 Tage).

Andahuaylas und Umgebung

Die landschaftlich interessante Strecke von Ayacucho nach Andahuaylas führt nach 45 km über den 4220 m hohen Pass **Abra Tocctoccasa**. Weiter geht es eine ganze Weile über karge Hochebenen, bevor der lange Abstieg vorbei an Kakteenfeldern zur Brücke über den Río Pampas (KM 150) beginnt. Im heißen **Pampas-Tal** gedeihen Zuckerrohr, Zitrusfrüchte, Papayas und Avocados. Nun windet sich die Straße in vielen Kurven über Chincheros zum 4150 m hohen **Abra Soraccocha** hinauf. Dann geht es wieder bergab, bis nach langen 270 km Andahuaylas auf 2980 m erreicht wird.

Das rund 31 000 Einwohner zählende Städtchen liegt ungefähr auf halber Strecke zwischen Ayacucho und Cusco. Andahuaylas ist das Zentrum einer stark ländlich und indianisch geprägten Region, die zu einer der ärmsten des Landes zählt.

An der Südseite der Plaza de Armas liegt die **Iglesia San Pedro**. Ihr gegenüber befindet sich die Municipalidad, in der das kleine **Museo Arqueológico** untergebracht ist, das zum Zeitpunkt der Recherche geschlossen war. Lohnend ist der große **Sonntagsmarkt** von Andahuaylas.

Rund 17 km nordöstlich des Ortes (10 km entlang der Strecke nach Abancay und 7 Pistenkilometer Richtung Norden) erreicht man die idyllisch gelegene **Laguna Pacucha**, einen schönen Bergsee mit dem gleichnamigen Dorf auf 3100 m. In dem beliebten Ausflugsort servieren kleine Restaurants leckeres Ceviche de Pejerrey. Colectivos fahren von der Casafranca, Ecke Martinelli ab (ca. 40 Min.).

Nur mit dem Taxi gelangt man von der Lagune zur Inkaruine **Sóndor** (45 S/., einfache Strecke), die auf rund 3300 m Höhe liegt. ⌚ tgl., Eintritt 2 S/.

ÜBERNACHTUNG

El Encanto de Oro, Pedro Casafranca 424, ✆ 083-423066, ✉ hotelandahuaylas@hotmail.com. Beliebtes Hotel in Marktnähe, drei Blocks nordöstlich der Plaza de Armas gelegen. Saubere, angenehme Zimmer mit Bad und TV. ❷

Hotel Encanto de Apurímac, Juan Antonio Trelles 157, ✆ 083-423527. Ordentliche Zimmer mit gutem Bad und TV. Frühstück inkl. ❷

ESSEN

El Capucchino, Cáceres Tresierra 321. Bestes Café mit großer Crêpes-Auswahl. Außerdem Salate, Sandwiches, Säfte und Weine. ⌚ Mo–Sa 17–23 Uhr.

La Delicia, Constitución 426. Vegetarische Küche. ⌚ So–Fr 7–21.30 Uhr.

Puma de Piedra, Los Sauces 327. Gartenrestaurant mit guter einheimischer Küche. ⌚ tgl. 8–18 Uhr.

SONSTIGES

Geld

Geldautomaten befinden sich an der Plaza de Armas (Banco de la Nación), und der Av. Perú beim Parque Lampa de Oro (Banco de Crédito).

Informationen

DIRCETUR, Av. Túpac Amaru 257, ✆ 083-205557, ✉ informes@dirceturapurimac.gob.pe. ⌚ Mo–Fr 9–17 Uhr.

TRANSPORT

Busse

Das **Terminal Terrestre** liegt am westlichen Stadtrand. Ganz in der Nähe liegen an der Av. Ejercito **weitere Busunternehmen**. Eine Decke und/oder warme Kleidung für alle Nachtfahrten bereithalten! Regelmäßige Verbindungen mit Bussen und Minivans bestehen nach ABANCAY (3–4 Std., 150 km), AYACUCHO (8–10 Std., 270 km), CUSCO (9 Std., 340 km) und LIMA (20 Std., 1050 km).

Flüge

Der Flughafen liegt rund 30 Min. vom Ort entfernt Richtung Huancabamba. Zum Zeitpunkt der Recherche wurden jedoch keine Linienflüge angeboten.

Abancay

Noch einmal rund 150 km sind von Andahualyas nach Abancay auf überwiegend asphaltierten Straßen inmitten schöner Landschaft zurückzulegen. Obwohl man Abancay bereits nach Überqueren des **Abra Huayllaccasa** (4100 m) und des **Abra Cruzccasa** (4000 m) recht früh links auf der anderen Talseite erblickt, zieht sich die Strecke scheinbar endlos in vielen Kurven herab ins Tal des Río Pachahaca und wieder hinauf nach Abancay.

Der verschlafene Ort auf 2378 m Höhe wirkt nicht gerade wie die Hauptstadt eines Departamentos. Die Einheimischen nutzen das 50 000 Einwohner zählende Städtchen als Warenumschlagplatz und Verkehrsknotenpunkt. Die Fertigstellung der Asphaltstraße nach Cusco hat dem Ort einen kleinen wirtschaftlichen Aufschwung verliehen. Doch nur wenige Touristen verweilen länger als nötig in Abancay, das am Fuß des 5225 m hohen **Nevado Ampay** liegt, der höchsten Erhebung der Cordillera Vilcabamba.

Südöstlich des Schneeriesen wurden 3635 ha Landschaft als **Santuario Nacional de Ampay** unter Naturschutz gestellt. Das kleine Wandergebiet mit Bergseen, Schluchten und rund 600 ha Intimpa-Wäldern *(Podocarpus glomeratus)* kann von Abancay in rund zwei bis drei Gehstunden oder per Taxi erreicht werden (s. unten).

Ebenfalls von Abancay aus gelangt man nach **Cachora** und **Huanipaca**, beides Ausgangspunkte der Wanderung nach Choquequirao (S. 210).

ÜBERNACHTUNG

Hotel Imperial, Díaz Bárcenas 517, ✆ 083-321578, 💻 www.hotelimperialabancay.com. Saubere Zimmer mit/ohne Bad und TV, die sich um einen Innenhof gruppieren, der auch als Parkplatz dient. Frühstück inkl. ❷

Hotel Saywa, Arenas 302, ✆ 083-324876, 💻 www.hotelsaywa.com. Großes Hotel mit Aufzug. Geräumige Zimmer mit Bad (Gasthermen), Richtung Straße evtl. laut. Frühstück inkl. ❷–❸

Hotel Turistas, Díaz Bárcenas 500, ✆ 083-321017, 💻 www.turismoapurimac.com. Neuere, günstigere Zimmer im 3. Stock und im hinteren Teil des Gebäudes. Restaurant mit Bar, außerdem Parkplatz und Tourservice. Frühstück inkl. ❹

ESSEN UND UNTERHALTUNG

Café Mundial, Arequipa 301, Ecke Junín. Seit 1978 existierendes Café, das Frühstück, Obstsalate, Säfte, Sandwiches, Kaffee und Kuchen serviert. 🕒 tgl. 7–22 Uhr.

La Delicia, Díaz Bárcenas 211. Das vegetarische Restaurant tischt Frühstück, Menüs und á la carte auf. 🕒 So–Fr 7–21 Uhr.

Einige **Discos** und **Karaoke-Pubs** liegen in den Blocks 1 und 2 der Avenida Arenas.

SONSTIGES

Geld

Banco de Crédito, Arequipa 218.

Interbank, Arenas 233-237.

Informationen

DIRCETUR, Arenas 121, 1. Stock, ✆ 083-321664, ✉ apurimac@mincetur.gob.pe. 🕒 Mo–Fr 8–16 Uhr.

Sernanp, Prolongación Cusco 923, Urb. Las Torres, ✆ 083-322233, ✉ aosorio@sernanp.gob.pe. Nationalparkverwaltung mit Infos zum Santuario de Ampay. 🕒 Mo–Fr 8–13, 15–18 Uhr.

TRANSPORT

Busse und Colectivos

Die Überlandbusse fahren alle vom Busbahnhof **Terminal Terrestre** im Westen der Stadt an der Av. Pachacútec, Ecke Castro, ab. Einige Unternehmen unterhalten zusätzlich **Büros** an der Kreuzung Díaz Bárcenas und Gamarra sowie in der Av. Arenas.

Verbindungen

ANDAHUAYLAS Busse oder schnellere Minivans fahren regelmäßig.

AYACUCHO 11–12 Std. (403 km). Mehrere Busse aus Cusco passieren Abancay. Alternativ umsteigen in Andahuaylas.

CACHORA 2 Std. (63 km). Sammeltaxis von der Prolongación Nuñez, Nähe Prado Alto.

Zwei- bis dreitägige Wanderung im Santuario de Ampay

Die Parkverwaltung Sernanp hat einen ca. 21 km langen Wanderweg durch das Schutzgebiet angelegt. Obwohl sich der Hauptzugang zum Schutzgebiet rund 5 km nördlich von Abancay befindet, sollte man die Wanderung am westlichen Einstieg im kleinen Dorf **Karkatera** auf rund 3200 m ca. 20 km nordwestlich von Abancay entfernt beginnen (s. „Abancay/Transport"). In Karkatera können Maultiere gemietet werden. Am oberen Ortsausgang steht eine vergilbte Steintafel, die rechter Hand den deutlich sichtbaren Weg zum Nevado Ampay weist. Ab hier beginnt ein 10 km langer Aufstieg in langen Serpentinen zu einem rund 4650 m hohen Pass oberhalb der Lagune Huilcacocha. Die Kilometersteine beginnen ab KM 4, eine mit Andengras gedeckte **Schutzhütte** wird nach rund 5,5 km auf 4000 m erreicht (Gehzeit dorthin ca. 4–5 Std., ca. 1000 Höhenmeter). Nach dem Überqueren des Passes beginnt ein steiler Abstieg zur Laguna Uspaycocha (am KM 15 gelegen, Gehzeit ab KM 5,5 ca. 5–6 Std., ca. 750 Höhenmeter), an deren oberen Ende man herrlich **zelten** kann. Am nächsten Tag klingt die Wanderung mit einem Abstieg und grandiosen Blicken ins Tal nördlich von Abancay aus. Unterwegs wird die kleine Laguna Angascocha und wenig später der Parkeingang passiert. Nun folgt man der Schotterpiste Richtung Abancay, bis man nach insgesamt rund 3–4 Std. (ab Uspaycocha) die Hauptstraße erreicht. Dort kommen regelmäßig Micros und Taxis nach Abancay vorbei.

Wichtig! Während der ersten zwei Tage findet sich kein Trinkwasser entlang des Wegs. Erst am Zeltplatz oberhalb der Laguna Uspaycocha fließt ein kleiner Bach. Das Wasser des Sees kann nach Desinfizieren und Abkochen getrunken werden. Bei der Touristeninformation in Abancy gibt es eine **Infobroschüre des Parks**. Wer genaues Kartenmaterial benötigt, sollte sich die Karte Abancay, Hoja 28q (Maßstab 1:100 000) beim IGN in Lima (S. 177) besorgen.

CHALHUANCA Kleinbusse ab Av. Brasil, Sector Las Américas, 2 Std. (117 km).
CURAHUASI Von der Prolongación Nuñez 119 starten Sammeltaxis, 2 Std. (73 km). Sie fahren von dort auch nach SAYWITE.
CUSCO mehrmals tgl. (u. a. Wari, Los Chankas) 4 1/2–5 Std., (195 km). Alternativ Sammeltaxi nach CURAHUASI nehmen und dort in ein Sammeltaxi nach Cusco umsteigen.
HUANIPACA Sammeltaxis von der Prolongación Nuñez, Nähe Prado Alto, 2 Std. (76 km).
KARKATERA Ein Kleinbus fährt um 7 und 16 Uhr von der Av. Panamá im Ortsteil Pueblo Joven, 1 1/2 Std. (30 km), dorthin Taxi nehmen.
LIMA mehrmals tgl. (u. a. Civa, Cruz del Sur), 15 Std. (903 km), fährt über PUQUIO und NASCA.
NASCA 8 Std. (466 km), siehe Lima.

Von Abancay nach Cusco

Die durchgehend asphaltierte Straße zwischen Abancay und Cusco passiert nach einer serpentinenreichen Überquerung des 3900 m hohen **Soccllaccasa-Passes**, die Abzweigung zu den Ruinen **Piedra de Saywite**, die rund 500 m von der Hauptstraße und ca. 45 km nordöstlich von Abancay liegen.

Auf dem weitläufigen, 18,4 ha großen Gelände (3500 m) finden sich Inkabauwerke, eine große Steintreppe und eine Fülle von Monolithen, die mit Skulpturen und Reliefs geradezu übersät sind. Blickfang ist ein halbkreisförmiger, 11 m breiter und 2,30 m hoher **Stein**, in den die Inka Tiere, Menschen, Götter und Landschaften eingravierten. ⌚ tgl. 8–17 Uhr, Eintritt 10 S/.

Nicht weit von Saywite entfernt zweigt in nördlicher Richtung eine Straße nach **Huanipaca** und kurz darauf nach **Cachora** ab. Von beiden Orten aus gelangt man in zwei Tagesetappen zu Fuß oder per Pferd zu den Inkaruinen von **Choquequirao** (S. 210).

Der Ort **Curahuasi** ist ein beliebter Rastplatz auf der Strecke Abancay–Cusco. Rund zwei Gehstunden nördlich gelangt man zum spektakulären **Aussichtspunkt Capitán Rumi** auf dem Cerro San Cristóbal mit tollem Blick über den Canyon des Río Apurímac. Von Curahuasi gibt es ebenfalls einen Wanderweg nach Choquequirao. Die **Baños Termales de Cconoc** liegen rund 7 km nordöstlich von Curahuasi und 3 km unterhalb der Hauptstraße am Flussufer (🕒 tgl. geöffnet, Stechmücken!). Im weiteren Verlauf der Straße Richtung Cusco wird der Río Apurímac auf einer Stahlbrücke überquert. Die Brücke ist der Endpunkt einiger Rafting-Touren auf dem Río Apurímac, die von Cusco aus angeboten werden (S. 234).

Wenige Kilometer weiter östlich liegt einige Kilometer nördlich der Hauptstraße die Ortschaft **Mollepata** (2900 m). Ab hier beginnt eine mehrtägige Wanderung Richtung Norden, vorbei am Nevado Salkantay, mit Endziel Machu Picchu (S. 268). Mollepata ist ebenfalls Ausgangspunkt eines viertägigen Treks auf einem neuen Wanderweg nach Choquequirao, bei dem die anstrengende und heiße Durchquerung des Río Apurímac-Canyons entfällt. In Mollepata gibt es zahlreiche einfache Unterkünfte.

Bei KM 77 (rund 120 km nordöstlich von Abancay) lohnt ein Stopp an der unmittelbar an der Straße liegenden archäologischen Ausgrabungsstätte von **Tarawasi** auf 2650 m (10 S/.), inmitten der Ortschaft Limatambo. Die Inka hatten an dieser Stelle einen Tambo inklusive Zeremonialzentrum gebaut, dessen mosaikartige Grundmauern aus polygonen Steinquadern gut erhalten sind.

Vorbei an den rot leuchtenden Blüten der Pisonay-Bäume steigt die Straße ein letztes Mal an, überquert den 4100 m hohen **Abra Huillique** und erreicht eine ausgedehnte, landschaftlich reizvolle Hochebene. Nach der Durchfahrt einiger kleinerer Ortschaften bietet sich schließlich ein schöner Blick auf Cusco, das nach wenigen kurvigen Kilometern erreicht ist.

ÜBERNACHTUNG

Casa Nostra Choquequirao, Cachora, ca. 300 m westlich der Plaza, ✆ gemütliche, 💻 www.choquequiraotrekk.com. Rustikale Lodge mit schönem Ausblick. Wahlweise Zimmer mit Bad oder Schlafsaal (40 S/. p. P.), Frühstück inkl. ❸

Villa los Loros, rund 17 Autokilometer nordöstlich von Huanipaca, ✆ 984920148 (Cusco), 💻 www.choquequiraolodge.com. Entlang der Wanderstrecke nach Choquequirao, entlegen aber wunderschön auf 2100 m gelegene Lodge (kein Telefon oder Internet in der Lodge) mit angenehm mildem Klima; schöne Bungalows mit Bad, toller Garten, Tourservice, u. a. Choquequirao. ❺

Andean Spirit Lodge, ca. 13 km westlich von Limatambo, ✆ 984763109, 💻 www.andeanspiritlodge.com. Wer Yoga mag, mal richtig ausspannen und gute Bioküche genießen möchte, dem sei diese Anlage unter deutsch-peruanischer Leitung empfohlen: geräumige Bungalows in einem schönen Garten, aus dem die Zutaten für das vegetarische Essen stammen. Unterkunft mit Halb- oder Vollpension, außerdem komplette Reisepakete. ❻

Choquequirao

Die Inkaruine von Choquequirao in der entlegenen Cordillera Vilcabamba, nordöstlich von Abancay, wird immer öfter als Alternative zum überlaufenen Machu Picchu angepriesen. Jahrhundertelang lag die rund 1,8 km² große Anlage, die von den Inka vermutlich im 15. Jh. errichtet wurde, unter dichtem Bewuchs verborgen. Erst 1993 begannen dort nennenswerte Ausgrabungsarbeiten. Inzwischen sind rund 30 % von Choquequirao freigelegt.

Der neun architektonische Zonen umfassende Komplex liegt strategisch günstig auf 3085 m Höhe mit Ausblicken bis zum Nevado Salkantay und hinunter in die Schluchten des Río Blanco und des Río Apurímac. Der Kern der Anlage besteht aus zweistöckigen **Zeremonialgebäuden** mit Wasserkanälen, Brunnen und Baderäumen. In der Nähe der Anlage wurden die Überreste eines **Tempels** und einer **Stadt** gefunden, die auf eine zahlenmäßig große Population schließen lassen und die Bedeutung Choquequiraos als wichtiges religiöses, politisches und wirtschaftliches Zentrum untermauern. In der weiteren Umgebung finden sich eindrucksvolle, bis zu 12 m breite und bis zu 400 m lange **Terrassenkonstruktionen**. Choquequirao (Chuqui k'iraw bedeutet in Quechua „Goldene Wiege") diente den Inka sicherlich als einer von mehreren Zufluchtsorten nach der Niederlage gegen die Spanier.

Kartoffeln – das wahre Gold der Inka

© SHUTTERSTOCK.COM/ GUSTAVO RAMIREZ

SÜDPERU

Mittagspause in San José de Aymará, im Hochland Perus. Gracielas Feldküche unter knallblauem Himmel lockt die ersten Bauern von den Kartoffelfeldern. Seit Tagen läuft die **Ernte** auf Hochtouren. Schon bei Morgengrauen stehen die Männer und Frauen, Kinder und Großeltern auf den Äckern, die sich mit ihren Millionen weißen, rosa oder violetten Blüten wie ein bunter Flickenteppich die steilen Hänge hinaufziehen. Bis zum Sonnenuntergang arbeitet sich Jung und Alt gebückt, Hüfte an Hüfte und Schritt für Schritt, die kniehohen Büsche auf über 4000 m Höhe entlang.

Die Ernte ist gut, neben den Feldern liegen auf selbst gewebten Tüchern Berge von Kartoffeln: Knollen, mal rund wie eine Mirabelle, mal lang wie ein Würstchen, krumm wie eine Banane, verbogen wie eine Brezel oder geschuppt wie ein Tannenzapfen. Über tausend **verschiedene Sorten** wachsen in San José de Aymará auf den Versuchsfeldern des Internationalen Kartoffelinstituts – nicht mal ein Drittel der Kartoffelsorten, die in Peru heimisch sind. Doch eine Vielfalt, die die Hochlandbewohner seit mehr als 8000 Jahren zu schätzen wissen; gibt es hier doch dreimal täglich Kartoffeln zu essen.

Über 6000 kultivierte Kartoffelsorten, die von rund acht verschiedenen Arten stammen, sind derzeit weltweit bekannt. Von jeder Sorte gedeiht – dicht in Gläschen und Röhrchen verschlossen –

Noch wird die spektakuläre Ruinenstätte nur von wenigen Touristen besucht. Hauptgrund ist die lange anstrengende Wegstrecke dorthin, die zu Fuß oder auf dem Pferderücken bewältigt werden muss. Doch immer mehr Trekkingveranstalter in Cusco haben ein Auge auf die unberührte Region geworfen, die in den kommenden Jahren touristisch erschlossen werden soll. ⏲ tgl., Eintritt 60 S/. (nicht in den Pauschalwanderangeboten enthalten).

Die Wanderung nach Choquequirao

Die 31,5 km nach Choquequirao (und 31,5 km zurück) sind kein Zuckerschlecken. Die Tücke,

jeweils ein Muster im erdbebensicheren Kühlraum des Internationalen Kartoffelinstituts (kurz CIP) in Lima. Denn Peru ist die **Heimat der Kartoffel**, und hier gibt es für jedes Klima, jeden Bodentyp, jede Tradition eine Sorte. Zu den kultivierten kommen noch rund 2000 wilde, nicht essbare Sorten, die diese **größte Kartoffel-Gen- und Zellbank der Welt** in der peruanischen Hauptstadt bereichern, sowie 6000 Süßkartoffelsorten. Diese Vielfalt an Erbanlagen wollen die Wissenschaftler des CIP schützen, um eine Waffe gegen den Hunger in der Dritten Welt zu entwickeln.

© FRANK HERRMANN

Waffe gegen Hunger

In den Ländern des globalen Südens könnte die Kartoffel in den kommenden Jahren eine ähnliche Schlüsselrolle spielen wie im Europa des 18. Jhs., davon sind die CIP-Forscher überzeugt. „Die Knolle hat die Industrielle Revolution erst möglich gemacht", sagt Sozialforscher Thomas Walker – so wie schon drei Jahrhunderte zuvor die Hochkultur der Inka; nicht grundlos verehren die Bewohner des Andenhochlands die Kartoffel noch heute wie Pachamama, Mutter Erde. Mit der Kartoffel konnten die Bauern damals erstmals auf kleinerem Raum höhere Erträge erzielen. „Rechnet man allein den Wert der europäischen Kartoffelernten der letzten 150 Jahre, dann war alles Edelmetall, das die Spanier oftmals genug gewaltsam nahmen, weniger kostbar als das, was die Neue Welt ihnen freiwillig gab: die Kartoffel", sagt Carlos Ochoa, einer der bekanntesten Wissenschaftler Perus. Kaum einer hat die Knolle genauer erforscht als der Mittachtziger, den die Washington Times einmal anerkennend „Indiana Jones der Kartoffel" betitelte.

Ochoa ersinnt Strategien, mit denen das Potenzial der Knolle zur Hungerbekämpfung noch weiter ausgeschöpft werden kann. Denn was Nährwert, Kosten, Wachstumszeit und Ertrag angehe, sagt Ochoa, werde die Kartoffel von keiner anderen Kulturpflanze geschlagen. Ihren Siegeszug in Ländern des Südpazifiks, Afrika und selbst China hat die nach Reis, Weizen und Mais viertwichtigste Nutzpflanze bereits angetreten.

Martina Hahn und Frank Herrmann

aber auch der Reiz der Strecke liegt in den vielen Vegetationszonen, die durchwandert werden. Dies bedeutet aber auch, dass es viele Höhenmeter zu überwinden gilt.

Ausgangspunkt der Wanderung (s. Karte) ist entweder der Ort **Cachora** auf 2900 m Höhe, zu dem eine Piste führt, die von der Hauptstraße Cusco–Abancay beim KM 154 abzweigt, oder der etwas tiefer und rund 10 km nördlich gelegene Canyonrand **Abra Capuliyoc**, der mit Taxis von Cachora aus angefahren werden kann. Die meisten organisierten Touren starten von dort. In Cachora kann man in einfachen Hostales (z. B. in der Jirón San Martín 109) oder et-

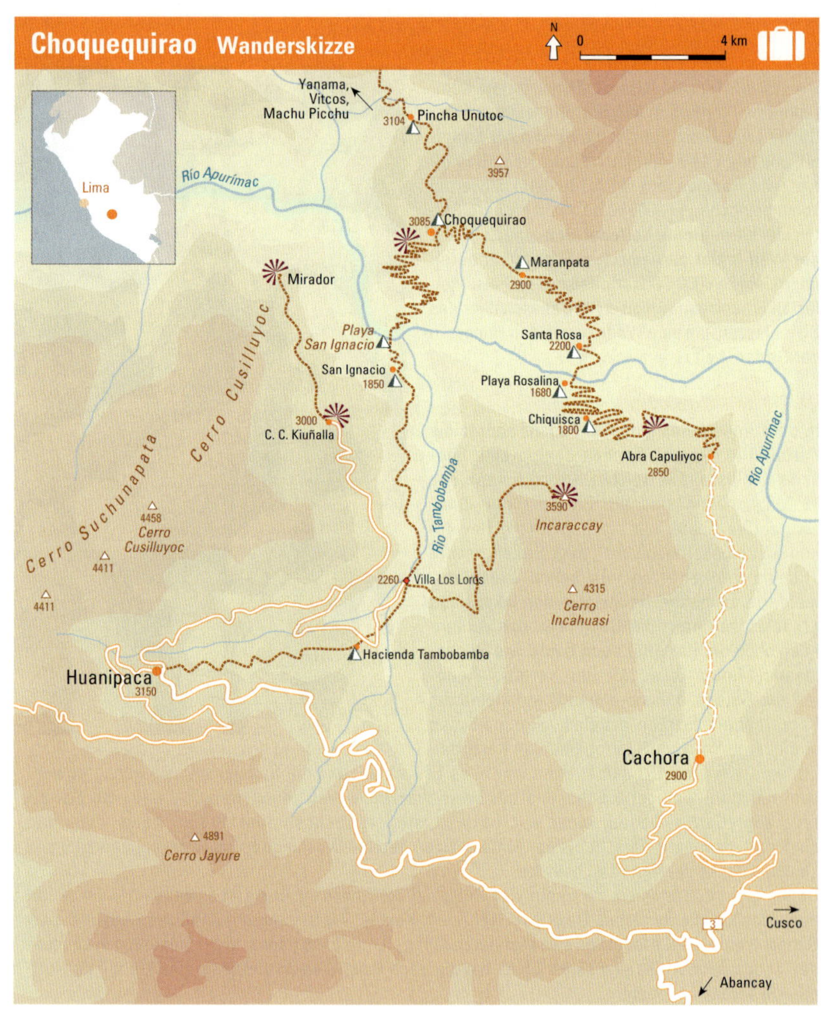

was feudaler in der Casa Nostra Choquequirao (S. 209) übernachten, sich einen Guide und Maultiertreiber suchen und letzte Einkäufe für die Wanderung tätigen. Hin- und Rückweg sind bei dieser Variante identisch. Alternativ besteht die Möglichkeit einer Rundtour, wenn man als Ausgangs- bzw. Endpunkt der Wanderung den 3150 m hoch gelegenen Ort **Huanipaca** wählt. Dorthin zweigt ebenfalls eine schlechte Straße von der Strecke Cusco–Abancay ab (noch rund 31 km), nur wenige Kilometer von der Abzweigung nach Cachora entfernt.

Die Höhenunterschiede während der zweitägigen Tour (einfache Strecke) reichen von rund 1500 m im heißen Canyon des Río Apurímac bis zu 3100 m in den Ruinen von Choquequirao. Unterwegs bieten sich tolle Ausblicke in den Canyon des Río Apurímac und auf das

Pumasillo-Massiv. Insgesamt sollte man für die Trekkingtour **fünf Tage** einplanen, die einen ganzen Tag der Erholung und Besichtigung in Choquequirao einschließen. Wer nur wenig Zeit hat, braucht ein Minimum von vier Tagen für die Wanderung inkl. An- und Abreise von bzw. nach Cusco. Reit- und Tragetiere kann man für rund 40 S/. pro Tag in Cachora mieten. Ein *arriero* (Maultiertreiber) nimmt ebenfalls 40 S/. pro Tag.

Viele Trekkingveranstalter in Cusco bieten vier- bis fünftägige Wandertouren nach Choquequirao an, von Cachora nach Choquequirao und zurück (Kosten: ab US$550). Die Fahrtzeit von Cusco nach Cachora beträgt fünf Stunden. In der Regenzeit kann es passieren, dass Teile des Weges abrutschen und der Weg nach Choquequirao unpassierbar ist.

3 HIGHLIGHT

Cusco

Die mehr als 400 000 Einwohner zählende Hauptstadt des gleichnamigen Departamentos liegt im südlichen Hochland auf 3430 m Höhe und gehört zu den **schönsten Städten Perus**. Das einstige Herz des Inkareichs hat jede Menge präkolumbischer und kolonialer Sehenswürdigkeiten, eine reizvolle Altstadt und eine sehr gute touristische Infrastruktur. Cusco (auch Cuzco geschrieben; auf Quechua Qusqu oder Qosqo) ist somit der ideale Ausgangspunkt für Ausflüge nach Machu Picchu (S. 268), in das nahe gelegene Urubamba-Tal (S. 251), zum Wandern in den Kordilleren Vilcanota (S. 244) und Vilcabamba sowie in die Naturschutzgebiete Manu (S. 285) und Tambopata (S. 291) im Amazonasgebiet.

Das Altstadtzentrum Cuscos lässt sich gut zu Fuß erkunden. Die vielen steilen Gassen machen aber Neuankömmlingen ohne Höhenanpassung oftmals zu schaffen. Das Herz der Stadt ist wie zur Zeit der Inka der Hauptplatz im Zentrum. Damals trafen sich hier die vier Hauptstraßen des Inkareiches. In den Straßen rings um die **Plaza de Armas** finden sich jede Menge Hotels, Restaurants, Reisebüros und Tourveranstalter.

An der Südecke der Plaza beginnt eine der Hauptverkehrsachsen der Stadt, die breite **Avenida El Sol**, die an ihrem unteren Ende mit dem Ovalo Pachacútec abschließt, einem Kreisverkehr, den ein Monument des Inkaherrschers Pachacútec schmückt. Nördlich der Plaza de Armas liegt das **Viertel San Blas**, einer der ältesten und urigsten Stadtteile Cuscos. In der engen Fußgängergasse Procuradores, westlich der Plaza, und der dazu parallel verlaufenden **Avenida Plateros** haben sich zahlreiche Restaurants, Kneipen, Souvenirshops und Touranbieter niedergelassen.

Höhenanpassung

Wer mit dem Flugzeug oder dem Bus von der Küste aus nach Cusco gelangt, sollte es wegen des abrupten Höhenwechsels besonders am ersten Tag sehr ruhig angehen lassen und viel Kokatee trinken. Wem die Höhe zu schaffen macht, der kann alternativ vorübergehend in das niedriger liegende Urubamba-Tal fahren.

Geschichte

Der Mythologie zufolge stammen die Inka von der Sonneninsel im Titicaca-See (S. 308), ihr genauer Ursprungsort ist jedoch nach wie vor unbekannt. Schon lange vor ihrer Ankunft im Tal von **Q'osqo** („Nabel der Welt") lebten hier einfache Bauern, organisiert in kleinen Volksgruppen, die sich von dem ernährten, was ihre Felder und ihre Lamas hergaben. Als die Inka eintrafen, kam es zu Auseinandersetzungen, aus denen sie siegreiche hervorgingen. Um das Jahr 1200 gründeten sie Cusco, das ursprünglich in zwei Stadthälften gegliedert war.

Als eigentlicher Gründer des inkaischen Großreichs ging der Inkaherrscher **Pachacútec Yupanqui** in die Geschichte ein. Er herrschte von 1438 bis 1471 und gilt als Architekt der neuen Hauptstadt, die er in Form eines Pumas anlegen ließ. Sie erstreckte sich vom Schwanz, dem Lauf des Río Huatanay im Südosten der Stadt, bis hin zum Pumakopf, der hoch oberhalb der Stadt gelegenen Tempelfestung Sacsayhuamán

Der Salkantay-Trek nach Machu Picchu

SÜDPERU

- **Route:** Mollepata – Aguas Calientes (Machu Picchu Pueblo)
- **Länge:** 68 km
- **Schwierigkeitsgrad:** mittel
- **An-/Abfahrt:** Von Cusco mit Sammeltaxis nach Mollepata (s. „Cusco/Transport"). Rückfahrt ab Aguas Calientes, S. 278.

Der Salkantay-Trek, ein 68 km langer Wanderweg von Mollepata nach Aguas Calientes, ist eine beliebte Alternative zum Inkatrail (S. 262) nach Machu Picchu. Die Route wird von vielen Tourveranstaltern in Cusco als **vier- oder fünftägiger Ausflug** angeboten, dem meist nach der Wanderung die Besichtigung von Machu Picchu und der Rücktransport nach Cusco bzw. Ollantaytambo folgen (je nach Gruppengröße, Ausstattung, Qualität des Guides, des Transportmittels, der Ausrüstung und des Essens ab US$595). Richtig teuer (7 Tage inkl. Eintritt Machu Picchu und Tour sowie Zugfahrt zurück nach Ollantaytambo ab US$2990) wird es, wenn man unterwegs in den vier luxuriösen Berghütten von **Mountain Lodges of Peru**, www.mountainlodgesofperu.com, nächtigt.

Der Trek kann aber auch **auf eigene Faust** durchgeführt werden. Wer fit und höhenangepasst ist, schafft den Trail sogar in drei Tagen. In Mollepata, dem Ausgangspunkt der Wanderung, bekommt man mit ein wenig Herumfragen Esel und Eselstreiber *(arriero)* für 80 S/. pro Tag (Tier inkl., plus ein Extratag für die Rückkehr des *arrieros* nach Mollepata). In der Hauptsaison kann es schwierig sein, Maultiere zu bekommen, sodass man diese bereits von Cusco aus organisieren sollte (Ulla von Amazon Trails, s. „Cusco/Touren", kann dies arrangieren).

Eine Variante des Salkantay-Treks, auch als **klassischer Salkantay-Trek** bekannt, führt ebenfalls von Mollepata nach Soraypama, verläuft dann aber in nordöstlicher Richtung über einen rund 4900 m hohen Pass und erreicht bei Wayllabamba den Inkatrail. Diese Route ist für jene interessant, die den Salkantay mit dem Inkatrail verbinden wollen (insgesamt 7 Tage). Für diese Route

© FRANK HERRMANN

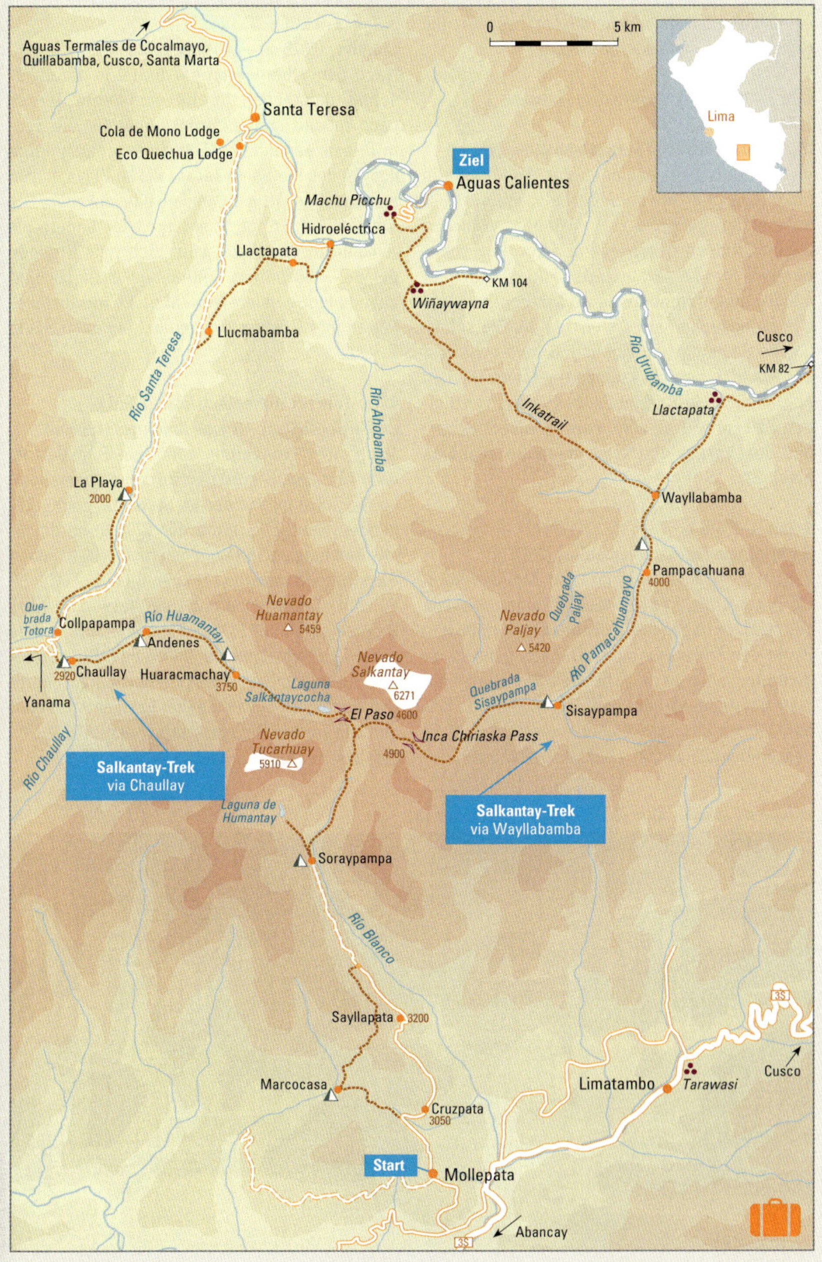

Aguas Termales de Cocalmayo, Quillabamba, Cusco, Santa Marta
0
5 km
Lima
Santa Teresa
Cola de Mono Lodge
Eco Quechua Lodge
Ziel
Aguas Calientes
Machu Picchu
Hidroeléctrica
Llactapata
KM 104
Wiñaywayna
Llucmabamba
Río Santa Teresa
Río Ahobamba
Río Urubamba
Cusco
KM 82
Llactapata
Inkatrail
La Playa
2000
Wayllabamba
Pampacahuana
4000
Quebrada Paljay
Nevado Huamantay
5459
Nevado Paljay
5420
Que-brada Totora
Collpapampa
Río Huamantay
Andenes
2920
Chaullay
Huaracmachay
3750
Yanama
Nevado Salkantay
6271
Laguna Salkantaycocha
El Paso
4600
Quebrada Sisaypampa
Río Pamacahuamayo
Sisaypampa
Inca Chiriaska Pass
4900
Nevado Tucarhuay
5910
Río Chaullay
Salkantay-Trek via Chaullay
Salkantay-Trek via Wayllabamba
Laguna de Humantay
Soraypampa
Río Blanco
Sayllapata
3200
3S
Marcocasa
Limatambo
Tarawasi
Cusco
Cruzpata
3050
Start
Mollepata
Abancay
3S

gelten dieselben Teilnehmerbeschränkungen und Preise wie für den Inkatrail (S. 262).

Die Route des Salkantay-Treks

1. Tag (6–7 Std.):
Mollepata (2900 m) – Soraypampa (ca. 3850 m)
Viele Veranstalter beginnen die Wanderung in Mollepata oder etwas außerhalb, um die Teilnehmer an die Höhe zu gewöhnen. Während einige Gruppen überwiegend der wenig spannenden Straße talaufwärts folgen, nehmen andere einen Wanderweg ab Marcocasa (3354 m) und besuchen am ersten Tag die Gletscherlagune Humantay (ca 90 Min.). Gezeltet wird auf der Hochfläche Soraypampa mit tollen Blicken auf umliegende Berglandschaft. Beim viertägigen Salkantay-Trek wird man mit einem Privatbus des Veranstalters bis nach Soraypampa gefahren.

2. Tag (7–8 Std.):
Soraypampa (3850 m) – Chaullay (2920 m)
Zunächst geht es zwei bis drei Stunden ständig bergan, bis man auf 4600 m Höhe unterhalb des hoch aufragenden Salkantays den höchsten Punkt des Treks überquert. Danach geht es für heute nur noch bergab, bis der nette Campingplatz bei Andenes oder nach einer weiteren halben Stunde das Dorf Chaullay erreicht wird, in dessen Umgebung man ebenfalls zelten kann.

3. Tag (8–9 Std.):
Chaullay (2920 m) – La Playa (2135 m)
Nach dem Überqueren der brutal in die Landschaft gehauenen Straße von Santa Teresa nach Yanama und der Brücke über den Río Santa Teresa, verläuft der Weg meist schattig durch das Tal des Río Santa Teresa bis La Playa, einem touristischen Ort mit Campingmöglichkeiten. Die Atmosphäre ist dort allerdings alles andere als romantisch, vor allem, wenn sich viele Gruppen auf den begrenzten Zeltflächen drängeln und abends laut gefeiert wird. Manche Veranstalter fahren ihre Gäste zum Übernachten nach Santa Teresa.

4. Tag (bis zur Hidroeléctrica 5–6 Std.):
La Playa (2000 m) – Aguas Calientes (1900 m)
Nach einer Wanderung oder dem Transport im Auto vom Campingplatz bis kurz vor Llucmabamba (ca. 1870 m) auf der La Playa gegenüberliegenden Flussseite, dreht der Weg in nordöstliche Richtung und erreicht den rund 2600 m hohen Pass bei Llactapata (schöner Blick auf Machu Picchu!), bevor es bergab zum Wasserkraftwerk Hidroeléctrica auf 1770 m geht. Von dort sind es noch rund zehn Kilometer entlang der Bahnschienen bis Aguas Calientes. Die meisten Wanderer und Agenturen nehmen daher nachmittags lieber den Zug von der Hidroeléctrica (Abfahrt 16.35 Uhr, Fahrtzeit ca. 40 Min., US$33 einfache Strecke).

In Aguas Calientes fährt der Zug mitten durch den Ort.

© FRANK HERRMANN

SÜDPERU

im Nordwesten. Im Zentrum der Stadt gestalteten die Inka einen riesigen Platz, der durch das in einen Steinkanal geleitete Wasser des Río Huatanay zweigeteilt wurde.

Die eine Hälfte nannten sie **Wacaypata** (Ort der Klage) und die andere **Kusiypata** (Ort der Freude). Der Platz sollte zum Zentrum ihres gesamten Reiches werden. Um ihn herum lagen die Wohnstätten und Paläste der Herrscher und Eliten. In der **Oberstadt** (Hanan Cusco) lebten vorwiegend einfachere Bauern, Handwerker und Diener in Lehmhäusern, während die Häuser der in der **Unterstadt** (Hurin Cusco) lebenden Adelsschicht aus massivem Stein errichtet wurden.

Nachdem Pachacútec das Reich mit ersten Eroberungsfeldzügen Richtung Norden hin vergrößert und Quechua zur Staatssprache sowie den Sonnenkult zur Hauptreligion gemacht hatte, konnten sein Sohn, der Inka **Tupac Yupanki** (1471–1493), und besonders dessen Nachfolger **Huayna Cápac** (1493–1527) den Großmachtanspruch festigen und ausweiten. Mit dem sich rasch ausdehnenden Staatsgebiet wuchs auch die Bedeutung Cuscos. Hier entstanden gewaltige, goldverzierte Tempelanlagen, hier residierte der Inka, Herrscher eines 1 Mio. km² großen Reiches, und hier liefen die Hauptachsen der vier Landesteile zusammen.

Bei der Ankunft der Spanier im Jahr 1533 lebten rund 15 000 Menschen in Cusco. **Pizarro**, der den Widerstand der Inka mit der Ermordung Atahualpas zunächst gebrochen hatte, ritt am 15. November 1533 kampflos in Cusco ein und fand die Stadt in ihrer Blütephase mit unermesslichen Schätzen vor. Gnadenlos ließ er Gold und Silber zusammentragen und einschmelzen. Wo er konnte, ließ er Gebäude der Inka niederreißen und die Steine schleifen. Das Material benutzte er zum Bau von Kirchen, die zum Zeichen der Dominanz auf den Inkaruinen errichtet wurden. Doch die neuen Gebäude fielen in der Folgezeit immer wieder Erdbeben zum Opfer. Die soliden und passgenau angefertigten inkaischen Mauern hingegen widerstanden allen Beben.

In den Jahren nach der Eroberung dezimierten vor allem eingeschleppte Krankheiten die indianische Bevölkerung beträchtlich. Einmal noch erwachte der Widerstand der Inka mit voller Kraft, als sich der von Pizarro als Herrscher eingesetzte **Manco Inca** gegen die Spanier erhob. Er belagerte die Spanier mit einer Armee von über hunderttausend Soldaten mehrere Monate lang in Cusco. Durch eine verzweifelte Attacke und eine darauf folgende Entscheidungsschlacht innerhalb der Mauern der Tempelfestung Sacsayhuamán gelang es den Spaniern, das Inkaheer zu besiegen. Bei den gewalttätigen Auseinandersetzungen brannte die Stadt bis auf die Grundmauern nieder. In der Folgezeit wurde Cusco immer unbedeutender, da sich die Aktivitäten der Spanier an die Pazifikküste verlagerten, wo Lima zur Hauptstadt des spanischen Kolonialreiches aufblühte.

Der Dornröschenschlaf der Stadt, immer wieder unterbrochen von diversen Aufständen und Rebellionen der indigenen Bevölkerung, Erdbeben und schließlich der Unabhängigkeit von Spanien, endete mit der **Wiederentdeckung von Machu Picchu** im Jahr 1911. Lange Zeit war Cusco nur mit der Eisenbahn über Arequipa und den Titicaca-See zu erreichen. Mit den ersten regelmäßigen Flügen ab Mitte des 20. Jhs. kamen zunehmend Ausländer nach Cusco, und die Stadt wurde allmählich wieder zum wichtigen Zentrum – diesmal für den Tourismus. In-

Sicherheit

Die Scharen von Touristen ziehen unweigerlich auch die entsprechende Anzahl von **Taschendieben** an. Daher sollte man vor allem auf sein Gepäck und die Tagesrucksäcke jederzeit (auch im Restaurant) gut aufpassen. Kritische Stellen sind Busterminals und Bahnhöfe. Im Gedränge der Märkte ist besondere Aufmerksamkeit geboten. Wer etwas außerhalb vom Zentrum wohnt und abends allein nach Hause geht, sollte vorsichtshalber ein Taxi nehmen. Gelegentlich kommt es zu Betrugsversuchen mit **Falschgeld** (Scheine wie Münzen), besonders auf nächtlichen Taxifahrten. Eine kleine Taschenlampe leistet diesbezüglich gute Dienste. Zum Glück nur selten werden Frauen besonders in zwielichtigen Discos oder Kneipen **K.O.-Tropfen** verabreicht (Getränke aus geschlossenen Flaschen bevorzugen!).

Cusco, Urubamba-Tal und Umgebung

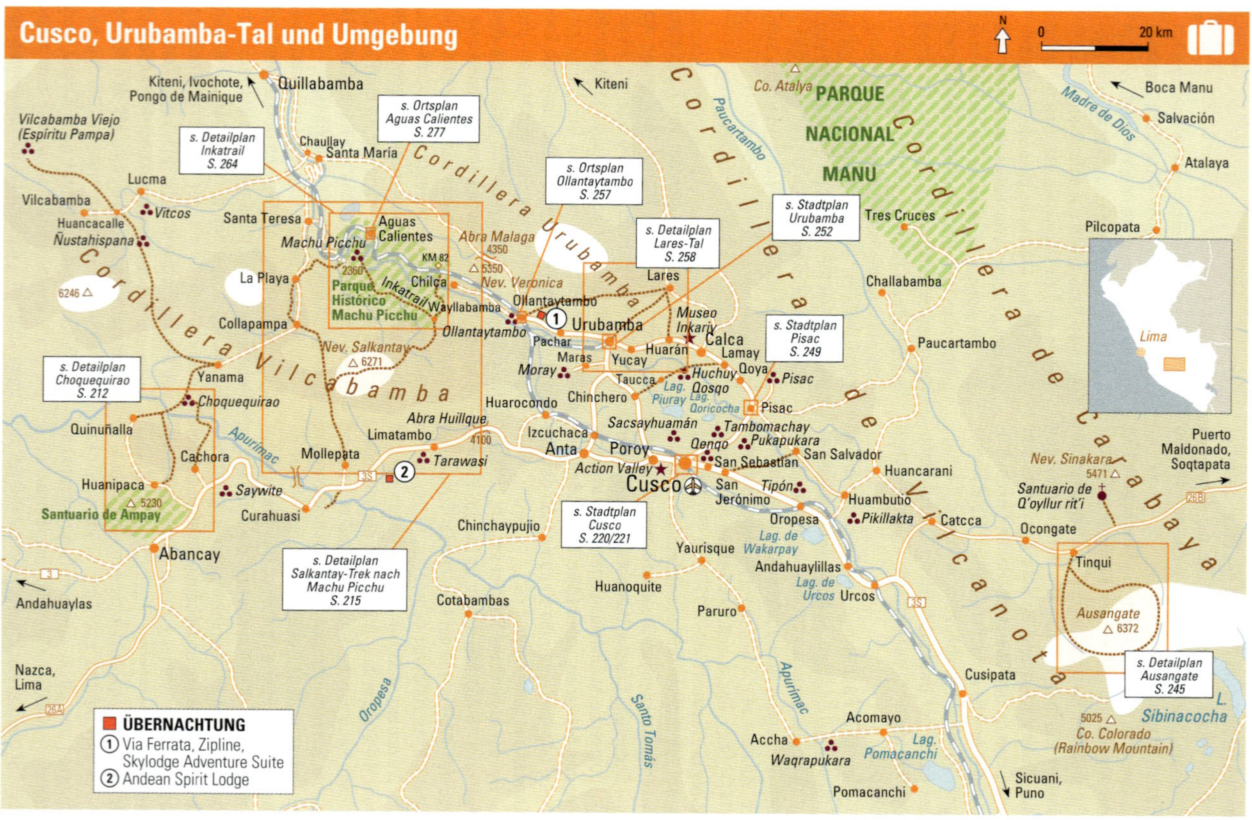

zwischen empfängt die Stadt jährlich mehr als 3 Mio. Besucher.

Cusco hat seine indigenen Wurzeln wiederentdeckt und pflegt sie heute mehr denn je. Viele der alten Straßennamen werden heute wieder auf Quechua geschrieben (z. B. wurde aus Cuichipunco K'uychipunko), bei offiziellen Anlässen weht die Regenbogenflagge der Inka über der Plaza und die Universitäten bieten Quechua-Sprachkurse an. Und für die Quechua sprechende Bevölkerung ist Cusco ohnehin das Zentrum ihres Lebensraumes geblieben.

Doch die Hauptstadt der gleichnamigen Provinz wächst unkontrolliert, die einfachen Lehmhütten schieben sich immer weiter die Berghänge hinauf. Die Stadt erstickt im Verkehr und hat immer mehr mit Wassermangel zu kämpfen. Trotz hoher Einnahmen durch den Tourismus sind viele Menschen ohne Arbeit und denen, die einen Job besitzen, reicht das magere Einkommen gerade mal zum Überleben.

Boleto Turístico

Nur noch vereinzelt können die Sehenswürdigkeiten der Stadt und Umgebung mit einem Einzelticket besucht werden. Für die meisten Orte benötigt man das **Boleto Turístico**, das für 16 Museen und Ruinenstätten gilt, 💻 www.cosituc.gob.pe (aktuelle Preise s. „Tarifario"). Es kostet 130 S/., hat ab Kauf eine Gültigkeit von 10 Tagen, ist nicht übertragbar oder verlängerbar und kann nicht online erworben werden. Studenten bis 25 Jahre mit gültigem internationalem Studentenausweis (ISIC) und einer Bescheinigung der heimischen Uni zahlen 70 S/. Jede Sehenswürdigkeit kann nur einmal besichtigt werden.

Das Ticket ist an den Eingängen der Sehenswürdigkeiten (Ausnahmen: Museo de Arte Contemporáneo und Monumento de Pachacutec), im Büro von COSITUC (Comité de Servicios Integrados Turistico Culturales-Cusco), Av. Sol 103, Of. 102, ✆ 084–227037, 💻 www.cosituc.gob.pe, und bei der Touristeninformation DIRCETUR (s. S. 237) erhältlich. 🕒 tgl. 8–18 Uhr. Im Angebot sind auch drei Teiltickets, sogenannte **Boletos Parciales** (70 S/., keine Studentenermäßigung, Kinder unter 8 Jahren gratis), unterteilt in folgende Kategorien:

- **Circuito 1**: Sacsayhuamán, Qenqo, Pukapukara, Tambomachay (Gültigkeit 1 Tag).
- **Circuito 2**: Museo Municipal de Arte Contemporáneo, Museo Histórico Regional, Museo de Sitio Qoricancha (nicht für den Qoricancha!), Centro Qosqo de Arte Nativo, Monumento al Inca Pachacútec, Parque Arqueológico de Tipon, Piquillacta (Gültigkeit 2 Tage).
- **Circuito 3**: Pisac, Ollantaytambo, Chinchero, Moray (Gültigkeit 2 Tage).

Plaza de Armas und Kirchen

Die Sehenswürdigkeiten Cuscos erkundet man am besten von der eindrucksvollen **Plaza de Armas** aus, heute wie damals Zentrum der Stadt. Mit dem Unterschied, dass der Platz vor der Ankunft der Spanier doppelt so groß und mit weißem Pazifiksand bedeckt war. Hier zelebrierten die Inka aufwendige Sonnenwendfeiern und hielten gewaltige Militärparaden ab, bei denen die königlichen Mumien und viel Gold präsentiert wurden.

Den Spaniern hingegen diente die Plaza als Ort blutrünstiger Hinrichtungen. Besonders grausam war 1781 die öffentliche Ermordung des Mestizen José Gabriel Condorcanqui, besser bekannt als Rebellenführer Túpac Amaru. Nachdem es den Spaniern nicht gelang, ihn zu vierteilen, wurde er geköpft, nachdem er vorher mit ansehen musste, wie seine vier Kinder enthauptet und seine schwangere Frau erwürgt wurden.

Heute finden auf den Straßen jede Menge offizielle und religiös motivierte Umzüge, Paraden und Prozessionen statt – u. a. während der Osterwoche, an Fronleichnam, am 1. Mai, im Rahmen des Sonnenwendfestes Inti Raymi und dem Unabhängigkeitstag Perus, dem 28. Juli. Die Arkaden *(Portales)* auf der Süd- und Westseite der Plaza sind ganz in den Händen des Tourismus – hier kann man Geld wechseln, Kunsthandwerk zu überhöhten Preisen kaufen, Touren buchen, Massagen erhalten oder sich in einem Restau-

Cusco

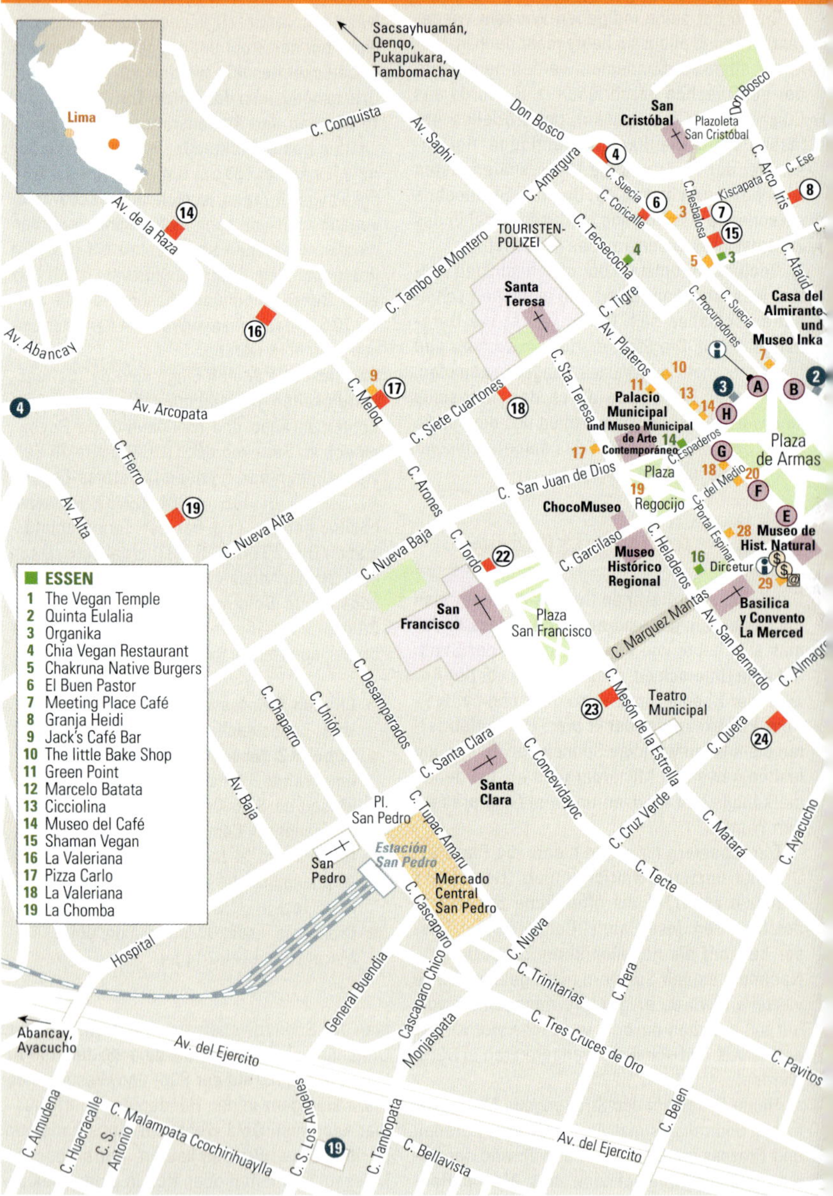

Lima
Sacsayhuamán, Qenqo, Pukapukara, Tambomachay
C. Conquista
Av. Saphi
Don Bosco
San Cristóbal
Plazoleta San Cristóbal
Don Bosco
C. Arco Iris
C. Ese
Kiscapata
C.Resbalosa
C. Suecia
C. Coricalle
C. Amargura
C. Tecsecocha
TOURISTEN-POLIZEI
Santa Teresa
C. Tambo de Montero
Av. de la Raza
Av. Abancay
C. Tigre
C. Procuradores
C. Suecia
C. Ataúd
Casa del Almirante und Museo Inka
Av. Plateros
C. Sta. Teresa
Palacio Municipal und Museo Municipal de Arte Contemporáneo
C.Espaderos
Plaza de Armas
Av. Arcopata
C. Meloq
C. Siete Cuartones
C. Fierro
C. Arones
C. San Juan de Dios
Plaza Regocijo
ChocoMuseo
C. del Medio
Portal Espinar
Museo de Hist. Natural
Av. Alta
C. Nueva Alta
C. Nueva Baja
C. Tordo
C. Garcilaso
Museo Histórico Regional
C. Heladeros
Dircetur
Basilica y Convento La Merced
San Francisco
Plaza San Francisco
C. Marquez Mantas
Av. San Bernardo
C. Almagro
C. Desamparados
C. Chaparro
C. Unión
C. Mesón de la Estrella
Teatro Municipal
C. Quera
C. Santa Clara
Santa Clara
C. Concevidayoc
Av. Baja
Pl. San Pedro
C. Tupac Amaru
Estación San Pedro
San Pedro
Mercado Central San Pedro
C. Cascaparo
C. Cruz Verde
C. Matará
C. Ayacucho
C. Tecte
Hospital
C. Nueva
C. Trinitarias
C. Pera
General Buendia
Cascaparo Chico
Monjaspata
C. Tres Cruces de Oro
Abancay, Ayacucho
Av. del Ejercito
C. Pavitos
C. Almudena
C. Huacracalle
C. S. Antonio
C. Malampata Ccochirihuaylla
C. S. Los Angeles
C. Tambopata
C. Bellavista
Av. del Ejercito
C. Belen
ESSEN
1 The Vegan Temple
2 Quinta Eulalia
3 Organika
4 Chia Vegan Restaurant
5 Chakruna Native Burgers
6 El Buen Pastor
7 Meeting Place Café
8 Granja Heidi
9 Jack's Café Bar
10 The little Bake Shop
11 Green Point
12 Marcelo Batata
13 Cicciolina
14 Museo del Café
15 Shaman Vegan
16 La Valeriana
17 Pizza Carlo
18 La Valeriana
19 La Chomba

N
0
300 m
Portale an der Plaza:
A Portal de Harinas
B Portal de Carnes
C Portal de Belén
D Portal de Carrizos
E Portal de Mantas
F Portal de Comercio
G Portal de Confitiría
H Portal de Panes
ÜBERNACHTUNG
1 Hostal Casa de Campo
2 Flying Dog Hostel
3 Hostal Pension Alemana
4 Saqray Hostel
5 Hotel & Mirador Los Apus
6 Hostal Corihuasi
7 Hostal Resbalosa
8 Kurumi Hostel
9 Hospedaje Korigemsinn
10 Hotel Rumi Punku
11 Amazon Hostal
12 La Casa de la Gringa
13 Namaste House
14 Wild Rover
15 Hostal El Puma
16 Hostal Loki
17 Hotel Niños I und Laden
18 Dragonfly Hostel
19 Hotel Niños II
20 Albergue Casa Campesina
21 Turismo Caith
22 Pirwa Colonial Hostel
23 The Point Hostel
24 Kokopelli Backpackers
25 Hostal San Juan de Dios
Museo de Arte Precolombino
Convento de las Nazarenas
Iglesia San Antonio Abad
Plazoleta Nazarenas
San Blas
Pl. San Blas
Museo de la Coca
Mercado San Blas
Catedral
Zwölfeckiger Stein
Museo de Arte Religioso
Museo del Pisco
Casa Concha
La Compañia de Jesús
Museo de Arte Popular
I-Perú
MUNICIPALIDAD
Plaza Limacpampa Grande
Iglesia y Convento de Santo Domingo/ Qoricancha
Museo de Sitio Qoricancha
Clínica Peruano-Suiza, Paucartambo, Puno, Bolivien
Monumento al Inca Pachacútec
C. Pumacurco
C. Choquechaca
C. Atoqsaykuchi
C. 7 Diablitos
C. Kiskapata
C. Tandapata
C. Pasñapakana
Siete Angelitos
C. Carmen Alto
C. Ladrillos
Huaynapata
C. Purgatorio
C. 7 Culebras
C. Almirante
C. Palacio
C. San Blas
C. Hatun Rumiyoc
C. Herrajes
C. Inca Roca
C. Triunfo
C. Ruinas
C. Alabado
C. Carmen Bajo
C. Chihuampata
C. Jatun Rumiyoc
Totoraphagcha
Ushpa
Kukurpata
C. Pumapaccha
C. Recoleta
C. Sta. Catalina
Angosta
C. Sta. Catalina Ancha
C. Sta. Monica
Av. Tullumayo
C. Cabracancha
C. San Agustín
C. Arequipa
C. Loreto
Av. El Sol
C. Maruri
C. Romeritos
Colla Calle
C. Pampa del Castillo
C. Afligidos
C. Santo Domingo
C. Abrasitos
Av. Arcopunco
Av. de la Cultura
C. Puluchapata
Av. San Andrés
C. Pte. Rosario
C. Ahuacpinta
C. Carmen Quijllo
Av. Huascar
Av. Garcilazo de la Vega
Av. Pardo
C. Centenario
San Miguel
Av. Grau
C. Manco Inka
C. Wayna Capac
Av. Manco Cápac
Av. Pachacútec

SONSTIGES
1 Limbus Resto Bar
2 Amazon Trails
3 Amauta Spanish School
4 Healing House
5 Lavaclin
6 Coca Shop
7 BCP Money & Tourist Services
8 Marcelo Batata Cooking Classes
9 Niños Shop
10 El Jardín Secreto
11 Incatrekkers, Comfort Tours
12 Green Point Cooking Classes
13 Ukukus
14 Mama Africa
15 RESPONSible Travel Peru
16 Paramatma
17 Action Valley
18 Mayuc
19 Free Tours by Foot
20 Calle del Medio Restobar
21 The Fair Trade Store Cusco
22 Norton Rats Tavern
23 Quechuas Outdoor
24 Gatos Market
25 CBCtupay
26 Real Plaza Shopping Mall
27 El Muki
28 Tatoo Adventure Gear
29 Galerías Turísticas
30 Sprachschule Acupari, Deutsches Honorarkonsulat
31 Dirección Desconcentrada de Cultura
32 Amauta Spanish School
33 Evergreen Yoga
34 RESPONSible Travel Perú
35 Migración
36 Apus Peru
37 Centro Qosqo de Arte Nativo
38 Real Plaza
39 Peru Discovery
40 Eric Adventures
41 Katty's Travel Agency
42 Sernanp
43 INDECOPI
44 Easy Birding
45 Tasting the Road
46 Fair Services
47 SBS
48 Feria Artesanal

TRANSPORT
1 Peru Hop
2 Perurail (2x)
3 Inca Rail
4 Sammeltaxis nach Limatambo, Mollepata, Curahuasi
5 Busse nach Pisac, Calca
6 Vans nach Pisac, Calca, Yucay
7 Amaszonas Linea Aérea
8 Vans nach Urubamba
9 Avianca
10 Incarail
11 Peruvian Airlines
12 Latam
13 Busse nach Pillkopata
14 Busse nach Tinqui, Urcos und Sicuani
15 Bus nach Salvación (Manu-NP)
16 Busse nach Pisac
17 Minivans nach Ollantaytambo
18 Vans nach Urubamba (via Chinchero)
19 Terminal de Santiago (Busse nach Quillabamba)
20 Busse nach Acomayo
21 Cruz del Sur
22 Busterminal (Terminal Terrestre)
23 Inka Express
24 Turismo Mer
25 Wonder Peru Expedition
26 Züge nach Puno
27 Consettur

rant vom hektischen Treiben erholen. Auf der Plaza selbst sind die Parkbänke, die in der Sonne liegen, schnell besetzt. Verkäufer von Postkarten sowie Schuhputzer versuchen, ein paar Soles zu verdienen. Vor allem abends herrscht auf der effektvoll beleuchteten Plaza eine schöne Stimmung.

Ungewöhnlich für einen spanisch geprägten Platz ist das Vorhandensein von zwei Kirchen. Auf der Nordseite recken sich die wuchtigen Glockentürme der **Kathedrale** von Cusco 33 m hoch in den klaren Himmel. An Feiertagen kann man dem weit hörbaren Klang der größten Glocke Südamerikas, der sechs Tonnen schweren María Angela lauschen, die im linken Turm hängt. La Catedral wurde in fast einhundertjähriger Bauzeit auf den Überresten des Viracocha-Palastes und mit Steinen der Festung Sacsayhuamán im spanischen Renaissance-Stil, vermischt mit indianischen Steinmetz-Elementen, errichtet. Mit einem Grundriss von 85 x 45 m gehört sie zu einer der größten Kirchen Südamerikas. Das Innere des 1559 begonnenen Baus ist nicht minder imposant und besteht neben der Hauptkirche mit ihren elf Seitenkapellen und acht Altären auch aus zwei integrierten Nebenkirchen.

Während in der **Capilla de la Sagrada Familia** links der Kathedrale ein prunkvoller vergoldeter Barockaltar zu sehen ist, wurde in der Krypta der **Capilla del Triunfo**, rechts an die Hauptkirche angebaut, der spanische Chronist Garcilaso de la Vega beigesetzt. Die erste Kirche Cuscos wurde 1536 zu Ehren des spanischen Triumphs über das große Inkaheer errichtet, das die Stadt monatelang erfolglos belagert hatte. In der Kirche befindet sich ein Bild des Malers Monroy, dessen Motiv das Cusco des Jahres 1650 ist.

Im Hauptgebäude haben drei der Seitenkapellen für die einheimische Bevölkerung eine besondere Bedeutung. Hier werden die Virgen de los Remedios und La Linda, die Jungfrau der unbefleckten Empfängnis, verehrt. Der Dritte im Bunde ist El Señor de los Temblores. Der „Herr der Erdbeben" wird – wie schon nach dem schweren Beben von 1650 – am Montag der Osterwoche in einer feierlichen Prozession durch die Straßen Cuscos getragen. Imposant sind auch der Altar aus purem Silber und die 20 m hohe Sakristei, die bis unter die Decke mit Porträts der Bischöfe Cuscos behangen ist. Zudem kann man über 350 Gemälde der Cusco-Schule (s. Kasten S. 224) und ausländischer Künstler (darunter Rubens, Raffael, van Dyck oder Tizian) bewundern. Beeindruckend ist auch das Chorgestühl, das aufwendig aus Zedern- und Ebenholz geschnitzt wurde und mit 42 Heiligenfiguren verziert wurde.

Die Jesuiten wollten aus ihrer Kirche **La Compañia de Jesús** die imposanteste Kirche Cuscos machen. Der Bau begann 1571 an der Ostseite der Plaza. Als sich der Bischof von Cusco über die Schönheit der Kirche, die seiner Meinung nach die Kathedrale in den Schatten zu stellen drohte, bei Papst Paul III. beschwerte, entschied sich dieser gegen die Jesuitenkirche. Bis allerdings das Urteil über den Baustopp bis nach Cusco drang, war La Compañia schon fast fertig, und nach rund 100-jähriger Bauzeit war in der Tat das schönste Gotteshaus Cuscos entstanden. Die einschiffige Kirche in lateinischer Kreuzform mit zwei Seitenkapellen wurde aller Wahrscheinlichkeit nach auf den Überresten des Palastes des Inkaherrschers Huayna Capac errichtet. Noch immer lässt sich die Pracht der damaligen Inneneinrichtung erahnen, wenn man die edel geschnitzten und mit viel Gold versehenen Barockaltäre, die Gemälde und Statuen betrachtet, doch ein Großteil des Inventars wurde versteigert, nachdem die Jesuiten 1768 Peru auf Anweisung des Papstes verlassen mussten.

Nur einen Häuserblock weiter südlich liegen die Basilika und der Konvent **La Merced**, ein weiteres Beispiel für den prachtvollen Cusqueñer Barock. Ebenso wie die anderen Kirchen wurde die Basilika beim schweren Beben von 1650 zerstört, jedoch in nur vier Jahren wieder aufgebaut. Der ursprüngliche Bau geht auf das Jahr 1536 zurück, womit die Kirche zu den ältesten kolonialen Gebäuden der Stadt gehört. Das Gotteshaus des Mercedarier-Ordens besticht durch ein edles Chorgestühl aus Zedernholz, einen überladenen Hauptaltar und Gemälde bekannter indianischer Künstler der Cusco-Schule. Auch ein Werk Rubens ist zu sehen. In der Krypta der Kirche werden die Gebeine der spanischen Eroberer Gonzalo Pizarro und Diego de Almagro aufbewahrt.

Bilder des Gründers des Mercedarier-Ordens, San Pedro Nolasco, hängen an den Wänden des sehenswerten Klosters Convento de la Merced. Den Klosterhof ziert – wie bei vielen Anlagen dieser Art – ein Brunnen; im Innern beeindruckt die Schnitzkunst der Zedernholzdecke. Voller Kunstschätze ist auch das kleine Museum im großen Kreuzgang, in dem die erlesensten Kostbarkeiten aufbewahrt werden. Die juwelengeschmückte Monstranz, das Prunkstück der Ausstellung, stammt aus dem Jahr 1808. In dem 1,30 m großen Hostienschrein wurden u. a. 22 kg Gold, 1518 Diamanten und 615 Perlen verarbeitet. Zahlreiche Bilder und Monu-

SÜDPERU

Kirchen in Cusco – Öffnungszeiten und Eintrittspreise

Der Eintrittspreis für die nachfolgend aufgeführten Kirchen ist **nicht** im Boleto Turístico enthalten. Studenten zahlen 50 % der angegebenen Preise. Wer die Kirchen während der Messe besucht, zahlt keinen Eintritt. Wer etwas Geld sparen möchte, kann ein Ticket für den **Circuito Religioso** erwerben. Es berechtigt zum Besuch der Kathedrale, der Iglesia de San Cristóbal, der Iglesia San Blas und des Museo de Arte Religioso. Es kostet 30 S/., und man spart 25 S/. gegenüber den Einzeleintritten. Nähere Auskünfte gibt es bei den Touristeninformationen.

Kathedrale: ⌚ tgl. 10–18 Uhr, 25 S/., Messe So 6–8 Uhr.
Iglesia de San Cristóbal: ⌚ tgl 8–18 Uhr, 10 S/.
Iglesia de San Blas: ⌚ Mo–Sa 8–18, So 10–18 Uhr, 15 S/.
Iglesia y Convento de Santo Domingo/Qoricancha: ⌚ Mo–Sa 8.30–17.30, So 14–17 Uhr, 15 S/.
La Compañia de Jesús: ⌚ Mo–Sa 8–11, 13–17, So 9–10.30, 13–17 Uhr, 10 S/., Messe 7 und 18 Uhr.
Santa Catalina: ⌚ Mo–Do, Sa 9–17.30, Fr 9–15.30, So–Do 9–17 Uhr, 8 S/.
Templo y Convento de La Merced: ⌚ Mo–Sa 8–12.30, 14–17.15 Uhr, 6 S/., Messe tgl. 7–8 und 17–20 Uhr.

Escuela Cusqueña – die indianische Malschule von Cusco

Während der Kolonialzeit wurden überall Kirchen, Paläste und Klöster errichtet, für deren Innenausstattung man sakrale Gemälde benötigte. Da die Nachfrage mit europäischen Gemälden nicht befriedigt werden konnte, begannen Vertreter kirchlicher Orden in Peru im späten 16. Jh. damit, einheimische Talente zu fördern und auszubilden. Mestizen und Indígenas lernten europäische Maltechniken kennen und begannen, die Vorlagen der europäischen Meister zu kopieren. Besonders in der Malschule von Cusco entwickelten die Künstler im Laufe der Zeit einen eigenen Stil, der traditionelle europäische Stilelemente mit Motiven aus der indigenen Mythologie sowie der einheimischen Flora und Fauna verband. Immer selbstbewusstere Künstler malten biblische Szenen im Andenhochland, Mestizengesichter und goldbehangene Heiligenfiguren. Beim Abendmahl wurde nun ein Meerschweinchen verzehrt sowie Chicha getrunken. Die Kirche befürwortete den neuen Malstil, erhöhten doch die indigenen Elemente in den Bildern die Akzeptanz des katholischen Glaubens bei den bekehrten oder noch zu bekehrenden Hochlandbewohnern.

Im 18. Jh. führte die erneut sprunghaft gestiegene Nachfrage nach Bildern aus Cusco zur Gründung großer Ateliers, die weitestgehend von Mestizen und Indígenas betrieben wurden. Die Malschule aus Cusco war auf dem ganzen Kontinent bekannt und prägte die Kunstszene Südamerikas. Zu den bekanntesten Künstlern der Cusco-Schule zählt der Mestize **Diego Quispe Tito** (1611–1681), der stark von den Werken flämischer Meister beeinflusst war. Seine und die Werke anderer Künstler sind in der Kathedrale von Cusco, verschiedenen religiösen Museen, Klöstern sowie in den Kirchen von Andahuaylillas und Chinchero zu sehen.

mentalgemälde Cusqueñer Künstler verzieren die Seitenwände des Raums.

An der mit Andenflora bepflanzten Plaza **San Francisco** liegen die gleichnamige Kirche und das dazugehörige Kloster. Im Vergleich zu anderen Kirchen Cuscos ist die Einrichtung der religiösen Bauten der Franziskaner aus dem 16. und 17. Jh. eher schlicht. Freunde der mestizischen Malerei kommen aber voll auf ihre Kosten. In der reichhaltigen Sammlung sticht eines der größten Gemälde Südamerikas heraus. Juan Espinoza de los Monteros erschuf 1699 das 12 x 9 m messende Werk mit dem Stammbaum der Franziskaner. Darauf sind 683 Personen und 226 Familienwappen zu sehen.

Nur wenige Schritte südlich der Plaza San Francisco liegt die Kirche **Santa Clara**, deren Gebäude zum Kloster gehört, das nicht besichtigt werden kann. Eine Möglichkeit, die Kirche zu betreten, besteht zur Frühmesse um 6 Uhr. Der Innenraum der Kapelle ist mit vielen kleinen Spiegeln dekoriert, die angeblich einst angebracht wurden, um die indianische Bevölkerung in die Kirche zu locken.

Nördlich der Plaza gelangt man in das sympathische Kunsthandwerkerviertel San Blas mit seinen vielen kleinen steilen Gassen, in dem man verschiedene Klöster und Kirchen besichtigen kann. Noch in Plaza-Nähe liegt in der schmalen Fußgängerzone Calle Loreto der Gebäudekomplex des Konvents **Santa Catalina**. Er wurde auf den Mauern eines Inkatempels errichtet, in dem einige Tausend inkaische Priesterinnen *(Mamacunas)* die heiligen Sonnenjungfrauen *(Acllahuasi)* unterrichteten. Sie lernten u. a. Maisbier *(Chicha)* für rituelle Anlässe zuzubereiten und nähten aus feinster Alpaka- und Vikuñawolle die Gewänder des Inka. In einem Teil der Kirche und des Klosters ist ein Kunstmuseum untergebracht, in dem Heiligengemälde, historische Devotionalien und eine Orgel ausgestellt sind.

Folgt man der Calle Triunfo an der Nordostecke der Plaza de Armas drei Querstraßen weit, erreicht man die kleine **Plazoleta San Blas** mit der gleichnamigen Kirche. Das schlichte Lehmziegelgebäude besitzt eine in 40-jähriger Arbeitszeit filigran geschnitzte Holzkanzel aus Zedernholz, die weltweit ihresgleichen sucht.

Nicht weit von hier befindet sich die restaurierte Barockkirche **Iglesia San Antonio Abad** mit einer sehenswerten Kanzel und einem Gemälde des indianischen Künstlers Diego Quispe Tito. Der Kirche gegenüber liegt der **Convento de las Nazarenas**. Einst wurden in der im 16. Jh. erbauten Schule zuvor bekehrte indianische Mädchen der Inkaelite unterrichtet. Die Fassade des Konvents ist ein schönes Beispiel für das Verschmelzen europäischer und indianischer Stilelemente.

Gut über die Hauptgeschäftsstraße Avenida El Sol zu erreichen sind die **Kirche** und der **Konvent Santo Domingo**, die auf den Überresten des berüchtigten Sonnentempels der Inka, dem Qoricancha (s. u.), errichtet wurden. Die Ordenskirche der Dominikaner stürzte bei den Erdbeben von 1650 und 1950 ein, wurde wieder aufgebaut und erlitt erneute Beschädigungen beim Beben von 1986. Gemälde aus der Kolonialzeit mit Darstellungen des Ordensgründers Santo Domingo de Guzmán umgeben den Innenhof des Klosters. Auch Gemälde indianischer Künstler wie Diego Quispe Tito und Marco Zapata sind ausgestellt.

Inkaruinen und Inkamauern

Beim Erdbeben von 1950, das die Kirche und den Konvent Santo Domingo stark beschädigte, traten an einigen Stellen weitere Grundmauern des Tempelbezirkes **Qoricancha** (Quechua: „goldener Hof"; auch Qorikancha oder Q'oricancha geschrieben) zum Vorschein, dem einst wichtigsten Heiligtum der Inkakultur. Heutzutage sind nur noch die massiven Grundmauern erhalten, die bisher allen Erdbeben getrotzt haben.

Den Spaniern diente der Sonnentempel nach Plünderung der Edelmetalle lediglich als Steinbruch und später als Fundament für die Kirche Santo Domingo. Bei der Beschreibung des Inneren des Gebäudekomplexes stützen sich die Quellen auf die Berichte der frühen spanischen Chronisten. Laut Garcilaso de la Vega war der Qoricancha mit 700 Goldplatten und Unmengen von Edelsteinen bedeckt.

Im Innenhof des Gebäudekomplexes befanden sich lebensgroße Gold- und Silbernachbildungen von Tieren und Pflanzen aus dem ganzen Inkareich. Lamas, Schmetterlinge, Schlangen, Früchte und Blumen aus Gold glitzerten im gleißenden Sonnenlicht, das durch die Fenster eindrang. Der Historiker Pedro de Cieza de Leon berichtet von goldenen Maispflanzen mit goldenen Blättern und Stängeln, die so fest in die Erde aus Goldklumpen eingesetzt waren, dass sie kein Wind umblasen konnte. In einem Raum wurden die mumifizierten Leichen ehemaliger Inkafürsten aufbewahrt, die edle Gewänder und kostbaren Schmuck trugen. Auserwählte Jungfrauen brachten die Mumien jeden Tag ins Freie, wo man ihnen Speisen und Getränke darbot, die später rituell verbrannt wurden.

Ein anderer Raum, der ganz mit Silber ausgekleidet war, diente der Anbetung des Mondes. Im Inneren des Sonnentempels befand sich ein Altar mit einer großen goldenen Scheibe, die das einfallende Licht reflektierte. Im Sonnen- und Mondtempel finden sich die vollendetsten Beispiele der Steinmetzkunst der Inka. Die auf bis 2,50 m Höhe leicht schräg aufragenden Steine, die mit Steinbolzen und Steinzapfen verbunden wurden, passen stellenweise so perfekt aufeinander, dass man mit der bloßen Hand die Übergänge nicht ertasten kann. In weiteren Tempeln der Anlage wurden die Gottheiten der Sterne, des Regenbogens oder des Donners verehrt. In den Wassertempel führt vom Klosterplatz ein Kanal, dessen Wasser vom anderen Ende des Raumes über drei Nischen abfloss. Qoricancha diente den Priestern der Inka auch zur Beobachtung der Gestirne. Heutzutage ist außer der architektonischen Meisterleistung des stellenweise 6 m hohen, gerundeten Unterbaus nichts mehr von der damaligen Pracht erhalten. Allerdings ist die Passgenauigkeit der großen Steinblöcke faszinierend. ✆ 084-222071, ⌚ Mo–Sa 8.30–17.30, So 14–17 Uhr, 10 S/.

Sie lässt sich auch in einigen Gassen des San Blas-Viertels bewundern. Wohl jeder Cusco-Besucher pilgert zu diesem Zweck zum eindrucksvollsten Beispiel inkaischer Steinmetzkunst, dem **zwölfeckigen Stein** in der Calle Hatunrumiyoc (Großer Stein). Es lohnt, sich in dieser Gegend genauer umzuschauen, denn viele Gebäude wurden auf den soliden Grundmauern der Inka errichtet. Die bis zu einem Meter großen, leicht nach außen gewölbten Steinblöcke wurden individuell gefertigt und so bearbeitet, dass sie ohne Mörtel ineinander passten.

Museen in Cusco

Eintritt im Boleto Turístico enthalten

Museo de Sitio Qoricancha, Eingang in der Av. El Sol. Kleines unterirdisches Museum mit Textilien sowie Keramik- und Metallarbeiten präinkaischer Kulturen und der Inka. ⌚ Mo–Sa 9–18, So 8–13 Uhr.

Museo Histórico Regional, Garcilaso, Ecke Heladeros. Das Museum ist im Haus des spanischen Historikers Garcilaso de la Vega untergebracht, der in der Kathedrale beerdigt wurde. Ausgestellt sind Gemälde der Cusco-Schule aus dem 17. und 18. Jh., Keramiken aus präinkaischen Zeiten, Kolonialmöbel, ein Steinpuma aus dem Qoricancha und archäologische Funde aus der Umgebung Cuscos. ⌚ tgl. 8–18 Uhr.

Eintritt im Circuito Religioso enthalten

Museo de Arte Religioso, Herrajes 38. Das Museum diente einst als erzbischöflicher Palast, der auf den Mauern des Wohn- und Regierungssitzes des Inca Roca erbaut wurde. Das sehenswerte Gebäude mit schönem Innenhof beherbergt eine große Gemäldesammlung, eine Kapelle mit vergoldetem Altar und einen goldenen Saal. ⌚ Mo–Sa 8–18, So 10–18 Uhr, Eintritt 15 S/.

Eintritt nicht im Boleto Turístico enthalten

Casa de los Marqueses de Concha (kurz Casa Concha), Santa Catalina Ancha 320. In dem Kolonialgebäude in Plaza-Nähe sind Fundstücke aus Machu Picchu zu besichtigen, die dem Staat Peru nach beinahe 100 Jahren von der US-amerikanischen Yale-Universität zurückgegeben wurden. ⌚ Mo–Fr 9–18, Sa, So 9–17 Uhr, Eintritt 20 S/.

ChocoMuseo, Garcilaso 210, 2. Stock, und Hatunrumiyoc 480, ☎ 084-244765, 💻 www.chocomuseo.com. Alles Wissenswerte rund um Schokolade. Es gibt eine kleine Fabrik (Plaza Regocijo 216), die Fairtrade-Biokakao aus Quillabamba zu Schokolade verarbeitet, einen Laden, ein Café mit ausgefallenen, aber völlig überteuerten Schokoladensorten, Workshops und mehr. Außerdem geführte Touren zu nachhaltig produzierenden Biokakao-Plantagen mit Übernachtung. ⌚ tgl. 8–18.30, Laden tgl. 8–21 Uhr. Eintritt frei.

Museo de la Coca, Plaza San Blas 618, 2. Stock, ☎ 084-501020. Alles zur Geschichte der Kokapflanze sowie zu ihrer Verwendung als Heilpflanze, aber auch als Droge. Angeschlossen ist ein Shop, in dem legale Kokaprodukte angeboten werden. ⌚ tgl. 9–18 Uhr, Eintritt 10 S/.

€ **Museo del Pisco**, Santa Catalina Ancha 398, 💻 www.museodelpisco.org. Museum mit Bar und Restaurant, in dem Geschichte und Herstellung von Pisco beleuchtet werden. Auch Verköstigungen und Kurse im Cocktail-Mixen. ⌚ tgl. 11–1 Uhr, Eintritt frei.

Museo de Arte y Monasterio de Santa Catalina, Santa Catalina Angosta 401. Das auf den Grundmauern des Palastes der Sonnenjungfrauen errichtete Gebäude stellt Gemälde der Cusco-Schule, Wandmalereien und Messgewänder aus. ⌚ Mo–Sa 8.30–17.30, So 14–17 Uhr, Eintritt 8 S/.

Kolonialgebäude

Die Herrschaftshäuser der Spanier in Cusco folgten weitestgehend in ihrer Architektur dem Renaissance-Stil der iberischen Halbinsel. Die Zimmer der meist zweistöckigen Häuser gruppierten sich um einen Innenhof *(Patio)*. Besonderen Wert legten die Eroberer und ihre Nachfahren auf die Gestaltung der Eingangsportale, die nicht nur in Cusco in vielen verschiedenen Stilarten zu sehen sind. Beliebt waren plateresk (Stil der spanischen Spätgotik) gestaltete Portale wie die **Casa del Almirante** in der Calle Ataúd. Das Gebäude, auf den Grundmauern des Palastes des Inka Huáscar errichtet, wurde beim Erdbeben von 1950 stark beschädigt, danach aber mit internationaler Unterstützung wieder repariert. Heute ist hier das Museo Inka (s. Kasten) untergebracht.

Ein ebenso sehenswertes Gebäude ist die **Casa de los Cuatro Bustos** an der Plazoleta San-

© SHUTTERSTOCK.COM/SAIKO3P

Im Museo Inka kann man ganz tief in die Welt der Inka eintauchen.

Museo Inka, Cuesta del Almirante 103. Im Inneren des restaurierten Kolonialhauses Casa del Almirante befindet sich eine umfangreiche Ausstellung mit Inka-Artefakten aus Gold und Silber, Schmuck, Keramikgefäßen, Mumien und hunderten *Queros* (Holzbecher). ⌚ Mo–Fr 8–18, Sa 9–16 Uhr, Eintritt 10 S/.

Basilica y Convento La Merced, Mantas, Ecke San Bernardo. Das Museum zeigt eine sehenswerte Monstranz und viele interessante Gemälde alter Cusqueñer Meister. ⌚ tgl. 8–12.30, 14–17, So 9–16 Uhr, Eintritt 6 S/.

Museo y Convento de San Francisco, im Konvent der Franziskaner an der Plaza San Francisco. Gemälde der Cusco-Schule und Katakomben. ⌚ tgl. 9–18 Uhr, Eintritt 10 S/.

Museo de Arte Precolombino (MAP), Plazoleta Nazarenas 231, 💻 map.museolarco.org. Sehenswerte Ausstellung interessanter Kunstdarstellungen der wichtigsten präkolumbischen Kulturen Perus. Im edlen MAP Café (⌚ tgl. 11.30–15, 18–22 Uhr) im Innenhof des Museums kann man lecker essen. ⌚ tgl. (auch Feiertage) 8–22 Uhr, Eintritt 20 S/.

to Domingo, in dessen Mauern das Luxushotel Libertador untergebracht ist. Schon der Eroberer Pizarro hielt sich hier auf, als er in Cusco weilte. Über dem Eingangsportal fällt der Blick auf die vier Büsten, von denen sich der Name des Hauses des Marquis de Salas y Valdez ableitet. Ein weiteres interessantes Kolonialgebäude ist die **Casa de los Marqueses de Concha** in der Calle Santa Catalina Ancha, in der das **Museum Casa Concha** untergebracht ist.

ÜBERNACHTUNG

Die Stadt verfügt über ein Riesenangebot mit Hunderten Hotels aller Kategorien. Dennoch reist es sich in der Hauptsaison von Juni bis September stressfreier mit einer Reservierung. Wichtig: Sich die Zimmer zeigen lassen und auch mal probeweise die Wasserhähne aufdrehen, da die Stadt besonders in der Hauptsaison unter chronischem Wassermangel leidet

Quipus – die Knotenschnüre der Inka

Die Inka kannten keine Schrift. Stattdessen benutzten sie ein kompliziertes System, mit dem sie die ständig wachsenden Datenmengen kontrollierten, die bei der Steuerung des Riesenreiches anfielen. Mit Hilfe von Knotenschnüren, die sich nach Größe, Form und Farbe unterschieden, berechneten sie u. a. den richtigen Zeitpunkt für die Aussaat, den landesweiten Bedarf an Lebensmitteln, anfallende Arbeitsstunden, Tributzahlungen – einfach alles. Im ganzen Staatsgebiet waren dazu speziell ausgebildete Quipucamayoc unterwegs: Buchhalter, die zu den Wenigen gehörten, die Knotenschnüre anfertigen und lesen konnten. Die Knotenvorhänge funktionierten nach dem Dezimalsystem.

und nicht alle Hotels über einen Wassertank verfügen. Eine wirklich heiße Dusche darf vor allem in Billigunterkünften nicht zu jeder Tages- und Nachtzeit erwartet werden. In so gut wie allen Hotels locken die Besitzer mit 24-Std.-Warmwasserservice. Gasthermen sind Elektroduschen vorzuziehen, da Letztere das kalte Bergwasser oftmals nur lauwarm erhitzen. Da es in Cusco nachts oft sehr kalt wird, sollten genügend Decken vorhanden sein, oder man schläft gleich im eigenen Schlafsack. Das schützt auch in ungepflegteren Häusern vor ungebetenem Kleintier. In so gut wie allen Häusern kann man sein Gepäck deponieren, das man zu diesem Zweck gut verschließt.

Backpackerketten

Der Preis für ein Bett im Schlafsaal liegt in der Regel je nach Größe zwischen 25–45 S/. p. P. und beinhaltet ein einfaches Frühstück. Alle Hostels bieten auch Zimmer mit oder ohne Bad und meist auch einen separaten Frauenschlafsaal an. Mehr Infos unter „Hostelketten in Peru und Westbolivien", S. 83.

Flying Dog Hostel, Choquechaca 469, 💻 www.flyingdogperu.com. ❷–❸

Pirwa Colonial Hostel, Plaza San Francisco 360, 💻 www.pirwahostels.com. Die Betreiber unterhalten ein weiteres Hostel in Cusco, eines im Urubamba-Tal und eins in Aguas Calientes, s. Website. ❷–❸

The Point Hostels, Meson de la Estrella 172, 💻 www.thepointhostels.com. ❷–❸

Dragonfly Hostels, 7 Cuartones 245, 💻 www.dragonflyhostels.com. ❸

Hostal Loki, Cuesta St. Ana 601, 💻 www.lokihostel.com. ❸

Wild Rover, Cuesta de Santa Ana 782, 💻 www.wildroverhostels.com. ❸

Kokopelli Backpackers, San Andrés 260, ✆ 084-315224, 💻 www.hostelkokopelli.com. ❹

Sonstige Unterkünfte

Weitere Übernachtungsmöglichkeiten, s. Kasten „Schlafen und helfen".

€ **Namaste House**, s. „Cusco/Schamanismus und spirituelle Erfahrungen", S. 2341. ❶

€ **Hostal El Puma**, C. Resbalosa 410, ✆ 084-227044, 💻 www.hostalelpuma.com. Große Zimmer mit TV, auch günstigere Zimmer mit Gemeinschaftsbad, Frühstück inkl. ❷

Hostal Resbalosa, Resbalosa 494 (steiler Anstieg von der Plaza), ✆ 084-224839, 💻 www.hostalresbalosa.com. Unterschiedliche Zimmer (auch monatsweise mietbar), wahlweise mit oder ohne Bad oder 4er-Schlafsaal. 2 große Terrassen mit tollem Blick über Cusco. Küchenbenutzung. Einfaches Frühstück inkl. ❷

Kurumi Hostel, Arco Iris 488, ✆ 084-255016, 💻 www.kurumihostelcusco.com. Ruhige Herberge mit Innenhof und blumigem Garten. Frühstück inkl. ❷–❸

Danzak Hostel, Choquechaka 285, ✆ 084-599837, 💻 www.hosteldanzakperu.com. Neueres Hostel in restauriertem Kolonialgebäude. Unterschiedlich große Zimmer, nicht alle mit Fenster. Tourservice, Frühstück inkl. ❷–❸

Amazon Hostal, Tandapata 660, ✆ 084-236770, 💻 www.amazonhotelcusco.com. Unter deutscher Leitung. Helle Zimmer mit Bad, die nachts etwas kalt sein können. Man bekommt auf Wunsch einen Gasofen gestellt. Terrasse, Tourveranstalter Amazon Trails (S. 236) im Haus. Frühstück inkl. ❸

La Casa de la Gringa, Tandapata, Ecke Pasñapakana, ✆ 084-241168, 💻 www.casadelagringa.com. Von einer Südafrikanerin geführtes Hostel. Die Zimmer (ohne Bad günstiger) sind mit viel Liebe fürs Detail ausgestattet. Relaxte, freundliche, spirituelle Atmosphäre. Küchenbenutzung, heißes Wasser rund um die Uhr. Frühstück inkl. ❸

Saqray Hostel, Calle Suecia 504, ✆ 084-387689, ✉ info@saqrayhostel.com. Aus dem ehemaligen WalkOn Inn ist eine moderne, helle, angenehme Backpackerunterkunft mit Einzel-, Doppel- und Mehrbettzimmern, wahlweise mit oder ohne Bad geworden, Restaurant, Frühstück inkl. ❸

Hospedaje Korigemsinn, Waynapata 385, ✆ 958105941, 💻 www.korigemsinn.com. 6 schöne verwinkelte Zimmer um einen Patio gruppiert, Frühstück inkl. ❹

Hostal Corihuasi, Suecia 561, ✆ 084-232233, 💻 www.corihuasi.com. Nette Zimmer mit schönem Stadtblick in einem alten Kolonialhaus. Guter Service, Heizofen, Cafeteria. Gratis Abholservice. Frühstücksbuffet inkl. ❹–❺

Hostal Pensión Alemana, Tandapata 260, ✆ 084-226861, 💻 www.pension-alemana-

SÜDPERU

Schlafen und helfen

Einige Hotels in Cusco bieten mehr als nur ein Dach über dem Kopf und warmes Wasser. Wer hier übernachtet, unterstützt mit seinem Geld regionale Sozialprojekte.

Turismo Caith, Pasaje Santo Toribio, Urb. Ucchullo Alto N-4, ✆ 084-233595, 💻 www.yanapanakusun.org/-hospedaje-caith. Die gemütliche Unterkunft des italienisch-peruanischen Sozial- und Bildungsprojekts Yanapanakusun liegt etwa 5 Autominuten (zu Fuß ca. 20 Min) vom Zentrum entfernt (Referenz für Taxifahrer Av. Argentina) und verfügt neben Zimmern mit Bad auch über einen Garten, eine Terrasse mit schönem Blick und einem Restaurant. Im selben Gebäude befindet sich der italienische Fair-Reisen-Veranstalter peru responsabile. ❸

Albergue Casa Campesina, Tullumayo 274 (3 Blocks östlich der Plaza de Armas), ✆ 084–233466. Schöne Unterkunft in kolonialem Gebäude, die von der lokalen Nichtregierungsorganisation Centro Bartolomé de las Casas, 💻 www.hotelescbc-cusco.com, verwaltet wird. Mit den Geldern unterstützt man Aktivitäten der indigenen Landbevölkerung, die hier in einem Nebengebäude übernachten kann. Das CBC fördert einen umwelt- und sozialverantwortlichen Tourismus. Im Gebäude befindet sich der Ausstellungs- und Verkaufsraum einer Weberkooperative (s. „Einkaufen"). Frühstücksbuffet inkl. ❸–❹

In den **Hotels Niños I** (Meloq 442, ✆ 084-231424) und **Niños II** (Fierro 476, ✆ 084-254611), 💻 www.ninoshotel.com, übernachtet es sich nicht nur sehr angenehm, die Gewinne fließen auch zu 100 % in ein Projekt für rund 600 Kinder mittelloser Familien. Saubere Zimmer mit oder ohne Bad gruppieren sich in beiden Häusern um einen schönen Patio. Frühstück kostet extra. Beide ❹

Hotel San Juan de Dios, Av. Manzanares 264, Urb. Manuel Prado, ✆ 084-240135, 💻 www.hotelsanjuandedios.com. Etwas außerhalb, aber dafür ruhig gelegenes Hostel mit großem Garten, das sich auch für Wohnmobile eignet. Die Einnahmen des Hotelbetriebs gehen an das Heim und die Klinik San Juan de Dios. Alle Zimmer mit Bad, Fön und auf Wunsch Heizung. Das Hotel verfügt über eine Cafetería und Parkplatz. Frühstück und Abholservice vom Flughafen inkl. ❹–❺

cuzco.com. Sehr gepflegte Anlage in ruhiger Lage unter deutsch-peruanischer Leitung. Gute Zimmer auf mehreren Etagen, z. T. mit Zentralheizung, manche mit schöner Aussicht. Zur Pension gehört das nette Restaurant-Café SieteSiete. Frühstücksbuffet inkl. ❺

Hotel Rumi Punku, Choquechaca 339, ☎ 084-221102, 🖳 www.rumipunku.com. Freundliche Familienunterkunft, konstruiert auf einem ehemaligen Inkatempel. Gute Zimmer mit Bad, Zentralheizung sowie Suiten mit Spa. Im Februar ist das Hotel geschl. Frühstücksbuffet und Abholservice inkl. ❻

SÜDPERU

ESSEN

Die Auswahl ist enorm und trifft wohl jeden Geschmack. Sehr viele Restaurants befinden sich an und um die Plaza (teuer und touristisch), in der Procuradores und in der Plateros. Viele der beliebteren Restaurants sind abends voll. Wer mit mehreren Leuten essen geht, sollte daher reservieren. Gute und günstige **Fruchtsäfte** gibt es auf dem San Pedro-Markt, leckere lokale Gerichte auf dem Markt von San Blas. Viele Restaurants haben auch **vegetarische** und oftmals auch **vegane** Gerichte.

Bioküche, Vegetarisch und Vegan

Chia Vegan Restaurant, Tecsecocha 466. Exzellente vegane Küche und leckere Mittagsmenüs. 🕒 tgl. 10–22 Uhr.

Green Point, Carmen Bajo 235. 100 % veganes Restaurant mit tollem Mittagsmenü, das auch Fleischesser glücklich macht. Außerdem Frühstück und Abendessen sowie Verkauf von veganem Käse, Brot und Milch. 🕒 tgl. 8–24 Uhr.

Shaman Vegan, Santa Catalina Ancha 366B, im Hinterhof. Auf Rohkost und Veganes ausgerichtetes Biorestaurant mit günstigen Mittagsmenüs. Auch spirituelle Touren und Zeremonien. 🕒 Mo–Sa 9–22, So 16–22 Uhr.

The Vegan Temple, Choquechaca 425. Kleines veganes Lokal mit Sitzkissen an niedrigen Tischen, leckere (teils sehr scharfe) Currys und Lassis aus riesengroßen Gläsern. 🕒 tgl. 12–21 Uhr.

Cafés

El Buen Pastor, Cuesta San Blas 579. Von Waisenkindern unter der Aufsicht einer Nonne geführtes Café. 🕒 Mo–Sa 7–20.30 Uhr.

Jacks Café Bar, Choquechaca, Ecke Cuesta San Blas. Beliebtes Café (mittags und abends sehr voll). Gutes Frühstück, ausgezeichnete Salate und Sandwiches. 🕒 tgl. 7–23.30 Uhr.

La Valeriana, Av. El Sol 576. Die Bäckerei mit Café produziert leckere Backwaren und bietet ein gutes Frühstück. Größeres Lokal an der Plazoleta Espinar, Portal Mantas 184. 🕒 tgl. 7–22 Uhr.

Meeting Place Café, Plazoleta San Blas 630. Leckeres Frühstück und riesige Waffeln – süß oder pikant. Der Gewinn geht zu 100 % an lokale Hilfsorganisationen. Schulmaterialien können abgegeben werden, Freiwilligenarbeit möglich. 🕒 Mo–Sa 9–16 Uhr.

Museo del Café, Espaderos 136, 2. Stock. Café mit vielseitiger Speise- und Getränkekarte sowie angeschlossenem kleinen Kaffeemuseum, das kostenlos besichtigt werden kann. 🕒 Mo–Sa 8.30–23, So 9–22.30 Uhr.

The little Bake Shop, Carmen Bajo 222. Brot, Bagels, Kuchen, Kekse, alles vegan, ohne Chemie und teilweise auch glutenfrei. 🕒 tgl. 8–20 Uhr.

Sonstige Küche

Chakruna Native Burgers, Plazoleta San Blas 699. Eines der angesagtesten Burger-Restaurants, auch viele vegetarische Optionen und Pommes aus lokalen Kartoffelsorten; oft voll! 🕒 So–Fr 11.30–22 Uhr.

Cicciolina, Triunfo 393, 2. Stock. Sehr leckeres Restaurant und Tapas-Bar mit schönem Ambiente, aber teuer. Gute Weine und selbst gebackenes Brot zum Frühstück. 🕒 tgl. 8–11, 12–15, 18–22 Uhr.

Granja Heidi, Cuesta San Blas 525. Die deutschen Besitzer tischen leckere Mittagsmenüs, Abendessen à la carte, Joghurt, Säfte, Kuchen und Frühstück auf. 🕒 Mo–Sa 11.30–21.30 Uhr.

Marcelo Batata, Palacio 121, 2. Stock, hinter der Kathedrale. Nicht ganz billige Kartoffelgerichte, Sandwiches, selbst gemachte Pasta, Fleisch und Forelle. Nette Terrasse mit schönem

Einheimische Küche – Quintas

Quintas, alte Kolonialhäuser mit Innenhof, in denen ausschließlich traditionelle Küche und manchmal Musik und Tanzaufführungen geboten werden, sind bei Einheimischen beliebt.
La Chomba, Av. Tullumayo 339. ⌚ tgl. 11–21 Uhr.
Quinta Eulalia, Choquechaca 384. ⌚ tgl. 12.30–16 Uhr.

Blick. Kochkurse (s. „Tourveranstalter"). ⌚ tgl. 12–22 Uhr.
Organika, Resbalosa 410, ✆ 084-237216. Beliebtes kleines Restaurant mit frischen Gerichten, auch viele vegetarische. ⌚ tgl. 11–22 Uhr.
Pizza Carlo, Maruri 381. Kleines und gemütliches Restaurant, in dem es außer Pizza nur noch Fleischlasagne gibt. ⌚ Mo–Sa 17–23, So 18–22 Uhr.

UNTERHALTUNG UND KULTUR

Discos

Die Gratisdrinks, mit denen Touristen in die Discos gelockt werden, sind von billigster Qualität.
Mama Africa, Portal de Harinas 191. Disco-Klassiker. Vor dem eigentlichen Discobetrieb, von 21–23 Uhr, gibt es kostenlose Salsa- und Bachata-Kurse.
Ukukus, Plateros 316. Dauerbrenner, in dem so gut wie jeden Abend Livemusik zu hören ist. Danach tritt ein DJ in Aktion.
El Muki, Santa Catalina Angosta 114. Eine der ältesten Discos in Cusco, immer noch gut.

Kinos

Cineplanet, in der Real Plaza Shopping Mall, Av. Collasuyo 2964, 🖳 www.cineplanet.com.pe/cine/cusco. Alternativen sind kleine Programmkinos und die Kleinleinwände in einigen Bars und Cafés, u. a. **Ukukus**, Plateros 316.

Kneipen und Livemusik

Die Szene ist sehr schnelllebig, ständig machen neue Läden auf. So richtig los geht's meist erst ab 23 Uhr. Fast überall gibt es eine Happy Hour.
El Jardín Secreto, Plateros 380. Versteckter Laden in einfachem Ambiente, schöne Wandbilder, tagsüber günstige Menüs für ca. 10 S/. Regelmäßig Quizabende, Karaoke und Livemusik. ⌚ tgl. ab 12 Uhr.
Limbus Resto Bar, Pasñapakana 133. Gehört zum View Point Hostal, gewaltige Fenster mit Blick auf die Stadt. ⌚ tgl. bis Mitternacht.
Norton Rats Tavern, Santa Catalina Angosta 115, 2. Stock. Pub mit Plaza-Blick und britischem Bier vom Fass. Snacks und Livesport im Fernsehen. ⌚ tgl. 7–2 Uhr.
Calle del Medio Restobar, Portal de Comercio 177, 2. Stock. Das Restaurant mit Bar an der Plaza de Armas ist ein „guter Beobachtungsposten". Fr und Sa Livemusik. ⌚ tgl. 11–23 Uhr.

Theater

Centro Qosqo de Arte Nativo, Av. Sol 812. ✆ 084-227901. Aufführungen (tgl. 18–20 Uhr) von typischen Tänzen Cuscos und der Region. Eintritt 30 S/. (ist im Boleto Turístico enthalten). Tickets können ab 18 Uhr direkt vor Ort gekauft werden.

FESTE

Seitdem der **Señor de los Temblores** das Erdbeben von 1650 „beendete", wird das Kreuz, das ihn repräsentiert, zum Dank alljährlich am Montag der Osterwoche in einer feierlichen Prozession durch die Straßen von Cusco getragen.
Das Kreuz, das die restliche Zeit des Jahres in der Capilla del Triunfo steht, rückt auch am 2. und 3. Mai in den Mittelpunkt, wenn es während der **Fiesta de la Cruz** auf die umliegenden Hügel getragen wird.
Fronleichnam (Corpus Christi) wird in Cusco mit großen Prozessionen und aufwendigen Feierlichkeiten in der Kathedrale begangen.
Inti Raymi, das Sonnenwendfest, wird am 24. Juni größtenteils in der Inkafestung Sacsayhuamán gefeiert. Zehntausende Besucher, darunter viele Touristen, wohnen der gespielten Reinkarnation des Inka und seiner Untertanen bei. Bei dem farbenprächtigen, aber etwas touristischen Spektakel wird auch in den Straßen der Stadt getanzt und musiziert.

EINKAUFEN

Bücher und Karten

Aktuelle Ausgaben von Stern, Focus und Spiegel sind im 2. Stock des Flughafens erhältlich. In den Buchläden an der Plaza de Armas und den unten gelisteten Geschäften bekommt man auch Stadtpläne sowie das eine oder andere Buch auf Deutsch oder Englisch. Einen guten Überblick über Cusco und Umgebung vermittelt die **Tourist Map Cusco** von Felipe Diaz, die man in vielen Geschäften und Buchläden bekommt. Beim South American Explorers Club (s. „Sonstiges/Informationen") sind Kartenkopien erhältlich. 🕒 Mo–Fr 9–20.30, Sa 9.30–13.30 und 16–20 Uhr.

Campingausrüstung

Viele Reiseveranstalter in der Procuradores, der Plateros und der Santa Catalina Ancha verkaufen oder verleihen Campingausrüstung (gründlich auf Vollständigkeit und eventuelle Mängel untersuchen). Wer an einer organisierten Wandertour teilnimmt, bekommt bis auf Schlafsack und Schuhe die erforderliche Ausrüstung gestellt. Als Sicherheit für verliehene Artikel akzeptieren die Ausrüster den Reisepass, einen Kreditkartenbeleg, Flugticket oder Reiseschecks. Gas und Kocherbenzin sind ebenso wie Plastiksäcke als Schutzhülle günstiger auf dem Markt erhältlich.

Quechuas Outdoor, Santa Catalina 345. Camping- und Kletterausrüstung, Trekkingkleidung, Schuhe, Zubehör. 🕒 tgl. 8–22, So 10–22 Uhr.

Tatoo Adventure Gear, Portal Espinar 144, 💻 www.tatoo.ws. Gute Auswahl an neuer Trekkingkleidung. 🕒 tgl. 9–21 Uhr.

Märkte

Auf dem farbenfrohen, täglich stattfindenden **Mercado Central San Pedro** beim Bahnhof, wo die Züge nach Machu Picchu abfahren, kaufen die Einheimischen ein. Hier bekommt man so gut wie alles. Säfte probieren!

Kleiner aber untouristischer ist der **Mercado San Blas**, wo man nicht nur frische Lebensmittel bekommt, sondern auch günstig frühstücken und mittagessen kann.

Fair Fashion in Cusco

ANPI (der Name bedeutet Baumwolle auf Quechua) ist eine kleine Schneidermanufaktur mit Sitz in Cusco. Hier stellen etwa 20 Frauen, darunter vier Gehörlose, fair produzierte Kleidung aus peruanischer Biobaumwolle für den europäischen Markt her. Ins Leben gerufen wurde das Projekt von der Wiener Modedesignerin Bawi Koszednar-Masuda, die das Label **Anzüglich organic & fair**, 💻 www.anzueglich.at, betreibt und 2013 ANPI gründete. Inzwischen bildet die Schneiderei sogar Lehrlinge aus. Vertrieben wird die Damenmode online und in Österreich im Fair Fashion-Laden des Labels in Wien. Wer ANPI besuchen möchte (ist leider produktionsbedingt nicht immer möglich), kann sich an Nathalie Zulauf wenden, 📞 084-384291, ✉ anpifairfashion@gmail.com.

Sonstiges

Coca Shop, s. Coca Museum, S. 226.

Souvenirs, Kleidung und Kunsthandwerk

Cusco ist dank des kontinuierlichen Touristenstroms gut ausgestattet mit Läden und Produktionsstätten. Allerdings ist das Preisniveau etwas höher als in entlegeneren Gegenden.

Es macht Spaß, im Viertel San Blas herumzustöbern und alle möglichen kleinen Werkstätten zu entdecken: Von Kopien der Gemälde der Cusco-Schule über Gold- und Silberschmuck bis zu Tonskulpturen findet sich hier alles. Die Wollsachen hingegen stammen meist aus anderen Landesteilen und sind am Titicaca-See günstiger zu haben.

Feria Artesanal, am unteren Ende der Av. Sol (Cuadra 7). Gute Auswahl an verschiedenstem Kunsthandwerk. 🕒 tgl.

Inkakunaq Ruwanin, 💻 www.tejidosandinos.com. Vereinigung von indianischen Kunsthandwerkern des südlichen Andenraumes. Ihre fair gehandelten Produkte (vorwiegend Textilien) sind in dem Gebäude der Albergue Casa Campesina, S. 229, ausgestellt. Regelmäßig Webvorführungen. 🕒 Mo–Fr 9–13, 15–18, Sa 9–13 Uhr.

Niños Shop, s. Hotel Niños I. Kleine Auswahl an Accessoires und Biokosmetik, deren Erlös an soziale Projekte gehen. ⌚ Mo–Sa 9–19 Uhr.

The Fair Trade Store Cusco, Chihuampata 515. Breites Angebot von WFTO-zertifizierter fair gehandelter Kleidung und Kunsthandwerk. ⌚ tgl. 8–21, Do 8–18 Uhr.

Supermärkte

In der Calle Sta. Catalina Ancha liegt der **Gatos Market**. Weitere kleinere Supermärkte befinden sich an der Av. Plateros und neben dem Templo La Merced.

AKTIVITÄTEN UND TOUREN

Man sollte sich auf jeden Fall die Mühe machen, Preise sowie Leistungen zu vergleichen und Reisende zu ihren Erfahrungen befragen. Die meisten Büros an der Plaza de Armas und in den Nebenstraßen verkaufen Billigtouren, bei denen sich mehrere Veranstalter eine Tour teilen. Das Gebotene weicht dann häufig von den ursprünglich angepriesenen Leistungen ab. Die Touren sind oft nur halb so teuer wie bei seriöseren Anbietern. Dafür muss der Kunde damit rechnen, dass Teile der versprochenen Leistungen nicht erfüllt werden. Eine weitere Folge der billigen Angebote: Das Personal wird häufig schlecht oder manchmal auch gar nicht bezahlt! Die Guides sind keine Profis, sondern diejenigen, die am wenigsten verlangen (meist Anfänger und Guides, die kaum Englisch sprechen). Wer ein Billigangebot für den Besuch von Machu Picchu kauft, muss außerdem davon ausgehen, dass er einen späten Eintritt zugewiesen bekommt (wenn es schon sehr voll ist) und mit einem Nachtzug zurückfährt (Ankunft in Cusco dann oft nach Mitternacht). Auch bei Trekkingtouren sollte man bei Billigangeboten sehr vorsichtig sein. Gespart wird gerne an der Ausrüstung, am Essen und am Transportmittel. Träger oder Eselstreiber erhalten oft keinen fairen Lohn.

Ausflüge ins Amazonasgebiet

Mehrtägige Ausflüge mit Vogelbeobachtung werden in den Nationalpark Manu (S. 285) und in das Naturschutzgebiet Tambopata (S. 291) bei Puerto Maldonado angeboten. Eine Liste der Veranstalter findet sich auf S. 236.

Massive Steinquader, von den Inka nahtlos zusammengefügt, sind das Markenzeichen von Cusco.

Umwelttipps in Cusco

Kampf dem Plastikmüll

Um etwas gegen die immense Flut von Plastikflaschen zu tun, sollte man eine eigene Trinkflasche oder eine einmal erworbene Plastikflasche mehrmals nutzen. Wer in seiner Unterkunft kein Wasser bekommt, kann seine Wasserflasche beispielsweise im **Amazon Hostal** (Tandapata 660) gegen ein kleines Entgelt (meist 1 S/.) mit sauberem Trinkwasser auffüllen.

Beim Einkaufen sollte man seinen Tagesrucksack, einen Baumwollbeutel oder eine Plastiktüte mitnehmen und die Verkäufer höflich darum bitten, keine Wegwerfplastiktüten zu nutzen.

Batterien entsorgen

Batterien sollten unbedingt mit nach Hause zurückgenommen werden. Bei längeren Trips kann man seine Batterien im **Amazon Hostel**, Tandapata 660, abgeben, von wo aus sie zu einer Recyclingstelle gebracht werden. Bitte keine Batterien wegwerfen! Sinnvoll ist es, wiederaufladbare Batterien zu nutzen.

Wanderwege vom Müll befreien

Der Veranstalter **Apus Peru** (S. 236) organisiert mehrmals jährlich sogenannte Clean-Up-Treks, vor allem in den Gebieten Choquequirao und Lares, bei denen die Teilnehmer unterwegs Müll einsammeln. Mehr unter www.apus-peru.com/trekkers-wanted/clean-up-treks.

SÜDPERU

Bergsteigen

Ist um Cusco eher weniger verbreitet. Wer dennoch einen Gipfel wie die 6000er Ausangate und Nevado Chumpe (je 13 Tage) oder den 5500 m hohen Huayruropunko (5 Tage) erklimmen möchte (beste Monate Juni–Aug), kann den Bergsteiger **Felix Abraham Huaman**, 984741635 (spricht auch Englisch) kontaktieren.

Fairer Tourismus

Immer mehr Touristen fragen nach sozial verantwortlichen und umweltverträglichen Touren. Die Agenturen **Apus Peru**, **CBCtupay** und **RESPONSible Travel Perú** tragen dieser Entwicklung Rechnung. Näheres zu den einzelnen Veranstaltern siehe S. 236.

Kochen

Das **ChocoMuseo**, S. 226, bietet tgl. etwa vierstündige Kochkurse an.

Green Point Cooking Classes, Carmen Bajo 222, www.greenpointrestaurants.com. Das vegane Restaurant (S. 230) veranstaltet unterschiedliche Kochkurse. Mo–Sa 9–20 Uhr.

Marcelo Batata Cooking Classes, Palacios 135, 084-222424, www.cuzcodining.com/cooking-class. Unterschiedlich lange Kochkurse, aber auch Pisco-Proben.

Paragliding

Parapente Cusco, www.parapentecusco.com. Bietet unter anderem Flüge in Cusco und dem Heiligen Tal an.

Rafting

Von Cusco aus lassen sich 1- bis 2-tägige Rafting-Touren auf dem **Río Urubamba** (Klasse I–III Stromschnellen) unternehmen, die auch für Anfänger geeignet sind. Etwas anspruchsvoller ist der **Río Apurímac**, auf dem 3- bis 4-tägige Rafting-Trips (Klasse II–IV Stromschnellen) veranstaltet werden. Hinweis: Es werden immer noch Rafting-Touren im Urubamba-Tal angeboten. Der Río Urubamba ist dort allerdings hochgradig verschmutzt! **Anbieter**: Mayuc, Eric Adventures (s. „Touren“).

Reiten

An der Festung Sacsayhuamán werden Pferde (z. T. in schlechtem Zustand!) ausgeliehen und Reitausflüge von **Eric Adventures** (s. „Tourveranstalter“) nach Qenqo, Pukapukara und Tambomachay angeboten.

Wellness, Yoga, Schamanismus und spirituelle Erfahrungen

Generell sollte man sich vor der Teilnahme an spirituellen Touren und Zeremonien (z. B. über **Another Planet**, s. u.) genauestens über den Ablauf informieren, von einer anderen Person begleiten lassen und niemals Angebote auf der

Fahrradtouren

Die Region Cusco bietet ein enormes Potenzial für Ausflüge mit dem Mountainbike sowie interessante Optionen für das Rennrad. Gute Fahrräder bekommt man bei seriösen Anbietern im Rahmen organisierter Touren bzw. als Leihrad (z. B. beim Veranstalter **Tasting The Road**, S. 236). Zur Ausstattung sollten Helm, Handschuhe, Pumpe, Reparaturset und etwas Werkzeug gehören. Die Anbieter geben Empfehlungen für Radtouren und manchmal einfaches Kartenmaterial. Wer auf schmalen Bergpfaden radelt, sollte rücksichtsvoll gegenüber Wanderern und der einheimischen Bevölkerung sein, die auf diesen Wegen zu ihren Feldern gelangt. Möchte man mehrere Tage oder sogar Wochen in Peru Radfahren, kann man das Mitbringen des eigenen Rades in Erwägung ziehen (ca. 60–100 € pro Rad im Flugzeug bis Lima).

Beliebte Tagestrips mit langen Abfahrten auf asphaltierter Straße sind die Abschnitte Chinchero nach Urubamba bzw. Ollantaytambo und Tambomachay nach Pisac bzw. Calca. Zu den Start- und Zielpunkten gelangt man problemlos mit öffentlichen Bussen, die das Rad auf dem Dach befördern (Vorsicht beim Verstauen!). Beliebt sind auch Tagestouren nach Moray, Maras und zu den Salzpfannen von Pichingote im Urubamba-Tal. Außerdem wird im Rahmen der Inka Jungle Tour die eindrucksvolle Abfahrt vom Abra Málaga (4316 m) nach Huamanmarca bzw. Santa Maria angeboten (Höhendifferenz über 3000 m!). Hierbei sollte man sich im Interesse der eigenen Sicherheit ebenfalls von billigen Anbietern fernhalten! Eine landschaftlich reizvolle Strecke ist die Route von Tres Cruces nach La Unión auf dem Weg zum Nationalpark Manu, die von einigen Veranstaltern als mehrtägige Tour angeboten wird.

Für ambitionierte und gut akklimatisierte Rennradler gibt es Fahrten über Bergpässe von fast 4800 m (Ausangate-Gegend) oder auch **Mehrtagestouren** durch das Heilige Tal der Inkas und von Cusco nach Puerto Maldonado. Interessante **Downhill-Abfahrten** werden zum Beispiel vom Abra de Lares nach Calca, zu den Salinen von Pichingote oder auch in Lamay angeboten.

Straße annehmen. Die halluzinogen wirkenden Substanzen Ayahuasca und San Pedro können, wenn sie in falschen Dosen verabreicht werden, gesundheitsschädlich sein.

Another Planet, Triunfo 120, ✆ 084-241168, 💻 www.anotherplanetperu.org. Die Besitzerin der Casa de la Gringa (s. „Übernachtung") veranstaltet neben spirituellen Mehrtagestouren auch Heilzeremonien in ihrem Hotel, während derer u. a. San Pedro-Kaktus und Ayahuasca verabreicht wird.

Evergreen Yoga, Cabracancha, ✆ 933834565, 💻 www.evergreencusco.com. Unterschiedliche Yogavarianten, tgl. Kurse.

Healing House, Qanchipata 555, San Blas, ✆ 943729368, 💻 www.healinghousecusco.com. Spirituelle Heilmethoden, u. a. Akupunktur, Reiki, Meditation, Yoga, Thai Chi. Auch wochenweise Zimmervermietung, Freiwilligenarbeit möglich.

Heilzentrum Paramatma, Asnoqch'utun 279, ✆ 987138380, 💻 www.paramatmahealing.com. Ganzheitliche Therapien, Yoga-Kurse, Retreats, Reiki und Massagen. Zum Lokal gehört auch das **Namaste House**, eine Herberge, 5 Min. von der Plaza de San Blas, Lucrepata Alta C6, ✆ 986566060, 💻 cuscoholistichealing.com/en/namaste-house. Schlafsaal 18 S/. ❶

Stadtbesichtigung

So gut wie alle Reisebüros organisieren halbtägige Sightseeing-Touren durch Cusco und Tagestouren ins Urubamba-Tal.

€ **Free Tours by Foot**, 💻 www.inkanmilkyway.com. Sympathische und günstige Art, die Stadt zu Fuß kennenzulernen. Treffpunkt ist an der Plaza Regocijo (nach einer gelben Weste Ausschau halten), jeweils Mo–Sa 10, 13 und 15.30, So um 10 Uhr, Dauer 2 1/2 Std. Die Guides arbeiten auf Trinkgeldbasis.

Trekking

Die Gegend um Cusco hat mehr zu bieten als den stark überlaufenen Inkatrail nach Machu

Picchu. Eine tolle Tagestour ist z. B. die Wanderung zu den Ruinen von Huchuy Qosqo (s. Kasten „Tageswanderung ins Urubamba-Tal", S. 255). Auch die Cordillera Vilcabamba mit dem Nevado Salkantay und die Cordillera de Vilcanota mit dem Nevado Ausangate (S. 244) bieten hervorragende mehrtägige Wandermöglichkeiten. Immer beliebter wird die mehrtägige Wanderung zur Inka-Ruinenstätte Choquequirao (S. 209), westlich von Cusco. Von dort kann man über entlegene Bergpfade nach Machu Picchu wandern. Und immer mehr Wanderer entdecken das Lares-Gebiet mit seinen vielfältigen Bergpfaden (S. 258). Immer mehr Wanderer begeistern sich auch für das Kurztrekking zum Rainbow Mountain (s. Kasten im Unterkapitel „Rundwanderung um den Nevado Ausangate"). Die Veranstalter (s. „Tourveranstalter") haben alle oder einige der genannten Wanderungen im Programm. Die beste Wanderzeit ist von Mai bis Oktober. Dann regnet es selten, aber es kann nachts sehr kalt werden.

SÜDPERU

Tourveranstalter

Nachfolgend werden zuverlässige Veranstalter aufgelistet, die bereits seit mehreren Jahren auf dem Markt sind, ein breites Spektrum an Ausflugsmöglichkeiten anbieten, und auch über das Internet buchbar sind. Die Preise sind stark abhängig von der Jahreszeit (Haupt-, Nebensaison) und der Anzahl der Teilnehmer.

Amazon Trails, Tandapata 660, im Hotel Amazon Trails, San Blas, ✆ 084-437374, 💻 www.amazontrailsperu.com. Bietet neben Touren in den Manu-Nationalpark auch Trekkingtouren (u. a. Lares, Salkantay, Inkatrail) an.

Apus Peru, Cuichipunco 366, ✆ 084-232691, 💻 www.apus-peru.com. Agentur, die nachhaltigen Tourismus propagiert und ein breites Angebot an Trekkingtouren hat. Unter dem Link „Treks/Trekkers wanted" kann man sich einer Wandergruppe anschließen. Außerdem werden Clean-Up-Treks veranstaltet, s. Kasten „Umwelttipps in Cusco".

CBCtupay, Psje. Santa Monica 466 (Ecke Av. Tullumayu 274), ✆ 997837157, 💻 www.cbctupay.com. Bieten neben den klassischen Touren auch Ausflüge in indigene Dörfer in der Umgebung, Freiwilligenarbeit, Aufenthalt bei Gastfamilien und Einführungen in den andinen Spiritualismus.

Comfort Tours Perú, Plateros 365, ✆ 084-242014, 💻 www.comfortoursperu.com. Bietet unter anderem Touren zum Rainbow Mountain und günstige 2-tägige Touren nach Machu Picchu via Santa Teresa (inkl. ca. 6-stündiger Fahrt im Kleinbus von Cusco bis Hidroeléctrica, von dort 3 Std. zu Fuß bis Aguas Calientes, gleicher Rückweg oder gegen Aufpreis Zugfahrt nach Ollantaytambo).

Easy Birding, Mz E-3 Piedra Dorada Alto Qosqo, San Sebastian, ✆ 084-437499, 💻 www.easybirdingperu.com. Das Unternehmen von Abraham Huaman Leon ist auf Vogelbeobachtung spezialisiert.

Eric Adventures, Urb. Santa María A1-6, San Sebastián, ✆ 084–272862, 💻 www.ericadventures.com. Großer Veranstalter, der nahezu alle Outdoor-Aktivitäten im Programm hat.

Incatrekkers, Plateros 365, 2. Stock, ✆ 084-236979, 💻 www.incatrekkers.com. Empfehlenswerte einheimische Agentur mit deutschsprachiger Website, spezialisiert auf Trekkingtouren (u. a. Inkatrail, Trekking im Lares-Tal und Salkantay-Trek).

Mayuc, Portal Confituras 211, Plaza de Armas, ✆ 084-232666, 💻 www.mayuc.com. Spezialist für Rafting auf dem oberen Río Urubamba und dem Río Apurímac. Inkatrail nach Machu Picchu und andere Treks.

Peru Discovery, Urb. Los Cipreses de Versalle B-1, San Jeronimo, ✆ 084-274541, 💻 www.perudiscovery.com. Spezialist für mehrtägige Wander-, Mountainbike- und Dschungeltouren (Manu, S. 290), unter deutscher Leitung.

RESPONSible Travel Perú, Pasaje los Lirios 7A, Urb. Mariscal Gamarra, ✆ 084-598331, 💻 www.responsibletravelperu.com. Sozial verantwortlich und umweltbewusst operierender Veranstalter, der auf authentische, alternative und einzigartige Reiseerfahrungen in Peru setzt.

Tasting the Road, Bartolina Sisa 125, Urb. Tupac Amaru, ✆ 968418557, 💻 www.tastingtheroad.com. Deutschsprachige Agentur für Mountainbike-, Rennrad- und Downhill-Touren in Cusco und Umgebung. Dabei werden Radfahren und kulinarische Erlebnisse kombiniert.

Auch Fahrradverleih und „Aldies only"-Radtouren.

SONSTIGES

Freiwilligenarbeit

S. Travelinfos, S. 53.

Geld

Die großen Banken liegen im oberen Bereich der Av. El Sol. **Wechselstuben** befinden sich an der Plaza de Armas und der Av. Sol, an der auch Straßenwechsler tätig sind.
Ganz auf die Bedürfnisse von Touristen eingestellt ist die Filiale **BCP Money & Tourist Services** der Banco de Crédito, Portal de Harinas 177, Plaza de Armas. ⏲ tgl. 9–21 Uhr.

Informationen

I-Perú, Portal Harinas 177, ✆ 084-596159, 💻 www.promperu.gob.pe. ⏲ Mo–Fr 9–19, Sa/So 9–13 Uhr. Weitere Infostelle in der Loreto neben der Kirche Compañía de Jesús an der Plaza de Armas, ⏲ Mo–Sa 9–13, 14–18, So 10–14 Uhr, und im Flughafen, ⏲ tgl. 6–17 Uhr.
DIRCETUR, Portal Mantas 117-A, ✆ 084-222032, 💻 www.dirceturcusco.gob.pe. ⏲ Mo–Sa 8–20, So 8–13 Uhr.
Dirección Desconcentrada de Cultura, Palacio Inka del Kusikancha, Calle Maruri 340, ✆ 084-582030, 💻 www.culturacusco.gob.pe. Ableger des nationalen Kulturinstituts, das den Verkauf der Eintrittskarten für Machu Picchu durchführt (S. 278). ⏲ Mo–Sa 8–16 Uhr.
INDECOPI, Urbanización Constancia Mz. A-11-2, Wanchaq, ✆ 084-252987, 💻 www.indecopi.gob.pe. Verbraucherschutzbehörde und Ansprechstelle für Touristen bei Beschwerden. ⏲ Mo–Fr 8.30–16.30 Uhr. Weitere Filiale am Flughafen.
Sernanp, Av. Sol 103, in den Galerías Turísticas, ✆ 084-229297, 💻 www.sernanp.gob.pe. Staatliche Nationalparkverwaltung. ⏲ Mo–Fr 8.30–13, 15–18 Uhr.

Konsulate

Deutsches Honorarkonsulat, San Agustín 307, ✆ 084-235459, ✉ cusco@hk-diplo.de. Termine nach Vereinbarung.

Medizinische Hilfe

Privatkliniken
Clínica Peruano-Suiza, Av. Perú K-3, Urb. Quispicanchis, ✆ 084-237009, 💻 www.cps.com.pe.
MacSalud, ✆ Notfruf 084-225151, 💻 www.macsalud.com. 24-Std.-Notfall-Service und Versorgung direkt im Hotel.

Deutschsprachige Ärztin
Gladys Oblitas, Av. de la Cultura 3b, Urb. Mariscal Gamarra, 1ra Etapa, ✆ 084-227264. Homöopathin und Frauenärztin.

Zahnärztin
Dra. Virginia Valcárcel, Clínica Vivadent, Av. El Sol 627, Of. 303, ✆ 084-231558, 💻 www.vivadentcusco.com. Spricht etwas Deutsch und Englisch.

Alternative Heilmethoden
Siehe Wellness, Schamanismus und spirituelle Erfahrungen, S. 234.

Polizei

Policia de Turismo, Calle Saphy 510, ✆ 084-257359. Auch am Flughafen und im 2. Stock des Busbahnhofs. 24-Std.-Notrufnummer der Polizei: ✆ 105.

Post

Serpost, Av. El Sol 800, ⏲ Mo–Sa 8–20, So 9–14 Uhr, und am Flughafen, ⏲ Mo–Sa 6–13, So 6–9 Uhr.

Reisebüros

Finden sich reihenweise an der Plaza de Armas, entlang der Av. El Sol, der Plateros und in der Procuradores.

Sprachschulen

Acupari – Asociación Cultural Peruano Alemana, San Agustín 307, ✆ 084-242970, 💻 www.acupari.com.
Amauta Spanish School, San Augustín 249, ✆ 084-242998, 💻 www.amautaspanish.com.

Fair Services, Psje. Zavaleta C-5, Wanchaq, ✆ 084-789252, 💻 www.fairservices-peru.org.

Visaangelegenheiten

Migración, Av. El Sol 612, Local de la Prefectura, 1. Stock, ✆ 084-2001000, 💻 www.migraciones.gob.pe. ⌚ Mo–Fr 8–16, Sa 8–12 Uhr.

TAXIS

Offizielle **Taxis** nehmen für eine Fahrt im Zentrum 5 S/., zum Busbahnhof 5 S/. und vom Flughafen ins Zentrum ca. 10 S/. (am Flughafen wartende Taxis sind deutlich teurer!). Taxis vom Innenbereich des Busbahnhofs ins Zentrum Cuscos kosten rund 8 S/., außerhalb des Busbahnhofs 4–5 S/.

SÜDPERU

TRANSPORT

Busse und Colectivos

Vom Busbahnhof **Terminal Terrestre** südöstlich des Stadtzentrums (unweit des Pachacútec-Monuments) fahren die meisten Überlandbusse ab. Cruz del Sur unterhält im Terminal nur eine Verkaufsstelle. DIRCETUR unterhält eine Touristeninformation im Busbahnhof.

Gesellschaften außerhalb des Busbahnhofs

4 M, kein Büro, ✆ 054-452296 (Arequipa), 💻 www.busperu4m.com. Fahrgäste werden vom Hotel abgeholt.

Consettur, Av. Infancia 433, ✆ 084-222125. Ticketverkauf für die Busse von Aguas Calientes nach Machu Picchu (S. 268). ⌚ Mo–Sa 8–13, 15–18, So 8–13 Uhr

Cruz del Sur, Av. Industrial 121, Urb. Bancopata-Santiago (in der Nähe des Pachacútec-Denkmals), ✆ 084-480010.

Inka Express, Av. 28 de Julio Urb. Titio P-1, ✆ 084-247887, 💻 www.inkaexpress.com.

Peru Hop (S. 179), Tandapata 100B, San Blas, ✆ 084-2422140, 💻 www.peruhop.com, ⌚ Mo–Sa 10–19, So 11–19 Uhr.

Wonder Peru Expedition, 28 de Julio, Ecke Los Jazmines, ✆ 084-251616, 💻 www.wonderperuexpedition.com. Ticketverkauf auch Av. El Sol, Galerías El Sol, Of. 217.

Nationale Verbindungen

ABANCAY tgl. mehrere Abfahrten (Bredde, Transportes Wari), 4–5 Std. (197 km).

ACOMAYO mehrmals tgl. Abfahrten von Belempampa, Nähe Puente Grau, ca. 3 Std. (105 km).

AGUAS CALIENTES/MACHU PICCHU (S.268). Die Bustickets von Consettur kann man bereits in Cusco kaufen.

ANDAHUAYLAS morgens und abends (Bredde, Transportes Wari), 10 Std. (347 km). Fährt über ABANCAY.

AREQUIPA nachmittags und abends (Oltursa, Cruz del Sur, móvilbus), auch tagsüber (u. a. Civa, Flores), 9–11 Std. (520 km). Fährt über JULIACA.

AYACUCHO abends (Cruz del Sur, Los Chankas). Oder umsteigen in Andahuaylas, 14 Std. (601 km).

CHIVAY (COLCA-CANYON) der Touristenbus von 4 M, fährt direkt Di, Do u. Sa, jeweils um 7 und 15.30 Uhr, Passagiere werden vom Hotel abgeholt, 9 Std. (365 km).

LIMA so gut wie alle Busse starten nachmittags. Empfehlenswert sind Cruz del Sur und Oltursa, 20–22 Std. (1154 km). Fährt über ABANCAY und AREQUIPA.

LIMATAMBO Sammeltaxis starten in der Av. Arcopata, 1 1/2 Std. (77 km).

MOLLEPATA Sammeltaxis fahren ab der Av. Arcopata, ca. 2 1/2 Std. (100 km).

NASCA nachmittags (Cruz del Sur), 15–16 Std. (659 km). Die meisten Busse nach Lima halten in Nasca, berechnen aber meist den vollen Fahrpreis nach Lima.

OLLANTAYTAMBO Minivans ab der Pavitos, 2 1/2 Std. (90 km). Alternativ bis URUBAMBA und dort umsteigen.

PILCOPATA Minibusse fahren, sobald sie voll sind von der Calle San Gerónimo, Paradero Control, 7 Std. (190 km). Fährt über PAUCARTAMBO, 3 Std. (110 km).

PISAC Kleinbusse fahren ab der Tullumayo 207 und der Calle Puputi, 45 Min. (30 km) und weiter nach CALCA (weitere 30 Min.).

PUERTO MALDONADO meist später nachmittag und abends (móvilbus, Cruz del Sur, Civa), 10 Std., in der Regenzeit länger (650 km). Zahlreiche weitere Anbieter vorhanden.

PUNO morgens und abends (Cruz del Sur, Transzela u.a.), 6 Std. (394 km). Fährt über JULIACA und SICUANI. Inka Express und Wonder Peru Expedition bieten jeweils tgl. frühmorgens einen teuren Touristenbus nach

Puno (10 Std.), inkl. Besichtigungen unterwegs, Mittagessen mit Buffet. Online-Reservierung und Ticketkauf in Reisebüros ist möglich.
QUILLABAMBA ständige Abfahrten vom Terminal de Santiago, 6 Std. (170 km). Nach ca. 1 1/2 Std. passiert der Bus URUBAMBA.
SICUANI ca. alle 20 Min. von der Av. Huayruropata 810, gegenüber dem Stadion Garcilazo, 2 Std. (70 km).
TACNA abends (Oltursa, Cruz del Sur), 16 Std. (797 km).
TINQUI regelmäßig von der Av. Tomasa Tito Condemayta (gegenüber dem Coliseo Cerrado), 3 Std. (120 km). Fährt über OCONGATE.
URCOS Minibusse fahren über TIPÓN, PIKILLAKTA und ANDAHUAYLILLAS alle 20 Min. von 5.30–18 Uhr von der Av. de la Cultura 1320 (gegenüber vom Hospital Regional) ab, 1 3/4 Std. (47 km).
URUBAMBA immer, wenn voll ab Pavitos/Grau und Av. Huascar, 1 1/2 Std. (65 km). Fährt über CHINCHERO. In der Nähe warten auch Sammeltaxis.

Bolivien
COPACABANA abends, direkt mit kurzem Stopp in Puno (Tour Perú, Nuevo Continente, Internacional Litoral), 10 Std. (535 km).
LA PAZ ab 22 Uhr (u. a. Transzela, Nuevo Continente, Tour Peru), 13 Std. (601 km). Fährt über PUNO und DESAGUADERO.

Eisenbahn

Cusco besitzt **zwei Bahnhöfe**, die untereinander nicht verbunden sind. In der Hauptsaison sollten Zugtickets so früh wie möglich gekauft werden.

Richtung Machu Picchu

Inzwischen fahren wieder einige Züge von Perurail von der **Estación San Pedro** ab, Av. Cascaparo s/n, gegenüber dem Mercado San Pedro. Weitere Abfahrtsorte sind **Poroy** ca. 18 km (30 Min.) westlich von Cusco (Perurail), **Urubamba** (Perurail) oder oder **Ollantaytambo** (Perurail, Inca Rail) ab. Gehalten wird unterwegs am KM 82, dem Ausgangspunkt des Inkatrails nach Machu Picchu und am KM 104, dem Ausgangspunkt des kurzen Inkatrails nach Machu Picchu.

Endpunkt der Zugverbindung ist momentan **Aguas Calientes**, da die weitere Strecke nach Quillabamba während des El Niño-Jahres 1998 zerstört wurde. Von Aguas Calientes fährt 3x tgl. ein Zug (s. Kasten S. 240) zu einem kleinen Wasserkraftwerk (Hidroeléctrica). Von dort geht es dann auf der Straße weiter.

Inca Rail, Portal de Panes 105, Plaza de Armas, ✆ 084-581860, und Av. El Sol 843 (🕒 beide Mo–Fr 7–22, Sa, So 7–20 Uhr), Estación San Pedro (🕒 tgl. 4.15–9 Uhr), am Flughafen (🕒 tgl. 5.30–21.30 Uhr). 💻 www.incarail.com.pe. Züge nach Machu Picchu ab Ollantaytambo und von Mai–Sept. auch ab Poroy. Tgl. mehrere Hin- und Rückfahrten; es gibt 3 Zugkategorien, ab US$65 (Voyager), ab US$68 (360 Grad) oder ab US$210 (1. Klasse); in der Regenzeit und bei frühem Buchen sind die Tickets billiger. Außerdem ist die Kombination Bus ab Cusco und Zug ab Ollantaytambo *(Bimodal)* möglich.

Perurail, 💻 www.perurail.com. Tickets an allen Bahnhöfen und am Portal de Carnes 214, Plaza de Armas (🕒 tgl. 8–21 Uhr), an der Plaza Regocijo (🕒 tgl. 8–19 Uhr), an der Av. El Sol 409 (🕒 tgl 8–22 Uhr) und am Flughafen (🕒 Mo–Fr 6–20, Sa, So 6–12 Uhr). Es gibt 4 verschiedene Zugarten Richtung MACHU PICCHU, die unterschiedliche Abfahrtsorte haben (variiert in der Regenzeit Jan–April) und unterschiedlich teuer sind. Tgl. zahlreiche Abfahrten zwischen 5 und 21 Uhr (Hinfahrt) sowie 5.35 und 21.50 Uhr (Rückfahrt). Die Preisspanne reicht von US$65–560 pro Strecke (in der Regenzeit und bei früher Buchung günstiger).

Wer schlau ist, reserviert

Nicht nur der Inkatrail, sondern auch die **Züge nach Machu Picchu** sind vor allem in den Sommermonaten (Juli–Sep) oft ausgebucht. Wer wenig Zeit vor Ort hat, sollte daher die Zugfahrt unbedingt im Voraus reservieren! E-Tickets bekommt man auf den Websites der beiden Zuganbieter Perurail und Inca Rail.

Die Zugabzocke umgehen

€ Die Zugfahrt nach Machu Picchu ist ein teures Vergnügen, für das hin und zurück mindestens US$100 fällig werden. Billiger (schon für rund 100 S/. hin und zurück), aber zeitaufwendiger ist folgende Route: Zunächst geht es mit dem Bus Richtung Quillabamba bis Santa María. Dort nimmt man ein Colectivo nach Santa Teresa (ab Cusco ca. 5 Std.) und braucht dann weitere 20 Minuten im Kleinbus/Sammeltaxi bis zum Wasserkraftwerk (Hidroeléctrica). Von dort fährt tgl. ein Zug um 7.54 und 16.35 Uhr nach Aguas Calientes. Wer sich die US$35 hierfür sparen möchte, läuft die 10 km entlang der Schienen (ca. 2 1/2–3 Std.). Inzwischen fahren auch diverse Agenturen mit Büro an der Plaza de Armas mit Minivans von Cusco bis zur Hidroeléctrica (s. Comfort Tours Perú, „Cusco/Tourveranstalter", S. 236). Während der Regenzeit kann die Strecke durch Erdrutsche unterbrochen sein.

SÜDPERU

Billigere Alternativen, um nach Machu Picchu zu kommen, sind im Kasten „Die Zugabzocke umgehen" beschrieben.

Richtung Puno und Arequipa
Vom Bahnhof Wanchaq verkehrt Mi, Fr und So der **Titicaca Train** (Fahrtzeit ca. 10 1/2 Std., einfache Fahrt US$245, Mittagessen und Nachmittagstee inkl.), und jeweils donnerstags der **Belmond Andean Explorer**, Südamerikas erster Luxus-Schlafwagen (3 verschiedene Kabinentypen), von Cusco über Puno bis nach Arequipa (3 Tage, 2 Nächte, einfache Fahrt ab US$3.100). Auch die Teilstrecke Cusco–Puno ist möglich (2 Tage/1 Nacht). Infos und Preise über Peru Rail 💻 www.perurail.com.

Flüge

Noch immer heiß umstritten ist der geplante neue **Flughafen bei Chinchero**, etwa 30 km nördlich von Cusco. Bisher wird der Flugverkehr jedoch nach wie vor über den Flughafen **Alejandro Velasco Astete** abgewickelt, der rund 4 km südlich des Zentrums liegt, ✆ 084-222611, 💻 www.corpac.gob.pe. Man erreicht ihn am einfachsten mit dem Taxi (ca. 10–15 S/.). Der Flughafen ist mit einer Touristeninformation, einer Poststelle, einer Wechselstube und Geldautomaten ausgestattet. Ein Kiosk im 2. Stock verkauft die Magazine *Stern, Spiegel* und *Focus* für teures Geld. In der Regenzeit können Flüge ausfallen oder sich verspäten. Es empfiehlt vor allem in der Hauptsaison spätestens 2 Std. vor Abflug am Flughafen zu sein.

Amaszonas Línea Aérea, Av. El Sol 574, Of. 120, ✆ 084-506565, 💻 www.amaszonas.com. Bolivianische Airline, die von Cusco nach La Paz fliegt. 🕒 Mo–Fr 9–19, Sa 9–13 Uhr.

Avianca, Av. El Sol 602-B, ✆ 080111234, 💻 www.avianca.com. Fliegt nach LIMA, außerdem Flüge von Cusco nach BOGOTA und nach LA PAZ. 🕒 Mo–Fr 9–19, Sa 9–18 Uhr.

Latam, Av. El Sol 627-B, ✆ 084-255552, Flughafen, ✆ 084-251789, 💻 www.latam.com. Bietet die meisten Flüge nach LIMA und fliegt auch nach AREQUIPA, JULIACA und PUERTO MALDONADO. 🕒 Mo–Sa 9–19, So 9–12 Uhr.

Peruvian Airlines, Av. El Sol 627-A, ✆ 084-254890, 💻 www.peruvianairlines.pe. Fliegt mehrmals tgl. nach LIMA. 🕒 Mo–Fr 9–19.30, Sa 9–17, So 9–12 Uhr.

Sky Airlines, nur am Flughafen und im Internet, ✆ 01-243 7998 (Lima), 💻 www.skyairline.com/peru. Fliegt tgl. nach LIMA.

Viva Air, nur am Flughafen oder in ausgesuchten Reisebüros, ✆ 073-640003, 💻 www.vivaair.com/pe. Fliegt mehrmals tgl. nach LIMA.

Nähere Umgebung von Cusco

Die vier Inkaruinen **Sacsayhuamán**, **Qenqo**, **Pukapukara** und **Tambomachay** in der Umgebung Cuscos sind beliebte Ausflugsziele, für die man mindestens einen halben Tag veranschlagen sollte. Sie liegen alle in Gehweite der Stadt entlang der Straße nach Pisac. Die einfachste und billigste Art, die Ruinen zu besuchen, ist einen öffentlichen Bus nach Pisac zu nehmen und in Tambomachay (Fahrer Bescheid sagen!) auszusteigen. 🕒 alle Ruinen tgl. 7–17 Uhr, Eintritt mit Boleto Turístico oder Boleto Parcial, S. 219.

Die Anlage von Tambomachay liegt am weitesten (8 km) von Cusco weg und zugleich am höchsten. Von dort kann man auch teilweise abseits der Hauptstraße zu Fuß nach Cusco gehen und unterwegs alle Ruinen besuchen.

Die Strecke ist im Allgemeinen sicher, aber es ist besser, mindestens zu zweit zu gehen und vor Einbruch der Dunkelheit wieder in Cusco anzukommen.

Tambomachay

Bei der kleinen Ruinenstätte rund 300 m abseits der Hauptstraße, handelt es sich mehr um ein Wasserheiligtum als um eine Badestätte. Kristallklares Wasser unterirdischer Quellen, dessen Herkunft unbekannt ist, speist auch heute noch die Becken der Anlage, die aus vier Wänden mit trapezförmigen Nischen besteht, die terrassenförmig übereinander angeordnet sind. Ob hier der Inka badete, ist zweifelhaft, doch wird die Anlage von den Einheimischen vereinfachend „Baño del Inca" genannt.

Wissenschaftler vermuten, dass in Tambomachay Wasserrituale abgehalten wurden, bei denen das kühle Nass als Weihwasser diente. Die Anlage kann anderen Theorien zufolge auch ein Land- bzw. Jagdsitz des Inka gewesen sein.

Pukapukara

Die „rote Festung", so die Übersetzung, liegt Tambomachay gegenüber an der Hauptstraße nach Pisac auf 3660 m Höhe und diente den Inka als Stützpunkt, an dem Waren umgeschlagen wurden, sich Stafettenläufer ausruhen und Reisende übernachten konnten. Strategisch günstig auf dem Weg von Cusco ins Vilcanota-Tal gelegen, wurde von der halbkreisförmigen Anlage die Umgebung kontrolliert. Zu sehen sind Treppen, Mauern, Tunnel und Türme.

Der Weg nach Qenqo beginnt linker Hand in der ersten Rechtskurve der Straße Richtung Cusco. Danach immer dem Weg talabwärts folgen und den rechten Dorfrand von Qenqo ansteuern, das nach einer knappen Stunde erreicht wird. Von dort führt eine kurze Betonpiste zur Ruinenstätte.

Qenqo

Bei der kleinen, einen Kilometer östlich von Sacsayhuamán liegenden Anlage, deren Name mit „Zickzack", „Labyrinth" oder auch „das Gewundene" übersetzt wird, handelt es sich um eine inkaische Kultstätte mit einem 6 m hohen Steinblock, der laut den Einheimischen vor seiner Zerstörung durch die Spanier einen Puma darstellte. Die Bedeutung der in den Felsen eingeritzten Zeichen ist unbekannt. Ihren Namen verdankt die aus einer Kalksteinwand herausgemeißelte Anlage einer schlangenförmigen Opferrinne, durch die während der heiligen Rituale geweihtes Wasser, Chicha oder Blut in eine Höhle mit glatt geschliffenen Wänden floss. Diese Stelle benutzte man möglicherweise zur Einbalsamierung adliger Toter.

Um von Qenqo nach Sacsayhuamán zu gelangen, folgt man der Straße etwa eine halbe Stunde.

Sacsayhuamán

Nicht nur wegen des schönen Blicks über Cusco lohnt der Besuch der eindruckvollen 2,5 ha großen Inkaruine oberhalb der Stadt auf 3567 m. Die „Felsenfestung" beeindruckt besonders mit ihren tonnenschweren Felsblöcken, die Zehntausende von Arbeitern in über 50 Jahren mühselig hier heraufgeschafft haben sollen – wie, ist immer noch nicht völlig geklärt. Denn die größten, ca. 5 x 5 x 2,50 m großen Steinquader wiegen rund 200 Tonnen. In mühevoller Kleinarbeit wurden die gigantischen Brocken von geduldigen Händen mit Steinmeißeln passgenau geschliffen und, wie bei den Inka üblich, ohne Mörtel zusammengefügt.

Die Anlage besteht aus drei übereinander liegenden Zickzackwällen, die rund 600 m lang und zusammen 24 m hoch sind. Hinzu kamen zwei rechteckige Türme und der **Muyoqmarka**, ein runder turmartiger Befehlstand, dessen Mauerreste auf eine Höhe von rund 30 m schließen lassen.

Die Türme, von den Spaniern zugeschüttet, wurden erst in den 30er-Jahren wieder freigelegt. Sie waren untereinander mit unterirdischen Gängen verbunden. Im Jahr 1999 entdeckten Archäologen bei Ausgrabungsarbeiten 16 unberührte Inkagräber. Vom Inneren der Festung ist heute nichts mehr erhalten. Das einstige Labyrinth aus Gängen und Gebäuden, in dem rund 5000 Soldaten stationiert waren, wurde von den Spaniern Stein für Stein abgetragen und zum Bau Cuscos verwendet.

Heute geht es friedlicher zu, selbst wenn sich alljährlich am 24. Juni Zehntausende von Menschen in den Mauern der Anlage einfinden, um dem **Sonnenwendfest Inti Raymi**, Cuscos größtem Touristenspektakel, beizuwohnen. Hunderte von Laiendarstellern erwecken die Welt der Inka zum Leben. Doch seit Jahren versuchen Gegner der Riesensause, den Ort des Geschehens aus der Festung heraus zu verlegen, bisher ohne Erfolg. Denn die Massen fügen dem Mauerwerk irreparable Schäden zu und hinterlassen Unmengen von Müll. Aber der kommerzielle Erfolg der Veranstaltung, die viel Geld in die Kassen der Stadt spült, steht im Vordergrund.

Zugang: Die Anlage kann auf dem Rückweg von Qenqo Richtung Cusco erreicht werden. Alternativ kann man von Cusco aus den steilen Aufstieg vorbei an der Kirche San Cristóbal oder über die Pumacurco in 30–60 Min. (je nach Kondition und Höhenanpassung) auf sich nehmen. Wer es gemütlicher mag, nimmt ein Taxi.

Östlich und südöstlich von Cusco

Die durchgehend asphaltierte Strecke südöstlich von Cusco Richtung Puno erleben die meisten Besucher nur auf der Durchreise. Wer aber dem touristisch oft überlaufenen Urubamba-Tal entfliehen möchte, findet in den präinkaischen Ruinen von Pikillakta, der Jesuitenkirche von Andahuaylillas und dem Markt von Urcos eine lohnenswerte Alternative für einen Halbtages- bis Tagesausflug.

Auf den rund 32 km nach Pikillakta werden einige kleine Dörfer passiert, die wie **San Sebas-**

Delikatesse Meerschweinchen

Meerschweinchen *(Cuy; Cavia porcellus)*, die in Peru und Bolivien auch *Wanku, Jak* oder *Conejo Peruano* genannt werden, sind seit Jahrtausenden fester Bestandteil der Ernährung der einheimischen Völker. Allein in Peru werden jedes Jahr rund 65 Mio. der kleinen Nager verzehrt. Wissenschaftler datieren die Zeit der Domestizierung von Meerschweinchen im Hochland von Peru und Bolivien auf etwa 5000 v. Chr. Skelettfunde bei Chavín de Huántar in den südlichen Ausläufern der Cordillera Blanca belegen, dass Cuys den Einwohnern ab etwa 900 v. Chr. als **Nahrungsquelle** dienten. Während auch die Verwandten der Meerschweinchen wie Chinchillas oder Stachelschweine von Menschen gegessen wurden, hat man nur das Cuy als **Haustier** gehalten.

Cuys waren eine wichtige Nahrungsquelle der präkolumbischen Kulturen Südamerikas. Obwohl sie hauptsächlich von Bergbewohnern gehalten wurden, fand man bei Ausgrabungen an der nordperuanischen Pazifikküste Keramiken der Moche- und Vicús-Kulturen mit Darstellungen von Cuys. Während Cuys früher überwiegend zum Eigenbedarf gehalten wurden, dienen sie heute auch als Tauschmittel oder werden verkauft. Die meisten Andenfamilien besitzen mehr als 20 Cuys, die in kleinen Ställen, auf dem Dachboden oder in der Küche gehalten werden. Die Nager ernähren sich vorwiegend von Küchenabfällen und werden von Frauen oder Kindern versorgt. Ein fruchtbares Meerschweinchen-Paar gehört auch heute noch zur Mitgift vieler Brautpaare und stellt den Grundstock für eine langjährige erfolgreiche **Züchtung** dar. Auch die Zuchtprogramme der landwirtschaftlichen Forschungsstation der La Molina-Universität in Lima zielen darauf ab, die Fortpflanzungskapazität der Cuys zu erhöhen. Seit den 80er-Jahren kreuzt man dort Tiere, die größer sind, mehr Nachkommen erzeugen und schneller das Fortpflanzungsalter erreichen als ihre frei lebenden Artgenossen. Mithilfe der Zuchtprogramme kommt u. a. auch die Slumbevölkerung Limas in den Genuss von Fleisch.

Aber auch edle Restaurants in Lima, Cusco und Arequipa servieren immer öfter Cuy. Mit der Wiederentdeckung der andinen Küche erlebt auch das Cuy eine Renaissance. Zugute kommt dem mageren Fleisch die Tatsache, dass es proteinhaltiger als Rind- oder Hühnerfleisch ist, gleichzeitig aber weniger Cholesterin enthält.

tian wegen der Gemälde ihrer Barockkirche an der Plaza, oder wie **San Jerónimo** wegen seines typischen Sonntagsmarkts zu einem kurzen Stopp einladen. Kurz vor **Oropesa**, das für leckere Weizenbrote *(Chutas)* bekannt ist, zweigt eine Strecke (ca. 4 km) zu der Bewässerungs- und Terrassenanlage von **Tipón** ab, einer landwirtschaftlichen Versuchsstation der Inka. ⌚ tgl. 7–17 Uhr, Eintritt mit Boleto Turístico oder Boleto Parcial. Im Dorf Tipón liegen einige Restaurants entlang der Straße nach Puno, die *Cuy al horno* (Meerschweinchen im Erdofen gegrillt) zubereiten.

Vorbei an der Abzweigung nach Paucartambo und zum Manu-Nationalpark trifft man einige Kilometer weiter und etwa 1 km abseits der Hauptstraße auf **Pikillakta**, die einzige präinkaische Ruinenstätte der Gegend um Cusco. „Die Stadt der Flöhe", so die Übersetzung, wurde von der Wari-Kultur gebaut, die hier gegen 1100 n. Chr. ein Verwaltungszentrum errichtete. Mehrere Hundert teilweise doppelstöckige Gebäude, von denen leider nicht mehr allzu viel erhalten ist, wurden über einen Aquädukt mit Trinkwasser versorgt. ⌚ tgl. 7–17 Uhr, Eintritt mit Boleto Turístico oder Boleto Parcial.

Östlich der Anlage liegen die Ruinen von **Rumiqolqa**, einem ehemaligen Kontrollposten der Inka mit bis zu 12 m hohen Wänden. Hier wurde der Verkehrs- und Warenfluss nach Cusco geregelt. Bei KM 37 der durchgehend asphaltierten Straße Cusco–Puno gelangt man nach **Andahuaylillas**. Der kleine Andenort besitzt eine interessante Lehmziegelkirche, die auch die „Sixtinische Kapelle" Perus genannt wird. Der äußerlich schlichte Bau, den Jesuiten im 17. Jh. errichten ließen, besitzt eine prachtvolle Innenausstattung mit sehenswerten Fresken einheimischer Künstler. Hinzu kommen großflächige Wandgemälde der Cusqueñer Schule, ein vergoldeter Altar und eine alte Orgel. ⌚ tgl. 8–12, 14–17 Uhr, Eintritt 10 S/.

10 km weiter südöstlich liegt der Ort **Urcos**. Hier findet sonntags ein Markt statt, auf dem man die schönen Trachten der Region bewundern kann. Außerhalb des Ortes liegt eine seichte Lagune, auf deren Grund der Sage nach eine schwere Goldkette des Inka Huáscar liegen soll. In Urcos zweigt die asphaltierte Straße Richtung **Puerto Maldonado** im Amazonastiefland und weiter zur brasilianischen Grenze ab. Unterwegs wird der kleine Ort **Tinqui** passiert, Ausgangspunkt der mehrtägigen Wanderung um den **Nevado Ausangate**. Für die Weiterfahrt von Urcos nach Puno s. S. 302.

Vinicunca (Rainbow Mountain)

Ein Ausflug zum 5025 m hohen Berg **Vinicunca** (Cerro Colorado oder Montaña de Siete Colores), rund 12 km südwestlich des Nevado Ausangate und etwa 100 km südöstlich von Cusco gelegen, gehört für viele Touristen inzwischen zum Standard-, wenn nicht gar Pflichtprogramm. Kein Wunder, denn kein Ausflugsziel rund um Cusco ist so instagramtauglich. Alleine ist man also nicht mehr, vor allem in der Hauptsaison pilgern täglich Hunderte von Touristen auf den in vielen Farben schillernden, stark mineralhaltigen Bergrücken, der ihm den Namen **Rainbow Mountain** eingebracht hat. Auf diesen Ansturm waren und sind die Einheimischen – meist einfache Lama- und Alpakabauern – nur unzulänglich bis gar nicht vorbereitet. Das hat, da der Zugang informell und improvisiert durchgeführt wird, zu einer Zunahme von Müll, sanitären Problemen, vielen Pferdeexkrementen und sogar zu Streitigkeiten zwischen zwei Gemeinden geführt, deren Grenzgebiet genau am Vinicunca verläuft. Denn die 10 S/. Eintrittsgeld, die jeder Besucher vor Ort entrichtet, haben angesichts des enormen Zuwachses an Touristen Begehrlichkeiten geweckt.

Wer den vielfarbigen Sandsteinberg, bis vor wenigen Jahren noch unter einer permanenten Schneeschicht begraben (der Klimawandel lässt grüßen), besuchen möchte, kann dies von Cusco aus im Rahmen einer anstrengenden Tagestour tun. Inzwischen hat ein starker Preisverfall eingesetzt, sodass Touren in großen Gruppen bereits für 50 S/. pro Person zu haben sind. Für diesen Preis kann man die Tour kaum selbst durchführen. Wesentlich entspannter sind Zweitages-Touren (mit Zeltübernachtung), die einige Veranstalter wie etwa Incatrekkers (s. „Cusco/Tourveranstalter") anbieten. Der Besuch des Bergs lässt sich auch mit der Rundwanderung um den Ausangate (5 Tage) kombinieren. Gute Infos zur aktuellen Lage am Vinicunca erhält man bei der deutschsprachigen Ulla Maennig von Amazon Trails (s. „Cusco/Tourveranstalter") oder auf Englisch bei Bernadina, ✉ themainway@hotmail.com, die auch Touren dorthin durchführt.

Die knapp dreistündige Anfahrt zum Vinicunca startet frühmorgens (ca. 6 Uhr) in Cusco (Rückkehr in Cusco ca. 17.30 Uhr) und führt über Cusipata zum Parkplatz Puyupatawasi auf ca. 4600 m Höhe. Unterwegs wird ein Frühstücksrestaurant (meist im Preis inbegriffen) angesteuert. Vom Parkplatz sind dann noch rund 2–2 1/2 Stunden zu wandern und gut 400 Höhenmeter bis zum Vinicunca zu überwinden, die man auch auf Pferden (vor Ort zu mieten) zurücklegen kann. Auf keinen Fall zu unterschätzen sind Höhe, Wind und Klima, vor allem in der Regenzeit. Vor diesem Trek sollten zwei Tage zur Höhenakklimatisation (in Cusco) eingeplant werden. Man bewegt sich in sehr dünner Luft auf Höhen um die 5000 m, und Niederschlag in dieser Höhe verwandelt die Wege in Schlammpfade, die Temperatur kann stark absinken. Ordentliches Schuhwerk, Regenjacke, Kopfbedeckung, Sonnencreme, Trinkwasser und ein Müllbeutel (Müll bitte wieder komplett mitnehmen!) sollten im Gepäck sein.

Eine Alternative zum Rainbow Mountain sind die noch selten besuchten roten Berge von Palccoyo, die etwas nördlich des Rainbow Mountain liegen. Anfahrt ist hier über Checacupe/Pitumarca und mit einer längeren Anreise (über 3 Std.!) verbunden. Diese Tour wird z. B. von RESPONSible Travel Peru (s. „Cusco/Tourveranstalter") angeboten.

Rundwanderung um den Nevado Ausangate

Der bekannteste Trail der **Cordillera de Vilcanota** ist die vier- bis sechstägige Umrundung des 6384 m hohen **Nevado Ausangate**, Südperus höchsten Berg. Die hochandine Wanderung führt über 5000 m hohe Pässe, vorbei an Bergdörfern, Lama- und Alpakaherden, durch schöne Täler und verblüfft immer wieder mit fantastischen Ausblicken auf die Gletscher des Ausangate. Die raue Gegend ist in einer landschaftlich einmaligen Tagesfahrt von Cusco aus zu erreichen.

Ausgangspunkt der Wanderung ist der kleine Ort **Tinqui** auf 3800 m Höhe, der entlang der Strecke Urcos–Puerto Maldonado liegt. In dem typischen Andendorf leben die Bewohner von Kartoffeln in verschiedenen Varianten, Weizen, Gerste und Saubohnen. Hinzu kommen Schaf- bzw. Lama- und Alpakazucht.

Sehenswerte Feste finden am 2. März und 28./29. Juli statt. Sie werden mit traditionellen Tänzen, Sportveranstaltungen und Stierkampf begangen. Am Vorabend des Nationalfeiertags (28. Juli) veranstalten die Bewohner im Ort einen Laternenumzug.

Vor der Wanderung

Wer den Trek selber durchführen möchte, was ohne große Schwierigkeiten möglich ist, sollte alle Vorräte bereits in Cusco kaufen. In Tinqui, dem Start- und Zielort der Wanderung, kann man dann noch zusätzlich frisches Gemüse oder einfachere Lebensmittel bekommen. Vor Ort finden sich einfache Herbergen und noch einfachere Restaurants. Nach der Ankunft in Tinqui vergeht nicht viel Zeit, bis einen jemand fragt, ob man einen **Maultiertreiber** *(arriero)* braucht. Das hat einige Vorteile, denn die Wanderung mit eigenem Rucksack durchzuführen ist sehr anstrengend, und zudem kennt der Maultiertreiber den Weg. Man sollte mit verschiedenen *Arrieros* sprechen, um die Konditionen abzuchecken und um zu sehen, ob die Chemie grundsätzlich stimmt. Denn danach ist man für mehrere Tage zusammen in der einsamen Bergwelt unterwegs. Der Preis für einen *Arriero* und ein Pferd oder Maultier liegt pro Tag bei ca. 80 S/. plus Verpflegung und Zelt.

Um Missverständnissen vorzubeugen, sollte man die vereinbarten Konditionen schriftlich festhalten. Es ist nicht üblich, dass dem Maultiertreiber ein Vorschuss gezahlt wird, es kann aber passieren, dass er darauf besteht. Sollte die Wanderung schneller als besprochen beendet werden, ist dennoch der vertraglich vereinbarte Betrag zu zahlen. Über ein kleines Geschenk (Kleidung, Essen, Geld) freut sich je-

Ausangate Wanderskizze
N
0
5 km
Pto. Maldonado
Río Tinquimayo
Cusco,
Ocongate
Tinqui
Laguna
Singrenacocha
Laguna
Armacocha
Pacchanta
4300
Río Pacchanta
Q. Upismayo
Upis
Laguna
Comercocha
4580
△6110
Collpa Ananta
△ 5960
Collque Cruz
Punta Jampa
5050
Arapa
4650
Punta Arapa
Ausangate
△ 6384
△ 5808
Santa Catalina
Sarnacancha
Laguna
Uchuypucacocha
5800 △
Q. Pucacocha
Jampa
Río Jampamayo
Laguna
Jatunpucacocha
Cerro Puca Punta
5100
4850
Punta Pucapata
Laguna
Ausangatecocha
Cerro
Huasacocha
△ 5435
Uchuy Finaya
4500
Ausangate
Quebrada Aucatauri
Uyuni
Lima
Chillca
Río Chillcamayo
Rainbow Mountain

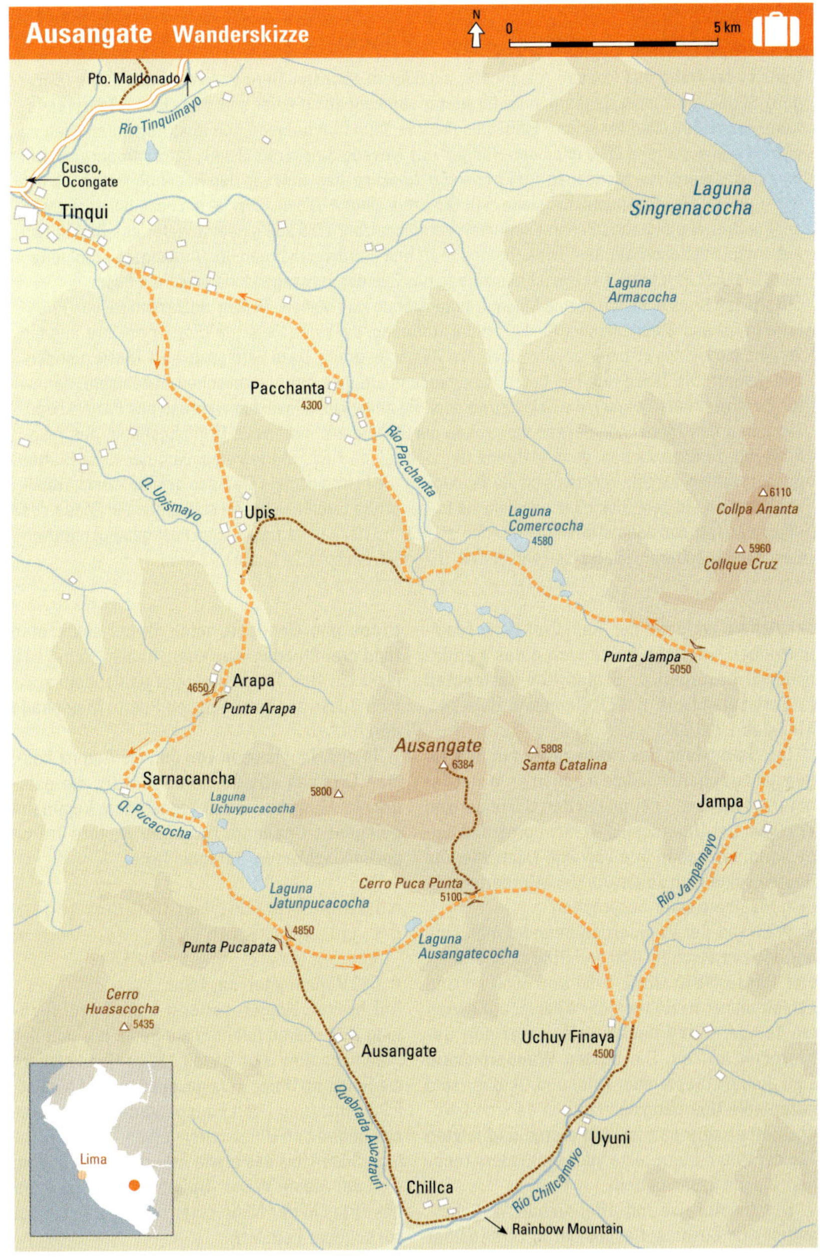

SÜDPERU

Die Fiesta Q'oyllur rit'i

Ganz in der Nähe des Nevado Ausangate, mit 6384 m höchster Berg und wichtigster *Apu* (Berggott) Südperus, kommt es jährlich in der ersten Juniwoche zu einer spektakulären **Pilgerwanderung**. Bis zu 100 000 Menschen, Einheimische wie Touristen nehmen den anstrengenden Weg zu einer Kapelle auf rund 4600 m an den Hängen des Nevado Sinakara auf sich. In Festtracht zieht ein bunter Lindwurm von Menschen zur Kirche von Sinakara, begleitet von den Regenbogenfahnen der Inka und von Musikgruppen, die Lieder auf Quechua singen. Q'oyllur rit'i ist ein Fest, bei dem uralte andine Bräuche mit christlichen Elementen verschmelzen. 1780 soll einem Schäfer das Bild Christi auf einem Fels oberhalb des Ortes Ocongate an den Nordwesthängen des Ausangate erschienen sein. Die dort errichtete Kapelle ist heutzutage das Ziel der vorwiegend indianischen Pilger.
Sie bringen Kreuze, Bildnisse und Miniaturgegenstände zum heiligen Felsen und lassen sie von Priestern an Ort und Stelle segnen. All dies in der Hoffnung, dass der *Señor de Q'oyllur rit'i* ihre Sünden vergibt, ein kleines Wunder bewirkt oder ihre Wünsche erfüllt. Dazu wird gesungen, Musik gemacht und getanzt. Die **Tänze** repräsentieren verschiedene Etappen der peruanischen Geschichte, darunter die Ankunft der Spanier, die Sklavenzeit oder die chilenische Invasion während des Pazifikkriegs. Zwischen den Menschenmassen versuchen die *Pabluchos*, inoffizielle Ordnungshüter, das Alkoholverbot zu überwachen, denn während der viertägigen Fiesta dürfen eigentlich nur Koka-Blätter gekaut werden. Nachts widmen sich die *Pabluchos*, die in traditionelle Trachten gekleidet sind, **rituellen Kämpfen** auf dem Gletscher, von dem sie früher große Eisblöcke ins Tal schleppten. In Zeiten des Klimawandels und schmelzender Gletscher ist dies inzwischen verboten. Zum Fest gelangt man von Cusco unter anderem mit Bussen von der Av. Diagonal, Ecke Av. La Cultura. (3 Std.).

der *Arriero* am Ende der Tour. Wer ohne Maultiertreiber aufbricht, sollte sich gutes Kartenmaterial besorgen, z. B. das IGN-**Kartenblatt** (s. Serviceteil Lima, S. 177) Ocongate Hoja 28-t, Maßstab 1:100 000.

Die **Umrundung des Ausangate** ist in fünf Tagen gut zu schaffen (Eilige machen es in vier Tagen) und kann im oder gegen den Uhrzeigersinn erfolgen. Der Unterschied ist nicht groß und beide Varianten haben ihre Vor- und Nachteile. Die Routen sollte man schon vor der Wanderung mit dem Maultiertreiber besprechen.

Während der Wanderung befindet man sich auf Höhen zwischen 3800 und 5100 m, überquert vier Pässe (4650, 4850, 5100 und 5050 m) und schläft immer in Höhen über 4300 m, auf denen die **Temperaturen** nachts stets unter den Gefrierpunkt sinken. Die **besten Wandermonate** sind Juni bis September (Mai und Oktober sind akzeptable Übergangsmonate), in denen es trocken, aber sehr kalt ist. Am ersten und letzten Tag der Wanderung sollte man mit Kindern rechnen, die um Essen betteln.

Für die **Anreise** mit öffentlichen Verkehrsmitteln von Cusco auf asphaltierter Straße über Urcos und Ocongate nach Tinqui sollte man rund drei Stunden einplanen. In aller Regel verlässt ein Bus Tinqui morgens und zudem kommen Busse auf dem Weg von Puerto Maldonado durch.

In der Hauptsaison von Juli bis August kommen Gruppen aus Cusco in den Ort, die gelegentlich Einzelwanderer mitnehmen. Vom nahe gelegenen Ocongate bestehen weitere Transportmöglichkeiten, darunter Taxis.

Kurzbeschreibung der Etappen gegen den Uhrzeigersinn

1. Tag: Tinqui (3800 m) – Upis (4450 m)

■ 650 Höhenmeter; ca. 4 Std.

Auf breiten Wegen verlässt man Tinqui Richtung Südwesten leicht ansteigend, bis sich der Pfad nach rund 3 km gabelt. Linker Hand beginnt die Route im Uhrzeigersinn, die weiter in südöstlicher Richtung nach Pacchanta führt. Die Strecke gegen den Uhrzeigersinn wendet sich Richtung Süden, bis das breite Tal erreicht ist, in dem sich der kleine Weiler **Upis** befindet. Oberhalb des Ortes in der Nähe einer heißen Quelle liegt ein schöner Zeltplatz.

2. Tag: Upis (4450 m) – Jatunpucacocha (4600 m)

■ 580 Höhenmeter, ca. 4 Std.

Immer schmaler wird der Pfad, der zum 4650 m hohen Pass **Punta Arapa** führt. Oben erwartet den Wanderer eine karge, fast vegetationslose Berglandschaft. Der Weg biegt wenig später scharf nach Südosten ab und man bekommt einen Blick auf zwei Seen. Das Etappenziel liegt am oberen See, der **Jatunpucacocha** heißt. Er liegt wunderschön auf 4600 m unterhalb der Westflanke des Ausangate mit großartigem Blick auf einige Gletscher. Die Nächte sind hier sehr kalt.

3. Tag: Jatunpucacocha (4600 m) – Uchuy Finaya (4500 m)

■ 800 Höhenmeter, ca. 5 Std.

Nur rund 250 Höhenmeter sind zu bewältigen, um die **Punta Pucapata** auf 4850 m zu überwinden. Es geht steil bergab, vorbei an der Lagune Ausangatecocha und nun ostwärts steil bergauf bis zum 5100 m hohen Pass **Cerro Puca Punta** mit einem tollen Blick. Der lang gezogene Abstieg mit vielen Serpentinen endet in einem breiten Tal beim Weiler **Uchuy Finaya** auf 4500 m Höhe. Wer den hohen Pass meiden möchte, kann auch nach der Punta Pucapata dem Tal Richtung Südosten folgen und bei **Chillca** ins Tal des Río Jampamayo in nordöstliche Richtung einschwenken.

4. Tag: Uchuy Finaya (4500 m) – Pacchanta (4300 m)

■ 830 Höhenmeter, ca. 7 Std.

Eine grandiose Berglandschaft bildet den Rahmen der Wanderung aufwärts durch das Tal des **Río Jampamayo**. Am Talende beginnt der Aufstieg zum 5050 m hohen **Jampa-Pass**, auf dem ein eisiger Wind pfeift. Der Pass führt zwischen der Ostseite des Ausangate und den weiter nördlich liegenden Bergen Collque Cruz (5960 m) und Collpa Ananta (6110 m) durch. Sowohl die Ausblicke als auch die dünne Luft sind atemberaubend. Nun beginnt ein lang gezogener Abstieg. Wer müde ist, findet an der **Lagune Comercocha** einen schönen Zeltplatz. Sonst kann man dem **Río Pacchanta** zum gleichnamigen Ort folgen, der als Übernachtungsort zwar nicht besonders schön ist, aber ein eingefasstes Thermalbecken besitzt. Inzwischen befinden sich hier auch zwei einfache Herbergen, die wenig empfehlenswert sind. Dort sind auch Softdrinks, Bier und Schokoriegel erhältlich.

5. Tag: Pacchanta (4300 m) – Tinqui (3800 m)

■ 100 Höhenmeter, ca. 2 1/2 Std.

Auf erneut breiten Wegen geht es überwiegend bergab vorbei an kleineren Dörfern zurück nach Tinqui. Mit etwas Glück erwischt man noch am selben Tag eine Transportmöglichkeit zurück nach Cusco. Bessere Chancen hat man von Ocongate.

Urubamba-Tal (Valle Sagrado de los Incas)

■ Karte S. 218

Der zentrale Teil des Urubamba-Tals (Valle Sagrado de los Incas) zwischen Pisac und Ollantaytambo diente den Inka als **landwirtschaftliches Produktionszentrum**, mit dessen Erzeugnissen Cusco beliefert wurde. Ständige Versorgung mit Gebirgswasser, fruchtbare Böden, die relativ geschützte Lage (ca. 500 m tiefer als Cusco) und geschickter Terrassenfeldbau der Inka ermöglichten hohe Erträge. So ist es nicht weiter verwunderlich, dass die Spanier diese Region als **Heiliges Tal der Inka** bezeichneten. Auch heute noch ernähren sich die hier lebenden Bauern vom Anbau traditioneller Grundnahrungsmittel wie Quinoa, Kartoffeln, Mais und Bohnen. In den tiefer liegenden und damit wärmeren Regionen des Tals wird Obst angebaut. Pfirsichhaine sind dort keine Seltenheit. Durch das „Heilige Tal der Inka" fließt der Río Urubamba, der in seinem Oberlauf Río Vilcanota heißt. Er fließt in nordwestlicher Richtung und vereinigt sich im Tiefland des Amazonas mit dem Río Tambo zum Río Ucayali.

Ländlicher Gemeindetourismus

Zwischen Pisac und Chinchero, ca. 47 km von Cusco entfernt, hat die Gemeinde Qquencco mit der NGO Apu die **Qoricocha Lodge**, ✆ 984728021, errichtet, die auf knapp 4100 m direkt an der Lagune Qoricocha liegt. Die Lodge bietet sechs Drei-Bett-Zimmer und ein DZ mit Bad und warmen Wasser; auch Camping ist möglich, Tourangebote. Die Einnahmen gehen direkt an die Gemeinde. Eine Kooperation besteht auch mit dem Tourveranstalter Inca Perú Travel in Cusco, 💻 www.incaperutravel.com.

Das Urubamba-Tal hat eine große Anzahl **Sehenswürdigkeiten** zu bieten, die von spektakulären Festungen über Indígena-Märkte bis zu Steinterrassen der Inka reichen. Zahlreiche Veranstalter aus Cusco bieten Halbtages- und Tagesausflüge zu den wichtigsten Highlights des Tales an. Hierzu gehören die Ruinenkomplexe Pisac und Ollantaytambo sowie die Märkte Pisac und Chinchero. Seltener besucht, aber nicht minder sehenswert sind die Salzterrassen von Pichingote oder die terrassenförmigen Ackerbauanlagen von Moray. Entspannen kann man in den Thermalquellen von Lamay und Machacancha.

Pisac

Der viel besuchte kleine Ort liegt rund 32 km nordöstlich von Cusco und ist über eine asphaltierte Straße zu erreichen. In Pisac haben sich in den letzten Jahren viele alternativ lebende Menschen niedergelassen, die hier Cafés, Galerien und Yogazentren betreiben. Aus dem ursprünglichen **Sonntagsmarkt** an der Plaza Constitución ist dank regelmäßiger Touristenströme eine Dauerverkaufsveranstaltung für Textilien und Kunsthandwerk geworden. Vor allem in der Hauptsaison und dann meist vormittags sieht man Horden von Touristen, die die Einheimischen zahlenmäßig verdrängen. Besonders viel ist sonntags los, wenn sich auch noch die Kirchgänger unter die Menge mischen und der Gemüsemarkt stattfindet. Die Predigt in der Kirche wird übrigens in Quechua abgehalten.

Pisac ist auch der Name der **Felsenfestung** der Inka, die sich oberhalb des Orts an den Berghang schmiegt. Sie wurde kurz nach der Eroberung durch die Spanier aufgegeben und ist aufgrund ihrer entlegenen Lage gut erhalten. Man sollte vor 9.30 Uhr da sein, bevor die ersten Touristenbusse kommen, oder die Anlage nachmittags besuchen. Die Ruinen sind mit Taxi oder Bus (10 km) oder zu Fuß (ca. 5 km, ca. 300 Höhenmeter, etwa 2–3 Std. Aufstieg bzw.1 1/2 Std. zurück) erreichbar. Der Weg beginnt hinter der Kirche an der Plaza Constitución. Eine sinnvolle Variante ist es, den Bus oder ein Taxi nach oben zu nehmen, die Ruinen zu besichtigen und zu Fuß zurückzukehren.

Die Anlage umfasst neben Felslöchern im oberen Teil, die einst als Grabstätten dienten, eine Festung mit Ringmauer und Wachtürmen sowie die Gebäude des Tempelzentrums. Im Zentrum des fünfteiligen Komplexes sticht ein halbrundes Gebäude mit der **Sonnennadel Intiwatana** heraus, mit der die Astronomen der Inka den Verlauf der Sonne beobachteten. Unterhalb der Ruinen erstrecken sich in regelmäßigen Abständen rund 7000 Terrassenfelder mit steiner-

Wellness in Pisac

Hotel Royal Inka, auf dem Weg zu den Ruinen, ✆ 084-203064, 💻 www.royalinkahotel.pe. Hier kann man auch als Nicht-Gast gegen Gebühr den Sportkomplex mit großem Indoor-Pool oder den Jacuzzi nutzen.

Das **Pisac Inn** betreibt im kleinen Ort Taray, etwa 5 Min. von Pisac entfernt, das Unucha Spa, 💻 www.pisacinn.com/unucha-spa. Es bietet Kräuterbäder, Massagen, Sauna und Outdoor-Jacuzzi. ⌚ Mo–Fr 10–17 Uhr, Anmeldung (mind. 2 Std. vorher) im Hotel Pisac Inn an der Plaza erforderlich.

Nidra Wasi Holistic Center, Sector Matara, La Rinconada, am Urubamba-Fluss etwas außerhalb gelegen, ca. 15 Min. zu Fuß, ✆ 949990535, 💻 www.nidrawasi.org. Yoga, Meditation, Spa, vegetarisch-veganes Restaurant. Übernachtung möglich, Frühstück inkl. ❹–❺

nen Stützmauern, die sich wie Höhenlinien um den Berghang ziehen. Der Eintritt zu den Ruinen ist im Boleto Turístico enthalten. Wahlweise kann auch am Eingang der Anlage ein Boleto Parcial gekauft werden, das 70 S/. kostet, zwei Tage gültig ist und auch den Besuch von Chichero, Moray und Ollantytambo beinhaltet. ⌚ tgl. 8–16 Uhr.

An der Ecke, an der auch die Busse Richtung Pisac abfahren, liegt das **Museo Comunitario de Pisac**, Av. Amazonas, Ecke F. Zamalloa. Es ist das erste Gemeindemuseum Perus, zeigt traditionelle Textilien, Keramiken und gibt einen Überblick über die Geschichte der Region. ⌚ So–Fr 8–13, 14–17 Uhr, Eintritt 5 S/.

Im **ChocoMuseo**, Mariscal Castilla 381, 💻 www.chocomuseo.com, können Besucher alles über Kakao und Schokolade erfahren, probieren und Workshops (nach Anmeldung) belegen. ⌚ tgl. 9–17 Uhr, Eintritt frei.

Einen Besuch lohnt auch der Botanische Garten **Jardín Botánico Felipe Marin Moreno**, Grau 485, der schon seit 35 Jahren existiert, inkl. kleiner Kartoffelausstellung. Eintritt 6 S/.

Rund 3 km nordöstlich von Pisac liegt der **Parque de la Papa**, der „Kartoffelpark", ✆ 084-245021, ein 9000 ha großes Areal, auf dem etwa 6000 Menschen leben und Besucher nach vorheriger Anmeldung (✉ pdp@andes.org.pe oder über Facebook) traditionelles Landleben und typische Anbaumethoden – mit Schwerpunkt Kartoffel – kennenlernen können. Es gibt ein Restaurant mit typischen Gerichten der Region und die Möglichkeit, neben einem Tagesbesuch, auch an mehrtägigen geführten Trekkingtouren teilzunehmen.

ÜBERNACHTUNG

Hospedaje Beho, Intihuatana 114, auf dem Weg zu den Ruinen, ✆ 084-203001, ✉ artesaniasbeho@yahoo.es. Einfache Unterkunft mit sauberen Zimmern, wahlweise mit Privatbad. Riesiger Garten, Küche kann mit genutzt werden. ❶

Hospedaje Inti, Espinar s/n, 1 1/2 Blocks westlich der Plaza Constitución, ✆ 084-509154. Saubere Zimmer mit ordentlichen Matratzen, im 2. und 3. Stock auch mit schönem Blick. Küchenbenutzung. ❷

Hostal Kinsa Ccocha, Arequipa 307, ein Block südlich der Plaza, ✆ 084-203101, ✉ kinsaccocha_inn@hotmail.com. Zimmer in warmen Farben, schöner Innenhof mit Terrasse. Café mit gutem Biokaffee, kleines Kaffeemuseum. Frühstück inkl. ❷

Hotel Pisac Inn, Plaza Constitución 333, ✆ 084-203062, 💻 www.pisacinn.com. Frische Zimmer mit niedrigen Decken, Bioseife und -shampoo.

Angenehmes Ambiente. Restaurant „Cuchara de Palo" mit Bioküche, Internet, WLAN, nachmittags Gratistee und Gebäck. Frühstück inkl. ❹–❺

Weitere Übernachtungsmöglichkeiten, s. Kasten „Wellness in Pisac".

ESSEN

€ Günstige einheimische Küche servieren die **Garküchen auf dem Markt**. Gefüllte Teigtaschen *(Empanadas)* bekommt man an mehreren Stellen. Das Original kommt von der **Panadería** in der Mariscal Castilla, ist aber inzwischen ziemlich überteuert.

Café Bon Appetit, Virgil, zwischen Grau und Bolognesi. Guter Kaffee, geniale Croissants, Schokocroissants, Kuchen und Quiches. ⌚ tgl. 8–21 Uhr.

Mullu Café, Südostecke der Plaza. Restaurant, Café und Kunstgalerie. Peruanisch-Internationale Fusions-Küche, Worldmusic, nicht ganz billig. ⌚ tgl. 9–21 Uhr.

Sapos Lounge, Espinar zwischen Arequipa und San Francisco. Serviert sehr gute Pizza aus einem Lehmofen in Krötenform (*sapo* heißt auf Spanisch Kröte). Abends Cocktails und Musik, Livekonzerte. ⌚ Di–So 14–22 Uhr oder länger.

Ulrike's Café, Pardo 613, bei der Plaza. Von der Deutschen Ulrike geführtes Café, das neben guten Menüs (mittags und abends) auch leckeren Kaffee, Tee und Kuchen anbietet. Vegetarier sind hier ebenfalls bestens aufgehoben. Schöne Dachterrasse, Büchertausch. Man kann Trinkwasser für 1 S/. auffüllen und Stoffbeutel kaufen. ⌚ tgl 8–21 Uhr.

INFORMATIONEN

Neben dem Rathaus von Pisac befindet sich eine kleine **Touristeninformation**. ⌚ So–Fr 8–13, 14–17 Uhr.

TRANSPORT

Busse und Micros

Busse, Minivans und Sammeltaxis Richtung CALCA/URUBAMBA (1 Std., 39 km). halten am westlichen Ortsausgang. Südlich der Brücke über den Río Urubamba halten Busse, Minivans und Sammeltaxis Richtung CUSCO (1 Std., 32 km).

Taxis

Taxis zu den RUINEN VON PISAC kosten 25 S/. (mit 2 Std. Wartezeit und Rückfahrt 50 S/.)

Von Pisac nach Urubamba

Auf den ungefähr 40 km zwischen beiden Städten werden zunächst die kleinen Orte **Qoya** und **Lamay** passiert, in deren Umgebung Thermalquellen liegen, die allerdings vorwiegend von Einheimischen genutzt werden. Hoch oberhalb von Lamay befinden sich auf der anderen Flussseite in einer Höhe von 3650 m die lohnenswerten Inkaruinen **Huchuy Qosqo**, die man von Lamay aus nach einem steilen dreistündigen Aufstieg erreicht (s. Kasten „Tageswanderung ins Urubamba-Tal", S. 255).

Folgt man der Talstraße, erreicht man nach rund 18 km **Calca**, den wichtigsten Ort im Urubamba-Tal. Er liegt malerisch unterhalb der Gletscher des Nevado Sahuasiray, ist aber für Reisende kaum von Interesse und eignet sich bestenfalls als Ausgangspunkt für Ausflüge in die Umgebung. Einen Besuch lohnt das **Museo Inkariy**, 🖳 www.museoinkariy.com, 3 km westlich von Calca an der Straße Richtung Urubamba. Es gibt einen Überblick über die zahlreichen präinkaischen Kulturen. ⌚ tgl. 9–17 Uhr, Eintritt 35 S/. Günstig übernachten kann man in Calca in dem einfachen **Hospedaje Miraflores**, Mariano de los Santos 671, neben dem Markt, ✆ 984511102, ❶.

Rund 8 km östlich von Calca liegt das überdachte Thermalbad **Machacancha**. Wenige Kilometer westlich von Calca wird **Huarán** passiert, wo sich ein Einstiegs- bzw. Endpunkt der Wanderungen ins Lares-Tal (S. 258) befindet. Hier können müde Wanderer luxuriös und teuer im **B&B Green House**, 🖳 thegreenhouseperu.com, ❻, oder in den **Green House Villas**, 🖳 www.thegreenhousevillas.com, übernachten ❻. Ein nettes Café in Huarán ist das **Viva Perú**, ⌚ Mo–Sa 11–16 Uhr.

Yucay, nur noch 4 km von Urubamba entfernt, war aufgrund seines milden Klimas schon bei den Inka als Erholungsort beliebt. Teuer aber gut schläft es sich bei **La Casona de Yucay**, Plaza Manco II 104, 💻 www.hotelcasonayucay.com, in einem ehemaligem Kolonialhaus aus dem 18. Jh., in dem einst auch Simón Bolívar (S. 128) nächtigte.

Urubamba

Der Ort liegt zentral im gleichnamigen Tal an der Eisenbahnlinie, die Cusco mit Machu Picchu verbindet. Ab hier nennt sich der Río Vilcanota nun Río Urubamba. Obwohl der sympathische Ort auf 2880 m Höhe, der auch „Perle des Vilcanota" genannt wird, keine größeren Sehenswürdigkeiten zu bieten hat, verfügt er über eine gute touristische Infrastruktur und lohnende Umgebungsziele. Ein Besuch der berühmten **Keramikwerkstatt** von Pablo Seminario, Berriozábal 405, 💻 www.ceramicaseminario.com, 🕒 tgl. 8–19 Uhr, gehört zu einem Stadtrundgang ebenso dazu (hier kann man sich die Trinkwasserflasche gratis auffüllen lassen!), wie ein Abstecher zum **Museo Arqueológico de Arte Cerámico del Perú**, Comercio 126, 🕒 Mo–Fr 11–19, Sa, So 12–16 Uhr, Eintritt 10 S/. Besucher des Museums können rund 600 Keramikgefäße aus verschiedenen Zeitepochen bestaunen. Jeweils am ersten und dritten Sonntag eines Monats findet an der Plaza ein kleiner **Biomarkt (Bioferia)** statt. Im Jirón Palacios (beim Markt) befindet sich eine kleine **Touristeninformation**. 🕒 Mo–Fr 8–13, 14–16.30 Uhr.

Nichts für Nervenschwache

Der private **Klettersteig** (Via Ferrata) und die **Zipline** des Abenteuerveranstalters **Natura Vive**, 📞 084-201253, 💻 www.naturavive.com, lassen den Adrenalinpegel garantiert steigen. Noch mehr Nervenkitzel bietet ein Mittagessen oder eine Übernachtung in der **Skylodge Adventure Suite**. In der weltweit ersten hängenden Lodge schläft man in einer gläsernen Kuppel mit 300 Grad Panoramablick rund 400 m über dem Talboden. Selbst von der Trockentoilette kann man den Blick über das Tal schweifen lassen. Die Stromversorgung erfolgt per Solarenergie. Zu erreichen ist die Skylodge nur zu Fuß über den Klettersteig oder die Zipline. Die Paketpreise (1475 S/.) schließen den Transport, Guides, eine Übernachtung, die Nutzung der Via Ferrata, der Zipline sowie Frühstück und ein Gourmetdinner inkl. Wein mit ein.

ÜBERNACHTUNG

€ **Hostal Urubamba**, Bolognesi 605, 📞 084-201062. Beliebte einfache Billigunterkunft. Günstigere Zimmer mit/ohne Bad. ❶

Hospedaje La Florida, Jr. Zavala 438, 📞 084-205053. Familiäre Unterkunft mit schönem Garten, geräumige Zimmer mit großen Betten. ❷

Flying Dog Hostel, etwas außerhalb, an der Straße nach Cotohuincho, 📞 977743011, 💻 www.flyingdogperu.com. Mehrere traditionelle Lehmhäuser auf großem Gartengelände, Zimmer mit Bad oder ohne, Schlafsaal 35 S/. p. P., Küchennutzung, Frühstücksbuffet inkl. ❸

Hospedaje Los Jardines, Convención 459, 📞 084-259049, 💻 losjardines.weebly.com. Schöne Anlage mit großem Garten. Geräumige Zimmer mit Bad und Warmwasser. Parkplatz, Fahrradverleih und Tourservice. Frühstück 12 S/. ❷

Las Chullpas Ecolodge, ca. 3 km nordwestlich von Urubamba, 📞 084-201568, 💻 www.chullpas.uhupi.com. Ein Mototaxi zur schön gelegenen Öko-Lodge/Gästehaus (s. Info auf der Website) kostet bis zu 5 S/. (Richtung Querocancha), ein Taxi nimmt 10 S/. Rustikale, unterschiedliche Zimmer mit Bad und Kamin. Vegetarisches Essen, Küchenbenutzung, Garten mit Hängematten, Fahrradverleih, auf Wunsch Trekking- und Reittouren. Gutes Frühstück inkl. ❹

ESSEN UND UNTERHALTUNG

Delicatessen, La Convención, Nähe Castilla. Die Peruanerin Karol spricht ausgezeichnetes Deutsch und serviert in ihrem kleinen, gemütlichen Café hausgemachte Empanadas und Kuchen, dazu frischen Tee und Kaffee. Karol veranstaltet auch Reisen in ganz

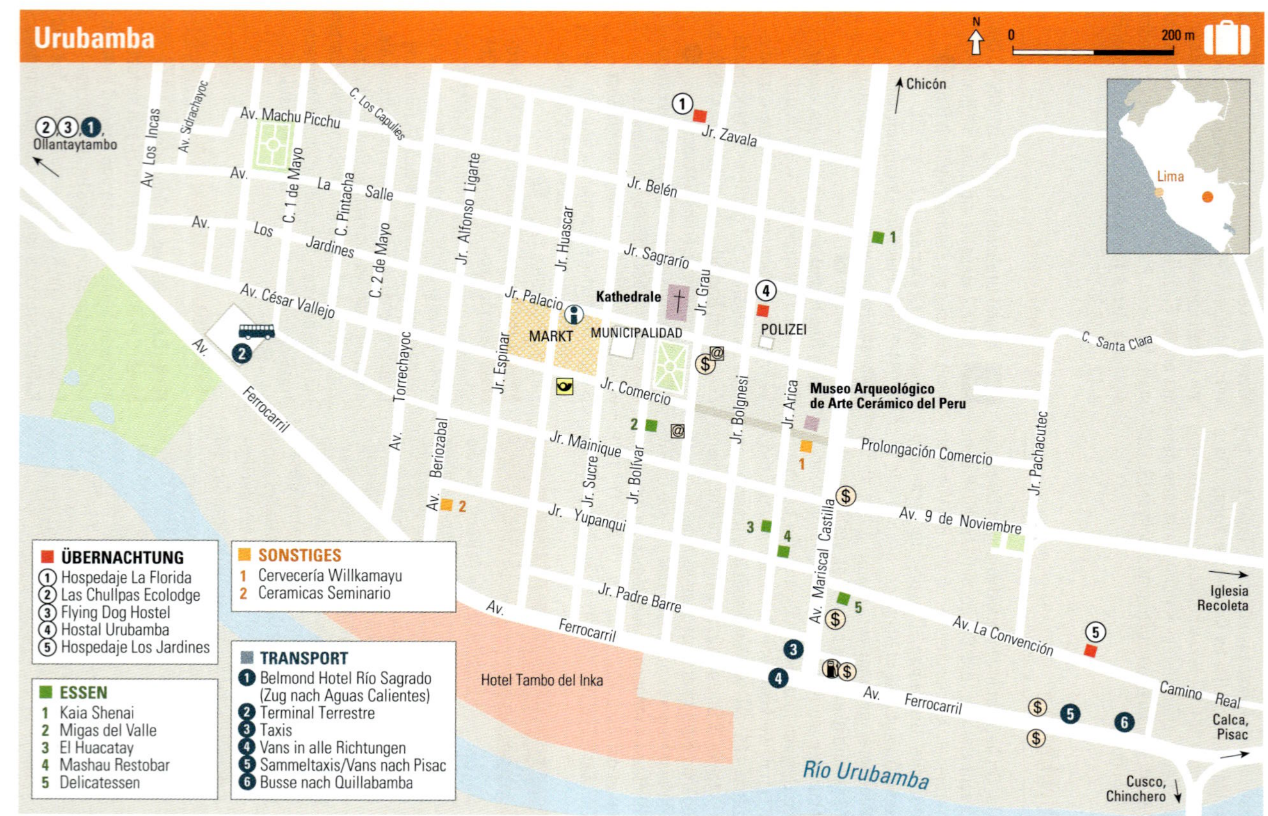
Urubamba
N
0
200 m
Lima
Ollantaytambo
Chicón
Iglesia Recoleta
Calca, Pisac
Cusco, Chinchero
Camino Real
Av Los Incas
Av. Sidrachayoc
Av. Machu Picchu
C. Los Capulíes
Av. La Salle
C. 1 de Mayo
C. Pintacha
Av. Los Jardines
C. 2 de Mayo
Av. César Vallejo
Av. Torrechayoc
Jr. Alfonso Ligarte
Av. Beriozabal
Av. Ferrocarril
Jr. Espinar
Jr. Palacio
MARKT
Jr. Huascar
MUNICIPALIDAD
Kathedrale
Jr. Zavala
Jr. Belén
Jr. Sagrarío
Jr. Grau
POLIZEI
Jr. Comercio
Jr. Mainique
Jr. Sucre
Jr. Bolivar
Jr. Bolgnesi
Jr. Arica
Jr. Yupanqui
Jr. Padre Barre
Museo Arqueológico de Arte Cerámico del Peru
Prolongación Comercio
Jr. Pachacutec
C. Santa Clara
Av. 9 de Noviembre
Av. Mariscal Castilla
Av. La Convención
Hotel Tambo del Inka
Río Urubamba
ÜBERNACHTUNG
1 Hospedaje La Florida
2 Las Chullpas Ecolodge
3 Flying Dog Hostel
4 Hostal Urubamba
5 Hospedaje Los Jardines
ESSEN
1 Kaia Shenai
2 Migas del Valle
3 El Huacatay
4 Mashau Restobar
5 Delicatessen
SONSTIGES
1 Cervecería Willkamayu
2 Ceramicas Seminario
TRANSPORT
1 Belmond Hotel Río Sagrado (Zug nach Aguas Calientes)
2 Terminal Terrestre
3 Taxis
4 Vans in alle Richtungen
5 Sammeltaxis/Vans nach Pisac
6 Busse nach Quillabamba

Peru (🖳 www.tocapu-reisen.com). ⏲ Mo–Fr 9–20, Sa, So 13–20 Uhr.
El Huacatay, Arica 620, 🖳 www.elhuacatay.com. Unter deutsch-peruanischer Leitung; peruanische Gourmetküche, teuer aber gut. ⏲ Mo–Sa 12.30–21.30 Uhr.
Kaia Shenai, Castilla 563. Restaurant mit riesigem Garten und Kinderspielbereich. Gute, frische lokale Küche mit vielen vegetarischen Optionen. ⏲ tgl. 12–18, Fr, Sa 12–19 Uhr.
Mashau Restobar, Arica, Ecke Yupanqui. Sehr gute peruanische und andine Küche, Kochkurse. ⏲ Mo–Sa 13–22 Uhr.
Migas del Valle, Bolívar 559. Exzellente Biobäckerei, in der man auch frühstücken und mittagessen kann. ⏲ Mo–Sa 9–20, So 9–14 Uhr.
Cervecería Willkamayu, Comercio 116. Lokales Craft-Bier in gemütlicher Sofaatmosphäre oder im Garten. ⏲ Mo–Sa 16–22 Uhr.

AKTIVITÄTEN UND TOUREN

Reittouren werden von Las Chullpas (s. „Übernachtung"), der Salineras Ranch, ✆ 987417250, 🖳 www. www.salinerasranch.com, Hacienda del Chalán, ✆ 984737897, 🖳 www.ranchoelchalancusco.com, und Perolchico, ✆ 950314065, 🖳 www.perolchico.com, angeboten. Mehrtägige **Trekkingtouren** nach Lares können ebenfalls über Las Chullpas arrangiert werden.
Fahrradvermietung und -Touren bietet der Hospedaje Los Jardines (s. „Übernachtung").

SONSTIGES

An der Plaza de Armas und an der Tankstelle befinden sich **Geldautomaten**. Neben dem Restaurant El Maizal gibt es eine Bank mit Geldautomat.

TRANSPORT

Das **Terminal Terrestre** (Ortsausgang Richtung Ollantaytambo) ist die Anlaufstelle für alle Richtungen.

Busse und Micros

CUSCO (über PISAC) regelmäßig Bus oder Van, ca. 2 Std. (78 km).
CUSCO (über CHINCHERO) regelmäßig 4–19.30 Uhr, 1 1/4–1 1/2 Std. (57 km); schnellere Minivans oder Sammeltaxis fahren, wenn sie voll sind (bis ca. 20 Uhr).
MARAS Direktbusse sind selten, meist So, sonst Sammeltaxis. Alternativ kann man einen Bus Richtung Cusco/Chinchero nehmen, an der Abzweigung nach Maras aussteigen und in ein Taxi/Sammeltaxi umsteigen. Von dort geht es zu Fuß oder per Taxi zu den Ackerbauanlagen von MORAY.
OLLANTAYTAMBO ständig Minibusse oder Sammeltaxis ab 4.30 bis ca. 19 Uhr, 1/2 Std. (20 km).
PISAC vom Terminal mit dem Bus, ab der Tankstelle an der Hauptstraße oder von einem kleinen Privatterminal an der Av. Ferrocarril.
QUILLABAMBA (4 Std., 120 km) und SANTA MARÍA (3 Std., 90 km) Ticketkauf und Zustieg an der Av. Cabo Conchatupa, Nähe Brücke. Busse kommen mehrmals tgl. aus Cusco. Reservierung sinnvoll (in einem Geschäft an der Haltestelle).
TARABAMBA (Abzweigung zu den Salzterrassen, 10 Min., 6 km) Bus Richtung Ollantaytambo nehmen und in Tarabamba an der Brücke über den Río Urubamba aussteigen (dem Fahrer Bescheid geben).

Eisenbahn

Perurail, 🖳 www.perurail.com, bietet 1x tgl. die Strecke Urubamba–Aguas Calientes hin und zurück im „Sacred Valley Train" an. Die **Haltestelle** befindet sich auf dem Gelände des Luxushotels Belmond Hotel Río Sagrado, bei KM 75,8 an der Straße Richtung Ollantaytambo, ✆ 084-201631, 🖳 www.belmond.com/hotel-rio-sagrado-sacred-valley.

Die Umgebung von Urubamba

Zwischen Urubamba und Chinchero zweigt eine Straße zum Andendorf **Maras** ab, das nach rund 4 km erreicht wird. In Maras kann man eine Vielzahl von kolonialen Hauseingängen *(Portadas)* aus ornamentreichen Steinbögen besichtigen.

Forscher vermuten, dass die Inka in Moray landwirtschaftliche Experimente durchführten.

Vom Ort sind weitere 5 km zu Fuß oder per Taxi zu den **Salineras** zurückzulegen. Auf den spektakulär an terrassierten Berghängen gelegenen rund 3000 Becken wird seit Jahrhunderten zwischen Mai und Oktober Salz abgebaut.

Alternativ kann man auch in **Tarabamba**, etwa 6 km nordwestlich von Urubamba entfernt, starten. Der Weg dorthin beginnt an der Fußgängerbrücke über den Río Urubamba (dort wird ein Eintritt von 10 S/. fällig), zweigt am Friedhof linker Hand ab und folgt dem Canyon bergauf. Um die Salzbecken zu erreichen, nimmt man den in die Felsen gehauenen Pfad (ca. 4 km). Allein ist man hier nur selten. Neben Mountainbikern sind auch Touristen zahlreicher Tourbusse unterwegs zu den Salzterrassen.

Ebenfalls über Maras gelangt man zu den Terrassen von **Moray**, einer landwirtschaftlichen Versuchsanstalt der Inka. Sie besteht aus runden Vertiefungen, eingefasst von bis zu 1,80 m hohen Plattformen. 🕒 tgl. 8–17 Uhr, Eintritt mit Boleto Turístico oder Boleto parcial. Entweder wandert man von Urubamba in vier bis fünf Stunden dorthin (Wasser, Proviant, eine Kopfbedeckung und Sonnencreme mitnehmen, ein Guide ist hilfreich), nimmt an einer Tour dorthin teil oder chartert ein Taxi (ca. 50 S/. hin und zurück).

Urubamba ist ein auch guter Ausgangspunkt für das Wandergebiet **Lares** (s. Kasten S. 258). Incatrekkers (s. S. 236) bietet eine viertägige **Trekkingkombination Lares-Machu Picchu** an. Start ist in Yanahuara bei Urubamba, von dort geht es zu Fuß über Quishuarani bis Ollantaytambo. Dort besteigt man den Zug nach Machu Picchu, und abends geht es zurück nach Cusco.

Chinchero

Folgt man von Urubamba der Straße nach Cusco, erreicht man nach rund 30 km das auf 3726 m liegende Chinchero, einen beliebten Stopp auf Rundfahrten durch das Urubamba-Tal. In dem kleinen, pittoresken Andendorf mischen sich koloniale Strukturen und die Überreste inkaischer Architektur. An der Plaza steht eine massive **Inkamauer** mit zehn großen trapezoiden Nischen. Die alte, etwas heruntergekommene koloniale **Lehmziegelkirche** wurde auf den Fundamenten eines inkaischen Gebäudes errichtet und beherbergt Gemälde der Cusqueñer Schule.

Tageswanderung ins Urubamba-Tal

Taucca – Huchuy Qosqo – Lamay

Man nimmt den Bus von Cusco nach Chinchero und gibt dem Busfahrer Bescheid, dass man an der Kreuzung nach Taucca aussteigen möchte. Dort nimmt man ein Mototaxi oder Taxi ins wenige Kilometer entfernte Taucca vorbei am Piuray-See. In Taucca zweigt linker Hand ein breiter Weg ab, dem man über zwei Pässe hinweg (ca. 4300 m) folgt, bevor der Abstieg auf weiterhin gut erkennbarem Weg zur Ruinenstätte Huchuy Qosqo auf 3650 m erfolgt (Eintritt 24 S/.). Der Einstieg zum letzten Abschnitt der Wanderung nach Lamay ist beschildert (im Zweifel den Wärter in Huchuy Qosqo fragen). Spektakulär geht es in Serpentinen steil hinab ins Urubamba-Tal. Auf der anderen Flussseite (Brücke) liegt Lamay, von wo aus regelmäßig Busse nach Pisac oder Urubamba bzw. nach Cusco fahren. Die Wanderung dauert ab Taucca fünf bis sieben Stunden (früher Start in Cusco ist ratsam, ebenso ausreichend Wasser und Essen mitnehmen und Sonnenschutz nicht vergessen!). Der Bau einer **Seilbahn**, die südöstlich von Calca bei der Gemeinde Sacclo nach Huchuy Qosqo führen soll, befindet sich noch in der Planungsphase.

Wie auch in Pisac findet in Chinchero (Boleto Turístico oder Boleto Parcial erforderlich) ein sehr touristischer **Sonntagsmarkt** auf der Plaza statt, den Händler aus Cusco dominieren. Sie bieten Wollsachen und kunsthandwerkliche Produkte für teures Geld an. Kaufen lohnt hier höchstens nachmittags, wenn die Verkäufer bereits zusammenpacken. Donnerstags ist der Markt kleiner. Der Gebrauchsgütermarkt der Einheimischen wurde an den unteren Dorfrand verlegt.

Lohnend ist ein Besuch von Chinchero am 8. September zur lokalen **Fiesta**. In der Umgebung des Ortes finden sich weitere Überreste inkaischer Baukunst, die sich aber überwiegend auf Terrassenanlagen beschränken.

Busverbindungen existieren mehrmals täglich nach Urubamba und Cusco (ca. 40 Min.). Wie sehr der neue internationale **Flughafen**, mit dessen Bau inzwischen begonnen wurde, die ländliche Idylle beeinträchtigen wird, ist noch nicht abzuschätzen.

Nur wenige Kilometer östlich von Chinchero liegt **Taucca**, Ausgangspunkt für die landschaftlich reizvolle Tageswanderung zu den Inkaruinen Huchuy Qosqo und weiter nach Lamay im Urubamba-Tal (s. Kasten).

ÜBERNACHTUNG

Mehrere einfache Herbergen gibt es im Ort, darunter der **Hospedaje Encanto de Chinchero**, Calle Simachuco, ✆ 984800077, Frühstück inkl., ❷, und das etwas günstigere **Mi Piuray**, Garcilazo 187, ✆ 084-306029, 💻 hospedajemipiuraycusco.com, ❷.

Ollantaytambo

Nur rund 20 km nordwestlich von Urubamba und ca. 80 km von Cusco wird Ollantaytambo mit der gleichnamigen Inkafestung und damit das westliche Ende des „Valle Sagrado" erreicht. Fruchtbare Böden, gute Wasserversorgung und angenehme Temperaturen zwischen 11 und 23 °C markieren das Tor zum Antisuyo, dem Amazonasteil des einstigen Inkareichs. Der malerische Ort auf knapp 2800 m Höhe ist ein wichtiger Verkehrsknotenpunkt, an dem sich die Bahnlinie Cusco–Machu Picchu und die Straßenverbindung Cusco–Quillabamba kreuzen. Ollantaytambo ist auch Ausgangspunkt für Wanderungen in das Lares-Tal, das man erreicht, wenn man den Gebirgszug oberhalb des Ortes überquert (S. 258).

Die engen Gassen des schmucken Örtchens haben den Grundriss mit 21 Häuserblocks aus der Inkazeit weitestgehend bewahrt. In Ollantaytambo sind noch viele indianische Traditionen lebendig; das Tragen von typischer Kleidung ist weit verbreitet, und besonders während der Fiestas lohnt ein Abstecher. Gegenüber der Hauptplaza, auf der anderen Seite des Río Patacancha, liegt der alte Inkaplatz Mañay Raquy (heißt heute auch Plazoleta Araccama). Hier befinden sich einige Kunsthandwerkstände und die alte **Kolonialkirche** aus dem Jahr 1620.

€ Ebenfalls an der Plazoleta Araccama befinden sich der Eingang zur Inkastätte und das **ChocoMuseo**, ✆ 084-436753, 💻 www.chocomuseo.com, mit Cafeteria, Geschenkshop, Schokoladenfabrikation und Workshops, 🕒 tgl. 9–18.30 Uhr, Eintritt frei.

Die Inkaruinen von Ollantaytambo

Oberhalb der Plaza Mañay Raquy liegt die imposante Felsenfestung Ollantaytambo. Auf einem Bergsporn errichteten die Inka eine strategisch wichtige Anlage, die es ihnen ermöglichte, den Zugang zum Urubamba-Tal zu überwachen. Der Bau der Anlage begann gegen 1460 unter dem Inka Pachacútec, war aber bis zum Heranrücken der Spanier im Jahr 1536 noch nicht fertiggestellt. Nach Ollantaytambo zog sich **Manco Inca** zurück, nachdem er die entscheidende Schlacht gegen die Spanier in der Festung Sacsayhuamán verloren hatte. **Hernando Pizarro**, ein jüngerer Halbbruder Francisco Pizarros, verfolgte den Inka und seine Begleiter bis nach Ollantaytambo, das er erfolglos belagerte. Seinen Truppen gelang es nicht, die steilen Terrassenhänge zu stürmen, und im Gegenzug vermochte Manco Inca das Urubamba-Tal über ein Kanalsystem zu fluten, was die Bewegungsfreiheit der Spanier enorm einschränkte. Fast wäre es den Soldaten des Inka gelungen, die Spanier bei ihrem hastigen Rückzug nach Cusco gefangen zu nehmen. Der Sieg des Inka währte nur kurz, denn die Spanier kehrten mit der vierfachen Menge an Soldaten zurück. Sie zwangen Manco Inca, sich 1537 in seine Dschungelfestung Vilcabamba zurückzuziehen und verleibten Ollantaytambo der spanischen Krone ein.

Über steile Stufen und künstlich angelegte Terrassen gelangt man in den Kernbereich der Festung, eine **Tempelanlage**, deren Fundament aus gewaltigen Steinmonolithen besteht. Hier wurden laut dem spanischen Chronisten Garcilaso de la Vega die Eingeweide und Herzen der toten Herrscher aufbewahrt. Der Bau wurde aufgrund der Invasion durch die Spanier nie vollendet. Wie die gewaltigen Felsblöcke, die bis zu 50 Tonnen wiegen und Ausmaße von bis zu 4 x 1,90 x 1,80 m besitzen, an die hochgelegene Stelle transportiert wurden, bleibt rätselhaft.

Eine Wand aus sechs dieser glatt geschliffenen Monolithe aus rötlichem Granit ist auch heute noch zu sehen. Sie sind nicht passgenau aneinandergefügt, sondern mit einer Fugenleiste aus genau passenden kleineren Steinen verbunden. Die Inka verzahnten andere Stellen des gewaltigen Mauerwerks der Festung mit Zapfen und Klammern aus Kupfer und erreichten dadurch eine hohe Resistenz gegen Erdbeben.

Oberhalb des unvollendeten Sonnentempels liegen unterschiedliche Gebäudegruppen, darunter auf dem nördlichen Fels die **Sonnenuhr** der Inka, das Intiwantana (wörtlich: „der Ort, an den man die Sonne fesselt"). Nischen im Fels dienten als Grabstätten und noch höher gelegene Gebäude als Wachtürme. Rund 200 m nördlich von der **Plaza Mañay Raquy** liegt der **Inkamisana**-Komplex, in dem sich ein Raum mit drei Eingängen befindet. Hier war das **Baño de la Ñusta**, das Bad der Inkaprinzessin, untergebracht. Es besteht aus einem Becken, das über drei kleine Rillen mit Wasser gespeist wird.

Der Eintritt zu den Ruinen ist im Boleto Turístico enthalten. Wahlweise kann auch am Eingang zur Anlage ein Boleto Parcial gekauft werden, das 70 S/. kostet und zwei Tage gültig ist. 🕒 tgl. 8–17.30 Uhr.

In der Calle Lari gegenüber dem Picaflor Tambo Guesthouse, gibt es einen Eingang zu den Ruinen von **Pinkuylluna**, der ehemaligen Kornkammern der Inka. Das Holztor steht offen, der Eintritt ist frei. Ein wenig Trittsicherheit ist hilfreich. 🕒 tgl. 7–16.30 Uhr.

ÜBERNACHTUNG

Hostal Las Portadas, Calle Principal, ✆ 084-204008, ✉ hsjlasportadas05@yahoo.es. Günstige, ältere Zimmer mit oder ohne Bad und ohne Frühstück im vorderen Bereich der Anlage mit schönem Garten. Neue, teurere Zimmer im hinteren Bereich, diese mit Frühstück inkl. ❶–❷

Hostal Chayana Wasi, Calle Kiswar Kiqllu, ✆ 984655959, ✉ hostalchayanawasi@hotmail.com. Sehr nette, hilfsbereite Besitzer, die etwas

Englisch sprechen. Tee und Kaffee rund um die Uhr, Frühstück inkl. ❸

Hotel Munay Tika, Av. Ferrocarril s/n, ✆ 084-204111, 💻 www.munaytika.com. Gepflegte Anlage. Geräumige Zimmer; Restaurant, Parkplatz, Frühstücksbuffet inkl. ❸

Kamma Guest House, Lari 659, ✆ 084-436821, 💻 www.kammaguesthouse.com. Saubere Zimmer mit Bad, Safe und TV. Tolle Aussichtsterrasse! Früstück inkl. ❹

Apu Lodge, Calle Lari, ✆ 084-436816, 💻 www.apulodge.com. Am äußersten Ende des Dorfs, schöne Anlage mit Garten und geräumigen Zimmern mit Blick auf die Berge, manche auf die Ruinen von Pinkuylluna. Gutes Restaurant, auch für Nicht-Gäste. Frühstück inkl. ❺

El Albergue Ollantaytambo, am Bahnhof, ✆ 084-204014, 💻 www.elalbergue.com. Schöne aber teure Anlage mit sehr gutem Restaurant und ausgezeichnetem Café. Gepflegter Garten und sehr gute Zimmer, wahlweise Standard oder Superior (mit Safe, Minibar, Fön und wirklich schönem Blick). Sauna, Frühstücksbuffet inkl. ❻

ESSEN

Alma Amor, Calle Principal, Nähe Lari. Gutes veganes Restaurant mit Mittagsmenüs. Auch eine Lunchbox wird zubereitet (eigene Verpackung mitbringen!), außerdem Wellness, Yoga. ⌚ Mo–Sa 12–20.30 Uhr

El Café del Abuelo, Convención 110. Café mit Chillout-Atmosphäre, Sitzmöbeln aus Holzpaletten, gutem Kaffee und Desserts, auch Craft-Biere. ⌚ Mo–Sa 8–22 Uhr.

Einmal heiße Quellen und zurück

- **Route:** Huamamarca – Lares – Huarán
- **Länge:** ca. 50 km
- **Höhenmeter:** 1. Tag ca. 1400 m, 2. Tag ca. 500 m (Passhöhe 4710 m), 3. Tag 1300 m (Passhöhe 4400 m), 4. Tag 800 m (Passhöhe 4600 m), 5. Tag nur bergab
- **Schwierigkeitsgrad:** mittel
- **An-/Abfahrt:** Von Urubamba mit dem Mototaxi nach Huamamarca (ca. 20 Min., 3 S/.). Vom Endpunkt Huarán fahren Kleinbusse nach Urubamba, Pisac oder Cusco

SÜDPERU

Immer mehr Wanderer und Tourveranstalter aus Cusco zieht es in die herrliche Berglandschaft zwischen dem Urubamba- und dem Lares-Tal. Start-, Ziel- oder Durchgangsort ist oftmals der kleine Andenort **Lares**, rund 30 km nördlich von Calca. Der Ort ist bekannt für seine **Thermalquellen**, an denen man zelten und auch nachts noch ein Bad nehmen kann. Die touristische Infrastruktur des Orts ist bescheiden; einfache Herbergen und schlichte Restaurants prägen die Szenerie.
Trekking im Lares-Gebiet ist kein Spaziergang. Es werden bis zu 4700 m hohe Pässe überquert. Eine adäquate Höhenanpassung und gute Wanderausrüstung (wasserdichtes Zelt, Schlafsack für Temperaturen unter 0 °C und gute Wanderschuhe) sind erforderlich! Bei fast allen Zeltplätzen (meist ohne jegliche Infrastruktur) kassieren die lokalen Gemeinden ca. 10 S/. pro Zelt und weitere 10 S/. für den Weg.

1. Tag: Huamamarca – Zeltplatz oberhalb von Pacchac

- 5–6 Std.

Der erste Tag beginnt im Dorf **Huamamarca**, ganz in der Nähe der Las Chullpas Ecolodge (S. 251). Von hier aus folgt man dem Weg auf der rechten Flussseite durch das Pumahuanca-Tal bis zum kleinen Weiler **Pacchac** auf 3640 m (2–2 1/2 Std.). Der Weg wird nun steiler. Ab einer Höhe von rund 4000 m und etwa eineinhalb Stunden Fußmarsch von Pacchac entfernt finden sich immer wieder Zeltmöglichkeiten, die letzte auf etwa 4400 m in einem kleinen Quenual-Wäldchen. Dort wird es nachts sehr kalt und es gibt nur wenig Wasser!

2. Tag : Zeltplatz oberhalb von Pacchac – Lares-Quellen

- (4–5 Std.)

Am zweiten Tag wird zunächst der 4710 m hohe Pass **Pomawanka Cjasa** überquert, danach geht es länger bergab, vorbei an der Laguna Yuraccocha bis zum kleinen Ort **Cuncani** auf 3770 m. Wer weniger Zeit hat (4 statt 5 Wandertage), kann hier bereits in östlicher Richtung zum Abra Huichuy Cjasa hoch und weiter nach Quishuarani laufen. Ansonsten folgt man zunächst der Straße (linke Talseite) und dann dem Feldweg (rechte Talseite) nach **Lares**. Rund zehn Minuten vor Erreichen des Orts gelangt man zu den gepflegten Thermalquellen (Eintritt 10 S/.) mit bis zu 44 °C heißem Wasser – eine Wohltat nach der anstrengenden Wanderung. Übernachten kann man wahlweise auf einem Zeltplatz auf der anderen Flussseite (gehört zum Gelände der Thermalquellen, 10 S/. pro Zelt), oder in einer einfachen Herberge außerhalb der Quellen, ❶. Wer nun keine Lust mehr auf Wandern hat, kann von Lares aus mit mehrmals täglich verkehrenden Bussen in zwei Stunden nach Calca fahren. Der letzte Bus verlässt Lares gegen 17 Uhr.

3. Tag: Lares-Quellen – Quishuarani

■ 6–7 Std.

Am dritten Tag läuft man zunächst zweieinhalb Stunden zurück, bis man eine Brücke unterhalb von Cuncani erreicht, an der man den Fluss überquert und in östlicher Richtung den z. T. steilen Aufstieg zum **Abra Huichuy Cjasa** (4400 m) in Angriff nimmt. Danach geht es bergab zum Weiler **Quishuarani**, wo die Gemeinde eine einfache Herberge unterhält bzw. Campinggebühren erhebt. Am schönsten zeltet es sich dem Tal folgend (ca. 20 weitere Min.) unterhalb eines Wasserfalls auf einer privaten Wiese (kleine Gebühr fällig).

4. Tag: Quishuarani – unterhalb von Cancha Cancha

■ 6–7 Std.

Der Weg am vierten Tag führt links am Wasserfall hoch an zwei Lagunen vorbei bis auf rund 4600 m (**Abra Pachacutec**). Nun folgt ein längerer Abstieg bis zum Dorf **Cancha Cancha** (3940 m, Zeltmöglichkeit). Unterhalb des Ortes lässt es sich nach einer Dreiviertelstunde Gehzeit idyllisch am Fluss zelten (dem Weg gegenüber liegende Seite nutzen).

5. Tag: Unterhalb von Cancha Cancha – Huarán

■ 3 Std.

Am fünften Tag folgt man dem Tal bergab, erst noch auf der rechten, dann auf der linken Seite, bis man nach rund drei Stunden **Huarán**, den Endpunkt der Wanderung, erreicht hat.

SÜDPERU

Cervecería del Valle, Paradero Puente Pachar, rund 7 km östlich von Ollantaytambo Richtung Urubamba, 🖳 www.cerveceriadelvalle.com. Ökologisch ausgerichtete Craft-Bier-Brauerei mit angeschlossenem Restaurant und gelegentlichen Events. Die Brauerei unterstützt lokale Bildungsprojekte. Tour nach Voranmeldung. ⌚ Mi–So 12–20 Uhr.

Hearts Café, Av. Ventiderio, vor der Brücke. Café mit breitem Speiseangebot, dessen Einnahmen Kinderernährung und andere Projekte im Urubamba-Tal fördern. Mehr Informationen unter 🖳 www.livingheartperu.org. ⌚ tgl. 7–20.45 Uhr.

K'uchu Wasi, Lari, Ecke Calle 5. Versteckt liegendes Familienrestaurant, das großzügige Portionen in lauschigem Garten serviert. Das Gemüse kommt direkt aus dem Garten. Gute Forelle. ⌚ tgl. 8–20 Uhr.

SONSTIGES

Einkaufen

Awamaki, s. Kasten.

Feste

Zu den sehenswerten Festivitäten gehören der **Dreikönigstag** (6. Januar), das **Festival de la Cruz** (Anfang Mai), **Fronleichnam**, das **Ollantaytambo Raymi** (eine Woche nach Cuscos Inti Raymi) und **Weihnachten**, wenn die Einheimischen ihre Kopfbedeckungen mit Blumen und Gräsern schmücken.

Geld

Es gibt einige Geldautomaten im Bereich der Plaza Mayor.

Informationen

Die **Información Turística** liegt an der Südostseite der Plaza im Gebäude der Municipalidad, ✆ 084-204030. Hier gibt es kostenlos eine gute 3D-Karte des Ortes und der Region. ⌚ Mo–Fr 8–13, 14–17, Sa–So 9–17 Uhr (Hauptsaison).

Medizinische Hilfe

Ein **Gesundheitsposten** (Puesto de Salud) befindet sich an der Av. Ferrocarril, Ecke

Ollantaytambo: An den Hängen warten Inka-Ruinen, im Zentrum herrscht Markttrubel.

Die preisgekrönte Fraueninitiative Awamaki

2009 entstand in Ollantaytambo die Vereinigung **Awamaki**, www.awamaki.org, die lokale Textilien und Kunsthandwerk vermarktet (*awamaki* bedeutet „handgemacht" auf Quechua). Die Organisation möchte indigene Frauen in ihrer beruflichen Selbständigkeit unterstützen, ihre aus Alpaka- und Schafwolle gefertigten Textilien fair vermarkten und ihnen den Zugang zum globalen Markt ermöglichen.

Darüber hinaus werden nachhaltige Tourismusprojekte in den Gemeinden um Ollantaytambo gefördert. Neben geführten Trekkingtouren werden Kurse zur traditionellen Zubereitung von Speisen sowie zum Färben und Weben von Textilien angeboten. Auch Freiwilligenarbeit ist möglich. Mit den Einnahmen sollen Landflucht und Armut in der Region bekämpft werden. Awamaki zeigt, wie sanfter Tourismus funktionieren kann: mit Touren in kleinen Gruppen, dem Verzicht auf Besuche der Dörfer an Wochenenden und Feiertagen und umsichtiger Aufklärung über lokale Traditionen und Tabus. Für ihr Engagement wurde die Organisation Awamaki 2019 mit dem **To-Do-Award**, www.todo-contest.org, einem internationalen Wettbewerb für sozial verantwortlichen Tourismus ausgezeichnet. Der Laden der Organisation liegt an der Calle Principal in Ollantaytambo. Mo–Fr 9–18, Sa 10–17 Uhr.

SÜDPERU

Ventiderio, 084-204090, und die **Clínica Peruano Suiza**, 940223434, an der Plaza Mayor.

Touren

Eine schöne **Wanderung** lässt sich zu den Ruinen von Pumamarka unternehmen und von dort wieder zurück nach Ollantaytambo. Infos hierzu bekommt man bei KB Tours oder in der Touristeninformation.

Awamaki, s. Kasten.

Inkas Vivientes, Convención 273, 990048152, www.inkasvivientes.org. Zusammenschluss verschiedener indigener Gemeinden, die Besuchsprogramme und Aktivitäten anbieten. Mo–Fr 9–17 Uhr.

KB Tours, Plaza de Armas, 084-204133, kbtours.com.pe. Unter anderem Mountainbike-, Rafting-, Trekking- und Reittouren.

TRANSPORT

Busse und Colectivos

CUSCO Auf einem Parkplatz vor dem Bahnhof stehen nach Ankunft der Züge Vans und Sammeltaxis bereit, die Touristen nach Cusco bringen (1 1/2 Std., 80 km).

QUILLABAMBA (3 1/2 Std., 90 km) Zustieg an der Plaza bei Vorbuchung möglich, oder morgens auf gut Glück versuchen. Näheres zur Strecke nach Quillabamba und weiter ins Amazonasgebiet S. 281.

SANTA TERESA Die Fahrt nach St. Teresa im Minibus (ab 4 Pers.) und weiter bis zur Hidroeléctrica (um von dort nach Aguas Calientes zu laufen) wird von KB Tours organisiert, Abfahrten vormittags, 3 Std. (135 km).

URUBAMBA (1/2 Std., 20 km). Kleinbusse und Sammeltaxis fahren südöstlich der Plaza Mayor ab, wenn sie voll sind, Sammeltaxis manchmal auch direkt an der Südseite der Plaza Mayor.

Eisenbahn

Vom Bahnhof in Ollantaytambo startet der überwiegende Teil der Züge nach AGUAS CALIENTES, Ausgangspunkt für MACHU PICCHU. Sowohl Perurail als auch Inca Rail haben Tickethäuschen außerhalb des Bahnhofs. Einlass auf den Bahnsteig nur mit gültigem Fahrausweis oder als Gast der Albergue Ollantaytambo.

Perurail, 084-204110, www.perurail.com. tgl. 4–21 Uhr.

Inca Rail, 084-204211, www.incarail.com. tgl. 6–19.45 Uhr.

Machu Picchu und Umgebung

Der Inkatrail nach Machu Picchu

SÜDPERU

Für viele Peru-Reisende stellt der Inkatrail nach Machu Picchu, eine der **beliebtesten Trekkingrouten Lateinamerikas**, immer noch den Höhepunkt ihrer Reise dar. Der Weg, den eine schwedische Expedition erst im Jahr 1942 entdeckte, kombiniert auf einmalige Weise faszinierende Berglandschaften, Inkaruinen und dichte Nebelwälder. Innerhalb des Machu Picchu-Schutzgebiets wurden über 250 Orchideenarten gezählt, hinzu kommen viele Kolibri-Arten und gelegentlich auch Kondore.

Seitdem hat sich viel getan: Der rund **45 km** lange Weg wurde restauriert, vermessen und schließlich als Tourismusziel entdeckt. Doch die Besuchermassen der vergangenen Jahre haben es notwendig gemacht, strenge Regeln aufzustellen, um des Mülls und der mangelhaften hygienischen Infrastruktur Herr zu werden. Inzwischen darf man den Weg nur noch im Rahmen einer organisierten Gruppenwanderung begehen, die Gebühren wurden stark erhöht und täglich darf sich nur eine bestimmte Anzahl Trekker auf den Weg machen.

Was man vor der Wanderung auf dem Inkatrail wissen sollte

Wer sollte wandern und wer nicht?

Obwohl der Inkatrail nicht zu den schwierigen Wanderungen gehört, ist eine gute Kondition und ausreichende Höhenanpassung (mindestens 2 Tage in Cusco) erforderlich. Die Wanderung, die auf ca. 2400 m Höhe beginnt und endet, überquert drei Pässe von 4200, 3900 und 3650 m Höhe. Diejenigen, die nicht schwindelfrei und/oder trittsicher sind, sowie Personen mit gesundheitlichen Beschwerden sollten nicht auf dem Inkatrail wandern und ggf. auf die kürzere Variante ausweichen (S. 268).

Wann sollte man wandern und wann nicht?

Entsprechend den Empfehlungen für das gesamte Andenhochland sind die Monate der Trockenzeit (Juni bis September) sowie die Übergangsmonate Mai und Oktober am besten geeignet. In den Monaten Juli bis September sowie in der Osterwoche ist allerdings auch der Andrang auf dem Inkatrail am größten (s. Buchungssystem S. 263).

In den übrigen Monaten muss mit teilweise ergiebigen Regenfällen und schlechten Sichtverhältnissen durch tief hängende Wolken gerechnet werden. Im **Februar** wird der Trail für Instandsetzungsarbeiten jedes Jahr komplett **geschlossen**. Während tagsüber angenehme Temperaturen herrschen, kann das Thermometer auf den Pässen und nachts vor allem von Juni bis August unter die Null-Grad-Grenze fallen.

Gehdauer

Obwohl man den Trail sicherlich schneller schaffen könnte, haben sich die organisierten Touren bei vier Tagen eingependelt. Dies ermöglicht es auch langsameren Gehern mitzukommen und lässt ausreichend Zeit, um die spektakuläre Landschaft zu genießen und sich auszuruhen. Am vierten Tag ist die Gehdauer sehr kurz, da auch noch die Ruinen besichtigt werden und der Rücktransport nach Cusco ansteht.

Ausrüstung

Da es Vorschrift ist, den Inkatrail im Rahmen einer organisierten Gruppenwanderung zu begehen, übernehmen Träger (S. 265) das Tragen der Ausrüstung und der Lebensmittel. Doch nur die teuren Veranstalter übernehmen auch das Tragen des persönlichen Gepäcks (u. a. Schlafsack, Kleidung). Ansonsten muss man hierfür – mithilfe des Veranstalters – einen weiteren Träger engagieren. Aufpassen vor Billigveranstaltern, die Teilnehmer das komplette Gepäck am ersten Tag selbst tragen lassen, und es erst danach – gegen Aufpreis vor Ort – von einem Träger übernehmen lassen (vorher klären!).

Zelt und Kochgeschirr werden vom Tourveranstalter gestellt, einen Schlafsack und andere Ausrüstungsgegenstände kann man in Cusco preiswert leihen. Nicht benötigtes Gepäck sollte man in seinem Hotel deponieren. Wichtig sind warme Kleidung, gutes Schuhwerk, eine Kopfbedeckung und Sonnencreme, Wasserflasche, Regenschutz, eine Taschenlampe, ein Taschenmesser eine kleine Reiseapotheke und optional Desinfektionsmittel für Trinkwasser.

Wanderstöcke mit Metallspitzen sind auf dem Inkatrail verboten! Alternative: Gummipuffer auf die Metallspitzen aufsetzen (in Cusco erhältlich) oder in Ollantaytambo Wanderstöcke aus Holz kaufen.

Gebühren Inkatrail

Sie betragen 292 S/. für Erwachsene und 147 S/. für Studenten mit gültigem Studentenausweis sowie Kinder unter 16 Jahren (inkl. Eintritt zu den Ruinen von Machu Picchu). Wer die zweitägige Tour ab dem KM 104 macht, zahlt 222 S/. (Studenten 112 S/.). Die Gebühren werden vom jeweiligen Veranstalter unter Angabe der Teilnehmerdaten inklusive Passnummer bezahlt. Die Gebühren für das Permit sind nicht erstattungsfähig.

Beschränkung der Anzahl der Wanderer

Aufgrund zunehmender Besucherzahlen wurde die Anzahl der Wanderer, die auf den viertägigen Inkatrail gelassen werden, pro Tag auf 500 Touristen, Guides, Träger und Köche beschränkt. Zudem ist man gezwungen, sich einer organisierten Tour anzuschließen. Individualisten sollten auf die zahlreichen Wanderungen der Umgebung ausweichen, die selten überlaufen sind und zudem wenig kosten.

Lizenzierte Trekkingveranstalter

Die UGM (Unidad de Gestión de Machu Picchu) kontrolliert den Zugang zum Trail und vergibt Lizenzen an die knapp 200 Veranstalter. Die Agenturen müssen Mindestanforderungen wie professionelle Guides, gute Camping-Ausrüstung, Funkgeräte und Erste-Hilfe-Ausrüstung erfüllen. Die Lizenzen werden einmal jährlich zum Jahresende erneuert. Die Touristeninformationen I-Perú und DIRCETUR geben hierzu Auskunft. Viele der kleineren und preisgünstigeren Anbieter legen ihre Kunden zu größeren Gruppen zusammen oder bieten sie größeren Agenturen an. Man sollte sich beim Veranstalter erkundigen, ob er die Wanderung selber durchführt, wie viele Teilnehmer mindestens erforderlich sind und was passiert, wenn die Mindestteilnehmerzahl nicht erreicht wird; meist ist die Durchführung des Treks dann aber gegen Aufpreis möglich.

Buchungssystem

Es gibt nur eine begrenzte Zahl an Teilnehmerplätzen, die nach dem System „first come, first served" vergeben werden. Ein Platz für den Inkatrail lässt sich nur durch den verbindlichen Kauf der Genehmigung *(permit)* sichern. Es empfiehlt sich daher, so früh wie möglich unter Angabe des Namens, Alters und Passnummer und mit der Leistung einer Anzahlung zu buchen (mindestens sechs Monate vor Beginn der Wanderung in der Hauptsaison, Juni bis September, und mindestens drei Monate vorher in der Nebensaison). Für den zweitägigen Trail gibt es oft auch noch 2–3 Wochen vorher verfügbare Plätze. Inzwischen verlangen alle Agenturen eine Anzahlung bei Buchung und die komplette Bezahlung mindestens drei Tage vor der Wanderung.

Wer im Buchungssystem der UGM auftaucht, kann nicht noch einmal buchen. Buchungen bei mehreren Veranstaltern sind also nicht möglich. Wer an der Wanderung nicht teilnehmen kann, sollte dies dem Veranstalter immer schnellstmöglich mitteilen. Je später man storniert, desto höher die Kosten. Eine Erstattung der Anzahlung für die Genehmigung ist nicht möglich.

Kurzfristige Buchung

Wenn ein Termin ausgebucht ist, lässt sich daran nichts ändern. Veranstalter können auch

Freie Plätze auf dem Inkatrail

Einen Überblick über die Verfügbarkeit von Plätzen auf dem Inkatrail findet sich auf der Website www.machupicchu.gob.pe unter *Consultas* (spanische Version) oder *Queries* (englische Version). Nutzer von Smartphones finden die gleiche Information unter www.m.machupicchu.gob.pe.

SÜDPERU

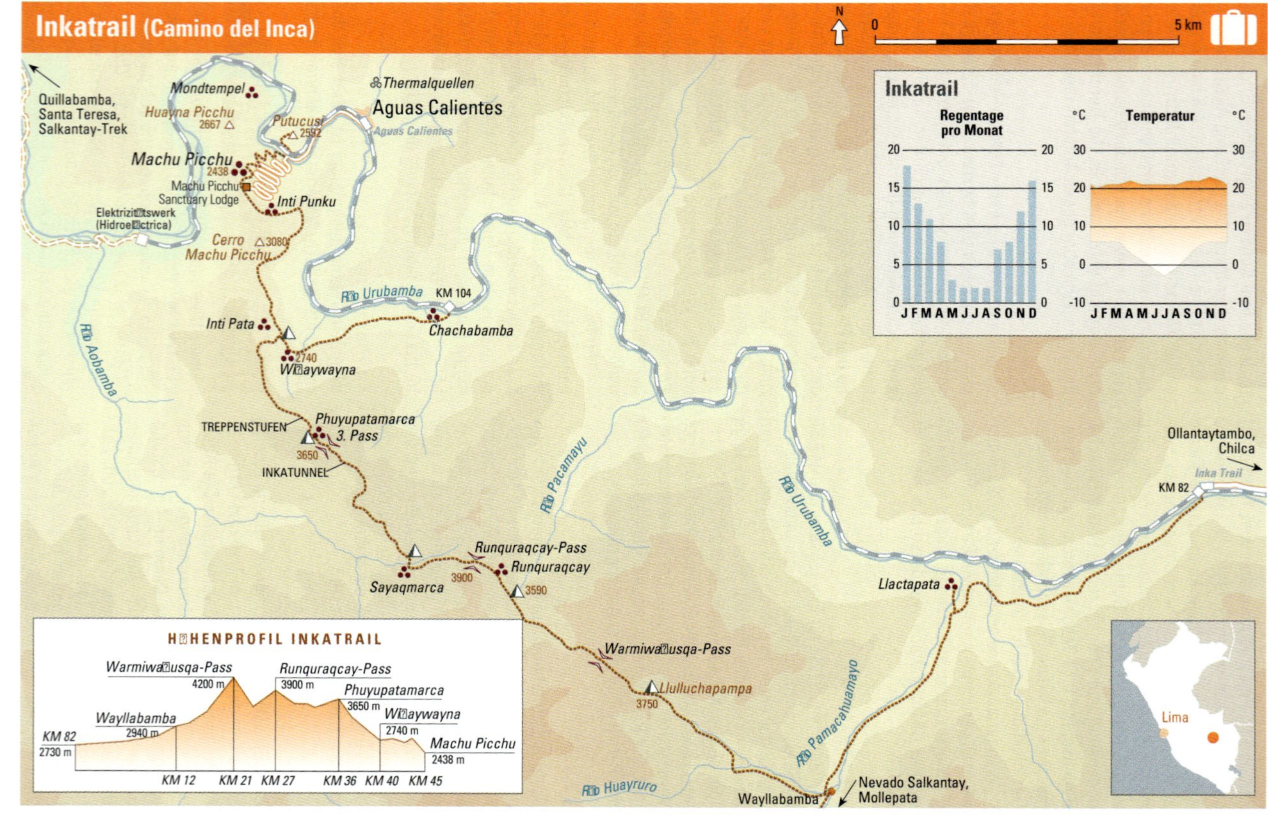
Inkatrail (Camino del Inca)
N
0
5 km
Inkatrail
Regentage pro Monat
°C
Temperatur
°C
J F M A M J J A S O N D
Quillabamba, Santa Teresa, Salkantay-Trek
Mondtempel
Huayna Picchu
2667
Putucusi
2592
Thermalquellen
Aguas Calientes
Machu Picchu
2438
Machu Picchu Sanctuary Lodge
Inti Punku
Elektrizitätswerk (Hidroeléctrica)
Cerro Machu Picchu
3080
Río Urubamba
KM 104
Chachabamba
Inti Pata
2740
Wiñaywayna
Río Aobamba
TREPPENSTUFEN
Phuyupatamarca
3. Pass
3650
INKATUNNEL
Río Pacamayu
Río Urubamba
Ollantaytambo, Chilca
Inka Trail
KM 82
Runquraqcay-Pass
Runquraqcay
Sayaqmarca
3900
3590
Llactapata
Warmiwañusqa-Pass
Llulluchapampa
3750
Río Pamacahuamayo
Río Huayruro
Wayllabamba
Nevado Salkantay, Mollepata
Lima
HÖHENPROFIL INKATRAIL
Warmiwañusqa-Pass
4200 m
Runquraqcay-Pass
3900 m
Phuyupatamarca
3650 m
Wayllabamba
2940 m
Wiñaywayna
2740 m
KM 82
2730 m
Machu Picchu
2438 m
KM 12
KM 21
KM 27
KM 36
KM 40
KM 45

stornierte Plätze nicht neu vergeben. Eine frühzeitige Buchung ist daher unerlässlich. Für die Monate Mai und Juni sollte man spätestens bis Dezember des Vorjahres buchen. Lediglich in den Monaten der Nebensaison (insbesondere Jan und März) kommt es gelegentlich vor, dass noch Restplätze buchbar sind. Diese müssen jedoch mindestens vier Tage vor dem Wandertermin gebucht werden.

Preise

Die Preise für eine Wanderung auf dem Inkatrail können stark variieren und sind von der Gruppenstärke, dem allgemeinen Standard der Agentur, der Qualität der Guides und der Ausrüstung sowie der Saison abhängig. Für die Standardtour (4 Tage/3 Nächte) muss man je nach Gruppengröße mit etwa US$580–800 rechnen. Wer weniger zahlt (Dumpingpreise unter US$450 möglich), muss auf Qualitätseinbußen gefasst sein und nimmt in Kauf, dass die Träger (s. u.) mit hoher Wahrscheinlichkeit ausgebeutet werden. Der Paketpreis enthält in aller Regel den Hin- und Rücktransport (hin mit Bus zum KM 82, zurück im Zug), Zelt, Isomatte, Eintrittsgebühr Inkatrail und Machu Picchu (ohne Besteigung des Huayna Picchus! Wer den besteigen möchte, muss ein zusätzliches Eintrittsticket für Machu Picchu inkl. Huayna Picchu lösen, S. 270), Kochausrüstung, Träger und Vollpension während der Wanderung.

Arbeitsbedingungen der Träger

Ein Gesetz, das 2003 in Kraft trat, garantiert den Trägern *(Porteadores)* ein Mindestgehalt von rund 55 S/. pro Tag (plus Ausrüstung und Essen während des Treks) und beschränkt die maximale Traglast auf 20 kg. Diese Regularien werden vor allem von einigen der billigen Touranbieter unterlaufen. Manche *Porteadores* tragen deutlich mehr Gepäck auf ihrem Rücken, andere bekommen nicht den vollen Anteil ihres versprochenen Lohns für die gesamte Tour). Man sollte die Agentur, bei der man bucht, nach der Handhabung dieser Situation fragen. Die Tatsache, dass man eine teurere Trekkingtour kauft, bedeutet nicht automatisch, dass Träger bzw. Guides entsprechend den Vorschriften bezahlt werden. Die Leistungen umfassen in aller Regel nur das Tragen des Gruppengepäcks (Zelte, Kochgeschirr etc.). Wer sein eigenes Gepäck getragen haben möchte, muss extra einen Träger anheuern. Dies kann die jeweilige Agentur arrangieren. Der Preis ist Verhandlungssache und umfasst Eintrittsticket, Ausrüstung und Essen für den Träger, daher muss man mit über US$100 rechnen.

Rückfahrt von Machu Picchu nach Cusco

So gut wie alle Veranstalter schließen die Rückfahrt mit dem Zug von Machu Picchu nach Ollantaytambo in ihre Angebote mit ein. Dies – und vor allem die Abfahrtszeit des Zuges – sollte man aber besonders bei Billigangeboten eingehend prüfen. Ab Ollantaytambo erfolgt der Rücktransport nach Cusco per Bus. Längere Aufenthalte in Aguas Calientes bzw. Ollanta sind kein Problem, solange man dem Veranstalter mitteilt, wann man zurück nach Cusco zu fahren gedenkt. Dies sollte in jedem Fall vor der Wanderung geklärt werden um zu verhindern, dass

Als Träger unterwegs

In seinem sehenswerten Dokumentarfilm **Carried Away: Inca Trail Porters Project** wagt der Ire Jarlath McHale den Selbstversuch: Er hat als erster Ausländer den viertägigen Inkatrail nach Macchu Picchu nicht als Tourist, sondern als Träger absolviert. Abrufbar auf YouTube.

Alternativen zum Inkatrail

Keine Lust auf Vorbuchen, Ärger mit Agenturen, schlecht gelaunte Träger, miese Plumpsklos und Massenabfertigung auf dem Inkatrail? Kein Problem, denn Machu Picchu lässt sich auch über andere Routen zu Fuß erreichen:

- Die verkürzte Version des Inkatrails ab KM 104 der Zugstrecke (1–2 Tage Wanderung), S. 268.
- Salkantay-Trek, ab Mollepata (4–5 Tage), S. 215.
- Eine mehrtägige Wanderung ins Lares-Tal (S. 258), dann weiter mit dem Zug ab Ollantaytambo nach Machu Picchu (S. 239).

Träger nach getaner Arbeit und beim Zubereiten einer Pachamanca (S. 45)

man in Aguas Calientes festhängt und eventuell ein neues Zugticket kaufen muss.

Wie schützt man sich vor Betrug?

Obwohl die Veranstalter von Wanderungen auf dem Inkatrail namentlich bekannt sind, versuchen dennoch einige andere, oftmals dubiose Agenturen, ein Stück vom Kuchen abzubekommen. Folgende Vorsichtsmaßnahmen sollte man beachten:

Wer **online** bucht, sollte Preise und Leistungen vorher im Internet vergleichen. Ebenso lohnt ein Blick in verschiedene Reiseführer für eine grundlegende Orientierung. Bei der Buchung sollte man darauf achten, dass der Veranstalter nicht nur eine E-Mail-Adresse, sondern im Idealfall auch eine real existierende Adresse in Cusco besitzt sowie Agenturen meiden, die mit schnell verfügbaren Adressen wie yahoo, hotmail o. Ä. arbeiten. Auf jeden Fall sollte man eine Buchungsbestätigung per E-Mail verlangen, die Angaben über den Preis, die Leistungen und den genauen Wanderbeginn enthält. Wenn eine Anzahlung verlangt wird, sollte man diese auf ein Konto mit dem Firmennamen und nicht auf einen persönlichen Namen einzahlen. Die teuren Kosten der Auslandsüberweisung (ca. 30–50 €), die bei einer Anzahlung entstehen, gehen zu Lasten des Buchenden. Günstiger ist es, dem Veranstalter die Daten der Kreditkarte durchzugeben und ihm eine schriftliche Autorisierung des vereinbarten Betrags zu faxen oder zu mailen. Wegen der geringeren Kosten ist auch die Überweisung der Anzahlung per Paypal, Western Union oder Moneygram beliebt. Vorher genau klären, wer das Geld erhält!

Nach der Ankunft in Peru sollte man niemals Touren bei Agenten am Flughafen oder Taxifahrern kaufen. Bezahlen sollte man im Büro des Veranstalters gegen **Quittung**, die den Namen des Veranstalters aufführt (nachschauen, ob draußen auch ein Schild hängt). Zu billige Angebote meiden (siehe „Preise"), denn es kann sich um Betrugsversuche und/oder Touren mit sehr schlechtem Service handeln. Sollte man trotz aller Vorsicht Opfer eines Betrugs geworden sein oder der Veranstalter die versprochenen Leistungen nicht erbracht haben, kann man sich bei I-Perú an der Plaza de Armas melden. Sie arbeiten mit INDECOPI, der peruanischen **Verbraucherschutzbehörde**, zusammen, die sich des Falles annimmt. Allein die Androhung gegenüber der Agentur, sich an INDECOPI zu wenden, wirkt manchmal Wunder.

Routenbeschreibung

Die **Etappeneinteilung** wird von der Verfügbarkeit der Campingplätze, die den Agenturen zugewiesen werden, bestimmt. Die Angaben der **Gehzeit** sind Nettozeiten (ohne Pausen). Durchschnittliche Wanderer, die ein mäßiges, aber konstantes Tempo einhalten, können die angegebenen Zeiten bequem einhalten. Der Pfad befindet sich in aller Regel in einem guten Zustand mit Stegen über allen Wasserläufen. Neben einigen schmalen, überwachsenen Stellen, führt der Weg oftmals auf grob gepflasterten Stücken, teilweise über Stufen, seinem Endziel entgegen. So gut wie alle Agenturen bringen ihre Gruppen aus Kostengründen mit dem Bus zum KM 82, wo die Wanderung beginnt.

Die **Orientierung** auf dem Inkatrail stellt kein Problem dar. An allen wichtigen Stellen stehen Hinweisschilder, die ein Verlaufen so gut wie unmöglich machen.

Wegstrecke nach Machu Picchu

- KM 82 (2730 m) – Llactapata (2680 m) 5 km, ca. 2 Std.
- Llactapata (2680 m) – Wayllabamba (2940 m) 7 km, ca. 3 Std.
- Wayllabamba (2940 m) – Llulluchapampa (3750 m) 6 km, ca. 2 Std.
- Llulluchapampa (3750 m) – Warmiwañusqa (4200 m) 3 km, ca. 1 1/2 Std.
- Warmiwañusqa (4200 m) – Runquraqcay (3750 m) 3 km, ca. 2 Std.
- Runkuraqcay (3750 m) – Phuyupatamarca (3600 m) 9 km, 3–4 Std.
- Phuyupatamarca (3600 m) – Machu Picchu (2438 m) 11 km, 4–5 Std.

- **Gesamt:** 45 km, ca. 2000 Höhenmeter; 18–21 Std.

1. Tag: KM 82 (2750 m) – Wayllabamba (2940 m)

- 12 km, ca. 5 Std.

In der Regel beginnt das Trekking zwischen 10 und 11 Uhr. Die ersten 5 km verlaufen ohne größere Höhenunterschiede recht langweilig entlang des Río Urubamba. Danach zweigt der Weg in das Cusichaca-Tal ab, und wenig später werden die ersten **Inkaruinen** (Llactapata) auf 2680 m erreicht. Die ehemalige Inkastadt erstreckt sich zusammen mit ihren Terrassenfeldern über eine ausgedehnte Fläche. Auf dem nun leicht ansteigenden Weg bieten sich im weiteren Verlauf schöne Ausblicke auf die **Cordillera Verónica**. Nach 7 km wird mit Wayllabamba das letzte Dorf entlang des Inkatrails erreicht, in dessen Umgebung die erste Nacht verbracht wird.

2. Tag: Wayllabamba (2940 m) – Río Pacaymayu (3590 m)

- 12 km, 5 1/2–6 Std.

In Wayllabamba gabelt sich der Weg. Richtung Süden gelangt man zum **Nevado Salkantay** (6271 m). Der Inkatrail verläuft am schwersten Tag westwärts und schraubt sich auf langen 9 km über steile Serpentinen zum Warmiwañusqa-Pass auf 4200 m, dem höchsten Punkt des gesamten Treks, hoch. Unterwegs wird auf 3750 m Höhe die Hochfläche **Llulluchapampa** passiert, die sich sehr gut zum Zelten eignet. Nach dem „Pass der toten Frau" erfolgt ein rund 3 km langer steiler Abstieg auf grobem Pflaster und über Stufen zum Río Pacaymayu, an dessen Ufer die Zelte aufgeschlagen werden.

3. Tag: Río Pacaymayu (ca. 3590 m) – Wiñaywayna (2740 m)

- 15 km, 6–7 Std.

Nach einem steilen, ca. 30-minütigen Anstieg werden die Inkaruinen **Runkuraqcay** (3750 m) erreicht. Von dem Rundbau, der den Inka als Beobachtungspunkt und Rastplatz diente, hat man einen sehr schönen Blick. Wenig später wird vorbei an kleineren Lagunen auf 3900 m Höhe der Runquraqcay-Pass überquert. Ab hier verläuft die restliche Wegstrecke flach oder bergab dem Etappenziel entgegen. Eine gute Dreiviertelstunde nach dem Pass zweigt eine steile Treppe zur auf einem Bergvorsprung liegenden Festung **Sayaqmarca** (3580 m) ab, ca. 60 m oberhalb des Wegs.

Über ein interessantes Wegstück des Trails mit Steinplatten, Stufen und einem kleinen Tunnel gelangt man zur „Stadt über den Wolken"

Phuyupatamarca auf 3600 m. Immer noch sprudelt frisches Wasser aus einer Quelle am Eingang der Anlage, die mit ihren Terrassenfeldern der Versorgung der Festung Sayaqmarca diente. Die restlichen 7 km Wegstrecke zur Inkastätte Wiñaywayna wurden erst 1985 entdeckt und kürzen den ursprünglichen Streckenverlauf ab.

Hunderte von Stufen führen steil bergab, die Temperaturen steigen merklich an, das Tagesziel Wiñaywayna liegt nur noch auf 2740 m. Wenn es die Lichtverhältnisse noch erlauben, sollte man der sehenswerten Inkaruine Wiñaywayna, die sich an den terrassierten Berghang schmiegt, einen Besuch abstatten.

4. Tag: Wiñaywayna (2740 m) – Machu Picchu (2438 m)

■ 6 km, ca. 2 1/2 Std.

Gemütlicher Ausklang mit viel Zeit, Machu Picchu zu besichtigen. In der Regel startet man sehr früh, um nach einer Ticketkontrollstelle vom Intipunku – dem Sonnentor – einen Blick auf die noch fast leere Inkastadt Machu Picchu zu genießen. Die rund eineinhalb Stunden dorthin legt man auf einem gut ausgebauten Pfad mit geringen Höhenschwankungen zurück. Nach einer letzten Biegung und ein paar Stufen liegt einem Machu Picchu zu Füßen, eingebettet in eine grandiose Berglandschaft und umgeben von üppigem Bergwald. Nach einer kurzen Rast erfolgt der rund 45-minütige Abstieg in die Inkastadt.

Zweitägige Wanderalternative: Inkatrail ab KM 104

Wer nicht mehr Zeit hat, oder wem der viertägige Inkatrail zu anstrengend ist, hat die Möglichkeit ab Zugkilometer 104 in zwei Tagen nach Machu Picchu zu wandern. Auch diese Variante muss mit einem Veranstalter durchgeführt werden (es stehen 250 Plätze pro Tag zur Verfügung). Der Ausgangspunkt der Wanderung ist nur mit dem Zug zu erreichen. Ab hier führt ein Weg zum Río Urubamba, der nach einer Kontrollstelle auf einer Brücke überquert wird. Nachdem man die **Ruinen von Chachabamba** passiert hat, erfolgt ein steiler Aufstieg mit wenig Schatten auf einem deutlich sichtbaren Pfad Richtung **Wiñaywayna** auf 2740 m Höhe, das nach rund vier bis fünf Stunden erreicht wird. Die Zeltübernachtung ist für Teilnehmer des zweitägigen Trails hier nicht mehr erlaubt, daher wandert man am Nachmittag an Machu Picchu vorbei bis nach Aguas Calientes und übernachtet dort. Da nicht mehr gecampt wird, sind auch keine Träger erforderlich. Der Guide bringt das Mittagessen (Box Lunch), den Erste-Hilfe-Koffer sowie eine Sauerstoffflasche mit. Man selbst wandert mit einem Tagesrucksack. Der Besuch der Ruinenstätte findet am zweiten Tag statt, der Aufstieg erfolgt zu Fuß durch den Nebelwald (ca. 1 Std. 15 Min.) oder per Bus. Je nach Ausstattung beträgt der **Preis** für die Tour rund US$380–500.

Machu Picchu

Die sagenumwobene Inkastadt auf 2400 m Höhe, die erst zu Beginn des 20. Jhs. entdeckt wurde, gehört zu den bekanntesten Sehenswürdigkeiten Südamerikas. Tagtäglich strömen Tausende auf den 800–1000 m langen und ca. 500 m breiten Bergrücken oberhalb des Río Urubamba im südöstlichen Teil der Cordillera Vilcabamba. Doch es ist nicht nur die grandiose Lage der Ruinen inmitten steil aufragender Berggipfel und üppiger Vegetation und die herausragende Bedeutung als archäologische Stätte, die der Zerstörung durch die Spanier entging, die Machu Picchu weltberühmt gemacht haben.

Hinzu kommt eine abwechslungsreiche Fauna und Flora, die sich auf der regenreichen Andenostseite besonders artenreich entwickelt hat. Daher gründete die peruanische Regierung 1981 das 32 592 ha große **Santuario Histórico Machu Picchu**, das die archäologische Stätte und den gesamten Inkatrail auf Höhen zwischen 1800 und 3800 m umfasst. Die seltene Kombination aus natürlicher Schönheit und kultureller Einzigartigkeit veranlasste die Unesco 1983, das Schutzgebiet zum **Weltkulturerbe** der Menschheit zu erklären. Auch heute, mehr als 90 Jahre nach der Entdeckung Machu Picchus, wissen wir trotz modernster Forschungsmethoden nicht genau, welchem Zweck die Stadt diente, wer hier wohnte und wann die Bewohner sie verließen. Aber vielleicht ist gerade dies eines der Erfolgsgeheimnisse des mystischen Ortes, der alle seine Besucher in den Bann zieht.

Lage, Klima, Fauna und Flora

Machu Picchu liegt auf 13°09'23'' Breite und 72°32'34'' Länge in der sogenannten Ceja de la Selva („Augenbraue des Waldes") der waldreichen oberen Regionen der Andenostabhänge. Das **Klima** in diesem Gebiet ist feucht und niederschlagsreich.

Der Großteil der jährlichen Regenmenge von 2170 mm fällt allerdings in den Regenmonaten Oktober/November bis April. In der Trockenzeit von Mai bis August/September ist es dafür kälter. Die Jahresdurchschnittstemperatur von 16 °C täuscht über die möglichen Tagesschwankungen hinweg. In den kältesten Nächten der Monate Juni und Juli kann das Thermometer auf 5 °C sinken, tagsüber aber bei starker Sonneneinstrahlung 26 °C und mehr erreichen. Die Luftfeuchtigkeit schwankt zwischen 77 und 91 %.

Die **Vegetation** der heiligen Stätte und ihrer Umgebung besteht aus einer Mischung von Paramo-Grasland, teilweise abgeholztem subtropischen Wald und mit Sekundärbewuchs bedeckten ehemaligen Feldern. Je nach Höhe findet man in den Nebel- und Regenwäldern des Schutzgebiets Mahagoni- und Podocarpusbäume sowie Zedern und Bambus. Auch verschiedene Palm- und Farnarten kommen vor. Entlang der Flussläufe in den Tälern finden sich Weiden und Erlen. Machu Picchu ist mit über 90 registrierten Arten ein Paradies für Orchideenliebhaber. Die meisten Orchideen blühen in den Monaten November bis März.

Eine der seltenen **Säugetierarten** wird man in den Ruinen kaum zu sehen bekommen. Zu den am meisten bedrohten Lebewesen der Region gehört der scheue Brillenbär. Aber auch Puma und Ozelot leben sehr zurückgezogen, genauso wie der Zwerghirsch und das Wiesel. Vogelbeobachter können mit etwas Glück und Geduld den Kondor, die Andenmöwe oder gar den Nationalvogel Felsenhahn zu Gesicht bekommen. Darüber hinaus existiert innerhalb der Parkgrenzen eine artenreiche Amphibien- und Reptilienwelt.

Geschichte, Entdeckung und Restaurierung

Die Tatsache, dass die Spanier nie von der Existenz Machu Picchus erfuhren, ist weniger auf ein erfolgreiches Konzept der Geheimhaltung zurückzuführen, als auf den Umstand, dass die Stadt aller Wahrscheinlichkeit nach bereits vor der Ankunft der Invasoren verlassen worden war. Gestützt wird diese These durch die Art der geschichtlichen Überlieferung unter den Inka. Sie erfolgte mündlich durch speziell ausgebildete Chronisten – die *Quipucamayocs*. Sie gaben allerdings nur die offiziellen Versionen weiter und ließen unangenehme Details einfach weg.

Könnte dies das Schicksal von Machu Picchu gewesen sein? Dies ist nur eine von zahlreichen Theorien, nach denen die Stätte Zufluchtsort der Sonnenjungfrauen, Landresidenz der Herrscher, ein religiöses und astronomisches Zentrum für die Gelehrten oder gar eine Festung zum Schutz gegen Angriffe wilder Stämme aus dem Amazonasbecken war. Wissenschaftlich abgesichert ist keine dieser Theorien. Fest steht, dass Machu Picchu ein bedeutendes **heiliges Zentrum** der Inka war, das an einer strategisch wichtigen Stelle versteckt erbaut wurde. Seine Bewohner konnten dank der Terrassenfelder und einer gesicherten Wasserversorgung autark überleben. Gesichert ist auch, dass die Stadt, als sie verlassen wurde, noch nicht fertig ausgebaut war.

Nach dem Fall von Cusco flüchtete der Inka mit seinem Gefolge ins Urubamba-Tal und von dort in versteckt liegende Bergfestungen der Andenostseite. Nachdem 1572 der letzte Widerstand der Inka mit der Hinrichtung von Tupac Amaru gebrochen worden war, griffen sie die Spanier immer seltener an. Die letzten Vertreter der Inka-Elite Cuscos zogen sich tiefer in die Wälder der Ostanden und des Amazonas zurück und die Vegetation bemächtigte sich ihrer letzten Zufluchtstätten. Im Laufe der Jahrhunderte entstanden zahlreiche Legenden, die von verborgenen Goldschätzen und sagenhaften Städten der Inka berichteten.

Doch nur einige wenige indianische Bauern kannten die genaue Lage von Machu Picchu, sodass der Geschichtsprofessor **Hiram Bingham** (1875–1956) im Jahr 1911 eher zufällig auf die Ruinen stieß. Zuvor hatten allerdings schon andere entweder von der Existenz der Inkastadt berichtet oder sie selber aufgesucht. In Cusco entdeckte man eine notariell beglaubigte Urkunde aus

Machu Picchu im Überblick

Wie kommt man hin?

Die Anreise erfolgt zunächst mit dem Zug ab Cusco, Poroy (nahe Cusco), Ollantaytambo oder Urubamba bis Aguas Calientes (Machu Picchu Pueblo), s. „Cusco/Transport", S. 239. Bis Ollantaytambo gelangt man per Bus, Sammeltaxi, Van oder Taxi. Von Aguas Calientes kann man in rund 75–90 Min. zur Anlage hinauf wandern (S. 276), außerdem verkehren Shuttle-Busse nach Machu Picchu (s. „Aguas Calientes/Transport", S. 278). Alternativ gelangt man zu Fuß über den viertägigen Inkatrail (S. 262) direkt zur Ruinenstätte oder über den Salkantay-Trek (S. 215) nach Aguas Calientes. Eine weitere Alternative stellt die Anreise mit dem Minivan über Santa Teresa zum Wasserkraftwerk Hídroeléctrica dar (Strecke ist in der Regenzeit aufgrund von Erdrutschen oft unterbrochen). Von dort erreicht man Aguas Calientes zu Fuß oder per Zug, s. „Aguas Calientes/Transport", S. 278.

Besucherzahl

Die Besucherzahl ist auf **5940 Personen** täglich begrenzt. Vor allem in der Hauptsaison von Juli bis September und rund um peruanische Feiertage (vor allem um den 28. 7.) sollte der Besuch der Anlage genau geplant sein und das Ticket rechtzeitig gekauft werden. Inzwischen sind die Besuchszeiten unterteilt (s. „Öffnungszeiten"). Wer zudem auf die Berge Huayna Picchu oder Machu Picchu möchte, muss vor dem Besuch der Anlage ein entsprechendes „Kombiticket" kaufen (s. „Eintritt"). Besonders der Huayna Picchu ist oft Monate im Voraus ausgebucht. Die Monate mit den wenigsten Besuchern sind Dezember und Februar.

Wo bekommt man Eintrittskarten?

Die Tickets für Machu Picchu sind **nicht am Eingang** der archäologischen Stätte erhältlich, sondern müssen in jedem Fall vorher gekauft werden. Auch wer nur zum Eingang laufen möchte, kann dies nur mit gültiger Eintrittskarte (kostenlos nur bis zur Brücke am Fluss!). Dies gilt vor allem für Individualtouristen. Wer Machu Picchu über eine Agentur bucht, bekommt in aller Regel die Tickets von dieser gekauft. Beim Inkatrail ist der Eintrittspreis zur Ruinenstätte bereits im Permit inbegriffen, auch bei den Alternativtreks nach Machu Picchu ist der Eintritt in der Regel im Gesamtpaket der Tourveranstalter enthalten. Einen **Direktverkauf** gibt es nur in den Büros des Kulturinstituts in Cusco oder Aguas Calientes (siehe jeweils unter „Sonstiges/Informationen"). Während in Cusco bar (nur Soles) und mit Visa-/Mastercard-Kreditkarte bezahlt werden kann, wird in Aguas Calientes nur Bargeld (Soles) akzeptiert. Zum Ticketkauf den Pass oder eine Passkopie sowie bei vorheriger Reservierung im Internet den Reservierungscode mitbringen! Der **Ticketkauf über das Internet** (💻 www.machupicchu.gob.pe) ist nur mit einer Visa-Kreditkarte oder Zahlung bei einer Filiale der Banco de la Nación (nur bar) bis spätestens drei Stunden nach Buchung im Internet möglich.

Die Adressen der Filialen, 🕒 Mo–Sa 8–17.30 Uhr, finden sich auf der Website unter *Agentes autorizados de cobranza* oder auf englisch unter *Authorized payment offices.* An den Filialen der Banco de la Nación bilden sich oftmals lange Schlangen Einheimischer, sodass diese Art der Bezahlung nur in Ausnahmefällen erfolgen sollte. Wer sein Ticket im Internet bei nicht offiziellen Stellen kauft, muss mit saftigen Aufschlägen von US$20 p. P. und mehr rechnen. Günstiger kann man die Tickets bei einigen Reiseveranstaltern in Cusco bekommen, z. B. bei **Amazon Trails** (S. 236). Sie berechnen US$7 p. P. zusätzlich für den Kauf von Eintritt und Zugticket.

Bei folgenden Stellen ist die **Zahlung mit Visa oder Mastercard** möglich:

Asociación de Agencias de Turismo del Cusco (AATC), Nueva Baja 424, Cusco, 📞 084-222580. 🕒 Mo–Fr 9–20 Uhr.

Außerdem in den Büros von **Inca Rail**, S. 278, **Perurail**, S. 278 und im **Hotel Monasterio**, Palacios 136.

Öffnungszeiten

Die Ruinenstätte ist tgl. von 6–17 Uhr geöffnet, spätester Eintritt 14 Uhr. Die erlaubte Aufenthaltsdauer beträgt ca. 4 Std. (wird bisher nicht streng kontrolliert), mit einem Ticket für Huayna Picchu oder Machu Picchu Mountain 6 Std. Die Besuchszeiten der Ruinenstätte sind stundenweise unterteilt: Besucher müssen sich beim Kauf der Tickets für eine Besuchszeit entscheiden (ab 6, 7, 8, 9 usw. bis ab 14 Uhr). Der Huayna Picchu kann wahlweise zwischen 7 und 8 oder 10 und 11 Uhr bestiegen werden (jeweils max. 200 Pers.; Aufstieg 1 Std., ca. 360 Höhenmeter, nur für Schwindelfreie), der Machu Picchu Mountain zwischen 7 und 8 Uhr oder 9 und 10 Uhr (jeweils max. 200 Pers., Aufstieg ca. 1 1/2 Std., ca. 600 Höhenmeter).

Eintritt

Nur Ruinen von Machu Picchu: 152 S/.
Ruinen plus Besteigung Huayna Picchu: 200 S/.
Ruinen plus Besteigung Machu Picchu Mountain: 200 S/.
Museum (unten an der Brücke): 22 S/.
Studenten bis 25 Jahre mit gültigem Studentenausweis oder Originalausweis der Uni mit Foto, Kinder unter 18 Jahren zahlen die Hälfte, Kinder bis 7 Jahre gratis (Reisepass vorlegen). Die Verfügbarkeit von Eintrittskarten lässt sich hier abrufen: www.machupicchu.gob.pe/general/disponibilidad.

Beschwerden

Zuständig für die Organisation der Eintritte und den Besuch der Anlage ist das **Ministerio de Cultura**. Das Büro befindet sich im **Museo Histórico Regional** (S. 226) in Cusco, ✆ 084-582030, ✉ callcenter@culturacusco.gob.pe.

Guides

Fremdenführer warten am Eingang zu den Ruinen. Ihre Qualität schwankt jedoch beträchtlich und sie verbreiten teilweise abenteuerliche Theorien. Da ohnehin viele Gruppen mit Führer unterwegs sind, kann man sich das Geld (150 S/. für 2 Pers., 30 S/. p. P. bis zu 8 Pers., englischsprachig ca. 170 S/.) sparen, indem man sich einfach hier und da dazustellt. Wer eine gute Tour (Dauer etwa 2 Std.) bekommen möchte, sollte den Guide vorab über eine Agentur in Cusco buchen.

Touristische Einrichtungen

Am Eingang zu den Ruinen befinden sich Toiletten, Souvenirshops und ein Kiosk mit Snacks. Essen bekommt man sonst nur zu völlig überhöhten Preisen in der **Machu Picchu Sanctuary Lodge** (Buffet US$40, Kinder 5–12 J. die Hälfte, ◷ 11–15.30 Uhr). Kleine Wasserflaschen werden am Eingang der Anlage zu Wucherpreisen verkauft. Größeres Gepäck muss am Eingang gelassen werden.

Übernachtung

Das Zelten in den Ruinen oder entlang des Wegs nach Wiñaywayna ist grundsätzlich verboten. Wer nicht auf dem Inkatrail oder einer Alternativroute wie dem Salkantay-Trek nach Machu Picchu wandert, kann nur in Aguas Calientes oder in der an den Ruinen gelegenen, völlig überteuerten Machu Picchu Sanctuary Lodge übernachten, 💻 www.sanctuarylodgehotel.com. ❻

Umwelttipps für den Besuch der Anlage

- Wasser aus Aguas Calientes mitbringen, auf Plastikflaschen verzichten
- Keine Wegwerfponchos aus Plastik als Regenschutz kaufen
- Den gesamten Müll wieder mit nach Aguas Calientes oder Cusco zurücknehmen

dem Jahr 1782, aus der ersichtlich wird, dass der spanische Kommandant Marcos de la Camara y Escuerdo das Gelände um Machu Picchu inklusive der Ruinen gekauft hatte. Der Name der Stadt in dem Dokument lautete bereits damals Machu Picchu (Quechua für „alter Gipfel").

In der zweiten Hälfte des 19. Jhs. näherten sich **Forscher** wie der Italiener Antonio Raimondi oder der Franzose Charles Wiener der Inkastadt und bestätigten ihre Existenz. Zu Beginn des 20. Jhs. war die verschollene Inkafestung beliebtes Stadtgespräch in Cusco. **Indianische Bauern** wie Agustín Lizárraga oder Lequiades Alvarez, die Felder im Gebiet um die Stätte bebauten, kannten die Lage der Stadt und sollen einige Besucher nach Machu Picchu geführt haben. Die drei Campesinos Gavino Chávez, Enrique Palma und Agustín Lizárraga gelangten am 14. Juli 1901 nach Machu Picchu, denn sie hinterließen dort ihre Namen, eingeritzt in die Mauern der Stadt.

Alvarez und Lizárraga nahmen später an den **Expeditionen** des offiziellen Entdeckers, des Nordamerikaners Bingham, teil. Dieser war ursprünglich 1908 zu einem wissenschaftlichen Kongress in Chile angereist und hörte bei einem darauf folgenden Besuch in Peru von der „verlorenen Stadt der Inka". Er beschloss, Vilcabamba, den sagenumwobenen letzten Zufluchtsort der Inka, zu suchen und organisierte mit finanzieller Unterstützung der University of Yale eine Expedition. Am 24. Juli 1911 hatte Bingham sein Ziel, Vilcabamba (Jahre später identifizierte man die Ruinenstätte Espíritu Pampa als das eigentliche Vilcabamba) zu finden, zwar nicht erreicht, aber immerhin offiziell Machu Picchu entdeckt.

Bingham gab vor, die Inkastadt geplündert vorgefunden zu haben; peruanische und argentinische Wissenschaftler beschuldigten ihn jedoch, Peru mit Silber-, Kupfer- und Bronzeschätzen verlassen zu haben. Fest steht, dass Bingham nie eine Liste seiner Fundstücke veröffentlichte, kein peruanisches Museum über eigene archäologische Fundstücke aus Machu Picchu verfügt und man nie Goldfunde in der Stadt machte. Es ist nicht auszuschließen, dass Bingham – ähnlich wie der Archäologe Max Uhle – Fundstücke zur Finanzierung seiner Expeditionen an Museen und Universitäten verkaufte.

So leer präsentiert sich Machu Picchu nur ganz selten.

Trotz aller Vorwürfe kehrte Bingham 1912 zu der vom Dschungel überwucherten Stadt zurück und begann sie bis 1915 teilweise freizulegen. 1948 weihte man im Beisein von Hiram Bingham den Serpentinenweg ein, auf dem auch heute noch die Besucher zu den Ruinen gelangen.

Vor allem in den 1980er-Jahren machten peruanische Archäologen und amerikanische Anthropologen **weitere Entdeckungen** im Schutzgebiet. Sie fanden u. a. den verschütteten Teil des Inkawegs zwischen Phuyupatamarca und Wiñaywayna sowie die kleineren Stätten Killapata und Ch'askapata unweit von Machu Picchu.

Die Zukunft Machu Picchus

Der Besucheransturm der letzten Jahre (jährlich kommen rund 1,5 Mio. Touristen) hat an der archäologischen Stätte und ihrer Umgebung mehr **Schäden** angerichtet als Mensch und Natur in den gesamten 500 Jahren zuvor. Die Anlage wird schlichtweg niedergetrampelt, und mangels adäquater sanitärer Einrichtungen sind viele Besucher gezwungen, sich in die Büsche zu schlagen. Sorge bereitet auch der starke Befall der Anlage durch Flechten, der die Steinwände und -mauern in Mitleidenschaft zieht. Die Unesco drohte bereits, dem Schutzgebiet den Status als Weltkulturerbe abzuerkennen, falls die peruanische Regierung nicht umfassende Schritte zur Verbesserung der Situation einleiten würde. Inzwischen versucht man die Quadratur des Kreises. Denn einerseits soll die einzigartige Geldquelle weiter kräftig sprudeln und dringend benötigte Devisen und Arbeitsplätze bringen, zum anderen versucht man den Forderungen der Unesco gerecht zu werden. Ständig präsente Ruinenwärter mit Pfeifen passen nun auf die Besucher auf, für den Inkatrail gelten Zulassungsbeschränkungen, und Eintritts- bzw. Transportkosten sind stark angestiegen.

Rundgang durch die Anlage

Um einen guten Überblick der interessantesten Stellen Machu Picchus zu erhalten, sollte man rund **zwei bis drei Stunden** für einen Rundgang einplanen. Wer zusätzlich den **Huayna Picchu** besteigen möchte (Restriktionen s. Kasten S. 270/271, „Machu Picchu im Überblick"), benötigt weitere zwei bis drei Stunden hin und zurück, für die Besteigung des **Machu Picchu** ebenfalls ca. zwei bis drei Stunden hin und zurück. Für den Auf- und Abstieg zum und vom Sonnentor **Inti Punku** sollten zusätzlich ein- bis eineinhalb Stunden kalkuliert werden. Der Abstecher zur Inkabrücke dauert noch einmal eine Dreiviertelstunde. Die nachfolgend angegebenen Zahlen entsprechen denen des Überblickplans auf S. 274.

Vom Eingang **1** hält man sich zunächst links und folgt dem Weg bergauf zum **Puesto de Vigilancia** **2**, auch „Hütte des Verwalters des Grabfelsens" genannt. In der Nähe des Wachpostens, von dem man einen sehr schönen Blick über die gesamte Anlage und den Huayna Picchu genießen kann, befindet sich der behauene, altarförmige Grabsteinfelsen, in dessen Nähe Hiram Bingham Gräber entdeckte. Wer sich an dieser Stelle entschließt, zur ausgeschilderten **Inkabrücke (Puente Inca)** **3** zu gehen, benötigt hin und zurück rund 45 Minuten. Der schmale Pfad folgt der westlichen Flanke bis zu einem breiten Felsspalt, der mit Holzbalken überspannt wird. Alternativ oder auch zusätzlich kann man bis zum **Sonnentor (Intipunko)** auf 2750 m aufsteigen. Die Aussicht von dort oben ist besonders schön.

Wieder zurück am zuvor beschriebenen Aussichtspunkt, führt ein Weg in das eigentliche Stadtzentrum durch einen steinernen Nebeneingang, den **Huaca Puncu** **4**. Das gut erhaltene Steintor konnte über einen Seilzug geschlossen werden. Hält man sich weiterhin links am Rand der Anlage, geht es zunächst vorbei an einigen einfacheren Gebäuderesten. Nachdem man die Felsbrocken des **Steinbruchs** **5** passiert hat, gelangt man in den heiligen Bereich der Stadt. Um den 16 m breiten **Inticancha** **6**, den heiligen Platz, gruppieren sich mehrere Tempel und Paläste. Eindrucksvoll ist der Blick vom **Tempel der drei Fenster** **7**, durch deren trapezförmige Öffnungen man subtropischen Urwald und schneebedeckte Fünftausender sieht.

Der massive **Hauptpalast (Carpahuasi)** **8** mit seinen fast 1 m dicken Wänden besitzt einen Opferaltar aus einem schweren Steinblock. Das rechtwinklige Gebäude an der Nordseite des heiligen Platzes war aller Wahrscheinlichkeit nach dem Sonnengott geweiht. Dahinter

SÜDPERU

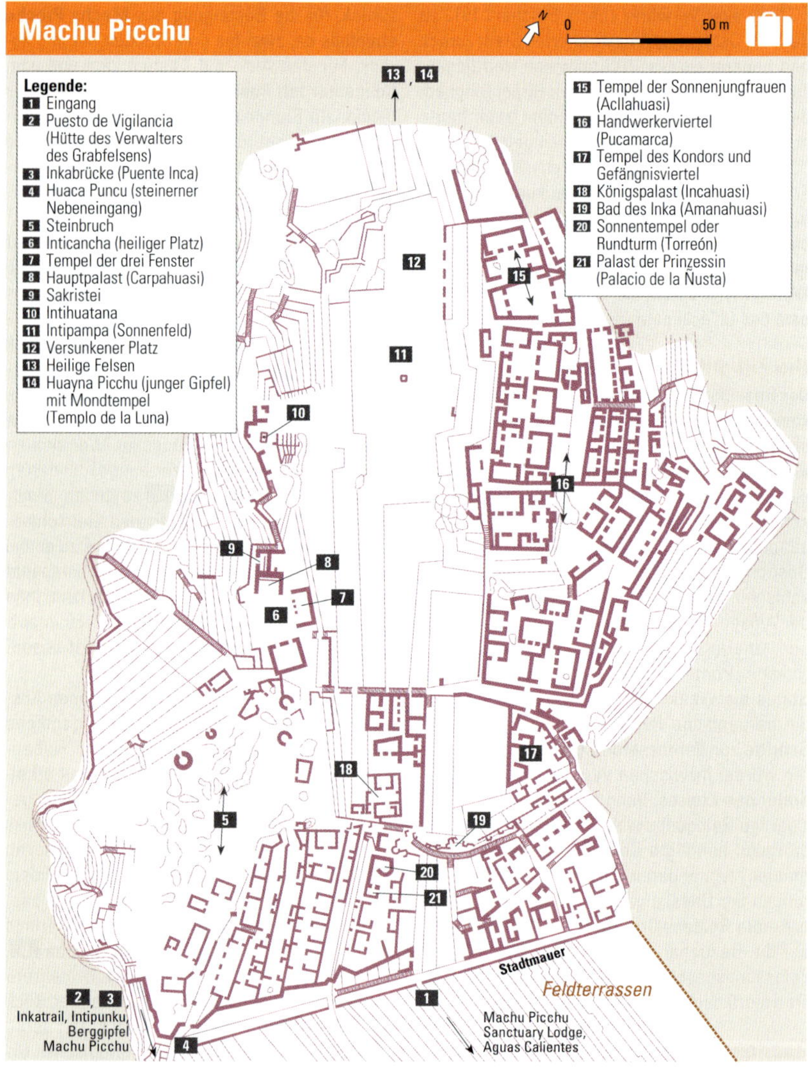

liegt die sogenannte **Sakristei** 9, in der sich möglicherweise Priester auf kultische Handlungen vorbereiteten. Sehenswert ist ein Stein mit 32 Kanten. Von dort führen knapp 80 Stufen auf eine kleine Anhöhe, die gleichzeitig die höchste Stelle des Tempelbezirks ausmacht.

In exponierter Lage steht das wichtigste Heiligtum Machu Picchus, das **Intihuatana** 10 (auch Inti Huatana). Der Sonnenanker oder „Felsen, an dem die Sonne angebunden ist“, diente astronomischen Zwecken. Mithilfe dieses Sonnenobservatoriums konnten die Astronomen der Inka den Lauf der Sonne und der Planeten, die Tageszeit und die Tage der Winter- und Sommersonnenwende bestimmen. Letztere gaben ihnen Auskunft über den Beginn der Regenzeit und somit den richtigen Zeitpunkt für die Aussaat. Das Intihuatana von Machu Picchu ist das einzige in Peru, das in seiner ursprünglichen Form erhalten geblieben ist (auch wenn es 2011 während der Dreharbeiten für einen Werbespot beschädigt wurde). In der Mitte des dreistufigen geschliffenen Felsblocks ragt eine Art massiver Messstab hervor, der auf die vier Himmelsrichtungen und die Neigung zum Äquator ausgerichtet ist. Sein Schattenwurf diente als Sonnenuhr.

Nördlich des Intihuatana gelangt man über Treppenstufen zum **Intipampa** **11**, dem Sonnenfeld, Schauplatz größerer Versammlungen und Feierlichkeiten. An seiner Nordseite liegt der **versunkene Platz** **12**, eine tiefer liegende Fläche, die wohl für landwirtschaftliche Zwecke genutzt wurde. Nördlich hiervon steht eingerahmt von zwei Steinhäusern der **Heilige Felsen** **13**. Der 3 m hohe Steinmonolith weist die Konturen des dahinter liegenden Gebirgszugs auf.

Hier beginnt der steile Aufstieg auf den **Huayna Picchu** **14** („junger Gipfel", auch Wayna Picchu geschrieben, 2667 m) mit einem Eintrag in ein Buch am Kontrollposten. Inzwischen ist die Besucherzahl begrenzt worden (s. Info, S. 270/271). Der Rekord für die rund 300 Höhenmeter liegt bei 22 Minuten, der Durchschnittsbesucher braucht mehr als das Doppelte. Hat man sich an den Mitkletterern vorbeigezwängt, entschädigt der fantastische Blick über die Ruinen, den tief unten fließenden Río Urubamba und die steilen Steinterrassen für alle Mühen. Für den Aufstieg über die rund 600 Stufen empfiehlt sich der kühlere Morgen. Wer sich gesundheitlich nicht fit fühlt oder nicht schwindelfrei ist, sollte sich den Trip verkneifen. Es sind schon Touristen abgestürzt!

Dort, wo der Anstieg auf den Huayna Picchu beginnt, zweigt ein nicht ganz ungefährlicher Pfad nach unten zum **Mondtempel (Templo de la Luna)** ab. Der Weg ist nur für absolut Schwindelfreie geeignet und sollte nur in Begleitung begangen werden. Nach etwa 45 Minuten erreicht man die Kulthöhle, die dem Tempel seinen Namen gegeben hat. Noch immer kommen die Einheimischen hierher und hinterlassen Opfergaben wie Mais, Kokablätter und Tabak.

Genau gegenüber dem 2667 m hohen Huayna Picchu liegt in südöstlicher Richtung der 3080 m hohe Machu Picchu („alter Gipfel"). Von der Nordecke der Stadt bewegt man sich Richtung Ausgang. Der nächste Gebäudekomplex wird **Tempel der Sonnenjungfrauen (Acllahuasi)** **15**, Bürgerviertel oder auch Viertel der drei Türen genannt. Der gesamte Komplex ist völlig ummauert, und auch die drei nebeneinander liegenden Eingänge konnten verschlossen werden. Ob hier die Sonnenjungfrauen oder große adlige Familien lebten, ist nicht geklärt.

Das südöstlich liegende **Handwerkerviertel (Pucamarca)** **16** ist ebenfalls von einer hohen Mauer umgeben. Der dreistufige Gebäudekomplex besteht aus Treppen, Innenhöfen, Steinsitzen und unterschiedlich großen Räumen. Ob die in einem Raum eingemeißelten runden Vertiefungen als eine Art Mörser dienten, ist umstritten. Eine steile Treppe führt zur obersten Ebene, in der Hiram Bingham zahlreiche Knotenschnüre *(Quipus)* fand, woraus er folgerte, dass der Raum ein Aufenthaltsort von Lehrmeistern *(Amautas)* bzw. Intellektuellen gewesen sein könnte.

An das Handwerkerviertel schließen sich der **Tempel des Kondors** und das **Gefängnisviertel** **17** an. Ob der tiefe Hohlraum wirklich als Gefängnis diente, bleibt reine Spekulation, da das Konzept dieser Form der Bestrafung bei den Inka möglicherweise gar nicht existierte. Auf einem Stein im Inneren des Komplexes ist die stilisierte Form eines Kondorkopfes mit Schnabel auszumachen, der zum Namensgeber dieser Gebäudezone wurde. Unterhalb des Tempels sieht man die sogenannte Unterstadt liegen. Allzu viel Interessantes ist hier nicht zu sehen. Die einfach konstruierten Gebäude dienten als Wohnungen, Lager- und Speicherorte. Sie bilden mit den unter 16 und 17 erwähnten Konstruktionen den unteren Teil der Stadt.

Überquert man nun den großen Platz vom Kondortempel aus, gelangt man in den gegenüberliegenden Palastbereich. Den **Königspalast (Incahuasi)** **18** betritt man durch ein trapezförmiges Steintor. Das perfekt gearbeitete Mauerwerk lässt auf die Nutzung des Gebäudes durch hochstehende Adlige oder Priester schließen. Auffällig sind die oben an den Mauern angebrachten Zapfen, mit denen die Dächer, bestehend aus Holzbalken und Stroh, abgestützt wurden.

Über die Treppe bei der Quelle erreicht man das **Bad des Inka (Amanahuasi)** **19**, ein System aufeinanderfolgender und untereinander verbundener Becken, das einige Forscher für einen Platz ritueller Waschungen hielten. Doch dafür scheinen die Wannen zu klein. Es wird vermutet, dass über den auch „Straße der Brunnen" genannten Komplex Wasser auf die Felder geleitet und auch die Bevölkerung mit Wasser versorgt wurde.

Neben der Brunnenanlage steht der **Sonnentempel oder Rundturm (Torreón)** **20**, dem mehrheitlich eine religiöse Funktion zugeschrieben wird. Die passgenau und mörtellos übereinander gefügten Steinblöcke weisen den halbkreisförmigen Turm mit einem Durchmesser von 11 m als mehr als nur einen Getreidespeicher oder bloßen Wachturm aus. Darauf deutet auch das mittlere Trapezfenster der Rundmauer hin, das exakt auf die Sonnenwende am 21. Juni ausgerichtet ist. In den Nischen unterhalb des Tempels wurden vermutlich die Mumien verstorbener Könige verehrt.

Südlich des Turms liegt ein Gebäude, das als **Palast der Prinzessin (Palacio de la Ñusta)** **21** bezeichnet wird. Eine steinerne Außentreppe führt in das offene Obergeschoss des 3 x 5 m großen Hauses. Von hier aus gelangte man in den Torreón. Daher könnte das Gebäude laut Bingham auch der Wohnsitz des Hohepriesters gewesen sein. Von hier erreicht man den Haupteingang in wenigen Minuten.

Aguas Calientes (Machu Picchu Pueblo)

Aguas Calientes oder **Machu Picchu Pueblo**, liegt rund 6 km westlich von Machu Picchu am Río Urubamba. Hier endet bei KM 111 die Zugfahrt von Cusco. Aus dem kleinen Ort (2000 Einw.) ist in den letzten Jahren eine weitestgehend unkontrolliert wuchernde Drehscheibe für den Tourismus nach Machu Picchu geworden. Zu den zahlreichen Umweltproblemen des Ortes gehören Unmengen von Müll (bereits in den Zügen werden Wegwerfbecher verkauft), Essensreste, weitestgehend ungeklärte Abwässer und die filterlos in den Ort ein- und ausfahrenden Dieselloks. Hinzu kommen die vielen Busse, die täglich Tausende Besucher zur Ruinenstätte Machu Picchu fahren und dort auch wieder abholen. Dem Dieselkraftstoff der Busse wird inzwischen der Harnsäure-Zusatz „AdBlue" beigemischt, was den Stickoxid-Ausstoß reduziert. Das macht sie aber noch lange nicht *ecológico*, wie es die Aufschrift auf einigen Fahrzeugen suggeriert.

Die **Thermalquellen** *(Baños Termales)*, die dem Ort seinen Namen gegeben haben, sind ein beliebtes Ausflugsziel und geeignet, um sich von den Strapazen des Inkatrails zu erholen. Allerdings darf in den Bädern auch Alkohol getrunken werden, was die Entspannung für Mitbadende deutlich schmälern kann. Die Quellen liegen rund 800 m östlich der Plaza. Man folgt einfach der Av. Pachacútec aus dem Ort heraus. Handtücher und Badekleidung kann man für wenig Geld auf dem Weg zu den Quellen ausleihen. ⌚ tgl. 5–20 Uhr, Eintritt 20 S/.

ÜBERNACHTUNG

Die Zimmerpreise sind zum Teil völlig überzogen. Reservierungen sind sinnvoll.

Am günstigsten ist der **Campingplatz** *(Zona de Campamento)*, an der Straße nach Machu Picchu, an der Brücke neben der Schmetterlingsfarm (ca. 20 Gehminuten außerhalb des Zentrums, 15 S/. pro Zelt). Keine Wertsachen im Zelt lassen! ⌚ Rezeption tgl. von 4.30–9.30, 15.30–18 Uhr.

Hostal John, Mayta Cápac, ✆ 084-211022, 💻 www.hostaljohn.com. Schlichte, günstige Zimmer mit Bad, Warmwasser und TV. ❷

Casa Machu Picchu Hostel, Av. Imperio de los Incas 636, ✆ 084-211386, 💻 www.machupicchuhostelcusco.com. Günstige Übernachtungsmöglichkeit, *dormitorio* ab 35 S/. p. P. Zimmer zur ruhigeren Flussseite nehmen! ❸

Ecopackers, Av. Imperio de los Incas 136, ✆ 084-211121, 💻 www.ecopackersperu.com.

Schlafsaal (4–6 Betten) ab 47 S/., z. T. mit eigenem Bad, auch Frauenschlafsaal. Restaurant, Aufenthaltsraum mit TV, schöne Dachterrasse mit Billardtisch Frühstück inkl. ❸

Gringo Bills Boutique Hotel, Colla Raymi 104, Plaza de Armas, ✆ 084-211046, 💻 www.gringobills.com. Beliebtes, sauberes Hotel mit Pool, Bar und gutem Restaurant. Zimmer mit TV, Telefon und teurere Suiten. ❹

Terrazas del Inka, Calle Wiracocha M-18-4, ✆ 084-771529, 💻 www.terrazasdelinca.com. Bed and Breakfast mit schönen sauberen Zimmern; nette und hilfsbereite Besitzer, Abholservice vom Zug, Frühstücksbuffet. ❺, Okt–April ❸

Wer Luxus sucht, ist in folgenden Hotels an der richtigen Adresse:

El MaPi Hotel Machu Picchu, Av. Pachacútec 109, ✆ 084-211011, 💻 www.elmapihotel.com, und **Inkaterra Machu Picchu Hotel**, ✆ 084-211122, 💻 www.inkaterra.com. Beide ❻

ESSEN UND UNTERHALTUNG

Das Angebot ist groß (viele einfache Restaurants entlang der Schienen und auf dem Weg zu den Thermalquellen), und die Preise sind höher als in Cusco, die Qualität meist nicht. Die meisten Restaurants haben den ganzen Tag und abends geöffnet. Viel ist nicht los in Aguas Calientes – man geht hier meist früh schlafen. Das Nachtleben kann man in Cusco nachholen.

Das günstigste Essen bekommt man auf dem Markt *(Mercado)*. Kleine Imbissbuden haben sich entlang der Yahuar Huaca beim Sportplatz angesiedelt.

La Boulangerie de Paris, Sinchi Roca. Nettes Café mit original Baguettes, Croissants und Kuchen. 🕒 ab 4.30 Uhr.

Govinda, Pachacutec, Ecke Capac Yupanqui, 2. Stock Einziger Vegetarier in town. Zwei unterschiedlich teure Mittagsmenüs. Abends à la carte. 🕒 tgl. 10–22 Uhr.

The Tree House Restaurant, Jr. Huanacaure 105. Teure, aber gute Gourmetküche. Kochkurse. ⌚ tgl. 5–21.30 Uhr.
Toto's, Av. Imperio de los Incas, an den Bahngleisen gelegen. Unten Bar, oben Restaurant. Gutes, aber teures Essen, tgl. Mittagsbuffet für US$24. ⌚ tgl. 9–21 Uhr.

SONSTIGES

Eintrittskarten Machu Picchu

Dirección Desconcentrada de Cultura, Av. Pachacutec, Cuadra 1 s/n, Plaza Manco Cápac, ✆ 084-211196. Verkauf der Eintrittskarten für Machu Picchu (nur bar in Soles, s. Kasten S. 270). ⌚ tgl. 5.30–22 Uhr.

Geld

So gut wie alle **Hotels, Restaurants** und auch einige Geschäfte tauschen kleinere Mengen US-Dollar zu akzeptablen Kursen. Es empfiehlt sich aber, vor der Anreise nach Machu Picchu in Cusco zu tauschen und Bargeld mitzubringen. Die wenigen Geldautomaten können leer sein!

Informationen

I-Perú, Av. Pachacutec, Cuadra 1 s/n, Plaza Manco Cápac, im Gebäude der Dirección Desconcentrada de Cultura, ✆ 084-211104, ✉ iperumachupicchu@promperu.gob.pe. ⌚ tgl. 9–18 Uhr.

Medizinische Hilfe

Das **Centro Médico** liegt an der Av. Imperio de los Incas, ✆ 084-211037.

TRANSPORT

Nach MACHU PICCHU gelangt man von Aguas Calientes aus nur mit den Shuttlebussen oder zu Fuß (zunächst ca. 20–30 Min. leicht bergab entlang der Straße bis zur Brücke, dann ein steiler Anstieg hauptsächlich im Wald, 1–1 1/2 Std., 450 Höhenmeter). Zurück nach CUSCO geht es entweder mit dem Zug mindestens bis OLLANTAYTAMBO (ab dort mit dem Bus/Taxi nach Cusco) oder zur HIDROELÉCTRICA (Richtung Quillabamba, ab dort weiter mit Minivans über SANTA TERESA nach Cusco, s. auch Kasten „Die Zugabzocke umgehen", S. 240).

Busse

Von ca. 5.30 bis 15.30 Uhr fahren Busse von Consettur in 10-minütigem Abstand die steilen Serpentinen zu den Ruinen hinauf (ca. 8,5 km, 1/2 Std., US$12 einfach, keine Studentenermäßigung, Kinder bis 10 Jahre günstiger). Zurück nach Aguas Calientes geht es von 6 bis 18 Uhr. Wer diesen Bus verpasst, hat einen Fußmarsch nach Aguas Calientes vor sich. In der Regenzeit werden weniger Busse eingesetzt und die Abstände zwischen den Abfahrten sind länger. Bustickets kann man in Aguas Calientes bei Consettur in der Straße Mayta Cápac (⌚ tgl. 5–21 Uhr) oder in Cusco im Hauptbüro von Consettur (s. „Cusco/Transport") kaufen. Wartezeit fürs Schlangestehen beim Bus einkalkulieren, vor allem frühmorgens!

Eisenbahn

Die Ticketbüros von **Perurail,** ✆ 084-211208, 💻 www.perurail.com, ⌚ tgl. 5–17 Uhr, und **Inca Rail**, ✆ 084-211052, 💻 www.incarail.com.pe, ⌚ tgl. 7.45–10.30, 12.45–14.30, 15.45–19 Uhr, befinden sich am Bahnhof. Von dort fahren alle Züge zurück nach Ollantaytambo, Poroy oder Cusco.
Die Tickets Richtung Hidroeléctrica werden im alten Bahnhof verkauft.
AGUAS CALIENTES–HIDROELÉCTRICA: 6.45, 13.30 und 15.30 Uhr.
HIDROELÉCTRICA–AGUAS CALIENTES: 7.30, 11.50 und 17.10 Uhr.
Fahrtzeit 40 Min. US$35 einfache Strecke.

Die Umgebung von Aguas Calientes

Folgt man den Schienen Richtung Quillabamba (entgegengesetzt von Cusco), erreicht man rechter Hand nach fünf Minuten ein Hinweisschild, das den Weg auf den **Putucusi** (2620 m) weist. Der kostenlos zu besteigende Berg liegt

Machu Picchu gegenüber und die Aussicht von oben ist fantastisch. Bis zum Gipfel sind rund 600 Höhenmeter zu überwinden (etwa 1 1/2–2 Std. für den Aufstieg und ca. 1 Std. bergab). Unterwegs sind einige steile Leitern zu überwinden (vor Ort nach dem Zustand erkundigen!). Die Route ist nur für Schwindelfreie geeignet und sollte bei Regen vermieden werden. Es empfiehlt sich, früh aufzubrechen und nicht alleine zu gehen (die Route war zuletzt leider nicht begehbar).

Weitaus leichter ist die rund zweistündige Wanderung zur **Catarata de Mandor**, einem kleinen Wasserfall mit Café (Abzweigung bei der Schmetterlingsfarm), ⌚ tgl. 7–18 Uhr, Eintritt 10 S/. Die Schmetterlingsfarm **Mariposario de Machu Picchu** liegt etwa 20 Minuten (1,3 km) von Aguas Calientes entfernt an der Strecke Richtung Machu Picchu vor der Brücke, ⌚ tgl. 8–18 Uhr, Eintritt 10 S/. Biegt man gleich nach dem Überqueren der Brücke rechts ab, gelangt man zum **Museo de Sitio de Machu Picchu Manuel Chavez Ballón** und einem **botanischen Garten** *(Jardín Botánico)*. ⌚ tgl. 10–16 Uhr, Eintritt 22 S/., Kinder unter 9 Jahren kostenlos.

Das kleine Örtchen **Santa Teresa** (s. Karte „Salkantay-Trek" S. 215), 14 km nordwestlich von Machu Picchu, hat in den letzten Jahren aufgrund seiner Nähe zu Machu Picchu immer mehr an Bedeutung gewonnen. 4 km vom Ort entfernt befinden sich die **Aguas Termales de Cocalmayo** mit drei warmen bzw. heißen Becken direkt am Urubamba-Fluss. Anfahrt mit Colectivo ab der Plaza in Santa Teresa, oder man geht zu Fuß (ca. 30–40 Min.) ⌚ tgl. 5–20 Uhr, Eintritt 20 S/.

Übernachten kann man in der Nähe bei **Cola de Mono**, 2 km südlich, ✆ 984992203, 💻 www.canopyperu.com, mit schönem Campingplatz (25 S/. p. P., Deluxe-Camping 75 S/. p. P.) und Baumhäusern für maximal vier Personen ❹. Das Restaurant Chola & Che befindet sich auf dem Gelände. Angebotene Aktivitäten sind Ziplining, Rafting und Kajakfahren. Luxuriöser ausgestattet ist die **Eco Quechua Lodge**, rund 1,6 km südlich, ✆ 084-630877, 💻 www.ecoquechua.com. Das Tourangebot der Lodge umfasst Ausflüge nach Machu Picchu, Kaffeetouren, Ziplining und kurze Wanderungen. ❹

Südliches Amazonastiefland

Im Süden Perus erstreckt sich zu Füßen der Ostanden ein riesiger Garten Eden aus unberührten Regenwäldern, durchzogen von gewaltigen Flussläufen und immens reich an Flora und Fauna. **Cusco** ist der ideale Ausgangspunkt, um der südlichen Amazonasregion Perus einen Besuch abzustatten. Die peruanische Regierung hat beinahe die Hälfte des 85 183 km² großen **Departamento Madre de Dios** unter Naturschutz gestellt. Deren Namensgeber ist der gleichnamige Fluss, der in den Andenkordilleren östlich von Cusco entspringt. Wichtige Zuflüsse sind der Río Manu, der Río Las Piedras, der Río Tambopata und der Río Heath. In Brasilien mündet der Fluss in den Río Madera, der seinerseits bei Manaus in den Río Amazonas fließt. Noch immer gehört das Departamento zu den am dünnsten besiedelten ganz Perus. Doch in den letzten Jahrzehnten ist die Bevölkerung vor allem in Puerto Maldonado (S. 291) sprunghaft angestiegen.

Historische und ökonomische Erschließung

Schon die Inka waren in das Gebiet des heutigen Departamento Madre de Dios vorgedrungen und hatten die dort lebenden Mojos-Indianer unterworfen. Später unternahmen die Spanier einige verzweifelte Versuche, die Region zu kontrollieren und das sagenhafte El Dorado zu finden. Viele ihrer Erkundungen endeten wie der authentische Fall des verrückten Eroberers **Lope de Aguirre**, dessen fanatische Suche und gnadenloses Ende Werner Herzog in seinem 1972 gedrehten Film *Aguirre, der Zorn Gottes* treffend beschreibt. Überliefert ist auch die Expedition des Spaniers **Juan Alvarez de Maldonado** aus dem Jahr 1566.

Mehrere Jahrhunderte blieb die Region unberührt und nur von einigen Tausend Urwaldindianern bewohnt, die im Einklang mit der Natur lebten. Im Jahr 1860 befuhr der peruanische Entdecker Oberst **Faustino Maldonador** den Río Madre de Dios zum ersten Mal auf seiner gesamten Länge. Zum Ende des 19. Jhs. stieg

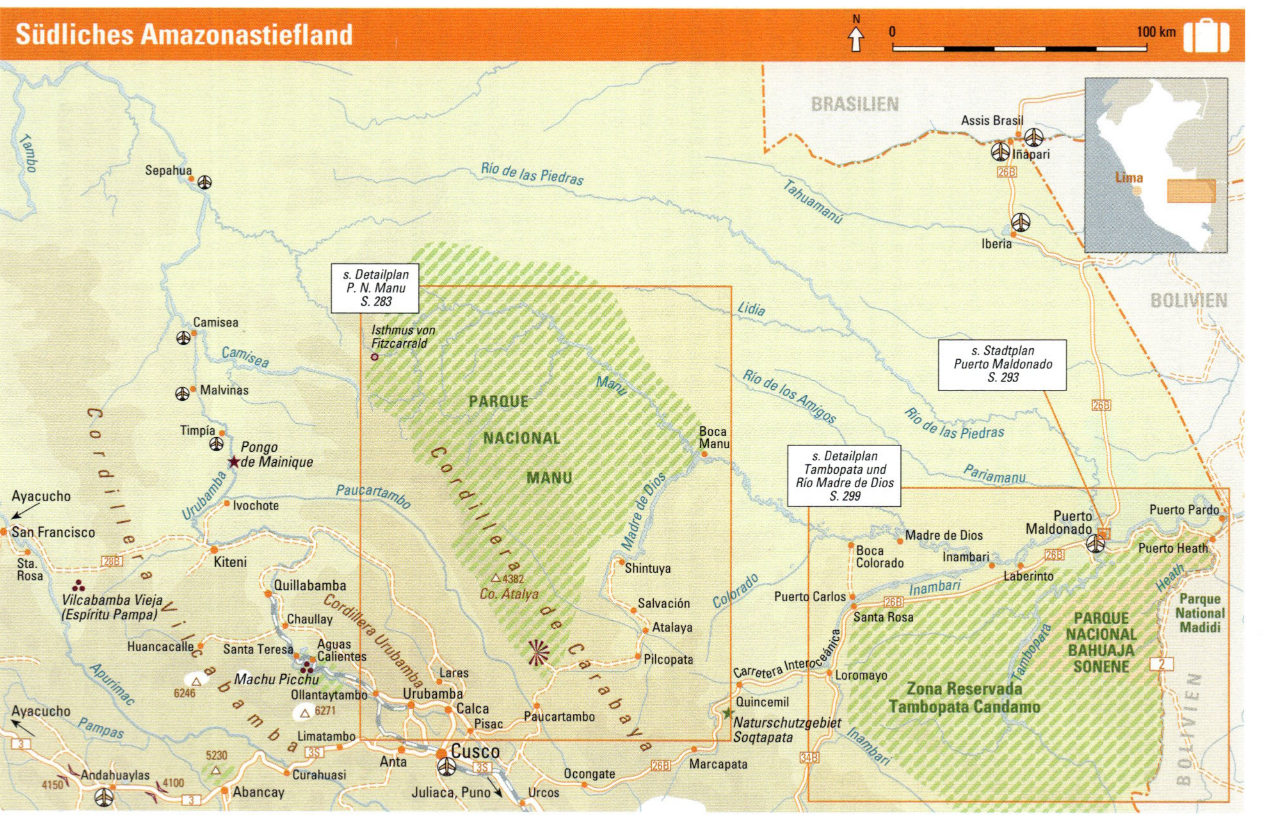
Südliches Amazonastiefland
N
0
100 km
Lima
BRASILIEN
BOLIVIEN
Assis Brasil
Iñapari
Iberia
Tahuamanú
Río de las Piedras
s. Detailplan P. N. Manu S. 283
s. Stadtplan Puerto Maldonado S. 293
s. Detailplan Tambopata und Río Madre de Dios S. 299
Lidia
Río de los Amigos
Río de las Piedras
Pariamanu
Tambo
Sepahua
Camisea
Camisea
Malvinas
Timpía
Pongo de Mainique
Urubamba
Ivochote
Paucartambo
Isthmus von Fitzcarrald
PARQUE NACIONAL MANU
Manu
Boca Manu
Madre de Dios
Cordillera de Carabaya
Co. Atalya 4382
Shintuya
Salvación
Atalaya
Pilcopata
Colorado
Ayacucho
San Francisco
Sta. Rosa
Kiteni
Cordillera Vilcabamba
Vilcabamba Vieja (Espíritu Pampa)
Quillabamba
Chaullay
Cordillera Urubamba
Huancacalle
Santa Teresa
Aguas Calientes
Machu Picchu
6246
Ollantaytambo
6271
Lares
Urubamba
Calca
Pisac
Paucartambo
Apurímac
Ayacucho
Pampas
Limatambo
5230
Cusco
Anta
Curahuasi
Andahuaylas
4150
4100
Abancay
Juliaca, Puno
Urcos
Ocongate
Marcapata
Carretera Interoceánica
Quincemil
Naturschutzgebiet Soqtapata
Inambari
Madre de Dios
Boca Colorado
Inambari
Puerto Maldonado
Puerto Pardo
Puerto Heath
Laberinto
Puerto Carlos
Santa Rosa
Inambari
Heath
Parque National Madidi
PARQUE NACIONAL BAHUAJA SONENE
Tambopata
Loromayo
Zona Reservada Tambopata Candamo
BOLIVIEN

Drei Wege über die Anden ins südliche Amazonasbecken

- Der Ausflug zur **Zona Reservada Tambopata-Candamo** (S. 298) wird von der überwiegenden Anzahl der Besucher mit dem Flugzeug nach und von **Puerto Maldonado** absolviert. Inzwischen gelangt man aber auch auf einer asphaltierten Straße über **Urcos** und **Quincemil** in rund 10 Std. von Cusco nach Puerto Maldonado. Von dort geht es per Boot zur gebuchten Lodge. Als sinnvolles Minimum für einen Ausflug dorthin ist mit vier Tagen zu rechnen. An das Naturschutzgebiet schließt sich der **Parque Nacional Bahuaja-Sonene** an. Er erstreckt sich bis zur peruanisch-bolivianischen Grenze und geht auf bolivianischer Seite nahtlos in den Nationalpark Madidi über. Zusammen bilden Tambopata-Candamo, Bahuaja-Sonene und Madidi einen biologischen Korridor, der zu den 25 **wichtigsten Naturräumen** der gesamten Erde zählt.
- Eine weitere Möglichkeit, das südliche Amazonastiefland kennenzulernen, ist ein Abstecher zum nordöstlich von Cusco liegenden **Parque Nacional Manu** (S. 285), einem der weitläufigsten Schutzgebiete Perus und einem der artenreichsten Naturschutzgebiete weltweit. Die Straße führt über Paucartambo nach Atalaya. Dort steigt man in ein Boot um, das einen in den Nationalpark bringt. Flüge nach Boca Manu und/oder zurück waren zum Zeitpunkt der Recherche nur als sehr teure Charterflüge möglich (einfache Strecke US$2000, 9 Pers., frühes Buchen notwendig). Eine Manu-Tour kann nur im Rahmen einer organisierten Tour ab/bis Cusco durchgeführt werden und dauert mindestens vier bis fünf Tage (S. 236). Reisende mit Mietwagen sollten für eine Tour bis nach Atalaya und zurück mindestens 4 Tage einrechnen.
- Eine selten bereiste Route führt mit dem Bus über Ollantaytambo nach **Quillabamba** und weiter zum **Pongo de Mainique** (S. 301), einer Schlucht des Río Urubamba. Mit dem Boot gelangt man von dort in einer mehrtägigen Reise nach **Sepahua** und weiter flussabwärts nach **Atalaya**. Von beiden Orten aus kann man mit dem Flugzeug oder per Boot z. B. nach Pucallpa oder Satipo weiterreisen. Geeignet für alle, die viel Zeit mitbringen, flexibel reisen und sich von unbequemen Transportmitteln und einfachen Unterkünften nicht abschrecken lassen.

mit der Erfindung des pneumatischen Reifens die Nachfrage nach **Latex** und im gesamten Amazonasgebiet wurden Gummibäume gesucht. Skrupellose Unternehmer wie der legendäre **Fermín Fitzcarrald** (S. 575) beuteten die indigene Arbeitskraft hemmungslos aus und häuften gewaltige Reichtümer an.

Gegen Ende des 19. Jhs. wurde die heutige Hauptstadt des Departamentos – Puerto Maldonado – gegründet und 1912 das Departamento Madre de Dios. Nach einem kurzen Dornröschenschlaf wurde die Region in den 60er- und 70er-Jahren wieder entdeckt. Grund waren **Erdölfunde**, die der Region Straßen, Flugplätze und Aufschwung brachten. Nach den Ölfirmen kamen die **Goldsucher**, die den Sand der Flussufer durchkämmten und – meist illegal operierende – Holzfäller.

Indianische Ethnien

Mehrere Tausend Menschen gehören einer der zahlreichen indianischen Ethnien der Region Madre de Dios an, die weit verstreut an den zahlreichen Flussläufen leben. Die meisten von ihnen hatten und haben unter dem westlichen Einfluss auf ihre Kulturen zu leiden. Während einige indianische Gruppierungen völlig ausgestorben sind, wurden andere in den 50er- und 60er-Jahren missioniert, und nur wenige Ethnien können auch heute noch ungestört leben. Seit 2011 werden an den Flüssen gelegentlich in Isolation lebende Indianer des Mashco Piro-Stammes gesichtet. Ihr Lebensraum wird durch nachrückende Siedler immer mehr beschnitten, die Wasserläufe werden durch die Goldsuche stark verschmutzt und neue Erdgas- und Erdölfunde bedrohen neben den ethnischen Gruppen auch die oben aufgeführten Schutzgebiete. Aus Landmangel verdingen sich viele Indianer als billige Arbeitskräfte, um Gold zu suchen, Wald zu roden, Gummi zu zapfen oder Paranüsse zu ernten.

Zu den bekanntesten Ethnien zählen die **Ese'eja**, die in der Region um Puerto Maldonado zu Hause sind. Ursprünglich lebten die Angehörigen des kriegerischen Volks als Halbnomaden, heute haben sie ihre traditionelle Rindenkleidung gegen Hemd und Hose eingetauscht. Auch im Tourismus haben einige von ihnen inzwischen Fuß gefasst (mehr hierzu siehe Posada Amazonas, S. 300).

Flussaufwärts von Puerto Maldonado leben unterschiedliche Gruppen, die unter dem Namen **Mashcos** zusammengefasst werden. Sie wurden zu Zeiten des Kautschukbooms dezimiert, später missioniert und an neue Lebensweisen angepasst. Inzwischen haben einige der Jüngeren eine Universitätsausbildung absolviert.

Von Cusco zum Parque Nacional Manu

Von Cusco folgt man zunächst der Hauptstraße Richtung Urcos (vor Erreichen der Ruinen von Pikillakta nach Nordosten abbiegen) oder alternativ der Straße nach Pisac. Beide Routen vereinigen sich rund 30 km später. Nach dem Überqueren des 3900 m hohen Huancarani-Passes mit tollen Ausblicken auf den südlich gelegenen Eisriesen Nevado Ausangate (6236 m) beginnt der Abstieg zu einem malerischen Bergdorf.

Paucartambo liegt etwa 110 km nordöstlich von Cusco und wird am schnellsten, aber auch am teuersten mit den Manu-Tourveranstaltern erreicht. Alternativ kann man einen Bus oder Van nehmen (s. „Cusco/Transport"). Die „Blumenstadt" mit ihrem angenehmen, frühlingshaften Klima auf 2880 m ist ein beliebter Stopp auf der Fahrt ins Amazonasgebiet, lohnt aber auch als Abstecher von Cusco aus.

Schon zu Inkazeiten war Paucartambo ein wichtiger Kontrollposten an der Südgrenze des Inkaimperiums. Unter spanischer Herrschaft wurde aus dem Ort eine Sklavenkolonie, deren indigene und afrikanische Bewohner Silber abbauten. Aus dieser Zeit stammt die **Fiesta de la Virgen del Carmen**, die alljährlich Mitte Juli vier Tage lang ausgelassen begangen wird. Das Städtchen verwandelt sich dann in eine bunte Mischung aus maskierten Tänzern, Musikgruppen, Marktständen und vielen Besuchern. Inzwischen haben einige Veranstalter die Attraktivität des Festes erkannt und bieten Touren an. Wer auf eigene Faust aufbricht, sollte mit Engpässen bei der Unterkunft rechnen und auf seine Wertsachen aufpassen.

Sehenswert ist das Innere der 1998 restaurierten **Kirche** mit der großen Sammlung an Gemälden der Cusqueñer Schule. Hier wird auch das Heiligenbild der Virgen del Carmen aufbewahrt. Rund eine Viertelstunde vor Erreichen des Orts, werden in Nähe der Straße die steinernen **Begräbnistürme** *(Chullpas)* **von Ninamarca** passiert, die von den Lupacas errichtet wurden. Etwa eine Gehstunde von Paucartambo entfernt befinden sich die *Chullpas* von Machu Cruz.

Etwa 50 km hinter Paucartambo führt beim rund 3550 m hohen Acjanaco-Pass eine Abzweigung hinter dem Kontrollpunkt des Manu-Nationalparks, der hier beginnt, zum beliebten **Aussichtspunkt Tres Cruces**, der besonders zum Sonnenaufgang von Touristen angesteuert wird. Von den Ausläufern der Anden bietet sich ein fantastischer Fernblick auf den tief unten liegenden Regenwald. Ein Abstecher lohnt aber nur in den Monaten Mai und Juni, denn in der übrigen Jahreszeit hüllen Wolken Tres Cruces ein. Da das Hochplateau rund 14 km abseits der Route nach Manu liegt, lässt es sich am einfachsten im Rahmen einer organisierten Tour ab Cusco erreichen. Angeboten werden inzwischen auch **Mountainbiketouren**, die in Paucartambo beginnen und Tres Cruces und einen 65 km langen Downhill zum Oberlauf des Río Alto Madre de Dios einschließen, z. B. mit dem deutschsprachigen Anbieter Peru Discovery, 💻 www.perudiscovery.com. Wer mit dem eigenen Fahrzeug unterwegs ist, sollte Paucartambo gegen 4.30 Uhr verlassen, um schon vor 6 Uhr in Tres Cruces zu sein. Busse oder Lkw setzen Passagiere an der Kreuzung ab, wo eine Nebenstraße zum Aussichtspunkt führt; da nur sehr wenig Verkehr herrscht, muss die Strecke wohl oder übel zu Fuß zurückgelegt werden. Wer in Tres Cruces übernachten möchte, benötigt ein Zelt, einen warmen Schlafsack und Verpflegung.

Im weiteren Verlauf der Strecke wird rund 80 km (ca. 3–4 Std.) nach Passieren der Abzweigung nach Tres Cruces der Ort **Pilcopata**

auf rund 700 m Höhe erreicht. Die meisten Busse oder Trucks halten über Nacht in dem wenig attraktiven Städtchen, das über einfache Unterkünfte (z. B. Albergue Gallito de las Rocas, ✆ 084-235122, ❷), Restaurants und einen Markt verfügt und täglich von einem öffentlich Bus oder Van von Cusco aus angefahren wird (s. „Cusco/Transport", S. 238).

Auch einige Tourgruppen aus Cusco verbringen je nach gebuchtem Trip die Nacht in der Umgebung des Ortes oder in den weiter oberhalb liegenden Lodges **Paradise Lodge**, **Tambo Paititi Manu Ecolodge**, **Cloud Forest Lodge**, **Cock of the Rock-Lodge** oder **Bamboo Manu Ecolodge** (s. „Übernachtung und Essen"). Am nächsten Tag folgt eine landschaftlich reizvolle Strecke nach **Atalaya** (ab Cusco ca. 210 km, Fahrtzeit ca. 9 Std.) am Oberlauf des Río Alto Madre de Dios auf 500 m (einfache Übernachtungsmöglichkeiten). Auf der gegenüberliegenden Flussseite lädt die **Amazonia Lodge** zum Übernachten ein (S. 285).

10 km weiter nordwestlich erreicht man den kleinen Ort **Salvación**, wo es einfache Übernachtungsmöglichkeiten gibt. Bis zum Ende der Straße in **Shintuya** sind es jetzt nur noch rund 30 km. Ab hier geht die Reise nach Manu nur im Boot weiter. Die Tourgruppen der Manu-Veranstalter steigen allerdings bereits in Atalaya in ein Boot um.

Wer auf eigene Faust unterwegs ist, muss in Atalaya oder Shintuya ein Boot mieten, da es keinen regelmäßigen Bootsverkehr gibt. Dies ist allerdings kein leichtes und vor allem kein billiges Unterfangen. Für die Fahrtstrecke entlang des Río Alto Madre de Dios über Boca Manu und weiter nach Puerto Maldonado ist keine besondere Genehmigung erforderlich; die Einfahrt in den für den Tourimsus zugänglichen Bereich (Reservatszone) des Nationalparks (ab Boca Manu flussaufwärts auf dem Río Manu) ist aber nur mit Guide und Permit gestattet. Gelegentlich fahren Handelsboote von Shintuya oder Boca Manu nach **Boca Colorado**, von wo aus die Weiterfahrt nach Puerto Maldonado auf dem Landweg möglich ist (S. 290).

Die Unterkünfte in Shintuya sind sehr einfach, auf Nachfrage bestehen Zeltmöglichkeiten an der Dominikanermission. Die Bootsfahrt von Shintuya zur Mündung des Río Manu (Boca Manu) dauert vier bis fünf Stunden. Unterwegs wird die **Pantiacolla Lodge** (S. 285) passiert. **Boca Manu** ist ein kleiner Dschungelort auf 300 m, der über einfache Herbergen und einen teuren Laden verfügt. Auf der gegenüberliegenden Flusseite liegen die Dorfgemeinschaft Diamante, in der überwiegend Piro-Indianer leben, und der Buschflugplatz, auf dessen holpriger Piste kleine Charterflieger landen können.

Folgt man dem Río Manu flussaufwärts Richtung Touristenzone des Nationalparks, erreicht man nach knapp einer Stunde Fahrzeit den **Parkeingang Limonal** mit dem Besucherzentrum Centro de Interpretación del Parque Nacional del Manu, wo die touristische Zone beginnt. Hier wird die Genehmigung für den Besuch des Nationalparks kontrolliert (s. Kasten „Eintrittsgelder Manu", S. 286). Für Individualreisende und ohne Genehmigung endet die Reise an dieser Stelle, Teilnehmer einer organisierten Tour passieren dagegen problemlos. Auf den Trails um den Kontrollposten können Vögel beobachtet werden. Einige Veranstalter steuern ihre Camps an, die sich fünf bis sechs Fahrstunden vom Parkeingang auf Holzplattformen nahe den Altarmen **Cocha Salvador** und **Cocha Otorongo** befinden. Westlich davon liegt nur noch kurz vor Erreichen der Sperrzone die **Casa Matsiguenka** (S. 289), ein Tourismusprojekt der Matsiguenka-Indianer, die im Nationalpark leben.

ÜBERNACHTUNG UND ESSEN

Die meisten Lodges gehören Reiseveranstaltern. Einige können nur im Rahmen einer **Tour** gebucht werden (Buchung in Cusco erforderlich). Die Paketpreise schließen neben der Übernachtung, den Transport und die Mahlzeiten mit ein. Daher muss mit Kosten von US$100–150 pro Person und Tag gerechnet werden.

Deutlich günstiger kann man in **einfachen Herbergen** in den Ortschaften wie z. B. Pilcopata übernachten. Das Essen muss hier aber extra bezahlt werden, und auch um den Transport und die Touren muss man sich vor Ort selbst kümmern.

Die meisten Veranstalter bieten spezielle **mehrtägige Nebelwaldtouren** an. Empfohlen wird ein Minimum von 4 Tagen, denn dann lernt man neben dem Nebelwald auch die tiefer liegende Kulturzone kennen.

Mehr Informationen zu den Manu-Programmen der Veranstalter unter „Tourveranstalter", S. 289.

An der Straße nach Manu

Bamboo Manu Ecolodge, beim Dörfchen Patria auf etwa 650 m Höhe, Kontakt in Cusco ✆ 942446722, 💻 www.bamboomanuecolodge.com, oder über Amazon Trails Peru, S. 236. Die günstige Lodge (US$ 20 p. P.) bietet keine Verpflegung an.

Cock of the Rock Lodge, vor Pilcopata im Nebelwald, ca. 160 km nordöstlich von Cusco. Kontakt in Cusco über Inka Natura, Calle Ricardo Palma J1, Urb. Santa Mónica ✆ 084-243408, 💻 www.inkanatura.com.

Estación Biológica Wayqecha, ca. 30 Min. vom Acjanaco-Pass entfernt auf 2950 m. Kontakt in

Cusco über die Naturschutzorganisation ACCA, Cesar Vallejo, K-6, Urb. Santa Mónica, Wanchaq, ✆ 084-222329, 🖳 www.acca.org.pe.

Tambo Patiti Manu Ecolodge, rund 130 km nordöstlich von Cusco auf 1470 m Höhe, Kontakt in Cusco über Peru Discovery, S. 236.

Nur mit dem Boot zu erreichende Lodges

Amazonia Lodge, am Rande des Nationalparks auf ca. 550 m (ca. 20 Bootsminuten von Atalaya entfernt), Kontakt in Cusco: Calle Tandapata 660, San Blas, ✆ 084-437374, 🖳 www.amazonialodgeperu.com.

Pantiacolla Lodge, ungefähr 90 Bootsminuten flussabwärts von Atalaya, gegenüber von Shintuya. Kontakt in Cusco über Pantiacolla Tours, Garcilazo 265, 2. Stock, Büro 12, Cusco, ✆ 084-238323, 🖳 www.pantiacolla.com.

Río de Oro Lodge, rustikale, einfache Lodge rund 15 Bootsminuten flussabwärts von Atalaya gelegen. Kontakt in Cusco über **Amazon Trails Peru**, S. 236.

Tambo Eori Manu Ecolodge, am Río Alto Madre de Dios auf 470 m Höhe, etwa eine Bootsstunde flussabwärts von Atalaya. Kontakt in Cusco über Peru Discovery, S. 236.

6 HIGHLIGHT

Reserva de Biosfera und Parque Nacional Manu

Ob Grüne Hölle, das verlorene Paradies, undurchdringlicher Dschungel, medizinische Schatzkammer oder nur ein Stück Regenwald? Wie immer man auch das nordöstlich von Cusco gelegene Schutzgebiet bezeichnet, Manu hat von allem etwas und ist somit die Summe aller Definitionen. Der Manu-Nationalpark ist ein Muss für Naturfreunde, die es zu schätzen wissen, eines der letzten unberührten, weitestgehend **intakten Regenwaldgebiete** der Erde zu besuchen.

Ein Abstecher in einen der artenreichsten Nationalparks der Erde ist ein besonderes, wenn auch nicht gerade billiges Abenteuer. Das rund 1,7 Mio. ha große Schutzgebiet ist eines der größten Perus und umfasst drei Ökosysteme, die von den Anden bis in den Regenwald des Tieflands reichen. 1977 wurde das Schutzgebiet zum Biosphärenreservat erweitert und 1987 von der Unesco aufgrund seiner Einmaligkeit und Artenvielfalt zum **Naturerbe der Menschheit** erklärt.

Die **Biodiversität** des 1973 gegründeten Nationalparks ist beeindruckend: Hier leben 10 % aller weltweit vorkommenden Pflanzenarten und auf jedem Hektar Regenwald wachsen mehr als 200 unterschiedliche Baumarten (in ganz Europa sind es gerade mal 160 Arten): Riesige Ceibas, edle Mahagonibäume, Kautschukbäume und Zedern, Hunderte Orchideenarten, Farne, Bromelien und, und, und … Ständig werden neue Arten entdeckt, große Teile des Parks sind weiterhin unerforscht. Über 1000 Vogelarten (von ca. 9000 weltweit) und 200 Säugetierarten haben Wissenschaftler bislang identifiziert, davon allein über 100 Fledermausarten. Die Zahl der Insektenarten wird auf mehrere Hunderttausend geschätzt.

Mit etwas Glück kann man in Manu Riesenotter (s. Kasten S. 287), Jaguare, Kaimane oder mehrere der insgesamt 13 Affenarten beobachten. Auch Faultiere, Ameisenbären, Gürteltiere oder der scheue Tapir kommen innerhalb des Reservats vor. Vogelfreunde dürfen sich auf farbenprächtige Aras, Kolibris, den Nationalvogel Anden-Felsenhahn *(Rupicola peruviana)* und den Urvogel Hoatzin freuen. Wie bei allen Regenwaldgebieten sollte man die Erwartungshaltung bezüglich der Tierbeobachtung realistisch ansetzen und daran denken, dass Tiere nicht an jeder Flussbiegung auf den Besucher warten, sondern oftmals scheu und zurückgezogen im dichten Wald leben. Hinzu kommt, dass manche Tiere nachtaktiv sind, doch dafür gibt es – wie beispielsweise für Tapire – Beobachtungsplattformen.

Entscheidend für die erfolgreiche **Tierbeobachtung** ist ein erfahrener Guide, genügend Zeit, ruhiges Verhalten und Geduld. Eine Tierart, die wohl kaum einem Besucher erspart bleibt, sind Moskitos, die vor allem in der Dämmerung aktiv sind (das Malariarisiko ist gering). Entsprechende langärmelige Kleidung und ein gutes Mücken-

Eintrittsgelder Manu

Für den Besuch der Zona Turística am Río Manu werden 150 S/. fällig (Aufenthalt bis zu 5 Tagen, Extratag 40 S/.). Der Besuch der Zona Histórico-Cultural am Río Alto Madre de Dios kostet 50 S/. (Aufenthalt bis zu 5 Tagen, Extratag 20 S/.). Der Eintritt wird über den Veranstalter bezahlt (oftmals extra zum Reisepreis) und kann nicht separat bei der Nationalparkbehörde gekauft werden.

mittel helfen, den Aufenthalt diesbezüglich angenehmer zu gestalten. Eine Gelbfieberimpfung (S. 667) ist empfehlenswert, aber keine Voraussetzung.

Ökosysteme und -zonen

Das riesige Schutzgebiet erstreckt sich nordöstlich von Cusco entlang der Andenostabhänge und schützt das Wassereinzugsgebiet des Río Alto Madre de Dios und des Río Manu. Die enorme Artenvielfalt des Nationalparks wird verständlicher, wenn man sich klarmacht, dass sich der Nationalpark über drei Ökozonen erstreckt. Der höchste Punkt, der Cerro Huáscar, liegt auf 4000 m Höhe in der Puna, der baumlosen **Hochsteppe der Anden**. Die Mündung des Río Manu in den Río Madre de Dios liegt hingegen nur noch auf 365 m im **tropischen Regenwald**, der einen Großteil des Gebiets ausmacht. Dazwischen liegen dichte und regenreiche **Nebel- und Bergwälder**. Um den Nationalpark optimal zu schützen, wurde er in verschiedene Zonen eingeteilt:

Zona de Protección Estricta: Die strikte Sperrzone von Manu umfasst mit 14 117 km² den Nord- und Ostteil des Parks und gilt als Kernzone. Dieses Gebiet ist Wissenschaftlern und Forschern vorbehalten. Tourismus findet in diesem Teil des Parks nicht statt. In der Kernzone leben nicht oder wenig kontaktierte Indianergruppen. Hier liegen auch die Dorfgemeinschaften Takayome und Yomibato der Matsiguenka-Indianer, die in der touristischen Zone des Nationalparks seit 1998 mit der Casa Matsiguenka eine eigene Herberge führen.

Zona de Uso Turístico y Recreativo: Die Touristen- und Erholungszone ist 91 km² groß. Nur in diesem Bereich am Río Manu ist Tourismus gestattet, allerdings streng reglementiert. Der Zugang zur Zone ist limitiert und das Gebiet darf nur mit einem autorisierten Führer eines lizenzierten Veranstalters besucht werden. Neben den festgelegten Zeltplätzen der einzelnen Veranstalter befindet sich als einzige funktionierende Lodge nur die Casa Matsiguenka westlich des Salvadorsees innerhalb dieser Zone.

Zona de Uso Especial: Die 392 km² große besondere Nutzungszone erstreckt sich am südwestlichen Parkrand. In der frei zugänglichen Zone liegen kleinere Dörfer sowie mehrere Lodges. Mindestens vier ethnische Gruppierungen leben beim oder im Schutzgebiet. Die zahlenmäßig größte und bekannteste Gruppe sind die Matsiguenka mit einigen Tausend Angehörigen (s. Kasten S. 292). Hinzu kommen die Nahua- und Mashco-Piro-Indianer. Letztere haben keinen Kontakt zur Zivilisation, wurden aber seit 2011 einige Male am Río Alto Madre de Dios gesichtet. Außerhalb der Schutzzonen siedeln mehrere Zehntausend Quechua sprechende Bewohner vorwiegend in kleinen Dorfgemeinschaften zwischen Cusco und dem Park.

Klima und Kleidung

Obwohl es in Manu das ganze Jahr über regnen kann, fällt der meiste Niederschlag in den Regenmonaten November/Dezember bis März/April. Die Parkbereiche des Tieflandregenwaldes auf rund 400 m Höhe erhalten jährlich mehr als 2000 mm, die Nebelwälder der Andenostabhänge mehr als 3500 mm Jahresniederschlag (zum Vergleich Deutschland: 700–800 mm). Die trockenere Reisezeit und touristische Hochsaison dauert von Juni bis September. Juli ist der trockenste Monat. Das Klima ist das ganze Jahr über feucht-heiß mit Temperaturen von 25–35 °C. Gelegentliche Kaltfronten aus dem Süden, sogenannte *Friajes*, können die Temperaturen auf bis zu 10 °C absinken lassen. Der heißeste Monat ist der Oktober, der kühlste der Juni. Man sollte unbedingt ein warmes Kleidungsstück und eine Regenjacke oder Regenponcho im Gepäck haben, da es auch bei den langen Bootsfahrten kühl werden kann.

Lange Hosen und Hemden, Sonnen- und Mückenschutz, gute Wanderschuhe (keine Sanda-

Flussotter – die verspielten Schwimmer

Die Urwaldseen des peruanischen Amazonasgebietes sind der Lebensraum des Flussotters *(Lobo del Río, Pteronura brasiliensis)*, einem geselligen Mitglied der Familie der Mustelidae, zu der auch das Wiesel und der Nerz gehören. Die größte der 13 Otterarten, mit einer Gesamtgröße von bis zu 1,80 m, liebt das Wasser über alles. Die **exzellenten Schwimmer** besitzen neben Schwimmhäuten an den Pfoten und einem abgeplatteten Schwanz ein charakteristisches Halsmuster, an dem sich jedes Exemplar unverwechselbar identifizieren lässt. Die Leibspeise des tagaktiven Riesenotters ist Flussfisch in jeder Variation. Bis zu 4 kg Fisch vertilgt jedes Tier pro Tag. Ansonsten spielen sie lärmend miteinander, markieren ihre Territorien oder relaxen auf einem Baumstamm im Wasser. Nachts ziehen sich die Tiere in ihren Bau zurück. Riesenotter, die von den Einheimischen Flusswölfe genannt werden, leben in vier bis fünf Mitglieder starken Familienverbänden. Wenn ein Riesenotter nach zwei bis drei Jahren die Geschlechtsreife erreicht, verlässt er seine Familie und macht sich auf die Suche nach einem Partner und eigenem Territorium.

Obwohl Flüsse zum **Lebensraum** der Tiere gehören, fühlen sie sich in den Altarmen der Amazonasflüsse am wohlsten. Ist der See groß genug, bleibt die Otterfamilie das ganze Jahr dort, andernfalls umfasst ihr Habitat zwei bis drei kleinere Seen und die dazugehörigen Fluss- und Sumpfgebiete. Obwohl Riesenotter nur wenige natürliche Feinde besitzen, darunter Kaimane, sind sie vom Aussterben bedroht. Aufgrund ihres wertvollen Pelzes wurden die Tiere vor allem in der Mitte des 20. Jhs. gnadenlos gejagt – ihre Größe, ihre Tagaktivität und ihre natürliche Neugier machten sie zu einer leichten Beute. Schutzmaßnahmen der Amazonasstaaten brachten den Pelzhandel weitestgehend zum Erliegen, die **Bedrohungen** kommen heute von anderer Seite: Die fortschreitende Zerstörung der Regenwälder, Überfischung, Verschmutzung der Gewässer durch den Gebrauch von Quecksilber beim Goldsuchen und sogar schlecht organisierter Tourismus vertreiben die Tiere. Der Schutz des Riesenotters bedeutet mehr als nur den Schutz einer einzigen Tierart. Da die Tiere nur in sauberem Wasser überleben können, muss man zum Erhalt ihrer Art gleichzeitig auch den umliegenden Regenwald schützen – und somit auch andere Tier- und Pflanzenarten.

Die **Zoologische Gesellschaft Frankfurt**, 💻 www.fsz.org, engagiert sich seit vielen Jahren für den Schutz des Lebensraums des Riesenotters und freut sich über Spenden.

len!) sowie eine Kopfbedeckung verstehen sich von selbst.

Überlegungen vor dem Besuch

In den Nationalpark Manu gelangt man nur im Rahmen einer organisierten Reise. Wer die Region individuell erkunden möchte, kommt über die abwechslungsreiche Zufahrtstrecke und die allen zugängliche historisch-kulturelle Zone des Parks nicht hinaus. Für einen Besuch sind mindestens drei, besser fünf bis acht Tage einzuplanen, viertägige Touren führen in das Gebiet um

Warum Papageien Lehm fressen

© FRANK HERRMANN

Als Wissenschaftler der New York Zoological Society in den 1980er-Jahren begannen, **Aras** und deren Lebensgewohnheiten zu erforschen, glaubten sie nach der Entdeckung der ersten Mineralienlecke, dass es nur diese einzige Stelle gäbe. Inzwischen hat man offiziell 18 *Collpas* (Quechua-Wort für salzige Erde) gezählt, 15 weitere sind von im Wald lebenden Indianern ausgemacht worden. Die Forscher gehen von Dutzenden weiterer Collpas aus, die sich in unzugänglichen Regionen der peruanischen Regenwälder befinden. Im Südosten des Landes trifft man acht Arten von Aras an, die sich fast täglich an bestimmten lehmhaltigen Stellen der Flussufer treffen. Mit großem Gekrächze knabbern die bunt gefiederten Vögel mit ihren scharfen Schnäbeln kleine Brocken der tonhaltigen Erde. Dabei nehmen sie **Salze und Mineralien** auf, die für ihr Überleben unentbehrlich sind.

Obwohl Guacamayos, so der spanische Name der Tiere, auch gelegentlich Blätter, Blüten und Früchte verzehren, bevorzugen sie Samenkörner, die ihnen gar nicht hart genug sein können. Doch viele der Samen enthalten giftige Alkaloide und Tannine, sodass die Riesenaras gezwungen sind, das im Lehm enthaltene **Gegengift** aufzunehmen, um nicht zu sterben. Interessant ist die saisonal bedingte Fluktuation an den Collpas. Während die Aras sich zu Beginn der Trockenzeit im Mai und Juni deutlich seltener an den Lecken blicken lassen, nehmen sie in den trockensten Monaten August und September deutlich mehr Lehm zu sich. Biologen vermuten, dass das abnehmende Nahrungsangebot die Vögel zwingt, häufiger giftige Samen zu knacken.

Atalaya (Zona Cultural). Die **Kosten** inkl. Unterbringung, Transport, Verpflegung, Guide, Eintrittsgebühren liegen für einen **achttägigen Aufenthalt** bei rund US$1200–2000. Ein paar hundert Dollar lassen sich einsparen, wenn man das Gebiet um Blanquillo, südöstlich von Boca Manu (Manu-Biospärenreservat) besucht. Dort gibt es ähnliche Möglichkeiten zur Tierbeobachtung (inkl. Riesenotter) wie bei einer Tour in die Touristenzone des Parks. Wer nur wenige Tage Zeit hat, sollte auf das Naturschutzgebiet Reserva Nacional Tambopata (S. 298) bei Puerto Maldonado ausweichen.

Wichtig

- Vor der Buchung vom Veranstalter eine Karte mit dem Tourverlauf verlangen und nach der Länge der Bootsfahrten fragen!
- Um sicherzustellen, dass die Tour auch wirklich in die Reservatszone des Parks führt, sollten im Programm die Seen Cocha Salvador und Cocha Otorongo erwähnt sein.
- Eine Tour in die Reservatszone macht unter sechs Tagen wenig Sinn, da An- und Abreise bereits vier Tage in Anspruch nehmen.
- Manu-Touren finden nur zu festen Terminen statt, meist einmal wöchentlich, in der Hauptsaison gelegentlich zweimal – je nach Veranstalter. Vorab nach Terminen erkundigen und rechtzeitig buchen!

An- und Abreise

Die zweitägige **Anfahrt** (Übernachtung auf halber Strecke in einer Nebelwaldlodge) zum Nationalpark führt über Paucartambo nach Atalaya (s. auch „Von Cusco zum Parque Nacional Manu", S. 282). Dort steigt man in ein Boot um, das einen in den Nationalpark bringt (ca. 6 Std. bis Boca Manu plus 6 Std. in die Touristenzone). **Rückfahrt:** Die Manu-Veranstalter bringen ihre Gruppen inzwischen über den Río Madre de Dios per Boot bis Boca Colorado, von dort per Auto bis Puerto Carlos und weiter mit dem Privatbus auf der asphaltierten Interoceánica zurück nach Cusco oder ggf. bis Puerto Maldonado, von wo aus der Rückflug nach Cusco oder ohne Umsteigen auch nach Lima möglich ist (s. Karte Südliches Amazonastiefland S. 280).

Cochas, die Urwaldseen

Auf Quechua bedeutet *Cocha* See. Auch die Gewässer des Amazonastieflands werden Cocha genannt. Doch bei den Urwaldseen handelt es sich eigentlich um „stillgelegte" Flussschleifen, die übrig bleiben, wenn die Flussläufe ihre Richtung ändern. So haben viele von ihnen die Form eines Bumerangs. Sie erhalten frisches Wasser durch die häufigen Regenfälle, und die tiefer liegenden Seen werden periodisch überschwemmt. Die meisten Cochas – auf Deutsch Altarme genannt – liegen still und unberührt inmitten der riesigen Wälder. Sie sind sehr fischreich und daher ein idealer Lebensraum für den Riesenotter (s. Kasten S. 287).

SÜDPERU

ÜBERNACHTUNG

Innerhalb des Nationalparks (Zona de Uso Turístico y Recreativo) gibt es nur eine Lodge: **Casa Matsiguenka**, 💻 www.casa-matsiguenka.com, zwischen dem Cocha Salvador und der Kernzone. Rustikale Lodge, die mit deutscher Entwicklungshilfe errichtet, von Matsiguenka-Indianern (s. Kasten S. 292) geführt und von verschiedenen Manu-Veranstaltern genutzt wird und über diese zu buchen ist. Nur Gemeinschaftsbad, spanischsprachig. ❻

TOURVERANSTALTER

Alle aufgeführten Unternehmen veranstalten **5- bis 9-tägige Ausflüge** (8 Tage inkl. Unterbringung, Transport, Verpflegung, Guide, Eintrittsgebühren US$1200–1800, mit Rückflug ab Puerto Maldonado mehr) in den Nationalpark Manu. Die Anreise geht meist über Land mit einer Übernachtung im Nebelwald der Ostandenabhänge (s. „Von Cusco zum Parque Nacional Manu", S. 282). Zurück nach Cusco entweder über die gleiche Strecke (billiger), über den Río Madre Dios und die Interoceánica oder mit Rückflug ab Puerto Maldonado. Innerhalb der Touristenzone nutzen die meisten Veranstalter eigene Zeltcamps auf Holzplattformen. Genutzt werden auch nahe gelegene Unterkünfte außerhalb des Nationalparks

(S. 284). Die Preise der Trips variieren z. T. beträchtlich und sind abhängig von der Saison, der Erfahrung der Guides, der Gruppenstärke und persönlichem Verhandlungsgeschick. Ein ausführlicher Routen- und Preisvergleich mit Blick auf eine Manu-Karte lohnt sich! Der Tourpreis enthält gewöhnlich: An- und Abreise (Bus und Boot), Unterkunft, Guide, alle Mahlzeiten und Trinkwasser. Der Eintritt zur Minerallecke der Aras und in die Touristenzone des Parks sind nicht immer enthalten.

Eine Liste der lizensierten Veranstalter findet sich unter www.visitmanu.com/pages/turismo-agencias.html.

Amazon Trails Peru, Tandapata 660, San Blas, Cusco, 084-437374, www.amazontrailsperu.com. Deutsch-peruanischer Manu-Veranstalter mit nachhaltiger Ausrichtung, der die Casa Matsiguenka sowie Manu Blanquillo, ein südlich des Nationalparks gelegenes privates Reservat mit großer Ara-Lecke besucht. Betreiber der Amazonia Lodge in der Nähe von Atalaya.

Bonanza Tours, Suecia 343, Cusco, 084-507871, www.bonanzatoursperu.com. Günstige Preise, auch mit Übernachtungen im Zelt oder in den beiden unternehmenseigenen Lodges in der Kulturzone.

Manu Expeditions, Los Geranios 2-G, Urbanizacion Mariscal Gamarra, 1ro Etapa, Cusco, 084-225990, www.manuexpeditions.com. Einer der ältesten Anbieter von Touren nach Manu und Mitbesitzer des Manu Wildlife Centers. Hat mehrtägige Touren im Programm mit Übernachtungen im Nebelwald (Cock-of-the-Rock Lodge) und im Nationalpark Manu (Zeltcamp in der Nähe des Cocha Salvador).

Pantiacolla Tours, Garcilazo 265, 2. Stock, Büro 12, Cusco, 084-238323, www.pantiacolla.com. Unter holländischer Leitung und mit ökologisch verantwortlicher Ausrichtung. Zu Pantiacolla gehören die gleichnamige Lodge unterhalb von Shintuya, die San Pedro Lodge und ein Camp.

FREIWILLIGENARBEIT

Im Palmaceda-Projekt, 084-228327, www.ecologiaperumanu.com, einem Ökoprojekt im **Chontachaca-Reservat** unterhalb des Manu-Nebelwaldes, ist Freiwilligenarbeit gegen Kostenbeitrag möglich. Bei 5 Std. Arbeit pro Tag (Mo–Sa) sind Aufenthalte von 1 bis 24 Wochen buchbar.

Von Boca Manu nach Puerto Maldonado

Etwa zwei Stunden weiter flussabwärts in südöstlicher Richtung liegen am Río Madre de Dios das **Manu Wildlife Center**, www.inkanatura.com ❻, die **Maquisapayoj Lodge**, www.amazontrailsperu.com ❻, und die **Tambo Blanquillo Lodge**, www.tamboblanquillo.com, ❻. Von diesen drei Unterkünften aus lassen sich Ausflüge zur Papageienlecke Blanquillo unternehmen, in deren Nähe es auch einen 42 m hohen Beobachtungsturm gibt.

Vom Manu Wildlife Center und der Maquisaypayoj Lodge aus ist außerdem der Besuch einer Säugetier-Salzlecke auf der östlichen Flussseite möglich, in Maquisapayoj ist zudem die Übernachtung auf der Beobachtungsplattform möglich.

Da es keine regelmäßigen Flüge ab Boca Manu nach Cusco gibt, bieten viele Veranstalter inzwischen den Rücktransport nach Cusco flussabwärts auf dem Río Madre Díos bis zum Goldwäscherdorf **Boca Colorado** an (ca. 5 Std.). Von dort geht es über Land weiter nach Puerto Carlos (ca. 1 Std.), wo man auf die andere Flussseite des Río Inambari gebracht wird (Santa Rosa). Von dort geht es auf der Interoceánica in etwa acht Stunden bis nach Cusco oder in knapp drei Stunden nach Puerto Maldonado. Alternativ kann man in Puerto Carlos einen Van mieten (US$480, Platz für ca. 10 Pers.), der einen in ca. acht Stunden nach Puno bringt. Die meisten Tourveranstalter benutzen private Kleinbusse für diesen Abschnitt. Von Puerto Maldonado ist der Rückflug nach Cusco bzw. Lima oder der Besuch des Naturschtzgebiets Tambopata-Candamo (S. 298) möglich.

Nur selten fahren Handelsboote, die in Boca Manu haltmachen, an einem Tag den Río Madre de Dios flussabwärts bis Boca Colorado an der

Waldgebiet abseits der Touristenströme

Rund 224 km östlich von Cusco (4 Std. Fahrtzeit) liegt bei KM 174 der Interoceánica Richtung Puerto Maldonado (rund 19 km südwestlich von Quince Mil) das noch wenig bekannte private Schutzgebiet **Soqtapata**, www.soqtapata.com. Es schützt ein sehr artenreiches 9600 ha großes Waldgebiet in Höhenlagen zwischen 900 und 4600 m. Soqtapata kann besucht werden (Übernachtung, auch Yoga- und Biokochkurse), sei es als Tourist oder als freiwilliger Helfer. ❻

Mündung des gleichnamigen Flusses. Mehrere Stunden flussabwärts liegt der Ort **Laberinto**, von wo aus regelmäßig Busse nach Puerto Maldonado verkehren (2 Std.).

Wer sich auf eigene Faust auf die Reise von Boca Manu nach Puerto Maldonado einlässt, sollte sich darüber im Klaren sein, dass er die bekannten Touristenpfade verlässt und durch Regionen reist, in denen er auf raue Goldgräber trifft, die Gesundheitsversorgung nur rudimentär ist und man mangels Transportmöglichkeiten durchaus ein paar Tage an einer Stelle festhängen kann.

Puerto Maldonado

Ganz so verschlafen, gemächlich und träge wie einst ist das Städtchen mit seinen rund 90 000 Einwohnern am Zusammenfluss des Río Madre de Dios und des Río Tambopata nicht mehr. Denn inzwischen ist die **Interoceánica** fertiggestellt, ein 2594 km langes Asphaltband, das von der brasilianischen Atlantikküste bis zur peruanischen Pazifikküste reicht.

Auf dieser Strecke fahren seither auch Touristen die 530 km von Cusco über Urcos und Quincemil nach Puerto Maldonado. Das dauert mit dem Bus inzwischen nur noch rund 10 Stunden, doch in der Regenzeit (besonders von Dez–April) kann der Verkehr nach wie vor aufgrund von Erdrutschen beeinträchtigt sein. Die meisten Besucher bevorzugen den 30-minütigen Flug über die Anden hinab in die feuchtheiße Urwaldstadt.

Der Aufschwung des einstigen Dschungelkaffs begann bereits Ende der 1970er-Jahre. Damals fand man **Gold** im Río Madre de Dios und auch heute noch reden die Bewohner am liebsten über diejenigen, die das Edelmetall wohlhabend gemacht hat. Denn jedes Jahr nach der Regenzeit schwemmen die Flüsse große Mengen Goldstaub aus den Anden in die Amazonasregion – Gold, das sich an den Flussufern ablagert und mit großen Baggern, die den sedimentreichen Boden durchpflügen, herausgespült wird. Mit fatalen Folgen für die Natur: Mehr als 18 000 ha Regenwald sind der Goldsuche im Departamento Madre de Dios bereits zum Opfer gefallen und jährlich verunreinigen rund 450 Tonnen Quecksilber, das zur Bindung des Goldes benötigt wird, zahlreiche Flüsse, Fische und die Menschen. Ein Großteil der 16–18 Tonnen Gold, die jährlich gewonnen werden, stammt aus informellem Abbau, wodurch dem Staat pro Jahr geschätzte 50 Mio. Soles (etwa 13,5 Mio. €) an Steuereinnahmen entgehen. Staatliche Maßnahmen, die illegale Goldsuche zu beenden, etwa die Sprengung von Schürfbaggern, führen immer wieder zu heftigen Protesten und Streiks.

Der wahre Goldschatz der Region liegt im Süden der Stadt: Das Naturschutzgebiet **Reserva Nacional Tambopata** (S. 298) zieht von Jahr zu Jahr mehr Touristen an. Inzwischen werben jede Menge Lodges um die Gunst der Besucher, die fast alle von Cusco aus im Rahmen einer organisierten Tour mit dem Flugzeug nach Puerto Maldonado kommen. Aber auch eine Übernachtung in Puerto Maldonado lohnt, um ein wenig von der Atmosphäre einer „Frontier Town", einem Grenzposten im Dschungel, zu erleben.

Von oben lassen sich Stadt und Fluss vom 47 m hohen Aussichtsturm **Mirador de la Biodiversidad** (besser bekannt als „Obelisco") an der Kreuzung Fitzcarrald/Madre de Dios erleben. ⌚ tgl. 8.30–21 Uhr, Eintritt 3 S/.

An der Av. Elmer Faucett liegt in Flughafennähe die Schmetterlingsfarm **Tambopata Butterfly Farm**, www.perubutterfly.com. ⌚ Mo–Sa 8–17, So 9–17 Uhr, Eintritt 18 S/.

SÜDPERU

Die Matsiguenka

Der indigene Stamm der Matsiguenka, der etwa 10 000 Personen umfasst, lebt im Südosten Perus, hauptsächlich im Einzugsgebiet des Río Urubamba, aber auch am Río Manu und dem Oberlauf des Río Madre de Dios. Nach unerfreulichen Kontakten mit der Außenwelt zogen sich die Matsiguenka lange Zeit in die Tiefen des amazonischen Regenwalds zurück. Erst in den 1960er-Jahren gründeten viele der einst nomadisierenden Gruppen Dorfgemeinschaften. Dies geschah vor allem auf Druck religiöser Gruppierungen und um die dort errichteten Schulen nutzen zu können. Bis heute haben die Matsiguenka ihre **ursprünglichen Wirtschaftsformen** wie Jagd, Fischfang und Landwirtschaft erhalten. Eines ihrer Hauptnahrungsmittel ist Maniok, der auf kleinen Ackerflächen angebaut wird. Die meisten zum Leben benötigten Güter werden von den Matsiguenka selber hergestellt. Um ihre wirtschaftliche Unabhängigkeit zu sichern, suchten die Matsiguenka eine Einnahmequelle, die zudem mit den strengen Schutzvorschriften des Manu-Nationalparks in Einklang zu bringen war. So beschlossen die beiden im Gebiet des Schutzgebiets lebenden Gemeinden – Takayome und Yomibato – Anfang der 90er-Jahre, ins **Tourismusgeschäft** einzusteigen. Sie errichteten mit Unterstützung der damaligen Deutschen Gesellschaft für technische Zusammenarbeit eine einfache Herberge. Wer bei den Matsiguenka übernachten und das Projekt auf diese Weise unterstützen möchte, sollte gezielt bei den Manu-Veranstaltern nachfragen.

Julia Ohl und Frank Herrmann

ÜBERNACHTUNG

Pirwa Puerto Maldonado, Moquegua, Ecke Tacna, ✆ 084-244315 (Büro Cusco), 💻 www.pirwahostels.com. Backpacker-Hostel der Pirwa-Kette mit allen üblichen Serviceleistungen, Frühstück inkl., Schlafsaal ab US$11,50. ❷

Tambopata Hostel, Gonzales Prada 161, 3 Blocks von der Plaza, ✆ 082-574201, 💻 www.tambopatahostel.com. Hostel, das sowohl Schlafsäle (ab 30 S/. p. P.) als auch einfache Zimmer mit Moskitonetz und wahlweise Bad/ohne Bad zu bieten hat. Küchenbenutzung, Tourservice. Frühstück inkl. ❷

Anaconda Lodge, Avenida Aéropuerto s/n, La Joya, ca. 600 m vom Flughafen entfernt, ✆ 082-792726, 💻 www.anacondajunglelodge.com. Gepflegte Anlage am Stadtrand von Puerto Maldonado mit großem tropischen Garten, Pool und Thai-Restaurant. Rustikale Bungalows mit Warmwasser und Privat- oder Gemeinschaftsbad, Camping 20 S/. Tourservice. Frühstück inkl. ❸, mit Gemeinschaftsbad ❷

Wasai Puerto Maldonado Eco Lodge, Plaza Grau 1, ✆ 01-572290 (Lima), 💻 www.wasai.com. Schöne, direkt an der Brücke über den Río Madre de Dios gelegene grüne Anlage. Unterschiedliche Unterkunftsmöglichkeiten, die von Schlafsaal (ab US$11 p. P.) über Zimmer mit AC oder Ventilator bis zu Bungalows reichen. Außerdem Pool und Restaurant. Die Lodge organisiert Ausflüge in die Umgebung (s. „Touren"). Frühstücksbuffet inkl. Den Betreibern gehören weitere Lodges, s. Website. ❸–❺

ESSEN

Viele Restaurants servieren frischen **Flussfisch** (der aber leider wegen des Goldabbaus mit Quecksilber belastet sein kann) oder **Wildbret**. **Paranüsse**, auch Brasilnüsse genannt *(Castañas, Bertholletia excelsa)*, zählen zu den nachhaltigen Waldprodukten der Region (s. Kasten S. 296). Man kann sie auf dem Markt oder am Flughafen erstehen.

Burgos, Av. 26 de Diciembre 195. Eines der besten Restaurants der Stadt mit schönem Ausblick auf den Zusammenfluss des Madre de Díos und Tambopata, sehr gute Amazonas-Gerichte, auch Vegetarisches, nicht ganz billig. 🕒 tgl. 11–23 Uhr.

El Califa, Piura 266. Gute Fisch- und Fleischgerichte, große Auswahl regionaler Säfte. 🕒 tgl. 9–17 Uhr.

La Casa Nostra, León Velarde 515. Gutes Café, Tourinformationen. 🕒 Mo–Sa 8–22 Uhr.

La Semilla, Arequipa 281. Das Restaurant serviert auf der Dachterrasse im dritten Stock

Puerto Maldonado

■ ÜBERNACHTUNG	■ ESSEN	■ SONSTIGES	■ TRANSPORT
(1) Anaconda Lodge	1 El Califa	1 Teoca's	1 Terminal Terrestre
(2) Wasai Puerto Maldonado Eco Lodge	2 Los Gustitos del Cura	2 Migración	2 Hafen EMAPAT
(3) Tambopata Hostel	3 Burgos	3 Witite	3 Colectivos Laberinto
(4) Pirwa Puerto Maldonado	4 La Semilla	4 Sernanp	4 Iñapari / Assis
	5 La Casa Nostra	5 Amazon Shelter	5 Latam
			6 Colectivos Infierno
			7 Puerto Tambopata

SÜDPERU

auch viele vegetarische/vegane Speisen. ⌚ Mo–Fr 9–15, 17–22, Sa 10–22 Uhr.

Los Gustitos del Cura, Loreto 220, an der Plaza. Nettes Eiscafé, gute Fruchtsäfte, leckerer Biokaffee. Hier werden Waisenkinder der Hilfsorganisation APRONIA beschäftigt, die auch eine Lodge unterhält (s. Kasten S. 295). ⌚ tgl. 7.30–23.30 Uhr.

UNTERHALTUNG UND KULTUR

An Wochenenden kann man sein Glück in der Disco **Witite**, Velarde Cuadra 1, oder der

Großdisco **Teoca's**, Av. Andres Caceres 1188, auf dem Weg zum Flughafen, mit Restaurant und Karaoke-Bar, probieren. ⌚ lohnt nur Fr, Sa abends.

AKTIVITÄTEN UND TOUREN

Bootstouren

Die meisten Veranstalter bringen ihre Gäste in das rund 30 Busminuten entfernte Dorf Infierno und beginnen dort die Bootsfahrt flussaufwärts Richtung Tambopata.
Im Hafen **Puerto Tambopata**, der in der Nähe des Krankenhauses am Río Tambopata liegt, starten die Bootstouren zu den Lodges, die entlang des Río Madre de Dios liegen.

SÜDPERU

Guides

Das Informationsbüro von **DIRCETUR** (s. rechts) vermittelt Führer für individuelle Dschungeltouren. Sie müssen einen Ausweis von DIRCETUR vorzeigen können, auf dem Conductor Turístico und das jeweilige Zielgebiet stehen. Ohne diesen Ausweis ist die Einreise in das Schutzgebiet nicht erlaubt. Die meisten Guides sprechen etwas Englisch und nehmen rund US$30–50 pro Tag und Person (bei mehreren Tagen günstiger, verhandelbar je nach Gruppengröße). Es empfiehlt sich, einen informellen Vertrag aufzusetzen und die Details der Tour zu besprechen (Preis inkl. Bootsmann, Motor, Boot, Benzin, Öl, Essen und Ausrüstung). Zuverlässige Guides vermitteln auch die Anaconda Lodge und die Wasai Lodge (s. „Übernachtung").

Tourveranstalter

Viele der Tourveranstalter, die Lodges in der Umgebung von Puerto Maldonado besitzen, unterhalten Büros in der Stadt und/oder in Cusco bzw. Lima. Die Adressen finden sich bei der jeweiligen Lodge (S. 292).

SONSTIGES

Feste

Der **Karneval** und die **Fiesta San Juan** sind im Juni, die **Ökotourismuswoche** (Semana Turística Ecológica) Ende September.

Freiwilligenarbeit

Das private Naturschutzgebiet **Reserva Ecologica Taricaya** wird von Projects Abroad, 💻 www.projects-abroad.org, verwaltet, einem britischen Unternehmen, das freiwillige Helfer vermittelt. Es liegt ca. 1 Bootsstunde den Río Madre de Dios flussabwärts. Im Taricaya Center kann man u. a. bei der Pflege kranker und verletzter Tiere helfen.

Geld

Mehrere Banken liegen rund um die Plaza de Armas. Wechselstuben entlang der León Velarde.

Informationen

DIRCETUR, San Martín, Fonavi F20, ✆ 082-571164, ⌚ Mo–Fr 7–13, 14–16 Uhr.
Sernanp, Cajamarca 946, ✆ 082-571247. Hier bekommt man Infos zu den Schutzgebieten der Region. Die Eintrittsgebühren für die Parks (S. 286) zahlen in der Regel die Tourveranstalter bzw. die Guides. ⌚ Mo–Fr 8–13, 16–20 Uhr.

Medizinische Hilfe

Hospital Santa Rosa, Cajamarca, Block 7, ✆ 082-571019.
Gelbfieberimpfungen (s. Kasten 296) bekommt man nur im **Puesto de Salud Jorge Chávez**, Asentamiento Jorge Chávez. Die Impfung ist bis auf eine geringe Verwaltungsgebühr kostenlos. ⌚ Mo und Fr 15–17 Uhr.

Polizei

Am Ortseingang, Straße nach Cusco, ✆ 082-571022. Das Büro der Touristenpolizei befindet sich im Flughafengebäude.

Visaangelegenheiten

Migración, Av. 15 de Agosto 568, ✆ 082-571069. Wer mit dem Boot über den Río Madre de Dios nach Bolivien ausreist, muss sich hier seinen Stempel holen. Wer über Land nach Brasilien reist, erhält den Ausreisestempel am tgl. geöffneten Grenzübergang in Iñapari. Generell schadet es nicht, sich vor der Weiterreise nach den aktuellen Bestimmungen zu erkundigen. ⌚ Mo–Fr 8–16, Sa 8–12 Uhr.

NAHVERKEHR

In Puerto Maldonado sind die dreirädrigen **Motocars** und **Moto Taxis** (Leichtmotorräder) die schnellsten und billigsten Verkehrsmittel. Sie kosten 3 S/. bzw. 2 S/. pro Fahrt innerhalb des Orts und 8–10 S/. zum Flughafen. Die Helmpflicht bei den Motorrädern gilt nur für den Fahrer.

TRANSPORT

Busse und Colectivos

Die Strecke von der brasilianischen Grenze über Puerto Maldonado bis nach Cusco ist Teil der *Interoceánica*, die vom Atlantik (Brasilien) bis zum Pazifik (Peru) reicht und inzwischen bis auf kleinere Stücke komplett asphaltiert ist. In der Regenzeit können jedoch Erdrutsche Verspätungen und Ausfälle von Bussen verursachen. Der zentrale **Busbahnhof** liegt an der Av. Circunvalación 2621, knapp 4 km nordwestlich der Plaza de Armas. Eingang ist aber über die Atahualpa.

Verbindungen

Von Fahrten nach Arequipa oder Juliaca wird abgeraten, da die auf diesen Strecken eingesetzten Busse (u. a. Julsa) meist von schlechter Qualität sind.
AREQUIPA 1x tgl. (Julsa), ca. 14 Std.
CUSCO mehrmals tgl. verschiedene Anbieter (u. a. móvilbus, Civa, Wari Palomino), 9–10 Std. (530 km).
IÑAPARI / ASSIS (Brasilien) ca. 3 1/2 Std. (bis zur Grenze 3 Std.) (244 km); Sammeltaxis und Minibusse (deutlich langsamer) fahren regelmäßig von der Ecke Fitzcarrald / 28 de Julio.
INFIERNO Sammeltaxis fahren von der Piura/ Ecke Cajamarca (von 6–18 Uhr, 1/2 Std., 20 km).
JULIACA mehrere Abfahrten tgl., meist am Nachmittag (u. a. Julsa), ca. 12 Std. (750 km).
LABERINTO Sammeltaxis fahren von der 28 de Julio, Ecke Tacna (von 3–22 Uhr, 1 Std., 50 km).

Boote

An der Ostecke der Stadt befindet sich am Río Madre de Dios der **Hafen EMAPAT**. Hier warten jede Menge *Peque-peques* (**Langboote** mit kleinem Motor und Platz für bis zu 10 Pers.) auf Charterfahrten. Die Boote Richtung MANU flussaufwärts auf dem Río Madre de Dios fahren von LABERINTO, ca. 50 km westlich von Puerto Maldonado, ab. Es besteht keine regelmäßige Verbindung nach Boca Manu und Shintuya.
Boote nach PUERTO PARDO (peruanischer Grenzhafen, Fahrzeit etwa 5 Std.) und zum bolivianischen Hafen PUERTO HEATH, flussabwärts auf dem Río Madre de Dios, fahren nur äußerst sporadisch.
Von Puerto Pardo gelangt man in rund 3 Tagen nach Riberalta und von Puerto Heath über eine wenig befahrene Dschungelpiste nach La Paz.

Flüge

Der **Aeropuerto Padre José Aladamiz** liegt 7 km westlich des Zentrums, ✆ 082-571533. Der Flughafentransport kostet je nach Transportmittel 8–10 S/. In der Regenzeit muss mit Verspätungen und Flugausfällen gerechnet werden. Ein Zeitpuffer für internationale Anschlussflüge sollte in jedem Fall eingerechnet werden.
Latam, León Velarde 503, ✆ 082-573677, 💻 www.latam.com, 🕒 Mo–Fr 9–19, Sa 9–13 Uhr, fliegt tgl. nach CUSCO und von dort ohne Umsteigen weiter nach LIMA. In den Monaten Juli/ Aug können die Flüge schon lange im Voraus ausgebucht oder entsprechend teuer sein.

Dschungellodge mit Hilfsprojekt

Entlang der Straße nach Iñapari liegt bei KM 14 die Abzweigung zur Dschungellodge **Estancia Bello Horizonte**, die nach weiteren 6 km erreicht wird. Die weitläufige Bungalowanlage mit großem Pool wird von der Hilfsorganisation APRONIA geführt und propagiert einen ökologischen und fairen Tourismus. Die Einnahmen aus dem Lodgebetrieb fließen zu 100 % in zwei Kinderheime. Kontakt: Loreto 252, Puerto Maldonado, ✆ 082-572748, 💻 www.estanciabellohorizonte.com. ❺–❻

Die Umgebung von Puerto Maldonado

Auf dem Weg zum Dorf Infierno haben wenige Kilometer außerhalb Puerto Maldonados verschiedene touristische Anbieter die **Reserva Privada Bajo Tambopata**, ein privates Schutzgebiet, ins Leben gerufen. Im sogenannten Corredor Turístico haben sich dort u. a. Hotels, Restaurants, Freiwilligenorganisationen und Kunsthandwerker angesiedelt. Weitere Infos gibt es bei der Touristeninformation DIRCETUR in Puerto Maldonado, die über ein Faltblatt mit der Route und den Anbietern verfügt.

Bei KM 11,2 der Straße Richtung Tambopata-Reservat liegt der Sitz von **Amazon Shelter**, ✆ 082-2632789, 💻 http://amazonshelter.org/sede, eine Station für illegal gefangene und beschlagnahmte Tiere. Freiwillige und Besucher sind dort nach vorheriger Kontaktaufnahme willkommen.

Weniger einladend ist die Goldgräberstadt **Laberinto** 50 km westlich von Puerto Maldonado. Das Städtchen ist Startpunkt für Bootsfahrten flussaufwärts auf dem Río Madre de Dios Richtung Manu. Die Übernachtungsmöglichkeiten in Laberinto sind alles andere als gut, und Tagesbesuchern sei empfohlen, abends rechtzeitig nach Puerto Maldonado zurückzukehren.

Auf dem Landweg Richtung Brasilien und Bolivien

Eine asphaltierte Straße, Teil der Interoceánica, führt vorbei an Sekundärwald und Farmland zum Grenzort **Iñapari**. Colectivos benötigen rund drei Stunden bis nach Iñapari und weitere 30 Minuten bis zur Grenze, wo man seinen Ausreisestempel erhält. Der brasilianische Grenzort heißt **Assis Brasil**. Die Grenze ist tgl. von 8.30–19 Uhr geöffnet.

Zwischen **Iñapari** und **Assis Brasil** gibt es inzwischen eine Brücke über den Grenzfluss Río Acre. In Assis Brasil sind die Übernachtungsmöglichkeiten etwas besser als in Iñapari. Von Assis kann man nach **Brasiléia** reisen. Dort bestehen Anschlüsse nach **Río Branco** (und Sao Paulo) oder über eine neue Brücke ins **bolivianische Cobija**. Von Cobija gibt es Bus- und Flugverbindungen nach **Rurrenabaque** und **La Paz**.

Gelbfieberimpfung für Brasilien

Wer von Peru aus nach Brasilien einreist, benötigt eine Gelbfieberimpfung und den dazugehörigen Eintrag im Internationalen Impfpass. Impfungen sind im Puesto de Salud Jorge Chávez (s. „Puerto Maldonado/Sonstiges/Medizinische Hilfe", S. 294) erhältlich.

Den Río Madre de Dios flussabwärts Richtung Bolivien

Wer keine der Lodges am Río Tambopata besuchen möchte, hat auch am Río Madre de Dios oder dem Nebenfluss Río de las Piedras zahlreiche Möglichkeiten, das Naturschutzgebiet Tambopata-Candamo zu erleben. Lohnend ist ein Abstecher zum Lago Sandoval, zum Lago Tres Chimbadas (Pufferzone des Tambopata-Reservats) oder weiter flussabwärts zum Lago Valencia (außerhalb des Schutzgebiets). Für Vogelbeobachter interessant ist eine Fahrt auf

Vom Regenwald leben, ohne ihn zu zerstören

Seit er klein war, sammelt der heute 73-jährige Manuel Arguedas Paranüsse im südlichen Amazonasgebiet – früher für große Firmen, heute auf eigene Rechnung mit einer offiziellen Genehmigung im Nationalpark Tambopata. Die deutsche Journalistin Hildegard Willer hat den Nuss-Sammler besucht und einen lesenswerten Artikel über ihn geschrieben, den man kostenlos unter 💻 www.infostelle-peru.de/web/paranuesse-das-andere-amazonas-gold abrufen kann.

dem Río Heath, dem Grenzfluss zwischen Peru und Bolivien. Der Flusslauf ist Teil der Pampas del Heath, einem tief liegenden Überschwemmungsgebiet, das inzwischen zum Parque Nacional Bahuaja-Sonene gehört.

Lago Valencia

Rund 60 km flussabwärts (ca. 4–6 Bootsstunden) von Puerto Maldonado liegt der Lago Valencia, der über einen schmalen Kanal erreicht wird. Es wird angenommen, dass der See ebenfalls ein Überbleibsel eines Richtungswechsels des Río Madre de Dios ist. Ähnlich wie beim Lago Sandoval bekommt man am Lago Valencia noch viel unberührte Natur und einheimische Tierwelt zu sehen. Um davon maximal profitieren zu können, ist die Begleitung eines sachkundigen Guides unbedingt ratsam. An der Einfahrt zum See passiert man einen Polizeiposten, an dem man sich registriert. Wenig später führt die Fahrt an einer kleinen Dschungelsiedlung vorbei. Den Besuch am See verbringen die Gäste mit Regenwald-Wanderungen, Angeln, Tierbeobachtungen und Schwimmen.

Weiter zur bolivianischen Grenze

Nur wenige Handelsboote fahren bis zur Grenze nach Puerto Pardo, dem peruanischen Grenzort. Den **Ausreisestempel** muss man sich bereits in Puerto Maldonado holen. Die bolivianischen Grenzformalitäten werden in aller Regel in **Puerto Heath** erledigt. Von dort besteht ein sehr unregelmäßiger Bootsverkehr nach Riberalta. Die Bootsfahrt von Puerto Maldonado bis Riberalta kann mehr als eine Woche dauern. Alternativ gelangt man von Puerto Heath auf einer schlechten Dschungelpiste nach Cobija (mit Umsteigen in Chivé, insgesamt ca. 8 Std.), von wo aus Bus- und Flugverbindungen nach Rurrenabaque und La Paz bestehen.

ÜBERNACHTUNG UND ESSEN

Die **Lodges** außerhalb von Puerto Maldonado haben keinen Strom, sondern werden nachts mit Kerosinlampen und Kerzen erleuchtet. Einige Lodges verfügen über einen Dieselgenerator, der abends für einige Stunden in Betrieb genommen wird und das Aufladen elektronischer Geräte ermöglicht. In vielen Lodges ist inzwischen WLAN begrenzt verfügbar.

Alle Lodges verfügen über Moskitonetze oder einen abgedichteten Zimmerbereich. Einige Lodges stellen Gummistiefel zur Verfügung. Die **Komplettpakete** der Veranstalter umfassen in aller Regel Unterkunft, sämtliche Mahlzeiten, Transport und Guide und gelegentlich den Eintritt. Als Faustregel sollte man mit mindestens 70–100 € p. P. und Tag rechnen. Je entlegener die Lodge und je länger die Anfahrt, desto teurer ist der Aufenthalt.

Am Río Madre De Dios (zwischen Puerto Maldonado und bolivianischer Grenze)

Heath River Wildlife Center, Quebrada Huipa, rechte Seite des Río Heath, 4–5 Bootsstunden von Puerto Maldonado entfernt. Gehört wie die Sandoval Lake Lodge zu Inka Natura Travel, Petit Thouars 3811, San Isidro, Lima ✆ 01-4226743, 💻 www.inkanatura.com.

Reserva Amazónica Lodge, rund 17 km flussabwärts von Puerto Maldonado, Kontakt in Lima: Andalucia 174, Miraflores, ✆ 01-6100400, 💻 www.inkaterra.com. Komfortable Bungalows und Ausflüge zum Lago Sandoval, Lago Valencia, zum 27 m hohen Canopy Tree House und zum Botanischen Garten Hacienda Concepción.

Am Río de las Piedras

Amazon Rainforest Conservation Center (ARCC), nordwestlich von Puerto Maldonado am Río de Las Piedras gelegen (Anfahrt: 2 Std. über Land plus 2-stündiger Bootsfahrt), ✆ 997023252, 💻 www.laspiedrasamazontour.com. 8 Bungalows mit Privatbad und Warmwasser am Soledad-See in einem 7000 ha großen, privaten Schutzgebiet gelegen.

Ausrüstung für den Dschungeltrip

Taschenlampe und Ersatzbatterien, Moskitoschutzmittel, langärmelige Hemden, lange Hosen, Trekkingstiefel, ein warmes Kleidungsstück (für längere Bootsfahrten und den Fall eines durchaus möglichen Kälteeinbruchs), Kopfbedeckung, Regenjacke oder -poncho, Fernglas, Wasserflasche, Tagesrucksack.

Reserva Nacional Tambopata

Die Geschichte des Naturschutzgebiets beginnt im Jahr 1977, als die peruanische Regierung 5500 ha Regenwald am Río Tambopata unter Schutz stellte. In den folgenden Jahrzehnten brachten wissenschaftliche Studien eine enorme **Artenvielfalt** in der Region zum Vorschein. Im Jahr 1990 wurde das Gebiet auf 275 000 ha ausgeweitet und erstreckt sich inzwischen im Süden von Puerto Maldonado bis zu den Ausläufern der Ostanden, im Westen bis zum Río Madre de Dios und im Osten bis an die Grenze zu Bolivien. Rund ein Drittel der Zona Reservada Tambopata-Candamo wurde 1995 mit dem **Santuario Pampas del Heath**, einer Sumpflandschaft an der Grenze zu Bolivien, zum **Parque Nacional Bahuaja-Sonene** mit einer Fläche von 537 000 ha zusammengelegt.

Das gesamte Gebiet ist traditioneller Lebensraum der **Ese'eja-Indianer**, die während des Kautschukbooms vor rund 100 Jahren stark dezimiert wurden. Ihre Bezeichnungen für den Río Tambopata und den Río Heath haben dem Parque Nacional Bahuaja-Sonene seinen Namen gegeben. Der überwiegende Teil der Zona Reservada Tambopata-Candamo besteht aus unberührtem Regenwald; an den Rändern leben Bauern und indianische Gemeinschaften.

Tourismus ist nur in ausgewiesenen Bereichen des Naturschutzgebiets möglich. Zusammen mit dem Manu-Nationalpark gehört die Region, was Fauna und Flora betrifft, zur artenreichsten der Erde. Die mehr als 648 registrierten Vogelarten (darunter 32 Papageienarten), 323 Fischarten, 108 Säugetierarten und 93 Amphibienarten sind nur einige Rekorde, die das Gebiet aufgestellt hat. Hinzu kommt die **weltweit größte Minerallecke für Papageien** (Collpa Colorado), an der sich täglich Hunderte von Papageien zu einem farbenfrohen und lauten Spektakel einfinden.

Solch einmalige Naturereignisse locken eine ständig wachsende Besucherzahl an den Río Tambopata, an dessen Ufern sich zahlreiche Lodges niedergelassen haben. Aufgrund der Nähe zu Puerto Maldonado und der guten Flugverbindungen nach Cusco lohnt sich das Schutzgebiet auch für einen kürzeren Aufenthalt. Ein Minimum von drei Tagen sollte aber eingerechnet werden. Der **Eintritt in das Schutzgebiet** beträgt 30 S/. für bis zu zwei Tage, 65 S/. für bis zu fünf Tage und darüber hinaus 150 S/. Der Ausflug zur Papageienlecke Colorado kostet 100 S/.

Lago Sandoval

Rund 45 Bootsminuten flussabwärts, östlich von Puerto Maldonado, liegt inmitten von dichtem Regenwald der Lago Sandoval, eine ehemalige Flussbiegung des Río Madre de Dios. Einen Kilometer weiter flussabwärts beginnt der rund 3 km lange Weg durch den Regenwald zum Sandoval-See. Am Ende des Trails führt ein schmalerer Weg zur rund 2 km entfernten **Mejía Lodge** und zur benachbarten **Maloka Sandoval Lodge**. Von der Nordseite des Sees ist die teurere, aber sehr schöne **Sandoval Lake Lodge** per Boot zu erreichen (S. 299).

Um den See hat sich eine abwechslungsreiche **Flora und Fauna** herausgebildet, die man in ihrer Vielfalt nur erleben kann, wenn man am See übernachtet. Jede Menge Vögel, darunter Eisvögel, Hoatzine (eine Baumhuhnart), Kormorane, Reiher, Tukane und Aras können erspäht werden, und mit etwas Glück sieht man Fischotter, Kaimane, Sumpfschweine, Affen und Schildkröten. Im See lebt der bis zu 200 kg schwere Paiche, die größte Fischart des Amazonas. Mehrere Agenturen und Lodges bieten Ausflüge bzw. organisierte Touren zum See an (s. dazu auch „Guides" im Serviceteil Puerto Maldonado, S. 294), Eintritt s. Reserva Nacional Tambopata, lizenzierter Guide vorgeschrieben. Schwimmen im See ist nicht ratsam, da sich am Seeufer Stachelrochen aufhalten, die schmerzhafte Wunden verursachen können.

ÜBERNACHTUNG UND ESSEN

Alle Lodges bieten ausschließlich Pauschalangebote an, die Transport, Übernachtung, Essen und Guide umfassen. Pro Person und Nacht muss mit Kosten von mindestens US$100 gerechnet werden (Ausnahme ist die etwas günstigere Mejía Lodge). Je länger der Aufenthalt, desto günstiger der Tagessatz.

SÜDPERU

Am Lago Sandoval

€ **Mejía Lodge**, Kontakt über Wilding Mejía, León Velarde 487, Puerto Maldonado, ✆ 982682734, ✉ turismomejia@hotmail.com (unzuverlässig). Rustikale Holzhütten mit Palmdach (Betten mit Moskitonetz), alle mit einfachem Gemeinschaftsbad. Aufgrund des günstigen Preises beliebt bei jungen Travellern. Alle Mahlzeiten inklusive.

Sandoval Lake Lodge, Lago Sandoval, von Inka Natura Travel betrieben, Petit Thouars 3811, San Isidro, Lima ✆ 01-4226743, 💻 www.inkanatura.com. Sehr angenehme Zimmer mit Ventilator und Bad/Warmwasser. Restaurant mit Bar und schönem Blick über den See.

Entlang des Río Tambopata

Explorer's Inn Tambopata Ecolodge, rund 58 km von Puerto Maldonado flussaufwärts am Río Tambopata (3–4 Std. im Boot), Kontakt in Puerto Maldonado: Terminal Terrestre 2do Piso Of. 111, ✆ 950186820, 💻 www.explorersinn.com. Pionieragentur, die seit 1975 erfolgreich in Tambopata Touren veranstaltet.

Tres Chimbadas Lodge, direkt am gleichnamigen See, rund 20 km südwestlich von Puerto Maldonado, ✆ 990605472, 💻 www.treschimbadaslodge.com. Anfahrt ab Puerto Maldonado mit dem Auto bis zum Dorf Infierno. Dann ca. 30-minütige Bootsfahrt auf dem Río Tambopata und 15 Min. zu Fuß. Gute Alternative zum inzwischen recht überlaufenen Lago Sandoval.

Posada Amazonas, südlich von Puerto Maldonado am Río Tambopata, 45 Min. im Bus bis Bahuaja (Infierno) und 45 Min. im Boot, verwaltet von Rainforest Expeditions in Zusammenarbeit mit der Ese'eja-Gemeinde, Kontakt in Puerto Maldonado: Av. Aeropuerto, La Joya km 6, ✆ 01-7196422 (Lima), 💻 www.perunature.com. Gute Anlaufstelle für Besucher mit wenig Zeit und diejenigen, die einen ersten Eindruck vom Regenwald bekommen wollen.

Refugio Amazonas, Kontakt: s. Posada Amazonas. Die Lodge liegt in einem 200 ha großen privaten Schutzgebiet der Pufferzone des Tambopata-Nationalreservats. Das Programm ähnelt dem der Posada Amazonas, aber die Lodge ist kleiner.

Tambopata Research Center, tief im Naturschutzgebiet Tambopata gelegen, in rund 5–6 Bootsstunden auf dem Río Tambopata von Puerto Maldonado aus erreichbar. Die einfache und rustikale Unterkunft wird ebenfalls von Rainforest Expeditions betreut (Kontakt s. Posada Amazonas), und liegt nur rund 500 m von der berühmten Papageien-Minerallecke entfernt.

Wasai Tambopata Lodge, unweit der kleinen Gemeinde Baltimore, rund 5 Bootsstunden (120 km) von Puerto Maldonado. Die Lodge gehört dem Hotel Wasai in Puerto Maldonado (S. 292). Kleine, angenehme Lodge, die Ausflüge zu einer kleineren Papageienlecke anbietet (Collpa de Chuncho).

Quillabamba

Auf dem Weg in das 30 000-Einwohner-Städtchen Quillabamba wird der 4350 m hohe Pass **Abra Malaga** überquert, bevor sich die Straße durch dichten Bergwald wieder in das Urubamba-Tal herabwindet. Nach ca. 170 km und sechs bis sieben Stunden Fahrzeit ab Cusco wird Quillabamba erreicht, das etwas oberhalb des Zusammenflusses des Río Urubamba und des Río Chuiyapi auf nur 1050 m Höhe liegt. Das subtropische Klima mit ganzjährig hohen Temperaturen von durchschnittlich 26 °C und großen Niederschlagsmengen ermöglicht den Anbau von Tropenfrüchten, Erdnüssen, Kaffee, Kakao und Koka, die hauptsächlich in Cusco verkauft werden.

ÜBERNACHTUNG

Hostal Don Carlos, Libertad 556, ✆ 084-212293, 💻 www.hostaldoncarlosquillabamba.com. Angenehme moderne Zimmer, Privatbad mit warmem Wasser. Netter Innenhof. ❷

Los Alamos, Espinar 342, ✆ 084-283512, 💻 www.hotelalamosquillabamba.com. Bequeme, saubere Zimmer mit AC oder Ventilator. ❷–❸

ESSEN

Sehr gute Fruchtsäfte werden am Markt (2. Stock) ausgeschenkt. Die Restaurants der Hotels **Don Carlos** und **Lira**, Convención 200, sind akzeptabel. Ordentliche Pizza serviert **Buena Vibra**, Espinar 548, ⌚ Mo–Sa ab 19 Uhr.

TRANSPORT

Busse und Pickups verkehren nach CUSCO in 6 Std. (170 km). Es gibt tgl. mehrere Busse unterschiedlicher Busunternehmen an wechselnden Abfahrtsorten (vor Ort erkundigen), außerdem nach KITENI. Die Straße führt inzwischen an Kiteni vorbei bis Ivochote, ganz in der Nähe des Pongo de Mainique. Nach IVOCHOTE fahren tgl. vormittags Pickups ab der Ricardo Palma, Nähe Plaza Grau.
HUANCACALLE Kleinbusse fahren in der Nähe der Plaza Grau ab (2x tgl., ca. 5–6 Std.) und gelegentlich weiter bis Vilcabamba (Fahrer fragen). Auf einer neuen Dschungelpiste (s. Kasten „Abkürzung nach Cusco und Machu Picchu", S. 202) fahren Busse über KITENI bis nach SAN FRANCISCO am Río Ene (ca. 4–5 Std.). Von dort geht es weiter nach Ayacucho. Diese Route ist zeitlich kürzer als die Hochlandroute. Das gilt aber nur für die Trockenzeit!

Vilcabamba Vieja (Espíritu Pampa)

Eine abenteuerliche Dschungeltour führt rund 70 km westlich von Quillabamba nach Vilcabamba (auch als Espíritu Pampa bekannt) zur letzten

Zufluchtstätte der Inka. Nach der Niederlage 1536 gegen die Spanier zogen sich **Manco Inca** und seine Gefolgsleute hierher zurück. Bis 1572 leisteten sie und ihre Nachkommen den Spaniern Widerstand, bevor sie gefangen genommen und hingerichtet wurden. Vilcabamba geriet mitsamt seiner 400 Tempel, Wohn- und Lagerhäuser in Vergessenheit. Erst in den 1960er-Jahren entdeckten nordamerikanische Forscher die vom Dschungel überwucherte Ruinenstätte.

Heute können die exotischen Ruinen in einer vier- bis sechstägigen **Wanderung vom Ausgangspunkt Huancacalle** besucht werden (von Quillabamba aus die Abzweigung bei Chaullay nehmen, Fahrtzeit 4–5 Std., Eintritt Ruinen 5 S/.). In Huancacalle kann man in einfachen Privatunterkünften übernachten sowie Maultiere, Treiber und Guides anmieten. Der Weg ist anstrengend, da es ständig bergauf und bergab geht. Von Vilcabamba Vieja gelangt man an einem weiteren Tag nach Yureni/Chanquiri und von dort mit dem Bus weiter nach Kiteni oder Quillabamba. Die beste Zeit für die Wanderung ist zwischen Mai und Oktober. Insektenschutz mitnehmen!

Wer Zeit hat, kann auch noch die in der Nähe von Huancacalle liegenden **Ruinen von Vitcos** und das **Orakel von Ñustahispana (Chuquipalta)** besuchen. Die touristische Infrastruktur in dieser Region ist sehr dünn und die Transportwege sind schlecht und langsam. Wer wenig Zeit mitbringt, sollte auf die Angebote der Veranstalter in Cusco zurückgreifen.

Richtung Pongo de Mainique

Nach einer vier- bis fünfstündigen Fahrt von Quillabamba auf schlechter Straße wird **Kiteni** erreicht. Das ehemalige Dschungelkaff ist mit dem Bau des Gasprojekts Camisea enorm angewachsen und hat sich zu einer geschäftigen Stadt mit rund 3000 Einwohnern entwickelt. Folgen des sprunghaften Wachstums sind jede Menge Dreck und Müll, starker Anstieg der Prostitution und ständig abnehmende Wasserqualität.

Die Straße geht inzwischen weiter bis **Ivochote** und reicht fast bis an den Pongo de Mainique. Ivochote ist Startpunkt für Bootstouren auf dem Río Urubamba durch den **Pongo de Mainique**, eine rund 2 km lange spektakuläre Verengung, eingerahmt von steilen Wänden, an denen immer wieder kleinere Wasserfälle hinabstürzen, durch die sich die gewaltigen Wassermassen zwängen. Die Durchfahrt ist – besonders während der Regenzeit – nicht ganz ungefährlich. Es sind schon Boote gekentert. Auch unterhalb des Pongo de Mainique finden sich bis zur Mündung des Río Camisea immer wieder Stromschnellen.

ÜBERNACHTUNG

Übernachten kann man unterhalb des Pongos auf der linken Flussuferseite im **Hostal La Casa de los Ugarte**. ❷

TRANSPORT

Boote

Früh aufstehen, um am Hafen ablegende Boote nach ihrem Fahrtziel zu fragen! Dabei sollte man sich darüber im Klaren sein, dass zwischen Ivochote und dem nächstgrößeren Ort Sepahua nur einige kleinere Orte, Missionen oder Öl-camps liegen. Wer dort strandet, muss damit rechnen, einige Tage festzuhängen, bevor sich eine Möglichkeit zur Weiterfahrt ergibt (Proviant für mehrere Tage mitnehmen).

Eine Bootsfahrt ab Ivochote zur Unterseite des PONGO DE MAINIQUE kostet etwa 40 S/. p. P. (Rückfahrt stromaufwärts etwa ein Drittel teurer). Inzwischen sind auch Tagesfahrten ab Kiteni oder Ivochote möglich, auf denen man bis zu einer Sandbank unterhalb des Pongo gebracht wird. Dort geht man an Land, kann schwimmen, sich die Beine vertreten und am Nachmittag wieder zurückfahren. Wer Zelt und Schlafsack dabei hat, kann dort übernachten.

Die Bootsfahrt vom Pongo de Mainique nach SEPAHUA über das mit Gasarbeitern bevölkerte CAMISEA dauert etwa 2–4 Tage. Der Ort bietet Übernachtungsmöglichkeiten, Restaurants und unregelmäßige Flugverbindungen nach Satipo (s. u.).

Noch einmal mehrere Tage dauert die Bootsreise von Sepahua nach ATALAYA am Zusammenfluss des Río Urubamba und des Río Tambo. Von dort gelangt man entweder mit dem

Flugzeug nach Satipo oder Pucallpa oder kann mit dem Boot (oder in der Trockenzeit auch mit Autos) in ca. 8 Std. PUERTO OCOPA am Río Ene erreichen. Von Puerto Ocopa geht es mit Micros weiter nach Satipo. Alternativ verlassen große Handelsschiffe Atalaya 1x wöchentl. Richtung Pucallpa (Fahrtdauer 2–3 Tage, Hängematte erforderlich).

Flüge

Die An- bzw. Abreise von und nach TIMPÍA ist selten auch von Cusco aus mit dem Buschflieger oder von Satipo aus mit dem Flugzeug über das flussabwärts gelegene Malvinas möglich.

Von Cusco nach Puno

Näheres zum ersten Teil dieser Strecke bis Urcos steht unter „Östlich und südöstlich von Cusco", S. 242. Hinter Urcos folgt die Straße weiterhin dem Lauf des Río Vilcanota und verläuft flach durch das Tal. Rechts und links der Route ragen Bergketten empor, deren Hänge teilweise terrassiert sind. Die Landschaft ist geprägt von Weizenfeldern und Kartoffeläckern, durch Eukalyptushaine voneinander getrennt. Viele kleine Dörfer werden passiert, deren Häuser im traditionellen Stil aus Lehmziegeln erbaut und mit roten Dachziegeln gedeckt sind.

Nach rund 84 km wird rechter Hand die Abzweigung nach Acomayo und zur Lagune Pomacanchi erreicht. Von dort führt ein Weg zu den spektakulär gelegenen präinkaischen Ruinen von Waqrapukara (s. Kasten S. 304). Nach weiteren 6 km auf der Hauptstraße lohnt ein Stopp in **Checacupe**, um die sehenswerte Kirche aus dem 17. Jh. zu besichtigen. Sie wurde 1995 restauriert und steht der Kirche in Andahuaylillas (S. 243) in nichts nach. ⌚ Mi und So 8–17 Uhr (Messe sonntags 19 Uhr), Eintritt 2 S/.

Ungefähr 120 km südöstlich von Cusco sollte man einen Abstecher zu den imposanten präinkaischen Ruinen von **Raqchi** auf 3500 m unternehmen, die vom ca. 4 km entfernten Dorf San Pedro per Taxi oder zu Fuß erreicht werden können. Im Mittelpunkt der 80 ha großen Anlage, die auch unter dem Namen **Templo de Viracocha** bekannt ist, steht ein 91 m langes und 25 m breites Gebäude, das von einer knapp 13 m hohen Lehmziegelmauer in zwei Hälften geteilt wird. Es ist das einzige Monument seiner Art im Inkareich, das Säulen aufweist.

Die Inka weihten den Ort ihrem Inka Viracocha – und somit auch dem gleichnamigen Schöpfergott – mit einer Statue, die inmitten des Tempels stand. Ihren Kopf kann man im Innenhof des Rathauses von Cusco sehen; der Rumpf befindet sich im Museo de América in Madrid. Noch immer stehen mehr als 3 km von ehemals 7 km der bis zu 4 m hohen Mauer *(Ch'eccata)*, die das Gelände umgab.

Die Kirche neben der Tempelanlage wurde im 18. Jh. aus Andesitgestein erbaut. Festtage in Raqchi sind der 29. September und der 17./18. Oktober. ⌚ tgl. 7–17 Uhr, Eintritt 30 S/.

In Raqchi bestehen **Übernachtungsmöglichkeiten** bei Quechua-Familien, die von 20–80 S/. pro Person und Nacht reichen, je nachdem, ob Mahlzeiten und kulturelle Aktivitäten beinhaltet sind. Informationen bekommt man bei den Frauen, die auf der Plaza am Eingang der Ruinen Kunsthandwerk verkaufen.

Sicuani

Etwa 23 km südöstlich von San Pedro wird bei KM 1120 der Ort **Sicuani** erreicht. In der Hauptstadt der Provinz Canchis leben rund 40 000 Menschen. Nur sehr wenige Touristen halten in dem landwirtschaftlichen Zentrum an, das gleichzeitig der größte Ort auf den 250 km zwischen Cusco und Juliaca ist. Außer sonntags, wenn die Stadt sich während des **Markttags** füllt, passiert hier nicht allzu viel. Zahlreiche Übernachtungsmöglichkeiten gibt es in Plaza-Nähe (2 de Mayo) oder entlang der Hauptstraße Manuel Callo. Vom **Terminal Terrestre** in der Av. Arequipa fahren ständig Busse und Combis nach PUNO (4 Std., 250 km), AREQUIPA (über JULIACA, 6–7 Std., 425 km) und CUSCO (3 Std., 140 km). Es besteht die Möglichkeit, über eine schlechte Schotterpiste in ein bis zwei Tagen von Sicuani über Espinar in den COLCA-CANYON zu gelangen.

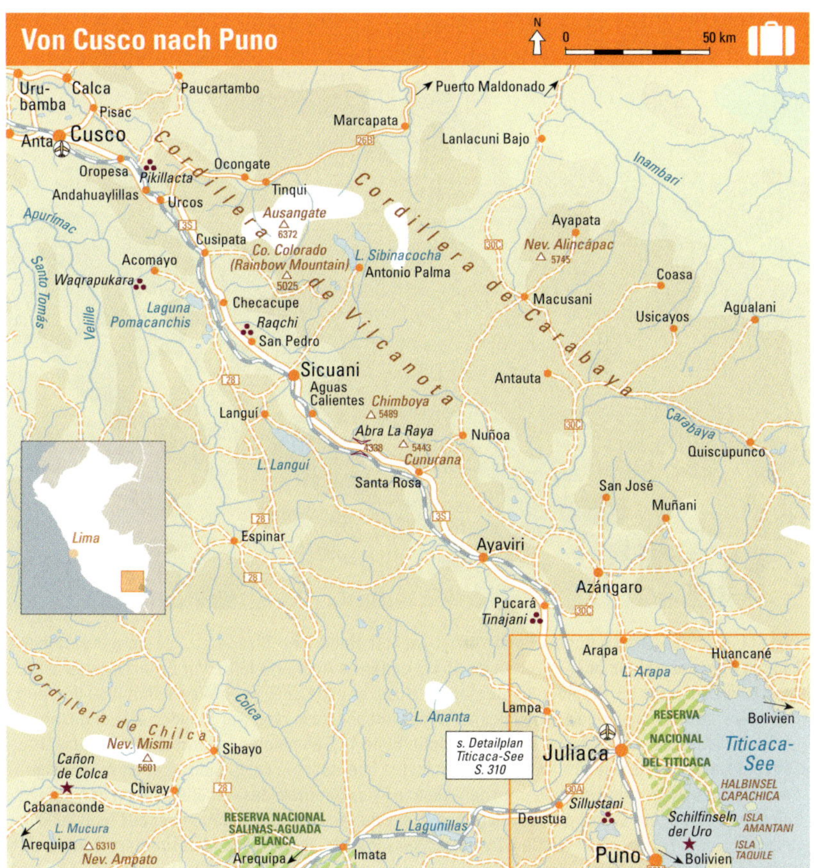

Weiter Richtung Puno

Von Sicuani verläuft die Hauptstraße Nr. 3 weiter Richtung Südosten. Wenige Kilometer außerhalb von Sicuani zweigt rechter Hand eine Schotterpiste Richtung Chivay im Colca-Canyon ab. Knappe 30 km von Sicuani entfernt passiert man die an der Straße liegenden Thermalquellen **Aguas Calientes**. Nur etwa 4 km dahinter – bereits im Anstieg zum La Raya-Pass – weist ein Schild den Weg nach Chuquibambilla, dem **Alpaka-Institut UNSAAC** der San Marcos Universität von Lima, das rechts unterhalb der Straße liegt und kostenlos besichtigt werden kann. In der weltweit einmaligen Forschungseinrichtung werden Kreuzungsversuche unternommen, um die Wollerträge zu steigern und die Qualität der Wolle von Andenkamelen zu verbessern. Wenig später wird der 4338 m hohe **La Raya-Pass** erreicht, der höchste Punkt der Straße zwischen Cusco und Puno. Er markiert die Grenze beider Departamentos.

Auf der anderen Passseite geht die Straße in die gewaltige Hochebene über, die Altiplano genannt wird. Sie zieht sich auf Höhen zwischen 3600–4000 m bis nach Bolivien hinein. Der Blick

Wanderung nach Waqrapukara

© FRANK HERRMANN

Bei KM 1070 der Straße Cusco–Puno zweigt rechter Hand eine Straße ab, die an der schönen **Lagune Pomacanchi** auf 3670 m vorbei ins 45 km entfernte Acomayo führt. Vor Erreichen des Ortes zweigt links ein Weg ab, der über die Bergdörfer Huascar und Campi nach Wayki führt. Von dort aus kann man die spektakulär gelegenen Ruinen von Waqrapukara in rund vier Stunden erreichen (alternativer Einstieg ab Huascar und Campi möglich). Rund 15 Gehminuten unterhalb der Ruinenstätte liegt ein kleines Bauerngehöft, in dem man einfachst übernachten kann. Sinnvoller ist es, ein eigenes Zelt mitzubringen und entweder an dem kleinen Fluss oberhalb des Gehöfts oder an den Ruinen selbst zu übernachten. Dort gibt es allerdings kein Wasser. Die Ruinenstätte liegt auf rund 4000 m und nachts kann es sehr kalt werden. Das Flusswasser sollte abgekocht und desinfiziert werden, da weiter oben Kühe und Lamas grasen. Der Eintritt zur Ruinenstätte war bislang kostenlos.
Alternativ für den Rückweg bietet sich die Strecke nach Huascar an (ca. 4–5 Std., ca. 1000 Höhenmeter). Der Weg ist leicht zu finden. Eine weitere Route führt über Sta. Lucia zurück zur Lagune Pomacanchi. In allen Dörfern kann man mit etwas Suchen Maultiere auftreiben. Ein Bus fährt tgl. von Cusco nach Acomayo (s. „Transport" in Cusco, S. 238), alternativ kann man jeden beliebigen Bus Richtung Sicuani oder Puno nehmen und an der Kreuzung in ein Sammeltaxi nach Acomayo umsteigen. Von dort geht es weiter im Taxi nach Huascar oder Wayki.

schweift endlos über in der Trockenzeit ausgedörrte Erde, auf der Schafe, Kuh- und Lamaherden mühselig überleben. Linker Hand ist der 5443 m hohe Nevado Cunurana zu sehen. Knapp 70 km vom Pass entfernt wird der unscheinbare Ort **Ayaviri** (3900 m Höhe) durchfahren, der über einfache Thermalquellen (Popoy Kella) und eine Kolonialkirche aus dem 18. Jh. mit schöner Innendekoration verfügt.

In **Pucará**, 20 km weiter südöstlich, werden kleine Keramik-Stiere hergestellt, die als Glücksbringer auf Hausdächern zu sehen sind. In der Nähe des Ortes befindet sich die 6 km^2 große Ausgrabungsstätte **Tinajani**, deren Besuch sich weniger der präinkaischen Bauten oder Nischengräber (die Anlage wird mit der klassischen Tiwanaku-Kultur in Verbindung gebracht), als vielmehr der fantastischen Landschaft wegen lohnt: Der spektakuläre **Tinajani-Canyon**, rund 10 km südlich von Ayaviri, bietet gigantische, bizarre Steinformationen, die ihresgleichen suchen.

Juliaca

Obwohl sich in der größten Stadt des Departamentos Puno (250 000 Einw.) Eisenbahn, Straße und nationale Flugrouten kreuzen, halten sich ausländische Besucher hier nur selten länger als nötig auf. Viele Touristen landen auf dem einzigen Flughafen des gesamten Departamentos und fahren von dort zum Titicaca-See. Juliaca liegt auf 3822 m Höhe und hat keine Sehenswürdigkeiten, dafür aber authentisches peruanisches Stadtleben zu bieten.

In Juliaca spielt sich trotz der Kälte ein Großteil des öffentlichen Lebens im Freien ab. Überall werden die unterschiedlichsten Waren angeboten, umgeschlagen und transportiert. Vor allem montags, am **Markttag**, herrscht überall Hochbetrieb.

ÜBERNACHTUNG

Im 44 km entfernten Puno sind Auswahl und Preis-Leistungs-Verhältnis besser.
Hotel Luquini, Bracesco 407, Plaza Bolognesi, ✆ 051-321510. Ordentliche Zimmer mit TV, Bad und Warmwasser, die aber schon bessere Zeiten gesehen haben. ❷
Hotel Royal Inn, San Roman 158, ✆ 051-321561, 💻 www.royalinnhoteles.com. Hübsche große Zimmer mit TV. Gutes Restaurant, Parkplatz. Frühstück inkl. ❹–❺

ESSEN

Gut essen kann man im Restaurant des **Hotels Royal Inn** (auch Mittagsmenüs).
Cafetería Ricos Pan, San Ramón, Ecke Chávez. Leckere Backwaren, Frühstück, Kaffee, Kuchen und Snacks. ⌚ Mo–Sa 6–21.30, So 7–21 Uhr.
Chifa Fon Hua, Chávez zwischen Roman und Nuñez. Guter Chinese. ⌚ tgl. 12–22 Uhr.
Restaurante Vegetariano Vida Green, Chavez 215. Günstige vegetarische Hausmannskost. ⌚ So–Fr 8–19.30 Uhr.

EINKAUFEN

Vor allem Wollsachen sind billiger als in Puno. Markttag ist montags; westlich der Plaza de Armas, aber auch um das Terminal Terrestre ist viel Betrieb.
Centro Comercial Galería Las Calceteras, an der Nordseite der Plaza Bolognesi (9 de Diciembre). Gute Auswahl an lokalem Kunsthandwerk und Wollprodukten. ⌚ tgl. 8–20 Uhr.
Lebensmittel bekommt man im **Supermarkt Plaza Vea** im Centro Comercial **Plaza Real** an der San Martín. ⌚ tgl. 10–22 Uhr.

La Rinconada – der Vorhof zur Hölle

In Peru existieren Orte, die es eigentlich gar nicht geben dürfte – wie die Minenstadt La Rinconada, rund fünf Autostunden nordöstlich von Juliaca. In den Stollen von La Rinconada schlummern Goldvorkommen, die Zehntausende anziehen wie Motten das Licht. Diese Männer (Frauen dürfen nicht in die Minen – das bringt Unglück, so der Aberglaube) leben mit ihren Familien auf 5200 m Höhe unter katastrophalen hygienischen Bedingungen. „Schon bevor man die ersten Häuser erreicht, riecht man, dass hier viel zu viele Menschen mit zu wenigen WCs, Bädern und Abflussrohren leben. Kilometerlange Müllhalden kündigen die Siedlung an ...", schreibt die deutsche Journalistin Hildegard Willer, die La Rinconada besucht hat. Sie schildert die Leiden der Arbeiter ebenso wie den dubiosen Weg, den das dreckige Gold von hier in die saubere Schweiz nimmt. Ihren ganzen Artikel kann man online nachlesen lesen unter 💻 https://bit.ly/2Z9qMbU.

SONSTIGES

Kino

Cineplanet im Centro Comercial **Real Plaza**.

Medizinische Hilfe

Clínica Americana, 7 de Junio, Ecke Loreto, ✆ 051-602400.

NAHVERKEHR

Mototaxis zu den Busterminals kosten 3–4 S/. Die selten gewordenen, muskelbetriebenen *Triciclos* (Dreiräder) sind etwas billiger.

TRANSPORT

Die Langstreckenbusse fahren vom **Terminal Terrestre** bei der Av. Circunvalación ab. Von Juliaca aus sind die **Halbinsel Capachica** (s. S. 321) und die Insel **Amantani** (s. S. 320) wesentlich schneller als von Puno aus und ohne den lästigen Stopp bei den Uros (s. S. 320) zu erreichen.

Verbindungen

AREQUIPA ständig (zahlreiche Anbieter, u. a. Flores), 16 und 23.45 Uhr (Cruz del Sur), 4 1/2–5 Std. (275 km).
CAPACHICA (Halbinsel Capachica) Combis fahren, wenn voll, vom Terminal Zonal, Circunvalación, Ecke Tacna (von 4.30–17.30 Uhr), 1 Std. (40 km). Von dort fahren Taxis und Busse nach LLACHON und CHIFON.
CONIMA Combis fahren, wenn voll, 4–17.30 Uhr ab der Lambayeque 1229, Ecke Circunvalación, 2 1/2–3 Std. (166 km). Fährt über MOHO.
CUSCO 9 Uhr (Cruz del Sur) und um 14.45 und 23.55 Uhr (Civa), zahlreiche weitere Anbieter. Nicht alle halten in SICUANI, 6 Std. (390 km).
HUANCANÉ regelmäßige Abfahrten ab der Ballón, Ecke Lambayeque, 1 Std. (56 km).
LAMPA Kleinbusse fahren, sobald sie voll sind, ab der Colón, Ecke 2 de Mayo, 1/2 Std. (23 km).
LA PAZ (Bolivien) keine Direktverbindung. Umsteigen in PUNO und/oder DESAGUADERO, ca. 6 Std. (331 km).
LIMA 9.45 und 16 Uhr (Cruz del Sur), weitere Anbieter meist nachmittags und abends, 18–20 Std. (1286 km), Halt in AREQUIPA.
PUERTO MALDONADO zahlreiche Anbieter, alle nachmittags und abends, ca. 12 Std. (in der Regenzeit länger, 750 km).
PUNO Combis fahren rund um die Uhr vom Terminal Privado Bolognesi (ab ca. 21 Uhr Abfahrt vor der Kirche an der Plaza Bologesi), 1 Std. (44 km).
TACNA zahlreiche Anbieter, alle nachmittags und abends, 280 km (9 Std.). Fahren über MOQUEGUA (7 Std.).

Eisenbahn

Juliaca hat als Drehkreuz des Eisenbahnverkehrs der Provinz Puno völlig an Bedeutung verloren. Der **Touristenzug** nach CUSCO fährt in Puno ab.

Flüge

Der **Aeropuerto Manco Cápac** liegt rund 7 km nordwestlich des Zentrums, ✆ 051-328974.
Ein **Taxi** kostet ca. 10–15 S/. Oder man nimmt die Colectivos der Line 1B. Richtung Flughafen kann man an der Kreuzung 2 de Mayo/Nuñez zusteigen. Am Flughafen stehen **Colectivos** bereit, die direkt nach Puno fahren.
Latam, Centro Comercial Real Plaza, ✆ 051-331810, 💻 www.latam.com, fliegt mehrmals tgl. nach LIMA entweder direkt oder mit Zwischenstopp in CUSCO. ⏱ tgl. 10–22 Uhr.

Die Umgebung von Juliaca

Etwas abseits der Hauptstraßen liegt 23 km nordwestlich von Juliaca das selten besuchte, kleine traditionelle Kolonialdorf **Lampa**, das inzwischen bequem über eine Asphaltstraße zu erreichen ist. In der dortigen **Kolonialkirche** und in der Muncipalidad ist je eine eine Nachbildung von Michelangelos Statue La Pietà zu sehen. Wer die Kirche besuchen möchte, sollte im Pfarrbüro (Parroquia) in der Ugarte 313 Bescheid sagen. Das kleine **Museo Kampac** in der Calle Ayacucho stellt lokale Keramikfunde aus. Es ist meist geschlossen, daher einfach im Laden gegenüber nach Jesús Abad Vargas Quispe fragen. Er hat den Schlüssel, erklärt die verschiedenen Fundstücke und kennt auch Höh-

len mit Felszeichnungen in der Umgebung, z. B. die **Cueva del Toro**. Auch der **Sonntagsmarkt** ist sehenswert. Es gibt einfache Übernachtungsmöglichkeiten.

Von Juliaca aus kann man zur südöstlich gelegenen Halbinsel Capachica (S. 321) und über **Huancané, Moho** und **Conima** (166 km von Juliaca) zur Insel Suasi (S. 321) reisen.

Wer möchte, kann von Moho über den Grenzort **Tilali nach Bolivien** weiterreisen, doch das ist umständlich: Außer an Markttagen (mittwochs und samstags) gibt es kaum Transportmittel zum ersten größeren bolivianischen Ort Puerto Acosta (15 km) und den Ausreisestempel muss man sich in jedem Fall zuvor in Puno besorgt haben. Außerdem stellt die Polizei in

Puerto Acosta nur einen provisorischen Einreisestempel aus; den offiziellen Stempel muss man sich dann in La Paz besorgen.

Der Titicaca-See

Der sagenumwobene, im Schnittpunkt der drei Großstädte Cusco, La Paz und Arequipa gelegene Titicaca-See war schon immer ein beliebtes Ziel ausländischer Touristen. Zahlreiche Ruinenstätten umgeben das Gewässer. Zu den zugänglichsten und am meisten besuchten zählen die Grabtürme von **Sillustani** (S. 317) oder das bereits auf bolivianischer Seite liegende **Tiwanaku** (S. 625), Zentrum einer jahrtausendealten Hochkultur.

Wer sich für Kolonialkirchen interessiert, findet in **Juli** und **Pomata** eindrucksvolle Beispiele. Beliebt sind Ausflüge zu den vorgelagerten Inseln **Amantani** und **Taquile**, wo man in einfachen Unterkünften bei Einheimischen übernachten kann. Leider sind die Ausflüge zu den **Schilfinseln der Uro** vor Puno, zu einem unwürdigen Touristenspektakel verkommen.

Wer absolute Stille sucht, sollte einen Abstecher zur Insel **Suasi** unternehmen, die dem Nordostufer des Sees vorgelagert, aber sehr teuer ist. Im Kommen sind auch Touren, die geführte Wanderungen am See mit der Übernachtung bei Einheimischen kombinieren. Der stetig zunehmende Touristenstrom hat vor allem in Puno zu einer starken Ausweitung der touristischen Infrastruktur geführt, aber auch zu stark gestiegenen Preisen, vor allem bei den Unterkünften. Wem Puno zu teuer, zu touristisch und etwas zu hektisch ist, der kann auf die bolivianische Seite nach **Copacabana** (S. 589) ausweichen.

Reserva Nacional del Titicaca

Das 36 180 ha große Naturschutzgebiet wurde 1978 eingerichtet, um einen Teil der Schilfgebiete *(Totorales)* am See zu schützen, die ihrerseits Lebensraum und Kinderstube für zahlreiche Fisch- und Vogelarten sind. Es ist in zwei Abschnitte geteilt. Während der 29 150 ha große **Sektor Puno** das Ufergebiet zwischen der Isla Esteves und der Península Capachica umfasst, schützt der 7030 ha große **Sektor Ramis** die Schilfgebiete an der Nordseite des Sees zwischen dem Río Ramis sowie den Lagunen Yaricoa und Sunuco. 80 % des Reservats sind von Schilf bedeckt.

Nach einer Erhebung im Jahr 1998 halten sich bis zu **200 000 Vögel** (rund 60 Arten) innerhalb des Schutzgebiets auf, darunter Kormorane, Ibisse, Enten, Möwen und der endemische Kele *(Centropelma micropterum)*. Auch Tausende Flamingos finden in den Monaten September bis November ihren Weg von Nordchile hierher. Die Lage der Vogelnester ist übrigens ein wichtiger natürlicher Indikator für die Regenfälle des nächsten Jahres und damit des Wasserpegels des Sees. Bauen die Vögel ihre Nester weiter oben, ist im kommenden Jahr mit mehr Niederschlag und einem steigenden Wasserstand zu rechnen.

Würden die Schilfgebiete verschwinden, verlören die Menschen nicht nur einen wichtigen natürlichen Rohstoff, sondern auch eine wichtige Nahrungsquelle. In den *Totorales* wächst die Mehrzahl der rund zwölf einheimischen **Fischarten** heran. Zu den bekanntesten zählen der Carachi, der Suche und der Mauri. Auch Frösche, Eidechsen und eine Schlangenart bevölkern das Schilfgebiet. Das äußerst sensible Ökosystem kann mit Charterbooten besucht werden. Informationen erteilt das Büro der Parkverwaltung von Sernanp, Pasaje 2 de Fe-

Nachhaltig von Lampa zum Titicaca-See

Im kleinen Dorf **Lampa** (S. 306) beginnt eine mehrtägige Reise zum Titicaca-See, die vom nachhaltigen Reiseveranstalter RESPONSible Tourism Peru (S. 236) organisiert wird. Sie beinhaltet nicht nur Naturwunder wie den Tinajani-Canyon oder die Puya Raimondii (S. 506), sie ermöglicht auch einen ungewöhnlichen Einblick in das Landleben und in die Sitten und Gebräuche der dort lebenden Bevölkerung.

Bootsverkehr auf dem Titicaca-See

© FRANK HERRMANN

Seit Jahrtausenden bewegen sich die Menschen auf **Totora-Schilfbooten** über den See, die denen ähneln, mit denen auch der Forscher Thor Heyerdahl den Pazifik überquerte. Im 19. Jh. läutete eine Vielzahl von Erfindungen eine neue technische Ära ein, die schließlich auch den Titicaca-See erreichte. 1862 wurden zwei eiserne **Dampfschiffe** in England gebaut, in Einzelteilen zum chilenischen Hafen Arica verschifft, von dort mit der Eisenbahn nach Tacna und mit Maultieren nach Puno gebracht. Acht Jahre später nahmen die Yavari und 17 Monate später das Schwesterschiff Yapura ihren Dienst auf dem See auf. Anfangs mit Kohle betrieben, bekam die Yavari 1914 einen Dieselmotor. Nach Jahrzehnten, in denen das Schiff zuverlässig lief, wurde es ausgemustert und liegt heute restauriert, aber weitestgehend ungenutzt im Hafen von Puno.
Bis zur Fertigstellung der Straßenverbindung zwischen Puno und La Paz dominierten große Lastkähne den Handel zwischen Puno und dem bolivianischen Hafen Guaqui. Heute wird der gesamte Fernhandel mit Lastwagen abgewickelt, einige der letzten **Frachtschiffe** rosten in den Häfen vor sich hin. Während der Tourismus Puno neue Einkommensquellen erschloss, ist Guaqui in die Bedeutungslosigkeit versunken.

brero 154, Puno, ✆ 051-368559, ✉ rntiticaca@sernanp.gob.pe. ◷ Mo–Fr 9–13, 15–18 Uhr.

Puno

Weitestgehend flach und geradeaus verläuft die asphaltierte Straße auf den 44 km zwischen Juliaca und Puno. Bald sieht man linker Hand die Bahngleise und dahinter die tiefblaue Oberfläche des Titicaca-Sees auftauchen. Kurz vor Puno steigt die Straße in einer weiten Kurve an und bietet von der höchsten Stelle einen wunderbaren Ausblick über die Stadt am Ufer des Titicaca-Sees (ca. 130 000 Einw.), die sich an den Hängen heraufzieht. Besonders anziehend wirkt die **Provinzhauptstadt** auf den ersten Blick aber nicht. Dazu trägt sicherlich das raue und kalte Hochlandklima auf 3827 m bei, denn die Jahresdurchschnittstemperatur beträgt nur 8 °C. Während die Sonne tagsüber gnadenlos vom klaren Himmel brennt, sinken die Temperaturen

SÜDPERU

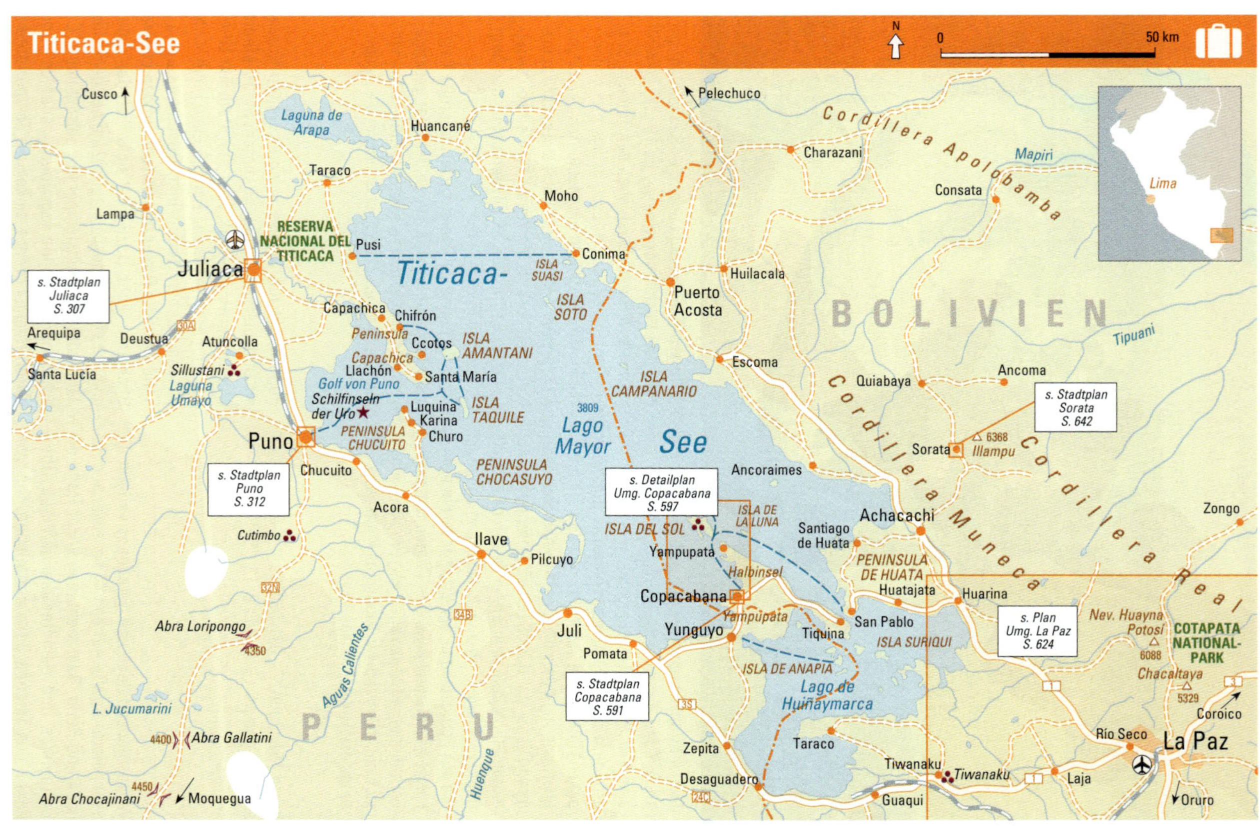
Titicaca-See
N
0
50 km
Cusco
Pelechuco
Laguna de Arapa
Huancané
Taraco
Lampa
Juliaca
s. Stadtplan Juliaca S. 307
RESERVA NACIONAL DEL TITICACA
Pusi
Titicaca-
ISLA SUASI
Conima
Moho
Charazani
Cordillera Apolobamba
Mapiri
Consata
Lima
Huilacala
Puerto Acosta
BOLIVIEN
Tipuani
Arequipa
Deustua
Atuncolla
Santa Lucía
Sillustani
Laguna Umayo
Capachica
Chifrón
Península Capachica
Ccotos
Llachón
Santa María
ISLA AMANTANI
Golf von Puno
Schilfinseln der Uro
Luquina
Karina
Churo
ISLA TAQUILE
PENINSULA CHUCUITO
Puno
Chucuito
s. Stadtplan Puno S. 312
Cutimbo
Acora
Ilave
Pilcuyo
PENINSULA CHOCASUYO
ISLA SOTO
ISLA CAMPANARIO
3809
Lago Mayor
See
Escoma
Quiabaya
Ancoma
s. Stadtplan Sorata S. 642
Sorata
6368 Illampu
Cordillera Muneca
Cordillera Real
Ancoraimes
s. Detailplan Umg. Copacabana S. 597
ISLA DE LA LUNA
ISLA DEL SOL
Yampupata
Halbinsel Yampupata
Copacabana
Yunguyo
Santiago de Huata
Achacachi
Zongo
PENINSULA DE HUATA
Huatajata
Huarina
San Pablo
Tiquina
ISLA SURIQUI
s. Plan Umg. La Paz S. 624
Nev. Huayna Potosí
6088
COTAPATA NATIONAL-PARK
Chacaltaya
5329
Coroico
Juli
Pomata
s. Stadtplan Copacabana S. 591
ISLA DE ANAPIA
Lago de Huiñaymarca
Taraco
Zepita
Desaguadero
Tiwanaku
Guaqui
Laja
Río Seco
La Paz
Oruro
Abra Loripongo
4350
Aguas Calientes
L. Jucumarini
4400
Abra Gallatini
PERU
Huenque
4450
Abra Chocajinani
Moquegua

Südamerikas größter See

- Höhe über NN: 3809 m, Ausdehnung: 8562 km^2, Wassertemperatur: 8–12 °C
- Max. Länge: 176 km, max. Breite: 70 km, max. Tiefe: 284 m

Überrascht blicken sich die Besucher an, wenn sie zum ersten Mal den riesigen Wasserkörper im ansonsten lebensfeindlichen, trockenen und kalten Altiplano erblicken, jener riesigen Hochebene auf knapp 4000 m über dem Meeresspiegel, die sich von Südperu bis weit nach Bolivien hineinzieht. Zur endlosen Weite der Brauntöne gesellt sich das ebenso endlose Blau des Sees. Glasklares Wasser (leider nicht bei den größeren Orten), dessen gegenüberliegendes Ufer oft nicht zu sehen ist. Legendärer und mystischer **Ursprungsort der Inkadynastie**, deren göttliche Kinder von der Sonneninsel im Süden des Sees aufbrachen, um in Cusco ein Weltreich zu gründen. Heute wie damals ist der Titicaca-See ein geheimnisvoller Ort voller Naturschönheiten, Legenden und Traditionen. Auch wenn man es mit der Behauptung, der Titicaca-See sei der am höchsten gelegene schiffbare See der Welt, nicht so genau nehmen darf – schon allein der Lago Junín in Zentralperu liegt auf 4100 m Höhe –, bleiben genügend Superlative, um zu verdeutlichen, dass dieser See etwas ganz Besonderes ist. Immerhin handelt es sich beim Titicaca-See um den **größten See Südamerikas**, mit einer 15-mal so großen Oberfläche wie der Bodensee.

Der Titicaca-See ist traditioneller Lebensraum des Aymara-Volks, das einst die ebenfalls hier lebenden Uros zwang, sich auf schwimmende Schilfinseln zurückzuziehen, auf denen sie auch heute noch leben. Der Name Titicaca stammt aus der Sprache der Aymara und bedeutet in Anlehnung an einen Felsen auf der Sonneninsel so viel wie „Pumafelsen". Rund 30 % der Fläche des Sees gehören zu Bolivien (S. 589). Dort liegt auch die nur wenige hundert Meter breite Engstelle Estrecho de Tiquina, die den kleineren Südteil des Sees vom Rest abtrennt. Der Titicaca-See wird im Allgemeinen in **drei Teile** unterteilt: den Golf von Puno mit den Schilfinseln der Uros im Westen; den Lago Mayor, auch Chucuito genannt, der den großen Hauptteil des Sees umfasst, und den Lago Menor oder Lago Huiñaymarca südlich der Enge von Tiquina. Trotz seiner frischen 8–12 °C wirkt der See als Wärmespeicher für die umliegende Region und ermöglicht landwirtschaftlichen Anbau (Kartoffeln, Quinoa, Gerste, Mais).

Traditionell werden Lamas, Alpakas und Schafe gehalten, denen die kargen Lebensbedingungen nur wenig auszumachen scheinen. Einen entscheidenden Beitrag zur Ernährung der Bewohner liefert außerdem der **Fischreichtum** des Sees. Im letzten Jahrhundert wurden kanadische Regenbogenforellen ausgesetzt, die Längen bis zu einem Meter erreichen können. Der in den 60er-Jahren ausgesetzte Pejerrey, eine Raubtierfischart aus Argentinien, hat der einheimischen Fischfauna allerdings schwere Schäden zugefügt. Außerdem ist der Fischreichtum durch zunehmende Überfischung bedroht. Stark in Mitleidenschaft gezogen wird der See durch die Einleitung von unbehandelten Abwässern aus Haushalten und Industrie, dem Zufluss von Zink und Quecksilber aus dem Bergbau sowie von Pestiziden und Düngemitteln aus der Landwirtschaft. Die **Verschmutzung** hat besorgniserregende Ausmaße erreicht und war Anlass für die deutsche Naturschutzorganisation Global Nature Fund ihn zum „Bedrohten See des Jahres 2012" zu erklären.

in der Trockenzeit von Mai bis Oktober oft unter die Null-Grad-Grenze. Die jährliche Regenmenge liegt bei rund 650 mm, die zu drei Vierteln zwischen Dezember und März niedergehen.

Puno liegt im Kreuzungspunkt zweier traditioneller Sprachgebiete: Nördlich von Puno sprechen viele indianische Bewohner Quechua, während sich südlich der Stadt das Sprachgebiet der Aymara ausbreitet, das sich weit bis nach Bolivien hineinzieht.

Wenn die Stadt auch nicht gerade mit Sehenswürdigkeiten gesegnet ist, so ist Puno in ganz Peru bekannt für seine lebendige Folklore – ständig findet irgendwo eine der zahlreichen

Puno
N
0
300 m
Lima, Arequipa, Juliaca, Sillustani, Mirador Puma Uta
Bahnhof
1 Isla Esteves, Universidad Nacional del Altiplano
LEUCHTTURM
Centro de Interpretación y Información Ambiental
Restaurants
Mercado Artesanal
Titicaca-See
STADION
MARKT
Parque Pino
San Juan
MUNICIPALIDAD
I-Perú
Plaza de Armas
Museo Municipal Dreyer
Kathedrale
Cerro Huajsapata
Museo de la Coca
Ovalo Ramón Castilla
Hospital Regional Manuel Nuñez Butrón
Lima
Pardo
Tarapacá
Independencia
Loreto
Santiago Giraldo
Deza
Arequipa
Valcárcel
Av. La Torre
Oquendo
F. Arbulú
Lambayeque
Libertad
Grau
Melgar
Ch. Huanca
Av. Titicaca
Av. del Puerto
A. Ugarte
Cahuide
Av. EL Sol
Los Incas
Romero
Victor E. Chave
Simon Bolivar
Juli
Av. Progreso
1 de Mayo
Carabaya
Ilave
Deustua
Puno
Ayacucho
San Antonio
Cusco
Cajamarca
Moquegua
Tacna
Huancané
More
Ramon Castilla
R. Huirse
Ricardo Palma
Huscar
Tupac Amaro
Atahualpa
Encinas
Chucuito
Ica
ÜBERNACHTUNG
1 Hostal Los Uros
2 Hotel Qelqatani
3 El Manzano
4 Cozy Hostel
5 Sol Plaza Hotel
TRANSPORT
1 Busse nach Capachica, Llachón, Embarcadero Qalapajra
2 Busse nach Juliaca
3 PeruRail
4 Boote nach Taquile, Amantani und zur Halbinsel Capachica
5 Bustickets nach Bolivien
6 Tour Perú
7 Latam
8 Cruz del Sur (Verkaufsbüro)
9 Rossy Tours
10 Inka Express
11 Terminal Terrestre
12 Terminal Zonal Sur
13 Busse nach Acora, Chucuito, Luquina
14 Busse nach Cutimbo
ESSEN
1 Colors
2 Café Ricos Pan
3 Loving Hut
4 Tradiciones del Lago
5 La Casa del Corregidor
6 Café Restaurant Mojsa
7 Bäckerei Ricos Pan
8 Natur Center
SONSTIGES
1 Sol Perú Reisen
2 Positive
3 Balcones de Puno
4 Migración
5 Latin Reps
6 Bolivianisches Konsulat
7 All Ways Travel (2x)
Lima

Fiestas statt, die zumeist aufwendig und ausschweifend begangen werden. Eines der großen Feste wie den **Karneval** mit der **Diablada** zu erleben, gehört zu den Höhepunkten eines Besuchs der Stadt (s. Kasten „Die Folklore von Puno", S. 315). Darüber hinaus besitzt Puno eine gute touristische Infrastruktur und ist die ideale Ausgangsbasis für Abstecher in die Umgebung und zu den Inseln im Titicaca-See.

Sehenswertes

San Carlos de Puno wurde von den Spaniern um 1668 in der Nähe einer damals reichen Silbermine gegründet, hat aber heute kaum noch koloniale Gebäude vorzuweisen. Die im Inneren sehr spartanisch gehaltene **Kathedrale** wurde 1757 aus Sandstein erbaut und ähnelt mit der zweitürmigen Fassade und einer ähnlichen Säulenanordnung vom Aufbau her der Iglesia La Compañía in Cusco. Die Straße zwischen der **Plaza de Armas** und dem **Parque Pino** wurde in eine Fußgängerzone umgewandelt.

Auch die Promenade am Ufer des Titicaca-Sees eignet sich wunderbar zum Flanieren. Am Abend treffen sich hier die Pärchen der Stadt und manchmal spielen Musikkapellen auf. Am Hafen warten neben dem **Mercado Artesanal** einige **Restaurants** und das Umweltzentrum **Centro de Interpretación y Información Ambiental**, ⌚ Mo–Fr 8–13, 15–17 Uhr, Eintritt frei. Am See kann man Tretboote mieten.

Westlich des Zentrums liegt der Aussichtspunkt **Cerro Huajsapata**, von dem aus sich ein schöner Blick über die Stadt und den See bietet. Oben steht eine Statue des Inca Manco Cápac. Wer sich für Keramiken und Webarbeiten aus der Präinka-, Inka- und Kolonialzeit interessiert, sollte das kleine **Museo Municipal Dreyer**, Deustua 289, Ecke Conde Lemus, besuchen. ⌚ Mo–Fr 9–19, Sa bis 13 Uhr, Eintritt 15 S/.

Einen guten Überblick über die vielfältigen Verwendungsmöglichkeiten des Koka-Strauchs bietet das **Museo de la Coca**, Ilave 581, 2. Stock, 💻 www.museodelacoca.com. Außerdem werden traditionelle Kleidungsstücke der Region gezeigt und Koka-Produkte verkauft. ⌚ Mo–Sa 9–19, So 15–19 Uhr, Eintritt 10 S/.

Das Motorschiff **Buque Museo Yavari** (s. „Kasten „Bootsverkehr auf dem Titicaca-See", S. 309) liegt zurzeit ungenutzt im Hafen, kann aber bei Voranmeldung, 📞 995253004 (Máximo Flores), gegen eine Spende besichtigt werden.

ÜBERNACHTUNG

Während der Festwochen (Diablada, Punowoche etc.) und in den Monaten Juli und August steigen die Preise, und es kann zu Engpässen kommen, sodass eine Reservierung ratsam ist. Da es in Puno das ganze Jahr über sehr kalt ist, sollte man bei der Zimmerwahl auf eine funktionierende Warmwasserversorgung achten. Bessere Hotels stellen zudem meist ein kleines Heizgerät in das Zimmer.

El Manzano, Av. El Puerto 449, 📞 051-364697, 💻 www.elmanzanohousetiticaca.com. Familiengeführtes Hostel mit kleinem Garten. Saubere Zimmer mit Gemeinschafts- oder Privatbad, warmes Wasser 24 Std., Schlafsaal 30 S/. p. P., Küchenbenutzung und Wäscheservice. Cafetería (Biokaffee, Säfte, etc.). Fahrradverleih, Tourservice (Wandern und Kajakfahren um Puno). Einfaches Frühstück inkl. ❶–❷

Cozy Hostel, Av. Titicaca 144, 📞 051-200015, 💻 www.cozyhostelperu.com. Gemütliches Hostel, wahlweise mit Schlafsaal, ab 30 S/. p. P., und Zimmern mit Bad. Frühstücksbuffet inkl. ❷

Hostal Los Uros, Valcárcel 135, 📞 051-352141, ✉ hostaluros@hotmail.com. Gute und günstige Zimmer mit Bad und Warmwasser. Einige 3- und 4-Bettzimmer, Tourangebot, Cafeteria, Heizofen gegen Gebühr, Küchenbenutzung. ❷

Sol Plaza Hotel, Puno 307, 📞 051352658, 💻 www.solplazahotel.com. Gutes Mittelklassehotel in zentraler Lage, Frühstücksbuffet inkl. Bei Buchung über die Website des Hotels kostenloser Abholservice. ❹

Hotel Qelqatani, Tarapacá 355, 📞 051-366172, 💻 www.qelqatani.com. Sehr gute Zimmer mit Safe, Heizung, TV und Telefon. Zimmerservice, Restaurant und Bar. Frühstücksbuffet inkl.

ESSEN

Café Restaurant Mojsa, Lima 635, Plaza de Armas. Sehr guter Biokaffee, Kuchen und gute Speisenauswahl. Vom glasverkleideten Balkon

im 2. Stock hat man einen schönen Blick auf die Plaza. ⌚ tgl. 12–21.30 Uhr.
Café Ricos Pan, Arequipa 332. Neben Kuchen und Empanadas werden exzellenter Kaffee und Säfte serviert. Gutes Frühstück. ⌚ Mo–Sa 6.30–21.30, So 6.30–12.30 Uhr. Auch in der Moquegua 326.
Colors, Lima 342. Restaurant/Loungebar mit gutem Frühstück und internationalen Gerichten in angenehmem Ambiente. ⌚ tgl. 10–22 Uhr.
La Casa del Corregidor, Deustua 576. Nettes Café in einem geschichtsträchtigen Kolonialhaus, Biokaffee, Snacks, Salate, Kuchen und mehr. ⌚ Mo–Sa 9–21 Uhr.
Loving Hut, Choquehuanca 188. Beliebtes veganes Restaurant mit reichhaltigem Mittagsmenü und großer Auswahl an Á-la-carte-Gerichten. ⌚ Mo–Sa 11–18 Uhr.
Natur Center, Tacna 998. Gutes vegetarisches Lokal, günstige Mittagsmenüs. ⌚ So–Do 7–19, Fr 7–15 Uhr.
Tradiciones del Lago, Lima 418. Einheimische Spezialitäten und Pasta/Pizza in gehobener Qualität, dafür auch teurer. ⌚ tgl. 11–22 Uhr.

UNTERHALTUNG UND KULTUR

Ein guter Pub ist das **Positive**, Lima 378, tagsüber Restaurant. ⌚ tgl. 6–24 Uhr.

EINKAUFEN

Puno ist ein idealer Platz, um sich mit Wollsachen einzudecken. Allerdings sind die Preise hier etwas höher als in Juliaca. In der Fußgängerzone Lima liegen zahlreiche Geschäfte. Neben der Policía de Turismo gibt es einige Stände. Günstiger kauft man auf dem **Mercado Artesanal** an der Hafenmole (Muelle oder Puerto genannt) ein. ⌚ tgl. 7–18 Uhr.

TOUREN

All Ways Travel, Deustua 576 und Puno 823, ✆ 051-355552, und Deustua 576, ✆ 051-353979, 💻 www.titicacaperu.com. Sehr gute Agentur, die neben den traditionellen Ausflugszielen auch Programme mit Familienaufenthalt auf der Halbinsel Capachica anbietet, inkl. Kajaktour auf dem See. Der Besuch lässt sich mit Wanderungen und Ausflügen nach Amanatani und/oder Taquile kombinieren.
Latin Reps, Arequipa 736 A, ✆ 051-364887, 💻 www.latinreps.com. Solide, zuverlässige deutschsprachige Agentur mit umfangreichem Tour- und Reiseangebot auch außerhalb von Puno.
Sol Perú Reisen, Tacna 287, ✆ 051-355114, www.solperureisen.com. Die nette Sol kommt aus der Region und organisiert u. a. untouristische Touren zur Insel Anapia, wo ihr Bruder mit Familien zusammenarbeitet. Außerdem Verkauf von Tickets nach Boliven. Man spricht Deutsch.

SONSTIGES

Bolivianisches Konsulat

Das **Consulado Boliviano** befindet sich in der Cajamarca 664, ✆ 051-205400, ✉ consuladopuno@hotmail.com. ⌚ Mo–Fr 8–16 Uhr.

Feste

S. Kasten.

Geld

Banco de Crédito, Lima 510.
Casa de Cambio, Grau, Ecke Lima. Zahlreiche Geldwechsler stehen entlang der Tacna.

Informationen

I-Perú, Lima, Ecke Deustua (Plaza de Armas), ✆ 051-208310, ✉ iperupuno@promperu.gob.pe. ⌚ Mo–Sa 9–18, So 9–13 Uhr. Zweigstelle im Busterminal, ⌚ tgl. 6–20 Uhr.

Medizinische Hilfe

Hospital Regional Manuel Nuñez Butrón, Av. El Sol 1022, ✆ 051-367777.

Polizei

Touristenpolizei **Poltur**, Deustua 589, ✆ 051-352303, **Notruf**, ✆ 105.

Sprachunterricht

Im **Centro de Idiomas de la UNA** (Sprachzentrum der Universidad Nacional del Alti-

Die Folklore von Puno

Im Departamento Puno sind über 420 folkloristische **Tänze** dokumentiert, von denen im Laufe eines Jahres rund 170 aufgeführt werden. Bei vielen von ihnen handelt es sich um Bauerntänze, die nur in entlegenen Dörfern gezeigt werden. Andere tanzt man während der großen Feiern in der Provinzhauptstadt. Obwohl ein Teil der Tänze im Rahmen katholischer Feiertage aufgeführt wird, liegt ihr eigentlicher Ursprung weit vor den Zeiten der Conquista. Einige Tänze sind an wichtige Daten im Agrarkalender gebunden und richten den Zeitpunkt ihrer Aufführung nach Aussaat oder Ernte. Die Teilnehmer der großen Tänze treten in reich verzierten, fantasievollen und wertvollen Kostümen sowie grotesken Masken auf. Begleitet werden sie von Musikgruppen, die eine enorme Bandbreite an **Instrumenten** spielen. Sie reichen von spanisch beeinflussten Blechblasinstrumenten über Trommeln, Rasseln und Schlaginstrumente aus inkaischen Zeiten bis hin zu einer enormen Vielfalt an Flöten aus Holz, Bambus oder Metall. Zu einem der ungewöhnlichsten Musikinstrumente, die hierbei zum Einsatz kommen, zählt die Piruru, die aus dem Flügelknochen eines Kondors geschnitzt wird.
Das wichtigste Fest der gesamten Region wird Anfang Februar für zwei Wochen in Puno gefeiert. Während der **Fiesta de la Virgen de la Candelaria**, die zu Ehren der Schutzpatronin der Stadt veranstaltet wird, platzt Puno aus allen Nähten und verwandelt sich tagelang in ein undurchdringliches Gewühl aus Musikgruppen, Tänzern, Touristen und Einheimischen. Höhepunkt ist die **Diablada**, der Teufelsmaskentanz, bei dem Tanzgruppen in einem Umzug um die beste Präsentation konkurrieren. Der Wettbewerb, der landesweit im Fernsehen zu sehen ist, dauert den ganzen Tag über und oftmals wird es Mitternacht, bis die letzte Gruppe an den Preisrichtern vorbeigetanzt ist. Danach wird ungeachtet der niedrigen Temperaturen die Nacht durchgemacht, dazu werden Unmengen von Bier getrunken, die Stimmung ist ausgelassen.
Aber auch kleinere Feste in der Umgebung haben ihren eigenen Charme und lohnen die Anfahrt. Die Touristeninformation I-Perú verfügt über einen detaillierten Festtagskalender.

plano), Lima 317, ✆ 051-364315, 💻 www.unap.edu.pe/cidiomas, kann man die Sprachen Quechua und Aymara studieren.

Visaangelegenheiten

Migración, Ayacucho 270, ✆ 051-357103. 🕒 Mo–Fr 8–16 Uhr.

Nahverkehr

Taxis kosten innerhalb der Stadt 3,50 S/., zum Busterminal 4 S/., und zum Flughafen in Juliaca ca. 80 S/.

TRANSPORT

Kleinbusse

Die Orte um Puno (darunter Juliaca, Juli, peruanisch/bolivianische Grenze) werden von kleineren Combis angefahren. Sie fahren vom übersichtlichen **Terminal Zonal** Sur (Taxi 4 S/.) in der Av. Bolívar, nicht weit vom Terminal Terrestre. Die Combis verfügen nicht über einen festen Fahrplan und fahren in aller Regel los, wenn sich gerade genügend Fahrgäste einfinden.

Regionalverbindungen

ACORA ab der Banchero Rossi, Ecke 1 de Mayo, von 5–22 Uhr (32 km). Über CHUCUITO (17 km).
CAPACHICA (Halbinsel Capachica) etwa stdl. von der Lampa/Ecke Ferrocarril, am Mercado Bellavista (1 1/4 Std., 62 km).
DESAGUADERO (Grenze Bolivien) 5–19 Uhr (2 1/2 Std., 183 km).
ILAVE 6–20 Uhr, So 6–18 Uhr (1 Std., 54 km).
JULI 5–18.30 Uhr (1 1/2 Std., 59 km).
JULIACA ständig von der Ricardo Palma, Ecke Rosendo Huirse sowie Lampa, Ecke Ilo (1 Std., 44 km).
LLACHÓN (Halbinsel Capachica) zunächst nach Capachica (s. o.), dort umsteigen, manchmal auch direkt (1 1/2 Std., 75 km).
LUQUINA 6–7 Uhr (1 3/4 Std., 67 km).
Direktbusse ab Banchero Rossi, Ecke 1 de

Sicherheit

Am Busbahnhof, dem Terminal Terrestre, ist besonders während der großen Feierlichkeiten erhöhte Vorsicht geboten (vor allem kleine Taschen gut im Auge behalten!). Man sollte den Kontakt zu Schleppern *(Jaladores)* meiden, die einen zu einem angeblich guten Hotel bringen. Außerdem ist es ratsam, keine Fahrkarten oder Touren irgendwelcher Art auf der Straße zu kaufen und nur offizielle Taxis (mit einem Schild auf dem Dach) zu benutzen.
Punos Hausberg, der Cerro Huajsapata, sollte nur in kleinen Gruppen und bevorzugt morgens aufgesucht werden. Den Mirador Kuntur Wasi sollte man nur mit dem Taxi besuchen, da es wiederholt zu Überfällen auf Touristen gekommen ist. Für 20–25 S/. hin und zurück wartet das Taxi.
Das Gebiet um den Hafen sollte nach Einbruch der Dunkelheit gemieden werden.

Mayo, sonst bis ACORA (s. o.) und dort Taxi nehmen.
YUNGUYO (Grenze Bolivien) 5–22, So 5–17 Uhr (2 1/2 Std., 128 km).

Busse

Der interprovinzielle Busbahnhof **Terminal Terrestre** liegt ein wenig außerhalb von Puno, in der Jr. 1 de Mayo 703, Barrio Magisterial. Von hier fahren Busse nach Lima, Arequipa, Cusco, Tacna und nach La Paz, Bolivien. Der Busbahnhof verfügt über einen Geldautomaten, eine Infostelle von I-Perú (S. 314) und einen Erste-Hilfe-Posten. Die **Terminalgebühr** *(Tasa de embarque)* beträgt 1,50 S/.
Nach La Paz fährt man vom Terminal Terrestre entweder über den peruanischen Grenzort Yunguyo und Copacabana (ca. 7–8 Std.) oder über den Grenzort Desaguadero (ca. 6 Std.). Beide Straßen sind asphaltiert. In Bolivien wird die Uhr eine Stunde vorgestellt!
Cruz del Sur unterhält ein Verkaufsbüro in der Lima 394, ⌚ tgl. 10–13, 16–21 Uhr.

Fernverbindungen

AREQUIPA mehrmals tgl. (u. a. Cruz del Sur, Civa, Transzela) 6–7 Std., 320 km. Der Touristenbus 4 M (S. 238) holt die Passagiere am Hotel ab.
CHIVAY (Touristenbus von 4 M) um 6.15 Uhr, 6 1/4 Std. (250 km).
CUSCO ständige Abfahrten (Cruz del Sur, Transzela, u. a.) 7 Std. (390 km). Vom Terminal fahren die Touristenbusse von Inka Express (Abfahrt 6.40 Uhr, S. 238) und Wonder Perú Expedition (Abfahrt 7.15 Uhr, S. 238), beide unterwegs mit Besichtigungen und Mittagessen (ca. 12 Std).
LIMA Civa fährt direkt. Bei Cruz del Sur wartet der Anschlussbus nach Lima in Arequipa, 24 Std. (1300 km). Weitaus mehr Verbindungen ab Arequipa.
TACNA Verschiedene Anbieter fahren mehrmals tgl. über AREQUIPA (bessere Straße, weniger Kurven) oder auch über DESAGUADERO und MOQUEGUA, 9 Std. (376 km).

Verbindungen nach Bolivien

COPACABANA zahlreiche Anbieter (Transzela, Turismo Internacional Titicaca, Huayruro, Colectur), alle um 7 und einige auch um 14 Uhr vom Terminal Terrestre, 3 Std., 141 km.
Bei der billigeren Variante geht es mit Micros und Combis ab dem Terminal Zonal Sur bis YUNGUYO (s. Regionalverbindungen), mit dem Mototaxi zur Grenze und von dort weiter mit dem Minibus nach Copacabana.
LA PAZ Alle unter Copacabana aufgeführten Unternehmen fahren nach einem Buswechsel und rund einstündigem Stopp in Copacabana über TIQUINA (Fähre) nach La Paz (7 Std.). Über DESAGUADERO (5 1/2–6 Std.) fährt u. a. Titicaca Bolivia (morgens und mittags).

Eisenbahn

S. Transport Cusco, S. 239.

Boote

Von der Hafenmole Punos werden die Schilfinseln der Uro (S. 318), TAQUILE (S. 319) und AMANTANI (S. 320) mit öffentlichem Bootsverkehr bedient. Der Fahrkartenschalter befindet sich direkt am Anlegesteg. Inzwischen verfügen einige Tourveranstalter über Schnellboote, die eine deutlich zügigere An- bzw. Abreise und längere Aufenthaltsdauer auf den

Inseln ermöglichen. Weitere regelmäßige Bootsverbindungen bestehen zwischen Amanti und Taquile sowie Amantani und der HALBINSEL CAPACHICA (S. 321). Nach BOLIVIEN bestehen keine regulären Bootsverbindungen.

Flüge

Der Flugverkehr wird über das 45 km entfernte Juliaca abgewickelt (S. 306). So gut wie alle Reisebüros verkaufen Fahrkarten für Kleinbusse, die von Puno meist 3 Std. vor Abflug direkt zum Flughafen fahren (15–20 S/.), z. B. Rossy Tours, Tacna/Ecke Libertad, ✆ 051-366709. Etwas langwieriger, aber dafür billiger ist es, mit dem Bus oder Minivan nach Juliaca zu fahren und dort in ein Micro zum Flughafen zu steigen.

Latam, Tacna 299, ✆ 051-367227, 💻 www.latam.com. 🕒 Mo–Fr 9–19, Sa 9–14 Uhr.

Die Umgebung von Puno

Grabtürme von Sillustani

Mitte des 16. Jhs. berichteten spanische Chronisten verwundert über große Grabtürme, die aufwendig aus mächtigen Steinblöcken errichtet worden waren. 40 Stätten mit gemauerten Grabtürmen, **Chullpas** auf Aymara genannt, hat man im Departamento Puno gefunden. Die meisten von ihnen stammen von den Colla, einem Aymara sprechenden Hochlandvolk.

Sie bauten mehrere Meter hohe, meist runde Steintürme mit leicht nach außen geneigten Mauern, die mit einem Strohdach oder einer Steinplatte abgedeckt wurden. In den geräumigen Türmen begruben sie hohe Würdenträger und wichtige Persönlichkeiten, die nach ihrem Tod samt Familie, Dienern, Nahrung und Besitztümern in den geräumigen Steintürmen eingemauert wurden. Die gefundenen Mumien hockten in einer gebeugten Haltung, die Körper waren mit Pflanzenfasern eingeschnürt. Ins Innere führen niedrige, nach Osten gerichtete Öffnungen in Bodenhöhe. Manche Grabtürme bestehen nur aus einem abgesenkten Raum, andere sind mehrstöckig angelegt. Innen sind die Chullpas nur roh behauen und grob mit Lehm verkleidet.

Die bekanntesten Grabtürme liegen in Sillustani, am Rand der **Laguna de Umayo**, rund 30 km nordwestlich von Puno, und sind über eine asphaltierte Straße zu erreichen. Zwölf Chullpas wurden in Sillustani errichtet; die älteren in sehr rustikaler Bauweise aus Lehm und kleinen Steinen, andere aus abgerundeten und passgenau ineinander gefügten Blöcken aus Vulkangestein. Sie ähnelten mit ihrem Zapfensystem der Bauweise der Inka, und es wird vermutet, dass die Inka den Begräbniskult der Colla übernahmen und architektonisch verfeinerten.

Zwei Chullpas blieben unvollendet; bei einem von ihnen sieht man noch die Rampe, auf der die Quader, die aus Steinbrüchen am Umayo-See stammen, nach oben geschleift wurden. Sehenswert ist der **Chullpa de Lagarto**, mit 12 m angeblich der höchste Grabturm Südamerikas. Seinen Namen gab ihm ein kleines Relief mit der Abbildung einer Eidechse an den oberen Steinen. Viele Türme sind im Laufe der Jahre den Naturgewalten zum Opfer gefallen. Neben Erdbeben, Frost und Blitzschlag haben auch Grabräuber ihren Beitrag zur Zerstörung der Chullpas von Sillustani beigetragen. Zum Glück entging ihnen der fast 4 kg schwere Goldschatz, den Archäologen 1971 bei Ausgrabungen fanden. Wer gerne fotografiert, sollte die Stätte aufgrund der besonderen Lichtverhältnisse nachmittags besuchen. Vogelfreunden sei eine **Wanderung** entlang des Umayo-Sees empfohlen, bei der man eine große Anzahl Wasservogelarten beobachten kann.

Anfahrt: Am einfachsten erreicht man Sillustani mit einer organisierten Tour (Start 14 Uhr in Puno, rund 4 Std., ca. 40–50 S/. inkl. Guide, Transport und Eintritt). Ein Taxi kostet inkl. 2 Std. Wartezeit ca. 90 S/. Die billigste Variante ist, mit einem Colectivo Richtung Juliaca zu fahren, an der Abzweigung nach Sillustani auszusteigen und eines der dort wartenden Colectivos zu den Grabtürmen zu nehmen (nachmittags seltener, 14 km). 🕒 tgl. 8.30–17.30 Uhr, Eintritt 15 S/.

Unterkünfte finden sich im rund 4 km nördlich gelegenen Dorf Atuncolla, das auf den Besuch von Touristen eingestellt ist. Besucher können am Dorfleben teilnehmen, Bootsfahrten auf dem Umayo-See unternehmen und mehr über das Kunsthandwerk der Bewohner lernen. Die

Touristeninformation I-Perú in Puno kann bei der Planung des Besuchs hilfreich sein. Weitere Infos und Kontaktdaten unter www.turismoruralcomunitario.gob.pe (in die Suchmaske „Atuncolla" eingeben).

Grabtürme von Cutimbo

Rund 17 km südöstlich von Puno liegen vier Chullpas, die besser erhalten sind als die Grabtürme von Sillustani. Man besucht sie entweder im Rahmen einer organisierten Tour (ca. 100 S/. inkl. Guide), per Taxi (ca. 70 S/.) oder ab Puno alle 30 Min. von 6–16 Uhr mit dem Minibus mit der Aufschrift „Laraqueri" (ab der Kreuzung Banchero Rossi/1 de Mayo, 4 S/.). Von der Straße zu den auf einem Felsplateau liegenden Türmen sind es ca. 20–30 Min. Gehzeit. ⌚ tgl. 8.30–17.30 Uhr, Eintritt 15 S/.

SÜDPERU

Die schwimmenden Inseln der Uro-Nachfahren

Jedes Ausflugsboot, das Besucher zu den weiter entfernten Inseln Taquile und Amantani bringt, hält unterwegs bei den *Islas Flotantes,* den schwimmenden Schilfinseln. Was sich dort abspielt, wenn frühmorgens mehrere Boote voller Touristen anlanden, ist definitiv nicht jedermanns Sache. Gelangweilt sitzen einige Einheimische vor ihrem ausgebreiteten Kunsthandwerk am Boden; gelegentlich tauchen bettelnde Kinder auf. Nachdem man den Eintritt von 8 S/. entrichtet hat, kann man fotografieren, die Hütten und den Aussichtsturm besichtigen oder eine Fahrt in einem echten Schilfboot unternehmen.

Da es keine archäologischen Überreste gibt, weiß man nicht, wann genau die Uro begannen, auf Schilfinseln zu leben. Sie nutzten die Eilande, um sich vor den Colla und Inka zurückzuziehen, von denen sie als minderwertige Wesen betrachtet wurden. Auf den *Islas Flotantes* führten sie ein autarkes Leben, denn das üppig im seichten Uferbereich des Sees wachsende **Schilf** *(Scirpus Tatora)* versorgte sie mit allem Lebensnotwendigen. Die jungen Stängel des Schilfrohrs sind essbar; getrocknetes Schilf lässt sich als Brennstoff verwenden. Aus Schilf bauten sie ihre Häuser und die Boote, mit denen sie Fische und Vögel jagten.

Von den stolzen und kriegerischen Urahnen der Uro, die der **Legende** nach schwarzes Blut besaßen, das sie vor der bitteren Kälte schützte, ist nichts übrig geblieben. Die *Kotsuñs* („Wassermenschen") – wie sie sich einst selber nannten – haben ihre Wurzeln und ihre Sprache inzwischen verloren. Es gibt keine reinrassigen Uro mehr, sie haben sich längst mit Quechua- und Aymara-Indigenen vermischt und sprechen deren Sprache.

Heute leben einige Tausend Menschen, verteilt auf ca. 100 Schilfinseln, in der Bucht von Puno. Zu vielen gelangen keine Besucher, denn diese werden auf den Touristeninseln „abgeladen", die strategisch auf dem Weg nach Taquile und Amantani positioniert sind. Etwa die Hälfte der Bewohner hält sich nur tagsüber auf den Inseln auf und kehrt abends zum Festland zurück. Auf den Inseln hat sich das Leben ohnehin stark verändert: Batteriebetriebene Fernseher, Telefone mit Solarzellen und Welblechdächer gehören inzwischen zum Standard. Obwohl sich die Lebensqualität auf den Inseln ein wenig erhöht hat, ist das Leben der Uro-Nachfahren weiterhin hart und entbehrungsreich.

Die letzte Insel wäre wahrscheinlich längst untergegangen und mit ihr eine einmalige Lebensform, gäbe es nicht den beständigen Strom von **Touristen**, die einmal auf dem weichen Untergrund der Insel herumlaufen oder in einem Totora-Boot fahren möchten. Die wenig authentische Show degradiert die Bewohner zwar zu Statisten, ermöglicht ihnen aber ein spärliches Zubrot. Dennoch, die Schilfinseln der Uro-Nachfahren gehören zum Titicaca-See wie der Pisco Sour zu Peru.

Das Leben der Menschen auf den schwimmenden Schilfplattformen ist existenziell mit den großen Totora-Schilfbeständen der Uferbereiche verbunden. Denn die Inseln bestehen aus mehreren Schilfschichten, die ständig erneuert werden. Während das Schilf an der Unterseite der Inseln verrottet, wird oben eine neue Schicht aufgetragen. Die Inseln müssen ständig ausgebessert werden, da sich das Schilf mit Wasser vollsaugt, verrottet und abzusinken beginnt. Da die Inseln nicht im Boden verankert sind. beginnen sie bei Hochwasser frei auf dem Wasser zu treiben. Wer auf einer Schilfinsel herumläuft, sollte besonders an den Außenstellen aufpassen, um nicht mit dem Fuß durch eine verfaulte Stelle ins kalte Wasser zu rutschen.

Auf einigen Uros-Inseln kann man inzwischen recht komfortabel übernachten (allein bei booking.com sind mehr als 12 Unterkünfte gelistet). Das Angebot reicht von einfachen Schilfhütten mit Gemeinschaftsbad bis hin zu ökologisch ausgerichteten Luxus-Lodges wie der **Uros Titicaca Lodge**, 💻 www.urostiticacalodge.com, ❻. Man befindet sich hier rund 6–7 km von Puno entfernt auf dem Wasser, und nachts kann es dort sehr kalt werden. Infos und Buchung über die bekannten Buchungsportale und an der Bootsanlegestelle.

Die Überfahrt zu den Uros mit Unterkunftsmöglichkeit erfolgt entweder über die Anlegestelle **Embarcadero Qalapajra**, 5 km östlich von Puno gelegen (Taxi 20 S/.), oder mit dem öffentlichen Boot, der *lancha pública*, die von 8–16 Uhr vom Hafen in Puno immer dann abfährt, wenn genug Passagiere zusammenkommen.

Isla Taquile

Keine Straßen, keine Autos, nicht einmal Fahrräder. Wenn dann auch noch die Tagesbesucher verschwunden sind, kehrt auf Taquile die Ruhe ein, die schon seit Jahrtausenden auf der roterdigen Insel herrscht. Auf einem 6 km langen und 1 km breiten Felsen im Titicaca-See, dessen Umrisse der Gestalt eines Wals ähneln, wohnen rund 2500 Quecha, Nachfahren der Pakara, Colla und Inka, die vor ihnen hier lebten.

Erst seit 1937 gehört den indianischen Bauern das Land, auf dem sie auf ausgedehnten Terrassenanlagen Kartoffeln, Gerste, Quinoa, Mais und Saubohnen für sich und die Märkte Punos produzieren. Noch zu Kolonialzeiten war die gesamte Insel, die rund 35 km südöstlich von Puno liegt, im Besitz eines Spaniers, später wurde sie vorübergehend als Gefängnis genutzt. Nach und nach begannen die Aymara die Insel, auf der sie als Leibeigene schufteten, zurückzukaufen. Inzwischen ist die Bevölkerung bestens organisiert. Ein Ältestenrat trifft alle Entscheidungen. Tradition und Zusammenhalt werden groß geschrieben, was die zahlreichen Fiestas nachdrücklich untermauern.

Doch auf Taquile wird nicht nur gefeiert, sondern hier werden auch exzellente **Webarbeiten** produziert. Nur auf dieser Insel bekommt man strickende Männer zu sehen, die ihre langen Zipfelmützen *(Chullos)* selber herstellen. Die Frauen weben bunte Hüftbänder und dunkle Schals, die sie zu pinkfarbenen oder roten Röcken tragen. Die Grundfarbe der Textilien ist

SÜDPERU

Auch auf Taquile kann man bei Einheimischen übernachten.

weiß, die Muster sind rot. In einem **Laden** an der Plaza ist die Webereigenossenschaft beherbergt, in der man die kunstvollen Arbeiten kaufen kann.

Heute pilgern vor allem in der Hauptsaison Massen von Touristen auf das kleine Eiland, schnaufen den steilen Weg zum „Bogen der Freundschaft", dem Eingangstor zur Plaza empor. Doch die Tagesbesucher erleben keinen Sonnenuntergang oder Mondaufgang vom höchsten Punkt der Insel, dem **Cerro Molusina**, 264 m über der Seeoberfläche, und auch die göttliche Ruhe, die der See und die Insel ausstrahlen, sobald die Ausflügler verschwunden sind, bleibt ihnen verwehrt. Wer sich für einen Besuch von Taquile entscheidet, sollte dort zumindest einmal übernachten.

SÜDPERU

ÜBERNACHTUNG

Wer direkt (also ohne Reiseveranstalter) bucht oder die Unterkunft erst nach der Ankunft auf der Insel sucht, sorgt dafür, dass der gesamte Übernachtungspreis bei den Gastgeberfamilien bleibt. Moderne Buchungsplattformen haben das Rotationsprinzip ausgehebelt, nach dem zuvor Touristen an die einzelnen Familien verteilt wurden. Mittlerweile gibt es deshalb spürbare Qualitätsunterschiede bei den Unterkünften. Einige bieten nun Solarstrom, Duschen und Zimmer mit Bad. Auch wer sich erst nach seiner Ankunft entscheidet, auf der Insel zu übernachten, findet eine Bleibe. Einfach den Bootsführer und die Inselbewohner am Hafen ansprechen oder an der kleinen Infostelle bzw. im Restaurant Comunal am Hauptplatz nachfragen.
Gegen die **Kälte** sollte man einen guten Schlafsack mitbringen, warme Kleidung, Toilettenpapier und eine Taschenlampe. Die Gastfamilien freuen sich über eine kleine Aufmerksamkeit, z. B. frisches Obst, bettelnden Kindern sollte man nichts geben! Eine Übernachtung kostet ohne Essen ab 30 S/. p. P.

ESSEN

Die Anzahl der Restaurants ist in den letzten Jahren stark gestiegen, Auswahl und Qualität hingegen sind auf einem mittelmäßigen Niveau geblieben. Traditionelle Küche mit Suppen, Kartoffeln, Eiern, Reis und Fisch (Forelle) beherrscht das Bild.
Das **Restaurant Comunal**, das von der Inselbevölkerung gemeinsam betrieben wird, liegt an der Plaza, ⌚ tgl. 8–18 Uhr. Dort und in den Nebenstraßen finden sich weitere Restaurants, die sich in Preis und Angebot ähneln. Mehr als 20–25 S/. sollte das Essen nicht kosten.

TRANSPORT

Ein **Fährboot** nach Taquile legt um 7.45 Uhr in PUNO ab, stoppt für etwa 1 Std. an den Uros und erreicht Taquile (Nordhafen) gegen 11.30 Uhr (3 1/4 Std. pro Fahrt, 30 S/. hin und zurück). Ein weiteres Boot verlässt Puno um 7.45 Uhr, stoppt aber nur etwa 20 Min. an den Uros. Der Aufenthalt auf der Isla Taquile dauert rund 3 Std., da die Rückfahrt von der Muelle Chilcano an der Westseite der Insel bereits gegen 14.20 Uhr erfolgt. Zurück in Puno ist man gegen 17.30–18 Uhr. Gerade bei der Rückfahrt kann es lausig kalt werden. Bei der Ankunft in Taquile ist eine Inselsteuer von 8 S/. zu entrichten. Von Taquile gibt es keinen regelmäßigen Bootsverkehr nach AMANTANI.

Isla Amantani

Die rund 4 x 8 km große Insel liegt nördlich von Taquile und rund 38 km nordwestlich von Puno. Sie gleicht in vielen Dingen Taquile, liegt in ihrer touristischen Entwicklung aber einige Jahre zurück. Da sie weiter von Puno entfernt ist als Taquile, werden keine Tagestouren angeboten.

Wer nach Amantani kommt, übernachtet hier auch. Das reduziert die Anzahl der Besucher auf ein erträgliches Maß. Die Familien kümmern sich (meist) noch um ihre Gäste und alles wirkt noch ein wenig authentischer als auf Taquile. Neben schöner Landschaft bietet Amantani auch mehrere **Inkaruinen**, die über die Insel verstreut sind. Die etwa 3200 Bewohner der Insel leben traditionell von der Landwirtschaft und dem Fischfang, zudem sind sie hervorragende Weber.

ÜBERNACHTUNG UND ESSEN

Wer direkt (also ohne Reiseveranstalter) bucht, oder die Unterkunft nach Ankunft auf der Insel sucht, sorgt dafür, dass der gesamte Übernachtungspreis bei den Familien bleibt. Noch funktioniert hier das Rotationsprinzip, nach dem Gäste gerecht an die Familien verteilt werden. Doch immer mehr Familien bieten ihre Unterkünfte im Internet an. Auch hier gilt: Wer sich kurzfristig entscheidet, auf der Insel zu übernachten, findet eine Bleibe. Einfach die Bootskapitäne ansprechen oder auf der Insel herumfragen. Der Preis für eine Übernachtung inkl. Halbpension (2 Mahlzeiten) beträgt 60 S/., die Inselsteuer 8 S/.

TRANSPORT

Das **Fährboot** *(Lancha colectiva)* nach Amantani legt gegen 8 Uhr von Punos Hafenmole ab und stoppt unterwegs bei den UROS-Inseln (rund 3 1/2 Std. pro Fahrt, 30 S/. hin und zurück). Am gleichen Tag gibt es keine Rückfahrt nach Puno mit dem Boot. Die Weiterreise am gleichen Tag ist aber nach CHIFRÓN auf der Halbinsel Capachica möglich. Dorthin fahren tgl. mehrere Boote bis in den frühen Nachmittag (5 S/.). Von der dortigen Anlegestelle geht es weiter mit dem Mototaxi und dann mit dem Kleinbus nach Puno oder nach Llachón. Um 8 Uhr verlässt ein Boot Amantani mit Fahrtziel TAQUILE.

Isla Suasi

Dicht am Ostufer des Titicaca-Sees liegt die nur rund 43 ha große Insel Suasi, die bislang vom großen Touristenstrom weitestgehend verschont geblieben ist. Die Insel ist eine Miniaturausgabe der großen Inseln im Westen mit terrassierten Berghängen, Schaf- und Alpakaherden und kleinen Eukalyptushainen. Wer absolute Ruhe und Einsamkeit sucht, ist hier bestens aufgehoben.

ÜBERNACHTUNG

Auf der Insel kann man luxuriös und teuer im **Isla Suasi**, ✆ 01-2139739, 💻 www.islasuasi.pe, übernachten. Das Haus wurde vorwiegend aus lokalen Materialien gebaut und fügt sich harmonisch in die Landschaft ein. Alle Zimmer haben Seeblick, das Wasser wird mit Solarenergie erhitzt. Zum Komplex gehören ein Restaurant, Bar, Massageraum und Sauna. Im Preis von etwa US$550 p. DZ sind der Transport ab/bis Puno, Vollpension und die Inselsteuer enthalten. ❻. Tagesbesucher zahlen US$15.

TRANSPORT

Die Anfahrt zur Insel erfolgt zunächst mit Bussen auf dem Landweg über Juliaca, Huancané und Moho bis zum PUERTO DE CAMBRIA in der Nähe von Conima (3 Std., insgesamt 157 km). Dort kann man sich für 30 S/. p. P. nach Suasi übersetzen lassen. Auf dem Seeweg beträgt die Entfernung zwischen Puno und Suasi rund 72 km.

Península Capachica

Die Halbinsel, die nordöstlich von Puno weit in den Titicaca-See ragt, hat sich zu einer beliebten Alternative für Individualtouristen und kleine Gruppen entwickelt, die dem Rummel auf den bekannten Inseln entfliehen möchten. Die Bewohner verschiedener Orte haben sich schnell auf die steigende Nachfrage eingestellt und kleine *Hospedajes rurales* gebaut, in denen Besucher in einfachen Zimmern übernachten können. Auf der Halbinsel kann man wunderbar wandern, und mit der entsprechenden Planung gelangt man von Capachica nach Amantani und weiter nach Taquile.

Am weitesten entwickelt ist die touristische Infrastruktur in **Llachón** an der Südwestseite der Halbinsel. Hier gibt es inzwischen mehrere kleine, familiengeführte Herbergen ❷ inklusive Vollpension, von denen einige sogar über Solarduschen verfügen. Sehr schön ist die Bootsfahrt (kein Linienverkehr, nur Veranstalter!) von Puno nach Llachón. Lohnend ist auch die rund dreistündige Wanderung von Llachón zum **Cerro Carus 3**, einem Aussichtspunkt mit präinkaischen Ruinen, von dem sich tolle Ausblicke auf den See und die Insel Amantani eröffnen. Pio-

Lithium – der Run auf das weiße Gold

Lithium wird im Zeitalter der Elektro-Mobilität und der digitalen Telekommunikation zu einem immer gefragteren Rohstoff. Das Alkalimetall wird für den Bau hochleistungsfähiger Batterien für Elektroautos ebenso benötigt wie für die Akkus von Smartphones, Laptops oder E-Bikes. Neben Bolivien, Chile und Argentinien hat man nun auch in Südperu größere Vorkommen entdeckt. Allein in der erst 2017 entdeckten Lagerstätte **Falchani** auf 4500 m Höhe, rund 150 km nördlich des Titicaca-Sees an der Grenze zu Bolivien, werden 2,5 Mio. Tonnen Lithiumcarbonat vermutet. Das Problem: Zusammen mit den Lithiumreserven fand man größere Mengen radioaktiven Urans, nach denen das kanadische Unternehmen Plateau Energy eigentlich gesucht hatte. Der Umgang mit den geschätzten 56 Tonnen Uran stellt nicht nur die Kanadier sondern vor allem Peru vor wirtschaftliche, soziale und ökologische Herausforderungen. Der Andenstaat besitzt bislang keine Gesetzgebung für den Umgang mit radioaktiven Stoffen. Ein entsprechender Rechtsrahmen ist laut Regierung in Arbeit, dennoch gibt es seitens der Bevölkerung massive Vorbehalte gegen den geplanten Abbau. Megaprojekte wie das Lithium-Uran-Vorhaben gehen erfahrungsgemäß einher mit massiver Wasser- und Bodenverschmutzung. Von den großen Gewinnen haben die Anwohner meist nichts. Oft profitieren neben den Rohstoffunternehmen nur die Empfängerländer im globalen Norden. Lithiumbatterien ermöglichen den Industrieländern saubere Technologien, über die dreckige Produktion und deren Folgen für die Andenländer wird jedoch gerne hinweggesehen.

nier des Llachon-Tourismus und Kontaktperson dort ist Valentín Quispe Turpo, ✆ 951821392, ✉ llachon@yahoo.com. Er bietet Kajak- und Segeltouren an. Touren nach Llachon veranstalten u. a. All Ways Travel (s. „Puno/Touren", S. 314).

TRANSPORT

Kleinbusse

Siehe „Juliaca/Transport", S. 306, und „Puno/Transport", S. 315.

Boote

Von Llachón gelangt man mit einem Charterboot für 180 S/. nach AMANTANI. Von der PLAYA CHIFRÓN (ca. 30 Gehminuten vom Ort Capachica entfernt oder mit dem Mototaxi) fahren regelmäßig Boote zwischen 8 Uhr und dem frühen Nachmittag nach Amantani.

Von Puno nach Copacabana

Auf der **Standardroute nach Bolivien** kann man inzwischen in zahlreichen Gemeinden unterwegs bei Einheimischen übernachten – eine schöne und (noch) recht individuelle Art, die Bewohner des Sees ein wenig näher kennenzulernen. Unterwegs bieten sich einige schöne Stopps an.

Chucuito

Rund 18 km südöstlich von Puno wird Chucuito erreicht, das einst ein wichtiges Zentrum der Lupaca und später der Inka war. Hier liegt unweit der **Kirche Santo Domingo**, des ältesten Gotteshauses des Hochlands (1534 erbaut), der **Inca Uyo-Komplex**, 🕒 tgl. 8–15 Uhr, Eintritt 5 S/. Er besteht aus polierten, phallischen Steinen, deren exakte Herkunft bis heute ungeklärt ist. In diesem Fruchtbarkeitstempel der Inka konnten Frauen bei einer Opferzeremonie (Kokablätter und Mais) feststellen, ob sie fruchtbar waren. Kinder zeigen Besuchern die Anlage gegen ein kleines Trinkgeld. Eine weitere Sehenswürdigkeit des Ortes ist die **Kirche Nuestra Señora de la Asunción**.

Die Bewohner Chucuitos leben vorwiegend vom Fischfang, im See liegen einige Forellenzuchten. Übernachtungsmöglichkeiten bestehen in der gemütlichen **Hospedaje Turístico Las Cabañas**, Tarapacá 538, ✆ 951751196, 💻 www.chucuito.com, ❷.

Acora und Península Chuquito

In der Nähe des Ortes Acora, etwa bei KM 37,5 (bei Molloco rechts abbiegen) liegen rund 500 m von der Hauptstraße entfernt einige Grabtürme. Sie sind nicht so spektakulär wie die Grabtürme von Sillustani, doch dafür bekommt man hier auch viereckige Türme zu sehen, die mit Tiersymbolen (Schlange, Puma, Affe) verziert sind.

In Acora befindet sich auch die Abzweigung nach **Luquina** und **Karina**, zwei bäuerlichen Gemeinden auf der **Chuquito-Halbinsel**, die einen ländlich-ökologischen Tourismus propagieren. Die Anreise kann per Bus/Taxi (s. „Puno/Transport", S. 315) oder mit dem Boot erfolgen. Kontaktadressen zu den Gemeinden hat die Touristeninformation I-Perú in Puno (S. 314).

Juli

Über die wenig interessanten Ortschaften Platería und Ilave erreicht man nach rund 77 km Juli, das überraschenderweise über vier große Kirchen verfügt. Sie stammen aus dem 16. und 17. Jh., als Juli Zentrum der Jesuiten war. Die Kathedrale an der Plaza, auch **Iglesia San Pedro** genannt, besticht mit schönen Schnitzereien und Wandmalereien, die indianischen Einfluss aufweisen. Auf dem Weg zum See passiert man die **Iglesia San Juan Bautista**, die Bilder Johannes des Täufers und der Heiligen Teresa beherbergt. Sehenswert ist auch der **Tiermarkt**, der mittwochs (Lamas, Alpakas) und sonntags (Stiere, Esel, Pferde) linker Hand am Straßenrand vor dem Ortseingang aus Puno kommend abgehalten wird.

Pomata und die Grenze zu Bolivien

Auch das rund 106 km südöstlich von Puno gelegene **Pomata** besitzt eine interessante Kirche, die im 17. Jh. von Dominikanern errichtet wurde. Ihre Besonderheit sind durchsichtige Alabaster-Fenster und eine barocke Sandsteinfassade, auf der u. a. Pumas dargestellt sind.

Wenig außerhalb von Pomata gabelt sich die Straße. Linker Hand zweigt die Route zum peruanischen **Grenzort Yunguyo** ab. Hier kann man Geld wechseln (der Kurs ist schlecht, nur das Nötigste tauschen!) und in einfachen Unterkünften an der Plaza übernachten.

Die 2 km entfernte **Grenze**, an der Reisende ihren Ein- bzw. Ausreisestempel erhalten, ist von Yunguyo aus per Mototaxi oder Micro zu erreichen. Die Direktbusse Puno–Copacabana machen in Yunguyo Halt, damit die Passagiere Geld wechseln können. Die Grenze, ⌚ tgl. 7–21 Uhr (Bolivien 8–22 Uhr), wird zu Fuß überquert. Auf der bolivianischen Seite, in **Kasani**, wird der Pass erneut gestempelt, und Kleinbusse und Sammeltaxis bringen die Ankömmlinge zügig ins 8 km entfernte **Copacabana** (S. 589). In Bolivien wird die Uhr eine Stunde vorgestellt.

Isla de Anapia

Ursprüngliches Inselleben kann man auf der entlegenen **Isla de Anapia** im Südteil des Titicaca-Sees erfahren. Die Anfahrt erfolgt ab Yunguyo im Colectivo nach Punta Hermosa (ca. 1/2 Std.). Von dort fährt Do und So jeweils ein Boot um 13 Uhr zur kleinen, kaum berührten Insel (zurück ebenfalls Do und So, jeweils um 4.30 Uhr, Fahrtzeit 2 Std.). Ausflüge nach Anapia (mind. 2 Tage) lassen sich über Sol Perú Reisen in Puno arrangieren (s. „Puno/Touren", S. 314).

Von Puno über Desaguadero nach La Paz

Wer schnell nach La Paz möchte, sollte sich für diese Variante entscheiden, da die Fahrt etwa ein bis zwei Stunden kürzer ist als die über Copacabana (insgesamt ca. 5 1/2–6 Std., abhängig von der Grenzabfertigung). Über Juli und Pomata wird nach rund 183 km der Grenzort Desaguadero erreicht. Die Grenze CEBAF ist täglich von 8–21 Uhr geöffnet (die Uhr wird in Bolivien eine Stunde vorgestellt!). Wer früh dran ist, kann in Tiwanaku aussteigen und die dortigen Ruinen (S. 625) besuchen, die an der Strecke nach La Paz liegen. Weiterfahrt dann mit einem anderen Bus.

Von Puno nach Arequipa

Die landschaftlich eindrucksvolle Straße passiert die große **Laguna Lagunillas** und steigt danach auf eine weite karge Hochebene auf rund 4400 m Höhe an, die tolle Ausblicke auf das Chachani-Massiv (6075 m) und später dann auch auf den Vulkan Misti (5822 m) ermöglicht.

Ein Großteil dieser trockenen Punalandschaft ist Teil des Naturschutzgebiets **Reserva Nacional Salinas y Aguada Blanca**, in dem scheue Vicuñas und gelegentlich Flamingos in freier Wildbahn anzutreffen sind. Die über 2000 Höhenmeter, die zwischen dem Hochplateau und Arequipa liegen, werden in weiten Kurven überwunden. Unterwegs passiert man die Abzweigung zum Colca-Canyon und wenig später zum Thermalbad Yura.

SÜDPERU

Arequipa und Umgebung

Rund 1000 km südöstlich von Lima liegt eine der **schönsten Städte Perus** zu Füßen des 5822 m hohen **Vulkans Misti**. Neben diesem liegen mit dem schneebedeckten Vulkan **Chachani** (6075 m) und dem **Pichu Pichu** (5571 m) zwei weitere große Berge in unmittelbarer Nähe Arequipas. Obwohl Arequipa nur rund 126 km (ca. 70 km Luftlinie) von der Pazifikküste entfernt ist, gehört der Ort weder so richtig zur Küstenwüste noch zum Hochland. Vielmehr ist Perus zweitgrößte Stadt eingebettet in eine **kontrastreiche ländliche Umgebung** aus grünen Oasen, kargen Bergflanken und traditionellen Dorfgemeinschaften – ein reizvolles Ambiente für Tagesausflüge (s. „Näheres Umland von Arequipa", S. 337).

In weiterer Entfernung locken raue Mondlandschaften (s. „Valle de los Volcanes", S. 350) und die tiefsten Schluchten des gesamten Kontinents (s. „Cañón de Cotahuasi", S. 351). Zu den beliebtesten Ausflügen zählt die Tour in den Colca-Canyon (S. 340), in dem man wandern und Kondore aus nächster Nähe beobachten kann.

Die Höhe von immerhin 2335 m verleiht Arequipa ein ganzjährig angenehmes, frühlingshaftes Klima. Die jährlichen Durchschnittstemperaturen liegen tagsüber bei 22 °C, nachts kann es vor allem in den Monaten der Trockenzeit, also von April bis November, stark abkühlen. Die Sonne scheint das ganze Jahr über von einem meist wolkenlosen Himmel, lediglich in den Monaten Januar bis März kommt es zu Regenfällen, die auch mal etwas heftiger ausfallen können.

Arequipa

Die Stadt, deren Einwohnerzahl mittlerweile die Millionenmarke überschritten hat, breitet sich im fruchtbaren Tal des **Río Chili** aus, in dem auch heute noch Landwirtschaft und Viehzucht betrieben werden. Das historische Zentrum ist bekannt für seine schönen Klöster, Kirchen und Kolonialbauten und wurde im Jahr 2000 von der Unesco zum **Weltkulturerbe** erklärt. Der Sillar, ein poröses, helles Tuffgestein, aus dem sehr viele Gebäude vor allem im Stadtzentrum gebaut sind, hat Arequipa den Beinamen *Ciudad blanca* – die **weiße Stadt** – eingebracht.

Die Einwohner, die Arequipa auch gerne **„Hauptstadt des Südens"** nennen, können sich bis heute nicht so richtig mit der Vorherrschaft Limas innerhalb Perus abfinden und spielen gelegentlich mit separatistischen Gedanken. Sie sind selbstbewusst und stolz auf ihre Herkunft und Traditionen, was ihnen manchmal als Arroganz ausgelegt wird.

Das Temperament der Arequipeños passt zur Lage der Stadt, die im Feuergürtel Amerikas liegt. Allein im Departamento Arequipa befinden sich 167 von insgesamt 401 Vulkanen Perus, darunter zehn aktive. Fast täglich werden kleinere Erdstöße registriert; das letzte größere **Erdbeben** suchte Arequipa und Umgebung am 23. Juni 2001 heim. Dabei kamen 71 Menschen ums Leben, 1000 wurden verletzt und mindestens 30 000 verloren ihr Obdach.

Geschichte

Einer Legende zufolge stammt der Name der Stadt vom vierten Inkaherrscher **Mayta Cápac** ab. Nachdem ihn seine Generäle auf dem Weg zurück nach Cusco bedrängten zu rasten, soll er an der Stelle, an der sich die Stadt heute befindet, ausgerufen haben: „Are que pay", was mit „Also gut, bleiben wir hier" übersetzt wird.

Sicherheit in Arequipa

Wer nach Sonnenuntergang ankommt, sollte am Flughafen und am Busterminal ein offizielles Taxis nehmen oder den Transport über die Unterkunft organisieren.

Schon lange vor den Inka lebten hier aufeinander folgend Angehörige der Huari-, Tiwanaku- und Julí-Kulturen. Auch die **Spanier** waren auf ihrem Eroberungsfeldzug angetan vom milden Klima und den guten Anbaumöglichkeiten. Sie gründeten am 15. August 1540 an den Ufern des Río Chili die Villa de Nuestra Señora de la Asunción del Valle Hermoso de Arequipa. In der Folgezeit errichteten die Spanier aus dem hellen Sillargestein eine attraktive Stadt mit den schönsten Kolonialgebäuden des Landes. Trotz eines verheerenden Erdbebens im Jahr 1687, zehn Jahre nachdem der Franziskanerpater Meléndez ein Gipfelkreuz auf dem Vulkan Misti errichtete, haben viele Gebäude des widerstandsfähigen Vulkangesteins die Naturgewalten unbeschadet überstanden oder sind in jüngerer Zeit restauriert worden.

Weiß wie die Mauern der Stadt war auch der überwiegende Teil der Bevölkerung in der Kolonialzeit, als die günstige Lage Arequipas zwischen den Silberminen von Potosí und dem Pazifikhafen Mollendo gute Einnahmen als **Handelsposten** bescherte. Noch mehr Wohlstand brachte der Stadt 1870 der **Bau der Eisenbahnlinie** zwischen Puno und Mollendo, die heute allerdings keinerlei wirtschaftliche Bedeutung mehr hat. Auch das schwere Beben von 1868, bei dem in Minutenschnelle mehr als zweitausend Gebäude einstürzten, konnte den Aufschwung der Stadt nicht stoppen. Heute ist aus Arequipa in der Tat das pulsierende Herz des Südens geworden, das sich seine Bewohner so sehr wünschten. Doch die Stadt platzt aus allen Nähten und die Randbezirke schieben sich bedrohlich nahe an die Hänge des Vulkans Misti heran, dessen nächster größerer Ausbruch wahrscheinlich verheerende Konsequenzen haben wird.

Sehenswertes im Zentrum

Ausgangspunkt für einen Rundgang durch die Innenstadt ist die gepflegte **Plaza de Armas**. Der palmenbestandene Platz, der an drei Seiten von zweigeschossigen Kolonialgebäuden eingerahmt ist, gehört zu den schönsten seiner Art in Peru. In den Arkadengängen um die Plaza sind Restaurants, Reisebüros, Hotels und die Touristeninformation untergebracht. Die gesamte Nordseite wird von der wuchtigen **Kathedrale** beherrscht, hinter der die gewaltigen Schneegipfel des Chachani-Massivs aufragen. Einen schönen Blick hat man vom Dach der Kathedrale, die man im Rahmen einer geführten Tour besichtigen kann. Der erste Bau von 1656 brannte 1844 komplett aus; die heutige neoklassische Struktur stammt aus dem späten 19. Jh. Das Innere ist um einiges schlichter, als es die pompöse Fassade von außen vermuten lässt. Sehenswert sind aber die mächtigen Kronleuchter, der Hauptaltar aus italienischem Marmor und die kunstvoll geschnitzte Holzkanzel aus dem Jahr 1879. Die gewaltige Orgel stammt aus Belgien. ⌚ Mo–Sa 7–10, 17–19, So 9–13 Uhr, Eintritt frei.

Das **Museo de la Catedral de Arequipa**, in dem Schätze aus 400 Jahren Geschichte gezeigt werden, lohnt ebenfalls einen Besuch. ⌚ Mo–Sa 10–17 Uhr, Eintritt 10 S/.

An der Südecke der Plaza liegt die **Iglesia La Compañia**, eine der ältesten Kirchen der Stadt. An dieser Meisterleistung, die zu einem der wichtigsten architektonischen Werke des Mestizenbarocks zählt, wurde über 100 Jahre lang gearbeitet (1595–1698). Auf der reich verzierten Frontfassade lassen sich bei genauem Hinschauen neben dem Gewirr aus Spiralen, Lorbeeren, Kakteen, Muscheln, Trauben und Blumen auch der doppelköpfige Adler des Habsburger Wappens, eine Raubkatze und das Datum der Fertigstellung der Kirche entdecken. Vergoldete Altäre im Barockstil dominieren den Innenraum der Kirche. Die Wände und Decken der **Capilla de San Ignacio**, in der einst die Sakristei untergebracht war, sind mit bunten Fresken versehen, auf denen sich Pflanzen- und Tiermotive wiederfinden.

Neben dem Kirchengebäude liegt das ehemalige Jesuitenkloster, einst Sitz des Colegio de Santiago. Heute sind in dem mit üppig verzierten Säulen und einem gut erhaltenen Kreuzgang ausgestatteten Gebäude verschiedene Geschäfte untergebracht. Einen Straßenblock weiter liegt die **Casa Museo Villalobos**, Calle Alvarez Thomas 206, die zwar nicht mehr zu besichtigen ist, aber über ein sehenswertes Portal verfügt.

Ein weiterer Straßenblock Richtung Süden führt zum **Museo Arqueológico San Agustín**, das der ältesten Universität Arequipas, der **Uni-**

SÜDPERU

Arequipa
0
300 m
Lima
El Filtro
Av. Rivero
Quinta Vivanco
Av. Juan de la Torre
Av. Jerusalén
Los Cristales
C. Llosa
Clínica Arequipa,
1, 4,
La Recoleta
Puente Grau
Puno, Cayma,
Colca-Canyon,
Yura,Yanahuara,
Chachani, Misti
Ayacucho
Av. Santa Catalina
Museo
Histórico
Municipal
San
Francisco
Museo de
Arte Virreinal
Santa Teresa
Zela
Kloster
Santa
Catalina
EINGANG
Av. Simón Bolívar
Melgar
Policía de
Turismo
Av. Colón
San Pedro
Ugarte
Av. Villalba
Santa Marta
Sta. Rosa
Palacio
de Justicia
Casa
Iriberry
Casa del
Moral
Moral
Av. San Francisco
Casa
Ugarteche
San José
Av. Siglo XX
Paseo
de la Catedral
Teatro
Municipal
Av. Peral
La Gran Vía
Plaza
15 de Agosto
Corbacho
San Agustín
Kathedrale
Mercaderes
Iglesia San
Agustín
Plaza
de
Armas
Av. Cruz Verde
Puente
Bolognesi
Morán
Santo Domingo
Iglesia
La Compañía
Museo
Santuarios
Andinos
Iglesia
Santo Domingo
Calle Nueva
Palacio Viejo
Museo Arqueológico
San Agustín
Dean Valdivia
Museo
Arqueológico
y Antropológico
Av. Sucre
Casa
Goyeneche
Casa Museo
Villalobos
Consuelo
San Camilo
Av. Cruz Verde
Iglesia
La Merced
Mercado
San Camilo
Av. Peru
Av. Pizarro
Tristan
Alto de la Luna
Victor Lira
Cusco
Av. La Merced
Av. Piérola
Av. San Juan de Dios
Portale an der Plaza de Armas:
A Portal de San Agustín
B Portal de Flores
C Portal de la Municipalidad
28 de Julio
Av. Sucre
Av. Alvarez Thomas
2 de Mayo
De Diciembre
15 de Agosto
Av. Jorge Chávez
Av. San Martín
Av. Quinta Romana
Av. Leticia
7 de Junio
Garci Carbajal
Vallecito
Casa de Mario
Vargas Llosa,
17, 25,
Salaverry

ÜBERNACHTUNG
(1) Hostal Santa Catalina
(2) Hospedaje Samana Wasi
(3) Bothy Hostel
(4) La Casona de Asis
(5) Hostal La Reyna
(6) La Casa de Melgar
(7) Flying Dog Hostel
(8) Lluvia de Oro
(9) Wild Rover
(10) Los Andes
(11) Dragonfly Hostels

ESSEN
1 Picantería La Capitana
2 Ary Quepay
3 El Buda Profano
4 Kaffeehaus
5 Zig Zag
6 Prana Vegan
7 Hatunpa
8 Chicha
9 El Turko
10 Crepisimo
11 Chaqchao/Las Gringas
12 Omphalos
13 La Canasta
14 Café Valenzuela
15 lokale Restaurants
16 Tradición Arequipeña
17 La Lucila

SONSTIGES
1 Mundo Alpaca
2 The Red Lion
3 Carlos Zarate Adventures
4 Cine Planet
5 Asociación de Guias de Montaña del Perú
6 Cusipata Viajes y Turismo
7 Kunsthandwerkermarkt
8 Pablo Tour
9 Frogs
10 Casona Forum
11 Peru Adventure Tours
12 Instituto Cultural Peruano Alemán
13 Montreal
14 Mono Blanco
15 Casona de Santa Catalina
16 Alianza Francesa
17 Chaqchao
18 Autocolca
19 Tours Class Arequipa
20 El Patio del Ekeko
21 Suites Plaza Hotel
22 Supermarkt
23 EDEAQ
24 Casa de Avila
25 Deutsches Honorarkonsulat

TRANSPORT
1 Latam
2 Peruvian Airlines
3 Busse nach Yura
4 Terminal Terrestre, Terrapuerto
5 PerúRail, Bahnhof

versidad Nacional de Arequipa (UNSA), gehört. Das Museum in der Alvarez Thomas 200 zeigt archäologische Fundstücke u. a. der Nasca-, Tiwanaku-, Wari- und Inkakultur. ⌚ Mo–Fr 9–15 Uhr, Eintritt 5 S/.

Wer Lust auf einen frischen Obstsaft hat (ohne Zucker = *sin azúcar*), sollte der Camilo zwei Blocks in östlicher Richtung folgen und den authentischen **Mercado San Camilo** besuchen. Dort gibt es in dichtem Gedränge (Vorsicht vor Taschendieben) alles, von Küchengeräten über Hüte bis zu Lebensmitteln aller Art. Natürlich kann man hier auch gut und günstig essen. ⌚ tgl. 6–18 Uhr.

Über die Piérola erreicht man die **Iglesia Santo Domingo**, deren Seitenportal mehr mestizische Steinmetzarbeiten aufweist als die Fassade. Der spanisch-indianische Baustil findet sich auch im reich geschmückten Haupt- und Nebengang der dreischiffigen Kirche wieder.

Über die Rivero und die Mercaderes biegt man rechter Hand in die San Francisco ab, um zur **Casa Ugarteche** zu gelangen, die an der Stirnseite der Kathedrale liegt. Dieses Paradebeispiel eines arequipenischen Patrizierhauses, auch unter dem Namen „Casa del Tristán del Pozo" bekannt, wurde 1738 als Jesuitenseminar San Jerónimo gebaut und später als erzbischöflicher Palast genutzt. Danach bewohnten wohlhabende Familien das Gebäude mit seinem prachtvollen Frontportal, unter anderen die Familie Ricketts, die der Wollhandel Ende des 19. Jhs. reich gemacht hatte. Heute ist das Kolonialhaus im Besitz der Banco Continental, die den Gebäudekomplex als Museum und für gelegentliche Kunstausstellungen nutzt.

Vorbei an der atmosphärischen, von teuren Geschäften gesäumten Fußgängerpassage Paseo de la Catedral hinter der Kathedrale geht es geradeaus weiter zur **Iglesia y Monasterio de San Francisco**, Zela, Ecke San Francisco. Der Bau aus hellem Sillar- und Backstein musste nach dem Erdbeben 1960 renoviert werden. Sehenswert sind ein beeindruckender Silberaltar, die umfangreiche Pinakothek und ein religiöses Museum. ⌚ Mo–Sa 10–12, 16.30–20 Uhr, Eintritt frei.

Neben der Kirche liegt die Plazuela San Francisco, ein schattiger Platz, der zu einer Rast einlädt. Hier befindet sich das **Museo Histórico Municipal**, das historische Dokumente, Karten und Fotos aus der Stadtgeschichte ausstellt. ⌚ Mo–Fr 8–16, Sa, So 9–13 Uhr, Eintritt 10 S/.

Ganz in der Nähe lädt in der San Francisco 308 (im Gebäude der Regionalregierung) die **Bibliothek des Nobelpreisträgers Mario Vargas Llosa** (S. 145) zum Stöbern und Schmökern ein. ⌚ Lesesaal Mo–Fr 8.30–20.30, Sa 8.30–12 Uhr, Pass mitbringen! In der **Casa de Mario Vargas Llosa**, Parra 101, wird mit modernster Technik in 16 Sälen das Leben und Schaffen des Schriftstellers nachgezeichnet. ⌚ Di–So 10–17 Uhr, Eintritt 10 S/.

Von der Bibliothek aus drei Straßenblocks Richtung Osten steht das **Museo de Arte Virreinal Santa Teresa**, Melgar 303. Der großzügige Bau des alten Monasterio del Carmen aus dem Jahr 1710 enthält in 13 Ausstellungsräumen eine riesige Vielfalt religiöser Kunst. ⌚ Di–So 9–17 Uhr, Eintritt 20 S/. (Führung gegen Trinkgeld möglich).

Westlich der Plazuela San Francisco gelangt man zum wichtigsten kolonialen Gebäude der Stadt, dem **Kloster Santa Catalina** (s. Kasten S. 332).

An der Kreuzung Moral und Bolívar liegt die **Casa del Moral**, Moral 318, benannt nach einem alten Maulbeerbaum im Innenhof. Die Fassade ist ein weiteres gelungenes Beispiel für die Verschmelzung indianischer und spanischer Steinmetzarbeiten zu einem eigenen Stil. Auffällig ist das Wappen in Form eines Pumas, aus dessen Maul sich eine Schlange herauswindet. ⌚ Mo–Sa 9–17 Uhr, Eintritt 5 S/.

Nur einen Straßenblock weiter südlich befindet sich die **Iglesia San Agustín**, die ebenfalls ein beeindruckendes Portal aus Vulkangestein zu bieten hat. Die schräg gegenüber liegende **Casa Iriberry** (auch Casa Arróspide), San Agustín 105, ist mit wuchtigen Mauern und sechs Innenhöfen errichtet worden. Wo einst wohlhabende Familien lebten, ist heute eine Fakultät der Universidad San Agustín untergebracht. ⌚ Mo–Sa 8.30–20 Uhr, Eintritt frei.

Wer nun noch Energie übrig hat, biegt an der Plaza in die Avenida La Merced ein und erreicht das **Museo Santuarios Andinos**, Avenida La Merced 110, ✆ 054-215013, 💻 www.ucsm.edu.pe/santury, in dem der mumifizierte Leichnam eines Mädchens *(Juanita)* zu sehen ist, der 1995 an den Gletscherhängen des Nevado Ampato entdeckt wurde (s. Kasten S. 330). Ein Guide begleitet alle Besucher gegen ein Trinkgeld am Ende der Führung. In den Monaten Januar bis März ist aus Konservierungsgründen statt Juanita eine andere Mumie ausgestellt. ⌚ Mo–Sa 9–18, So 9–15 Uhr, Eintritt 20 S/.

Wenige Meter weiter befindet sich die **Casa Goyeneche**, die im Besitz der Banco Central de Reserva del Perú ist. Das erste Gebäude aus dem Jahr 1558 wurde nach und nach ausgebaut und erreichte unter der Leitung des Bischofs von Arequipa, José Sebastián Goyeneche y Barrera, um 1840 seine heutige Ausdehnung. Die Pinakothek, in der wertvolle Gemälde der Cusqueñer-Schule aufbewahrt werden, kann man auf Anfrage besichtigen. ⌚ Mo–Fr 9.40–13.30, 14.30–16.45 Uhr, Eintritt frei.

Nur einen Katzensprung ist es noch bis zur **Iglesia La Merced**, die mehrfach von Erdbeben zerstört und danach wieder aufgebaut wurde. Sie beherbergt einige interessante Gemälde aus der Kolonialzeit.

Über die Puente Bolognesi oder die Puente Grau erreicht man den sehenswerten Klosterkomplex **La Recoleta**, Jr. Recolecta 117, der auf der anderen Flussseite des Río Chili liegt. Das als Refugium gedachte Gebäude wurde 1647 von Franziskanern erbaut und öffnete 1978 für die Öffentlichkeit seine Pforten. Die Pinakothek beherbergt rund 20 000 Schriftstücke, darunter ein Dokument aus dem Jahr 1494 und eine Ausgabe des *Don Quijote* aus dem Jahr 1616. Vom Kirchturm des Klosters bietet sich ein herrlicher Blick über die Stadt. Die weitläufigen Räumlichkeiten beherbergen das **Museo de Arte Religioso**, in dem Bilder der Cusqueñer und der Arequipeñer Schule zu sehen sind, das **Museo**

Alles im Blick

Eine tolle Aussicht auf die Plaza de Armas, die Kathedrale und die umliegenden Berge hat man vom **Dachterrassen-Café** des Suites Plaza Hotels, Portal de Flores 102, an der Plaza de Armas.

Die Plaza de Armas von Arequipa – eine der schönsten Perus

Precolombino mit Ausstellungstücken aus der Zeit der hiesigen Ureinwohner, darunter Mumien und die kompletteste Sammlung von Inka-Porträts, und das **Museo Amazónico**, das in zwei Räumen die Fauna der Amazonas-Wälder präsentiert. ⌚ für den gesamten Klosterkomplex Mo–Sa 9–12, 15–17 Uhr, Eintritt 10 S/.

Das **Museo Arqueológico y Antropológico**, Calle Cruz Verde 303, 3 Blocks südwestlich der Plaza Central, stellt Fundstücke verschiedener alter Kulturen aus, darunter Keramiken und Textilien der Nasca und Inka. ⌚ Mo–Fr 10–15 Uhr, Eintritt frei.

Sehenswertes am Stadtrand

Westlich vom Kloster gelangt man über die Puente Grau bequem zu Fuß (2 km) oder mit regelmäßigen Bussen in die traditionellen Stadtviertel Yanahuara und Cayma. Nach der Brücke geht es die Avenida Ejército entlang, bevor man an der vierten Straße (Calle Lima) nach rechts abbiegt. Von der grünen, palmbestandenen **Plaza Yanahuaras** hat man einen schönen Blick auf die Stadt und auf den Vulkan Misti. Die Fassade der Kolonialkirche ist im ornamentreichen Churriguerismus-Stil gebaut worden. An der Plaza befinden sich mehrere Restaurants und der gut sortierte Kunsthandwerksladen Artesanías Yanahuara. Gut typisch essen kann man in der Picantería Cau Cau II, Tronchadero Cuadra 4, wenige Blocks westlich der Plaza oder im Restaurant Sol de Mayo, Jerusalén 207 (Taxi 5 S/.).

Noch weiter im Nordwesten Arequipas erstreckt sich das beliebte und ruhige **Wohnviertel Cayma** (3 km vom Zentrum, Taxi 5 S/.). Entlang der Avenia Cayma finden sich einige nette Läden und Restaurants. Sehenswert ist die Kirche im Mestizo-Stil aus dem 18. Jh.

ÜBERNACHTUNG

Abgesehen von der Hauptreisezeit (Juli/Aug) bekommt man eigentlich immer problemlos ein Zimmer im historischen Zentrum von Arequipa. Günstig und vor allem bei jüngeren Travellern beliebt sind die Schlafsäle der Hostelketten:

Dragonfly Hostels, Consuelo 209, 💻 www.dragonflyhostels.com.

Flying Dog Hostel, Melgar 116, www.flyingdogsperu.com.

Wild Rover, Ugarte 111, 💻 www.wildroverhostel.com.

Sensationsfund auf dem Nevado Ampato

Die indianischen Hochlandkulturen verehrten die Bergspitzen als Götter, von denen sie glaubten, dass sie die Macht besäßen, mit Vulkanausbrüchen, Erdbeben und Lawinen Leben zu nehmen. Um die Götter gnädig zu stimmen, mussten ihnen auf den betreffenden Bergen regelmäßig Opfer dargebracht werden – **Menschenopfer**. Eines von ihnen war ein 13–14-jähriges Inkamädchen, das später von Wissenschaftlern *Juanita* genannt werden sollte. Die junge Frau entstammte einer vornehmen Adelsfamilie, die den Göttern den Körper Juanitas im Rahmen des *Capacocha* genannten Tötungsrituals darbringen wollte. Nach einer Fastenzeit wurde sie mit Kokablättern und Maisbier betäubt; ein Keulenschlag gegen ihre Schläfe genügte dann, um sie schmerzfrei zu töten. Sie wurde in edle Gewänder gehüllt, bekam einen Federschmuck aufgesetzt und wurde mit wertvollen Grabbeigaben unterhalb des Gipfels des Nevado Ampato in über 6000 m Höhe beigesetzt.

Rund 500 Jahre später unternahmen der einheimische Bergsteiger **Miguel Zárate** und der Anthropologe **Johann Reinhardt** eine ihrer systematischen Suchexpeditionen in den südperuanischen Anden. Schon 1989 und 1991 hatte Reinhardt auf Bergen in Chile und Argentinien **Gipfelmumien** entdeckt. Bei der Suche auf dem 6310 m hohen Nevado Ampato kam der Zufall zu Hilfe. Der in der Nähe liegende Vulkan Sabancaya (5976 m) spuckte schon seit einiger Zeit heiße Asche in die Luft, die auf dem Ampato landete und einen Teil der Eisschicht abschmolz. Dabei wurde Juanitas Grab freigelegt, und die Mumie rollte den Berghang fast 130 m hinab bis zu einer Stelle, wo sie am 8. September 1995 von Zárate und Reinhardt entdeckt wurde. Die eisigen Temperaturen hatten sie rund 500 Jahre lang konserviert; der Leichnam befand sich in einem ausgezeichneten Zustand.

Annähernd zwei Tage dauerte es, den rund 35 kg schweren Körper Juanitas vom Berg nach Cabanaconde zu bringen. Von dort transportierte man die Mumie in einem Fahrzeug nach Arequipa. Die Sensation war groß, denn Juanita war die erste **weibliche Inkamumie**, die auf einem Schneeberg entdeckt worden war. Nun folgte eine Serie wissenschaftlicher Untersuchungen, bevor man die Eisprinzessin Juanita ab 1998 im **Museo Santuarios Andinos**, dem Museum andiner Heiligtümer, ausstellte (S. 328).

Ähnliche Preise: Schlafsaal ab 23 S/., DZ mit Bad ❷–❸

Bothy Hostel, Puente Grau 306, ✆ 054-282438, 💻 www.bothyhostel.com. Schlafsäle für 4 Pers. mit Schließfächern (auch nur für Frauen) mit oder ohne Bad ab 25 S/. Aktivitätenprogramm, Wäscherei, Tischtennis, Bar mit Billard. Das Frühstück wird auf der Dachterrasse mit Blick auf den Vulkan serviert. ❷

Hostal La Reyna, Zela 209, ✆ 054-286578, 💻 www.hostalreyna.com. Ordentliche, günstige Zimmer mit Bad, ohne Bad billiger. Schöne Dachterrasse, auf Wunsch Küchenbenutzung, Frühstück inkl. ❷

Hospedaje Samana Wasi, Puente Grau 105, ✆ 054-213234, 💻 www.samanawasiarequipa.com. Altes Kolonialhaus aus Sillargestein. Große Zimmer mit Bad, TV und abgewetztem Teppichboden. Küchenbenutzung, Terrasse, Frühstück inkl. ❷

Hostal Santa Catalina, Santa Catalina 500, 💻 www.hostalsantacatalinaperu.com. Zimmer mit/ohne Bad. Terrasse mit toller Sicht, Küchennutzung, Buchtausch; hilfsbereites Personal. ❷

Lluvia de Oro, Jerusalén 308, ✆ 054-214252, 💻 www.hostallluviadeoro.com. Zentral gelegene, günstige Unterkunft in altem Kolonialgebäude. Zimmer mit oder ohne Bad. Frühstück inkl. ❷

Los Andes, La Merced 123, ✆ 054-330015, 💻 www.losandesbb.com. Sehr gute Lage in Plaza-Nähe, trotzdem ruhig, aber viele Gruppen. Große Zimmer mit Bad und Holzparkett und günstigere, aber kleine Zimmer ohne Bad. Schlafsaal 30 S/. Küchennutzung, Frühstücksbuffet. Im hinteren Bereich befindet sich die Sprachschule EDEAQ. ❷–❸

La Casona de Asis, Jerusalén 408, ✆ 054-231570, 💻 www.casonadeasis.com. Geschmackvoll eingerichtete, geräumige

Zimmer in restauriertem Kolonialhaus, Zimmersafe, Frühstücksbuffet inkl. ❸

La Casa de Melgar, Melgar 108, ✆ 054-222459, 💻 www.lacasademelgar.com. Sehr schönes Hotel im traditionellen Baustil Arequipas des 18. Jhs. Dicke Wände mit Bögen. Farbenfroh mit einem netten Innenhof. Gutes Café, Frühstücksbuffet inkl. ❹

ESSEN

Arequipa ist für seine abwechslungsreiche traditionelle Küche bekannt, die man am besten in den Picanterías, den Spezialitätenrestaurants der Stadt, probiert.

Cafés

Café Valenzuela, General Morán 114. Mehr als 30 verschiedene einheimische Kaffeesorten und -spezialitäten. 🕒 Mo–Sa 8–21.40 Uhr, gelegentlich auch sonntags.

Chaqchao, Santa Catalina 204. Café, dessen Einrichtung aus recycelten Materialien besteht. Hier wird Bioschokolade hergestellt. Außerdem gibt es guten Kaffee, Kuchen, ausgefallene Biere und Cocktails. Um 11 und 14.45 Uhr finden Kakaokurse statt (ca. 2 Std., 65 S/. p. P.). Anmeldung einen Tag vorher im Café. 🕒 tgl. 10.30–22 Uhr.

Kaffeehaus, Melgar 117. Deutsch-peruanische Kaffeerösterei, in der man einen leckeren Kaffee mit frischen Waffeln genießen kann. Oder man trinkt ein Craft-Bier im Garten. 🕒 Mo–Sa 7–20 Uhr.

La Canasta, Calle Jerusalén 115. Bäckerei und Café. Leckere Brötchen, Quiches und Mangoldkuchen, die man auch im schönen Innenhof verzehren kann. 🕒 Mo–Sa 8.30–20 Uhr.

Restaurants im Zentrum

Im 1. Stock des Portals San Agustín an der Plaza liegt ein Restaurant neben dem anderen. Bereits unten auf der Straße wird man von Schleppern die Treppen förmlich hochgezogen. Die Qualität dieser Restaurants ist durchweg ordentlich; den Blick auf die Plaza bezahlt man natürlich mit.

Ary Quepay, Jerusalén 502. Restaurante/Picantería mit Livemusik ab 19.30 Uhr. 🕒 tgl. ab 18 Uhr.

Gemeinsam gegen Plastikmüll

In Arequipa kann man sich seine Wasserflasche bei Pablo Tour (s. Touren) und im Kaffeehaus (s. Essen/Cafés) mit sauberem Trinkwasser auffüllen lassen.

Chicha, Santa Catalina 210, im Innern der Casona de Santa Catalina. Spezialitätenrestaurant des peruanischen Kochgurus Gastón Acurio. 🕒 Mo–Sa 12–23, So 12–20 Uhr.

Crepisimo, Santa Catalina 208. Gute frisch zubereitete Crêpes, herzhaft und süß. Gelegenheit zum Draußensitzen im hübschen Innenhof des Kulturzentrums Alianza Francesca. Mittagstisch 12–16 Uhr. 🕒 tgl. 8–24 Uhr.

El Buda Profano, Bolívar 325. Spezialität dieses Restaurants ist veganes Sushi. Es gibt aber auch andere vegane Gerichte. 🕒 tgl. 12–22 Uhr.

El Turko, San Francisco 223-225. Shish Kebab, Humus, Falafel und andere türkisch-arabische Spezialitäten in einem Sillargebäude mit großem Gewölbesaal. Auch vegetarische Sandwiches. 🕒 Mo–Mi 8–0.30 Uhr, Do–Sa bis weit nach Mitternacht.

Hatunpa, Calle Ugarte 208. In dem kleinen Restaurant dreht sich alles um die Kartoffel. Verschiedene Sorten können mit unterschiedlichen Soßen kombiniert werden. Mit mehr Platz auch schräg gegenüber im Gebäude des Kulturzentrums. 🕒 Mo–Sa 12.30–21.30, So 12–16 Uhr.

Las Gringas, Santa Catalina 204. Biopizzeria mit großartigen Wandmalereien, die neben Pizza, Pasta und Gnocchi verschiedene hausgemachte Biere vom Fass zu bieten hat. 🕒 tgl. 11–23 Uhr.

Omphalos, Bolívar 107. Gutes Mittagsmenü und andere vegetarische Optionen, die in einem netten Ambiente auch im Freien eingenommen werden. 🕒 Mo–Sa 9.30–21, So 9.30–17 Uhr.

Prana Vegan, Ugarte 109. Breites veganes Speisenangebot, günstiges Mittagsmenü. 🕒 Mo–Sa 8–21 Uhr.

Tradición Arequipeña, Av. Dolores 111. Teures und beliebtes Spezialitätenrestaurant. 🕒 Mo–Sa 11–15.30, 18–23, So 11–21.30 Uhr.

Zig Zag, Zela 210. Fleisch am Stein, darunter Alpaka und Strauß. Große Auswahl an Crêpes

Einmalig in Lateinamerika – das Kloster Santa Catalina

Selbst wer normalerweise um religiöse Stätten der Kolonialzeit einen großen Bogen schlägt, sollte diesmal eine Ausnahme machen – es lohnt sich. Die Klosteranlage Santa Catalina beeindruckt mehrfach: durch ihren guten Zustand, ihre schiere Größe und die vielen Details, die man bei einem Besuch entdecken kann. Etwas Vergleichbares hat kein Land der Neuen Welt zu bieten. Die Geschichte des Klosters begann in der zweiten Hälfte des 16. Jhs. mit der Erkenntnis, dass die Kapazität der drei in Arequipa vorhandenen Klöster nicht mehr ausreichte. Immer mehr reiche spanische Familien wollten, wie zur damaligen Zeit in Spanien üblich, ihre zweitgeborenen Töchter in ein Kloster stecken. Daher gründeten die **Dominikaner** 1579 das Monasterio de Santa Catalina, das sie im 17. Jh. aufgrund starker Nachfrage auf 20 000 m^2 erweiterten. Sie umgaben den Komplex mit einer hohen Mauer, um die Nonnen vor den Verlockungen der Außenwelt abzuschirmen.

So entstand eine **Stadt in der Stadt**, bis heute hinter hohen Sillarmauern versteckt. Strenge Auswahlkriterien bestimmten, wer aufgenommen werden durfte. Eine Chance hatten nur die Töchter der reichsten spanischen Familien mit einem perfekten Leumund. Die Frauen mussten beim Eintritt in das Kloster eine hohe Mitgift entrichten. Den bis zu 300 Nonnen fehlte es an nichts. Sie lebten in luxuriös ausgestatteten Zimmern und hatten mehrere Dienerinnen, die ihnen die Alltagsarbeiten abnahmen. Verärgert über die zu lasche und bequeme **Lebensweise der Nonnen**, beorderte der Papst im Jahr 1871 Schwester Josefa Cadena zur Reformierung des Klosterlebens nach Arequipa.

Knapp 400 Jahre lang war der Öffentlichkeit verborgen, was hinter den hohen Mauern des Klosters passierte, das im Volksmund auch „die Zitadelle“ genannt wurde. Erst 1970 öffnete sich der Konvent – auch auf Wunsch der dort lebenden Nonnen. Da die weniger als 20 übrig gebliebenen Nonnen dafür nicht genug Geld besaßen, entschied man sich, die Kosten mit Eintrittsgeldern zu decken. Heute besuchen rund 300 000 Touristen jährlich das Kloster; etwa 24 Ordensschwestern halten den Klosterbetrieb aufrecht.

Ein **Rundgang** durch das Kloster ist ausgeschildert. An zentralen Stellen sind Erklärungen auf Deutsch, Englisch und Spanisch angebracht. Die Straßennamen innerhalb der Klosteranlage wie Calle Granada, Calle Málaga oder Calle Toledo verdeutlichen die ehemalige Verbundenheit mit dem spanischen Mutterland. Die einst weißen Wände sind inzwischen knallbunt gestrichen und die Schlichtheit der steinernen Gebäude wird durch Blumen auf den Fensterbänken aufgelockert. Unwillkürlich fühlt sich der Besucher in ein andalusisches Bergdorf und in eine andere Zeit versetzt.

Links vom Eingang befinden sich die **Lokutorien**, Sprechräume, in denen die Schwestern durch Holzgitter gelegentlich Kontakt zur Außenwelt aufnehmen konnten. Über eine Drehscheibe konnten Gegenstände ausgetauscht werden. Im Empfangssaal, der sich an einen kleinen Innenhof anschließt, wurde der Bischof empfangen. Heute ist hier die **Pinakothek** des Klosters untergebracht, die zahlrei-

aller Art und Salate. Nicht ganz billig. ⌚ tgl. 8–24 Uhr.

Einheimische Küche in den Vororten

La Lucila, Calle Grau 147, Sachaca. Mehr als 70 Jahre alte Picantería, die von den Einheimischen sehr geschätzt wird. 15 Min. mit dem Taxi vom Zentrum. ⌚ tgl. 10–19 Uhr.

La Nueva Palomino, Pasaje Leoncio Prado 122, Yanahuara. Schön eingerichtete Picantería, die alles auftischt, was die einheimische Küche hergibt. Sonntags von Einheimischen überlaufen. Sitzmöglichkeiten auch im Garten unter Avocadobäumen. ⌚ tgl. 12–17.30 Uhr.

Picantería La Capitana, Calle Los Arces 209, Cayma. Traditionelle Picantería, bei den Arequipeños sehr beliebt. Es wird auf Holz gekocht. ⌚ Fr–Mi 12–20 Uhr.

UNTERHALTUNG UND KULTUR

Discos und Kneipen

Am Wochenende tummelt sich die Jugend im Bereich um die Iglesia San Francisco. Hier gibt

SÜDPERU

che koloniale Gemälde beherbergt. Dahinter schließt sich ein Gewirr aus Straßen und kleinen Gassen mit Innenhöfen und Gärten an. Das komplett ausgestattete Kloster verfügte über eine Bäckerei, Brunnen, Lagerräume, Krankenstation, Wäscherei mit *Chombas* (riesige Tonkrüge, die halbiert wurden und als Becken dienen), Friedhof und eine Kirche mit Beichtzellen, die so angelegt wurden, dass die Nonnen beichten konnten, ohne das Kloster verlassen zu müssen. Die einzelnen Wohnungen waren gut ausgestattet und verfügten über ein Ess- und ein Schlafzimmer. Die Küche befand sich im jeweiligen Innenhof und eine Treppe führte auf das Flachdach.

Höhepunkte eines rund zweistündigen **Rundgangs** sind der indigoblau gestrichene Innenhof des **Claustro de Naranjos**, der **Claustro Novicias** mit der ca. 50 Bilder umfassenden Gemäldeserie „Lauretanische Litanei" *(Las Letanías Marianas)*, die **Plaza del Zocodover** mit dem runden Steinbrunnen und der **Kreuzgang** mit den Beichtzellen. Im Inneren der Anlage befinden sich Toiletten, eine Cafeteria und am Eingang ein Souvenirladen. Santa Catalina 301, ✆ 054-221234, 💻 www.santacatalina.org.pe. 🕒 tgl. 9–17, Di, Mi 9–20 Uhr, Eintritt 40 S/., ca. einstündige Führung (auch auf Deutsch, bis zu 4 Pers.).

es mehrere Discos und Kneipen, die bis in die frühen Morgenstunden geöffnet haben.
Casona Forum, San Francisco 317. Disco, Café, Terrasse mit schönem Blick. Livemusik Do–Sa.
Frogs, Zela 216. Große Bar mit mehreren Sälen.
Mono Blanco, Ugarte 300. Gemütliche Bar, Tischfußball, manchmal Livemusik, an der Ecke zum Kloster Santa Catalina.
Montreal, Ugarte 210. Bar in Gewölbe, Kerzenlicht, gute Cocktails, auch Snacks.
The Red Lion, Av. Jerusalén 526, Ecke Llosa. Das blaue Haus mit den britischen Fahnen ist schon von Weitem zu erkennen. Mehr als 40 verschiedene Craft-Biere. Happy Hour 17–21 Uhr. 🕒 Di–Sa 15–24, So 13–22 Uhr.

Kinos

Cine Planet, Av. Ejército 793, ✆ 054-882300. Größtes Kino Arequipas.

Kulturinstitute

In den Kulturinstituten (s. „Sonstiges/Kulturzentren"), besonders in der **Alianza Francesa**, finden gelegentlich Filmvorführungen, Konzerte und Ausstellungen statt.

FESTE

1. Mai: Virgen de Chapi. Pilgerzug zur Kapelle der Jungfrau von Chapi rund 45 km südöstlich von Arequipa.
Juni: Corpus Cristi. An Fronleichnam zieht eine große Prozession von der Kathedrale aus durch die Stadt.
15.–22. August: Aniversario de Arequipa. Zum Gründungstag der Stadt (15. Aug) finden eine Woche lang zahlreiche Aktivitäten statt, darunter Paraden, Märkte, Feuerwerk, Tänze etc.

EINKAUFEN

Entlang der Avenida Santa Catalina und in ihren hübschen Hinterhöfen gibt es eine Reihe von eleganten Shops, die einen Bummel lohnen. Auch die Fußgängerzone Mercaderes ist interessant. An ihrem Ende erstreckt sich die Plaza 15 de Agosto mit dem Einkaufszentrum La Gran Vía und vielen kleinen Geschäften.

Kunsthandwerk und Souvenirs

Die meisten der nachfolgend aufgeführten Geschäfte öffnen zwischen 9–20 Uhr mit einer Mittagspause von 13–15 Uhr.
In Arequipa hergestellte **Schokolade** bekommt man im **Chaqchao** (s. „Cafés", S. 331).
El Patio del Ekeko, Mercaderes, Cuadra 1, 💻 www.patiodelekeko.com. Verschiedene Kunsthandwerksläden (Alpakasachen, Schmuck, typische Schokolade etc.), Cafeteria, Bar und Internet. 🕒 tgl. 10–21 Uhr.
Mundo Alpaka, Alameda San Lázaro 101, 💻 www.mundoalpaca.com.pe. Großer Komplex, in dem man sich Alpakas und den Prozess der Verarbeitung von Alpaka-Wolle anschauen bzw. Produkte kaufen und sich im Coffee-Shop stärken kann; kein Kaufzwang. 🕒 Mo–Fr 8.30–18.30, Sa 9–18.30, So 9–17.30 Uhr, Eintritt frei.

Trekkingkleidung

Mehrere Läden gibt es im Block 3 der Jerusalén und in der Calle Santa Catalina. Markenkleidung- und Schuhe von The North Face und Mammut hat **Andesgear**, Casona Santa Catalina, Santa Catalina 210, 🕒 Mo–Sa 9–21, So 9–20 Uhr.

AKTIVITÄTEN UND TOUREN

Alle Touren sollten bei Agenturen mit der entsprechenden Lizenz und niemals bei Anbietern auf der Straße gebucht (oder gar bezahlt) werden. Bei Billigtouren kann man davon ausgehen, dass Guides und Fahrer unterbezahlt sind. Der Eintritt in den Colca-Canyon sowie zu den Thermalquellen und Museen ist in aller Regel nicht im Reisepreis enthalten.

Fahrten in den Colca-Canyon

Pablo Tour, Jerusalén 400 AB-1, ✆ 054-203737, 💻 www.pablotour.com. Erfahrener Anbieter von Trekkingtouren, der als einziger über Satellitentelefon und detailliertes Kartenmaterial der Region verfügt, das den Kunden ausgehändigt wird. Auch Mountainbike- und Klettertouren in den Cotahuasi-Canyon.

Mountainbiken

Angeboten werden Downhilltouren vom Chachani (von 5000 auf 2600 m!) und Misti sowie Tagesausflüge in die Umgebung Arequipas.
Carlos Zárate Aventuras, s. „Trekking und Bergsteigen".

Rafting

Von April–Dez werden Touren auf den Flüssen Río Chili und Río Majes (s. S. 350) und seltener auf dem Río Colca angeboten. Die Wassertemperaturen sind zum Teil sehr niedrig (z. B. Río Colca: 5–6 °C, nach Wetsuit fragen!). Rafting-Touren auf dem Río Majes, 200 km westlich von Arequipa, werden auf S. 350 beschrieben.
Cusipata Viajes y Turismo, Jerusalén 402, ✆ 054-203966, 💻 www.cusipata.com. Rafting-Spezialist (z. B. einwöchige Rafting-Touren im Cotahuasi-Canyon), der auch Kajaktouren anbietet.

Reiten

Peru Adventure Tours, Melgar 308, ✆ 054-221658, 💻 www.peruadventurestours.com. Spezialist für Ausritte in der Umgebung Arequipas.

Stadtrundfahrten und -rundgänge

Verschiedene Unternehmen bieten ähnliche Bustouren an (z. B. Stadttouren, Ausflüge ins Umland und gastronomische Touren), darunter **Tours Class Arequipa**, Portal San Augustín 101, Plaza de Armas, 054-220551, www.toursclassarequipa.com.pe.

€ **Arequipa Free Tour**, 982032552. Rund 2 1/2-stündiger Stadtrundgang tgl. um 9.30 und 14 Uhr auf Englisch. Treffpunkt ist in der Calle Santa Catalina 210 (vorher erkundigen!), erkennbar am orangenen Regenschirm. Natürlich wird ein Trinkgeld erwartet (ca. 15 S/. p. P.).

Kulinarische Stadtrundgänge veranstaltet u. a. **Food Tour Arequipa**, Ugarte 207 (Restaurant Hatunpa, S. 331), 916711844, www.foodtourarequipa.com.

Trekking und Bergsteigen

Carlos Zárate Aventuras, Jerusalén 505, 054-203461, www.zarateadventures.com (Deutsch). Gehört zu den erfahrensten Anbietern und organisiert u. a. Touren auf den Coropuna, Ampato, Chachani, Misti, Pichu Pichu und Mismi (Amazonasquelle). Verleih von Ausrüstung.

SONSTIGES

Autovermietungen

Eine Liste der aktuellen Autovermieter hält die Touristeninformation I-Perú an der Plaza de Armas bereit (s. „Informationen").

Deutsches Honorarkonsulat

Colegio Max Uhle, Av. Fernandini s/n, am Stadtrand, ca. 6 km südwestl. des Zentrums, 054-218669, arequipa@hk-diplo.de.

Informationen

I-Perú, Portal de la Municipalidad, 054-223265, iperuarequipa@promperu.gob.pe. Mo–Sa 9–18, So 9–13 Uhr. Eine Zweigstelle befindet sich am Flughafen, 054-299191, tgl. 6–15 Uhr.

Oficina de Información Turística de la Municipalidad de Arequipa, Portal de la Municipalidad (direkt neben I-Perú), 054-204801. Mo–Fr 8–15.30 Uhr.

Asociación de Guias de Montaña del Perú, Casa de Guias, Pasaje Desaguadero 126, agmp-arequipa@casadeguias.com.pe. Die Vereinigung der peruanischen Bergführer bietet aktuelle Infos zu allen Bergtouren der Umgebung.

Autoridad Autónoma del Colca y Anexos (Autocolca), República de Chile 228, 054-203010, www.colcaperu.gob.pe. Verkauft das für den Besuch des Colca-Canyons benötigte **Boleto Turístico** (70 S/. p. P.). Mo–Fr 8.30–13, 14–17.30 Uhr.

Karten

Kartenkopien in Farbe der Region bekommt man bei **Pablo Tour**, s. „Touren".

Kulturzentren

Alianza Francesa, Santa Catalina 208, 054-215579, www.afarequipa.org.pe.

Instituto Cultural Peruano Alemán, Ugarte 207, 054-218567, www.icpa.org.pe.

Medizinische Hilfe

Clínica Arequipa, Puente Grau, Ecke Bolognesi, 054-599000. Privatklinik.

Polizei

Comisaría de Turismo, Jerusalén 315, 054-282613. tgl. 24 Std.

Reisebüros

Entlang der gesamten Westseite der Plaza haben sich Reisebüros niedergelassen, in denen man Flugtickets kaufen kann.

Sprachschulen

Casa de Avila, San Martín 116, Vallecito, 054-213177, www.casadeavila.com.

EDEAQ, La Merced 123 (im Hostal Los Andes), 054-272517, www.edeaq.com.

NAHVERKEHR

Mit dem **Taxi** kostet eine Stadtfahrt 7 S/., in die Vororte und zum Busterminal 8–10 S/. und zum Flughafen 20–25 S/. Besonders abends und nachts empfiehlt es sich, am Busbahnhof und Flughafen die offiziellen Taxis zu nehmen. Auch bei der Touristeninformation und der Touristenpolizei kann man sich sichere Taxis kommen lassen.

TRANSPORT

Busse

Es gibt zwei Busterminals in Arequipa, die in der Av. Arturo Ibañez s/n nebeneinander liegen. Vom wesentlich ruhigeren **Terrapuerto**, ✆ 054-348810, fahren die luxuriösen Großbusse ab, vom **Terminal Terrestre**, ✆ 054-427798, alle anderen, bis auf Flores, dessen Terminal schräg gegenüber liegt. Inzwischen haben viele Busunternehmen Büros in beiden Terminals. Nach genauem Abfahrtsort fragen! Soweit nicht anders angegeben, fahren alle nachstehend aufgeführten Busse vom Terminal Terrestre bzw. Terrapuerto ab. Terminalgebühr *(Tasa de Embarque)*: 2 S/.

Im Terminal Terrestre befinden sich eine Gepäckaufbewahrung (◷ 5–21.30 Uhr) und mehrere Geldautomaten.

Verbindungen

ANDAGUA (im Valle de los Volcanes) mehrmals tgl. (Reyna), 11 Std. (323 km). Der Bus fährt manchmal weiter nach ORCOPAMPA.

APLAO stdl. (u. a. Transportes del Carpio), 3 Std. (178 km). Fährt über CORIRE und weiter zum VALLE DE MAJES.

CABANACONDE mehrmals tgl. (Reyna, Milagros), 6 Std. (220 km). Fahren alle über CHIVAY.

CHALA mehrmals tgl. (Llamosas), 7–8 Std., (400 km).

CHIVAY mehrmals tgl. (u. a. Transportes Reyna, Milagros), 3 1/2 Std. (164 km)

COTAHUASI (ALCA) 2x tgl. (Cromotex, Reyna), 9–10 Std. (379 km).

CUSCO, mehrmals tgl. (verschiedene Anbieter, u. a. Cruz del Sur, Oltursa), 10–11 Std. (550 km).

DESAGUADERO, s. Puno.

ILO regelmäßig (Flores,), 6 Std. (316 km).

JULIACA regelmäßig (u. a. Cruz del Sur, Civa), 4 1/2–6 Std. (277 km).

LA PAZ (Bolivien, 637 km) keine Direktbusse. Umsteigen in PUNO (mit Tour Perú, 2 Std. Aufenthalt) oder man fährt zur Grenze nach DESAGUADERO (Flores, Civa) und steigt dort um.

LIMA mehrmals tgl. (u. a. Cruz del Sur, Oltursa, Civa, Tepsa), 15 Std. (1003 km).

MOLLENDO s. Ilo, 2 1/2 Std. (113 km).

MOQUEGUA ständige Abfahrten (Flores), 5 Std. (214 km). Die Busse fahren teilweise weiter nach ILO. Siehe auch Tacna.

NASCA 10 Std. (600 km). Die meisten Busse nach Lima halten in Nasca (der Fahrpreis bleibt gleich).

PARACAS abends (Oltursa, Cruz del Sur), 13 1/2 Std. (780 km).

PUNO ständige Abfahrten rund um die Uhr (Cruz del Sur (3x), Julsa, San Cristóbal del Sur und zahlreiche weitere Anbieter.), 4 1/2 Std. (330 km). Einige Busse fahren weiter bis nach DESAGUADERO.

TACNA ständige Abfahrten (Flores, Transportes Moquegua), über MOQUEGUA, 6 Std. (380 km).

YURA Kleinbusse fahren, wenn sie voll sind, von der Av. Tacna y Arica (neben dem Bahnhof), 3/4–1 Std.

Eisenbahn

Der Belmond Andean Explorer, Südamerikas erster Zug mit Luxus-Schlafwagen, fährt von Arequipa über Puno nach Cusco (3 Tage, 2 Nächte). Infos und Fahrkarten gibt es bei **Perurail**, Av. Tacna y Arica 200, ✆ 054-215350, 💻 www.perurail.com.

Flüge

Der **Aeropuerto Alfredo Rodrigo Ballón** liegt rund 7 km westlich vom Zentrum entlang der Straße nach Puno, ✆ 054-344934, 💻 www.corpac.gob.pe. Colectivos mit der Aufschrift Río Seco, Cono Norte oder Zamácola fahren zum Flughafen.

Fluggesellschaften und Abflüge

Latam, Santa Catalina 118-C, ✆ 054-201419. Mehrmals tgl. nach LIMA und CUSCO. ◷ Mo–Fr 9–19, Sa 9–14 Uhr.

Peruvian Airlines, La Merced 202 B, ✆ 054-202697, 💻 www.peruvian.pe. Mehrmals tgl. nach LIMA. ◷ Mo–Fr 8.30–19, Sa 9–17, So 9–12 Uhr.

Sky Airlines, nur am Flughafen und im Internet, ✆ **Sky**, 01-243 7998 (Lima), 💻 www.skyairline.com/peru. Fliegt tgl. nach LIMA.
Viva Air, nur am Flughafen oder in ausgesuchten Reisebüros, ✆ 073-640003, 💻 www.vivaair.com/pe. Fliegt tgl. nach LIMA.

Näheres Umland von Arequipa

In der Campiña Arequipeña, dem ländlichen Umland, liegen mehrere kleine Dörfer, die sich gut für einen Halbtages-Ausflug eignen. Große Sehenswürdigkeiten darf man nicht erwarten, aber die Landschaftsimpressionen und nette Ausflugslokale machen einen Besuch durchaus lohnend. Das Grün der künstlich bewässerten Anbauflächen in Flussnähe kontrastiert stark mit den kärglich bewachsenen Berghängen und den einfachen, schnörkellosen Ziegelflachbauten, in denen die Bevölkerung lebt.

Alle angegebenen Orte sind mit Bus, Taxi oder zum Teil auch zu Fuß bequem zu erreichen. Zwischen den einzelnen Orten verkehren allerdings keine öffentlichen Transportmittel. Am einfachsten ist der Ausflug mit dem Taxi oder über einen Tourveranstalter. An Wochenenden füllen sich die ansonsten sehr ruhigen Ausflugsziele mit Einheimischen, sodass ein Besuch unter der Woche ratsam ist.

Südlich von Arequipa

Das auf einem Hügel gelegene Dorf **Sachaca** (4 km südwestlich von Arequipa) lockt mit einem schönen **Aussichtspunkt** (2 S/.). Ein wenig unterhalb des *Miradors* kann man in der Picantería La Cau Cau I, Calle Independencia 118, ortstypische Spezialitäten zu moderaten Preisen probieren. Der schöne Ausblick dazu ist gratis. Ein Taxi dorthin kostet 12 S/.

Das Dorf **Tiabaya** ist bei den Einheimischen wegen seiner zahlreichen *Picanterías* (einfache Lokale mit traditioneller Küche und großen Portionen) beliebt. Es liegt 9 km südwestlich von Arequipa (Taxi 15 S/., abends 25 S/.).

In **Tingo** hat das Colegio Uhle, eine deutsch-peruanische Schule, seinen Sitz. Das Erholungsgebiet um den kleinen See des Ortes füllt sich am Wochenende mit Einheimischen. Zwischen Tingo (5 km südlich von Arequipa) und Socabaya verläuft die **Vía Paisajista**, eine Panoramastraße, über die man – vorbei an Mais-, Zwiebel- und Knoblauchfeldern – die **Mansión del Fundador**, Av. Paisajista s/n, Huasacache, Hunter, ✆ 054-442460, 💻 www.lamansiondelfundador.com, erreicht (Taxi 20 S/.). Das 10 km südlich von Arequipa gelegene Landhaus des Gründers von Arequipa, Manuel Garcí de Carbajal, wurde in den 1980er-Jahren renoviert und in ein Museum umgewandelt. ⌚ tgl. 9–17 Uhr (an Wochenenden oft für Hochzeitsfeiern geschl.), Eintritt 15 S/.

Das Dorf **Sabandia** (10 km südöstlich von Arequipa, Taxi 20 S/.) liegt am gleichnamigen Fluss, dessen Wasser über Kanäle – zum Teil noch aus der Inkazeit – die terrassenartig angelegten Zwiebelfelder bewässert. Hauptattraktion des Ortes ist die rund 1 km außerhalb gelegene alte Steinmühle **Molino de Sabandia**, Av. Sabandía s/n, ✆ 959839545, 💻 www.elmolinodesabandia.com. Die 1621 errichtete Mühle, in der Wasserkraft zwei Mühlsteine antreibt, wurde 1973 mit finanzieller Unterstützung einer einheimischen Bank restauriert. Die Anlage umfasst einen kleinen Park, der wie eine grüne Oase in der kargen Landschaft liegt. Wer eintreten möchte, muss die Glocke am Eingang der Anlage läuten. Ein Taxi dorthin kostet zwischen 15 und 20 S/. Essen bekommt man in einer Picantería neben der Mühle. ⌚ tgl. 9–17 Uhr, Eintritt 10 S/.

Östlich von Arequipa

In **Paucarpata** (rund 7 km östlich von Arequipa, Taxi 15 S/.) lohnt neben den Terrassenfeldern und künstlichen Bewässerungskanälen ein Blick in die Kolonialkirche aus dem 18. Jh., die Gemälde der Cusco-Schule enthält.

Rund 60 km östlich von Arequipa liegt entlang der alten Straße nach Juliaca die **Laguna Las Salinas**, Teil des Naturschutzgebiets **Reserva Nacional Salinas y Aguada Blanca**. Es schützt die Puna-Landschaft im Nordosten Arequipas auf einer Fläche von 366 936 ha. Das salzhaltige Gewässer auf rund 3900 m ist Lebensraum mehrerer Wandervogelarten, darunter auch Flamingos. Der See ist mit öffentlichen Verkehrsmitteln kaum zu erreichen. Verschiedene Veranstalter in Arequipa bieten Ausflüge an; man kann sich auch mit mehreren Personen die Kosten für ein Taxi teilen. Infos zum Nationalpark gibt es bei Sernanp, Cooperativa Los Independientes A-4, Urbanización Primavera, Yanahuara, ✆ 054-257461.

Nördlich von Arequipa

Rund 27 km nordwestlich von Arequipa liegt das **Balneario de Yura**. In drei verschiedenen Becken kann man die unterschiedlichsten Krankheiten kurieren. Die Anlage wird von der Provinzregierung verwaltet und besteht neben den 22–28 °C warmen Quellen aus einem Hotel und Restaurant, ✆ 054-495025, ❸. Das Balneario ist von einem gepflegten Garten umgeben und liegt sehr ruhig. Der Zimmerpreis enthält Frühstück und den Eintritt zu den Quellen. Für Tagesbesucher sind die Quellen tgl. 8–15 Uhr geöffnet, 3–5 S/., für Hotelgäste auch abends. Die Anfahrt erfolgt mit öffentlichen Bussen.

Bergbesteigungen in der Umgebung Arequipas

Von Arequipa aus lassen sich **Bergtouren** auf die Vulkane Misti (5822 m) und Chachani (6075 m) organisieren. Obwohl beide Berge rein technisch gesehen einfach zu besteigen und nur im oberen Bereich Steigeisen notwendig sind (der Misti kann im Sommer auch ohne Steigeisen bestiegen werden), handelt es sich um körperlich anstrengende Aufstiege, die nur von konditionsstarken und an die Höhe angepassten Bergsteigern durchgeführt werden sollten.

Für beide Bergtouren empfiehlt sich die Begleitung eines ortskundigen Führers. Auf-

Slackline-Höhenweltrekord im Misti-Krater

Der Trendsport „Slacklining" erfreut sich weltweit wachsender Beliebtheit: Dabei wird auf einem schmalen Band balanciert, das zwischen zwei Befestigungspunkten gespannt ist. Am 22. Oktober 2017 spannten der deutsche **Slackline-Profi Lukas Irmler** und seine Crew im Krater des Vulkans Misti in 5720 m Höhe eine 430 m lange „Highline". Irmler legte 200 m darauf zurück: Höhenweltrekord! Das zweite Ziel der Expedition, eine 6000 m hohe Highline am Chachani, musste aufgrund der Erschöpfung des Teams und wegen Zeitmangel aufgegeben werden. Hier kann man sich den spektakulären Balance-Akt anschauen: 💻 https://bit.ly/2ZojoNK.

gepasst: Es ist vorgekommen, dass sich angebliche Guides mit dem Namen bekannter Bergführer „geschmückt" haben. Offizielle Bergführer besitzen einen Ausweis der **Asociación de Guias de Montaña del Perú** (S. 335). Anwärter, die sich noch in der Ausbildung befinden, besitzen einen eigenen Ausweis.

Die im Serviceteil genannte Agentur veranstaltet auch Touren zu anderen Bergen in der Region. Der Zeitbedarf liegt bei: Coropuna (6425 m) 5–6 Tage; Ampato (6318 m) 4–5 Tage; Sabancaya (5976 m) 3–4 Tage; Pichu Pichu (5664 m) 2 Tage; Mismi (5597 m) 4 Tage.

Vulkan Misti

Der Misti wird in der Regel in zwei Tagen begangen und kann von der Süd- und der Nordseite bestiegen werden. Die **Südroute**, die wegen der kürzeren Anfahrtsstrecke preislich günstiger ist, wird inzwischen seltener begangen, da es zu Überfällen auf Bergsteiger gekommen ist. Bei der Südroute wird man mit dem Jeep auf rund 3600 m Höhe gebracht und steigt am ersten Tag bis auf ca. 4600 m auf. Am zweiten Tag erfolgt die Gipfelbesteigung, der Abstieg über die gleiche Route und die Rückkehr nach Arequipa.

Die Anfahrt zur **Nordroute** ist um einiges länger und führt bis auf rund 4000 m. Von dort steigt man ebenfalls bis zum Lagerplatz beim zerstörten Refugio Blanca auf rund 4600 m auf. Von dort erfolgt am nächsten Tag die Gipfelbesteigung, der Abstieg über die gleiche Route und die Rückkehr nach Arequipa. Wer den Misti auf eigene Faust besteigen möchte, sollte daran denken, genügend Trinkwasser mitzunehmen! Die Kosten für eine Besteigung liegen bei rund 600 S/. pro Person für zwei Tage (alles inkl., außer Träger).

Vulkan Chachani

Der Chachani wird im Allgemeinen in zwei bis drei Tagen bestiegen. Die 55 km lange Anfahrt erfolgt per Allradfahrzeug entlang der alten Straße Richtung Colca-Tal, die zwischen Chachani und Misti hindurchführt. Östlich des Chachani führt eine Piste bis auf rund 5000 m. Bis zum Basislager sind noch rund 300 Höhenmeter zu überwinden. Von dort beginnt am nächsten Tag der rund sechsstündige Aufstieg zum Gipfel. Die Kosten für eine Besteigung liegen bei rund 600 S/. pro Person für zwei Tage (alles inkl., außer Träger).

Von Arequipa ins Colca-Tal

Die 164 km lange Strecke von Arequipa nach Chivay ist landschaftlich sehr reizvoll und voller Natureindrücke. Auf der neuen asphaltierten Straße Richtung Juliaca geht es zunächst bis zur Hochebene **Pampa Cañahuas** auf 3800 m Höhe, die bereits zum 366 936 ha großen Naturschutzgebiet **Salinas y Aguada Blanca** gehört. Mit etwas Glück lassen sich hier ein paar der scheuen und grazilen Vicuñas blicken. Bei KM 84 passiert man eine Abzweigung zum **Bosque de Piedras Patahuasi**, einer eigentümlichen Steinformation.

Bei KM 97 biegt rechter Hand eine einfache Schotterpiste zu den rund 2 km entfernten **Höhlen von Sumbay** ab. Gegenüber der Bahnstation des kleinen Andendorfes Sumbay liegt ein Haus, in dem man den Schlüssel für die Höhle bekommt. Die Bewohner weisen Besuchern den

Weg zu dem Felsüberhang, der in einer kleinen Schlucht liegt und mit zahlreichen 4000–5000 Jahre alten Wandzeichnungen bedeckt ist. Zu erkennen sind u. a. Guanacos, Nandus und Raubtiere.

Bei KM 106 zweigt die weiterhin asphaltierte Straße nach Chivay von der Hauptroute Richtung Juliaca ab und führt über Cañahuasi und Vizcachani hinauf zum 4800 m hohen Patapampa-Pass, der bei KM 131 erreicht wird. Dort kann auch in der Trockenzeit nach Schlechtwettereinbrüchen gelegentlich Schnee liegen. Vom **Mirador de los Volcanes** bietet sich ein fantastischer Blick auf die umliegenden Bergriesen. Von West nach Ost sieht man den Sepregina (5432 m), den Quehuisha (5315 m) und den Mismi (5597 m). Von der Passhöhe beginnt der kurvenreiche steile Abstieg ins Colca-Tal. 4 km von Chivay entfernt lohnt ein Stopp am **Mirador del Valle**, einem tollen Aussichtspunkt über das Colca-Tal.

Colca-Canyon

Westlich von Chivay hat der Río Colca in Jahrmillionen eine tiefe Schlucht gegraben, die – gemessen von der tiefsten Stelle bis zum höchsten umliegenden Berggipfel – bis zu 3400 m tief ist und damit den Grand Canyon in den Schatten stellt. Über 100 km zieht sich die mächtige Vertiefung westwärts, fast bis zum Zusammenfluss des Río Colca und des Río Majes.

Doch der Canyon ist längst nicht alles, was das Gebiet zu bieten hat. Das Colca-Tal gehört zu den wichtigsten landwirtschaftlichen Produktionsstätten ganz Perus. Wie seit Jahrhunderten werden an den terrassierten Berghängen Mais, Bohnen, Kartoffeln sowie zahlreiche Obst- und Gemüsesorten angebaut. Die **Terrassenhänge** und ihre künstlichen **Bewässerungskanäle** gehören zu den spektakulärsten Anlagen dieser Art in Peru. Schon lange vor den Inka terrassierten hier die Völker der Collahuas und Cabanas über 6000 ha Land.

Bis vor wenigen Jahrzehnten lebten die Bewohner des Tals abgeschieden und vergessen vom Rest des Departamentos, bis ein Straßenprojekt in den 70er-Jahren den dort lebenden Menschen neue Vermarktungsmöglichkeiten und den Touristen Zugang in die interessante Region eröffnete. Kleine sympathische **Andendörfer**, hübsche Kolonialkirchen, Thermalquellen, Trachten und Traditionen erwarten den Besucher. Hinzu kommt eine vielfältige **Flora** und **Fauna** mit über 20 Kakteensorten und mehr als 170 Vogelarten, darunter die größten Kolibris der Erde.

Nur an wenigen Orten in Peru bietet sich die Gelegenheit, frei lebende Kondore aus nächster Nähe zu beobachten. Zu diesem Zweck pilgern täglich Mengen an Touristen zum **Cruz del Cóndor**, einem spektakulären Aussichtspunkt. Der Colca-Canyon ist das ganze Jahr über ein lohnendes Reiseziel, ganz besonders aber in den Monaten April und Mai, wenn sich nach der Regenzeit ein grüner Teppich über das Tal und die Berghänge zieht. Hingegen wirkt die Landschaft zum Ende der Trockenzeit in den Monaten September bis Dezember ein wenig trostlos.

Zeitbedarf und Tourveranstalter

Für den Besuch des Canyons sollten mindestens zwei Tage veranschlagt werden. Die üblichen **Zweitagestouren** schließen eine Übernachtung in Chivay oder Cabanaconde ein (inkl. Transport, Frühstück und Guide, aber ohne Touristenticket, s. Kasten S. 343). Dies ermöglicht einen frühen Start am nächsten Morgen, um rechtzeitig zur Beobachtung der Kondore am Cruz del Cóndor einzutreffen. Wer wandern und etwas mehr vom Canyon und seinen Bewohnern mitbekommen möchte, sollte mindestens zwei weitere Tage einplanen.

Die Veranstalter bringen ihre Gruppen nach der Tour wieder zurück nach Arequipa. Optional besteht aber die Möglichkeit ab Chivay mit dem Touristenbus nach Puno oder nach Cusco weiterzureisen oder mit dem öffentlichen Bus von Cabanaconde über Huambo und die Kreuzung La Repartición an die Pazifikküste zu fahren. Alternativ kann man auch in vier Tagen von Cabanaconde zum Tal der Vulkane (S. 350) wandern (Infos bei Pablo Tour in Arequipa).

Der Kondor

© SHUTTERSTOCK.COM/MILTON RODRIGUEZ

SÜDPERU

Das Erlebnis, den **größten Raubvogel der Welt** mit einer Flügelspannweite von mehr als 3 m aus nächster Nähe zu beobachten, bleibt den meisten Besuchern vorenthalten. Zum einen, weil sich der bis zu 1,60 m lange und bis zu 12 kg schwere Vogel (Weibchen 8–10 kg) bei der Nahrungssuche von Aufwinden in Höhen von bis über 8000 m tragen lässt und sein Nest täglich in einem Radius von über 100 km umfliegt. Zum anderen, weil der Kondor vom Aussterben bedroht ist. Und das obwohl die Neuweltgeier (Familie *Cathartidae*) ein biblisches **Alter** von über 100 Jahren in freier Wildbahn erreichen können und ihre Nester auf steinigen Plattformen an extrem unzugänglichen Steilhängen der Anden bauen.

Das Image des Kondors *(Vultur gryphus)* bei der einheimischen Bevölkerung ist denkbar schlecht. Bauern jagen den „Viehdieb" erbarmungslos, denn der „König der Anden" ernährt sich nicht nur von Aas, sondern schlägt auch neugeborene, kranke oder verletzte Lämmer. Auch am Pazifik treibt der schwebende Gigant sein Unwesen: Er raubt die Eier von Küstenvögeln und frisst deren Junge. Wenn allerdings eine Kuh, ein Pferd oder ein Maultier von den Hochlandweiden verschwindet, waren meistens Wilderer am Werk und nicht der Kondor. Das **Ansehen** des Kondors war bei den Inka noch deutlich besser. Der „Apu Kuntur" wurde in eigenen Schreinen als Bote zur übernatürlichen Welt verehrt; um ihn rankten sich viele Legenden. So wurde der Sturz eines Kondors in das Haus der Sonnenjungfrauen in Cusco als Ankündigung für die Zerstörung des Inkareichs interpretiert.

Nur in wenigen entlegenen Dörfern der Departamentos Cusco und Apurímac kann man heute noch Zeuge der **Yawar-Fiesta** (*Yawar* bedeutet Blut) werden, bei der ein lebender Kondor auf den Rücken eines Stieres gebunden wird. Bei dem Versuch, sich vom Stier zu befreien, hackt er tiefe Wunden in den Rücken des Bullen, der dabei stark blutet. Nach einer Viertelstunde brechen die Dorfbewohner das Spektakel ab, damit keines der beiden Tiere stirbt. Die Bauern glauben, dass sie den Kondor, als Mittler zwischen Erde und Himmel, mit diesem Blutopfer gnädig stimmen. Am nächsten Tag bringen die Campesinos den Kondor zurück in die Berge und lassen ihn bei einer weiteren Zeremonie frei.

Doch wie fängt man einen Kondor? Das ist gar nicht so schwer, wenn man weiß, dass der Vogel bis zu 40 Tage ohne Nahrung auskommen kann, ohne an Kraft und Ausdauer zu verlieren. Findet er schließlich etwas Essbares, neigt er dazu, sich so vollzustopfen, dass er anschließend nur noch mit Mühe abheben kann. Diese vorübergehende Trägheit wird vom Menschen ausgenutzt, bietet sie doch eine gute Gelegenheit, ihm einen Poncho überzuwerfen und seine Beine zusammenzubinden. An einem gefangenen Kondor lässt sich die **Physiognomie** des Riesenvogels studieren. Er besitzt ein schwarzes Federkleid mit weißer Halskrause und weißlichen Flügeldeckflächen; der rostrote Kopf und Hals sind federlos. Der kleine, gebogene Schnabel besitzt sehr scharfe Kanten. Männchen und Weibchen sind einfach zu unterscheiden. Die Männchen tragen einen Hautkamm auf der Stirn, ihre Augeniris ist rot. Die Augenfarbe der Weibchen ist gelblich-braun. Eine gute Gelegenheit, Kondore zu beobachten, bietet sich am Cruz del Cóndor im Colca-Canyon (S. 340).

Colca-Canyon

Inzwischen bieten Dutzende von **Agenturen** in Arequipa Ausflüge in den Colca-Canyon an. Oft handelt es sich aber nur um Weiterverkäufer, die selber keine Touren durchführen und auf Provisionsbasis arbeiten. Aber auch Veranstalter legen oftmals Gruppen zusammen oder lassen Touren von einem anderen, größeren Veranstalter durchführen.

Durch den starken Wettbewerb sehen sich die Agenturen einem gnadenlosen Preiskrieg und Verdrängungswettbewerb ausgesetzt, der leider oftmals auf dem Rücken der Teilnehmer ausgetragen wird: Vollgequetschte Transportmittel, schlechte Guides und/oder Unterkünfte sind die Konsequenz. Wer sich an einen der weiter oben aufgelisteten Veranstalter („Arequipa/Touren") hält, zahlt vielleicht ein paar Soles mehr, bekommt aber eine gute Tour. Sollte etwas schief gehen und möchte man sich beschweren, kann man sich mit der Touristeninformation I-Perú an der Plaza in Verbindung setzen. Abklären sollte man ebenfalls, ob das für einen Besuch des Colca-Canyons benötigte **Boleto Turístico** (s. „Arequipa/ Informationen", S. 343) im Tourpreis enthalten ist. Bei den billigen Touren ist dies nicht der Fall.

Chivay

Der größte Ort, Hauptstadt der Provinz Caylloma und gleichzeitig wichtigste Verkehrsachse des Colca-Tals, liegt auf rund 3600 m und hat rund 7500 Einwohner. Hier findet sich die beste touristische Infrastruktur, die Busse legen eine Pause ein, und die meisten Tourveranstalter aus Arequipa übernachten hier mit ihren Gruppen. Das adrette Städtchen hat mit Ausnahme eines kleinen **Planetariums** (im Hotel Casa Andina), das den Sternenhimmel des Colca-Tals jeden Abend auf Spanisch, Englisch und Französisch präsentiert, keinerlei Sehenswürdigkeiten zu bieten, aber es lohnt sich, die Umgebung zu Fuß zu erkunden (z. B. über die Brücke Puente Inca zum Hotel Pozo del Cielo, das in der Nähe eines kleinen Dorfes liegt). Auf der anderen Flussseite liegen rund 4 km nördlich von Chivay die besonders wegen ihres attraktiven Außenbereichs lohnenswerten Thermalquellen **Baños Termales La Calera**, ⌚ tgl. 3–18 Uhr, Eintritt 15 S/. (schließt Eintritt in das sich ebenfalls hier befindliche **Museo Etnológico** mit ein). Sammeltaxis fahren ab der Plaza für rund 3 S/. dorthin. 300 m hinter dem Thermalbad kommen Adrenalinjunkies beim **Colca Ziplining**, ✆ 958989931, 💻 www.colcaziplining.com, auf ihre Kosten. Das Stahlkabel führt über den Fluss.

ÜBERNACHTUNG

In der Hauptsaison (Juni–Sep) ist eine Buchung ratsam.

Hostal Rumi Wasi, Sucre 714, ca. 6 Blocks von der Plaza de Armas, ✆ 054-531146. Gute Zimmer mit oder ohne Bad, 24 Std. warmes Wasser. Kleiner Garten. ❷

Hotel La Pascana del Inka, Calle Siglo XX 100, an der Plaza, ✆ 054-531001, 💻 www.lapascanadelinka.com. Gute, geräumige Zimmer, Parkplatz und Restaurant. Frühstück inkl. ❸

Hotel Pozo del Cielo, Huascar s/n, ✆ 054-531041, 💻 www.pozodelcielo.com.pe. Wunderschön auf einer kleinen Anhöhe gegenüber von Chivay gelegen (über die Puente Inca zu erreichen; 5 Gehminuten ins Dorf). Verwinkelt gebaute, sehr gemütliche Anlage eines peruanischen Architekten mit viel Liebe zum Detail. Der ganze Komplex ist aus lokalen Baumaterialien errichtet worden. Frühstück inkl. ❺–❻

ESSEN UND UNTERHALTUNG

An der Plaza de Armas und der Av. 22 de Agosto liegen verschiedene Restaurants und Bars, die auf Touristen eingestellt sind und ähnliche Mittagsmenüs bzw. Buffets servieren, darunter das **Q'apaqñan** in der Alfonso Ugarte 1107 oder das **Urinsaya** in der Francisco Bolognesi 1026.

Aromas Caffee, Ecke Plaza de Armas mit Avenida 22 de Agosto. Kleines Café, das neben gutem Kaffee auch Säfte, kleine Sandwiches und Snacks serviert. Verkauf von Kaffee und Schokolade.

Etwas zu trinken bekommt man im **McElroy's Irish Pub** an der Plaza de Armas 200. Das Essen dort ist auch gut (Quinoa-Risotto probieren!), auch Vegetarier finden hier etwas.

TOUREN

Ampato Adventure Sports, Av. Siglo XX 417, ✆ 054-489156, 💻 www.ampatocolca.com. Aktivveranstalter, der Wanderungen, Rafting, Mountainbiken und Reitausflüge im Colca-Tal im Programm hat.

Boleto Turístico Colca

Wer das **Touristenticket** (70 S/.) noch nicht bei Autocolca in Arequipa (s. „Arequipa/Informationen", S. 335) erworben hat, kann es in einer kleinen Touristeninfo am Busbahnhof von Chivay oder am Aussichtspunkt Cruz del Cóndor kaufen. Wer ab Cabanaconde in den Canyon hinabwandert, sollte sich das Ticket in jedem Fall vorher besorgt haben. An der Brücke über den Río Colca befindet sich eine Kontrollstelle.

Andenkamele

© FRANK HERRMANN

Die Anden ohne Lamas – das wäre wie Australien ohne Kängurus. Es gibt kaum einen Besucher, der ohne ein Foto des peruanischen **Wappentiers** nach Hause fährt. Lamas, auf Spanisch *Llama* (sprich: Jama), sind allerdings für die indianische Hochlandbevölkerung weitaus mehr als nur eine Touristenattraktion. Seit mehr als 7000 Jahren domestizieren Bauern Lamas und Alpakas. Die Tiere liefern Fleisch und Wolle, sie dienen als Transportmittel und ihr getrockneter Dung eignet sich als Brennmaterial. Lamas und Alpakas sowie ihre nur wild vorkommenden Artgenossen Vicuñas und Guanacos gehören zur Familie der Andenkamele. Vertreter dieser Arten sind bestens angepasst an die Höhe und das harte Klima ihres Lebensraumes, der von 2500–5000 m reicht. Die widerstandsfähigen und anspruchslosen Tiere können mehrere Tage ohne Wasser auskommen. Ihre Nahrung besteht aus dem kargen Grasbewuchs des Andenhochlands.

Lamas *(Lama guanicoe glama)* werden rund 1,20 m groß, wiegen bis zu 150 kg und können ein Alter von bis zu 20 Jahren erreichen. Ihre Fähigkeit, Lasten zu tragen, ist auf rund 25–30 kg pro Tier und

SONSTIGES

Feste

S. Kasten „Fiestas im Colca-Canyon“, S. 346.

Geld

Geldautomaten an der Plaza de Armas.

Polizei

Policía de Alta Montaña, Plaza de Armas de Chivay, ✆ 054-531165.

TRANSPORT

Busse

In die umliegenden Dörfer fahren Combis unterhalb des Marktes. Für die besten Canyon-Blicke auf der Strecke Chivay–Cabanaconde sollte man rechts sitzen. Im Busbahnhof gibt es eine Gepäckaufbewahrung.

AREQUIPA (s. „Arequipa/Transport“) regelmäßige Verbindungen vom Terminal Terrestre beim Stadion (etwa 3 Blocks von der Plaza

eine Tagesdistanz von rund 20 km begrenzt. Darüber hinaus lassen sich die Tiere weder durch Gewalt noch süße Worte oder Futter zum Weitergehen bewegen. Lamakarawanen, die nur aus männlichen Tieren bestehen, sind heute (im motorisierten Zeitalter) selten geworden. Lamafleisch wird man vergeblich auf Speisekarten suchen – es ist zäh und nicht besonders schmackhaft. Auch die rund 2 kg Wolle, die ein Lama hergibt, ist von minderwertiger Qualität. Sie wird zu grober Kleidung, Tauen und Getreidesäcken verarbeitet. Obwohl gern etwas anderes behauptet wird, spucken Lamas nur bei Gefahr und in Rangkämpfen untereinander. Zu erkennen sind die Tiere an den relativ langen Ohren und dem Schweif, den die kleineren Alpakas nicht besitzen.

Alpakas *(Lama guanicoe pacos)* wurden ursprünglich aus wilden Guanacos und Vicuñas gekreuzt. Da auch Mischformen mit Lamas existieren, sind beide Arten nicht immer einwandfrei unterscheidbar. Alpakas, die weiß, braun, grau oder schwarz sein können, haben im Allgemeinen längere Haare als Lamas. Sie sehen zottelig aus, besitzen einen behaarten Gesichtsbereich sowie einen kürzeren und dickeren Hals. Sie liefern nicht nur exzellentes Fleisch, sondern auch rund 2,5 kg bester Wolle pro Jahr. Alpakawolle – besonders schwarze – ist feiner als Schafswolle und wird zu edlen Kleidungsstücken verarbeitet.

Vicuñas *(Vicugna vicugna)*, mit rund 80 cm Höhe und max. 55 kg die kleinste und zierlichste der Andenkamelarten, wurden früher schonungslos gejagt. Der Bestand sank von mehr als einer Million Tiere im 16. Jh. bis auf weniger als 10 000 Tiere im 20. Jh. Dank umfangreicher Schutzmaßnahmen hat sich der Bestand mit rund 220 000 Exemplaren erholt. Heute bekommt man Vicuñas in den Naturschutzgebieten Reserva Nacional Salinas-Aguada Blanca bei Arequipa oder im Pampa Galeras Reservat, östlich von Nasca, zu sehen. Die Tiere sind bestens an die große Höhe angepasst. Ihr Herz ist 50 % größer als bei vergleichbaren Säugetierarten. Vicuñas besitzen eine der feinsten Wollen des Tierreiches. In prähispanischen Zeiten durften nur die Kleider des Inkaherrschers aus Vicuña-Wolle hergestellt werden. Die Inka fingen die gelbbraun gefärbten Tiere mit weißem Bauchbereich bei Treibjagden ein, schoren sie und ließen sie wieder laufen. Dabei erhielten sie alle drei bis vier Jahre rund 250 g Wolle pro Tier. Ein Mantel aus Vicuñawolle kostet heutzutage mehr als US$5000.

Guanacos *(Lama guanicoe)*, die wilde Stammform des Lama, bekommt man nur noch selten zu Gesicht. Die nur rund 1,10 m großen Tiere mit grauem bis rotbraunem Fell kommen in den trockenen Gebirgssteppen Südperus, Südostboliviens, in Patagonien und Feuerland vor. Sie leben in Familienverbänden von 15–25 Tieren und stoßen wiehernde Laute aus, die zur Kommunikation zwischen den Tieren dienen.

de Armas), 3 1/2 Std. (164 km). Der Touristenbus 4 M (s. „Cusco/Transport“) fährt um 13 Uhr.
CABANACONDE Die Busse von Arequipa erreichen Chivay nach rund 3 Std. und fahren nach kurzem Aufenthalt weiter nach Cabanaconde, (Abfahrten s. „Arequipa/Transport“, 2 1/4 Std., 75 km).
CUSCO Touristenbus von 4 M, 💻 www.busperu4m.com, Mo, Mi und Fr jeweils um 7 Uhr, in 9 Std. (400 km) nach Cusco. Abfahrtsort ist die Plaza de Armas.
PUNO tgl. um 13.30 Uhr fährt der teure Bus von 4 M (s. „Cusco/Transport“) direkt nach Puno, 6 Std. (298 km). Oder man nimmt einen Bus Richtung Arequipa, steigt in Cañahuas aus und nimmt dort einen vorbeikommenden Bus nach Puno.

Von Chivay nach Cabanaconde

Durch das Colca-Tal ziehen sich nördlich und südlich des Río Colca zwei Straßen. Allmählich beginnt sich der Tourismus für die **Dörfer der**

Fiestas im Colca-Canyon

© FRANK HERRMANN

Die meisten Dörfer im Colca-Tal haben sich ihre Traditionen, Sitten und Gebräuche weitestgehend erhalten. Dies zeigt sich besonders während der vielen Patronatsfeste, die zu Ehren der Dorfheiligen mit Prozessionen, Feuerwerk und Stierkämpfen abgehalten werden. Hinzu kommen Festtage wie Karneval, Ostern, Pfingsten, Fronleichnam, der Unabhängigkeitstag und Allerheiligen. Im Rahmen dieser Feiern kann man wunderschöne Trachten und authentische Tänze beobachten. Zur lokalen Folklore gehören Tänze wie der *El Qamili* (zur Aussaat), *El Wit'iti* (zum Gedenken an die Ankunft der Inka im Colca-Tal), *El T'incachi de ganado* (Opfergaben an die Mutter Erde), *El Turku Tusuy* (ritueller Tanz, der den Sieg des Christentums über die lokalen heidnischen Bräuche symbolisiert) und *Los Negritos* (symbolisiert die Integration von Küste und Hochland).

Datum	Ort	Fest
2. Feb	Tapay, Madrigal, Maca, Cabanaconde	Virgen de la Candelaria
30. April/1. Mai	Cabanaconde	Virgen de Chapi
15. Mai	Achoma, Yanque	San Isidro Labrador
16. Juli	Cabanaconde	Virgen del Carmen
25. Juli	Corporaque, Lari, Madrigal	Santiago Apóstol
15. Aug	Chivay	Virgen de la Asunción
9. Dez	Chivay, Yanque	Inmaculada Concepción

Nordseite zu interessieren. Die Strecke führt über die Dörfer Coporaque (KM 7), Ichupampa (KM 12) und Lari (KM 24) nach Madrigal (KM 31). Einige Veranstalter haben eine kleine Wanderung zu den Ruinen von Uyu Uyu zwischen Coporaque und Ichupampa in ihr Programm aufgenommen. Der Busverkehr auf der Nordseite ist sporadisch und gelegentlich fahren Sammeltaxis. In Yanque und Maca besteht die Möglichkeit, die Canyonseite mit dem Fahrzeug oder zu Fuß zu wechseln und in Ichupampa gibt es eine Fußgängerbrücke.

Die Hauptroute führt an der Südseite des Canyons entlang am Cruz del Cóndor vorbei nach Cabanaconde. Nach 7 km wird das sympathische Dorf **Yanque** auf 3417 m erreicht, das lange der wichtigste Ort im Colca-Tal war. Hier bauten Franziskaner im 16. Jh. einen Konvent und eine sehenswerte **Kolonialkirche**. Der Sillar ihrer Mauern und der Fassade stammt aus Steinbrüchen auf der anderen Flussseite, die man über eine Brücke erreicht. Einen Besuch lohnt auch das kleine **Museo de Yanque** an der Plaza de Armas, 💻 www.ucsm.edu.pe/museo-de-yanque.

Das Museum zeigt u. a. Nachbildungen prähispanischer Gräber, Keramiken der Collagua-Kultur sowie schöne Trachten und Kunsthandwerk aus Yungay. ⌚ Mo–Fr 9–18 Uhr, Eintritt 3 S/.

Im weiteren Verlauf der Strecke werden Dörfer passiert, immer wieder eröffnen sich tolle Ausblicke auf die Terrassenhänge des Colca-Tals. **Achoma** bei KM 14 (ab Chivay gerechnet) liegt gegenüber vom 5597 m hohen Vulkan Mismi, der im Jahr 2000 von einer National-Geographic-Expedition als die Quelle des Amazonas identifiziert worden war (ab hier sind es stolze 6275 km bis zur Mündung). Das Dorf **Maca**, das nach 24 km passiert wird, hat stark unter den Folgen verschiedener Erdbeben gelitten. Davon wurde auch die Kirche betroffen, an der 1991 ein Turm einstürzte. Zwischen Maca und Pinchollo sollte ein Stopp beim **Mirador Choquetico** nicht versäumt werden, der hinter einem Tunnel auf der rechten Seite liegt. Über Pinchollo bei KM 34 wird nach rund 42 km mit dem Aussichtspunkt **Cruz del Cóndor** (3700 m) einer der Höhepunkte eines Colca-Besuchs erreicht. Von hier gleitet der Blick 1200 m in die Tiefe, wo sich am Grund des Canyons der Río Colca seinen Weg bahnt.

In den unzugänglichen Steilwänden um den Mirador haben Kondore (s. Kasten S. 341) ihre Nester gebaut. Jeden Morgen starten sie mit den ersten Sonnenstrahlen, um sich auf Nahrungssuche im Canyon zu machen. Die beste Zeit, Kondore zu beobachten, ist von ca. 7–10 und 16.30 Uhr bis Dunkelheit. In der Trockenzeit finden sich am Cruz del Cóndor jeden Morgen Scharen von Schaulustigen ein. Wer den Aussichtspunkt für sich alleine haben möchte sollte den Mirador nachmittags aufsuchen. Bei Nebel oder Regen kann es passieren, dass die Kondore gar nicht oder erst später aufsteigen! Vom Cruz del Cóndor sind es noch rund 14 km bis nach Cabanaconde, die man ständig abwärts gehend auch zu Fuß zurücklegen kann (ca. 3 Std.).

ÜBERNACHTUNG

Die Übernachtungsmöglichkeiten zwischen Chivay und Cabanaconde sind entsprechend dem Routenverlauf von Osten nach Westen gelistet. In den nachfolgend nicht aufgeführten Orten gibt es weitere Unterkünfte.

Yanque

Zahlreiche Unterkünfte und weitere Infos zum Ort unter 💻 http://yanqueperu.com.

La Casa del Turista, Av. Chacapi 300-302, einen Block von der Plaza in Yanque, ✆ 054-760119, ✉ casadelturistayanque@hotmail.com. Kleine freundliche B&B-Herberge. Die Besitzerin Gloria Huanaco Huerta ist eine ausgezeichnete Kennerin der Region. Frühstück inkl. ❶

Casa Bella Flor Sumaq Wayta Wasi, Cusco 303, ✆ 054-774505, 💻 www.casabellaflor.com. Kleine, sympathische Lodge mit Garten und nett eingerichteten Zimmern mit oder ohne Bad. ❷

Coporaque

La Casa de Mama Yacchi, Reservierung ✆ 982452104, 💻 www.lacasademamayacchi.com. Schöne Anlage mit Garten und Zimmern mit Bad und Heizung. Frühstück inkl. ❹

Ichupampa

Colca Lodge, Reservierung ✆ 054-531191, in Arequipa: Mariscal Benavides 201, Selva Alegre, ✆ 054-202587, 💻 www.colca-lodge.com. Fantastische Lage auf der nördlichen Flussseite bei Ichupampa (zu Fuß ab der Plaza in Yanque über die Fußgängerbrücke ca. 20 Min.). Weitläufige, geschmackvoll ausgestattete, aber sehr teure Anlage mit privaten Thermalquellen am Fluss. ❻

Cabanaconde

Der kleine Ort (rund 2500 Einw.) liegt rund 3 km abseits der Hauptstraße auf 3287 m und markiert den Wendepunkt für fast alle Besucher des Canyons. Die landschaftlich reizvolle Strecke zur Küste wird nur von wenigen Touristen genommen. Sie führt über das 52 km entfernte Andendorf Huambo und erreicht nach weiteren 120 kurvenreichen Kilometern die Panamericana bei KM 921. Cabanaconde ist in den letzten Jahren aus seinem touristischen Dornröschen-

Boleto Turístico mitnehmen!

Wer in den Colca-Canyon hinabsteigt, muss an der Brücke über den Río Colca Richtung San Juan de Chucco sein Boleto Turístico vorzeigen.

In Cabanaconde müssen auch Tiere in den Knast

Gleich gegenüber vom Hotel Kuntur Wassi liegt das Tiergefängnis. Hier landen u. a. Esel, Kühe und Schweine, die auf dem Feld eines Bauern „gewildert" haben, also einen Teil der Ernte vernascht oder Pflanzen zertrampelt haben. Begleicht der Besitzer der Tiere den Schaden, werden sie umgehend entlassen.

schlaf aufgewacht, und das Hotel- und Tourangebot hat sich deutlich erweitert. Während organisierte Tourgruppen in der Regel am Cruz del Cóndor nach Arequipa umkehren, fahren immer mehr Backpacker nach Cabanaconde weiter, um von den guten Trekkingmöglichkeiten der Region zu profitieren. Kartenmaterial ist bei der Touristeninformation an der Plaza erhältlich. Nur rund 15 Gehminuten westlich des Orts befindet sich mit dem untouristischen Aussichtspunkt **Mirador Achachihua** eine gute Alternative zum meist überlaufenen Cruz del Cóndor. Es gibt keine Geldautomaten im Ort und das in einigen Hotels sporadisch verfügbare Internet ist sehr langsam. Im Gebäude der Municipalidad befindet sich eine kleine, unregelmäßig geöffnete Touristeninformation. ⌚ So geschl.

ÜBERNACHTUNG

€ **Camping**, keinerlei Infrastruktur, aber mit großartiger Aussicht vom Mirador Achachihua auf einem Privatgrundstück am Rand des Colca-Canyon. Infos beim Hostal Valle del Fuego. 10 S/. p. P.

Hostal Valle del Fuego, 2 Blocks von der Plaza entfernt (großes Schild), ✆ 927890629 (nach Yamil fragen) oder über Pablo Tour in Arequipa, 💻 www.valledelfuego.com. Rustikale Zimmer mit Bad, Warmwasser und Steinwänden. Schlafsaal 20 S/. p. P. Besitzer Yamil vermietet auch Mountainbikes, organisiert Reitausflüge und vermietet Maulesel. Frühstück inkl. Zum Hostal gehört das Oasis Paraiso in Sangalle (S. 349), das von hier aus buchbar ist. ❷

Pachamama Home, San Pedro 209, ✆ 959316322, 💻 www.pachamamahome.com. Eine von mehreren Pachamama Home-Unterkünften, alle in Plaza-Nähe. DZ mit Bad oder ohne, aber auch Schlafsaal (US$10) verfügbar. Bar, Restaurant, Fahrradverleih und Trekkingtouren. Frühstück inkl. Hier werden auch Aufenthalte in der Llahuar Lodge im Canyon vermittelt. ❷–❸

Casa de Santiago, 3 Blocks vom Hauptplatz entfernt, ✆ in Arequipa ✆ 054-203737 (Pablo Tour), 💻 www.lacasadesantiago.com. Zimmer mit Bambusdecke und Holzbalken, schön eingerichtet, sauber. Solarenergie sorgt für Warmwasser. Heizung. Großer Garten mit Bergblick. Frühstück inkl. ❸

Hotel Kuntur Wassi, Cruz Blanca s/n, ✆ 054-664016, 💻 www.arequipacolca.com. Verwinkelt gebaute Anlage mit schönen, geräumigen Zimmern und tollen Ausblicken. Warmwasser aus Solarenergie, Bar, gutes Restaurant. ❹

ESSEN UND UNTERHALTUNG

In der **Casa de Pablo**, Calle Grau (beim Valle de Fuego), gibt es gute Fruchtsäfte, Pisco Sour und Glühwein, in der **Casa de Santiago** guten Kaffee. Im **Restaurant Las Terrazas** an der Plaza gibt es günstige Pizza und Pasta. Die Bar des **Pachamama Home** ist ebenfalls beliebt.

TRANSPORT

Alle **Busse**, **Sammeltaxis** und **Colectivos** fahren an der Plaza de Armas von Cabanaconde ab. Busse zum Terminal Terrestre in AREQUIPA fahren 6x tgl., 6 Std. (239 km), passieren nach

Verhaltenstipps von Einheimischen

Yamil vom Hostal Valle del Fuego in Cabanaconde hat auf der Website der Unterkunft einige lesenswerte Verhaltenstipps zusammengestellt, 💻 www.valledelfuego.com/eng/caution.html.

ca. 20 Min. Cruz del Cóndor und fahren alle über CHIVAY (Tickets in der Hauptsaison besser am Vortag kaufen).
Busse fahren Do, Fr, Sa jeweils um 5 Uhr morgens über HUAMBO zur Panamericana (Pedegral). Dort halten Busse Richtung Arequipa oder LIMA.

Wanderungen im Canyon

Von Cabanaconde aus lassen sich mehrtägige Wanderungen hinab in den Colca-Canyon (beste Zeit April–Nov) und weiter auf der anderen Seite der Schlucht unternehmen. Die Pfade in den Canyon sind streckenweise steil und rutschig, und ebenso steil geht es dann auf der anderen Seite wieder hoch.

Die Sonne brennt erbarmungslos und weiter unten wird es richtig heiß. Man sollte seine Wasserflasche auffüllen, wo immer möglich. Da ein Labyrinth aus schmalen Pfaden in die Schlucht führt, sollte man über die Hotels einen Guide engagieren oder einen Jungen bitten, den Weg gegen ein Trinkgeld zu zeigen. Eine beliebte dreitägige Tour führt auf steilen Pfaden hinab zum Grund des Canyons nach **Sangalle**, das auch Oasis genannt wird (Gehzeit ca. 2 Std.). Das deutlich wärmere Klima auf 2100 m ermöglicht den Anbau von Feigen, Pfirsichen und Kaktusfrüchten.

Von Sangalle führt ein steiler Weg bergauf in das 2600 m hoch liegende Bergdorf **Tapay**. Von dort kann man in rund zwei Tagen nach Madrigal wandern oder über eine alternative Route zurück nach Cabanaconde. Nicht zu unterschätzen ist der Aufstieg vom Boden des Canyons nach Cabanaconde (rund 3–4 Std.). Beim Mieten von Maultieren für den Aufstieg werden Touristen gerne übers Ohr gehauen. Man sollte auf einem Preis von max. 30–40 S/. beharren.

ÜBERNACHTUNG

Sangalle

Man kann in einer von 5 einfachen Herbergen mit Pool für rund 30-40 S/. p. P. übernachten oder zelten, was etwas günstiger ist.
Die beliebteste Herberge ist das **Oasis Paraiso**, ✆ 051-959768751, auch buchbar über Pablo Tour in Arequipa (S. 334) oder das Hostal Valle del Fuego in Cabanaconde (S. 347), eine große Anlage mit Flusszugang, Bar, Pool und Liegestühlen zum Entspannen. Geschlafen wird in sehr einfachen Hütten mit Privatbad (warmes Wasser) oder Gemeinschaftsbad (kaltes Wasser). ❷

Llahuar

Wer bis nach Llahuar wandert, kann dort in der **Llahuar Lodge**, ✆ 959751086 , ✉ llahuar.lodge @hotmail.com, übernachten. Zum Entspannen gibt es drei Becken mit lauwarmem bis heißem Wasser. Rücktransport nach Cabanaconde per Jeep möglich. Frühstück inkl. ❷

SÜDPERU

Von Arequipa zum Cañón de Cotahuasi und Valle de los Volcanes

Beide Ziele liegen nordwestlich von Arequipa in einer wenig besuchten, landschaftlich aber spektakulären Gegend, die mit öffentlichen Verkehrsmitteln nur anstrengend und zeitaufwendig zu erreichen ist. Wer nicht genügend Zeit mitbringt, sollte an einer der organisierten Touren teilnehmen, die von Reiseveranstaltern in Arequipa angeboten werden. Wer mit dem Leihwagen anreist, kommt zusätzlich in den Genuss einiger sehenswerter Stopps auf dem Weg.

Rund um Corire und Aplao

Die Anfahrt zu beiden Sehenswürdigkeiten erfolgt zunächst über die Panamericana Richtung Lima bis KM 888. Dort zweigt rechter Hand eine asphaltierte Straße ab, die nach 45 km **Corire** erreicht. Die Flussoase gehört mit Camaná zu einem der ertragreichsten Reisanbaugebiete der Welt. Außerdem werden dort süße Paprika, Spargel und Zwiebeln angebaut. Corire ist ein geeigneter Ausgangspunkt zur Besichtigung der Petroglyphen von Toro Muerto.

Wer früh in Arequipa startet, kann Toro Muerto auch im Rahmen einer Tagestour besuchen.

Petroglyphen von Toro Muerto

Verstreut auf einer Fläche von rund 5000 m² liegen ca. 6000 **Petroglyphen** auf bis zu 2 m breiten Steinblöcken. Die Felsritzungen sollen von den Wari, der Chuquibamba-Kultur und zu einem kleineren Teil von den Inka stammen. Die meisten sind zwischen 750–1150 n. Chr. entstanden und stellen geometrische Formen und menschliche Figuren mit Helmen dar. Hinzu kommen Abbildungen von Pflanzen und Tieren wie Schlangen, Lamas, Hirsche und Vögel.

Auch wenn es meist sehr heiß ist, macht es Spaß, in dem Felsenlabyrinth herumzulaufen und immer wieder neue Darstellungen zu entdecken. Je höher man kommt, desto unversehrter und abwechslungsreicher werden die Motive.

Anfahrt: 2 km vor Corire (aus Richtung Arequipa kommend) zweigt linker Hand ein beschilderter Feldweg ab, der nach ca. 3,5 km zu einem Kassenhäuschen führt. 🕒 tgl. 6–18 Uhr, Eintritt 10 S/. Von dort führt ein mit dem Auto befahrbarer Feldweg in das Trockental Toro Muerto und nach ca. 2 km wird an einer Schutzhütte das erste Steinfeld mit Petroglyphen erreicht. Ein Taxi von Corire nach Toro Muerto kostet etwa 45–50 S/. (inkl. Wartezeit).

Zu Fuß benötigt man rund eineinhalb Stunden. Auf jeden Fall ausreichend Wasser und Sonnenschutz mitnehmen!

Querulpa Chico

Auf dem 20 km langen Teilstück von Corire nach Aplao passiert man das kleine Dorf Querulpa Chico. In einem kleinen Museum sind die Nachbildungen der nur rund 20 Fußminuten von hier im Februar 2002 gefundenen **Saurierspuren** zu betrachten. Drei Jugendliche, die beim Honigsuchen von einem Bienenschwarm verfolgt worden waren, hatten die bis zu 1 m großen Abdrücke entdeckt.

Die Spuren sollen ca. 175 Mio. Jahre alt sein und stammen von drei verschiedenen Saurierarten. Eintritt 5 S/.

Río Majes

7 km nördlich von Aplao gabelt sich die Straße bei KM 70. Sie führt rechter Hand auf der Ostseite des Nevado Coropuna (6425 m) ins rund 139 km entfernte Andagua (3450 m, in der Provinz Castilla), dem Ausgangspunkt für Wanderungen im Tal der Vulkane (Valle de los Volcanes, s. unten). Nach nur rund 5 km entlang dieser Straße erreicht man die auf 820 m gelegene **Majes River Lodge** (s. u.), wo man übernachten sowie Ausflüge nach Toro Muerto und zwischen April und Dezember **Rafting-Touren** unternehmen kann (Preise siehe Website). Rund 15 km oberhalb der Lodge vereinigen sich der Río Andamayo (links) und der Río Colca zum Río Majes.

ÜBERNACHTUNG

Corire

Hostal Willy's, an der Hauptstraße Av. Progreso, ca. 200 m von der Plaza entfernt, ✆ 054-472046. Helle Zimmer mit Ventilator und TV, allerdings nicht immer mit warmem Wasser. Ausflüge zu den Petroglyphen von Toro Muerto und Rafting-Touren auf dem Río Majes. ❷

Bei Aplao

Majes River Lodge, La Central Ongoro, Aplao Castilla (12 km nordöstlich von Aplao), ✆ 054-660219, 💻 www.majesriver.com. Die Bungalowanlage mit einem schönem Garten liegt inmitten eines Weinbergs (Pisco-Produktion). ❷

TRANSPORT

Zwischen Corire und Aplao verkehren ständig **Minibusse** (20 Min., 20 km).

Es fahren von Corire keine Direktbusse nach LIMA (umsteigen in Arequipa, oder an der Panamericana).

Die **Busse** von Arequipa nach ANDAGUA und nach COTAHUASI kommen am frühen Abend durch Corire.

Von Corire nach AREQUIPA fahren ständig **Colectivos** (2 1/2–3 Std., 158 km).

Valle de los Volcanes

Westlich des Colca-Canyons liegt, rund 320 Buskilometer nordwestlich von Arequipa das Tal der Vulkane. Nur wenige Kilometer vom Hauptort **Andagua** (ca. 3500 m) entfernt erstreckt sich ein rund 65 km langes Tal, das sich auf den ersten

Blick nicht von anderen Andentälern unterscheidet. Beim näheren Hinschauen entdeckt man allerdings merkwürdige geologische Formationen. Bei ihnen handelt es sich um mehr als 80 **erloschene Vulkane**, die zwischen 200–300 m hoch sind. Die interessanteste Formation, rund 10 km nördlich von Andagua, heißt Los Gemelos, die Zwillinge. Wer das Tal erkunden will, sollte genug Wasser mitnehmen.

Nach Andagua fahren täglich Busse vom Terminal in Arequipa (s. „Arequipa/Transport", S. 336). Der Bus fährt weiter bis ins 38 km entfernte, eisig kalte Minenstädtchen **Orcopampa** (3800 m). Von dort bestehen sporadische Verbindungen über Caylloma (110 km) nach Chivay (weitere 110 km) im Colca-Tal. Auf der landschaftlich schönen Strecke, die fast durchgehend auf Höhen über 4200 m liegt, kommt man aber nur sehr mühselig vorwärts.

Rund 36 km südöstlich von Andagua auf 2000 m liegt das kleine Dorf **Ayo**. Von hier kann man zu Fuß zur wenige Kilometer östlich und etwas tiefer gelegenen **Laguna Mamacocha** absteigen. Die Oase wird vom teilweise unterirdisch verlaufenden Río Andagua gespeist. Rund um die Lagune ist eine üppige Fauna und Flora beheimatet, darunter eine nur hier vorkommende Flussotterart, die von den Einheimischen „Huallaques" genannt wird. Wer früh in Ayo aufbricht, kann von der Laguna Mamacocha zum Colca-Fluss absteigen und über die Oase Canco (auf 1400 m) nach Huambo (auf 3300 m) wandern (Infos zur Strecke bei Pablo Tour, s. S. 334).

In Andagua bestehen einfache Übernachtungs- und Verpflegungsmöglichkeiten; es gibt Internet, allerdings weder Bank noch Apotheke! Von Andagua gibt es keine öffentlichen Verkehrsverbindungen in den 123 km entfernten Cotahuasi-Canyon.

Cañón de Cotahuasi

Die Straße, die hinter Aplao linker Hand abzweigt, verläuft zunächst asphaltiert bis Chuquibamba (49 km nordwestlich von Aplao), dann auf einer Schotterpiste zwischen den Eisriesen Coropuna (6425 m) und Solimana (6093 m) hindurch, bis sie sich auf zahlreichen Serpentinen, die inzwischen asphaltiert wurden, atemberaubend in den Cotahuasi-Canyon herabwindet. Er ist 160 m tiefer als der Colca-Canyon, wird aber wegen seiner Entlegenheit wesentlich seltener als sein „Nachbar" besucht. Der Río Cotahuasi hat in Jahrmillionen eine eindrucksvolle, rund 100 km lange Schlucht geschaffen, die etwas über 3400 m tief ist. Damit beansprucht er den Titel des **tiefsten Canyons der Welt**. 1981 gelang es einer polnischen Expedition zum ersten Mal, die wilden Wasser des Río Cotahuasi zu bezwingen, und 2005 wurde die gesamte Region zum Schutzgebiet erklärt, der 490 550 ha großen **Reserva Paisajística Sub Cuenca del Cotahuasi**. Der Tourismus steckt allerdings aufgrund der Entlegenheit noch in den Kinderschuhen, obwohl sich Cotahuasi in den letzten Jahren immer mehr zu einem Zentrum für Abenteuersportler entwickelt.

Die Gegend eignet sich bestens zum Wandern, Mountainbiken, Gleitschirmfliegen und Raften. Ausgangspunkt für Touren im Canyon ist das verträumte **Cotahuasi** auf 2684 m Höhe, der mit wenigen Tausend Einwohnern größte Ort des Canyons und Endstation der Busse aus Arequipa. Vor dem Torbogen von **Alca**, rund eine Busstunde nordwestlich von Cotahuasi, führt linkerhand ein Wanderweg in die Berge zum Dörfchen Cahuana, das nach knapp einer Stunde erreicht ist (keine Einkaufsmöglichkeit, Wasser mitnehmen!).

Am anderen Ende des Dorfs führt ein Serpentinenweg nach rund 45 Minuten Gehzeit zu den **Thermalquellen von Luicho**. Von Alca sind es nur 2 km Busstrecke bis zu den Quellen (Fahrer Bescheid sagen!). Eine Brücke führt zu drei sauberen Becken (35–41 °C). Es gibt einen Kiosk, Duschen und Restaurants (Spezialität: Forelle). Der letzte Bus von den Quellen nach Cotahuasi fährt gegen 18 Uhr.

Die westlich von Cotahuasi liegende **Catarata de Sipia** erreicht man entweder zu Fuß (Weg beginnt in Cotahuasi rechter Hand an einem Platz vor Erreichen des Busbahnhofs; immer Richtung Fluss laufen, einfache Gehzeit 4 Std.) oder per Bus (tgl. 6.30 Uhr, 1 Std.). Weitere Ausflüge in die Umgebung führen u. a. zu den Ruinen Pampamarca, von wo aus man zum Steinwald Bosque de Piedra Huite wandern kann, oder nach Quechualla, dem mit 1980 m tiefstgelegenen Dorf des Canyons, wo Wein und Obst angebaut werden.

ÜBERNACHTUNG UND ESSEN

In Cotahuasi befinden sich mehrere günstige Unterkünfte an der Hauptstraße (Calle Arequipa) zwischen Busbahnhof und Plaza de Armas. Empfehlenswert ist das **Hostal Hatunhuasi**, Centenario 309, ✆ 959425769, ✉ hatunhuasi@gmail.com, dessen Zimmer mit Privatbad rund um einen Patio liegen. Beste Wahl im Ort ist das **Hotel Valle Hermoso**, Tacna 106, ✆ 054-581057, 💻 www.hotelvallehermoso.com, eine sehr schön hergerichtete alte Casona mit Canyon-Blick und großem Garten: gute, bequeme Zimmer mit Bad und Warmwasser, gutes Restaurant, Tourservice, Frühstück inkl. ❸
In Alca, Tomepampa, Puica, Pampamarca oder Velinga gibt es weitere Unterkünfte.

ESSEN

In der Calle Arequipa in Cotahuasi gibt es mehrere Läden mit Lebensmitteln, einfache Restaurants, die günstige Menüs anbieten, und Hähnchenbratereien. Zum Innenhof des empfehlenswerten **Restaurants Quechualla** führt ein kleiner Gang von der Calle Arequipa. Auch Vegetarier finden hier Passendes.

SONSTIGES

Ausreichend Bargeld nach Cotahuasi mitbringen, es gibt **keinen Bankautomaten**! Die **Polizei** befindet sich an der Plaza. Eine gute Anlaufstelle für Informationen und Touren ist der Veranstalter **Purek Cotahuasi Tour**, Arequipa 103, ✆ 054-698081, 💻 Facebook.

TRANSPORT

Der Busbahnhof von Cotahuasi liegt 10 Gehminuten außerhalb. Von hier fahren **Busse** zu den Orten im Canyon SIPIA, VELINGA und QUECHUALLA.
Von der Plaza in Cotahuasi fahren täglich **Kleinbusse (Combis)** regelmäßig nach ALCA und TOMEPAMPA.
Nach AREQUIPA fahren tgl. u. a. Reyna und Cromotex zwischen 17 und 19 Uhr, ca. 9–10 Std. (379 km). Bei der Fahrt wird ein rund 4500 m hoher Pass überquert! An warme Kleidung oder den Schlafsack denken, es kann nachts sehr kalt werden.

Von Arequipa nach Tacna

42 km südwestlich von Arequipa stößt man auf die Kreuzung La Repartición, wo die Panamericana Richtung Süden nach Tacna und Chile abzweigt. Der einzige größere Ort auf dieser Wüstenstrecke ist die Kleinstadt **Moquegua**, 215 km südöstlich von Arequipa. Wer Zeit hat und mit eigenem Fahrzeug unterwegs ist, kann über die parallel zur Küste verlaufende Costanera (Ruta 1 E) nach Tacna reisen. Die inzwischen komplett asphaltierte Straße führt an vielen einsamen Stränden, kleinen Hafenstädten und hin und wieder auch an Industrieanlagen vorbei.

Mit dem Bus gelangt man problemlos von Arequipa zur Hafenstadt **Mollendo**. Der Verkehr von dort nach **Ilo** ist dünn, und es fahren nur wenige Busse. Von Ilo gibt es keine regelmäßige Busverbindung entlang der reizvollen Costanera nach Tacna.

Mollendo

Wenige Kilometer südlich der Abzweigung La Repartición biegt eine asphaltierte Straße von der Panamericana ab. Sie windet sich zur Pazifikküste hinab, passiert den Leuchtturm von Islay und erreicht nach rund 140 km das Städtchen Mollendo. Der sympathische Ort wird in den Sommermonaten Dezember bis März von den Arequipeños überrannt, die hier ihren Badeurlaub verbringen. Wer das nötige Kleingeld hat, besitzt ein Haus im **Strandort Mejía**, ca. 15 km südöstlich von Mollendo.

Als Hafen hat der 20 000 Einwohner zählende Ort Mollendo weitestgehend ausgedient – die Schiffe löschen ihre Ladung nun im Hafen von

Matarani, rund 20 km nördlich von Mollendo. Die Eisenbahnlinie, die von Juliaca über Arequipa bis Mollendo führt, transportiert ab Arequipa nur noch Güter. Südlich von Mejía liegt das **Santuario Nacional Lagunas de Mejía**, ein kleines Naturschutzgebiet für Wandervögel (S. 354).

ÜBERNACHTUNG UND ESSEN

€ **Hostal California**, Blondell 541, ✆ 054-533675. Helle Zimmer, z. T. mit Meerblick und Privatbad mit Warmwasser. ❷
Hostal La Villa, Mariscal Castilla 366, ✆ 054-532700, 💻 www.lavillahotelmollendo.com. Beste Wahl in Mollendo, mit Garten, Pool, Restaurant und Parkplatz. Frühstück inkl. ❹–❺
Ein gutes Restaurant ist das **Marco Antonio** in der Comercio 258. Im Marktbereich kann man günstig essen.

TRANSPORT

Vom **Terminal Terrestre** an der Hauptstraße Richtung Arequipa fahren tgl. mehrere Busse nach AREQUIPA (2 1/2 Std., 126 km) und LIMA (ca. 17 Std., 1055 km). Alternativ ein Colectivo zur Panamericana nehmen und dort umsteigen.

Transportes Moquegua fährt mehrmals tgl. nach TACNA (3 1/2 Std., 224 km). Alternativ einen Kleinbus nach EL FISCAL nehmen und dort umsteigen.
Zum Strandort MEJÍA fahren regelmäßig Combis ab dem Zentrum (Tacna, Ecke Arequipa) oder dem Busbahnhof. Einige der Kleinbusse fahren weiter ins RÍO TAMBO-TAL und zur Kreuzung EL FISCAL an der Panamericana. Hier kann man einen Bus Richtung Süden anhalten.

Von Mollendo über Mejía nach El Fiscal

Mit einem Taxi oder einem Minibus gelangt man in den 15 km südlich von Mollendo gelegenen **Badeort Mejía** mit seinem weitläufigen Sandstrand. Außerhalb der Saison ist die Gegend allerdings völlig ausgestorben.

Wenige Kilometer südlich liegt entlang der Küste das **Santuario Nacional Lagunas de Mejía**, ein 690 ha großes Naturschutzgebiet. Das einzige ständige Seengebiet auf 1500 km Küstenlinie ist Nistplatz von 72 Vogelarten und eine wichtige Station für viele Wandervögel und überwinternde Flamingos. Die regelmäßig verkehrenden Busse fahren direkt am Santuario vorbei, das für Besucher zugänglich ist. ⏲ tgl. 6–18 Uhr, Eintritt 5 S/. Infos bei SERNANP, Carretera Panamericana Sur KM 32.

Die Straße führt nun durch das fruchtbare Tal des **Río Tambo**, in dem dank künstlicher Bewässerung Reis, Zuckerrohr und Mais wächst. Immer wieder faszinierend zu beobachten ist der Kontrast des üppigen Grüns der Anbauflächen zu den hellbraunen Sanddünen, die das Tal einrahmen. Hinter dem Río Tambo gabelt sich die Straße.

Entlang der Küste geht es nach **Ilo** und Richtung Nordosten zur **Kreuzung El Fiscal** an der Panamericana. Hier können Busse Richtung Norden (Arequipa, Lima) oder Süden (Moquegua, Tacna) angehalten werden.

Achtung Kontrolle!

Westlich von Moquegua befindet sich eine Lebensmittelkontrollstelle, die je nach Engagement der Kontrolleure und Inhalt des Gepäcks unterschiedlich viel Zeit in Anspruch nehmen kann. Die Einfuhr von Obst, Gemüse und auch Rohkaffee (gerösteter Kaffee ist erlaubt) nach Tacna ist verboten. Entsprechende Lebensmittel werden konfisziert. Ziel der Kontrolle ist es, die Verbreitung von Fruchtfliegen einzudämmen.

Moquegua

Ungefähr auf halber Strecke zwischen Arequipa und Tacna liegt auf 1410 m Höhe am Río Osmore (5 km nördlich der Panamericana) die Hauptstadt des gleichnamigen Departamentos (rund 75 000 Einw.). Der sonnige Ort gehört zu den trockensten des Landes und ist mit einer angenehmen Durchschnittstemperatur von 22 °C gesegnet. Mithilfe des Flusswassers ist der Anbau von Trauben und Avocados möglich; Kupfervorkommen in der Nähe (Cuajone und Toquepala) haben zusätzliche Arbeitsplätze geschaffen. Da Moquegua kaum von Touristen besucht wird, bekommt man unverfälschte Einblicke ins peruanische Alltagsleben.

Interessant sind neben der kleinen **Kathedrale**, einige Kolonialhäuser unweit der Plaza de Armas, z. B. die **Casa de Fernández Cornejo y Córdova** (La Casa Tradicional de Moquegua), Ayacucho 530, neben der Post, wo auch das Kulturinstitut Dirección Desconcentrada de Cultura untergebracht ist, ⏲ Mo–Sa 8–12, 16–19, So 8–12 Uhr. Auch die Fassade der **Casa de Díaz Fernández Dávila**, Ayacucho 828, lohnt einen Blick.

Sehenswert ist das große **Museo Continsuyu**, Tacna 294, 💻 www.museocontisuyo.com, an der schattigen Plaza de Armas. Es zeigt eine interessante Sammlung archäologischer Fundstücke der prähispanischen Kulturen aus der Region. ⏲ Mi–Mo 8–13, 14.30–17.30, Di 8–12, 16–20 Uhr, Eintritt 3 S/.

In der Umgebung befinden sich auf dem gewaltigen Felsrücken **Cerro Baúl** die Ruinen einer Wari-Festung. Rund 1,5 km südöstlich der Stadt liegen die **Geoglyphen von Chen-Chen**, die der Tiwanaku-Kultur zugeordnet werden.

ÜBERNACHTUNG

Hostal Arequipa, Arequipa 360, ✆ 053-461338. Freundliches Personal und sehr saubere, günstige Zimmer mit Bad, Warmwasser und TV. ❷

Hotel Moquegua, Junin 431, ✆ 053-506861, 💻 www.hotelmoqueguaperu.com. Zentrale Lage, gute Zimmer, Pool und Sonnengarantie: Scheint die Sonne nicht, zahlt man auch nicht! Frühstück inkl. ❸

ESSEN

An der Lima 372 bzw. Lima 398, Ecke Libertad, liegen das **Chifa Fong Mey** und das **Restaurant Moraly** (sehr beliebt, einheimische Küche).

La Casa Tradicional, Ayacucho 540, bietet leckere einheimische Küche.

SONSTIGES

Informationen zu Zielen in Moquegua und Umgebung (Kolonialhäuser, Pisco-Winzereien, Cerro Baúl, Chen-Chen) gibt es bei der **Información Turística**, Ayacucho Ecke Ancash. 🕒 Mo–Fr 7.30–16 Uhr.

TRANSPORT

Das **Busterminal** von Moquegua liegt an der Av. Ejercito, Cuadras 2 und 3, am westlichen Stadtrand.

Verbindungen

AREQUIPA regelmäßige Abfahrten (Transporte Moquegua), 4–6 Std. (215 km). Es fahren auch regelmäßig Sammeltaxis, Av. Ejercito 130.

DESAGUADERO (Grenze zu Bolivien) mehrmals tgl. (Transporte Moquegua, Tepsa), 7 Std. (280 km).

ILO Busse fahren regelmäßig, 1 1/2 Std. (95 km). Sammeltaxis siehe Arequipa.

LIMA regelmäßig (Cruz del Sur, Flores, Civa) 19 Std. (1144 km).

PUNO mehrmals tgl., (San Martín) 7–8 Std. (265 km). Es fahren auch Minivans.

TACNA regelmäßig (Transporte Moquegua), 2 Std. (159 km). Sammeltaxis siehe Arequipa.

Von Moquegua nach Bolivien

Nur selten benutzen Touristen die gut ausgebaute und komplett asphaltierte Straße, die auf rund 280 km Länge von Moquegua zum Grenzübergang Desaguadero und von dort weiter nach La Paz in Bolivien führt. Der Verkehr ist meist sehr spärlich, aber die Landschaft einmalig schön. Zunächst passiert man nach ca. 30 Fahrminuten den Ort **Torata**, wo an den Marktständen sehr gutes Fladenbrot verkauft wird.

Die Straße windet sich nun vorbei am Tafelberg Cerro Baúl in die Anden hoch. Bizarre Berglandschaften, einsame Seen mit nach Futter suchenden Flamingos und zahlreiche Lama- und Alpakaherden bilden eine im wahrsten Sinn atemberaubende Kulisse, denn der höchste Punkt der Route liegt auf rund 4750 m.

Ilo

Knapp 100 km südlich von Moquegua liegt die rund 60 000 Einwohner zählende Hafenstadt Ilo an der Pazifikküste. Von hier wird vorwiegend Kupfer verschifft, aber auch landwirtschaftliche Erzeugnisse wie Baumwolle oder Zuckerrohr. Seit Bolivien bei Ilo ein Küstenstreifen als Freihandelszone zugesprochen wurde, ist die Bedeutung Ilos als maritimer Warenumschlagplatz weiter gestiegen. Für Besucher interessant ist die Altstadt **Ilo Viejo** am ehemaligen Hafen. Hier dümpeln malerisch die bunten Fischerboote, besetzt von Pelikanschwärmen. In der Umgebung von Ilo gibt es nette Strände, die wie fast überall in Peru schattenlos sind. Dort herrscht nur in den Sommermonaten Betrieb.

Rund 10 km südlich von Ilo liegt die **Reserva Natural de Punta Coles**, eine Halbinsel, die Seevögeln und Robben Zuflucht gewährt. Der Ort kann nur an Wochenenden per Boot (im alten Fischereihafen chartern) besichtigt werden.

ÜBERNACHTUNG

Hotel Vip, 2 de Mayo 608, ✆ 053-481492, 💻 www.viphotelilo.com. Gut ausgestattetes Hotel, u. a. AC, TV, Minibar, Wäscherei und Parkplatz. Frühstück inkl. ❸–❹

TRANSPORT

Alle Busse fahren vom **Terminal Terrestre** bei KM 7 der Costanera Sur ab. Ständige Verbindungen mit Flores, Cruz del Sur nach LIMA, AREQUIPA, MOQUEGUA und TACNA.
Peruvian Airlines, 💻 www.peruvian.pe, bietet Flüge nach Lima an. Der kleine Flughafen liegt ca. 8 km südlich der Stadt.

Tacna

Die Hauptstadt des gleichnamigen Departamentos liegt rund 1293 km südöstlich von Lima auf 562 m Höhe. Die Lage beschert der Stadt ein sonniges und trockenes Klima mit Sommertemperaturen von 16–28 °C (Jan–März). Der Küstennebel von Juni bis August lässt die Temperaturen auf 9–19 °C sinken und verursacht gelegentlich leichten Nieselregen.

Heutzutage leben etwas mehr als 300 000 Menschen in Tacna, das in den letzten Jahren kräftig gewachsen ist. Zu diesem Wachstum hat sicherlich die **Freihandelszone** beigetragen, über die Waren aus dem Ausland verbilligt nach Peru importiert werden können (s. „Einkaufen"). Zudem kommen immer mehr Chilenen aus dem benachbarten Arica nach Tacna, um von den günstigeren peruanischen Waren und (medizinischen) Dienstleistungen sowie einem wachsenden touristischen Angebot zu profitieren.

In den letzten Jahren hat die Bedeutung des **Karnevals** in Tacna stark zugenommen. Da die Stadt keine große folkloristische Tradition besitzt, hat man begonnen, Musik und Tanzgruppen aus ganz Peru, aber auch aus den Nachbarländern Bolivien und Chile einzuladen, die sich in einer großen Parade zeigen und in einem fröhlichen Wettbewerb gegeneinander antreten.

Geschichte

Die Region um Tacna ist schon seit rund 9000 Jahren besiedelt, wie **Felsmalereien** in der Umgebung belegen. Später ließen sich hier Aymara aus dem Hochland nieder. Die Inka eroberten das Gebiet und unterwarfen die Aymara. Ihr Sieg könnte zur Namensgebung der Stadt beigetragen haben, denn das Quechua-Wort *Tacana* bedeutet so viel wie „Ich herrsche an diesem Ort". Als Reducción – eine Zwangsansiedlung indianischer Gruppen – 1535 von den Spaniern unter dem Namen San Pedro de Tacna gegründet, machte die Stadt zum Ende der **Kolonialzeit** von sich reden. In Tacna kam es am 20. Mai 1811 zum *Grito de Libertad*, dem ersten Schrei nach Freiheit durch Francisco Antonio de Zela de Arízaya, dem Prüfer der königlichen Finanzen. Dies brachte der Stadt später den Titel Ciudad Heróica, **heroische Stadt**, ein.

Tacna ist die letzte Stadt vor der rund 36 km weiter südlich gelegenen Grenze zu Chile. Auf der chilenischen Seite befindet sich das geschäftige **Arica**, mit dem Tacna enge Handelsbeziehungen unterhält. Der chilenische Einfluss macht sich auch im gepflegten Stadtbild Tacnas sowie in guten Schulen und Krankenhäusern bemerkbar. Dies kommt nicht von ungefähr, gehörte Tacna doch 49 Jahre lang zu Chile. Während des **Salpeterkrieges** wurde die Stadt 1880 – ebenso wie Arica – von chilenischen Truppen besetzt, nachdem diese eine Schlacht gegen die Peruaner in **Alto de Alianza** (S. 360), gewonnen hatten. Dort befindet sich heute ein Museum. Erst 1929 wurde Tacna nach einer Volksabstimmung an Peru zurückgegeben; Arica verblieb auf chilenischem Staatsgebiet.

Sehenswertes in Tacna

Die meisten Touristen erleben Tacna nur auf der Durchreise, doch ein kleiner Spaziergang durch die Innenstadt lohnt durchaus. An Tacnas Hauptplatz **Paseo Cívico** ragt die von der französischen Firma Eiffel entworfene **Kathedrale** aus dem Jahr 1954 im Neu-Renaissancestil empor. Im Zentrum der Plaza steht ein 6 m hoher Zierbrunnen namens **Pila Ornamental**. Dahinter sticht der 18 m hohe **Arco Parabólico** aus dem Jahr 1959 ins Auge. Der Bogen, der zu Ehren der Helden des Pazifikkriegs gebaut wurde, ist das Werk deutscher Ingenieure.

Südlich der Plaza gelangt man zur palmenbestandenen Flaniermeile **Alameda Bolognesi**, die 1840 über dem Río Caplina erbaut wurde. Auf ihr findet man eine Statue von Cristoph Kolumbus und Persönlichkeiten der Geschichte Tacnas.

Eisenbahnfans sollten sich das Eisenbahnmuseum **Museo Ferroviario** an der 2 de Mayo

anschauen. Es ist im Originalbahnhof untergebracht und präsentiert neben alten Loks und Wagen Fotos und Ausstellungsstücke aus längst vergangenen Zeiten. 🕒 tgl. 8–17 Uhr, Eintritt 5 S/.

In dem Kolonialhaus **Casa de Zela**, Zela 542, dem Wohnort des Vorreiters der Unabhängigkeit Francisco Antonio de Zela de Arízaya, sind u. a. präkolumbische Fundstücke ausgestellt. 🕒 Mo–Sa 8–12, 13–18, Sa 8–13 Uhr, Eintritt 1,50 S/.

In der **Casa Basadre**, einem Kolonialhaus an der Avenida San Martín 212, kann man die typische Architektur der damaligen Zeit und die Bibliothek des Hausbesitzers Don Jorge Basadre bewundern. 🕒 Mo–Fr 8–14.30 Uhr, Eintritt frei.

Ein weiteres lohnendes Museum ist das **Museo Histórico Regional**, Apurímac 202, mit einer Ausstellung über die republikanische Epoche. 🕒 Mo–Fr 7.45–16.30 Uhr, Eintritt 2 S/.

Das **Museo de Sitio Peañas**, Av. Jorge Basadre Grohmann s/n, Pago Peañas, stellt Fundstücke präinkaischer Kulturen aus. 🕒 Di–Fr 10.30–16.30, Sa, So ab 7.30 Uhr, Eintritt 2 S/.

ÜBERNACHTUNG

Man sollte im Stadtzentrum wegen des Lärms Zimmer zur Straße vermeiden.

Hostal Le Prince, Zela 728, ✆ 052-421252, ✉ leprincearica@gmail.com. Modernes, gepflegtes Hostel, Zimmer mit Bad und Fön. ❷

Hotel Copacabana, Arias Araguez 370, ✆ 052-421721, 💻 www.copahotel.com. Gute Zimmer mit Bad, TV. Das Hotel verfügt über Restaurant und Parkplatz. Frühstück inkl. ❷

Hotel Dorado, Arias Araguez 145, ✆ 052-415741, 💻 www.doradohoteltacna.com. Modernes und bequemes Hotel. Neue und etwas ältere Zimmer (geringer Preisunterschied) mit Bad, TV, Minibar und Safe. Restaurant, Pool, Fahrstuhl, Bar und Parkplatz. Frühstücksbuffet inkl. ❹–❺

ESSEN

In der Stadt

Rund um die Plaza de Armas gibt es kleine Bistros, die erstaunlich gute Sandwiches anbieten.

Café Restaurante Da Vinci, San Martín 596. Gutes Café mit gemischtem Speisenangebot (auch Pizzas). Im Restaurant im 2. Stock wird einheimische Kost serviert. 🕒 So–Do 11–23, Sa, So bis 24 Uhr.

Cevichería Don Leo, Francisco Cornejo 807-815. Gute Meeresfrüchteauswahl, einfaches Ambiente, nur Frühstück und Mittagessen. Zur Begrüßung gibt es einen Pisco oder eine Karaffe frischen Orangensaft. 🕒 Mi–Mo 9–15 Uhr.

Chifa Shanghai, San Martín 468. Moderner Chifa mit großer Speisenauswahl (auch Fisch und Meeresfrüchte). 🕒 tgl. 12–23 Uhr.

Club Unión Tacna, San Martín 705. Unter dezenten Kronleuchtern in einem geräumigen, kühlen Saal gibt es tgl. wechselnden Mittagstisch bei leichter Unterhaltungsmusik, auch Gerichte à la Carte. 🕒 Mo–Sa 11.30–15 Uhr.

El Buen Lugar – de Julio, 28 de Julio 296. Vegetarisches Restaurant mit Mittagsmenüs im Buffetstil, auch vegane Optionen. 🕒 Mo–Fr 11.30–16 Uhr.

Mercado Central, Av. Bolognesi, Ecke Pallardelli. Über Mittag ist hier an den Essenständen kaum ein freier Platz zu finden.

Toro Lolo, Zela 594. Sehr gemütlich ist die obere Etage mit Sofas. Tagesmenü von 12–16 Uhr inkl. Vor- und Nachspeise und Getränken. Cocktail-Happy Hour Mo–Do. 🕒 Mo–Do 9.30–23, Fr, Sa 9.30–2, So 12–22 Uhr.

Verdi, Pasaje Vigil 57. Hat neben günstigem wechselnden Mittagstisch und Frühstück auch Obstsalate, Empanadas und Süßes; abends à la carte. 🕒 Mo–Sa 8.30–21 Uhr.

Außerhalb

Typische regionale Spezialitäten kann man 5 km nordwestlich von Tacna im Bezirk Pocollay in **Restaurantes Campestres** (Landgaststätten) vorwiegend am Wochenende probieren (dann oft mit Livemusik). Beliebt sind das **Restaurant El Patroncito** (mit Schwimmbad), Carretera Calana, KM 8,5 oder **El Alamo**, Carretera Calana, KM 6,5 (🕒 tgl. 8.30–19.30 Uhr).

UNTERHALTUNG UND KULTUR

Das Nachtleben findet vorwiegend an Wochenenden statt. Es konzentriert sich auf die Fußgängerzonen Pasaje Libertad, Pasaje Vigil und den Bereich der Straßen Araguez/San Martín. Livemusik gibt es an Wochenenden im **Café Boccatto**, San Martín, zwischen Araguez und Pasaje Vigil.

Münchner Brauhaus, Araguez 142. Gemütliche Kneipe mit viel Holz, selbst gebrautes Bier, Rockmusik und Fingerfood. 🕒 So–Do 11–1, Fr, Sa 11–3 Uhr. Im Winter erst ab 18 Uhr.

Gegenüber befindet sich im zweiten Stock das **Café Berlín**, in dem es ebenfalls selbst gebrautes Bier gibt.

Im 2. Stock des Supermarkts Plaza Vea in der Av. Cusco, Ecke C. Benjamin Cisneros, gibt es **Kinos** (Cineplanet).

EINKAUFEN

Die Freihandelszone Tacna ist ein Einkaufsparadies. Viele Konsumgüter sind billiger als in Lima, aber nicht notwendigerweise billiger als in Europa. Alle Waren dürfen nur in kleinen Mengen (z. B. 3 Liter Alkohol, 50 Zigaretten) ausgeführt werden (Zollkontrolle findet an der Panamericana Richtung Norden statt). Die *Mercadillos*, wie diese Art Einkaufszentren genannt werden, haben von 9–21 Uhr geöffnet:

Mercadillo Bolognesi, Av. Coronel Mendoza. Computer, Alkoholika, Teppiche, Kosmetika.

Mercadillo 28 de Julio, Gustavo Pinto 2123. Kleidung, Schuhe, Parfüm, Uhren.

Schräg gegenüber vom Mercado Central, auf dem Mittelstreifen der Av. Bolognesi, findet Fr–Mo 8–22 Uhr eine **Feria Artesanal** statt, ein Kunsthandwerksmarkt.

TOUREN

Samatours, Av. San Martín 824, 2. Stock, ✆ 052-426325, 🖳 www.samatoursperu.com. Rundfahrten in Panoramabussen zu den wichtigsten Sehenswürdigkeiten von Tacna und Umgebung.

SONSTIGES

Feste

Im **Februar/März** (Datum variabel) feiert man Karneval, im **Juli** (Datum variabel) das Festival de Olivos, am **28. August** den Geburtstag der Stadt, und am **7. Oktober** wird das Patronatsfest zu Ehren der Virgen del Rosario begangen.
Die Wallfahrtsstätte des Señor de Locumba, 78 km westlich von Tacna in Locumba, ist am **14. September** das Ziel zahlreicher Pilger.

Geld

Die Filialen der großen Banken, Geldautomaten und Wechselstuben liegen alle entlang der Av. San Martín, zwischen den Cuadras 3 und 6. Auch am Mercado Central gibt es Wechselstuben.

Informationen

I-Perú, Av. San Martín 491, ✆ 052-425514, ⌚ Mo–Sa 8.30–18, So 8.30–13 Uhr.
Weitere Infostellen befinden sich im nationalen Busterminal, ⌚ wie Stadtbüro, am Flughafen ⌚ tgl. 10–18 Uhr, und an der Grenze zu Chile, neben der Migración, ⌚ tgl. außer sonntags.

Konsulate

Bolivien, Bolognesi 1751, ✆ 052-245121. ⌚ Mo–Fr 8.30–16.30 Uhr.
Chile, Presbítero Andía, Ecke Saucini, ✆ 052-423063. ⌚ Mo–Fr 8–13 Uhr.

Medizinische Hilfe

Hospital Hipolito Unanue, Daniel Alcides Carrion 160, ✆ 052-242121.

Polizei

Policia de Turismo, Francisco Lazo 113, Ecke San Martín, ✆ 052-246547.

Visaangelegenheiten

Migración, Av. Circunvalación s/n, Urb. El Triángulo, ✆ 052-243231. ⌚ Mo–Fr 8–16 Uhr.

NAHVERKEHR

Taxis kosten innerhalb der Stadt und zum Busterminal 4 S/., zum Flughafen 15–20 S/. und zu den Restaurants in Pocollay 8 S/.

TRANSPORT

Busse und Colectivos

Der **Terminal Terrestre Manuel A. Odria** ✆ 052-427007, liegt am nördlichen Stadtrand. Im linken (aus Richtung Innenstadt kommend) Gebäude (Terminal Internacional) fahren die Busse und Sammeltaxis nach Arica ab und im rechten Gebäude (Terminal Nacional) die Inlandbusse. Die Terminals verfügen über Infostellen, Gepäckaufbewahrung, Polizei, Telefon und Internet. Die Geldwechsler befinden sich im Terminal Internacional.

Lokalverbindungen

BOCA DEL RÍO, LOS PALOS (Tacnas Strände) Abfahrt vom **Terminal Francisco Bolognesi** in der Prolongación Arias Araguez im Südosten der Stadt, 45 Min.
CALIENTES (Thermalquellen) Combis fahren regelmäßig vom Tacna Centro, Av. Augusto B. Leguia, Block 9, 50 Min. Fährt über POCOLLAY und PACHÍA.
CANDARAVE Busse vom Terminal Bolognesi, 4 Std. Sammeltaxis vom nördlichen Stadtrand an der Calle Tarata über TARATE.
MICULLA (archäologische Stätte) Combi nach Calientes nehmen und an der Abzweigung nach Miculla aussteigen (ab dort ca. 2 km zu Fuß entlang der Asphaltstraße). Wahlweise auch als Teil eines Ausflugs mit Samatours (s. „Touren“).

Nationale Fernverbindungen

Die Busse nach PUNO und DESAGUADERO (Grenze Bolivien) fahren vom Terminal Collasuyo in der Av. Francisco de Paula Vigil ab.
AREQUIPA ständige Abfahrten (Flores, Transportes Moquegua), 6 Std. (368 km).

DESAGUADERO s. Puno.
LIMA regelmäßig (u. a. Cruz del Sur, Oltursa), 20–21 Std. (1293 km).
MOQUEGUA ständige Abfahrten (Transportes Moquegua, Cruz del Sur) 2–4 Std. je nach Dauer an der Lebensmittelkontrolle (158 km).
NASCA 12 Std. (793 km), s. Lima.
PUNO mehrmals tgl. (San Martín, Los Incas), 8 Std. (426 km). Einige Busse nutzen die rund 40 Kilometer längere Route über DESAGUADERO (Grenze Bolivien).

Internationale Verbindungen
ARICA (Chile) Abfahrt vom Terminal Terrestre Manuel A. Odria, ständig Abfahrten, Bus 1 1/2 Std., Sammeltaxi 1 Std. (56 km).
LA PAZ (Bolivien) keine Direktverbindungen, wahlweise über den Grenzort DESAGUADERO oder die landschaftlich reizvolle Alternative Busverbindung (8–10 Std.) von Arica über den Lauca-Nationalpark nach La Paz (Streckenbeschreibung s. S. 651, Transportunternehmen s. „La Paz/Transport“, S. 618)
SANTIAGO DE CHILE mehrmals tgl., ca. 30 Std. (2106 km), Der Bus fährt über IQUIQUE, ANTOFAGASTA, CALAMA und SAN PEDRO.

Steinritzungen in Miculla

Billiger von Chile aus fliegen

Internationale Flugtickets sind in Arica (Chile) in der Regel wegen der niedrigeren Steuern günstiger als in Peru.

Es bestehen zudem Verbindungen nach Sao Paulo (Brasilien), Buenos Aires (Argentinien) und Paraguay/Uruguay.

Eisenbahn

Der **Autoferro**, der Tacna und ARICA verbindet, verkehrt nur unregelmäßig. Vor Ort die aktuelle Lage erfragen!

Flüge

Der **Aeropuerto Carlos Ciriani Santa Rosa** liegt rund 5 km südlich des Zentrums an der Panamericana Richtung Arica, ✆ 052-570072. Ein Taxi kostet 15–20 S/.
Latam, Apurímac 101, ✆ 01-2138200, 💻 www.latam.com, fliegt direkt nach LIMA. ⌚ Mo–Fr 9–19, Sa 9–13 Uhr.
Peruvian Airlines, Av. Bolognesi 670, 2. Stock, ✆ 052-412699, 💻 www.peruvian.pe, fliegt nach LIMA. ⌚ Mo–Fr 9–19.30, Sa 9–17 Uhr.
Viva Air, nur am Flughafen oder in ausgesuchten Reisebüros, ✆ 073-640003, 💻 www.vivaair.com/pe. Fliegt tgl. nach LIMA.

Ab Arica fliegen die Billigfluglinie **Sky Airlines**, 💻 www.skyairline.cl, und Latam nach SANTIAGO DE CHILE.

Die Umgebung von Tacna

Folgt man der Panamericana von Tacna aus 8 km Richtung Norden, passiert man **Alto de la Alianza**, eine Anhöhe, auf der sich am 26. Mai 1880 Peru und Chile eine historische Schlacht lieferten. Vor Ort dokumentiert ein Museum das Ereignis. ⌚ Mo–Fr 8–13, 17–18.30 Uhr, Eintritt 1 S/.

Wer ein wenig mehr Zeit hat, kann der ländlichen Umgebung Tacnas, der Campiña, einen Besuch abstatten. In einem rund 23 km langen

Streifen entlang des Río Caplina, der die Distrikte Pocollay, Calana und Pachia umfasst, werden regionale Spezialitäten und Kostproben der lokalen Weine angeboten.

Im Distrikt Pachia, 22 km nördlich von Tacna, liegen beim Ort Calientes die Thermalquellen **Fuentes Termales de Calientes**, ⌚ tgl. 24 Std., Schwimmbecken 3 S/. (Mo geschl.), Privatkabine 8 S/., Massageangebot und einfache Unterkunft.

Auf dem Weg dorthin zweigt eine Straße zum **Complejo Arqueológico Miculla** ab (frei zugänglich, Museum 1 S/.). Auf einer rund 20 km^2 großen Fläche finden sich Hunderte bis zu 1500 Jahre alte Steinritzungen.

Wer mehr Zeit für die Umgebung Tacnas mitbringt, sollte einen Abstecher ins Hochland nach **Tarata** (88 km nordöstlich von Tacna auf 3068 m) oder nach **Candarave** (170 km nördlich von Tacna auf 3415 m) unternehmen. In der selten besuchten Region bekommt man neben idyllischen Berglandschaften Felszeichnungen, Thermalquellen, Wasserfälle, Seen und Geysire geboten.

Die Sehenswürdigkeiten sind mit öffentlichen Verkehrsmitteln inzwischen gut erreichbar, aber die Unterkünfte sowie das Essen in den genannten Orten sind sehr einfach.

Nach Arica (Chile)

Von Tacná sind es rund 56 langweilige Wüstenkilometer bis nach Arica in Chile. Am schnellsten gelangt man mit Sammeltaxis (Colectivos, 5 Sitzplätze) zur Grenze und weiter bis nach Arica. Es kann durchaus eine Weile dauern, bis das Sammeltaxi voll ist, obwohl die Fahrer natürlich das Gegenteil behaupten. Also ist etwas Geduld erforderlich. Schon am Busterminal in Tacna, wo die Colectivos losfahren, werden die Ein- bzw. Ausreiseformulare ausgefüllt. Nach rund 30 Minuten Fahrt wird die peruanische Grenzstation Santa Rosa erreicht (⌚ tgl. 7–23 Uhr) und kurz darauf der chilenische Posten Chacalluta. Die Fahrer der Colectivos sind behilflich und zeigen einem, was zu erledigen ist. Daran denken, **kein Obst oder Gemüse** von Chile nach Peru oder umgekehrt einzuführen (strenge Kontrollen!). Eventuelle Visaformalitäten müssen in Tacna bzw. Arica erledigt werden (s. „Tacna/ Visaangelegenheiten", S. 359). Bei der Einreise nach Chile müssen die Uhren je nach Monat ein bis zwei Stunden (Sommerzeit in Chile) vorgestellt werden.

Arica ist die nördlichste Stadt Chiles und hat rund 180 000 Einwohner. Von dort aus lassen sich La Paz, Oruro und Cochabamba in Bolivien (über den Lauca-Nationalpark, S. 651) und alle weiteren chilenischen Landesteile jeweils direkt über gute Straßen erreichen. Das **Informationsbüro** (Sernatur) von Arica liegt an der San Marcos 101 in einem Kiosk an der Casa de la Cultura. Arica verfügt über eine große Auswahl an Übernachtungsmöglichkeiten. Wer in Arica nur Busse wechseln und daher beim Busterminal **übernachten** möchte, dem sei die sehr freundliche Residencial Tres Soles, Pasaje 921, gegenüber der Busstation, ✆ 0056-58227207, ✉ tressolesarica@hotmail.com, empfohlen. Alle der kleinen Zimmer haben TV und wahlweise Privat- oder Gemeinschaftsbad. Gutes Frühstück, das allerdings extra kostet. ❷–❸

Pazifikküste zwischen Arequipa und Lima

Südlich von Arequipa überquert man einen rund 2300 m hohen Pass, der einen letzten Blick auf die Berge Misti und Chachani gewährt. Danach fällt die Straße stetig ab. Rund 42 km südwestlich von Arequipa trifft sie bei **La Repartición** auf die Panamericana, die in Richtung Süden nach Tacna und Chile und in Richtung Norden nach Lima führt. Auf der ca. 1000 km langen Fahrt nach Lima bietet in der Wüstenlandschaft nur die eine oder andere Oase eine Abwechslung für das Auge.

Beim KM 921 zweigt eine wenig befahrene Piste rechts Richtung **Cabanaconde** (190 km nordwestlich von Arequipa) und Colca-Canyon ab. Kurz darauf kann man bei KM 888 der Panamericana nach **Corire** im Majes-Tal abbiegen, der Ausgangspunkt für den Besuch der **Petroglyphen Toro Muerto** (S. 350). Dieselbe Straße

führt weiter zum **Cotahuasi-Canyon** (S. 351) oder ins **Tal der Vulkane** (S. 350). Endlos und meist schnurgerade zieht sich die Panamericana nun über ein Wüstenplateau, bevor bei KM 837 der Pazifik und wenig später die Stadt **Camaná** (KM 841) an der Mündung des Río Camaná erreicht wird – mit 374 km der längste Fluss der peruanischen Pazifikküste. Gespeist wird er vom Schmelzwasser der Eisriesen Ampato und Coropuna sowie den Fluten des Colca-Canyons.

In Camaná steigen nur selten ausländische Touristen ab, doch entlang des Strandes und der Panamericana finden sich jede Menge Hotels und Restaurants. An der Brücke über den Río Camaná nördlich des Orts liegen mehrere gute Meeresfrüchterestaurants. Die Spezialität sind Flussgarnelen, die man nur zwischen Dezember und Februar probieren kann (ansonsten herrscht Fangverbot).

Der nächste erwähnenswerte Ort auf der Route entlang der Panamericana Richtung Norden ist die **Oase Ocoña** bei KM 755. Der gleichnamige, 250 km lange Fluss entspringt im Cotahuasi-Canyon. Nun steigt die Panamericana an und windet sich in zahlreichen Kurven spektakulär an der Steilküste entlang, wobei sich immer wieder tolle Ausblicke auf die weiter unten tosende Brandung ergeben. Nach weiteren 65 Wüstenkilometern wird bei KM 620 **Chala** erreicht.

Chala und Puerto Inka

Aufgrund von Minenaktivitäten (Goldabbau) ist das einst ruhige Fischerdorf **Chala** mit seiner schönen Bucht stark gewachsen. Der Ort unterteilt sich in Chala Sur, wo sich die Hafenmole, die besseren Hotels und Restaurants befinden, und dem etwas heruntergekommeneren Chala Norte, wo die Busse halten und sich die Minenarbeiter treffen.

Einige Jahrhunderte zuvor hatten die Inka in einer Bucht 10 km nördlich von Chala (Abzweigung bei KM 610) einen wichtigen Hafen, **Puerto Inka**, angelegt, von dem aus Stafettenläufer *(Chasquis)* frischen Fisch und wichtige Botschaften nach Cusco brachten. Die Ruinen können heute noch besichtigt werden. In der abgeschiedenen Bucht befindet sich zudem eine schöne Hotelanlage.

ÜBERNACHTUNG UND ESSEN

Hotel Puerto Inka, ca. 10 km nördl. von Chala und 2 km von der Panamericana bei KM 610, in einer abgeschiedenen Bucht am Strand, ✆ 054-752079, 💻 www.puertoinka.com.pe. Unterkunft in Bungalows. Restaurant, Bar, Pool, Spielplatz, Camping. Inkaruinen (Hafen der Inka) unweit der Anlage. Auf Wunsch Abholservice in Chala. Beliebt bei Einheimischen (Dez–Ostern), sonst Reisegruppen. Günstige Spezialtarife inkl. Vollpension. ❹

In Chala liegen mehrere gute **Fischrestaurants** entlang der Panamericana.

Nasca

Im weiteren Streckenverlauf von Chala Richtung Norden geht es zunächst kurvig an der Küste entlang bis zu einem Abschnitt mit hohen Sanddünen, der an die Sahara erinnert. Sandverwehungen sind hier an der Tagesordnung und die Warnschilder am Straßenrand sind nicht zum Spaß aufgestellt worden. Unterwegs wird bei KM 556 **Yauca** passiert, eines der wichtigsten Olivenanbaugebiete Perus; danach wird die Strecke extrem eintönig. Bei KM 485 führt eine Abzweigung zum Pazifikhafen **San Juan de Marcona** (s. S. 371).

Nasca (auch gelegentlich Nazca geschrieben) liegt rund 440 km südlich von Lima auf einem Wüstenplateau in rund 600 m Höhe. Ein angenehmes, trockenes Klima und eine gute touristische Infrastruktur machen die Stadt (26 000 Einw.) zu einem guten Ausgangspunkt für den Besuch der Region. Ein Highlight einer Perureise ist der **Flug über die berühmten Nasca-Linien** (S. 366).

Das **Museo Didáctico Antonini**, Av. de la Cultura 600, rund 800 m östlich der Plaza de Armas, ✆ 056-523444, zeigt auf einer überdachten Fläche von 750 m² und einer Außenfläche von 1600 m² sehenswerte Fundstücke der Nasca-Region, die in den vergangenen Jahren von italie-

Die Nasca-Kultur

Bis zum Jahr 1901, als der deutschstämmige Archäologe Max Uhle Ausgrabungen in der Region Nasca organisierte, war nicht bekannt, dass es sich hierbei um eine eigenständige Kultur handelte. Diese entstand, als sich die Paracas-Kultur im 2. Jh. v. Chr. zu zersetzen begann. Die **Zentren** der Nasca-Kulturen lagen in den Tälern von Ica und Nasca, voneinander getrennt durch eine trockene, steinige Wüste, in der die berühmten **Nasca-Linien** entstanden (S. 366). Das religiöse Zentrum befand sich unweit des heutigen Nasca auf dem Gelände der Hacienda Chuachi.

Die Nasca waren wie ihre Vorfahren weiter nördlich **Meister der Webkunst und Bewässerung**. Sie leiteten das Andenwasser über weitverzweigte, teilweise unterirdisch verlaufende Kanalsysteme auf ihre Felder, die u. a. mit Baumwolle bepflanzt waren. Die unterschiedlichen Keramikfunde lassen auf drei verschiedene **Entwicklungsstufen** schließen, die bis 700 n. Chr. zurückreichen. Besonders die frühen Perioden zeichneten sich durch eine farbenfrohe, lebhafte Keramik aus, deren Motive aufgemalt wurden. Die Keramik späterer Phasen verlegte sich mehr auf stilisierte Darstellungen und war bereits von der Wari-Kultur des Hochlands beeinflusst.

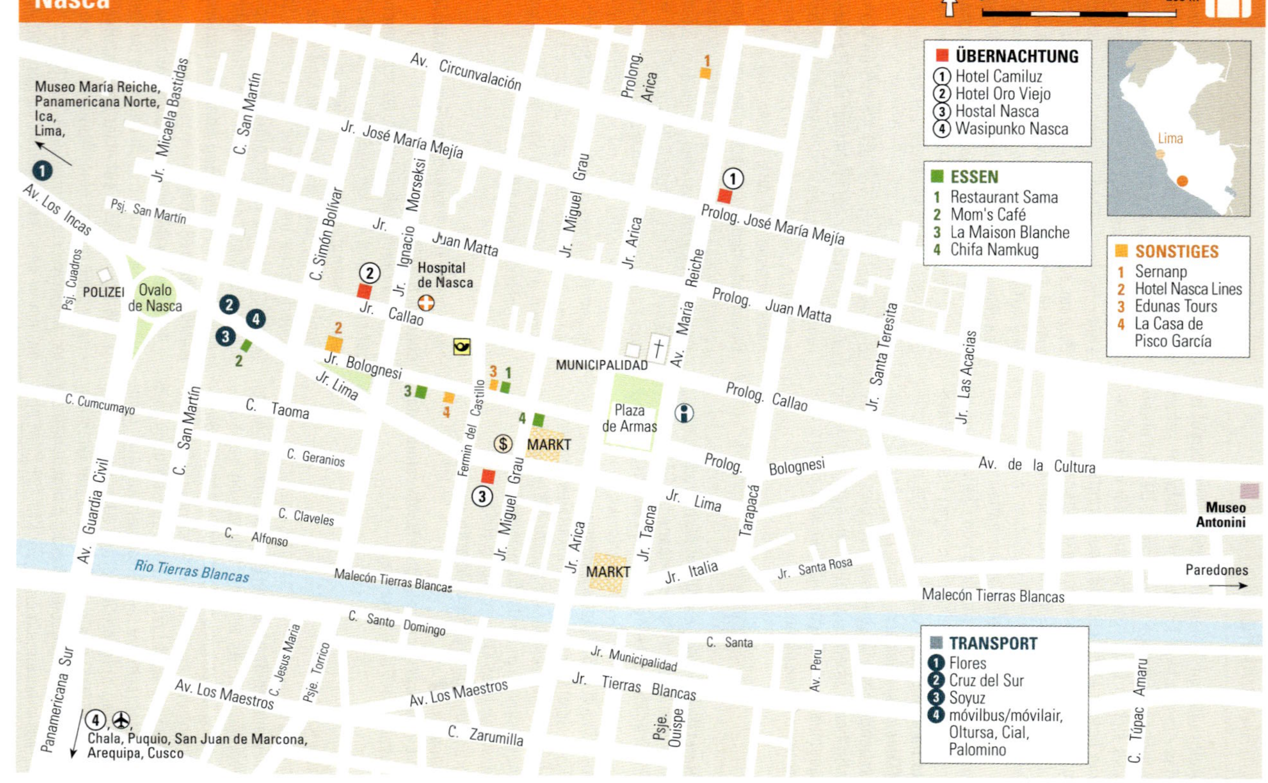

Nasca
N
0
200 m
Lima
ÜBERNACHTUNG
1 Hotel Camiluz
2 Hotel Oro Viejo
3 Hostal Nasca
4 Wasipunko Nasca
ESSEN
1 Restaurant Sama
2 Mom's Café
3 La Maison Blanche
4 Chifa Namkug
SONSTIGES
1 Sernanp
2 Hotel Nasca Lines
3 Edunas Tours
4 La Casa de Pisco García
TRANSPORT
1 Flores
2 Cruz del Sur
3 Soyuz
4 móvilbus/móvilair, Oltursa, Cial, Palomino
Museo María Reiche, Panamericana Norte, Ica, Lima,
Av. Los Incas
Psj. Cuadros
POLIZEI
Ovalo de Nasca
Psj. San Martín
Jr. Micaela Bastidas
C. San Martín
Av. Circunvalación
Jr. José María Mejía
C. Simón Bolívar
Jr. Ignacio Morseksi
Jr. Juan Matta
Hospital de Nasca
Jr. Callao
Jr. Bolognesi
Jr. Lima
C. Taoma
C. Cumcumayo
Av. Guardia Civil
C. Geranios
C. Claveles
C. Alfonso
Rio Tierras Blancas
Malecón Tierras Blancas
C. Santo Domingo
Psje. Torrico
C. Jesus Maria
Av. Los Maestros
Chala, Puquio, San Juan de Marcona, Arequipa, Cusco
Panamericana Sur
Fermin del Castillo
Jr. Miguel Grau
MARKT
MUNICIPALIDAD
Plaza de Armas
Jr. Arica
Jr. Tacna
Jr. Italia
Jr. Lima
Tarapacá
Prolong. Arica
Av. María Reiche
Prolog. José María Mejía
Prolog. Juan Matta
Prolog. Callao
Prolog. Bolognesi
Jr. Santa Rosa
Jr. Santa Teresita
Jr. Las Acacias
Av. de la Cultura
Av. Peru
C. Santa
Jr. Municipalidad
Jr. Tierras Blancas
Psje. Quispe
C. Zarumilla
C. Túpac Amaru
Museo Antonini
Paredones

nischen Archäologen bei Ausgrabungen vor allem in Cahuachi, rund 24 km östlich von Nasca, entdeckt wurden. Neben Keramiken und Textilien kann man auch ein Original-Aquädukt, eine Grabnachbildung und ein Modell der Nasca-Linien bewundern. ⌚ tgl. 9–19 Uhr, Eintritt 15 S/.

Das **Museo María Reiche** liegt bei KM 416, also rund 24 km nördlich von Nasca, an der Panamericana und diente der Forscherin einst als Wohnort. ⌚ tgl. 8.30–17.30 Uhr, Eintritt 5 S/.

ÜBERNACHTUNG

€ **Hostal Nasca**, Lima 438, ✆ 056-522085, ✉ marionasca13@hotmail.com. Die Zimmer ohne Bad kann man getrost vergessen. Dahinter bieten neuere, große Zimmer mit Bad ein gutes Preis-Leistungs-Verhältnis. Kleiner Garten, ruhig. ❶

Hotel Camiluz, Av. Maria Reiche 304, ✆ 056-523871, 💻 www.hostalcamiluznasca.com. Familiengeführte Unterkunft in ruhiger Gegend nahe der Plaza. Unterschiedliche große Zimmer mit TV und Ventilator. Frühstück inkl. Gefiltertes Trinkwasser verfügbar. ❷

Hotel Oro Viejo, Jr. Callao Norte 483, ✆ 056-523332, 💻 www.hoteloroviejo.net. Sehr freundlich, sauber und sicher. Ruhige Zimmer mit Bad und TV. Hübscher Innenhof, Pool und auf Wunsch Abholung vom Bus. Frühstück inkl. ❹

Wasipunko Nasca, KM 462, Panamericana Sur, San Luis de Pajonal, Vista Alegre, ca. 17 km südlich von Nasca, ✆ 056-631183, 💻 www.wasipunko.com. Landgasthof mit Restaurant. Schöne Zimmer aus natürlichen Materialien mit Bad und Warmwasser. Gratis-Abholservice bei Buchung. Tourangebot. WLAN nur an der Rezeption. Camping 25 S/. p. P. ❹

ESSEN

Chifa Namkug, Bolognesi 448. Gute und günstige chinesische Gerichte. ⌚ tgl. 12–16, 18–22 Uhr.

La Maison Blanche, Bolognesi 238. Abwechslungsreiche, kreative peruanische Küche mit vielen vegetarischen Optionen, darunter Salate, Quinoa-Gerichte und Desserts. Gute Getränkeauswahl, auch Craft-Bier. Mittagsmenüs. ⌚ tgl. 11–22 Uhr.

Mom's Café, Lima 168 A. Modernes Café, das neben Frühstück, Frappés und kleinen Gerichten auch guten Kaffee und Kuchen serviert. ⌚ tgl. 7.30–22 Uhr.

Ein gutes Mittagsmenü (Mo–Fr 12.30–16 Uhr) zu erschwinglichen Preisen bietet das **Restaurant Sama** im Luxushotels Casa Andina, Bolognesi 367. À la carte ist es deutlich teurer.

UNTERHALTUNG UND KULTUR

Mehrere Bars und Kneipen im Block 2 und 3 der Bolgnesi.

Lokale Pisco-Sorten lassen sich in der **La Casa del Pisco García**, Bolognesi 298, probieren.

Abgetanzt wird in der Disco **Paradise**, Circunvalación, zwischen Morseksi und Fermín de Castillo.

TOUREN

Es gibt eine große Anzahl von Anbietern, auch die meisten Hotels vermitteln Touren und Flüge.

Sandbuggy-Touren sind in Nasca teurer als in der Oase Huacachina, dafür exklusiver und länger.

Eine gute Allround-Agentur ist **Edunas Tours**, Bolognesi 307, ✆ 056-523189, ✉ edunastours@hotmail.com.

Tagesgäste können den großen **Pool** des Luxushotels **Nazca Lines**, Bolognesi 147, ✆ 056-522293, 💻 www.dematourshoteles.com, benutzen (Mindestverzehr 55 S/.). Abends finden tgl. 40-minütige **Vorträge im hauseigenen Planetarium** in verschiedenen Sprachen statt (19.30 Uhr auf Englisch, 20 S/., Min. 4 Pers.)

SONSTIGES

Feste

Die **Semana Turística de Nasca** wird in der zweiten Maiwoche gefeiert, während der auch der **Geburtstag von María Reiche** begangen wird. Das **Patronatsfest** findet um den 8. September herum statt.

Informationen

In der Stadt gibt es keine echte Anlaufstelle, hier besser die Touragenturen befragen. Am Flughafen unterhält **I-Perú** eine gute Informationsstelle, ✆ 01-6167300, Durchwahl 3042, ✉ iperu nasca@promperu.gob.pe, ⏱ tgl. 7–16 Uhr.
Sernanp, Pasaje Bisambra, ✆ 968218448, ✉ jrios@sernanp.gob.pe. Hier bekommen Individualreisende die Genehmigung für den Besuch der Naturschutzgebiete bei Marcona (s. S. 371) und für die Reserva Pampa Galeras (s. S. 372).

SÜDPERU

Medizinische Hilfe

Hospital de Nasca, Callao 350, ✆ 056-523014.

Polizei

Touristenpolizei **Poltur**, Av. Los Incas, ✆ 056-522084.

TRANSPORT

Busse und Colectivos

Der Abfahrtsort für so gut wie alle Richtungen liegt am Ovalo de Nasca oder einen halben Block davon entfernt im Block 1 der Calle Lima, wo die meisten Busunternehmen auch ihre Büros haben. In der Hauptreisezeit (Juni–Sept) empfiehlt sich rechtzeitiges Buchen! Die Abfahrtzeiten der großen Busse können abweichen, da die Busse aus Lima, Cuzco oder Arequipa/Tacna kommen.

Gesellschaften
Cruz del Sur, Av. Lima, Ecke San Martín, ✆ 056-523713.
Flores, Av. Los Incas 120, ✆ 056-521254.
móvilbus, Lima 155, ✆ 9637677743.
Oltursa, Lima 155, ✆ 056-522265.
Soyuz, San Martín 142.

Verbindungen
AREQUIPA mehrmals tgl., gegen 14 Uhr (Cruz del Sur, Oltursa) und abends (Cruz del Sur, Oltursa, móvilbus), 10 Std. (623 km).
CHALA Kleinbusse fahren vom Ovalo de Nasca, wenn Sie voll sind, 2 1/2 Std. (172 km).
CUSCO abends (Cruz del Sur, Oltursa, móvilbus), 14–15 Std. (659 km). Fährt über ABANCAY, 10 Std. (454 km).
ICA (Soyuz/Perubus, Flores) alle 30 Min., 3 Std. (140 km), halten überall unterwegs auf Wunsch, z. B. in PALPA. Außerdem deutlich schnellere Sammeltaxis ab dem Ovalo de Nasca.
LIMA mehrmals tgl. (Cruz del Sur, Oltursa, móvilbus) oder über PARACAS (Cruz del Sur, Oltursa), 7 Std. (446 km).
PARACAS morgens (Cruz del Sur, Oltursa) 3 1/2 Std. (200 km).
PISCO 3 1/2 Std. (210 km). Es gibt keine Direktbusse. Man fährt entweder über Paracas oder Ica.
PUQUIO/PAMPA GALERAS Vans fahren, wenn sie voll sind von der Abzweigung nach Puquio, 2 km südlich des Ovalo Nasca (mit Taxi oder Colectivo erreichbar), 90 km (2 Std.)
SAN JUAN DE MARCONA Kleinbusse fahren vom Ovalo de Nasca, wenn sie voll sind, 1 1/4 Std. (80 km).
TACNA abends (Cruz del Sur, Oltursa), 14–15 Std. (800 km).

HIGHLIGHT

Die Nasca-Linien

Bei den Linien von Nasca, auch Nasca-Scharrbilder oder Geoglyphen von Nasca genannt, handelt es sich um **gigantische Bodenzeichnungen**, die in Form geometrischer Muster oder Abbildungen von Tieren, Pflanzen und Menschen auf einer Fläche von ca. 450 km² in die Ebene rund 20 km nordwestlich der Stadt in den Wüstensand geritzt wurden. In ihrer gesamten Ausdehnung lassen sich die Linien nur aus der Luft bewundern (Fluginfo s. Kasten S. 367).

Entdeckungsgeschichte

Vor wenig mehr als 60 Jahren war Nasca nichts weiter als eine unbedeutende Kleinstadt in der peruanischen Küstenwüste. Die Entdeckung der Linien, ihre Erforschung und nicht zuletzt die Möglichkeit, die Bodenzeichnungen aus der Luft

Flüge über die Nasca- und Palpa-Linien

Der **Aeropuerto Maria Reiche** liegt rund 4 km südlich des Ortes (Abzweigung bei KM 452 der Panamericana; Taxi 5 S/.). Ein Flug kann über eine der zahlreichen Agenturen, viele Hotels in Nasca oder direkt am Flughafen gebucht werden (geringer Preisvorteil von bis zu 10 % möglich; Tickets nur am Schalter kaufen! Ermäßigung auch bei Gruppen). Ein 30- bis 35-minütiger Flug in einer 4–6-sitzigen Propellermaschine über die Nasca-Linien (Aerodiana und móvilair fliegen auch mit 12-Sitzern bei gleichem Preis) kostet je nach Saison US$60–130; Nasca- und Palpa-Linien ca. US$120–200, Flugdauer 1 Std. Am Flughafen sind zusätzlich 30 S/. Flughafengebühr zu entrichten und ein *boleto turístico aéreo* für 15 S/. zu kaufen. Letztere wenig nachzuvollziehende Gebühr soll angeblich in den Schutz der Linien investiert werden. In der Regel bieten alle Anbieter einen kostenlosen Shuttle-Service vom/zum Hotel an. Vor dem Flug werden alle Passagiere gewogen, um eine optimale Gewichtsverteilung zu garantieren. **Wichtig**: Unbedingt den Reisepass mitbringen, sonst kann nicht geflogen werden! Es ist vorteilhaft, frühmorgens zu fliegen, da es später aufgrund der Hitze immer diesiger wird.
Zuverlässige Airlines sind:
Aerodiana, 💻 www.aerodiana.com.pe. Fliegt auch von Pisco (S. 283).
Alas Peruanas, 💻 www.alasperuanas.com.
móvilair, 💻 www.movilair.com.pe. Fliegt auch von Ica.

Achtung: Der kurvenreiche Flug ist nichts für schwache Nerven oder anfällige Mägen. Für alle Fälle befinden sich Spucktüten griffbereit im Flugzeug. Flüge niemals auf der Straße kaufen!

zu betrachten, ziehen inzwischen jährlich Tausende von Besuchern an.

Obwohl sie bereits von spanischen Chronisten im 16. Jh. erwähnt wurden, kümmerte sich lange Zeit niemand um die mysteriösen Linien im Wüstensand. Erst zu Beginn des 20 Jhs. machten einige Archäologen auf die Scharrbilder aufmerksam; zu ersten Überflügen kam es in den 20er-Jahren. Die ersten systematischen Untersuchungen unternahm der Amerikaner Dr. **Paul Kosok** im Jahr 1939 im Auftrag der Long Island-Universität, New York. Er überflog das Gebiet mehrfach und erkannte, dass es sich bei den Linien um mehr als nur stillgelegte Bewässerungskanäle, vergrößerte Webmuster oder alte Inkastraßen handelte.

Kosok hatte 1946 in Peru die deutsche Mathematik- und Geografielehrerin Dr. **Maria Reiche** kennengelernt, die seit 1932 als Privatlehrerin in Cusco und später an der deutschen Schule in Lima unterrichtete. Sie begeisterte sich sofort für die Aufzeichnungen Kosoks, der sie bat, mit der Erforschung der Wüstenzeichnungen weiterzumachen. Aus einem einfachen Forschungsauftrag wurde ein Dauerprojekt, denn den Rest ihres Lebens widmete die 1903 geborene Dresdnerin Maria Reiche den Geoglyphen. Sie verlegte ihren Wohnsitz in die Wüste unweit der Zeichnungen und begann, die Linien systematisch zu vermessen und zu katalogisieren. Regelmäßig brach sie frühmorgens aus ihrer einfachen Lehmhütte mit wenig mehr als einem Notizblock, einem Besen, einem Zollstock und gelegentlich einer Leiter auf. Im Jahr 1950 erschien als Ergebnis ihrer wissenschaftlichen Arbeit ihr Buch *Ancient Drawings on the Desert of Peru*, das sie zusammen mit Kosok veröffentlichte. Es folgte im Jahr 1968 das Werk *Secreto de la Pampa*, das in verschiedene Sprachen übersetzt wurde. Ihr letztes Buch *Contribuciónes a la Geometría y Astronomía en el Antiguo Perú* erschien 1993. Die Forscherin starb am 8. Juni 1998 in Lima.

Nie akzeptierte sie die Theorie **Erich von Dänikens** aus den 1960er-Jahren, der in seinem Buch Strategie der Götter behauptete, die Linien seien Teil einer Landebahn für Außerirdische gewesen. Das Aufsehen, das Däniken mit seinem Buch erregte, wirkte sich nachteilig auf die Linien aus. Viele Besucher fuhren mit Allradfahrzeugen kreuz und quer durch die Wüste auf der Suche nach den Linien und richteten

Keine Lust zu fliegen?

Wer nicht über die Nasca-Linien fliegen möchte, kann an einer Tour teilnehmen, die den Besuch des kostenlosen **Aussichtshügels** bei KM 422, den **Aussichtsturm** bei KM 420 (3 S/.) und das Museo Maria Reiche beinhaltet. Zu sehen sind von dort aber nur zwei Figuren und einige Linien. Die Tour wird von so gut wie allen Agenturen angeboten. Man kann sie aber auch einfach und günstiger auf eigene Faust in Angriff nehmen: mit den ständig verkehrenden Soyuz-Bussen, die Fahrgäste am Straßenrand aussteigen lassen und auf Zeichen auch wieder mitnehmen.

beträchtlichen Schaden an den empfindlichen Wüstenzeichnungen an. Inzwischen dürfen die Linien, die von der Unesco zum Weltkulturerbe erklärt wurden, nicht mehr betreten werden. Der Weltkulturerbe-Status ist allerdings regelmäßig gefährdet, da es im Gebiet der Linien immer wieder zu illegalen Landbesetzungen kommt.

Wie, wann und durch wen entstanden die Linien?

Man nimmt an, dass die Zeichnungen von Angehörigen der Paracas- und der Nasca-Kultur zwischen 300 v. Chr. und 700 n. Chr. angefertigt wurden. Einigkeit herrscht darüber, wie die Bilder angefertigt wurden. Dazu bediente man sich zweier unterschiedlicher **Techniken**: Am häufigsten wurde die dunkelbraune Oberschicht der Pampa abgetragen, wobei die hellere Unterschicht zum Vorschein kam und das gewünschte Muster ergab. Die Tiefe der dabei entstandenen Gräben lag bei 20–50 cm, bestand manchmal aber nur aus wenigen Zentimetern. Das Aushubmaterial wurde zu beiden Seiten der Furchen angehäuft. Viele der von Maria Reiche entdeckten Linien waren im Laufe der Jahrhunderte zugeweht worden und mussten mühselig wieder freigelegt werden.

Eine Variante bei der **Herstellung der Wüstenzeichnungen** bestand darin, das gewünschte Gebiet zu säubern und dann mit Steinen auszulegen, die das Muster bildeten. Um die Linien zu konstruieren, die von den Erbauern selber später gar nicht im vollen Umfang betrachtet werden konnten (es sei denn, sie benutzten primitive Heißluftballone), wurden Pläne angefertigt, die dann mit einfachen Hilfsmitteln auf den Wüstensand übertragen wurden. Für die vergrößerte Umsetzung einer Spirale benutzte man z. B. einen Holzpflock, an dem ein langes Seil festgebunden war. Maria Reiche entdeckte zahlreiche der hierzu benutzten Ausgangspunkte ebenso wie die Verwendung der Maßeinheit kurze Elle (33 cm).

Was stellen die Linien dar?

Scheinbar bezug- und planlos verteilen sich Linien, Dreiecke, Spiralen und Darstellungen von Menschen, Tieren und Pflanzen über die Wüstenebene zwischen Nasca und Palpa. Schnurgerade ziehen Linien sich über Kilometer hinweg, andere breiten sich sternförmig von einem Mittelpunkt aus, über einen Kilometer lange Trapeze sind sorgfältig in den Boden gemeißelt.

Auch die Tiermotive erreichen enorme Ausmaße. Zu den eindrucksvollsten zählen die 188 m lange Eidechse, deren Schwanz von der Panamericana zerteilt wird, die 46 m große Spinne, der 96 m große Kolibri und der rund 110 m große Affe. Er besitzt nur neun Finger und sein Schwanz besteht aus einer riesigen Doppelspirale, die ohne geometrische Kenntnisse nicht zu erzeugen gewesen wäre.

Was bedeuten die Linien?

Die Anzahl der Theorien über die Bedeutung der Linien übersteigt beinahe ihre Anzahl. Die meisten sind mehr als abenteuerlich, durch nichts fundiert und reine Spekulation. In diese Kategorie gehören: Strecken für Wettläufe, übergroße Landkarten, Darstellung von Sternbildern, Wasserkanäle oder das Werk extraterrestrischer Wesen. Aber es gibt auch wissenschaftliche Ansätze. **Paul Kosok**, der Entdecker der Linien, nahm an, dass es sich bei den Nasca-Linien um einen astronomischen Kalender gehandelt haben könnte, der es ermöglichte, Sonnenwenden und andere Himmelsphänomene zu beobachten. Er hatte zufällig beobachtet, dass eine der Linien auf die Stelle hinlief, an der am 21. Dezember die Sonne unterging, und sprach fortan vom „größten astronomischen Buch der Geschichte". Doch die Übereinstimmung der Linien mit Konstellationen von Sonne, Mond und Sternen passiert nicht häufig genug, um die Meinung Kosoks als gesichert anzuerkennen.

Für **Maria Reiche** stand hingegen fest: Die Linien stellen einen gigantischen Agrarkalender dar, mit dessen Hilfe es gelang, die richtige Zeit von Aussaat und Ernte sowie den Beginn der Regenzeit in den Anden zu bestimmen. Dass Wüstenvölker wie die Nasca auf diese Berechnungen eine besondere Sorgfalt verwendeten, ist nichts Neues, waren die Bewässerungsexperten doch von der regelmäßigen Wasserzufuhr existenziell abhängig. Viele ihrer religiösen Kulte drehten sich um Wasser und Fruchtbarkeit, und auch die auf den Bodenzeichnungen dargestellten Figuren bestätigen dies.

So lässt sich die Abbildung von Tieren mit Darstellung der Geschlechtsteile, z. B. beim Affen, als Fruchtbarkeitssymbol und die geometrische Form der Spirale als Wassersymbol interpretieren.

Eine andere Theorie entwickelte der Forscher **Tony Morrison**. Ihm zufolge handelte es sich bei den Linien um rituelle Prozessionspfade, die zu zeremoniellen Stätten führten.

Weitere Sehenswürdigkeiten rund um Nasca

Cementerio Arqueológico de Chauchilla

Rund 18 km südlich von Nasca zweigt eine staubige Piste ab, die nach 7 km an einem gigantischen präinkaischen Friedhof endet: dem Gräberfeld Chauchilla. Die 1901 von Max Uhle entdeckte Nekropolis wurde von Grabräubern (Huaqueros) geplündert, und bis vor Kurzem lagen bzw. standen auf dem 10 km² großen Areal Mumien, Menschenschädel, Knochen und Textil- und Keramikreste wild verstreut herum. Inzwischen hat man aufgeräumt. Die Mumien (in Fötalhaltung, mit gebrochenem Rückgrat, durchtrennten Kniesehnen, die Arme um die Beine geschlungen) wurden mit ihren Beigaben in ihre – nun mit Holz überdachten – Grabkammern gesetzt, sodass man sich ein gutes Bild von der Art und Weise der Bestattung in jenen Zeiten machen kann.

Wer nicht im Rahmen einer organisierten Tour herkommt (nicht allein mit einem Taxifahrer hinfahren – Überfallgefahr!), kann sich an die fachkundigen Wärter der Anlage wenden. Ein Taxi kostet inkl. Wartezeit ca. 110 S/. ⌚ tgl. 8–17.30 Uhr, Eintritt 8 S/.

SÜDPERU

Huaqueros

Die vielen Löcher, die man mitunter an archäologischen Stätten und präkolumbischen Friedhöfen beobachten kann, sind meist das Werk von mehr oder weniger professionell arbeitenden **Grabräubern**, die in Peru *Huaqueros* genannt werden. Der Name Huaquero leitet sich von Huaca ab. Mit *Huaca* bezeichnet man in Peru alle prähispanischen, von Menschen erschaffenen Heiligtümer – meist in Pyramidenform. Die Huaqueros sind auf der Suche nach den zahlreichen prähispanischen Grabstätten hoher Würdenträger. Denn diese sind meist mit Opfergaben aus wertvollem Edelmetall ausgestattet worden. Schon seit der Ankunft der Spanier werden diese „Schatzkammern" systematisch geplündert. Heutzutage zwingt die schiere Not viele Menschen, als Huaquero zu arbeiten. Und obwohl man es einem Familienvater nicht gänzlich übel nehmen kann, wenn er auf diese Art und Weise versucht, seine Familie zu ernähren, so sehen die Archäologen dies berechtigterweise völlig anders. Sie stehen in einem ständigen Wettlauf mit den Huaqueros, den sie jedoch sehr oft aus Personal- und Geldmangel verlieren.

Besucher sollten vorsichtig sein. Wenn man eine angeblich authentische Antiquität aus einer Grabkammer unter der Hand angeboten bekommt, ist die Wahrscheinlichkeit einer Fälschung sehr hoch. Sollte das antike Stück wider Erwarten echt sein, erweist sich dies spätestens bei der Abreise – die Ausfuhr ist nämlich strafbar. Auch wenn es verlockend erscheint, ein einmaliges Souvenir mit nach Hause zu nehmen, sollte man die Fundstücke dort lassen, wo sie hingehören – in Peru.

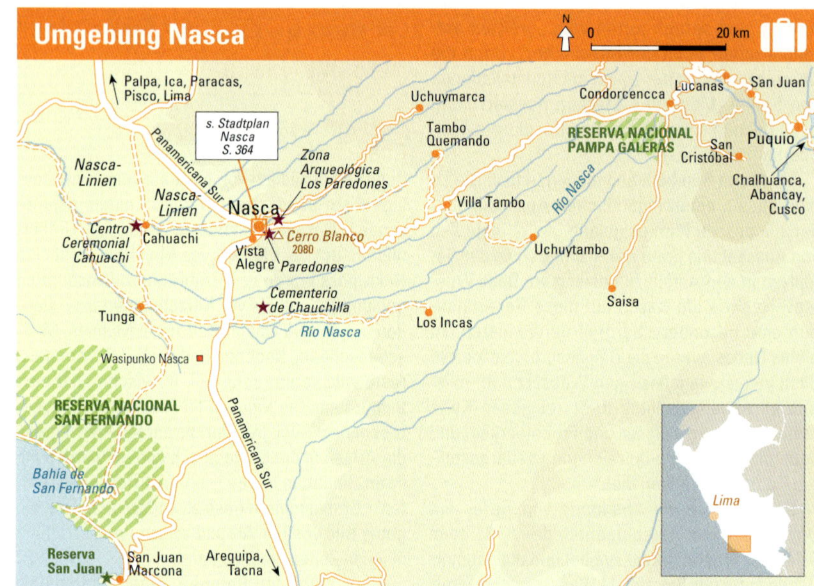

Zona Arqueológica Los Paredones und Acueductos de Cantalloc

Die schlecht erhaltenen Inkaruinen **Los Paredones** liegen 2 km südöstlich der Stadt entlang der Straße Nasca–Abancay. Das einstige administrative Zentrum wurde aus Lehmziegeln und Steinen errichtet. Nur 3 km weiter östlich kann man einen interessanten Einblick in die Funktionsweise unterirdischer Bewässerungssysteme bekommen, die auch heute noch das Wasser der Anden und Grundwasser auf die Felder der Küstenregion bringen. Die Kanalanlagen bei **Cantalloc** wurden von den Nascas gebaut und können über regelmäßig angebrachte, runde und 6–15 m tiefe Einstiege (*Agujeros, Respiradores, Ojos* oder *Puquios* genannt) besichtigt werden. Sie ermöglichten die Luftzirkulation, die Überwachung der Wassermenge und die Wartung der bis zu 1,5 km langen Teilstücke, die sogar unter Flüssen hindurchführen. ◷ tgl. 8–17.30 Uhr, Eintritt Paredones und Cantalloc 10 S/.

Cerro Blanco

Wer die mit 2078 m **höchste Sanddüne Amerikas** besteigt, tut dies in der Regel mit einem Sandboard unter dem Arm. Oben angekommen wartet nicht nur ein toller Blick, sondern auch eine lange und rasante Abfahrt auf die Wagemutigen. Die Anfahrt erfolgt über den KM 21 der Strecke nach Cusco und am einfachsten im Rahmen einer Tour (S. 365). Es empfiehlt sich, frühmorgens aufzubrechen, um in den kühleren Morgenstunden hinaufzusteigen. Die Tour sollte mindestens zwei Tage im Voraus reserviert werden.

Cahuachi

Von dem ehemaligen Zeremonialzentrum der Nasca-Kultur, rund 24 km westlich der Stadt Nasca, ist inzwischen dank der Ausgrabungsarbeiten italienischer Archäologen wieder einiges zu sehen. Da man in Cahuachi keine Wohnbereiche fand, gingen die Archäologen davon aus, dass es sich bei der Anlage um einen Wallfahrtsort handelte, an dem Opfer dargebracht wurden. Ihre Blütezeit hatte die 24 km² umfassende Stätte zwischen 100 und 330 n. Chr., bevor sie infolge einer Naturkatastrophe oder interner Querelen aufgegeben wurde.

Cahuachi besticht weniger durch architektonische Überreste als vielmehr durch spektaku-

Robben, Pinguine, Felsformationen – San Juan de Marcona

Die Felsformation „Der Elefant" bei San Juan de Marcona ist leicht zu erkennen.

Noch echte Geheimtipps sind die Naturreservate rund um die Hafen- und Minenstadt **San Juan de Marcona**, rund 80 km südlich von Nasca. In unmittelbarer Nähe der Naturschutzgebiete werden hier u. a. Marmor, Eisenerz und demnächst auch Kupfer abgebaut – bisher ohne größere Schäden an Fauna und Flora. In der **Reserva Nacional Punta San Juan**, rund 3 km westlich des Orts, lassen sich große Robbenkolonien, Pinguine und Guano-Vögel beobachten. In der rund 20 km weiter nördlich gelegenen und nur mit Allradfahrzeugen zu erreichenden **Reserva Nacional Bahía de San Fernando** bekommt man mit etwas Glück auch Guanacos (s. Kasten „Andenkamele", S. 344) zu sehen. Kondore lassen sich hier ebenfalls regelmäßig blicken, v. a. wenn die Robbenweibchen gebären und die Vögel sich über die Plazentas hermachen. Beide Reservate können im Rahmen einer organisierten Tour besucht werden (Kontakt über Marcona Travel, an der Plaza in Marcona, ✆ 956940170). Wer selbst hinfahren möchte, muss zuvor zwecks Genehmigung die Naturschutzbehörde Sernanp in Nasca aufsuchen, s. S. 366. Der Eintritt in die Reserva Nacional Punta San Juan kostet 30 S/. plus 20 S/. für den obligatorischen Guide (Dauer ca. 90 Min.). Für einen Tagesausflug in die Reserva Nacional Bahía de San Fernando zahlt man 130–150 S/. p. P. (mind. 4 Pers.).
Aber auch ohne viel Geld auszugeben, kann man diesen spektakulären Küstenstreifen kennenlernen: Ein Mototaxi bringt Interessierte von Marcona für 8 S/. zum kostenlosen **Mirador Público** am Eingang der Reserva Nacional Punta San Juan. Von hier können Robben und Seevögel bestens beobachtet werden (Pinguine leider nicht). Anschließend kann man dem Küstenstreifen zu Fuß Richtung Süden folgen und Felsformationen bestaunen. Unterwegs werden einige Strände passiert. Der populärste ist die **Playa Los Leones**, rund zwei Gehstunden vom Mirador Público entfernt. Die Brandung ist allerdings heftig und das Wasser kalt! Wer an der Playa Los Leones genug gelaufen ist, hält sich links und erreicht nach wenigen Hundert Metern San Juan de Marcona. Wer noch Power hat, kann noch ca. 30 Min. weiterlaufen und an der Südspitze der Bucht „El Elefante" bewundern, eine Felsformation, die an einen Elefanten erinnert. Von Nasca fahren Kleinbusse nach San Juan de Marcona (Infos s. „Nasca/Transport", S. 366).

läre **Einzelfunde**. So stieß bereits 1953 ein Archäologe auf ein fast 60 m langes, gefaltetes Tuch. In den letzten Jahren fanden italienische Archäologen weitere Textilien und Metallgefäße. Besonders eindrucksvoll sind die farbigen Keramikutensilien, die mit Darstellungen hier lebender Tierarten wie Schlangen, Kröten, Eidechsen oder Würmern verziert sind. Viele der Fundstücke sind im Museo Antonini in Nasca (S. 363) ausgestellt. Nach Cahuachi bestehen keine öffentlichen Transportmöglichkeiten. Am einfachsten geht es dorthin im Rahmen einer organisierten Tour. Ein Taxi kostet insgesamt rund 80 S/.
🕒 tgl. 9–16 Uhr, Eintritt frei.

Reserva Nacional Pampa Galeras

Das Naturreservat wurde 1967 mit der Absicht gegründet, die schwindenden **Vicuña**-Bestände zu retten und durch ein Zuchtprogramm für die Verbreitung in andinen Zonen zu sorgen. Denn in diesen waren die Tiere bereits ausgerottet worden. Mit deutscher Entwicklungshilfe konnte eine Forschungsstation errichtet werden, die während der Terroristenjahre vorübergehend aufgegeben werden musste. Heute steht das Reservat unter peruanischer Leitung in Zusammenarbeit mit den indigenen Gemeinden der Region, und über 30 000 Vicuñas sorgen für eine ertragreiche Wollproduktion.

Die Forschungsstation des Reservats liegt bei KM 89 östlich von Nasca entlang der Straße nach Abancay auf rund 3800 m Höhe. Es gibt einfache Übernachtungsmöglichkeiten. Man kann Pampa Galeras entweder als Teil einer organisierten Tour besuchen (s. „Nasca/Touren", S. 365) oder einen Van nach Puquío nehmen (s. „Nasca/Transport", S. 366). Wer auf eigene Faust hinfährt, muss vorher eine Genehmigung bei Sernanp in Cusco einholen. Tipp: Wer tagsüber von Cusco mit dem Bus nach Nasca fährt, kann die Gelegenheit nutzen und sich gleich unterwegs am Eingang von Pampa Galeras absetzen lassen. Das spart Geld, Zeit, und man ist bei der Ankunft bereits höhenangepasst!

El Chaccu, die große Treibjagd

Schon die Inka hielten gelegentlich eine zeremonielle Treibjagd ab, die sie *Chacú* nannten. Sie positionierten einen dichten Gürtel aus Hunderten von Männern, verteilt auf eine Fläche von mehreren Quadratkilometern. Die geschlossene Menschenkette der Treiber zog den Ring lärmend immer enger, bis alle möglichen Wildtiere – meist Vicuñas, Alpakas oder Hirsche – auf einer kleinen Fläche umzingelt waren. Aus diesem Kreis holten die geschicktesten Jäger dann die benötigten Tiere heraus und ließen die übrigen wieder laufen. Heutzutage wird im Schutzgebiet Pampa Galeras einmal jährlich am 24. Juni ein Chaccu veranstaltet, bei dem Vicuñas zusammengetrieben und geschoren werden. Touristen können an dem Spektakel teilnehmen. Infos erteilen die Touristeninformation in Nasca und die Tourveranstalter.

Von Nasca nach Abancay

Die meisten Touristen erleben die 456 km lange asphaltierte RN 26A nur bei Nacht, als Teil der Route Cusco–Lima. Dabei ist die landschaftlich durchaus reizvolle Region dabei, aus dem touristischen Dornröschenschlaf zu erwachen. Unterstützt von der Schweizer Hilfsorganisation Swisscontact, sind unter dem Stichwort „Vía Surandina" einige gemeindeorientierte Tourismusprojekte entstanden.

Ausgangspunkte sind die Orte **Puquio** (rund 155 km östlich von) und **Chalhuanca** (rund 117 km südwestlich von Abancay), in denen es einfache Hostales, Restaurants, Telefon und Internet gibt. Zunächst geht es durch die **Reserva Nacional Pampa Galeras**, bevor nach Überquerung des 4390 m hohen Pass Abra Condorcena der Ort Puquio (3210 m) erreicht wird. Von Puquio lohnt ein Abstecher zu den etwa drei Busstunden entfernten Andenterrassen des **Andamarca**-Tals, die dank eines komplexen Entwässerungssystems aus Inkazeiten auch noch heute genutzt werden.

Weiter geht es dann über den Abra Huashuccasa (4300 m) auf rund 190 km durch die andine Bergwelt bis **Chalhuanca** (2750 m). Auf der gegenüberliegenden Flussseite liegt der kleine Ort **Chiquinga** mit sehenswerten Fresken in einer Kirche aus dem 17. Jh. Nach weiteren 5 km gelangt man zu den Thermalquellen von **Pincahuacho**, die man am besten per Taxi von Chalhuanca aus erreicht.

Chalhuanca ist von Abancay aus mit Kleinbussen zu erreichen. Zwischen Chalhuanca und Puquio verkehren ebenfalls Kleinbusse, ebenso wie zwischen Puquio und Nasca.

Palpa

Die 140 km zwischen Nasca und Ica sind relativ unspektakulär. Bei KM 422 wird der **Aussichtsturm der Nasca-Linien** passiert (s. Kasten S. 368), wenige Kilometer weiter das **Museo María Reiche** und bei KM 391 überquert man den **Río Grande** bei **Palpa**, in dessen fruchtbarem Tal Orangen, Baumwolle und Kakteenfrüchte produziert werden. Außerdem befinden sich in der Umgebung der Stadt Palpa weitere **Geoglyphen**, die mit geometrischen Mustern und menschlichen Figuren denen von Nasca ähneln. Flüge über die Linien werden von Nasca aus angeboten.

Palpa verfügt über mehrere einfache Hotels wie das **San Francisco**, ✆ 056-404043, oder das **Villa Sol**, ✆ 056-404149, beide in Block 1 der Calle Lima, beide ❶. Ständig verkehrende Soyuz- und Flores-Busse halten in Palpa und ermöglichen die Weiterreise nach Ica oder Nasca.

Ica

Von Palpa geht es schnurgerade durch die Wüste bis nach Ica. Die landwirtschaftliche Oase liegt rund 300 km südlich von Lima und 50 km vom Meer entfernt – umgeben von wunderschönen Sanddünen.

Die sonnenverwöhnte Hauptstadt des gleichnamigen Departamentos – eine der trockensten Gegenden in Peru – ist das **größte Weinanbaugebiet Perus**. Hier entsteht neben exzellentem Rot- und Weißwein der Traubenschnaps **Pisco** (s. S. 375). Zunehmend werden auch grüner Spargel, Baumwolle, Datteln und Oliven angebaut. Ähnlich wie die anderen Wüstenoasen der peruanischen Pazifikküste verdanken auch die Böden Icas ihre Fruchtbarkeit dem Schmelzwasser der Anden, das über den Río Ica und ein ausgeklügeltes – teilweise von präinkaischen Kulturen angelegtes – Kanalsystem auf die Felder gelangt. Aufgrund der starken landwirtschaftlichen Nutzung – vor allem der Agrarexport boomt – ist der Grundwasserspiegel bedrohlich abgesunken. Brunnen treffen nur noch unter 200 m auf Wasser.

Die Gegend um Ica war schon seit ca. 2500 v. Chr. von den Angehörigen der **Paracas- und Nasca-Kulturen** bewohnt, die Meister in der Herstellung von Keramik, Webarbeiten, Holzschnitzereien und der Metallverarbeitung waren. In der Kolonialzeit wurde der Standort der Stadt aufgrund von Erdbeben mehrfach verlegt. Am 20. Oktober 1820 stieß in der Region Icas damaliger Bürgermeister Juan José Salas den berühmten ersten **Schrei nach Unabhängigkeit** von Spanien aus. Heute ist Ica eine geschäftige Großstadt mit ca. 290 000 Einwohnern, die alte Traditionen und Brauchtümer pflegen, gern feiern, essen und trinken. Inzwischen entdecken auch immer mehr Touristen das sonnenverwöhnte Städtchen mit seinem ganzjährig angenehmen Klima. Der Ort ist zudem ein idealer Ausgangspunkt für Wüstentouren oder dem Besuch der Paracas-Halbinsel (S. 383).

Sehenswertes in Ica

Zu erwähnen sind die Plaza de Armas – das Stadtzentrum – mit dem **Regierungspalast** *(Municipalidad)* sowie die **Kathedrale**, die ehemals den Jesuiten gehörte. An der Plaza befindet sich auch das kuriose **Museo Científico Javier Cabrera**, Bolívar 170, ✆ 999437702, 💻 www.museocientificojaviercabrera.com. Über 10 000 gravierte Steine, die bis zu 12 000 Jahre alt sind, liegen dicht an dicht in vier kleinen Räumen. Faszinierend sind die Darstellungen auf den Steinen, die von urzeitlichen Landkarten über Saurier bis hin zu Menschen, die medizinische Operationen durchführen, reichen. Lesenswert ist zu diesem Thema das 1994 bei Herbig erschienene Buch *Die Steine von Ica* von Cornelia Petratu und Bernard Roidinger. 🕒 Mo–Sa 10–13.30, 16–19.30 Uhr, nur nach Vereinbarung, Eintritt 35 S/.

Gleich um die Ecke liegt an der Kreuzung Loreto und Municipalidad die **Iglesia de San Francisco**, die größte Kirche der Stadt.

Freunde kolonialer und postkolonialer Architektur können sich an den Fassaden der **Casona del Marqués de Torre Hermosa**, Libertad, Cuadra 1, Plaza de Armas, und der **Casona de José de La Torre Ugarte**, 2 de Mayo, Cuadra 1, erfreuen. Hier lebte José de La Torre Ugarte, geboren in Ica, der den Text der peruanischen Nationalhymne geschrieben hat.

Südwestlich der Plaza stellt das **Museo Regional Maria Reiche**, Av. Ayabaca 895, Urb. San Isidro, ✆ 056-243383, unterschiedliche Fundstücke der Paracas-, Nasca-, Wari-, Chincha- und Inkakultur aus. Darüber hinaus bietet es Mumien, ein Modell der Nasca-Linien und einen Saal mit kolonialer und republikanischer Kunst. ⌚ Mo–Fr 8–19, Sa, So 8.30–18.30 Uhr, Eintritt 7,50 S/.

In der Calle Ayacucho, Cuadra 10, steht das **Santuario del Señor de Luren**, die neoklassizistische Kirche des Schutzpatrons der Stadt.

Sehenswertes in der Umgebung

Mysteriöse Begebenheiten spielen sich in dem nur 4 km südlich von Ica gelegenen Dorf **Santa Rosa de Cachiche** ab. Seit Jahrhunderten ist der

Der Streit um den Pisco

Bis heute haben die Peruaner die schmachvolle Niederlage des Pazifikkrieges (1879–1883) nicht vergessen, als chilenische Truppen für kurze Zeit sogar die Hauptstadt Lima besetzten. Auch heute sind sich beide Nationen noch nicht so richtig grün, aber inzwischen entzündet sich der Nationalstolz weniger an territorialen Ansprüchen als an der Frage, wer den Pisco, einen 43-prozentigen **Traubenschnaps**, erfunden hat. Dieser wird sowohl in den trockenheißen Flusstälern der südlichen Pazifikküste Perus als auch in den chilenischen Weinanbaugebieten produziert.

Die Geschichte scheint für Peru zu sprechen, denn die ersten Pisco-Trauben sollen im 16. Jh. von Spaniern in einem Gebiet in der Nähe der Halbinsel Paracas angebaut worden sein. *Pisscu* bedeutet auf Quechua so viel wie „Vöglein" und bezeichnet ein Tal in der gleichen Region, wo zahlreiche Kondore beheimatet waren und Angehörige der Pisco-Kultur lebten, die große Tongefäße für die Fermentierung von Chicha (vergorenes Maisbier) herstellten. Außer dem Tal sind bis heute eine Stadt, ein Hafen und ein Fluss nach dem klaren Schnaps benannt, der überwiegend aus der Provinz Ica stammt.

Die Chilenen kompensieren den Mangel an geschichtlichem Hintergrund mit **Massenproduktion**. Den rund 1 Mio. Litern Pisco, die Peru jährlich herstellt, stehen immerhin 50 Mio. Liter chilenischen Piscos gegenüber (für die Herstellung eines Liters Pisco werden rund 7 kg Trauben benötigt). Hinzu kommt, dass die Chilenen den Pisco mit großen Werbekampagnen weltweit vermarkten. Der peruanische Pisco hingegen „lebt" – aus Geldmangel für ähnliche PR-Konzepte – fast ausschließlich von Mund-Propaganda. Dennoch wird inzwischen Pisco im Wert von jährlich rund 4 Mio. US-Dollar exportiert. Mit Abstand größter Abnehmer sind die USA, gefolgt von – Chile.

Ort für seine Hexerei und geheimnisvollen Rituale bekannt, und auch heute noch sind die **Brujas de Cachiche** jedem Peruaner ein Begriff.

Nur 5 km westlich des Zentrums lockt die **Oase Huacachina** (S. 378) immer mehr Besucher an.

ÜBERNACHTUNG

Die Innenstadt von Ica ist laut, sehr geschäftig und touristisch wenig attraktiv. Dafür sind die Hotelpreise niedriger als in den ruhigeren Außenbezirken und in der Oase Huacachina (S. 378).

Hostal Sol & Luna, Salaverry 292, ✆ 056-227241. Günstige, große Zimmer mit TV und Ventilator. Parkplatz. ❶

Hostal Soyuz, ✆ 056-224743, 💻 www.hostalsoyuz.com.pe, direkt am Soyuz-Busterminal. Wer spät ankommt oder früh los will, ist hier richtig. Alle Zimmer mit AC. ❷

Boutique Hotel Villa Jazmin, Los Girasoles Mz. C-1, Lote 7, Residencial La Angostura, ✆ 056-258179, 💻 www.villajazmin.net. Kleines, modernes Hotel mit frischen Farben und geschmackvollen, klimatisierten Zimmern nah bei den Dünen. Pool, Frühstücksbuffet inkl. Checkout leider schon um 10 Uhr. ❹

ESSEN UND UNTERHALTUNG

Einfache Verköstigungsmöglichkeiten gibt es im **Mercado Palma**, Ayabaca Ecke San Martín.

El Paraíso, Loreto 178. Gutes vegetarisches Essen zu günstigen Preisen. 🕒 So–Fr 8–17 Uhr.

Plaza 125, Lima 125, Plaza de Armas. Gutes gemischtes Speisenangebot, Menüs und Frühstück. 🕒 tgl. ab 7 Uhr.

Im **Centro Comercial Plaza del Sol**, Av. San Martín 727, gibt es ein Kino.

SONSTIGES

Einkaufen

Wein, Pisco und Schokoladenspezialitäten *(Chocotejas)* der Region bekommt man in mehreren Läden an der Cajamarca zwischen Plaza de Armas und Ayacucho.

Weingüter bei Ica

© SHUTTERSTOCK.COM/MILTON RODRIGUEZ

Im Umkreis von Ica liegen über 80 Winzereien *(bodegas)*, die Pisco und Wein produzieren. Sie lassen sich am einfachsten mit einem Tourveranstalter aus Ica oder Huacachina besichtigen. Wer auf eigene Faust hinfährt, sollte vorher anrufen:

El Catador, Fundo Tres Esquinas, KM 296 der Panamericana, Subjantalla, ✆ 056-403295. Hat eine gute, populäre Landgaststätte.

La Caravedo, Panamericana Sur, KM 298, ✆ 056-313963. Produzent von Bio-Pisco.

Lazo, Camino de Reyes s/n, San Juan Bautista, ✆ 056-403430. Besonders uriges Weingut mit einem kuriosen Museum.

Ocucaje, Abzweigung bei KM 336 der Panamericana, danach 2,5 km bis zum Weingut, ✆ 01-2514570 (Lima), 💻 www.ocucaje.com. Übernachtungsmöglichkeit in eigenem Hotel.

Tacama, Av. Camino Real s/n, La Tinguiña, ca. 10 km nordöstlich von Ica, ✆ 056-581030, 💻 www.tacama.com. Ältestes peruanisches Weingut (1540). 🕒 Mo geschl.

Vista Alegre, Camino La Tinguiña, ✆ 056-232919, in Lima ✆ 01-2486757, 💻 www.vistaalegre.com.pe. 2 km nordöstlich vom Zentrum Icas liegt der größte Pisco-Produzent Perus.

Feste

Landesweit bekannt sind das **Festival Internacional de la Vendimia** (Weinfest) in den ersten zwei Märzwochen, und die **Fiesta del Señor de Luren** am 3. Sonntag im Oktober, bei der die Statue des Schutzpatrons der Stadt in einer Prozession durch die Stadt getragen wird.

Informationen

DIRCETUR, Av. Grau 148, ✆ 056-44977. 🕒 Mo–Fr 8–12.30, 14–16.30 Uhr.

Medizinische Hilfe

Clínica Virgen del Rosario, Callao 263, ✆ 056-234083.

Polizei

Die **Touristenpolizei (Comisaría de Turismo)**, ✆ 056-221900, ist im Gebäude der Provinzregierung *(Prefectura)*, Calle Lima Block 3, untergebracht. 24-Std.-Service.

TOUREN

Sandbuggytouren lassen sich am einfachsten in der Oase Huacachina organisieren, S. 378.

Ica Desert Trip, ✆ 956624868, 💻 icadeserttrip.blogspot.com. Robert Penny Cabrera veranstaltet ungewöhnliche Touren mit Expeditionscharakter im Wüstengebiet in der Umgebung von Ica.

Viñas Travel Peru, Bolívar 152, an der Plaza de Armas, ✆ 969553804, 💻 vinastravelperu.com. Der Tourveranstalter bietet eine Citytour im offenen Doppledeckerbus. Auch Touren nach Nasca, Paracas, zu den Islas Ballestas, zu den Weingütern und zum Cañon de los Perdidos werden angeboten.

NAHVERKEHR

Taxis kosten in der Stadt 5 S/., nach Huacachina 8 S/., zum Flughafen 12 S/. **Mototaxis** berechnen in der Stadt 2–3,50 S/., nach Huacachina 5 S/.

TRANSPORT

Busse und Colectivos

Bis auf die Fahrzeuge von Oltursa und Flores VIP fahren alle Busse in der Nähe der Kreuzung Lambayeque/Libertad westlich des Zentrums ab. Im Terminal von Soyuz/Peru Bus gibt es Geldautomaten, ein Hotel und im Untergeschoss Telefon und Internet.

Gesellschaften

Cruz del Sur, Fray Ramón Rojas 189, ✆ 056-480100.
Flores, Matias Manzanilla 152, ✆ 01-4800725 (Lima).
Flores VIP, Matias Manzanilla 512, ✆ 056-212266.
Oltursa, Ayabaca 974, ✆ 056-211960.
Soyuz/Perubus, Matias Manzanilla 130, ✆ 01–2052370 (Lima).
Antezana, **Civa**, **móvilbus**, **Palomino**, alle in der Calle Lambayeque 131.

Verbindungen

AREQUIPA morgens 11.30 Uhr (Cruz del Sur) und weitere Anbieter abends (Cruz del Sur, Oltursa, móvilbus), Bus kommt aus Lima, 12 Std. (760 km).
AYACUCHO mehrmals abends (Antezana, Palomino), 8 Std. (389 km).
CUSCO nachmittags, abends (u. a. Cruz del Sur, Oltursa, móvilbus), Bus kommt aus Lima, ca. 17 Std. (803 km). Fährt über NASCA und ABANCAY.
LIMA rund um die Uhr (Soyuz/Peru Bus), alle 2 Std. fahren teurere und schnellere VIP-Busse, ca. 4 Std. (300 km), an Wochenenden teurer.
NASCA alle 30 Min. bis ca. 22 Uhr (Soyuz, Flores), 3 Std. (140 km).
PARACAS mehrmals tgl. (Cruz del Sur, Oltursa), rund 1 Std. 20 Min. (75 km). Alternativ kann man mit Soyuz/Perúbus bis zur Abzweigung nach Paracas fahren und dort mit Sammeltaxis weiter oder eine Tour von Huacachina aus buchen und nach Besuch der Ballestas-Inseln in Paracas bleiben.
PISCO ca. 1 Std. (76 km). Es gibt keine Direktbusse (Bus nach Lima nehmen und ca. 5 km nördlich des Zentrums in El Cruce an der Abzweigung der Panamericana nach Pisco aussteigen. Von dort fahren Colectivos und Taxis nach Pisco.
TACNA nachmittags (Cruz del Sur, Civa), Bus kommt aus Lima, 16 Std. (936 km).

Flüge

Der **Flughafen** Aeródromo Las Dunas liegt bei KM 300 der Panamericana Sur, ✆ 056-509408.

Aktiv gegen Plastikmüll

Die Freiwilligenorganisation **EcoDunas Huacachina** sucht Helfer für ihre Müllsammelaktionen. Infos s. Facebook oder über ✉ ecodunashuacachine@gmail.com.

móvilair, ✆ 01-7168005 (Lima), www.movilair.com.pe. Flug mit Kleinflugzeugen über die Linien von NASCA und PALPA (vorherige Reservierung erforderlich). Für touristische Flüge ab Ica muss ein *boleto turístico aéreo* für 30 S/. gekauft werden.

Die Oase Huacachina

SÜDPERU

Verwundert blicken sich die Touristen an, wenn vor ihnen unvermutet die Oase Huacachina auftaucht, denn so etwas kennt man nur aus Nordafrika. Umrahmt von Dattelpalmen, Johannisbrotbäumen und rund **200 m hohen Sanddünen**, liegt die braungrün schimmernde **Lagune** (offiziell: Área de Conservación Regional Laguna Huacachina) im gleißenden Sonnenschein. Der beliebte Ausflugsort, der auf dem 50-Sol-Geldschein verewigt ist, strahlt die angenehme Ruhe aus, die man im hektischen Ica vermisst. Doch die ökologische Realität holt auch dieses ehemals märchenhafte Plätzchen ein. Neben viel Plastikmüll ist auch der Wasserspiegel der Lagune – gespeist von einem unterirdischen Fluss – durch den hohen Wasserbedarf der Großstadt gesunken. Inzwischen muss Wasser in die Lagune gepumpt werden, um den Wasserspiegel nicht weiter absinken zu lassen. Baden ist möglich, aber die medizinische Heilkraft der mineralhaltigen Lagune hält sich in Grenzen. Ein Besuch von Huacachina darf dennoch nicht fehlen. Ein Spaziergang in der Sanddünenlandschaft bei Sonnenuntergang oder eine rasante Abfahrt auf einem Sandboard machen den Ort einzigartig in Peru, ja in ganz Amerika. Aber alleine ist man hier natürlich schon lange nicht mehr.

ÜBERNACHTUNG

Gute Auswahl von Hotels aller Klassen. Wer lärmempfindlich ist, sollte die Hotels an der Av. Perotti besonders an Wochenenden meiden.

€ **Hostal Desert Nights**, am Boulevard Alto, ✆ 056-228458, www.huacachinaperu.pe. 15 % Ermäßigung mit Jugendherbergsausweis (Hostelling International). Zimmer mit oder ohne Bad und Schlafsaal (25 S/.). Sauber und einfach. Mit Pool, Bar und Restaurant. ❷

Wild Olive Trattoria & Guest House, Av. Peratta 154, ✆ 956000326, www.huacachinaperu.pe. Gleicher Besitzer wie Desert Nights. Schöne Zimmer mit Bad und Schafsaal (40 S/. p. P. inkl. À-la-carte-Frühstück). Küchenbenutzung. Gäste dürfen den Pool des etwas steril wirkenden Ecocamp Huacachina oberhalb des Desert Nights nutzen. Gutes Restaurant (Discount für Gäste). Frühstück inkl. auch für Schlafsaal-Übernachtungen. ❷

Hostal Curasi, am Eingang der Oase, ✆ 056-216989, www.huacachinacurasi.com. Schöne Anlage mit großem Pool und Restaurant. Geräumige Zimmer mit Bad. Frühstück inkl. ❸–❹

ESSEN

Das Essen in der Oase ist teuer und auf den Geschmack ausländischer Touristen ausgerichtet. Alle Restaurants haben in der Regel täglich geöffnet. So gut wie alle Hotels verfügen über eigene Restaurants. Günstige Menüs gibt es u. a. im Restaurant der **Hospedaje Claudia** (um die Ecke vom Hostal Curasi). Im Restaurant des **Huacachine Sunset Hostels** befindet sich eine kleine Schokoladenfabrik, die besichtigt werden kann, ◷ tgl. 9.30–15 Uhr.

Zum Sonnenuntergang sollte man einen Drink auf der Terrasse des **Desert Nights** nehmen!

TOUREN

Von der Oase aus lassen sich Sandbuggy- und Sandboardingtouren sowie Besuche der Weingüter, der Ballestas-Inseln/Paracas und der Nasca-Linien organisieren. Entlang der Av. Perotti liegen mehrere Reisebüros, die unter anderem Bustickets von Cruz del Sur, móvilbus und Palomino verkaufen.

Sandboarding

Bei dieser Fun-Sportart steht man ähnlich wie beim Snowboarding seitwärts auf einem Brett (aus Holz, Fiberglas, etc.) mit Bindung und saust die eindrucksvollen Sanddünen in der Umgebung von Ica, Pisco oder Nasca herab. Die Dünen um die Oase Huacachina eignen sich bestens für Anfänger. **Direkt an der Oase** ist das Sandboarding allerdings aus Umweltschutzgründen **verboten**. In Huacachina kann man überall Bretter mieten (je nach Qualität 5–30 S/. für bis zu 3 Std.), um sie dann ein Stück entfernt von der Oase an jeder beliebigen Sanddüne zu testen.

Sandbuggytouren mit Sandboarding
Von ca. 16.30 Uhr bis zum Sonnenuntergang finden in Huacachina ein- oder zweistündige, rasante Ausfahrten mit offenen Geländewagen, *Areneros* genannt, statt. Unterwegs wird angehalten, um die mitgenommenen Sandboards (im Preis inkl.) auszuprobieren. Inzwischen werden an jeder Ecke diese Touren angeboten (je nach Dauer 25–35 S/. p. P.). Mitnehmen sollte man eine Sonnenbrille, Wasser, Sonnenschutz und eine Plastiktüte für die Kamera. Die Sandbuggys machen in der Regel einen Höllenlärm und wurden zum Glück in die Wüste oberhalb der Lagune verbannt. Dort warten inzwischen mehr als 100 (!) Fahrzeuge auf Kundschaft. Auf dem Weg dorthin sind 3,60 S/. „Wüstennutzungsgebühr" zu entrichten. Infos zum Sandboarding stehen im Kasten oben.

SONSTIGES

Ein **Geldautomat** (Global Net) befindet sich neben dem Hotel El Huacachinero.

Der **Pool** des Hotel Mossone kann von Tagesgästen für 30 S/. benutzt werden. ⌚ tgl. ca. 9.30–17 Uhr.
Neben dem Restaurant Wild Olive liegt die frei zugängliche **Bibliothek** des peruanischen Philosophen, Buchautors und Gründers der Biofarm Samaca (s. Kasten „Bio aus der Wüste"), Alberto Benavides Ganoza. ⌚ tgl. 9–13, 15–18 Uhr.

Pisco

Noch immer sind die Spuren des schweren Erdbebens vom 16. August 2007 an einigen Stellen in der Stadt zu sehen. Bei dem Beben der Stärke 8 wurden rund 85 % der Stadt zerstört, Hunderte Menschen starben, mehr als 1500 wurden verletzt.

Die touristische Infrastruktur ist hingegen wieder hergestellt. Denn neben der Fischmehlindustrie stellt der Tourismus eine wichtige Einkommensquelle dar. Der Ort bietet sich also wei-

„Bio" aus der Wüste

Die Biofarm **Samaca**, www.samacaorganico.pe, die Kräuter, Marmeladen, Trockenmangos, Olivenöl, aber auch Textilien aus Biobaumwolle herstellt, liegt 90 Fahrminuten südwestlich von Ica in einer Oase des Río Ica. Die Produktionsstätte, die über ein Museum mit Fundstücken der Region verfügt, kann nach vorheriger Anmeldung besichtigt werden. Ein Taxi dorthin und zurück kostet inkl. Wartezeit rund 200 S/. Einfache Unterkünfte sind vorhanden. Anmeldung erforderlich bei César Panduro, 950416240. Einige Produkte der Farm (z. B. Oliven oder Huarango-Sirup) sind in Huacachina auf der Rückseite der Bibliothek (s. Sonstiges), in der Hospedaje Claudia oder in Lima im Stadtteil Barranco (S. 172) erhältlich.

SÜDPERU

terhin als Ausgangspunkt für den Besuch der nur wenige Kilometer südlich gelegenen **Paracas-Halbinsel** (S. 383) und der **Islas Ballestas** (S. 388) mit ihrer reizvollen maritimen Tierwelt an. Auf der Plaza steht nach wie vor die Statue von **General José de San Martín**, der 1820 in der Bucht von Paracas an Land ging und in Pisco auf dem Weg nach Lima Station machte. Der Namensgeber der Stadt, der **Traubenschnaps Pisco**, Grundbestandteil des Nationalgetränks Pisco Sour (S. 382), wird allerdings überwiegend rund 76 km weiter südlich bei Ica angebaut.

ÜBERNACHTUNG

Posada Gino, Marques de Mancora 241, 056-531428. Günstige und saubere Unterkunft. Zimmer mit Bad, Ventilator, TV. Küchenbenutzung, Schlafsaal 25 S/., Mini-Apartments (mit Bad und Kochgelegenheit, 70 S/.). ❶

Hostal Posada Hispana, Bolognesi 236, 056-536363, www.posadahispana.com. Sehr beliebte saubere Unterkunft in zentraler Lage und mit Dachterrasse. Cafeteria. Frühstück inkl. ❷

Hostal Tambo Colorado, Bolognesi 159, ganz dicht an der Plaza de Armas, 056-531379, www.hostaltambocolorado.com. Teurere Zimmer hinten, zur Straße laut. Dachterrasse. ❷

Hostal Villa Manuelita, San Francisco 227, 056-535218, www.villamanuelitahostal.com. Gute Lage in Zentrumsnähe. Saubere, geschmackvoll eingerichtete Zimmer mit TV. ❸

ESSEN

As de Oros, San Martín 472. Beliebtes Restaurant mit breitem Angebot. Di–So 11–22 Uhr.

La Catedral, San Juan de Dios 108, Plaza de Armas. Frühstück, gutes Mittagsmenü und ebenso empfehlenswerte À-la-carte-Gerichte. tgl. 8–17 Uhr.

UNTERHALTUNG

Lokalen Pisco und Wein kann man in der **Taverna de Don Jaime**, San Martín 203 probieren. Zweigstelle an der Uferpromenade in Paracas.

Am Wochenenden ist in der Disco **De Pisco**, Bolognesi, Cuadra 12, viel los.

TOUREN

Auf keinen Fall sollte man auf die Angebote der Schlepper *(Jaladores)* auf der Straße oder der Taxifahrer eingehen. Alle Agenturen bieten die gleichen Ausflüge an. Die Preise variieren je nach Agentur, Teilnehmerzahl und Jahreszeit (Eintritte sind in der Regel nicht enthalten). Die meisten Veranstalter haben ihre Büros inzwischen in El Chaco, Paracas, S. 387.

Warnung

In Pisco und Umgebung (auch auf der Paracas-Halbinsel) wurden gelegentlich Touristen überfallen. Der Strand von Pisco kann tagsüber besucht werden (Wertsachen im Hotel lassen!), sollte nachts aber gemieden werden. Nach Einbruch der Dunkelheit ist es ratsam, sich nicht zu weit von der Plaza de Armas zu entfernen. Wer in einem etwas außerhalb liegenden Hotel wohnt, sollte bei einer späten Rückkehr ein Mototaxi nehmen.

Empfehlenswert ist die **Bootstour zu den Islas Ballestas** (S. 388), die den Transport zum/vom Hafen El Chaco und eine 2-stündige Schnellbootfahrt zu den Inseln einschließt (Abfahrt bis 14 Uhr, 3–4 Std., ca. 50 S/. plus 10 S/. Eintritt zu den Inseln und 2 S/. für den Bootssteg in El Chaco). Je früher die Abfahrtszeit (max. bis 14 Uhr), desto ruhiger das Meer (warme Kleidung und Sonnenschutz ratsam).

Die **Paracas-Halbinsel**, die Islas Ballestas und Paracas sind auch zu einer Ganztagestour kombinierbar.

Außerdem sind Ausflüge zu den Inkaruinen **Tambo Colorado** (S. 389) im Angebot. Oder man nimmt an einer **Sandbuggytour** teil.

Ein empfehlenswerter Tourveranstalter ist **Paracas Overland**, San Francisco 111, Plaza de Armas, ✆ 056-530738, 💻 www.paracasoverland.com.pe. Sie haben auch ein Büro in El Chaco.

Perú Inca Path, an der Kreuzung der Panamericana (dort wo die Soyuz-Busse halten), ✆ 956068788, 💻 www.peruincapath.com. Agentur der zuverlässigen Silvia Vilchez. Sie kann alle Transporte, Ausflüge, Hotels etc. rund um Pisco und Paracas zu günstigen Preisen organisieren.

SONSTIGES

Informationen

DIRCETUR, San Martín 240, ✆ 056-385451. 🕒 Mo–Fr 8.30–15 Uhr.

Pisco Sour

Das **Nationalgetränk** wurde in den 1920er-Jahren von einem Barmann des Hotel Maurys in der Altstadt von Lima kreiert. Auch fast 100 Jahre später wird der Pisco Sour dort genauso wie damals zubereitet. Wichtig für einen guten Pisco Sour ist es, die Maßvorgaben exakt einzuhalten und nur peruanischen Pisco zu verwenden – behaupten zumindest die Einheimischen.

Wie man einen Pisco Sour mixt:

- 3 Teile Pisco
- 1 Teil frischer Limettensaft
- 1 Teil Jarabe de Goma (Flüssigzucker) bzw. 2 Teelöffel Zucker
- 5–6 zerstoßene Eiswürfel
- 1 Eiweiß
- Optional: ein paar Tropfen Angostura (Mixbitter)

Alle Zutaten 1–2 Minuten im Mixer durchrühren und im Glas servieren. Mit einer Prise Zimt garnieren.

Den Traubenschnaps Pisco, der nur echt ist, wenn er aus den Traubensorten Quebranta, Negra criolla, Mollar, Uvina, Albilla, Italia, Torontel oder Moscatel destilliert wird, bekommt man inzwischen in allerlei **Varianten** serviert. *Mosto Verde* heißt ein Pisco, der aus halbfermentierten Trauben destilliert wird; *Aromático* wird aus aromatischen Traubensorten wie Moscatel hergestellt; *Acholado* ist ein Pisco, der aus unterschiedlichen Traubensorten gebrannt wird, und *Aromatizado* wird zusammen mit Früchten wie Kirschen, Mango oder Limone destilliert. Noch zahlreicher sind die Cocktailvarianten des Pisco – inzwischen kann man sogar einen *Piscapucchino* bestellen. Nur eines ist absolut verpönt und aus peruanischer Sicht unverzeihlich: Pisco mit Coca Cola.

TRANSPORT

Busse und Colectivos

Pisco liegt rund 5 km von der Panamericana entfernt, und nur wenige Busse fahren von der **Kreuzung** (offizieller Name División Pisco, kurz *El Cruce*) direkt nach Pisco hinein. Es ist aber kein Problem, mit Taxis (8–10 S/.) oder Colectivos (1,50 S/.) zwischen der Kreuzung und dem Zentrum Piscos zu pendeln. Eine gute Anlaufstelle an der Kreuzung ist das Infobüro von Silvia Vilchez (s. „Touren"). Wer nach Ayacucho oder Huancavelica reist, muss zur Kreuzung San Clemente, ca. 10 km nördlich von Pisco an der Panamericana Richtung Lima, erreichbar mit Colectivos (2 S/.). Von dort fahren Busse auch nach Abancay und Cusco.

Gesellschaften

Jaksa, San Martín 1211.
Flores, Callao, Ecke 2 de Mayo.

Verbindungen

AREQUIPA 11 Std. (782 km). Es gibt keine Direktbusse (an der Panamericana zusteigen, bis ICA fahren und umsteigen oder ab PARACAS).
AYACUCHO (Wari, Palomino). Es gibt keine Direktbusse (an der Kreuzung San Clemente

zusteigen), mehrmals tgl. meist abends, 6–7 Std. (374 km). Sitzplätze sollten vorgebucht werden (entweder direkt an der Kreuzung oder über die Agenturen in Pisco).
HUANCAVELICA ca. 12 Std. (285 km). Siehe Ayacucho.
ICA mehrmals tgl. (Flores) und ständig (Soyuz/ PeruBus, von Kreuzung El Cruce), 1 Std. (76 km).
LIMA mehrmals tgl. (Jaksa) ab Pisco;
ab El Cruce ständig (Soyuz), 3 1/2 Std. (240 km). Über CHINCHA und CAÑETE.
NASCA Direktbusse nur ab PARACAS oder umsteigen in ICA.
PARACAS (El Chaco) ständige Abfahrten mit Colectivos vom Markt (1/2 Std., 20 km). Fahren über SAN ANDRÉS.
TAMBO COLORADO Combis (Aufschrift „Humay") fahren ab 6 Uhr vom Markt in Pisco nach Tambo Colorado (1 1/2 Std., 50 km, 4 S/., letzte Fahrt zurück ca. 17–18 Uhr).

Flüge

Der **Flughafen** Piscos liegt einige Kilometer südwestlich der Stadt in der Nähe des Fischerdorfs San Andres. Er wurde ausgebaut und wird als Ausweichflughafen für Lima genutzt. Für touristische Flüge ab Pisco muss ein *boleto turístico aéreo* für 45 S/. gekauft werden.

Aerodiana, ✆ 01-4476824 (Lima), 💻 www.aerodiana.com.pe, bietet Flüge mit guten Maschinen zu den Linien von Nasca und Palpa an. Mindestens zwei Tage vorher reservieren!

Península und Reserva Nacional de Paracas

Von Pisco aus führt eine 20 km lange, asphaltierte Straße zur Halbinsel, vorbei am Fischerdorf San Andrés mit dem Flughafen, einem Luftwaffenstützpunkt, dem Gasterminal Camisea und zahlreichen Fischmehlfabriken mit manchmal atemberaubenden Gerüchen. Kurz darauf ist der Ort **Paracas** (auch **El Chaco** genannt) erreicht, Ausgangspunkt für Ausflüge zu den Ballestas-Inseln (s. S. 388). Neben zahlreichen Hotels befinden sich hier auch die Wochenend- und Urlaubsdomizile reicher Peruaner. Der breite, weißgraue Sandstrand bietet keinen Sonnenschutz, Wellen gibt es aufgrund der geschützten Lage der Bucht kaum.

Geld sparen mit dem Kombiticket

Wer den **Eintritt** für die **Islas Ballestas** und **Paracas** separat kauft, zahlt insgesamt 22 S/. Das Kombiticket für beide Orte kostet nur 17 S/.

Etwa 22 km südlich von Pisco beginnt an der Bucht das Naturschutzgebiet **Reserva Nacional de Paracas**. Es wurde 1975 gegründet und umfasst eine Gesamtfläche von 3350 km². 35 % davon besteht aus Festland (Sandwüste der Halbinsel Paracas und ein Küstenstreifen im Süden) und vorgelagerten Inseln (Isla San Gallán, Isla Independencia), 65 % der Fläche hingegen liegt im Meer. Seinen Namen verdankt das Reservat den starken **Küstenwinden**, *Paracas* genannt, die besonders im August wehen.

Bei KM 22 befindet sich der Nationalparkeingang, an dem 10 S/. pro Person und Tag zu entrichten sind. Kurz darauf gabelt sich die Straße: Geradeaus führt die asphaltierte Route zum Besucherzentrum und dem **Museo Julio C. Tello**, das archäologische Fundstücke der Paracas-Kultur (s. Kasten S. 384), darunter Mumien, Totentücher und Keramiken präsentiert. 🕒 tgl. 9–17 Uhr, Eintritt 7 S/.

Rund 500 m vom Besucherzentrum entfernt, kann man Flamingos in der Bucht von Paracas beobachten (beste Zeit Juni–Okt, Fernglas sinnvoll). Die Straße verläuft noch rund 10 km weiter gen Westen zur Playa Atenas (Campingmöglichkeit) und dem Puerto San Martín, in dessen Nähe sich die beeindruckende **Felszeichnung** El Candelabro (s. Kasten, S. 387) befindet. Linker Hand zweigt eine gut befahrbare Piste zu verschiedenen Stränden der Südküste ab. Rund 20 km weiter südlich liegt die Lagune **Salinas de Otuma**, aus der bis heute Salz gewonnen wird. Im kleinen Ort **Lagunillas** bekommt man in einfachen Restaurants Fisch und Meeresfrüchte, allerdings zu völlig überzogenen Preisen. Besser Essen mitnehmen!

Die Paracas-Kultur

Zwischen dem Río Cañete im Norden und Nasca im Süden breitete sich eine Kultur aus, die sich einen Namen für die **spektakulärsten Webarbeiten** des präkolumbischen Perus erworben hat. Die Blütezeit der Paracas-Kultur lag etwa im Zeitraum 1300 v. Chr. bis 200 n. Chr. Da die Bauten dieser Zivilisation aus Lehmziegeln bestanden, die im Laufe der Jahrhunderte verwitterten, gibt es mit Ausnahme des Adobeziegel-Komplexes Ánimas Altas im Tal von Ocucaje, südlich von Ica, keine architektonischen Überreste mehr zu sehen.

Fast alles, was uns heutzutage über die Paracas-Kultur bekannt ist, stammt aus unterschiedlichen Grabfunden auf der Wüstenhalbinsel Paracas, nach der die Kultur auch benannt wurde. Dorthin führten Grabräuber 1925 den peruanischen Archäologen Julio C. Tello. Bei Ausgrabungen stieß der Experte auf flaschenähnliche Hohlräume, die über einen mehrere Meter tiefen Schacht erreicht werden konnten. In den **Massengrabkammern** fand man mehrere Dutzend Tote unterschiedlichen Alters (vermutlich Familienverbände), die in relativ schlichte Tücher gehüllt und von Knochen, verzierten Kürbissen und Keramiken umgeben waren.

Diese **Bestattungsart**, auch *Paracas-Cavernas* genannt, wurde vor allem in der mittleren Paracas-Phase zwischen 500 und 300 v. Chr. praktiziert. Viele der Verstorbenen wiesen **Schädelverformungen** auf; die länglich geformte Kopfform bezeugte die Zugehörigkeit zu einem Stamm und wurde später immer mehr aus ästhetischen Gründen praktiziert. In den nachfolgenden Jahrhunderten – von 300 v. Chr. bis 200 n. Chr. – wurde eine andere Bestattungsart favorisiert, welche die Archäologen **Paracas-Necrópolis** tauften: Die Mumien wurden in Hock-Stellung und mit großen Totentüchern umwickelt in rechteckig geformten Großgräbern dicht unter der Erdoberfläche beerdigt. Die **Totentücher** begeisterten die Fachwelt, da sie nicht nur überdurchschnittlich groß (die meisten 2,50 m x 1 m) waren, sondern besonders durch die fein gearbeiteten Muster sowie die Intensität und Vielfalt der Farben bestachen. Natürliche Färbemittel aus pflanzlichen und mineralischen Substanzen sorgen für eine intensive Leuchtkraft, der auch mehrere Jahrhunderte unter der Erde nichts anhaben konnten. Die Muster auf den Tüchern stellten oftmals symbolträchtige Motive wie Fische oder Seevögel, aber auch mythologische Wesen und geometrische Muster dar, die auf der gesamten Stofflänge ständig wiederholt wurden.

Auch an diesen Toten war die Schädelverlängerung durchgeführt worden, ebenso wie die Trepanation, ein chirurgischer Eingriff, bei dem Verletzungen des Schädels mit einem Goldplättchen versiegelt wurden. Die große Trockenheit der Halbinsel verhinderte das Verwesen der Leichen, die durch langsames Räuchern in **Mumien** verwandelt worden waren. Bei den Toten fand man Schmuckstücke aus Gold, Silber und Bronze sowie Waffen, Gebrauchsgegenstände und Lebensmittel. Schöne Beispiele der kunstvollen Webarbeiten der Paracas-Kultur sind im **Museo Julio C. Tello** (S. 383) und dem **Museo Regional de Ica** (S. 374) zu sehen.

Fauna und Flora

Nur wenige Pflanzenarten wie Salzgras, und einige Eidechsen- sowie Insektenarten können in der lebensfeindlichen Umgebung mit ihren geringen Niederschlägen und der niedrigen Luftfeuchtigkeit überleben.

Anders sieht es am und im Meer aus: Mehr als 250 Plankton- und Algenarten haben einen **Fischreichtum** hervorgebracht, der seinerseits den unterschiedlichsten Vogel- und Säugetierarten idealen Lebensraum bietet. Tausende von **Guanotölpeln** *(Sula variegata)* sprenkeln die Felsen der vorgelagerten Inseln mit ihrem Kot, dem Guano, weiß.

Nur selten gelangen Masken- oder Blaufußtölpel nach Paracas, denn sie kommen eigentlich nur auf den weiter nordwestlich liegenden Galapagosinseln vor. Häufiger dagegen kann man **Kormorane** beobachten, die mit drei Arten vertreten sind (Biguascharbe *Phalacrocorax olivaceus,* Buntscharbe *P. gaimardi* und Guano-Kormoran *P. bougainvillei*).

An steilen, schattigen Felswänden bauen **Inkaseeschwalben** *(Larosterna inca)* ihre Nester. Die neugierige **Simeonsmöwe** *(Larus belcheri)* kann man an einem roten Punkt an der Schnabelspitze erkennen. Die größte Vogelart von Paracas ist, von sporadischen Besuchen des Kondors und anderer Geierarten abgesehen, der **Chile-Pelikan** *(Pelecanus thagus)*. In der Bucht von Paracas lassen sich von Januar bis April **Flamingos** *(Phoenicopterus chilensis)* beobachten. Mit enormer Geschwindigkeit durchpflügt der kleine **Humboldt-Pinguin** *(Spheniscus humboldti)* das Meer.

Seltener sieht man **Delphine, Grauwale** und **Orcas**. Das größte Spektakel spielt sich aber an den Kiesstränden der Buchten ab. Hunderte von **Seelöwen** *(Otaria byronia)* veranstalten einen Heidenlärm. Gelegentlich zeigt sich auch ein Seebär *(Arctocephalus australis)*, besser bekannt unter dem Namen **Pelzrobbe**.

Weitere Arten, die unter oder über der Wasseroberfläche anzutreffen sind, sind Schildkröten, Tintenfische, Stachelrochen, Muscheln und Krabben.

ÜBERNACHTUNG

Die Auswahl an Unterkünften in und um El Chaco steigt ständig. Die Zimmer sind durchschnittlich etwas teurer als in Pisco. Preisangaben beziehen sich auf die Sommermonate Januar bis März. In der übrigen Zeit sinken die Preise und handeln lohnt sich. An Wochenenden und zu den Ferienzeiten ziehen sie dagegen an.

In Paracas (El Chaco)

Hostal El Amigo, Plaza Central, ✆ 056-545042, ✉ hostalelamigo@hotmail.com. Moderne, saubere Zimmer mit Bad. ❷

Paracas Backpackers House, Av. Los Libertadores, Manzana J-01, Lote 09, ✆ 056-635623, 💻 www.paracasbackpackershouse.com.pe. Einfache Backpackerunterkunft, wahlweise DZ mit oder Bad, Schlafsaal ab 20 S/. p. P., Frühstück inkl. ❷

Kokopelli Paracas, Av. Paracas 128, ✆ 056 311824, 💻 www.hostelkokopelli.com. Gehört zur gleichnamigen Hostelkette,

SÜDPERU

In der lebensfeindlichen Umgebung der Paracas-Halbinsel gedeihen nur wenige Pflanzen.

zentrale Lage. Übliche Ausstattung eines Partyhostels, mit Pool, Schlafsaal ab 33 S/. p. P. Frühstück inkl. ❸

Hostal Mar Azul, Alan García Manzana B-20, Plaza de Armas, ☏ 056-534542, 💻 www.hostalmarazul.com. Schlafsaal (30 S/.) und gute Zimmer mit Bad und TV. Schöne Dachterrasse mit Blick über die Bucht. Frühstück inkl. ❸

ESSEN

Am Strand El Chaco gibt es unzählige Meeresfrüchterestaurants; empfehlenswert sind **Brisa Marina**, **Juan Pablo** und **Bahía**.

An der Plaza von Chaco isst man gut in der nicht ganz billigen **Cevichería El Chorito**.

TOUREN

Alle unten aufgeführten Touren lassen sich in den Hotels oder bei **Paracas Overland**, Calle Alberto Tataje Muños Mz. B lt.7, in der Nähe der Anlegestelle, ✆ 990336431, 💻 www.paracas overland.com.pe, buchen.

Bootstouren

In El Chaco (Av. Libertadores, neben dem Hotel San Agustín) befindet sich die neue **Marina Turística de Paracas**, von wo aus tgl. 2-stündige Bootstouren zu den **Islas Ballestas** starten (von 8–12 Uhr, Nebensaison von 8–10 Uhr, 45 S/. p. P. plus 11 S/. Eintritt zu den Inseln und 5 S/. für die Bootsanlegestelle, an der es Toiletten, WLAN und Essen gibt). Morgens ist die See meist ruhiger, nachmittags finden aufgrund der starken Winde keine Touren statt. Winddichte Jacke, Sonnencreme und fest sitzende Kopfbedeckung empfehlenswert.

Kitesurfen

Kurse und Leihausrüstung gibt es bei **PeruKite**, 💻 www.perukite.com.

SÜDPERU

El Candelabro – Gullivers Kronleuchter

Auf der Fahrt zu den Ballestas-Inseln rückt linker Hand ein seltsames Gebilde in den Blick: Mitten auf einem Wüstenhang erstreckt sich das 128 m hohe und 78 m breite Scharrbild eines überdimensionalen Kerzenleuchters oder Dreizacks, *El Candelabro* genannt – und inzwischen offiziell zur Kulturlandschaft erklärt. Ebenso wenig wie bei den verwandten Bodenzeichnungen von Nasca kennt man die genaue Bedeutung der ungewöhnlichen Zeichnung. War sie ein astronomisches Hilfsinstrument bei den Berechnungen eines Agrarkalenders, stellt sie einen Kandelaberkaktus dar – ein heiliges Machtsymbol vergangener Kulturen – oder wurde sie einfach von Seefahrern zur besseren Orientierung angelegt? Was auch immer des Rätsels Lösung ist: Mindestens genauso erstaunlich wie die bloße Erscheinung des Candelabro ist die Frage, warum er bisher noch nicht von den häufig vorkommenden Sandstürmen zugeweht worden ist. Hierzu hat Maria Reiche, die deutsche Erforscherin der Nasca-Linien, eine interessante Erklärung gefunden: Die am Boden entstehende Warmluft entweicht nach oben und reißt wie bei einem Staubsauger die angewehten Teilchen mit. Die Natur selbst reinigt die Wüstenzeichnung.

Paracas-Reservat
Tour ins Paracas-Reservat 25 S/. (plus 11 S/. Eintritt).

Sandbuggy
Buchbar bei jeder Agentur oder über die Hotels (2 Std., 90–100 S/. p. P., mind. 2 Pers.).

SONSTIGES

Informationen
I-Peru, Av. Libertadores s/n. ⌚ Mi–So 7–16 Uhr.

NAHVERKEHR

Colectivos und **Combis** von El Chaco nach Pisco fahren ständig. **Taxis** nach Pisco kosten 20 S/.

TRANSPORT

Busse und Colectivos
Busse von Cruz del Sur und Oltursa fahren mehrmals tgl. nach LIMA, ICA und NASCA. Nach AREQUIPA geht es um 9.45 Uhr (Oltursa) und um 10.30 Uhr (Cruz del Sur), 13–14 Std. (777 km).

Flüge
Siehe „Pisco/Flüge", S. 383, oder „Ica/Flüge", S. 377.

Islas Ballestas

Rund 18 km nordwestlich von El Chaco liegt etwas außerhalb des Nationalparks Paracas die kleine Inselgruppe Islas Ballestas, ein eigen-

Raices negras

Mitten im exklusiven Wohnviertel Miraflores in Lima existiert etwas, das nicht so recht zu den schmucken, hinter schützenden Mauern und Gittern verborgenen Wohnhäusern passen will: Hier befindet sich eine winzige Enklave der **Nachkommen afrikanischer Sklaven**, die zwischen dem 16. und 18. Jh. von den spanischen Kolonialherren nach Südamerika verschleppt wurden, um die sich viel zu schnell erschöpfende Arbeitskraft der indigenen Bevölkerung zu ersetzen. Viele der zu Beginn der Kolonialzeit in Peru eintreffenden Afrikaner waren Nachkommen von Sklaven, die schon seit dem 11. Jh. während der maurischen Herrschaft nach Spanien gebracht worden waren.

Erst im 17. Jh. wurden Sklaven von portugiesischen, englischen und niederländischen Sklavenhändlern direkt aus Afrika nach Peru verschifft und mischten sich dort zwangsläufig unter die schon länger ansässigen Schwarzen. Von einer gemeinsamen, die Menschen verbindenden afrikanischen Kultur konnte damals nicht die Rede sein, obwohl die verschleppten Menschen ihre pantheistische Religion sowie ihre angestammten Bräuche auch nach Übersee mitbrachten. Sehr zum Missfallen der katholischen Kolonialherren, die alles daran setzten, solche „heidnischen" Umtriebe auszumerzen.

Als Peru die Unabhängigkeit von Spanien erlangte (1821–24) und die Sklaverei schließlich abgeschafft war, bedeutete dies jedoch weder Rückführung noch Wiedergutmachung für die Verschleppten. Als **„Freie"** blieben sie weiterhin gegen einen Hungerlohn im Dienst ihrer Herren, und als (gezwungenermaßen) Analphabeten waren sie, ebenso wie die meisten peruanischen Indianer laut der ersten peruanischen Verfassung (1823) vom Wahlrecht ausgeschlossen.

Inzwischen sind auch die **Afroperuaner**, deren Anteil an der Gesamtbevölkerung nur einige wenige Prozent beträgt, pro forma gleichberechtigte Staatsbürger. Doch die Kolonialzeit mit ihrem Postulat der Überlegenheit der weißen Rasse hat Spuren hinterlassen, die sich nicht so leicht auslöschen lassen. Dass die Afroperuaner einen wichtigen Beitrag zum Aufbau des Landes geleistet haben, wird gern vergessen, auch von den Betroffenen selbst. In einer Gesellschaft wie der peruanischen, für die nach wie vor die Formel „je heller die Hautfarbe, desto attraktiver und damit erfolgreicher" gilt, rangieren Menschen afrikanischer Herkunft auf niedrigster Stufe. Die Mehrheit lebt an oder unterhalb der Armutsgrenze, und so bleibt ihnen der Zugang zu Bildung und damit zu einträglichen Arbeitsstellen verwehrt.

ständiges Schutzgebiet von 7197 ha, das aus den drei Inseln (Ballestas Norte, Centro und Sur) sowie zwei Seemeilen Meer im Umkreis um die Inseln besteht.

Ein Bootsausflug (s. „Touren/Bootstouren",) zu den **tierreichen Inseln** gehört zum Standardprogramm eines Paracas-Aufenthalts. Auf den zerklüfteten Felsen leben große Seelöwen-Kolonien und zahlreiche maritime Vogelarten (s. „Reserva Nacional de Paracas/Fauna und Flora", S. 384), die eine Menge **Guano** produzieren. Der natürliche Dünger war in der zweiten Hälfte des 19. Jhs. Perus wichtigstes Exportprodukt und ermöglichte es dem Land 1890, seine Schulden aus dem Krieg mit Chile zu begleichen. Doch in Zeiten des Chemiedüngers hat das „Weiße Gold" ausgedient. Zudem haben der Fischfang und der damit einhergehende Verlust an Nahrungsquellen zu einem Rückgang der Guanovögel-Population beigetragen. Heute wird Guano nur noch in kleinen Mengen zum Eigenbedarf abgebaut.

Tambo Colorado

Rund 50 km östlich von Pisco liegt entlang der Straße RN 24 nach Huancavelica oder Ayacucho eine der wenigen gut erhaltenen **Ruinenanlagen der Inka** an der peruanischen Pazifikküste. Das „rote Rasthaus", so die Übersetzung, ist ein rund 2 ha großer Lehmziegel-Komplex mit sechs Gebäudegruppen, der unter dem Inka Pachacútec wahrscheinlich gegen Ende des 15. Jhs. auf den Ruinen einer Chincha-Festung erbaut wurde. Tambo Colorado entstand an einer strategisch günstigen Stelle entlang des Río Pisco, in einem Talabschnitt, der schon seit rund

Zudem tut sich eine Bevölkerungsgruppe, der seit Jahrhunderten eingebläut wurde, dass sie minderwertig, triebhaft, unzuverlässig und darüber hinaus auch noch hässlich sei, schwer damit, selbstbewusst und fordernd aufzutreten. Erst in der Zeit nach dem Zweiten Weltkrieg begann sich ein Bewusstsein für die gemeinsamen Wurzeln herauszubilden. Seit jener Zeit kamen auch die alten, afrikanischen Götter wieder „in Mode", die in anderen lateinamerikanischen Kolonien wie auf Kuba oder in Brasilien dank der zahlenmäßigen Größe ihrer Anhänger besser überleben konnten. Bis heute sehen sich Afroperuaner in vielfacher Hinsicht **Diskriminierungen** ausgesetzt. Zwar wird ihre Folklore (unter die Haut gehende Musik; teilweise ausgesprochen erotisch gefärbte Tänze) inzwischen touristisch vermarktet, doch ihre Forderungen nach Abschaffung der Rassenschranken (die es im offiziellen Sprachgebrauch der peruanischen Verfassung gar nicht gibt) stoßen zumeist auf taube Ohren.

In der peruanischen Küstenregion, die nur 13 Prozent der Landesfläche ausmacht, leben mehr als 90 % aller Afroperuaner, und wer den Andenstaat besucht, wird ihnen am ehesten in den südlich von Lima gelegenen Küstenorten **Chincha** oder **El Carmen** begegnen, zumeist anlässlich einer der dort abgehaltenen Feste. Dort kann man schnell den Eindruck erhalten, dass es den strahlend lächelnden Menschen, die in farbenfrohen Kostümen atemberaubend die Hüften schwingen oder akrobatische Stepptänze *(Zapateo)* hinlegen, ziemlich gut geht. Ein Blick hinter die Kulissen, das heisst, in eine der äußerst schlichten Behausungen mit Lehmfußboden, könnte eines Besseren belehren.

Einige wenige haben es, zumeist mittels musikalischer Begabung und harter Arbeit geschafft, aus der Marginalität auszubrechen und zu nationaler oder gar internationaler Berühmtheit zu gelangen. Bestes Beispiel hierfür ist die charismatische Sängerin **Susana Baca**, die 2002 den Grammy als beste lateinamerikanische Interpretin erhielt und es unter der Regierung Humala 2011 sogar für ein Jahr zur Kulturministerin gebracht hat. Für Furore sorgt auch die Band **Novalima**, die afroperuanische Rhythmen in neuem Gewand präsentiert.

Silvia Mayer und Frank Herrmann

In Tambo Colorado fanden einst die Stafettenläufer der Inka Zuflucht.

300 v. Chr. bewohnt war. Ob die Anlage vorwiegend militärischen Zwecken diente oder eine kleine Stadt mit Zeremonialplätzen und Lagerhäusern war, ist nicht eindeutig geklärt.

Inzwischen nagt der Zahn der Zeit an der Siedlung und von den Wänden der Gebäude bröckelt der Putz. ⌚ tgl. 9–17 Uhr, Eintritt 8 S/. (Transport s. „Pisco", S. 382). Wer nicht nach Tambo Colorado kommt, kann sich das Modell der Anlage im Archäologischen Museum in Lima anschauen.

Von Pisco nach Ayacucho und Huancavelica

Die asphaltierte RN 24A führt von Pisco über Pampano und den 4750 m hohen Abra Apacheta ins 325 km entfernte **Ayacucho** (S. 194). Die Ost-West-Verbindung Richtung Anden zweigt bei KM 227 der Panamericana in San Clemente ab – rund 4 km nördlich der Abzweigung nach Pisco. Die auch unter dem Namen *Via de los Libertadores* bekannte Straße führt am inkaischen Verwaltungszentrum **Tambo Colorado** (S. 389) vorbei. An der Puente Pacra zweigt bei Rumichaca, rund 30 km vor Huaytará, eine schlechte Piste ab, die über Castrovirreyna und Santa Inés auf rund 285 km nach Huancavelica (S. 403) führt.

Chincha

Rund 200 km südlich von Lima liegt in einem fruchtbaren Tal die rund 60 000 Einwohner zählende Stadt Chincha, unterteilt in Chincha Baja und Chincha Alta. Hier schlägt das schwarze Herz Perus (S. 388/389), denn der Ort (besonders der Distrikt El Carmen, ca. 10 km südlich) ist das Landeszentrum **afroperuanischer Folklore**. Die Nachfahren afrikanischer Sklaven veranstalten zahlreiche Feste, auf denen man typische Tänze und Livemusik erleben kann.

Zu den wichtigsten **Feiertagen** gehören der Verano Negro (Ende Feb/Anfang März), die Osterwoche (Semana Santa), der 16. Juli (Virgen del Carmen), das Winzerfest in der 2. Märzwoche und das Festival de Danzas Negras im November.

Chincha ist ein gutes Plätzchen, um lokalen Wein oder Pisco zu probieren, der überall am

Straßenrand angeboten wird. **Winzereien** bieten Führungen und Weinproben an.

In Tambo de Mora etwa 10 km südwestlich befindet sich die **Huaca Centinela**, eine aus Lehmziegeln erbaute Stadt aus der Chincha-Zeit (1200–1450 n. Chr.).

Im Sommer trifft man sich an den Stränden südlich oder nördlich der Stadt.

Etwa 33 km östlich der Stadt liegen am Río Suan Juan (rechtes Ufer und ca. 50 m von der Straße entfernt) die **Petroglyphen von Huancor**, wo fast 1000 Steinzeichnungen Einflüsse der Chinchas, aber auch älterer Kulturen, zeigen.

ÜBERNACHTUNG UND ESSEN

Hostal La Posada, Santo Domingo 200, ✆ 962351265. Saubere, preiswerte Zimmer (zur Straße hin etwas laut) mit Bad und TV. ❷

Casa Hacienda San José, KM 203 der Panamericana, El Carmen, ✆ 056-313332, 💻 www.casahaciendasanjose.com. Ehemalige Sklavenplantage, die zu einem Luxushotel umfunktioniert wurde. Ein Besuch lohnt sich auch für Nicht-Hotelgäste, da man hier gut essen und an einstündigen, geführten **Touren** (Originalgebäude, Barockkirche, Katakomben) teilnehmen kann. 🕒 tgl. 9–13, 14–17 Uhr, Eintritt 20 S/. (gratis für Hotelgäste). ❻

In der **Casa de la Nona**, Lima 249, gibt es gute lokale Küche, aber auch Pasta, Sandwiches und hausgemachten Kuchen. Landestypisches Frühstück. 🕒 tgl. 7–22 Uhr.

TRANSPORT

Soyuz/Peru-Busse, Av. Mariscal Benavides 704, ✆ 056-269239, 💻 www.soyuz.com.pe, fahren in Abständen von wenigen Minuten rund um die Uhr nach LIMA oder nach ICA.

Zwischen Chincha und Lima

Auf den 240 km bis zur Metropole tut sich landschaftlich nicht mehr viel Spektakuläres. Trostlos windet sich die Panamericana in Richtung Hauptstadt, passiert den Ort San Vicente de Cañete (Abzweigung nach Lunahuaná, S. 188, Huancayo, S. 397, und zum Naturschutzgebiet Reserva Paisajística Nor Yauyos Cochas, S. 190) und zahlreiche Strände und Badeorte, die den Limeños als Wochenendausflugsziele dienen (s. „Die Umgebung von Lima", S.183).

NATIONALPARK TINGO MARIA; © FRANK HERRMANN

Zentralperu

Der abwechslungsreiche Zentralteil Perus ist ein beliebtes Reiseziel stressgeplagter Hauptstädter. In den Bergen locken spannende Bahnfahrten und einsame Trekkingrouten. Auf der Anden-Ostseite kann man sich auf die Spuren deutsch-österreichischer Auswanderer begeben, in den zahlreichen Wasserfällen baden und im Tiefland noch weitgehend unentdeckte Amazonas-Dschungelgebiete erkunden.

Stefan Loose Traveltipps

Von Huancayo nach Huancavelica Spannende Zugreise mit dem „Macho-Zug" durch die gewaltige Berglandschaft der Anden. S. 401

Santuario Nacional de Huayllay Im hochgelegenen Steinwald beeindrucken bizarre Felsformationen. S. 408

Tingo María In der Höhle La Lechuza warten die seltenen Fettschwalme auf Besucher. S. 412

Pampa Hermosa Im entlegenen Naturschutzgebiet sind üppige Bergwälder, viele Wasserfälle und Perus Nationalvogel zu bewundern. S. 422

10 **Oxapampa und Pozuzo** In schönster Natur leben die Nachfahren deutsch-österreichischer Einwanderer in bunten Holzhäusern. S. 426

Pucallpa Bei einer Übernachtung in einer Lodge an den Urwaldseen Yarinacocha oder Cashibococha kommt Dschungelfeeling auf. S. 439 und 441

BRANDBEMALTE KALEBASSEN; © FRANK HERRMANN

EHEMALIGE KUTSCHE IN OXAPAMPA; © FRANK HERRMANN

Wann fahren? In den Bergen ist es von Mai–Okt meist trocken, aber nachts kalt. Im Nebelwald östlich der Anden und im Amazonas-Tiefland fällt von Jan–April viel Regen.

Wie lange? Mindestens eine Woche

Bekannt für wenig Tourismus, viel traditionelles Kunsthandwerk, schöne Wasserfälle und ein großes Kaffeeanbaugebiet

Outdoor-Tipps Wandern am Huaytapallana und auf der alten Inkastraße bei Tarma, Dschungeltour ab Contamana

Unbedingt probieren *Papa a la huancaína* (kalte Kartoffeln mit Chili-Käse-Soße)

Der von ausländischen Touristen seltener besuchte zentrale Landesteil beginnt im Hinterland von Lima und erstreckt sich über mehrere Gebirgsketten und -täler der Anden bis zu den Zuflüssen des Amazonas. Besucher erleben schroffe Bergwelten mit einsamen Wanderwegen, abenteuerliche Zugfahrten, dicht gewachsene Nebelwälder und Flusslandschaften mit artenreichen Regenwäldern, die man am besten per Boot erkundet. Auch kulturell hat Zentralperu einiges zu bieten: Die Palette reicht von hingebungsvollen Osterprozessionen über Reste deutsch-österreichischen Kulturguts bis hin zu traditionellen indigenen Lebensweisen.

Von La Oroya nach Ayacucho

Von der Minenstadt La Oroya, einem wichtigen Verkehrsknotenpunkt, führt eine kulturell und landschaftlich reizvolle Route Richtung Süden, vorbei an eindrucksvollen Wandergebieten in der Umgebung von Jauja und der Cordillera Huaytapallana, kolonialen Spuren wie dem Franziskanerkloster Santa Rosa de Ocapa und lokalem Kunsthandwerk im Mantaro-Tal und der Umgebung von Huancayo.

La Oroya

Der kalte Industriestandort auf 3726 m, rund 174 km östlich von Lima entfernt, hat außer Schutthalden, Abfallbecken und tristen Wellblechhütten nichts zu bieten. Die Blei- und Kupferschmelze der Firma Doe Run Perú unterstreicht die Bedeutung der 45 000-Einwohner-Stadt als **Bergbauzentrum**. Traurige Berühmtheit erlangte La Oroya durch den Titel „dreckigste Stadt Lateinamerikas", der ihr 2006 vom Blacksmith Institute, einer US-amerikanischen Umweltorganisation, verliehen wurde. Grund ist die starke Verseuchung der Bewohner mit Blei. La Oroya liegt an der Bahnlinie Lima–Huancayo (S. 401).

TRANSPORT

Zu allen Umgebungszielen und nach Lima gibt es schnelle **Sammeltaxis**.
Auch einige der großen **Busse** halten, wenn sie Platz haben.
CERRO DE PASCO 2 Std. (130 km)
HUANCAYO 2–3 Std. (125 km)
JAUJA 1 1/2 Std. (80 km)
LIMA 4–5 Std. (174 km)
TARMA 1 Std. (60 km)

Jauja und Umgebung

Auf einer asphaltierten Straße erreicht man 80 km südöstlich von La Oroya das **Kolonialstädtchen** Jauja. Neun Monate lang hatte der Ort 1534 die Ehre, Perus Hauptstadt zu sein, bevor sich Francisco Pizarro für Lima entschied. Bereits vor Ankunft der Spanier war Jauja eine wichtige **Militärfestung der Inka**, doch von den damaligen Gebäuden ist bis auf einige inkaische Grundmauern im Vorort Sauza nichts mehr übrig geblieben.

Heute wirkt Jauja mit seinen etwa 35 000 Einwohnern bis auf die hektische Marktgegend eher träge. An der Plaza lohnt ein Blick auf den Hauptaltar der **Kathedrale** und im Block 10 der San Martín auf die **Capilla Cristo Pobre**, die angeblich Notre Dame nachempfunden ist. Im Stadtteil Yauyos liegt im Jirón Cuzco 537 das Privatmuseum **Casa del Caminante**, in dem der Besitzer Henoch Loayza Espejo mit viel Enthusiasmus die Fossilien, Mineralien und Keramiken der Umgebung erklärt. ⌚ Mo–Fr, So 9–18 Uhr, Spende erbeten.

Die schöne Lage von Jauja am nördlichen Ende des Mantaro-Tals und das angenehme Klima auf 3400 m Höhe laden zu Wanderungen in die Umgebung ein, beispielsweise über die Hügel westlich und nördlich der Stadt zur nur rund 4 km entfernten **Laguna Paca** mit ihren schilfbestandenen Ufern, auf der Bootstouren angeboten werden.

ÜBERNACHTUNG UND ESSEN

Hostal María Nieves, Gálvez 491, ✆ 064-362543, 💻 www.hostalmarianieves.com. Saubere,

gemütliche Zimmer mit Bad und günstigere Zimmer ohne Bad. ❷

Hotel Casa Jauja, Avenida Heroes de la Brena 389, ✆ 976761889, 💻 www. hoteljauja.com. Gute geräumige Zimmer. Restaurant und Parkplatz. ❷

El Manantaro, Tarapacá 680. Lokale und internationale Küche, Mittagsmenüs. ⏲ tgl. 11–18 Uhr.

Salud y Vida, Colina 593. Vegetarisches Restaurant, nicht immer mit Mittagsmenüs. ⏲ So–Fr 6–19.30, Sa 6–11 Uhr.

In den Restaurants rund um die Laguna Paca werden köstliche Forellen serviert.

TRANSPORT

Busse und Colectivos

Die Busse starten vom Terminal an der Ricardo Palma, Ecke 28 de Julio, oder von den Büros von **Cruz del Sur**, Pizarro 220, und **Transportes Salazar**, Pizarro 175.

HUANCAYO von 5–21 Uhr, 1 Std. (42 km). Busse fahren entweder über CONCEPCIÓN entlang

der linken Flussseite *(izquierda)* oder entlang der rechten Seite des Flusses *(derecha)* nach Huancayo. Sammeltaxis fahren von der Pizarro, Ecke Ricardo Palma.

LIMA mehrmals tgl. (Cruz del Sur, Salazar), 6–7 Std. (252 km).

TARMA 1 Std. (60 km). Colectivos und Busse fahren regelmäßig vom Block 1 der Jr. Junín.

Nach TANTA (kleines Dorf in der Reserva Paisajística Nor Yauyos Cochas, s. „Umgebung von Lima“, S. 190) fährt ein Kleinbus Mi und So um die Mittagszeit vom Busbahnhof in der Av. Ricardo Palma.

Flüge

Der Flughafen liegt am südöstlichen Stadtausgang und ist mit Mototaxis in wenigen Minuten erreichbar. Flüge, s. „Huancayo/Transport“, S. 403.

Concepción und Umgebung

Concepción liegt rund 25 km südöstlich von Jauja und hat die wahrscheinlich schönste **Plaza** des gesamten Mantaro-Tals und einen interessanten **Sonntagsmarkt** zu bieten.

Über der Stadt wacht das Steinmonument **Piedra Parada**, eine 25 m hohe Statue der Virgen de Concepción, die von innen begehbar ist. Zu Fuß gelangt man in rund 30 Minuten zu diesem Aussichtspunkt mit tollem Blick übers Mantaro-Tal. Am Stadtrand in der Jr. 8 de Diciembre kann man an Ständen leckeres Softeis aus lokaler Milch probieren.

Lohnend ist ein Abstecher zum **Franziskanerkloster Santa Rosa de Ocopa** rund 5 km nördlich des Zentrums an der Straße nach Satipo (problemlos mit Colectivos erreichbar). Das sehr gut erhaltene Kloster wurde 1725 von den Franziskanern als Brückenkopf für die Missionierung des Amazonasgebiets errichtet. Hunderte von Mönchen brachen von hier aus auf, um die „Wilden" zu evangelisieren. ⌚ Mi–Mo 9–11.30, 15–17.30 Uhr, stdl. Führung 8 S/.

ÜBERNACHTUNG

Hotel Museo Histórico, Grau 646, ✆ 064-507581. Gute Zimmer mit Bad, die sich um einen schönen Garten in einem alten Kolonialhaus gruppieren, in dem auch ein kleines Museum untergebracht ist (⌚ Mo–Sa, 10–13 Uhr, 5 S/., für Hotelgäste gratis). Frühstück inkl. ❸

TRANSPORT

Combis in die Umgebung fahren ab dem **Terminal Tulumayo** am Ende der Ricardo Palma.
Sammeltaxis nach HUANCAYO starten an der Bolívar, Ecke Bolognesi, unweit der Plaza, 30 Min. (22 km).
Donnerstags und sonntags fährt ein Bus von Maravi (Cáceres 711) in 7–8 Std. (233 km) über COMAS nach SATIPO (in der Regenzeit fragen, ob er fährt!).

Huancayo

Im Gebiet um Huancayo lebten vor der Eroberung durch die Inka die kriegerischen **Huanca**, die nur durch Umsiedlungsaktionen gebändigt werden konnten. Die Inka errichteten an der Stelle des heutigen Huancayo einen *Tambo*, einen der vielen strategischen **Stützpunkte** entlang des Inkawegs, die den Reisenden sowie den Stafettenläufern Sicherheit, ein Obdach und Verpflegung boten.

Als die spanische Eroberung begann, sahen die Huanca ihre Chance gekommen, sich an den verhassten Inka zu rächen, indem sie Pizarro ihre Dienste anboten. Ihre Rechnung ging nicht auf, da die Spanier die Zwistigkeiten der verschiedenen ethnischen Gruppierungen geschickt für ihre eigenen Zwecke nutzten. Im Jahr 1572 fassten die Spanier sechs benachbarte indigene Gemeinden *(Ayllus)* zum Dorf Huancayo zusammen. 1822 verlieh die Regierung der Stadt den Titel **„Ciudad Incontrastable"** (unüberwindbare Stadt) als Anerkennung für die Tapferkeit ihrer Bewohner während des Unabhängigkeitskampfes. Aus dem darauf folgenden Dornröschenschlaf wurde die Stadt erst im Jahr 1909 erweckt, als die **Eisenbahnlinie** von Lima die Stadt erreichte. Seitdem hat sich das auf 3261 m liegende Huancayo zu einem betriebsamen **Handelszentrum** in einem ländlichen Umfeld (Weizenanbau) entwickelt.

Inzwischen leben rund 500 000 Menschen in Huancayo und Umgebung. Das Klima der Stadt ist typisch für die Hochlandregionen Perus: sonnige Tage und kalte Nächte von April bis November und Regen von Dezember bis März.

Sehenswertes

Das Stadtbild ist modern geprägt, koloniale Überreste gibt es nur wenige. An der **Plaza de la Constitución** ragt die **Kathedrale** empor. Die größere und zentralere **Plaza Huamanmarca** mit dem Rathaus *(Coliseo Municipal)* ist der älteste Platz der Stadt und der Ort, an dem Jerónimo de Silva 1572 Huancayo gründete.

In der neoklassizistischen **Capilla La Merced**, heute ein historisches Monument, wurde 1839 die peruanische Verfassung unterzeichnet.

Das **Museo Salesiano**, Jirón Santa Rosa 299, El Tambo, ✆ 064-247763, nördlich des Río Shullcas zeigt eine bunte, sehenswerte Mischung aus Archäologie, Paläontologie und Naturkunde. ⌚ Mo–Fr 9–13, 15–18, Sa 9–12 Uhr, Eintritt 5 S/.

Nordöstlich des Zentrums liegt im Stadtteil San Antonio der **Parque de la Identidad Huanca**, eine (abends beleuchtete) Parkanlage, deren

Grünflächen, Figuren, Folklore und Kunsthandwerkstände sich der Kultur der Huanca widmen. ⌚ tgl. 8–21 Uhr, Eintritt frei.

Bekannt ist die große **Feria Dominical de Huancayo**, ein Sonntagsmarkt, der Menschen aus der gesamten Region anlockt (s. Kasten S. 400). Eine kunsthandwerkliche Spezialität sind die mit wunderschönen Motiven verzierten geschnitzten Kürbisse *(Mates burilados)*.

ÜBERNACHTUNG

Hostal El Dorado, Piura 425, ✆ 064-238420. Große, angenehme Zimmer mit Bad und TV. Gutes Preis-Leistungs-Verhältnis. ❷

La Casa de la Abuela, Prolongación Cusco 794, ca. 1,5 km östlich des Zentrums, ✆ 064-234383, 🖳 www.incasdelperu.org. Unterkunft mit einfachen Zimmern mit Bad und Schlafsaal (35 S/. p. P.). Küchenbenutzung, Lesestoff, Tourservice. Zum Hostel gehören das benachbarte Restaurant La Cabaña (s. „Essen“) und das Büro von Incas del Peru (s. „Touren“). Frühstück inkl. ❷

Samay Guest House, Jr. Florida 285, ca. 1,3 km östlich des Zentrums, ✆ 064-655937, 🖳 www.samayguesthouse.com. Kleine, familiäre Unterkunft, Zimmer mit Privat- oder Gemeinschaftsbad. Küchennutzung. Ungewöhnliches Tourangebot (s. „Touren“). Frühstück inkl. ❷

Hotel Los Balcones, Puno 282, ✆ 064-211041, 🖳 www.losbalconeshuancayo.com.pe. Alle Zimmer mit Bad, Teppichboden und TV. Restaurant, Zimmerservice, Parkplatz. ❷

Susan's Hotel, Real 851, ✆ 064-202251, 🖳 www.susanshotel.com. Gute Lage, moderne, bequeme Zimmer mit Bad und TV. Aufzug, Zimmerservice, Restaurant, Frühstück kostet extra. ❷

Tuki Llajta Pueblo Bonito Lodge, Av. Centenario s/n, 30 Min. außerhalb des Zentrums, ✆ 996484554, 🖳 www.tukillajta.com. Die Lodge unterstützt ein Kinderheim und Aufforstungsprojekte. Schöne Bungalows mit Kamin in weitläufigem Garten mit Blick ins Tal. Restaurant, Bar, Wäscheservice, Shuttle vom/zum Flughafen. Frühstück inkl. ❺–❻

ESSEN

Chifa Centro, Giraldez 245. Leckere chinesische Küche und gute Auswahl an vegetarischen Gerichten. ⌚ tgl. 13–22.15 Uhr.

Coqui Café, Puno 296. Gutes, beliebtes Café, Frühstück, Kuchen, Snacks und Salate. ⌚ tgl. 7.15–22.15 Uhr. Weitere Filiale im Einkaufszentrum Plaza Real, ⌚ tgl. 10–22.30 Uhr, und um die Ecke in der Ancash 235 (Coqui Café Express), ⌚ Mo–Sa 7–22 Uhr.

Detrás de La Catedral, Ancash 335. Gute landestypische und internationale Gerichte, auch vegetarische, serviert in einem alten Kolonialhaus. ⌚ Mo–Sa 7–23, So 12–17 Uhr.

Govinda's, Cuzco 289. Bestes vegetarisches Restaurant der Stadt mit leckeren Mittagsmenüs für 7–10 S/. (kleines Salatbuffet inkl.). ⌚ Mo–Sa 12–17 Uhr.

La Cabaña, Cusco, Ecke Galvez, im Gebäude von Incas del Peru. Serviert gute, aber teure Pizzas, Sandwiches und Fleischgerichte. Besonders lecker: Calientito, ein Heißgetränk aus Pisco, Kräutern, Limette und Honig. ⌚ tgl. ab 17 Uhr.

Olímpico, Giraldez 199. Das älteste Restaurant der Stadt bietet ausgezeichnete Küche; günstige Mittagsmenüs. ⌚ tgl. 7–22 Uhr.

UNTERHALTUNG UND KULTUR

Discos

Insomnio, Cajamarca 580.

La Noche, San Antonio 241.

Kino

Cine Planet, im Shopping-Center Real Plaza.

Livemusik

Meist an den Wochenenden spielen einheimische Folklore-Bands, beispielsweise im

Unbedingt probieren!

In ganz Peru bekannt ist die Vorspeise **Papa a la huancaína**, die aus einer gekochten kalten Kartoffel mit einer würzigen Chili-Käse-Soße besteht. Außerdem bekommt man im gesamten Mantaro-Tal sehr leckere **Forellen** *(Truchas)*.

Huancayo
0
200 m
Lima, Concepción, Jauja, Stadtteil Tambo
Jr. Santa Rosa
Museo Salesiano
Río Shullcas
C. Los Andes
Capilla La Merced
C. Ayacucho
ÜBERNACHTUNG
1 Tuki Llajta Pueblo Bonito Lodge
2 La Casa de la Abuela
3 Hotel Los Balcones
4 Susan's Hotel
5 Hostal El Dorado
6 Samay Guest House
TOURISTENPOLIZEI
Av. Ferrocarril
C. Cusco
C. Ancash
C. Real
C. Arequipa
C. Moquegua
C. Libertad
C. Junín
C. Puno
5, 7, 2, 6, Parque de la Identidad Wanka, Cerrito de la Libertad
Kathedrale
Plaza de la Constitución
Hospital El Carmen
8, Torre Torre, Cerrito de la Libertad
C. Amazonas
Paseo La Breña
C. Giráldez
C. Omar Yale
C. Lima
Parque 15 de Junio
C. Pichis
Estación Central (Zug nach Lima)
Av. Huancavelica
Feria Dominical de Huancayo
ESSEN
1 Govinda's
2 Coqui Café Express
3 Coqui Café
4 Detrás de la Catedral
5 La Cabaña
6 Olímpico
7 Chifa Centro
C. Loreto
C. Marañon
C. Mantaro
C. Calixto
C. Pachitea
C. Huamanmarca
Plaza Huamanmarca
C. Ica
Coliseo Municipal
SONSTIGES
1 La Noche
2 Hidden Peru
3 Clinica Ortega
4 Antojitos
5 Galileo
6 Casa del Artesano
7 Incas del Perú
8 Real Plaza
9 Mercado Artesanal
10 Insomnio
C. Piura
C. Cajamarca
Mercado Modelo
C. Huánuco
Av. Ferrocarril
TRANSPORT
1 Transportes Milenio, Terminal Terrestre
2 Cruz del Sur,móvilbus, Terminal Los Andes
3 Oltursa (Terminal)
4 Oltursa (Ticketbüro)
5 Peruvian Airlines
6 Combis nach Pariahuanca
7 Transportes Ticllas
8 Expreso Molina
9 Colectivos nach Ayacucho
C. Tarapacá
C. Angaraes
Huarihuilca, Huancavelica, Ayacucho
Estación Chilca (Zug nach Huancavelica)
Lima
ZENTRALPERU

Galileo, Breña 378 (gutes Ambiente, tgl. Livemusik, Liedermacher, Do–Sa Rock/Pop), und im **Antojitos**, Puno 591.

EINKAUFEN

Kunsthandwerk

In der Stadt bekommt man Kunsthandwerk u. a. auf dem **Mercado Artesanal Huancayo**, Ancash, hinter dem Coliseo Municipal, und an den vielen kleinen Ständen der überdachten **Casa del Artesano**, Calle Real, Ecke Paseo La Breña, ⌚ tgl. 9–21 Uhr. Siehe auch „Die Umgebung von Huancayo", S. 403.

Märkte

Der Markt für Lebensmittel ist der **Mercado Modelo**, Mantaro, zwischen Cajamarca und Huánuco, auf dem man hervorragend essen kann.

TOUREN

Der Besitzer des **Samay Guest House** (s. „Übernachtung"), Eduardo Felix, ist Anthropologe und ein Kenner der Region, der ungewöhnliche Touren veranstaltet.

Hidden Peru, Av. San Carlos 2361, ✆ 964164979, ✉ andinismo_peru@yahoo.es. Der international geprüfte Bergführer Marco Antonio Jurado organisiert Trekking-, Mountainbike- und Bergtouren rund um Huancayo, in die Selva Central (Satipo und Umgebung), aber auch landesweit. Er nimmt US$80 pro Tag für Trekkingtouren und US$120 pro Tag für Bergbesteigungen.

Incas del Peru, Cusco, Ecke Galvez, ✆ 064-223303, 🖳 www.incasdelperu.org. Veranstaltet u. a. Tagestouren im Mantaro-Tal mit Besuch der interessantesten Dörfer und archäologischen Stätten. Außerdem Trekking-, Mountainbike- und Reittouren. Gute Infoquelle.

Sonntagsmarkt im Mantaro-Tal

€ Ein Marktspektakel der ganz besonderen Art ist die **Feria Dominical**, der Sonntagsmarkt von Huancayo, auf dem man gute Schnäppchen machen kann. Zehntausende Menschen strömen in der Av. Huancavelica zusammen, die fast in ihrer ganzen Länge zum riesengroßen Markt wird. ⌚ So 7–17 Uhr.

SONSTIGES

Feste

Im Rahmen der **Fiestas Patrias**, der Unabhängigkeitsfeiern Ende Juli, werden in der Av. General Munis in Huancayo ein traditioneller Markt sowie die **Feria de Yauris** veranstaltet, mit Trachten, regionalen Spezialitäten, Hahnenkampf und der Präsentation von Lamas. Vor allem in den Monaten Januar, Juni, August und September finden **Heiligenfeste** in den Dörfern um Huancayo statt. Details hat die Touristeninformation.

Freiwilligenarbeit

Kann über Incas del Peru (s. „Touren") arrangiert werden.

Geld

Fast alle Banken haben Filialen mit **Geldautomaten** entlang der Calle Real, zwischen der Plaza de la Constitución und der Plaza Huamanmarca.

Jede Menge **Wechselstuben** (US$ und Euro) liegen in der Calle Lima, zwischen Real und Ancash.

Informationen

Die Touristeninformation **DIRCETUR**, Pachitea 201, im Bahnhof, ✆ 064-222575, kann nur begrenzt weiterhelfen, ⌚ Mo–Fr 8–13, 14.30–17.30 Uhr. Bessere Infos bekommt man bei den Tourveranstaltern.

Medizinische Hilfe

Clínica Ortega, Daniel A. Carrión 1124, ✆ 064-232921. Gute Privatklinik.

Polizei

Comisaría de Turismo, Av. Ferrocarril 580, ✆ 064-202022. ⌚ tgl. 24 Std.

Sprachunterricht

Incas del Peru, s. „Touren". Veranstaltet Sprachprogramme mit Familienaufenthalt (darunter auch Quechua-Kurse) sowie Andenmusik-, Koch- und Tanzkurse.

NAHVERKEHR

Colectivos mit festen Routen (s. Schild auf dem Dach) kosten 1,30 S/.
Ein **Taxi** im Innenstadtbereich verlangt 4–5 S/., im weiteren Stadtgebiet 6–8 S/.

TRANSPORT

Busse und Colectivos

Vans, Colectivos und einige Busgesellschaften fahren vom **Terminal Los Andes**, Ferrocarril 151, ab. Viele der günstigeren Busgesellschaften nach Lima starten vom **Terminal Terrestre** im Stadtteil Tambo, nördlich von Huancayo.

Gesellschaften
Cruz del Sur, Av. Ferrocarril 151, ✆ 064-223367
Expreso Molina, Angaraes 334, ✆ 064-224501
móvilbus, Av. Ferrocarril 151, ✆ 962743569
Oltursa, Ancash 367, ✆ 064-601292 und Ayacucho 289, ✆ 064-212170
Transportes Milenio, Grau 925, El Tambo, ✆ 064-387810
Transportes Ticllas, Av. Ferrocarril 1590, ✆ 064-201555

Lokale Verbindungen
CHUPACA (20 Min.) Abfahrt von der Ferrocarril, Ecke Giraldez.
COCHAS GRANDE und COCHAS CHICO (40 Min.) Abfahrt von der Huancas, Ecke Giraldez.
CONCEPCIÓN (30 Min.) Sammeltaxis ab der Mantaro, Ecke Loreto, fahren vorbei an HUALHAS und SAN JERÓNIMO DE TUNAN.
HUARI-HUILCA Ferrocarril, Ecke Giraldez, Richtung Huari-Huancan (20 Min.).
TORRE TORRE (25 Min.) Busse fahren entlang der Giraldez über Cerrito de la Libertad.

Überregionale Verbindungen
AYACUCHO über Huanta um 8.30 Uhr und 2x abends (Expreso Molina), 7–8 Std. (296 km). Diese Route sollte nur tagsüber und nicht in der Regenzeit genommen werden! Über HUANCAVELICA um 21 Uhr. Gegenüber von Expreso Molina fahren teure Sammeltaxis in 5–6 Std.
HUANCAVELICA (Transportes Ticllas) stdl., 4 Std. (150 km), Schlepper für Sammeltaxis sammeln Passagiere u. a. an der Angaraes, Ecke Ferrocarril ein.
HUANCAYA (RESERVA PAISAJISTICA NOR YAUYOS COCHAS) Sammeltaxis (u. a. Milenio) fahren alle vom Stadtteil El Tambo (Parque El Sombrero), 4 Std. (ca. 140 km). An der Abzweigung nach Huancaya (bei Alis) bestehen Anschlussmöglichkeiten Richtung YAUYOS, LUNAHUANÁ und CAÑETE. Für die gesamten rund 300 km von Huancayo nach Cañete müssen 10–12 Std. Fahrtzeit eingeplant werden.
JAUJA Colectivos starten ab dem Terminal Los Andes, 1 Std. (42 km).
LA MERCED Busse, Combis und Sammeltaxis fahren ständig vom Terminal Los Andes, 5 Std. (182 km).
LIMA (Cruz del Sur, Oltursa, móvilbus), vorwiegend abends fahren Busse vom Terminal Terrestre, 7–7 1/2 Std. (300 km), Sammeltaxis starten in der Real, Ecke Mariátegui in El Tambo (rund um die Uhr, 5 1/2–6 Std.).

Im Macho-Zug durch die Anden

€ Auf der Strecke von **Huancayo nach Huancavelica** (129 km, 5 1/2–6 Std.) gibt es eine günstige, aber langsame Zugverbindung, die für die Landbewohner unersetzlich ist. Die Linie hat im Volksmund den Spitznamen *Tren Macho* (Macho-Zug), weil die Diesellok an sehr vielen Bahnhöfen Station macht, lange Zeit hielt sie sich an keinen Fahrplan. Heute fährt der Zug – zumindest in der Trockenzeit – regelmäßig und pünktlich jeden Mo, Mi, Fr um 6.30 Uhr (je nach Klasse 9 S/. und 13 S/.), vom **Bahnhof Chilca**, Av. Ferrocarril 461, ✆ 064-217724, ab. Man sollte mindestens 1–1 1/2 Std. vor Abfahrt da sein, um das Ticket zu kaufen, der Zug ist oft ausverkauft. Wer will, kann auch in **Izcuchaca** (etwa auf halber Strecke) aussteigen und von dort Richtung Ayacucho oder Huancavelica mit dem Bus oder Sammeltaxi weiterreisen. Ab 2021 soll die Bahnstrecke komplett renoviert werden.

TARMA ständige Abfahrten, 2 Std. (105 km), alle Busse nach La Merced fahren über Tarma. Auch Sammeltaxis starten vom Terminal Los Andes.
SATIPO entweder über La Merced (zahlreiche Anbieter am Terminal Los Andes), 7 Std. (293 km), oder über die wenig befahrene Nebenstrecke (8 Std., 233 km) über COMAS, s. „Concepción/Transport“ S. 397.

Eisenbahn

Es gibt zwei Bahnhöfe in Huancayo. Die **Estación Central** im Westen (Züge nach Lima) und die **Estación Chilca** (Züge nach Huancavelica) im Süden der Stadt.
Der Personenverkehr nach Lima (11 Std., 332 km) beschränkt sich auf den Zeitraum April–Okt (meist nur 1–2 Abfahrten pro Monat) und wird von **Ferrovías Central Andina**,

Bunte Kartoffelchips aus den Bergen

© SHUTTERSTOCK.COM/ ALEXANDRA_F

Aus dem Departamento Huancavelica, einem der ärmsten Perus, kommen blaue und rote Kartoffelsorten, die nur in einer bestimmten Region wachsen. Doch der Anbau in steilem Gelände und auf kleinen Parzellen in Höhen von über 3000 m ist nicht nur hart und entbehrungsreich, er wird auch schlecht bezahlt. 2018 erhielten die Bauern für ihre Kartoffeln umgerechnet gerade mal 0,10 € pro Kilo auf den einheimischen Märkten – viel zu wenig, um menschenwürdig leben zu können. Bereits 2015 hatten sich daher mehr als 150 Familien in 17 verschiedenen Gemeinden der Region zur Genossenschaft **Agropia**, www.agropiaperu.com, zusammengeschlossen, um durch Weiterverarbeitung ihrer Kartoffeln höhere Preise zu erzielen. 2016 konnte dank internationaler Kreditgeber südlich von Huancayo die eigene 400 000 € teure Fabrik eingeweiht werden. Hier wird neben den Kartoffeln auch Riesenmais für den Fairen Handel geröstet. Das dafür verwendete Palmöl stammt aus Ecuador und ist ebenfalls fair gehandelt. Die Weiterverarbeitung zahlt sich für die Bauern aus: Sie bekommen nun mehr als das Siebenfache für ihre Kartoffeln und obendrein noch eine Fair-Prämie von 10 % für gemeinschaftliche Projekte. Mit den US$10 000 der ersten Prämie 2016 kaufte die Kooperative Land und Naturdünger – alle Kartoffeln sind bio und werden inzwischen auch in einigen lokalen Supermärkten angeboten. In Deutschland sind die Produkte von Agropia bei den Fairhandelsorganisationen Ethiquable, www.ethiquable.de, und WeltPartner, www.weltpartner.de, bzw. deren Vertriebspartnern erhältlich.

© FRANK HERRMANN

ZENTRALPERU

www.ferrocarrilcentral.com.pe, veranstaltet (Adresse und Preise s. „Lima/Transport/ Eisenbahn", S. 179).

Flüge

Der Flughafen befindet sich in Jauja, 42 km nordwestlich von Huancayo (Fahrzeit ca. 1 Std).

Einen Shuttle-Service zum Flughafen bietet **Travel & Routes**, 064-249706, für 60 S/. an. Deutlich billiger ist es, ein Sammeltaxi nach Jauja zu nehmen, das den Flughafen passiert.

Latam, kein Büro, 01-213-8200, www.latam.com, fliegt tgl. nach LIMA (30–40 Min.).

Peruvian, Loreto 883, 064-656576, www.peruvian.pe, fliegt tgl. morgens nach LIMA, Mo–Sa 9–19 Uhr.

Die Umgebung von Huancayo

Im Norden der Stadt, nur wenig mehr als 1 km vom Zentrum entfernt, erhebt sich der Hügel **Cerrito de la Libertad**, von dem man einen schönen Blick über die Stadt und das Tal hat. Rund 2 km dahinter gelangt man zu den bizarren Felsformationen **Torre Torre**, die aus 30–40 m hohen, durch Erosion entstandenen Steintürmen bestehen. Mehrere Wanderwege führen durch diese an einem Berghang gelegene Sandstein-Landschaft.

Archäologisch Interessierte können die Ruinen **Huarihuilca**, rund 6 km südlich von Huancayo besuchen. Zu sehen sind die Überreste eines Zeremonialzentrums der Huanca, das später auch von den Inka genutzt wurde. Ein kleines Museum stellt Keramikstücke, Knochen und Steinwerkzeug aus. tgl. 8–18 Uhr, Eintritt 2 S/.

In **Chupaca**, ca. 5 km westlich von Huancayo, findet jeden Samstag ein interessanter Tiermarkt statt.

Zu den am meisten besuchten Dörfern des Mantaro-Tals gehören **Cochas Chico** und **Cochas Grande**, 11 km nordöstlich von Huancayo, wo die *Mates burilados* – Kalebassen, in die Zeichnungen geritzt werden – hergestellt werden; **Hualhuas**, 12 km nördlich der Stadt, bekannt für Textilien aus Schaf- und Alpakawolle, die mit natürlichen Farbstoffen wie Chilca, Nogal oder Cochenille eingefärbt werden; **San Jerónimo de Tunán**, 16 km nordwestlich von Huancayo – hier hat sich das Kunsthandwerk auf die Produktion filigraner Gold- und Silberarbeiten spezialisiert.

Auf leichten Wanderungen lässt sich das Landleben im Mantaro-Tal gut beobachten. Lohnend sind die Strecken Ahuas–Chupaca über Arwaturo, Hualhuas–San Jerónimo, Cullpa–Paccha über Cochas Grande und San Jerónimo–Concepción (mit Abstecher zum Kloster Santa Rosa de Ocopa. Genauere Infos und Wanderskizzen verteilt Incas del Peru (s. „Touren").

Nur rund 32 km nordöstlich der Stadt erhebt sich die mächtige und weitestgehend schneebedeckte Cordillera Huaytapallana, die zur Ostandenkordillere gehört. Ihre höchste Erhebung ist der 5557 m hohe **Nevado Huaytapallana**, der eine imposante Kulisse für ein wunderschönes Wandergebiet abgibt. Die Tourveranstalter bieten verschieden lange Ausflüge dorthin an (s. „Touren"). Wer auf eigene Faust losziehen möchte, nimmt einen Combi nach **Pariahuanca** (Av. Ferrocarril, Nähe Tarapacá, ca. 1 Std.) und steigt in Virgen de las Nieves aus.

Huancavelica

Die rund 155 km zwischen Huancayo und Huancavelica sind durchgehend asphaltiert. Nach 80 km auf einer welligen Strecke durch viele kleine Ortschaften und landwirtschaftliche Anbaugebiete wird auf 2885 m **Izcuchaca** erreicht. Der kleine Ort (einfache Übernachtungsmöglichkeiten) mit Bahnstation liegt am Río Mantaro, der hier von einer sehenswerten alten Brücke überspannt wird. Im weiteren Verlauf steigt die Strecke wieder an und erreicht nach weiteren 75 km das auf 3676 m gelegene Huancavelica.

Die Hauptstadt des gleichnamigen Departamentos hat rund 40 000 Einwohner und gehört zu einer der ärmsten Regionen Perus. Dies war nicht immer so. 1563 entdeckten die Spanier in der Nähe der Stadt ertragreiche **Quecksilberminen**, die bis ins 18. Jh. ausgebeutet wurden. Das Quecksilber wurde benötigt, um Silber aus dem Gestein zu lösen. Was für die Spanier Wohlstand und Reichtum bedeutete, führte bei indigenen Zwangsarbeitern zum frühzeitigen

Tod. Es wird erzählt, dass indigene Mütter ihren Neugeborenen absichtlich einige Knochen brachen, um sie für die Arbeit in den Todesminen ungeeignet zu machen. Einige der Minen sind wieder in Betrieb, und Lastwagen bringen das Erz – u. a. Zink und Kupfer – nach Pisco an die Pazifikküste.

Vom Wohlstand vergangener Zeiten zeugen heutzutage in Huancavelica nur noch über ein halbes Dutzend Kirchen. Dennoch ist das adrette Städtchen ein angenehmer, wenn auch kalter Aufenthaltsort mit einem indigen geprägten **Sonntagsmarkt**. Außer der **Kathedrale** mit ihren silber- und goldbedeckten Altären lohnen die Fassade des Kolonialhauses **Casona de Tambo de Mora**, Tambo de Mora 202, und das **Museo Regional Daniel Hernández Morillo**, Plazoleta San Juan de Dios, eine nähere Betrachtung. Letzteres stellt neben Fossilien auch Überreste aus der Präinkazeit sowie Memorabilien aus der Kolonialepoche und der Zeit der Unabhängigkeit aus. ⌚ Di–So 9–17 Uhr, Eintritt 2 S/.

Im Arkadengang an der Plaza befindet sich im Gebäude der Bibliothek die **Casa de la Memoria**, die in drei verschiedenen Räumen mit Bildern und Schautafeln über die Zeit des Terrorismus informiert. ⌚ Mo–Fr 9–13 und 15–17 Uhr, Eintritt frei.

Die **Baños Termales San Cristóbal** liegen auf der anderen Seite des Río Ichu (Av. 28 de Abril s/n) und sind in 10 Min. zu Fuß erreichbar. Dazu folgt man der Manco Cápac, überquert den Fluss und nimmt den Weg die Treppen hoch. Das mineralhaltige Wasser der Pools ist meist lauwarm; es gibt aber auch eine heiße Dusche. Seife und Handtuch können ausgeliehen werden. ⌚ tgl. 6.30–16 Uhr, Eintritt 1,50 S/., Privatkabinen 4 S/.

ÜBERNACHTUNG

Hotel Ascensión, Manco Cápac 481, an der Plaza, ✆ 067-453103, ✉ hotelascension@hotmail.com. Ordentliche, ruhige und saubere Zimmer mit TV sowie mit/ohne Bad. Warmwasser 24 Std. WLAN nur im 1. Stock. ❷

Hotel Presidente, an der Plaza, ✆ 067-452760, 🖳 www.hotelpresidente.com.pe. Bestes Hotel am Platz. Großes Gebäude mit guten, aber überteuerten Zimmern mit Elektroheizung. Restaurant, Cafeteria, Parkplatz. Frühstücksbuffet inkl. ❻

ESSEN UND UNTERHALTUNG

Peruanische Hausmannskost und Hähnchenbratereien überwiegen. Im **Restaurant des Hotels Presidente** kann man teuer und gut essen. Es gibt dort auch ein öffentliches Frühstücksbuffet von 7–10 Uhr.

Juguería-Fuente de Soda Los Portales, Virrey Toledo 205, an der Plaza de Armas. Gut zum Frühstücken. Sandwiches, Kuchen, Empanadas, Säfte und Obstsalat. ⌚ tgl. 8–22 Uhr.

Perú Chef, Arequipa 119, Ecke Gamarra. Peruanische Küche, Menüs und à la carte. ⌚ Mo–Sa 8–22 Uhr.

Peña Turística Esparta, Virrey Toledo Block 3. Gelegentlich Livemusik. ⌚ ab 19 Uhr.

EINKAUFEN

Im **Arkadengang der Banco de la Nación**, Manchego Muñoz, zwischen Barranca und Carabaya, werden Woll- und Alpaka-Textilien angeboten.

CITEtextil, Jr. García de los Godos. Laden mit schönen Alpaka-Textilien. ⌚ Mo–Fr 8.30–13, 14.30–17.30 Uhr.

Die **Feria Dominical** (der Sonntagsmarkt) findet am Malecón Santa Rosa statt.

SONSTIGES

Feste

22.–26. Januar: Niño de Lachocc, Feier, bei der man viele typische Tänze, darunter den Scherentanz *(Danza de las Tijeras)*, bewundern kann.

4.–6. März: Hatun Puqllay, großes regionales Fest mit Tanz und Musik.

3.–4. August: Stadtgründung Huancavelicas, mit Theater, Umzügen, Livemusik und Gastronomie.

Geld

An der Plaza oder in Plazanähe liegen mehrere Banken mit Geldautomaten.

Informationen

Información Turístico Municipal, Manuel A. Seguro 140, Plaza de Armas. Praktisch, weil sich auch mehrere Tourveranstalter (s. „Touren") an der gleichen Adresse befinden. ⌚ Mo–Fr 9–13 und 15–17 Uhr.

Medizinische Hilfe

Hospital Departamental de Huancavelica, Av. Andrés Avelino Cáceres s/n, ☏ 067-452990.

Polizei

Plaza Santa Ana, ☏ 067-753041.

Touren

Cielo Azul, Manuel A. Segura 140, Plaza de Armas, ☏ 990970168, 💻 www.turismocieloazul.com. Mit den Einnahmen der kleinen Agentur werden die Sozialprogramme der gemeinnützigen Organisation Pukullawa finanziert. Zu den Programmen gehören u. a. der etwa 4-stündige Besuch der ehemaligen Quecksilbermine Santa Barbara (rund 8 km südwestl. der Stadt) oder der Tagesausflug zur rund 16 km^2 großen Lagune Choclococha (etwa 76 km südl. von Huancavelica).

TRANSPORT

Busse

Die Busse nach Lima, Huancayo und Ica/Pisco fahren vom **Terminal Terrestre** am Westende der Stadt ab.

Gesellschaften

Empresa Ticllas, Manchego Muñoz 686, ☏ 987502235
Expreso Lobato, Jr. O'Donovan 519, Parque Santa Ana, ☏ 067-368264
Expreso Molina, Manchego Muñoz 1004, ☏ 067-452613
Oropesa, Manchego Muñoz 612, ☏ 967701529
Turismo Central, in der Gasse neben Expreso Molina, ☏ 067-368781

Verbindungen

AYACUCHO 6 Std. (245 km) Direktbusse meist spätabends (Turismo Central, Expreso Molina). Alternativ kann man ein Sammeltaxi Richtung Ica/Pisco nehmen (ca. 3 Std.) und an der Kreuzung/Brücke RUMICHACA bei KM 196 der asphaltierten Straße Via Libertadores von Pisco nach Ayacucho (rund 138 km südwestl. von Ayacucho) aussteigen. Dort nimmt jeder beliebige Bus die Passagiere zur Weiterfahrt nach Ayacucho auf (insgesamt 5 Std. Fahrzeit). Außerdem fahren Busse nach IZCUCHACA und von dort über HUANTA weiter nach Ayacucho (insgesamt 6–7 Std.).
HUANCAYO (Empresa Ticllas) stdl. Abfahrten, 4 Std. (150 km), über IZCUCHACA. Teurere, aber schnellere Sammeltaxis fahren gegenüber der Municipalidad ab (Manchego Muñoz, Ecke Gonzales Prada).
ICA (Oropesa) um 19 Uhr, 8 Std. (274 km).
LIMA (Expreso Lobato, Oropesa, Expreso Molina, Ticllas) mehrere Abfahrten abends zwischen 19 und 21 Uhr, 10–12 Std. (446 km), über HUANCAYO.
PISCO Sammeltaxis (Autos) fahren jederzeit ab der Plaza Santa Ana und ab der Munoz 799, 5 Std. (230 km).

Eisenbahn

Der **Bahnhof** befindet sich ca. 6 Blocks östlich der Plaza de Armas, ☏ 067-452898. Der „Macho-Zug" (S. 401) über IZCUCHACA nach HUANCAYO fährt Di, Do, Sa um 6.30 Uhr, ca. 5 1/2 Std. (129 km).

Von Huancavelica nach Ayacucho

Auf einer wenig befahrenen, einsamen Hochlandpiste steigt die Straße zunächst bis auf rund 4800 m an. Unterwegs sieht man viele Lama- und Alpakaherden. Nach rund 80 km wird der recht trostlos wirkende kleine Ort **Santa Inés** in der Nähe der wunderschönen **Laguna Choclococha** erreicht, wo sich die Straße gabelt. Geradeaus gelangt man auf einer Erdstraße über **Castrovirreyna** nach **Pisco** (ca. 140 km ab Santa Inés). Linker Hand geht es auf einer guten Piste in 38 km zur **Kreuzung Rumichaca** an der asphaltierten **Via Libertadores**. Biegt man dort links ab, sind es noch 138 landschaftlich sehr schöne

Kilometer nach **Ayacucho** (S. 194). Diese Route führt u. a. über den 4750 m hohen Pass **Abra Apacheta**. Wer in Rumichaca rechts abbiegt, erreicht nach rund 160 km auf einer guten Asphaltstraße **Pisco** an der Pazifikküste.

Von La Oroya über Tingo María nach Pucallpa

Die nördliche Route von La Oroya nach Pucallpa passiert mehrere Höhenzonen und wartet mit einer Reihe von Sehenswürdigkeiten auf. Perus zweitgrößter See **Lago de Junín** lockt mit einer artenreichen Tier- und Pflanzenwelt. Ganz in der Nähe zieht der versteinerte Wald **Santuario Nacional de Huayllay** Besucher an. Nördlich der Minenstadt Cerro de Pasco liegt Huarautambo an der alten **Inkastraße Capac Ñan**, auf der eine mehrtägige Wanderung bis Húanuco Pampo bei La Unión (S. 526) möglich ist. Noch älter sind die präinkaischen **Ruinen von Yarowilka** bei Tantamayo und **Kotosh** bei Huánuco. **Tingo María** lockt mit einer idyllischen Lage zwischen Bergketten und dichten Wäldern und lädt zu Ausflügen zu Höhlen und Wasserfällen ein. Von einer seiner tropischsten Seiten zeigt sich Peru auf dem Weg nach Pucallpa in der üppig begrünten Schlucht **Boquerón del Padre Abad**.

Von La Oroya nach Cerro de Pasco

Rund 50 km nördlich von La Oroya durchfährt man eine weite Hochebene, die geschichtsträchtige **Pampa de Junín**, in der man mit etwas Glück Vicuñas beobachten kann. Hier besiegte Simón Bolívar am 6. August 1824 die spanischen Truppen im Kampf um die Unabhängigkeit. Eine von der Straße aus sichtbare Siegessäule innerhalb des 2500 ha großen **Santuario Histórico Chacamarca** erinnert an die damaligen Ereignisse. Nördlich hiervon wird bald darauf der Ort Junín mit sehr einfachen Übernachtungsmöglichkeiten erreicht. Aufgrund der Höhe von über 4000 m wird es hier nachts meist sehr kalt.

In der Nähe der Stadt liegt das 53 000 ha große Naturschutzgebiet **Reserva Nacional de Junín**, das die Fauna und Flora des zweitgrößten Sees Perus, des **Lago de Junín**, auch **Lago Chichaycocha** genannt, schützt. Rund 130 Vogelarten, darunter zahlreiche Wandervogelarten, leben in den breiten Schilfgürteln des Sees, der leider zunehmend von Bergbaufirmen als Endlager für alle Arten von Abfall genutzt wird. Das Naturschutzgebiet wird von Sernanp in Junín, San Martín 138, ✆ 064-344146, ✉ mjunin@sernanp.gob.pe, verwaltet; Eintritt 5 S/. Den einzigen Zugang zum von Schilf umgebenen See bietet der kleine Ort Huayre an der Ostseite. Ein beliebter Aussichtspunkt für Vogelbeobachter liegt in Ondores an der Westseite des Sees (einfache Unterkunft, Kleinbusse ab Junín).

Cerro de Pasco

Rund 130 km nördlich von La Oroya liegt etwas abseits der Hauptstraße Cerro de Pasco, eine der weltweit am höchsten gelegenen Städte (4330 m). Vor den Augen der Besucher breiten sich trostlose Wellblechdächer vor der beeindruckenden Kulisse der Cordillera Huayhuash (S. 521) aus, die sich im Hintergrund erhebt. Der **Bergbau** hat der Stadt mit seinen rund 30 000 Einwohnern seinen Stempel aufgedrückt. Cerro de Pasco ist um eine riesige Erzgrube gewachsen, aus der Kupfer, Silber, Zink und Blei gefördert werden.

ÜBERNACHTUNG UND ESSEN

Wer in Cerro de Pasco übernachtet, sollte sich auf eisige Kälte gefasst machen. Heizungen sind unbekannt.

Hotel Arenales, Arenales 162, in der Nähe des Busterminals, ✆ 063-423088. Saubere Zimmer (ohne Bad billiger), Warmwasser 24 Std., Elektrodusche. Direkt am Hotel ist ein Geldautomat. ❶

Bembos, Arenales 184, Nähe Hotel Arenales. Kein Ableger der peruanischen Hamburgerkette, sondern spezialisiert auf Grillhähnchen. Hat aber auch Forellen und Salat.

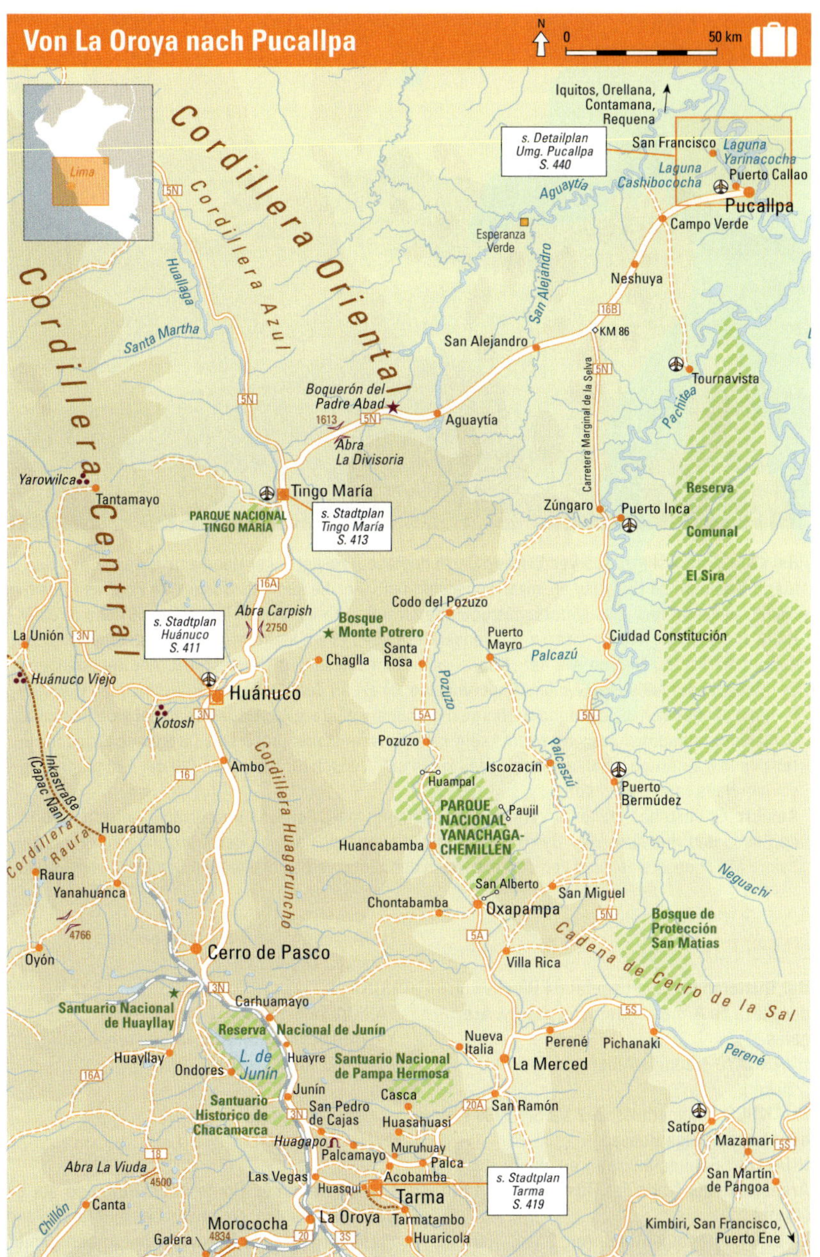

ZENTRALPERU

Bizarrer Steinwald

© FRANK HERRMANN

Bei KM 121 (rund 40 km südwestlich von Cerro de Pasco) zweigt linker Hand eine Erdpiste zum **Santuario Nacional de Huayllay** ab, bizarren Felsformationen, die auch als **Bosque de Piedras** („Steinwald") bekannt sind. Das Naturschutzgebiet erstreckt sich auf einer Fläche von 6815 ha in einer Höhe von 4100 bis 4300 m. Starke Erosionskräfte haben einen steinernen Wald entstehen lassen, der mit markanten Figuren wie der „Kobra" oder dem „Riesenpilz" beeindruckt. Am Haupteingang des Parks in der Nähe des Weilers **Canchachuco**, direkt an der Straße von Huayllay nach Cerro de Pasco, befindet sich die einfache Herberge des Touristenführers Alcibiades Cristóbal Vicente (guten Schlafsack mitnehmen, es wird nachts sehr kalt). Er veranstaltet unterschiedlich lange Wandertouren in den steinernen Wald, und seine Frau kocht auf Wunsch für Besucher. Auf der Grünfläche vor seinem Haus kann man zelten.
Anfahrt: Es bestehen ständige Verkehrsverbindungen mit Colectivos und Combis zwischen Cerro de Pasco und Huayllay. Wer Cerro de Pasco umgehen will, kann an der Kreuzung nach Huayllay beim KM 121 aussteigen und von dort mit einem der häufig vorbeikommenden Combis weiterfahren.

TRANSPORT

Der **Busterminal** liegt ungefähr 4 Blocks von der Plaza de Armas entfernt an der Av. Arenales.
HUANCAYO ständige Abfahrten, 5–6 Std. (250 km).
HUÁNUCO Sammeltaxis, 2–2 1/2 Std. (100 km), oder regelmäßige Busse.
HUAYLLAY Sammeltaxis fahren ab der Av. Arenales in der Nähe des Busterminals, 1 Std. (45 km).
LA OROYA ständige Abfahrten, 2 Std. (130 km).
LIMA mehrmals tgl. mit Transportes Junín, ✆ 063-422358, 8–9 Std. (315 km).
TARMA Sammeltaxis, 2 Std. (150 km).
YANAHUANCA Minivans fahren regelmäßig, 2 Std. (65 km).

Yanahuanca

Diese alternative Route nach Huánuco sei all denen empfohlen, die etwas Zeit mitbringen und die eindrucksvolle Bergwelt der Anden genie-

Wandertipp: Huarautambo – Huánuco Viejo

Rund 5 km westlich von Yanahuanca zweigt von der Straße nach Churín ein steiler Serpentinenweg nach Norden ab, der nach **Huarautambo** auf 3600 m Höhe führt (Combi ab Yanahuanca ca. 30 Min.). Der kleine Weiler ist Ausgangspunkt für die 5-tägige Wanderung nach **Huánuco Viejo** entlang der auf weiten Strecken gut erhaltenen **Inkastraße Capac Ñan**. Maultiere und Guides sind im Dorf verfügbar. Man kann sich in Huarautambo kleinere Inka- und Präinkaruinen ansehen, die die Bewohner stolz zeigen.

ßen wollen. Der sympathische Ort liegt spektakulär auf 3215 m Höhe in einem **Canyon** des wilden Río Chaupihuarango, ca. 65 km nordwestlich von Cerro de Pasco. Von hier aus bestehen direkte Verkehrsverbindungen nach Cerro de Pasco und Huánuco. Es gibt Es gibt keinen öffentlichen Busverkehr Richtung Pazifikküste (Route über Oyón und Churín nach Huacho, S. 523). An der Plaza und in Plaza-Nähe gibt es einfache Unterkunftsmöglichkeiten.

Huánuco

Die Stadt liegt am Oberlauf des Río Huallaga in einem schönen Andental auf 1910 m und macht trotz ihrer rund 120 000 Einwohner einen hinterwäldlerischen Eindruck. Dennoch kann man sich hier im angenehmen Klima der Stadt (Anbau von Zuckerrohr, Kaffee und Koka) gut von den kalten Hochebenen der Anden erholen und ein wenig an die heißen Regionen im Osten anpassen.

Huánuco wurde 1539 an der Stelle der Inkasiedlung Yariwilca gegründet und 1541 an die heutige Stelle verlegt. Kolonialgebäude sind allerdings so gut wie keine mehr erhalten. Abgesehen von einem kleinen naturhistorischen Museum und den **Kolonialkirchen** San Francisco, La Merced und San Cristóbal bietet die Stadt wenig Sehenswertes.

ÜBERNACHTUNG

Hostal Huánuco, Huánuco 777, ✆ 062-512050. Großes altes Kolonialhaus mit ruhigem Ambiente und Garten. Die Zimmer, mit oder ohne Bad, sind groß und günstig, wenn auch etwas abgewohnt (empfohlen wird die Nr. 22). ❷

Suite Hostal Shaddai, 28 de Julio 593, ✆ 062-525766. Große, saubere Zimmer mit Wohnraum (z. T. mit eingerichteter Küche), zur Straße leider etwas laut. ❷

Hotel Cuzco, Huánuco 616, ✆ 062-515070, 💻 www.hotelcuzcohuanuco.com. Ordentliche Zimmer mit Bad und TV. Pool, Restaurant, Parkplatz. ❷

Huánuco Pampa Suites, General Prado 636, ✆ 062-517091, ✉ reservas@huanucopampa suite. Zimmer in modernem Design, alle mit Privatbad, TV und Minibar. Frühstücksbuffet inkl. ❸

Grima Hotel, Dámaso Beraún 880, ✆ 062-513649, 💻 www.grimahotel.pe. In guter Lage mit geräumigen Zimmern, AC. Aufzug, Parkplatz. Frühstücksbuffet inkl. ❹

ESSEN

Buena Vida, Abtao 951. Guter Vegetarier mit Frühstück und günstigen Mittags- und Abendmenüs. 🕒 Mo–Sa 7–21, So 7–16 Uhr.

Café Ortiz, 28 de Julio 898, Ecke Prado. Alteingesessenes Café, das mit seinen günstigen Preisen bei Einheimischen beliebt ist. 🕒 tgl. 7.30–12, 15.30–22 Uhr.

Nature Center, 2 de Mayo 970. Vegetarisches Frühstück, Säfte, Sandwiches. 🕒 Mo–Sa 8–22 Uhr.

Pizzería Don Sancho, Prado 645. Serviert neben Pizza auch Pasta und führt peruanische Weine. 🕒 tgl. 18.30–23 Uhr.

Tradiciones Huanuqueñas, Jr. Huallayco 2444, rund 2 km nördl. des Zentrums. Etwas außerhalb gelegenes Spezialitätenrestaurant. Gutes *Cuy* (gegrilltes Meerschweinchen). Mototaxi nehmen! 🕒 tgl. 8–17 Uhr.

UNTERHALTUNG UND KULTUR

Angesagt sind die Disco **Kilombo**, 2 de Mayo 102, die Kneipe **Alambique**, Dámaso Beraún 635, die **Trapiche Bar-Ecológico**, 2 de Mayo 945 (auch tagsüber geöffnet), und die schräg gegenüberliegende **Trapiche Karaoke Bar**, 2 de Mayo 924.

TOUREN

Hightours, Dámaso Beraún 827, ✆ 062-517203, 💻 www.hightours.pe, bietet Touren in die Umgebung an (auch Trekking, Rafting) und verkauft Atsa-Flugtickets (s. Flüge).

SONSTIGES

Einkaufen

Centro Artesanal Huanuqueño, Dámaso Beraún 667. Kunsthandwerk. 🕒 tgl. 9–21 Uhr.

Feste

Letzte Juliwoche: Festival de Perricholi mit diversen Aktivitäten.
12.–17. August: Aniversario de Huánuco, Stadtgründungsfest mit Ausstellungen, Folkloregruppen, Ausflügen.
27.–29. Oktober: Festividad del Señor de Burgos, Patronatsfest mit Umzügen und Prozessionen.

Geld

Mehrere **Geldautomaten** finden sich an der Plaza und in den Nebenstraßen.

Informationen

DIRCETUR, Jr. Bolivar 381, ✆ 062-512980. 🕒 Mo–Fr 8–13, 15–18 Uhr.
Dirección Desconcentrada de Cultura, Ayacucho 750, Plazuela St. Domingo, ✆ 062-512507, ✉ huanuco@cultura.gob.pe. Infos zu den archäologischen Stätten der Umgebung. 🕒 Mo–Fr 8.30–12.30, 13.15–17 Uhr.

Medizinische Hilfe

Clínica Huánuco, Constitución 980, ✆ 062-514026.

Polizei

Comisaría de Turismo, Prolongación Abtao 979, ✆ 062-513529, Touristenpolizei.

TRANSPORT

Busse und Colectivos

Gesellschaften

Bahía Continental, Valdizán 718, ✆ 062-514673
Comité de Automóviles 5, General Prado 1097
El Chavalito, Independencia 656, ✆ 962889830
San Juan, Uicua 382 (Carretera Central), ✆ 947455590
Tocache Express, Prado 1001, ✆ 062-525037
Transportes GM, 28 de Julio 535, ✆ 062-519770
Turismo Central, Tarapacá 598, ✆ 962770477
Turismo Real, 28 de Julio 580, ✆ 062-518022

Verbindungen

CERRO DE PASCO Sammeltaxis fahren vom Óvalo de Kayhuayna ca. 3 km westlich des Zentrums (ab 5 Uhr, 2 Std., 105 km). Mototaxi nehmen!
HUANCAYO (Turismo Central) nur abends, 7 Std. (362 km).
LA UNIÓN Sammeltaxis fahren vom Block 3 der Tarapacá, wenn sie voll sind. Finden sich 4 Passagiere, ist auch eine Direktfahrt nach HUARAZ (7 Std.) möglich. 4 Std. (137 km).
LIMA (Transportes GM, Turismo Real und andere) meist abends, mehrere Abfahrten, 10 Std. (410 km).
PUCALLPA (Turismo Central) abends, 8–9 Std. (375 km).
TANTAMAYO Sammeltaxis fahren vom Block 5 der San Martín, wenn sie voll sind, 5–6 Std. (157 km).
TARAPOTO Sammeltaxis (Tocache Express) fahren, wenn sie voll sind, über TOCACHE und JANJUÍ, 8–10 Std. (ca. 600 km).
TINGO MARÍA (Comité de Automóviles 5 und andere) Sammeltaxis, 2 Std. (129 km). Eine Stunde länger (dafür billiger) brauchen die San-Juan-Kleinbusse ab der Carretera Central.

ESSEN	SONSTIGES	TRANSPORT	
1 Tradiciones Huanuqueñas	1 Alambique	1 El Chavalito	6 Tocache Express
2 Restaurant Buena Vida	2 Centro Artesanal Huanuqueño	2 Bahía Continental	7 Sammeltaxis nach Tantamayo
3 Pizzeria Don Sancho	3 Hightours	3 Sammeltaxis nach La Unión	8 Turismo Central
4 Café Ortiz	4 Trapiche Bar-Ecológico	4 Comité de Automóviles 5	9 Transportes GM
5 Nature Center	5 Trapiche Karaoke Bar	5 San Juan (Kleinbusse Tingo María, Tocache, Pucallpa)	10 Turismo Real
	6 Dirección Desconcentrada de Cultura		11 Sammeltaxis nach Cerro de Pasco
	7 Kilombo		

YANAHUANCA (El Chavalito) um 8.30 und 13 Uhr, 3 1/2 Std. (95 km). Fährt über AMBO.

Flüge

Der **Flughafen**, ✆ 062-513066, liegt ca. 8 km nördlich der Stadt.
Colectivos fahren mit Fahrtziel Collpa von der Prado, Ecke San Martín. Taxi 15 S/., Mototaxi 10 S/.
Atsa, 💻 www.atsaairlines.com, fliegt mehrmals wöchentlich nach LIMA (ca. 1 Std.). Tickets online oder bei Hightours, s. „Touren“.

Die Umgebung von Huánuco

Mehr zur Straßenverbindung von Huánuco über La Unión (Ruinen von Huánuco Viejo) nach Chiquián (Cordillera Huayhuash) steht auf S. 498.

Die Ruinen von Kotosh

Nach nur rund 6 km entlang der Straße nach La Unión gelangt man zu den Tempeln von Kotosh am Ufer des Río Higueras. Mit ihrer Entstehung um 2500 v. Chr. zählt die Ausgrabungsstätte zu den **ältesten Kultstätten Perus**.

ZENTRALPERU

Es handelt sich um eine mehrschichtige Anlage auf mehreren künstlichen Plattformen, an der japanische Archäologen in den 1960er-Jahren den steinernen Tempel der kleinen Nischen, den **Templo de Nichitos**, und den Tempel der gekreuzten Hände, **Templo de las Manos Cruzadas**, freigelegt haben. An der Anlage hat man Nachbildungen angebracht; die Originale sind im Museo de la Nación in Lima ausgestellt. Die Bewohner von Kotosh benutzten bereits 3500 Jahre vor den Inka die Trapezform zur Ausgestaltung der Wandnischen. Inzwischen wurden ein anschauliches Ortsmuseum und eine Hängebrücke über den Río Higueras gebaut. ⏲ tgl. 8–17.30 Uhr, Eintritt 5 S/. Anfahrt mit dem Mototaxi 5 S/. pro Strecke.

Bosque Monte Potrero

Das 825 ha große, rund 1 1/2 Autostunden östlich von Huánuco gelegene, private Schutzgebiet ist besonders bei **Vogelbeobachtern** beliebt. Die lokale Gemeinde setzt auf Ökotourismus und bietet geführte, mehrstündige Touren in das Waldgebiet auf Höhen zwischen 2400 und 3200 m Höhe, zu buchen bei der Comunidad de Umari, ✆ 9980630512, ✉ bosquemontepotrero@gmail.com. Anfahrt ab Huánuco mit Colectivos in Richtung Umari/Pachitea ab der Bolívar, Ecke Ayacucho, aussteigen in La Punta, von dort ca. 30 Min. zu Fuß. ⏲ tgl. 8–18 Uhr, Eintritt 2 S/.

Tantamayo

In der Nähe des kleinen Andendorfs Tantamayo liegen die präinkaischen **Ruinen der Yarowilca-Kultur**, die auf einer Fläche von rund 50 km² mehr als 50 Strukturen – darunter mehrstöckige Wachtürme – errichtete. Nach hartem Widerstand eroberten die Inka das Gebiet. Tantamayo ist entweder von Huánuco (s. „Huánuco/Transport“, S. 410) oder von La Unión (S. 526) aus zu erreichen. Die verstreut liegenden Ruinen wie etwa Japallan, Selinin oder Suspillu sind drei bis vier Gehstunden von Tantamayo entfernt. Guides sind im Ort verfügbar. Es gibt einfache Unterkunftsmöglichkeiten und Restaurants mit sehr bescheidener Qualität.

Tingo María

Auf den 120 km von Huánuco nach Tingo María windet sich die Straße zunächst auf den 2750 m hohen Carpish-Pass (KM 452), auf dem ein Tunnel durchquert wird. Auf beiden Seiten des Tunnels bieten sich schöne Ausblicke. Das Gebiet ist für seine Orchideen-Vielfalt bekannt. Immer steiler werdend, führt die Straße zunächst entlang des Río Cayuma die feuchten Abhänge der Ostanden hinab, ehe sie weiter unten dem Verlauf des Río Huallaga folgt. Mehrmals verengt sich die Straße schluchtenartig, und überall bahnt sich Wasser seinen Weg durch die üppig grüne Vegetation. Am Straßenrand sieht man Kaffee-, Bananen- und Papayaplantagen.

Nach rund zwei Stunden wird die 64 000 Einwohner zählende Stadt Tingo María auf nur noch 665 m erreicht. Der dynamisch wachsende Ort besticht weniger durch sein Stadtbild als durch die Lage inmitten dicht bewachsener Bergketten. Eine davon, im Südosten von Tingo María gelegen, wird **La Bella Durmiente** („die schlafende Schönheit“) genannt. Das Bergprofil ähnelt einer schlafenden Frau und ist das Wahrzeichen der Stadt.

Aufgrund seiner Lage an den Andenostabhängen ist in Tingo María das ganze Jahr über mit Niederschlägen zu rechnen. Die meisten der jährlichen rund 3000 mm fallen zwischen Dezember und Mai. Während es tagsüber heiß und schwül werden kann, kühlt es abends angenehm ab.

Ganz interessant ist der **Jardín Botánico**, Pimentel, Ecke Sucre, der von der Universität UNAS verwaltet wird. Auf einer Fläche von 4 ha sind rund 1500 Baum- und Pflanzenarten (darunter auch Orchideen) der Region zu sehen. ⏲ Mo–Sa 8–12 Uhr, Eintritt 3 S/.

Im **Zoo** der Universität UNAS, etwa 1 km südlich von Tingo María, kann man sich die einheimische Fauna anschauen. Die Tiere wurden zumeist von der Polizei beschlagnahmt und sollen wieder ausgesetzt werden. Leider fehlen finanzielle Mittel zur artgerechten Umsetzung dieses Vorhabens. Einmalig ist die Insektensammlung der Universität mit Tausenden von Exemplaren. ⏲ tgl. 8–17 Uhr, Eintritt 3 S/.

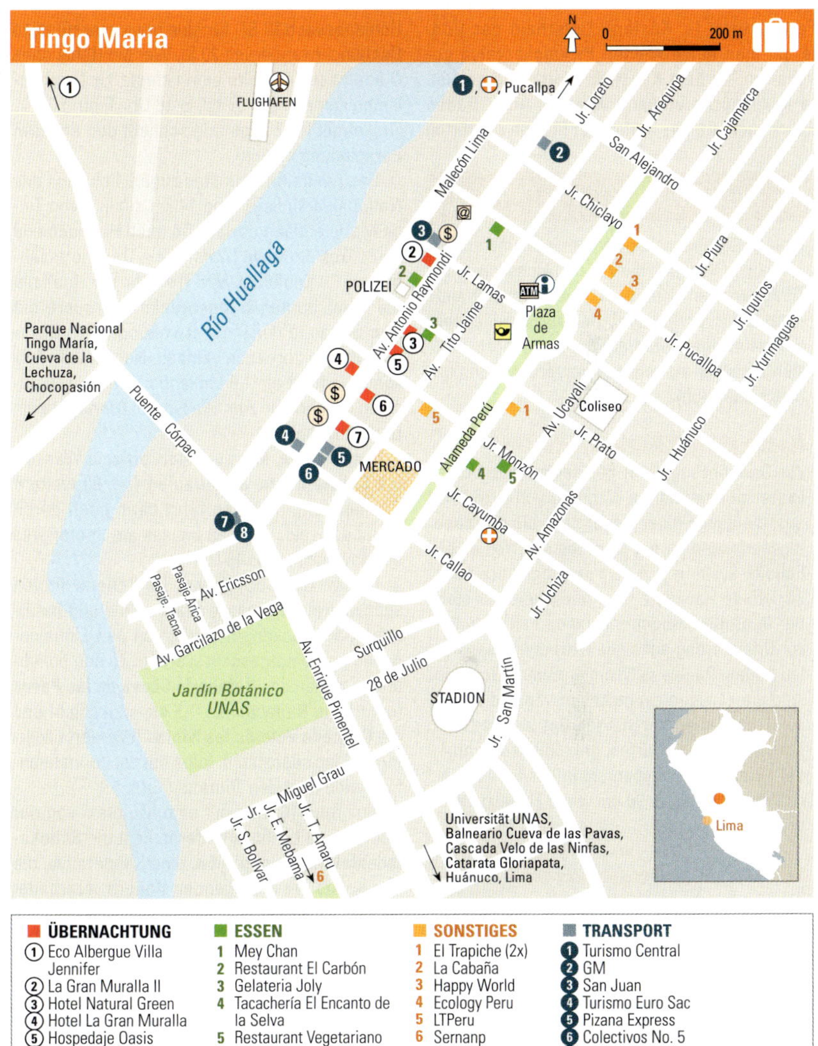

In der Umgebung

Südwestlich der Stadt erstreckt sich auf einer Fläche von 4777 ha der **Parque Nacional Tingo María**, der bereits seit 1965 existiert. Er wird vom Río Huallaga und Río Monzón begrenzt und schützt die Wälder und die vielfältige Fauna der Region. Im Naturschutzgebiet liegt die große, aber nicht sehr tiefe Tropfsteinhöhle **Cueva de la Lechuza**, nur 6,5 km von Tingo entfernt (Anfahrt s. „Transport/Nahverkehr"). Hier lebt der seltene

Fettschwalm (s. Kasten). Unterhalb der Höhle hat man einen kleinen Picknickbereich geschaffen, an dem Kunsthandwerk und gekühlte Kokosnüsse verkauft werden. Auch Baden ist möglich. Guides verlangen für den geführten Höhlenbesuch 10 S/., für eine etwa zweistündige Dschungelwanderung 20 S/. Wer die Höhle ohne Guide besucht, sollte eine lichtstarke Taschenlampe mitnehmen! ⌚ tgl. 6–18 Uhr, Eintritt 30 S/. (Ticket gilt für 2 Tage und schließt den anderen Parkeingang mit ein).

Der zweite für Touristen zugängliche Teil des Nationalparks liegt rund 14 km südlich von Tingo María entlang der Straße nach Huánuco und heißt **Tres de Mayo** (Anfahrt s. „Transport/Nahverkehr"). Zunächst wird hier der Río Huallaga auf einer breiten Hängebrücke überquert, die zum Gebäude der Parkverwaltung führt. Besucher dürfen dort auch campen. Nach der Ticketkontrolle führt ein 1,8 km langer Weg durch üppigen Primärwald zum Wasserfall **Gloriapata** mit Bademöglichkeit.

Wer möchte, kann von dort bis zum Wasserfall **Sol Naciente** weiterlaufen (ca. 90 weitere Gehminuten); der Weg führt dann auch durch Sekundärwald. Wichtig: Einlass am Sector Tres de Mayo ist nur bis 15 Uhr!

In der Umgebung des Städtchens finden sich zahlreiche weitere Wasserfälle und natürliche Badebecken, die auch von den Einheimischen gerne aufgesucht werden. Zu den beliebtesten zählen das **Balneario Cueva de las Pavas** (natürliche Badebecken, 7,5 km südöstlich) und die **Cascada Velo de las Ninfas** (Wasserfallklettern, 17 km südöstlich). Infos bei der Touristeninformation oder den Touranbietern.

Nur rund 10 Min. mit dem Mototaxi von der Cueva de la Lechuza entfernt, liegt die **Schokoladenfabrik Chocopasión**, eine Kooperative, die den Kakao der umliegenden Bauern verarbeitet und kurze, kostenlose Führungen anbietet. Als Gegenleistung erhofft man sich danach den Verkauf der Produkte. ⌚ tgl. 8–17 Uhr.

Der Fettschwalm

In den Höhlen um Tingo María lebt eine ungewöhnliche Vogelart, die von den Einheimischen *Guácharo* genannt wird. Der Fettschwalm *(Steatornis caripensis)*, der zur Familie der Schwalmvögel *(Steatornithidae)* gehört, hält sich tagsüber auf felsigen Vorsprüngen innerhalb seiner Höhle auf.

Nachtaktiver Höhlenbewohner

Zur Orientierung stößt der nachtaktive Vogel Laute mit einer hohen Frequenz von 6–10 KHz aus, die denen einer Fledermaus ähneln, aber für Menschen hörbar sind. Sie sind Teil eines Echolot-Systems, mit dem der Vogel innerhalb der Höhle navigiert. Im Freien verlässt sich der in großen Kolonien lebende Fettschwalm zur Orientierung auf seine extrem lichtsensiblen Augen. Die bis zu 33 cm großen *Guácharos* sind die einzigen nachtaktiven Vögel, die sich von Früchten ernähren. Während sie die Nahrung mit ihrem scharfen, gekrümmten Schnabel aufbrechen, bleiben sie in der Luft. Dabei ist ihnen ihre bis zu 90 cm weite Flügelspanne von großem Nutzen.

Fressen und gefressen werden

Zur Lieblingsspeise des Fettschwalms gehören stark ölhaltige Früchte, die sie auch an die zwei bis vier Jungen pro Nest verfüttern. Erstaunlicherweise erreichen die anfangs nackten Jungvögel dabei das doppelte Gewicht der Eltern. Wenn ihr Federkleid zu wachsen beginnt, verlieren sie den Babyspeck. Nicht nur in der Vergangenheit wurden junge Fettschwalme wegen ihres hohen Fettgehalts gejagt. Auch heute noch kommt es vor, dass ganze Höhlen ausgeräuchert werden, um an die Tiere zu gelangen.
Am einfachsten lassen sich Fettschwalme in der Cueva de la Lechuza (S. 413) beobachten.

ÜBERNACHTUNG

Die billigeren Unterkünfte verfügen nur über kaltes Wasser. Die Zimmer zur Straße sind in allen Hotels laut!

€ **Hospedaje Oasis**, Av. Raymondi 342, ✆ 062-283815. Gute Low-Budget-Option, sauber und in zentraler Lage. Alle Zimmer haben Bad, Ventilator und Fernseher. ❶

€ **Hostal Palacios**, Av. Raymondi 158, ✆ 062-562319, ✉ hotel-palacios@hotmail.com. Zentral gelegene, preiswerte Unterkunft, die über Zimmer mit Bad und sehr spartanische ohne Bad und TV (für nur 25 S/.) verfügt. Restaurant, Wäscheservice. ❶

Hotel Internacional, Raymondi 232, ✆ 062-563035. Saubere Zimmer mit großem Bad und Warmwasser (Solarenergie), Ventilator und TV. ❶

Hotel La Gran Muralla, Av. Raymondi 277, ✆ 062-562934, 💻 www.hotel-lagranmuralla.com. Zimmer mit TV, Ventilator und guten Betten. Sauberes Bad und Warmwasser. Parkplatz, Cafeteria. Die Zimmer im Haus 2 in der Raymondi 487, ✆ 062-562666, sind ähnlich, was Preis und Ausstattung angeht. ❷

Hotel Natural Green, Raymondi 378, ✆ 062-561272, 💻 www.hotelnaturalgreen.com. Das moderne Haus vermietet gute Zimmer mit Warmwasser und TV. Aufzug vorhanden. ❸

Helikonienpracht im Regenwald

© FRANK HERRMANN

Eco Albergue Villa Jennifer, KM 3,4 Castillo Grande, ✆ 062-561555, 💻 www.villajennifer.com. Die 10 ha große grüne Oase liegt 10 Minuten westlich von Tingo María (Mototaxi 5 S/.). In einem großzügigen Garten mit zwei Swimmingpools und einem kleinen Wald mit Mirador finden sich geräumige Zimmer mit Bad. Die ruhige Anlage unter dänisch-peruanischer Leitung verfügt über ein Restaurant (Frühstück inkl.) und eine Minigolfanlage. Birdwatcher finden mehr als 100 Arten auf dem Gelände vor. Mit etwas Glück lassen sich auch Affen und Leguane beobachten. Tagesbesucher können die Anlage tgl. von 10.30–18 Uhr für 30 S/. nutzen (Mittagessen inkl.). ❸

ESSEN

El Carbón, Raymondi 435, 2. Stock. Breites Angebot regionaler Küche, Grillgerichte. 🕒 tgl. 12–23.30 Uhr.

Gelatería Yoly, Prato 266. Café mit guter Auswahl an Kuchen und Säften, auch Frühstück, aber kein Eis! 🕒 Mo–Sa, 8–13, 16–22 Uhr.

Mey Chan, Pucallpa 220. Guter Chinese. 🕒 tgl. 11–14, 18–23 Uhr.

Restaurant Vegetariano „Como vivir sano", Monzón 468. Vegetarier mit günstigen Mittags- und Abendmenüs. 🕒 So–Fr 7–21 Uhr.

Tacachería El Encanto de la Selva, Av. Alameda Perú 288. Typische Gerichte der Region. 🕒 tgl. 7–22 Uhr.

UNTERHALTUNG UND KULTUR

Lokale Schnäpse, Cocktails, aber auch Wassereis aus regionalen Früchten und Snacks kann man in der Bar **El Trapiche**, Alameda Perú 764, und in der neueren Filiale, Alameda Perú 360, probieren. 🕒 beide tgl. 11–3 Uhr.

Am Wochenende locken die Discos **Happy World**, 4. Block der Pucallpa, und **La Cabaña**, Alameda Block 4.

TOUREN

Im Block 5 der Alameda Perú haben sich mehrere Anbieter niedergelassen, darunter **Ecology Peru**, Alameda Perú 588, ✆ 993145850,

Wandertipp: In zwei Tagen durch den Nationalpark Tingo María

Ecology Peru (s. „Touren“) bietet zweitägige Wandertouren durch den Parque Nacional Tingo María an (180 S/. p. P., mind. 2 Pers., alles inklusive außer Nationalparkeintritt). Dabei werden am ersten Tag zwei Wasserfälle passiert und der Felsenhahn beobachtet (Gehzeit 5–6 Std.). Übernachtet wird in Zelten im Dorf Juan Santos Atahualpa. Der 2. Tag führt durch Wald und endet mit der Besichtigung der Cueva de las Lechuzas (Gehzeit 5–6 Std.).

💻 www.ecologyperu.com, siehe auch Kasten oben. Bei ihnen kann man außerdem lokal erzeugten Kaffee, Kakao und Honig kaufen. Die Touristeninformation kann zuverlässige Guides vermitteln, ebenso wie Villa Jennifer (siehe „Übernachtung“).

SONSTIGES

Feste

Am 24. Juni trifft sich der ganze Ort am Flussufer, wenn die **Fiesta San Juan** mit Tanz, Musik und lokalen Spezialitäten *(Juanes)* gefeiert wird. Mitte Oktober findet zum Gedenken an die Stadtgründung die **Semana Turística** statt.

Geld

Mehrere Banken säumen die Av. Raymondi. Neben der Touristeninformation ist ein Multired-Geldautomat angesiedelt.

Informationen

Información Turística, Alameda Perú 525, ✆ 062-562058. Touristeninformation der Stadtverwaltung. 🕒 Mo–Fr 8–13, 14.30–17.15 Uhr.
Sernanp, Elias Mebama 290, ✆ 062-563559, 💻 www.sernanp.gob.pe. Kann Auskünfte zum Parque Nacional Tingo María geben.

Medizinische Hilfe

Hospital Regional, KM 3,5 an der Carretera a Naranjillo, ✆ 062-562018.

Polizei

Raymondi, Ecke Prato, Notruf ✆ 105.

NAHVERKEHR

Ein **Mototaxi** in der Stadt kostet 2 S/., zum Flughafen 2–3 S/. Der Abfahrtsort der Mototaxis zur Cueva de la Lechuza (2,50 S/. p. P.) befindet sich neben Bahía Continental (s. „Transport“) und zum Sector Tres de Mayo des Nationalparks Tingo María (2,50 p. P.) an der Callao, Ecke Tito.

TRANSPORT

Busse, Vans und Colectivos

Gesellschaften

Bahía Continental, Pimentel 188, ✆ 062-504475
Colectivos No. 5, Raymondi 108
GM, Raymondi 740, ✆ 062-561895
Pizana Express, Callao 223, ✆ 062-561087
San Juan, Raymondi, Ecke Lamas, ✆ 945977104
Turismo Central, Raymondi 967, ✆ 062-562668
Turismo Euro Sac, Callao 181, ✆ 995231319

Verbindungen

HUANCAYO (Turismo Central) abends, 9 Std. (480 km).
HUÁNUCO Colectivos No. 5 fahren, wenn sie voll sind, 2 1/2 Std (120 km). Billiger, dafür langsamer sind Kleinbusse (San Juan).
LIMA (GM, Bahía Continental) morgens (nur Bahía Continental) und abends, mehrere Abfahrten, 12 Std. (543 km).
PUCALLPA abends (Turismo Central) und ständig, wenn voll (u. a. Vans und Colectivos von Euro Sac), 6 Std. (290 km). Weitere Anbieter rund um den Block 1 der Raymondi.
SATIPO (Turismo Central) nachmittags, ca. 15 Std. (390 km), über TARMA und LA MERCED.
TARAPOTO Sammeltaxis (Pizana Express), 8–10 Std. (491 km), über TOCACHE (2 1/2 Std.) und JUANJUÍ (6 Std.) und weiter bis MOYOBAMBA. Weitere Anbieter in der Av. Raymondi.

Die palmengesäumte Alameda Perú in Tingo María lädt zum Bummeln ein.

Flüge

Der **Flughafen** liegt auf der anderen Seite des Río Huallaga.

Atsa, 💻 www.atsaairlines.com, fliegt mehrmals wöchentlich nach LIMA (ca. 1 Std.). Tickets online oder im Reisebüro **LTPeru**, Monzón 304, ✆ 917833180.

Von Tingo María nach Pucallpa

Noch knapp 300 km sind es bis Pucallpa, auf einer überwiegend guten Asphaltstraße – mit Ausnahme des Teilstückes oberhalb des Boquerón del Padre Abad, das immer mal wieder unter Schlammlawinen begraben wird.

100 km nordöstlich von Tingo María führt die Strecke durch eine fantastische Schlucht. Diese Engstelle wurde Mitte des 18 Jhs. vom Franziskanermönch Abad entdeckt, dessen Namen der **Boquerón del Padre Abad** auch heute noch trägt. Die Steilwände ragen mehrere Hundert Meter hoch, und von allen Seiten schießen Wasserfälle inmitten der dichten Vegetation herab. Bald darauf wird der Ort **Aguaytía** erreicht, wo eine 850 m lange Brücke den gleichnamigen Fluss überspannt. Die restlichen 140 km nach Pucallpa (S. 431) sind flach und verlaufen ohne Höhepunkte.

Von Tingo María nach Tarapoto

Die Carretera 5 N, die Tingo María und Tarapoto über knapp 500 km verbindet, führt durch das **Huallaga-Tal**, ehemals eines der größten Drogenanbaugebiete Perus. Heute ist das Reisen hier ungefährlich. Statt Koka dominiert nun der Anbau von Ölpalmen, Kakao, Bananen und Reis.

Nach rund 140 km auf guter Asphaltstraße wird mit **Tocache** der erste größere Ort passiert. Er liegt am Río Huallaga und hat touristisch wenig zu bieten. Gut übernachten lässt es sich im Hotel España, Progreso y Pedro Gómez 783, ✆ 062-504500, ✉ hotel_esp7@hotmail.com, ❷.

Die 170 km lange Strecke (Fahrtzeit mit Sammeltaxis ca. 3 1/2 Std.) zwischen Tocache und **Juanjuí** (s. „Tarapoto/Touren“, S. 557) beginnt und endet asphaltiert, der Großteil der landschaftlich reizvollen Route ist aber weiterhin eine Schlaglochpiste, die allerdings geteert werden soll. Von Juanjuí aus sind es weitere zwei Stunden Fahrt über Asphalt nach **Tarapoto** (S. 555). Wer von Juanjuí direkt zur **Laguna Sauce** (S. 560) gelangen möchte, kann sich an der Abzweigung zur Fähre über den Río Huallaga absetzen lassen und dort jeden beliebigen Kleinbus Richtung Sauce nehmen.

Von La Oroya über La Merced nach Pucallpa

Eine weitere Hauptverkehrsachse Zentralperus verbindet das andine Oroya gen Nordosten mit der Dschungelstadt Pucallpa und führt dabei durch diverse Kultur- und Naturräume. Ein regionaler Hotspot ist **Tarma**, bekannt für seine aufwendigen Osterprozessionen. Mehrtägige Andenwanderungen durchs **Santuario Nacional de Pampa Hermosa** lassen sich von Huasahuasi oder San Ramón arrangieren. Bei Huasqui beginnt eine Halbtagestour auf der **Inkastraße Capac Ñan**. Weiter nördlich schlägt rund um **Villa Rica** Perus Herz des Kaffeeanbaus. In **Oxapampa** und **Pozuzo** hinterließ die Einwanderergeschichte Spuren deutsch-österreichischer Kultur – beides sind gute Ausgangspunkte für Exkursionen in den Bergwald des **Parque Nacional Yanachaga-Chemillén**. Entlang der Flussläufe zwischen Satipo und Puerto Bermúdez und weiter nördlich in der **Reserva Comunal El Sira** leben die Asháninka-Indigenen noch weitgehend traditionell, Ganz im Norden der Region locken die Urwaldseen **Yarinacocha** und **Cashibococha**.

Tarma

Die „Perle der Anden" – wie das nette Städtchen auf 3050 m Höhe sich selbst gern nennt – liegt knapp 60 km nordöstlich von La Oroya. Die Einwohnerzahl hat inzwischen rund 72 000 erreicht.

Der Ort am Oberlauf des Río Chanchamayo ist ein bedeutendes Anbaugebiet für Gemüse und Blumen. Letztere kommen gehäuft während der aufwendig gefeierten **Osterfeierlichkeiten** zum Einsatz. Dann verwandelt sich die Stadt in ein Meer aus Blütenteppichen, überspannt von Blumenbögen, die den Prozessionen ihren Weg weisen. 3200 m² maß der größte Blumenteppich im Jahr 1999 und fand damit Einzug ins *Guinessbuch der Rekorde*.

Tarma kann auf eine lange Geschichte verweisen, was die vielen archäologischen Fundstellen der Umgebung belegen. Die meisten von ihnen sind allerdings wenig erforscht. Die **Sala de Exposición Odría** im Gebäude der Touristeninformation an der Plaza widmet sich dem Leben von General Manuel A. Odría, peruanischer Präsident von 1948–1956. 🕒 Mo–Fr 8–13, 15–18 Uhr, Eintritt frei.

ÜBERNACHTUNG

Während der verschiedenen Festivitäten (u. a. Ostern) ziehen die Preise spürbar an.

Hotel Colonial Tarmeño, Lima 628, ✆ 064-400082. Geräumige, saubere Zimmer mit Holzfußboden, gutem Bad und TV. Parkplatz. ❷

Hostal Vuelo del Cóndor, 2 de Mayo 471, am Markt, ✆ 064-317554. Gute, moderne Zimmer (zur Straße laut) mit sauberem Bad und TV. Parkplatz. ❷

Hospedaje Hacienda Santa María, Vista Alegre 1249, Sacsamarca, ca. 5 Min. mit dem Taxi vom Zentrum entfernt, ✆ 064-321232, 💻 www.haciendasantamaria.com. Landhaus aus dem 18. Jh., das zum historischen Monument erklärt wurde. Rustikale Zimmer im Kolonialstil mit Bad und Warmwasser, z. T. mit Kamin. WLAN nur an der Rezeption. Gutes Frühstück inkl. ❸–❹

Hacienda La Florida, 6 km nördlich von Tarma in Richtung La Merced, ✆ 064-341041, 💻 www.haciendalaflorida.com. Das Landgut (u. a. Anbau von Artischocken), das ein deutsch-peruanisches Paar leitet, wurde zu einer Herberge erweitert. Die Zimmer sind gemütlich, das Essen stammt aus dem eigenen Biogarten, und wer möchte, kann morgens früh Kühe melken gehen. Abends sitzt man dann am Kamin und trinkt Tees aus dem Kräutergarten. Kleiner Laden, Streichelzoo, Camping und Halbpension möglich, inkl. Frühstück. ❺, Jan–März ❹

ESSEN UND UNTERHALTUNG

Richtig guten Kaffee bekommt man bei **Pirqa Coffee**, Arequipa 362, 🕒 Di–So 18–2 Uhr, und im **Coffee&friends**, Lima 746, 🕒 tgl. 9–14, 17–22 Uhr. Während man im Pirqa Coffee netter sitzt, wird der Kaffee bei Coffee&friends auch geröstet.

Chanchamayo Highland Coffee, Lima 515. Leckeres Eis aus Biofrüchten, Kaffee und frischer O-Saft, s. auch „Einkaufen". 🕒 tgl. 8–21 Uhr.

Daylo, Castilla 118. Gute, variantenreiche peruanische Küche in gehobener Qualität. 🕒 tgl. 12–23.30 Uhr.

El Manantial, Lima 696. Günstiges, gesundes Frühstück, Obstsalat, Säfte, Sandwiches. 🕒 tgl. 8–21 Uhr.

El Rosal, Huaraz 305. Gute regionale Küche. 🕒 Mo–Fr 8.30–21, Sa, So 8.30–18 Uhr.

Le Break, Arequipa, Ecke Huancayo. Gute Pizza-Auswahl, Pastas, Omelettes, Sandwiches und Drinks bei guter Musik. 🕒 tgl. 15.30–24 Uhr.

Salud y Vida, Arequipa 677, 🕒 So–Fr 7–16 Uhr, und **Tu Mundo Vegetariano**, Arequipa 695, 🕒 Mo–Do 7.30–21, Fr 7.30–16 Uhr, sind günstige vegetarische Restaurants.

Ganz ordentliche Pubs sind **Colonia H**, Callao 882, zwischen Jauja und Pasco, und **Deja Vu** (mit Karaoke) am Boulevard zwischen der Lima und Arequipa.

FESTE

Prozessionen, Blumenbögen und Blütenteppiche lassen sich nicht nur während der

Osterfeierlichkeiten (S. 418) bewundern, sondern auch im Oktober während der Fiesta zu Ehren des **Señor de los Milagros**. Außerdem feiert man in Tarma im Februar **Karneval** und Ende Juli das **Patronatsfest**.

TOUREN

Touranbieter finden sich vor allem in der Moquegua, zwischen Lima und Callao, z. B. **Perla Tours**, Moquegua 615, ✆ 998080812, 💻 www.perlatours.com.pe.

SONSTIGES

Einkaufen

Do und So sind die Haupttage auf dem **Mercado Modelo**.
Kunsthandwerk wird in San Pedro de Cajas angeboten (s. „Die Umgebung von Tarma").
Chanchamayo Highland Coffee, s. „Essen", hat eine breite Auswahl an Bioprodukten, darunter Kaffee, Schokolade, Marmeladen, Liköre, Joghurt, Käse, Honig.

Informationen

Touristeninformation, 2 de Mayo, an der Plaza, ✆ 064-321010, Durchwahl 8. ⌚ Mo–Fr 8–13, 15–18 Uhr.

Medizinische Hilfe

Hospital Regional, Av. Pacheco 362, Notfälle ✆ 064-323311.

NAHVERKEHR

Im Stadtbereich kosten **Mototaxis** 1 S/. p. P.

TRANSPORT

Busse und Colectivos

An der Vienrich, Ecke Castilla liegt das **Terminal Terrestre**. Von hier fahren die meisten Busse ab. Um das Terminal herum liegen die Abfahrtsorte von Combis und Sammeltaxis.

Gesellschaften
Transportes Junín, Amazonas 669, ✆ 064-321234

Terrassenfeldbau prägt die Umgebung von Tarma.

ZENTRALPERU

Leichte Halbtageswanderung auf dem Capac Ñan

Der **Capac Ñan**, die Hauptstraße der Inka, die einst Quito mit Cusco verband, führt an Tarma vorbei. Um den Einstieg zu finden, nimmt man ein Sammeltaxi vor dem Terminal Terrestre von Tarma nach **Huasqui** (Straße Richtung La Oroya) und sagt dem Fahrer, dass man am „Camino Inca" raus möchte (Fahrtzeit ca. 15 Min.). Der fast immer deutlich sichtbare Weg läuft leicht ansteigend am Berghang entlang. Nach etwa einer Stunde Gehzeit unterquert man eine große Stromleitung, und nach rund zwei Stunden hat man auf einem kleinen Plateau den höchsten Punkt der Wanderung erreicht. Hier lässt sich prima rasten. Geradeaus geht es nun bergab, bis man nach 20–30 Minuten ein (meist) ausgetrocknetes Bachbett überquert und der nun breiter werdende Weg einen Linksknick macht, sich aber weiterhin am Berghang entlangzieht und kaum an Gefälle verliert, bis man nach insgesamt rund vier Stunden Gehzeit das Dorf **Tarmatambo** erreicht, das an der Hauptstraße zwischen Tarma und Jauja liegt. Von hier ist es kein Problem, mit Combi oder Sammeltaxi zurück nach Tarma zu gelangen. Wer früh losgegangen ist, kann dem Inkaweg noch rund 2 1/2 Std. bis **Huaricolca** folgen und sich dort das archäologische Museum und die rund 15 Gehminuten außerhalb gelegenen Felszeichnungen von **Pintishmachay** anschauen.

Verbindungen

CERRO DE PASCO (Transportes Junín) um 5.30 und 13 Uhr, 3 Std. (150 km), über JUNÍN (1 Std., 68 km). Sammeltaxis warten außerhalb des Busterminals.

HUANCAYO Combis und Sammeltaxis warten außerhalb des Busterminals, 2 Std. (109 km). Sie fahren über JAUJA.

HUARICOLCA Sammeltaxis ab der Av. Paula de Otero (bei der Tankstelle, *grifo*), 30 Min. (14 km).

HUASAHUASI Combis und Sammeltaxis fahren regelmäßig von der Chanchamayo, Ecke Puno, 1 Std. (48 km).

LA MERCED (Transportes Chanchamayo, Edatur) regelmäßig vom Terminal über SAN RAMÓN,1 1/4 Std. (75 km). Sammeltaxis fahren gegenüber vom Stadion ab.

LA OROYA Sammeltaxis warten außerhalb des Busterminals, 1 1/4 Std. (60 km).

LIMA Regelmäßige Verbindungen vom Terminal (Cruz del Sur, móvilbus und andere), 6 Std. (235 km).

OXAPAMPA 4 Std. (170 km). Kleinbusse von Edatour fahren regelmäßig vom Terminal. Ansonsten in La Merced umsteigen.

PALCAMAYO Sammeltaxis starten vom nördlichen Stadtrand (Óvalo Paula de Otero), 1 Std. (29 km).

SAN PEDRO DE CAJAS Sammeltaxis starten vom nördlichen Stadtrand (Óvalo Paula de Otero), 1 Std. (41 km).

Die Umgebung von Tarma

Im Gebiet um Tarma bieten sich Mountainbikern und Wanderern viele Möglichkeiten, ihrem Hobby nachzugehen. Die Tourismusinformation in Tarma kann Auskünfte zu den bekanntesten Routen geben. Rund 10 km nördlich von Tarma liegt der Ort **Acobamba**, Sitz des Santuario El Señor de Muruhuay, einer Kapelle mit einer Darstellung des gekreuzigten Jesus auf einem Felsen, die gerne von Pilgern aufgesucht wird. Anfang Mai findet hier eine große Fiesta mit Prozessionen, Messen, Tanz, Feuerwerk sowie typischen Trachten und Essen statt. Dicht an der Kirche kann man gut im Hotel Normandie, ✆ 064-630656, 💻 www.hotelnormandie.com.pe, ❸, übernachten.

Von Tarma sind es ca. 28 km bis nach **Palcamayo**, dem Ausgangspunkt eines Besuches der **Gruta de Huagapo**, die zu den tiefsten Höhlen Südamerikas zählen soll (erforscht sind bislang nur 2,7 km). Bisher ist es noch keinem der Forscherteams gelungen, zum Ende der Höhle vorzudringen. Ohne eine spezielle Ausrüstung lässt sich nur ein kleiner Teil der Höhle (rund 350 m) besichtigen, Eintritt 2 S/. (Taschenlampe erforderlich). Sie liegt rund 2,5 km von Palcamayo entfernt in den Bergen. Die Einheimischen kennen den Weg.

Folgt man der Straße von Palcamayo weiter Richtung Westen, erreicht man nach weiteren

Abstecher ins Kartoffelreich

Rund eine Fahrstunde nördlich von Tarma liegt auf 2754 m der Ort **Huasahuasi**, der sich auch „Kartoffelhauptstadt Perus" nennt, da hier ein beträchtlicher Teil der landesweiten Ernte produziert wird. Doch der Ort wird auch immer öfter von Touristen besucht, die Tageswanderungen in die Umgebung unternehmen, z. B. zu den Bergseen Laguna Mamancocha und Raypicocha (beide auf rund 4100 m) und zur archäologischen Stätte Chaupas (3600 m). Oder man wandert in drei Tagen bis zum Naturschutzgebiet Pampa Hermosa (s. rechts) bei San Ramón (ein zuverlässiger – allerdings nur Spanisch sprechender – Guide ist Luís Angel Morales Quispe, ✆ 960245324, Tourpreis nach Pampa Hermosa für Guide und Transport US$300).

Gut und günstig übernachten kann man in Huasahuasi im **Hostal Fortaleza**, 24 de Junio s/n, ✆ 980630303, ❶. Leckeres Essen, etwa exzellente *pápas a la huancaína* und auch vegetarische Gerichte, bereitet das **Restaurant Fitzgerald** zu, Pasaje Daniel Martínez s/n, ⌚ tgl. außer Sa 12–20 Uhr. Transport s. Tarma.

10 km **San Pedro de Cajas**. Der kleine traditionelle Ort auf rund 4000 m Höhe ist bekannt für seine Wollteppiche und -ponchos. In San Pedro gibt es einfache Unterkunftsmöglichkeiten. Von hier aus lässt sich die nur rund 7 km entfernte Hauptstraße La Oroya–Cerro de Pasco erreichen.

Von Tarma nach La Merced

Die in nordöstlicher Richtung entlang des Río Chanchamayo verlaufende asphaltierte Straße führt stetig abwärts bis zum rund 80 km entfernten San Ramón und weiter in die nur 12 km entfernte Schwesterstadt La Merced – immerhin mehr als 2000 Höhenmeter. Die Landschaft wird grüner, und immer öfter sieht man Wasserfälle, die sich ihren Weg zum Río Chanchamayo bahnen, dessen zunehmend enger werdende Schlucht die Straßenbauer zum Bau von großen Brücken und mehreren Tunnels zwang.

San Ramón

Das kleine Städtchen mit tropischem Klima am Zusammenfluss des Río Tarma und des Río Tulumayo hat rund 26 000 Einwohner und liegt nur auf rund 850 m Höhe. Von San Ramón gelangt man über den 24 km westlich gelegenen Weiler Nueva Italia zum **Santuario Nacional de Pampa Hermosa**. Das 11 542 ha große Naturschutzgebiet erstreckt sich auf einer Höhe von 1420 bis 3400 m und kann im Rahmen einer ein- oder mehrtägigen Tour besucht werden. Das Schutzgebiet bietet eine gute Gelegenheit, den Felsenhahn, Perus Nationalvogel, zu beobachten und sich auf einer Hochebene Riesenzedern anzuschauen. Für den Besuch des Schutzgebiets ist eine Genehmigung von Sernanp (s. u.) notwendig.

ÜBERNACHTUNG

In der Urlaubssaison, z. B. in der Osterwoche, ziehen die Übernachtungspreise kräftig an.

Hospedaje Selva, Paucartambo 247, ✆ 064-331030. Günstige, saubere Zimmer mit und ohne Bad (nur kaltes Wasser). ❶

Hotel El Conquistador, Progreso 298, ✆ 064-331157, 💻 www.conquistadorhotel.pe. Geräumige, teilweise renovierte Zimmer mit Bad und TV. Restaurant (Mittagsmenüs). Parkplatz vorhanden. Wahlweise mit/ohne Frühstück. ❷

Lodge El Refugio, Av. El Ejercito 490, ✆ 064-331082, 💻 www.lodgeelrefugiochanchamayo.com.pe. Am Stadtrand beim Fluss gelegen. Gemütliche Bungalows in einem großen tropischen Garten mit eigener Terrasse. Außerdem Pool und Restaurant. Gute Zimmer mit Bad, Minibar, TV und Ventilator. Frühstück inkl. ❹

ESSEN

Chifa Felipe Siu, Progreso 434. Gutes chinesisches Essen mit vegetarischen Optionen. ⌚ tgl. 11.30–15, 18.30–23 Uhr.

Marancocha, Tarma 394. Gutes Café mit leckerem Kaffee. ⌚ tgl 16–23 Uhr.

Restaurant Turístico Chanchamayo's, Av. San Ramón 296. Serviert einheimische Spezialitäten. ⌚ tgl. 10–20 Uhr.

SONSTIGES

Geld

Geldautomaten u. a. an der Plaza.

Informationen

DIRCETUR, Ucayali 297, ✆ 064-331265. ⌚ Mo–Fr 8–13, 14.30–17.30 Uhr.

Sernanp Progreso, Cuadra 1, ✆ 956756536, ✉ amzambrano@sernanp.gob.pe. Verwaltung des Santuario Nacional de Pampa Hermosa (beste Besuchszeit April–Nov). Der Besuch des Naturschutzgebiets muss hier einen Tag vorher beantragt werden. Im Weiler Nueva Italia am Parkeingang zahlt man 5 S/. Dort sind Guides verfügbar. ⌚ Mo–Fr 8.30–13, 15–18.30 Uhr.

TRANSPORT

Busse und Colectivos

Der Verkehrsknotenpunkt ist **La Merced**. Die meisten Busse Richtung Tarma, Huancayo und Lima kommen von dort und sammeln in San Ramón Passagiere ein – allerdings nicht immer. Busse nach Huánuco, Tingo María und Pucallpa starten in La Merced.

Gesellschaften

Edatour, Progreso 124
Turismo Central, Paucartambo 399 und Albarino 399, ✆ 964101165
Transportes La Merced, Paucartambo 405, Ecke Alvariño
Transportes Chanchamayo, San Miguel s/n, ✆ 997566983

Verbindungen

HUANCAYO (Edatour, Turismo Central) mehrmals tgl., 5–6 Std. (160 km). Busse aus La Merced halten an der Av. San Ramón (Ortsausgang Richtung Tarma).
LA MERCED Combis und Colectivos fahren ständig ab der Pardo, Ecke Tarma (Nähe Plaza de Armas) und der Alvariño, Ecke Ejercito (Parque de los Enamorados) ab, 20–30 Min. (12 km).
LIMA (Busse der Anbieter aus la Merced halten an den jeweiligen Terminals) mehrmals tgl. (meist gegen 9 und zwischen 21 und 22 Uhr), 8 Std. (293 km).
NUEVA ITALIA 2 Std. (24 km). Ein Combi fährt meist donnerstags und samstags um 6 Uhr ab der Av. El Ejercito, Ecke Leonardo Alvariño (beim Parque de los Enamorados), und kehrt nach kurzer Wartezeit nach San Ramón zurück. Eine tägliche Rückkehrmöglichkeit nach San Ramón besteht ab der Kreuzung Promisora (ca. 2–3 Std. Gehzeit ab Nueva Italia, fast nur bergab). Dort kommt tgl. gegen 8 und 13 Uhr ein Combi vorbei. Ein geländegängiges Taxi nach Nueva Italia kostet pro Fahrtstrecke rund 150 S/.
TARMA 1 1/2 Std. (63 km). Sammeltaxis und Combis fahren ab der Ortsausfahrt Richtung Tarma (Parque El Avión).

La Merced

Die Provinzhauptstadt auf 750 m, die auch einfach nur Chanchamayo genannt wird, ist ein lebendiges Städtchen mit 30 000 Einwohnern. Nur zehn Minuten vom Zentrum entfernt liegt der Schmetterlingsgarten **Jardín de las Mariposas Zhaveta Yard**. In der Umgebung des Ortes kann man Wasserfälle und Aussichtspunkte besuchen. Im 15 km entfernten Ort Pueblo Pardo liegt der botanische Garten **Jardín Botánico El Perezoso**.

ÜBERNACHTUNG

Hostal Residencial Primavera, Arequipa 175, ✆ 064-531433, ✉ salvador.jesuco@hotmail.com. Angenehme, saubere Zimmer (zur Straße laut) mit großem Bad (warmes Wasser), TV und Ventilator. Kein WLAN. ❶
Hotel Reyna, Palca 259, ✆ 064-531780, 💻 www.hotelreyna.com. Gute, große Zimmer mit Bad (Warmwasser) und TV. Restaurant, Parkplatz. ❷
Aviró Hotel, Junín 922 (Parque Integración), ✆ 064-531394, 💻 www. avirohotel.com. Zentral gelegen mit großen Zimmern, AC, Frühstück inkl. ❸

ESSEN

An der Plaza gibt es einige gute Lokale mit regionaler Küche, darunter das **Shambari**

ZENTRALPERU

Campa. Gutes Frühstück, leckere Fruchtsäfte, Snacks und Touristenmenüs für 20 S/. Nettes Ambiente. ⌚ tgl. 7–24 Uhr.
Gutes Frühstück und günstige Mittagsmenüs serviert das **Restaurant Paprika**, Junín 446. ⌚ tgl. außer Do 7–16 Uhr.

EINKAUFEN

Chanchamayo Highland Coffee, an der Hauptstraße Richtung Satipo (ca. 1 km vom Busterminal), ✆ 064-531198, 💻 www.highlandproducts.com.pe. Produziert und vermarktet lokale, überwiegend fair und bio erzeugte Produkte, u. a. Kaffee, Marmeladen, Liköre, Schokolade und Säfte. ⌚ Mo–Fr 9–19.30 Uhr.

TOUREN UND AKTIVITÄTEN

Ecomundo Ashaninka's Viajes, kein Büro, kein Tel., 💻 www.ashaninkaperu.wordpress.com, Kontakt per E-Mail oder Facebook, ✉ ecomundo-ashaninka@hotmail.com. Mitglieder verschiedener Asháninka-Dörfer zeigen abenteuerlustigen Touristen die Dörfer in den Waldgebieten der Region Chanchamayo. Eigene einfache, ländliche Unterkunft in Marankiari, 5 km östlich von Perené auf dem Weg nach Satipo. Freiwilligenarbeit möglich.
Isla Turunas, wenige Minuten südlich der Stadt gelegener familienfreundlicher Outdoor-Freizeitpark, ✆ 942600089, 💻 www.islalasturunas.com. Geboten werden ein Schwimmbecken, Canopy, Abseilen, Kajak, Bogenschießen, ein Restaurant und Camping. ⌚ Di–So 9–18 Uhr.

SONSTIGES

Geld

Die **Banco de Crédito**, Tarma, Ecke Junín, und die **Banco Continental**, einen halben Block von der Plaza entfernt, haben beide Geldautomaten.

Informationen

Die **Touristeninformation** der Region befindet sich in San Ramón. Touristische Auskünfte erteilen die Tourveranstalter an der Plaza.

TRANSPORT

Busse und Colectivos

Am östlichen Stadtrand (Richtung Satipo) befindet sich der **Terminal Terrestre Royal Bus**. Von dort fahren alle Busse los, sofern nicht anders aufgeführt.

Gesellschaften
León de Huánuco, Ticketbüro außerhalb des Busterminals, Tarma 401
Transportes La Merced/Turismo Oxabuss, Av. Peschiera 394 (ca. 3 Blocks vom Terminal)
Turismo Central, Tarma 417, neben León de Huánuco

Verbindungen
HUANCAYO (u. a. Edatour, Turismo Selva) mehrmals tgl., 5 Std. (173 km), über JAUJA. Außerdem Vans.
LIMA ständige Abfahrten (u. a. Cruz del Sur, móvilbus) morgens und abends, 8–9 Std. (305 km).
OXAPAMPA Sammeltaxis und langsamere Combis von 5–19 Uhr, 1 1/2 Std. (93 km).
PICHANAKI Sammeltaxis und Combis 1–1 1/2 Std. (70 km).
PUCALLPA tgl. fahren Busse, Vans und Combis, 15–16 Std. (745 km), über HUÁNUCO und TINGO MARÍA. Um 5 Uhr morgens fährt ein Van in 12 Std. über CIUDAD CONSTITUCIÓN, 12 Std.)
PUERTO BERMÚDEZ mehrmals tgl. fahren Sammeltaxis über eine Straße, die ab Villa Rica in miesem Zustand ist (soll asphaltiert werden), 5 Std. (170 km), Weiterfahrt bis CIUDAD CONSTITUCIÓN möglich.
SAN RAMÓN Sammeltaxis passieren das Terminal Terrestre oder warten an der Junín, Ecke Arica, 15–20 Min. (12 km).
SATIPO direkt mit Sammeltaxis oder gelegentlichen Bussen (Edatour), 2–2 1/2 Std. (120 km). Sonst Combi bis Pichanaki und dort umsteigen.
TARMA alle Busse nach Lima und Huancayo halten in Tarma, 1 1/4 Std. (75 km), außerdem verkehren Sammeltaxis.
VILLA RICA Sammeltaxis fahren regelmäßig, 1–1 1/4 Std. (54 km).

Villa Rica – Herz des peruanischen Kaffeeanbaus

Im rund 54 km nordöstlich von La Merced auf 1485 m Höhe gelegenen Villa Rica dreht sich alles um Kaffee – meist in Bioqualität und immer öfter auch nach den Kriterien des Fairen Handels (Kaffeeernte zwischen April und Juli). Einige der alten **Kaffee-Haciendas** können besichtigt werden (auch übernachten ist möglich), z. B. die Finca Santa Rosa, ✆ 999788930, ✉ info@fincasantarosaperu.com, oder die nur wenige Straßenblocks außerhalb des Zentrums von Villa Rica gelegene Casa Hacienda Finca Schuler, ✆ 063-465270, 💻 www.fincaschuler.com.

In der Umgebung des Ortes kann man auch den Wasserfall Cascada El León (3 km), die Yanesha-Gemeinde Maime (7 km), den Botanischen Garten Los Ositos (1 km) oder die Lagune El Oconal (1,5 km) besuchen.

Weitere Informationen und Guides bekommt man bei der Stadtverwaltung (Municipalidad), Jr. Cooperativa 224, ✆ 063-3592076, 💻 www.munivillarica.gob.pe.

Entlang der Hauptstraße Av. Leopoldo Krause finden sich zahlreiche einfache Unterkünfte. Kaffee und etwas zu essen bekommt man im **Café Dolce Peccato**, Av. Leopoldo Krause 439.

Ein solider Tourveranstalter ist **Villa Rica Travel**, Av. Leopoldo Krause 365, ✆ 063-465162, 💻 www.villaricatravel.com.

Satipo und Umgebung

Das landwirtschaftliche Zentrum liegt 123 km westlich von La Merced auf 650 m Höhe und kann auf einer guten Asphaltstraße in zwei Stunden erreicht werden. Um den Ort herum verteilen sich zahlreiche **Wasserfälle** und **Petroglyphen**. Die Straße von La Merced nach Satipo folgt den überwiegenden Teil der Strecke dem Lauf des Río Perené, der bei Puerto Prado zum Río Tambo wird. Nach 70 km wird **Pichanaki** passiert, ein quirliger Warenumschlagsplatz auf 525 m mit schönen Stränden am Río Perené (gute Restaurants an der Playa Pescadora), Wasserfällen und Asháninka-Dörfern. Die ehemals großen Waldbestände der Region sind der Landwirtschaft gewichen – in Tallage werden Zitrusfrüchte, Ananas und Papayas angebaut, in höheren Zonen Kaffee, Kakao und Ingwer.

Von Satipo führt eine gute Asphaltstraße ins rund 22 km entfernte **Mazamari**, das über einen Kleinflughafen verfügt, von dem aus Charterflüge (z. B. nach Atalaya und Sepahua) angeboten werden. Nach weiteren 44 km wird das kleine **Puerto Ocopa** erreicht, in dem der Franziskanerorden 1918 ein Kloster gründete, das besucht werden kann. Inzwischen gelangt man über Land weiter bis nach **Atalaya**. Ist die unbefestigte Straße unpassierbar – besonders in der Regenzeit –, fahren Boote vom rund 12 km südöstlich gelegenen **Puerto Prado** am Río Ene dorthin (ca. 8 Std.).

ÜBERNACHTUNG UND ESSEN

Hotel Victtorios, Ricardo Palma 460, 2. Stock, ✆ 938437065, 💻 www.victtorioshotel.com. Saubere, geräumige Zimmer mit Bad und TV, einige auch mit Warmwasser. ❷

Hostal San Luís, Miguel Grau 173, ✆ 064-545319, 💻 www.sanluishotelsatipo.com. Moderne Zimmer mit Warmwasser, TV, AC. Parkplatz, Dachterrasse im 4. Stock. Privater Pool 10 Min. vom Hotel. ❷

Coffee Coffee, 🕒 Mo–Sa 7.30–12, 16.30–22.30 Uhr.

Restaurant Poshini, Julio C. Tello 455. Lokale Spezialitäten in sehr guter Qualität. 🕒 Di–So 11–23 Uhr.

Restaurant Vegetariano Pan de Vida, Los Incas 469. Akzeptabler Vegetarier mit günstigen Menüs. 🕒 So–Do 6.30–22, Fr nur bis 16 Uhr.

TRANSPORT

Busse fahren vom **Terminal Terrestre Municipal** im Süden des Ortes ab.

ATALAYA Sammeltaxis starten ab der Irazola, Block 1 und 2, 6–7 Std. (220 km). In der Regenzeit ist diese Strecke häufig nicht passierbar.

HUANCAYO mehrmals tgl., 8 Std. (303 km). Mehrere Unternehmen (z. B. móvilbus) fahren vom Terminal über LA MERCED und TARMA. Ein Bus des Unternehmens Maravi fährt vom Terminal de Comas Fr und So die kürzere (7–8 Std., 233 km), aber wenig befahrene und nicht asphaltierte Nebenstrecke über MARIPOSA, COMAS und CONCEPCIÓN im Mantaro-Tal (s. S. 394). In der Regenzeit ist diese Strecke häufig nicht passierbar.
LA MERCED Sammeltaxis fahren ab der Irazola, Block 1 und 2, über PICHANAKI, 2 Std. (123 km). Günstigere, aber langsamere Combis verkehren ab dem Markt nur bis Pichanaki. Dort in einen Combi nach La Merced umsteigen.
LIMA mehrere Abfahrten vom Terminal, 11 Std. (441 km). Bessere Busse ab La Merced.
PUERTO ENE/SAN FRANCISCO s. Kasten.
PUERTO OCOPA Sammeltaxis ab der Irazola, Block 1 und 2, 1 1/2 Std. (66 km). Langsamere Combis beim Markt.

TOUREN

Gaspar Tours, Leguía 560, ✆ 954662222, ✉ gaspartours@gmail.com, hat ein vielfältiges Tourprogramm zu bieten, das alle Sehenswürdigkeiten der Umgebung abdeckt.

Oxapampa und Pozuzo

Noch immer kann man sich in Oxapampa und vor allem in Pozuzo auf die Spuren deutsch-österreichischer Einwanderer begeben. Im Jahr 1849 hatte der damalige Präsident Ramón Castilla versucht, mit einem neuen Einwanderungsgesetz Europäer nach Peru zu locken. 1857 machten sich dann 180 Tiroler und 120 Rheinländer auf den beschwerlichen Weg über die Zentralanden nach Pozuzo, das allerdings nach zwei entbehrungsreichen Jahren nur noch 176 Siedler erreichten. Der Rest war tropischen Krankheiten und Erschöpfung zum Opfer gefallen. Zu einer weiteren Einwanderungswelle kam es um 1868, als sich 300 Tiroler und 20 Bayern in der abgeschiedenen Region von Oxapampa und Pozuzo niederließen. Bis heute spürt man an vielen Dingen – dem Aussehen der Menschen, der Architektur der Häuser, dem Essen, den Fiestas und den an die Trachten angelehnten Schuluniformen in Pozuzo –, dass man sich in einem einmaligen Teil Perus befindet.

Oxapampa und Umgebung

Wer nach rund 90 Fahrminuten auf einer asphaltierten Straße von La Merced die ersten bunten Holzhäuser mit Satteldach sieht, reibt sich verwundert die Augen. Sie gehören zur Gemeinde Oxapampa, auf 1814 m Höhe im grünen Tal des Río Huancabamba gelegen. Die Gegend war vor der spanischen Conquista ein Siedlungsgebiet der **Yanesha-Indigenen**, deren wenige Nachfahren heute rund 5 km nordwestlich von Oxapampa entfernt auf der linken Flussseite des Río Huancabamba im Weiler **Tsachopén** leben. Im 18. Jh. begannen Franziskanermönche mit der Errichtung von Missionsstationen in der Region, nur vorübergehend unterbrochen durch den Indigenenaufstand unter Juan Santos Atahualpa Mitte des 18. Jhs. Heute leben die Yaneshas vom Kaffeeanbau und Kunsthandwerk.

Deutsch-österreichische Siedler aus Pozuzo gründeten Oxapampa im Jahr 1891. Der Stra-

Dschungelroute von Satipo nach Machu Picchu

Immer mehr Straßen fressen sich durch den peruanischen Regenwald. So führt eine unbefestigte Straße von Satipo über Mazamari und Puerto Ene (Fahrzeugwechsel) nach **Kimbiri** am Río Apurímac und dem gegenüber liegenden **San Francisco**, das an einem Fahrtag erreicht werden kann. Von dort geht es ebenfalls in einem Tag auf einer teilasphaltierten Straße über **Kiteni** bis nach **Quillabamba** (S. 300) oder zurück ins Hochland nach Ayacucho. Von Quillabamba sind es nur wenige Stunden bis Santa Teresa (S. 279). Wie man von dort nach **Machu Picchu** kommt, ist auf S. 278 beschrieben.

ßenbau 1943 ermöglichte der Holzindustrie den Zugang zu den waldreichen Gebieten der Region, und in kürzester Zeit wurde Oxapampa zum wichtigsten Holzproduzenten ganz Perus. Der in den letzten Jahrzehnten betriebene **Raubbau** hat seine auch heute noch deutlich sichtbaren Spuren hinterlassen. Mangels Wiederaufforstung hat die Holzwirtschaft spürbar an Bedeutung verloren. An ihre Stelle ist die Milchwirtschaft, der Anbau von Passionsfrüchten und in zunehmendem Maße der Tourismus getreten. Oxapampa ist heute eine geschäftige Kleinstadt mit rund 20 000 Einwohnern und einer angenehmen Durchschnittstemperatur von 20 °C. Die **Kirche** an der Plaza Central ist ausschließlich aus Holz gebaut – einmalig in Südamerika. ⌚ tgl. ab ca. 18 Uhr.

7 km westlich von Oxapampa liegt der Distrikt **Chontabamba**. Hier lassen sich eine Hängebrücke, eine Zuckerrohrpresse aus dem Jahr 1890, die Käserei Floralp, die Höhle Tunqui und eine Forellenfarm besichtigen.

Hauptattraktion der Gegend ist der **Parque Nacional Yanachaga-Chemillén**, ein schwer zugängliches, 122 000 ha großes Waldgebiet mit artenreicher Flora und Fauna, dessen größter Teil östlich der Straße Oxapampa–Pozuzo liegt. Es umfasst sieben verschiedene Naturräume, die sich von 460 bis 3643 m Höhe erstrecken. Neben unzähligen Orchideenarten, Farnen, Bromelien und Edelhölzern bietet der Nationalpark gefährdeten Tierarten wie dem Brillenbär, dem Puma oder dem Flussotter einen geeigneten Lebensraum. Die beste Zeit für einen Besuch ist von April bis Oktober. Im Süden des Parks liegt in der Nähe von Oxapampa der Zugang San Alberto, der zum Refugio El Cedro führt. Dort beginnt ein mehrstündiger Weg in den Wald (Camping am Refugio möglich; Wasser und Toiletten vorhanden). Im Nordwesten des Parks liegt entlang der Straße nach Pozuzo der ganzjährig besetzte Kontrollpunkt Huampal. Hier befindet sich ein Besucherzentrum und auf der anderen Flussseite ein teilweise überdachter Campingplatz (Strom, Wasser und Toiletten vorhanden). Hier hat man eine gute Gelegenheit, *Gallitos de la Roca* (Felsenhähne) zu beobachten. Die Fauna des Parks bekommt man am besten von der im Nordosten liegenden Estación Biológica Paujil aus zu sehen, die allerdings nur per Boot erreichbar ist (Abfahrtsort Brücke Pan de Azúcar bei Iscozacín, ca. 5 Std. nordöstlich von Villa Rica). Die Bootsfahrt dauert ca. 4 Std. und ein Boot (ca. 8 Pers.) kostet mind. 600 S/. Die Besuchserlaubnis für den Park (Eintritt 30 S/.; nur den Sektor Huampal kann man unangemeldet besuchen) sowie weitere Infos holt man sich bei Sernanp in Oxapampa, Jr. Pozuzo Cuadra 3, ✆ 063-462544, 💻 www.sernanp.gob.pe. ⌚ tgl. ab 9 Uhr, Eintritt 30 S/. ⌚ Mo–Fr 8–13, 14.30–17.30 Uhr.

ÜBERNACHTUNG

Rund um Neujahr, in der Osterwoche, um den 24. Juni *(San Juan)*, um den Nationalfeiertag Ende Juli und an langen Wochenenden fallen Horden einheimischer Touristen in Oxapampa ein, die Hotels sind meist lange im Voraus ausgebucht und die Zimmerpreise steigen stark an.

€ **Hostal Liz**, Grau 104, ✆ 063-337049. Saubere, schnörkellose und sehr günstige Zimmer in Plaza-Nähe mit/ohne Bad und Elektrodusche. ❶

Carolina Egg Gasthaus, Av. San Martín 1085, einen Block vom Busterminal, ✆ 063-462331, 💻 www.carolinaegg.com. Freundliche Gastgeber, Frau Egg spricht deutsch. Sehr schönes Haus mit üppigem Garten, kleinem Pool und Solarenergie. Gemütliche, saubere Zimmer oder Bungalows. Restaurant mit einheimischer Küche und vegetarischen Optionen, Verkauf lokaler Spezialitäten. In der Nebensaison Preisnachlass für längere Aufenthalte. Sehr gutes Frühstücksbuffet inkl. ❸–❹

Ulcumano Ecolodge, rund 10 km östlich von Oxapampa, ✆ 063-462431, 💻 www.ulcumanoecolodge.com. In den Bergen gelegene Unterkunft, die besonders für Ökotouristen und Vogelliebhaber interessant ist. Kein Internet oder Handy-Empfang! Halbpension und diverse Abenteueraktivitäten inkl. ❺

ESSEN

Bei guten Restaurants hat Oxapampa noch Nachholbedarf. Besonders abends und sonntags sieht es ein wenig trübe aus. Probieren sollte man den leckeren Saft der lokal vorkommenden Naranjito-Frucht (auch *Quito Quito* genannt), den einige Restaurants servieren.

Restaurant Oasis, Bolognesi 363. Beliebtes Restaurant an der Plaza. Frühstück, Tagesgerichte und gute Auswahl à la carte. ⌚ tgl. 7.30–15, 17.30–21.30 Uhr.

Casa Italia, Av. San Martín, Cuadra 4. Der beste Italiener weit und breit. Hier kommen geniale Pizza, Pasta und Gnocchi auf den Tisch, alles ist frisch und hausgemacht, dazu eine nette Atmosphäre. ⌚ tgl. außer Di 19–22 Uhr.

UNTERHALTUNG UND KULTUR

Cheyenne Pub, San Martín 474. Die urigste Kneipe der Region. ⌚ Di–So ab 20 Uhr.

Vater Otto, Grau 405. Nette Kneipe, gute Musik. ⌚ tgl. ab 17 Uhr.

SONSTIGES

Feste

Das seit 2010 veranstaltete Musikfestival **Selvámonos**, 💻 www.selvamonos.org, findet jährlich Ende Juni/Anfang Juli rund um die **Semana Cultural** (Kulturwoche) mit zahlreichen Konzerten und Aufführungen statt.

Geld

Die **Banco de Crédito**, Bolívar 308-310, an der Plaza, und die **Banco de la Nación**, Grau 141, haben Geldautomaten.

Informationen

Im Gebäude der Municipalidad, Plaza de Armas, Jr. Grau, Cuadra 3, ✆ 063-462495. ⌚ tgl. 8–13, 14.30–17 Uhr.

Medizinische Hilfe

Hospital Oxapampa, Bottger, Cuadra 3, ✆ 063-462022.

Polizei

Bottger 338, ✆ 063-462217.

TRANSPORT

Die meisten Busse fahren von den Büros der Gesellschaften oder vom Terminal Terrestre Municipal in der Loechle, Ecke Muller (9 Blocks südlich der Plaza), ab.

Verbindungen

CHONTABAMBA Sammeltaxis fahren von der Brücke über den Fluss ab, 10 Min. (6 km).

HUANCABAMBA Sammeltaxis fahren ab Muellembruck, Cuadra 2, Ecke Mercado Santa Rosa/Puente Villar, 3/4 Std. (27 km).

HUANCAYO tgl. abends (Edatour), 6–7 Std. (259 km).

LA MERCED Sammeltaxis und langsamere Combis fahren vom Terminal Terrestre Municipal von frühmorgens bis ca. 20 Uhr, 1 1/2 Std. (93 km).

LIMA tgl. (Cruz del Sur, móvilbus) am frühen Abend, 12 Std. (384 km).

POZUZO (Turismo Pozuzo) Kleinbusse mehrmals tgl. vom Paradero Pampón Verde, 2–2 1/2 Std. (87 km), über HUANCABAMBA.

TSACHOPÉN unregelmäßig, gelegentlich verkehrende Sammeltaxis nehmen Passagiere an der Grau, Ecke Castilla, mit, 10 Min. (5 km). Sonst Mototaxi nehmen.

Pozuzo und Umgebung

Noch einmal 87 teilasphaltierte Straßenkilometer sind von Oxapampa bis nach Pozuzo zu überwinden. Nachdem bei KM 27 der kleine Ort Huancabamba (1666 m) durchquert wird (Übernachtungsmöglichkeit im Projekt Prosoya, s. Kasten), führt die schmale Piste bald darauf spektakulär (auf der linken Busseite sitzen!) durch den **Parque Nacional Yanachaga-Chemillén** (S. 427). Unten verschwindet der Río Huancabamba, während sich rechts und links des Flusses üppig bewachsene Steilhänge entlangziehen. Überall stürzt Wasser herab, selbst in der Trockenzeit, da der Wald wie ein mächtiger Schwamm wirkt.

Nach rund zweieinhalb Stunden wird zunächst der Ortsteil Prusia (Preußen) und 3 km danach Pozuzo erreicht. Der kleine Ort auf rund 824 m Höhe liegt idyllisch am Río Huancabamba, der sich einige Kilometer unterhalb des Dorfes mit dem salzhaltigen Río Santa Cruz zum Río Pozuzo vereinigt. Geprägt wurde und wird die Region durch die Nachfahren einer kleinen deutsch-österreichischen Auswanderergruppe, die den Ort 1859 gründete.

Bis 1975 gab es keine Straßenverbindung nach Pozuzo; die Bewohner konnten den Ort nur über einen Maultierpfad in mehreren Tagesritten erreichen. Obwohl Touristen allmählich den lange vergessenen grünen Fleck Erde entdecken, sind auch heute noch Vieh- und Landwirtschaft (Kaffee, Maniok, Reis und Bananen) das wichtigste Standbein der rund 1000 Bewohner von Pozuzo, von denen rund 20 % deutsch-österreichischer Abstammung sind. Doch die Arbeit ist knapp geworden in den letzten Jahren, und trotz finanzieller und personeller Direkthilfe aus Tirol wandern viele junge Leute ab. Ihre Hoffnung setzen viele Pozuzinos, allen voran die ehemaligen Tiroler, in zunehmendem Maß in den Tourismus. In der Tat kann der Ort mit einer einmaligen Mischung aus althergebrachten **deutsch-österreichischen Traditionen** und tropischen **Naturerlebnissen** aufwarten. Allerdings beschränkt sich die Hauptsaison auf die Trockenzeit von Mai bis Oktober. In den übrigen Monaten können starke Regenfälle den Zugang nach Pozuzo schwierig bis unmöglich machen.

Sehenswertes im Ort

Im Ort lohnt ein Besuch des Heimatmuseums **Museo Schafferer**, das die Geschichte der Besiedlung Pozuzos zum Inhalt hat und viele Gebrauchsgegenstände aus dem Leben der deutsch-österreichischen Siedler ausstellt. ⌚ tgl. 9–11, 14–17 Uhr, Eintritt 3 S/. (Führung bis 5 Pers. für 5 S/.). Neben dem Museum liegt der interessante **Kolonistenfriedhof**.

Am Parque Central ist eine Nachbildung der **Norton** zu sehen, jenes Schiffes, das die ersten Siedler von Belgien nach Peru brachte.

Von der anderen Seite der hölzernen **Hängebrücke** über den Río Huancabamba aus, 1877 zu Ehren Kaiser Wilhelms I. erbaut und 1995 erneuert, lassen sich kleinere Rundwanderungen unternehmen. An der Hängebrücke liegt der **Kunsthandwerksladen „Der Wald"**, der sich auf Holzsouvenirs spezialisiert hat.

Ausflüge rund um Pozuzo

Außer kleinen Wanderungen von der Hängebrücke über den Río Huancabamba aus zu einem Aussichtspunkt, Baden im Río Huancabamba und dem Besuch eines Wasserfalls werden Touren zum **Parque Nacional Yanachaga-Chemillén** angeboten. Der Parkeingang **Huampal** (s. auch S. 427) befindet sich etwa 14 km (30–40 Fahrminuten) entfernt entlang der Straße nach Oxapampa. Dort kann man kleinere Wanderungen unternehmen und mithilfe der Parkwächter den Felsenhahn, Perus Nationalvogel, beobachten. Camping ist möglich.

Ein weiterer Ausflug führt zum Zusammenfluss des salzhaltigen Río Santa Cruz mit dem Río Huancabamba entlang der Strecke nach Codo de Pozuzo und zur Gemeinde **Santa Rosa**, 28 km nördlich von Pozuzo, in der Nachfahren deutsch-österreichischer Siedler leben.

Zwischen Pozuzo und dem Stadtteil Prusia führt Sepo Gstir Besucher nach vorheriger Anmeldung (✆ 958079347) in den Wald, um den **Felsenhahn** zu beobachten, 10 S/. p. P.

Das deutsch-peruanische Hilfsprojekt Centro Yanachaga

25 km nordwestlich von Oxapampa liegt bei Huancabamba die Anlage des deutschen Hilfsprojekts **Centro Yanachaga**. Hier haben rund 40 Jugendliche, überwiegend Waisen oder aus zerrütteten Familien stammend, eine Bleibe gefunden. Neben dem Schulbetrieb in Huancabamba besuchen sie projekteigene Werkstätten, um als Schreiner, Mechaniker oder Öko-Landwirt ausgebildet zu werden. Ziel ist es, den Jugendlichen eine solide berufliche Grundlage und das Bewusstsein für eine ökologisch verantwortungsvolle Lebensweise zu geben (in Quillazú bei Oxapampa gibt es ein ähnliches Projekt für 16 Mädchen). Das Projekt finanziert sich aus Patenschaften, Spenden und eigenen Einnahmen. Das Centro Yanachaga kann besucht werden: Es gibt ein Restaurant und 12 Zimmer mit Bad, ✆ 063-4621211, 💻 www.centro-yanachaga.org, Frühstück inkl. ❷

ÜBERNACHTUNG

€ **Hospedaje El Mango**, Pacificación 185, ✆ 063-287528, 💻 www.pozuzo.pe (unter „Hoteles y Hospedajes"). Alle Zimmer mit Bad, im 2. Stock sind sie kühler, im 3. aus Holz. Eine Attraktion ist der Stammbaum der Pozuzo-Siedler. Es wird deutsch gesprochen. Frühstück inkl. ❷, ohne Bad ❶

Toropampa Eco Lodge, einige Kilometer nördlich von Pozuzo, unterhalb der Mündung des Río Sesso in den Río Pozuzo, ✆ 948330648, 💻 www.toropampa.com. Wer es ruhig mag, findet hier Zimmer in einem alten Holzhaus und in einem historischen Gebäude, das auf einem weitläufigen Gelände steht. Frühstück inkl., Essen nach Vorbestellung. ❷–❸

Albergue Familiar Frau María Egg, Av. Los Colonos s/n, etwas oberhalb der Hauptstraße, ✆ 063-287559. Einfache Holzbungalows mit Bad und Warmwasser aus Solarenergie. Angenehm familiäre Atmosphäre, Pool (nur während der Hauptsaison gefüllt) und Restaurant. Frühstück inkl. Zwischen Nov–März geschl. ❸

ESSEN

Die einheimische Küche ist fleischlastig, doch auch Vegetarier bekommen auf Nachfrage Gerichte angeboten. Restaurants haben keine festen Öffnungszeiten. Sie sind in der Regel täglich geöffnet, schließen aber abends früh.

El Típico Pozuzino, Av. Los Colonos 571. Das beste Restaurant in Pozuzo mit einer leckeren Mischung aus einheimischer und deutsch-österreichischer Küche, darunter auch Gulasch, Schnitzel und guter Kartoffelsalat. Frühstück ab 8 Uhr. Jan/Feb geschl.

Restaurant Las Orquídeas, Av. Los Colonos s/n, am Ortsausgang. Neben gutem Essen, darunter auch Fisch, wartet das Restaurant mit einer interessanten Orchideenzucht auf (beste Zeit ist September). Frühstück ab 7 Uhr.

UNTERHALTUNG

Cervecería Dorchen, José Egg 150. In der einzigen Dschungelbrauerei Perus bekommt man das leckere Dörcher-Bier ohne chemische Zusätze nach Pilsenart gebraut. Sonntags gibt es auch etwas zu essen. 🕒 tgl. 9–23 Uhr.

SONSTIGES

Feste

Das **Stadt- und Patronatsfest** mit Prozessionen und typischen Tänzen wird am 19.3. begangen. In der letzten Juliwoche wird im Rahmen der Feierlichkeiten zur Ankunft der ersten Siedler die **Semana Turística de Pozuzo** gefeiert. In der 2. Septemberhälfte lädt der Ort zum **Oktoberfest**.

Geld

Es gibt einen Multired-Bankautomaten. Dennoch sicherheitshalber ausreichend Bargeld mitbringen!

Informationen

Caseta de Información de la Cámara de Turismo de Pozuzo, am Parque Central, kein Telefon. Sie vermitteln auch Guides. Außerdem Verkauf von lokalen Erzeugnissen (u. a. Kaffee, Kakao, Marmelade, Honig). 🕒 Mo–Fr 8–12.30, 14–17.30, Sa 9–12 Uhr.

Internet

Langsames WLAN, und auch die **Internetcafés** im Ort sind alle ziemlich langsam. Da es Handyempfang in Pozuzo gibt, kommt man auch mit dem Smartphone ins Internet.

Medizinische Hilfe

Centro de Salud San Camilo, Av. Los Colonos 381, ✆ 063-287514.

NAHVERKEHR

Mototaxis kosten je nach Entfernung 1,50–2 S/. p. P.

TRANSPORT

In der Regenzeit können die Straßen von und nach Pozuzo aufgrund von Erdrutschen unpassierbar oder die Fahrtzeit deutlich länger als während der übrigen Monate sein. Combis fahren, sobald sie voll sind, nach OXAPAMPA (2 1/2 Std., 87 km) und Camionetas (Allrad-Pick-ups) mehrmals tgl. nach CODO DEL POZUZO (2 Std., 80 km). Von dort geht es weiter nach PUCALLPA (226 km), das man bei frühem Start noch am selben Tag erreichen kann.

Puerto Bermúdez und Ciudad Constitución

Von La Merced führt eine schlechte Piste auf rund 174 km Richtung Norden über Villa Rica (s. Kasten S. 425) zum schläfrigen Hafenstädtchen Puerto Bermúdez am Río Pachitea im Amazonas-Tiefland und weiter auf einer teilasphaltierten Straße nach Ciudad Constitución. Unterwegs wird der westliche Ausläufer des eindrucksvollen Naturschutzgebiets **Bosque de Protección San Matias** durchquert. Auf der anderen Seite des Río Pachitea liegt die **Reserva Comunal El Sira**, ein 616 000 ha großes kommunales Schutzgebiet, das die Fauna und Flora entlang des Río Pichis und Teilen des Río Pachitea schützt. Es umfasst den östlichsten Ausläufer der peruanischen Zentralanden, der sich auf einer Länge von rund 200 km wie eine Halbinsel aus der Amazonas-Tiefebene erhebt.

ÜBERNACHTUNG UND ESSEN

In Puerto Bermúdez wie auch in Ciudad Constitución gibt es zahlreiche Herbergen.
Hostal Tania, Oxapampa, Ecke Alameda, Puerto Bermúdez, ✆ 989522799. Unterschiedlich ausgestattete Zimmer mit Bad, schöner Garten, kein Frühstück, sehr langsames WLAN. ❷
Ganz ordentlich essen lässt es sich in Puerto Bermúdez im **Restaurant Bambú** und in Ciudad Constitución im **Restaurant La Collpa**.

TRANSPORT

Die Straße von Villa Rica nach Puerto Bermúdez soll asphaltiert werden. Die Bauarbeiten haben bereits begonnen, werden aber einige Jahre dauern. Weite Teile der Strecke sind in sehr schlechtem Zustand. Sammeltaxis fahren von Puerto Bermúdez nach LA MERCED (5 Std., 170 km) oder nach CIUDAD CONSTITUCIÓN (1 Std., 55 km). Von Ciudad Constitución aus erreicht man PUCALLPA auf einer guten Straße mit Sammeltaxis in weniger als 4 Std. (207 km). Unterwegs passiert man die Abzweigung nach Pozuzo. Ein Bus von Lobato fährt 3x wöchentlich vormittags ab Ciudad Constitución über La Merced nach LIMA (18 Std., 524 km).

Pucallpa

Jahrhundertelang waren die Ufer des mächtigen Río Ucayali, einer der wichtigsten Wasseradern des peruanischen Amazonasgebiets, in der Region um Pucallpa von Ethnien wie den Shipibo, Cashibo oder Conibo bewohnt. Erst gegen Ende des 19. Jhs. gründeten Kautschuksammler einen kleinen Stützpunkt, dem sie den Quechua-Namen rote Erde (*Puca* = rot und *Allpa* = Erde) gaben. Die Einheimischen nannten den Ort *May-Uchín*, was sich identisch übersetzt. Nach ersten Erdölfunden in den 1930er-Jahren und dem Bau einer 850 km langen Straße nach Lima Anfang der 1940er-Jahre brachte der Bau einer **Erdölraffinerie** in den 1950er-Jahren einen wirtschaftlichen Aufschwung, der sich in den folgenden Jahrzehnten ständig beschleunigte. Dies führte 1980 zur Bildung des Departamentos Ucayali,

Abholzung trotz FSC-Siegel

In der Umgebung Pucallpas wird gnadenlos Raubbau am ungeschützten Regenwald betrieben, wie die zahlreichen Holzlaster, Sägewerke und Holzfabriken eindringlich belegen. Das konnte auch das **FSC-Siegel** des Forest Stewardship Councils, 🖳 www.fsc.org, bislang nicht verhindern, wie die ARD-Dokumentation *Die Story im Ersten: Die Ausbeutung der Urwälder* eindrucksvoll belegt. Demnach stammt Papier mit der Kennzeichnung **FSC-Mix**, wie auch das Papier für dieses Buch, im Gegensatz zu dem, was der FSC behauptet, möglicherweise gar nicht oder nur teilweise aus nachhaltiger Forstwirtschaft.

ZENTRALPERU

Die Asháninka

Zur größten indigenen Ethnie der Selva Central zählen die Asháninka, die mit über 50 000 Angehörigen vertreten sind (im Südwesten des brasilianischen Amazonasgebietes leben etwa 500 weitere Asháninka). Sie verteilen sich auf mehr als 220 Siedlungen in den dicht bewaldeten Ostandentälern der Flüsse Ene, Perené, Tambo und Urubamba.

Lebensformen und -bedingungen

Die Asháninka haben bis heute weitgehend ihre traditionellen Lebensformen bewahrt. Jede Familie baut auf kleinen Parzellen Agrarprodukte zur Selbstversorgung an, z. B. Mais, Maniok, Kaffee, Zitrusfrüchte, Avocados und Bananen. Ihre Diät ergänzen sie durch Jagd, Fischfang und das Sammeln von Beeren und Nüssen. Geldeinnahmen erzielen die Asháninka nur durch gelegentliche Lohnarbeit auf Plantagen und den unregelmäßigen Verkauf von Kunsthandwerk an Touristen.

das rund 8 % des peruanischen Territoriums umfasst und dessen Hauptstadt Pucallpa wurde.

Inzwischen leben über 300 000 Menschen in einer der am schnellsten wachsenden Städte Perus und deren Umgebung – die Einwohnerzahl hat sich in den letzten 40 Jahren verzehnfacht.

Während der Stadtkern einen gepflegten Eindruck macht, sind die Straßen in den Außenbezirken vielfach aus festgestampftem rotem Lehm und je nach Wetterlage staubig oder schlammig. Das Klima ist meist schwül-heiß mit einer Jahresdurchschnittstemperatur von 25 °C. Der meiste Regen fällt zwischen Dezember und April sowie September und Oktober; pro Jahr sind es rund 1400 mm. Etwas Abkühlung bringen die *Frios de San Juan* im Juni – eine Kaltluftfront, begleitet von starken Winden, bei denen die Temperatur bis auf 12 °C sinken kann.

Sehenswertes

Rund 15 km vor Erreichen des Zentrums beginnt mit der Av. Centenario eine zweispurige Stadtautobahn. Etwa bei KM 5 begrüßt einen das weithin sichtbare Arbeiterdenkmal **Hombre Grande**, ein guter Orientierungspunkt. Direkt südlich davon liegt der **Friedhof** (Cemen-

Die Lebensbedingungen der meisten Asháninka sind prekär. Die Indigenen leben in einfachen, mit Palmblättern gedeckten Holzhütten abseits befestigter Straßen, Strom- oder Wasserleitungen. Das staatliche Bildungs- und Gesundheitswesen erreicht die Asháninka nur unzureichend. So kann rund die Hälfte von ihnen nicht lesen oder schreiben. Malaria, Durchfallerkrankungen und Tuberkulose sind weit verbreitet und mit ursächlich für eine hohe Kindersterblichkeit. Nur die Hälfte der Erwachsenen erreicht das 45. Lebensjahr. Ein Großteil der Bevölkerung gilt als unter- bzw. fehlernährt.

Jahrhundertelange Gewalt und Fremdbestimmung

Doch an schwierige Lebensbedingungen sind die Asháninka seit Jahrhunderten gewöhnt. Seitdem spanische Missionare vor mehr als 400 Jahren versuchten, sie zum christlichen Glauben zu bekehren, und die Eroberer sie als billige Arbeitskräfte missbrauchten, sahen sich die ehemals nomadisch lebenden Asháninka immer wieder von Eindringlingen bedroht, die an der schnellen Ausbeutung der natürlichen Ressourcen interessiert waren. Die weißen oder auch mestizischen Fremden zwangen die Asháninka, Kautschuk zu sammeln, Edelholz zu schlagen oder für sie zu jagen. Andere nahmen sich die hervorragenden Pfeilschützen als Leibwächter zum Schutz vor anderen ethnischen Gruppierungen. Man nannte sie herablassend *Kampa*, ohne sie nach ihrem eigenen Namen zu fragen, der „menschliches Wesen" oder „eines jeden Bruder" bedeutet. Meist blieb den Asháninka, die traditionell führerlos in verstreuten Dorfgemeinschaften leben, nichts anderes übrig, als sich immer weiter in den Wald zurückzuziehen oder durch energischen Widerstand das Schlimmste zu verhindern.

In den 1980er-Jahren besetzten die Terrorgruppen „Leuchtender Pfad" (S. 200/201) und MRTA weite Teile des Lebensraums der Asháninka und zwangen die Menschen, für sie zu arbeiten. Wer sich weigerte, wurde ermordet. Rund 10 000 Asháninka gerieten in den Einflussbereich der Terroristen, weitere 10 000 flohen in unwegsame Gegenden, um dort ohne Hilfe von außen auf das Ende des Krieges zu warten. Offizielle Stellen schätzen, dass bis zu 4000 Indígenas dem Terror zum Opfer fielen.

Heutige Bedrohungen

Die zunehmende – meist illegale – Landnahme von Siedlern aus anderen Landesteilen führt dazu, dass die Asháninka sich zu Recht bedroht fühlen. Gewaltsame Zwischenfälle sind somit vorprogrammiert. Zu einem solchen kam es im Juli 2002, als Asháninka mehrere Siedler töteten. Sie hatten die Eindringlinge für Terroristen gehalten.

terio General) mit einem Denkmal für die Toten des Flugzeugabsturzes von 1971 (s. Kasten S. 436). Kurz darauf ist das Stadtzentrum erreicht, dem man das jahrelange chaotische Wachstum ansieht, bei dem weder Zeit noch Mühe für die ästhetische Gestaltung des Stadtbildes verschwendet wurden.

Ganz nett ist ein Bummel entlang der Uferpromenade Malecón Grau mit seinem **Uhrenturm** *(Torre Reloj)* und dem bunten Treiben am Flussufer. Ein Besuch des **schwimmenden Marktes La Hoyada** im Nordosten der Stadt lohnt nur, wenn der Flusspegel hoch ist (während und kurz nach der Regenzeit) und sollte aus Sicherheitsgründen nur mit mehreren Personen durchgeführt werden.

Kunstfreunden sei ein Besuch der **Casa del Pintor Pablo Amaringo Shuña**, Sánchez Cerro 465, empfohlen, in der die Malschule **Usko-Ayar** des im November 2009 verstorbenen Pablo Amaringo Shuña untergebracht ist. Der international renommierte Künstler brachte seine Bildvisionen mithilfe des Halluzinogens Ayahuasca (S. 438) auf die Leinwand.

Im **Museo Regional** sind Keramiken der Shipibo-Indígenas und ausgestopfte Tiere zu sehen.

Es liegt in einer 10 ha großen Parklandschaft, dem **Parque Natural Pucallpa**, in dem auch ein Zoo untergebracht ist, ca. 4 km westlich an der **Av. Centenario**. ⏲ tgl. 9–17 Uhr, Eintritt 3 S/.

Der Ausflugsmagnet Pucallpas ist die **Laguna Yarinacocha** (S. 439) nur 10 km nordwestlich des Zentrums. Hier kann man essen, schwimmen, in einer Urwaldlodge relaxen, Delphine beobachten oder ein Indígena-Dorf besuchen.

Inzwischen gibt es auch einige Lodges am südwestlich von Yarinacocha gelegenen, weitgehend unberührten Urwaldsee **Cashibococha**.

ÜBERNACHTUNG

In einigen Hotels gibt es unterschiedliche Preise für Zimmer mit AC oder Ventilator. Wem es in der Stadt zu chaotisch und laut ist, der

© FRANK HERRMANN

Der „Hombre Grande" grüßt Besucher Pucallpas mit eindrucksvollem Sixpack.

ZENTRALPERU

sollte an die Laguna Yarinacocha (S. 439) oder Cashibococha (S. 441) ausweichen.

Hospedaje Perú, Raymondi 639, ✆ 061-575128. Gut und günstig. Angenehme Zimmer mit Bad, Ventilator und TV, allerdings ohne Fensterscheiben (nur Fliegengitter). ❷

Hospedaje Komby, Ucayali 360, ✆ 061-571562, 💻 www.kombypucallpa.com. Große Zimmer mit Bad, TV und Ventilator oder AC. Großer Pool, Restaurant. Flughafentransfer inkl. ❷

Hostal Arequipa, Progreso 573-575, ✆ 061-571348, 💻 www.hostal-arequipa.com. Saubere Zimmer, Restaurant, Parkplatz. Auch deutlich teurere Zimmer mit AC, bei denen das Frühstück inkl. ist. ❷–❸

Manish Hotel Ecológico, Av. Centenario KM 4,8, Pasaje Vargas Guerra 300, ✆ 061-577167, 💻 www.manishhotel.com.pe. Wer in Stadt- und Flughafennähe, aber gleichzeitig im Grünen übernachten möchte, ist in diesem familienfreundlichen Hotel richtig. Unterkunft wahlweise in Zimmern oder Bungalows, alle, auch das Restaurant, mit AC. Pool, Sportraum, Bar. Frühstück und Flughafentransfer inkl. ❺

ESSEN

Casa Andina Select Pucallpa, Sucre 198. Gutes, teures Restaurant im Luxushotel der Casa-Andina-Kette. Ein Tipp ist das üppige Frühstücksbuffet für 50 S/. (2 Pers.).

El Paraiso, Tarapacá 653, ganz hinten durch. Vegetarisches Restaurant mit günstigen Menüs. 🕒 So–Fr 7–21 Uhr.

Heladería Stefano, Sucre 401, an der Plaza de Armas. Leckeres, hausgemachtes Eis. 🕒 tgl. 10–22.30 Uhr.

Kitty, Tarapacá 1062. Beliebtes Restaurant mit typischer Küche. 🕒 tgl. 8–20 Uhr.

Los Rosales de Pucallpa, Cáceres 389. Alteingesessenes Restaurant mit internationaler Küche, nicht billig. 🕒 Mo–Sa 11.30–23, So 11–16 Uhr.

Manu Resto Café, Inmaculada, Ecke San Martín. Neben Kaffee und frischen Säften gibt es auch Frühstück und Snacks. 🕒 tgl. 8–12.30, 16–22 Uhr.

Panadería Renzo, Portillo 352. Hier kann man sich Sandwiches zusammenstellen. Neben Brot und Kuchen gehören Wurst und Käse zum Sortiment. 🕒 tgl. 6–22 Uhr.

Absturz im Regenwald

Am Heiligabend 1971 stürzte Flug 508 der peruanischen Fluggesellschaft LANSA südwestlich von Pucallpa während eines Gewitters mit schweren Turbulenzen und Blitzschlag ab. 91 der 92 Insassen kamen ums Leben. Nur die damals siebzehnjährige Deutsche Juliane Koepcke überlebte. Sie kämpfte sich alleine rund zehn Tage lang durch den peruanischen Regenwald, bis sie am Río Pachitea von Waldarbeitern gefunden wurde. Eine detaillierte Schilderung der damaligen Ereignisse findet sich bei Wikipedia unter dem Stichwort „LANSA-Flug 508" oder in Koepckes Buch *Als ich vom Himmel fiel: Wie mir der Dschungel mein Leben zurückgab*, das erst vier Jahrzehnte nach der Tragödie erschien. Großes Glück hatte auch Filmregisseur Werner Herzog, der vergeblich versucht hatte, einen Platz für sich und sein Filmteam auf jenem Flug 508 zu bekommen, da sein ursprünglich auf den Vortag gebuchter Flug wetterbedingt gestrichen worden war. Herzog drehte zu *Julianes Sturz in den Dschungel* im Jahr 2000 einen Dokumentarfilm für das ZDF.
Auf dem Generalfriedhof von Pucallpa befindet sich ein Mausoleum zum Gedenken an die Opfer des Unglücks.

Parrilladas El Braserito, San Martín 498. Serviert Grillgerichte zu gehobenen Preisen. ⌚ Mo–Sa 11.30–16.30, 18–23 Uhr.

UNTERHALTUNG UND KULTUR

In der Inmaculada zwischen Sáenz Peña und Zavala liegt die Disco und Karaoke-Bar **Kian Kian**. Im Block 5 der Inmaculada befinden sich weitere Discos.
Kinos gibt es in den Einkaufszentren Real Plaza und Open Plaza, beide entlang der Av. Centenario, in Flughafennähe und an der Atahualpa, Ecke Arica.

FESTE

Feb/März: Festival del Carnaval Ucayalino, wird während der einwöchigen Karnevalsfeiern mit typischen Tänzen *(Pandilla, Humisha)*, Umzügen und Ausstellungen begangen.
24. Juni: Festival de Suan Juan, wie im gesamten peruanischen Amazonasgebiet feiert man den Schutzheiligen des Regenwaldes mit Miss-Wahlen, Umzügen, Folklore- und kulturellen Veranstaltungen sowie typischen Gerichten.

EINKAUFEN

Feria Municipal Artesanal in der Pasaje Lázaro, nahe der Plaza de Armas. Mehrere kleine Stände.

Lebensmittel und Güter des täglichen Bedarfs am **Mercado No. 2 (Mercado Central)**, 2 Blocks südwestlich der Plaza de Armas.
Hängematten *(hamacas)* bekommt man auf dem **Mercado Nr. 1** an der 9 de Diciembre.

TOUREN

Keine Tourangebote von der Straße annehmen!
Amazon World, Zavala 647, ✆ 061-575539, 💻 www.amazonworldperu.com. Zuverlässige Allroundagentur mit eigener Lodge an der Laguna Yarinacocha (S. 439) und Ausflugsangebot zu allen Sehenswürdigkeiten der Umgebung.
Dschungeltouren ab Puerto Callao s. S. 440.

SONSTIGES

Freiwilligenarbeit

Esperanza Verde Peru, Regenwaldschutz und Tierauffangstation unter holländischer Leitung, rund 3 Std. westlich von Pucallpa am Río Ucayali, ✆ 979150170, 💻 www.esperanza verdeperu.com.

Geld

Straßenwechsler stehen vor allen größeren Banken.
Banco de Crédito, Tarapacá, Ecke Raymondi.

Informationen
DIRCETUR, 2 de Mayo 111, ✆ 061-575110. ⌚ Mo–Fr 7–14.45 Uhr.

Medizinische Hilfe
Clínica Juan Pablo II, Av. Sáenz Peña 124, ✆ 061-572854.

Polizei
Independencia 360, Notruf ✆ 105.

Visaangelegenheiten
Ausländerbehörde, Migración, Libertad 542, ✆ 061-575014. ⌚ Mo–Fr 8–16, Sa 8–12 Uhr.

NAHVERKEHR

Im Stadtbereich kosten Motocars (Mototaxis) 2 S/., Sammeltaxis nach Yarinacocha 2 S/. p. P., ein Motocar 5 S/., zum Flughafen 6 S/.

TRANSPORT

Busse und Camioneta
Das **Terminal Terrestre** liegt rund 6 km außerhalb des Zentrums südlich der Avenida Centenario entlang der Straße Habilitación Urbana Municipal. Von dort fahren überwiegend Vans, Kleinbusse und Sammeltaxis in alle Richtungen. Von der Ucayali, Ecke San Martín, fahren Sammeltaxis und Busse zum Terminal.
Die Busgesellschaften nach Lima haben ihre Terminals entlang der Avenida Centenario etwa zwischen dem Einkaufszentrum Real Plaza und dem Arbeiterdenkmal Hombre Grande.

Gesellschaften
GM, Av. Centenario 702, ✆ 061-506602
móvilbus, Av. Aeropuerto, Calle Las Gardenias, ✆ 989806845, Ticketverkauf auch in der Tacna 522, Stand 20, Nähe Banco de la Nación, ✆ 061-284205
Turismo Central, KM 4,8 der **Av. Centenario**, ✆ 061-444178

Verbindungen
CIUDAD CONSTITUCIÓN verschiedene Unternehmen fahren in Vans oder Sammeltaxis vom Terminal Terrestre, 3 1/2–4 Std. (207 km).
HUANCAYO (Turismo Central) um 14 Uhr, 18 Std. (770 km).
HUÁNUCO (mehrere Anbieter, u. a. Turismo Central) abends. Mehrmals tgl. Vans oder Sammeltaxis vom Terminal Terrestre, 6–8 Std. (435 km).
LIMA (GM, móvilbus), tgl. mehrere Abfahrten, 20 Std. (800 km).
TARAPOTO verschiedene Unternehmen fahren in Vans oder Sammeltaxis vom Terminal Terrestre (früh kommen!), 12–14 Std. (781 km), über TINGO MARÍA, TOCACHE und JUANJUÍ.
TINGO MARÍA (mehrere Anbieter, u. a. Turismo Central). Mehrmals tgl. Vans oder Sammeltaxis vom Terminal Terrestre, 4 1/2–6 Std. (290 km).
YARINACOCHA/PUERTO CALLAO Colectivos fahren von der San Martín, Ecke Ucayali, 20 Min. (10 km).

Boote
Einen Überblick über den aktuellen Bootsverkehr bekommt man bei der **Hafenbehörde** *(Capitanía del Puerto)* am Nordostende der Stadt, Av. Castilla 754,
✆ 061-590193, Durchwahl 6623, ⌚ Mo–Fr 8–13, 15–17 Uhr.
Schnellboote (Haydee, Sajuta, Pucamana) fahren tgl. gegen 8 Uhr in 5 Std. vom Flussufer beim Uhrenturm flussabwärts nach Contamana. Zurück geht es von dort bereits um 5 Uhr morgens.
Langsame **Handelsboote** (Eduardo, Henry) fahren regelmäßig den Río Ucayali flussabwärts über Contamana, Orellana und Requena bis Iquitos (je nach Wasserstand und Ladung 4–5 Tage, Gegenrichtung plus 1 Tag). Abfahrtsort der Henry-Boote ist der **Puerto Henry**, ca. 2 Blocks von der Capitanía del Puerto (Mototaxistas kennen den Ort). Der Fahrpreis liegt bei 100 S/. für einen Hängemattenplatz *(hamaca)* an Deck (Hängematte ist nicht inkl.!) oder bei 250–300 S/. für einen heißen Kabinenplatz *(camarote)* im obersten Stock, jeweils inkl. einfacher Verpflegung aus wenig mehr als Reis und Bananen (Extraverpflegung und sauberes Trinkwasser mit an Bord nehmen). Es ist ratsam, 5–6 Std. vor dem angegebenen Starttermin an Bord zu gehen, um sich einen guten Schlafplatz

Ayahuasca – Geisterliane und Modedroge

Seit Menschengedenken nutzen Völker halluzinogene Pflanzen, um mit der übernatürlichen Welt in Verbindung zu treten, mit der Absicht, Körper und Geist zu heilen, Vergessenes zurückzurufen und in die Zukunft zu schauen. **Schamanen und Heiler** besitzen das Wissen über die korrekte Anwendung und die richtige Dosis der zeremoniellen Drogen, deren Einnahme von Fasten- und Reinigungszeremonien begleitet wird. Um mit den Geistwesen des Regenwaldes in Verbindung zu treten, wird im nordwestlichen Amazonasbecken eine bestimmte Liane verwendet, die in Kolumbien Yagé oder Yaje und in Brasilien Caapi genannt wird. In Ecuador und Peru heißt sie Ayahuasca *(Banisteriopsis caapi)*; das Quechua-Wort bedeutet so viel wie: „Liane der Verstorbenen", „Liane der Geister" oder auch „Ranke der Seelen". Die Einnahme von Ayahuasca führt zu starken **Halluzinationen und Visionen**, mit deren Hilfe es gelingt, den „Ursprung aller Dinge" zu sehen. Die Zeremonie begründet daher auch das Selbstverständnis der jeweiligen Stammesreligion, es bestärkt die Angehörigen darin, an den Fortbestand ihrer religiösen Werte zu glauben und an ihnen festzuhalten.

Die Ayahuasca-Zeremonie

Für eine Ayahuasca-Zeremonie wird die Liane in Stücke geschnitten und ausgekocht. Die dadurch entstehende schwarze, dickliche Flüssigkeit enthält die stark psychoaktiv wirkenden Alkaloide Harmalin und Harmin (bekannt auch als Telepathin oder Yagein). Doch um die Rausch erzeugenden Effekte zu erhalten, reicht die halluzinogene Wirkung der Ayahuasca-Liane alleine nicht aus. Erst in der Kombination mit weiteren Pflanzen, die das halluzinogene Tryptamin-Alkaloid Dimethyltryptamin (DMT) enthalten, wie *Psychotria viridis, Diplopterys cabrerana* oder *Datura suaveolens*, entfaltet die Liane ihre volle 2- bis 4-stündige Wirkung. Jeder Curandero braut seine eigene Mischung, deren Geheimnis er nur an seinen Nachfolger, häufig den ältesten Sohn, weitergibt. Ayahuasca heilt den, der es einnimmt, und dass der Schamane noch ein wenig Hokuspokus drum herum veranstaltet, gehört zum Geschäft, ändert aber an der Wirkung der Zauberliane nichts. Dies hat ein Schamane passend ausgedrückt: „Die Natur heilt die Krankheit, während der Heiler den Patienten unterhält."

zu sichern. Zahlen sollte man erst, wenn man sich einquartiert hat, und das Geld niemand anderem als dem Kapitän aushändigen. Moskitospray, Kopfbedeckung, Trinkwasser, Spielkarten und Toilettenpapier nicht vergessen! Wertsachen am Körper tragen oder im Rucksack einschließen!
Flussaufwärts fahren **Schnellboote** abends zwischen 21–23 Uhr vom Flussufer beim Uhrenturm in 17 Std. nach ATALAYA. Mit entsprechendem Zeitaufwand gelangt man von dort den Río Urubamba flussaufwärts bis zum Pongo de Mainique (S. 301), von dem aus man nach Quillabamba und Cusco weiterreisen kann.

Flüge

Der **Flughafen**, ✆ 061-572762, liegt ca. 5 km westlich vom Zentrum und ist mit Mototaxis (6 S/.) schnell zu erreichen. Außer den Airlines verkaufen zahlreiche Reisebüros (z. B. an der Tarapacá, Ecke Mariscal Castilla) Flugtickets.
Latam, Tarapacá 805, ✆ 061-579840, 💻 www.latam.com, fliegt nach LIMA. 🕒 Mo–Fr 9–19, Sa 9–13 Uhr. Weiteres Büro im Einkaufszentrum Real Plaza, Av. Centenario, Ecke Jr. Alfredo Eglinton.
Peruvian Airlines, Independencia 324, ✆ 061-505655, 💻 www.peruvian.pe, fliegt nach LIMA, IQUITOS und TARAPOTO. 🕒 Mo–Fr 8.30–19, Sa 9–17.
Saeta, außerhalb des Flughafens, Calle Las Gardenias Mz. C, Lote 08 (gegenüber v. móvil bus), ✆ 061-281127, 💻 www.saetaperu.com. Verkaufsstelle der regionalen Fluglinie, die tgl. in kleinen Propellermaschinen nach CONTAMANA und ATALAYA sowie 3x wöchentlich

Großes Geschäft für die Pharmaindustrie

Die heilende Wirkung von Ayahuasca ist auch der Pharmaindustrie nicht verborgen geblieben. Bereits 1986 erhielt eine US-amerikanische Firma die Verwertungsrechte für eine Varietät der Lianenart *Banisteriopsis caapi* in den USA. Dieses Patent wurde 2001 bestätigt und hob damit eine Entscheidung aus dem Jahr 1999 auf, die Ayahuasca als geistiges Eigentum indigener Völker definiert hatte. Obwohl die Amazonas-Indigenen weiterhin keinen Cent von der Vermarktung und dem Verkauf der Ayahuasca-Medizin erhalten, kann die Firma weiter Geschäfte mit der Liane der Geister machen, deren Inhaltsstoffe gegen Krankheiten wie Krebs und Parkinson wirken oder bei der Psychotherapie und beim Drogenentzug eingesetzt werden.

Entwertung durch den Tourismus

In den letzten Jahren sind immer mehr zivilisationsmüde Ausländer und neugierige Touristen in die Regenwälder des Amazonas gekommen, auf der Suche nach einem Stück heiler Welt. Viele von ihnen wollen Ayahuasca probieren, im Glauben an die magische Wirkung des Halluzinogens, von dem sie oft wenig mehr als den Namen wissen. Auch bei jungen Travellern ist es schick, den Trip probiert zu haben. Vielfach fallen sie cleveren Geschäftemachern in die Hände, die sie zu selbst ernannten Schamanen bringen. Die Besucher erhalten dann ein Gebräu zu trinken, das mit Ayahuasca nur noch den Namen gemein hat und sogar giftig sein kann. Beginnt die Reise zu den Geistern des Jenseits oft mit leichter Berauschtheit und fröhlicher Grundstimmung, endet sie bei vielen Touristen mit Angstzuständen und wird schnell zum Horrortrip.

In den meisten Fällen fehlt die richtige Vorbereitung oder eine Begleitperson, die sich entsprechend auskennt. Ayahuasca sollte nicht zum Spaß oder aus Langeweile eingenommen werden, sondern als das respektiert werden, was es ist: ein Heilmittel.

Einen guten Überblick auf Englisch mit Ranking und Kommentaren über das Angebot zahlreicher Unterkünfte in Peru, die Ayahuasca-Zeremonien anbieten, bekommt man auf der Seite 💻 www.ayaadvisors.org.

nach TARAPOTO verkehrt. Ein weiterer Anbieter für Flüge in die Umgebung ist **móvilair** 💻 www.movilair.pe, im Flughafen. Abflug in der Regel vormittags.

Star Perú, 7 de Junio 865, ✆ 061-590585, 💻 www.starperu.com, fliegt tgl. nach LIMA und IQUITOS. 🕒 Mo–Fr 8.30–18.30 Uhr.

Die Umgebung von Pucallpa

Yarinacocha

Der schön gelegene Urwaldsee, ein ehemaliger Nebenarm des Río Ucayali, liegt nur rund 10 km nördlich von Pucallpa. Schmale Kanäle verbinden die bumerangförmige Lagune mit dem Río Ucayali. Die Einheimischen nennen den See *Jepe Ian*, was so viel wie „Ort der Palmen" bedeutet. Yarinacocha ist rund 20 km lang, bis zu 1 km breit und kann das ganze Jahr über zu Bootsausflügen genutzt werden. Archäologische Funde belegen, dass die Lagune schon vor rund 4000 Jahren besiedelt war, und auch heute noch gehört sie, besonders an Wochenenden, zu einem der beliebtesten Ausflugsziele der Einheimischen.

Eine asphaltierte Straße führt nach **Puerto Callao**, einer direkt am See gelegenen Ansiedlung, die überwiegend aus hastig zusammengezimmerten Pfahlbauten mit Wellblechdach besteht. Entlang der Uferfront ziehen sich einfache Restaurants, aus denen meist laute Musik dröhnt. Einen Abstecher lohnt die Kunsthandwerks-Kooperative **Maroti-Shobo** der Shipibo-Conibo-Indigenen, Aguaytia 443 an der Plaza von Callao, die u. a. handbemalte Keramiken, Schmuck und Taschen herstellt. 🕒 Mo–Fr 8.30–19, Sa 9–17 Uhr.

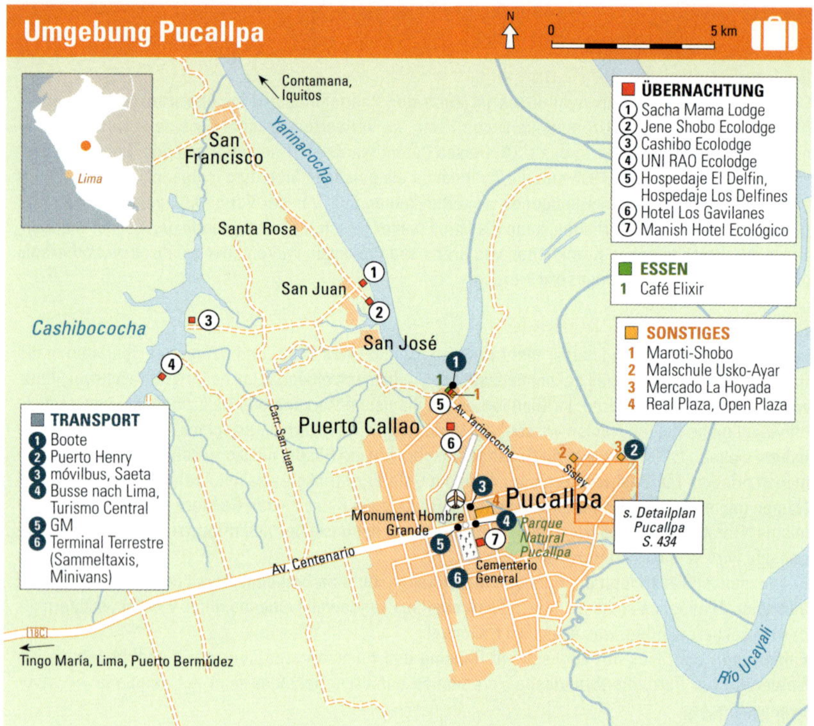

An der Nordwestseite der Lagune liegt die älteste indigene Siedlung, das **Shipibo-Dorf San Francisco**. Obwohl die rund 800 Einwohner regelmäßigen Kontakt mit der Außenwelt haben, in Pucallpa Handel treiben und viele Zivilisationsmuster übernommen haben, sind sie ihrer traditionellen Lebensweise weiterhin stark verpflichtet. San Francisco ist in der Trockenzeit auch mit Sammeltaxis (Abfahrt von der Av. Aguaytia, Ecke 3 de Octubre in Puerto Callao) zu erreichen. Vor dem Dorfeingang zweigt linker Hand ein Kanal ab, über den man zur Lagune Cashibococha (s. u.) gelangen kann.

Dschungeltouren ab Puerto Callao

Wer keine überzogenen Ansprüche in Bezug auf eine intakte Regenwaldlandschaft, Tiere und Naturerlebnisse stellt und einfach relaxen, baden und fischen möchte, für den ist die Laguna Yarinacocha bestens geeignet. Wer unberührten Regenwald und selten besuchte Indigenendörfer kennenlernen will, braucht vor allem eines: Zeit. Die Region um Pucallpa ist entlang der Flussufer weitestgehend gerodet und die *Peque-peques* der Bootsbesitzer tuckern in einem meist sehr beschaulichen Tempo übers Wasser.

In Puerto Callao warten Bootsbesitzer auf den Ankömmling und umwerben diesen mit verheißungsvollen Ausflügen. Da die Agenturen in Pucallpa mit einzelnen Bootsbesitzern zusammenarbeiten, kann man gleich in Yarinacocha buchen, um einen günstigeren Preis zu erzielen. Direkt am Seeufer bekommt man ausführliche Informationen zu Touren. In jedem Fall sollte man sich das Boot zeigen lassen, mit dem der Ausflug vorgesehen ist. Wenn es zu alt oder der Bootsführer nicht besonders vertrauenserweckend erscheint, sollte man darauf bestehen,

Flussabwärts nach Contamana

Mit dem Schnellboot oder Kleinflugzeugen (s. „Pucallpa/Transport") gelangt man in das rund 130 km nördlich von Pucallpa gelegene **Contamana**. Der kleine Ort am Río Ucayali wird bislang nur von wenigen ausländischen Touristen aufgesucht, ist aber eine gute Ausgangsbasis für lohnende Abstecher in die umliegenden Regenwälder. Neben Lagunen und Wasserfällen kann man die Papageien-Minerallecke **Aguas Termales de La Unión** (30–45 Min. per Mototaxi, 50 S/., Eintritt 10 S/.) und indigene Gemeinden besuchen. Übernachtungsempfehlungen in Contamana sind das **Hostal Sueño Dorado**, Samuel Barzesath 313, ✆ 065-551063, ❷, und das bessere **Hostal August's**, Buenaventura Márquez 216, ✆ 065-551265, 💻 www.hostalaugust.com, ❸. Akzeptables Essen gibt es im Restaurant **Las Alamedas**, Malecón Vargas Guerra 203. Von Contamana besteht die Möglichkeit, per Boot nach Requena und von dort mit Schnellbooten weiter nach Iquitos (S. 564) zu reisen.

mit einem anderen Boot zu fahren. Wichtig ist ein Dach, und bei längeren Fahrten sind auch Sitzpolster angenehm.

ÜBERNACHTUNG

Puerto Callao (Yarina)

Gegenüber vom Café Elixir (s. u.) liegt die **Hospedaje El Delfin** und dahinter (Circunvalación 221) die fast gleichnamige **Hospedaje Los Delfines**. Auf dem Gelände, das aufgrund von Erbstreitigkeiten geteilt wurde, befinden sich noch weitere Unterkünfte. Alle sind recht günstig. Am besten vor Ort anschauen. ❶–❷

Hotel Los Gavilanes, Ipuatia 370, ✆ 061-597255, 💻 www.losgavilaneshotel.com. Gutes Hotel mit Pool und schönem Garten, Bar und Restaurant, ruhig und sicher. Unterschiedliche Zimmer mit AC, Frühstück inkl. ❸

An der Lagune

Jene Shobo Ecolodge, westliches Seeufer, bei der Gemeinde San José, ✆ 972900739, 💻 www.jeneshoboecolodge.com. Geräumige Zimmer, z. T. mit Seeblick, Transfer und Frühstück inkl. ❺–❻

Sacha Mama Ecolodge, westliches Seeufer, bei San Juan. Rustikale Lodge mit Pool, Restaurant und Hängematten, gehört zu Amazon World (S. 436). Zimmer mit Bad und 24-Std.-Stromversorgung. Frühstück und Transfer inkl. ❺

ESSEN

Rund um die Bootsanlegestelle am Seeufer gibt es einige Restaurants.

Café Elixir, Aguaytía, Cuadra 3, nicht weit weg von der Plaza. Angenehmes Ambiente, wechselndes, günstiges Mittagsgericht, vegetarische/vegane Auswahl, Smoothies, Säfte, etc. ⌚ Di–Fr 9–20, Sa, So ab 10 Uhr.

Cashibococha

Die im Vergleich zu Yarinacocha kleinere, seltener besuchte und dafür ruhigere Lagune Cashibococha bietet inzwischen auch eine touristische Infrastruktur. Einige Lodges haben sich am Ufer niedergelassen, darunter die **Cashibo Ecolodge**, 💻 www.cashiboecolodge.com, ❻ inkl. Transfer, Abendessen, Frühstück, Wassersportgeräte, und die **UNI RAO Ecolodge**, 💻 www.uniraolodge.com, ❺–❻ inklusive Transfer und Frühstück. Auch für einen Drink zum Sonnenuntergang lohnt die Fahrt zum See, der mit Mototaxis gut zu erreichen ist.

CORDILLERA HUAYHUASH; © FRANK HERRMANN

Nordperu

Der Norden Perus hat mit der Cordillera Blanca die höchsten Gipfel und die schönsten Trekkinggebiete des Landes zu bieten. Surfer und Sonnenanbeter finden zwischen Piura und Tumbes die besten Wellen und Strände. Und auch der Amazonas-Regenwald lässt sich in den Dschungelregionen Iquitos und Tarapoto hautnah erleben. Hinzu kommen spektakuläre Ausgrabungsstätten wie Caral, Chan Chan oder Kuélap.

Stefan Loose Traveltipps

Huaca de la Luna und El Brujo In der Umgebung von Trujillo wurden an den Lehmziegelpyramiden sehenswerte Wandmalereien freigelegt. S. 459 und S. 461

11 **Die Umgebung von Chiclayo** In tollen Museen und gut präparierten Grabstätten kommen Fans vergangener Kulturen voll auf ihre Kosten. S. 470

12 **Strände im Norden** In Los Órganos, Máncora, Vichayito oder Punta Sal kann man nach Herzenslust baden, relaxen und wellenreiten. S. 484

13 **Cordillera Blanca** Im schönsten Wander- und Klettergebiet des Landes findet jeder seine eigene Route. S. 494

14 **Kuélap** Die Felsenfestung der Chachapoyas beeindruckt jeden Besucher. S. 540

Gocta und Yumbilla Die gewaltigen Wasserfälle nicht weit von Chachapoyas in eindrucksvoller Berglandschaft lassen sich gut erwandern. S. 549 und S. 550

15 **Bootsfahrt Yurimaguas–Iquitos** Gemächlich lässt man den Regenwald an sich vorüberziehen. S. 562

HUACA DE LA LUNA; UMGEBUNG TRUJILLO © SHUTTERSTOCK.COM/SL-PHOTOGRAPHY

TARAPOTO, AUTOFÄHRE AUF DEM RIO HUALLAGA; © FRANK HERRMANN

Wann fahren? Die Küste ist ganzjährig zu bereisen, die besten Monate sind Dez–April. In den Anden ist es von Mai–Dez vorwiegend trocken. Im Amazonasgebiet regnet es von Januar bis April häufiger als sonst.

Wie lange? 3 Wochen, ideal sind 4

Bekannt für leckere Meeresfrüchte, die höchsten Berge und die besten Surfwellen des Landes

Outdoor-Tipp Die mehrtägige Umrundung der Cordillera Huayhuash

Unbedingt probieren Exotische Fruchtsäfte im Amazonasgebiet

Von Lima nach Trujillo

Durch diesen Landesteil zieht sich die manchmal endlos erscheinende nördliche Küstenwüste. Doch von Zeit zu Zeit werden unterwegs reizvolle Kolonialstädte und interessante Ausgrabungsorte passiert. Die Höhepunkte dieses Streckenabschnitts sind die Städte Trujillo mit der Lehmziegelstadt Chan Chan sowie das private Naturschutzgebiet Chaparrí und die spannenden Museen und Grabstätten in der Umgebung Chiclayos.

Zum Entspannen laden die schönen Strände von Máncora und Umgebung nördlich des Handelszentrums Piura ein. Die Gegend um die Grenzstadt Tumbes wird klimatisch bereits von der warmen El-Niño-Strömung beeinflusst. Daher ist es dort oben wesentlich grüner und tropischer.

Von Lima bis Huacho

Von Lima aus führt die Panamericana Norte zunächst durch das vorwiegend von Einheimischen besuchte Seebad **Ancón** (KM 40) und den

Fischerort **Chancay** (KM 60), in deren Umgebung sich einst große Grabfelder befanden, die allerdings vollständig geplündert wurden.

Beim KM 103 der Panamericana *(División Río Seco)* zweigt eine Straße ab, die über Sayán zum Thermalbadeort **Churín** führt, der über eine gute touristische Infrastruktur verfügt. Die bis Sayán (ca. 50 km) asphaltierte Straße folgt dem Lauf des Río Huaura, in dessen Tal überwiegend Baumwolle und Zuckerrohr angebaut werden. Nach 208 km (ab Lima) wird auf ca. 2300 m Höhe Churín erreicht, das von steil aufragenden Felswänden umgeben ist. In und um den Ort liegen über zehn verschiedene mineralhaltige Badestellen, meist mit Temperaturen um die 30 °C. Angeblich findet man hier für jede Krankheit das richtige Heilwasser. Von Churín fahren tgl. mehrere Busse in rund sechs Stunden nach Lima.

Zurück auf der Panamericana passiert man zwischen KM 105 und 106 die Abzweigung zum 5070 ha großen Naturschutzgebiet **Reserva Nacional Lomas de Lachay**. Der Eingang befindet sich rund 3 km östlich der Panamericana an der Straße Richtung Churín. Das Wort *Lomas* bezeichnet eine Reihe niedriger isolierter Hügel an der peruanischen Küste, auf denen wegen des mehrmonatigen Küstennebels kleinwüchsige Wüstenpflanzen gedeihen. In den Monaten August, September und Oktober, den besten Besuchszeiten, ist der karge Wüstenboden von einem grünen Teppich und Blumenfeldern bedeckt, den rund 100 Baum- und Pflanzenarten weben. Die üppige Vegetation zieht vorübergehend über 50 Vogel-, zwölf Säugetier- und sieben Reptilienarten an. In dem 1977 gegründeten Schutzgebiet kann gewandert, gepicknickt und auf Zeltplätzen übernachtet werden. Ein Besuch empfiehlt sich unter der Woche; samstags und sonntags füllt sich Lachay mit Einheimischen, 🕒 tgl. 8.30–17.30 Uhr, Eintritt 12 S/.

Alternativ leben

Bei KM 63 fallen die eiförmigen Gebäude des **Eco Truly Parks**, ✆ 973508101, 💻 www.ecotrulypark.org, auf. Der von der Hare-Krishna-Bewegung geführte Tempelkomplex verfügt über einfache Unterkünfte mit Gemeinschaftsbad und ein vegetarisch/veganes Biorestaurant. Es werden unterschiedliche Aktivitäten und Kurse wie etwa Yoga, Meditation oder veganes Kochen angeboten. Anfahrtsinfo auf der Webseite. Tagesbesucher zahlen 12 S/., Zelten kostet 25 S/. p. P., ansonsten ❷–❸

Von Lima nach Trujillo

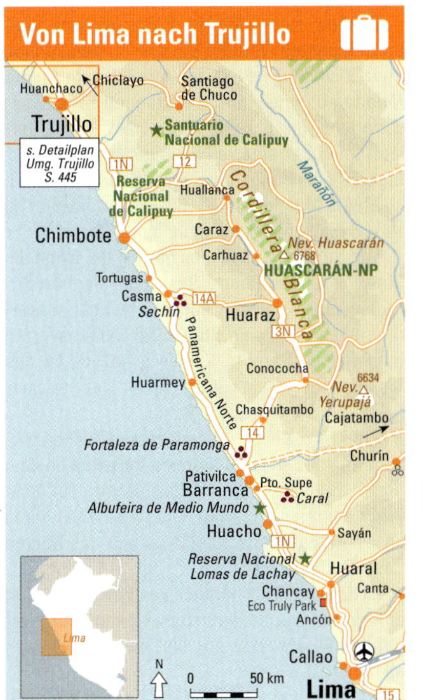

In ihrem weiteren Verlauf passiert die Panamericana Norte nach ca. 150 km das Städtchen **Huacho**. Außer dem Balkon an der Plaza, von dem aus General San Martín 1821 die Unabhängigkeit von Spanien verkündete, gibt es weiter nichts Spektakuläres zu sehen. In dem Gebäude ist ein kleines Museum untergebracht. 🕒 tgl. 8–20 Uhr, 2 S/. Vom Hafen aus fahren Fischer Besucher zu den vorgelagerten Inseln (Isla Mazorca, Isla Loberas und Isla Huampanú), auf denen sich Pelikane, Seehunde, Pinguine und viele Seevogelarten beobachten lassen.

NORDPERU

Eintönig zieht sich die Panamericana weiter in Richtung Norden. Bei KM 177 zweigt eine etwa 2 km lange Piste zur **Albufeira de Medio Mundo** ab, einer rund 6 km langen Brackwasserlagune, die parallel hinter dem Strand verläuft und über eine reichhaltige Vogelwelt verfügt. Es gibt Bungalows und Zeltmöglichkeiten im **Medio Mundo**, ✆ 01-5660185, Durchwahl 115, 🖳 www.albuferamediomundo.pe, ❹.

Von Supe (KM 184), dem ganz in der Nähe am Meer liegenden Puerto Supe oder dem größeren, wenige Kilometer nördlich gelegenen Barranca aus führt eine Straße zur sehenswerten Ruinenstätte **Caral** (s. Kasten S. 447) im Tal des Río Supe, ca. 25 km südöstlich von der Panamericana.

Bei KM 202 liegt – umgeben von Zuckerrohrfeldern – das kleine Städtchen **Pativilca**, in dem Simón Bolívar in den 1820er-Jahren für eine Weile sein Hauptquartier hatte. Aus jenem Haus an der Hauptstraße Nr. 253 ist nun das **Museo Casa Bolívar** geworden. ⌚ tgl. 8–15 Uhr, Eintritt 3 S/. Rund 2 km nördlich von Pativilca zweigt eine interessante Piste zum kleinen Bergdorf **Cajatambo** am Fuße der Cordillera Huayhuash ab (S. 521).

Nördlich von Pativilca liegt bei KM 206,5 die Abzweigung nach Huaraz und zu den Eisgipfeln der Cordillera Blanca (S. 494). Ab hier sind es noch rund 200 km bis nach Huaraz auf einer guten, asphaltierten Straße.

Nur wenige Kilometer nördlich der Abzweigung nach Huaraz befindet sich bei KM 210 direkt an der Straße die weithin sichtbare archäologische Stätte **Fortaleza de Paramonga**. Die riesige Adobefestung ist 50 m hoch und wurde zwischen 1100 und 1400 n. Chr. von den Chimú erbaut. Auf der obersten Plattform steht ein Tempel mit zwei quadratischen Räumen. ⌚ tgl. 8–18 Uhr, Eintritt 5 S/. Zur Anlage fahren Busse, Micros oder Taxis von Pativilca aus.

ÜBERNACHTUNG UND ESSEN

Barranca

Hotel Chavín, José Gálvez 222, ✆ 01-2352253, 🖳 www.hotelchavin.com.pe. Gut ausgestattetes Mittelklassehotel mit Bar, Restaurant, Pool und Aufzug. ❸

Am Strand liegen einige gute Fischrestaurants, darunter **Tato** und **El Cangrejo**.

Caral

Caral Tambo, dicht bei der Anlage gelegen, ✆ 997145926, 🖳 www.caraltambos.com. Einfache Privatzimmer und Mehrbettunterkünfte (US$8 p. P.) mit Gemeinschaftsbad und ein Campingareal (US$4 p. P.) ❷

Puerto Supe

In Puerto Supe (KM 191) lässt es sich sehr angenehm in der familiären **Casa de Isidora**, Loreto 274, ✆ 01-6910242, 🖳 www.lacasadeisidora.com, übernachten. Auch das Essen ist dort vorzüglich, Frühstück inkl. ❸

TRANSPORT

Einen Block entfernt vom Markt in Supe fahren **Sammeltaxis** *(Colectivo)* stdl. nach Caral. Von dort gelangt man über einen ausgeschilderten Fußweg in etwa 20 Min. zur Ruinenstätte. Ein Taxi ab Puerto Supe kostet inkl. Wartezeit bei den Ruinen etwa 100 S/.

LIMA Busse von Turismo Barranca und Turismo Paramonga fahren regelmäßig, 4 Std. (202 km).

HUARAZ Sammeltaxi nach PATIVILCA nehmen. Dort weiter mit Bus oder Sammeltaxi, 4–5 Std. (208 km).

Casma und Umgebung

Auf den nächsten rund 170 öden Wüstenkilometern werden außer dem kleinen Städtchen Huarmey bei KM 293 nur kleinere Ortschaften passiert. Nach der Abzweigung bei KM 371,5 zu den Ruinen von Sechín und nach Huaraz, sind es nur noch wenige Kilometer bis Casma, das bei KM 375 erreicht wird.

In Kolonialzeiten war der 11 km westlich des Ortszentrums gelegene Hafen (Abzweig bei KM 380) ein wichtiger **Warenumschlagplatz**, wurde aber mehrfach von Piraten geplündert. 1925 überschwemmte und verwüstete der Río Sechín den Ort und verschonte nur die Kapelle der María Magdalena, die so zur Schutzpatronin

Caral – die älteste Stadt Amerikas?

Im April 2001 entdeckten Archäologen der San Marcos Universität von Lima die vielleicht älteste Stadt des Kontinents. Inmitten einer unwirtlichen Felslandschaft auf 450 m Höhe am Fuß der **Cordillera Negra** in der Provinz Ancash zeichnen sich von Menschenhand geschaffene Formationen ab – viereckige Gebäude, Treppenstufen, Mauerwerk, Steinwälle und ein Amphitheater. Radiokarbon-Messungen ergaben ein Alter von rund 4600 Jahren. Damit ist die Zivilisation von Caral, so der Name der nordperuanischen Ausgrabungsstätte, rund 1000 Jahre älter als die Tausende Kilometer weiter nördlich in Mexiko befindliche Kultur der Olmeken. Diese Vorgängerkultur der Mayas galt bis dato als die älteste Zivilisation Amerikas.

Warum wählten die Menschen einen auf den ersten Blick lebensfeindlichen Standort, 18 km landeinwärts, als Zentrum für ihre Kultur? Die mögliche Antwort liegt in den Auswirkungen des periodisch wiederkehrenden Klimaphänomens **El Niño** und seiner kleinen Schwester La Niña (S. 488). Alle vier bis sechs Jahre stellten die Pazifikströmungen das Klima auf den Kopf, brachten den Küstenbewohnern mal extreme Überschwemmungen, mal lang anhaltende Dürre. Doch so leicht konnte man die fischreichen Gewässer des Pazifiks nicht verlassen, denn hinter der Küste begann ein breiter Wüstenstreifen, den es zu überwinden galt. Als sich die Küstenbewohner auf der Flucht vor El Niño in die Flusstäler zurückzogen, entdeckten sie die **künstliche Bewässerung** – bis heute eine der wichtigsten Erfindungen des Andenraumes überhaupt. Nun konnten die Bewohner des Tals das ganze Jahr über Mais, Baumwolle und Kürbis anbauen, was ihnen allmählich einen Überschuss an Nahrungsmitteln bescherte. Was ihnen zum Leben nun noch fehlte, tauschten sie bei Küsten- und Bergvölkern ein. Auf diese Art und Weise versorgten sie sich u. a. mit Meeresfrüchten oder Tonkeramik.

Der Wohlstand der Siedlungen im Tal des Río Supe wuchs ständig und ermöglichte die Errichtung eines religiös-politischen Zentrums – auf einer Fläche von 66 ha entstand *La Ciudad Sagrada de Caral*, die heilige Stadt Caral, und somit die vielleicht erste städtische Gesellschaftsform ganz Amerikas.

Noch dauern die Ausgrabungsarbeiten an, denn die architektonischen Überreste der Stadt sind fast komplett verschüttet. Wie in vielen anderen präinkaischen Städten war das bebaute Areal in eine **Ober- und Unterstadt** geteilt. In der aufwendiger und solider gebauten Oberstadt befanden sich das sakrale Zentrum Carals sowie einige Wohnhäuser der Eliten, während die einfachere Unterstadt Aufenthalts- und Wohnort der niedrigeren Bevölkerungsschichten war. Neben Opfergefäßen, Textilien und Nahrungsresten fanden die Wissenschaftler 32 aus Pelikan- und Kondorknochen gefertigte Flöten. 2009 wurde Caral von der Unesco zum **Weltkulturerbe** erklärt.

Eintritt, Führungen und Anreise

Die Ruinenstätte Caral, ✆ 01-2052500 (Lima), 💻 www.zonacaral.gob.pe, ist Mo–Do von 9–16 und Fr–So von 9–18 Uhr geöffnet. Eintrittspreis 11 S/. plus 20 S/. (bis zu 20 Pers.) für eine obligatorische rund 90-minütige Führung mit einem lokalen Guide (nur auf Spanisch). Transport, s. S. 447.

der Stadt wurde. Das quirlige Städtchen ist Ausgangspunkt für den Besuch der nur 5 km südöstlich gelegenen Ruinen von **Sechín**.

ÜBERNACHTUNG UND ESSEN

Hostal Gregori, Av. Luis Ormeño 530, ✆ 043-580573, ✉ gregorihotel@gmail.com. Moderne, saubere und günstige Zimmer mit Bad und TV, Frühstück gegen Aufpreis. ❷

Hostal El Farol, Tupac Amaru 450, ✆ 043-411064, 💻 www.elfarolinn.com. Gutes Hotel mit weitläufigem Garten, Pool und Restaurant. ❸

Gute regionale Spezialitäten und Mittagsmenüs (Mo–Fr) serviert das **Restaurant Uchukuta**, Av. Luis Ormeño 515, 1. Stock, 🕒 tgl. 12–22 Uhr.

TOUREN

Die Hotels Gregori und El Farol können englischsprachige **Guides** für den Besuch von Sechín und anderen Orten in der Umgebung vermitteln.

TRANSPORT

Wer Richtung Norden reist, sollte besser nach Chimbote fahren und dort in einen Bus umsteigen.

CHIMBOTE Minivans fahren regelmäßig von der Av. Nepeña bei der Banco de la Nacion, 6–21 Uhr, 3/4 Std. (60 km).

HUARAZ (Via Costa Express, Av. Libertad, neben móvilbus) mehrmals tgl., 3 1/2–4 Std. (160 km) über den Pass PUNTA CALLÁN. Sammeltaxis ab der Av. Luis Ormeño, Ecke Av. Libertad, sind rund eine Stunde schneller, aber teurer.

LIMA (Movíl Tours, America Express, beide am südlichen Ortsausgang) mehrmals tgl., 7 Std. (375 km).

SECHÍN Mototaxi für 2 S/. p. P., ca. 10 Min. (5 km).

TORTUGAS Abfahrt vom Terminal Terrestre, ca. 20 Min. (19 km).

Sechín

Von der Abzweigung bei KM 371,5 der Panamericana sind es noch rund 1,5 km entlang der Straße nach Huaraz bis zur sehenswerten Ruinenanlage Sechín. Ursprünglich ordneten Wissenschaftler den Komplex der Chavín-Kultur der Küstenwüste (1300–500 v. Chr.) zu. Aufgrund neuerer Untersuchungen ist man zu der Erkenntnis gelangt, dass Sechín bereits zur formativen Periode – Vorläufer der Chavín-Kultur – gehörte und möglicherweise schon um 1700 v. Chr. mit dem Bau der Anlage begonnen wurde.

Auch heute noch gibt das 1937 vom peruanischen Archäologen Julio César Tello entdeckte Zeremonialzentrum Rätsel auf. Das Hauptgebäude, ein **Tempelkomplex** mit einer Fläche von 38 x 38 m, ist von einer bis zu 4 m hohen Mauer umgeben. Sie besteht aus über 300 Steinplatten, die mit flachen Reliefs versehen sind. Auf ihnen sind menschliche Wesen zu erkennen, die Helme und Waffen tragen und vor allem als Krieger, aber auch als Priester interpretiert werden. Auf dem Gelände befindet sich das **Museo Max Uhle**, in dem man neben vielen Keramikfunden und Fotografien von Fundstellen der Region auch ein Modell des Tempels von Sechín sehen kann. ◷ Anlage und Museum tgl. 8–17.30 Uhr, Eintritt 5 S/. Anfahrt s. Casma im Abschnitt „Transport“.

Tortugas

Bei KM 392 der Panamericana zweigt eine Straße zum rund 2 km entfernten Badeort Tortugas ab, einer breiten, halbmondförmigen Bucht mit dunklem Kiesstrand. Richtig lebhaft ist es hier nur zwischen Dezember und März, in den restlichen Monaten wirkt der Badeort verschlafen bis ausgestorben. Die Schildkröten, die Tortugas seinen Namen gaben, tauchen inzwischen immer seltener auf. Per Boot oder Allradfahrzeug lassen sich weitere Badestrände und einsame Buchten in der Nähe erreichen. Eine empfehlenswerte Unterkunft ist eine Filiale des El Farol an der Südseite der Bucht (s. „Casma/Übernachtung“, S. 447).

Chimbote

Rund 60 km nordwestlich von Casma liegt an einer natürlichen Bucht die Großstadt Chimbote mit rund 300 000 Einwohnern, ein wenig reizvoller Ort, über dem ein ständiger Geruch nach Fischmehl liegt. Dies ist nicht weiter verwunderlich, denn Chimbote ist Perus größter **Fischereihafen**. Doch der Boom der 1960er- und 70er-Jahre, als jährlich Millionen Tonnen Fisch gefangen wurden, ist längst vorbei und die Erträge sind aufgrund starker Überfischung rückläufig.

Ein weiteres wirtschaftliches Standbein ist die **Stahlindustrie**. Seit 1958 produziert hier das staatliche Unternehmen Siderperú. Die starke Industrialisierung hat Chimbote zwar Arbeitsplätze, aber auch eine starke **Umweltverschmutzung** eingebracht.

In der Umgebung befinden sich einige kleinere **archäologische Stätten** (z. B. der Templo de Punkuri im Nepeña-Tal, die Mochica-Festung Pañamarca oder die Anlage Paredones, alle südlich von Chimbote gelegen).

Rund 13 km nördlich von Chimbote zweigt eine Straße Richtung **Caraz** und **Huaraz** durch den sehenswerten **Cañón del Pato** (S. 511) ab. Kurz darauf überquert die Panamericana den Río Santa, um danach wieder von der Stein- und Sandwüste verschluckt zu werden.

ÜBERNACHTUNG UND ESSEN

Hostal El Ensueño, Saenz Peña 268, ✆ 043-328662. Einfache, saubere Zimmer mit/ohne Bad. Sicher und freundlich. ❶
Hostal San Felipe, Pardo 514, ✆ 043-323401, ✉ hsanfelipe@hotmail.com. Ordentliche Zimmer mit Bad und Warmwasser 24 Std. Frühstück inkl. ❸
Frühstück, gute Mittagsmenüs und auch Abendessen bekommt man im **Restaurant Paola**, Bolognesi 405, und im **Restaurant Venecia**, Bolognesi 386.

TRANSPORT

Der große **Terminal Terrestre El Chimbador** liegt ca. 5 km südlich von Chimbote an der Panamericana. Viele Busunternehmen unterhalten Verkaufsbüros im Zentrum von Chimbote. Kleinbusse nach Casma fahren im Zentrum von Chimbote ab.
Regelmäßige **Busverbindungen** nach CAJAMARCA, 8 Std. (440 km), CASMA, 3/4 Std. (60 km), HUARAZ (5 Std.), LIMA 8 Std. (430 km), PIURA 10 Std. (620 km) und TRUJILLO 2 1/2 Std. (130 km).

Trujillo

Die 560 km nördlich von Lima gelegene Stadt ist charmant und vielseitig. **Präkolumbische Monumente** und **koloniale Gebäude** vom Feinsten laden zur Besichtigung ein und sind steinerne Zeugnisse von Trujillos traditionsreicher und bewegter Historie (s. „Geschichte"). Heute präsentiert sich die schmucke, rund 900 000 Einwohner zählende Hauptstadt des Departamentos La Libertad weitaus ruhiger. Der Stolz der Einwohner auf ihre Stadt manifestiert sich im gut erhaltenen kolonialen Stadtbild und der Pflege von Traditionen. Trujillo ist der Geburtsort des peruanischen Nationaltanzes **Marinera**, und hier erlernen die Paso-Pferde ihre grazile Gangart.

Die größte Stadt Nordperus und nach Lima und Arequipa drittgrößte Stadt des Landes liegt nur wenige Kilometer vom Meer entfernt. An den lang gezogenen Sandstränden von **Huanchaco** kann man beobachten, wie Fischer in traditionellen Schilfbooten aufs Meer hinaus paddeln. Anders als Lima bleibt Trujillo vom düsteren Küstennebel weitestgehend verschont. Viel Sonne, eine erfrischende Meeresbrise und kaum Niederschlag machen das Klima der Stadt sehr angenehm.

Geschichte

In ihrer Blütezeit zwischen 200–600 n. Chr. errichteten die **Mochica** (S. 460) im Tal des Río Moche gewaltige Pyramiden aus Millionen von Lehmziegeln. Ihre Nachfolge traten die **Chimú** (S. 458) zu Beginn des zweiten Jahrtausends nach Christus an, die Chan Chan – die größte Lehmziegelstadt der Welt – zu ihrem religiösen, wirtschaftlichen und politischen Zentrum machten. Schließlich integrierten die **Inka** das Chimú-Reich nach erbitterten Schlachten in ihren riesigen Staat.

1534 gründeten die **Spanier** Trujillo, benannt nach dem Geburtsort von Francisco Pizarro in Spanien. Während der Kolonialzeit entwickelte sich der Ort zum wichtigsten Hafen zwischen Lima und Panama. Die selbstbewussten Bewohner zeigten ihren Unmut über die spanische Besatzung mit der **vorzeitigen Unabhängigkeitserklärung** am 29. Dezember 1820 – rund ein halbes Jahr, bevor der Rest des Landes folgte. Während der Unabhängigkeitskriege diente Trujillo Simón Bolívar als militärisches Hauptquartier. Ende des 19. Jhs. begann man in der Region verstärkt Zuckerrohr zu produzieren, von dessen Erlösen allerdings nur wenige Familien profitierten.

Noch nicht vergessen sind in Trujillo die **Unruhen und Massaker** zu Beginn der 1930er-

Trujillo

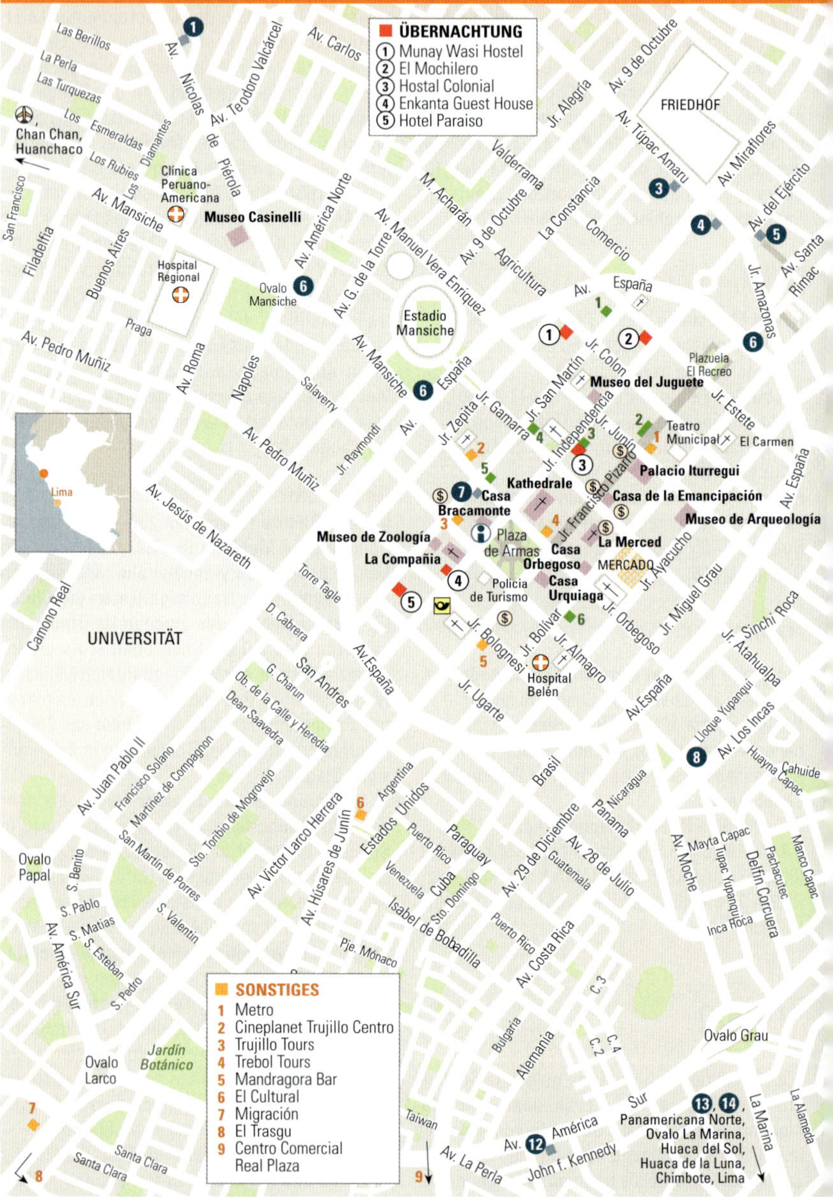

ÜBERNACHTUNG
1 Munay Wasi Hostel
2 El Mochilero
3 Hostal Colonial
4 Enkanta Guest House
5 Hotel Paraiso
SONSTIGES
1 Metro
2 Cineplanet Trujillo Centro
3 Trujillo Tours
4 Trebol Tours
5 Mandragora Bar
6 El Cultural
7 Migración
8 El Trasgu
9 Centro Comercial Real Plaza
Chan Chan, Huanchaco
Clínica Peruano-Americana
Museo Casinelli
Hospital Regional
Ovalo Mansiche
Estadio Mansiche
FRIEDHOF
Plazuela El Recreo
Museo del Juguete
Teatro Municipal
El Carmen
Palacio Iturregui
Kathedrale
Casa Bracamonte
Casa de la Emancipación
Museo de Arqueología
Museo de Zoología
La Compañia
Plaza de Armas
Casa Orbegoso
La Merced
MERCADO
Casa Urquiaga
Policia de Turismo
Hospital Belén
UNIVERSITÄT
Lima
Ovalo Papal
Ovalo Larco
Jardín Botánico
Ovalo Grau
Panamericana Norte, Ovalo La Marina, Huaca del Sol, Huaca de la Luna, Chimbote, Lima
Av. España
Av. Mansiche
Av. Pedro Muñiz
Av. Jesús de Nazareth
Av. América Norte
Av. América Sur
Av. Juan Pablo II
Av. Victor Larco Herrera
Av. Húsares de Junín
Av. 28 de Julio
Av. 29 de Diciembre
Av. Los Incas
Av. Moche
Av. La Perla
Av. Costa Rica
Av. Tupac Amaru
Av. Miraflores
Av. del Ejército
Av. Santa Rimac
Av. 9 de Octubre
Av. Nicolas de Piérola
Av. Teodoro Valcárcel
Av. Carlos Valderrama
Av. Manuel Vera Enriquez
Av. G. de la Torre
Av. Roma
Jr. Pizarro
Jr. Independencia
Jr. Bolívar
Jr. Orbegoso
Jr. Gamarra
Jr. San Martín
Jr. Junín
Jr. Colon
Jr. Ayacucho
Jr. Almagro
Jr. Bolognesi
Jr. Zepita
Jr. Estete
Jr. Ugarte
Jr. Amazonas
Jr. Alegría
Jr. Miguel Grau

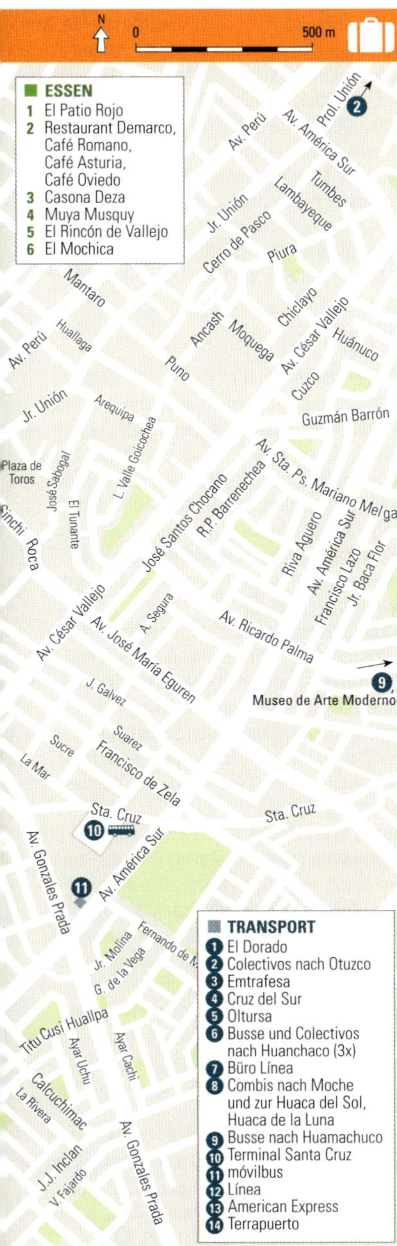

Jahre: Tausende Einwohner kamen bei Auseinandersetzungen zwischen der progressiven APRA-Partei unter ihrem Parteichef Victor Raúl Haya de la Torre, einem Sohn Trujillos, und der repressiven Regierung des Diktators Sanchez Cerro ums Leben. Im Jahr 1969 befreite die linke Militärregierung die Provinz vom Würgegriff der Zuckerbarone, indem sie deren Landbesitz beschlagnahmte und in Kooperativen umwandelte.

Koloniale Architektur

Wer durch die Innenstadt schlendert, die sehr gut zu Fuß erkundet werden kann, dem fallen die architektonischen Besonderheiten der meist gut erhaltenen Kolonialgebäude auf: dekorative Fenstergitter und geschlossene Holzbalkone. Während man von den Balkonen auf die Straße blicken konnte, ohne selbst gesehen zu werden, wetteiferten wohlhabende Bewohner um das ausgefallenste Fenstergitterdesign. An der gepflegten **Plaza de Armas** mit dem wuchtigen **Monumento a la Libertad**, einer bronzenen Freiheitsstatue, finden sich schöne Beispiele.

Neben dem Rathaus an der Westseite der Plaza liegt die **Casa Urquiaga**, in der Simón Bolívar einige Monate gelebt haben soll. Im Inneren kann man sich Kolonialmöbel und antike Keramiken anschauen. ⌚ Mo–Fr 9.15–15.15, Sa 10–13 Uhr, Eintritt frei.

Aus der Häuserzeile gegenüber stammt nur die gelb getünchte **Casa Bracamonte** mit ihrem großen Holzportal aus der Kolonialzeit.

Die Nordseite der Plaza wird von der massiven **Kathedrale** beherrscht.

Nicht weit von hier befindet sich eines der sehenswertesten Kolonialhäuser der Stadt, die **Casa del Mariscal de Orbegoso**. Sie liegt an der Nordostecke der Plaza und beherbergt Kolonialmöbel sowie wechselnde Gemäldesammlungen.

Einen Häuserblock weiter entlang der Pizarro steht an der Ecke mit der Gamarra die **Casa de la Emancipación**, in der heute die Banco Continental untergebracht ist. Hier tagte der erste Nationalkongress nach der Unabhängigkeit, danach nutzten verschiedene Regierungen und Bischöfe das Gebäude. ⌚ Mo–Sa 9–13, 16–19 Uhr, Eintritt frei.

Im **Palacio Iturregui**, Pizarro 688, Ecke Junín, erklärte General Iturregui im Jahr 1820 die Unabhängigkeit Perus von Spanien. Das neoklassizistische Gebäude mit schmiedeeisernen Gitterfenstern und Statuen aus italienischem Marmor wurde Anfang des 19. Jhs. gebaut. Hier treffen sich heute die Mitglieder des noblen Club Central, dem der Palast auch gehört. ◷ Mo–Fr 8.30–10 Uhr, Eintritt 5 S/. Nach 10 Uhr gratis, aber dann nur Besichtigung des Innenhofs möglich.

Unter den Kirchen Trujillos ragen die **Iglesia La Compañia** mit einigen Original-Fresken und die **Iglesia La Merced** mit einer Rokoko-Orgel aus dem 17. Jh. heraus. ◷ i. d. R. wenn Messe ist, spätnachmittags um 17 oder 18 Uhr.

Museen im Zentrum

Das **Museo de Arqueología**, Junín 682, ist im restaurierten Kolonialhaus Casa Risco aus dem 17. Jh. untergebracht, zu dessen Bau einst 49 000 Adobeziegel verwendet wurden. Das Museum beherbergt sieben verschiedene Ausstellungsräume, deren Bandbreite von Funden der Mochica-, Chimú- und Inkakultur bis zu Artefakten und Nachbildungen der Wandmalereien der Huaca de la Luna reichen. ◷ Mo–Fr 9–16, Sa 9–13 Uhr, Eintritt 5 S/.

Die Sammlung präparierter einheimischer Tierarten im **Museo de Zoología**, San Martín 368, ist nicht gerade in bestem Zustand. ◷ Mo–Fr 9–18 Uhr, Eintritt 2 S/.

Im **Museo del Juguete**, Independencia 705, wird Spielzeug von der prähispanischen Epoche bis zu den 1950er-Jahren präsentiert. ◷ Mo–Sa 10–18, So 10–13 Uhr, Eintritt 7 S/.

Das **Museo Catedralicio** gehört zur Kathedrale von Trujillo. ◷ Mo–Fr 9–13, 16–19, Sa 9–13 Uhr, Eintritt 4 S/.

Außerhalb des Zentrums

Etwas Grün im allgegenwärtigen Braun der peruanischen Küstenwüste bekommt man im **Jardín Botánico**, Av. América Sur, Cuadra 39, zu sehen. ◷ Mo–Sa 7–17, So 9–16 Uhr, Eintritt frei.

Etwas außerhalb zeigt das **Museo de Arte Moderno**, Carretera Industrial via Laredo cruce con Av. Villarreal Mz. „W" Lote 2, Urbanizacion El Bosque, moderne Werke lateinamerikanischer Künstler. ◷ tgl. 9–17 Uhr, Eintritt 10 S/.

Eine Privatsammlung von Fundstücken der Chavín-, Mochica- und Chimú-Kulturen kann im **Museo Arqueológico** an der Plaza de Armas in der Municipalidad von Moche, wenige Kilometer südlich von Trujillo, angeschaut werden. ◷ Mo–Fr 8–12.30, 14–16.30 Uhr, Eintritt 5 S/.

ÜBERNACHTUNG

Ruhiger übernachtet es sich im nur rund 20 Busminuten entfernten Huanchaco (S. 462).

El Mochilero, Jr. Independencia 887, ✆ 044-297842, ✉ elmochilerotrujilloperu@gmail.com. Günstige Backpackerunterkunft, die an eine Jugendherberge erinnert. Unterschiedlich große Schlafsäle (25 S/. p. P.) und nur wenige DZ, fast alle mit Gemeinschaftsbad (Warmwasser). Im hinteren Bereich wirkt das Hostel freundlicher. ❶–❷

Enkanta Guest House, Independencia 341, ✆ 97565077, ✉ enkanta.hospedaje@gmail.com. Toplage, nur einen halben Block von der Plaza de Armas entfernt. Sauberes Hotel mit unterschiedlichen Schlafsälen (28 S/. p. P.) und einigen Doppelzimmern mit Gemeinschaftsbad (Warmwasser), Küchenbenutzung. ❷

Munay Wasi Hostel, Colón 250, ✆ 044-231462, 💻 www.munaywasihostel.com. Nette Familienunterkunft, in der man wahlweise im Privat- oder Mehrbettzimmer übernachten kann (alle mit Gemeinschaftsbad und Warmwasser). Küchenbenutzung und einfaches Frühstück inkl. ❷, Schlafsaal ab 30 S/. p. P.

Hostal Colonial, Independencia 618, ✆ 044-258261, 💻 www.hostalcolonial.com.pe. Großes Kolonialhaus in zentraler Lage mit kleinem Garten. Saubere, ansprechende Zimmer mit Bad und TV. ❸

Hotel Paraiso, San Martín 240, ✆ 044-200073, 💻 www.hotelesparaiso.com.pe. Neueres Hotel mit schönen Zimmern, die über AC, Minibar und Safe verfügen. Außerdem Aufzug, Bar und Restaurant. Frühstücksbuffet inkl. ❺

© FRANK HERRMANN

Die Plaza ist das Zentrum und das Prunkstück Trujillos.

ESSEN

Zu den Spezialitäten der Region zählen u. a. *Shámbar* (meist nur montags erhältlich), eine Weizensuppe mit Schweinefleisch, und die *Sopa teóloga*, die „Theologensuppe", bestehend aus Hühnerbrühe mit eingeweichtem Brot, Käse, Milch und Kartoffeln.

Auf dem **Markt** (Gamarra, zwischen Perú und Unión) wird man billig satt.

Im Block 7 der Pizarro liegen nebeneinander die vier Cafés/Restaurants **Demarco**, ⌚ tgl. 7–23 Uhr, **Romano**, ⌚ tgl. 12–23 Uhr, **Asturias** und **Oviedo**, ⌚ beide tgl. 8–24 Uhr. Sie servieren alle Frühstück, günstige Tagesmenüs (auch abends) sowie guten Kaffee und Kuchen. Demarco und Romano sind etwas edler als die anderen beiden.

Casona Deza, Independencia 630. Gemütliches Café-Restaurant mit antiken Möbeln und Innenhof. Guter Kaffee, selbst gemachte Pasta und Pizzas, Salate, glutenfreies Mittagsmenü. ⌚ Mi–Mo 12–23 Uhr.

El Mochica, Bolívar 462, ✆ 044-295181. Teure Meeresfrüchte und Grillgerichte, Lieferservice. ⌚ tgl. 8–23 Uhr.

El Patio Rojo, San Martín 873. Überwiegend vegetarisch-veganes Essen, aber auch Fleisch- und Fischoptionen. Frühstück, Mittagsmenüs, Smoothies. ⌚ Mo–Do 8–23, Fr, Sa 8–1, So 10–16 Uhr. Im selben Gebäude befindet sich der Bioladen **La Despensa Verde**.

El Rincón de Vallejo, Orbegoso 303. Serviert gute, günstige Menüs, oft voll. ⌚ Mo–Sa 7–23, So 7–15 Uhr.

Muya Musquy, San Martín 600, Ecke Gamarra. Vegane Küche, Mittagsmenüs und Gerichte à la carte. ⌚ Mo–Sa 11–17, 19–22 Uhr.

UNTERHALTUNG UND KULTUR

Bars und Discos

Angesagt sind die Pubs mit Livemusik **Mandragora**, Bolognesi 502, und **El Trasgu**, Las Hortensias 588. Im Shoppingcenter Real Plaza befindet sich die Disco **Ama**.

Kinos

Cine Planet, Orbegoso 239 und im Shoppingcenter Real Plaza, 💻 www.cineplanet.com.pe.

Theater

Teatro Municipal, Bolívar 753, ✆ 044-241601. Die meisten Vorführungen beginnen ab 19 Uhr.

Reit- und Tanzshows

Die **Casa Campo Alcor** an der Vía de Evitamiento KM 567, ✆ 948315055, bietet 2x tgl. um 13.30 und 14.45 Uhr Vorführungen mit peruanischen **Paso-Pferden** und **Marinera-Tänzen**, 30 S/. (Anmeldung sinnvoll).

FESTE

Den in Trujillo beheimateten Nationaltanz *Marinera* kann man während des **Festival de Primavera** (letzte September- und erste Oktoberwoche) erleben. Neben diversen folkloristischen Darbietungen finden Umzüge, Stierkämpfe und Schönheitswettbewerbe statt. Eine weitere Möglichkeit, die *Marinera* live zu sehen, ist während des **Concurso Nacional de Marinera**, einem Tanzwettbewerb im Januar: Dutzende von Paaren versuchen auf sportliche Weise, das goldene Taschentuch zu gewinnen.

AKTIVITÄTEN UND TOUREN

Trujillo Tours, Almagro 301, Ecke San Martín, ✆ 044-233091, 🖳 www.trujillotours.com. Kann deutschsprachige Guides organisieren. Weitere Veranstalter finden sich entlang der Pizarro, Block 4 und 5.

SONSTIGES

Geld

Banken liegen an der Plaza de Armas und in der Fußgängerzone der Calle Pizarro. Geldautomaten gibt es auch in den Shoppingcentern, großen Supermärkten und einigen Apotheken.

Informationen

I-Perú, die staatliche Touristeninformation von PromPerú, liegt an der Plaza de Armas, Jr. Independencia 467, Raum 106, ✆ 044-294561, ✉ iperutrujillo@promperu.gob.pe. ⌚ Mo–Sa 9–18, So 9–13 Uhr. Zweigstelle an der Huaca de la Luna, S. 459.

Konsulate

Deutsches Honorarkonsulat – Joe Rodríguez González, ✆ 044-293358, ✉ trujillo@hk-diplo.de.

Medizinische Hilfe

Clínica Peruano-Americana, Mansiche 810, ✆ 044-242400.
Hospital Belén, Bolívar 350, ✆ 044-480200.

Polizei

Policía de Turismo, Almagro 442, ✆ 044-291705. ⌚ tgl. 24 Std.

Sprachunterricht

El Cultural, Venezuela 125, Urb. El Recreo, ✆ 044-232512, 🖳 www.elcultural.com.pe.

Supermärkte

Metro, Pizarro, Ecke Junín.
Plaza Vea, im Centro Comercial Real Plaza.

Visaangelegenheiten

Die **Einwanderungsbehörde (Migración)** liegt in der Av. Larco, Cuadra 12 s/n, ✆ 01-2001000, anexo 1301. ⌚ Mo–Fr 8–16, Sa 9–12 Uhr.

NAHVERKEHR

Eine **Taxifahrt** im Stadtzentrum kostet 4 S/., zum Flughafen 20–25 S/., nach Chan Chan 15 S/., nach Huanchaco 12–15 S/. und zur Huaca de la Luna 12–15 S/.
Busse nach Huanchaco, s. S. 462.

TRANSPORT

Busse

Bis auf Cruz del Sur und Línea fahren alle Gesellschaften vom **Terrapuerto**, Carretera Panamericana Norte, KM 558, ✆ 044-626741, ab. Einige Busunternehmen haben außerdem noch eigene Terminals und fahren von beiden Orten ab.

Gesellschaften
Cruz del Sur, Amazonas 437, ✆ 044-369100
El Dorado, Nicolás de Piérola 1062, ✆ 044-291778
Emtrafesa, Tupac Amaru 185, ✆ 044-484120

Línea, Av. América Sur 2857, ✆ 044-297000
móvilbus, Av. América Sur 3959, ✆ 044-286538 (nur Ticketverkauf)
Oltursa, Av. del Ejercito 342, ✆ 044-263055

Verbindungen
CAJAMARCA (Línea, Emtrafesa, u.a.) tgl. mehrere Busse, 6 Std. (246 km).
CASMA 3 Std. (186 km), alle Busse nach Lima oder umsteigen in CHIMBOTE.
CHACHAPOYAS (móvilbus, direkt) um 16.45 Uhr, 13–14 Std. (571 km). Sonst mit Bus Richtung TARAPOTO und an der Kreuzung in Pedro Ruíz umsteigen.
CHICAMA (PUERTO MALABRIGO) Busse von El Dorado fahren regelmäßig vom Terminal Santa Cruz, Av. Santa Cruz, im Osten der Stadt ab, 1 1/2 Std. (73 km)
CHICLAYO (Emtrafesa) ständige Abfahrten, 5 Std. (206 km), über PACASMAYO.
CHIMBOTE (American Express und Sammeltaxis ab Ovalo La Marina) alle 30 Min., 2 Std. (130 km).
CHOCOPE Busse fahren regelmäßig vom Terminal Santa Cruz ab. Busse Richtung Paiján und Chicama passieren Chocope, 1 Std. (40 km).
GUAYAQUIL (Ecuador) mehrmals wöchentlich (Cruz del Sur), ca. 24 Std. (947 km).
HUAMACHUCO Sammeltaxis und Minivans fahren ab der Av. Pumacahua, nördlich der Stadt (Mototaxi 8 S/.), 4 Std. (191 km).
HUANCHACO Busse fahren ständig von 6 bis ca. 22 Uhr ab der Mansiche, Ecke Av. América Norte, oder der Kreuzung España/Pizarro und halten auf Handzeichen, 20–30 Min. (13 km).
HUARAZ mehrmals tgl., meist abends (Línea, móvilbus fährt weiter bis CARAZ), 8 Std. (311 km) über PATIVILCA. Wer tagsüber über HUALLANCA und den Cañón del Pato nach CARAZ und HUARAZ will, muss in Chimbote umsteigen.
LIMA (u. a. Cruz del Sur, Oltursa, móvilbus) regelmäßig (v. a. abends), 9–10 Std. (554 km).
OTUZCO Busse, Combis und Colectivos fahren regelmäßig ab Prolongación Unión, 1–1 1/2 Std. (67 km).
PACASMAYO (Emtrafesa), s. „Chiclayo/ Transport“, 1 1/2 Std. (108 km).
PIURA (Línea, El Dorado, Emtrafesa) mehrmals tgl. mittags und abends, 6 Std. (422 km).
TARAPOTO (móvilbus) Abfahrt am frühen Nachmittag, 19 Std. (826 km), über PEDRO RUÍZ und MOYOBAMBA.
TUMBES (El Dorado, Emtrafesa, Oltursa, Cruz del Sur) meist abends, 12 Std. (700 km). Busse stoppen in MÁNCORA und LOS ÓRGANOS.

Flüge
Der **Flughafen** liegt 10 km nordwestlich der Stadt auf dem Weg nach Huanchaco, ✆ 044-464013, Durchwahl 109. Ein Taxi kostet 20–25 S/.
Avianca, Centro Comercial Real Plaza, Av. César Vallejo Oeste 1345, Ecke Av. Fátima, Local R-05B, ✆ 01-5118222, 💻 www.avianca.com, fliegt tgl. nach LIMA. 🕒 tgl. 10–22 Uhr.
Latam, nur am Flughafen und Infoschalter im Centro Comercial Real Plaza, ✆ 01-2138200, 💻 www.latam.com, fliegt nach Lima und zwischen Juni und November direkt nach CUSCO. 🕒 Mo–Fr 9–19, Sa 9–13 Uhr.
Sky Airlines, nur am Flughafen und im Internet, ✆ 044-643319, 💻 www.skyairline.com/peru, fliegt tgl. nach Lima.

Die Umgebung von Trujillo

Chan Chan

Eine Hauptattraktion der Region ist der Ruinenkomplex Chan Chan, 5 km westlich von Trujillo. Die rund 14 km^2 (einst etwa 20 km^2) große Stadtanlage hat einige Superlative zu bieten: So war Chan Chan die größte vorkolumbische Stadt des gesamten Kontinents und ist bis heute die größte Lehmziegelstadt der Welt. 1986 erklärte die Unesco die Ruinenstätte zum Weltkulturerbe.

Geschichte
Mit dem Bau der Anlage wurde bereits im 9. Jh. n. Chr. unter den **Mochica** begonnen. Seine größte Ausdehnung erreichte Chan Chan danach unter den **Chimú**, deren Königreich Chimor

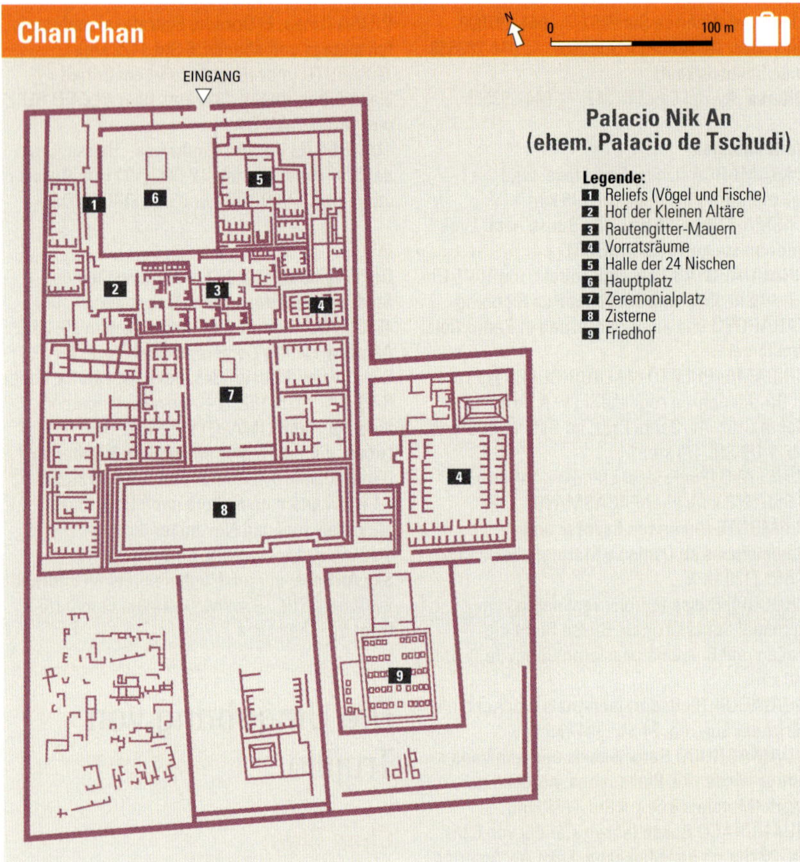

sich gegen Ende des 13. Jhs. über 1000 km entlang der peruanischen Küstenwüste erstreckte. Während der **Blütezeit im 14. Jh.** lebten mehr als 60 000 Menschen (manche Schätzungen reichen bis 100 000 Einwohner) in der Stadt, die unermessliche Gold-, Silber- und Keramikschätze (s. Museo de Oro und Museo Rafael Larco Herrera in Lima, S. 156) beherbergte.

Zwischen 1460 und 1480 n. Chr. geriet Chan Chan unter den Einfluss der **Inka**, die den Chimú die lebensnotwendige Wasserzufuhr aus den Anden abschnitten und somit leichtes Spiel bei der Eroberung hatten. Der letzte Chimú-Herrscher und ein Teil seiner Untertanen wurden nach Cusco verschleppt, die Stadt wurde geplündert, aber nicht zerstört.

Ab dem 16. Jh. wüteten goldgierige **Spanier** und später *Huaqueros* in den Grabstätten. Die größten Schäden an der einst imposanten Küstenstadt richteten aber immer wieder **Naturkatastrophen** an. Neben Erdbeben waren es besonders sintflutartige Regenfälle, ausgelöst durch das Wetterphänomen El Niño. Besonders in den Jahren 1925, 1983 und 1997/98 wurden wertvolle Reliefs und Lehmmauern von den Wassermassen beschädigt. Heute präsentiert sich Chan Chan als riesiges Trümmerfeld, doch die geschrumpften Gebäudestrukturen und

Grundmauern – die wertvollsten wurden inzwischen überdacht – lassen immer noch die einstige Größe und Pracht der Lehmziegelstadt in der Wüste erahnen.

Besuch der Ruinenstätte

Chan Chan wurde komplett aus luftgetrockneten Lehmziegeln (tonhaltige Erde, kleine Kiesel und Stroh) erbaut und war von einer stellenweise über 10 m hohen Stadtmauer umgeben. Alle Grundmauern verlaufen parallel oder rechtwinklig zum Meer und unterteilen sich in zehn rechteckige, mehrere Hundert Meter lange Bereiche, die *Ciudadelas* genannt werden. Es handelt sich wahrscheinlich um **Stadtviertel**, denen man heutzutage die Namen berühmter Forscher oder Archäologen gegeben hat (z. B. Uhle, Rivero oder Tschudi).

Jeder Stadtteil besteht aus einem Palast mit Hauptgebäuden und öffentlichen Anlagen (Plätze, Tempel), Wohnbereichen, Gängen, Innenhöfen, Zisternen und einem Friedhof. Im Allgemeinen sind die Paläste in drei Bereiche unterteilt, mit nur einem Eingang an der Nordseite. In Zeremonialbereichen wurden Reliefs angebracht, die ihre Farben leider längst verloren haben.

Alle *Ciudadelas* waren über Brunnen, unterirdische Kanäle und Sammelbecken an eine künstliche Wasserversorgung angeschlossen, die sich aus dem Río Moche speiste.

Der sehenswerteste Teil der Anlage ist der **Palacio Nik An** (auch bekannt als Palacio de Tschudi), rund 2 km südlich der Straße Trujillo–Huanchaco (die Abzweigung ist markiert). Der schweizerische Forscher Johann Jakob von Tschudi (1818–1889) gab dem Komplex seinen Namen. Durch einen 4 m dicken und mehrere Meter hohen Schutzwall gelangt man zunächst auf den Haupt-Zeremonialplatz im Inneren des Palastes. Die Innenwände sind mit geometrischen Figuren und Tierdarstellungen (Pelikanen, Fischen, Nutrias) verziert, die überwiegend restauriert wurden. Ähnliche Motive schmücken den sich anschließenden Gang, der zum Tempelbereich mit Gebetshallen und kleinen Altarnischen führt.

Eine Rampe – Treppen waren bei den Chimú selten – ermöglicht den Zugang zu einem weiteren Zeremonialplatz, an den sich der Friedhof und eine Zisterne anschließen. In tiefer gelegenen Schlammflächen *(Huachaques* oder *Chacras hundidas)*, die vom Grundwasser mit Feuchtigkeit versorgt werden, konnten mehr-

Schon bei den Moche und Chimú galt Fisch als wichtige Nahrungsquelle.

NORDPERU

mals jährlich Obst und Gemüse geerntet werden. Von einem Aussichtsturm kann man das Meer sehen und hat einen schönen Überblick über die Anlage.

🕒 tgl. 9–17 Uhr (Kasse schließt um 16 Uhr), Eintritt 10 S/. Die Eintrittskarte berechtigt auch innerhalb der folgenden zwei Tage zum Besuch des Museo del Sitio, der Huaca Esmeralda und der Huaca Arco Iris. Die an der Anlage (entweder am Museo del Sitio oder am Palacio Nik An) wartenden Guides (1–5 Pers.) nehmen 30 S/. für eine Besichtigung.

Anfahrt nach Chan Chan: Am Ovalo Mansiche (Kreuzung der Av. América Norte und der Av. Mansiche) fahren die Busse und Micros Richtung Huanchaco ab, die die Anlage nach wenigen Kilometern passieren (dem Fahrer rechtzeitig Bescheid geben). Das **Museo del Sitio** liegt direkt am Straßenrand, während von der markierten Abzweigung der Hauptstraße zum **Palacio Nik An** noch rund 2 km zurückzulegen sind. Dazu sollte man auf die bereitstehenden Taxis oder Mototaxis zurückgreifen, da Fußgänger auf diesem Wegstück bereits überfallen worden sind. Definitiv sicherer ist es, gleich ein Taxi zu nehmen oder sich einer organisierten Tour anzuschließen.

NORDPERU

Weitere Tempelanlagen bei Trujillo

Huaca Arco Iris (Huaca del Dragón) und Huaca Esmeralda

Die mit gut erhaltenen Wandfriesen verzierte **Huaca Arco Iris** liegt rund 5 km nordwestlich von Trujillo im Stadtteil La Esperanza. Die zweistufige, rund 7,5 m hohe Tempelpyramide besitzt eine Grundfläche von ca. 3000 m² und ist von einer etwa 2 m hohen Schutzmauer umgeben. Zu erreichen ist die Anlage mit Minibussen und Bussen Richtung La Esperanza, die entlang der Av. Mansiche verkehren.

Die Chimú

Das Reich von Chimor löste die Moche-Kultur ab und erweiterte deren Siedlungsraum, der im Norden vom Golf von Guayaquil in Ecuador bis Paramonga im Süden reichte. Bei der zahlenmäßig **größten Präinkakultur** handelte es sich um ein loses Konglomerat von Regional-Dynastien, die sich wie Perlen an der Schnur über 1000 Küstenkilometer aneinanderreihten. Regiert wurden die Chimú von 18 aufeinanderfolgenden Königen, deren letzter gegen Mitte des 15. Jhs. von den Inka besiegt und gefangen genommen wurde. Dadurch endete eine rund 450-jährige Blütezeit, die u. a. gewaltige Stadtanlagen, Pyramiden, ein ausgedehntes Straßennetz und hoch entwickeltes Kunsthandwerk hervorgebracht hatte.

Auf einer Fläche von rund 20 km² bauten die Chimú Chan Chan bei Trujillo zu ihrer Hauptstadt aus. Die Herrscher residierten in palastartigen Komplexen, die nach ihrem Ableben als Totenstätte Verwendung fanden. Der ausgeprägte **Ahnenkult** beruhte auf der Vorstellung, dass die Verstorbenen weiterhin als unsichtbarer Teil zur Familie gehörten und somit in das Geschick der Lebenden eingreifen konnten. Mit ausgewählten Grabbeigaben und regelmäßigen Opfergaben galt es daher sich das Wohlwollen der Ahnen zu sichern.

Neben der Mumienverehrung spielten das Meer und der Mond eine zentrale Rolle im religiösen Leben der Chimú. Beide **Gottheiten** symbolisierten Wasser und Fruchtbarkeit – die wichtigsten Garanten für das Überleben eines Wüstenvolkes. Anders als die zerstörerische Sonne benetzte der Mond, dem zu Ehren riesige Pyramiden errichtet wurden, die Felder mit Morgentau. Ihren Wohlstand verdankten die Chimú dem immer besseren Umgang mit den Wasserressourcen. Sie entwickelten das ausgedehnte **Bewässerungssystem** der Moche weiter und bauten Mais, Bohnen, Avocados, Erdnüsse, Chilischoten und Baumwolle an.

Einen großen Stellenwert innerhalb der Gesellschaft genoss das **Handwerk**. Die Chimú fertigten prachtvolle Gewebe, edle Keramikgefäße und die unterschiedlichsten Gebrauchsgegenstände aus Silber, Kupfer und Bronze an. Die Goldschmiedekunst erlangte eine bis dato unerreichte Perfektion.

Die **Huaca Esmeralda** liegt auf halber Strecke zwischen Trujillo und Chan Chan. Die Anlage ähnelt der Huaca Arco Iris, doch ihr Grundriss ist trapezförmig. In den kaum restaurierten Reliefs wiederholen sich überwiegend die Motive des Tschudi-Palasts mit Fischen, Seevögeln, Wellen und Rauten. Zu erreichen ist die Anlage mit denselben Bussen, die auch nach Huanchaco und Chan Chan fahren. ⌚ beide Tempelpyramiden: tgl. 9–16 Uhr. Es gilt jeweils die Eintrittskarte von Chan Chan.

Huaca del Sol und Huaca de la Luna

Ein Besuch der beiden Huacas im Südosten der Stadt ist ein weiterer Höhepunkt eines Trujillo-Aufenthaltes. Während die Sonnenpyramide allein durch ihre Größe beeindruckt, kann man an der Mondpyramide gut erhaltene Wandmalereien bewundern.

Die **Huaca del Sol**, eines der größten Lehmziegelbauwerke der Welt, sieht von Weitem wie ein unbedeutender Wüstenhügel aus. Erst bei näherer Betrachtung offenbart sich dem Besucher die Tatsache, dass hier Lehmziegel auf Lehmziegel geschichtet wurde – insgesamt rund 140 Mio. Tausende von Arbeitern müssen hier gebaut haben. Doch der Zahn der Zeit, hauptsächlich in Form von Regenfällen, hat daran genagt, und heute besitzt die Pyramide nur noch ein Drittel ihrer einstigen Größe von 350 x 160 x 45 m.

Erbaut wurde das siebenstufige Heiligtum von den Moches im 1. Jahrtausend n. Chr. Um dem gewaltigen Bauwerk Stabilität zu geben, ordnete man die unterschiedlich geformten Lehmziegel längs und quer an. Alle Ziegel waren mit Symbolen versehen, die es ermöglichten, den Hersteller zu identifizieren, da die Zulieferer bestimmte Quoten zu erfüllen hatten. Über 50 Erzeugerstempel wurden inzwischen ausgemacht.

Nur rund 500 m weiter östlich liegt die wesentlich kleinere **Huaca de la Luna**. Wie bei der Sonnenpyramide handelt es sich um einen frei erfundenen Namen, da die ursprünglichen Bezeichnungen der Bauwerke nicht bekannt sind. In den letzten Jahren haben französische und kanadische Archäologen zusammen mit der Ford Foundation und der Universidad de Trujillo intensive Ausgrabungen durchgeführt, dank derer ein Großteil der eindrucksvollen polychromen Wandmalereien freigelegt und der Öffentlichkeit zugänglich gemacht werden konnte.

Mit dem Bau der Mondpyramide wurde im 5. Jh. n. Chr. begonnen. Im Laufe der Jahrhunderte wurden dem Heiligtum immer neue Struk-

Die Moche-Kultur

Rund 200 v. Chr. begann sich an der nordperuanischen Küstenwüste die Kultur der Moche, auch Mochica genannt, zu entwickeln. Rund 1000 Jahre lang beherrschten die Moche einen mehrere Hundert Kilometer langen und bis zu 50 km breiten Küstenstreifen, der im Norden bis nach Piura und im Süden bis in das Nepena-Tal reichte. Während sich die Nordmoche in den Flussoasen von Piura bis Lambayeque am Spätstil von Chavín orientierten, besaßen die südlichen Moche in den Tälern von Chicama, Moche und Virú mehr kulturelle Gemeinsamkeiten mit der Vicús-Kultur. Ihren Höhepunkt erreichte die Moche-Kultur um 500–600 n. Chr., bevor sie ab dem 8. Jh. im Chimú-Horizont aufging.

Was die Wissenschaftler über die Moche herausgefunden haben, verdanken sie zu einem Großteil den vielfältigen **Keramikgegenständen**, die rund 90 % aller Fundstücke ausmachen. Die beeindruckenden Arbeiten, viele davon als Steigbügelgefäße mit Henkel, zeigen vollplastische Darstellungen von Menschen und Tieren in den Farben Rostbraun und Beige. Berühmt sind die erotischen Tonfiguren, die im Museo Rafael Larco Herrera (S. 156) bewundert werden können.

Die streng **hierarchisierte Gesellschaftsordnung** der Moche war auf gottähnliche Priesterfürsten und eine Kriegeraristokratie zugeschnitten. Innerhalb des einfachen Volkes definierte sich der soziale Status über die Zugehörigkeit zu bestimmten Berufsgruppen. Sklaven und Kriegsgefangene bildeten die unterste Stufe der Gesellschaftsleiter. Kriege führen, Trophäenköpfe erbeuten und Gefangene machen gehörte zum Tagesgeschäft der Herrscher, die mit der rituellen Opferung von Feinden die Legitimität ihrer Herrschaft untermauerten. Denn von einem funktionierenden Staatsgebilde konnte bei den Moche noch nicht gesprochen werden. Ihr Reich bestand aus lose miteinander verbundenen Talgemeinschaften, die sich in fruchtbaren Oasen mit ausgefeilter **Bewässerungstechnik** ansiedelten. Die weitläufigen Kanalsysteme versorgten eine riesige Anbaufläche. Wie auch bei anderen Kulturen ermöglichten erst Nahrungsmittelüberschüsse, die aufgrund der hoch produktiven Landwirtschaft entstanden waren, Freiraum für neue Aktivitäten. Die Moche errichteten zahlreiche **Zeremonialmonumente** in Form von Stufenpyramiden, die dem Mond und der Sonne geweiht waren. Die gewaltigen Bauwerke, die zum Teil aus Millionen von Lehmziegeln bestanden, wurden in aller Regel nicht als Grabstätten benutzt. Es handelte sich um mehrfache Überbauungen, die mit mehrfarbigen Wandmalereien und Reliefs verziert waren.

Archäologische Funde belegen, dass **Musik** eine wichtige Rolle im Leben der Moche spielte. Tönerne Trompeten, Flöten aus den Kielen von Kondorfedern oder aus Knochen hergestellte und mit Tierfellen bespannte Trommeln waren in der Moche-Kultur allgegenwärtig. Musiker begleiteten den Herrscher während seiner Auftritte vor dem Volk, während einer religiösen Zeremonie oder auf einem Triumphzug nach einem gewonnenen Krieg. Diese Szenen lassen sich mit traditioneller Musik unterlegt im Museum Tumbas Reales de Sipán (S. 471) nacherleben.

turen übergestülpt – sechs übereinander liegende Plattformen haben die Forscher bisher entdeckt. Im Inneren der Pyramide fand man Grabkammern, in denen die Herrscher der Moche begraben wurden. Die Huaca de la Luna war ein Bauwerk, das den Moche als religiöses Zentrum für ihre Rituale und Zeremonien diente. Jeder Teil des Tempels erfüllte eine spezifische Funktion, es gab Gebets- und Opfernischen, Altäre und schwer zugängliche Stellen, die dem obersten und heiligsten Ritual dienten: dem Opfern von Menschen. Einige der polychromen **Wandmalereien** geben darüber Aufschluss. Zu sehen ist beispielsweise eine Person oder Gottheit, die in der einen Hand ein Messer, in der anderen einen Kopf hält. Umrahmt ist diese Darstellung von geometrischen Figuren, stilisierten Tierformen und Wellen. Außerdem fand man bei Grabungsarbeiten im Inneren der Pyramide die Skelette von geopferten Menschen.

Eine Führung der Mondpyramide beginnt im Besucherzentrum, führt vorbei an einer Fundstelle von Menschenknochen zum reliefübersäten Innenhof des Gebäudes C, in dem sich Darstellungen einer Berggottheit in Form des „Enthaupters" befinden. Der 1991 entdeckte reliefartige, mehrfarbige Fries war der erste seiner Art, der in Peru gefunden wurde. Im Innenhof des Gebäudes B kann man übereinander aufgetragene Wandmalereien bewundern. Am Aufgang der Pyramide, einer Rampe an der Nordseite, ist eine Ganzkörperdarstellung der grimmig blickenden Berggottheit, umgeben von Schlangen mit Kondorköpfen, zu sehen.

Zwischen Huaca del Sol und Huaca de la Luna befand sich eine größere **Wohnsiedlung**, in der Handwerker und öffentliche Angestellte lebten. So fand man Überreste von Produktionsstätten, in denen Keramik, Metallobjekte und Muschelschmuck hergestellt wurden.

In diesem Bereich befindet sich auch eine **Totenstadt**, die vor über 100 Jahren vom deutschen Archäologen Max Uhle entdeckt wurde.

Anfahrt: Die beiden Pyramiden (Huacas de Moche) werden in der Regel zusammen besucht. Kurz nach der Überquerung des Río Moche auf der Panamericana Richtung Süden zweigt linker Hand in La Curva eine Straße zu den Pyramiden ab, insgesamt ca. 10 km südöstlich von Trujillo. Busse und Micros mit der Aufschrift „Campiña de Moche" passieren regelmäßig die Avenida Los Incas, Fahrzeit ca. 30 Min. Ein Taxi vom Zentrum kostet 12–15 S/. ⌚ tgl. 9–16 Uhr, Eintritt 10 S/. inkl. Führung, Ticketverkauf rund 500 m entfernt im Museo Huacas de Moche, ✆ 044-221269, 💻 www.huacasdemoche.pe, dessen Besuch 5 S/. kostet. Dort liegt auch die luxuriöse, aber überteuerte **Moche Santuary Lodge**, 💻 www.mochelodge.com, ❻.

Complejo Arqueológico El Brujo

Dieser ca. 2 km² große Komplex, der die **Huacas Cao Viejo**, **Cortada** und **Prieta** umfasst, liegt rund 50 km nordwestlich von Trujillo im Tal des Río Chicama, ca. 5 km von Magdalena de Cao entfernt. Schon 1948 ließ der Fund eines 4500 Jahre alten Kürbisgefäßes an der Huaca Prieta die Fachwelt aufhorchen. In den letzten Jahren wurden Ausgrabungen an der Huaca Cao Viejo durchgeführt, die mehrfarbige Reliefs mit lebensgroßen Darstellungen von Gefangenen, Priestern und Kriegern an der Stirnseite des Zeremonialplatzes zutage förderten.

Großes Aufsehen erregte 2005 der Fund einer weiblichen Mumie in der Huaca Cao Viejo, die in Baumwolle gehüllt und mit Gold und Edelsteinen geschmückt war. Nach Angaben der Archäologen war die Tote, die **Señora de Cao** genannt wird, entweder eine Herrscherin oder eine Hohepriesterin der Moche. Zu sehen sind die sterblichen Überreste der Herrin von Cao im interessanten **Museo Cao** am Fuße der Pyramide, 💻 www.fundacionwiese.com unter „Arqueología". Dort finden sich auch Infos zu schamanischen Ritualen, an denen man teilnehmen kann. ⌚ tgl. 9–16.30 Uhr, Eintritt 10 S/.

Anfahrt: Die Strecke zur Anlage ist inzwischen komplett asphaltiert und gut auch mit öffentlichen Verkehrsmitteln zu erreichen. Zunächst nimmt man einen Bus vom Terminal Santa Cruz in Richtung Norden entlang der Panamericana bis nach **Chocope** (rund 40 km). Von dort fahren *Colectivos* auf ungeteerter Straße bis **Magdalena de Cao** (ca. 12 km). Für die restlichen rund 4 km bis zur Huaca El Brujo nimmt man ein Mototaxi oder gleich ein Taxi ab Chocope. Teurer, aber schneller sind die organisierten Ausflüge von Tourveranstaltern in Trujillo (S. 454).

Huanchaco

Nur 13 km trennen das geschäftige Großstadtleben Trujillos von der angenehmen Strandatmosphäre Huanchacos. Der kleine **Badeort**, nur 20 Min. von Trujillo entfernt, ist als Übernachtungsort eine gute Alternative zu den oft lauten Herbergen Trujillos und hat in den letzten Jahrzehnten eine bemerkenswerte Entwicklung durchlaufen: Der ehemalige Zuckerexporthafen, in dem es in den 1960er-Jahren weder Trinkwasser noch Strom gab, hat sich zu einem attraktiven Ausflugsziel gemausert, verliert aber aufgrund des starken unkontrollierten Wachstums zunehmend den Charme eines Fischerortes.

Doch noch immer „reiten" die **Fischer** frühmorgens mit ihren „Schilfpferdchen" *(Caballitos de totora)* aufs Meer hinaus (die Beine hängen über den Bootsrand) und legen ihre Netze aus. Auf diese Art wurde schon bei den Chimú- und Mochica-Kulturen vor vielen Jahrhunderten gefischt, wie Keramikfunde belegen. Das Schilf für ihre Boote, die alle drei Monate neu geflochten werden müssen, pflanzen die Fischer an der Nordseite des Strandes an. Schön anzusehen ist es, wenn die Fischer am späten Vormittag geschlossen vom Meer zurückkehren, den Fisch ausladen und ihre Boote verstauen.

Die beste Zeit zum **Baden** sind die Monate Dezember bis April. Dann ist Huanchaco allerdings am vollsten und teuersten. In der restlichen Zeit wird der Badeort oftmals vom typischen Küstennebel bedeckt. Die Sonne kommt zwar noch recht häufig durch, doch sinken die Wassertemperaturen dann auf wenig badefreundliche Werte. Der Strand am Ortseingang südlich der Mole ist schmaler und steiniger als der breite, lang gezogene Nordteil, an dem sich auch die Totorafischer und ihre Schilfgründe befinden. Huanchaco ist auch bei Surfern sehr gefragt und gut für Anfänger geeignet. Die Wasserqualität ist nicht überwältigend.

Aktiv gegen Plastikmüll

Im Restaurant **Otra Cosa** (s. „Essen") kann man sich für 1 S/. seine Wasserflasche auffüllen lassen. Das **Hostal Naylamp** verfügt über einen Wasserfilter, und im **ATMA Yoga Hostel** bekommen Gäste Trinkwasser gratis.

ÜBERNACHTUNG

Während der Hauptbademonate zwischen Weihnachten und Ostern steigen die Preise. Das Restaurant **Otra Cosa** (s. „Essen") vermietet zwei einfache und günstige DZ für 50 S/. inkl. Frühstück, die aber oft von Freiwilligen belegt sind. ❶

€ **Hospedaje El Boquerón**, Av. Ricardo Palma 330, einen Block vom Strand entfernt, ✆ 044-461968, ✉ maznaran@hotmail.com. Modernes Haus mit sauberen, günstigen Zimmern mit Gemeinschaftsbad (2 Zimmer teilen sich je ein Bad). Küchenbenutzung, Tour- und Wäscheservice. Schlafsaal 15 S/. ❶

Hostal Naylamp, Larco 1420, am nördlichen Strandabschnitt, ✆ 044-461022, 🖳 www.hostalnaylamp.com. Beliebte Traveler-Unterkunft mit Restaurant, die in zwei verschiedenen Gebäuden eine Vielzahl von Übernachtungsmöglichkeiten bietet, darunter Zimmer mit Bad, Schlafsaal (20 S/. p. P.) und Camping (mit eigenem Zelt 15 S/. p. P.). Einige Zimmer haben Meerblick. Außerdem Wäscheservice, Gepäckaufbewahrung, Küchenbenutzung und Hängematten. ❷

ATMA Yoga Hostel, Ricardo Palma 442, ✆ 044-418806, 🖳 www.atmahuanchaco.com, modernes Hostel mit sauberen Zimmern

FairMail – Fotografieren für ein besseres Leben

Peruanische Jugendliche aus sozial benachteiligten Familien, u. a. aus Huanchaco, bekommen kostenlosen Fotografieunterricht und machen Fotos, die in Europa verkauft werden. 50 % des Gewinns geht an die Fotografen. Jährlich organisiert FairMail, 🖳 www.fairmail.info, auch eine gemeinsame Reise für die Jugendlichen und ausländische Touristen in Nordperu. Freiwilligenarbeit möglich.

(mit und ohne Bad), Küchenbenutzung und Yogaraum mit tgl. Klassen (7 S/. für Hostelgäste), sehr gutes Preis-Leistungs-Verhältnis, Dorm 25 S/., Rabatt ab 3 Tagen Aufenthalt. ❷

Hotel Las Palmeras, Av. Larco 1624, an der Uferstraße, ✆ 044-461199, 💻 www.laspalmerasdehuanchaco.com. Eines der besten Hotels der Stadt mit Pool. Unterschiedliche Zimmer, z. T. mit Meerblick und Terrasse. Frühstück inkl. ❷–❸

ESSEN

Huanchaco ist *das* Schlemmerparadies für Freunde von Meeresfrüchten. Die Restaurants unterscheiden sich kaum (Mittagsmenüs für 15–20 S/.). Sie liegen zumeist an der Strandpromenade und öffnen – falls nicht anders angegeben – nur tagsüber (ca. 11–17 Uhr). Abends, zu Wochenbeginn und in der Nebensaison ist die Auswahl geringer. Abseits der Strandpromenade ist das Essen etwas billiger.

À la carte isst man gut und teuer im **Lucho del Mar**, Larco 600, Ecke Tupac Amaru, und im **Big Ben**, Larco 1184, Ecke Sánchez.

Chocolate Café, Av. La Ribera 752. Bestes Frühstück in Huanchaco, Biokaffee, leckerer Kuchen, Schokoladenfondue, vegetarische Gerichte in relaxtem Ambiente. WLAN und Büchertausch. 🕒 Mi–Mo 8.30–18 Uhr.

Otra Cosa, Larco 1312. Vegetarisches Restaurant unter peruanisch-holländischer Leitung. Gutes Frühstück, Biokaffee, Tagesgerichte. Sehr gute Lasagne. Man sitzt gemütlich auf einer kleinen Terrasse und schaut aufs Meer. WLAN, Büchertausch und Verkauf von fair gehandeltem Kunsthandwerk der Region. 🕒 tgl. 8–22 Uhr.

Pastelería Blanqui, Los Pinos 136. Filiale der Café-Kette aus Trujillo mit sehr leckerem Eis. 🕒 tgl. 10–22 Uhr.

The Lighthouse, Psje. Olaya 198, in der Nähe der Mole, ✆ 044-461055. Auf der Terrasse gibt es in gemütlicher Atmosphäre Fleischspieße, Chickenwings und Vegetarisches vom Grill. 🕒 tgl. 18–24 Uhr.

NORDPERU

© FRANK HERRMANN

Noch immer nutzen einige wenige Fischer von Huanchaco die schmalen Schilfboote.

UNTERHALTUNG UND KULTUR

Wer die große Partyszene sucht, ist in Huanchaco falsch. Auch an Wochenenden geht es mit Ausnahme der Sommermonate von Januar bis März/April eher ruhig zu.
In der **Sabes Bar**, Larco, Nähe Restaurant Otra Cosa, sitzt es sich im 1. Stock ruhig und angenehm. Im Erdgeschoss gibt es ab 19 Uhr leckere **Pizza**.
Lauter geht es in der **Bilybar**, Larco 1030, zu. Tagsüber Restaurant, abends Bar und gelegentlich Livemusik, Happy Hour tgl. 18–22 Uhr.

FESTE

Am 9. Juli findet das große **Festival del Mar** mit Schilfbootrennen, einem Sandburgenwettbewerb und viel einheimischer Küche statt.
San Pedro, der Heilige der Fischer, steht am 28. Juni im Mittelpunkt. Dann findet ihm zu Ehren eine Prozession mit Schilfbooten auf dem Meer statt, und die Zuschauer werfen Blüten von der Hafenmole.

SONSTIGES

Aktivitäten

Mehrere Läden an der Strandpromenade bieten **Surfbretter** und Wetsuits an. Dabei gelten in allen Surfschulen Einheitspreise: Boards/Suits kosten für einen Tag 35 S/., Privatunterricht (2 Std.) inkl. Ausrüstung gibt es für 70 S/. Die älteste und eine der besten Schulen ist **Muchik Surf School**, Independencia 100, ✆ 983430076, 💻 www.surfmuchik.com.
Ein **Schilfboot** für einen Ausflug kann man neben der Hafenmole mieten.

Freiwilligenarbeit

Otra Cosa, Las Camelias 431, ✆ 044-461302, 💻 www.otracosa.org, unterhält eine Freiwilligenagentur, die verschiedene Projekte in Huanchaco, Trujillo und Umgebung anbietet. Sie vermittelt auch Familienaufenthalte.

Geld

Gegenüber der Stadtverwaltung *(Municipalidad)* und der Polizei an der Av. La Ribera befindet sich je ein **Geldautomat**. US-Dollar oder Euro sollte man wegen des besseren Wechselkurses in Trujillo tauschen.

Polizei

Etwas südlich der Hafenmole an der Av. la Ribera, ✆ 044-461542.

TRANSPORT

Es gibt ständige Verbindungen mit **Bussen und Combis** bis ca. 21 Uhr für 2 S/. von und nach TRUJILLO. Von Trujillo kommend, fahren sie durch den Ort bis auf Höhe des Restaurants Otra Cosa; zurück geht es entlang der Uferpromenade. Die Busse halten auf Zuwinken. Busse mit der Aufschrift „B" fahren zur Nordseite der Av. España/Plazuela El Recreo im Zentrum Trujillos. Reisebüros (z. B. bei den Geldautomaten) verkaufen Tickets der großen Busgesellschaften wie Cruz del Sur, Oltursa, móvilbus. **Taxis** nehmen 12–15 S/. (spätabends mehr).

Von Trujillo nach Otuzco und Huamachuco

Wer genügend Zeit für einen Abstecher von Trujillo nach Cajamarca (S. 527) hat, kann alternativ zur Hauptroute über Pacasmayo im Norden Trujillos die schlechte, aber landschaftlich interessante Nebenroute über Huamachuco (ca. 2 Tage bis Cajamarca) wählen. Die Strecke ist bis Otuzco asphaltiert und danach zum Teil in erbärmlichem Zustand. Auf dem Weg in die Berge entlang des Río Moche werden zunächst Zuckerrohrplantagen und weiter oben Ananasfelder passiert.

Nach 63 km erreicht man die Abzweigung nach **Otuzco**, einem 15 000 Einwohner zählenden Städtchen auf 2627 m. In der neuen Kirche an der auf modern getrimmten Plaza wird die Statue der *Virgen de la Puerta* aufbewahrt, die am 15. Dezember ein beliebtes Pilgerziel ist. In der Kirche nebenan ist ein religiöses Museum untergebracht. In Otuzco (s. „Trujillo/Transport", S. 454) gibt es einfache Restaurants und Unterkünfte, z. B. das **Hotel Los Portales**, Santa Rosa 617, ✆ 044-436208, ✉ robertsan@hotmail.com, ❷.

Zurück auf der Straße nach Huamachuco gabelt sich die Straße wenig später erneut. Richtung Südosten gelangt man über eine wenig befahrene Straße nach **Santiago de Chuco**, dem Geburtsort des bekannten peruanischen Dichters César Vallejo (1892–1938). Santiago de Chuco ist Ausgangspunkt für einen Besuch der rund 2 1/2 Autostunden entfernten Schutzgebiete **Santuario und Reserva Nacional de Calipuy**. In der 60 000 ha großen Reserva (s. Karte S. 445) lassen sich auf Höhen zwischen 3450–4200 m frei lebende Guanácos beobachten. Das wesentlich kleinere Santuario schützt Exemplare der größten Bromelienart der Welt, der Puya raimondii. Vor dem Besuch sollte man sich bei der Nationalparkbehörde Sernanp in Santiago de Chuco registrieren, ✆ 968218499, ✉ ezavaleta@sernanp.gob.pe.

Richtung Nordosten überquert die Straße die Hochlandpuna auf rund 4200 m Höhe und erreicht nach 185 km **Huamachuco**. Das kleine Kolonialstädtchen auf 3170 m Höhe mit seiner netten Plaza lohnt einen Zwischenstopp. Gut übernachten lässt es sich im **Hostal Huamachuco**, Castilla 354, an der Plaza, ✆ 044-440599, 💻 www.huamachuco-peru.com, ❷, oder im **Hotel Real**, Bolívar 250, ✆ 044-441402, 💻 www.hotelrealhuamachuco.com, ❷. Von Huamachuco aus kann Cajamarca über **Cajabamba** auf einer schlechten Straße in rund sechs Stunden Fahrzeit erreicht werden.

In einer mehrstündigen Wanderung gelangt man von Huamachuco zu den **Ruinen von Marcahuamachuco**, einer sehenswerten, runden präkolumbischen Festung (Essen und Trinken mitnehmen!). Die Wanderung beginnt rund 5 km außerhalb nördlich von Huamachuco entlang der Straße nach Sanagorán an einer Abzweigung, die durch einen Bogen markiert ist. Zur Abzweigung fahren Mototaxis oder morgens auch Combis Richtung Sanagorán. ⌚ tgl. 9–17 Uhr, Eintritt 3 S/.

Eine Piste führt von Huamachuco Richtung Osten nach **Pataz** (Fahrtzeit ab Trujillo ca. 12 Std.), einer Minenstadt im Marañon-Tal. Von Pataz gelangt man auf schlechten Straßen über Retamas und Tayabamba nach Sihuas (S. 521) und weiter in den Callejón de Conchucos westlich von Huaraz. In der Regenzeit kann diese Strecke unpassierbar sein!

Von Trujillo Richtung Norden

Nach rund 40 km tauchen bei **Paiján** Zuckerrohrfelder auf. Hier zweigt eine Straße (16 km) zum kleinen Hafen **Chicama** ab, wo das Zuckerrohr weiter verarbeitet und exportiert wird und sich eine lebhafte Surfszene gebildet hat (s. Kasten S. 466).

Bei KM 667, ca. 110 km nördlich von Trujillo, passiert man an der unübersehbaren Zementfabrik die Abzweigung nach **Pacasmayo**, einem kleinen Hafenstädtchen rund 1,5 km von der Panamericana entfernt. Der staubige Ort mit einer netten Uferpromenade lockt mit seinen hohen Wellen Surfer an, vor allem zwischen Mai und August. Eine einfache, saubere Unterkunft für Surfer ist das **El Duke Kahanamoku**, Ayacucho 44, ✆ 044-521889, 🖳 www.dukepacasmayo.com, ❷. Im **Pelican's Pub**, Junin 10, gibt es gutes, günstiges Mittagessen.

Wenige Kilometer nördlich der Abzweigung nach Cajamarca bei KM 687 liegen in der Nähe des Ortes Guadalupe (KM 692) die **Ruinen von Pacatnamú**. Von den mehr als 50 Pyramidenstümpfen, die innerhalb einer Lehmziegelmauer gefunden wurden, ist nicht mehr allzu viel übrig. Nach weiteren 80 km wird Chiclayo erreicht.

Chicama – Surfer's Paradise

Für die längste links brechende Welle der Welt (bis zu 3 km) pilgern Surfer aus aller Welt in den kleinen Hafenort Chicama (auch Puerto Chicama oder Puerto Malabrigo genannt), rund 73 km nördlich von Trujillo. Am Wochenende strömen zunehmend auch peruanische Touristen an den Strand. Die Surfszene hat sich am südlichen Ende der Bucht niedergelassen. Beste Surfbedingungen herrschen zwischen März und Juni. Am wärmsten ist das Meer von Dezember bis März.

Gut übernachten kann man in der beliebten Backpacker-Unterkunft **El Hombre**, Calle Arica 803, ✆ 044-576077 (Schlafsaal 20 S/., in der Surfsaison unbedingt reservieren!), ❷, sowie im **El Inti Surfcamp**, ✆ 044-576138, 🖳 www.surfhousechicama.com, das über Bungalows und Zimmer mit Balkon verfügt und Surfbretter und Neoprenanzüge verleiht (50 S/. pro Tag), ❸–❹. Auf Wunsch wird man von einem Surflehrer begleitet (50 S/.).

Gut besucht ist das Restaurant **El Point**, Calle Arica 507. Im **El Mirador**, Calle Arica 306, sind die Meeresfrüchteportionen groß und lecker. Eine gute Alternative zu Seafood bietet das **Burgers and Brownies**, Avenida Tacna. Im **Los Burritos Café**, Calle Arica 664, bekommt man günstige Tacos und Burritos. Wer selbst kochen möchte, kann sich in der **Tienda Yesica**, Avenida Tacna, bevorraten.

Surfbrett und Neoprenanzug lassen sich vielerorts leihen, beispielsweise im Surfshop **La Ola Más Larga del Mundo**, Calle Tarapaca 86, ✆ 994212636. Einige Surfschulen in Huanchaco bieten Tagesausflüge nach Chicama an, s. S. 464. Anfahrt ansonsten s. „Trujillo/Transport", S. 455.

Chiclayo

Lange Jahrhunderte stand die erst 1720 gegründete Stadt im Schatten des benachbarten Lambayeque, doch heute gehört Chiclayo zu einer der am schnellsten wachsenden Städte Perus. Die viertgrößte Stadt des Landes mit mehr als 700 000 Einwohnern und Hauptstadt des Departamento Lambayeque ist ein wichtiges Agrar- und Handelszentrum im Norden Perus. Das unkontrollierte Wachstum hat der Stadt aber auch eine überdurchschnittlich hohe Kriminalitätsrate eingebracht.

Chiclayo, das nur wenige Kilometer vom Meer entfernt und am Südrand der **Sechura-Wüste** liegt, besitzt ein trockenes Küstenklima mit Temperaturen, die zwischen 17 und 33 °C schwanken. Neben Reis und Zucker werden auch Baumwolle und Weizen angebaut und vermarktet.

Der umtriebige Verkehrsknotenpunkt rund 770 km nördlich von Lima besteht überwiegend aus modernen Gebäuden, die anders als z. B. in Trujillo die Kolonialstrukturen weitestgehend verdrängt haben. Die dreischiffige, neoklassizistische **Kathedrale** an der **Plaza de Armas** (auch Plaza Principal) stammt aus dem Jahr 1869. Das Hauptportal wird von dorischen Säulen gestützt. Der **Stadtpalast** *(Palacio Municipal)* an der San José, der 1919 erbaut wurde, soll angeblich rund 30 000 Pfund Gold gekostet haben. Westlich des Hauptplatzes gelangt man zur kleinen **Plazuela Elías Aguirre**. Im Mittelpunkt des angenehm schattigen Platzes steht die Statue zu Ehren des gleichnamigen Kommandanten, Held der Schlacht von Angamos im Jahr 1879.

Hektische Betriebsamkeit herrscht entlang der Hauptgeschäftsstraße **Avenida José Balta**, die in nördlicher Richtung zum großen **Mercado Modelo** führt. Ein Abstecher zu diesem wuseligen Markt lohnt sich, vor allem zur „Abteilung Volksmedizin" an der Calle Arica, die von den Einheimischen auch **Hexenmarkt** *(Mercado de Brujos)* genannt wird. Hier verkaufen selbst ernannte Schamanen und Wunderheiler das richtige Mittel gegen alle Beschwerden in Form von Salben, Tinkturen, Kräutern oder als Heiligenbild, Schlangenhaut oder Lamafötus.

ÜBERNACHTUNG

Im belebten Zentrum gibt es keine Hostels. Den Hotelpreis verhandeln: So gut wie alle Hotels geben Preisnachlässe! Wer es ruhiger mag, kann auf Pimentel (Strand), Lambayeque (Museen) oder die Umgebung von Túcume (Lehmziegelpyramiden, Reiten) ausweichen.

Hostal Sol Radiante, Izaga 392, ✆ 074-237858. Etwas günstiger als das Sicán, aber mit ähnlicher Ausstattung, allerdings ohne Frühstück. ❷

Hostal Sicán, Izaga 356, ✆ 074-208741. Saubere, angenehme Zimmer mit Ventilator und Privatbad. Einfaches Frühstück inkl. ❷

Hostal Amigos, Cuglievan 616, ✆ 074-226237, 💻 www.hostalamigos.com. Saubere Zimmer, alle mit Privatbad (Warmwasser), TV und Ventilator. ❷

Hostal Hikari, San José 996, unweit des Hauptplatzes, ✆ 074-226521, 💻 www.hostalhikari.com.pe. Saubere, etwas kleine Zimmer mit Bad, Ventilator, Minibar und TV. ❷–❸

Hotel Valle del Sol, Luis Gonzáles 1135-1137, ✆ 074-221998, 💻 hotelvalledelsol.com.pe. Modernes Hotel mit guten Zimmern mit Telefon und TV. Außerdem Aufzug, Restaurant, Terrasse. Gratistransfer vom Flughafen zum Hotel. Frühstück inkl. ❸

ESSEN

Eine Spezialität ist *Arroz con pato a la chiclayana*, Reis mit in Schwarzbier gekochtem Entenfleisch.

Café El Trebol, Elías Aguirre 818, gegenüber vom Hauptplatz. Gutes Frühstück, Kaffee, Eis und Kuchen. WLAN. 🕒 tgl. 7.30–23 Uhr.

Govinda, Vicente de la Vega 988. Vegetarisches Restaurant mit günstigen Mittagsmenüs, ab 17 Uhr Säfte und Sandwiches. 🕒 Mo–Fr 8–22, So 8–16 Uhr.

Hebron, Av. Balta 605. Gute internationale Küche und Frühstück, aber langsamer Service. 🕒 tgl. 7.30–24 Uhr.

La Naturaleza, Cuglievan 619. Günstige Mittags- und Abendmenüs für Vegetarier. 🕒 Mo–Fr 9–21, Sa 9–15 Uhr.

La Romana, Av. Balta 512. Reichhaltige Speisekarte (von allem etwas), beliebt bei Einheimischen. 🕒 tgl. 7.30–24 Uhr.

Misha Coffee Lab, 7 de Enero 666. Nettes Café, in dem der Kaffee (z. T. in Bioqualität) selbst geröstet wird. Gutes Speisenangebot, auch Frühstück. 🕒 Mo–Sa 8.30–22 Uhr.

Venecia, Balta 365 und 413, ✆ 074-233384, mit Lieferservice, 🕒 tgl. 18.30–23.30 Uhr, und **Chez Maggy**, Balta 425, sind beliebte Pizzerias, 🕒 tgl. 18.30–24 Uhr.

UNTERHALTUNG

Beliebt ist die Disco **Ozone**, Ortiz 490.

FESTE

18. April: Feria Artesanal, Kunsthandwerksmarkt in Chiclayo.

27. Dezember: In Lambayeque wird der **Schrei nach Unabhängigkeit** vom Jahr 1820 wiederholt, dazu gibt es Ausstellungen, Gesangswettbewerbe und spezielle Süßigkeiten.

EINKAUFEN

In Chiclayo bekommt man Kunsthandwerk im **Paseo de Artesanías 18 de Abril** am Ende der Colón in einer Fußgängerzone.
Die Süßspeise *King-Kong*, eine Art Lebkuchen mit einer süßen Ananas-Erdnuss-Füllung, kann man in Läden entlang der Av. Balta sowie am Flughafen kaufen.
Supermarkt Metro, Elias Aguirre, Ecke Gonzales.

AKTIVITÄTEN UND TOUREN

Rancho Santana, 300 m außerhalb von Pacora, in der Nähe von Túcume, ✆ 074-979712145, 💻 www.cabalgatasperu.com. Die Pferderanch unter peruanisch-schweizerischer Leitung bietet Reitausflüge (auch mehrtägige Touren) in die Umgebung an. Übernachtung ist im Gästehaus der Ranch möglich, Frühstück inkl. ❷
Sipán Tours, 7 de Enero 772, hinter der Kathedrale, ✆ 074-229053, 💻 www.sipantours.com. Touren zu allen Zielen in der Umgebung (auf Wunsch auch mit deutschsprachigen Guides). Verkauf von Bus- und Flugtickets.

SONSTIGES

Geld

Mehrere **Banken** liegen im Block 6 der Av. Balta, südlich der Plaza. In zahlreichen Busterminals, Apotheken und Supermärkten finden sich ebenfalls **Geldautomaten**.

Informationen

I-Perú, Calle San José 823, ✆ 074-205703, ✉ iperuchiclayo@promperu.gob.pe. ⌚ Mo–Sa 9–18, So 9–13 Uhr.

Medizinische Hilfe

Clínica del Pacífico, Av. José Leonardo Ortiz 420, ✆ 074-228585.

Polizei

Tourismuspolizei, Saenz Peña 830, ✆ 074-238658, ⌚ 24 Std.

NAHVERKEHR

Eine einfache **Taxifahrt** im Ort kostet ca. 4 S/., nach Lambayeque 15–20 S/., nach Sipán (mit Rückfahrt) ca. 120 S/. und nach Pimentel (Strand) 15–20 S/.

TRANSPORT

Busse und Colectivos

Die größeren Busgesellschaften haben ihre Terminals in der Av. Bolognesi. Umliegende Orte (u. a. Sipán, Sicán, Monsefú, Chongoyape, Zaña) werden vom **Terminal Epsel**, nordöstlich des Parque Obrero, aus bedient.

Gesellschaften
Civa, Bolognesi 714, ✆ 074-223434
Cruz del Sur, Bolognesi 888, ✆ 074-380100
El Dorado, Bolognesi 751, ✆ 074-208754
Emtrafesa, Av. Balta 110, ✆ 074-435545
Línea, Bolognesi 638, ✆ 074-232951
móvilbus, Bolognesi 199, ✆ 074-271940
Oltursa, Vicente de la Vega 101, ✆ 074-237789, Ticketbüro Balta, Ecke Izaga
Transportes Chiclayo, schräg gegenüber von Oltursa, ✆ 074-223632
Turismo Días, Cuglievan 190, ✆ 074-233538

Verbindungen
CAJAMARCA (u. a. Línea, Turismo Dias) mehrere Abfahrten tgl., 6 1/2 Std. (260 km).
CHACHAPOYAS (u. a. móvilbus, Cruz del Sur) abends, 9 Std. (439 km). Wer tagsüber nach Chachapoyas fahren möchte, sollte einen Bus nach Tarapoto nehmen und in Pedro Ruíz umsteigen.
JAÉN (u. a. Línea, móvilbus) mehrere Abfahrten tgl., 6 Std. (296 km).
LAMBAYEQUE Colectivos fahren ab Plazuela Elías Aguirre, 12 km (20 Min.), Combis ständig ab Vincente de la Vega, zwischen Lora y Lora und Angamos.
LIMA (u. a. Cruz del Sur, Civa, Oltursa, Línea, móvilbus) zahlreiche Abfahrten, meist abends, 13 Std. (770 km).
MONSEFÚ von der Mariscal Nieto, Block 1, oder vom Epsel-Terminal, 20 Min. (16 km).

ÜBERNACHTUNG
(1) Hotel Valle del Sol
(2) Hostal Hikari
(3) Hostal Amigos
(4) Hostal Sicán
(5) Hostal Sol Radiante

ESSEN
1 Govinda
2 Café El Trebol
3 Hebron
4 La Naturaleza
5 Misha Coffee Lab
6 La Romana
7 Chez Maggy
8 Venecia

SONSTIGES
1 Metro (Supermarkt)
2 Sipán Tours
3 Rancho Santana
4 Ozone
5 Metro (Supermarkt)
6 Toñitos
7 Paseo de Artesanías 18 de Abril
8 Centro Comercial Real Plaza
9 Centro Comercial Open Plaza

TRANSPORT
1 Combis nach Túcume, Motupe
2 Terminal Epsel
3 Oltursa
4 Combis nach Lambayeque, Pimentel
5 Colectivos nach Lambayeque
6 Transportes Chiclayo
7 Ticketbüro Oltursa
8 Latam
9 Combis nach Monsefú
10 Cial, El Dorado
11 móvilbus
12 Línea
13 Civa
14 Cruz del Sur
15 Turismo Dias
16 Emtrafesa

PIMENTEL ständige Abfahrten ab Lora y Lora, Ecke Angamos, 20 Min. (12 km).
PIURA (u.a. Cruz del Sur, Oltursa, Línea, Transportes Chiclayo) stdl. 5–20.30 Uhr, 3 Std. (171 km).
TARAPOTO (u. a. Civa, Turismo Días) 17–19 Uhr, 14 Std. (702 km). Gelegentlich fahren Busse weiter bis YURIMAGUAS.
TRUJILLO halbstündlich, 3–23 Uhr (Emtrafesa), 3 1/2 Std. (206 km).
TÚCUME Combis und Minivans starten am Ovalo del Pescador, Av. Leguia, Block 13, 33 km (1 Std.).
TUMBES (u. a. Cruz del Sur, Oltursa, El Dorado) mehrmals tgl., 8 Std. (605 km). Oder umsteigen in Piura. Fährt über MÁNCORA.

ZAÑA Colectivos starten vom Terminal Epsel, 46 km (1 Std.).

Flüge

Der **Aeropuerto José Abelardo Quiñonez Gonzales** liegt 2 km südöstlich der Stadt; eine Taxifahrt kostet ca. 7 S/., ✆ 074-233192.
Copaair, 💻 www.copaair.com, fliegt Di und Fr nach PANAMA-STADT. Tickets bekommt man i n Reisebüros oder online.
Latam, María Izaga 770, ✆ 074-234875, 💻 www.latam.com, fliegt mehrmals tgl. nach LIMA. ⌚ Mo–Fr 9–18.30, Sa 9–13 Uhr.
Viva Air, nur am Flughafen, ✆ 074-640002, 💻 www.vivaair.com. Die Billigfluglinie fliegt tgl. nach LIMA.

NORDPERU

11 HIGHLIGHT

Die Umgebung von Chiclayo

Chiclayo eignet sich gut als Ausgangspunkt zur Erkundung der interessanten Umgebung, die mit hervorragenden Museen, sehenswerten Ausgrabungsstätten, Kunsthandwerk, Stränden und lohnenden Naturreservaten aufwartet.

Lambayeque

Die kleine Kolonialstadt erlebte einen Aufschwung, als im Jahr 1720 reiche Spanier und ihre Familien aus dem von Überschwemmungen zerstörten Zaña (S. 474) hierher zogen. Aus dieser Zeit stammt die **Casa de la Logia** an der Dos de Mayo, Ecke San Martín, unweit der Iglesia San Pedro. Das Kolonialhaus besitzt einen hölzernen Balkon, der mit 67 m zum längsten seiner Art in Peru zählt.

Im vergangenen Jahrhundert büßte Lambayeque an Attraktivität gegenüber dem schnell wachsenden Chiclayo ein, das nur 12 km weiter südlich liegt. In den letzten Jahren ist das Interesse an der 20 000-Einwohner-Stadt jedoch wieder gestiegen, nicht zuletzt wegen des pulsierenden **Sonntagsmarktes**, der ruhigen Atmosphäre und der interessanten **Museen** (s. Kasten S. 471).

Das **Hotel Real Sipán**, Av. Huamachuco 664, ✆ 074-283967, und die etwas günstigere **Posada Norteña**, Las Dunas, Manzana D-16, Panamericana KM 780, ✆ 074-282602, haben beide einfache, saubere Zimmer mit Bad, ohne Frühstück. Beide ❷

Sipán

Einem Krimi gleicht die Geschichte der Entdeckung des Grabes des **Señor de Sipán** in der Zwillingspyramide Huaca Rajada, rund 30 km östlich von Chiclayo: Als der peruanische Archäologe Dr. Walter Alva im Jahr 1987 eine erhebliche Zunahme wertvoller Objekte auf dem Schwarzmarkt bemerkte, fand er heraus, dass Grabräuber *(Huaqueros)* auf einen ungewöhnlichen Fund in der Region um Chiclayo gestoßen waren. Als er und seine Mitarbeiter die Stelle schließlich entdeckten, war bereits ein Grab geplündert worden.

Nur die schnelle Intervention von Polizei und örtlichen Archäologen des Brüning Museums verhinderte größeren Schaden. Beim Kampf um die Gräber wurde ein *Huaquero* von der Polizei erschossen. Die Bewohner der Umgebung beäugten die Archäologen fortan misstrauisch – verhinderten diese doch das lukrative Geschäft mit den üppigen Grabbeigaben. Es war also fünf vor zwölf, als die Forscher ihre Arbeit aufnahmen, und noch im gleichen Jahr stießen sie auf einen der spektakulärsten **Grabschätze**, der je in Amerika gefunden wurde: Dem bei seinem Tod etwa 40 Jahre alten und 1,65 m großen Fürsten gaben die Wissenschaftler den Namen Señor de Sipán in Anlehnung an das in der Nähe liegende gleichnamige Dorf. Der Mochica-Herrscher war in seinem rund 1700 Jahre alten Grab von acht weiteren Personen, darunter Frauen, Sklaven und Krieger, sowie wertvollen Grabbeigaben umgeben. Auf seine letzte Reise ins Jenseits nahm er einen unermesslich wertvollen Schatz mit. Dr. Alva und seine Leute fanden Goldamulette, eine goldene Maske, goldene Armierung, Goldschmuck, Muschelketten, Silberschmuck, Textilien, Edelsteine (Türkis und Lapislazuli) sowie Hunderte von Keramikgefäßen.

Bei weiteren Grabungen an der Huaca Rajada stieß man 1988 auf das Grab des **Alten Herrschers von Sipán** (ca. 200 Jahre älter als

Museen in Lambayeque

© FRANK HERRMANN

Museo Nacional Tumbas Reales de Sipán

Das **Museo Tumbas Reales de Sipán**, Juan Pablo y Guzmán 895, ✆ 074-283978, ist Perus meistbesuchtes Museum. Das Gebäude im Stil einer Moche-Pyramide, das 2002 eingeweiht wurde, stellt die Fundstücke des Grabes des Herrschers von Sipán (S. 470) auf drei Ebenen aus. Über eine 70 m lange Rampe, die den Aufstieg der Moche-Bevölkerung zu den Tempeln ihrer Götter symbolisiert, gelangt man in den dritten Stock, in dem sich Ausstellungsstücke der Moche-Kultur befinden. Das zweite Stockwerk zeigt den Grabschmuck des Herrschers von Sipán sowie Informationen zur Arbeit der Archäologen. Im unteren Bereich befindet sich eine Nachbildung der Grabstätte mit den originalen Knochenresten. Eine weitere Attraktion ist das Labor, in dem Besucher durch eine Glasscheibe beobachten können, wie die Restauration von archäologischen Fundstücken funktioniert. ⌚ Di–So 9–17 Uhr, Eintritt 10 S/. (Führungen 30 S/., auch auf Englisch, Fotoapparate und Handys verboten!).

Das in Gehweite gelegene **Museo Nacional de Arqueología y Etnografía Heinrich Brüning**, Av. Huamachuco s/n, ✆ 074-282110, stellt eine breit gefächerte archäologische Sammlung mit über 1400 Stücken der Lambayeque-, Vicús-, Mochica-, Chimú- und Inkakulturen aus. Im Museum steht eine Statue des **Königs Naylamp**, des mystischen Gründers der Lambayeque-Kultur. Er soll Erzählungen zufolge unter dem Namen *Yampallec* (woraus später „Lambayeque" wurde) mit einer Flotte von Balsabooten vom Meer gekommen sein und sich im Gebiet um Chiclayo niedergelassen haben. Der gottgleiche Anführer ließ Pyramiden aus Lehmziegeln errichten und sein Abbild auf die Pyramidenspitzen setzen. Laut Überlieferung wuchsen dem König nach seinem Tod Flügel, die ihn ins Jenseits brachten. Das Motiv des Vogelmenschen bildet ein zentrales Symbol in allen Darstellungen der Lambayeque-Kultur. ⌚ tgl. 9–17 Uhr, Eintritt 8 S/., Guides 30 S/.

der Señor de Sipán) und 1990 auf das **Grab des Priesters**. Die ungewöhnliche Anhäufung von edel ausgestatteten Gräbern hochgestellter Persönlichkeiten lässt vermuten, dass die Huaca Rajada als Begräbnisstätte einer gesamten dynastischen Hierarchie gedient haben könnte. Die Originalfundstücke sind heute im **Museo Nacional Tumbas Reales de Sipán** in Lambayeque (s. Kasten) untergebracht. Im Oktober 2002 wurden die sterblichen Überreste des Herrschers in einem Sarg, der mit einer peruanischen Staatsflagge bedeckt und von einer Militäreskorte und

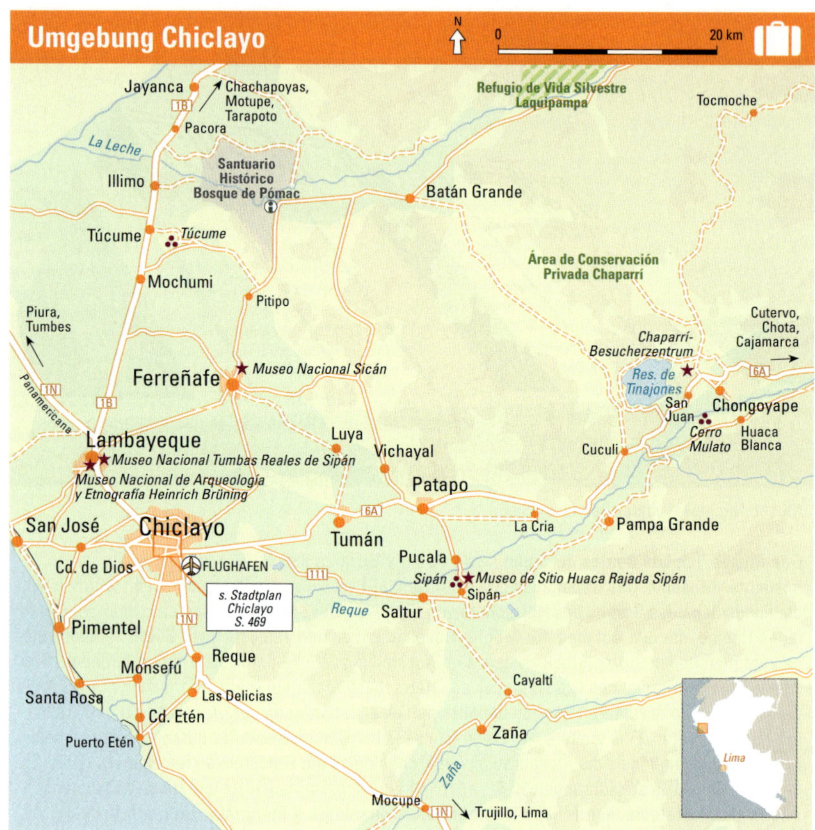

lokalen Autoritäten begleitet wurde, in einer feierlichen Zeremonie an ihren neuen Standort überführt.

Das sehenswerte **Museo de Sitio Huaca Rajada Sipán**, ✆ 978977622, zeigt am Rand der Anlage die Ergebnisse aktueller Grabungen und dokumentiert anhand von Fotos, Karten und Illustrationen den spannenden Verlauf der einstigen Ausgrabungsarbeiten. Man kann nahe der Anlage zelten oder in einfachen Privatunterkünften übernachten. Es gibt keine Hotels, aber einfache Getränkestände und Imbissbuden. Einige Agenturen bieten Touren an (S. 468).

Besuch der Anlage: Der Zwillingspyramidenkomplex Huaca Rajada wird über eine teilgeteerte, löchrige Piste erreicht, die über Pomalca und an Zuckerrohrfeldern entlang zur Ausgrabungsstätte führt. Vom Terminal Epsel in Chiclayo fahren regelmäßig Colectivos (Fahrzeit ca. 50 Min.). Gegen 17 Uhr verlässt das letzte Colectivo die Stätte Richtung Chiclayo. ⌚ tgl. 9–17 Uhr, Eintritt 8 S/., Guides 30 S/.

Batán Grande, Bosque de Pómac und Ferreñafe

Inmitten des **Santuario Histórico Pómac**, einer 5887 ha großen Trockenwald-Schutzzone, liegen die Adobe-Pyramiden von **Batán Grande**. Sie wurden von der Lambayeque-Kultur errichtet, die hier zwischen 700 und 1100 n. Chr. ihr politisches und religiöses Zentrum hatte. Ihre Blütezeit erlebte die Kultur zwischen 1000 und 1100 n. Chr., als sie den landwirtschaftlichen Anbau mit einem weitverzweigten Bewässerungssystem perfektionierte und Techniken der Goldverarbeitung entwickelte.

Am Fuße der Papageienpyramide *(Huaca Loro)* fanden Archäologen 1991/92 bei Ausgrabungsarbeiten in 12 m Tiefe das unversehrte Grab eines Würdenträgers, dem die Forscher den Namen **Señor de Sicán** gaben (nicht zu verwechseln mit dem Señor de Sipán, s. S. 470). Zusammen mit seinen sterblichen Überresten kam rund eine halbe Tonne Grabbeigaben zum Vorschein, bestehend aus kostbaren Gewändern, wertvollem Kopfschmuck und Goldkronen (zu sehen im Museum in Ferreñafe, s. u.). Bereits in den Jahren 1936–1938 war auf dem Gelände ein wertvoller Goldschatz, darunter ein großes Zeremonialmesser *(Tumi)*, gefunden worden. Die Gegenstände wurden damals in alle Welt verkauft, und viele Goldexponate aus Peru, die in westlichen Museen ausgestellt sind, stammen nicht von den Inka, sondern vielmehr aus Batán Grande.

Allzu viel zu sehen gibt es heutzutage nicht mehr. Doch am Eingang der Anlage befindet sich ein Informationszentrum mit einem Modell von Batán Grande. 🕒 tgl. 8–17 Uhr, Eintritt 30 S/. (2–3 Tage Camping 60 S/.), Guide 30 S/. Man kann hier Räder mieten (20 S/.), reiten (vorher vereinbaren, ✆ 943024598, Sr. Alva), Vögel beobachten (Touren je nach Länge 60–90 S/.) und die umliegenden Wälder mit ihren Johannisbrot- und Sapotillbäumen erkunden.

Etwa 1 km vom Informationszentrum entfernt ist der **Arbol Milenario** zu bewundern, ein rund 400 Jahre alter Algarrobo-Baum, an dem Schamanen ihre Rituale abhalten. Im Pómac-Wald wurden über 40 Vogelarten gezählt; Leguane und Eidechsen sind ein normaler Anblick, seltener sind Füchse, Hirsche oder Ameisenbären. Gegen ein Trinkgeld (ca. 10 S/. pro Std.) kann man eine mehrstündige Wanderung mit einem Guide der staatlichen Naturschutzbehörde Sernanp oder einen Ausritt unternehmen.

In **Ferreñafe**, etwa auf halber Strecke zur Ausgrabungsstätte, kann in einfachen Unterkünften übernachtet werden. Dort sind auch archäologische Fundstücke des Señor de Sicán im lohnenden **Museo Nacional Sicán**, ✆ 074-286469, ausgestellt. 🕒 Di–So 9–17 Uhr, Eintritt 8 S/., Guide 30 S/.

Anfahrt: Batán Grande liegt rund 38 km nordöstlich von Chiclayo und ist über Ferreñafe und Pítipo zu erreichen. Der Ort Batán Grande liegt rund 10 km östlich der Ruinenstätte. Am Informationszentrum werden Pferde angeboten, auf denen man durch die Anlage reiten kann. Zelten ist möglich. Wer Batán Grande an einem Tag besuchen will, sollte auf die Angebote eines Tourveranstalters zurückgreifen oder sehr früh aufbrechen. Eine Möglichkeit besteht darin, ein Colectivo vom Terminal Epsel in Chiclayo zum Dorf Batán Grande zu nehmen. Alternativ kann man ein Colectivo nach Ferreñafe nehmen und von dort weiter per Sammeltaxi nach Batán Grande fahren.

Die Fahrzeuge nach Batán Grande passieren das Informationszentrum (dem Fahrer Bescheid geben).

Refugio de Vida Silvestre Laquipampa

Das 8328 ha große Schutzgebiet liegt rund drei Busstunden nordöstlich von Chiclayo in der Provinz Ferreñafe. Es schützt vom Aussterben bedrohte Flora und Fauna, darunter den Andenbär, den Ameisenbär, den Kondor und den seltenen Weißflügeltruthahn *Pava aliblanca (Penelope albipennis)*.

Anfahrt: Laquipampa ist am einfachsten mit frühmorgens losfahrenden Kleinbussen ab Ferreñafe zu erreichen (Terminal Incahuasi, Fahrtzeit ca. 2 1/2 Std.). Eine einfache Unterkunft bietet die **Hospedaje Laquipampa** (Roxana Durand), ✆ 979882738, ❷ Frühstück inkl. Von Laquipampa führt eine schlechte Piste zum Andendorf Inca Huasi.

Túcume

Der **Complejo Arqueológico de Túcume**, auch als **Tal der Pyramiden** bekannt, liegt rund 25 km nördlich von Chiclayo, etwas abseits der alten Panamericana. Vom Aussichtspunkt Cerro La Raya eröffnet sich ein Blick über die gewaltige, 220 ha große Lehmziegelstadt mit ihren 26 sichtbaren Pyramiden (insgesamt soll es in diesem Gebiet Überreste von rund 250 Huacas geben). **Huaca Larga**, die größte von ihnen, zählt mit einer Grundfläche von 454 x 120 m und über 30 m Höhe zu den größten Lehmziegel-Bauwerken Amerikas. In den 1980er-Jahren führte der norwegische Forscher Thor Heyerdahl Ausgrabungsarbeiten in Túcume durch. Die Anlage beeindruckt mehr durch ihre schiere Größe als durch einzelne Details. Für einen Rundgang lohnt es sich, einen lokalen Guide für 30 S/. zu engagieren. Am Eingang der Anlage befindet sich das **Museo de Sitio**, 💻 www.museodesitiotucume.org, mit Ausstellungsstücken der Lambayeque-Kultur. Im Museum sind auch Informationen über private Übernachtungsmöglichkeiten in der Nähe erhältlich. 🕒 tgl. 8–16.30 Uhr, Eintritt je nach Route 8–12 S/.

Rund zehn Gehminuten von den Pyramiden entfernt liegt das **Landhotel Los Horcones de Túcume**, ✆ 951831705, 💻 www.loshorconesdetucume.com. Der weitläufige Komplex ist komplett aus Lehmziegeln erbaut und strahlt eine wohltuende Ruhe aus. In den geräumigen Zimmern, teilweise mit privater Terrasse, lässt es sich bestens entspannen. Hängematten und ein kleiner Spielplatz machen das sympathische Hotel familientauglich. Frühstück inkl. ❻

Anfahrt: Siehe Chiclayo, Transport, S. 469. Vom Park in Túcume kann man ein Mototaxi nehmen (3 S/.) oder zu Fuß in rund 20 Min. zu den Pyramiden gelangen.

Chongoyape, Cerro Mulato und die Strecke nach Cajamarca

Im Chancay-Tal, etwa 65 km östlich von Chiclayo, liegt der kleine Ort **Chongoyape**. Von hier sind es nur noch 3 km zu den Petroglyphen von **Cerro Mulato**. In der näheren Umgebung des Ortes kann man auch kleinere Ausgrabungsstätten und Bewässerungssysteme besichtigen. Eine raue Piste führt auf 170 km in die Anden bis **Chota** auf 2400 m. Von dort fährt täglich ein Bus über Bambamarca nach **Cajamarca**. Colectivos verkehren regelmäßig vom Terminal Epsel in Chiclayo nach Chongoyape, wo man (ebenso wie in Chota) in einfachsten Unterkünften übernachten kann.

Pimentel, Santa Rosa und Monsefú

Eine schöne Rundtour lässt sich im Süden von Chiclayo unternehmen. Zunächst nimmt man ein Colectivo oder Taxi in den rund 11 km entfernten Küstenort **Pimentel**. Das beliebteste Seebad der Region kann mit einem schönen langen Sandstrand aufwarten. Von dort fahren täglich immer noch 200 bis 300 Fischer in **traditionellen Schilfbooten** aufs Meer hinaus. Nach ihrer Rückkehr am frühen Nachmittag veranstalten sie direkt am Südteil des Strandes einen interessanten Fischmarkt.

In zahlreichen Restaurants werden leckere Meeres-Delikatessen vorgesetzt. An Wochenenden – besonders zwischen Weihnachten und Ostern – herrscht hier reges Treiben, ansonsten hat man den Ort fast für sich. Eine Übernachtungsmöglichkeit bieten das **Hotel Garuda**, Prolongación Quiñonez 109, ✆ 074-619850, 💻 www.garudapimentel.wordpress.com, Frühstück inkl. ❸, oder das besser ausgestattete und direkt am Strand liegende **Hotel Puerto del Sol**, Malecón Seoane 916-926, ✆ 978721240, 💻 www.puertodelsol.com.pe, ohne Frühstück ❹.

Ca. 5 km südlich von Pimentel liegt das einfache **Fischerdorf Santa Rosa**. Hier dreht sich alles um Fisch: Überall liegen bunte Boote herum und reparieren Fischer ihre Netze. Die Restaurants an der Promenade servieren leckere Fischgerichte. Zwischen Pimentel und Santa Rosa verkehren Colectivos; man kann aber auch zu Fuß am Strand entlanglaufen.

Weitere 5 km sind es landeinwärts bis nach **Monsefú**, das für seine hochwertige Baumwolle und sein **Kunsthandwerk** bekannt ist. So werden hier beispielsweise Strohhüte hergestellt, die den Panamahüten in nichts nachstehen. Gefertigt werden auch Holzschnitzereien und Flechtkörbe, die wie die Hüte auf dem Markt erhältlich sind. Sehenswert ist die Kultur- und Kunsthandwerksmesse **Fexticum** in der zweiten Julihälfte. Zahlreiche Colectivos fahren die 15 km nach Chiclayo.

Zaña

Bei KM 734,5 der Panamericana zweigt eine asphaltierte Straße in das rund 10 km entfernte Zaña ab. Der Ort rund 50 km südöstlich von Chiclayo hat eine interessante Geschichte. Die strategische Lage als Kreuzungspunkt von prähispanischen Küsten- und Hochlandrouten veranlasste die Konquistadoren im Jahr 1563, den

Chaparrí

© FRANK HERRMANN

NORDPERU

Das erste private **Naturschutzgebiet** Perus (Besuch nur nach vorheriger Anmeldung), nordöstlich von Chiclayo gelegen, wird von der Campesino-Gemeinde Muchik Santa Catalina verwaltet. Die Área de Conservación Privada Chaparrí schützt den Trockenwald und die dort lebende Fauna und Flora auf einer Fläche von 34 412 ha. Nur hier bekommt man neben dem seltenen **Weißflügeltruthahn** *(Pava aliblanca)* auch **Brillenbären** *(Oso de anteojos)* zu sehen. Man kann sie sogar adoptieren! Die Bären werden in großen Gehegen gehalten und langfristig wieder ausgewildert. Aber auch zahme Füchse, Rehe und viele Kolibriarten machen den Besuch Chaparrís zu einem speziellen Erlebnis. Ein obligatorischer Guide begleitet die Besucher und erklärt in einem kleinen Museum die Geschichte des Naturschutzgebiets. Mit einem Teil der Einnahmen werden Gesundheits- und Erziehungsprogramme in lokalen Gemeinden finanziert.

Tagesbesucher (max. 40 Pers.) sollten sich bei der Asociación de Guías de Chaparrí (ACOTURCH) oder direkt bei Juan de Dios Carrasco Fernández, ✆ 978519857, ✉ jcchaparri@hotmail.com, anmelden. Der Eintritt beträgt 30 S/. p. P. plus 50 S/. für den obligatorischen Guide (1–10 Pers.). Übernachtungsgäste kommen in komfortablen, aber überteuerten Zimmern unter, die aus lokalen Materialien gebaut und mit originalen Moche-Zeichnungen verziert sind. Reservierungen: ✆ 984676249 (Kontakt: Anahi Plenge), 💻 www.chaparrilodge.com, 400–440 S/. p. P., Vollpension und Guide inkl., Eintritt nicht!

Anfahrt: Das Besucherzentrum liegt rund 300 m entfernt von der Hauptstraße nach Chongoyape bei KM 63 (Abzweigung nach Tocmoche). Von dort sind es noch 15 km auf schlechter Piste bis zum Reservat. Die Anreise kann ab/bis Chiclayo organisiert werden. Auf eigene Faust ist es billiger: Vom Terminal Epsel in Chiclayo ein Combi bis Chongoyape nehmen (ca. 1 Std. Fahrtzeit) und dort ein Mototaxi oder Taxi für etwa 40–50 S/. (einfache Fahrt) anheuern (ca. 45 Min.). Rückfahrt vereinbaren!

Ort Santiago de Miraflores an der Stelle des heutigen Zaña zu gründen. Im Laufe der Jahre wurde aus dem Ort ein wohlhabendes Städtchen, in dem sich reiche Spanier niederließen. Einige großartige Kloster- und Kirchengebäude entstanden, von denen heute noch Überreste zu sehen sind. Der Pirat Edward Davis, angelockt von den Schätzen, plünderte Zaña im Jahr 1686. In den folgenden Jahrhunderten litt die Stadt unter Piratenangriffen, Überschwemmungen und Sklavenaufständen.

Heute leben rund 1000 Menschen unweit der Ruinen, die wie Mahnmale längst vergangener Zeiten aus dem trockenen Wüstenboden ragen. Interessant ist der Besuch des **Museo Afroperuano**, Jr. Independencia 645, ✆ 074-431042, das sich der Geschichte der schwarzen Sklaven Zañas widmet, die von den Spaniern zur Arbeit auf den Zuckerrohrplantagen gezwungen wurden. ⌚ tgl. 9–17 Uhr, Eintritt 5 S/.

Anfahrt: Von Chiclayos Terminal Epsel fahren Colectivos mehrmals täglich nach Zaña. Der Ort kann auch von den Sipán-Ruinen aus über eine schlechte Piste angefahren werden, sodass sich die Möglichkeit einer schönen Rundtour ergibt. Allerdings sollte man sich hierfür ein Taxi nehmen, da es keine regelmäßige Verbindung mit öffentlichen Verkehrsmitteln zwischen den beiden Orten gibt.

Von Chiclayo nach Piura

Hinter Lambayeque (S. 470) gabelt sich die Panamericana. Die rechte Straße folgt der alten Panamericana in nordöstlicher Richtung und erreicht nach rund 250 km Piura. Nach rund 70 km wird der Ort **Motupe** passiert, wo sich im Februar und August Tausende von Pilgern versammeln, um dem heiligen Holzkreuz **Cruz de Chalpón** zu huldigen, das in einer Prozession durch die Stadt getragen wird.

Wer Richtung **Chachapoyas** und **Tarapoto** unterwegs ist, biegt auf dieser Strecke dann nach ca. 100 km rechts ab auf die durchgehend asphaltierte RN 3, die in ihrem späteren Verlauf den niedrigsten Pass der peruanischen Anden, den 2145 m hohen **Abra de Porculla**, und den **Río Marañon** überquert.

Richtung Piura verläuft die alte Panamericana fast schnurgerade durch eine Trockensavanne, deren Bewohner überwiegend von ihren Ziegenherden leben. Ein Charakterbaum dieser Region ist der *Algarrobo (Prosopis juliflora)*. Rund 200 km nördlich von Chiclayo biegt rechter Hand die RN 2 von der alten Panamericana ab und führt in das 150 km entfernte **Huancabamba** (s. „Die Umgebung von Piura“, S. 481), ein authentisches Andendorf, in dem die bekanntesten **Schamanen und Wunderheiler Perus** zu Hause sind.

Rund 55 km vor Piura zweigt eine Straße in das 6 km entfernte **Chulucanas** ab. Der Ort ist für seine erdfarbene **Glasurkeramik** bekannt. Werkstätten befinden sich u. a. in der Ayacucho 187, der Tarapacá 240 und im kleinen Weiler La Encantada, außerhalb der Ortschaft.

Der kürzere, aber auch langweiligere Weg von Chiclayo nach Piura folgt der **neuen Panamericana**, die auf ihren 225 km zwischen den beiden Orten die **Sechura-Wüste** durchquert. Auf diesem Teilstück erreicht die Küstenwüste Perus mit bis zu 150 km Breite ihre größte Ausdehnung. So unglaublich es sich anhört: Dieser Trockenstreifen kann in weiten Teilen überschwemmt sein. So geschehen im El-Niño-Jahr 1997/98, als in der Sechura-Wüste – einer der trockensten der Welt – infolge von Überschwemmungen vorübergehend der zweitgrößte See des Landes, 145 km lang, 30 km breit und bis zu 3 m tief, entstand.

Wer mit einem Allradfahrzeug unterwegs ist, kann eine weitere Variante wählen, um nach Piura zu gelangen: Bei KM 886 der neuen Panamericana zweigt linker Hand eine wenig befahrene Piste ab. Sie führt zum Erdölhafen **Bayóvar**, dem Ende einer über 850 km langen Erdölpipeline, die das Öl aus dem Amazonasgebiet über die Anden an die Pazifikküste transportiert. Die Piste, auf der fast nur Salzlaster verkehren, die große Brocken des Minerals nach Süden fahren, ist gegen Ende der Regenzeit oft stellenweise überschwemmt. Dann lässt sich in den vielen Tümpeln eine reiche Vogelwelt erleben; u. a. sieht man Möwen, Pelikane, Reiher und sogar Flamingos mitten in der Wüste.

Vor Bayóvar knickt die Straße dann in einem überdimensionierten Kreisverkehr nach Norden ab und führt über **Sechura** nach Piura.

Piura

Die Spanier unter Francisco Pizarro gründeten San Miguel de Piura im Jahr 1532. Damals lag der Ort am Río Chira, in der Nähe des heutigen Sullana, wurde aber später in das heutige Paita am Meer verlegt. Überfälle englischer Piraten und Überschwemmungen veranlassten die Bevölkerung, Piura im Jahr 1588 am jetzigen Standort neu aufzubauen. Von der kolonialen Struktur der Stadt ist nicht allzu viel erhalten geblieben: Viele Gebäude wurden 1912 bei einem Erdbeben zerstört.

Die Region könnte man ohnehin als das Stehaufmännchen unter den peruanischen Departamentos bezeichnen. Allein im 20. Jh. machten zwei große Dürren und acht schwere Überschwemmungen die Ernten zunichte, zerstörten Brücken und Straßen und zogen die Städte in Mitleidenschaft. Grund sind die schwankenden Meerestemperaturen, die in scheinbar immer kürzeren Abständen in Form von El Niño (S. 488) zu Wetterkapriolen führen, die Piura am heftigsten abbekommt.

Mithilfe aufwendiger Bewässerungssysteme ist es gelungen, aus der ausgedehnten Flussoase mit ihrem warmen, trockenen Klima ein wichtiges **landwirtschaftliches Zentrum** zu machen. Angebaut werden neben Reis und Baumwolle Mais, Bananen, Limonen und Soja. Nördlich von Piura liegen bei Talara zahlreiche **Offshore-Ölplattformen**, die einen Großteil der nationalen Produktion fördern.

Rund 430 000 Peruaner leben heute in und um Piura an den Ufern des gleichnamigen Flusses. Doch die Geschichte menschlicher Besiedlung reicht bis weit vor Christus zurück. In der Region Piura war zwischen 500 v. Chr. bis etwa 500 n. Chr. die Vicús-Kultur beheimatet, doch von ihrem Zentrum an der Panamericana, ca. 55 km westlich von Piura, sind nur noch geplünderte Gräber erhalten. Das Vermächtnis der Kultur, kunstvoll gefertigte Keramikgefäße, Gold- und Silberschmiedearbeiten, ist im **Museo Municipal Vicús y Sala de Oro**, Huánuco, Ecke Sullana, zu bewundern. ◷ Di–Sa 9–17, So 9–13 Uhr, Museum gratis, Goldfiguren-Saal (sonntags nicht zu besichtigen) 4 S/.

An der Plaza de Armas steht die **Kathedrale**, mit deren Bau im Jahr der Stadtgründung begonnen wurde. Ihr Hochaltar ist mit Blattgold überzogen. ◷ tgl. 6.30–12.30, 17–21 Uhr. Die **Iglesia del Carmen** in der Libertad 366 wurde 1974 zum historischen Nationalmonument erklärt. ◷ tgl. 19 Uhr.

In der ältesten Kirche der Stadt, der **Iglesia San Francisco**, Lima, Ecke Malecón Eguiguren 516, wurde im Januar 1821 die Unabhängigkeit der Provinz von Spanien erklärt. ◷ tgl. 8–12, 16–19.30 Uhr, Eintritt frei.

Das Geburtshaus des Volkshelden Admiral Grau in der Tacna 662 präsentiert sich heute als Museum **Casa Museo Almirante Miguel Grau**. Grau war es während des Salpeterkrieges (1879–1883) gelungen, chilenische Kriegsschiffe in Schach zu halten. ◷ Mo–Fr 8–16, Sa, So 8–12 Uhr, Eintritt frei.

ÜBERNACHTUNG

Hostal California, Junin 835, ✆ 073-301673. Je nach Stockwerk unterschiedliche Preise. Ordentliche Zimmer, z. T. mit Elektrodusche. ❷

Hostal San Jorge, Loreto 960, ✆ 073-327514. Saubere, geräumige Zimmer (zur Straße laut) mit Bad, TV und Ventilator (mit AC teurer). Pool. ❷

Hotel Las Arenas, Loreto 945, ✆ 073-305554, 💻 www.hotellasarenas.com. Saubere, günstige Zimmer. Die Anlage hat sogar einen Pool. Frühstück inkl. ❸

Ixnuk Inn, Ica 553, ✆ 073-619693, 💻 www.ixnuk.com. Modernes Hotel in zentraler Lage. Geräumige Zimmer mit großem Bad, Plasmafernseher und Minibar. Frühstücksbuffet inkl. ❹

Hotel Los Portales, Libertad 875, an der Plaza de Armas, ✆ 073-328887, 💻 www.losportaleshoteles.com.pe/hotel/piura. Luxuriöses Haus im Stadtzentrum mit kompletter Ausstattung, Frühstücksbuffet und Pool. ❺–❻

ESSEN

Zu den Besonderheiten der Küche Piuras zählen *Majado de yuca con chicharrón* (gebratenes Schweinefleisch mit Maniokpüree) und *Natilla* (Nachtisch aus Ziegenmilch und Zuckerrohrmelasse).

ÜBERNACHTUNG

1. Ixnuk Inn
2. Hostal California
3. Hotel Las Arenas
4. Hostal San Jorge
5. Hotel Los Portales

ESSEN

1. Chifa Cantón
2. Ganímedes
3. Heladería Chalan (3 x)
4. Matheo's
5. El Romano
6. La Santitos
7. Capuccino Gourmet
8. La Tomasita

SONSTIGES

1. Canechi Tours
2. Centro Comercial Real Plaza
3. Alex Chopp's
4. Plaza del Sol (2x)

TRANSPORT

1. Busse nach Máncora
2. Eppo
3. Terminal Gechisa
4. Busse nach Ayabaca
5. Línea
6. El Dorado
7. Sammeltaxis nach Tumbes, Máncora
8. Terminal El Bosque
9. Loja Internacional
10. Peruvian Airlines
11. Oltursa
12. Cruz del Sur
13. Colectivos nach Catacaos
14. Terminal Terrestre Gemtranort
15. Turismo Dias, Cifa Internacional

Capuccino Gourmet, Tacna 786. Gute Auswahl an nationalen und internationalen Gerichten. ⌚ tgl. 11–23 Uhr.
Chifa Cantón, Tacna 117, Ecke Sánchez Cerro. Beliebter Chinese. ⌚ tgl. 12–15, 18–23 Uhr.
Zum Probieren lokaler Spezialitäten eignen sich **El Romano**, Ayacucho 580, ⌚ tgl. 7–23 Uhr, und das nett dekorierte **La Tomasita**, Tacna 853-857, ⌚ tgl. 11.30–17 Uhr.
Typisches der Region serviert tagsüber die Picantería **La Santitos**, Libertad 1001, Ecke Apurímac. Abends bekommt man dort Pizza. ⌚ tgl. 11–23 Uhr.
Gute vegetarische Gerichte servieren **Ganímedes**, Apurímac 468, ⌚ Mo–Sa 8–22.30, So bis 21 Uhr, und **Matheo's**, Tacna 552, Plaza de Armas, ⌚ tgl. 7–23 Uhr.

Heladería Chalan, Tacna 520, Grau 173 und Grau 452. Leckeres Eis, Säfte, Kuchen und Frühstück. Auch in den großen Einkaufszentren vertreten. ⌚ tgl. 8–22 Uhr.

UNTERHALTUNG UND KULTUR

Alex Chopp's, Huancavelica 528. Beliebte Bierkneipe, ⌚ tgl. 12–2 Uhr.
Moderne Kinos gibt es in den Einkaufszentren **Plaza del Sol**, Cusco 801, und **Open Plaza**, Av. Sánchez Cerro 234.

TOUREN

Canechi Tours, Av. Luis Montero 490, Miraflores, ✆ 073-344602, 💻 www.canechitours.com.

SONSTIGES

Feste

24. September: Fiesta de Nuestra Señora de las Mercedes, Feierlichkeiten und Wallfahrt zu Ehren der Jungfrau Maria.
Anfang Oktober: Semana Jubilar de Piura mit verschiedenen Kulturveranstaltungen.

Geld

Zahlreiche Banken mit Geldautomaten liegen an der Plaza de Armas.

Informationen

I-Perú, Ayacucho 459, Oficina 102, ✆ 073-320249, ✉ iperupiura@promperu.gob.pe. ⌚ Mo–Sa 9–18, So 9–13 Uhr, und im Flughafen.

Konsulate

Deutsches Honorarkonsulat – Dr. Percy García, ✆ 969922440, ✉ piura@hk-diplo.de.

Medizinische Hilfe

Sanna/Clínica Belén, San Cristóbal 267, Urbanización, El Chipe, ✆ 073-285210, 💻 www.sanna.pe.

Polizei

Comisaría de Piura, Sánchez Cerro, Ecke Av. Mártires de Uchuracay, ✆ 073-307641.
Touristenpolizei (Policia de Turismo), Av. Los Cocos 250, ✆ 073-333585.

NAHVERKEHR

Ein **Taxi** kostet im Innenstadtbereich 5–6 S/. und zum Flughafen 10 S/. Mototaxis verlangen ca. 3–5 S/., dürfen allerdings nicht das Stadtzentrum befahren.

TRANSPORT

Busse und Colectivos

Wer nach Huancabamba, Chulucanas, Morropón oder Canchaque reisen möchte, muss zum **Terminal Terrestre El Bosque**, das an der Panamericana Vieja etwas außerhalb von Piura auf der anderen Flussseite im Stadtteil Castilla liegt. Einige Busgesellschaften nutzen das Terminal Gechisa an der Sánchez Cerro 1213.

Gesellschaften
Cifa Internacional, Av. Loreto 1465, ✆ 972894616
Cruz del Sur, Av. Circunvalación 160, ✆ 073-337094, Ticketbüro an der Bolognesi, Ecke Sullana
El Dorado, Sánchez Cerro 1119, ✆ 073-325875
Emtrafesa, Los Naranjos 255, ✆ 073-337093
Eppo, Panamericana 243, hinter Real Plaza, ✆ 073-304543
Línea, Terminal Gechisa, ✆ 073-303894

NORANDINO – eine faire Erfolgsgeschichte aus Nordperu

Der 1995 gegründeten Kooperative **NORANDINO**, www.coopnorandino.com.pe, mit Sitz in Piura gehören mehr als 7000 Familien an. Sie produzieren u. a. Kaffee, Kakao und Rohrzucker in Bioqualität für den Fairen Handel. Wichtig für den Erfolg der Kleinbauerngenossenschaft ist die Wertschöpfung vor Ort. Dabei werden die Rohstoffe in Piura zu fertigen Produkten (Röstkaffee, Schokolade, Vollrohrzucker) weiter verarbeitet, verpackt und landesweit oder nach Europa verkauft. Zukünftig ist auch der Export von fair angebauten Biobananen und die Herstellung von Kakao- und Kaffeelikör geplant. Energisch wehrt man sich bei NORANDINO mit groß angelegten Aufforstungsprojekten gegen den Klimawandel, von dem der Norden Perus besonders betroffen ist. Produkte von NORANDINO werden von zahlreichen deutschen Fairhandelsorganisationen vertrieben, darunter GEPA, Rapunzel, Ethiquable Deutschland oder die österreichische EZA. Wer Lust hat, Norandino zu besuchen und an ihrem Tourismusprogramm teilzunehmen, das auch den Besuch von Kleinbauern beinhaltet, kann sich bei Yeny Robledo Bermeo, ✆ 969618720, ✉ plantapanela@coopnorandino.com.pe, informieren, die auch Englisch spricht.

Loja Internacional, Loreto 1241, Terminal Ronco, Av. Loreto 1241, ✆ 073-333260
móvilbus, Terminal Gechisa, ✆ 073-357083
Oltursa, Bolognesi 801, ✆ 073-326666
Turismo Dias, Av. Loreto 1485, ✆ 073-302834

Verbindungen

AYABACA mehrere Unternehmen, tgl. um 8–8.30 und 14.30–15 Uhr, 6 Std. (ca. 230 km).
CAJAMARCA (Turismo Dias) tgl. abends gegen 19 Uhr, 9 Std. (473 km). Ansonsten umsteigen in Chiclayo.
CATACAOS Colectivos fahren regelmäßig von der Loreto, Ecke Tumbes, 12 km (20 Min.).
CHICLAYO regelmäßige Abfahrten (Línea), 3 Std. (206 km).
CHULUCANAS alle 45 Min., mehrere Anbieter im Terminal El Bosque, 1 Std. (63 km).
GUAYAQUIL (Ecuador) 4x tgl. (Cifa Internacional), 10 Std. (750 km). Fährt über TUMBES und MACHALA.
HUANCABAMBA (diverse Anbieter) mehrmals tgl. vom Terminal El Bosque, 6 Std. (214 km).
LIMA (Cruz del Sur, Oltursa, móvilbus u. a.) mehrmals tgl. zwischen 15–21.30 Uhr, 15 Std. (973 km).
LOJA (Ecuador) um 13 und 21 Uhr (Loja Internacional), 8 Std. (365 km). Fährt über die Grenze bei MACARÁ.
MÁNCORA (Eppo) alle 30 Min. 5.30–19.15 Uhr, 4 Std. (185 km). Stoppt in SULLANA, TALARA und LOS ÓRGANOS. Deutlich schneller (ca. 2 1/2 Std.) geht es mit Vans, Nähe Sánchez Cerro, Ecke Av. Sullana; s. auch TUMBES.
PAITA alle 20 Min. 4–21.30 Uhr, Terminal Gechisa, 45 Min. (60 km). Fährt über PLAYA COLÁN und YACILA.
SECHURA Av. Gullman s/n (neben Grifo Daniel), regelmäßige Abfahrten 5–22 Uhr, 1 Std. (54 km).
SULLANA s. Máncora, 1/2 Std. (40 km).
TALARA (Eppo) ständig, 2 Std. (120 km).
TARAPOTO (móvilbus) tgl. 17 Uhr, 18 Std. (911 km). Fährt über PEDRO RUÍZ und MOYOBAMBA. Sonst mit umsteigen in Chiclayo.
TRUJILLO (Emtrafesa) mehrere Abfahrten tgl., 6 Std. (420 km).
TUMBES (El Dorado), zahlreiche Abfahrten von 6.30–24 Uhr, 5 Std. (283 km). Stoppt in LOS ÓRGANOS und MÁNCORA. Für die Abfahrtsorte der schnelleren Vans s. Máncora.

Flüge

Der **Aeropuerto Guillermo Concha Iberico** liegt in der Av. Corpac s/n, ✆ 073-348279, rund 2 km östlich des Zentrums (Taxi ca.10 S/.).
Latam, Centro Comercial Open Plaza, Laden 51, 1. Stock, ✆ 073-394379, www.latam.com, fliegt tgl. nach LIMA. ⌚ Mo–Fr 10–22, Sa 10–14 Uhr.
Peruvian Airlines, Libertad 777, ✆ 073-324206, www.peruvianairlines.pe, fliegt tgl. nach LIMA. ⌚ Mo–Fr 9–19, Sa 9–14 Uhr.

Sky Airlines, nur am Flughafen und im Internet, 💻 www.skyairline.com/peru, fliegt tgl. nach LIMA.
Viva Air, 💻 www.vivaair.com, fliegt tgl. nach LIMA.

Die Umgebung von Piura

Einige durchaus lohnende Ziele laden zu Tagesausflügen ein. Informationen, wie man zu den einzelnen Orten gelangt, finden sich im Abschnitt Piura (Transport).

Catacaos und Sechura

Im 12 km südwestlich von Piura gelegenen **Kunsthandwerkerort Catacaos** lassen sich Silber- und Goldschmiedearbeiten, Lederwaren, Schnitzereien und die lokale Variante des Panamahuts erwerben. Mittags lohnt ein Abstecher in eine der zahlreichen *Picanterías*, in denen man eine große Anzahl typischer Gerichte der Region probieren kann. Dazu zählen z. B. *Seco de chavelo* (Bananen-Rindfleisch-Eintopf), *Seco de cabrito* (Ziegenfleischeintopf), *Tamales verdes* (Maisklöße mit Füllung), *Caldo de siete carnes* (Suppe mit sieben Fleischsorten) und verschiedene *Chichas* (fermentiertes Maisgetränk). Bei der Lehmziegelpyramide **Huaca Narihualá** befindet sich ein kleines Museum mit Fundstücken aus der Umgebung. 🕒 Di–So 8.30–16.30 Uhr, Eintritt 2 S/.

Wer genügend Zeit mitbringt, kann dem 42 km weiter südwestlich gelegenen **Fischereizentrum Sechura** einen Besuch abstatten. Sehenswert ist die imposante spätbarocke **Kathedrale** aus dem Jahr 1778, die nach dem Stadtheiligen San Martín de Tours benannt wurde. „Seine" Fiesta findet am 11. November statt. Im Ortszentrum liegt ein kleines ethnologisches **Museum**. 🕒 tgl. 10–12, 13.30–16 Uhr. In der Umgebung Sechuras befinden sich weitere Ausflugsziele wie die vogelreiche **Laguna de Ñapique**, die 1200 ha umfassenden Mangroven der **Manglares San Pedro** und einige Badestrände.

Paita

Die 50 000 Einwohner zählende Hafenstadt liegt rund 55 km nordwestlich von Piura und ist bequem auf einer asphaltierten Straße zu erreichen. Der fünftgrößte Hafen des Landes wurde von Pizarro auf seiner zweiten Reise nach Peru entdeckt und litt später unter den fortgesetzten Attacken englischer Piraten. Nördlich von Paita liegt der beliebte Badestrand **Playa Colán**, der ebenso wie die **Playa Yacila** im Süden außerhalb der Badesaison wie ausgestorben wirkt.

Die **Playa Colán Lodge**, am Südende des Strandes, 📞 073-326778, 💻 www.playacolanlodge.com.pe, hat Bungalows unterschiedlicher Größe, einen Pool und ein Restaurant, ❺.

Nordöstlich von Paita, an der Strecke nach Sullana, liegt die **Casa Museo La Huaca** im gleichnamigen Ort, zu erreichen mit einem Combi von Sullana oder von Paita aus. Das kleine Museum stellt Keramiken der Chimú-Kultur, paläontologische Fundstücke der Region und Fossilien aus. 🕒 Di–So 10–17 Uhr, Eintritt 3 S/.

Huancabamba und Umgebung

Ein Erlebnis abseits aller Gringopfade ist ein Abstecher nach Huancabamba, 214 km und rund sechs Busstunden von Piura. Obwohl in einer schönen Berglandschaft auf 1929 m gelegen, wurde der Standort schlecht gewählt, denn Huancabamba wurde mit den Steinen einer ehemaligen Inkasiedlung auf einem geologischen Graben errichtet. Dies hat der 7000 Einwohner zählenden Stadt den Spitznamen *„La ciudad que camina"* – die Stadt, die wandert – eingebracht.

Huancabamba ist bekannt für seine vielen **Wunderheiler** und **Schamanen**, die sich hier angesiedelt haben. Aus ganz Peru strömen Einheimische in den Ort, um sich durch traditionelle Medizin heilen zu lassen. Die Zeremonien werden in der Regel mit den mineralhaltigen Heilwassern der **Huaringas** durchgeführt, einer Seenplatte, bestehend aus 14 Gewässern auf 3500–4000 m Höhe, rund 30 km nördlich von Huancabamba.

Die bekanntesten Seen sind die **Laguna Chimbe** und die **Laguna Negra**. Ein Bus fährt von Huancabamba in zwei Stunden nach **Sapalache**. Von dort geht es zu Fuß weiter (ca. 1 Std.), oder man mietet ein Maultier.

Sehenswert ist der **Danza de Diablos** während der Fiesta vom 16. bis 18. Juli. Zwölf Teufel begleiten die *Virgen del Carmen* auf ihrer Prozession zum Klang von Klarinette, Trommel und Trompete.

ÜBERNACHTUNG UND ESSEN

Die Hostales in Huancabamba sind einfach und haben nicht alle warmes Wasser. Von Reisenden empfohlen wird die saubere **Hospedaje Panoramiko**, Ayabaca 445–447, ✆ 975553842, ✉ hospedajepanoramiko@hotmail.com, mit Aussicht auf das Flusstal. ❶
Die schlichten Restaurants des Ortes tischen lokale Küche auf. Eine Spezialität ist der *Rompope*, ein Eierlikör.

TRANSPORT

PIURA mehrere Busse tgl. überwiegend morgens (6 Std., 214 km).

NORDPERU

Sullana und die Grenze zu Ecuador

Rund 38 km nördlich von Piura liegt die Großstadt Sullana im fruchtbaren Tal des Río Chira. Die Stadt bietet keinerlei touristische Sehenswürdigkeiten, ist aber ein wichtiges landwirtschaftliches Zentrum und Verkehrsknotenpunkt.

Am großen Stausee **Represa de Poechos**, 27 km nordöstlich von Sullana, ist ein Naherholungsgebiet mit Wassersportmöglichkeiten entstanden. Südlich von Sullana zweigt eine asphaltierte Straße zur peruanisch-ecuadorianischen Grenze ab. Die rund 160 km lange Strecke führt über Las Lomas zum peruanischen Grenzort **La Tina**.

Nur 3 km von der Grenze entfernt liegt auf ecuadorianischer Seite der Ort **Macará**, in dem man übernachten kann. Von dort führt die Straße weiter nach **Loja**, Ausgangspunkt eines Besuches des Podocarpus-Nationalparks. Um Loja am selben Tag zu erreichen, empfiehlt es sich, einen Direktbus von Piura aus zu nehmen (s. „Transport“, S. 480). Sammeltaxis und Combis fahren ab Sullana in ca. zwei Stunden nach La Tina. Dieser Grenzübergang wird weit weniger benutzt als die Grenze bei Tumbes, entsprechend ruhiger geht es hier zu.

Ayabaca und Umgebung

Rund 200 km nordöstlich von Piura und beinahe an der Grenze zu Ecuador liegt auf 2715 m das kleine koloniale Andenstädtchen Ayabaca, fernab aller Touristenströme. Während der farbenfrohen Fiesta des **Señor de Cautivo** am 12. und 13. Oktober strömen Tausende Pilger in den kleinen Ort, der dann aus allen Nähten platzt.

In der Umgebung des Ortes (ca. 50 km nordöstlich) befinden sich die Inkaruinen **Aypate**, die in Bezug auf das Baumaterial und die Auslegung der Anlage überraschende Ähnlichkeiten mit Machu Picchu aufweisen. Weitere Ausflugsziele sind die Ruinen von **Olleros** (ca. 20 km entfernt) und die sieben **Lagunas de Huamba** (ca. 32 km von Ayabaca), deren Wasser von Schamanen in Heilungszeremonien benutzt wird.

ÜBERNACHTUNG UND ESSEN

In Ayabaca gibt es einfache **Unterkünfte**. Akzeptabel sind das **Hotel Samanga**, Tacna s/n, an der Plaza de Armas, ✆ 073-471049, und das **Hotel Aipa Atiq**, Cáceres 284, ✆ 073-471282, ✉ hotelaipa_atiq@hotmail.com. Beide ❶.
Während der Fiesta des Señor de Cautivo am 12. und 13. Oktober ist eine Reservierung dringend anzuraten!
Essen bekommt man in einfachen Comedores. Nicht schlecht ist **La Casona** neben dem Hotel Aipa Atiq. Oberhalb des Hotels Samanga kann man im Restaurant und Bäckerei **Flor de Milagro** frühstücken.

TRANSPORT

PIURA (mehrere Anbieter) meist um 8.30 und 15 Uhr, 5 Std. (230 km). Fährt von der Plaza de Armas über TAMBO GRANDE (Mangoanbau) und SULLANA. Außerdem stehen Sammeltaxis bereit.

Talara und Umgebung

Nördlich von Piura kann sich das wüstengetrübte Auge des Reisenden am satten Grün des **Chira-Tals** erholen. Entlang des gleichnamigen Flusses sind große Anbaugebiete von Reis, Baumwolle und tropischen Früchten, z. B. Mangos, entstanden. Einige der Felder sind von hochgewachsenen, schlanken Kokospalmen eingerahmt. Kurz darauf übernimmt allerdings die Wüste wieder das Kommando.

Mit den ersten Ölpumpen am Straßenrand kündigt sich Talara, das **Erdölzentrum Perus**, an. Trotz der recht reichen Vorkommen mangelt es den Menschen an etwas Lebenswichtigem: Das Trinkwasser muss über Pipelines aus dem Chira-Tal herangeführt werden. Große Gebiete werden mit Wassertanks versorgt, die auf Eselskarren gespannt werden. Von der Abzweigung der Panamericana bei KM 1094 sind es noch ezwa 7 km bis in den wenig einladenden Ort, der nur aus viel Müll, Geiern und ärmlichen Strohmattenhütten am Ortseingang, einer Raffinerie und dicken Öltanks besteht – einen Abstecher kann man sich sparen, es sei denn, man ist Surfer.

Im 84 000 Einwohner zählenden Städtchen Talara findet man eine komplette Infrastruktur vor. Günstig übernachten kann man in der **Residencial Grau**, Av. Grau 77, unweit der Plaza, ✆ 073-382841, ❷. Es fahren regelmäßig Busse nach Piura (120 km, 2 Std.) und Tumbes (170 km, 3 Std.).

Außerhalb von Talara liegen zahlreiche Sandstrände, darunter die **Playa Lobitos** (18 km nördlich von Talara, Zufahrt über Talara oder bei KM 1104 der Panamericana, s. Kasten unten). Die Wassertemperaturen sind in der Regel niedriger als bei den weiter im Norden gelegenen Stränden.

Rund 40 km weiter nordöstlich zweigt bei **El Alto** (KM 1136) eine staubige Piste zum rund 5 km entfernten kleinen Fischerdorf **Cabo Blanco** ab (regelmäßige Combis von El Alto aus). Schon von Weitem kann man Dutzende von Offshore-Ölplattformen erkennen, die nur wenige Hundert Meter vom Strand im Meer verankert sind. Verfallen ist das Gebäude des **Cabo Blanco Fishing Club**, dem unter anderem auch Ernest Hemingway angehörte. Von hier legen auch heute noch Boote der Sportfischer ab, die den Rekord des US-Amerikaners Alfred Glassell überbieten wollen. Er zog hier 1953 einen 710 kg schweren Speerfisch nur mit der Angel aufs Boot.

Das **Hotel El Merlin**, Av. La Rivera, Cabo Blanco, ✆ 073-256188, 💻 www.elmerlin.webs.com, bietet eine gute Unterkunft dicht am Ufer, bestens geeignet für Sportfischer, Wassersportler und Walbeobachter, ❸–❹.

Surfen an der Playa Lobitos

Die Playa Lobitos wird bei Surfern und Kitesurfern immer beliebter. Das Markenzeichen des Strands sind lang gezogene, tunnelförmige Wellen, die das ganze Jahr über anzutreffen sind, am häufigsten aber in den Surfmonaten April bis Juni. Es gibt zahlreiche Übernachtungsmöglichkeiten am Strand und im Ort: vom einfachen **Los Muelles Surf Camp**, ✆ 978693003, 💻 auf Facebook, ❶, über **Lobitos Surf Natural**, Mz. A4, Nuevo Lobitos, ✆ 946260576, ✉ lobitos.surfnatural@hotmail.com, ❷, bis hin zur luxuriösen **Lobitos Lodge**, ✆ 073-678723, 💻 www.lobitoslodge.com.pe, ❺.

Von Talara fahren Combis in rund 30 Minuten nach Lobitos.

12 HIGHLIGHT

Die Strände im Norden

Nördlich von Piura erstrecken sich bis Tumbes kilometerlange Sandstrände, aufgeteilt in zahlreiche Buchten. Hier befindet sich Perus **Bade- und Surfzentrum**, denn alle Strandorte nördlich von Cabo Blanco liegen im Bereich der warmen El-Niño-Strömung, die Richtung Norden fließt und das ganze Jahr über warmes Meerwasser mitführt. Bei KM 1150 wird der Fischerort und Badestrand **Los Órganos** erreicht, der über eine vielfältige Auswahl an Unterkünften und Fischrestaurants verfügt. Südlich des Orts erstreckt sich mit der **Punta Veleros**, einst ein Camp für Ölarbeiter, eine malerische, ruhige Bucht, an der sich einige schöne (familienfreundliche) Hotels befinden. An der Hafenmole kann man jeden Tag ein Großaufgebot an Seevögeln bewundern, die auf Fischabfälle warten.

Nach weiteren 6 km zweigt eine Straße zum Badeort **Vichayito** mit seinem oft windigen kilometerlangen Sandstrand (keine Felsen im Wasser) ab. Die dort angesiedelten Hotels und Ferienanlagen gehören preislich zur Oberklasse. Ein kompetenter Tourveranstalter mit Sitz in Los Órganos ist **Pacifico Adventures**, ✆ 073-257686, 🖳 www.pacificoadventures.com, der neben Walbeobachtung (Aug–Okt) auch Angel-, Schnorchel- und Tauchtouren im Programm hat.

Unterkünfte in Los Órganos, Punta Veleros, Vichayito und El Ñuro finden sich unter 🖳 www.vivamancora.com/peru/hoteles-casas. In Los Órganos halten Eppo-Busse aus Richtung Piura oder Máncora. Von dort gelangt man mit Mototaxis zu den Stränden der Umgebung.

Máncora

Bei KM 1165 liegt Máncora, umgeben von langen Sandstränden (im Süden des Ortes teilweise etwas felsig). In den letzten Jahren hat sich das ehemalige Fischerdorf zu einem der beliebtesten Urlaubsziele für sonnenhungrige Touristen und Surfer im Norden Perus entwickelt. Hektik und Platznot kommen allerdings nur zwischen Weihnachten und Ende Februar, in der Osterwoche und den Tagen um die Fiestas Patrias Ende Juli auf. Dann wird es ziemlich eng und laut am Strand, das Meer gehört den lärmenden Jetskis, die Hotelpreise vervielfachen sich, Müllberge wachsen und das Trinkwasser wird knapp.

Schildkröten an der Playa El Ñuro

Immer beliebter wird ein Ausflug zum kleinen Fischerdorf **El Ñuro** und seinem wunderschönen weißen Sandstrand, etwa 7 km südlich von Los Órganos. Was die Touristen in Scharen anzieht, sind ein paar Dutzend Grüne Meeresschildkröten *(Chelonia mydas)*, die sich entgegen ihren natürlichen Gepflogenheiten ganzjährig rund um die Hafenmole des Fischerdorfs aufhalten. Die Tiere haben sich an das gute Leben gewöhnt, denn sie werden regelmäßig mit Fischabfällen gefüttert. Nun strömen an manchen Tagen Hunderte Touristen nach El Ñuro und baden mit den Tieren – ein lohnendes Geschäft für die kleine Gemeinde, denn neben dem Eintritt von 5 S/. müssen Bootsfahrten (inkl. Schwimmen mit den Tieren) und obligatorische Rettungswesten extra bezahlt werden. Leider folgen nur wenige Touristen den Anweisungen des Personals, die Tiere nicht anzufassen. Wichtiger scheint ihnen das Beweisfoto zu sein. Ohnehin haben die Schildkröten zahlreiche Wunden, da sie sich rund um den Pier an muschelübersäten Stützpfeilern oder den Booten verletzen. Wer den Tieren etwas Gutes tun will, schaut sie sich lediglich vom Pier aus an. Den Menschenmassen kann man aus dem Weg gehen, indem man Wochenenden meidet und früh am Strand ist. Die Infrastruktur ist bescheiden: Wasser wird mit Tanklastwagen gebracht und ist entsprechend knapp. Einfache, wenig einladende Toiletten und einfache Restaurants sind vorhanden.

Zur Playa El Ñuro gelangt man mit Sammeltaxis, Mototaxis oder zu Fuß (ca. 2–2 1/2 Std. dem Strand von Los Órganos folgend). Die halbtägige Tour lässt sich gut ohne Veranstalter durchführen.

Strände im Norden

Die übrige Zeit liegt Máncora träge unter einem strahlend blauen Himmel und es bleibt viel Zeit, in der Hängematte zu faulenzen, zu surfen und das ganzjährig warme Wasser zu genießen. Máncora zieht sich lang gestreckt an der Hauptstraße entlang, die im südlichen Bereich Avenida Piura und im nördlichen Teil Avenida Grau heißt. Hier finden sich Busagenturen, Restaurants, Bars, Geldautomaten, Polizei, Gesundheitsposten etc. Der südliche Teil der Stadt ist fest in Touristenhand, wobei es wenig romantisch ist, wenn einem beim Essen laute Busse und Lkw direkt an der Nasenspitze vorbeifahren. Richtung Norden verwandelt sich Máncora dann wieder nach und nach in ein durchschnittliches peruanisches Fischerstädtchen.

Doch das ehemals kleine Strandparadies ist bedroht. Der stetig und unkontrolliert anschwellende Touristenstrom hat wie andernorts auch seinen Preis: Dazu gehören Drogenkriminalität und illegale Landnahmen ebenso wie zunehmende **Umweltprobleme**. So wird das kleine Feuchtgebiet El Humedal, das zwischen Ort und Strand liegt, zunehmend als Abladeplatz für Bauschutt und Müll genutzt. Außerdem droht der Strand Máncoras durch die viel zu dicht ans Meer gebaute Strandpromenade und die Auswirkungen des Klimaphänomens El Niño (S. 488)

Strandwanderung von Máncora nach Los Órganos

In rund drei bis vier Stunden kann man die ca. 11 km von Máncora entlang des Strandes über Las Pocitas und Vichayitos nach Los Órganos laufen. Je weiter man sich von Máncora entfernt, desto ruhiger und schöner wird es. Ausreichend Wasser und Sonnenschutz mitnehmen! Nach einem Restaurantbesuch in Los Órganos (z. B. im tgl. geöffneten Bambú am Strand) und einem erfrischenden Bad im Meer nimmt man einen Eppo-Bus für die Rückfahrt nach Máncora. Die Wanderung kann natürlich auch in umgekehrter Richtung durchgeführt werden.

zu verschwinden. Und auch das Fehlen einer Kläranlage macht sich inzwischen schmerzlich bemerkbar. Die Abwässer zahlreicher Hotels gelangen ungeklärt ins Meer.

Die nahe gelegene **Playa Pocitas** ist eine Mischung aus Sandstrand mit felsigen Abschnitten, in denen das Meerwasser bei Ebbe kleine Becken *(pocitas)* bildet. Der Strandabschnitt Pocitas ist ebenso wie die Hotels an der Playa Vichayito über eine Erdstraße am südlichen Ortseingang zu erreichen.

ÜBERNACHTUNG

Die günstigeren Hostales liegen meist im Ort direkt an der Panamericana und haben keinen eigenen Strandzugang. Die Unterkünfte am **südlichen Ortseingang** befinden sich teilweise am Meer und sind teurer als im Ortszentrum. Hier bewegt sich die Surfer-Szene. Auf der anderen Seite der Brücke über die Quebrada Cabo Blanco am südlichen Ortseingang zweigt eine Erdstraße zur **Playa Pocitas** und zu den dortigen teuren Hotels ab. Am **nördlichen Strandabschnitt** sind einige neue Hotels und Bungalowanlagen gebaut worden.
Einen guten Überblick über die Hotels von Máncora findet man auf der Webseite 🖳 www.vivamancora.com/dondedor.htm.

Direkt im Ort Máncora

Hospedaje Balsa y Totora, Av. Piura 452, ✆ 073-290802, 🖳 www.hotelbalsaytotora.com. Sauber und für die Lage recht ruhig. Einfache, günstige Zimmer, auch Schlafsaal, mit Ventilator und Warmwasser. ❷

Laguna Surf Camp, Piura 416, ✆ 994015628, 🖳 lagunasurfcamp.insta-hostel.com. Trotz zentraler Lage sehr ruhig gelegene, hübsche Anlage mit Pool und Bungalows. 2x tgl. wird Yoga angeboten, Surfstunden möglich. Schlafsaal je nach Saison 35–40 S/. ❸

Nördlicher Strandabschnitt (Playa del Amor)

€ **The Point Mancora Beach**, ca. 20 Min. am Strand entlang in nördlicher Richtung, auch per Mototaxi erreichbar (3 S/.), ✆ 073-258290, 🖳 www.thepointhostels.com. Der Ableger der Backpackerkette liegt schön am Strand. Es gibt auch einen Schlafsaal (je nach Größe ab 30 S/. p. P.). Pool, Restaurant, einfaches Frühstück inkl. ❸

Psygon Surf Camp, direkt neben The Point, ✆ 994142389, 🖳 www.psygonsurfcamp.com. Große Anlage mit vielen Hängematten, Pool, Bar, Kicker, Billard und Restaurant. Am Wochenende nachts ziemlich laut. Schlafsaal ab US$8 p. P. Mehrbettzimmer oder großzügige DZ. Frühstück inkl. ❷

Samana Chakra, am nördlichen Strandabschnitt (ca. 10 Min. zu Fuß, auch per Mototaxi erreichbar), ✆ 073-258604, 🖳 www.samanachakra.com. Teure, aber sehr schöne Anlage direkt am Strand, in der man total abschalten kann. Yoga und Massage-Angebote. Kein TV oder WLAN auf den Zimmern! Einfaches Frühstück und Yogaklasse inkl. ❻

Südlicher Strandabschnitt und Quebraba Cabo Blanco

€ **Loki del Mar**, Av. Piura 262, ✆ 073-258484, 🖳 www.lokihostel.com. Professionelle Backpacker-Massenabfertigung und Partyhostel für überwiegend junge Leute. Es gibt DZ (im Voraus reservieren!) und einen Schlafsaal (je nach Größe 29–42 S/. p. P.). Große Anlage mit Pool, Strandzugang, Animationsprogramm und Bar. ❸

Casa Palmero, in Strandnähe, ✆ 01-3586898 (Lima), 💻 www.casapalmeromancora.com. Kleine gepflegte Anlage mit Zimmern mit Bad und jeweils 3 Betten und Innenhof mit kleiner Terrasse. Frühstück inkl. Die gleichen Besitzer unterhalten die sehr ähnliche Anlage Chaparral in der Quebrada Cabo Blanco. Beide ❸

Kimbas Bungalows, am südlichen Ortseingang in der Quebrada Cabo Blanco, ✆ 073-258373, 💻 Facebook. Sympathische Bungalowanlage mit schönem Garten und balinesischem Touch. Die palmdachgedeckten Hütten verfügen über Bad, Warmwasser, eine überdachte Terrasse plus Hängematte und – bei den teureren Hütten – auch über Kühlschrank und Kabel-TV. Leider fehlen Moskitonetze. Es gibt einen kleinen Pool, und das einfache Frühstück ist inkl. Vom Hotel ist man in 5 Min. zu Fuß am Strand und im Ort. In der Hauptsaison mind. 5 Übernachtungen. ❸–❹

Hostal Las Olas, Piura135, ✆ 073-258099, 💻 www.lasolasmancora.com. Gemütliche Anlage direkt am Strand mit netten Zimmern (im 2. Stock mit Meerblick) und Preisnachlass bei längerem Aufenthalt. Frühstück inkl. ❹–❺

Playa Pocitas und Playa Vichayito

Inzwischen tummeln sich hier mehr als 40 Hotels (einen Überblick gibt die Website 💻 www.vivamancora.com). Die beiden nachfolgend aufgeführten Unterkünfte liegen direkt am Strand und verfügen über geräumige Zimmer, Schwimmbad, eigenes Restaurant und Parkplatz. Frühstück bei beiden inklusive.

Los Cocos, etwa 5 km südlich von Máncora, ✆ 073-590041, 💻 www.loscocosdevichayito.com. ❹

Sausalito Beach, ca. 1 km südlich von Máncora, ✆ 073-258706, 💻 www.sausalitobeachmancora.com. ❺–❻

ESSEN UND UNTERHALTUNG

Entlang der Hauptstraße von Máncora liegen jede Menge Meeresfrüchterestaurants und Sandwichläden. Die Restaurants am Strand haben keine eigene Wasserversorgung und die hygienischen Bedingungen sind nicht gerade optimal! Wer einen empfindlichen Magen hat, sollte dort besser nicht essen. Günstige Menüs bekommt man in der Nähe des Marktes, östlich der Hauptstraße.

Angela's Place, Piura 396. Frühstück, leckeres Vollkornbrot, ein vegetarisches Menü (auch abends), Kuchen und guter Kaffee. ⌚ tgl. 10–22.30 Uhr.

Cafe del Mundo, Piura 233. Französische Küche, die so gut ist, dass sie in Erinnerung bleibt. Preiswerte Gerichte, jedoch teilweise lange Wartezeiten. ⌚ tgl. 8–22 Uhr.

Green Eggs & Ham, im Centro Comercial Birdhouse (südlicher Ortseingang). Gutes Frühstück und kreative Saftkombinationen mit Meerblick vom 2. Stock. ⌚ tgl. 8–21 Uhr.

La Sirena d'Juan, Av. Piura 316. Beliebtes Fischrestaurant. ⌚ Mi–Mo 12.30–15.30, 19–23 Uhr.

Die Gringo-**Bars** liegen schön aneinandergereiht entlang der Hauptstraße im südlichen Stadtteil.

TOUREN

Eco Fundo La Caprichosa, ca. 10 Min. im Mototaxi südöstlich von Máncora im Landesinneren, ✆ 073-258574, 💻 www.ecofundolacaprichosa.com. Abenteuerpark mit Canopy-Touren, Kletterwand, Reiten etc. Übernachtung in Bungalows möglich. ⌚ tgl. 10–17 Uhr.

Iguana's Trips, Av. Piura 306, ✆ 073-632762, 💻 Facebook. Vielfältiges Abenteuerprogramm inkl. Rafting, Reiten und Touren in die Nationalreservate der Umgebung.

AKTIVITÄTEN

Reiten

Am Strand warten Anbieter mit Pferden.

Surfen und Kitesurfen

Am Strand beim Birdhouse kann man **Surfbretter** mieten oder an einem Kurs teilnehmen. **Kitesurfen** wird vorwiegend von Mai bis Oktober angeboten.

Yoga

Kurse finden im Hotel Samana Chakra, im Hostal Las Olas und im Laguna Surf Camp statt.

SONSTIGES

Geld

Geldautomaten befinden sich entlang der Hauptstraße.

Informationen

Die **Touristeninformation** befindet sich in der Av. Piura 532, ⌚ Mo–Fr 8–13, 14–22, Sa 8–13 Uhr. Viele Hotel- und Strandinfos zu Máncora und Umgebung findet man auf der

El Niño – das Jesuskind, das Wasser und Trockenheit bringt

Dürre in Indonesien, Tornados in den USA und starke Regenfälle in Kenia: Dies sind nur einige der Kapriolen eines Klimaphänomens, das wegen seines Auftretens um die Weihnachtszeit *El Niño*, „das Jesuskind", genannt wird. El Niño bringt weltweit das Klima durcheinander; mit am stärksten betroffen ist Peru, das dann von heftigen **Regenfällen und Überschwemmungen** heimgesucht wird. Beim schweren El Niño 1997/98 kamen weltweit rund 2100 Menschen ums Leben, der wirtschaftliche Schaden belief sich auf mehrere Milliarden US-Dollar. Die schlecht ablaufenden Wassermassen wurden zu Brutstätten von Anopheles-Mücken, die allein in der Region Piura rund 30 000 Malaria-Fälle verursachten. Im März 2017 wurden Nordperu und das ansonsten niederschlagsarme Lima von starken Regenfällen, Erdrutschen und Überschwemmungen heimgesucht. Dutzende Menschen kamen ums Leben.

Die Passatwinde bleiben aus

All dies wiederholt sich in kürzer werdenden Abständen. Es beginnt mit dem bislang unerklärten Ausbleiben der Passatwinde. Diese treiben normalerweise das warme Oberflächenwasser Richtung Westen vor sich her. Ohne die Winde erwärmt sich das Wasser immer mehr, die zunehmende Feuchtigkeit lässt sich in den oberen Luftschichten nieder und führt zu starken Regenfällen. Die steigenden Temperaturen und der abnehmende Salzgehalt des Wassers vertreiben die Meeresbewohner in kältere Gewässer im Süden.

Schwimmende Wetterstationen

Obwohl man die genauen Ursachen für die Entstehung des Klimaphänomens nicht kennt, kann man heute mithilfe modernster Technik zumindest vorhersagen, wann es zu einem El Niño kommt und wie dieser sich auswirken wird. Hauptindikator zur Bestimmung eines El Niño sind Schwankungen in der Meerestemperatur des Pazifiks, die mithilfe von 70 Sonden regelmäßig überwacht wird. Die schwimmenden Wetterstationen messen die Wassertemperatur an der Wasseroberfläche und bis in Tiefen von 500 m sowie Wind, Lufttemperatur und Feuchtigkeit. Die Daten werden über Satellit an ein Marineinstitut in den USA übertragen und in Simulationsmodelle übersetzt. So können die Menschen in den betroffenen Gebieten rechtzeitig gewarnt werden und sich auf die Wetterschwankungen einstellen. Gut funktioniert hat dies zum ersten Mal im El-Niño-Jahr 1997/98, als Bauern und Fischer in Nordperu aufgrund der Vorhersagen das Beste aus den starken Regenfällen machten. Sie bauten Reis und Bohnen in den sonst viel zu trockenen Regionen an und züchteten Garnelen in den ansonsten zu kalten Gewässern.

Bruder und Schwester

Doch El Niño kommt nicht alleine. Als ob sich die Natur wieder ins Gleichgewicht bringen möchte, schickt sie direkt nach dem Abklingen der El-Niño-Auswirkungen umgekehrte Wetterextreme hinterher – **La Niña** genannt. La Niña folgte ihrem großen Bruder in den letzten 25 Jahren regelmäßig. Das bedeutet Dürre, wo es vorher geregnet hatte, und harte Winter, wo vorher mildes Winterwetter herrschte. Für einige Regionen hat dies mehr Hurrikane als üblich zur Folge.

Website 💻 www.vivamancora.com. Dort stehen auch Infos zu den aktuellen Surfbedingungen unter 💻 www.vivamancora.com/english/surf.htm.

Polizei

Av. Piura, ✆ 073-258414.

NAHVERKEHR

Zur Playa Pocitas fahren von Máncora **Mototaxis** für 5–15 S/. je nach Entfernung.

TRANSPORT

Busse und Colectivos

Die Abfahrtsorte der Busse liegen alle entlang der Panamericana im nördlichen Ortsteil. Tickets vor allem in der Hauptsaison früh kaufen!

Gesellschaften

Cifa International, Grau 212, ✆ 941816863
Cruz del Sur, Grau 208, ✆ 073-480100
El Dorado, Grau 201, ✆ 073-258161
Eppo, Piura 679, ✆ 073258140
Oltursa, Piura 509, ✆ 073-258276

Verbindungen

GUAYAQUIL (Ecuador) mehrmals tgl. (Cifa Internacional, Civa) und mehrmals wöchentl. gegen 10 Uhr (Cruz del Sur), ca. 8 Std. (575 km).
LIMA (Cruz del Sur, Oltursa, Civa, Tepsa und Flores) mehrere Abfahrten, meist nachmittags und abends, 16–18 Std. (1156 km).
LOS ÓRGANOS (Eppo) alle 20 Min. (13 km).
PIURA mehrmals tgl. von 9–21 Uhr (El Dorado) und alle 30 Min., 4–19.15 Uhr (Eppo), 4 Std. (185 km). Eppo stoppt in LOS ÓRGANOS und TALARA. Schneller geht es mit Vans.
PUNTA SAL Colectivos warten vor dem Cruz del Sur-Büro, 1/2 Std. (23 km). Ein Taxi kostet 40 S/. An der Abzweigung nach Punta Sal kann man ein Mototaxi nehmen oder 20–30 Min. zu Fuß laufen.
TRUJILLO (El Dorado) mehrmals tgl., 8 Std. (660 km). Fährt über CHICLAYO.
TUMBES Colectivos fahren von der Piura 605 stdl. von 9–18 Uhr, 2 Std. (ca. 102 km), und weiter zum Flughafen. El-Dorado-Busse fahren direkt bis zur Grenze.

Flüge

Die nächstgelegenen Flughäfen sind Piura (185 km südlich, S. 480) und Tumbes (102 km nördlich, S. 493).

Von Máncora nach Tumbes

Rund 22 km nördlich von Máncora zweigt bei KM 1187 eine Straße Richtung **Punta Sal** ab, einem ruhigen und beschaulichen Badeort, dessen Hotels (s. 💻 www.vivamancora.com) entlang der einzigen Straße liegen. Übernachtung und Verpflegung sind hier teurer als in Máncora. Die einfacheren Unterkünfte liegen entlang des vorderen Ortsteils, die besseren weiter hinten. Der zu Beginn breite Sandstrand wird nach einem felsigen Mittelstück bei den hinteren Hotels wieder sandig, gemischt mit etwas Kies.

Es gibt keinen regelmäßigen Busverkehr von Máncora nach Punta Sal. Am billigsten ist es, einen beliebigen Bus oder Combi von Máncora Richtung Norden zu nehmen und an der Abzweigung nach Punta Sal auszusteigen. Dort warten tagsüber Mototaxis, die einen schnell zu den gewünschten Unterkünften bringen (Entfernung 2–5 km).

Im weiteren Verlauf der Panamericana Norte werden zahlreiche kleine und größere Fischerdörfer passiert, die alle über gute Sandstrände und zunehmend bessere Übernachtungsmöglichkeiten verfügen. Zunächst kommt man bei KM 1193 am kleinen Fischerdorf **Cancas** vorbei, das sich am Nordende des Strands von Punta Sal befindet. Nördlich von Punta Mero (KM 1204) erstrecken sich kilometerlange Garnelenzuchten. Bei KM 1233 wird in **Bocapán** die Abzweigung zum Nationalpark Amotape (Sektor Casitas) und zu den heißen Lehmquellen (Aguas Termomedicinales de Hervideros) passiert, bevor bei KM 1240 **Zorritos**, der größte Ort zwischen Máncora und Tumbes mit einem schönen langen Sandstrand, erreicht wird. Hinter **Caleta La Cruz** (KM 1250) macht die Straße einen kleinen Schlenker landeinwärts, führt an Reisfeldern und Bananenplantagen vorbei, passiert bei

KM 1258 die Abzweigung zum Badestrand **Playa Hermosa** und bei KM 1264 in Corrales die Abzweigung zum Nationalpark Amotape (Sektor Rica Playa), bevor 4 km weiter der breite Río Tumbes überquert und auf der anderen Seite der Brücke die gleichnamige Stadt erreicht wird.

ÜBERNACHTUNG

Grillo 3 Puntas Eco Hostel, Panamericana KM 1235 (rund 5 km südlich von Zorritos), ✆ 072-794830, 💻 www.casagrillo.net. Ökologisch angehauchte Anlage am Strand. Zimmer mit oder ohne Bad und Bungalows. Gutes Restaurant, Camping (15–18 S/. p. P.), Frühstück inkl. (nicht für Camper). ❷–❸, mit Gemeinschaftsbad ❷

Casa Kresala, Barrio Pacifico, Zorritos, ✆ 972718106, 💻 www.casakresala.com. Nettes, kleines Surfhostel unter belgisch-peruanischer Leitung. Wahlweise Schlafraum (4 Betten à 40 S/.) oder angenehme Zimmer mit Bad. Restaurant. ❷–❸

NORDPERU

Tumbes und Umgebung

Es sind weniger die urbanen Sehenswürdigkeiten, die einen Besuch von Perus nördlichster Stadt rechtfertigen, als vielmehr ihre reizvolle Umgebung mit Badestränden und Naturschutzgebieten. Zudem lassen sich Ausflüge ins nahe gelegene Ecuador unternehmen.

Tumbes

Lange vor der Ankunft der Spanier auf amerikanischem Boden lebte in der Region Tumbes das Volk der Tumpi, die als geschickte Seefahrer bekannt waren und von den Inka unterworfen wurden. Kurze Zeit später landete Francisco Pizarro auf seiner zweiten Reise in Caleta Cruz, südlich von Tumbes. Bis 1941 gehörte die Stadt zu Ecuador, wurde Peru aber nach dem Sieg im Krieg 1941/42 zugesprochen.

Heute hat Tumbes rund 92 000 Einwohner und ein ganzjährig feucht-heißes Klima mit einer Durchschnittstemperatur von 24 °C. Die Hauptstadt des gleichnamigen, nördlichsten Departamentos ist Durchgangsort für den Grenzverkehr von und nach Ecuador.

ÜBERNACHTUNG

Hospedaje Jugdem, Bolivar 344, ✆ 072-523530. Ruhige Lage in der Fußgängerzone. Sehr preiswerte, einfache Zimmer mit kaltem Wasser. ❶

Hotel Feijoo, Bolognesi 274, ✆ 072-522126. Geräumige Zimmer mit Warmwasser, Ventilator (mit AC teurer) und TV. ❸

Rizzo Plaza Hotel, Bolognesi 216, ✆ 072-523911, 💻 www.rizzoplazahotel.com. Modernes Hotel mit guter Ausstattung und Zimmern mit AC (ohne billiger). Cafetería und Parkplatz. ❸–❹

ESSEN

Zu den Spezialitäten zählen *Ceviche de conchas negras* (Ceviche aus Miesmuscheln; Fangverbot Mitte Feb–Ende März) und *Majarisco* (Kochbananenmus mit Meeresfrüchtesoße.

Acuarelas Café-bar, Grau 401. Eines der besseren Restaurants der Stadt. Frühstück und günstige Mittagsmenüs. 🕒 Mo–Sa 7–22 Uhr.

El Paraiso, Bolognesi 315. Serviert Vegetarisches. 🕒 Mo–Do 7–20.30, Fr 7–16 Uhr.

Moka, Bolognesi 252. Gute Backwaren, Fruchtsäfte und Salate. 🕒 tgl. 7–23 Uhr.

An der Westseite der Plaza liegen u. a. **Sí Señor** (gemischtes Speisenangebot), 🕒 tgl. 7–15, 19–23 Uhr, und **Los Gustitos** (Fisch, Meeresfrüchte), 🕒 tgl. 7–18 und 19 Uhr bis spätabends.

Der Leberwurstbaum

Den ursprünglich aus Afrika stammenden Baum (lat. *Kigelia pinnata*) mit seinen kuriosen Früchten, die einer Leberwurst ähneln, kann man auf der **Plaza de Armas von Tumbes** bewundern. Zu lange sollte man unter den bis zu 7 kg schweren, nicht essbaren Früchten allerdings nicht verweilen, denn der Baum heißt im Volksmund nicht ohne Grund *matacojudos* („Deppentöter").

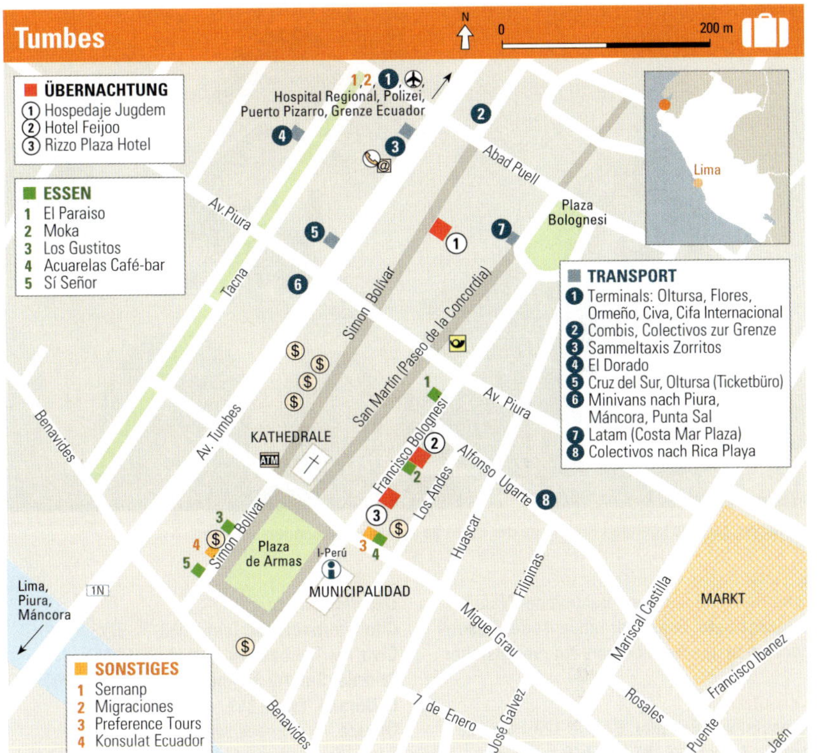

TOUREN

Preference Tours, Grau 427, ✆ 072-525518, ✉ turismomundial@hotmail.com. Touren in die Nationalparks der Umgebung. ⌚ Mo–Fr. 9–19.30, Sa 9–16 Uhr.

SONSTIGES

Einwanderungsbehörde

Migraciones, Av. Panamericana Norte 1751, ✆ 072-523422, ⌚ Mo–Fr 8–16.30, Sa 8–12 Uhr.

Feste

Vom 21.–27. Oktober findet die touristische Woche **Semana Turística de Tumbes** und von Anfang bis Mitte Dezember das Fest der peruanisch-ecuadorianischen Integration **Feria de Integración Peruano-Ecuatoriana** statt.

Geld

Geldautomaten liegen rund um die Plaza de Armas und in Block 2 der Bolognesi. Der Kurs an der Grenze ist meist schlechter als in Tumbes.

Informationen

I-Perú, Bolognesi 194, neben der Municipalidad, ✆ 072-506721, ✉ iperutumbes@promperu.gob.pe, ⌚ Mo–Sa 9–18, So 9–13 Uhr, und an der Grenze Aguas Verdes.
Informationen zu den Nationalparks hat **Sernanp**, Panamericana Norte 1739, ✆ 072-526489, ✉ snmanglaresdetumbes@sernanp.gob.pe. Hier bekommt man auch die erforder-

© FRANK HERRMANN

Im heißen Tumbes spenden Bäume an der Plaza de Armas wohltuenden Schatten.

liche Genehmigung zum Besuch der Naturschutzgebiete. Eine Alternative ist der Besuch der Nationalparks mit einem Tourveranstalter.

Konsulate

Konsulat von Ecuador, Bolívar 129, Plaza de Armas, 3. Stock, ✆ 072-525949, 💻 www.tumbes.consulado.gob.ec. 🕒 Mo–Fr 8–13 Uhr.

Medizinische Hilfe

Hospital Regional, 24 de Julio 565, ✆ 072-601600.

Polizei

Policia de Turismo, Panamericana Norte 1739, ✆ 980121451.

TRANSPORT

Busse und Colectivos

Fast alle Busse haben ihre Büros und Terminals entlang der Hauptstraße Av. Tumbes. Die lokalen Busse und Combis fahren vom Markt ab. Wer keinen Bus Richtung Süden bekommt, kann auch ein Sammeltaxi (Colectivo) nach Piura nehmen und dann von dort aus weiterreisen.

Gesellschaften

Cifa Internacional, Tacna 953, ✆ 972894619
Civa, Av. Tumbes 518, ✆ 072-525120
Cruz del Sur, Av. Tumbes 319, ✆ 072-526200
El Dorado, Tacna 351, ✆ 072-524458
Oltursa, Av. Tumbes 948, ✆ 072-526739. Verkaufsbüro in der Av. Tumbes 307

Verbindungen

CHICLAYO (u. a. El Dorado) regelmäßige Abfahrten, 8 Std. (492 km). Siehe auch Lima.
GRENZE ECUADOR Combis und Colectivos fahren ständig ab der Bolivar, Ecke Abad, 1/2–3/4 Std. (24 km). Taxis kosten 25 S/. Zur Weiterreise ab der Grenze s. S. 494.
GUAYAQUIL (Ecuador, u. a. Cruz del Sur, Cifa Internacional, Civa) zwischen 15–16 Uhr und 0.30 Uhr, ca. 5 Std. (240 km). Fährt über MACHALA.
LIMA mehrere Abfahrten nachmittags und abends (u. a. Civa, Cruz del Sur, Oltursa) und mehrmals tgl. (Flores), 20 Std. (1259 km).
PIURA (El Dorado) mehrmals tgl., 5 Std. (278 km). Minivans fahren ab der Kreuzung Tumbes/Piura, sobald der Wagen voll ist, über MÁNCORA und LOS ÓRGANOS.

RICA PLAYA Sammeltaxis/Combis fahren von der Alfonso Ugarte, Nähe Filipinas, ca. 1 Std. (32 km).
TRUJILLO mehrmals abends (El Dorado), 11 Std. (698 km).

Flüge

Der **Flughafen**, ✆ 072-521688, liegt nördlich der Stadt bei KM 1276. Ein Taxi kostet 20 S/.
Latam Perú, beim Centro Comercial Costa Mar Plaza, an der Plaza Bolognesi, ✆ 072-524506, 💻 www.latam.com, bietet tgl. Flüge nach LIMA. ⌚ Mo–Fr 10–20, Sa, So 11–20 Uhr.

Naturschutzgebiete um Tumbes

Nicht weit von Tumbes lohnen mehrere Naturschutzgebiete einen Besuch. Unter dem Namen **Reserva de Biosfera del Noroeste** (Nordwestliches Biosphärenreservat) sind die folgenden vier Schutzzonen zusammengefasst: zum einen die drei zusammenhängenden Gebiete **Reserva Nacional de Tumbes** (751 km²), **Parque Nacional Cerros de Amotape** (913 km²) und der bereits zum Departamento Piura gehörende **Coto de Caza El Angolo** (650 km²), zum anderen das nur 30 km² große Mangrovenschutzgebiet **Santuario Nacional Los Manglares de Tumbes**.

Zum Besuch der Naturreservate ist die Erlaubnis der Naturschutzbehörde notwendig (Ausnahme: Santuario Nacional Los Manglares de Tumbes), die kostenlos in deren Büro in Tumbes erteilt wird (s. „Informationen", S. 491).

Parque Nacional Cerros de Amotape

Das 913 km² große Gebiet südlich von Tumbes schützt den tropischen Trockenwald der Region mit seiner vielfältigen Flora und Fauna. Der 1975 gegründete Nationalpark befindet sich in einer klimatologischen Übergangszone vom trockenen peruanischen Wüstenklima zum tropisch-feuchten Küstenklima Südecuadors. Fünf verschiedene Lebenszonen erstrecken sich über Gebiete von 120 m bis 1538 m Höhe. Die Temperaturen schwanken je nach Höhenlage zwischen 15 und 32 °C, und die jährlichen Niederschläge erreichen 500 bis 1000 mm.

Das Naturschutzgebiet ist ein Paradies für Vogelbeobachter, die sich an über 300 verschiedenen Arten (darunter Papageien und Kondore) erfreuen können. 63 Säugetierarten bevölkern das Gebiet, darunter Jaguare, Weißwedelhirsche, Ameisenbären, Wildschweine und Brüllaffen. Vom Aussterben bedroht sind der Flussotter und das Tumbes-Krokodil. Pflanzenfreunde bekommen unter anderem Baumwoll- und Johannisbrotbäume, verschiedene Kakteenarten, Bromelien und Orchideen zu sehen. Der Eintritt ist frei. Die lokale **Asociación Ecoturística Rica Playa Tours**, ✆ 072-811030 (Kontaktperson: Teresa Madrid Heras), organisiert Unterkunft, Verpflegung und Ausflüge.

Die beste Zeit für einen Besuch des Parks ist in der Trockenzeit zwischen Juni und Oktober/November. In der übrigen Zeit können die überwiegend schlechten Zufahrtsstraßen unpassierbar sein. Der einfachste (und als einziger mit öffentlichen Verkehrsmitteln von Tumbes erreichbare) Zugang liegt im Sektor **Rica Playa**, 32 km südlich von Tumbes (Abzweigung in Corrales, wenige Kilometer südlich von Tumbes, s. „Tumbes/Transport"). Eine weitere Zugangsmöglichkeit zum Nationalpark, für die aber ein eigenes Transportmittel benötigt wird, besteht über Bocapán (KM 1233 der Panamericana) nach **Casitas**. Von dort zu Fuß weiter zur Parkstation **Huásimo** und **Cabo Inga**. Östlich von Máncora befindet sich bei **Pilares de Fernández** ein weiterer Zugang.

Zona Reservada de Tumbes

Das Schutzgebiet schließt sich im Nordosten als Pufferzone an den Nationalpark Amotape an und ist vor allem für Vogelbeobachter interessant, da hier besonders viele endemische Arten vorkommen.

Der Zugang erfolgt mit einem Allradfahrzeug über **Pampas de Hospital** zur Parkstation **El Caucho** (Fahrzeit ca. 3 Std., 51 km), wo man auch unter einfachsten Bedingungen übernachten kann (alternativ kann man zelten; Mückenschutz, Trinkwasser-Entkeimungstabletten und Essen mitbringen!). Von El Caucho aus lassen sich verschiedene Wanderungen unternehmen Der Besuch des Schutzgebietes ist nur mit einem Guide gestattet.

Santuario Nacional Los Manglares de Tumbes

Nordöstlich von Tumbes liegt das einzige **Mangrovengebiet** des Landes, das 1988, gerade noch rechtzeitig vor seiner Zerstörung, zum Naturschutzgebiet erklärt wurde. Das artenreiche Ökosystem ist von Garnelenfarmen umgeben, und übrig geblieben sind nur magere 30 km².

Der Zugang erfolgt über den Ort **Zarumilla**, 22 km nordöstlich von Tumbes, kurz vor der Grenze (ständiger Bus- und Colectivo-Verkehr; erreichbar mit allen Fahrzeugen, die auch zur Grenze fahren). Eine Abzweigung führt nach 13 km zum Besucher- und Parkzentrum El Algarrobo (Anfahrt mit Mototaxi oder Taxi ab Zarumilla). Besucher können hier zelten oder im Parkgebäude übernachten (Isomatte und Schlafsack mitbringen; Essen kann vor Ort gekauft werden). Ortskundige Führer bieten Bootstouren (ohne Motor) in den Mangroven an. Der Eintritt ins Schutzgebiet beträgt je nach Route 10–20 S/, jeden letzten Sonntag im Monat ist er kostenlos.

Weiterreise nach Ecuador

Rund 33 km nordöstlich von Tumbes verläuft die Grenze nach Ecuador. Die Straße führt am Flughafen (KM 1276), der Abzweigung zum kleinen Hafen **Puerto Pizarro** (KM 1278) und kurz vor der Grenze am Ort **Zarumilla** vorbei. Die Aus- und Einreiseformalitäten werden inzwischen in zwei neuen Abfertigungsgebäuden erledigt, dem *Centro Binacional de Atención de Frontera (CEBAF)*. Das Gebäude für die Ausreise aus Peru und die Einreise nach Ecuador wurde südlich des ecuadorianischen Grenzorts **Huaquillas** errichtet und ist rund um die Uhr geöffnet.

Wer nicht ohnehin in einem der Langstreckenbusse sitzt, die bei der Passkontrolle auf ihre Passagiere warten (Cifa Internacional, Cruz del Sur, Civa), nimmt am einfachsten in Huaquillas einen Bus Richtung Norden nach MACHALA (ca. 2 Std., 96 km), GUAYAQUIL (ca. 5 Std., 276 km), CUENCA (ca. 5 Std., 265 km) oder QUITO (ca. 12 Std., 600 km), s. auch „Tumbes/Transport“, S. 492).

Cordillera Blanca

Nirgendwo in den Tropen breiten sich so gewaltige Gebirgszüge aus und erreichen gletscherbedeckte Gipfel Höhen von über 6700 m. Im **Callejón de Huaylas**, dem Eldorado der Wanderer, Bergsteiger und Abenteuersportler, schlägt das alpine Herz Perus. Eingeschlossen von der Cordillera Blanca im Osten und der Cordillera Negra im Westen, erstreckt sich das Tal des Callejón de Huaylas auf 160 km Länge und einer Breite von rund 40 km. An seinem Nordende wird er vom **Cañón del Pato** begrenzt, und im Süden schließen sich mit der **Cordillera Huayhuash** (S. 521) und der **Cordillera Raura** weitere Bergketten an. Im Osten liegt der parallel verlaufende **Callejón de Conchucos** mit der Ruinenstätte **Chavín de Huántar** (S. 518) und vielen Wandermöglichkeiten (s. Huari S. 519). Durch den Callejón de Huaylas fließt in Süd-Nord-Richtung der **Río Santa**, ein Abfluss der Laguna Aguashcocha, und mündet nach 315 km bei Chimbote in den Pazifik.

Während die etwas niedrigere Cordillera Negra (schwarze Kordillere) keine schneebedeckten Gipfel besitzt, ragen in der Cordillera Blanca 30 Bergspitzen über 6000 m in den Himmel, eingerahmt von mehr als 650 Gletschern. Darunter befindet sich der **Nevado Huascarán**, der mit 6768 m höchste Berg Perus.

Inmitten des Callejón de Huaylas liegt **Huaraz**, die Hauptstadt des Departamentos Ancash, die Ausgangspunkt für Ausflüge in die Umgebung ist. Neben traumhaft schönen Wanderungen können hier auch die Überreste vergangener Hochkulturen, kleine traditionelle Andendörfer und Naturwunder wie die größte Bromelienart der Erde entdeckt werden.

Teilen müssen sich Naturfreunde die Bergwelt mit **Bergbaugesellschaften**, die in der Cordillera Blanca und den umliegenden Gebirgszügen Gold, Silber, Kupfer und Zink abbauen. In den vergangenen Jahren wurden zahlreiche Straßen gebaut, mit Zäunen gesicherte Arbei-

Parkeintritt für Wanderungen und Bergbesteigungen

Seit 2017 können Wanderungen und Bergbesteigungen im Nationalpark Huascarán wieder offiziell **auf eigene Faust** durchgeführt werden und müssen nicht zwingend über eine Agentur gebucht werden. Die Touren sollten aber nach wie vor nur von erfahrenen Wanderern/Bergsteigern mit guter Kondition in Angriff genommen werden. Tagesbesucher zahlen 30 S/., für einen Aufenthalt von 2–3 Tagen sind 60 S/. fällig, für 4–30 Tage offiziell 150 S/. Wer 4 oder 5 Tage bleiben möchte, spart Geld, indem er ein Ticket für 60 S/. kauft und dann entsprechend beim Verlassen des Parks pro Tag nachzahlt.

tersiedlungen aus dem Boden gestampft und Tausende von Jobs geschaffen, dies leider nicht immer umweltfreundlich und sozial verträglich. Aus Angst vor Aufständen und Protesten der Bauern gegen Landvertreibung und Umweltverschmutzung, wie sie in anderen Landesteilen immer mal wieder aufkommen, werden diese mit Geldgeschenken in Form von Entwicklungsprojekten und zum Teil auch in bar ruhig gehalten. Nachhaltige Entwicklung sieht anders aus.

Parque Nacional Huascarán

Das 340 000 km² große Naturschutzgebiet Parque Nacional Huascarán wurde 1975 eingerichtet, um die Fauna und Flora der Cordillera Blanca zu schützen. Das einmalige Ökosystem wurde 1977 zum **Biosphärenreservat** und 1985 zum **Naturerbe der Menschheit** erklärt. Es erstreckt sich auf Höhen von 2800–6768 m und ist zu rund 20 % von ewigem Eis bedeckt, Tendenz abnehmend. Besonders die Tropengletscher sind vom Klimawandel betroffen (s. auch Kasten S. 499). Der Rest der Parkfläche setzt sich aus Grasflächen, Gestrüpp, einigen niedrigen Wäldern und steinigen Bereichen ohne Vegetation zusammen.

Die abwechslungsreiche Berglandschaft hat eine vielfältige **Fauna und Flora** hervorgebracht. Zahlreiche Wildblumen, darunter acht Orchideenarten, Lupinen, *Puya raimondii* (S. 506) und Enzian verwandeln die Wiesen nach der Regenzeit in Blütenmeere. 111 Vogelarten sind innerhalb der Parkgrenzen identifiziert worden. Neben dem Andenkondor bevölkern zahlreiche Kolibri- und Entenarten den Nationalpark. Die meisten der 13 Säugetierarten sind inzwischen

Cordillera Blanca und Callejón de Conchucos

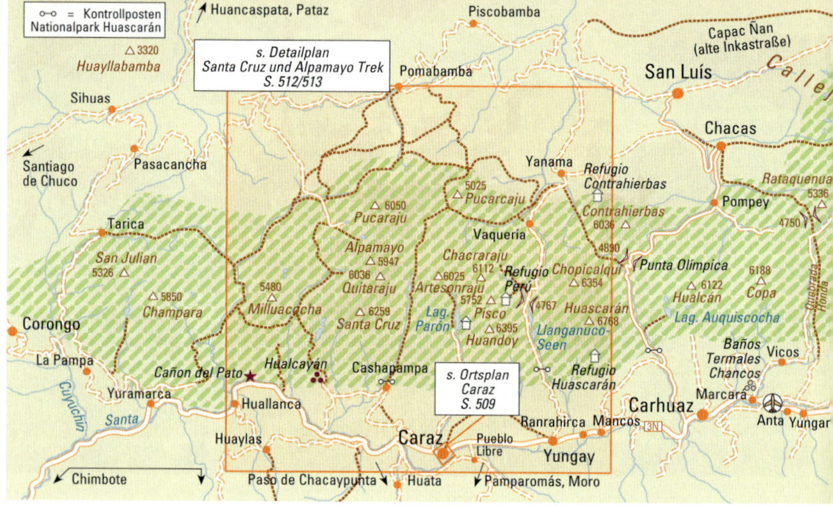

vom Aussterben bedroht, darunter der Brillenbär, der Bergpuma, das Vicuña, das Vizcacha und der Grauhirsch.

Der Parque Nacional Huascarán schützt ein sensibles Ökosystem. Folgende **Grundregeln** sind zu beachten (weitere Empfehlungen für nachhaltiges Trekking, s. S. 50):

- Keine Blumen pflücken
- Keine offenen Feuer entzünden
- Jagen und Fischen (Mai–Sep) sind verboten
- Keine Abfälle im Park zurücklassen
- Auf den Wegen bleiben

Wandern und Bergsteigen in der Cordillera Blanca

In und um den Nationalpark Huascarán gibt es zahllose Wandermöglichkeiten, die von Tagestouren bis hin zur Umrundung der gesamten Cordillera Blanca in rund 30 Tagen reichen. Inzwischen sind einige brauchbare Wanderführer veröffentlicht worden (s. Literaturverzeichnis S. 673). Als Übersichtskarte eignet sich die **Tourist Map Cordilleras Blanca & Huayhuash** von Felipe Díaz, die in Huaraz in vielen Geschäften, Hotels und Reiseagenturen erhältlich ist. Empfehlenswert sind außerdem die Alpenvereinskarten Cordillera Blanca Nord und Süd im Maßstab von 1:100 000. Wer ohne einheimischen Guide wandert (s. Kasten „Parkeintritt für Wanderungen und Bergbesteigungen", S. 495), benötigt auf jeden Fall Detailkarten, die beim **Instituto Geográfico Nacional** in Lima oder in der **Casa de Guías** an der Plaza Ginebra in Huaraz erhältlich sind.

Wer in der Cordillera Blanca wandern möchte, sollte sich darüber im Klaren sein, dass in Notfällen gar nicht oder nur schwer Hilfe zu erhalten ist. Obwohl in Caraz das **Departamento de Salvamento de Alta Montaña**, ein professioneller Bergrettungsdienst der Polizei, stationiert ist (Adresse im Serviceteil Caraz, S. 510), kann es sich in Bezug auf seine materielle und finanzielle Ausstattung nicht mit deutschen Standards messen. Daher sollten Wanderer und Bergsteiger ihre Touren sorgfältig planen, auf qualifizierte einheimische Guides zurückgreifen und sich für längere Touren im Hotel oder bei der Nationalparkbehörde abmelden. Wichtig ist eine entsprechende Ausrüstung, da die Nachttemperaturen über 4000 m während der

Trockenzeit regelmäßig unter den Gefrierpunkt sinken und es in höheren Gebirgslagen auch im Hochsommer schneien kann.

Zu den beliebtesten Wanderungen zählen der drei- bis viertägige **Santa Cruz Trek** (S. 511), der dreitägige **Olleros–Chavín Trek** oder Tagesausflüge zur **Laguna 69** und den **Llanganúco-Seen**. Darüber hinaus gibt es jedoch jede Menge weiterer Wege abseits der ausgetretenen Pfade, die landschaftlich ebenso reizvoll sind. Zu diesen Wegen gehört beispielsweise der zwei- bis dreitägige Trek von **Huari nach Chacas**, s. S. 519.

Auch Bergsteiger haben die Qual der Wahl. Wer nicht sehr viel Erfahrung mitbringt, aber mal einen Eisriesen besteigen möchte, kann sich an dem relativ einfachen **Nevado Pisco** (5752 m) versuchen, den viele Agenturen in Huaraz anbieten. Fortgeschrittene Kletterer wird es zum 5947 m hohen **Nevado Alpamayo** ziehen, einem der schönsten Berge überhaupt. Nur erfahrene Bergsteiger sollten sich den 6768 m hohen **Nevado Huascarán** vornehmen. Der höchste Berg Perus hat eine lange Liste von Todesopfern und jährlich kommt es dort zu Unfällen.

Immer beliebter ist in den letzten Jahren das von Huaraz gut zu erreichende, aber inzwischen ziemlich überlaufene **Ishinca-Tal** (Quebrada Ishinca) geworden. Es dient Bergsteigern zur Höhenanpassung und ist Ausgangspunkt, um den **Nevado Ishinca** (5630 m), den **Urus** (5495 m) oder den **Tocllaraju** (6034 m) zu besteigen.

Berghütten

Inzwischen gibt es in der Cordillera Blanca viele Berghütten, die den europäischen Vergleich nicht zu scheuen brauchen. Die meisten gehören der italienischen Organisation **Operación Mato Grosso**, Jr. Raymondi s/n, Marcará, ✆ 971110088, ✉ refugiosandinos@hotmail.com, 💻 http://refugionsandinos.com, die mit den Einnahmen Hilfsprojekte in der Region finanziert. Ihre Hütten verfügen über Solarstrom, Heizung und Vollverpflegung (nur während der Hauptsaison und nicht im Biwak) und sind vom 1. Mai bis 30. September (Refugio Huascarán und Vivaque Longoni vom 1. Juni bis 30. Aug) geöffnet. Nur Übernachtung 45 S/., mit Frühstück 65 S/., mit Halbpension (Abendessen) 99 S/.; Biwak Longini 40 S/ – alle Preise pro Person.

- **Refugio Perú-Pisco**, 2 Std. nordwestlich von Llanganuco (4765 m, 80 Betten, Vollpension)
- **Refugio Huascarán**, 4 Std. nördlich von Musho (4675 m, 60 Betten)
- **Refugio Ishinca**, 2 1/2 Std. nordöstlich von Paspa, Ishinca-Tal (4350 m, 60 Betten)
- **Refugio Contrahierba**, 1 Std. von der Straße Yanama-Chacas entfernt (4185 m, 104 Betten, Restaurant, wird nur nach Reservierung unter ✆ 043-443061 geöffnet)
- **Vivaque Longoni**, 3 1/2 Std. nordöstlich von Paspa, Ishinca-Tal (Biwak auf 5000 m, 18 Betten, Schlüssel im Refugio Ishinca)

Weitere Berghütten/Berglodges:

- **Laguna Parón**, S. 511
- **Llanganuco Mountain Lodge**, S. 507
- **The Lazy Dog Inn**, S. 499

Anfahrt zum Callejón de Huaylas

Rund 3 km nördlich von Pativilca (s. Karte S. 445) zweigt eine asphaltierte Straße in gutem Zustand Richtung Osten ab. Sie führt zunächst am Río Fortaleza entlang durch Mais- und Zuckerrohrfelder und windet sich dann die Anden hinauf. Vorbei an Eukalyptusbäumen und mit Kakteen bewachsenen Steilhängen wird nach ca. 120 km der **Conococha-Pass** auf 4080 m Höhe erreicht. Im Hintergrund tauchen die ersten Schneeriesen der Cordillera Blanca auf, während sich im nahezu mit Algen bedeckten **Conococha-See** Reiher, Enten und gelegentlich auch Flamingos tummeln.

Oberhalb des Sees gabelt sich die Straße: Richtung Osten verlässt eine teilweise asphaltierte Straße die Hauptroute. Sie führt auf landschaftlich reizvoller Strecke nach **Chiquián** und in die **Cordillera Huayhuash** (S. 521) und weiter über La Unión nach **Huánuco** (S. 527). Die Hauptstrecke knickt nach Norden ab und folgt ständig dem Lauf des Río Santa, der dem Conococha-See entspringt. Dieser Weg bringt den Reisenden tiefer in den Callejón de Huaylas hinein.

Weitere Anfahrtsmöglichkeiten von der Pazifikküste nach Huaraz bestehen ab **Casma** über den 4225 m hohen Pass **Punta Callán** (3–4 Std., 148 km, asphaltiert) oder ab **Chimbote** über den **Cañón del Pato** (S. 511) im Norden des Callejón de Huaylas (270 km, 5 Std.; asphaltiert).

Huaraz

Noch vor etwas mehr als einem Jahrhundert war Huaraz ein kleines, isoliertes Andenstädtchen, das stolz auf seine Unabhängigkeit war. Bester Beweis dafür war der **Aufstand des Jahres 1885**, als sich eine regionale Untergrundbewegung formierte. Unter ihrem indigenen Anführer Pedro Pablo Atusparia protestierten die Rebellen gegen Repressalien und Morden an Bauern, die von der Zentralregierung in Lima angeordnet worden waren. Der Gruppe von Bauern gelang es, Huaraz einzunehmen und Staatsfunktionäre und reiche Landbesitzer zu vertreiben, bevor eine Armee-Einheit eine Feier der Indígenas ausnutzte, um den Aufstand blutig zu unterdrücken.

Im Jahr 1970 suchte ein verheerendes **Erdbeben** die Stadt heim, forderte das Leben von 19 000 Bewohnern und zerstörte fast alle Gebäude. Daher ist in der 115 000 Einwohner zählenden Stadt Huaraz (der Stadtname leitet sich möglicherweise von *Waras* ab, einem Volk, das einst im südlichen Teil des Callejón de Huaylas lebte) keinerlei koloniale Bausubstanz mehr erhalten. Beim Wiederaufbau standen praktische Überlegungen im Vordergrund, eine Ausnahme ist die **Jr. José Olaya** wenige Blocks nordöstlich der Iglesia Soledad, das letzte Stück Straße, das zeigt, wie es in Huaraz vor dem Erdbeben 1970 aussah. An Sonntagen kann man dort um die Mittagszeit lokale Spezialitäten probieren. Ansonsten präsentiert sich das Stadtbild heutzutage in einer Aneinanderreihung von Beton- und Ziegelbauten ohne Sehenswürdigkeiten. Doch die eindrucksvolle Berglandschaft macht dieses Defizit mehr als wett.

Das kleine **Museo Arqueológico de Ancash**, Luzuriaga 762, an der Plaza de Armas, stellt Fundstücke der Recuay- und Huari-Kultur aus. ⌚ tgl. 8.30–17.15, So 9–14 Uhr, Eintritt 5 S/.

Im Südosten der Stadt, etwa eine Dreiviertelstunde zu Fuß, liegt der **Mirador Rataquenua**. Von dem Aussichtspunkt bietet sich ein schöner Blick über die Stadt und die dahinter liegenden Berge. Da es zu Überfällen gekommen ist, sollte man ein Taxi nehmen. Im Osten der Stadt, am Río Quilcay, befindet sich die Forellenfarm **Piscigranja de Truchas**.

Bauer gegen Konzern

Der Bergführer und Kleinbauer **Saúl Luciano Lliuya** aus Huaraz hat 2015 in einem Präzedenzfall den deutschen Stromgiganten **RWE** verklagt. Der Kraftwerksbetreiber, größter CO2-Einzelemittent in Europa, sei mitverantwortlich für die Gletscherschmelze in seinem Land, so Lliuya. RWE solle sich daher an der Finanzierung von Schutzmaßnahmen beteiligen – konkret an der Erhöhung und Verstärkung des Damms der Lagune Palcacocha in den Bergen oberhalb von Huaraz. So soll die Stadt vor einer Sturzflut geschützt werden.

Von der Klage gegen RWE gehe ein wichtiges Signal aus, Emissionen zu senken, sagt Klaus Milke, Vorsitzender der Organisation **Germanwatch**, die den Bauern Lliuya unterstützt. Die Verursacher von Klimaschäden müssten auch die Kosten für den Schutz der davon betroffenen Menschen übernehmen. 2018 stellte das für den Fall zuständige Oberlandesgericht Hamm fest, dass Klimaschäden eine Unternehmenshaftung begründen können. Da kein Rechtshilfeabkommen zwischen Peru und Deutschland besteht, stellte das Oberlandesgericht 2019 ein Ersuchen an den Staat Peru, um die Situation vor Ort zu begutachten. Geschätzte Bearbeitungszeit: ein Jahr. Doch die Zeit drängt – bereits im Februar 2019 ging eine Eislawine in den Gletschersee ab und löste 4,50 m hohe Wellen aus. Mehr zum Fall „Bauer gegen Konzern" unter www.germanwatch.org.

NORDPERU

In der Umgebung von Huaraz locken weitere Ausflugsmöglichkeiten, z. B. Thermalquellen, Bergseen und archäologische Stätten. Wer von der Küste in dem 3090 m hohen Andenort ankommt, sollte es ruhig angehen lassen und sich an die Höhe gewöhnen, bevor längere Touren in Angriff genommen werden.

ÜBERNACHTUNG

Es gibt eine große Auswahl an einfachen, günstigen Privatunterkünften und Hostels mit Gemeinschaftsbad. In der Hauptsaison (Juni–Sep) deutlich höhere Preise.

€ **Casa Jaimes**, Alberto Gridilla 267, 043-234383, auf Facebook. Sehr einfache Budgetunterkunft, ein wenig dunkel, supergünstige Schlafsäle (15 S/. p. P.) und ebensolche Doppelzimmer. ❶

Vaca House, Ramón Mejía 710, 043-230895, vacahouse2016@gmail.com. Sauberes Hostel, wahlweise Bett im Schlafsaal (20 S/. p. P.) oder geräumiges Zimmer mit Bad. Küchenbenutzung, Wäscheservice und Tischtennis/Tischfußball unterm Dach, einfaches Frühstück inkl. ❷

Hostal Concorde, La Mar 624, 043-422720, cvmonical@hotmail.com. Zentral gelegen, nicht mehr ganz taufrische, saubere Zimmer mit Privatbad, TV und Teppichboden. ❷

The Hof, Straße nach Pitec KM 22, 959473219, www.thehofhostel.com. Einfache Unterkunft in schöner Lage am Rand des Nationalparks Huascarán. Wahlweise Unterkunft im Zelt oder im Schlafsaal (beide unter US$10 p. P.) oder in Privatzimmern inkl. Frühstück. Das Restaurant serviert überwiegend Vegetarisches. Anfahrt mit Combi nach Llupa und von dort 1 Std. zu Fuß, Taxi 50 S/. ❷–❸

La Casa de Zarela, Arguedas 1263, 043-421694, www.lacasadezarelahuaraz.com. Familiär, ruhig und sauber. Zahlreiche Sitzecken, Terrasse. Küche, Bar und Tour logistik. ❸

Albergue Churup, Figueroa 1257, 043-424200, www.churup.com. Sehr gemütliche Unterkunft mit 3-Bett-Schlafsaal (45 S/. p. P.) und schönen Zimmern. Toller Aufenthaltsraum mit Kamin, kleiner Garten. Gutes, abwechslungsreiches Frühstücksbuffet inkl. ❸–❹

The Lazy Dog Inn, Caserio Rivas Alto, Calle Magdalena s/n, rund 8 km östlich von Huaraz, 943789330, www.thelazydoginn.com. Auf 3650 m Höhe gelegene Lodge unter kanadischer Leitung mit ökologischer und sozial verantwortlicher Ausrichtung, z. B. Wasserrecycling, Komposttoiletten und soziale Projekte. Großzügige, gemütliche Zimmer.

Huaraz

N
0
200 m
ESSEN
1 Pizza BB
2 Café Andino
3 Rinconcito Minero
4 Encuentro
5 Trivio
6 13 Buhos
7 Chilli Heaven
8 Bistro de los Andes
9 Creperie Patrick
10 Salud y Vida
11 California Café
TRANSPORT
1 Cruz del Sur (Terminal)
2 móvilbus (Terminal)
3 Colectivos nach Willcahuaín
4 Alas Peruanas
5 Combis nach Caraz, Carhuaz, Yungay
6 Colectivos nach Pitec (Laguna Churup)
7 Combis nach Monterrey
8 Oltursa
9 Colectivos Chacas
10 Yungay Express
11 Via Costa
12 móvilbus (Ticketverkauf)
13 Línea
14 Rodvisa
15 El Rápido
16 Sandoval
17 Turismo Jesús
18 Combis nach Chavín de Huántar, Huari
19 Olguita
20 Busse nach Olleros
21 Cruz del Sur (Ticketverkauf)
22 Bruno (Mietwagen)
ÜBERNACHTUNG
1 Hostal Concorde
2 The Lazy Dog Inn
3 The Hof
4 Casa Jaimes
5 Albergue Churup
6 Vaca House
7 La Casa de Zarela
SONSTIGES
1 Pablo Tours
2 El Tambo
3 Mountain Bikes Adventures
4 Supermarkt Nova Plaza (2x)
5 Casa de Guías
6 Andean Kingdom
7 Monttrek
8 Taberna Amadeus
9 Andes Camping
10 Feria Artesanal
11 Perutambo
12 Active Peru Travel
13 Tejidos Turmanyé
14 Peruvian Andes Adventures
15 Morales Guest House
16 Oficina Parque Nacional Huascarán
Jr. José de la Mar
Lucar y Torre
Jr. Julián de Morales
Av. Luzuriaga
Parque del Periodista
Parque Ginebra
Jr. Simón Bolívar
Jr. José de Sucre
Plaza de Armas
TOURISTENPOLIZEI
Museo Arqueológico de Ancash
Clínica San Pablo, Aeropuerto Anta, Willcahuaín, Caraz, Monterrey
Los Liberadores
Sebastian Alliste
Victor Veles
Zela
Av. Centenario
Av. Manco Capac
Boulevard Pastorita Huarazina
Rio Quilcay
13 de Diciembre
Huandoy
Hualcan
Huascarán
Caraz
San Cristobal
Comercio
Cajamarca
Av. Antonio Raymondi
Av. Las Americas
2, 3, Piscigranja, El Bosque
Casma
Rio Santa
Av. Confraternidad Internacional Oeste
MARKT
Cruz Romero
Fitzcarrald
José de la Mar
Villaran
Ausschnitt Zentrum s. oben
Cáceres
Morales
Italia
Alameda Grau
San Martín
Gridilla
27 de Noviembre (Tarapacá)
José de Sucre
Palacios
14, 15, Jirón José Olaya
TOURISMUSPOLIZEI
Bolívar
Larreay Laredo
Amadeo Figueroa
Eulogio del Rio
Arguedas
28 de Julio
Uribe
Av. Gamarra
Ramon Mejia
Buenaventura Mendoza
Iglesia de la Soledad
Sta. Gadea
Av. Confraternidad Internacional Este
Damaso
Mercedes
Villanueva
Guardia
Federico Sal y Rosas
Jr. Ramón Castilla
Pasaje
A. Maguiña
Av. Luzuriaga
Bambaren
Soriano Infante
Olivas Escudero
Hospital Regional
Av. Pedro Villón
Av. Atusparia
Lima
Mirador Rataquenua

Begleitete Reit- und Wanderausflüge. Man sollte die Anreise ab Huaraz (ca. 30–40 Min.) mit der Lodge koordinieren. Inkl. Halbpension. ❺–❻, günstiger mit Gemeinschaftsbad

ESSEN

Regionale Spezialitäten sind u. a. *Picante de cuy* (gegrilltes Meerschweinchen mit Kartoffeln und Soße) und *llunca cashqui* (Weizensuppe mit Fleischeinlage). Bierfans sollten unbedingt das in Huaraz gebraute **Craft-Bier** *Sierra Andina* probieren, das man im Trivio (s. u.) bestellen kann. In der Nebensaison (Nov–April) schließen einige Restaurants oder haben veränderte Öffnungszeiten.

13 Buhos, Parque Ginebra. Café und Bar auf 2 Stockwerken, Mittagsmenüs, außerdem Suppen, Pizza, Hamburger und peruanische Gerichte. Billardtisch, Spiele und Partys am Wochenende. ⌚ tgl. 8–2 Uhr.

Bistro de los Andes, Sucre 701, Plaza de Armas, 2. Stock. Serviert neben Crêpes, Pasta und Salaten auch peruanische Küche und Orientalisches. ⌚ Mo–Sa 11–21.30 Uhr.

Café Andino, Lucar y Torre 530, 3. Stock. Eines der besten Cafés mit gemütlichem Ambiente, Kaminfeuer und WLAN, auf zwei Stockwerken. Große Frühstücksauswahl, leckerer Kuchen, gute Salate und Abendgerichte; Büchertausch und Leihbibliothek. ⌚ tgl. 11–22 Uhr.

Café Yurac Yacu, unterhalb des Lazy Dog Inn, rund 8 km östlich von Huaraz, Anfahrt mit Colectivo 15 oder 20, verkehrt entlang der Av. Raimondi; von dort sind es 3 km zu Fuß (Taxi ab Huaraz ca. 30–35 S/.). Geführt von Einheimischen, der Gewinn kommt der Gemeinde Yurac Yacu zugute, 💻 www.andeanalliance.org. Praktische Raststätte für Wanderer im Gebiet Wilcahuain, Cojup, Churup. Neben Bier, Limonade und Kräutertees gibt es frischen Quinoa-Salat, Suppen, Brownies und Obstsalat. ⌚ nur in der Hauptsaison Mitte Juni–Ende Aug, tgl. 11–16 Uhr.

California Café, 28 de Julio 562. Reichhaltiges Frühstück, Kaffee, Spiele, Kartenmaterial und Büchertausch. Teurer als vergleichbare Cafés. ⌚ Mo–Sa 7–21, So 7–14 Uhr.

Chilli Heaven, Parque Ginebra (neben der Casa de Guías). Teure indische und thailändische Currys (alle auch vegetarisch) sowie mexikanische Küche. Neben einheimischen Biersorten fließt auch englischer und belgischer Gerstensaft. ⌚ Mo–Sa 9–15.30 und 17–22, So 17–21 Uhr.

Creperie Patrick, Luzuriaga 422. Neben guter französischer Küche auch köstliche Crêpes. ⌚ Mo–Sa 16–22.30, So 18–22.30 Uhr.

Encuentro, Morales 650 und Parque del Periodista. Modernes Ambiente und Fusionsküche mit vielen einheimischen Spezialitäten, WLAN und Frühstück. ⌚ tgl. 8–23 Uhr.

Pizza BB, José de la Mar 674. Leckere Holzofenpizza, deren Belag man selbst zusammenstellen kann. Gemütliches, rustikales Ambiente. ⌚ Mo–Sa 17–23 Uhr.

Rinconcito Minero, Morales 757. Frühstück, Mittagsmenüs und tagsüber Fisch/Meeresfrüchte. Abends wird internationale Küche serviert. ⌚ tgl. 8–22.30 Uhr.

Salud y Vida, Leonisa Lescano 632. Sehr einfaches vegetarisches Restaurant. ⌚ Mo–Sa 8–21 Uhr.

Trivio, Parque del Periodista. Café und Resto Bar auf 2 Etagen, Biokaffee, Craft-Bier und frisches Gemüse aus dem Biogarten. Wasserflaschen werden gratis aufgefüllt. Verkauf von Biokräutertees, Kaffee, Seifen und Ölen aus der Region. ⌚ tgl. 8.30–23 Uhr.

UNTERHALTUNG UND KULTUR

Im Bereich La Mar, Ecke Simón Bolívar, befinden sich mehrere Discos und Bars, z. B. der Dauerbrenner **El Tambo** (Erdgeschoss Restaurant/Bar, 1. Stock Disco, 2. Stock Billard und Tischtennis.

Am Parque Ginebra trifft man sich in der **Taberna Amadeus**.

EINKAUFEN

Einige Geschäfte, auch Tourveranstalter, schließen wochentags zwischen 13 und 16 Uhr.

T-Shirts von **Andean Expressions** mit attraktiven Motiven verkauft der Souvenirladen unterhalb des Café Andino (s. „Essen").

NORDPERU

Wollpullover, -mützen und -handschuhe bekommt man in der **Feria Artesanal** an der Ostseite der Plaza neben der Kirche und in den überdachten Nebenpassagen der Hauptstraße Luzuriaga.

Perutambo, Raymondi 820, Ecke Lucar y Torre. Bioladen, in dem man Bananen, Avocados und viele regionale Bioprodukte kaufen und auch eine Tasse Biokaffee trinken kann. ⌚ tgl. 8–13, 15–19 Uhr.

Tejidos Turmanyé, Larrea y Laredo 695B. Kleidung aus Alpakawolle. Mit dem Kauf unterstützt man die Hilfsprojekte der Asociación Arco Iris, 💻 www.arcoiristurmanye.com. ⌚ Mo–Sa 15.30–20 Uhr.

Supermarkt Nova Plaza, Morales, Ecke Bolívar, und Luzuriaga Block 8. ⌚ tgl. 7–23 Uhr.

AKTIVITÄTEN UND TOUREN

Huaraz ist das Mekka der Wanderer und Bergsteiger und dient vielen als Basislager. Von hier aus startet man zu Tagesausflügen oder zu schweren, mehrtägigen Bergtouren. Zudem werden angeboten: Fels- und Eisklettern, Rafting auf dem Río Santa, Reiten, Paragliding und Mountainbiken. Viele Veranstalter schließen in der Nebensaison. Ein Überangebot an Agenturen hat zu einem starken Preisverfall geführt. Darunter leidet oftmals der Service!

Ausrüstung

Die meisten Anbieter von Berg- und Trekkingtouren (s. u.) verleihen auch Ausrüstung (Preise und Qualität vergleichen!). Empfehlenswert sind:

Andes Camping, Parque Ginebra 20 G. Verleih und Verkauf von gebrauchter und teilweise auch neuer Ausrüstung und Kleidung. Gute Auswahl. Reparaturservice. ⌚ tgl. 9–21 Uhr.

Montañas Mágicas, Parque Ginebra 25. Neue Trekkingausrüstung und -kleidung. ⌚ Mo–Sa.

Berg- und Trekkingtouren

Active Peru Travel, Gamarra 695, ✆ 043-429799, 💻 www.activeperu.com. Renommierte Agentur unter peruanisch-belgischer Leitung, die neben Treks und Bergbesteigungen auch landesweit Touren, z. B. auf dem Inkatrail, anbietet.

Andean Kingdom, Parque Ginebra 118, gegenüber der Casa de Guías, ✆ 944913011, 💻 www.andeankingdom.com. Agentur, die schon lange in Huaraz tätig ist und neben den üblichen Touren auch Kletterkurse anbietet sowie Ausrüstung verleiht.

Casa de Guías, Parque Ginebra 28-G, ✆ 043-421811, 💻 www.agmp.pe. Im Infotreff für Bergsteiger und Wanderer bekommt man neben nützlichen Infos rund um das Bergsteigen und Wandern in der Cordillera Blanca auch Bergbücher und Kartenmaterial. Vermittelt werden geprüfte Bergführer (Preisliste s. 💻 www.perumountainguides.com) und Maultiertreiber. An einem Schwarzen Brett kann man Mitwanderer suchen. Zwischen Mai und September lassen sich hier zudem Schlafplätze in den Refugios reservieren. ⌚ Mo–Fr 9–13, 15–19, Sa 9–13 Uhr.

Monttrek, Luzuriaga 646, 2. Stock, ✆ 043-421124, 💻 www.monttrek.com.pe. Veranstalter mit langjähriger Erfahrung, dessen breit gefächertes Angebot von Trekking, Klettern, Bergtouren bis zu Mountainbiking und Rafting reicht.

Peruvian Andes Adventures, José Olaya 532, ✆ 043-421864, 💻 www.peruvianandes.com. Erfahrener Anbieter von Trekking- und Bergtouren. Gruppen werden im zum Unternehmen gehörenden Morales Guesthouse untergebracht.

Mountainbiking

Mountain Bike Adventures, Lucar y Torre 530, 2. Stock, ✆ 043-424259, 💻 www.chakinaniperu.com. Veranstaltet seit vielen Jahren empfehlenswerte Mountainbike-Touren in der Cordillera Negra und Blanca. Auch Fahrradreparatur und Verkauf von Büchern/Kartenmaterial.

Tagesausflüge in die Umgebung

Drei beliebte Tagesausflüge sind: Llanganuco-Seen und Laguna 69, Pastoruri-Gletscher und *Puya raimondii* sowie Chavín de Huántar.

Aktiv gegen Plastikmüll

Im Café/Resto Bar **Trivio** kann man sich seine **Wasserflasche** kostenlos mit Filterwasser auffüllen lassen!

Blick über die Dächer von Huaraz bis zur Cordillera Negra

Pablo Tours, Luzuriaga 501, 043-421145, www.pablotours.com.

SONSTIGES

Autovermietungen

Bruno, Luzuriaga 834, 043-425689, www.camioneta.skyrock.com. Der Besitzer des Restaurants Bruno vermietet Allradfahrzeuge und Minivans mit Fahrer.

Bücher

Casa de Guías und **Mountain Bike Adventures**, Lucar y Torre 538, haben Literatur und Kartenmaterial zur Cordillera Blanca.
Büchertausch im California Café und dem Café Andino.

Feste

In Huaraz feiert man **Karneval**, die **Osterwoche** und am 3. Mai die **Fiesta de Mayo** zu Ehren des Señor de la Soledad. Ende Juni findet die **Semana del Andinismo**, www.semanadelandinismo.com, mit kulturellen, ökologischen und sportlichen Veranstaltungen statt, ab dem 20. Juli das Jubiläum der Provinzen Huaraz und Huaylas.

Freiwilligenarbeit

Siehe „Übernachtung", **The Lazy Dog Inn**.

Geld

Alle bekannten Banken haben Niederlassungen mit **Geldautomaten** an der Plaza. Geldwechsler und **Wechselstuben** befinden sich im überdachten Teil der Av. Luzuriaga und gegenüber von Interbank.

Informationen

I-Perú, die Touristeninformation der Stadt Huaraz, liegt an der Westseite der Plaza (neben der Post) in einem unscheinbaren kleinen Büro in der Pasaje Alonso Martel, Of. 1, 043-428812, iperuhuaraz@promperu.gob.pe. Mo–Sa 9–18, So 9–13 Uhr.
Oficina Parque Nacional Huascarán, Federico Sal y Rosas 555, 043-422086, www.sernanp.gob.pe. Offizielle Infostelle des Nationalparks Huascarán für Bergsteiger und Wanderer, Verkauf des Eintrittstickets. Mo–Fr 8.30–13, 14.30–18 Uhr (nur Ticketverkauf).
Casa de Guías, s. „Berg- und Trekkingtouren".

Medizinische Hilfe

Hospital de Apoyo „Victor Ramos Guardia", Av. Luzuriaga s/n, südlich der Plaza de Armas, ✆ 043-421290.
Clínica San Pablo, Ines Huaylas 172, ✆ 043-428811.

Polizei

Comisaría de Turismo, Av. 28 de Julio 667, ✆ 043-422487. ⌚ tgl. 24 Std.

NAHVERKEHR

Taxis innerhalb der Stadt 3 S/., zu den Thermalquellen von Monterrey 10 S/., zum Mirador Rataquenua 20 S/. (hin und zurück).

TRANSPORT

Busse und Colectivos

Gesellschaften

Cruz del Sur, Tickets: Gamarra, Ecke Sucre, Terminal: Bolívar 491, ✆ 043-380100
El Rápido, Mariscal Cáceres 321, ✆ 043-3960899
Línea, Bolívar 450, ✆ 043-426666
móvilbus, Tickets: Bolívar 452, Terminal: Av. Confraternidad Oeste 451, ✆ 043-422555
Olguita, Mariscal Cáceres 338, ✆ 943644051
Oltursa, Raymondi 825, ✆ 043-423717
Rodvisa, Pasaje Manuel Villarán 143, ✆ 943036918
Sandoval, Confraternidad Oeste 612 (Ecke Cáceres), ✆ 043-429069
Turismo Jesús, Mariscal Cáceres 262, ✆ 043-776176
Via Costa, Lucar y Torre 444, ✆ 043-530754
Yungay Express, Raymondi 930, ✆ 043-424377

Verbindungen

CARAZ Minibusse fahren ständig ab der 13 de Diciembre, zwischen Cajamarca und Comercio, 1 1/2 Std. (67 km).
CHACAS mehrmals tgl. (u. a. Rodvisa), 3 Std. (122 km). Sammeltaxis ab Lucar y Torre, Ecke Raymondi, 2 1/2 Std.
CHAVÍN DE HUÁNTAR (u. a. El Rápido, Olguita) mehrmals tgl., 3 Std. (115 km). Sammeltaxis fahren ab der Mariscal Caceres 327.
CHIMBOTE über CAÑÓN DEL PATO, HUALLANCA 2x tgl. (Yungay Express), 5 Std. (182 km),
über CASMA mehrmals tgl. (Via Costa), 4 1/2 Std. (260 km).
CHIQUIAN (CORDILLERA HUAYHUASH) tgl. 5 und 14 Uhr (Turismo Jesús) 2 1/2 Std. (110 km).
HUARI (u. a. Sandoval) mehrmals tgl., 4 Std. (150 km).
LA UNIÓN (über HUALLANCA) frühmorgens und mittags (u. a. El Rápido), 4 Std. (140 km). Sammeltaxis ab der Cáceres, Ecke 27 de Noviembre.
LIMA meist abends (u. a. móvilbus, Cruz del Sur, Oltursa, Línea), 8 Std. (400 km).
MONTERREY (Thermalbäder) ständig, Combi Nr. 1 entlang der 27 de Noviembre, 15 Min. (7 km).
OLLEROS (Startpunkt Wanderung nach Chavín de Huántar) regelmäßig, Kleinbusverkehr ab der Juan de la Cruz Romero, 40 Min. (20 km).
PITEC (Laguna Churup) Kleinbus fährt, wenn voll, von der Gamarra, Ecke Las Américas, 45 Min. (19 km).
TRUJILLO morgens, abends (Línea, móvilbus), 8 Std. (315 km). Fährt über CASMA und CHIMBOTE.
WILCAHUAIN ständig Kleinbusse ab 13 de Diciembre, Ecke Cajamarca (7 km).

Flüge

Der **Aeropuerto Germán Arias Graziani**, ✆ 043-443194, liegt bei Anta am KM 23 der Straße Huaraz–Caraz. Ein Combi (Richtung Caraz) kostet 3 S/., ein Taxi 25–40 S/.
Zum Zeitpunkt der Recherche wurden keine Flüge angeboten.

Die Umgebung von Huaraz

Gletscherlagune Churup

Dieses beliebte Ziel einer Tageswanderung liegt rund 14 km östlich von Huaraz. Mehrere Veranstalter bieten den Ausflug an, der sich sehr gut zur Höhenanpassung eignet. Wer auf eigene Faust losziehen möchte, kann ein Combi in das Andendorf **Pitec** (3850 m) nehmen und weiter zur Laguna Churup auf 4485 m hinaufmarschieren (rund 3 Std., insgesamt 1000 Höhenmeter). Der Schlussanstieg ist sehr steil und führt über einige glatte Felspassagen, die zum Teil mit Halteseilen fixiert sind und bei Regen rutschig sein können. Ein Taxi nach Pitec kostet rund 40 S/. Die letzten Kleinbusse von Pitec zurück nach Huaraz verlassen den Ort gegen 16 Uhr.

Monumento Nacional Willcahuaín und Baños Termales de Monterrey

Eine sehr schöne Tour führt von Huaraz nordwestwärts über die Ruinenstätte Willcahuaín zu den Thermalbädern von Monterrey. Der breite Weg beginnt rechter Hand am Nordende von Huaraz, einige Hundert Meter, nachdem man das Gran Hotel Huascarán passiert hat. Rund 7 km (ca. 2 Std.) sind auf dem ständig leicht ansteigenden Weg bis zum **Monumento Nacional Willcahuaín** (3400 m) zurückzulegen, oder man nimmt ein Combi (s. „Transport"). Das gut erhaltene, dreistöckige Gebäude wurde zwischen 700 und 1100 n. Chr. von der Huari-Kultur errichtet. Die wenigen freigelegten Räume besitzen ein aufwendiges Belüftungssystem und sind mit kunstvollen Steinmetzarbeiten verziert. ⌚ Di–So 8.30–16.30 Uhr, Eintritt 5 S/.

Der Weg verläuft nun weitere eineinhalb Stunden in westlicher Richtung bergab zu den **Thermalquellen von Monterrey**. Die gut ausgebauten, schwefelhaltigen Thermalquellen liegen nur 6 km nördlich von Huaraz und eignen sich ausgezeichnet zur Erholung nach einer anstrengenden Trekkingtour. Zur Auswahl stehen zwei große Becken oder Privatkabinen. ⌚ tgl. 7–16.30 Uhr, Eintritt 5 S/., am Wochenende viele Einheimische!

Übernachten kann man unter anderem direkt an den Thermalquellen im **Real Hotel Baños Monterrey**, ✆ 043-427690, ❷, einem alteingesessenen Haus mit 24-Std.-Direktzugang zu den Quellen für Gäste.

Pastoruri-Gletscher und Puya raimondii

Auf der Hauptstraße südlich von Huaraz Richtung Lima zweigt zunächst nach rund 24 km linker Hand eine unscheinbare Piste zum 2 km entfernten Ort **Olleros** ab. Von hier aus kann eine interessante dreitägige Trekkingtour zu den Ruinen von Chavín de Huántar unternommen werden (S. 517). Weiter südlich passiert man beim kleinen Ort **Catac** die Abzweigung nach Nordosten zu den rund 75 km entfernten Ruinen von **Chavín de Huántar** (S. 518). Diese Straße führt weiter auf die wenig bekannte Ostseite der Cordillera Blanca, in den **Callejón de Conchucos** (S. 517).

Rund 43 km südlich von Huaraz zweigt bei Pachacoto eine Schotterpiste Richtung Osten ab, die zum Nationalpark Huascarán führt. Sie passiert die sehenswerten **Puya-raimondii-Pflanzen** (s. Kasten S. 506) und den 5240 m hohen **Nevado Pastoruri**, dessen Gletscher so gut wie verschwunden ist. Weiter östlich überquert die Straße den Huarapasca-Pass (4780 m) und trifft nach weiteren 20 km auf die gute Asphaltstraße, die von der Laguna Conoccocha nach Huallanca und La Unión führt. Aufgrund der starken Eisschmelze, die mit dem Klimawandel in Zusammenhang gebracht wird, besuchen nur noch wenige Touristen den Pastoruri-Gletscher. Mit dem Slogan **La Ruta del Cambio Climático** und passenden Ausflugsprogrammen wird aus der Not eine Tugend gemacht. Veranstalter in Huaraz offerieren Touren mit ausgebildeten Führern, die den Touristen das Phänomen Klimawandel „am lebenden Objekt" näherbringen. Ein Besucherzentrum am Parkeingang bei Carpa, wo Tagesbesucher die Eintrittsgebühr von 30 S/. entrichten, präsentiert weitere Informationen zum Thema. Der Ausflug zum Nevado Pastoruri lohnt aber auch wegen der Riesenbromelien *Puya raimondii* (S. 506), die kurz hinter Carpa auftauchen. Danach steigt die Straße bis zum Parkplatz unterhalb des Pastoruri-Gletschers auf 4800 m Höhe an.

Von Huaraz bis Caraz

Die asphaltierte Straße folgt dem Lauf des Río Santa und passiert mehrere Orte, die mit ihrer verbesserten touristischen Infrastruktur Huaraz allmählich Konkurrenz machen. Nach den Thermalquellen von Monterrey wird zunächst der kleine Ort **Paltay** passiert. Hier bekommt man neben leckeren Avocados auch gute Tonkeramik in Werkstätten entlang der Straße.

Die größte Ananas der Welt – die Puya raimondii

© FOTOLIA/TRAVELSTRATEGY

Eine richtige Ananas ist die *Puya raimondii* zwar nicht, aber sie gehört wie diese zur **Familie der Bromelien**. Die Pflanze ist nur noch an wenigen Stellen im peruanisch-bolivianischen Andenhochland auf Höhen zwischen 3700 und 4200 m anzutreffen, darunter entlang der Strecke zwischen Pachacoto und dem Pastoruri-Gletscher, innerhalb des Parque Nacional Huascarán. Dort halten alle Touristen, um ein obligatorisches Foto der bis zu 12 m hohen Riesen zu schießen. Nur wenige Besucher sehen die bis zu 100 Jahre alten Pflanzen blühen. Dies tun sie nur einmal in ihrem Leben für etwa drei Monate, danach sterben sie ab. Etwa alle drei bis vier Jahre beginnen Gruppen von *Puyas* gleichzeitig zu blühen. Wer das Glück hat, bekommt Tausende gelblich-grüne Blüten zu sehen, die entlang eines 6–7 m langen Schafts wachsen, der aus der Pflanze herausragt. Für die Bestäubung sind die Kolibris der Region zuständig. Auch wenn die Pflanzen nicht blühen, lohnt ein Abstecher auf jeden Fall. Außer im Nationalpark Huascarán findet man noch *Puya raimondiis* im Gebiet um Ayacucho (S. 194) und in der Cordillera Negra (entlang der Strecke von Caraz nach Pamparomás). Die dortigen Exemplare erreichen aber nur Größen von 2–3 m.

Rechter Hand biegt bei Paltay eine Piste in das bei Bergsteigern zur Höhenanpassung beliebte und deswegen auch ziemlich überlaufene **Ishinca-Tal** ab. Von Paltay kann man ein Colectivo nach Pashpa nehmen. Von dort sind es rund vier Stunden bis zur Berghütte **Refugio Ishinca** auf 4350 m und zum Biwak Longoni auf 5000 m Höhe (s. „Berghütten", S. 497). Ein Trek führt von dort in südlicher Richtung über die **Quebrada Cojup** in drei Tagen zurück nach Huaraz. Dabei wird ein über 5000 m hoher Pass überschritten.

Vorbei am **Flughafen Anta** gelangt man nach **Marcará**. Von dort ist ein Abstecher zu den rund 3 km östlich liegenden **Baños Termales Chancos** möglich, die mit Colectivos ab Marcará erreichbar sind. 🕒 tgl. 5–19 Uhr, Eintritt 2–15 S/. (am Wochenende viele Einheimische).

In Marcará befindet sich das **Centro di Andinismo Renato Casarotto**, 📞 043-443061, 💻 www.donboscoexpedition.com, Ausbildungszentrum für Don-Bosco-Bergführer, Sitz des Veranstalters Agencia de Viajes Don Bosco und Hotel, ✉ reservas@albuergecasarotto.com.

Von Marcará oder Chancos geht es in die **Quebrada Honda**, über die man nach **Chacas** (S. 520) auf der Ostseite der Cordillera Blanca wandern kann.

Carhuaz

Der nächste wichtigere Ort entlang der Hauptstraße ist das sympathische, rund 13 000 Einwohner zählende Andendorf Carhuaz auf 2638 m. Ein Besuch lohnt besonders sonntags, wenn sich in den Straßen um die Plaza ein farbenprächtiger **Markt** entfaltet. Von Carhuaz aus lassen sich zahlreiche Wanderungen unternehmen (z. B. eine Tageswanderung zum Castillo Punta in der Cordillera Negra oder zur Laguna Auquiscocha, Infos im Hotel El Abuelo).

Aus dem Angebot der Unterkünfte sticht das **Hotel El Abuelo**, 9 de Diciembre 257, Carhuaz, ✆ 043-394456, 💻 www.elabuelohotel.com, heraus. Bestes Hotel im Ort mit großer Reliefkarte der Cordillera Blanca, Restaurant, Parkplatz und Wäscheservice. Frühstück inkl. ❺

Günstige Menüs gibt es im **Los Pinos Restaurant**, Amazonas 642. Combis und Sammeltaxis fahren ständig von der Hauptstraße in Richtung Caraz oder Huaraz. Über eine asphaltierte Straße gelangt man mit dem Bus über die Punta Olímpica (4890 m) von Carhuaz nach Chacas (Busse kommen aus Huaraz).

Wandern zur Laguna Auquiscocha

Eine noch wenig bekannte Route führt zur nordöstlich von Carhuaz gelegenen **Laguna Auquiscocha** (4311 m, Karte S. 496), flankiert vom 5826 m hohen Chequiaraju und dem 6122 m hohen Hualcán. Zunächst geht es mit Bussen Richtung Chacas bis zum KM 19 der Straße Carhuaz–Chacas. Wer mit dem Taxi kommt, biegt hier rechts ab und fährt noch 2 km bis Tiendayoq, wo der dreistündige Aufstieg zur Lagune beginnt. Am Gletschersee darf gezeltet werden. Gleicher Rückweg. Mehr Details hat das Hotel El Abuelo (s. Carhuaz).

Yungay

Nur rund 20 km nördlich von Carhuaz liegt zu Füßen des mächtigen Huascarán der Ort Yungay auf 2458 m. Die Lage wurde dem Ort im Jahr 1970 zum Verhängnis, als am Nachmittag des 31. Mai ein **Erdbeben** der Stärke 7,7 dazu führte, dass ein Teil der Nordwestflanke des Huascarán abrutschte. In Minutenschnelle wälzte sich eine gewaltige Schlamm-, Eis- und Geröllawine talwärts und begrub das komplette Städtchen unter einer 3–10 m dicken Schicht. Rund 18 000 Menschen starben, nur wenige Dorfbewohner konnten sich retten. Bereits im 19. Jh. war der Ort mehrfach durch Lawinen zerstört worden. Im Jahr 1962 hatte eine Gerölllawine im benachbarten Ranrahirca 5000 Opfer gefordert.

Nach dem Unglück von 1970 wurde der gesamte Ort zu einem riesigen Friedhof *(Campo Santo)* erklärt, 🕒 tgl. 8–18 Uhr, Eintritt 5 S/. Das **neue Yungay** wurde weiter nördlich wieder aufgebaut. Das kontinuierliche Abschmelzen der Gletscher und Ansteigen der Gletscherseen erhöht die Wahrscheinlichkeit, dass sich irgendwo im Santa-Tal nach einem Erdbeben eine ähnliche Katastrophe wiederholen könnte. Daher hat man begonnen, aus vielen Gletscherseen künstlich Wasser abzulassen. Yungay ist möglicher Ausgangspunkt für einen Besuch der Llanganuco-Seen sowie des Santa-Cruz-Treks mit Startpunkt in Vaquería (S. 511).

€ Das beliebte, sichere und sehr günstige **Hostal Gledel**, Av. Arias Graciani s/n, ✆ 043-393048, ✉ hostalgledel@gmail.com, bietet sehr familiäre Atmosphäre und einfache Zimmer mit Gemeinschaftsbad (auf Wunsch Frühstück oder Vollpension), ❶.

Die **Llanganuco Mountain Lodge**, östlich von Yungay an der Nationalparkgrenze, ✆ 976592524, 💻 www.llanganucolodge.com, ist eine komfortable Berglodge in schöner Lage. Solarstrom ist nur begrenzt vorhanden (kein Internet oder WLAN, kein TV). Freiwilligenarbeit möglich. Vollpension inkl. (mittags Lunchpaket), ❻.

Ein **Combi** fährt tgl. um 7 Uhr (manchmal auch noch einer um 8 Uhr) vom Busterminal an der Hauptstraße in Yungay nach Yanama und hält unterwegs in Llanganuco und in Vaquería (Start- bzw. Endpunkt Santa-Cruz-Trek).

Llanganuco-Seen

Von Yungay schraubt sich eine kurvenreiche Straße auf 26 km Länge über 1300 Höhenmeter in ein schmales Tal hoch, in dem zwei wunderschöne Bergseen liegen. Unterwegs wird der Eingang zum Nationalpark Huascarán passiert, wo Tagesbesucher 30 S/. Eintritt zahlen.

Der erste See nach der Kontrollstelle heißt **Chinancocha**. Hier befinden sich ein Picknickplatz, Essenstände und eine Ruderbootvermietung. Auf einem kurzen Lehrpfad kann man windgebeugte Queñual-Bäume, Bromelien und die Berglandschaft genießen. Der obere See nennt sich **Orconcocha**. Ein wenig oberhalb des Sees zweigt an der Quebrada Yanapaqcha in der „Curva Pisco" (Zeltplatz Cebollapampa, etwa 3900 m) ein Trail in nördlicher Richtung auf der rechten Flussseite zur 7 km entfernten **Laguna 69** ab, die rund 750 m höher liegt (Gehzeit hoch 3–4 Std., runter 2–3 Std.; bei frühem Aufbruch in Yungay an einem Tag machbar). Von der Laguna gelangt man in zwei bis drei weiteren Stunden zum Basecamp des ohne technische Schwierigkeiten besteigbaren **Nevado Pisco** (5752 m) und der dortigen Berghütte **Refugio Perú** (4765 m, s. „Berghütten", S. 497), die auch über eine alternative Route von der Abzweigung „Curva Pisco" erreichbar ist (s. „Yungay/Transport"). Der letzte Combi zurück nach Yungay passiert die Abzweigung gegen 16.30 Uhr.

Caraz

Nur noch 12 km sind es von Yungay nach Caraz. Der zweitgrößte Ort im Santa-Tal mit rund 22 000 Einwohnern war vom Beben 1970 nicht so stark betroffen wie seine Nachbarorte.

Die hohen Palmen geben der Plaza einen mediterranen Touch, bis man Richtung Cordillera Blanca schaut und die schneebedeckte Spitze des 6395 m hohen **Nevado Huandoy** entdeckt, an dessen Fuß Caraz liegt. Da sich der Ort nur auf rund 2256 m und damit ca. 800 m niedriger als Huaraz befindet, ist das Klima hier entsprechend milder; allerdings ist die Höhenanpassung nicht so effektiv wie in Huaraz.

Wer es ruhig mag, ist in Caraz gut aufgehoben, denn hier herrscht bestenfalls auf dem Markt hektische Betriebsamkeit. Um den Ort werden Schnittblumen (Rosen, Lilien, Nelken) für den Export angebaut und mittwochs ab 5 Uhr auf dem lokalen Blumenmarkt verkauft. Einen guten Ruf genießen auch die Milchprodukte und der Honig der Region.

Das Museum **Exposición Museográfica „Un museo para Huaylas"**, kurz „Museo Huaylas", stellt Fundstücke aus Tumshucayco in der Jr. San Martín 1019 aus. ⌚ Mo–Sa 8–13, 15–18 Uhr, Eintritt frei. Die etwas heruntergekommenen **Ruinen von Tumshucayco** liegen nordwestlich des Ortes. Einen schönen Ausblick bietet der **Mirador Cerro San Juan** im Nordosten von Caraz.

Von Caraz aus lassen sich zahlreiche interessante Wanderungen unternehmen. Zu den bekanntesten zählen der Santa-Cruz-Trek (S. 511) und die Umrundung des 5947 m hohen Nevado Alpamayo (S. 514). Kürzer sind die Ausflüge zur Laguna Parón (S. 511) und in die Cordillera Negra.

ÜBERNACHTUNG

€ **Hotel San Marco**, San Martin 1133, an der Plaza de Armas, ✆ 043-391836. Geräumiges, sauberes Hotel mit kleinen einfachen Zimmern (günstiger mit Gemeinschaftsbad) und 3 schönen, grünen Innenhöfen, inkl. Frühstück. ❶

Grand Hostal Caraz Dulzura, Saenz Peña 212, im Nordwestteil der Stadt, ✆ 043-392090, ✉ info@hostalcarazdulzura.com. Sehr schöne, ruhige Zimmer. Restaurant, Gemüsegarten, Parkplatz. Frühstück inkl. ❷

Los Pinos Lodge, Parque San Martín 103, ✆ 043-391130, 💻 www.lospinoslodge.pe. Günstige Schlafsäle (30 S/. p. P.), aber überteuerte Zimmer, Frühstück inkl. ❸

Los Alamos, Daniel Villar 482, ✆ 043-287294, 💻 auf Facebook. Neuere Anlage mit modernen Zimmern, teilweise mit Bergblick. Garten, kleiner Pool, Frühstück inkl. ❸

Apu Eco Lodge, Calle Allauca, etwa 1 km von Caraz mitten im Grünen, ✆ 995194288, 💻 www.apuecolodge.com. Apartments und 1- bis 2-stöckige Bungalows für Familien und Gruppen, Bungalows mit Küche inkl. Ausstattung, Sofaecke, Terrasse. Restaurant. ❹

ESSEN UND UNTERHALTUNG

Bekannt ist Caraz für seine **Süßigkeiten** wie *Dulce de leche*, *Manjar blanco* (beides Süßspeisen aus eingedickter Milch und Zucker) oder *Dulce de higos* (süße Feigen).

Barrunto, M. Cáceres, Nähe Daniel Villar. Günstiges Spezialitätenrestaurant, in dem man unter anderem Lupinensalat *(Ceviche de chocho)* probieren kann. ⌚ tgl. 9.30–17 Uhr.

Café Cultura, Plazuela La Merced s/n. Kaffee, Kuchen und Sandwiches, Bücher und WLAN. Schöne Sitzmöglichkeiten draußen. Regelmäßige Kulturveranstaltungen. ⌚ Mo–Sa 16–22 Uhr.

Café de Rat, Sucre 1266, Plaza de Armas, 2. Stock. Gemütliches Café, Pizza, Pasta, Salate, Vegetarisches und Frühstück. ⌚ Mo–Sa 8–11, 18–21 Uhr.
Café El Turista, San Martín 1127, an der Plaza de Armas. Kleines, sympathisches Café. ⌚ tgl. 6.30–12.30, 17–20 Uhr.
Entre Panes, Daniel Villar 211. Gemütliches Café-Restaurant mit leckeren Gerichten, einige davon vegetarisch. ⌚ tgl. 8–21 Uhr.

TOUREN

Langjährige Erfahrung hat **Pony's Expeditions**, Sucre 1266, ☏ 043-391642, 💻 www.ponyexpeditions.com. Sie bieten Tagestouren, Trekking (sie können auch Maultiertreiber für den Santa-Cruz-Trek organisieren), Klettern, Mountainbikes, Verleih von Camping-Ausrüstung und Landkarten der Umgebung. Minimum für alle Touren: 4–5 Teilnehmer! Man kann sich auch seine Wasserflasche bei ihnen auffüllen lassen.

SONSTIGES

Bergrettungswacht

Departamento de Salvamento de Alta Montaña (DEPSAM), der Polizei unterstellte Bergrettungswacht, Carretera Huaraz-Caraz, Fundo El Carmen, Caraz, ☏ 966831206, ✉ depsamyungay_pnp@hotmail.com.

Feste

20. Januar: Virgen de Chiquinquira, Feuerwerk, Messe und Prozession.
20.–31. Juli: **Semana Turistica de Caraz**, Märkte, Kleinkunst, Prozessionen, Sportwettkämpfe.

Geld

Banco de Crédito, Daniel Villar 217, einen Block nordwestlich der Plaza, und **Banco de la Nación**, Raymondi 1051, östlich der Plaza.

Informationen

Touristeninfo der Municipalidad, Westseite der Plaza de Armas, ☏ 043-483860, 💻 www.municaraz.gob.pe. ⌚ Mo–Fr 8–13, 14.30–17 Uhr. Wenig hilfreich. Bessere Infos bekommt man beim Tourveranstalter Pony's Expeditions (s. o.).

Medizinische Hilfe

Hospital de Apoyo San Juan de Dios, Av. 9 de Octubre s/n, ☏ 043-391026.

NAHVERKEHR

Mototaxis kosten im Stadtbereich 2 S/., außerhalb 3–5 S/.

TRANSPORT

Busse und Colectivos

Gesellschaften

Cavassa, Carretera Central, Nähe Terminal Terrestre, ☏ 043-392042
Julio César, Daniel Villar 411, ☏ 043-392166
móvilbus, 9 de Octubre/Pasaje Santa Teresita 332, ☏ 043-391922
Yungay Express, Córdova 830, ☏ 043-261426

Verbindungen

CASHAPAMPA (Start- und Endpunkt des Santa-Cruz-Treks) Sammeltaxis fahren vom Paradero Santa Cruz, Ramón Castilla, zwischen Jorge Chávez und Santa Cruz (6–12 Uhr, 1 Std., 27 km). Ein Expresstaxi kostet 50 S/.
CHIMBOTE mehrmals tgl. über CAÑÓN DEL PATO und HUALLANCA (Yungay Express), 6 Std. (184 km). Mehrmals tgl. über CASMA (móvilbus, Yungay Express), 10 Std. (270 km). Gelegentlich fahren die Busse weiter nach TRUJILLO.
HUALCAYÁN (Ausgangspunkt für Bergtouren zum Alpamayo) keine regelmäßigen Verbindungen. Chancen hat man Mi und So vormittags um 9 und 10 Uhr vom Markt. Alternativ Sammeltaxi nach CASHAPAMPA nehmen und von dort in ca. 3 Std. bis Hualcayan laufen oder Taxi von dort nehmen (3/4 Std.). Ein Taxi ab Caraz kostet ca.120 S/.
HUALLANCA (Cañón del Pato) Combis fahren stdl. von der Córdova, Ecke La Mar, 6–17 Uhr, 3/4–1 Std. (38 km).
HUARAZ ständig 4–20 Uhr, alle Kleinbusse fahren vom Terminal Terrestre Municipal, Av. Circunvalación, Ecke Sucre, ab, 1 1/2 Std. (68 km).

LIMA mehrmals tgl. (móvilbus), 10 Std. (468 km).
PAMPAROMÁS (Cordillera Negra) Colectivos fahren um 7 und 8 Uhr vom Paradero Sta. Cruz. Bis zum Winchus-Pass auf 4157 m rund 2 Std. Fahrzeit (45 km). Die Route führt in der Trockenzeit über PUEBLO LIBRE und in der Regenzeit über HUATA.
PARÓN Combis fahren vom Paradero Sta. Cruz um 7, 11 und 13 Uhr, 1 Std. (19 km). Ein Taxi kostet bis zur Laguna Parón ca. 120–130 S/. (2 Std.)
YUNGAY 1/4 Std. (12 km), s. Huaraz.

Die Umgebung von Caraz

Cañón del Pato

Die „Entenschlucht" am Nordende des Callejón de Huaylas ist definitiv einen Ausflug wert. Die Straße führt von Caraz über Huallanca nach Chimbote und ist streckenweise asphaltiert. Das spektakulärste Stück liegt rund 20 km nördlich von Caraz. Bis zu 15 m rücken die steil aufragenden Felswände aneinander; mühselig hat man für die Straße einen Weg durch die Felsen gesprengt. 35 Tunnel werden auf diesem Teilstück passiert. Wer sich wundert, wo die wilden Wasser des Río Santa geblieben sind, erhält bald die Antwort: Ein gewaltiges Wasserkraftwerk leitet die Wassermassen durch die in Felsen gegrabenen Kanäle zu den Turbinen.

Am Ende des Canyons liegt der Ort **Huallanca** auf 1820 m, eine Siedlung für Arbeiter des Kraftwerks. Tagesausflügler können hier umdrehen. Von hier aus führt die mittlerweile asphaltierte Straße am Río Santa entlang bis zur Panamericana, auf die sie nach rund 168 km (ab Caraz) nördlich von Chimbote trifft.

Laguna Parón

Das auf 4140 m Höhe liegende Gewässer wird hufeisenförmig von mehreren Fünf- und Sechstausendern umrahmt und gilt vielen als der schönste Gletschersee der Cordillera Blanca. Auf den 32 km, die man von Caraz benötigt, um zur Lagune zu gelangen, werden mehr als 1800 Höhenmeter überwunden. Dabei steigt die Straße auf engen Haarnadelkurven an, an beiden Seiten von mehr als 1000 m hohen Steilwänden begrenzt. Die Anfahrt erfolgt von Caraz ostwärts über das Dorf Parón. Von dort sind es rund vier bis fünf Stunden zu Fuß bis zur Lagune (9 km, 1000 Höhenmeter; s. „Caraz/Transport", S. 510).

Wie bei anderen Gebirgsseen wurde auch der Pegel der Laguna Parón künstlich abgesenkt, da dieser durch die schmelzenden Gletscher bedrohlich gestiegen war. Die Berghütte an der Lagune, einst von der Elektrizitätsgesellschaft gebaut, ist offiziell geschlossen. Falls man den Wärter antrifft, kann man in dem nackten Gebäude gegen ein Trinkgeld übernachten oder ansonsten zelten. Unabhängig von der Aufenthaltsdauer zahlt man 5 S/. an die Gemeinde Parón. Eintritt in den Nationalpark Huascarán wird nicht erhoben.

Santa Cruz Trek

■ 4 Tage, 55 km, 2200 Höhenmeter, Karte S. 512

Diese Tour gehört nach dem Inkatrail zu den beliebtesten Wanderungen Perus – entsprechend viele Menschen sind vor allem in den Monaten Juni bis September unterwegs (pro Jahr etwa 7000–8000). Wie viele Personen auf dem Trek wandern, merkt man abends auf den Zeltplätzen, wo sich aber immer problemlos ein Plätzchen finden lässt.

Der Trek kann in beide Richtungen durchgeführt werden. Die Variante ab **Cashapampa** hat dabei den Vorteil, dass man sich ein wenig einlaufen kann, da der höchste Punkt, der Punta Unión Pass (4750 m), normalerweise erst am dritten Tag der Wanderung überschritten wird. Umgekehrt geschieht dies bereits am zweiten Tag. Beginnt man die Wanderung in **Vaquería**, spart man sich mehrere Hundert Höhenmeter, da Vaquería höher als Cashapampa liegt. Die Ausgangs- und Endpunkte der Wanderung sind vor allem frühmorgens problemlos mit öffentlichen Verkehrsmitteln ab Caraz (nach Cashapampa) und ab Yungay (nach Vaquería) zu erreichen. Für die jeweilige Rückfahrt sollte man gegen 13 Uhr in Vaquería und bis 14 Uhr in Cashapampa ankommen, um noch sicher nach Yungay bzw. Caraz zu gelangen (mehr Informationen zur An- bzw. Abfahrt s. „Transport" Caraz, S. 510, und Yungay, S. 507).

Santa Cruz und Alpamayo Trek

Lima
Pomabamba
2950
Huayllan
Piscobamba
Palo Seco
Pomabamba
4150
4150
Yanacollpa
Yeguacorral
Sihuas
Ventanilla
4350
3950
Tupatupa
4360
3600
Jancapampa
Andaymayo
4340
4350
Collota
L. Sactaycocha
4280
Yanacon
4610
Alto de Pucaraju
4650
Collota
4050
Huillca
6050
Pucajirca
Taulliraju
5830
Huish-
cash
4400
Morococha
Collota
Mesapata
L. Safuna Baja
L. Safuna Alta
6010
Punta Unión
L. Taullicocha
4750
Racuay
4460
4200
Safuna
6040
5810
Rinrijirca
4250
Taulli-
pampa
Alpamayo Trek
L. Pucacocha
Basecamp
Alpamayo
3900
L. Arhuaycocha
Arhuaycocha
5510
Paria
Rayan
Gara Gara
4830
5657
5578
Pilanco
5273
5947
Alpamayo
Santa Cruz Trek
Jancarurish
4200
6036
Quitaraju
6025
Artesonraju
PARQUE
L. Jatuncocha
5785
Pumapampa
5582
Quitarasca
5480
Q. Cedros
3820
Caraz
6020
5800
5829
6259
Ichic Cocha
L. Rajucocha
Santa Cruz
Vientunan
4770
5320
4650
4850
NACIONAL
Llamacorral
3760
4400
Osoruri
L. Yuracocha
5888
Aguja
Osoruri
4860
L. Cullicocha
5290
Q. Sta. Cruz
4700
5585
Putaca
Pachma
Quitaracsa
Laguna
Caballococha
4200
Wishcash
Hualcayán
3140
Cashapampa
2910
Pachma Bajo
Cañon del Pato
Conay
Huallanca
Huancarhuas
Santa
Santa Cruz
Yuraqmayu
3
3
Yuramarca,
Corongo
Molinopampa
1950
Colcas
s. Ortsplan
Caraz
S. 509
Llullan
Chimbote
Santa
Caraz
Huaylas
Sucre

Die Gebühr für den Besuch des Nationalparks (S. 495) sollte auf keinen Fall in Cashapampa, sondern nur an der offiziellen Kontrollstelle des Nationalparks *(Puesto de Control)*, rund 18 km östlich von Yungay entlang der Strecke zu den Llanganuco-Seen, entrichtet werden. Die Busse halten hier und warten, bis die Touristen ihre Formalitäten – wichtig: **Reisepass** oder Kopie mitnehmen! – erledigt haben. Besucher, die den Trek bewandern, zahlen hier den Eintritt für den Nationalpark (S. 495). Wer von Cashapampa aus startet, erreicht dieselbe Kontrollstelle erst nach Beendigung der Wanderung.

Wegbeschreibung ab Cashapampa

1. Tag:
Cashapampa (2910 m) – Ichic Cocha (3820 m)

■ 5–6 Std., 12,5 km

Die Colectivos fahren in rund einer Stunde von Caraz nach Cashapampa und machen in der Regel – auf der Suche nach mehr Passagieren – einen Abstecher nach Santa Cruz. Der Fahrer hält direkt am Beginn des Trails am schluchtartigen Eingang der **Quebrada Santa Cruz**, wo man Maultiere mieten kann. Der Weg bleibt zunächst auf der rechten Seite des Tals und führt recht steil über Geröllfelder ostwärts. Auf dem gesamten unteren Streckenabschnitt wird man von Schwärmen schwarzer Stechfliegen verfolgt, die sogar das Rasten unangenehm machen. Allmählich weitet sich das Tal, und durch eine liebliche Flusslandschaft gelangt man bei **Llamaccorral** zum ersten offiziellen Zeltplatz. Ein kleiner Laden verkauft Kekse, Süßigkeiten und Softdrinks.

Wer fit ist, kann noch rund dreieinhalb einfache Kilometer weiter laufen und am schönen **Ichic Cocha** (kleiner See) zelten.

2. Tag:
Ichic Cocha (3820 m) – Taullipampa (4250 m)

■ 3–4 Std., 10,5 km

Nach kurzer Gehzeit wird bereits der türkisfarbene Jatuncocha, der große See, erreicht. Der Weg führt an der rechten Seite der Lagune vorbei und überquert den Fluss danach in einer großen Schwemmlandebene. Wenig später wird auf ca. 3900 m ein schöner **Rastplatz** in einem kleinen Wäldchen erreicht, wo ein Serpen-

Rucksack immer im Zelt

Da es zu Diebstählen gekommen ist, empfiehlt es sich, bei Wanderungen den Rucksack samt Inhalt (auch die Schuhe!) immer im Zelt aufzubewahren.

tinenpfad in die im Norden liegende Quebrada Arhuaycocha unterhalb des Nevado Alpamayo abzweigt. Ein kurzer, steiler Anstieg bringt einen nun zum Tagesziel **Taullipampa**. Der wohl schönste Zeltplatz der Wanderung liegt am Talende zu Füßen des eindrucksvollen 5830 m hohen Nevado Taulliraju. Die Nächte hier oben können sehr kalt werden. Da einige der hier grasenden Jungbullen gern mit der Ausrüstung der Wanderer spielen, sollte man seine Sachen besser ins Zelt räumen.

NORDPERU

3. Tag: Taullipampa (4250 m) – Quebrada Huaripampa (3880 m)

■ 5–7 Std., 14,5 km

Der längste Tag der Tour ist wahrscheinlich auch der anstrengendste. Zunächst sind rund 500 steile Höhenmeter zu überwinden, um auf den höchsten Punkt der Wanderung, den 4750 m hohen Pass **Punta Unión**, zu gelangen. Von dort bieten sich in beide Richtungen tolle Ausblicke, aber das Wetter kann schnell umschlagen. Der folgende Abstieg ist nur im oberen Teil etwas schwierig, wenn er über glatte Felsabschnitte und einige steile Stücke in die **Quebrada Huaripampa** führt. Bei Nebel kann man sich an den dort aufgestellten Steinmännchen orientieren.

Auf rund 4030 m Höhe wechselt man nach dem Überqueren einer Brücke die Talseite und bleibt dort fast die gesamte restliche Wanderung. Bald wird die Vegetation wieder dichter, der Weg führt durch einen lauschigen Wald mit Queñual-Bäumen, die an ihrer roten abblätternden Rinde zu erkennen sind. Schließlich erreicht man den Lagerplatz Tuctubamba an der **Laguna Huishcash** (4200 m), von dem aus man einen fantastischen Blick auf die Cordillera Negra hat. Tagesziel ist der Zeltplatz **Cachinapampa** an der **Quebrada Huaripampa**. Hier ist es vor allem in der Hochsaison ruhiger und es gibt weniger Moskitos als an der sumpfigen **Quebrada Paria**, die man eine Stunde zuvor (ca. 3 km) passiert hat.

4. Tag: Quebrada Huaripampa – Vaquería (3730 m)

■ 3–4 Std., 10 km

Durch das traumhaft schöne Huaripampa-Tal führt der Weg gemächlich an schönen Zeltplätzen vorbei Richtung Süden. Die ersten bettelnden Kinder kündigen die Nähe der Siedlung **Huaripampa** an, in deren Nähe sich auch ein Kontrollposten des Nationalparks befindet. Folgt man dem Weg auf der linken Talseite, gelangt man nach Colcabamba. Ansonsten wechselt man auf rund 3450 m Höhe die Talseite auf einer Brücke. Der Weg gabelt sich nun. Geradeaus und talabwärts geht es nach Yanama im Callejón de Conchucos. Unterkunftsmöglichkeiten gibt es im **Hostal El Pino** ❶ oder in der sehr guten **Andes Lodge**, 💻 www.andeslodgeperu.com, Frühstück inkl. ❹.

Rechter Hand hat man jetzt noch den steilen Schlussanstieg nach Vaquería (ca. 250 Höhenmeter; Gehzeit ca. 1 Std.) vor sich. **Vaquería** besteht nur aus ein paar Häusern an der Straße nach Yungay. Hier gibt es Essen und Getränke. In regelmäßigen Abständen kommen Colectivos vorbei, die nach Yungay oder Yanama fahren.

Auf der Rückfahrt von Vaquería passiert man oberhalb der **Laguna Orconcocha** den Zeltplatz **Cebollapampa** (3900 m), wo sich manche Bergtouristen mit Reiseveranstaltern treffen, um anschließend an das Trekking den **Nevado Pisco** (5752 m) zu besteigen oder einen Tagesausflug zur **Laguna 69** zu unternehmen (S. 508). Obwohl der Pisco zu den leichteren Gipfeln der Cordillera Blanca zählt, sollte man die Höhe (rund 1000 m höher als die Pässe auf dem Trek) nicht unterschätzen. Zudem ist ein Gletscher zu überqueren, was entsprechende Ausrüstung (Steigeisen, Seil, Helm und Eispickel) erforderlich macht.

Alpamayo-Umrundung

■ 9 Tage, ca. 50 Std. Gehzeit, 104 km, ca. 6150 Höhenmeter, Karte S. 512

1. Tag:
Hualcayán (3140 m) – Wishcash (4200 m)

■ 4–5 Std., ca. 6 km, ca. 1000 Höhenmeter
Die Anfahrt von Caraz (S. 510) auf einer steilen Straße mit vielen Serpentinen bis nach Hualcayán (ca. 1 1/2 Std.) auf einem 3140 m hohen Hochplateau sollte bis spätestens 12 Uhr erfolgen.

Der Zeltplatz **Wishcash** liegt auf einem kleinen Hochplateau auf ca. 4200 m. Wer früh in Hualcayán losläuft, kann es auch am ersten Tag bis Osoruri schaffen. Der Anmarsch von Cashapampa (2910 m) dauert etwa zwei Stunden Laufzeit extra.

2. Tag:
Wishcash (4200 m) – Osoruri (4400 m)

■ 4 Std., 4 km, 800 Höhenmeter
Zunächst geht es zum Südende der schön gelegenen **Laguna Cullicocha** auf 4625 m, deren Wasser für das Wasserkraftwerk im Cañón del Pato verwendet wird (ca. 8 km, ca. 2 Std.). Von dort wartet ein etwa einstündiger Aufstieg zum Osoruri-Pass auf 4860 m, von dem man einen schönen Blick auf das Santa-Cruz-Massiv hat.

Vorsicht Hunde!

In der Nähe von Gehöften, Lama-, Alpaka- oder Schafherden trifft man unweigerlich auf durchaus aggressive Hunde. Ein Wanderstock und ein gelegentlicher Steinwurf helfen, unbeschadet weiterzukommen.

Nun erfolgt ein Abstieg (ca. 1 Std.) zum Campingplatz **Osoruri** auf ca. 4400 m, der zwar nur wenig Wasser, aber dafür einen schönen Blick ins Tal des Río Cedros bietet.

3. Tag:
Osoruri (4400 m) – Jancarurish (4200 m)

■ 5 Std., 5,5 km, ca. 500 Höhenmeter
Ein kurzer, steiler Aufstieg führt auf den **Vientunan-Pass** (4770 m), ehe ein langer Abstieg ins Tal des Río Cedros folgt. Am Talboden angekommen, verläuft der Weg oberhalb des Flusses und ist leicht zu laufen, bis der Zeltplatz **Jancarurish** auf 4200 m erreicht wird. Von dort bieten sich spektakuläre Ausblicke auf den Alpamayo.

Die Umrundung des imposanten Alpamayos ist eine anstrengende, aber beeindruckende Trekkingtour.

Wanderkosten

Ein *Arriero* (Maultiertreiber) kostet etwa 50 S/., ein Reitpferd 40 S/. und ein Maultier rund 30 S/. pro Tag (Preise können saisonabhängig höher liegen). Da der Weg durch den Nationalpark Huascarán (S. 495) führt, muss die Parkgebühr von 150 S/. (4 Tage) einkalkuliert werden. Da es auf dieser Route keine offizielle Kontrollstelle gibt, kann es allerdings vorkommen, dass kein Parkoffizieller das Geld einfordert. Wer den Trek mit einer Agentur macht, sollte pro Tag mit etwa US$90 rechnen (alles inkl.). Bei Angeboten, die diesen Wert deutlich unterschreiten, muss mit erheblichen Abstrichen bei Material, Qualität des Guides und Essen sowie mit unfairen Löhnen für das Servicepersonal (Maultiertreiber, Köche etc.) gerechnet werden.

4. Tag: Jancarurish (4200 m) – Huillca (4050 m)

■ 7–8 Std., 22,5 km, 2000 Höhenmeter

An diesem langen, anstrengenden Wandertag müssen zwei Pässe überwunden werden. Zunächst geht es in zwei bis drei Stunden bergauf zum **Gara-Gara-Pass** (4830 m). Nach einem kurzen Abstieg zieht sich der Weg entlang der von oben kommenden linken Talseite durch die Quebrada Moyobamba und sanft hinauf zum **Mesapata-Pass** auf 4460 m. Nun geht es ständig bergab ins Tal der Quebrada Tayapampa und auf einer zugewachsenen Straße zur Hochebene **Huillca**, wo es sehr viel Platz zum Zelten inmitten großer Lama- und Alpakaherden gibt. Nachts alle Sachen und Lebensmittel mit ins Zelt nehmen! Alternativ kann man auch an der Laguna Safuna (4200 m) übernachten, etwa 2,5 km vor Huillca.

5. Tag: Huillca (4050 m) – Jancapampa (3600 m)

■ 6 Std., ca. 13 km, 600 Höhenmeter

Dem steilen Aufstieg zum **Yanacon-Pass** (4610 m) folgt ein steiler Abstieg zur Laguna Sactaycocha, die rechter Hand passiert wird. Die Vegetation nimmt zu, und weiter unten wird die Quebrada Laurel überquert. Die immer engere Schlucht öffnet sich zur fantastisch gelegenen Pampa **Jancapampa** auf nur noch ca. 3600 m. Der Zeltplatz liegt toll unterhalb der Gletscher des Pucajirca und des Nevado Taulliraju in der Nähe bewohnter Hütten. Nachts droht Gefahr durch Diebe und herumstreunende Hunde – alle Sachen mit ins Zelt nehmen!

6. Tag: Jancapampa (3600 m) – Huecrococha (4000 m)

■ 6 Std., 18 km, ca. 850 Höhenmeter

Zunächst wird die große Pampa überquert, dann geht es vorbei am Weiler Pisgopampa hinauf zur Quebrada Nañayoc. Nach etwa drei Stunden wird der **Tupatupa-Pass** erreicht (4360 m). Nach einem Abstieg in die Quebrada Tingopampa erfolgt weiter unten eine Flussüberquerung ohne Brücke, bevor nach einem kurzen Anstieg die Laguna **Huecrococha** (4000 m) erreicht ist, an deren Ostseite gezeltet wird. Ein weiterer Zeltplatz liegt ca. 15 Minuten entfernt auf der anderen Seeseite.

7. Tag: Huecrococha (4000 m) – Tuctubamba (4250 m)

■ 6–7 Std., 8 km, ca. 1000 Höhenmeter

Der Weg führt am See entlang, bevor ein steiler Aufstieg durch die Quebrada Comunpasto mit mehr als 20 Serpentinen zum Pass **Alto de Pucaraju** (4650 m) erfolgt. Nach dem ebenso steilen Abstieg ins Huaripampa-Tal wird das Lager schließlich im herrlich ruhigen Tuctubamba-Tal (4250 m) an der Laguna Huishcash aufgeschlagen.

8. Tag: Tuctubamba 4250 – Llamaccorral (3760 m)

■ 7 Std., 18 km, ca. 400 Höhenmeter

Nach einem eineinhalbstündigen Aufstieg zur **Punta Unión** auf 4760 m geht es ständig bergab durch das Santa-Cruz-Tal bis zum Zeltplatz **Llamaccorral** auf 3760 m.

9. Tag: Llamaccorral (3760 m) – Cashapampa (2910 m)

■ 3 Std., 9 km, ca. 800 Höhenmeter

Etwa 800 einfache Höhenmeter führen bergab bis **Cashapampa**. Dort warten Taxis nach Caraz, und man schafft es auch problemlos am gleichen Tag bis Huaraz und meist auch zum Nachtbus nach Lima.

Callejón de Conchucos

Obwohl noch einige Besucher bis zur Ruinenstätte Chavín de Huántar kommen, finden nur wenige Touristen den Weg auf die relativ unbekannte Ostseite der Cordillera Blanca. Zu Unrecht, denn es gibt viele kleine Dörfer, in denen die Zeit stehen geblieben zu sein scheint, und herrliche, einsame Landschaften laden zum Wandern ein. Parallel zum Callejón de Huaylas zieht sich der isolierte Callejón de Conchucos entlang der weißen Kordillere. Inzwischen verbinden mehrere Straßen die beiden Täler über hohe Pässe der Cordillera Blanca, sind in der Regenzeit aber oft unpassierbar.

Auf der nachfolgend beschriebenen Rundtour, die in Huaraz beginnt und endet, werden die schönsten Stellen des Callejón de Conchucos besucht. Dabei können je nach Lust und Laune unterschiedliche Wanderungen eingebaut werden, von denen einige ebenfalls beschrieben werden. Die Route führt zunächst nach **Chavín**. Von dort geht es über **Huari**, **Chacas** und **Carhuaz** zurück nach Huaraz. Wer diese Strecke mit dem Bus absolviert, sollte mit rund vier bis fünf Tagen rechnen. Kommen die dreitägige Wanderung Olleros–Chavín de Huántar (s. Kasten) und die zwei- bis dreitägige Wanderung Huari–Chacas (S. 519) hinzu, erhöht sich der Zeitbedarf auf acht bis elf Tage.

Chavín

Bei Catac zweigt eine asphaltierte Straße ab, die vorbei an der Laguna Querococha (3980 m) durch den fast 500 m langen, stockdunklen Túnel de Kawish (4450 m) und schließlich in steilen Serpentinen nach Chavín auf 3140 m führt, einem sympathischen Ort mit weiß getünchten Hauswänden und roten Dachziegeln.

ÜBERNACHTUNG UND ESSEN

Hostal Chavín Turístico, Mayta Cápac 120, ✆ 043-454051, 💻 chavinturistico1.wixsite.com/chavin. Saubere Zimmer mit Bad und TV, Dachterrasse, Frühstück inkl. ❷

Rund 2 km südlich von Chavín befinden sich die **Thermalquellen von Quercos**, 🕒 tgl. 5–18 Uhr, bei denen man **zelten** kann.

Ganz gut sind die Restaurants **Chavín Turístico**, 17 de Enero 439, und **Buongiorno**, 17 de Enero s/n. Solides Frühstück bekommt man in der **Cafetería Renato**, Huayna Capac 285, an der Plaza de Armas.

SONSTIGES

Bergrettungswacht

Asociación de Servicios auxiliares de Alta Montaña – ASAAM, Julio C. Tello 275, ✆ 043-454136.

NORDPERU

Wanderung Olleros – Chavín de Huántar

Die dreitägige Wanderung (ca. 38 km) kann man auf eigene Faust oder mit einem Veranstalter von Huaraz (S. 502) aus durchführen. Die Tour ist relativ leicht und gut zur Höhenanpassung vor schwierigeren Touren geeignet.

Zunächst geht es mit dem Colectivo nach Olleros auf 3450 m Höhe (s. „Transport", S. 504). Dort kann man bei Bedarf Maultiere oder Lamas anmieten und ggf. im komfortablen **Hotel Altas Montañas**, Av. Puyhuan s/n, ✆ 943660696, 💻 www.altasmontanas.com/index9.htm, ❷–❸ übernachten. Der Weg beginnt außerhalb des Ortes an einem Schild (3600 m), auf dem die Route beschrieben ist. Die Hauptroute folgt nun ca. 13 km der rechten Seite des Río Negro Richtung Osten bis zur Hochebene Sacracancha (4080 m), dem ersten Zeltplatz. Am nächsten Tag (ca. 14 km) folgt ein lang gezogener Anstieg (ca. 4–5 Std.) auf den Yanashallash-Pass auf 4700 m Höhe. Nach einem etwa zweistündigen Abstieg kann man auf dem Zeltplatz Shongo auf 4088 m übernachten. Vorbei an den Orten Jato und Lanchan führt der Weg entlang der rechten Talseite direkt nach Chavín (3140 m). Die letzten 6 km dieser 11 km langen Tagesetappe führen bergab auf einer Straße, die sich inzwischen von Chavín aus in die Berge vorgearbeitet hat.

Feste

14.–18. Juli: Virgen del Carmen, Patronatsfest mit Prozession.

Geld

Banco de la Nación, Huayna Cápac 345.

Informationen

Información Turística, Simón Bolívar, Block 1, im Gebäude der Municipalidad. ⌚ Mo–Fr 8–13, 14.15–17 Uhr.

TRANSPORT

HUARAZ (Mosna Tours, Sandoval) mehrmals tgl. fahren Busse frühmorgens und ab dem Nachmittag, 2 Std. (109 km). Gelegentlich verkehren Sammeltaxis.
HUARI tgl. mehrere Colectivos, 2 Std. (40 km). Gegen Mittag passieren die Busse aus Huaraz den Ort Richtung Callejón de Conchucos.
LIMA Es fahren nur alte Busse, 8–10 Std. (462 km). Bequemer und sicherer fährt man in einem Bus ab Huaraz.
SAN MARCOS regelmäßiger Combi-Verkehr, ca. 20 Min. (8 km).

NORDPERU

Chavín de Huántar

Zwischen 1000 und 200 v. Chr. breitete sich in Zentral- und Nordperu die Chavín-Kultur aus, deren Einflussbereich in der Blütezeit (700–300 v. Chr.) sogar bis zur Halbinsel Paracas an der pazifischen Südküste reichte. Der Chavín-Kult entstand aber nicht als Folge von Eroberungsfeldzügen und erreichte nie den Status eines Reichs, wie später das der Inka. Vielmehr schaffte ein starkes religiöses Symbol, das u. a. auf Textilien Verbreitung fand, Einheit unter verschiedenen Gruppen. Der Name Chavín stammt vom Quechua-Wort *Chaupin* ab, das sich mit „Zentrum" oder „Nabel" übersetzen lässt.

Der wichtigste Gebäudekomplex der Chavín-Kultur liegt an den südöstlichen Ausläufern der Cordillera Blanca auf 3177 m und war einst ein bekannter Pilgerort und das wichtigste **religiöse Zentrum der Chavín-Kultur**. Er wird Chavín de Huántar genannt und gehört zu den ältesten Steinbauwerken des Landes. Mit der Errichtung der Anlage wurde um 1000 v. Chr. begonnen, um 400 v. Chr. fand eine deutliche Erweiterung und die eigentliche Definition des architektonischen Stils statt. Der gesamte Komplex wurde U-förmig in Ostrichtung angelegt, beeinflusst von ähnlichen Bauformen an der Pazifikküste. Die Archäologen sind sich einig, dass diese Art von Tempeln Berg- und Naturgottheiten geweiht war. Götter, die meteorologische Phänomene kontrollierten, gewannen immer mehr an Bedeutung, da die Nahrungsgrundlagen der frühen Kulturen zunehmend von geregelten landwirtschaftlichen Aktivitäten und immer weniger vom Jagen und Sammeln bestimmt waren.

Überraschend sind die steinernen Verzierungen des Mauerwerks, die für eine rund 3000 Jahre alte Kultur erstaunlich kunstvoll und hochwertig gearbeitet sind. **Zoomorphe Darstellungen** dominieren die Flachreliefs, vor allem sind Schlangen, Kondore und Kaimane zu sehen – allesamt Tiere, die Kraft und Macht symbolisieren. Die genaue Bedeutung der in Chavín de Huántar gefundenen Stelen und Darstellungen ist den Wissenschaftlern bis heute verschlossen geblieben. 1919 führte der peruanische Archäologe **Julio C. Tello** erste systematische Untersuchungen in Chavín de Huántar durch.

Die Ruinenanlage

Obwohl man auf einer Fläche von 50 ha steinerne Überreste gefunden hat, konzentriert sich die Kernzone auf einen rund 240 x 220 m großen Bereich, der sich in drei Hauptsegmente unterteilen lässt: Neben einem abgesenkten Platz sind dies der Neue und der Alte Tempel. Am Fuße des Neuen Tempels liegt der 250 m^2 große **versunkene Platz** *(Plaza hundida)*, der über ein wohldurchdachtes Kanalsystem zur Entwässerung verfügte und auf dem sich einst Tausende Pilger während der religiösen Feste versammelten. Einst stand hier ein 2,50 m hoher Obelisk, der nach seinem Entdecker Julio Tello benannt wurde und mit einem Jaguarkopf und zwei Kaimanen verziert war. Die Stele kann heute im Museo Nacional de Arqueología, Antropología e Historia in Lima bewundert werden.

Über monumentale Treppen und Plattformen steigt man von der Plaza zum **Neuen Tempel** hoch, einem dreistöckigen, 72 x 75 m großen, fensterlosen Palast, der bis zu 13 m hoch ist. Die leicht geneigten Seitenwände des Granitbauwerks dienten vermutlich als Erdbebenschutz. Die Mauern sind mit steinernen Köpfen *(Cabezas clavos)* verziert, die nach Aussage von Archäologen Menschenopfer oder gefangene Feinde repräsentieren könnten.

Durch zwei Steintore, die von Darstellungen einer männlichen und einer weiblichen Person flankiert werden, gelangt man in den **Alten Tempel**. Er besteht aus einem Labyrinth von Kammern, Korridoren, Nischenreihen, Kanälen, Treppen und Rampen, die durch unterirdische Gänge miteinander verbunden sind. Folgt man dem rechten Gang, gelangt man zu einem 4,50 m hohen weißlichen Granit-Steinblock, der wie eine in den Boden gerammte Lanze aussieht. Darauf erkennbar ist ein mythologisches Raubtiergesicht mit Fangzähnen und Schlangen als Haarschopf. Man nimmt an, dass diesem wahrscheinlich bedeutendsten Heiligtum der Chavín-Kultur Tier- und eventuell sogar Menschenopfer dargebracht wurden. Das Hauptmotiv verweist auf einen Jaguarkult, der Rückschlüsse auf die Herkunft der Chavín im Amazonasbecken zulässt.

Der linke Eingang führt in das labyrinthartige Innere des Gebäudes, das unter dem Castillo über mehrere Ebenen verläuft. Obwohl der unterirdische Teil nur über eine Öffnung verfügt, sorgen Ventilationsschächte für Frischluftzufuhr. Auf dem Flachrelief einer weiteren, ca. 2 m hohen **Stele** ist eine Gestalt mit einer Raubtiermaske, Krallenhänden und einer Art Zepter zu sehen. Sie wurde nach dem italienischen Forschungsreisenden Antonio Raimondi benannt, der sie 1873 als Erster beschrieb. Die Gestalt trägt eine Art überdimensionale Maske, aus der auf jeder Seite acht Schlangenköpfe herausragen. Das Original befindet sich im Archäologischen Museum in Lima. Auf den beiden Stelen und dem Flachrelief lassen sich Doppelabbildungen identifizieren, die das Prinzip der göttlichen Dualität wiedergeben – eine Symbolik, die sich in Sinnpaaren wie Norden-Süden, Sonne-Mond, Tag-Nacht oder männlich-weiblich erschließt und in vielen kultischen Religionen anzutreffen ist.

Besuch der Anlage: Die archäologische Stätte liegt nur wenige Meter vom Dorf Chavín entfernt. Um die unterirdischen Steinmetzarbeiten bewundern zu können, ist eine Taschenlampe sehr hilfreich, da die elektrische Beleuchtung gelegentlich ausfällt. An der Anlage warten in aller Regel lokale, meist nur Spanisch sprechende Guides, die ihre Dienste für 25 S/. (ca. 2 Std.) anbieten. 🕒 Di–So 9–16 Uhr. An einigen Feiertagen werden auch nächtliche Führungen (19–22 Uhr) angeboten.

Im **Museo Nacional de Chavín**, 🕒 tgl. 9–17 Uhr, sind weitere Fundstücke der Chavín-Kultur zu bewundern. Eintritt Anlage und Museum 15 S/. Wer die Ruinen von Chavín de Huántar an einem Tag von Huaraz aus ohne Übernachtung besichtigen möchte, sollte sich an eine der zahlreichen Agenturen wenden, die günstige Touren anbieten.

NORDPERU

Huari

Um von Chavín in das rund 40 km nördlich gelegene Huari zu gelangen, nimmt man entweder einen Direktbus oder ein Colectivo nach Pomachaca und steigt an der Kreuzung in ein Colectivo Richtung Huari um. Huari ist ein properes Dorf mit einer netten Plaza auf 3150 m Höhe. Abgesehen von Tagestouren entlang des Río Huari ist der Ort Ausgangspunkt für den zwei- bis dreitägigen Trek nach Chacas und die vier- bis sechstägige Tour auf dem Inkaweg nach Huánuco Viejo (S. 527).

Mit ein wenig Herumfragen, z. B. bei der Municipalidad, lässt sich ein Maultiertreiber mit Lasttieren organisieren. Die **Unterkünfte** und Restaurants in Huari sind sehr einfach. Ganz annehmbar sind das Tang Premium, Guzmán Barron 325, ❷, und die beiden Hostals Huagancu I und II, Bolívar 387 und Sucre 335, ❷. Passables Essen (Menüs und à la carte) servieren die **Restaurants** El Milagro, San Martín 589, und Luchito, Bolivar 550, beide in Nähe der Plaza de Armas. 🕒 beide ab 7 Uhr bis abends.

Wanderung von Huari nach Chacas

Die kurze, je nach Kondition zwei- bis dreitägige Wanderung eignet sich hervorragend als Einlaufstrecke für längere und anspruchsvollere Touren. Obendrein ist sie landschaftlich reizvoll und wird nur von wenigen Touristen begangen. Die Streckenlänge beträgt rund 33 km, wobei insgesamt etwa 1800 Höhenmeter zu überwinden sind. Der höchste Punkt ist der ca. 4500 m hohe San-Bartolomé-Pass. Chacas liegt auf rund 3400 m Höhe.

Der erste Tag ist gleichzeitig der anstrengendste. Zunächst folgt man der Straße Richtung Norden bis zum Weiler Acopalca. Wenig später zweigt linker Hand eine Erdstraße zur **Laguna Purhuay** ab. Die Serpentinen lassen sich gelegentlich während des rund eineinhalbstündigen Anstiegs auf einem Fußpfad abkürzen. An dem wunderschönen See lohnt eine Rast, da der nun folgende Anstieg lang und steil ist. Der schmale Pfad verlässt den Bergsee in nordwestlicher Richtung. Nach rund 500 Höhenmetern ist das Schlimmste überstanden. Der Weg zieht sich ab hier nur noch mäßig ansteigend am Berghang entlang. Dabei eröffnen sich tolle Ausblicke ins Huari-Tal und auf die tief unten liegende Laguna Purhuay. Orchideen, Blaubeersträucher und andere Bergpflanzen säumen den Wegesrand, immer wieder bestehen gute Zeltmöglichkeiten.

Am nächsten Morgen geht es stetig bergauf, bis der Weg in ein weiteres Tal führt. Einige Queñual-Wäldchen säumen die Strecke. Auf rund 4300 m wird rechter Hand ein See passiert, bis nach einem Schlussanstieg der rund 4500 m hohe **San-Bartolomé-Pass** erreicht ist, von dem aus sich bei gutem Wetter eine wunderschöne Fernsicht auf die umliegenden Bergketten bietet. An einer kurz darauf folgenden Weggabelung hält man sich links (der rechte Pfad führt nach San Luís) und beginnt mit dem langen Abstieg Richtung Chacas, das sich bei frühem Start noch am gleichen Tag erreichen lässt. Wer es gemütlicher angehen lassen will, sollte sich auf rund 4000 m Höhe einen Zeltplatz suchen; darunter wird es schwieriger, etwas Adäquates zu finden.

Der weitere Abstieg Richtung Chacas zieht sich erstaunlich in die Länge, wovon die liebliche Berglandschaft aber schnell ablenkt. Nach einer Halbtagesetappe kommt am frühen Nachmittag Chacas in Sicht.

Chacas

Das 3000-Seelen-Nest auf 3366 m am Ostrand der Cordillera Blanca wäre wohl nur eines von vielen vergessenen Andendörfern, hätte nicht vor etwas mehr als 20 Jahren ein italienischer Salesianerpater es erreicht. Er blieb und begann, den Ort zu modernisieren. Er gründete die *Cooperativa Artesanal Don Bosco de Chacas*, in der Jugendliche aus der Region zu Holzschnitzern ausgebildet werden. Viele von ihnen bleiben in Chacas, machen sich selbstständig, und ihre Arbeiten sind an der großen Plaza zu bewundern, die von wunderbar geschnitzten **Holzbalkonen** umgeben ist.

Die Plaza ist auch Schauplatz des im August stattfindenden **Dorffestes** (Haupttag 15. Aug), bei dem sich der Platz in eine Stierkampfarena verwandelt. Sehenswert ist der riesige, mit Blattgold überzogene **Holzaltar der Kirche**, der für den Ort ein wenig zu pompös wirkt. Das Original aus dem Jahr 1700 wurde 1993/1994 mit italienischer Hilfe restauriert. In Chacas haben sich inzwischen einige Dutzend Italiener niedergelassen, die im Rahmen von Freiwilligenprojekten helfen, den Lebensstandard der einheimischen Bevölkerung zu verbessern. Wie es scheint, hat man in Chacas das Weltliche und Religiöse zu aller Zufriedenheit verknüpft.

ÜBERNACHTUNG UND ESSEN

Hostal Pilar, Ancash 110, ✆ 945240021, ✉ hostalpilarchacas1@gmail.com. Bestes Haus am Platz in einem restaurierten Kolonialhaus, das auch gerne von Tourgruppen genutzt wird. Frühstück auf Vorbestellung. ❸

Restaurant El Mirador, Barrio Alameda, 4 Blocks unterhalb der Plaza. Gute Forellen, Pastagerichte und ordentliches Frühstück mit tollem Blick. ⌚ tgl. 9–21 Uhr.

TRANSPORT

HUARAZ (Rodviza u. a.) mehrmals tgl., 3 Std. (122 km). Die Busse fahren durch den 2014 eröffneten höchsten Tunnel der Welt, Punta Olímpica unterhalb des fast 4900 m hohen gleichnamigen Passes.

HUARI mehrmals tgl., 3 Std. (54 km). Keine Direktbusse, umsteigen in San Luis.
LIMA keine Direktbusse, umsteigen in Huaraz oder Huari.
SAN LUIS regelmäßig, 1 Std. (10 km).

Pomabamba und Sihuas

Von Chacas aus gelangt man mit Kleinbussen über San Luis und Piscobamba nach Pomabamba am nördlichen Ende des Callejón de Conchucos. Der Ort eignet sich sehr gut als Start- oder Zielpunkt für diverse Treks in der Cordillera Blanca. Er verfügt über eine Bank, medizinische Versorgung und Thermalquellen in der Nähe. Es bestehen Busverbindungen nach Huaraz über Yungay oder nach Lima. Weiter Richtung Norden führt eine staubige Piste in vier Stunden über Palo Seco nach Sihuas auf 2730 m. Inzwischen ist es möglich, von Sihuas mit öffentlichen Verkehrsmitteln zur Pazifikküste zu gelangen (Chimbote und Trujillo) oder mehrmals wöchentlich weiter nördlich nach Huamachuco via Huancaspata, Tayabamba und Pataz (s. „Umgebung von Trujillo", S. 455). Die Straße ist in schlechtem Zustand und in der Regenzeit zu meiden.

ÜBERNACHTUNG UND ESSEN

In Pomabamba kann man in der **Hospedaje Las Begonias**, ✆ 043-451057, Huamachuco 274, in einem netten Kolonialhaus, übernachten. ❶–❷
Besser und teurer ist das **Hotel Mirador**, Moquegua, Ecke Centenario, ✆ 043-0451067. ❷
In Sihuas finden sich ebenfalls einfache Unterkünfte.
In beiden Orten gibt es einfache *comedores*.

Cordillera Huayhuash

Die Cordillera Huayhuash ist eine eigenständige Bergkette südlich der Cordillera Blanca, die zu einer der atemberaubendsten Trekkingregionen Perus zählt. Von der südlich von Huaraz gelegenen **Laguna Conococha** erreicht man nach rund 13 km auf zunächst asphaltierter Straße am Mojón-Pass (4268 m) die Abzweigung nach Chiquián. Ab hier windet sich eine serpentinenreiche Asphaltstraße auf ca. 20 km hinab zur Hauptstadt der Provinz Bolognesi. Unterwegs eröffnen sich bereits schöne Ausblicke auf die Bergkette der Cordillera Huayhuash.

Chiquián

Der 5000 Seelen zählende Ort liegt oberhalb des Flusses Ainin auf rund 3400 m in einer beeindruckenden Berglandschaft. Mit seinen roten Ziegeldächern ist Chiquián ein sehr ruhiges und traditionelles Plätzchen, dessen Bewohner vorwiegend mit der Schaf- und Viehzucht sowie der Herstellung von Milchprodukten beschäftigt sind. Der einstmals blühende Trekking-Tourismus ist seit der Fertigstellung der Straße nach Llamac bzw. Pocpa/Matacancha rückläufig, denn viele Anbieter starten ihre Touren von Huaraz aus. Dennoch lässt sich eine Huayhuash-Umrundung auch direkt in Chiquián buchen (s. „Übernachtung").

ÜBERNACHTUNG UND ESSEN

Hotel Los Nogales de Chiquián, Comercio 1301, ✆ 043-447121, www.hotelnogaleschiquian.com. Geräumige Zimmer mit oder ohne Bad in altem Kolonialgebäude. Schöner Garten, Parkplatz und Tourservice. ❷
Gran Hostal Huayhuash, 28 de Julio 400, ✆ 043-447049, hotelhuayhuash@gmail.com. Saubere, gute Zimmer mit oder ohne Bad und Warmwasser. Restaurant, Gepäckaufbewahrung, Tourservice, Wäscherei und Parkplatz. Frühstück kostet extra. ❷
Viele kleine **Restaurants** mit günstigen Menüs liegen entlang der Comercio und der 2 de Mayo sowie in Plaza-Nähe. Gute Mittagsmenüs bekommt man im **Gran Hostal Huayhuash**.

SONSTIGES

Man sollte ausreichend Landeswährung mitbringen. **US-Dollar** in bar lassen sich begrenzt in besseren Hotels tauschen.

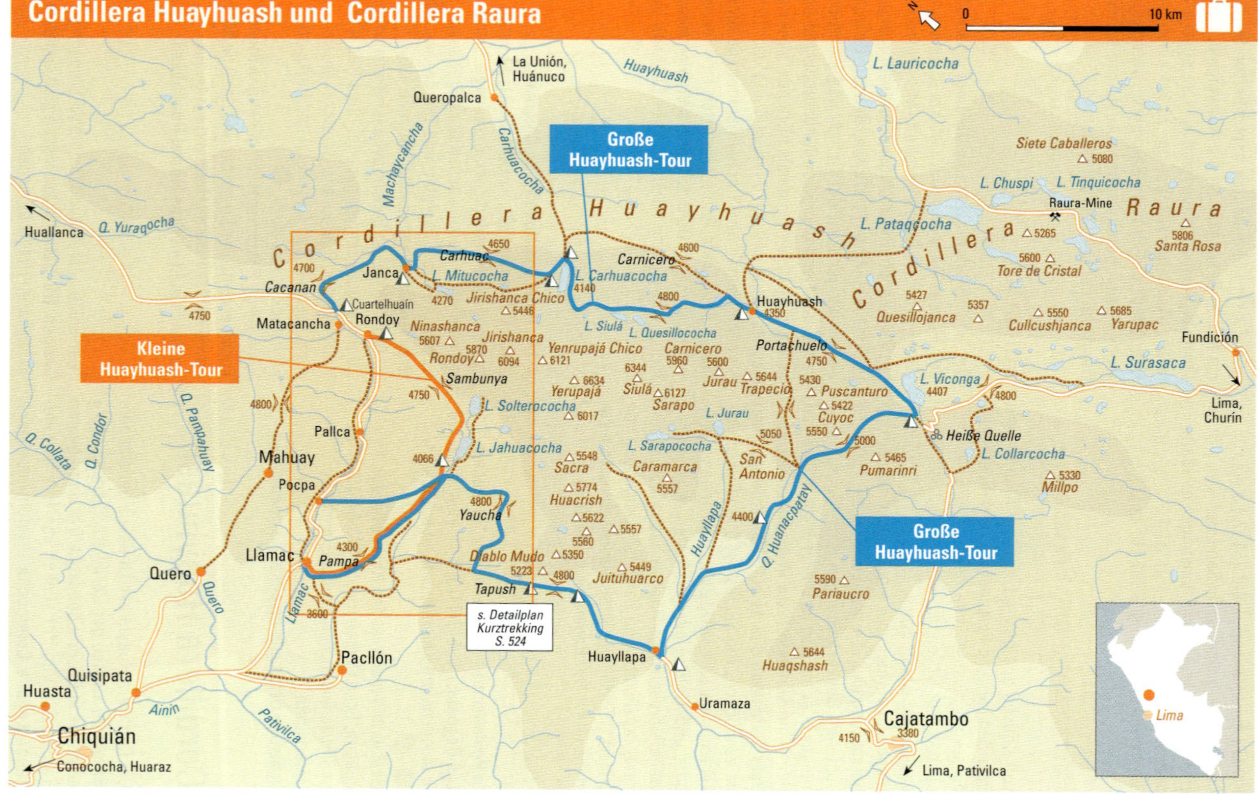
Cordillera Huayhuash und Cordillera Raura
0
10 km
Cordillera Huayhuash
Cordillera Raura
Große Huayhuash-Tour
Große Huayhuash-Tour
Kleine Huayhuash-Tour
s. Detailplan Kurztrekking S. 524
La Unión, Huánuco
Huayhuash
L. Lauricocha
Queropalca
Machaycancha
Carhuacocha
Siete Caballeros
5080
L. Chuspi
L. Tinquicocha
Raura-Mine
Huallanca
Q. Yuraqcocha
L. Pataqcocha
5265
5806
Santa Rosa
4700
4650
Carhuac
Janca
L. Mitucocha
Cacanan
Carnicero
4600
L. Carhuacocha
4140
5600
Tore de Cristal
Cuartelhuaín
4270
Jirishanca Chico
5446
4800
Huayhuash
4350
5427
Quesillojanca
5357
5550
Cullcushjanca
5685
Yarupac
4750
Matacancha
Rondoy
Ninashanca
5607
Jirishanca
5870
Rondoy
6094
L. Siulá
L. Quesillococha
Yenrupajá Chico
6121
Carnicero
5960
5600
Portachuelo
4750
Fundición
L. Surasaca
Sambunya
4750
6634
Yerupajá
6344
Siulá
6127
Sarapo
Jurau
5644
Trapecio
5430
Puscanturo
L. Viconga
4407
4800
Lima, Churín
4800
L. Solterococha
6017
L. Jurau
5422
Cuyoc
Q. Collata
Q. Condor
Q. Pampahuay
Pallca
5050
5550
5000
Heiße Quelle
Mahuay
4066
L. Jahuacocha
5548
Sacra
L. Sarapococha
Caramarca
5557
San Antonio
5465
Pumarinri
L. Collarcocha
5330
Millpo
Pocpa
5774
Huacrish
4800
Yaucha
5622
5557
5560
Huayllapa
4400
Q. Huanacpatay
4300
Llamac
Pampa
Diablo Mudo
5350
Quero
5223
4800
5449
Juituhuarco
Quero
Tapush
5590
Pariaucro
Llamac
3600
Paclón
Huayllapa
5644
Huaqshash
Quisipata
Huasta
Ainin
Pativilca
Uramaza
Chiquián
Cajatambo
3380
4150
Conococha, Huaraz
Lima, Pativilca
Lima

Die Hotels Los Nogales und Huayhuash organisieren **Trekkingtouren** in die Cordillera Huayhuash.

TRANSPORT

Busse und Micros

Gesellschaften

Cavassa, Bolognesi 421, an der Plaza de Armas, ✆ 043-447036
El Rápido, 28 de Julio, Cuadra 1, ✆ 043-422887
Turismo Jesús, Cáceres, Ecke 27 de Noviembre

Verbindungen

HUARAZ (El Rápido, Turismo Jesús) jeweils frühmorgens und nachmittags, 3 Std. (110 km).
LA UNIÓN (Cavassa) um 17 Uhr, 4 Std. (ca. 100 km). Fährt über HUALLANCA.
LIMA (Cavassa) je ein Bus morgens und abends, 8 Std. (366 km).
LLAMAC Busse aus Huaraz (Turismo Jesús und El Rápido) passieren Chiquián morgens und nachmittags, ca. 1 1/2 Std. (45 km). Der Bus fährt weiter bis POCPA (ca. 1/2 Std. länger).
MATACANCHA (Ausgangspunkt für die große Huayhuash-Umrundung) ca. 3 Std. (90 km). Keine Direktverbindung, Taxi ab Pocpa nehmen.

Touren in der Cordillera Huayhuash

Wanderungen in der kleinen, aber feinen Gebirgskette mit ihren zahlreichen Sechstausendern gehören zu den außergewöhnlichsten Trekking-Erlebnissen Perus.

Über **Chiquián** gelangt man mit öffentlichen Transportmitteln nach **Llamac**, einem möglichen Start- und Endpunkt vieler Huayhuash-Touren (ca. 1 1/2 Std. Fahrzeit), und weiter nach Pocpa, einer anderen Startmöglichkeit. Um nach **Matacancha** zu gelangen, dem üblichen Ausgangspunkt für die große Huayhuash-Umrundung, benötigt man ein Taxi ab Chiquián bzw. Pocpa. Seltener als Ausgangspunkt für ein Huayhuash-Trekking werden die Orte **Pacllón** (südwestlich von Llamac), **Quero** (nördlich von Llamac), **Cajatambo** (am Westrand) oder **Queropalca** (am Ostrand von Huayhuash) genutzt.

Umständliches Bezahlen

Nachdem es in früheren Jahren in Huayhuash zu einigen isolierten Überfällen auf Wanderer gekommen war, sind sich die dort lebenden Bauern inzwischen der Bedeutung des Trekking-Tourismus bewusst geworden. Sie bewachen die Strecke in Eigenregie und nehmen dafür gegen Quittung (*boleto,* gut aufheben!) Geld von den Wanderern, ebenso wie für das Benutzen der Zeltplätze. Die „Schutzgebühr" beträgt je nach Gemeinde 10–40 S/. p. P. und summiert sich für die große Runde auf rund 220 S/., für die kleine Runde auf 50 S/. Sie ist in der Regel nicht in den Komplettpreisen der Tourveranstalter enthalten. Die Touristeninformation I-Perú in Huaraz kann Auskunft zu den aktuellen Preisen geben.

Große Huayhuash-Umrundung

Die Umrundung des gesamten Huayhuash-Gebirgsmassivs gehört zu den spektakulärsten Trekkingtouren Perus. Auf der je nach Streckenführung rund 140 km langen Strecke sind rund acht Pässe zwischen 4300–5000 m zu überqueren und insgesamt mehr als 6000 Höhenmeter zu überwinden. Daher sollten sich **nur geübte und konditionsstarke Wanderer** an diese Tour heranwagen. Je nach Fitnesszustand kann die Strecke in acht bis zehn Tagen gelaufen werden.

Wer von La Unión kommt, kann über Queropalca in die Huayhuash-Runde einsteigen.

Wer die Trekkingtour in Cajatambo auf der Südseite der Cordillera Huayhuash beenden möchte, sollte daran denken, dass der Guide und gegebenenfalls auch die Maultiere bis Llamac bezahlt werden müssen.

Von der Laguna Viconga (3. oder 4. Wandertag) besteht die Möglichkeit, Richtung Osten in die Cordillera Raura hineinzuwandern. Eine wenig befahrene Straße führt nach Oyón. Von dort geht es über Churín zurück nach Lima.

Die große Huayhuash-Umrundung ist in den im Literaturteil aufgeführten Trekkingführern be-

Kurztrekking in der Cordillera Huayhuash

- **Route:** Llamac – Laguna Jahuacocha – Llamac
- **Dauer (Gehzeit ohne Pausen):** 9–11 Std.
- **Höhenmeter:** 1. Tag ca. 700 m, 2. Tag ca. 300 m, Passhöhen: 1. Tag ca. 4750 m, 2. Tag ca. 4300 m
- **Schwierigkeitsgrad:** mittel
- **Anfahrt:** Von Huaraz mit dem Bus nach Chiquián (S. 521), von dort mit Taxi oder Combi nach Llamac

Wer es bis zur Cordillera Huayhuash geschafft hat, lässt es sich meist nicht nehmen, das eindrucksvolle Gebirgsmassiv auf einer acht- bis zehntägigen Wanderung zu umrunden (S. 523). Wem diese Tour zu lang, zu teuer oder zu anstrengend ist, der bekommt auf der hier vorgestellten Wanderung mit der Laguna Jahuacocha eine der schönsten Ecken des Huayhuash-Massivs zu sehen. Da diese Route keine Tour von der Stange ist, muss man selbst aktiv werden, was die Organisation von Ausrüstung, Essen oder Maultiertreiber plus Tragetiere angeht.

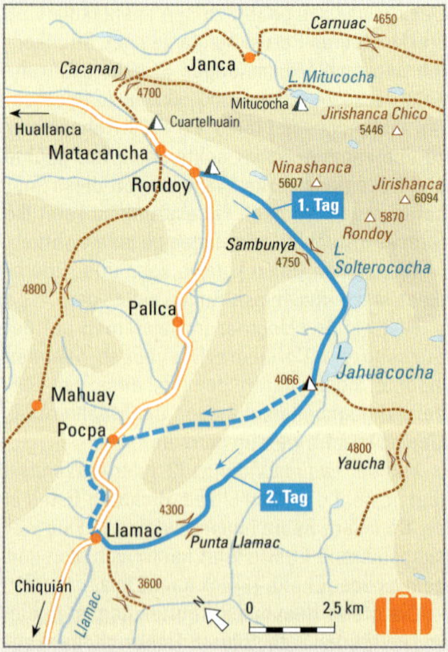

1. Tag (5–6 Std.)

Ausgangspunkt der Wanderung ist das rustikale Dorf **Llamac**. Dort finden Wanderer äußerst einfache Übernachtungsmöglichkeiten vor. Zelten kann man auf dem Fußballplatz, sollte aber um Erlaubnis fragen und vor dem Schlafengehen alle Sachen ins Zelt räumen. Die Grundstücke rund um den Ort sind alle in Privatbesitz. Wer dort zelten möchte, muss auf jeden Fall vorher den Besitzer kontaktieren. Maultiere und Treiber (ca. 50 S/. pro Tag für einen Maultiertreiber plus ca. 40 S/. für ein Pferd oder 30 S/. für ein Maultier) bekommt man in Llamac in aller Regel problemlos. Der Großteil der Trekking-Verpflegung (der Maultiertreiber muss mitversorgt und ihm sollte außerdem ein eigenes Zelt gestellt werden, das in Huaraz gemietet werden kann) sollte von außerhalb mitgebracht werden, da das Angebot in Llamac und Chiquián äußerst beschränkt ist. Die Wanderung kann auch ohne Maultiertreiber/Maultiere durchgeführt werden. Allerdings ist der Aufstieg mit schwerem Wanderrucksack auf die Passhöhe von 4750 m nicht jedermanns Sache.

Zunächst fährt man frühmorgens mit dem Combi oder Taxi von Llamac vorbei an der Mine Pallca, die mit ihrer Zink- und Bleiförderung schon für ernste Umweltschäden gesorgt hat, bis zum rund 12 km nördlich von Llamac gelegenen Weiler **Rondoy** (ca. 4150 m). Dort finden Kurzentschlossene bei einem späten Start auch Zeltmöglichkeiten vor. Von Rondoy steigt man in südöstlicher Richtung in das gleichnamige Tal auf, bis der rund 4750 m hohe **Sambunya-Pass** erreicht wird. Vom Pass hat man bereits herrliche Ausblicke auf die höchsten Gipfel der Cordillera Huayhuash.

Für den nun folgenden Abstieg zur **Laguna Solterococha** sollte man sich Zeit nehmen – er ist sehr steil und stellenweise schwer zu gehen. Vom Gletschersee ist es dann nicht mehr weit zum etwas tiefer liegenden **Jahuacocha**, an dem in schöner Lage gezeltet wird. Steil ragen am Talende die mächtigen Eisspitzen des Rondoy (5870 m), des Jirishanca (6094 m) und des mächtigen Yerupajá (6634 m), Perus zweithöchstem Berg, auf. In dem lieblichen Tal auf 4066 m Höhe weiden Schafe, und im kristallklaren Wasser der Laguna Jahuacocha tummeln sich zahlreiche Forellen.

2. Tag (4–5 Std.)

Wer genug Zeit mitbringt, kann am zweiten Tag einem Weg auf der östlichen Talseite Richtung Gletscher beliebig weit folgen (Hin- und Rückweg sind identisch), am Südende des Sees (gegenüber vom Campingplatz) der Route der großen Huayhuash-Umrundung beliebig weit in östlicher Richtung folgen (beispielsweise zum Yaucha-Pass auf 4800 m; Hin- und Rückweg sind identisch) oder einfach die tolle Landschaft rund um den See genießen (das Zelt sollte für die Tagestour abgeschlossen werden, Wertsachen mitnehmen!).

Ansonsten folgt man am nächsten Tag zunächst dem Tal in südwestlicher Richtung, bevor rechter Hand ein Weg abzweigt, der sich malerisch durch kleine Queñalwälder zum 4300 m hohen **Punta-Llamac-Pass** hoch windet. Wenig später kann man bereits tief unter sich das Dorf Llamac erkennen, das über einen langen, steilen, gestrüppreichen Abstieg erreicht wird. Die Gehzeit für diesen Abschnitt beträgt etwa vier bis fünf Stunden bei 250 Höhenmetern. Alternativ kann man auch über einen sehr steilen Weg nach Pocpa absteigen (etwas kürzer) und dem Tal in südlicher Richtung folgend nach Llamac laufen.

Wandern auf der alten Inkastraße

Von Huánuco Pampa (auch Huánuco Viejo, s. u.) kann man auf der alten **Inkastraße Capac Ñan**, die einst Cusco mit Quito verband und stellenweise sehr gut erhalten ist, in fünf bis sechs Tagen nach Huari (S. 519, Richtung Norden) und nach Yanahuanca (S. 408, Richtung Süden) wandern.

schrieben und wird auch von verschiedenen Tourveranstaltern in Huaraz (S. 502) als organisierte Tour angeboten. Die Kosten liegen je nach Gruppenstärke bei US$400–1200 p. P. für acht bis neun Tage (alles inkl.). Bei darunter liegenden Angeboten muss man auf eine sehr große Gruppe, mäßige Verpflegung, defizitäre Ausrüstung und An-/Abreise in öffentlichen Verkehrsmitteln gefasst sein.

Von Chiquián nach Huánuco

Von Chiquián geht es zunächst Richtung Nordwesten zurück zur asphaltierten Hauptstraße. Diese verdankt ihre Existenz nur der gigantischen Kupfermine **Antamina**, die auf der Ostseite der Cordillera Blanca liegt. Auf dem Weg dorthin wird der 4720 m hohe **Abra Yanashalla** überquert, an dem sich eine Abzweigung Richtung Pastoruri-Gletscher und zu den Riesenbromelien *Puya raimondii* (S. 506) befindet. Bei KM 72 zweigt die Straße rechter Hand ab und führt über die Mine Huansala zu dem auf 3450 m liegenden Ort **Huallanca**, der nach weiteren 20 km erreicht wird. Am Ortseingang befindet sich eine Stierkampfarena, am Ortsausgang ein Elektrizitätswerk. Dazwischen liegen Lehmziegelhäuser dicht an dicht, viele mit Ichu-Gras gedeckt. Von hier aus fahren regelmäßig Colectivos nach La Unión, wo man Richtung Huánuco umsteigen muss. Es besteht eine einfache touristische Infrastruktur.

Nach weiteren 20 km auf schlechter Schotterpiste am schönen Río Vizcarra entlang kommt **La Unión** in Sicht, der größte Ort zwischen Huaraz und Huánuco. Das geschäftige Städtchen auf 3250 m liegt rund 400 km nordöstlich von Lima, hat aber bis auf eine alte Kolonialbrücke keine Sehenswürdigkeiten.

War die Region vor La Unión durch karge Berglandschaften geprägt, so nimmt im weiteren Verlauf der Strecke Richtung Huánuco die Besiedlung zu. Kleine Dörfer und terrassierte Berghänge werden entlang der Straße passiert, die einen weiten Bogen Richtung Norden macht, bevor sie bei KM 108 nach der Abzweigung Richtung **Tantamayo** (s. „Die Umgebung von Huánuco", S. 411) östlich über Chavinillo und einen 3900 m hohen Pass nach Huánuco führt, das nach 137 km erreicht wird. Sehr malerisch wirken die zu großen Bündeln zusammengeschnürten Maiskolben, die in den Sommermonaten in fast allen Dörfern zum Trocknen ins Freie gehängt werden.

ÜBERNACHTUNG UND ESSEN

Gran Hostal Abilia Alvarado, Comercio 1196, La Unión, kein Telefon. Abgewohnte Zimmer mit/ohne Bad. Restaurant, Parkplatz. ❶
Weitere einfache Hostales liegen entlang der Hauptstraße.
Einfache **Restaurants** finden sich im Marktbereich.

TRANSPORT

Alle Busse fahren vom **Terminal Terrestre** am Ortsausgang von La Unión, aus Huallanca kommend, ab. Einige Busunternehmen unterhalten Büros entlang der Comercio.

Busse und Colectivos

CHIQUIÁN (Cavassa) ein Bus tgl. fährt morgens auf dem Weg nach Lima über Chiquián. Ansonsten muss man bis Huallanca fahren und dort einen Bus nach Huaraz nehmen (fragen, ob er über Chiquián fährt, sonst am Bypass Chiquián aussteigen und mit einem Combi weiter nach Chiquián), 3 Std. (ca. 100 km).
HUALLANCA Combis fahren vom Busterminal, sobald sie voll sind, 3/4 Std. (20 km).
HUÁNUCO nur Sammeltaxis, die fahren, wenn sie voll sind, 4–5 Std. (137 km).
HUÁNUCO VIEJO Combis Richtung Baños fahren ab der Comercio (um 6 und 13 Uhr, für

einen Sitzplatz früh da sein), ca. 1 Std. Zurück passieren die Combis die Ruinen gegen 11 und 16 Uhr.
HUARAZ (El Rápido) um 4 Uhr (ab Huallanca um 5.30 und 13 Uhr), 4 1/2 Std. (211 km).
LIMA (mehrere Anbieter) Abfahrt meist frühmorgens oder am späten Nachmittag, 10 Std. (408 km).
TANTAMAYO tgl. mehrere Sammeltaxis und Busse (5–6 Std.) oder alternativ Bus Richtung Huánuco bis TINGO CHICO (ca. 1 Std.) und von dort weiter.

Huánuco Viejo

Nur rund 11 km südwestlich von La Unión liegen die interessanten Inkaruinen Huánuco Viejo, auch Huánuco Pampa genannt. Auf einer Hochfläche befindet sich eines der am besten erhaltenen Verwaltungszentren der Inka. Durch das Fehlen architektonischer Sachzwänge wie etwa in Machu Picchu konnte sich die Stadt über rund 14 km^2 in einer Ebene auf rund 3600 m Höhe ausbreiten. Von den rund 1000 klassifizierten Gebäudestrukturen sind heute noch mehrere gut erhalten und rund um einen zentralen Platz von 540 x 370 m angelegt. Dieser wird von der königlichen **Inkastraße** durchkreuzt, die im Süden Richtung Yanahuanca und im Norden Richtung Huari verläuft. Im Süden der Anlage liegen etwa 500 **Qolqas**, Lagerräume für Lebensmittel. ⌚ tgl. 8–18 Uhr, Eintritt 5 S/.

Im Zentrum der Anlage steht auf einer Plattform das **Ushnu**, der Inkathron, umrahmt von einer Mauer aus perfekt gearbeiteten Steinquadern. Drei Tore in Trapezform, eines mit Pumas verziert, künden ebenfalls von der Steinmetzkunst der Inka. Gut erhalten ist ein **Palast**, den der jeweilige Herrscher während seiner Reisen als Unterkunft benutzte.

Anfahrt: Hinter dem Markt von La Unión beginnt ein steiler Fußweg nach Huánuco Viejo, über den man die Anlage in rund 2–3 Stunden erreichen kann. Wer mit dem Taxi hochfährt und zu Fuß zurückkehrt, zahlt 40 S/., Hin- und Rückfahrt inkl. Wartezeit kosten 60 S/. (Combis s. „La Unión/Transport", S. 526). Für Wanderer ist Huánuco Viejo bzw. La Unión der ideale Startpunkt, um in dünn besiedelter Landschaft den Spuren des alten Inkawegs **Capac Ñan** (s. Kasten S. 526) zu folgen.

Von Cajamarca nach Chachapoyas

Wer die notwendige Zeit mitbringt, sollte sich dieses spektakuläre Stückchen Peru nicht entgehen lassen. Vor allem das Teilstück zwischen Celendín und Leymebamba macht Reisende mehr als nur einmal sprachlos ob der gewagten Pistenführung und der eindrucksvollen Landschaft.

Cajamarca

20 km nördlich von Pacasmayo an der Pazifikküste zweigt die asphaltierte Hauptroute **RN 8** nach Cajamarca ab. Vorbei an ausgedehnten Reisfeldern beginnt der Anstieg in die Berge. Auf ca. 400 m Höhe liegt beim Ort Tembladera der große **Stausee Gallito Ciego**, auf dem man windsurfen kann. In Seenähe befindet sich ein einfacher Campingplatz. Im weiteren Verlauf passiert die Straße das Zuckerrohrgebiet um den Ort **Magdalena.**

Immer steiler und serpentinenreicher quält sich die Straße bergauf, passiert die Passhöhe **Abra de Gavilán** auf rund 3100 m und fällt schließlich in das Tal von Cajamarca ab, das nach 177 km erreicht wird.

Die attraktive Kolonialstadt liegt auf 2750 m Höhe und hat rund 200 000 Einwohner. Trotz der Höhe besitzt **Cajamarca** ein angenehmes Klima mit Temperaturen zwischen 6 und 23 °C. Ungeachtet seiner interessanten Geschichte seiner freundlichen Bewohner und den Sehenswürdigkeiten der Umgebung liegt der Ort ein wenig abseits der Touristenpfade und wird außerhalb der Hauptsaison zwischen Juni und September nur wenig besucht. Für die Einheimischen hingegen ist Cajamarca ein wichtiger Handelsplatz, unschwer zu erkennen an den lebhaften Märkten und dem geschäftigen Treiben in den engen Straßen der Stadt.

Cajamarca boomt, denn westlich der Stadt befindet sich **Yanacocha**, Perus größte und die weltweit zweitgrößte Goldmine (s. Kasten S. 532). Fast alles in Cajamarca dreht sich um die hochprofitable Mine, die ganze Berghänge im Tagebau abtragen lässt, um an das begehrte Edelmetall zu gelangen. Dies geschieht leider auf Kosten der Bauern der Umgebung und der Trinkwasserversorgung bzw. -qualität. Gold war, ist und bleibt der Fluch Cajamarcas.

Geschichte

Spuren erster sesshafter Kulturen im fruchtbaren Tal von Cajamarca gehen zurück bis rund 1500 v. Chr. Beeinflusst von der Chavín-Kultur, entwickelte sich die **Caxamarca-Kultur** zwischen 500–1000 n. Chr. Unter Pachacútec eroberten die Inka die Region und integrierten sie in ihr riesiges Reich. Aus Cajamarca wurde ein wichtiger Standort zwischen Quito und Lima entlang des Inkawegs mit militärisch-strategischer und religiöser Bedeutung. Während dieser Zeit wurde eine Vielzahl von Tempeln und Palästen konstruiert, von denen außer dem berühmten Cuarto del Rescate (Lösegeld-Raum) nicht mehr allzu viel erhalten ist.

Nach dem Tod des Inkaherrschers Huayna Capac im Jahr 1525 wurde das Inkareich zwischen seinen beiden Söhnen **Atahualpa** und **Huascar** aufgeteilt. Ein Streit zwischen den Halbbrüdern stürzte das Inkareich in einen Bürgerkrieg, aus dem Atahualpa siegreich hervorging. Auf seinem Siegesmarsch Richtung Cusco legte Atahualpa eine Rast in Cajamarca ein, um sich in den nahe gelegenen Thermalquellen, die heute Los Baños del Inca genannt werden, zu erholen. Zu diesem Zeitpunkt war der Inka bereits von der Ankunft und Anwesenheit weißer, bärtiger Männer in seinem Riesenreich unterrichtet worden. Er sah in ihnen keine Gefahr, war er doch von einer großen, mehrere zehntausend Mann starken Armee umgeben.

Francisco Pizarro und seine kleine Streitmacht von 160 Männern, rund 60 Pferden und leichten Geschützen gelangten am 15. November 1532 nach Cajamarca. Am Nachmittag des nächsten Tages kam es zum Zusammentreffen von Spaniern und Inka. Der spanische Priester Vicente de Valverde trat Atahualpa mit der Bibel

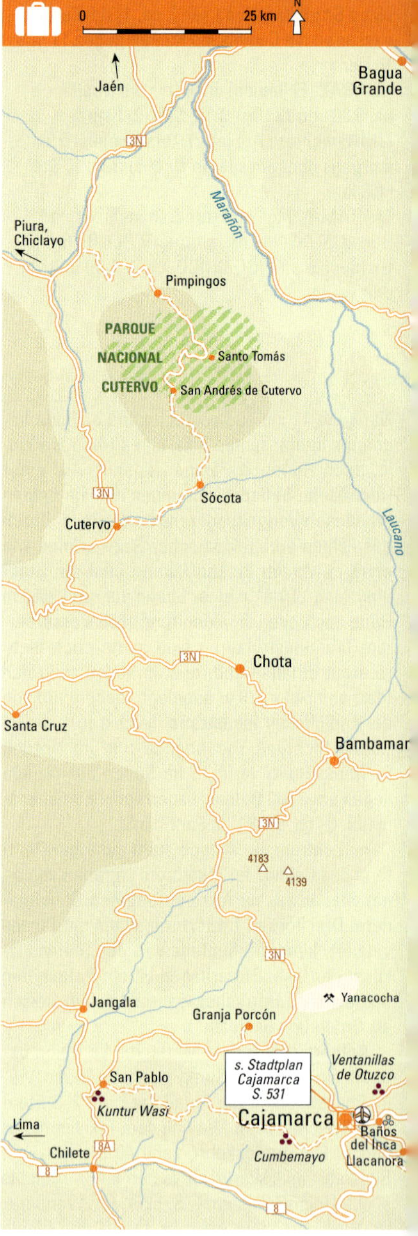

NORDPERU

Von Cajamarca nach Chachapoyas

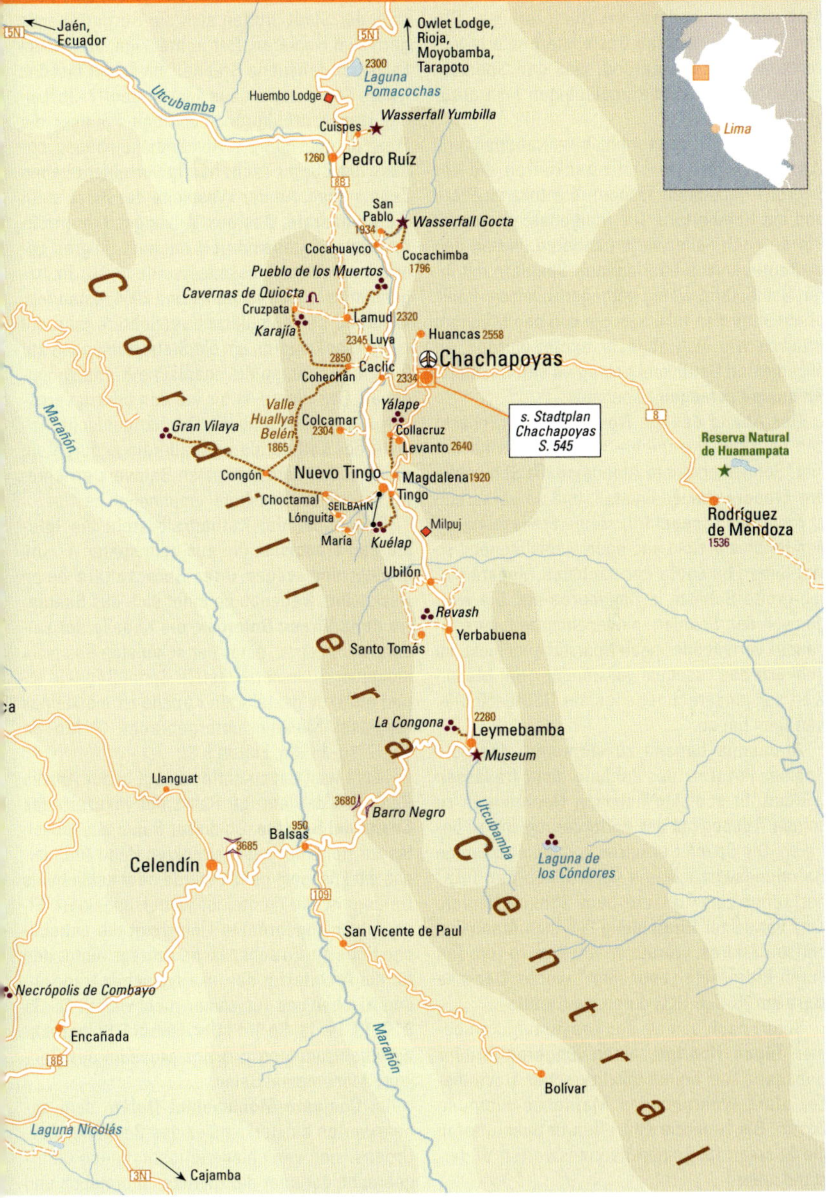

Jaén, Ecuador
5N
Owlet Lodge, Rioja, Moyobamba, Tarapoto
2300
Laguna Pomacochas
Utcubamba
Huembo Lodge
Cuispes
Wasserfall Yumbilla
1260 Pedro Ruíz
8B
San Pablo
1934
Wasserfall Gocta
Cocahuayco
Cocachimba 1796
Pueblo de los Muertos
Cavernas de Quiocta
Cruzpata
Lamud 2320
Karajía
2345 Luya
Huancas 2558
Chachapoyas
2850
Caclic
Cohechán
2334
s. Stadtplan Chachapoyas S. 545
Valle Huallya Belén 1865
Colcamar 2304
Yálape
Collacruz
Levanto 2640
Gran Vilaya
Marañón
Congón
Nuevo Tingo
Magdalena 1920
Choctamal
SEILBAHN
Tingo
Lónguita
Milpuj
María
Kuélap
Ubilón
Revash
Yerbabuena
Santo Tomás
Cordillera Central
8
Reserva Natural de Huamampata
Rodríguez de Mendoza 1536
Lima
NORDPERU
2280
La Congona
Leymebamba
Museum
Llanguat
3680
Barro Negro
950 Balsas
3685
Celendín
Utcubamba
Laguna de los Cóndores
109
San Vicente de Paul
Necrópolis de Combayo
Encañada
8B
Marañón
Bolívar
Laguna Nicolás
3N
Cajamba

entgegen, um dem Inka seine „unanfechtbare" Position als Abgesandter Gottes zu erklären. Atahualpa schleuderte das Buch zornig zu Boden. Diese frevlerische Geste interpretierte Valverde als Gotteslästerung, was den Spaniern den Vorwand gab, die ungläubigen Inka anzugreifen.

Die Spanier begannen, ihre Kanonen und Waffen abzufeuern und attackierten die vor Schreck gelähmten Truppen der Inka zu Pferd und mit Schwertern. Die Indígenas, die weder Pferde noch Feuerwaffen kannten, hatten den waffentechnisch überlegenen Spaniern mit ihren Schleudern wenig entgegenzusetzen. Panik brach unter den Inka aus, die von den Männern Pizarros wie Vieh abgeschlachtet wurden. Im allgemeinen Getümmel gelang es den Spaniern, **Atahualpa gefangen** zu nehmen.

Der Abend des 16. Novembers veränderte den Lauf der Geschichte Südamerikas für immer: Schnell erkannte Atahualpa die Schwäche der Eroberer für Edelmetall, und so versprach er ihnen als **Lösegeld** für seine Freilassung einen Raum voll Gold und noch einmal doppelt so viel Silber. Im Laufe der nächsten Monate trafen große Schätze in Cajamarca ein. Sie wurden von den Spaniern eingeschmolzen, untereinander verteilt oder nach Spanien geschickt. Im Juni war das Lösegeld vollständig – der Metallwert soll umgerechnet ungefähr US$40–50 Mio. betragen haben.

Atahualpa begann zu vermuten, dass die Spanier ihn trotz der Zahlung nicht freilassen würden. Er schickte heimlich Nachrichten zu seinen Truppen mit der Aufforderung, ihn zu befreien. Die Spanier erfuhren von dem geplanten Befreiungsversuch und verurteilten den Inkaherrscher zum Tod auf dem Scheiterhaufen. Kurz vor seiner **Hinrichtung** ließ sich Atahualpa christianisieren, worauf er von Pizarro zum Tod durch Erdrosseln „begnadigt" wurde. Der Inka starb am 26. Juli 1533 durch die Garotte.

Sofort nach seinem Tod ernannten die Spanier **Túpac Huallpa**, einen jüngeren Bruder Huascars, zum neuen Inkaherrscher. Doch dieser starb während des Marsches Richtung Cusco. Bis zu ihrem Eintreffen in Cusco trafen die Spanier auf keinen nennenswerten Widerstand mehr.

Sehenswertes

Auf der weitläufigen **Plaza de Armas**, dem Zentrum der Stadt, treffen sich die Bürger abends gern zum Flanieren. Der achteckige, aus einem Felsstück gehauene Brunnen mit seiner fast 6 m hohen Säule stammt aus dem späten 17. Jh. Leider lassen profilierungssüchtige Politiker die Plaza in regelmäßigen Abständen umbauen, sodass die Bürger recht häufig vor einem hohen Zaun stehen. An der Westseite der Plaza steht die **Kathedrale**. Das aus Vulkangestein errichtete Bauwerk beeindruckt mit einer filigran gearbeiteten Barockfassade, wurde im 16. Jh. begonnen, erst 1960 vollendet und 2004 restauriert. Während der Kolonialzeit verzichtete man auf einen Glockenturm, um die Steuerzahlungen auf fertige Kirchen an die spanische Krone zu umgehen. Das Innere ist bis auf den churrigueresken Altar recht schlicht. Die harmonische Ansicht der Kathedrale wird allerdings durch ein direkt neben dem kolonialen Bauwerk errichtetes modernes Luxushotel empfindlich gestört.

Gegenüber der Kathedrale steht die **Iglesia San Francisco**, die aus dem späten 17. Jh. stammt und wegen ihrer Barockaltäre einen Blick lohnt. Nebenan befindet sich das **Santuario de la Virgen Dolorosa**, die Kapelle der Leidenden Jungfrau, eines der schönsten Beispiele indigener Steinmetzkunst. In der außen und innen attraktiv gestalteten Kapelle ist ein kleines religiöses Museum untergebracht. ⌚ Mo–Sa 10–12, 16–18 Uhr, Eintritt 5 S/.

Nicht weit davon entfernt liegt in der Amalia Puga 750 das einzige Relikt der Inkazeit, das **Cuarto del Rescate**. Ob dieser Raum tatsächlich bis zur Höhe der ausgestreckten Hand Atahualpas mit Lösegeld gefüllt wurde oder schlicht als Gefängniszelle diente, ist weiter ungeklärt. Eine später angebrachte Linie zeigt die angebliche Höhe an. Zu sehen ist heutzutage außer den für die Architektur der Inka typischen trapezoiden Nischen und Türrahmen nicht viel. ⌚ Di–Sa 8.30–13, 14–18, So 9–13 Uhr, Eintritt 5 S/ (berechtigt auch zum Eintritt in das Museum des Conjunto Monumental Belén).

Im **Conjunto Monumental Belén**, dem sehenswerten Klosterkomplex des Bethlehemiter-Ordens, sind verschiedene Institutionen untergebracht, darunter die Touristeninformation und

das Nationale Kulturinstitut INC. Der Klosterbereich beherbergte einst ein Krankenhaus. Einige Relikte aus dieser Zeit sind im kleinen **Museo Médico** zu sehen. Zum Conjunto Monumental Belén gehört auch das **Museo Arqueológico y Etnográfico**. Dort erhält man einen guten Eindruck von der Volkskultur Cajamarcas. Ausgestellt sind u. a. traditionelle Kleidung, Kunsthandwerk aus Holz, Leder, Knochen und Stein sowie Musikinstrumente. ⏲ Di–Sa 8.30–13, 14–18, So 9–13 Uhr, Eintritt 5 S/. (berechtigt auch zum Eintritt in das Cuarto del Rescate).

Einen Blick wert sind auch die zahlreichen Kolonialhäuser *(Casonas)* mit ihren schönen Innenhöfen und Portalen. Ein gutes Beispiel ist die frei zugängliche **Casa Conde de Uceda** an der Apurímac, Ecke Lima, die von der Banco de Crédito restauriert wurde.

Der steile Aufstieg über die konvex und konkav angelegten Stufen auf den **Cerro Santa Apolonia** lohnt die Mühe. Von dem kleinen Hügel hat man einen sehr schönen Blick auf die Stadt und das sie umgebende Tal. Eine kleine Kapelle ist der Virgen de Fatima gewidmet, und auf einer polierten Steinfläche, dem **Silla del Inca**, soll einst der Inkaherrscher Platz genommen haben. Von der Plaza aus führt die Avenida Dos de Mayo direkt auf den Aussichtshügel, ⏲ tgl. 7–18.30 Uhr, Eintritt 1 S/.

Interessant ist auch das **Museo Arqueológico Nacional Horacio H. Urteaga**, Batán 289, das von der Universidad Nacional de Cajamarca verwaltet wird und Fundstücke verschiedener prähispanischer Völker, darunter die Cajamarca-, Chimú- und Huari-Kulturen, präsentiert. Nach den erotischen Mochica-Keramiken müs-

Goldmine Yanacocha – mehr Fluch als Segen?

1993 begann die US-amerikanische **Newmont Mining Corporation** – der weltweit größte Goldproduzent – mit dem Abbau von Gold rund 20 km nördlich der Stadt Cajamarca. Yanacocha ist heute eine der größten Goldminen der Welt. Für viele Campesinos hingegen bedeutet der moderne Goldabbau die Zerstörung ihrer Lebensgrundlagen. Die Aktivitäten von Yanacocha konzentrieren sich in Höhenlagen zwischen 3500 und 4200 m, dem Einzugsgebiet vier wichtiger Flüsse. Zahlreiche Kleinbauern nutzen das Land in dieser Höhenlage für Ackerbau und Viehzucht.

Schmutzige Geschäfte

Das Gold wird im Tagebau, unter Einsatz großer Mengen an Blausäure, aus dem zerkleinerten Gestein herausgewaschen. Dabei kommt es immer wieder zu Verschmutzungen des Bodens und des Wassers. Fischsterben in den Flüssen ist die Konsequenz. Die Campesinos klagen zudem über Viehsterben und die Verringerung der verfügbaren Wassermenge für die Landwirtschaft.
Protestieren die Kleinbauern in Cajamarca gegen die Mine, werden sie oft von starken Polizeikontingenten empfangen. Die lokale Presse, die von Yanacocha monatlich Zahlungen empfängt, hüllt sich in Schweigen.
Für die ländliche und städtische Bevölkerung von Cajamarca bedeutet die Anwesenheit der Mine – neben Jobmöglichkeiten für wenige – vor allem eine Zunahme des Schwerlastverkehrs, starkes Bevölkerungswachstum, Zunahme der Kriminalität, der Prostitution und diverser Haut-, Augen- und Lungenkrankheiten. Yanacocha ist so zum stärksten gesellschaftlichen und politischen Destabilisierungsfaktor der Region avanciert.

Campesinos gegen Conga

Dies zeigte sich einmal mehr 2011, als es zu wochenlangen Protesten mit Toten und Verletzten gegen das neue Minenprojekt Conga in der Provinz Cajamarca kam, das Präsident Humala sogar vorübergehend zwang, den Ausnahmezustand über die Region zu verhängen. Denn während es bei Conga für die Investoren um viel Geld ging, fürchtete die einheimische Bevölkerung um die Reinheit und Verfügbarkeit ihrer Wasserquellen. Nach jahrelangem Widerstand lokaler Gruppen sah sich die Newmont Mining Corporation, Hauptteilhaber von Conga, schließlich gezwungen, das Projekt 2016 bis auf Weiteres einzustellen.
Wer mehr über die Machenschaften von Yanacocha wissen möchte, dem sei der auf über 20 Filmfestspielen ausgezeichnete **Dokumentarfilm** *Operation Teufel* empfohlen (Info und Kauf unter 🖳 www.guarango.org/diablo/menu-al.html).

Jonas Lambrigger und Frank Herrmann

NORDPERU

sen Besucher fragen – sie werden, wie es sich für ein katholisches Land gehört, in einem Schrank verschlossen aufbewahrt. 🕒 Mo–Fr 7.30–14.45 Uhr, Eintritt frei, Spende erwünscht.

ÜBERNACHTUNG

€ **Chakra Runa Backpacker**, Pasaje. Cutervo 129, rund 600 m östlich der Plaza de Armas, ✆ 971096916. Einfache, nette Backpackerunterkunft mit Schlafsälen (23 S/. p. P.) oder Privatzimmern mit Gemeinschaftsbad. Der Besitzer plant die Eröffnung eines weiteren Hostels. Frühstück inkl. ❶

Hostal Maris, Apurimac 877, ✆ 076-340104, ✉ hostalmariss@hotmail.com. Kleines Hotel mit günstigen Zimmern mit Bad und TV. ❶–❷

Hospedaje Los Jazmines, Amazonas 775, ✆ 076-361812, 🖳 www.hospedajelosjazmines.com.pe. Wer hier übernachtet, unterstützt Behindertenprojekte. Diese werden vom Projekt Cajamarca, 💻 www.projekt-cajamarca.de, gefördert, dessen Büro sich ebenfalls im Hotel befindet und Auskünfte über Praktikantenaufenthalte und Freiwilligenarbeit erteilt. Das Hotel besitzt einen schönen grünen Innenhof, einfache Zimmer mit Holzfußboden, mit und ohne Bad. Im Café (s. „Essen") und im Hotel arbeiten Behinderte und alleinerziehende Mütter. ❷

Casa Bonita, Pisagua 731, ✆ 076-305115, 💻 www.hotelescasabonita.com. Ruhig gelegenes Haus im Kolonialstil mit hellem Innenhof. Geräumige Zimmer mit Parkettfußboden, Frühstücksbuffet inkl. ❸

El Portal del Marqués, del Comercio 644, ✆ 076-368464, 💻 www.portaldelmarques.com. Kleines Hotel im Kolonialstil, dessen hübsche Zimmer um einen Innenhof gruppiert sind. Restaurant, Frühstücksbuffet und Transfers inkl. ❹

Hotel Cajamarca, Dos de Mayo 311, ✆ 076-362532, 💻 www.hotelcajamarca.com.pe. Im Kolonialstil mit Innenhof und angenehmen Zimmern mit Bad, Teppichboden und TV. Das Hotel verfügt über ein gutes Restaurant, Parkplatz, Wäsche- und Tourservice. Frühstücksbuffet inkl. ❺

ESSEN

Die Gegend um Cajamarca ist für ihre hochwertigen **Milchprodukte** bekannt. Leckerer Käse wird ebenso wie Joghurt in vielen Läden verkauft. Als Nachtisch wird gern *Quesillo con miel* (Frischkäse mit Honig) gegessen.

Café Oasis, Amalia Puga 828. Bei Einheimischen beliebtes Café und Familienrestaurant mit breitem Speisenangebot. Gute vegetarische Lasagne. 🕒 tgl. 7–23 Uhr.

Cascanuez, Amalia Puga 554, unterhalb der Kathedrale. Gemütliches Café mit nicht ganz billigen leckeren Kuchen und Süßspeisen. Das Frühstück ist eher dürftig. 🕒 tgl. 7.30–23 Uhr.

Chifa Xin Hua, Amalia Puga 531. Chinese mit großer Auswahl und großen Portionen. 🕒 tgl. 12–23 Uhr.

NORDPERU

Der steile Anstieg auf den Cerro Santa Apolonia wird mit einem Blick auf Cajamarca belohnt.

El Marenguito, Junin 1184. Leckere Holzofenpizza. ⌚ tgl. 18–24 Uhr.

Espresso Bar Los Jazmines, in der gleichnamigen Hospedaje (S. 532). Kaffee und leckere Kuchen. ⌚ Mo–Sa 7.30–13, 15–21, So 8–12, 16–20 Uhr.

Helados Holanda, Amalia Puga 657, Plaza de Armas. Leckeres Eis aus lokalen Fruchtsorten. Das Unternehmen beschäftigt Behinderte und hat Filialen in Baños del Inca und im Centro Comercial El Quinde. ⌚ tgl. 9–19 Uhr.

Las Tullpas, Dos de Mayo 390. Verschiedene Gerichte und Mo–Fr Mittagsmenüs. ⌚ tgl. 7–16, 18.30–22 Uhr.

Nature's Center, Amalia Puga 409, Ecke Tarapacá. Billige vegetarische Menüs mittags und abends. ⌚ Mo–Do 8–14, 17–20, Fr, So 8–14 Uhr.

Salas, Amalia Puga 637, an der Plaza de Armas. Im großen Saal werden lokale Spezialitäten aufgetischt. Das Lokal ist dank seiner reichlichen Portionen zu vernünftigen Preisen beliebt bei Einheimischen und hat eine Zweigstelle in der Cruz de Piedra 639. ⌚ tgl. 7–22 Uhr.

NORDPERU

UNTERHALTUNG UND KULTUR

Peña Usha Usha, Amalia Puga 142. Die kleine, sympathische Peña ist mit ihrer Livemusik eine Institution in Cajamarca. ⌚ Di–Sa ab 21 Uhr.

In der **El Quinde Shopping Plaza** (s. „Einkaufen") gibt es ein Kino.

EINKAUFEN

Milchprodukte und Schokolade sind rund um den Markt erhältlich. Im **Mercado Central** in der Amazonas kann man günstig einkaufen, u. a. Strohhüte *(Sombreros de paja)*, Satteltaschen aus Wolle oder Baumwolle *(Alforjas)* und Eukalyptushonig *(Miel de eucalipto)*.

El Quinde Shopping Plaza, Hoyos Rubio, Block 7, Richtung Flughafen. Großes Einkaufszentrum mit Supermarkt, Banken und Fressmeile.

TOUREN

Rund um die Plaza liegen die Büros verschiedener **Touranbieter**, die sich in Preis und Angebot (u. a. Stadtrundgang Cajamarca, Cumbemayo, Ventanillas de Otuzco, Granja Porcón) sehr ähneln.

Cumbe Mayo Tours, Amalia Puga 635, ☎ 076-362938, 💻 www.cumbemayotours.com, hat auch englischsprachige Guides.

SONSTIGES

Feste

Februar/März: neben Puno der sehenswerteste **Karneval** in Peru. Tagelange ausgelassene Feiern mit Umzügen, Tänzen, Musikgruppen. Touristen sollten damit rechnen, schon einen Monat vor der Karnevalswoche mit Wasser, Mehl oder sogar rohen Eiern beworfen zu werden!

Schöne Festlichkeiten gibt es auch in der **Osterwoche** *(Semana Santa)* und zu **Fronleichnam** *(Corpus Cristi)*.

Geld

Banco de Crédito, Apurimac, Ecke Lima. Viele Reiseagenturen an der Plaza wechseln Geld.

Informationen

I-Peru, Cruz de Piedra 601, ☎ 076-365166, ✉ iperucajamarca@promperu.gob.pe. ⌚ Mo–Sa 9–18, So 9–13 Uhr.

Dircetur, Belén 631, im Conjunto Monumental Belén, ☎ 076-362903, ✉ dircetur@regioncajamarca.gob.pe. ⌚ Mo–Fr 7.30–13, 14.30–17 Uhr.

Medizinische Hilfe

Centro de Salud Simón Bolívar, Mario Urteaga 500, ☎ 076-357536.

Polizei

Das Büro der Polizei befindet sich an der Plazuela Amalia Puga, ☎ 076-344275. Beamte der **Touristenpolizei**, Jr. Del Comercio 1013, ☎ 076-344515, sind an der Plaza de Armas bei den Kirchen anzutreffen.

Wäschereien

Dandy, Amalia Puga 545. ⌚ Mo–Sa 9–13, 15–20.30 Uhr.

NAHVERKEHR

Taxis in der Innenstadt und zu den Abfahrtsorten der Busse kosten 5 S/., zum Cerro Santa Apolonia 4 S/. und zu den Baños del Inca 8 S/. **Mototaxis** sind etwas günstiger, dürfen aber nur bis einen Block an die Plaza heranfahren. Busse nach **Baños del Inca** s. S. 535.

TRANSPORT

Busse

Die meisten **Busterminals** liegen ein wenig außerhalb des Stadtzentrums entlang der Avenida Atahualpa (Ausfallstraße nach Baños del Inca). Die Bustickets der großen Busgesellschaften sind auch in Reisebüros an der Plaza erhältlich.

Gesellschaften
Cruz del Sur, Atahualpa 844, ✆ 076-362024.
Línea, Atahualpa 315, ✆ 0801-00015 und 076-366100
móvilbus, Atahualpa 686, ✆ 076-280093
Transportes Turismo Virgen del Carmen, Atahualpa 333-A, ✆ 976015433
Turismo Dias, Atahualpa 307 B, ✆ 076-368289, und Amalia Puga 689 (Ticketbüro), ✆ 943359777

Verbindungen
BAMBAMARCA Combis fahren regelmäßig vom Block 11 der Angamos (gegenüber der Tankstelle), 3 Std. (120 km).
CAJABAMBA mehrere Abfahrten tgl. vom Block 2 der Atahualpa, 3 Std. (75 km).
CELENDÍN s. Chachapoyas. Weitere Anbieter im Block 2 der Av. Atahualpa, 2–2 1/2 Std. (108 km). Schneller geht es mit Sammeltaxis ab Block 4 der Atahualpa.
CHACHAPOYAS 2–3x tgl. meist frühmorgens und abends (Transportes Turismo Virgen del Carmen), 8–9 Std. (335 km). Wegen der spektakulären Landschaft sollte man tagsüber fahren!
CHICLAYO (Línea, Turismo Dias) mehrmals tgl., 6 Std. (265 km).
CHOTA mehrere Abfahrten tgl. vom Block 2 und 3 der Atahualpa, 6 Std. (150 km).
LIMA (móvilbus, Línea, Turismo Dias) tgl. mehrere Abfahrten (Cruz del Sur nicht tgl.), 16 Std. (876 km).
PIURA (Turismo Dias) Abfahrten abends, 9 Std. (476 km).
SAN PABLO/KUNTUR WASI Busse und Sammeltaxis ab Block 11 der Angamos, 1 3/4 Std. (93 km), über GRANJA PÓRCON.
TRUJILLO (Línea, Turismo Dias) mehrmals tgl., 6 Std. (300 km).

Flüge

Der **Flughafen** liegt rund 4 km nördlich der Stadt, ✆ 076-362523. Colectivos nach Otuzco fahren daran vorbei. Ein Taxi kostet rund 10 S/. Es werden nur Flüge nach LIMA angeboten.
Latam, Centro Comercial el Quinde, ✆ 076-313777, 💻 www.latam.com. ⌚ Mo–Sa 10–22, So 9–13 Uhr.

Die Umgebung von Cajamarca

Baños del Inca, Ventanillas de Otuzco und Combayo

Nur rund 6 km östlich von Cajamarca liegen die bekannten schwefelhaltigen Thermalquellen **Baños del Inca**, in deren heilendem Wasser sich schon der Inkaherrscher Atahualpa erholt haben soll. Die großen Becken werden Mo und Fr gereinigt, teurere Privatkabinen sind die ganze Woche benutzbar (Handtuch mitbringen). Angeboten werden auch Sauna und (Hydro-) Massagen. ⌚ tgl. 5–19.30 Uhr. Micros mit der Aufschrift *Baños del Inca* fahren ständig entlang der Sabogal und der Huánuco zu den Thermalquellen (ca. 15 Min.).

Folgt man von den Baños dem Tal des Río Chonta, erreicht man nach ca. 6 km bzw. 90 Minuten Fußmarsch die **Ventanillas de Otuzco**. Die präinkaische Begräbnisstätte liegt 7,5 km nordöstlich von Cajamarca direkt an der Straße auf 2850 m Höhe. Hier wurden die Anführer der Cajamarca-Kultur in geräumigen, teilweise metertiefen Felsnischen beigesetzt. Auf dem kurzen Weg zu den Nischen erklären Tafeln auf Englisch und Spanisch Wissenswertes. ⌚ tgl. 9–18 Uhr, Eintritt 5 S/. Wer nicht wandern möchte, kann einen der regelmäßig verkehrenden Combis von und nach Otuzco nehmen. Zustieg in der Los Gladiolos, Ecke Tayabamba.

Größer und besser erhalten ist die **Necrópolis de Combayo**, rund 22 km nordöstlich von Cajamarca entlang derselben Strecke. ⌚ tgl. 9–16 Uhr, Eintritt 5 S/. Busse und/oder Sammeltaxis ab der Hoyos Rubios 260.

ÜBERNACHTUNG

Baños del Inca

Complejo Turístico Baños del Inca, Atahualpa s/n, an den Thermalquellen, ✆ 076-348385, 💻 www.ctbi.com.pe. Gute Bungalows für 2 bzw. 4 Pers. mit eigener Thermalwasserwanne, TV, Kühlschrank und Parkplatz. ❷–❹

Hotel & Spa Laguna Seca, Av. Manco Capac 1098, ✆ 076-584300, 💻 www.lagunaseca.com.pe. Kinderfreundliche Anlage mit Restaurant, Reitmöglichkeit und kostenlosem Flughafentransfer. Jedes Zimmer ist mit einem geräumigem Bad und Thermalwasserzufluss ausgestattet. Frühstücksbuffet inkl. ❻

Complejo Arqueológico de Cumbemayo

Über die Straße, die Cajamarcas Cerro Santa Apolonia passiert, gelangt man nach rund 20 km in die bizarre **Felslandschaft** von Cumbemayo. Der Quechua-Name, der übersetzt so viel wie „gut gebauter Kanal" bedeutet, verrät, was den Besucher hier oben auf rund 3570 m erwartet: Bis zu 2000 Jahre alt sollen die Felskanäle, heiligen Felsen und Höhlenzeichnungen sein, die sich auf rund 25 km² Fläche verteilen. Ein wahres hydraulisches Wunderwerk stellt der fast 9 km lange Kanal dar, der einst das Wasser Richtung Cajamarca leitete und auf einer Länge von rund 850 m sorgfältig und exakt in den Fels gehauen wurde. Rechtwinklig angebrachte Stufen verringerten die Fließgeschwindigkeit des Wassers. ⌚ tgl. 8–17 Uhr, Eintritt 8 S/.

In der Nähe steht ein großer Opferstein *(El Santuario)*; in die Felswände sind Petroglyphen eingeritzt. Nicht weit von hier kann man im steinernen Wald **Frailones** alle möglichen Felsformationen bewundern.

Hinter dem Cerro Santa Apolonia fahren tgl. frühmorgens mehrere Kleinbusse vorbei an Cumbemayo zum Dorf Chetilla. Ansonsten fließt der Verkehr spärlich. Am einfachsten ist es, an einer organisierten Tour teilzunehmen, die von Veranstaltern in Cajamarca angeboten wird. Zu Fuß ist der Ort in etwa fünf Stunden entlang der ehemaligen Inkastraße zu erreichen. Wer in Cumbemayo übernachten will, kann entweder zelten oder im gleichnamigen Ort im einfachen **Parador Turístico** (kein Telefon) absteigen. Es besteht eine Wandermöglichkeit zu den drei bis vier Tagesmärsche entfernten Ruinen von Kuntur Wasi (s. u.).

Laguna Nicolás

Noch recht selten besuchen ausländische Touristen die Laguna Nicolás, rund 30 km südöstlich der Stadt. Dort sind neben Vogelbeobachtungen kleine Wanderungen möglich. Genauere Infos hält die Touristeninformation I-Perú in Cajamarca bereit.

Granja Porcón

Rund 40 km nordwestlich von Cajamarca liegt die Granja Porcón (Büro in Cajamarca: Chanchamayo 1355, ✆ 076-365631, 💻 www.granjaporcon.org.pe), eine große landwirtschaftliche Kooperative, die auch ländlichen Tourismus anbietet. Neben der Teilnahme am Landleben sind Wanderungen (z. T. mit Zeltübernachtungen) und Ausritte in die von der Kooperative aufgeforsteten Wälder möglich. Auf der Farm selbst bestehen unterschiedliche Übernachtungsoptionen, ❷–❸. Anreise mit dem Privatbus der Granja Porcón, falls eine Übernachtung gebucht wurde, tgl. um 14 Uhr ab dem Büro. Sonst über Kuntur Wasi (s. „Cajamarca/Transport"). Besuch an Wochenenden vermeiden!

Kuntur Wasi

Die Steinmonolithen von Kuntur Wasi („Kondorhaus") liegen rund 93 km westlich von Cajamarca. Beim Ort Chilete auf 860 m (KM 90 der asphaltierten Straße zur Küste) zweigt eine Piste Richtung San Pablo ab, das nach rund 25 steilen, aber inzwischen asphaltierten Kilometern erreicht wird. Etwa 2 km vor Erreichen des Ortes zweigt rechter Hand eine Erdstraße ab, auf der man nach rund 500 m das **Museum** der Anlage erreicht. ⌚ Di–So 9–17 Uhr, Eintritt 5 S/. Von dort führt ein schmaler Fußweg in etwa 30–45 Minuten zu den Überresten des Zeremonialzentrums, das um das Jahr 700 auf einem älteren Komplex errichtet wurde. Unter der zentralen Plattform fanden Archäologen mehrere Gräber mit Goldschmuck, der im Ortsmuseum teils als Nachbildung, teils im Original ausgestellt ist. Interessant sind die **Stelen** von Kuntur Wasi, auf denen Wesen mit raubtierähnlichen Zügen abgebildet sind. ◷ Ausgrabungsstätte tgl. 8–18 Uhr.

Um nach Kuntur Wasi zu gelangen, s. S. 535 „Cajamarca/Transport". Alternativ kann man jeden beliebigen Bus Richtung Küste (Lima, Trujillo, Chiclayo) nehmen, in Chilete aussteigen und vor Ort einen etwa stündlich verkehrenden Kleinbus oder ein Sammeltaxi nach San Pablo nehmen. Gegenüber vom Museum von Kuntur Wasi ist eine nette **Herberge** (Kontakt über das Museum) mit schönem Talblick angesiedelt, ❷.

Celendín

Die Route führt von Cajamarca vorbei an Baños del Inca auf durchgehend asphaltierter Straße ins rund 108 km nordöstlich gelegene Celendín. Die liebliche Landschaft entlang der Strecke dient vorwiegend der Viehwirtschaft. Die Milch wird zumeist in großen Kannen auf Eselsrücken in die zahlreichen Molkereien transportiert.

Im 2625 m hoch gelegenen Celendín, bekannt für seine Strohhüte, liegt zwar der sprichwörtliche Hund begraben, gerade deshalb kann man hier aber noch viel Authentisches erleben, wie z. B. den großen **Sonntagsmarkt** mit seinem guten Lederwarenangebot. In der Umgebung liegen die Andengemeinden **Llanguat** (Thermalquellen, Moskitoschutz mitbringen!) und etwas weiter entfernt **Sarauz** mit den gleichnamigen sehenswerten Wasserfällen.

ÜBERNACHTUNG UND ESSEN

Hostal Celendín, Unión 305, Plaza de Armas, ✆ 076-555041. Akzeptable Zimmer, heißes Wasser, Restaurant und schöner Innenhof. ❷

Ganz ordentlich isst man im **La Reserve**, Jr. Gálvez 402-404. Es gibt u. a. Chifa-Gerichte.

TRANSPORT

CAJAMARCA tgl. zahlreiche Busse, Colectivos und Sammeltaxis vom Zentrum, ca. 2–2 1/2 Std. (107 km).

CHACHAPOYAS 2–3x tgl. morgens und abends (Transportes Turismo Virgen del Carmen, Jr. Cáceres 112), ca. 7–8 Std. (228 km). Fährt über BALSAS und LEYMEBAMBA.

Parque Nacional Cutervo

Der älteste Nationalpark des Landes, 1961 gegründet, liegt schwer zugänglich rund 260 km nördlich von Cajamarca in der Cordillera de Tarros (s. Karte „Cajamarca nach Chachapoyas", S. 528/529). Das 8214 ha große Schutzgebiet umfasst Höhenlagen von 2200 bis 3500 m und dient dem Schutz der andinen Fauna und Flora, einschließlich bedrohter Säugetierarten wie Bergtapir, Brillenbär oder Jaguar. Bekannt ist der Park für seine Höhlen, in denen der seltene Fettschwalm (S. 414) anzutreffen ist. Die beste Zeit für einen Besuch sind die Monate Juli bis Oktober.

Zu erreichen ist der Nationalpark über **Chota** und den Ort **Cutervo** (Fahrtzeit ab Cajamarca ca. 14 Std., keine Direktverbindung). Von Cutervo fahren Sammeltaxis über Sócota nach **San Andrés de Cutervo** am östlichen Parkrand. Von dort erreicht man nach einer etwa viertelstündigen Taxifahrt und rund einstündigen Wanderung die **Gruta de los Guarachos**, in der die oben erwähnten Fettschwalme *(Guarachos)* zu Hause sind. Weitere Höhlen und Wasserfälle befinden sich in der Umgebung.

In Cutervo befindet sich das Büro der **Nationalparkverwaltung Sernanp**, San Juan 724, ✆ 076-437457, ✉ pncutervo@sernanp.gob.pe, das Auskünfte zur aktuellen Lage und der Verfügbarkeit von Guides erteilt, ◷ tgl. 8.30–13, 14.30–18 Uhr. Der Besuch sollte bei Sernanp ca. 5 Tage im Voraus per E-Mail angekündigt werden.

Leymebamba

Im weiteren Verlauf windet sich eine asphaltierte, aber sehr schmale Straße außerhalb von Celendín über einen 3085 m hohen Pass, um danach in endlosen Serpentinen in das Tal des Río Marañon abzufallen. Mit jeder Kurve wird es wärmer: Große Kakteen tauchen auf, der Boden wird staubig und trocken. Bei der Ankunft an der Puente Chacanto, die 60 km östlich von Celendín über den Río Marañon führt, zeigt der Höhenmesser nur noch 1000 m an. Im kleinen und heißen Ort **Balsas** kann man in einfachen Hotels übernachten.

Von Balsas windet sich eine schmale Straße (die asphaltiert werden soll) eng an die Berghänge gepresst bergauf, bis auf 3680 m der **Abra Barro Negro** überwunden wird. Unterwegs bieten sich immer wieder fantastische Ausblicke auf die endlos erscheinenden Bergrücken der Cordillera Central. Steil geht es hinab nach **Leymebamba**, einem kleinen Ort auf 2280 m mit etwa 3000 Einwohnern. Seit in den letzten Jahren immer mehr archäologische Stätten in der Umgebung des Ortes gefunden wurden, entwickelt sich Leymebamba zu einer beliebten Anlaufstätte für Wissenschaftler und Abenteuertouristen.

Das Gebiet ist sehr niederschlagsreich (Regenzeit von Nov–März), und wer zu Wanderungen aufbricht, sollte auf Regen und Morast vorbereitet sein. Eine der interessantesten Touren führt zu den Sarkophagen der **Laguna de los Cóndores** (s. Kasten S. 539), einer unberührten Begräbnisstätte der Chachapoya-Kultur (S. 546), die 1997 in einer geschützten Steilwand oberhalb der Lagune entdeckt wurde. Die dort gefundenen 219 Mumienbündel und Grabbeigaben können in einem Museum außerhalb von Leymebamba besichtigt werden (S. 538). Weitere lohnende Ausflüge führen zu den Ruinen La Congona und Revash (S. 538 und S. 540).

ÜBERNACHTUNG UND ESSEN

Hospedaje La Petaca, Amazonas 426, an der Plaza, ✆ 999020599. Saubere Zimmer mit/ohne Bad und TV, teilweise etwas zu klein geraten. ❷

La Casona de Leymebamba, Amazonas 223, ✆ 957607416, 💻 www.casonadeleymebamba.com. Geräumige Zimmer mit Bad und Dusche, Cafetería und Wäscherei, Frühstück inkl. Gute Infoquelle für Touren. ❺

Zahlreiche einfache Comedores bieten solide Hausmannskost. Ordentliche Menüs serviert das Restaurant **Rumi Wasi** an der Plaza de Armas (neben der Kirche).

SONSTIGES

An der Plaza liegt ein Laden der Weberinnenkooperative **Asociación de Mujeres Artesanales de Leymebamba** (A.M.A.L). Falls der Laden geschlossen ist, bekommt man ihre Produkte auch im Café Fusiones in Chachapoyas.

Es gibt **keinen Geldautomaten** in Leymebamba.

TRANSPORT

Busse und Colectivos

CAJAMARCA morgens und abends passieren Busse verschiedener Gesellschaften aus Chachapoyas kommend die Plaza, 8–9 Std. (249 km). Die Busse fahren über CELENDÍN (6 Std.).

CHACHAPOYAS mehrmals tgl. ab 6 bis ca. 17 Uhr, Kleinbusse (über TINGO) ca. 2–2 1/2 Std. (86 km).

Taxis

Taxi zum Museum 7–8 S/., ein Mototaxi kostet 5 S/.

Die Umgebung von Leymebamba

Museo Leymebamba

Das mit österreichischer Unterstützung gebaute, sehr sehenswerte Museum, ✆ 971104909, 💻 www.museoleymebamba.org, liegt 2,5 km südwestlich von Leymebamba an der Straße Richtung Celendín. In verschiedenen Sälen (z. T. Beschriftung auf Deutsch, sonst auf Englisch) werden interessante Fundstücke der

Chachapoyas- und der Inka-/Chachapoyas-Kultur präsentiert, darunter Textilien, Quipus und Keramiken. Zahlreiche Mumien von der Laguna de los Cóndores, ein ethnografischer Saal und ein kleiner Garten runden die gelungene Ausstellung ab. ⏲ tgl. 8.30–17.30 Uhr, Eintritt 15 S/.

Das Museum ist am schnellsten mit dem Mototaxi von Leymebamba aus zu erreichen. Zurück kann man einen Fußweg nehmen, der die Straße mehrmals kreuzt (Gehzeit ca. 45 Min.).

ÜBERNACHTUNG UND ESSEN

Gegenüber vom Museum lohnt ein Abstecher ins **Kentikafé**, in einem wunderschönen Garten, in dem man rund 16 verschiedene Kolibriarten beobachten kann. Sie werden von mit Zuckerlösung gefüllten Gefäßen angelockt. ⏲ tgl. 8.30–17.30 Uhr.

Oberhalb des Cafés befindet sich die Lodge **Kentitambo (The Hummingbird Inn)**, ✆ 971118273, 💻 www.kentitambo.com, in der man schöne, geräumige **Doppelzimmer** mit Bad und Aussichtsterrasse inkl. Frühstück in einer traumhaften Gartenanlage zu allerdings völlig überzogenen Preisen mieten kann. ❻

Um einiges günstiger ist die von der hilfsbereiten Japanerin Ayako geführte **Casa Mallqui**, direkt neben dem Museum, ✆ 994296749, 💻 www.casamallqui.com, die über geräumige, wohnliche Zimmer mit oder ohne Bad verfügt. Schöner Biogarten, aus dem die Zutaten für das hervorragende Frühstück stammen, das im Zimmerpreis enthalten ist. Weitere (teure) Mahlzeiten auf Vorbestellung. 50 % Rabatt für Fahrradfahrer und Wanderer auf den Zimmerpreis. ❹

Rund 1 km oberhalb des Museums liegt an der Straße die **Ecolodge Rangra Wasi**, ✆ 982537111, 💻 www.rangrawasi.com, die schöne Blicke ins Tal bietet. ❻

La Congona

Rund 700 Höhenmeter sind bis zur kleinen, aber feinen Ausgrabungsstätte La Congona zu Fuß oder mit einem Pferd zu überwinden (hin ca. 2 1/2–3 Std., zurück ca. 2 Std.). Die Anlage lohnt die Anstrengung nicht nur wegen der fantastischen Aussicht, sondern wegen der höchsten Konzentration an unterschiedlichen Friesen der gesamten Region. Um sich nicht zu verlaufen, empfiehlt es sich, für den Ganztagesausflug einen Guide (150 S/.) mitzunehmen. Reitpferde lassen sich in Leymebamba über die Touristeninformation und die Hotels organisieren.

Mumienfund am Kondorsee

Als indigene Bauern 1996 beim Roden des Nebelwaldes eine Grabstätte oberhalb der **Laguna de los Cóndores** entdeckten, wollten sie diese plündern. Doch die Nachbarn machten ihnen einen Strich durch die Rechnung, denn sie beanspruchten das Land am See und damit auch die Totenhäuser für sich. Der Streit eskalierte, man zeigte sich gegenseitig an. Der Fall erreichte Peter Lerche, einen deutschen Archäologen, der seit vielen Jahren in der Provinz Chachapoyas lebt. In kürzester Zeit organisierte er eine kleine Expedition und kämpfte sich auf schlammigen Pfaden durch den dichten Nebelwald zur Laguna de los Cóndores vor, ca. 40 km südöstlich von Leymebamba. Was er dann an einem Steilhang, rund 120 m über dem See fand, übertraf seine kühnsten Erwartungen. Verborgen hinter einem Wasserschleier entdeckte er auf einem 40 m langen und 5 m breiten Felsplateau sechs doppelstöckige **Totenhäuser der Chachapoya**. Sie enthielten 185 Mumienbündel und die Gebeine von weiteren 150 Menschen. Die Mumien waren in Stoffbahnen gehüllt, auf die von außen Gesichter aufgestickt worden waren. Die Forscher fanden außerdem edle Textilien, Kronen aus Vogelfedern, verzierte Keramik- und Kürbisgefäße, Holzspeere, Quipus (S. 228) und Knochenflöten. All dies war in sehr gutem Zustand, denn die trockene Felsnische über dem See ist bei geringen Temperaturschwankungen und konstanten 40 % Luftfeuchtigkeit optimal temperiert.

Nach der Entdeckung wurden die Mumienbündel und alle Grabbeigaben nach Leymebamba gebracht, wo sie im Museum (S. 538) eine Heimstätte gefunden haben.

Laguna de los Cóndores

Um zur Laguna de los Cóndores (s. Kasten S. 539) zu gelangen, ist ein ortskundiger Führer obligatorisch und das Mieten eines Pferdes oder Maultiers sehr ratsam. Der Bergsee liegt rund 35 km südöstlich von Leymebamba und wird auf schlammigen Pfaden per Pferd und zu Fuß in einer Dreitagestour besucht. Davon wird je ein Tag für den Hin- und ein Tag für den Rückweg benötigt. Die Reit- bzw. Gehzeit liegt pro Tag bei mindestens acht bis neun Stunden (Aufbruch spätestens gegen 7 Uhr morgens empfehlenswert). Von Leymebamba ist ein lang gezogener Anstieg von rund 1400 Höhenmetern auf einen Pass auf 3628 m zu überwinden. Danach geht es steil bergab, bevor vor Erreichen des Sees, der auf 2850 m liegt, erneut ein kurzer Anstieg zu bewältigen ist. Man kann an der Lagune in einer sehr einfachen Herberge (keine Dusche, nur kaltes Wasser) übernachten oder zelten. Die Tour sollte nur von konditionsstarken Wanderern unternommen werden (ein Guide ist obligatorisch).

Die Hotels La Casona de Leymebamba und Laguna de los Cóndores in Leymebamba vermitteln **Touren**, die für zwei Personen alles inklusive etwa 550 S/. p. P. in einer Gruppe kosten. Gute **Guides** sind Sinecio Garro, ✆ 957471938, ✉ sineciogg@yahoo.es, und Jabier Farje, ✆ 967988164, ✉ jabierfarje@hotmail.com.

Revash

Die Mausoleen von Revash ähneln denen der Laguna de los Cóndores, befinden sich ebenfalls unter einem geschützten Felsvorsprung und sind grellrot bemalt. Da man sich der Stätte nicht allzu sehr nähern kann, sollte man ein Fernglas mitbringen. Von Kletterpartien an den dornenübersäten und rutschigen Steilhängen ist dringend abzuraten.

Anfahrt: Ein Taxi von Leymebamba nach Revash kostet ca. 100 S/. (inkl. Wartezeit). Alternativ kann man mit dem Bus nach Yerbabuena am Río Utcubamba fahren und dort ein Taxi nehmen. Frühmorgens fahren Colectivos Richtung Santo Tomás, die an der Abzweigung nach Revash vorbeifahren (dem Fahrer Bescheid sagen, von dort ca. 4 km zu Fuß). Die Mausoleen sind auch zu Fuß oder zu Pferd von Yerbabuena aus zu erreichen. In Yerbabuena findet jeden Sonntag ein großer Markt statt.

Gran Vilaya

Immer beliebter wird die drei- bis viertägige Wanderung zur Ruinenstätte Gran Vilaya, die erst 1985 entdeckt wurde. Die immense Stadt mit einer Ausdehnung von rund 180 km² wurde von den Chachapoya vor rund 1000 Jahren errichtet. Die Forscher fanden über 10 000 Steinstrukturen mit einer Länge von bis zu 35 m und meterhohen Steinwänden. Die Gebäude wurden auf Terrassen errichtet, die wie gigantische Treppenstufen am Berghang liegen. Die **Wanderung** nach Gran Vilaya kann von Karajía, Cohechán, Colcamar oder in umgekehrter Richtung in Choctamal (etwa auf halber Strecke an der Straße zwischen Tingo und Kuélap gelegen) begonnen werden. Dort lässt es sich gut in der angenehmen **Choctamal Lodge**, ✆ 4079639876, 💻 www.kuelap.org/our-lodes.html, übernachten, ❷. Die Wanderung, die in der Regel den Besuch der Ruinen von Kuélap mit einschließt, ist kein Spaziergang. Es geht oft steil bergauf oder bergab, und mit Matsch und Regen muss gerechnet werden. Ein Führer ist absolut empfehlenswert.

Detaillierte Infos geben die Tourveranstalter in Chachapoyas oder in der Nebensaison beispielsweise das Chachapoyas Backpackers (S. 544). Die Kosten betragen etwa 160 S/. pro Tag alles inklusive.

14 HIGHLIGHT

Kuélap

Die mystische Festung der Chachapoya inmitten großer Bäume, dicht bewachsen mit Tillandsien, Bromelien und Orchideen, gehört neben Machu Picchu zu den spektakulärsten **Ruinenanlagen** Perus, wurde aber jährlich nur von wenigen zehntausend Touristen besucht. Das hat sich mit der Inbetriebnahme der ersten Seilbahn Perus, die Anfang 2017 ihren Betrieb aufnahm, stark geändert (s. Kasten „Kuélap im Überblick“).

Bäume pflanzen im privaten Schutzgebiet Milpuj

Beim KM 282 der Straße Chachapoyas–Leymebamba (rund 8 km von Tingo) liegt das rund 70 ha umfassende private Schutzgebiet Milpuj, ✆ 041-630244, 💻 www.conservamosporaleza.org/area/milpuj-la-heredad, Anfahrt mit dem Mototaxi ab Tingo oder mit Combis ab Chachapoyas oder Leymebamba. Die sehr engagierten Besitzer Períco und seine Mutter María haben in einem Waldgebiet ein kleines Naturparadies mit rund 3 km Wanderwegen geschaffen. Hier leben 82 Vogelarten, darunter allein acht Kolibriarten. Nur in dieser Region kommt die gefährdete Zedernart *Cedrela kuelapensis* vor, die man neben anderen Baumarten für 50 S/. pflanzen kann. Dafür bekommt man einen Gedenkstein mit Namen am Fuß des Baums und die genauen Koordinaten. Milpuj kann tagsüber besucht werden (20 S/.), oder man übernachtet dort. Die gemütlichen Zimmer verfügen über Privatbad und Warmwasser, WLAN ist geplant. Der Preis schließt neben dem Eintritt ins Schutzgebiet ein Frühstück aus vor Ort erzeugten Bioprodukten ein. ❺

Kuélap war eine von mehreren befestigten Siedlungen der **Chachapoya** und wurde im 8.–9. Jh. n. Chr. erbaut. Die gewaltige Zitadelle liegt strategisch günstig auf einem 3000 m hohen Bergplateau, hoch über dem Utcubamba-Tal. Die Anlage wurde innerhalb von 900–1000 Jahren in fünf Etappen errichtet. Neueste Erkenntnisse lassen darauf schließen, dass es sich um ein **religiöses Zentrum** handelte, das von Bewohnern der ganzen Region aufgesucht wurde. Innerhalb der Mauern von Kuélap fand man einige (geplünderte) Grabstätten, in denen die Knochen von Menschen, die anderswo gestorben waren, bestattet wurden – vielleicht, um sie für alle Zeiten an einem geheiligten Ort geborgen zu wissen. Insgesamt weist Kuélap mehr als 420 Überreste von runden Häusern und fünf rechteckigen (Inkaeinfluss) Gebäuden auf.

Die Anlage besteht aus einer bis zu 20 m hohen Ringmauer, die ein 584 m langes und bis zu 110 m breites ovales Areal einschließt. Die knapp 1,5 km lange Wand besteht aus mehreren Kalksteinbrocken, die teilweise mehrere Hundert Kilo wiegen. Das Innere des ca. 6 ha großen Komplexes ist auf verschiedenen Plattformen angeordnet, die eine Unterteilung in Unter- und Oberstadt ermöglichen.

Die **Oberstadt** *(Pueblo Alto)* ist von einer bis zu 11,50 m hohen Stützmauer umgeben und nur durch eine schmale Gasse zugänglich. Dort lebten vermutlich hohe Würdenträger und ihre Familien. Unter den über 80 hier gefundenen Gebäuderesten ragen zwei heraus: Das **Castillo**, eine dreistufige rechteckige Konstruktion, diente vermutlich zeremoniellen Zwecken. Beim **Torreón** handelt es sich um einen 7 m hohen runden Wachturm auf einer Felsspitze im Norden der Anlage. Von dort oben hat man einen weiten Rundumblick und bei gutem Wetter reicht die Sicht bis Chachapoyas. Von diesem Wachposten aus kontrollierten die Chachapoya die umliegenden Berghänge und konnten sich durch Signalsysteme mit den Festungen auf umliegenden Bergspitzen verständigen.

In der **Unterstadt** hat man die Überreste von 335 Rundbauten und zwei kleinen rechteckigen Strukturen gefunden. Nur sechs Mauerreste sind mit geometrischen Friesen versehen, z. B. mit dem für die Chachapoya typischen Zickzack-Band, einem Schlangensymbol.

Im Süden der Anlage steht ein ebenfalls runder, 5,50 m hoher Turm, der aufgrund seiner Form **Tintero** (Tintenfass) genannt, inzwischen aber in **Templo Mayor** umbenannt wurde. Im Inneren fand man in einer flaschenähnlichen Auswölbung Keramiken aus verschiedenen Epochen bzw. Kulturen, z. B. der Inka, Moche, Chimú und Wari. Möglicherweise handelte es sich dabei um Opfergaben. Eventuell diente der Ort Schamanen als eine Art Orakel.

Kuélap ist von steilen Berghängen umgeben und besitzt nur drei Eingänge, zwei im Westen und einen im Osten. Die zunächst breiten Gassen, die in die Anlage führen, verengen sich immer mehr und lassen an ihrer schmalsten Stelle nur einen Menschen auf einmal passieren. Durch diese Konstruktion war die Anlage sehr leicht zu verteidigen.

Kuélap im Überblick

Eintritt und Öffnungszeiten

Der **Eintritt** zu den Ruinen beträgt 30 S/., Studenten 15 S/., **Guides** kosten 50 S/. Die Tickets sind an der Bergstation der Seilbahn erhältlich. ◷ tgl. 8–16 Uhr.

Wie kommt man hin?

Die meisten Besucher kommen von Chachapoyas. Nach ca. 46 km (45 Min.) wird der kleine Ort **Tingo** auf 1880 m erreicht. Von dem Ort, der von einer Überschwemmung weitestgehend zerstört und nur teilweise wieder aufgebaut wurde, zweigen der Wanderweg, die Straße zur ersten Seilbahn Perus und zur Festung Kuélap ab. **Nuevo Tingo**, das „neue" Tingo, wurde wenige Kilometer oberhalb entlang der Straße nach Kuélap errichtet und ist seit Fertigstellung der Seilbahn aus seinem touristischen Dornröschenschlaf erwacht. Ein Aussichtsturm am Ortsrand gewährt spektakuläre Ausblicke in die Umgebung. Zwei Pfade führen in ca. 45 Min. von Tingo nach Nuevo Tingo. Ein Mototaxi kostet 5 S/.

Etwas oberhalb des Orts befindet sich die *Estación de Embarque*, der Ticketschalter der **Seilbahn** *Sistema de Telecabinas Kuélap*, 🖳 www.telecabinaskuelap.com, ◷ Di–So 8–16 Uhr. Dort kauft man das Ticket (20,40 S/. hin und zurück) und wird mit Kleinbussen in zehn Minuten zur Talstation *(Andén de salida)* auf 2100 m Höhe gefahren. Die rund 4 km lange und 20-minütige Seilbahnfahrt führt zur Bergstation *(Andén de llegada)* La Malca auf 2930 m Höhe, wo sich auch der Busparkplatz, Souvenirstände und Toiletten befinden. Die letzten 2 km bis zur Ruinenstätte legt man dann zu Fuß oder per Pferd (15 S/.) zurück. Wer schlecht zu Fuß ist, sollte sich darauf einstellen, dass auch der Weg innerhalb der Stätte stellenweise uneben und steil ist. Für Menschen mit Handicap ist die Ruinenstätte nicht geeignet!

Hinweis: Aufgrund der stark gestiegenen Besucherzahlen empfiehlt es sich, frühmorgens (ab ca. 7.45 Uhr) zum Ticketschalter der Seilbahn zu kommen. Der Ticketkauf ist bislang nur hier möglich. Tipp: In Tingo oder Nuevo Tingo übernachten (S. 543) und das Ticket bereits am Vortag kaufen.

Alternativ zur Seilbahn kann man mit **Trotamundos-Kleinbussen** vom Busterminal in Chachapoyas morgens nach La Malca und nachmittags zurück fahren (einfache Fahrtstrecke ca. 2 1/2 Std).

Wanderung nach Kuélap

Die anstrengendste, aber schönste Art der Anreise ist die 9 km lange, vierstündige **Wanderung** von Tingo aus (bergab ca. 2 1/2 Std.), bei der 1200 Höhenmeter überwunden werden müssen. Der Fußmarsch, der bei Regen schnell zur Rutschpartie wird, beginnt an der Brücke in Tingo und folgt zunächst dem Río Utcubamba flussaufwärts. Dann beginnt der steile Aufstieg in Serpentinen (genug Wasser mitnehmen!) über einen gut ausgebauten Pfad bis zum **Anexo Kuélap** unterhalb der Stätte. Wer am gleichen Tag wieder zurück nach Tingo wandern will, kann nur wenig Zeit in den Ruinen verbringen. Daher bietet es sich an, für den Hin- oder Rückweg die Seilbahn zu nehmen. Von Chachapoyas kann man in zwei oder drei Tagen über Levanto und Tingo nach Kuélap wandern (S. 544 und 551).

Übernachten rund um Kuélap

An der Bergstation **La Malca** darf kostenlos gezeltet werden (Toiletten vorhanden). Etwas abseits der Anlage gibt es auf der Ostseite im **Anexo Kuélap**, einer kleinen Streusiedlung, einfache Herbergen, ❶, die ebenso einfache Mahlzeiten servieren. Wer in La Malca oder im Anexo Kuélap übernachtet, kann die Ruinenstätte frühmorgens erkunden, bevor Wolken aufziehen oder andere Besucher eintreffen. Man sollte sich aber immer auf Regen und hohe Luftfeuchtigkeit sowie nachts auf Kälte einstellen!

Auf der inzwischen nur noch selten befahrenen Straße von Tingo nach Kuélap passiert man die Dörfer **Choctamal** (KM 17), **Lónguita** (KM 23) und **María** (KM 28). In María, dem Dorf, das den Ruinen am nächsten liegt (ca. 2 Std. zu Fuß, 20 Min. mit dem Kleinbus), kann man günstig, aber sehr einfach bei einheimischen Familien übernachten.

© SHUTTERSTOCK.COM/JESS KRAFT

NORDPERU

Übernachten und Essen in Nuevo Tingo

Albergue Gaïa Bianca, Jr. Natividad, Block 5, ✆ 967203700, 💻 auf Facebook. Vier nett hergerichtete Zimmer mit zwei Gemeinschaftsbädern; die Zutaten für das extra zu zahlende Frühstück stammen aus dem eigenen Garten. ❷

EkoKuelap, Jr. Natividad, ✆ 986188790, 💻 auf Facebook. Tolle Alternative für Freunde eines bewussten Lebensstils. Die Anlage unter peruanisch-französischer Leitung wurde aus lokalen Materialien gebaut, das Holz stammt aus einer Aufforstung. Die Zimmer verfügen über Warmwasser und TV. Gutes Restaurant mit vielen vegetarischen Optionen, das Bioprodukte, meist aus eigenem Anbau, verwendet. Gefiltertes Trinkwasser verfügbar. Verkauf von Kunsthandwerk und sehr gutes, alternatives Tourangebot. Die beste Infoquelle in Nuevo Tingo. Frühstück inkl. ❸

Übernachten und Essen in Tingo

Restaurant Hospedaje El Tingo, an der Hauptstraße, ✆ 982362203. Einfache Zimmer und gutes Restaurant mit einheimischen Spezialitäten und günstigen Menüs. Schön am Fluss gelegen. ❷

Utcubamba River Lodge, auf der anderen Seite der Brücke, an der Straße nach Magdalena, ✆ 941715623, ✉ contacto@travelchachapoyas.com. Ruhige Anlage mit gut ausgestatteten, geräumigen Zimmern. Kühlschrank, TV, gutes WLAN, Frühstück inkl. ❸–❹

Verhaltenstipps

Kuélap ist eine **gefährdete archäologische Stätte**, an der Wind und Regen unbarmherzig nagen. Diese negativen Effekte sollten durch Touristen nicht verstärkt werden. Daher bittet das Nationale Kulturinstitut Besucher, die markierten Wege nicht zu verlassen, nicht auf den Steinformationen herumzuklettern, Mauern und Friese nicht zu bemalen sowie keine Lebensmittel oder Getränke mit in die Anlage zu nehmen.

Wann die Anlage verlassen wurde, ist nicht bekannt; die Spanier, die wohl von ihrer Existenz wussten, maßen den Ruinen keine Bedeutung bei. Erst im Jahr 1843 stieß der Richter Juan Crisóstomo Nieto eher zufällig auf die überwachsenen Ruinen. Aufgrund seiner stark aufgeblähten Berichterstattung kamen in der Folgezeit verschiedene Forscher nach Kuélap, darunter Antonio Raimondi (1860), Charles Wiener (1881) und Adolph Bandelier (1893). Das Schweizer Ehepaar Reichlen begann 1948 mit den ersten wissenschaftlichen Ausgrabungen. Diese Arbeit setzte der peruanische Archäologe Arturo Ruíz Estrada 1970 fort, gefolgt von einem multinationalen Ausgrabungsteam, das seit 1985 in Kuélap arbeitet.

Chachapoyas

Nur noch rund 80 km sind es von Leymebamba nach Chachapoyas, der Hauptstadt des Departamentos Amazonas. Chachapoyas liegt 2336 m hoch auf einem Plateau, umgeben von zwei Canyons, und hat ca. 32 000 Einwohner. Der Ort befindet sich auf der feuchten Anden-Ostseite und kennt daher regelmäßige Niederschläge, die über das ganze Jahr verteilt fallen. Die trockensten Monate sind Juni bis August. Die Temperaturen liegen zwischen durchschnittlich 10 °C nachts und 24 °C tagsüber. Das noch wenig touristische Andenstädtchen mit seinen roten Ziegeldächern und Holzbalkonen ist **Ausgangspunkt für Wanderungen** und den Besuch archäologischer Stätten in der Region.

Im südlichen Gebiet des Departamentos Amazonas befand sich der Lebensraum der Chachapoya, die im 15. Jh. von den Inka dominiert wurden. Um Brückenköpfe für die Conquista zu bilden und aufständische Indigene zu bekämpfen, schickte Francisco Pizarro den Capitán Alonso de Alvarado in die bergige Gegend. Er gründete im Jahr 1538 die Stadt San Juan de la Frontera de Chachapoyas, dort wo heute Levanto liegt. 1545 wurde der Ort von einem Erdbeben zerstört und am jetzigen Standort neu gegründet.

Heute bereitet sich die Stadt auf eine neue Herausforderung vor: Der internationale Tourismus ist dabei, die Region zu entdecken und zu vermarkten. Mit der spektakulären Chachapoya-Festung **Kuélap**, die über eine Seilbahn zu erreichen ist, den Riesenwasserfällen **Gotca** und **Yumbilla** in der Nähe und vielen anderen attraktiven Orten mehr lädt die Stadt zu Erkundungen in die touristisch noch jungfräuliche Umgebung ein. Die Infrastruktur der Region hat sich in den vergangenen Jahren deutlich verbessert, doch die Anbindung per Flugzeug ist nach wie vor unregelmäßig.

ÜBERNACHTUNG

Hospedaje Chacha International, Jr. Triunfo 1060, ✆ 041-631755, ✉ chacha17international@gmail.com. Einfache und günstige Backpacker-Unterkunft mit Küchenbenutzung und Wäscheservice. Wahlweise Schlafsaal (18 S/. p. P.) oder Zimmer mit/ohne Bad. Dazu gehört ein Restaurant mit Kochschule direkt nebenan, ⌚ Mo–Sa 7–22 Uhr. ❶

Chachapoyas Backpackers, Jr. Dos de Mayo 639, ✆ 041-478879, 💻 www.chachapoyasbackpackers.com. Zentral gelegene Backpacker-Unterkunft mit Gemeinschaftsküche. Der freundliche Besitzer arbeitet als Guide und vermittelt Touren. Wäscheservice möglich. Schlafsaal 20 S/. p. P. ❶–❷

Hotel Vista Hermosa, Puno 285, ✆ 041-477526, 💻 www.vistahermosa.pe. Etwas abseits gelegen, dafür sehr ruhig. Schnörkellose, geräumige Zimmer zu einem fairen Preis. Günstige Einzelzimmer für 40 S/. ❶–❷

Hostal Revash, Grau 517, ✆ 041-477391, 💻 auf Facebook. Zentral an der Plaza gelegenes Kolonialhaus mit grünem Innenhof. Rustikale Zimmer, TV, 24 Std. Warmwasser. Der Besitzer Carlos Burga ist eine gute Infoquelle (Revash Tours). Die teureren Zimmer haben Plaza-Blick, orthopädische Matratzen und große TVs. ❷–❸

Hostal Las Orquídeas, Ayacucho 1231, ✆ 041-478271, 💻 www.hostallasorquideas.com. Geräumige Zimmer mit Bad (Duschen) und TV. Großer Garten, Tourservice und Parkplatz. Frühstücksbuffet inkl. ❸

La Casona de Chachapoyas, Chincha Alta 569, ✆ 041-477353, 💻 www.lacasonadechachapoyasperu.com. Gemütliche Zimmer mit TV, Tele-

ESSEN
1 El Edén Natural Center
2 Café Fusiones
3 Café San José
4 Tierra Mía Café
5 Chacha
6 El Batan del Tayta
7 Amazonika
8 La Tushpa
9 Tratto Candela

SONSTIGES
1 Aries
2 Markthalle
3 Dirección Desconcentrada de Cultura
4 La Reina
5 Turismo Explorer, Chachapoyas Travel
6 Qallarix Coffee&Market
7 Colibrí y los Nogales
8 International Language Center Restaurant/Kochschule
9 Vilaya Tours

TRANSPORT
1 Combis nach Huancas
2 Civa
3 Saeta
4 Combis nach Levanto
5 móvilbus
6 GH Bus (Ticketverkauf)
7 Terminal Terrestre
8 Combis nach Levanto
9 GH Bus

fon und elektrischem Heizofen. Schöner Innenhof und Aufenthaltsraum. Frühstück inkl. ❹

La Casona Monsante, Amazonas 746, ✆ 041-477702, 💻 www.casonamonsante.com. Restauriertes Kolonialhaus aus Lehmziegeln und mit Holzbalken in der Fußgängerzone. Aufenthaltsraum mit Kamin. Das Plus ist der Hinterhof mit vielen Orchideen (Blütezeit Sep–Dez). Frühstück inkl. ❺

ESSEN

Zu den **Spezialitäten** der Region gehören *Purtumute* (frittierter Frisch oder gebratenes Schweinefleisch mit Bohnen und Mais) und *Tamales* (Maisfladen mit einer Füllung aus Rindfleisch, Erdnuss, Zwiebel, Rosinen und Oliven, eingewickelt in Bananenblätter). Beliebte **Getränke** aus fermentiertem Zuckerrohr sind *Mistela, Aloja* und *Guarapo*.

In der **Markthalle** an der Grau, Ecke Libertad, wird im 1. und 2. Stock frisches Obst, Käse und Gemüse verkauft. Im 1. Stock gibt es auch frisches Brot an verschiedenen Ständen; außerdem frische Obst- und Gemüsesäfte.

Amazonika, Dos de Mayo 462. Spezialitätenrestaurant, u. a. Forelle, Cuy, Tamales. 🕒 tgl. 14–2 Uhr.

Chachapoya – die Wolkenmenschen

Im 9. Jh. n. Chr. besiedelten die Chachapoya *(Chacha* = Mensch, *poya* oder *puya* = Nebel, Wolke) das Gebiet zwischen Huallaga und Marañon im Norden Perus. Bis heute ist ihre genaue Herkunft unbekannt. Sie bildeten keinen Zentralstaat, sondern lebten aufgesplittert in mehrere Fürstentümer, die eine gemeinsame Religion, Kultur und Sprache besaßen. Der deutsche Archäologe Peter Lerche, der in der Region Chachapoyas lebt, schätzt ihre damalige Zahl auf 300 000–500 000 Menschen. Die Chachapoya lebten in **Rundhüttendörfern** mit durchschnittlich 30–500 Einheiten. Die kreisförmigen Wohngebäude wurden zum Schutz vor den hohen Niederschlagsmengen auf künstlich angelegten Plattformen in Höhen von rund 2800–3400 m angelegt. Da die Temperaturen in diesem Bereich empfindlich kühl sind, konnten Lebensmittel lange gelagert werden. Die Hütten hatten einen Durchmesser von rund 7–9 m; auf die mit Zickzack-Linien und Rhomben verzierten Steinwände wurde ein Strohdach aufgesetzt.
Die Inka hatten schon lange ein Auge auf die fruchtbare Region geworfen, die reich an Nahrung, exotischen Vögeln (mit den begehrten Federn) und Heilpflanzen war. Nach langen, blutigen **Feldzügen** gelang es dem Inkaherrscher Tupac Inca Yupanqui erst 1470, die rebellischen Chachapoya zu besiegen. Ihre hochgewachsenen, relativ hellhäutigen Krieger verbreiteten mit ihren rot bemalten Gesichtern und kahl rasierten Schädeln Angst und Schrecken unter den Inkasoldaten. Auch nach der Eroberung kam es zu Aufständen, und selbst mithilfe von Zwangsumsiedlungen und Strafexpeditionen konnten die Inka die kriegerischen Chachapoya nie endgültig unterwerfen.
Der Kontakt mit den Spaniern, die im 16. Jh. in die Region vordrangen, läutete das Ende der Chachapoya-Kultur ein. Von Europäern **eingeschleppte Krankheiten** dezimierten die Anzahl der Indigenen in den folgenden zwei Jahrhunderten um 90 %.
Die Sprache der Chachapoya ist völlig verschwunden, von ihren Häusern und Festungsanlagen sind nur noch Fundamente übrig. Den Rest – Textilien und Holzwerkzeuge – hat der feuchte Nebelwald zersetzt. Unser heutiges Wissen über die Chachapoya stammt überwiegend aus ihren grandiosen **Begräbnisstätten**, die sie oftmals an schwer zugänglichen Felshängen errichteten. Leider sind die meisten Mausoleen von Grabräubern zerstört und geplündert worden.

Café Fusiones, Jr. Ayacucho 952. Gelungene Mischung aus Café, Treffpunkt, Fairtrade-Verkauf, Reiseagentur und Infostelle. Leckeres Essen (die Pfannkuchen probieren!), ungewöhnliche Kreationen (Linsenburger) und gute Tees (hausgemachter Apfeltee) machen den Aufenthalt kurzweilig. Wer möchte, kann hier eine Fairtrade-Postkarte, Biokaffee oder -schokolade sowie lokales Kunsthandwerk erwerben. Die Hälfte des Trinkgelds fließt in soziale Projekte. 🕒 Mo–Sa 7–22.30 Uhr.
Café San José, Ayacucho 816. Günstiges Frühstück, Kaffee und Kuchen. 🕒 tgl. 6.30–22 Uhr.
Chacha, Grau 545, an der Plaza. Beliebtes Lokal mit großen Portionen und kleinen Preisen. Gute Auswahl an Fruchtsäften, Frühstück. 🕒 tgl. 7–23 Uhr.

El Batan del Tayta, Jr. La Merced 604. Modern gestaltetes Restaurant mit ausgefallener Fusionsküche. Auch kreative Säfte und Cocktails. 🕒 Mo–Sa 12.30–23, So 18–22 Uhr.
El Edén Natural Center, Grau 448. Vegetarische Menüs und Verkauf von Vollkornprodukten. 🕒 So–Do 7.30–21, Fr 7–17, Sa 18.30–21 Uhr.
La Tushpa, Jr. Ortiz Arrieta 769. Zu den gewaltigen Fleischportionen, überwiegend vom Holzofengrill, wird sogar ein kleiner Salat serviert. 🕒 Mo–Sa 18–23 Uhr.
Tierra Mía Café, Chincha Alta 569. Guter Kaffee und leckerer Kuchen. 🕒 tgl. 7–12, 15–22 Uhr.
Tratto Candela, 2 de Mayo 728. Gute Holzofenpizza, auch vegetarisch und vegan. 🕒 Di–So 18–23 Uhr.

UNTERHALTUNG UND KULTUR

Kein besonders ausschweifendes Nachtleben. Ganz ok sind die Bar **La Reina**, Aycucho 544, und die Disco **Aries**, Chincha Alta 206.

EINKAUFEN

Einen größeren Supermarkt gibt es in Chachapoyas nicht. Alles Notwendige kann man jedoch auf dem Markt oder in kleinen Tiendas kaufen.
Colibrí y los Nogales, Amazonas 363-371. Uriger Laden mit freundlichen Besitzern und einem interessanten Angebot. ⏲ tgl. 8.30–20 Uhr (falls geschl., klopfen).
Qallarix Coffee & Market, Jr. Amazonas 504, Ecke Recreo. Netter Laden, in dem sich alles um Kaffee und lokales Kunsthandwerk dreht. Der Besitzer bietet auch den Besuch einer Kaffeeplantage in Mendoza an. ⏲ Mo–Sa 8–20 Uhr.

TOUREN

Die meisten Anbieter liegen an der Plaza de Armas, darunter **Turismo Explorer**, Grau 549, ✆ 041-478162, 💻 www.turismoexplorerperu.com, und **Chachapoyas Travel**, Grau 561, 2. Stock, ✆ 941715623, 💻 www.travelchachapoyas.com. Alle haben Kuélap, Gocta, Yumbilla, Revash, Leymebamba und verschiedene Trekkings (u. a. nach Gran Vilaya oder zur Laguna de los Cóndores) im Programm.
Cloudforest Expeditions, Kontakt per Telefon/Internet, ✆ 041-477610, 💻 www.kuelapnordperu.com. Der deutschsprachige Besitzer Oscar von Bischoffshausen veranstaltet und führt Touren zu allen bekannten Ausflugszielen der Region. Rechtzeitig reservieren!
Vilaya Tours, La Merced 1096, ✆ 941708798, 💻 www.vilayatours.com. Ungewöhnliche mehrtägige Wandertouren u. a. in die wenig bekannte Region südlich von Leymebamba.

SONSTIGES

Bücher

Bücher können im **Café Fusiones**, Ayacucho 952 getauscht werden.

Feste

1. Juniwoche: Semana Turística de Chachapoyas, Folklorefeier mit Trachten, Essen und Tänzen aus der gesamten Region.
1.–15. August: Fiesta Patronal Virgen de Asunta, Patronatsfest der Stadt mit Prozessionen über Teppiche aus gefärbten Sägespänen.

Freiwilligenarbeit

Das **International Language Center**, Jr. Triunfo 1098, ✆ 041-478807, ✉ ilc.chachapoyas@gmail.com, sucht immer Freiwillige, die ab einem Zeitraum von einem Monat Sprachkurse (z. B. Deutsch oder Englisch) durchführen. Außerdem werden Kulturabende und Kochkurse für Touristen angeboten.

Geld

Banco de Crédito, gegenüber der Plazuela de la Independencia, und bei der **Banco de la Nación**, Triunfo 592, Ecke La Unión.

Informationen

I-Perú, Ortiz Arieta 582, Plaza de Armas, ✆ 041-477292, ✉ iperuchachapoyas@promperu.gob.pe. ⏲ Mo–Sa 9–18, So 9–13 Uhr.
Dirección Desconcentrada de Cultura, Ayacucho 904, an der Plaza de Armas, ✆ 041-477045. Auskünfte zu archäologischen Stätten und wie man zu ihnen gelangt. Hier kann man auch Eintrittskarten für Kuélap erwerben. Eine kleine Ausstellung im Foyer zeigt Keramikfundstücke der Region. ⏲ Mo–Fr 8–13, 15–17.45 Uhr, Eintritt frei.

Medizinische Hilfe

Hospital Regional, Pasaje Daniel Alcides Carrión 35, ✆ 041-47792.

Polizei

Comisaría Policía Nacional, Amazonas 1220, Ecke St. Domingo, ✆ 041-477017.

TRANSPORT

Es gibt keine Mototaxis, dafür günstige Taxis, die für Fahrten innerhalb des Ortes und zum Busterminal 3 S/. nehmen.

Busse und Colectivos

Das **Terminal Terrestre** liegt an der Triunfo, Ecke Sachapuyos. Dennoch unterhalten einige Busgesellschaften eigene Terminals:

Cruz del Sur, bedient Chachapoyas nicht das ganze Jahr über, bei der Touristeninformation I-Perú erkundigen!

Civa, Jr. Otriz Arrieta 279, ✆ 041-478048

GH Bus, Vía Evitamiento Cuadra 1, ✆ 041-479200, Verkaufsbüro: Grau 649

móvilbus, Libertad 464, ✆ 041-478545

Turismo Selva, Terminal Terrestre, ✆ 961659443

Transportes Turismo Virgen del Carmen, Terminal Terrestre, ✆ 976015594

Verbindungen

CAJAMARCA frühmorgens und abends (Transportes Turismo Virgen del Carmen), 10–12 Std. (336 km). Fährt über LEYMEBAMBA und CELENDÍN.

CHICLAYO ab ca. 19 Uhr mehrere Abfahrten (Civa, GH Bus, móvilbus), 9–10 Std. (456 km).

COCACHIMBA (Wasserfall GOCTA), S. 549

HUANCAS Combis fahren, wenn sie voll sind, ab dem Terminal Paradero Huancaurco, Via Evitamiento, 9 km (20 Min.) Taxi dorthin nehmen!

KUÉLAP (La Malca, Bergstation der Seilbahn) Kuélap Travel, ca. 2 1/2 Std. (76 km), Rückfahrt nach 16 Uhr.

LAMUD Combis fahren, wenn sie voll sind, ca. 1 Std. (30 km). In LUYA fahren Sammeltaxis weiter nach COHECHÁN.

LEVANTO Abfahrt Dos de Mayo zwischen Salamanca und Libertad (Paradero a Levanto), tgl. 6, 11, 15 Uhr, ca. 1 Std. (22 km).

LEYMEBAMBA Combis (Raymi Express) fahren vom Terminal um 9, 12, 14 und 16 Uhr, Virgen del Carmen fährt abends um 19.30 Uhr, 2 1/2 Std. (86 km).

LIMA (GH Bus, móvilbus, Civa) Abfahrt zwischen 10 und ca. 13 Uhr, 24 Std. (1219 km).

NUEVO TINGO Combis (Turismo Kuélap, Trotamundos) fahren zwischen 6 und 17 Uhr vom Terminal, wenn sie voll sind, 1 Std. (38 km).

PEDRO RUÍZ Combis und Vans fahren ständig, 6–18 Uhr, vom Terminal, 1 Std. (56 km), zum Teil weiter nach BAGUA GRANDE (dort umsteigen Richtung JAÉN und LOJA in Ecuador).

RODRÍGUEZ DE MENDOZA Combis und Sammeltaxis mehrmals tgl. ab dem Terminal, 2–2 1/2 Std. (85 km).

TARAPOTO 5x tgl. zwischen 6.30 und 14.30 Uhr (Turismo Selva), weitere Anbieter vorhanden, 9 Std. (353 km). Fährt über PEDRO RUÍZ, NUEVA CAJAMARCA, RIOJA und MOYOBAMBA.

TINGO wahlweise mit Combis nach NUEVO TINGO oder Richtung YERBABUENA, Abfahrt, wenn Fahrzeug voll ist, ab dem Terminal, 1 Std. (40 km). Busse fahren von Tingo weiter bis YERBABUENA (1 3/4 Std.) oder MAGDALENA (10 Min.).

TRUJILLO abends (GH Bus, Civa und móvilbus), 13 Std. (676 km).

Flüge

Sehr unregelmäßiger Flugverkehr. Alternative Flughäfen, von denen man Lima anfliegen kann, sind Tarapoto (S. 558) und Jaén (S. 553).

Atsa, kein Büro, ✆ 01-7173268 (Lima), 💻 www.atsaairlines.com, fliegt mehrmals wöchentlich mit kleinen Maschinen nach LIMA. Buchung online oder über autorisierte Verkaufsstellen, s. Website unter *Canales de venta*.

Saeta, Grau 293, ✆ 942307608, 💻 www.saetaperu.com, bietet Mo–Sa Flüge nach TARAPOTO an.

Die Umgebung von Chachapoyas

Spektakuläre Wasserfälle und Canyons, beeindruckende archäologische Stätten und viel Natur: Die Umgebung von Chachapoyas lässt keine Wünsche offen.

Huancas

Huancas ist ein kleines Dorf wenige Kilometer nördlich von Chachapoyas. Rund 5 km westlich (eine Gehstunde) befindet sich ein toller Aussichtspunkt, der **Mirador Huanca Urco**, mit Blick auf den Canyon des Río Utcubamba (Sammeltaxi am Hochsicherheitsgefängnis, *Carcel,* verlassen und dem Weg geradeaus folgen). Ein weiterer **Aussichtspunkt** mit Blick auf den Sonche-Canyon liegt rund 20 Gehminuten östlich des Dorfs. In Plaza-Nähe verkauft die Kooperative **La Cusana** regionaltypische Tonkeramik. Ein Colectivo von Chachapoyas verlangt 3 S/.; ein Taxi nach Huancas mit Besuch beider Aussichtspunkte kostet 50 S/. hin und zurück. Eintritt zum Mirador Huanca Urco 3 S/.

Wasserfall Gocta

Im März 2006 vermaß ein Team deutscher Entwicklungshelfer zum ersten Mal den Wasserfall, der nordöstlich von Chachapoyas liegt. Das unerwartete Ergebnis: stattliche 771 m. Damit schafft es Gocta laut World Waterfall Database auf Platz 17 der weltweit höchsten Wasserfälle. Wer sich dem Riesenfall nähert, bemerkt schnell, dass er eigentlich aus zwei Fallstufen besteht (die obere misst 231 m, die untere 540 m). Die Einheimischen kennen Gocta natürlich schon lange, hatten den Wasserfall aber aus Aberglauben nie vermessen oder touristisch erschließen lassen. Inzwischen pilgert eine immer größer werdende Touristenschar zum Mega-Wasserfall, der von Chachapoyas aus in einer Tagestour besichtigt werden kann.

Die **Anfahrt** erfolgt mit dem Kleinbus ab dem Busterminal in Chachapoyas (1 Std., ca. 35 km) oder Pedro Ruíz (1/2 Std., ca. 17 km) bis zur Kreuzung **Cocahuayco**. Dort zweigt jeweils ein mit Schildern gekennzeichnetes Sträßchen wahlweise zu den Dörfern **San Pablo** (1934 m) oder **Cocachimba** (1796 m) ab (Gehzeit zu den Dörfern rund 1 1/2 Std., ca. 5–6 km). Zum deutlich häufiger besuchten Cocachimba fahren inzwischen regelmäßig Mototaxis (5 S/. p. P.). Nach San Pablo geht es nur per organisierter Tour, Taxi oder zu Fuß.

Von San Pablo erreicht man die Basis der ersten Fallstufe auf einem rund 6,3 km langen Weg, der meist bergauf führt. Auf dem 5,5 km langen Weg von Cocachimba zur Basis des zweiten Falls geht es ständig bergauf und bergab. Die Gehzeit beträgt in beiden Fällen rund zwei Stunden für die einfache Strecke. Der Weg von San Pablo aus wird seltener begangen.

© SHUTTERSTOCK.COM/STEPHEN MOILANEN

Touristenmagnet der Gegend: der Wasserfall Gocta

Pferde kann man für 40–50 S/. in Cocachimba mieten und rund 2/3 der Wegstrecke zum Wasserfall zurücklegen. Wer fit ist, kann früh in San Pablo starten und über Gocta nach Cocachimba laufen. Gesamte Gehzeit ca. 6–7 Std. In umgekehrter Richtung ist eine lange Steigung zu bewältigen. Ein Guide ist ratsam.

Der **Eintritt** kostet 10 S/. Ein einheimischer **Guide** (bis zu 10 Pers.) ist für 50 S/. zu haben. Reiseveranstalter nehmen ab 50 S/. für den Ausflug ab Chachapoyas, ein Taxi kostet hin und zurück etwa 130 S/. Wer auf eigene Faust unterwegs ist, muss sich auf dem Rückweg nach Chachapoyas auf Wartezeit gefasst machen, da die Sammeltaxis, die die Kreuzung Cocahuayco Richtung Chachapoyas passieren, meist voll sind. Besonders lohnend ist ein Ausflug zum Wasserfall in der Regenzeit. Im Juli und August hingegen wird aus Gocta schon mal ein kümmerliches Rinnsal. Das hat allerdings den Vorteil, dass man dann am Fuß des Wasserfalls baden kann.

In Cocachimba hat man inzwischen eine gute Auswahl an **Unterkünften**, von den einfachen Hospedajes Colibri oder Arco Iris, beide an der Plaza, ❶, über das Hostal Gocta, ebenfalls an der Plaza, ✆ 951417531, ✉ hostalgocta@hotmail.com, ❸, bis zur luxuriösen Gocta Andes Lodge, am Ortsausgang Richtung Gocta, ✆ 042-526694, 💻 www.goctalodge.com, mit Traumblick, Restaurant und Pool, ❻. An der Plaza liegen mehrere einfache Restaurants.

Weitere Infos gibt die **Asociación de Turismo de Cocachimba**, ✆ 971206797, ✉ actcgocta@hotmail.com, die ebenfalls über eine einfache Unterkunft verfügt.

In San Pablo gibt es einfache Familienunterkünfte. Auskünfte erteilt die **Asociación de Turismo de San Pablo**, ✆ 944600733, ✉ spgocta@hotmail.com.

Wasserfall Yumbilla

Wer dem Rummel rund um Gocta entfliehen möchte und es abenteuerlich mag, sollte die **Catarata Yumbilla** bei Pedro Ruíz besuchen, das man von Chachapoyas in rund 1 Std. mit ständig verkehrenden Combis erreicht. Von dort nimmt man ein Mototaxi (15 S/. max. 3 Pers.) ins rund 30 Minuten entfernte Dorf Quispes. Nachdem man sich bei der Asociación de Turismo Yacu Urco registriert und den Eintrittspreis von 10 S/. bezahlt hat, kann man wahlweise 5 km bis Chazuta laufen, dem Startpunkt der Fußstrecke, oder ein Mototaxi (5–7 S/.) nehmen. Nach weiteren 5 km Fußmarsch durch ein schönes Waldgebiet und dem Passieren mehrerer Aussichtspunkte und kleinerer Wasserfälle wird Yumbilla erreicht. Übrigens: Alle drei Fallstufen des Wasserfalls zusammen haben eine Höhe von 895 m, 124 m mehr als der Gocta!

Wer **Canoying** mit unterschiedlichen Schwierigkeitsgraden ausprobieren möchte, kann dies in Cuispes bei Canyoning Explorer buchen, ✆ 997583804, ✉ juanluis.molins@gmail.com oder Facebook. An der Plaza von Cuispes kann man in einer einfachen Herberge übernachten.

Wer sich in Chazuta Richtung Süden hält, gelangt nach wenigen Kilometern zu den Wasserfällen Pabellón (480 m) und Chinata (540 m).

Felsgräber von Karajía und Tropfsteinhöhle Quiocta

Rund 34 km nordwestlich von Chachapoyas liegt der kleine Ort **Lamud**, Ausgangspunkt für Touren zu den archäologischen Stätten der Umgebung. Sehenswert sind die in Peru einmaligen Felsgräber **Sarcófagos de Karajía** (Eintritt 6 S/., obligato-

Übernachtungstipp für Vogelbeobachter

Einige Kilometer nordöstlich von Pomacochas liegt bei KM 365,5 am Patricia-Pass (Abra Patricia) die Abzweigung zur **Owlet Lodge**, ✆ 041-816814, 💻 www.owletlodge.org, die von der Umweltschutzorganisation Asociación Ecosistemas Andinos (ECOAN) verwaltet wird. Die Anlage besteht aus drei geräumigen Doppelbungalows mit Privatbad/Warmwasser sowie Heizung und Strom (abends). Mahlzeiten werden im eigenen Restaurant serviert. Dort gibt es Internet per Satellit. ❻ inkl. Vollpension. Die Lodge liegt innerhalb des vogelreichen privaten ECOAN-Schutzgebiets **Reserva Privada Abra Patricia-Alto Mayo**, das auch die Biologische Station Lechucita Bigotona beherbergt. Benannt sind Lodge und Station nach dem **Peruanerkauz** *(Xenoglaux loweryi)*, eine der kleinsten Eulenarten (max. 14 cm), die hier ebenso vorkommt wie die **Wundersylphe** *(Loddigesia mirabilis)*, eine der schönsten Kolibriarten.
Tagesbesucher können sich im täglich geöffneten **Centro de Interpretación Huembo** informieren. Dieser liegt bei KM 315,7 der Straße Pedro Ruíz–Tarapoto, unweit von Pomacochas, 30 S/. Dort kann man auch in der **Huembo Lodge** übernachten, ❻.

rischer Guide 30 S/., Preis für eine Gruppe). Die bis zu 2 m hohen Sarkophage in Form übergroßer menschenähnlicher Gestalten befinden sich in einer unzugänglichen Felswand. Die Figuren sind bemalt und mit menschlichen Gesichtern versehen. Im Inneren der Holzgerüste, die mit einer Mischung aus Lehm, Stroh und kleinen Steinen verkleidet sind, hockt in einem Hohlraum im Fuß der Statue die Mumie. Das Aussehen der anthropomorphen Figuren erinnert an die Steinmonumente auf den Osterinseln. Um nach Karajía zu gelangen, muss man per Auto über Luya und Cohechán nach Cruzpata fahren. Von dort braucht man noch eine gute halbe Stunde zu Fuß.

Die **Cavernas de Quiocta** liegen rund 12 km von Lamud entfernt, wo man den Eintritt von 8 S/. und weitere 40 S/. für den obligatorischen Führer zahlt. Dort kann man auch Gummistiefel und Lampen mieten. Für ein Mototaxi zur Höhle sind weitere 40 S/. (inkl. Wartezeit) fällig. Die Höhle, deren Besuch rund 90 Minuten dauert, wird nach wenigen hundert Metern Fußmarsch erreicht.

Der Ausflug nach Karajía und Quiocta ist mit öffentlichen Verkehrsmitteln an einem Tag von Chachapoyas aus kaum zu bewältigen. Es empfiehlt sich daher die Teilnahme an einer unwesentlich teureren organisierten Tour. In Lamud und Luya sind einfache Übernachtungsmöglichkeiten vorhanden.

Levanto und Wanderung nach Tingo

Levanto ist ein interessantes Dorf auf 2640 m, rund 22 km südlich von Chachapoyas, zu dem man in vier bis fünf Stunden durch wunderschöne Landschaft wandern kann. Zunächst folgt man der Calle Santo Domingo Richtung Süden bis zur Hauptstraße Richtung Pedro Ruíz (zwischen KM 48 und 49). Auf der anderen Straßenseite beginnt der teilweise gepflasterte Prä-Inkaweg, dem man bis Levanto folgt. Der Ort ist auch mit Colectivos oder Taxis ab Chachapoyas (s. „Transport“, S. 548) erreichbar.

Außerhalb von Levanto befinden sich mehrere **Chachapoya-Ruinen**, darunter Yálape. Durch die Stätten verläuft der Aishpachaca-Kanal, ein rund 20 km langer präkolumbischer Wasserkanal, der aus Steinplatten gebaut wurde. Etwas außerhalb der Ortschaft hat ein Kanadier in Collacruz einen typischen Rundbau der Chachapoya rekonstruiert. In Levanto kann man in der **Levanto Marvelous Spatuletail Lodge**, ✆ 995237268, 💻 www.marvelousspatuletail.net, an der Plaza bei der Schule übernachten. Die Herberge ist ebenfalls als Rundbau angelegt. ❸–❹

Von Levanto führt ein Weg in vier bis fünf Stunden (reine Gehzeit) nach Magdalena und weiter bis Tingo. Der Einstieg zum präinkaischen Wanderweg erfolgt im kleinen Dorf **Collacruz**, das rund fünf Fahrminuten nördlich von Levanto liegt und von Levanto über eine ca. 20- bis 30-minütige Querverbindung zu Fuß zu erreichen ist. Der im oberen Teil gut erkennbare Pfad trifft nach einem steilen Abstieg mit viel Gestrüpp auf die Straße, die von Magdalena nach Tingo führt. Dieser folgt man nur ein kurzes Stück, bevor der Pfad links abbiegt.

Nun kommt der einzige Anstieg der Wanderung (etwa 30 Min.), bevor es erneut bergab nach Magdalena geht. Ab **Magdalena** folgt man sicherheitshalber der Straße bis nach Tingo (weitere 30 Min.). Wasser mitnehmen!

Rodríguez de Mendoza

Auf der Fahrt von Chachapoyas ostwärts nach Mendoza wird die Landschaft zunehmend tropischer. In der Umgebung von Mendoza werden auf 1536 m Kaffee, Zuckerrohr und Erdnüsse angebaut. Ein lohnendes Touristenziel ist beispielsweise das etwa drei Stunden Fußmarsch von Mendoza entfernte Naturschutzgebiet **Reserva Natural de Huamampata** mit einem großen See, der besonders in der Regenzeit zahlreiche Wasservögel anzieht. In dem üppig grünen Reservat leben u. a. Brillenbären, aber die eigentliche Attraktion sind die vielen verschiedenen Orchideenarten.

In Mendoza gibt es zahlreiche Unterkünfte und Restaurants, aber keinen Geldautomaten. Transport s. S. 548.

Von Chachapoyas zum Pazifik

In nordwestlicher Richtung geht es von Chachapoyas zunächst bergab bis zur Kreuzung Caclic und durch den Canyon des Río Utcubamba die Hauptstraße entlang. An der Kreuzung liegt bei KM 295 der kleine Ort **Pedro Ruíz** mit dem ordentlichen **Hotel Casablanca**, ✆ 041-830171, direkt an der Kreuzung (Zimmer nach hinten nehmen), ❷. Die **Banco de la Nación** unterhält eine Filiale in Pedro Ruíz. An der Kreuzung halten die Busse von und nach Lima/Chiclayo bzw. von und nach Moyobamba und Tarapoto. Die Busse Richtung Chachapoyas passieren die Kreuzung am frühen Nachmittag. Sammeltaxis und Minivans fahren regelmäßig nach Chachapoyas, Bagua Grande und Nueva Cajamarca.

Die durchgehend asphaltierte Strecke folgt dem landschaftlich reizvollen Canyon des zunehmend wilderen Río Utcubamba. Nach rund 15 km öffnet sich die Schlucht und verbreitert sich zu einem weiten Tal. Es wird merklich wärmer, und Reisfelder säumen den Straßenrand.

Im sehr heißen Ort **Bagua Grande** spielt sich alles Leben auf der Hauptstraße, der Avenida Chachapoyas, ab. Dort sind auch Hotels und Restaurants angesiedelt. Mototaxis bringen Passagiere schnell zu den Terminals der Busse am Stadtrand (im Osten Richtung Tarapoto und Chachapoyas, im Westen Richtung Lima, Chiclayo und Piura).

Im weiteren Verlauf der Strecke wird die Umgebung trockener und die Reisfelder werden von einer kakteenbestandenen Landschaft abgelöst. Hinter der Brücke über den mächtigen Río Marañón, der die Grenze zwischen den Departamentos Cajamarca und Amazonas markiert, beginnt der lang gezogene Anstieg zur Westkordillere der Anden.

Auf der Straße Richtung Westen wird der **Abra Porculla** überquert, der mit nur 2145 m niedrigste Pass der peruanischen Anden. Wenig später erreicht man die Kreuzung mit der alten Panamericana, an der man wahlweise in das rund 100 km südlich liegende Chiclayo oder Richtung Norden in das ca. 180 km entfernte Piura abbiegen kann.

Von Pedro Ruíz über Jaén nach Loja in Ecuador

Rund 113 km westlich von Pedro Ruíz Richtung Pazifikküste wird die Abzweigung nach **Jaén** passiert. Das geschäftige Städtchen auf 740 m ist Zentrum eines Kaffeeanbaugebiets und außerdem für Fels- und Höhlenmalereien in der Umgebung bekannt.

Von Jaén führt eine überwiegend asphaltierte Straße auf 112 km nach **San Ignacio** auf 1300 m (Fahrtzeit ca. 2 Std.). Nach weiteren 47 km wird der kleine Ort **Namballe** (700 m) erreicht (Fahrtzeit 1 1/2 Std.). Hier zweigt eine Piste in das selten besuchte Naturschutzgebiet **Santuario Nacional Tabaconas-Namballe** ab (Infos bei Sernanp und in San Ignacio).

Ein Mototaxi bringt einen zur Grenze bei **Balsas**. Zu Fuß überquert man die breite Brücke über den Río Chinchipe. Auf ecuadorianischer Seite fahren Rancheras in das rund eineinhalb Stunden entfernte **Zumba**, von wo Busse in fünf bis sechs Stunden ins ca. 180 km entfernte **Vilcabamba** fahren. Von dort sind es dann nur noch 40 km (1 Std.) bis **Loja**.

ÜBERNACHTUNG

Jaén

Prim's Hotel, Diego Palomino 1341, ✆ 076-269485, 💻 www.primshotel.com. Geräumige Zimmer. Außerdem kleiner Pool, Aufzug, Restaurant, Parkplatz, Frühstück inkl. ❷–❸

San Ignacio

Gran Hotel San Ignacio, José Olaya 680, ✆ 076-356544, 💻 www.granhotelsanignacio.wordpress.com. Gute Zimmer mit Bad, TV und Telefon. Zimmerservice, Bar, Restaurant, Parkplatz und Tourangebot. Frühstück inkl. ❷

Namballe

Hotel El Sol de la Frontera, rund 1,5 km außerhalb des Orts Richtung Grenze, ✆ 997827766, 💻 www.hotelsoldelafrontera.com. Angenehme Bungalows mit geräumigen Zimmern. Sauber, ruhig und sicher. Zelten möglich. Frühstück inkl. ❷

TRANSPORT

Busse und Sammeltaxis

CHACHAPOYAS móvilbus fährt nachmittags direkt, 3 1/2 Std. (169 km). Oder mit Colectivo nach BAGUA GRANDE und von dort mit Minivan.
CHICLAYO regelmäßiger Busverkehr, ca. 6 Std. (325 km).
LIMA Busse mehrmals tgl., ca. 18 Std. (1095 km).
LOJA (Ecuador), Coop Transportes Nambija Internacional fährt direkt um 3 und 13 Uhr ab dem Terminal Binacional, ✆ 927159571, 10 Std. (406 km). Ansonsten über SAN IGNACIO mit Minivans und Sammeltaxis, 2 Std. (112 km), weiter nach NAMBALLE und BALSAS (Grenze Ecuador) ebenfalls mit Sammeltaxis in 1 1/2 Std (47 km). Ab BALSAS fahren Rancheras um 12, 17.30 und 19 Uhr nach ZUMBA, 1 1/2 Std. (27 km), von dort verkehren Busse nach VILCABAMBA, 5 Std. (180 km), und weiter nach LOJA (1 Std.)
Nach TARAPOTO muss man meist in BAGUA GRANDE umsteigen.

Flüge

Vom **Flughafen Shumba** (ca. 20 km nördlich von Jaén) fliegt **Latam**, Büro am Flughafen, ✆ 01-22138200 (Callcenter Lima), 💻 www.latam.com, 2x tgl. nach LIMA.

Von Chachapoyas nach Iquitos

Auf der landschaftlich abwechslungsreichen Strecke erwarten den Besucher dichte Nebelwälder, die weiter unten in das satte Grün tropischer Waldlandschaften übergehen. In dieser Region kommen Vogelbeobachter und Orchideenliebhaber auf ihre Kosten, die Artenvielfalt ist beeindruckend.

Der letzte Teil der Strecke folgt dem Lauf des Río Mayo bis zur aufstrebenden Dschungelstadt Tarapoto.

Von Chachapoyas nach Rioja

In langen Serpentinen windet sich die Straße von Pedro Ruíz rund 1000 Höhenmeter zum schön gelegenen **See Pomacochas** auf etwa 2300 m hoch. Danach wird die Landschaft immer grüner und waldreicher und es beginnt der beeindruckende Abstieg durch die **Nebelwälder** der Ostandenabhänge. Die Wolken hängen tief, und immer wieder gelangt man in Regenschauer. Viele kleine Ortschaften säumen die Straße, meist nur aus einfachen Bretterbuden mit Wellblechdächern bestehend. Bei KM 400 öffnet sich das Tal, und auf den nächsten rund 100 km verliert die jetzt schnurgerade Strecke nur noch 200 Höhenmeter. Dominierte in den höher gelegenen Gebieten der Kaffeeanbau, erstrecken sich nun endlose Reisfelder zu beiden Seiten der Straße.

Rioja

Rund 180 km östlich von Pedro Ruíz wird bei KM 469 der kleine Ort Rioja erreicht. Das Reisanbauzentrum auf 850 m Höhe gehört bereits zum Tiefland-Departamento San Martín. Die Region ist für ihre große Orchideenvielfalt und einen lebhaften Karneval bekannt. Außerdem werden hier Strohhüte gefertigt, die in verschiedenen Kunsthandwerksläden, z. B. in der Santo Toribio 1237 und 1239, angeboten werden.

Zu den beliebtesten Ausflugszielen zählen neben den Quellen des **Río Tioyacu** und des **Río Negro** (wenige Kilometer außerhalb) und zahlreichen Wasserfällen (z. B. die **Cascada de Agua Blanca**, ca. 10 km vom Ort entfernt) Boots- und Kanutouren durch die Sumpfgebiete der **Reserva Río Romero** oder der **Reserva del Río Negro**, 5 bzw. 15 km von Rioja entfernt.

ÜBERNACHTUNG UND ESSEN

Gran Bombonaje, Faustino Maldonado 515, ✆ 042-558013, www.granbombonaje.com.pe. Gute, geräumige Zimmer mit Bad, TV, Ventilator, Kühlschrank und Telefon. Außerdem Bar, Restaurant und Parkplatz. ❸

NORDPERU

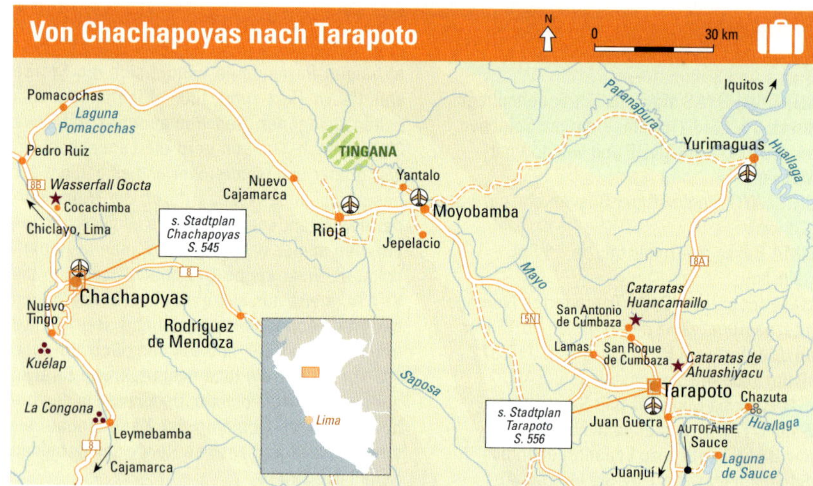

Gutes Essen bekommt man im **Restaurant Copacabana**, San Martín 865. ⌚ Mo–Sa 7–22, So 7–16 Uhr.

Moyobamba

Die Hauptstadt des Departamentos San Martín hat rund 50 000 Einwohner und wurde 1540 als erste Niederlassung im Tiefland des Amazonas gegründet. Sie liegt rund 25 km östlich von Rioja ebenfalls auf etwa 850 m und erfreut sich eines angenehm warmen Klimas mit Durchschnittstemperaturen von 24 °C. Die Hauptregenmonate sind Januar bis März.

Im Jirón Oscar R. Benavides 380 befindet sich das **Museo Departamental de San Martín**, ✆ 042-562281, das eine bunte Mischung aus Fauna, Flora, Fossilien der Region, zeitgenössischer Keramik, religiösen Trachten und Fotos aus der Stadtgeschichte präsentiert. ⌚ Di–So 8.30–13, 15–17 Uhr, Eintritt 5 S/.

Zu den Naturattraktionen zählen die **Cataratas del Gera**, die oberhalb eines Wasserkraftwerks, rund 21 km südlich von Moyobamba, liegen. Um dorthin zu gelangen, nimmt man ein Colectivo nach Jepelacio und von dort ein Mototaxi. Das letzte Stück (ca. 20–30 Min.) ist dann zu Fuß zurückzulegen.

In derselben Richtung liegen die **Baños Termales de San Mateo**, Thermalquellen, die rund 5 km von der Stadt entfernt sind und mit Colectivos, Mototaxis oder zu Fuß erreicht werden können. Die heißen und kalten Becken sind täglich geöffnet, Eintritt 2 S/.

Auf dem Weg dorthin passiert man nach ca. 3 km den Orchideenpark **Orchideario Waqanki**, 💻 www.waqanki.com, Eintritt 10 S/., der auch einfache Bungalows zum Übernachten anbietet. Ausgangspunkt für die Wanderung zum höchsten Aussichtspunkt über das Tal des Mayo (1500 m), dem Morro de Calzada, ist der Ort La Calzada, rund zehn Minuten von Moyobamba entfernt und zu erreichen per Combi ab der Callao, zwei Blocks von der Plaza de Armas entfernt.

ÜBERNACHTUNG UND ESSEN

La Casa de Seizo, direkt neben den Thermalquellen von San Mateo, rund 5 km außerhalb der Stadt, ✆ 042-784766, ✉ rumipata@hotmail.com. Schöne Zimmer mit Privatbad. Außerdem frischer Fisch (der unter anderem zu Sushi verarbeitet wird) aus der eigenen Tilapia-Zucht. ❷

Hotel Marco Antonio, Pedro Canga 488, ✆ 042-562045, 💻 www.hotelmarcoantonio.

com.pe. Gute Zimmer mit TV und Duschen mit warmem Wasser. Gutes Restaurant, Parkplatz und Tourservice. Frühstück inkl. ❸

La Olla de Barro, Pedro Canga 383. Serviert regionale Spezialitäten und leckere Fruchtsäfte sowie Fisch- und vegetarische Gerichte. ⌚ Mo–Sa 8–22, So 8–16 Uhr.

TRANSPORT

Die Busse nach LIMA und CHICLAYO fahren vom **Terminal Terrestre**, Grau 547, ab.

In die beiden Hauptrichtungen TARAPOTO (2 1/2 Std., 119 km) und PEDRO RUÍZ (3–4 Std., 205 km) bestehen regelmäßige Bus- und Sammeltaxiverbindungen. Sammeltaxis nach Tarapoto fahren von der Filomeno 290, Ecke Benavides.

Busse und Combis fahren regelmäßig vom **Terminal Transporte y Turismo Selva**, Callao 340, nach RIOJA (20 Min.), NUEVA CAJAMARCA (40 Min.), TARAPOTO (3 Std.) und YURIMAGUAS (5 Std.).

Tingana

Im Nordwesten Moyobambas liegt das kommunale Schutzgebiet **Tingana** (3480 ha), das periodisch überschwemmt wird und Heimat zahlreicher Vogel-, Fisch- und Säugetierarten ist. Mit deutscher Hilfe ist eine touristische Infrastruktur geschaffen worden, die den Besuch des Schutzgebiets ermöglicht und den dort lebenden Bauern neue Einkommensmöglichkeiten eröffnet.

Die Anreise in das Gebiet erfolgt ab Moyobamba über Yantalo bis zum Río Mayo (Boca del Río Huascayacu; ca. 45 Min.). Von dort geht es dann weiter im Boot den Río Avisado flussaufwärts (ca. 1 Std.) bis nach Tingana.

In Tingana gibt es einfache Übernachtungsmöglichkeiten (Schlafsack und Moskitonetz mitbringen). Das Schutzgebiet kann aber auch im Rahmen einer Tagestour besucht werden. Informationen und direkte Kontaktaufnahme unter 💻 www.tingana.org. Reservierung sinnvoll!

Tarapoto

Tarapoto, 1772 gegründet, ist mit über 150 000 Einwohnern die größte Stadt des Departamentos San Martín und das schnell expandierende landwirtschaftliche Zentrum des nördlichen Tieflands. Neben Viehwirtschaft, Reis-, Obst- und Weinanbau haben die weitläufigen **Kokaplantagen** zum wirtschaftlichen Aufschwung der Stadt beigetragen.

In den letzten Jahren wurden Anstrengungen unternommen, das touristische Potenzial der Region zu entwickeln. In der Stadt selbst finden sich keine Sehenswürdigkeiten, doch die Umgebung kann mit Wasserfällen, Seen und dem interessanten Bergdorf Lamas aufwarten.

Das **Museo Regional de la Universidad Nacional de San Martín**, Maynas 177, nahe der Plaza de Armas, präsentiert ein buntes Gemisch von ausgestopften Tieren bis zu archäologischen Fundstücken. ⌚ Mo–Fr 8–13, 15–17 Uhr, Eintritt 3 S/.

ÜBERNACHTUNG

Die zur Straße hin gelegenen Hotelzimmer im Zentrum sind durchweg sehr laut.

€ **Tambo Andina Hostel**, Camila Morey 452, ☏ 042-523107, 💻 www.tamboandinahostel.com. Einfache Herberge in Gehweite der Plaza, wahlweise DZ mit oder ohne Bad, Schlafsaal ab 18 S/. p. P., Küchenbenutzung, Wäscheservice. ❶

Alojamiento Mihao, Sofia Delgado 277, 4 Blocks von der Plaza, ☏ 042-588957, 💻 mihaoalojamiento@gmail.com. Überraschend große und saubere Zimmer mit AC, sehr gutes Preis-Leistungs-Verhältnis. Zimmer nach hinten nehmen! Preisnachlass bei längerem Aufenthalt. ❷

Alojamiento Turístico El Mirador, San Pablo de la Cruz 517, ☏ 042-522177, 💻 www.elmiradortarapoto.com. Ruhig gelegen. Familiäre Atmosphäre und saubere Zimmer mit Elektrodusche, wahlweise mit AC oder Ventilator. Dachterrasse mit schönem Blick. ❸

Hostal Sol de Selva, Pedro de Urzúa 161, ☏ 042-524817, 💻 www.soldeselvaperu.com.

ÜBERNACHTUNG
1. Alojamiento Mihao
2. Tambo Andina
3. Cordillera Escalera Lodge
4. Alojamiento Turístico El Mirador
5. La Patarashca
6. Hostal Sol de Selva
7. Hostal Juan Alfonso
8. Mitu Wasi Ecohospedaje

ESSEN
1. Restaurante Vegetariano Quionoa
2. El Bijao
3. Restaurant Vegetariano El Eden
4. Suchiche Café Cultural
5. La Patarashca
6. Ti France
7. Café Plaza
8. Heladería Orgánica Fruta y Café

SONSTIGES
1. Orquídea
2. Stonewasi
3. exotic Chocolatier
4. Supermarkt
5. Centro Artesanal Turístico
6. Lavandería Las Amazonas
7. Tesoros del Gran Pajatén

TRANSPORT
1. Busse nach Lima, Chiclayo, Jaén, Pucallpa
2. Peruvian Airlines
3. Latam
4. Star Perú
5. Combis und Sammeltaxis nach Moyobamba, Rioja, Nueva Cajamarca, Yurimaguas, Juanjui, Lamas
6. Pizana Express, Chazuta Express

Saubere Zimmer mit Warmwasser und AC. Frühstück und Abholservice vom Flughafen inkl. ❸

La Patarashca, San Pablo de la Cruz 362, ✆ 042-527554, 💻 www.lapatarashca.com. Gemütlich mit viel Holz und kleinem Pool. Saubere, angenehme Zimmer mit Ventilator oder AC. Schöner Garten mit Sitzecke und Hängematten. Dicht beim Hotel liegen einige Kneipen, an den Wochenenden ist es laut. Frühstück inkl. ❸–❹

Mitu Wasi Ecohospedaje, Jorge Chávez 1153, ✆ 042-506703, 💻 www.mituwasiecohospedaje.com. Rund 2 km südwestlich des Zentrums gelegen und gut mit dem Mototaxi erreichbar.

Freundliches Hotel mit großem Garten. Gemütliche, palmgedeckte Bungalows mit Bad. ❸

Cordillera Escalera Lodge, Prolongación Alerta 1521, ✆ 942614850, 💻 www.cordilleraescalera.com. Oberhalb der Stadt, etwa 1,5 km nördlich des Stadtzentrums gelegene Lodge. Schöne Bungalows, üppige Gärten, Frühstück wird serviert, sonst keine Mahlzeiten; Gemeinschaftsküche. Anfahrt mit dem Mototaxi ca. 8 S/. ❺

ESSEN

Café Plaza, San Martin 109, Plaza de Armas. Beliebter Treffpunkt. Guter Kaffee und Kuchen, Säfte, Sandwiches, Frühstück und WLAN. 🕒 tgl. 7.30–23 Uhr.

El Bijao, Alegría Areas de Morey 424. Bei Einheimischen beliebtes Spezialitätenrestaurant, u. a. Cecina, Juanes und gegrillter Fisch, eingewickelt in Bijao-Blätter, dazu einheimische Fruchtsäfte. Alles günstig. 🕒 Mo–Sa 18–22 Uhr.

Heladería Orgánica Fruta y Café, Maynas 234. Leckeres Eis ohne Farb- und Aromastoffe aus lokalen Früchten, zum Teil in Bioqualität. 🕒 Mo–Sa 9–12.30, 15–19.30 Uhr.

La Patarashca, Lama 261. Gemütliches, aber teures Spezialitätenrestaurant. Am besten sitzt man im 2. Stock. 🕒 tgl. 11–23 Uhr.

Restaurante Vegetariano El Edén, Rioja 166. Günstige Menüs, Obstsalate, Säfte und Frühstück. 🕒 So–Fr 7.30–19.30, Fr bis 15 Uhr.

Restaurante Vegetariano Quinoa, Manuela Morey, Ecke Bolognesi. Nur Mittagsmenüs, bestehend aus Salat, Suppe und Hautgericht. 🕒 Mo–Sa 12–16 Uhr.

Suchiche Café Cultural, Lamas 245, neben La Patarashca. Nettes Café mit gelegentlichen Veranstaltungen. 🕒 Mo–Sa 7–23 Uhr.

Ti France, Rioja, Ecke San Pablo de la Cruz. Echtes französisches Baguette, frische Croissants, leckere Quiches, Biokaffee – vive la France! 🕒 Mo–Fr 7–20, Sa 7–16 Uhr.

UNTERHALTUNG UND KULTUR

In der Lamas 218 liegt die nette Bar **Stonewasi**, die auch Tische im Freien hat. Nebenan sind weitere Kneipen angesiedelt.

EINKAUFEN

Centro Artesanal Turístico, Moyobamba, Ecke San Pablo de la Cruz, Plaza de Armas. Kunsthandwerk, Kaffee und einheimische Liköre.

Schokolade aus lokaler Kakaoproduktion bekommt man bei **exotic Chocolatier** an der Plaza de Armas 195, 🕒 Mo–Sa 9–19 Uhr, und aus Biokakao bei **Orquídea**, Santa Mónica 200, am nördlichen Stadtrand, ✆ 042-526573, 💻 www.orquideaperu.com. 🕒 Mo–Sa 8–18 Uhr.

In der Compagñon zwischen San Martín und Leguia liegt ein **Supermarkt**.

TOUREN

Zahlreiche Veranstalter mit sehr ähnlichen Angeboten sind in den Straßen rund um die Plaza angesiedelt. Auf dem Río Mayo und dem Río Huallaga werden **Rafting-Touren** veranstaltet.

Tesoros del Gran Pajatén, Pasaje 6 de Setiembre 336, Barrio Huayco, ✆ 921449328, 💻 www.tesorosdelgranpajaten.com. Spezialist für mehrtägige Ausflüge in den **Río-Abiseo-Nationalpark** (s. auch Juanjuí, S. 561).

SONSTIGES

Feste

24. Juni: San Juan, eine ausgelassene mehrtägige Feier im gesamten Amazonasgebiet mit Umzügen und traditionellen Gerichten.

20. August: Stadtgründung, Musikfestival, Folkloretänze und Kochwettbewerbe.

Geld

BCP und **Banco de la Nación** liegen dicht beieinander in der Maynas, zwischen der Plaza und der Manco Capac.

Informationen

Oficina de Información Turística, Ramírez Hurtado, Plaza de Armas, ✆ 042-526188. Wird von der Touristenpolizei betrieben. 🕒 tgl. 7–23 Uhr.

Medizinische Hilfe

Clínica San Camilo, José Olaya 358, ✆ 042-531116.

Polizei

Hurtado, Ecke Rioja, ✆ 042-522141. S. auch „Informationen".

TRANSPORT

Busse und Colectivos

Gesellschaften

GH Bus, Salaverry 835, ✆ 995623387
móvilbus, Salaverry 880, ✆ 042-529193
Pizana Express, Jorge Chávez 1241, ✆ 941108326
Transamazónico, Jr. Universitaria, Block 1
Turismo Selva, Alfonso Ugarte, Block 11, ✆ 942414214

Verbindungen

CHACHAPOYAS (Turismo Selva) mehrmals tgl., 7–8 Std. (370 km), oder mit Umsteigen in PEDRO RUÍZ. Fährt über MOYOBAMBA.
CHAZUTA Combis und Sammeltaxis ab der José Olaya, Ecke Cusco.,
CHICLAYO (móvilbus, GH Bus) mehrere Abfahrten tgl., 13 Std. (780 km).
JUANJUÍ (Turismo Selva) Minivans und Sammeltaxis, 2–2 1/2 Std. (150 km).
LAGUNA AZUL (SAUCE) Sammeltaxis ab der Carretera Fernando B. Terry, Block 7, Banda de Shilcayo, 1 1/2–2 Std. (52 km).
LAMAS Colectivos fahren vom Block 11 der Alfonso Ugarte, 1/2 Std. (23 km).
LIMA (móvilbus, GH Bus) tgl. Busse entweder über TINGO MARÍA oder CHICLAYO/TRUJILLO, 18–24 Std. (1450 km). Alle Busse fahren von den Terminals in Block 8 der Av. Salaverry, Barrio Morales, ab (ca. 10 Min. mit dem Mototaxi, 3 S/.).
MOYOBAMBA Minivans und Sammeltaxis fahren vom Block 10 und 14 der Ugarte, 2 Std. (119 km), auch nach RIOJA, 2 1/2 Std. (98 km). Combis fahren vom Terminal Terrestre Turismo Selva, Ugarte Block 11.
PEDRO RUÍZ alle Busgesellschaften, die nach Lima oder Chiclayo fahren, 7 Std. (324 km).
PUCALLPA (Transamazónico und Pizana Express wechseln sich ab) Abfahrt mehrmals tgl., 15–16 Std. (781 km). Fährt über JUANJUÍ, TOCACHE und TINGO MARÍA, 10–12 Std. (491 km).
YURIMAGUAS Minivans und Sammeltaxis fahren vom Block 14 der Ugarte, 2–3 Std. (129 km). Combis fahren vom Terminal Terrestre Turismo Selva, Ugarte Block 11.

Flüge

Auskünfte im Flughafengebäude, ✆ 042-522278. Mototaxis bringen Passagiere für 5 S/. zum Flughafen, die Fahrzeit vom Zentrum beträgt etwa 15 Min. Nach der Ankunft in Tarapoto 50 m zum Flughafenausgang gehen, dort ein Mototaxi nehmen und auf 5 S/. bis ins Zentrum bestehen!
Latam, Ramírez Hurtado 183, Plaza de Armas, ✆ 042-529318, 💻 www.latam.com, fliegt tgl. nach LIMA. 🕒 Mo–Fr 8.30–19, Sa 9–13 Uhr.
Peruvian Airlines, Ramírez Jurtado 277, ✆ 042-529969, 💻 www.peruvian.pe, fliegt tgl. nach Lima. 🕒 Mo–Fr 9–14, 15–19, Sa 9–13, 15–18 Uhr.
Saeta, Av. Aviación 639, ca. 100 m außerhalb des Flughafens, ✆ 042-587893, 💻 www.saetaperu.com, fliegt Mo–Sa morgens nach CHACHAPOYAS und Mo, Do, Sa nach PUCALLPA. 🕒 Mo–Sa 7–18, So 7–13 Uhr.
Sky Airlines, nur am Flughafen und im Internet, ✆ 044-643319, 💻 www.skyairline.com/peru, fliegt tgl. nach LIMA.
Star Perú, Plaza Mayor 325, ✆ 042-521056, 💻 www.starperu.com, fliegt nach IQUITOS und LIMA. 🕒 Mo–Fr 9–19, Sa 9–17 Uhr.
Viva Air, kein Büro, Buchung über das Internet oder Reisebüros, 💻 www.vivaair.com. Flüge nach LIMA und IQUITOS.

Die Umgebung von Tarapoto

Zahlreiche Seen und Wasserfälle laden zu Ausflügen ein und werden besonders an Wochenenden und Feiertagen auch von Einheimischen verstärkt aufgesucht. Folgt man z. B. der Straße entlang des Río Shilcayo zur Cordillera Escalera Lodge (s. „Tarapoto/Übernachtung"), gelangt man nordöstlich der Stadt in das Naturschutzgebiet der **Cordillera Escalera**. Im dichten Dschungel kann man hier verschiedene Affen- und Vogelarten beobachten, außerdem warten zahl-

Zum Huacanaillo-Wasserfall

Ausgangspunkt für die lohnende Wanderung ist der nördliche Ortsausgang von **San Antonio de Cumbaza**, rund 15 km nördlich von Tarapoto am Río Cumbaza. Der gut markierte Weg (einfache Strecke 4,1 km, ca. 2 Std.) folgt dem Fluss, den man viermal durchqueren muss (keine Brücken!). In der Regenzeit (Jan–April) kann dies schwierig bis unmöglich sein (es gibt eine markierte Ausweichroute, für die man aber schwindelfrei und trittsicher sein sollte). Unterwegs zahlt man den Eintritt von 5 S/. Schließlich biegt man rechter Hand in ein kleines Flusstal ab, dem man bis zum Wasserfall folgt. Dort kann man zelten, es gibt einfache Toiletten und eine Feuerstelle. Für die Wanderung sollte man Wasser, Verpflegung, Sonnenschutz und ein zweites Paar Schuhe für die steinigen Flussdurchquerungen dabeihaben.

Die Anfahrt erfolgt mit dem Sammeltaxi ab der Av. Salaverry in Tarapoto bis San Pedro de Cumbaza und gegen einen kleinen Aufpreis weiter bis San Antonio de Cumbaza. Von San Antonio fahren Mototaxis in 15 Min. nach **San Roque de Cumbazo**, wo die asphaltierte Straße endet. Dort gibt es schöne Badestellen am Fluss (Wochenenden meiden), und man kann nach Lamas (S. 560) wandern (anstrengende 14 km auf der Erdstraße). Übernachten lässt es sich in San Roque in der einfachen Albergue Municipal am Fluss, ✆ 9677321013, ❶, oder in den einfachen Bungalows des Retreats Mishikiyaku, ca. 10 Min. flussaufwärts von der Albergue Municipal, ✆ 936779154 – nach Shadi Talaat fragen.

reiche Wasserfälle und ein schöner Aussichtspunkt mit Blick über Tarapoto.

Nur rund 14 km nördlich der Stadt liegen an der Straße nach Yurimaguas die **Cataratas de Ahuashiyacu**, ca. 50 m hohe Wasserfälle mit Bademöglichkeit und Restaurant. Sie sind mit Taxi von der Plaza de Armas (San Martín, Ecke Hurtado) oder im Rahmen einer organisierten Tour erreichbar.

Auch das südöstlich gelegene, rund zwei Autostunden von Tarapoto entfernte **Chazuta** lohnt einen Abstecher. Der kleine Ort am Río Huallaga ist bekannt für seine Töpferwaren und Kakaoproduktion (Besuch der Frauenkooperative Mishky Cacao möglich), wartet aber auch mit Wasserfällen und Thermalbädern auf.

Unterwegs passiert man etwa 30 km südöstlich von Tarapoto (bei KM 16) und direkt am Río

Huallaga die **Puma Rinri Amazon Lodge**, ✆ 042-526694, 💻 www.pumarinri.com, mit gemütlichen Zimmern mit Terrasse und Flussblick, Restaurant, warmem Wasser und 24 Stunden Strom. Diverse Ausflugsmöglichkeiten und Vogelbeobachtung. Frühstück inkl. ❺.

Etwa 52 km und zwei Stunden südöstlich von Tarapoto (s. „Tarapoto/Transport") liegt die **Laguna de Sauce (Laguna Azul)**, ein ruhiger Urwaldsee, der zum Baden und Angeln einlädt und mit Bootstouren zu erkunden ist. Bis zur Autofähre über den Río Huallaga ist die Straße asphaltiert, danach sind es noch rund 45 Minuten auf einer je nach Jahreszeit relativ guten Piste bis zum Ort Sauce. Der See hat sich in den letzten Jahren zu einem beliebten Ausflugsziel entwickelt. Wer es ruhig mag, sollte unter der Woche kommen und die peruanischen Ferien meiden. Das Angebot an Unterkünften ist groß, teure Lodges am Seeufer überwiegen, aber auch zelten ist möglich.

Lamas

Nach 13 km entlang der Hauptstraße Richtung Moyobamba zweigt rechts eine asphaltierte Straße zum 10 km entfernten Indígena-Dorf Lamas ab (Transport s. „Tarapoto"). Der kleine Ort mit seinen rund 15 000 Einwohnern liegt auf angenehmen 835 m Höhe. Die dort lebenden Chancas stammen aus der Region Andahuaylas und flohen einst vor den siegreichen Inka hierher. Ihre Nachfahren wohnen heute im Stadtteil Wayku. Der Ort hat viele Traditionen bewahrt, auch Trachten werden noch getragen.

Um sich mit den Textilien, der Keramik sowie den Sitten und Gebräuchen der Region vertraut zu machen, lohnt ein Besuch des **Museo Chanka**, San Martín 1165, ✆ 042-543525. 🕒 tgl. 8.30–18.30 Uhr, WLAN, Eintritt 6 S/. In der Stadt werden zwei verschiedene **Patronatsfeste** gefeiert: Das der Mestizen, Santa Cruz de los Motilones, findet am 17. Juli statt; die indigene Fiesta zu Ehren der Santa Rosa steigt am 30. August.

So gar nicht in die tropische Landschaft passt das überdimensionierte **Castillo de Lamas**, eine zinnenbewehrte Burg am Ende des Jirón Martín de la Riva y Herrera, von der man einen schönen Talblick hat und die vor allem bei einheimischen Touristen gut ankommt.

Fairer Kaffee in Lamas

Seit vielen Jahren baut die **Cooperativa Agraria Cafetalera Oro Verde** 💻 www.oroverde.com.pe, in der Region um Lamas Kaffee und Kakao an – inzwischen sogar „Fairtrade"-zertifiziert. Für eine Tasse guten Kaffees sollte man in der Cafetería der Genossenschaft (Jr. San Martín 514) vorbeischauen. 🕒 Mo–Sa 8–13, 15–19, So 15–19 Uhr.

In der Umgebung von Lamas kann man mithilfe von lokalen Guides Wanderungen zu Wasserfällen und indigenen Gemeinden unternehmen, die Kakao und Kaffee anbauen. Touren organisiert die Hospedaje El Abuelo Felipe. Ein Geldautomat befindet sich an der Plaza de Armas. Sammeltaxis fahren am Fuß des Castillos ab.

ÜBERNACHTUNG UND ESSEN

Hospedaje El Abuelo Felipe, Jr. San Martin 1027, ✆ 986659045, 💻 www.elabuelofelipe.com. Sauberes und ruhiges Hotel. Gute Zimmer mit Bad, TV und Ventilator, gutes Restaurant, 🕒 tgl. 8–16, 19–22 Uhr. Frühstück inkl. ❷

Casa Sangapilla, 16 de Octubre, Barrio Suchiche, ✆ 945995980, 💻 www.hospedajelasangapilla.com. Einfache Zimmer ohne Bad und Bungalows mit Bad. Öko-Pool, großer Garten und Hängematten. Gutes, frisches Essen, das vorbestellt werden muss. Frühstück inkl. ❷

ana caspi b&b, Barrio Ancohallo, rund 500 m oberhalb des Ortszentrums, am Ende der Alejandro Zapata, ✆ 950886988, ✉ anacaspilamasperu@gmail.com. Ruhige Unterkunft unter deutsch-schweizerischer Leitung. Geräumige Bungalows mit Bad. Gepflegte Gartenanlage. Gelegentlich gibt es exzellente, hausgemachte Pizza. Frühstück inkl. ❸

Artesanía Café Bar El Duende Maldito, San Martín 1163. Das vielseitige Café bietet Kunsthandwerk, Eis aus Früchten der Region und Cocktails. 🕒 tgl. 9–19 Uhr.

Café Rupa Rupa, Plaza de Armas. Guter Kaffee, Kuchen und Eis, Mittagsmenüs. 🕒 tgl. 8–22 Uhr.

Juanjuí

Das durch Kaffee- und Kakaoanbau geprägte Juanjuí liegt rund zwei Autostunden südwestlich von Tarapoto an der Carretera Marginal de la Selva, der Verbindungsstraße zwischen Tarapoto und Tingo María (mehr zu dieser Route, s. Kasten).

Der Ort am Huallaga-Fluss ist der Ausgangspunkt für Touren in den **Parque Nacional del Río Abiseo** (S. 557). Das riesige, selten besuchte Schutzgebiet ist nur mit einer zwei- bis dreistündigen Bootsfahrt erreichbar und sollte daher im Rahmen einer mehrtägigen organisierten Tour besucht werden. Spezialist hierfür ist der Veranstalter Tesoros del Gran Pajatén, der auch eine Filiale in Tarapoto hat (s. „Tarapoto/Touren" S. 557). Auch die Nationalparkbehörde Sernanp, Leticia 1477, ✆ 042-545781, 💻 www.sernanp.gob.pe, informiert. 🕒 Mo–Fr 8.30–13, 15–17 Uhr.

ÜBERNACHTUNG UND ESSEN

Gran Pajatén Inn, Huallaga 525, ✆ 042-545153. Geräumige Zimmer, wahlweise mit Ventilator oder AC. ❷

Die „Ruta del Cacao"

Mitglieder der **Asociáción de Desarollo Agroturístico Alto El Sol** zeigen Besuchern den Weg des (Bio)-Kakaos von der Baumschule bis zur fertigen Schokolade, die natürlich vor Ort probiert werden kann. Alto El Sol liegt südlich von Tarapoto in einem ehemaligen Koka-Anbaugebiet.

Ausgangspunkt der Touren ist Pachiza, das über Juanjuí erreicht wird (Fahrtzeit Tarapoto–Juanjuí ca. 2 Std., Juanjuí–Pachiza, ca. 45 Min. Auf beiden Teilstücken verkehren schnelle Sammeltaxis). Die Tour kostet ab Pachiza 60 S/. p. P. (Essen inkl.). Mitbringen sollte man Wasser, feste Schuhe, Kopfbedeckung und Mückenschutz. Kontakt: Mardonio Quiñones Solano, ✆ 942701649, ✉ rutaturisticacacao@hotmail.com. In Tarapoto kann der Veranstalter **Tesoros del Gran Pajatén** (s. „Tarapoto/Touren", S. 557) die Tour organisieren.

Hostal Capricornio, Eduardo Peña Meza 1185, ✆ 042-545065. Große, saubere Zimmer, kleiner Pool. Frühstück inkl. ❸

Leckeres Essen serviert das **Restaurant La Selva**, La Merced, Ecke Mariscal Castilla. 🕒 Mo–Sa 6.30–22, So 6.30–15 Uhr.

Yurimaguas

Eine inzwischen durchgehend asphaltierte Straße führt nördlich von Tarapoto Richtung Norden zum 129 km entfernten Flusshafen Yurimaguas am Río Huallaga, rund 180 m über dem Meeresspiegel. Vor rund 100 Jahren profitierte die inzwischen 50 000 Einwohner zählende Stadt vom Kautschukboom, danach versank der Ort in die Bedeutungslosigkeit. Yurimaguas ist Ausgangspunkt für die absolut lohnende, zwei- bis dreitägige Bootsfahrt nach Iquitos (s. Loose-Tour S. 562).

ÜBERNACHTUNG UND ESSEN

Die billigeren Hotels haben nur kaltes Wasser.

Hostal El Naranjo, Arica 318, ✆ 065-352650. Gute Lage in Marktnähe. Saubere Zimmer mit Bad, TV und Ventilator (AC gegen Aufpreis). Gutes Restaurant, Pool und Parkplatz. ❸

Solide Kost gibt's überall, Fast Food entlang der Jauregui. Gute Mittagsmenüs hat das Restaurant des **El Naranjo**, abends aber nur Fast Food. Einen guten Blick auf den Fluss bietet das Hotelrestaurant **Rio Huallaga**, Calle Arica 111.

SONSTIGES

Geld

Banco Continental, Lores 132, und **Banco de Crédito**, Arana 143, beide mit Geldautomat.

Hängematten

Bekommt man auf dem Markt, sie sind aber auch auf den Eduardo-Booten (S. 562) erhältlich.

TRANSPORT

Busse, Colectivos und Combis

LIMA wesentlich bessere Busse ab Tarapoto. Tickets sind im Büro von móvilbus erhältlich,

15 HIGHLIGHT

Bootsfahrt durch den Dschungel

- **Route:** Yurimaguas – Lagunas – Nauta – Iquitos
- **Länge:** 388 km
- **Dauer:** 2–3 Tage
- **Zwischenstopp:** Lagunas (Gelegenheit zur Dschungeltour in der Reserva Nacional Pacaya Samiria)
- **Preise:** ab 100 S/. p. P. für einen Hängemattenplatz (Hängematte ist nicht inkl., kann aber günstig in Yurimaguas auf dem Markt oder auf dem Boot gekauft werden), bis Lagunas 50 S/., Kabinenplatz ab 150 S/. p. P.
- **Ticketverkauf:** Transportes Eduardo, Pardo 114-116, Yurimaguas, ✆ 065-351270, ✉ agdosmil@hotmail.com.

Eine tolle und günstige Art, das Leben an den peruanischen Dschungelflüssen kennenzulernen, ist die zwei- bis dreitägige Fahrt mit dem Handelsboot auf dem **Río Huallaga** und dem **Río Marañon** von Yurimaguas nach Iquitos.

Nach der Ankunft in Yurimaguas sollte man gleich zum Büro von Transportes Eduardo und später dann zum Hafen La Boca gehen, den man bequem mit dem Mototaxi erreicht. In der Regel fährt täglich außer sonntags ein Boot. Die offizielle **Abfahrtszeit** – um 17 Uhr – wird meist nicht eingehalten, Verspätungen von mehreren Stunden bis zu einem Tag oder mehr kommen vor. Wer ein bis zwei Stunden vor dem angegebenen Starttermin an Bord geht, kann sich einen guten **Schlafplatz** sichern.

Die Touristen lassen sich meist auf dem etwas ruhigeren (theoretisch abgetrennten) Oberdeck nieder. Das billigere Zwischendeck ist meist überfüllt, stickig und es besteht eine höhere Diebstahlgefahr. Geschlafen wird in der Hängematte oder in einer teureren stickigen Kabine, die für 2 oder 4 Personen ausgelegt ist. Im Oberdeck ist das sehr einfache Essen (viel Reis und Kochbananen) im Preis enthalten, im Zwischendeck nicht. Aller-

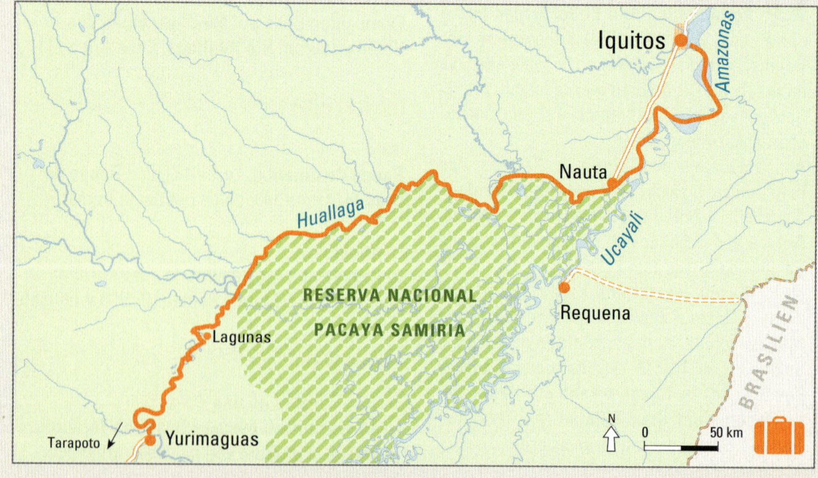

NORDPERU

dings sollte man **eigenes Geschirr** und Besteck, Extraverpflegung und Trinkwasser mit an Bord nehmen. Ein Buch, ein Kartenspiel und Angelzeug helfen, die Zeit zu vertreiben, denn die Fahrt kann monoton werden. An die hygienischen Verhältnisse an Bord darf man keine großen Ansprüche stellen. Nicht vergessen sollte man **Moskitospray** und eine leichte Decke (es kann nachts frisch werden). Die Fahrt von Yurimaguas flussabwärts ist interessanter als die Rückfahrt von Iquitos, da öfter angelegt wird und mehr Waren ein- und ausgeladen werden.Wer nicht ganz so viel Zeit auf dem Wasser verbringen möchte, kann die Strecke bis Nauta auch mit einem mehrmals wöchentlich verkehrenden Schnellboot *(barco* rápido) in rund 20 Stunden zurücklegen (130 S/. p. P.). Da man in den schmalen, langen Booten beengt auf einfachen Bänken sitzt, hat die Fahrt allerdings weniger Charme. Abfahrt von Yurimaguas ist täglich um 3 Uhr nachts am Hafen Puerto La Boca. Lagunas wird gegen 9 Uhr morgens (50 S/. p. P.), Nauta (ca. 1 1/2 Std. per Sammeltaxi von Iquitos entfernt) abends gegen 22 Uhr erreicht. Tickets verkauft die Corporacion Amazonia Jireh, ✆ 950905128, ✉ corporacionamazoniajireh@gmail.com.

©FRANK HERRMANN

1. Tag (ca. 120 km)

Langsam zieht der Regenwald vorüber, während man es sich in der Hängematte gemütlich macht. Nach rund zwölf Stunden Fahrt kann man in dem nur per Boot erreichbaren **Lagunas** die Reise unterbrechen. Übernachten lässt es sich in der Hospedaje Eco, Av. Padre Lucero 1404, ✆ 065-503703, ✉ hospeco@hotmail.com, DZ mit Bad und Warmwasser, TV und WLAN, ❶. Von Lagunas aus lassen sich mehrtägige Bootstouren in Perus größtes Naturreservat, die **Reserva Nacional Pacaya Samiria** (s. auch S. 579), unternehmen, z. B. mit Huayruro Tours, in Yurimaguas: Calle Arica 111, ✆ 965662555; in Lagunas: Calle Alfonso Aiscorve 424, ✆ 065-401186), 💻 www.peruselva.com. Die Dauer der Tour ist variabel, gewöhnlich vier bis sechs Tage, 150 S/. pro Tag und Person (inklusive Transport, Verpflegung, Regenponchos, Gummistiefel, Mückennetze und Guides, die das Paddeln und Kochen übernehmen). Nicht enthalten sind die An- und Abreise nach/von Lagunas und Übernachtungen in Lagunas selbst.

2. Tag (ca. 150 km)

Unterbrochen wird die weitere Fahrt von vielen Stopps an kleinen, am Flussufer liegenden Dörfern. Dann stürmen Frauen und Kinder mit frisch zubereitetem Essen das Boot, Passagiere versuchen, es zu verlassen, und gleichzeitig wird das Boot mit immer mehr Bananen, Rindern, Motorrädern oder Maschinenteilen beladen. Mittendrin ein paar Touristen, die versuchen, nicht im Weg zu stehen, während sie Fotos schießen. An Bord läuft ständig irgendwo Musik, und aus den Mitreisenden wird schnell eine verschworene Gemeinschaft auf Zeit. Die meisten Passagiere steigen in **Nauta** beim Zusammenfluss des Río Ucayali und des Río Marañon zum Río Amazonas aus. Von dort lässt man sich mit einem Motortaxi zum Busterminal bringen (2–3 S/.) und fährt in eineinhalb Stunden mit dem Sammeltaxi nach **Iquitos** (10 S/.), während das Boot für dieselbe Strecke etwa sechs Stunden benötigt. Der Fahrpreis für das Boot bleibt gleich, egal wo man aussteigt.

Utumayo 105, ✆ 065-502467, ca. 28 Std. (1580 km).
TARAPOTO Sammeltaxis (regelmäßig, 2 Std., 129 km, 20 S/.) und Combis (12 S/.) fahren vom Ortsausgang ab, sobald sie voll sind.

Boote

Nach IQUITOS/NAUTA entweder mit den langsameren Cargo-Booten von Eduardo (S. 562) oder mit Schnellbooten von Eduardo bzw. Jireh, die mehrmals wöchentlich in 1 1/2 Tagen bis Nauta fahren.

Das Amazonasgebiet

Im Nordosten breitet sich im Departamento Loreto die weitläufigste Tieflandebene Perus aus. Die Ströme Napo, Tigre und Ucayali durchziehen sie wie gigantische Schlangen und speisen ihrerseits den Río Amazonas. Perus größte Provinz (368 852 km², etwa so groß wie Deutschland) nimmt 28,7 % der Landesfläche ein und ist außerhalb von Iquitos sehr dünn besiedelt (nur rund 3 % der peruanischen Bevölkerung, etwa 2,4 Einwohner pro km²). In diesen abgelegenen Weiten, die zumeist nur auf Wasserwegen zu erreichen sind, lässt sich trotz immer größer werdender Rodungsinseln noch gut in die Artenvielfalt des Regenwaldes eintauchen.

Im Departamento Loreto wird mehr als die Hälfte des peruanischen Erdöls gefördert und per Pipeline über die Anden an die Pazifikküste gepumpt. Außerdem ist die Region größter Maniok- und einer der ertragreichsten Bananenproduzenten des Landes. Andere Produkte können nur periodisch zwischen Mai und August angebaut werden (z. B. Reis, Mais, Bohnen, Erdnüsse), wenn der niedrige Wasserstand dies zulässt.

Iquitos

1000 km nordwestlich von Lima, 1700 km westlich von Manaus in Brasilien und nur per Boot oder Flugzeug erreichbar, liegt Iquitos wie eine Insel im Amazonasgebiet. Der bei Iquitos bis zu 2 km breite Río Amazonas, rund 4 km/h langsam und 10–30 m tief, fließt nicht mehr wie noch vor ein paar Jahrzehnten direkt an der Uferpromenade vorbei, sondern verläuft aufgrund von Sandbankverschiebungen ein paar Hundert Meter weiter östlich. Die Hauptstadt der Provinz Loreto ist mit rund 550 000 Einwohnern (plus Einzugsgebiet) die größte Stadt des peruanischen Oriente und die weltweit größte Stadt, die nicht auf dem Landweg erreichbar ist.

Klima

In Iquitos herrscht ein ganzjährig feucht-schwüles Klima. Der meiste Niederschlag fällt in den Monaten Dezember, Januar und April – der Wasserstand der Flüsse steigt dann um mehrere Meter an. Den Höchststand haben die Flüsse in den Monaten März–Mai. Der niedrigste Wasserstand ist in den Monaten August–Oktober erreicht. Die jährliche Niederschlagsmenge liegt bei rund 3200 mm (Deutschland: 770 mm). Die Jahresdurchschnittstemperatur beträgt 26,4 °C (max. 31 °C, min. 15 °C). Tagestemperaturen können Spitzenwerte von 40 °C erreichen. Die „kühlsten" Monate sind Juni und Juli, wenn das Thermometer nachts auch mal unter 20 °C fällt.

Geschichte

Um 1740 gründeten **Jesuiten** die ersten Siedlungen im Bereich der heutigen Provinz Loreto, um die indigene Bevölkerung zu christianisieren. 1757 errichtete der Jesuitenpater Manuel Uriarte die Mission und den Flusshafen **San Pablo de los**

Sicherheit

Tagsüber kann man Touren in Belén mit dem Boot oder zu Fuß unternehmen, am besten zu zweit, ohne Kamera und Wertsachen. Nachts sollte diese Gegend gemieden werden, ebenso wie weit entfernt vom Zentrum liegende, schlecht beleuchtete Zonen der Stadt. Auf günstige Tourangebote von der Straße sollte man nicht eingehen. Auf jeden Fall sollte man vorher die Touristeninformation an der Plaza konsultieren (s. dazu auch Tipps vor dem Buchen einer Regenwaldtour, s. S. 580). Geld sollte nur in Banken, Hotels und Wechselstuben getauscht werden.

Napeanos, das spätere Iquitos (der Name leitet sich von einem indigenen Stamm ab). In den folgenden Jahrzehnten wuchs und gedieh die kleine Gemeinde allen Widrigkeiten zum Trotz; Mitte des 19. Jhs. zählte sie rund 230 Einwohner.

Der **Vertrag über die freie Beschiffung des Amazonas** und seiner Nebenflüsse, den Peru 1851 mit Brasilien abschloss, kostete das Land als Gegenleistung 56 000 km² seiner Staatsfläche. Die Gründung des Flusshafens Iquitos fand offiziell am 5. Januar 1864 statt, auch heute noch feiert man jährlich an diesem Datum das Stadtfest. Die weltweit steigende Nachfrage nach **Kautschuk** bescherte der jungen Stadt dann ab 1880 einen wahren Boom: Die Einwohnerzahl explodierte und Immigranten aus der ganzen Welt versuchten, vom plötzlichen Geldsegen zu profitieren. Doch wohlhabend wurden nur wenige. Protzig stellten sie ihren neuen Reichtum mit pompösen Herrenhäusern entlang der Uferpromenade zur Schau. Sogar eine Straßenbahn – 1905 gebaut – konnte sich Iquitos damals leisten.

Die übergroße Mehrzahl der Bevölkerung, meist Indigene und Mestizen, musste sich hingegen mit Hungerlöhnen und ausbeuterischen Arbeitsbedingungen zufriedengeben – Menschenrechte interessierten damals niemanden. Ebenso schnell wie der Boom begann, endete er auch wieder. 1912/1913 gelang es, Kautschuk-Samen nach Malaysia zu schmuggeln und dort großflächige Plantagen anzulegen, auf denen das „weiße Gold" viel einfacher, ertragreicher und billiger als in den unzugänglichen Wäldern Amazoniens gezapft werden konnte. Hinzu kam die Erfindung synthetischen Kautschuks. In den folgenden Jahrzehnten trauerte Iquitos den glanzvollen alten Zeiten nach, und erst zu Beginn der 1970er-Jahre, als endlich mit der Förderung des bereits 1938 entdeckten **Erdöls** begonnen wurde, erlebte die Stadt einen neuen Aufschwung. Kolonisierungsprogramme der Regierung ließen die Bevölkerungszahl auf rund 110 000 Einwohner (1971) hochschnellen.

Iquitos heute

Heute präsentiert sich Iquitos als moderne, geschäftige **Amazonas-Metropole**, die aber selten hektisch wirkt, wären da nicht Tausende dreirädriger Motokars, das Hauptverkehrsmittel der Stadt. Sie lassen den Lärmpegel so gut wie überall ins Unerträgliche steigen. Als Sitz der Amazonas-Universität UNAP (Universidad Nacional de la Amazonia Peruana) und Hauptstadt des riesigen Departamentos Loreto ernährt Iquitos auch jede Menge Verwaltungsbeamte.

An den Docks des **größten Flusshafens Perus** werden unzählige Waren umgeschlagen – noch immer laufen Schiffe bis 3000 Bruttoregistertonnen den Hafen an. Iquitos ist das wichtigste Handelszentrum in einem Umkreis von mehreren Hundert Kilometern. Die Flüsse sind die Lebensadern der Region, und überall tuckern *Peque-peques*, offene Holzkanus mit knatterndem, PS-schwachem Motor, *Pamacaris*, größere überdachte Boote, und die großen Handelsfähren stromauf- bzw. stromabwärts.

In den letzten Jahren ist auch der Tourismus zu einem wichtigen Wirtschaftsfaktor mit großem Wachstumspotenzial geworden. Doch die Arbeitslosenzahlen sind weiterhin hoch, und wöchentlich vergrößern Familien, die aus den Wäldern nach Iquitos ziehen, die **Elendsviertel** der Stadt. In der Pfahlbautenstadt **Belén**

Die Situation der indigenen Bevölkerung im peruanischen Amazonasgebiet

Laut Volkszählung 2017 leben rund 250 000 indigene Peruaner im Amazonasgebiet, die ca. 60 verschiedene Sprachen sprechen. Die größten **Volksgruppen** sind die Asháninkas (37 000), Awajún (25 000) und Shipibo (25 000). Meist wohnen sie in kleinen Dörfern an Flussläufen in einfachen Holzhäusern mit Blätterdach. Ihre Hauptnahrung sind Kochbananen und Maniokwurzeln sowie Fisch und Jagdwild. Sie kochen auf Feuer, kleiden sich westlich und besitzen bereits oft ein Smartphone, selbst wenn es in ihrem Dorf noch kein Mobilfunknetz gibt. Die Männer sprechen neben ihrer Muttersprache meist auch Spanisch. Viele Dörfer verfügen über eine Krankenstation, ausgestattet mit einem Grundstock an Medikamenten. Ein Problem ist die im nördlichen Amazonasgebiet häufig vorkommende Malaria, aber die Ureinwohner bekommen auch die ökologischen Veränderungen in ihrem traditionellen Lebensraum zu spüren.

Ihr Leben ist von harter Feldarbeit und geringem Einkommen geprägt, es sei denn sie wohnen in der Nähe eines Öl- oder Gasunternehmens. Leider gehen die besseren Verdienstmöglichkeiten einher mit einer starken Verschmutzung ihres Lebensraums durch die Öl- und Gasförderung, besonders betroffen sind die Flüsse. Die Schulbildung in den Dörfern ist weiterhin schlecht. Und nach wie vor sind ausländische Missionare und staatliches Personal in entlegenen Regionen unterwegs, um die Indigenen „zivilisationstauglich" zu machen. Den großen Anstrengungen stehen hier eher bescheidene Erfolge gegenüber.

Folkloreshow für Touristen

Die Volksgruppe der Bora, die nordwestlich von Iquitos am Río Momón leben, ist bevorzugtes Ziel von Touristen, die bei einem Iquitos-Aufenthalt in der Regel auch Indigene sehen wollen. Die Besuche sind eine zwiespältige und meist wenig befriedigende Angelegenheit, bei denen die Einheimischen nach einer Tanzvorführung, dem Blasrohrschießen und dem Bemalen der Gäste recht schnell zum eigentlichen Sinn und Zweck der Veranstaltung überleiten: dem Verkauf ihrer kunsthandwerklichen Produkte – man fühlt sich dann fast verpflichtet, etwas zu kaufen. Von Authentizität, von gegenseitigem Kennenlernen oder gar Verstehen besitzt das Spektakel nichts, es gleicht eher einem bunten Folklorezoo, der zwar einerseits den Einheimischen ein wenig Einkommen garantiert, andererseits aber sehr deutlich macht, was die westliche Welt diesen Menschen gebracht hat. Ein Besuch, der oft automatisch Teil einer gebuchten Tour ist, sollte daher gut überlegt sein. Wichtig ist es dabei, von einem erfahrenen Guide begleitet zu werden, der kulturelle Hintergründe sensibel vermitteln kann und so die riesige Kluft zwischen Besuchern und Besuchten ein wenig zu schließen vermag.

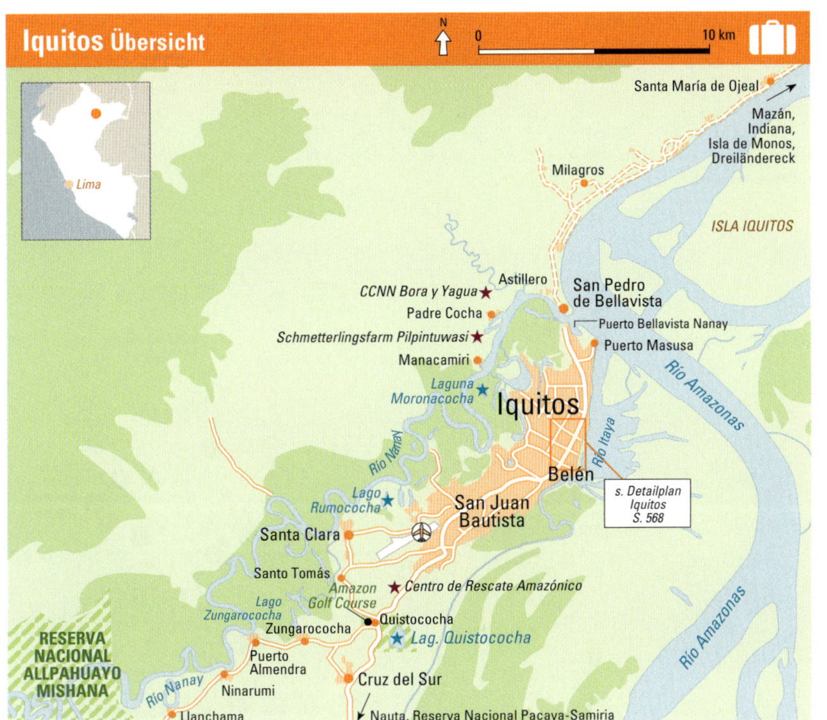

(S. 569), dem größten Slum der Stadt, leben inzwischen einige Zehntausend Menschen.

Wie auch anderswo ist es in den vergangenen Jahren vermehrt zu **illegalen Landbesetzungen** gekommen. Der Bevölkerungsdruck auf die natürlichen Ressourcen steigt, der Wald wird weiterhin abgeholzt, die Fischbestände schwinden und die Wasserqualität nimmt beständig ab.

Casa de Fierro

Große Sehenswürdigkeiten hat die Stadt nicht zu bieten, das Wichtigste konzentriert sich an und in der Nähe der Plaza de Armas, z. B. die Casa de Fierro. Das „Eisenhaus" wurde von Gustave Eiffel für die Pariser Weltausstellung konstruiert und um 1890 von einem zu Wohlstand gekommenen Gummisammler von Europa über den Río Amazonas nach Iquitos gebracht. Es wurde 1997 renoviert und beherbergt heute eine Apotheke, einen Souvenirladen und verschiedene Reiseveranstalter. Das Vermieten der zweiten Etage scheiterte bislang an zu hohen Mietforderungen. An der Raimondi, Ecke Napo, steht auch noch das einst aus Adobe-Ziegeln gefertigte Haus des berühmt-berüchtigten Kautschukbarons **Fitzcarraldo** (S. 575); von dem ursprünglichen Gebäude ist heute leider nicht mehr viel zu sehen.

Malecón Maldonado

Folgt man der Napo einen Straßenblock Richtung Osten, erreicht man die hübsche Uferpromenade, den Malecón Maldonado – an dieser Stelle eine Fußgängerzone. In besseren Zeiten legten an der Mole unzählige Frachtschiffe an. Heute kann man hier schöne Sonnenuntergänge erleben oder besonders abends das quirlige

Iquitos
N
0
300 m
Clinica Stahl
Angel Brusco
Celendín
Av. A Freyre
Jr. Arequipa
Jr. Pablo Rosell
Jr. Alferez West
Puerto de Productores
Jr. Samanez Ocampo
Av Requena
Pantoja
Manco Cápac
Jr. Napo
Comisaría de Turismo
Mi Perú
Espinar
Jr. Cabo Pantoja
Jr. Bolívar
Jr. Ramon Castilla
Parque Zonal
Jr. Pucallpa
Jr. Tavara
Las Delicias
Magnolias
Alm. M. Guise
Israel
Jr. Putumayo
Jr. Pevas
Jardín Barcia Bonifatti
Jr. Yavari
STADION
Milagros
Calvo de Araujo
Banco de la Nación
Jr. Loreto
Jr. Condamine
Jr. Alzamora
Jr. Echenique
Jr. Callao
Sgto. Lores
Nanay
Plazuela Ramon Castilla
Museo-Barco Histórico Ayapua
Jr. Fitzcarrald
Sta. Rosa
Jr. Morona
Jr. Nauta
Jr. Raimondi
Plaza Sgto. Lores
Jr. Calvo de Araujo
Jr. Bolognesi
Jr. Fanning
Jr. Hurtado
Jr. Huallaga
Plaza de Armas
I-Perú
Mercado Central
Jr. Brasil
Casa de Fierro
Malecón Maldonado
Jr. Ricardo Palma
Jr. Sgto. Lores
Jr. Tacna
Av M. Cáceres
Jr. Morona
Tarapacá
POLICIA NACIONAL
Museo de Culturas Indígenas
Prefectura
Malecón
San Román
Jr. Castilla
Jr. Moore
Bermúdez
Jr. Bolognesi
Plaza 28 de Julio
Jr. San Martín
Jr. Ucayali
Río Itaya
Jr. Fanning
Jr. García Sanz
Jr. 2 de Mayo
Jr. 9 de Diciembre
Abtao
Av. del Ejercito
Jr. Arica
Jr. Próspero
J. Arana
FRIEDHOF
Av Grau
Av. Elias Aguirre
Abtao
Jr. R. Hurtado
Mercado Belén
Atahualpa
Jr. Moore
Jr. José Galvez
Av. Alfonso Ugarte
Libertad
15, 16, Quistococha, Zungarococha, Reserva Nacional Allpahuayo Mishana, Nauta
Belén
C. 6
C. 2
C. 3
C. 4
C. 1
C. 13
C. 11
Lima

ÜBERNACHTUNG

1. Hospedaje Golondrinas
2. Nativa Apartments
3. Central Bed & Breakfast
4. Hostal La Casona
5. Garden House
6. Hostal El Colibri
7. Weill's Amazon Backpacker/Mad Micks
8. Flying Dog Iquitos

ESSEN

1 Restaurant Al Frío y al Fuego
2 Cafezinho
3 Fusión
4 El Huasai
5 El Zorrito
6 Dawn on the Amazon Café
7 Ari´s Burger
8 Karma Café
9 Antica Pizzería
10 Heladería La Muyuna
11 Fitzcarraldo
12 Le Bateau Ivre
13 Long Fung
14 Frutas de la Costa
15 Darshan

SONSTIGES

1 Büro Isla de Monos
2 El Musmuqi
3 Noa
4 Konsulat Kolumbien
5 Harbar
6 Nikoro
7 El Pardo
8 Konsulat Brasilien
9 Mercado de Artesanía Anaconda
10 Sernanp
11 Migración
12 Adonis
13 Galerías Quispe
14 Centro Comercial Sachachorro
15 Centro de Rescate Amazónico
16 Mercado de Artesanía San Juan

TRANSPORT

1 Puerto Bellavista
2 Puerto Masusa, Puerto Henry, Puerto Pesquero
3 Puerto Enapu
4 Ticketverkauf Boote Requena
5 Alas de Oriente
6 Flipper, Eduardo, Golfinho
7 Consorcio del Amazonas (Ferry Amazonas I)
8 Star Perú
9 Latam
10 Peruvian Airlines
11 Grupo Aéreo 42
12 Henry
13 Sammeltaxis nach Nauta
14 Busse nach Nauta

Treiben in den vielen Cafés, Kneipen und Restaurants betrachten.

Malecón Tarapacá

Einige Querstraßen weiter südlich wird die Promenade schmaler und geht in den Malecón Tarapacá über. Unzählige Majolica-Kacheln an den Fassaden der Herrenhäuser lassen den Glanz vergangener Zeiten erahnen. Heute sind in den schönen Gebäuden das Militär und verschiedene städtische Institutionen untergebracht.

An der Ecke zur Sargento Lores steht das kleine und sehenswerte **Museo de Culturas Indígenas**, Malecón Tarapacá 332, ✆ 065-235809, das Besuchern einen Eindruck vom Leben und von den Traditionen der indigenen Gemeinschaften im Amazonasgebiet gibt. ⌚ tgl. 10–19 Uhr, Eintritt 10 S/.

An der Ecke zur Morona wird die **Prefectura** erreicht, in der das **Kulturinstitut** (Dirección Desconcentrada de Cultura), Malecón Tarapacá 386, ✆ 065-243296, untergebracht ist. Im 2. Stock des Gebäudes sind Bronze- und Glasfiberskulpturen verschiedener indigener Gemeinschaften Perus, Brasiliens und Venezuelas sowie eine Fotogalerie mit Bildern des 20. Jhs. ausgestellt. ⌚ Mo–Fr 8.30–12.30, 14.30–17 Uhr, Eintritt frei.

Vor der Plaza Ramón Castilla, am oberen Ende des Malecón Tarapacá, liegt ein Museumsschiff aus Zeiten des Kautschuk-Booms, das 1906 in Hamburg gebaut wurde. Heute wird der Dampfer als **Museo Barco Histórico „Ayapua-190"**, ✆ 976600259, betrieben und zeigt Bilder und Exponate aus den Gründungsjahren der Stadt. ⌚ 10–19 Uhr, Eintritt 10 S/.

Einen Häuserblock parallel zur Uferpromenade verläuft die **Próspero**, die Hauptgeschäftsstraße von Iquitos. Sie führt zum weiter südlich gelegenen **Mercado Belén**, auf dem besonders frühmorgens Betriebsamkeit herrscht. Der Markt bietet eine gute Gelegenheit, lokale Spezialitäten zu probieren.

Belén

„Venedig des Amazonas" – diesen Namen hat das **Armenviertel** am Río Itaya im Süden der Stadt von seinen Bewohnern erhalten, aber genau betrachtet handelt es sich bei Belén um einen schwimmenden Slum, allerdings einen mit viel Charme und Atmosphäre. Dies darf jedoch nicht über die prekären hygienischen Verhältnisse hinwegtäuschen, mit denen die Bewohner leben. So wird die Wäsche im Fluss gewaschen, nur wenige Schritte von der eigenen Latrine entfernt, deren Inhalt sich in den Fluss ergießt.

Fast alle der einfachen Holzhäuser ruhen auf Baumstämmen oder wurden auf Pfählen errichtet. Besonders in den Monaten Februar bis Mai, wenn der Wasserstand um 8–12 m steigt, verwandelt sich Belén in eine interessante, bunte „schwimmende Stadt". In der übrigen Zeit teilt der dann nur noch schmale Río Itaya den Vorort in zwei Teile und man kann zu Fuß durch Belén gehen. Einen Besuch von Belén sollte man sich – egal zu welcher Jahreszeit – keinesfalls entgehen lassen. Er zeigt auf eindrucksvoll authentische Weise, wie Menschen heutzutage am Amazonas leben. Einheimische fahren Gäste auf Wunsch mit Holzkanus durch Belén.

ÜBERNACHTUNG

Das Überangebot an Billigunterkünften hat zu Dumpingpreisen von bis zu 5 € für ein Bett im Schlafsaal geführt. Erwarten darf man bei solchen Preisen nicht viel. So fließt hier z. B. nur kaltes Wasser. Für alle Unterkünfte gilt: Zimmer zur meist lauten Straße meiden! Gerade die billigen Unterkünfte sind oftmals ausgebucht. Besonders für die erste Nacht empfiehlt sich eine Reservierung. So gut wie alle Unterkünfte bieten auch Touren an.

€ **Weill's Amazon Backpacker/Mad Micks Bunk House**, Putumayo 163, 2. Stock, ✆ 949001474. Toplage in Nähe der Plaza de Armas. Sehr einfacher, aber mit 25 S/. p. P. auch sehr günstiger Schlafsaal, Tourservice.

Hospedaje Golondrinas, Putumayo 1024, ✆ 065-236428, 💻 www.hospedajegolondrinas.com. Kleines und sehr günstiges Hostel, das als Highlight einen Pool zu bieten hat. Wahlweise DZ mit Gemeinschaftsbad oder Schlafsaal (4 Betten, 25 S/. p. P.). Reservierung sinnvoll! Tourservice Jungle Wolf Expeditions (S. 582). ❶

Hostal El Colibri, Raimondi 200, Ecke Nauta, ✆ 065-241737, ✉ hostalelcolibri@hotmail.com. Luftige, saubere Zimmer mit Bad und wahlweise Ventilator oder AC (teurer). ❷

Flying Dog Iquitos, Malecón Tarapacá 592, ✆ 065-223755, 💻 www.flyingdogperu.com. Ableger der peruanischen Hostelkette mit Zimmern mit Bad, Schlafsaal (29 S/. p. P. oder. 33 S/. mit AC) und dem üblichen Allround-Backpackerservice. Das Frühstück ist im Preis enthalten. ❷

Hostal La Casona, Fitzcarrald 147, ✆ 065-234394, 💻 www.hotellacasonaiquitos.com.pe. Gute und ruhige Lage in Plaza-Nähe. Hohe, kühle, große, aber etwas dunkle Zimmer mit Bad (warmes Wasser) und manche mit AC. Küchenbenutzung. ❸

Central Bed & Breakfast, Nauta 355, ✆ 065-236376, 💻 www.centraliquitos.com. Neueres Hotel, alle Zimmer mit Warmwasser, AC und Safe. Frühstück inkl. Ab 3 Nächten Gratis-Flughafentransfer. ❸

El Cauchero Hotel, Raimondi 449 am Malecón Maldonado, Plaza Castilla, ✆ 065-233637, 💻 www.elcaucherohotel.pe. Ruhige Lage, geräumige Zimmer mit AC, einige mit Fenstern bis auf den Boden, Balkon und Blick auf den Fluss. Kleiner Pool. Frühstücksbuffet und Flughafentransfer inkl. ❸–❹

Garden House, Pevas 133, ✆ 065-231679, ✉ gardenhouse@explorama.com. Ruhige Lage, etwas kleine Zimmer mit AC, Warmwasser. Hübscher lauschiger Innenhof und kleiner Pool. Inkl. Transfer und Frühstück. ❹

Nativa Apartments, Nanay 144, ✆ 065-600270, 💻 www.nativaapartments.com. Sehr saubere, gut ausgestattete Zimmer und 2 Apartments mit Küchenzeile, Kühlschrank, Bad, AC und WLAN. ❹

ESSEN

Die Auswahl an **Fischgerichten** ist sehr gut, besonders an *Ceviches* mit leckeren Amazonas-Fischsorten wie *Doncella, Dorado* oder *Zúngaro* (s. auch Kasten „Beitrag zur Arterhaltung", S. 572). Hinzu kommen jede Menge typischer Gerichte und exotischer Fruchtsäfte.

Früchte und Säfte: *Aguaje* (Palmfrucht, der Saft heißt *Aguajina*), *Cocona* (Amazonastomate, sehr lecker als Saft und als Soße), *Pijuayo* (Palmfrucht), *Zapote* (Breiapfel) und *Guayaba* (Guave). Beliebte Getränke sind *Masato de*

© FRANK HERRMANN

Uferpromenade in Iquitos – Durchblick inklusive

NORDPERU

yuca (aus gesüßtem Maniok) und *Siete Raices* (alkoholisches Getränke aus Zuckerrohr und verschiedenen Baumrinden). Zuckerrohrsaft nennt sich *Huarapo*.

Spezialitäten: *Cecina* (geräuchertes Schweinefleisch), *Tacacho* (Kochbananenkloß mit Schweinefleisch), *Juanes* (Reis mit Hähnchenfleisch, in grünen Bijau-Blättern gekocht), *Patarashca* (in Bijau-Blättern eingewickelter, gegrillter Fisch) und *Ensalada de Chonta* (Palmherzensalat).

Al Frío y al Fuego, La Marina 138, Puerto El Huequito (die Treppe nach unten, von dort mit Boot des Restaurants zum Lokal auf dem Río Itaya). Leckere internationale Küche in sehr schönem Ambiente, aber teuer. 🕒 Mo–Sa 12–24, So 12–17 Uhr.

Antica Pizzería, Napo 159. Pizza und Pasta in gemütlichem Ambiente, Bar im 2. Stock. Teuer. 🕒 tgl. 8.30–24 Uhr.

Ari's Burger, Próspero 127, Ecke Napo. Schnellrestaurant und beliebter Treff. Gute Säfte, große Frühstücksauswahl. Außerdem Snacks, Kuchen, Eis und Hamburger. 🕒 tgl. 7–1 Uhr.

Cafezinho, Nauta 250. Große Auswahl an guten Kaffees, WLAN. 🕒 Mo–Sa 7–13, 15–23 Uhr.

Darshan, 2 de Mayo 469. Der Vegetarier tischt Frühstück, Mittag- und Abendessen auf. 🕒 Mo–Sa 8–15.30, 19–21 Uhr.

Dawn on the Amazon Café, Boulevard Maldonado 185, Ecke Nauta. Breites Speisenangebot. Man kann auch draußen an der Promenade sitzen. 🕒 Mo–Sa 7.30–22 Uhr.

El Huasai, Fitzcarrald 131, in Plaza-Nähe. Frühstück und gute Mittagsmenüs. 🕒 tgl. außer Sa 7.30–16.30 Uhr.

El Zorrito, Fanning 355. Einheimische Küche, günstige und leckere Grillgerichte, Fisch- und Fleischspieße. 🕒 tgl. ab 18 Uhr.

Fitzcarraldo, Napo 100-116, Ecke Boulevard Maldonado. Nette Atmosphäre mit vielen Bildern aus dem Film *Fitzcarraldo* an der Wand. Sehr gute Speisenauswahl von Fisch- und Fleischgerichten über Salate bis zu Pasta und Pizza. Recht teuer. 🕒 tgl. 6–24 Uhr.

Frutas de la Costa, Grau 497, Ecke Bermúdez, Plaza 28 de Julio. Fruchtsäfte in allen Varianten. 🕒 tgl. 7–24 Uhr.

Beitrag zur Arterhaltung

Auf exotische **Wildgerichte** wie Schildkröte, Krokodil oder Hirsch sollte man aus Gründen der Arterhaltung lieber verzichten. Der *Paiche*, die größte lokal vorkommende Fischart, stammt zwar inzwischen überwiegend von Zuchtfarmen (die aber meist nicht ökologisch wirtschaften), ist aber weiterhin vom Aussterben bedroht. Zwischen Oktober und März gilt ein Fangverbot!

Fusión, Fitzcarrald Block 1, schräg gegenüber von El Huasai. Restaurant mit guten Mittags- und Abendmenüs. ⌚ Mo–Sa 8–23 Uhr.
Heladería La Muyuna, Prospero 621. Eisdiele mit vielen leckeren, exotischen Eissorten. ⌚ So–Do 8–24, Fr 8–17, Sa 6.30–24 Uhr.
Karma Café, Napo 138. Nettes, aber recht teures Café mit gemischtem Speisenangebot (u. a. Thai-Currys), einer großen Auswahl an Salaten und Sandwiches sowie WLAN. Do–So Livemusik ab 22 Uhr. ⌚ Di–So 9–24 Uhr.
Le Bateaux Ivre, Malecón Tarapacá 268. Nettes Café mit Frühstück, Suppen und Hauptgerichten. ⌚ tgl. 6–2 Uhr.
Long Fung, San Martín 454. Chinese mit Portionen, die auch zwei sattmachen. ⌚ tgl. 11.45–14.30, 18.45–24 Uhr.

UNTERHALTUNG UND KULTUR

Bars

Kneipen und Pubs liegen im 1. Block der Putumayo und entlang des Boulevard Maldonado.
El Musmuqui, Raimondi 382. Gute Stimmung, exotische Drinks. ⌚ Mo–Sa ab 19 Uhr.
Harbar, Pevas 100. Urige Bar mit viel Holz, Bambus und Blick auf den Fluss. ⌚ tgl. ab 22 Uhr.
Nikoro, Pevas 1. Block, am Ufer des Río Itaya mit Terrasse auf dem Wasser. Rockmusik. ⌚ tgl. ab 19 Uhr.

Discos

Adonis, Av. Del Ejercito 980 (Motokar nehmen). Schwulendisco. ⌚ Fr–So ab 21 Uhr.
El Pardo, Av. Cáceres, Block 10, (Motokar nehmen). In der Tanzhalle tanzt man Salsa und Cumbia zu Livemusik. ⌚ Fr–So ab 21 Uhr.
Noa, Fitzcarrald 298. Sehr trendy. ⌚ Do–Sa ab 22 Uhr.

FESTE

4.–6. Januar: Aniversario de Iquitos, Stadtfest.
Feb/März: Carnaval Amazónico, unter anderem mit dem Pandilla-Tanz, bei dem um die Húmisha-Palme getanzt wird, bis diese umfällt.
17.–24. Juni: Semana Turística, großes Fest mit Paraden, Tänzen und typischer Küche; wird zu Ehren des Heiligen San Juan de Bautista (24. Juni) im ganzen Amazonasgebiet Perus gefeiert.

EINKAUFEN

Hängematten und Campingausrüstung

Die billigsten Hängematten bekommt man bei den chinesischen Händlern im Bereich der 9 de Diciembre zwischen Próspero und Hurtado, auf dem Mercado Belén und auch in den **Galerías Quispe**, Próspero, Ecke Julio C. Arana.

Kunsthandwerk

Der **Mercado de Artesanía Anaconda** liegt an der Promenade am Ende der Napo (unterhalb der Treppe).
Der **Mercado de Artesanía San Juan** befindet sich bei KM 4,5 Richtung Flughafen. Außerdem verkaufen informelle **Holzbuden** Kunsthandwerk im Block 1 der Nauta.

Touren

Infos und Tipps zu Regenwaldtouren auf S. 580. Siehe auch Warnhinweise unter „Mehrtägige Regenwald-Touren“, S. 579.

SONSTIGES

Freiwilligenarbeit

Im **Centro de Rescate Amazónico** (CRA), KM 4,5 Carretera a Nauta, ✆ 965834685, 💻 www.centroderescateamazonico.com, der verletzten Flusssäugern wie Seekühen und Flussdelphinen hilft (S. 577). Außerdem kann man bei der

NORDPERU

Schmetterlingsfarm **Pilpintuwasi** (S. 576) und auf der **Affeninsel** (s. Kasten „Tagesausflug nach Mazán, Indiana und zur Affeninsel", S. 576) aushelfen.

Geld

Zahlreiche Banken an der Plaza de Armas.

Informationen

I-Perú, Napo 161, ☏ 065-236144, ✉ iperu iquitos@promperu.gob.pe. ⌚ Mo–Sa 9–18, So 9–13 Uhr, und am Flughafen (Ankunftshalle), ☏ 065-260251, ⌚ tgl. 7–12.30 und 19–21.30 Uhr.

Konsulate

Brasilien, Sargento Lores 363, ☏ 065-235151. ⌚ Mo–Fr 9–14 Uhr.
Kolumbien, Moore 249, Ecke Calvo, ☏ 065-231461. ⌚ Mo–Fr 7–13 Uhr.

Medizinische Hilfe

Clínica Ana Stahl, Av. La Marina 285, ☏ 065-250025. Privatklinik mit guter 24-Std.-Betreuung.

Naturschutzorganisation

Sernanp, Tacna 432, ☏ 065-607298. Hat auch eine Zweigstelle in Nauta. Staatliche Behörde, die über die Naturschutzgebiete Reserva Nacional Pacaya-Samiria (S. 579) und Reserva Nacional Allpahuayo Mishana (S. 578) informiert. Sernanp gibt zudem Auskunft über Freiwilligenarbeit (z. B. Bäume pflanzen). ⌚ Mo–Fr 8–13, 15–18 Uhr.

Öffnungszeiten

Viele Geschäfte, auch einige Tourveranstalter, schließen wochentags zwischen 13–15 oder in Einzelfällen bis 16 Uhr.

Polizei

Im Block 1 des Jirón Morona gibt es eine Zweigstelle der **Touristenpolizei**, kein Telefon, ⌚ tgl. 8–23 Uhr. Rund um die Uhr besetzt ist die **Comisaría de Turismo**, Putumayo 1658, ☏ 065-242081.

Reisebüros

In der Putumayo und der Próspero gibt es einige Reisebüros. Die Flugangebote unterscheiden sich preislich nur wenig voneinander. Vergleiche sind dennoch angebracht.

Visaangelegenheiten

Die **Einwanderungsbehörde** (Migración) liegt in der Cáceres, 18. Block, ☏ 065-235371. ⌚ Mo–Fr 8–13.15, 14–16.15 Uhr. Den Ein- bzw. Ausreisestempel nach Brasilien oder Kolumbien erhält man direkt an der Grenze in Santa Rosa.

NAHVERKEHR

Stadtbusse

Alle Linien verkehren in Nord/Süd-Richtung. Mehrere Buslinien, darunter die **Nr. 49**, fahren Richtung Süden entlang der Calle Arica zum Mercado Artesanía San Juan, zum Flughafen und weiter zur Laguna Quistococha sowie Richtung Norden über die Huallaga und Marina nach Bellavista, Río Nanay, Casa Fitzcarrald, Explorama, Puerto Masusa. Die Fahrtziele sind angeschrieben (1–1,50 S/.).

Taxis

Das Hauptverkehrsmittel sind die lauten dreirädrigen Motorradtaxis, die in Iquitos **Motocar** heißen. Eine Fahrt im Stadtbereich kostet 3 S/., zu den Häfen 5 S/., zum Flughafen 10 S/., zur Laguna Quistococha etwa 12–15 S/.
Taxis finden sich an der Nauta 350 (Taxi Flores), ☏ 065-232014, zum Flughafen 20 S/.

TRANSPORT

Busse und Colectivos

NAUTA Busse von Trans del Sur fahren regelmäßig alle 20 Min. von 6.30–18.30 Uhr von der Próspero 1585, Ecke Libertad, 1 1/2–2 Std. (97 km). Sammeltaxis (Jaén) fahren ständig von der Aguirre 1495 (beim Centro Comercial Sachachorro).

Boote

Allgemeine Infos zu Bootsfahrten auf den Dschungelflüssen Perus findet man auf S. 580. Die Touristeninfo I-Perú hat ausführliche Listen mit Anbietern und Abfahrtszeiten parat und kontaktiert die Anbieter auch auf Wunsch von ihrem Büro aus bezüglich aktueller Preise und Abfahrtszeiten. Fährt man mit einem langsamen Boot, sollte man für einen guten Hängemattenplatz mehrere Stunden vor Abfahrt an Bord sein und Kabinenplätze möglichst schon einen Tag vor Abfahrt kaufen. Wer flussaufwärts reist, spart rund 6–8 Std. Bootsfahrt, wenn er erst in Nauta zusteigt.

Gesellschaften

Corporación Amazonía Jireh, kein Büro in Iquitos, in Nauta ✆ 065-241610 und ✆ 950905128

Eduardo, Raimondi, Ecke Pevas, ✆ 945250013

Consorcio del Amazonas (Ferry Amazonas I), Pevas 197, ✆ 065-233188

Flipper, Raimondi 346, ✆ 065-766303

Golfinho, Raimondi 378, ✆ 065-225118

Henry, Próspero 1392, ✆ 065-263948 und ✆ 942935129

Ins Dreiländereck Brasilien/Kolumbien/Peru

Den Río Amazonas flussabwärts zum peruanischen Grenzort SANTA ROSA fahren alternierend Golfinho, Eduardo und Flipper. Schnellboote *(lanchas rápidas)* vom Puerto Enapu, Av. La Marina, Ecke Av. 28 de Julio, 10–12 Std. (400 km), 150–170 S/. Abfahrtszeit zwischen 3 und 5.30 Uhr morgens. Man sitzt ziemlich unbequem. Enge Bordtoilette. Deutlich mehr Platz bietet die große Schnellfähre *Ferry Amazonas I*, die Di, Do und Sa jeweils um 5 Uhr morgens ebenfalls vom Puerto Enapu nach Santa Rosa fährt (Stopps u. a. in Caballococha). Preis für Nicht-Peruaner 220 S/., Fahrtzeit 10–12 Std.

Bei allen Booten sind ein einfaches Frühstück, Mittagessen und Getränke im Fahrpreis inkl. Tickets sollte man rechtzeitig in den Büros der Anbieter kaufen.

Billiger, aber erheblich langsamer sind Cargoboote *(motonave, barco lento)*, die Mo–Sa gegen 18 Uhr vom Puerto Pesquero, Av. La Marina, ablegen (2 1/2–3 Tage, Hängemattenplatz ab 80 S/., Kabine ab 100 S/., Tickets direkt bei den Schiffen kaufen!). Sie halten unterwegs unter anderem in PEVAS und CABALLOCOCHA.

Am schnellsten erreicht man das Dreiländereck mit einem Flug nach CABALLOCOCHA (s. „Flüge") und von dort mit Schnellbooten zur Grenze (ca. 1 1/2 Std.).

Nach Ecuador

Tgl. um 9 Uhr fahren Schnellboote ab Mazán nach SANTA CLOTILDE am Río Napo, 4 Std., ca. 100 S/. Von dort verkehren regelmäßig Boote zum Grenzort CABO PANTOJA.

Von Cabo Pantoja fahren regelmäßig Boote nach NUEVO ROCAFUERTE und ORELLANA (EL COCA). 1–2x im Monat fährt ein Boot in rund 7 Tagen von Iquitos (Puerto Pesquero) bis Cabo Pantoja.

INDIANA (Río Amazonas flussabwärts), s. Kasten „Tagesausflug nach Mazán, Indiana und zur Affeninsel", S. 576).

Über Nauta nach Süden

PUCALLPA (Río Amazonas flussaufwärts, dann Río Ucayali) über NAUTA, REQUENA und CONTAMANA Mo, Mi, Fr gegen 18 Uhr (Henry) vom Puerto Henry, 4–5 Tage, 100 S/. (Hängematte) oder 150 S/. (Kabine mit Privatbad, Essen inkl.).

REQUENA (Nauta, Río Ucayali flussaufwärts) ab Iquitos geht es zunächst per Bus, der bei den entsprechenden Touranbietern in der Condamine abfährt (s. Karte), tgl. um 12 Uhr nach NAUTA und von dort per Boot weiter (3 Std. ab Nauta, 70–80 S/. inkl. Bustransfer nach Nauta). Die Henry-Boote nach Pucallpa (s. o.) halten in Requena. Fahrtzeit ca. 13–15 Std.

YURIMAGUAS (Río Amazonas flussaufwärts, Río Marañon und Río Huallaga), 3–4X wöchentl. (außer So) gegen 17 Uhr (Eduardo) vom Puerto Masusa, 2 1/2–3 Tage, ab 100 S/. (Hängematte) bzw. ab 150 S/. (Kabine je nach Größe und Ausstattung, Essen inkl.). Stopps in NAUTA, SARAMURO, MAYPUCO und LAGUNAS. Von Nauta fahren mehrmals wöchentlich Schnellboote (Eduardo, Jireh) offiziell um 5.30 bzw. 6 Uhr nach Yurimaguas, Fahrtzeit 1 1/2 Tage, 130–150 S/. Die Abfahrtszeit aller Boote nach Yurimaguas ist mit Vorsicht zu genießen: In der Regel geht es erst los, wenn genug Passagiere an Bord sind.

Der Mythos Fitzcarraldo

© FRANK HERRMANN

In der Kneipe Fitzcarraldo in Iquitos hängen zahlreiche Bilder aus dem gleichnamigen Film, den Regisseur Werner Herzog in den Jahren 1977 bis 1981 mit Klaus Kinski und Claudia Cardinale in den Hauptrollen verfilmte. Obwohl sich Herzogs Film nicht immer an die historische Vorlage hält – sein Hauptdarsteller, der Caruso-Verehrer Brian Sweeney Fitzcarraldo, möchte ein gewaltiges Opernhaus in Iquitos bauen – bleibt die Kernidee erhalten: Ende des 19. Jhs., als der Kautschukboom Glücksritter aus aller Herren Länder anlockte, erschloss **Carlos Fermin Fitzcarrald**, ein US-Amerikaner irischer Abstammung, eine bis dahin unzugängliche Dschungelregion voller Kautschukbäume, indem er ein Schiff von Indigenen mehrere Kilometer über einen Hügel schleppen ließ.

Um diese Szene im **Film** nachzustellen, bedurfte es nicht minder großer Anstrengungen. Das Filmteam musste historische Schiffe restaurieren bzw. nachbauen lassen, geeignete Standorte an Urwaldflüssen suchen und mehrere Hundert Indigene finden, die bereit waren, an den Filmaufnahmen teilzunehmen. Nach vielen Rückschlägen, Streiks, Umbesetzungen und einer chronisch leeren Produktionskasse konnte die Schlüsselszene des Films gedreht werden: Rund 600 Asháninka zogen das ca. 250 t schwere Schiff *Molly Aida* an einem 300 m langen Stahlseil und über dicke Baumstämme Zentimeter für Zentimeter eine rund 40 %-ige Steigung hoch. Der Traktor, der dabei mithalf, ist natürlich im Film nicht zu sehen.

Das Schiff schaffte es (wie auch rund 80 Jahre zuvor das Original) auf die andere Seite. Damals war es Fitzcarrald gelungen, eine neue Route für den Kautschukexport zu entdecken. Das bedeutete mehr Deviseneinnahmen für Peru, pompöse Gebäude für Iquitos – allerdings nie ein Opernhaus – und sagenhaften Reichtum für einige wenige skrupellose Ausbeuter wie Fitzcarrald.

Noch heute liegt das Wrack der *Molly Aida* vor Iquitos und rostet munter vor sich hin. Die Überreste eines 1920 gebauten Bootes mit dem Namen *Fitzcarraldo* befinden sich rund 10 km flussabwärts von Puerto Maldonado in Südperu, ein paar Gehminuten vom Flussufer entfernt im Regenwald.

Flüge

Nationale Verbindungen

Der **Aeropuerto Francisco Secada Vigneta**, ✆ 065-260532, liegt 5 km südlich der Stadt und verfügt über eine Bank, einen Geldautomaten, Souvenirstände sowie die Infostelle von I-Perú (Ankunft). Fahrpreise vom/zum Flughafen s. „Nahverkehr". Die Flugzeit von Iquitos nach Lima beträgt 1 1/2 Std.

Latam, Próspero 232, ✆ 065-232421, 💻 www.latam.com. 🕒 Mo–Fr 9–18.30, Sa 9–12 Uhr. Mehrmals tgl. direkt nach LIMA und zwischen April und Nov direkt nach CUSCO. Geplant ist außerdem eine Verbindung nach Miami.

Peruvian Airlines, Próspero 215, ✆ 065-231074, 💻 www.peruvian.pe. 🕒 Mo–Fr 8.30–19, Sa 9–17, So 9–12 Uhr. Mehrmals tgl. direkt nach LIMA und nach PUCALLPA.

Sky Airlines, nur am Flughafen und im Internet, ✆ 001-243 7998 (Lima), 💻 www.skyairline.com/peru, fliegt tgl. nach LIMA.

Star Perú, Napo 260, ✆ 065-236208. 🕒 Mo–Fr 8.30–18.30, Sa 8.30–17, So 9–12 Uhr. Tgl. nach LIMA, über TARAPOTO und über PUCALLPA.

Viva Air, nur am Flughafen, ✆ 0800-78200, 💻 www.vivaair.com, fliegt tgl. nach LIMA.

Regionalverbindungen

Propellermaschinen, die auch gechartert werden können, fliegen mehr oder weniger regelmäßig zu kleineren Orten im Regenwald, u. a. CABALLOCOCHA, REQUENA, YURIMAGUAS und SAN LORENZO. Die Maschinen starten nicht immer vom internationalen Flughafen, sondern u. U. von Moronacocha oder Padre Isla (vor Ort bei den Anbietern abchecken):

Alas de Oriente, Fitzcarrald 432, ✆ 065-236005, 💻 www.alasdeloriente.com, fliegt u. a. nach CONTAMANA, YURIMAGUAS und CABO PANTOJA.

FAP Grupo Aéreo 42, Sargento Lores 127, ✆ 968872967, fliegt Mo und Fr ab Moronacocha nach CABALLOCOCHA. Flugdauer ca. 1 Std.

Kurzausflüge von Iquitos

Pilpintuwasi Butterfly Farm und Amazon Animal Orphanage

Die unter österreichisch-peruanischer Leitung stehende Schmetterlingsfarm *(Mariposario)*, auf deren Gelände sich auch ein Schutzzentrum für Wildtiere der peruanischen Regierung befindet, liegt am Río Nanay nordwestlich von Iquitos, ✆ 965932999, 💻 www.amazonanimalorphanage.org.

Zu erreichen ist die Anlage mit dem Bootstaxi *(bote colectivo)* ab Bellavista bis zum Dorf Padre Cocha (ab dort 15 Gehminuten oder Mototaxi nehmen), in der Regenzeit (Dez–April) fährt das Boot direkt bis zur Farm, oder mit einem Charterboot (je nach Boot ca. 40–50 S/. inkl. Wartezeit; erst nach Rückfahrt zahlen!). 🕒 Di–So 9–16 Uhr, 20 S/. (Tour inkl.).

Tagesausflug nach Mazán, Indiana und zur Affeninsel

Zunächst geht es per Schnellboot vom Puerto Productores (alle 60–90 Min. von 6–15 Uhr, 3/4 Std., 15 S/.) nach Timicurillo (besser bekannt als Varadero Mazán). Auf der Höhe von **Mazán** liegen der Río Amazonas und der Río Napo nur rund 2,5 km auseinander, die man auf einer schmalen Betonpiste mit dem Motokar (10 Min.) oder zu Fuß (ca. 45 Min.) zurücklegen kann. Mazán am Río Napo ist ein sehr kommerziell ausgerichtetes Städtchen, von dem aus Boote den Río Napo rauffahren.

Von Mazán nach **Indiana** am Río Amazonas gelangt man ebenfalls auf einem schmalen Betonband mit dem Motokar (15 Min.) oder zu Fuß (ca. 1 Std.). Nach einem Spaziergang durch den Ort nimmt man das Schnellboot zurück nach Iquitos.

Wer früh dran ist, kann auch noch die im Río Amazonas gelegene, ca. 200 ha große **Isla de Monos** besuchen (Büro in Iquitos: Condamine 416, 💻 https://laisladelosmonos.org, auf der 40 Primaten 13 verschiedener Affenarten frei leben (Freiwilligenarbeit möglich). 🕒 tgl. 8–15 Uhr, Eintritt 20 S/. Infos zur An- und Abreise gibt es bei der Touristeninformation I-Perú in Iquitos (S. 573).

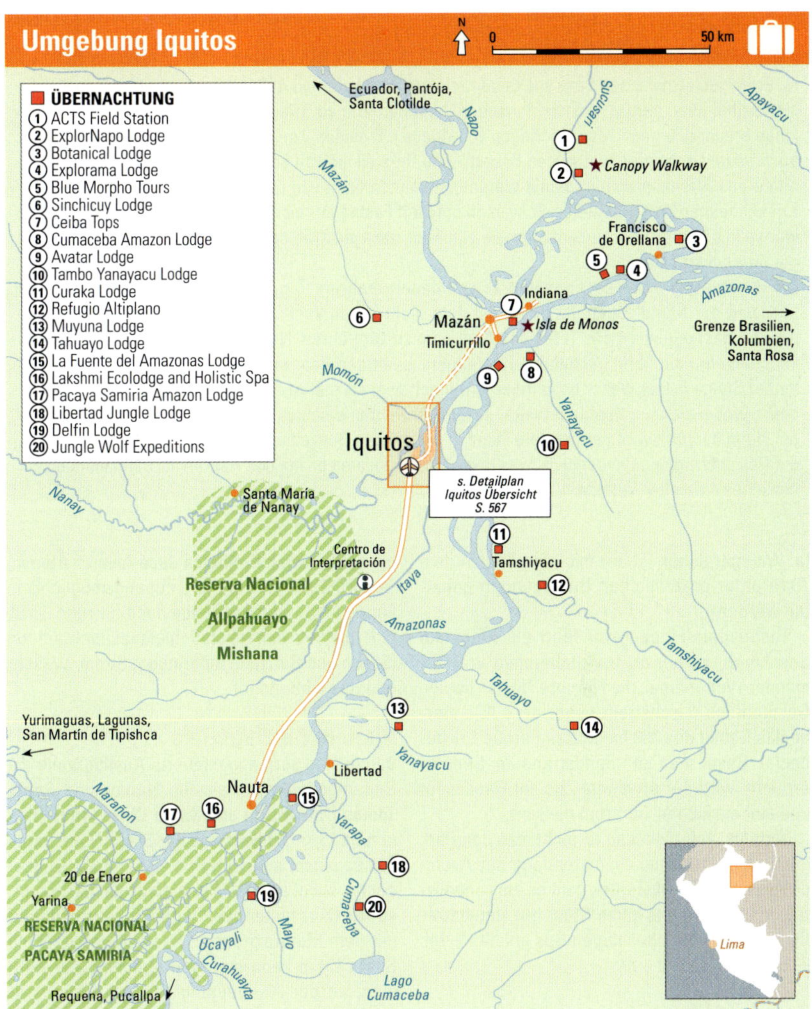

Centro de Rescate Amazónico (CRA)

Die **Tierstation** bei KM 4,5 der Straße nach Nauta, ✆ 965834685, 💻 www.centroderescateamazonico.com, hilft verletzten Flusssäugern wie Seekühen *(Manatis)* und Flussdelphinen. Am gleichen Ort befindet sich außerdem eine Zuchtstation für den Paiche-Fisch (S. 572). ⏱ tgl. 9–15 Uhr, 20 S/.

Anfahrt mit Buslinie 49 ab Putumayo, Ecke Arica (ca. 45 Min., 1 S/.), oder Mototaxi (ca. 30 Min., 12 S/.).

Parque Quistococha

Die schöne, 1 km² große und 8 m tiefe **Lagune** liegt – umgeben von dichtem Regenwald – südlich von Iquitos bei KM 6,5 der Straße nach Nau-

Schrumpfköpfe

Im Grenzgebiet zwischen Peru und Ecuador leben die **Shuar** und **Achuar**, auch Jíbaros genannt, die sich selbst aber *Aents* („wahre Menschen") nennen. Die als kriegerisch geltende Ethnie, die sich lange erfolgreich gegen das Eindringen von *Apach* („Fremden") in ihr Territorium gewehrt hat, pflegt auch heute noch einen grausamen Brauch – die Herstellung von Schrumpfköpfen. Die Trophäen, die heute aus Affenköpfen hergestellt werden, stammten einst von den Köpfen besiegter Feinde. Die Krieger zeigten ihre erbeuteten Schrumpfköpfe auf Festen der eigenen Gruppe, um ihren Status als wertvolle Kämpfer zu dokumentieren; sie glaubten, dass die Kraft des getöteten Feindes auf den Sieger übergehen würde.

Die **Herstellung** eines sogenannten *Tsanta* dauert mehrere Tage. Zunächst werden die Augenlider und der Mund zugenäht, damit der Tote nicht sehen kann, was um ihn herum vorgeht und um den Rachegeistern des Toten das Austreten zu verwehren. Nach dem Entfernen der Schädelknochen wird die übrig gebliebene Kopfhaut mitsamt den Haaren in Wasser gekocht und mithilfe heißer Steine immer weiter geschrumpft. Danach wird sie mehrere Stunden über dem Feuer geräuchert, wobei sich die Kopfhaut weiter zusammenzieht und schwärzlich färbt – ein wichtiges Symbol, denn dadurch wird der getötete Feind in der ewigen Dunkelheit gehalten. Zum Schluss werden die Gesichtszüge nachmodelliert, was dem *Tsantsa* zusammen mit den Haaren in Originallänge sein typisches Aussehen verleiht.

ta. Weniger schön ist der mickrige Zoo, in dem Tiere unter erbärmlichen Bedingungen gehalten werden.

Hinter dem Eingangstor führt ein Weg zum See hinab, vorbei an Urwaldbäumen voll lärmender Webervögel, die hier ihre Nester bauen. Gelegentlich durchstreift sogar eine Affenherde das Gebiet des 369 ha großen Parque Quistococha. Bevor man den Sandstrand am Seeufer erreicht, wird der erwähnte Zoo mit Fischzucht und einheimischen Tierarten passiert.

Anfahrt: Am günstigen erreicht man den Park mit Bussen der Linie 49, die entlang der Avenida Arica verkehren. Zurück geht es am schnellsten, indem man das kurze Stück zur Hauptstraße läuft und einen beliebigen Bus anhält. ⌚ tgl. 8–16.30 Uhr, Eintritt 6 S/.

Reserva Nacional Allpahuayo Mishana

Auf weißem Sandboden wächst ein einzigartiger, etwa 58 000 ha großer Wald, der eine artenreiche Flora und Fauna beherbergt. Das Schutzgebiet kann mit Bussen und Sammeltaxis Richtung Nauta angefahren werden (Fahrtzeit ca. 30 Min.). Der **Eingang** liegt beim KM 28 (Puesto de Vigilancia Irapay), Eintritt frei (kleine Spende erwünscht). Beim KM 26,8 besteht bei der **Estación Biológica José Álvarez Alonso**, ✆ 965685017, eine weitere Zugangsmöglichkeit, Eintritt 10 S/. Dort kann man auch für rund 38 S/. p. P. in einem einfachen Schlafsaal übernachten (Essen und Bettzeug mitbringen; Strom, Wasser und Gas vorhanden).

Weitere Ausflugsziele

Von Iquitos gern angesteuerte Ausflugsziele mit Bademöglichkeiten am Río Nanay sind **Santo Tomás** (Nov–April) und **Santa Clara** (Juni–Okt), je rund 15 km südwestlich der Stadt. Nach Santo Tomás nimmt man den Bus 49 Richtung Quistococha, steigt an der Abzweigung von der Hauptstraße (kurz hinter dem Flughafen) aus und fährt mit dem Mototaxi oder Colectivo weiter. Nach Santa Clara kann man den gleichen Bus nehmen, an der Abzweigung von der Hauptstraße (kurz vor dem Flughafen) aussteigen und mit dem Mototaxi oder Colectivo weiterfahren. In Santa Clara fahren Boote zu den Stränden.

Bekannt für malerische Sonnenuntergänge ist die **Laguna Moronacocha**. Sie liegt westlich von Iquitos an einem Nebenarm des Río Nanay und ist problemlos mit Bussen (entlang der Av. Ejercito) oder per Mototaxi zu erreichen.

Auch am **Lago Rumococha** (ca. 4 km südwestlich von Iquitos) und dem **Lago Zungaro-**

cocha (südlich von Iquitos, Abzweigung von der Hauptstraße kurz vor Parque Quistococha) kann gebadet werden. Man nimmt den Bus nach Quistococha, steigt an der Abzweigung nach Zungarococha aus und nimmt dort ein Mototaxi.

Am Ende der rund 100 km langen Asphaltstraße, der einzigen, die Iquitos zu bieten hat, liegt das kleine **Nauta**, ein wichtiger Flusshafen und Ausgangspunkt für Touren nach Pacaya-Samiria. Außer einem vernachlässigten Aussichtsturm in der Nähe, von dem aus man den Zusammenfluss des Río Ucayali und Río Marañon zum Río Amazonas sehen kann, hat der Ort wenig zu bieten.

Von Nauta aus fahren Boote auf dem Río Marañon Richtung Yurimaguas und nach Pucallpa auf dem Río Ucayali. Gut und günstig übernachten lässt es sich in der Hospedaje Plaza Inn, Marañon 365, Plaza de Armas, ✆ 065-411735, ❷.

Reserva Nacional Pacaya-Samiria

Perus größtes Naturreservat umfasst 2 080 000 ha (rund 1,6 % des nationalen Territoriums), liegt rund 100 km südöstlich von Iquitos und erstreckt sich über vier Provinzen. Im Osten wird es vom Zusammenfluss des Río Marañon und des Río Ucayali begrenzt. Unzählige Flüsse durchqueren das Gebiet, das noch fast komplett von tropischem Regenwald bedeckt ist, und überschwemmen es periodisch. Der Wasserreichtum hat eine beeindruckende **Artenvielfalt** hervorgebracht: Bisher wurden u. a. 443 Vogel-, 250 Reptilien- und Amphibien-, 132 Säugetier- und 259 Fischarten gezählt. Die besten Monate für einen Besuch des Naturschutzgebietes sind Mai und September/Oktober, wenn es weniger Touristen und Mücken gibt.

In Pacaya-Samiria leben mehrere Tausend **Cocama**, die sprachlich zur Tupi-Guaraní-Familie gehören. Sie haben ihre traditionelle Lebensweise überwiegend abgelegt und sich mehrheitlich an westliche Lebensweisen angepasst. Die Cocama sind aktiv in Programme eingebunden, die der Erhaltung der natürlichen Ressourcen dienen (Fischbestände etc.) und bieten seit Kurzem **naturverträglichen Tourismus** in Kleingruppen an (s. „Exkursionen").

Der **Eintritt ins Reservat** beträgt für Tagesbesucher 5 S/., für drei Tage 60 S/. und für eine Woche 120 S/. Genehmigungen holt der jeweilige Tourveranstalter (S. 581) ein oder erteilt die staatliche Naturschutzbehörde Sernanp, Jorge Chávez 930-942, ✆ 065-223555. 💻 www.sernanp.gob.pe 🕒 Mo–Fr 8–13, 15–17 Uhr. Zweigstelle in Nauta.

Exkursionen

Alle Dschungellodges (S. 581), die flussaufwärts von Iquitos liegen, organisieren Ausflüge nach Pacaya-Samiria. Individuelle Touren nach Pacaya-Samiria bieten u. a. folgende indigene Gemeinden (oft in Kooperation mit lokalen oder internationalen Naturschutzorganisationen) an:

Casa Lupuna, San Martín de Tipishca, in Iquitos: Los Liiros Mz W Lte 5 (San Juan), ✆ 065-256229, 📧 casalupuna@yahoo.es, Kontaktperson: Elvio Lomas Canaquiri.

ECOTUR Yarina / Consorcio Ivy Mara Ey, Yarina, Iquitos: Crisnejas 262 A. H. Joaquin Abensur (Eingang über die Guardia Civil), ✆ 065-267550, 💻 www.pacaya-samiria.com, Kontaktpersonen: Linorio Novoa und Daysi Novoa.

Posada Yanayacu Expeditions, Yarina, in Iquitos: Av. Santa Rosa 642 (Eingang Calvo de Araujo cdra. 16), ✆ 949764601, 💻 www.upc-yarinatours.org, Kontaktpersonen: Tony Layche Fababa und Olinda Gonzales Perez.

Weitere Anbieter, u. a. auch am Westende des Schutzgebiets in Lagunas (s. Tour S. 563), sind bei der Touristeninformation **I-Peru Iquitos** gelistet.

Mehrtägige Regenwald-Touren

Dschungeltouren werden immer beliebter und haben gerade in Iquitos in den letzten Jahren einen starken Zuwachs erfahren. Inzwischen kämpfen mehr als 30 Lodges um die Gunst der Touristen. Hinzu kommen Spezialveranstalter und lokale Guides, die ebenfalls ein Stück vom Kuchen abhaben wollen. Mit anderen Worten: Die Lage wird langsam unübersichtlich, denn so breit gefächert wie die Motive der Besucher

Regenwaldtouren: Gut zu wissen

© SHUTTERSTOCK.COM/JESS KRAFT

NORDPERU

- Vorher dem **Touristenbüro in Iquitos** einen Besuch abstatten.
- Buchen einer Dschungeltour **vor Ort** kann, muss aber nicht günstiger sein als z. B. eine Buchung per Internet.
- Sich die versprochenen Leistungen **schriftlich** zusichern lassen, damit man im Falle einer Reklamation etwas in den Händen hält. Bei kleineren, unbekannteren Veranstaltern die Betriebserlaubnis zeigen lassen.
- **Keine Guides von der Straße** anheuern. Es hat schon zu viele Betrugsfälle gegeben. Falls man sich doch für einen unabhängigen Guide entscheidet, sollte man bei der Touristeninformation nachfragen, ob er dort registriert ist.
- **Preise vergleichen** und handeln. Je nach Teilnehmerzahl kann man den Preis für einen Ausflug senken. Je weiter entfernt eine Lodge von Iquitos liegt, desto teurer wird normalerweise die Tour, da die Transportkosten dorthin höher sind. Eine teurere Lodge heißt aber nicht automatisch, dass man mehr Tiere sehen wird, sondern bedeutet meist nur, dass die Übernachtung komfortabler ist. Die Übernachtungskosten inkl. Transport, Guide, Mahlzeiten und Besuchsprogramm schwanken beträchtlich und liegen zwischen US$50 und US$300 p. P. und Tag. Wer weniger als US$50 zahlt, reist entweder in einer sehr großen Gruppe (wenig empfehlenswert, da man zu unflexibel und für Tierbeobachtungen zu laut ist) oder sehr unkomfortabel (langsames Boot, schlichte Mahlzeiten, extrem einfache Unterkünfte).
- Nach versteckten **Zusatzkosten** fragen: Was kosten alkoholische Getränke und Softdrinks in den Lodges? Muss irgendwo Eintritt bezahlt werden (z. B. Pacaya-Samiria)? Von Interesse kann auch sein, wie stark der Bootsmotor ist, da die Fahrtdauer zu manchen Lodges einige – meist ziemlich langweilige – Stunden betragen kann.
- **Unnötiges Gepäck** in Iquitos deponieren. Alle Veranstalter bieten diesen Service an.
- Wer mit einem eher unbekannten Veranstalter oder unabhängigen Guide und über einen **längeren Zeitraum** in den Regenwald geht, sollte sich bei seinem Hotel abmelden und keine größeren Geldbeträge in den Urwald mitnehmen.

für einen solchen Dschungeltrip sind inzwischen auch die Programme der Veranstalter.

Um nicht enttäuscht aus dem Regenwald zurückzukehren, empfiehlt es sich, genau zu überlegen, was man eigentlich sehen und erleben möchte, wo der Schwerpunkt eines Ausflugs liegen soll und was man dafür auszugeben bereit ist. Kriterien sind dabei die Art der Reise (s. u.), die Dauer der Tour (je länger und tiefer man sich im Wald aufhält, desto höher ist die Chance, Tiere zu sehen) und Ansprüche an den Komfort (z. B. teure Lodge oder einfaches Hängemattenlager). Wer seine Tour also noch nicht vorgebucht hat, sollte Zeit in Iquitos einplanen, um sich in aller Ruhe über das aktuelle Angebot zu informieren und eventuell Mitreisende zu finden.

Wichtig ist es, vorher mit einigen Vorurteilen aufzuräumen und die eigenen Erwartungen auf ein realistisches Maß herabzuschrauben:

- Im Umkreis von ca. 100 km um Iquitos gibt es keine größeren Flächen von zusammenhängendem **Primärwald** mehr – mit Ausnahme kleinerer Privatreservate. Wer unberührten Regenwald kennenlernen möchte, sollte Pacaya-Samiria oder Waldgebiete flussaufwärts von Iquitos besuchen. Die Lodges flussabwärts bieten eher ein softes und kontrolliertes Regenwald-Abenteuer. Oftmals liegen sie in Sekundärwald.
- **Tiere** im Regenwald zu beobachten, ist ein schwieriges Unterfangen. Besonders Säugetiere bekommt man bis auf Affen, Flussdelphine, Faultiere und Fledermäuse selten zu Gesicht. Je mehr Zeit für die Tierbeobachtung aufgewendet wird, desto höher sind die Erfolgsaussichten. Kein Veranstalter kann eine Garantie dafür geben, dass während der Tour bestimmte Tierarten zu sehen sind. Wer allerdings – zum Teil in ihrer Existenz bedrohte – Tierarten verspeist, sollte sich nicht wundern, wenn er sie beim Dschungeltrip nicht mehr antrifft.
- So gut wie alle **indigenen Gruppen** haben Kontakt mit der Zivilisation gehabt und Teile ihrer traditionellen Lebensweise abgelegt. Schließt eine Tour den Besuch einer indigenen Gemeinschaft mit ein, handelt es sich meist um ein geplantes Spektakel, das als Hauptziel den Verkauf von Kunsthandwerk hat.
- Wer entgegen aller **Warnungen** zu indigenen Gemeinschaften vordringen möchte, die unserer „Zivilisation" gegenüber kritisch bis feindselig eingestellt sind, muss damit rechnen, von einem vergifteten Blasrohrpfeil erwischt zu werden!
- Eine besondere Warnung sei an alle diejenigen gerichtet, die mal eben mit der Regenwaldapotheke Drogenexperimente durchführen wollen. Insbesondere Frauen sollten sich vorher darüber klar sein, dass es unangenehme Konsequenzen haben kann, wenn ihnen ein unbekannter Mann, der sich als Schamane ausgibt, **halluzinogene Drogen** einflößt. Es hat schon Vergewaltigungen gegeben! Auf jeden Fall gilt es, sich vorher gründlich zu informieren. Die Modedroge Ayahuasca (S. 438) sollte nur unter professioneller Aufsicht und nach vorherigem Fasten eingenommen werden.

ÜBERNACHTUNG UND TOUREN

Der Großteil der Besucher wählt für seinen Aufenthalt im Regenwald eine **Lodge**. Diese Variante empfiehlt sich für Reisende mit relativ wenig Zeit, Erstbesucher der Amazonasregion und Touristen mit einem bestimmten Anspruch an Komfort und Sicherheit. Es handelt sich dabei um **mehrtägige Pauschalangebote**, bei denen Übernachtung, Mahlzeiten und Getränke (Softdrinks und Alkoholika extra), Transport, Guide und Tourprogramm (bei einigen Veranstaltern auch Gummistiefel) im Reisepreis enthalten sind. Das Ausflugsprogramm ist recht starr vorgegeben und umfasst in der Regel Tierbeobachtungen und kleinere Regenwaldwanderungen, den Besuch einer indigenen Gemeinschaft, Angeln, ein Schamanenritual, nächtliche Ausflüge und ortsspezifische Extras (z. B. Besuch einer Zuckerrohrdestille oder eines Zoos mit einheimischer Fauna). Der Reiseablauf und Aufenthalt in der Lodge ist meist perfekt organisiert, größere Überraschungen bleiben in aller Regel aus, es handelt sich um das **„kontrollierte Abenteuer"**. Obwohl selbst Tages- und Zweitagestouren in den Regenwald angeboten werden, sollte man für einen guten ersten Eindruck und einen Mindesterfolg bei der Tierbeobachtung mindestens 3 Tage/2 Nächte einplanen.

Eine interessante Alternative ist eine Tour, bei der in verschiedenen Lodges übernachtet wird, wodurch man unterschiedliche Waldgebiete kennenlernt. Solche Programme offerieren beispielsweise Cumaceba, Explorama und Paseos Amazónicos.

Die nachfolgende alphabetische Aufstellung listet Lodges-Veranstalter mit positiven Teilnehmerbeurteilungen und langjähriger Erfahrung. Die meisten haben ein Büro in Iquitos. Die Adressen weiterer Lodges kann man bei der Touristeninfo in Iquitos (S. 573) bekommen. Alle **Zimmer** der Lodges sind entweder mit Moskitonetzen ausgerüstet oder komplett von außen mit Moskitodraht abgedichtet. Nur die sehr nahe bei Iquitos gelegenen Lodges verfügen über ständige **Stromversorgung**. Ansonsten wird ein Dieselgenerator verwendet, der meist nur abends eingeschaltet wird. Für die Beleuchtung sorgen in der Regel Kerosinlampen; auch Kühlschränke etc. werden mit Kerosin oder Gas betrieben. Einige der besseren Lodges (z. B. die Lodges von Explorama) verfügen über WLAN. Für eine Lodge-Übernachtung muss pro Person mit mindestens US$80–100 und mehr inklusive Transport ab/bis Flughafen, Mahlzeiten, nicht alkoholische Getränke und Guide gerechnet werden.

Lodges mit organisierten Touren

A&E Tours, Av. La Marina 100, ✆ 065-242792, 💻 www.perujungle.com. Betreiber der **Tahuayo Lodge** am gleichnamigen Fluss rund 110 Bootskilometer flussaufwärts von Iquitos (Fahrtzeit zur Lodge 2 1/2 Std.). Die Lodge verfügt über WLAN im Aufenthaltsbereich.

Avatar Lodge, Putumayo 133, ✆ 065-500055, 💻 www.avataramazonlodge.com. Familienfreundliche Lodge rund eine Bootsstunde flussabwärts von Iquitos am Río Amazonas. Die Lodge bietet einen kleinen Pool sowie einen Klettergarten mit Zipline.

Cumaceba Amazonia Tours, Putumayo 188, ✆ 065-232229, 💻 www.cumaceba.com. Das Unternehmen betreibt die **Cumaceba Amazon Lodge**, die rund 35 km flussabwärts an einem Nebenarm des Amazonas liegt (Fahrzeit ca. 1 Std.). Große Zimmer mit Moskitoschutz und Privatbad, Hängematten und moskitogeschütztem Essraum. Reichhaltiges Buffet. Den Besitzern der Lodge gehören ebenfalls die an einem kleinen Primärwaldgebiet gelegene **Botanical Lodge**, rund 80 km flussabwärts (ca. 2 Std. Fahrt).

Explorama Tours, Av. La Marina 340, ✆ 065-252530, 💻 www.explorama.com. Zum Unternehmen gehören **Ceiba Tops** (40 km flussabwärts, etwa 1/2 Std. Fahrzeit), die **Explorama Lodge** (80 km flussabwärts, etwa 1 1/2 Std. Fahrtzeit) und die **ExplorNapo Lodge** (160 km flussabwärts, Fahrzeit ca. 3 Std.), alle drei mit WLAN, die **ACTS Field Station** (ca. 2 Gehstunden nordöstlich der ExplorNapo Lodge), und der **Canopy Walkway**, ein 500 m langes und bis zu 36 m hohes Hängebrückensystem in den Baumkronen der Urwaldriesen unweit der ExplorNapo Lodge. Die Trips von Explorama sind teuer, aber perfekt durchorganisiert, und die Guides arbeiten sehr professionell. Wer Geld sparen möchte, sollte ein gelegentliches Special buchen. Die Lodges sind fast beliebig kombinierbar. Explorama unterstützt mehrere Hilfsprojekte in der Region.

Jungle Wolf Expeditions, Putumayo 1024, ✆ 065-236428, 💻 www.junglewolfexpedition.com. Mehrtägige Touren im Gebiet des eigenen Camps am Río Cumaceba rund 260 km südlich von Iquitos (Anreise 5 Std.: 2 Std. Landtransport bis Nauta, dann 3 Std. Bootsfahrt).

La Fuente del Amazonas Lodge, am Zusammenfluss von Marañon und Ucayali, Jesús Paenz 220, ✆ 969529243, 💻 www.fuentedelamazonas.com. Die Lodge ist ab Nauta in kurzer Fahrtzeit mit dem Boot zu erreichen und verfügt über mehrere einfache Bungalows mit Privatbad.

Libertad Jungle Lodge, ✆ +32-474331883 (Belgien), 💻 www.iquitos-tour.com. Beliebte Lodge (2 Std. mit dem Boot von Nauta entfernt) unter belgisch-peruanischer Leitung,

die mit dem nahe gelegenen Dorf Libertad zusammenarbeitet. Sehr einfache Holzbungalows, die meisten davon mit Privatbad.
Muyuna Lodge & Expeditions, Putumayo 163, 1. Stock, ✆ 065-242858, 💻 www.muyuna.com. Die beliebte Lodge befindet sich 140 km flussaufwärts am Río Yanayacu (Fahrzeit ca. 3 Std.). Schöne, am Fluss gelegene Bungalows mit Privatbad und kleiner Terrasse mit Hängematte. Unterschiedliche Programmvarianten von 3–6 Tagen.
Paseos Amazónicos Jungle Lodges, Pevas 246, ✆ 065-231618, 💻 www.paseosamazonicos.com. Der Veranstalter betreibt zwei verschiedene Urwaldherbergen und bietet auch Touren für Menschen mit Handicaps an. Die **Sinchicuy Lodge**, 30 km flussabwärts (Fahrzeit 3/4 Std.), lohnt sich eher für Einsteiger. Die **Tambo Yanayacu Lodge**, 60 km flussabwärts, am Nebenfluss Río Yanayacu (nicht mit dem Río Yanayacu von Iquitos flussaufwärts zu verwechseln, Fahrzeit 1 1/2 Std.), wird meist in Verbindung mit der Sinchicuy Lodge angeboten. **Pacaya Samiria Amazon Lodge**, José Gálvez 546, ✆ 065-226137, 💻 www.pacayasamiria.com.pe. Von Nauta aus wird die Lodge in 10 Bootsminuten flussaufwärts erreicht. Spezialist für Touren ins Naturreservat Pacaya-Samiria. Viele Tourgruppen. Veranstaltet 3–7-tägige Touren, z. T. mit Campübernachtung im Reservat.

Individuelle Touren

Die abenteuerlichste, aber oft auch erlebnisreichste Variante eignet sich für Naturliebhaber, denen Komfort und gutes Essen nicht sonderlich wichtig sind. Lokale indianische Gemeinden organisieren Touren für kleine Gruppen bzw. Einzelpersonen in das Naturschutzgebiet Pacaya-Samiria. Der Reiseverlauf ist nur grob festgelegt und orientiert sich an den Wünschen der Reisenden. Organisationsgrad und Komfort sind niedrig, die Flexibilität dafür aber hoch. Die Übernachtung findet meist nicht in Lodges, sondern in überdachten Hängematten- oder Matratzenlagern statt. Ein Moskitonetz wird in aller Regel gestellt. Die Mahlzeiten können sehr einfach und eintönig sein. Anbieter stehen auf S. 579.

Lodges mit Heil- und Fastenprogrammen

Nachfolgende Lodges bieten neben Heil- und Fastenprogrammen auch seriöse Ayahuasca-Retreats und Ausflüge in den Regenwald an:
Blue Morpho Tours, Av. Guardia Civil 515, ✆ 065-263454, 💻 www.bluemorphotours.com. Das Blue Morpho Shamanic Center liegt 80 km flussabwärts von Iquitos am Amazonas. Das sehr teure Unternehmen ist spezialisiert auf Ayahuasca-, Heil- und Fastenzeremonien mit einem Schamanen. Veranstaltet werden u. a. siebentägige Workshops, die 5 Ayahuasca-Zeremonien beinhalten.
Lakshmi Ecolodge and Holistic Spa, Nauta 347, ✆ 065-232712, 💻 www.lakshmi-ecolodge.com. Die Lodge liegt 150 km flussaufwärts am Río Marañon (Fahrtzeit ca. 3 1/2 Std.) und bietet neben 8-tägigen Retreats (3x Ayahuasca) auch Meditation, Massagen und schamanische Zeremonien an.
Refugio Altiplano, Pevas 113-C, ✆ 931465194, 💻 www.refugioaltiplano.net. Die Lodge liegt 35 km flussaufwärts am Río Tamshiyacu (Fahrtzeit ca. 90 Min.). Angeboten werden 7-, 9- und 12-tägige Retreats. Deutlich günstiger als Blue Morpho und Lakshmi.

Kreuzfahrten

Luxuriöse und dementsprechend teure Kreuzfahrten finden auf dem Río Amazonas sowie den Flüssen Ucayali und Marañon (Pacaya-Samiria) statt. Kürzere Kreuzfahrten beginnen in Nauta, längere in Iquitos.
Meist sind es Chartergruppen aus den USA, die eine solche Kreuzfahrt für viel Geld kaufen. Kreuzfahrten können nur über das Internet oder bei Reiseagenturen gebucht werden. Preise pro Tag ca. US$650–800.
Aqua Expeditions, Raimondi 253, ✆ 065-601053, 💻 www.aquaexpeditions.com.
Delfin Amazon Cruises, Abelardo Quiñones 5115, KM 5, San Juan, ✆ 065-262721, 💻 www.delfinamazoncruises.com.
Jungle Experiences, Av. Encalada 1090, Büro 405, Surco, Lima, ✆ 01-4894431, 💻 www.junglexperiences.com.

Dreiländereck Peru – Brasilien – Kolumbien

Das Dreiländereck (Tres Fronteras) ist nur per Boot oder Flugzeug erreichbar. Die Ausreise aus Peru erfolgt über das unscheinbare Kaff **Santa Rosa**, das auf einer Flussinsel liegt. Boote halten hier wegen der Ausreiseformalitäten (die Migración ist tgl. von 8 bis 18 Uhr geöffnet). In Santa Rosa bestehen nur einfachste Unterkunftsmöglichkeiten (akzeptabel: Gamboa, 100 m vom Bootsanleger entfernt, Restaurant, kein WLAN). Daher bieten sich eher die größeren Orte Leticia und Tabatinga zur Übernachtung an. Santa Rosa hat keinen Geldautomaten, Bargeldwechsel ist aber möglich. Wer zunächst nicht weiterreist, kann sich ohne Grenzformalitäten zwischen den drei Grenzorten bewegen. Um Problemen an der Grenze vorzubeugen, empfiehlt es sich, die Migración in Iquitos aufzusuchen und sich nach den aktuellen Ein- bzw. Ausreisebestimmungen zu erkundigen. Zum Zeitpunkt der Recherche war keine Gelbfieberimpfung für die Einreise nach Brasilien oder Kolumbien erforderlich (aktuelle Lage in Iquitos abchecken!).

Tabatinga und Letícia (s. u.) liegen auf der anderen Flussseite. Fährboote fahren ständig bis spätabends (10 Min.).

Letícia (Kolumbien)

Kolumbiens südlichste Stadt (ca. 42 000 Einw.), Hauptstadt der Provinz Amazonas, wächst langsam mit dem brasilianischen Tabatinga zusammen. Unterkünfte (z. B. Hotel Yurupary, 💻 www.hotelyurupary.com, ❷) und Infrastruktur sind besser als in Tabatinga.

Im Zentrum sind zahlreiche fleischlastige Restaurants angesiedelt, aber auch ein vegetarisches, **Govindas**, Carrera 9, 8-91, 🕒 Mo–Sa 8–20 Uhr.

Letícia ist ein guter **Ausgangspunkt für Regenwald-Touren**, die von Agenturen wie **Selvaventura**, angeboten werden, Carrera 9, 6-85 y 6-100 Piso 2, Letícia, ✆ 0578-5926160, 💻 www.selvaventura.org. Es gibt täglich Flüge nach Bogotá mit Avianca oder Latam (ca. 2 Std. Flugzeit).

Im gesamten Amazonasgebiet beliebt: Transport auf zwei- und drei Rädern.

Am Flughafen bekommt man auch den **Einreisestempel** für Kolumbien.

An der Kreuzung Calle 7/Av. Vásquez Cobo stehen zwei **Geldautomaten** (Bancolombia und BBVA). Soles, Pesos und Reales werden überall akzeptiert.

Tabatinga (Brasilien)

Auch im quirligen Tabatinga (52 000 Einw.) findet sich ein ordentliches Hotelangebot. Vom nahen Flughafen kann man tgl. mit Air Azul nach **Manaus** fliegen (Flugzeit ca. 90 Min.). Die Bootsreise von Tabatinga nach Manaus dauert 4 Tage, Schnellboote (1x wöchentl.) brauchen ca. 36 Std. Den Aus- bzw. Einreisestempel bekommt man in Tabatinga bei der **Policia Federal**, Av. da Amizade 2, ⌚ tgl. 8–12, 14–18 Uhr, auf dem Weg zum Flughafen (Taxis halten auf Wunsch und für einen kleinen Aufpreis). Ein **Geldautomat** der Banco do Brasil findet sich in der Av. da Amizade.

CHACALTAYA; © FRANZISKA MITZSCHKE

Westbolivien

Von La Paz aus, dem wirtschaftlichen und politischen Zentrum Boliviens, lässt sich der Westen des Landes bestens erkunden. Zu den Highlights der Region zählen die Stille der autofreien Isla del Sol im Titicaca-See, nervenaufreibende Downhill-Mountainbike-Touren entlang der Ostanden, die ausgeklügelten Bewässerungssysteme der Ruinenstätte Tiwanaku und die spektakulären Ausblicke von den Sechstausendern Sajama, Huayna Potosí oder Ilimani.

Stefan Loose Traveltipps

16 **Isla del Sol** Die mystische Sonneninsel im Titicaca-See entdecken. S. 594

17 **La Paz** Eine Fahrt mit der Seilbahn eröffnet atemberaubende Ausblicke auf den Talkessel, in dem die quirlige Großstadt La Paz liegt. S. 600

Tiwanaku Wer die bekannteste Ruinenstätte Boliviens besucht, unternimmt eine faszinierende Reise in die Vergangenheit. S. 625

Choro-Trail Auf einem prähispanischen Wanderweg geht es in die üppig grünen Yungas. S. 631

18 **La Paz–Coroico** Die Abfahrt mit dem Mountainbike auf der „Todesstraße" ist nichts für schwache Nerven. S. 638

Parque Nacional Sajama und Lauca (Chile) Beide Naturschutzgebiete bieten fantastische Landschaften, die zum Wandern einladen. S. 649 und S. 651

STRASSENKUNST, LA PAZ; © FRANZISKA MITZSCHKE

RAFTING; © FRANK HERRMANN

Wann fahren? Zum Wandern und Bergsteigen eignen sich die Monate Mai–Sep.

Wie lange? 7 Tage ohne längere Wandertouren, sonst 10–14 Tage

Bekannt für beeindruckende Berglandschaften, den höchsten schiffbaren See der Welt und eine Großstadt mit öffentlichem Seilbahnnetz.

Outdoor-Tipp Rafting bei Coroico

Unbedingt probieren *Salteñas*, knusprige Teigtaschen mit Fleisch-Gemüse-Ei-Füllung

Beste Feste Virgen de Copacabana und die Fiesta del Gran Poder in La Paz

Westbolivien

Der in diesem Reiseführer als **Westbolivien** bezeichnete Teil umfasst das folgende Gebiet: die bolivianisch-peruanischen Grenzübergänge Desaguadero und Yunguyo, den bolivianischen Teil des Titicaca-Sees, darunter den Pilgerort Copacabana; die De-facto-Hauptstadt La Paz (die offizielle Hauptstadt des Landes ist Sucre) und ihre Umgebung, die Cordillera Real, die Cordillera Apolobamba, die Yungas sowie den Nationalpark Sajama und den daran angrenzenden Nationalpark Lauca, der bereits zu Chile gehört.

Bolivien

Interessantes und Wissenswertes zu Bolivien findet sich im Kapitel „Land und Leute", S. 94.

Am und um den Titicaca-See

Der südöstliche Teil des Titicaca-Sees gehört zu Bolivien. Neben dem prächtigen Naturambiente mit der Cordillera Real im Hintergrund findet man an seinen Ufern indigene Dörfer mit sehenswerten Festen, Kolonialkirchen und bedeutende prähispanische Stätten einer indianischen Hochkultur.

Copacabana

Das kleine Städtchen auf 3800 m Höhe liegt nur wenige Kilometer von der peruanisch-bolivianischen Grenze entfernt (s. „Von Puno nach Copacabana", S. 322) in einer schönen Bucht an den Ufern des Titicaca-Sees. Der blaue Himmel, das klare Wasser und der einladende Sandstrand täuschen: Die Wassertemperatur beträgt weniger als 10 °C und die Lufttemperatur liegt (vor allem nachts) oft weit darunter. Copacabana ist mittlerweile ein sehr touristischer Ort, geprägt von Unterkünften, Restaurants und Souvenirshops, vor allem entlang der zum See führenden Avenida 6 de Agosto. Hauptattraktion ist die berühmteste Wallfahrtskirche des Landes, in der eine Darstellung der **Virgen de Copacabana** alljährlich Tausende Pilger anzieht (s. „Feste"). Während der Feierlichkeiten platzt die Stadt aus allen Nähten, die Hotels sind überfüllt, es wimmelt von Besuchern, Menschen in bunten Trachten, Musikgruppen – und Betrunkenen. Wer es lieber ruhig mag, sollte diese Tage meiden. So berühmt ist die Wallfahrtsstätte in der Region, dass sogar eine kleine Kapelle an einem berühmten Strand im brasilianischen Río de Janeiro danach benannt wurde.

Den spanischen Eroberern waren Dominikaner und Augustiner nach Bolivien gefolgt, die sich daran machten, die indianische Bevölkerung zu christianisieren. Der von den Inka unterdrückte Teil der lokalen Aymara-Bevölkerung nahm den christlichen Glauben an. Wie in anderen Teilen Lateinamerikas begannen die Religionen miteinander zu verschmelzen. Nachdem die Bewohner der Region die Virgen de Copacabana als ihre Schutzpatronin auserkoren hatten, schnitzte der Inka-Nachfahre Tito Yupanqui 1583 eine Statue der Jungfrau aus dunklem Holz, die kurze Zeit darauf begann, Wunder zu wirken. Schnell verbreitete sich die Nachricht von den heilenden Kräften der Madonna im Land, und der Pilgerstrom schwoll an.

1605 beschlossen die Augustiner, der Jungfrau eine gebührende Unterkunft zu bauen. Die gewaltige **Basilika**, deren Bau Anfang des 17. Jhs. begann und deren Querseite zur Plaza zeigt, wurde allerdings erst 1820 fertiggestellt. Schon von Weitem lassen sich die bunten Kacheln und zahlreichen Kuppeln im byzantinischen Stil bewundern. Im Inneren steht das Ziel aller Pilger, zu dem viele auf den Knien rutschen: die Statue der Jungfrau von Copacabana mit ihrer goldenen Krone *(Camarín de la Virgen)*. Aus der Überzeugung heraus, dass ein Entfernen der Jungfrau aus ihrer Nische Unglück über den Titicaca-See bringen würde, ließ man sie immer an ihrem angestammten Platz stehen. Die Statue wurde 1925 vom Vatikan heiliggesprochen. Nicht zu unterschätzen ist der wirtschaftliche Segen der Statue für den Ort: Der Verkauf von Souvenirs, Essen und Trinken sowie die steigende Anzahl an Hotelübernachtungen bescheren dem 3000 Einwohner zählenden Städtchen einen konstanten Geldregen.

WESTBOLIVIEN

In der Calle Baptista 42 gibt das kleine **Museo del Poncho**, www.museodelponcho.org, einen guten Überblick über bolivianische Webkunst. Mi–So 10–17 Uhr, Eintritt 15 Bs.

Im **Fair Trade Shop** des Museums können Webarbeiten zu fairen Preisen erworben werden.

Wer die spezielle Atmosphäre des Titicaca-Sees genießen möchte, sollte auf den **Cerro de Calvario** (Kalvarienberg) oberhalb der Stadt steigen. Der steile, 45-minütige Anstieg vorbei an 14 Kreuzwegstationen wird mit einem tollen Blick auf Stadt und See belohnt. Der Calvario ist eine heilige Stätte, an der die Einheimischen an kleinen steinernen Altären Opfergaben darbringen. Vor allem zum Sonnenuntergang lohnt der Ausflug. Leider gleicht der Berg häufig einer Müllkippe, da Abfall nicht regelmäßig entfernt wird.

Südlich der Stadt liegt der Niño Calvario, der kleine Kalvarienberg, auch Kesanani genannt, mit dem sogenannten **Inka-Galgen** *(Horca del Inca)*. Es handelt sich um einen von Menschenhand behauenen Felsen in Form eines Steintors, der nie als Hinrichtungsstätte diente. Hier hatten die Inka vielmehr ein astronomisches Observatorium errichtet, mit dessen Hilfe sie die richtige Zeit für Aussaat und Ernte bestimmen konnten. Der Weg zum Inka-Galgen führt Richtung Süden über die Calle Murillo.

Hinter dem Niño Calvario ragt der **Cerro Sancollani** auf, an dessen terrassierten Hängen sich archäologische Überreste von Inkabauten entdecken lassen.

Am östlichen Ende der Manuel Mejía liegt das **Inkagericht** *(Tribunal del Inca* oder *Intikala)*, eine Ansammlung großer, behauener Steine, Nischen, Stufen und Kanäle. An der religiösen Stätte sollen sich vor der Ankunft der Spanier zahlreiche Darstellungen von Göttern der Inka befunden haben.

Die meisten ausländischen Touristen kommen allerdings, um die vorgelagerten Inseln **Isla del Sol** (S. 594) und **Isla de la Luna** (S. 598) zu besichtigen.

ÜBERNACHTUNG

Die günstigeren Hotels verfügen über Elektroduschen, die meist nur lauwarmes Wasser produzieren. Duschvorhänge sind weitestgehend unbekannt. DZ ohne Bad sind ab 20 Bs. p. P. zu haben. Handtuch, Seife, Toilettenpapier oder WLAN darf man dafür nicht erwarten. Die Hotelpreise steigen während der Festtage (S. 593). Dann unbedingt reservieren!

€ **Residencial Paris**, Av. 6 de Agosto, 02-2382105. So gut wie alle der einfachen Zimmer haben Seeblick. Zimmer mit Bad haben TV und WLAN, ohne Bad nicht. ❶

Eco Hostal Joshua, Calle Manko Cápac, Nähe Seeufer, 75219707, www.hostaljoshua.com. Beliebte Travellerherberge mit starkem Umweltbewusstsein (Nutzung von Regenwasser, Müllrecycling, Biogarten). Bunt bemalte Zimmer, wahlweise mit Privatbad oder Schlafsaal (70–100 Bs. p. P.), Garten mit Hängematten, veganes Restaurant (s. „Essen“). Gutes Frühstück inkl. ❷

Hotel Utama, Michel Pérez, Ecke San Antonio, 02-8622013, www.utamahotel.com. Großes Haus mit unterschiedlichen Zimmern im EG und OG (oben geräumiger und etwas teurer), einige mit Seeblick, Frühstück inkl. ❷

Übernachten bei Einheimischen

Die Gemeinden Cha'llapampa (Isla del Sol), Coati (Isla de Luna), Sahuiña und Sampaya (Halbinsel Yampupata) haben sich zum Netzwerk **Red de Turismo Comunitario del Lago Titicaca (APTHAPI)** zusammengeschlossen. Gemeinsam bieten sie neben einfachen Übernachtungsmöglichkeiten auch unterschiedliche Aktivitäten, von Archäologie und Kunsthandwerk bis zur Beobachtung von Flora und Fauna oder Trekking. Genauere Infos bekommt man im Infocenter von APTHAPI, Av. 6 de Agosto, Ecke 16 de Julio, Plaza Sucre, 77299088, www.rutapachamama.com/red-apthapi. Da das Infocenter nicht immer besetzt ist, kann man sich auch an die kompetente Amelia Amaru von der Reiseagentur **amely Tours**, Av. 6 de Agosto, Ecke Oruro, 73598877, amaruestrada82@gmail.com, wenden.

Hostal La Cúpula, Michel Pérez 1-3, ✆ 02-8622029, 💻 www.hotelcupula.com. Verwinkelt gebaute Anlage mit Seeblick. Saubere und geschmackvoll eingerichtete Zimmer, z. T. mit Gemeinschaftsbad. Nette Suiten mit großen Fenstern und Seeblick etwas abseits des Hauptgebäudes. Gratis Küchenbenutzung und Waschmöglichkeiten, Restaurant (s. „Essen"). ❸

Hostal Las Olas, neben La Cúpula, ✆ 72508668, 💻 www.hostallasolas.com. 10 geräumige und aus lokalen Materialien geschmackvoll gebaute zweistöckige Unterkünfte mit Bad und kleiner Küche für max. 4 Pers. Terrasse mit Seeblick, Hängematten, Hot Tub unter freiem Himmel (18 Bs. p. P.), Heißwasser aus Solarenergie; mit dem Abwasser wird der Garten bewässert. ❹

© FRANK HERRMANN

Vom Cerro de Calvario bietet sich ein toller Blick auf die Bucht von Copacabana.

ESSEN

€ Wer etwas typisch Bolivianisches erleben möchte, sollte gegen 17–18 Uhr in der mittleren Halle des **Mercado Modelo** einen *Api* (Heißgetränk aus Maismehl) mit *Buñuelos* (frisch frittierte Teigkringel mit Sirup) zu sich nehmen.

Entlang der Av. 6 de Agosto zwischen der Plaza 2 de Febrero und dem Seeufer befinden sich zahlreiche Restaurants, deren Angebot sich sehr ähnelt. Die meisten servieren auch Frühstück. Bei vielen kann man am Seeufer beim Bootsanleger auf Dachterrassen sitzen.

Coffee Shop Copacabana, Av. 6 de Agosto s/n. Guter Kaffee, aber auch große Auswahl an Speisen wie Pizza, Salate, Sandwiches, Forelle und Lama. Tische im Freien. ⌚ tgl. 8–22 Uhr.

Hostal La Cúpula, s. „Übernachtung". Sehr gutes, aber teures Restaurant (reservieren!). ⌚ tgl. 7.30–15, 18–22 Uhr (dienstags kein Mittagessen).

Thai Palace, Av. 6 de Agosto an der Plaza Sucre. Thailändisches und indisches Essen, Spezialität ist Quinoa Sushi, Tagesmenüs 30–40 Bs., leckeres Mango-Lassi. ⌚ tgl. 7–22.30 Uhr.

The Flower of Life, im Eco Hostal Joshua (s. „Übernachtung"). Vegetarisch/veganes Restaurant – das einzige in Copacabana. Viele Zutaten der leckeren Küche stammen aus dem eigenen Garten. ⌚ tgl. 8–20 Uhr.

Trattoría Sapori d'Italia, Jaúregui 4. Kleines Restaurant mit leckerer italienischer Küche, alles handgemacht, ob Pasta, Pizza oder Pesto. ⌚ tgl. 17–21 Uhr.

UNTERHALTUNG UND KULTUR

Jede Menge Bars säumen die Av. 6 de Agosto. Fast jeden Tag Livemusik bietet die **Resto-Bar Km Zero** im unteren Teil der Av. 6 de Agosto.

TOUREN

Unmengen von Agenturen an der Plaza Sucre und entlang der Av. 6 de Agosto bieten dasselbe an: Bustickets nach La Paz, Puno und Cusco. Die Fahrkarten zur Isla del Sol und Isla de la Luna kauft man am besten am Ticketschalter der Bootsunternehmen am Seeufer.

SONSTIGES

Aktivitäten
Am Seeufer kann man Tretboote, Kajaks, Motorräder und Fahrräder mieten.

Einkaufen
Im Ort werden günstige Webarbeiten und Wollprodukte verkauft. An der Plaza 2 de Febrero und in der 6 de Agosto liegen mehrere Läden nebeneinander. Im und um den Markt gibt es alles, was man braucht.

Feste
2.–5. Februar: Virgen de la Candelaria, Prozessionen, typische Tänze der Aymara, Feuerwerk, Stierkampf und Cha'lla (Fahrzeugweihe).
Viernes Santo (Karfreitag), unzählige Pilger, von denen viele zu Fuß anreisen, folgen dem Kreuzweg auf den Cerro Calvario, um Buße zu tun.
5./6. August: Virgen de Copacabana, für zwei Tage verwandelt sich die Stadt in ein Tollhaus. Tag und Nacht finden Paraden, Tänze und Prozessionen statt, begleitet von viel Musik und unglaublich hohem Alkoholkonsum.
Weitere **Infos** zu den lokalen Festen auf 💻 www.boliviahostels.com/Guia-Copacabana.html, unter „7. Festivales y Eventos".

Geld
Geldautomaten finden sich bei der **Banco Fie**, Plaza Sucre, bei **Prodem**, Av. 6 de Agosto, und bei der **Banco Union**, Plaza Sucre, Ecke La Paz (nur Visa). Die Geldversorgung kann unregelmäßig sein, daher Bargeld mitbringen! Bei Agenturen und in vielen Souvenirläden lassen sich Peruanische Sol, US-Dollar und Euro wechseln, allerdings nicht zu den besten Kursen. Wer von La Paz kommt, sollte bereits dort tauschen. Wer aus Peru kommt, sollte erst in Copacabana tauschen, da der Kurs an der Grenze schlechter ist.

Forellen

Regenbogenforellen *(Truchas)* kommen in fast allen Restaurants und an den günstigeren Essständen entlang des Seeufers auf den Tisch. Sie gehören nicht zu den endemischen Fischarten, sondern wurden 1939 künstlich eingesetzt, um die Bevölkerung mit mehr Protein zu versorgen. Aufgrund der starken Nachfrage sind die Fischbestände allerdings in den letzten Jahren stark gesunken. Vor allem die Inselbevölkerung um Copacabana klagt über immer geringere Fänge. Die meisten Forellen stammen mittlerweile aus Zuchtbetrieben.

Informationen
Centro de Información Turística, Av. 6 de Agosto, Ecke 16 de Julio, Plaza Sucre. 🕒 Mi–So 8–12 und 14–18 Uhr (nicht immer geöffnet).
Centro de Promoción de la Red APTHAPI, s. Kasten S. 590.

Märkte
Der **Mercado Modelo** liegt an der Jaúregui, zwischen Pando und Avaroa.

Medizinische Hilfe
Medical Health Home, am Seeufer, Av. Costanera, Ecke Baptista, ☎ 77278510. Kommerzieller Erste-Hilfe-Posten. 🕒 tgl. 9–20 Uhr, Hotelbesuche 24 Std.

TRANSPORT

Copacabana besitzt ein – nicht genutztes – Busterminal am östlichen Stadtrand. Alle Transportunternehmen fahren weiterhin mitten im Ort an der Plaza Sucre ab.

Busse und Colectivos
Rund um die Festtage können die Buspreise stark ansteigen!
CUSCO direkt fahren Huayruro Tours, Transzela u. a. von Block 1 und 2 der Av. 16 de Julio, Nähe Plaza Sucre, tgl. um 18 Uhr, 10 Std. (535 km). Ansonsten bis PUNO und dort umsteigen. Ein Taxi nimmt für die einfache Fahrt 50–70 Bs.
HALBINSEL YAMPUPATA Colectivos fahren, wenn sie voll sind, von der Ostseite des Mercado Modelo ab, 30 Min. (ca. 17 km).
KASANI Colectivos fahren, wenn sie voll sind, von der Plaza Sucre ab, 20 Min. (8 km, Grenze Peru). Ein Taxi zur Grenze kostet 20 Bs.

Cha'lla – die bolivianische Autoversicherung

Fast täglich kann man vor der Basilika an der Plaza 2 de Febrero mit Girlanden, Plastikblumen oder bunten Bändern geschmückte Kleinwagen, Laster und Busse beobachten. Kommt man näher, glaubt man seinen Augen kaum zu trauen, sieht man doch einen katholischen Priester, der die Fahrzeuge mit Weihwasser segnet. Als ob dies nicht genügen würde, spritzen die Besitzer noch gewaltige Mengen Schnaps und Bier über ihre geliebten Vehikel, oft bei geöffneter Motorhaube, lassen Knallkörper explodieren und genehmigen auch sich selbst reichlich Alkohol. Mit dem Cha'lla genannten Ritual erhofft man sich, ein Jahr lang von Unfällen und Pannen verschont zu bleiben, obwohl viele der Fahrzeuge aussehen, als würden sie schon die Rückfahrt zum Herkunftsort nicht überstehen. Während der großen Fiestas bilden sich lange Warteschlangen, doch die Fahrzeugbesitzer warten geduldig, bis sie an der Reihe sind, und feiern inzwischen schon mal bei den anderen mit.

LA PAZ am besten die komfortableren und nur unwesentlich teureren Touristenbusse nehmen (u. a. Diana Tours, Endhaltestelle in La Paz: Calle Sagárnaga; Titicaca Bolivia, Endhaltestelle in La Paz: Terminal Terrestre), alle starten entlang der 16 de Julio in Nähe der Plaza Sucre. Abfahrten um 13.30 und 18.30 Uhr. Öffentliche Busse fahren etwa stdl. von der Plaza Sucre, 3 1/2–4 Std. (142 km). Die Fahrt von Copacabana nach La Paz wird von einer kurzen Fährfahrt unterbrochen, bei der alle den Bus verlassen und mit einem kleinen Boot übersetzen.
PUNO verschiedene Anbieter (u. a. Transzela, Titicaca Bolivia) um 7 und 13.30 Uhr, alle entlang der 16 de Julio in Nähe der Plaza Sucre, 3 Std. (141 km). Alternativ kann man ein Colectivo zum Grenzort Kasani nehmen, mit dem Mototaxi nach Yunguyo (Peru) fahren und dort einen Minivan/Bus nach Puno besteigen.
SORATA keine Direktbusse: Bus nach LA PAZ nehmen und in HUARINA umsteigen.

Boote

Achtung! Seit 2017 kann der Nordteil der Sonneninsel aufgrund von Streitigkeiten der Inselbewohner untereinander nicht besucht werden. Bitte hierzu unbedingt den Kasten „Streit auf der Sonneninsel" auf S. 595 lesen.
Am besten kauft man sein Ticket für die Boote zur ISLA DEL SOL und zur ISLA DE LA LUNA an den Ticketschaltern der Bootsunternehmen am Ufer (Ende der Av. 6 de Agosto). Man bekommt das Ticket auch zum gleichen Preis bei allen Agenturen und in vielen Hotels. Dann erhalten die Bootsbesitzer allerdings weniger Geld, da sie eine Provision zahlen müssen.
Es kann zwischen einem Halbtages- (8.30–12.30 oder 13.30–16 Uhr, jeweils 30 Bs.) oder Ganztagesausflug (8.30–17.30 Uhr, 60 Bs.) gewählt werden. Beim Halbtagesausflug wird nur der Südteil der Sonneninsel angesteuert (ca. 1 Std. Aufenthalt). Dabei haben Teilnehmer jedoch nur wenig Gelegenheit, die Insel kennenzulernen. Besser ist die Tagestour, die auch einen Besuch der Isla de la Luna beinhaltet (ca. 90 Min.), oder ein Aufenthalt mit Übernachtung.

16 HIGHLIGHT

Isla del Sol

Würde man nicht die schneebedeckten Gipfel der Cordillera Real im Osten erblicken und wüsste nicht, wie kalt das Seewasser ist – die Sonneninsel könnte im Mittelmeer liegen. Die braune, karge Oberfläche des autofreien Eilands kontrastiert mit dem tiefblauen Wasser des Titicaca-Sees und den bunten Festtagstrachten der Bewohner. Die Isla del Sol eignet sich bestens zum Wandern, als Tagestour oder – noch besser – mit einer Übernachtung. Denn wenn die Horden der Tagesbesucher die Insel erst einmal verlassen haben, kehrt eine wohltuende Ruhe ein, die sich schnell positiv auf den Gemütszustand überträgt.

Schon rund 1000 Jahre vor Ankunft der Inka wurden auf der Sonneninsel unter dem Einflussbereich der **Tiwanaku-Kultur** zeremonielle Gebäude errichtet. Die Inka verwandelten die gesamte Insel in eine Pilgerstätte, die jährlich von Tausenden Besuchern aus dem gesamten Inkareich aufgesucht wurde. Der inkaischen Mythologie zufolge stieg einst der Schöpfergott **Viracocha** aus den Fluten des Titicaca-Sees und erschuf aus einem heiligen Felsen auf der Sonneninsel Sonne und Mond, ebenso wie die Gründer der Inkadynastie: **Manco Cápac** und **Mama Ocllo**. Diese wanderten von der Insel nach Cusco und gründeten dort das inkaische Weltreich.

Diese Legende, die sie als Kinder der hochverehrten Sonne auswies, nutzten die Inka, um ihre Herrschaft zu legitimieren. Die gesamte Insel wie auch das Gebiet um Copacabana, bereits damals ein Übernachtungsort für Pilger, wurde von den Inka zur heiligen Sperrzone erklärt, zu der nur auserwählte Menschen Zugang hatten. Beliebtes Mitbringsel damaliger Zeiten waren Maiskörner. Aufgrund der Insellage und der daraus resultierenden höheren Temperaturen gedieh der Mais auf der Sonneninsel besonders gut. Von den Öko-Souvenirs versprach man sich in anderen Regionen des Inkareichs üppige Ernten.

Nach der Eroberung durch die Spanier bemächtigten sich Freibeuter der Insel, plünderten die Schätze und trugen Gestein für den Bau von Kirchen und Häusern auf dem Festland ab.

Heute leben etwa 5000 indianische Bauern auf dem rund 12 km langen und 5 km breiten Ei-

Streit auf der Sonneninsel

Dass der Tourismus nicht alle zufrieden und glücklich macht, kann man im Norden der Sonneninsel sehen. Dort befehden sich seit 2017 zwei Gemeinden. Seitdem ist der Nordteil der Insel für Touristen weder vom Boot aus noch über Land zugänglich. Ursache für den Streit war der Bau einer Touristenunterkunft durch Bewohner des Ortes **Cha'lla** bei der gut besuchten archäologischen Stätte Chincana im Nordteil der Insel, traditionell Gebiet der Gemeinde **Cha'llapampa**. Der Streit zwischen den Nachbargemeinden eskalierte, als Bewohner von Cha'llapampa die neue Herberge niederbrannten. Die Folge waren entführte Boote, vorübergehend festgehaltene Touristen und mehr als 20 verletzte Bewohner auf beiden Seiten. Da Cha'lla eine Entschädigungszahlung für die zerstörte Unterkunft gefordert, aber nie erhalten hat, entschied man sich für die Blockade des Nordens. Dadurch mussten dort Hotels und Restaurants schließen. Noch immer sind die Fronten verhärtet, Entspannung ist trotz eines Mitte 2019 geschlossenen Friedensvertrags nach Vermittlungen des Kulturministeriums nicht in Sicht. Vor dem Besuch der Sonneninsel daher nach dem aktuellen Stand der Dinge erkundigen!

Wanderung von Copacabana nach Yampupata

Eine alternative Art, die Isla del Sol zu erreichen, bietet die leichte Wanderung von Copacabana zur Spitze der Halbinsel Yampupata, dem Punkt auf dem Festland, der der Sonneninsel am nächsten liegt. Für die 17 km lange Strecke, die größtenteils in der Nähe des Seeufers verläuft, sollten zwischen vier und fünf Stunden eingeplant werden. Unterwegs gibt es reichlich Gelegenheit, die Flora und Fauna des Seeufers zu beobachten, selten besuchte Ruinen zu besichtigen und dem bolivianischen Landleben näherzukommen. Der Weg beginnt am nordöstlichen Ende von Copacabana an der **Plaza de Toros**, der Stierkampfarena.

Von **Yampupata** gelangt man mit einem Motorboot nach **Pilkokaina** an der Südspitze der Sonneninsel. Die Preise für die Überfahrt liegen für ein Motorboot bei etwa 100–150 Bs., abhängig von der Zahl der Passagiere.

Der Verkehr auf der Halbinsel Yampupata ist spärlich und es ist nicht garantiert, dass man eine Mitfahrgelegenheit **zurück nach Copacabana** erwischt. Daher kann es sinnvoller sein, morgens von Copacabana nach Yampupata zu fahren (s. „Copacabana/Transport") und von dort zurückzulaufen.

land vom Fischfang, von ihren Lamaherden und den landwirtschaftlichen Produkten, die sie auf terrassierten Hängen anbauen. Inzwischen haben sich einige Inselbewohner mit der Bewirtung und Unterbringung von Touristen eine weitere Einnahmequelle erschlossen. Der überwiegende Teil der Bevölkerung verteilt sich auf eine der drei großen Siedlungen: **Yumani** im Süden, **Cha'lla** im Zentrum und **Cha'llapampa** im Norden.

Die Insel besitzt zwei öffentliche **Bootsanlegestellen**: Escalera del Inca im Südosten (um nach Yumani zu gelangen) und Cha'llapampa im Nordosten. Die gesamte Insel ist von einem dichten Wegenetz überzogen.

Zwei Hauptrouten durchqueren die Insel in Nord-Süd-Richtung. Auf der östlichen Seite gelangt man vom dortigen Bootsanleger in drei bis vier Stunden über Yumani und Cha'lla nach Cha'llapampa. Von dort aus lässt sich der Nordteil der Insel erwandern. Zurück geht es entlang der dünn besiedelten Westseite auf einem deutlich sichtbaren Weg unterhalb des 4067 m hohen **Cerro Chequesani** zum südlichen Bootsanleger. Für die Wanderung benötigt man ebenfalls drei bis vier Stunden. Als Weggebühren werden im Nordteil 15 Bs. (inkl. Eintritt zum Museum und zur archäologischen Zone Chicana), in der Mitte 15 Bs. und im Süden 10 Bs. erhoben. Aber Achtung: Der Nordteil der Insel konnte zum Zeitpunkt der Recherche nicht besucht werden (s. Kasten „Streit auf der Sonneninsel").

Zwei besonders interessante archäologische Stätten befinden sich jeweils im Süd- bzw. Nordteil der Insel. Oberhalb des südlichen Bootsanlegers erhebt sich die **Inkatreppe** *(Escalera del Inca)*, die am **Inkabrunnen** *(Fuente del Inca)* endet. Einige Hundert Meter südlich davon stehen die Ruinen des **Palacio Pilkokaina** (Eintritt 5 Bs.), ein zweistöckiges Gebäude, das vom Inka Túpac Yupanqui erbaut wurde.

Im Norden der Insel liegen die archäologisch bedeutsamsten Sehenswürdigkeiten der Insel. Der **Chincana-Komplex** umfasst die Reste des **Sonnentempels** *(Incanotapa)*, des **heiligen Felsens** (*Titicala*, d. h. Stein der Wildkatze), und des **Inkapalastes** (*Palacio del Inca*, auch *Laberinto de Chincana* genannt).

Wenige Kilometer nördlich der Insel fanden Taucher 1979 in 8 m Tiefe die Überreste einer Inkafestung. Teile der geborgenen Fundstücke, darunter Goldarbeiten und Keramikgefäße, werden im kleinen **Museo Marka Pampa** (auch *Museo de Oro*) in Cha'llapampa ausgestellt.

In der Bucht vor Pukara liegt das **Museo de Challa**, das Inkafunde, Exponate zu Flora und Fauna der Insel, Trachten und Handarbeiten ausstellt. Der Eintritt ist in der Gebühr für den mittleren Teil der Insel enthalten. ⌚ tgl. 8–15 Uhr.

ÜBERNACHTUNG

Aufgrund der bereits länger anhaltenden Streitigkeiten zwischen den Inselbewohnern konnte

man nur im Süden der Insel übernachten. Eigentlich gibt es aber in allen Orten der Insel Übernachtungsmöglichkeiten. Über das größte Angebot verfügt **Yumani** (steiler Anstieg), gefolgt von **Cha'llapampa** (auf Seehöhe). Auch in **Cha'lla** kann man übernachten. Die Preise für einfache Zimmer liegen normalerweise bei 30–50 Bs. p. P. ohne Bad und 50–80 Bs. mit Bad (deutlich höhere Preise auf den Internet-Plattformen!). In der Hauptsaison (v. a. Juli und Aug) sowie an bolivianischen Feiertagen empfiehlt sich eine Reservierung. Alle angegebenen Telefonnummern sind Mobiltelefone, da es auf der Insel keine Festnetzanschlüsse gibt.

Da die Bewohner **Müll** entweder verbrennen oder vergraben, sollte man seinen nicht organischen Müll wieder aufs Festland mitnehmen. **Warmwasser** wird in sehr vielen Unterkünften inzwischen mit Solarenergie erzeugt.

Yumani

Im Süden der Insel, zu erreichen mit einem steilen, rund 30-minütigen Anstieg.

Hostal Puerto Alegre, gleich im Hafen von Yumani am Berg, ☎ 73747714. Alle Zimmer sind sauber und haben große Fenster mit Blick auf den See. Terrasse und Restaurant. Frühstück inkl. ❷

Ecolodge Palla-Khasa, 10 Min. vom Dorf am Weg Richtung Norden, ☎ 73211585, ✉ pallakhasalodge@gmail.com. Große Anlage mit vielen Blumen und weitem Blick nach Westen, Restaurant, schöner Garten mit Sitzgelegenheiten; das Abwasser der Duschen wird zur Bewässerung der Pflanzen genutzt. ❹

Cha'llapampa

Im Norden der Insel, auf Seehöhe am Strand gelegen, kleiner und ruhiger als Yumani.

Refugio de Wiracocha, ca. 300 m südwestlich der Anlegestelle am Hang, ☎ 73525589, 💻 www.wiracocha.oesite.org.uk. Schöne Aussicht auf Bucht und Berge. Einfache Hütten aus Lehmziegeln mit Strohdächern. Gemeinschaftsbad und Gemeinschaftsküche. ❶

Hostal Ecologico Casa de la Sirena, Playa de las Sirenas, ca. 25 Min. nördlich von Cha'llapampa, ☎ 73275828. Einsam an einem schönen weißen Sandstrand gelegene Unterkunft ohne Strom, Ökotoilette, Warmwasser aus Solarenergie, eingerichtete Küche mit Gasherd. Essen muss mitgebracht werden. ❷

Cha'lla

Im Zentrum der Insel gelegenes Dorf an einer lang gezogenen Bucht mit Sandstrand. Bootsservice nach Copacabana nur 1x tgl. um 8.30 Uhr, wenn Gäste da sind. Ansonsten nur per Privatboot oder zu Fuß zu erreichen. Gehzeit ab Cha'llapampa ca. 1 Std., ab Yumani 1/2–2 Std. Der Ort liegt etwas abseits der Touristenpfade und ist daher ruhiger als die anderen Orte. Von Yumani kommend, biegt man kurz hinter dem Kontrollposten nach rechts ab.

Hostal Qhumphuri, ☎ 71521188, ✉ hostaljuan05@gmail.com. Gelbes Haus am Berg. Die Zimmer haben rustikale Betten, einen kleinen Aufenthaltsraum mit Blick zum See, Waschbecken und Toilette. Gemeinschafts-Elektrodusche, Küchennutzung möglich, auf Wunsch wird Essen zubereitet. ❶

Hostal Playa del Sol, ☎ 73231595, ✉ islahotelplayadelsolchalla@hotmail.com. Zimmer mit Seeblick, mit oder ohne Bad, Gemeinschaftsküche, Lagerfeuerplatz, Organisation von Touren, Camping möglich. ❷, ohne Bad ❶

ESSEN

In **Yumani** gibt es jede Menge Restaurants, die von Forelle über Pizza bis zu Vegetarischem ein breites Speisenangebot aufweisen. Eine Mahlzeit kostet etwa 25–40 Bs. In **Cha'llapampa** und in **Cha'lla** ist die Auswahl etwas bescheidener. Wer länger bleibt, sollte Wasser, Obst und Snacks mitbringen, die auf der Insel recht teuer sind.

SONSTIGES

Die wichtigsten **Festtage** auf der Insel sind der 21. Juni (Sonnenwende), 12. Okt (Fest zur Aussaat), 21. Dez (Sonnenwende) und der 29. Dez (Fest zu Ehren von Mutter Erde mit Opfergaben).

TRANSPORT

Siehe „Copacabana/Transport", S. 593.

Isla de la Luna

Rund 8 km südöstlich der Sonneninsel liegt das knapp 3 km² kleine Eiland, das unter den Inka ein bedeutender religiöser Ort war, den sie Insel der Königin *(Coati)* nannten. Der Mond war der weibliche Gegenpart der Sonne und als solcher eine wichtige eigenständige Gottheit. Viele Pilger suchten nach dem Besuch der Sonneninsel auch noch die Mondinsel auf. Heute leben hier nur wenige Familien. Wer es noch ruhiger als auf der Sonneninsel mag, ist auf der Isla de la Luna bestens aufgehoben.

Im Nordosten der Insel steht eines der am besten erhaltenen Inkabauwerke ganz Boliviens, der **Tempel der Sonnenjungfrauen**, auch *Iñak Uyo* genannt. In den Palast, dessen hufeisenförmige Grundfläche 55 x 24 m beträgt, kamen die *Acllahuasi* zu bestimmten Jahreszeiten, um Maisbier *(Chicha)* zu brauen. Zwei kleinere Gebäude, die sich innerhalb des 35 Zimmer umfassenden Komplexes befinden, waren jeweils der Sonne und dem Mond geweiht.

Die Übernachtungsmöglichkeiten auf der Mondinsel sind begrenzt. Einige wenige **Unterkünfte** liegen auf der Westseite der Insel, zu denen man nur zu Fuß gelangt (s. Kasten „Übernachten bei Einheimischen", S. 590). **Essen** ist normalerweise erhältlich, doch ist es ratsam, vorsichtshalber etwas Nahrung mitzunehmen.

Die **Linienboote** fahren die Isla de la Luna nur im Rahmen der um 8.30 Uhr in Copacabana startenden Tagestour an (s. „Copacabana/Transport" S. 594). Vorher immer fragen! Alternativ gelangt man auch mit einem teuren **Charterboot** dorthin.

Von Copacabana nach La Paz

Die landschaftlich reizvolle, rund 142 km lange Strecke führt nach einem Anstieg auf einem Bergrücken entlang, von dem aus sich tolle Ausblicke auf den Titicaca-See und die dahinter aufragenden Gipfel der Cordillera Real, der Königskordillere, bieten. Über steile Haarnadelkurven nähert sich der Bus der **Enge von Tiquina** *(Estrecho de Tiquina)*, der schmalsten Stelle des Sees, die die Halbinsel Copacabana vom Rest Boliviens trennt. Obwohl das gegenüberliegende Ufer nur wenige Hundert Meter entfernt ist, hat man bislang keine Brücke gebaut, sondern setzt Bus und Passagiere getrennt in klapprigen Fähren an das jeweils andere Ufer über.

Rund 26 km weiter östlich wird der noble Jachthafen **Huatajata** passiert, von dem aus Bootstouren zu den verstreut liegenden Inseln des südlichen Teils des Titicaca-Sees angeboten werden. Dieser Teil des Sees wird auch **Lago de Huiñaimarca** oder **Lago Menor** genannt. An der Hauptstraße, rund 200 m von der Tankstelle in Huatajata entfernt, zeigt das **Museo Titi** eine sehenswerte Ausstellung über die traditionellen Schilfboote des Titicaca-Sees. ⌚ keine festen Öffnungszeiten, bei Familie Catari (unter dem Museum) klopfen, Eintritt 10 Bs.

Auf den vorgelagerten Inseln leben traditionelle Dorfgemeinschaften der Aymara, die auch heute noch mit Schilfbooten zum Fischen auf den See hinausfahren. Recht bekannt und touristisch ist die **Insel Suriqui**, rund 45 Bootsminuten entfernt. Einige der dort beheimateten Fischer bauten in Nordafrika die *Ra II*, ein riesiges Binsenfloß, mit dem der norwegische Forscher Thor Heyerdahl 1970 den Atlantik von Marokko nach Barbados in 57 Tagen überquerte. Er wies damit nach, dass Menschen weitaus früher, als bislang vermutet, in der Lage waren, weite Ozeane zu bezwingen. Die Fischer von Suriqui hatten für den Bau der *Ra II* Binsenbündel auf dieselbe traditionelle Art verschnürt, mit der schon ihre Vorfahren Boote für das Fischen im Titicaca-See gebaut hatten.

Ruhiger geht es auf den weniger besuchten Nachbarinseln Pariti und Kala Uta zu, die ebenfalls von Huatajata aus zu erreichen sind. Auf **Pariti** befindet sich das **Museo de Cerámica Tiwanakota de Pariti**, das Fundstücke der Tiwanaku-Kultur ausstellt. Auf **Kala Uta** finden sich zahlreiche prähispanische Ruinen und zwei- bis dreistöckige Begräbnistürme *(Chullpas)*.

Nur rund 10 km östlich von Huatajata gabelt sich bei **Huarina** die Straße: In Richtung Süden geht es nach La Paz und in Richtung Norden über Achacachi nach Sorata (S. 641) bzw. weiter nördlich über Escoma zur Cordillera Apolobamba (S. 649). Wer direkt nach Sorata möchte, sollte an der Kreuzung auf einen der regelmäßig verkehrenden Busse warten, die allerdings sehr voll sein können. Wer in die Cordillera Apolobamba möchte, fährt besser nach La Paz und sichert sich dort einen Sitzplatz für die lange Fahrt.

Auf den restlichen 75 flachen Kilometern zwischen Huarina und La Paz passiert nicht mehr viel; bei schönem Wetter hat man linker Hand tolle Ausblicke auf die parallel zur Straße verlaufende Cordillera Real. Wenig später ist das wirtschaftliche und politische Zentrum Boliviens erreicht.

ÜBERNACHTUNG UND ESSEN

Hostal Inti Karka, am Seeufer in Huatajata, KM 80, ✆ 73200870, ✉ erikcatari@hotmail.com. Einfache Herberge, Zimmer wahlweise mit Bad, Restaurant, Ausflüge zu den Inseln im See, kein WLAN. ❶

Hotel Inca Utama Hotel & Spa, am Seeufer in Huatajata, KM 86. Nobelherberge des Veranstalters Crillon Tours, in La Paz Camacho 1223, ✆ 02-2337533, 💻 www.titicaca.com. Großer und luxuriöser Hotelkomplex (u. a. Spa mit Jacuzzi, Sauna und Hamam), der wahlweise über Land oder mit unternehmenseigenen Tragflügelbooten angesteuert wird. Frühstück inkl. ❻

Zum Hotel gehört das **Eco-Pueblo Raíces Andinas**, ein Modelldorf, in dem man traditionelles Kunsthandwerk, die Herstellung von Chicha, das Museo del Altiplano und Andenkamele (u. a. einige Vicuñas) bewundern kann.

Entlang der Hauptstraße von Huatajata finden sich zahlreiche Lokale.

TRANSPORT

Von La Paz aus einfach einen Bus Richtung Copacabana nehmen, s. „Copacabana/ Transport", S. 593.

17 HIGHLIGHT

La Paz

Wer die Stadt zum ersten Mal sieht, dem bleibt in der Regel der Atem weg. Dafür ist zum einen die dünne Luft verantwortlich – La Paz liegt auf 3650 m Höhe und gilt mit seinen 1,1 Mio. Einwohnern als höchstgelegene Großstadt der Erde – und zum anderen der tolle Blick, der sich vom Rand des Canyons bietet, in den die Stadt eingebettet ist. Vor allem nachts lohnt ein Blick von oben, wenn tief unten die Lichter der „Stadt des Friedens" glitzern.

Ruhig angehen lassen

La Paz lässt sich sehr gut zu Fuß entdecken. Allerdings darf man sich nicht wundern, wenn einem durch die Höhenlage an den ersten Tagen die Puste ausgeht und man schnell müde wird. Man sollte sich anfangs nicht zu viel zumuten, langsam gehen, auf Alkohol verzichten und stattdessen viel Flüssigkeit aufnehmen, zum Beispiel in Form von Kokatee.

La Paz liegt in einem tiefen, windgeschützten Talkessel zu Füßen der **Cordillera Real**, der Königskordillere, mit dem 6439 m hohen Nevado Illimani als Hausberg.

Der erste Eindruck ist der eines undurchdringlichen Gewirrs aus modernen Wolkenkratzern und einfachen, mit Wellblech gedeckten Ziegelhäusern. Im Gegensatz zu wärmeren Gefilden wohnen die Armen der Stadt oben an den Hängen, zum Teil in extremer Steillage oder gleich in **El Alto**, einer schnell wachsenden Stadt auf dem kalten und windigen Altiplano oberhalb von La Paz in knapp über 4000 m Höhe (S. 602, Kasten).

Rund 1000 m tiefer liegen in der **Zona Sur** mit den Stadtteilen **Calacoto**, **San Miguel** und **Cota Cota** die Residenzen, Villen und Clubs der betuchten Paceños, wie sich die Bewohner von La Paz nennen. Dort unten ist es bis zu 10 °C wärmer, denn der eisige Wind des Altiplano gelangt nicht bis hierher. Nicht nur der Höhenunterschied macht deutlich, dass La Paz eine Stadt der Kontraste ist: Straßenhändler sitzen vor ihren Waren, während Banker im modernen Business-Outfit zum nächsten Termin eilen. Indígena-Märkte existieren direkt neben eleganten Hochhäusern und Garküchen neben sterilen Fastfood-Restaurants.

Doch obwohl in La Paz alles in Bewegung zu sein scheint, fehlt es an Hektik. Vielleicht liegt das an den allgegenwärtigen *Cholas paceñas*, den indianischen **Marktfrauen**, die einst vom Lande kamen und inzwischen mit ihren mehrschichtigen Röcken *(Polleras)* und den schräg aufgesetzten Bowlerhüten fest zum Straßenbild der Stadt gehören – ihre stoische Ruhe trägt auf jeden Fall zur Drosselung des allgemeinen Tempos bei. Die Atmosphäre überträgt sich von allein auf die Besucher, die langsamen Schrittes die steilen Straßen der Stadt hochjapsen.

Große Teile der Stadt, die viele indianische Bewohner noch immer bei ihrem alten Namen *Chuquiago* bzw. *Chuqui Yapu* (Aymara für „Goldfeld") nennen, gleichen einem Markt, wo jeder jedem etwas zu verkaufen scheint. Allein das tägliche Marktgewusel von La Paz ist schon einen mehrtägigen Aufenthalt wert. Hinzu kommen eine sehenswerte **Altstadt** mit einem schönen kolonialen Kern und viele interessante **Museen**.

Geschichte

Ganz so friedlich, wie es der Name suggeriert, war die Geschichte der Stadt leider nicht. Als *Nuestra Señora de la Paz* („Unsere Herrin des Friedens") am 20. Oktober 1548 vom spanischen Capitán Alonzo de Mendoza gegründet wurde, waren gerade zehn Jahre eines blutigen **Bürgerkriegs** unter den spanischen Eroberern um Macht und Pfründe im neuen Kolonialreich beendet worden. Eigentlich interessierte die Spanier nur eines: Edelmetall, am besten Gold, das sie zunächst auch an den Ufern des Río Choqueyapu von indianischen Zwangsarbeitern herauswaschen ließen.

Doch die Goldquellen versiegten bald. An ihre Stelle traten ab Mitte des 16. Jhs. **Textilmanufakturen**, sogenannte *Obrajes,* in denen Tausende von Indígenas überwiegend zwangsweise beschäftigt wurden. Gegen die teilweise miserable Behandlung der Indígenas durch die neuen Herren begann sich 1623 ernsthafter Protest zu regen, als die Aymara 30 Spanier töteten. Auch in den folgenden Jahrzehnten kam es wiederholt zu kleinen **Aufständen**, die aber immer wieder unterdrückt werden konnten. Trotz aller Widerstände begann La Paz während der Kolonialzeit zu prosperieren, begünstigt durch die strategische Lage am Kreuzungspunkt mehrerer **Handelsrouten**. Aus dem Süden kam das Silber aus Potosí, das weiter nach Peru zur Verschiffung gebracht wurde. Aus den Yungas östlich der Stadt wurden Kokablätter nach La Paz geliefert. Und aus den Salzseen im Süden des Landes trugen schwer beladene Karawanen das weiße Gold nach La Paz.

Ekeko, der Gott des Überflusses

Obwohl oder gerade weil Bolivien zu den ärmsten Ländern Südamerikas zählt, hält sich dort hartnäckig der Glaube an einen übernatürlichen Wohltäter, der über das Wohlergehen der Familien wacht sowie Wohlstand und Reichtum bringen soll. Die Rede ist von Ekeko, dem Aymara-Gott des Überflusses. Seine Figur mit buntem Hut, rosigem Teint und Schnurrbart, behangen mit Mini-Geldscheinen, kann man an den Ständen der **Feria de Alasitas** kaufen, die alljährlich um den 24. Januar in La Paz veranstaltet wird.

Verkauft werden aber nicht nur Abbilder des Wunderwirkers, sondern in Miniaturform auch alles, was sich seine Schutzbefohlenen von ihm erhoffen: Häuser, Autos, Elektrogeräte, ja sogar Universitätsdiplome. Gesegnet werden die Gegenstände direkt vor Ort von speziellen Priestern, die dafür sorgen, dass Ekeko auch mitbekommt, wem er was zu geben hat.

Der Kult um den **Glücksbringer** stammt aus präkolumbischen Zeiten. Ekeko hieß damals Tunupa und schaffte es, die Ausrottung von Götzen durch die katholische Kirche zu überleben. Sein großes Revival kam 1781, als der damalige Gouverneur von La Paz, Sebastián Segurola, ihm zu Ehren die Fiesta de Alasitas ins Leben rief. Grund war die wundersame Rettung seiner Frau, die während der Belagerung der Stadt durch die Indianerarmee des Túpac Katari fast verhungert wäre. In Wirklichkeit war sie von einer Bediensteten versorgt worden, die einen Liebhaber in der Rebellenarmee hatte, der ihr heimlich Essen zusteckte. Als Segurola die Dienstmagd nach der Herkunft der Nahrung fragte, antwortete diese, dass sie von der Tunupa-Statue in ihrem Zimmer stamme. Seither fehlt der kleine, aber großzügige Glücksgott in kaum einem bolivianischen Haushalt. Zu verlockend sind seine materiellen Verheißungen. Doch wer etwas von Ekeko haben möchte, muss fleißig spenden. Der Gott steht auf Alkohol, Zigaretten und natürlich auf die Miniaturobjekte, die man ihm regelmäßig opfern sollte.

Im 18. Jh. kam es zum schwersten Indianeraufstand. 1781 rebellierte eine Gruppe von 40 000 Aymara unter **Túpac Katari**, belagerte die Stadt mehr als drei Monate lang und zerstörte viele öffentliche Gebäude. Rund 10 000 Spanier fielen den Auseinandersetzungen zum Opfer oder verhungerten, bevor Túpac Katari von Truppen aus Buenos Aires durch Verrat gefangen genommen und öffentlich gevierteilt wurde. Aus dieser Zeit stammt das Gemälde *Vista de la Ciudad de La Paz durante el asedio de Túpac Katari,* das die Stadt während der Belagerung aus der Vogelperspektive zeigt. Das Bild des Künstlers Florentino Olivares hängt heute im Rathaus von La Paz.

Auch in den zwei Jahrhunderten nach der Unabhängigkeit, die 1825 zur Gründung des Staates Bolivien mit der Hauptstadt Sucre führte, sollte La Paz weiterhin Schauplatz für gewaltsame **Machtwechsel**, Politikermorde und Aufstände bleiben. Mehr als einmal pro Jahr ist es seit der Unabhängigkeit durchschnittlich zu einem Regierungswechsel in Bolivien gekommen.

In der ersten Hälfte des 20. Jhs. wuchs die Bevölkerung der Stadt bereits auf 300 000 Menschen an. Politische Unruhen und wirtschaftlicher Verfall in den 1950er- und 60er-Jahren führten zu einer massiven **Landflucht** – in wenigen Jahrzehnten vervierfachte sich die Bevölkerungszahl und machte aus der Stadt den umtriebigen **Schmelztiegel** unterschiedlicher Ethnien, der La Paz so besonders macht. Heute leben hier Indígenas, Weiße und Criollos mehr oder weniger friedlich nebeneinander. Ihrem Namen ist die Stadt allerdings immer noch nicht gerecht geworden.

Orientierung

Es ist schwer, sich in La Paz zu verlaufen, da die Stadt nur eine wirkliche Hauptstraße besitzt, die sich durch den lang gezogenen Canyon vom Rand in El Alto bis in den Ortsteil Calacoto windet. Sie folgt dem Verlauf des Río Choqueyapu, der heute überwiegend unterirdisch fließt. Die meisten Besucher erreichen La Paz über die **Autopista El Alto** (Richtung Flughafen, Copacabana, Puno, Arica), eine 12 km lange gebührenpflichtige Autobahn, die den Verkehr von Nordwesten her direkt in das Zentrum von La Paz leitet. Sie geht über in eine mehrspurige Hauptstraße, die das Zentrum durchquert und im oberen Verlauf Avenida Ismael Montes und Avenida Mariscal Santa Cruz sowie weiter südlich Avenida 16 de Julio heißt. Zwischen April und Anfang Dezember verwandelt sich die Avenida 16 de Julio, besser bekannt als **Paseo El Prado**, sonntags während der **Feria Dominical de El Prado** in eine Kulturmeile mit allerlei Aktivitäten.

Am Paseo El Prado liegen edle Restaurants, nette Cafés und einige Kinos. Er endet am Kreisverkehr der **Plaza del Estudiante**, an dem sich auch die Touristeninformation befindet. Ab hier heißt die Hauptverkehrsader für ein kurzes

El Alto – Großstadt und Auffangbecken

Noch vor gut 30 Jahren war El Alto ein Stadtteil von La Paz, aber seit 1983 besitzt die riesige Ansammlung von Backsteinbauten und Wellblechdächern eine eigene Stadtverwaltung – und eine stärker werdende Identität. Denn nach El Alto kommen überwiegend Aymara-Indianer aus ärmlichen Gegenden des Hochlands. Die Stadt saugt sie auf wie ein riesiger Schwamm, der aus El Alto eine der größten, ärmsten und am schnellsten wachsenden Städte des Landes gemacht hat. El Alto hat das darunter liegende La Paz – was die Einwohnerzahl angeht – inzwischen überholt. Mehr als eine Million Menschen leben in der Stadt auf der kalten Hochebene, und täglich kommen Hunderte hinzu. Viele der Zuzügler haben enge Kontakte mit ihren Heimatdörfern bewahrt. So kehren sie zu den Erntezeiten aufs Land zurück und bringen Waren zum Verkauf nach La Paz. Trotz der harschen Lebensbedingungen auf über 4000 m und der miserablen Infrastruktur – Strom und fließendes Wasser sind für viele unbekannter Luxus – hat sich unter den Alteños die Erkenntnis durchgesetzt, dass ein Leben in der Großstadt möglich ist, ohne auf althergebrachte Sitten und Gebräuche verzichten zu müssen. Das neue Selbstbewusstsein und der wachsende Stolz auf die eigene Kultur geben den Bewohnern die Kraft, in einer der größten indianischen Städte des Kontinents zu überleben.

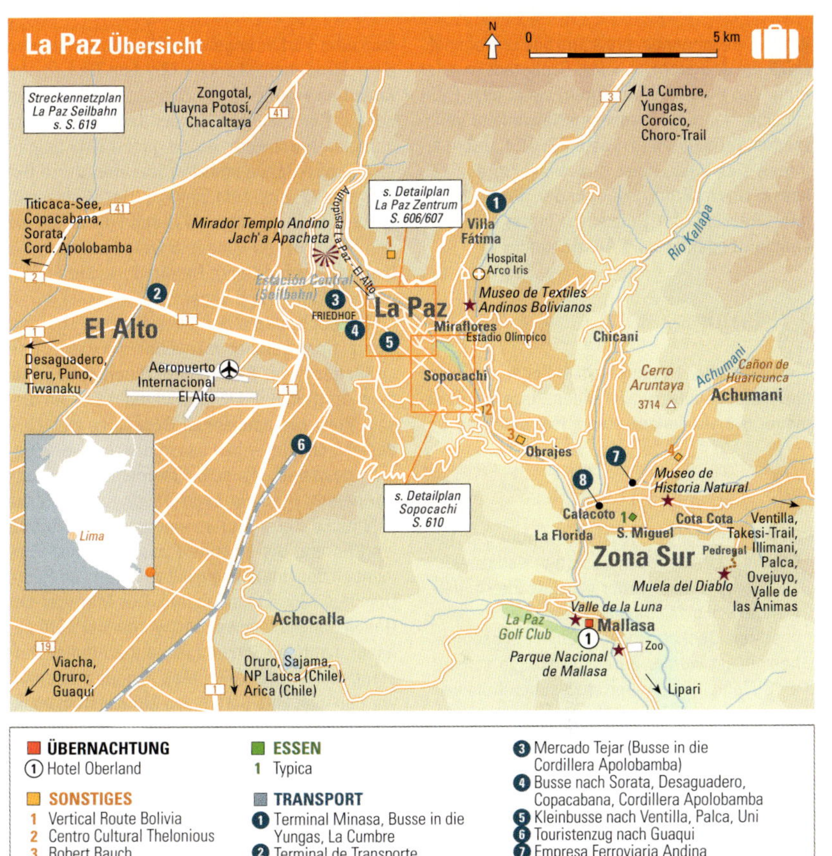

Stück Villazón, bevor sie sich gabelt: Die **Avenida 6 de Agosto** bringt den Verkehr als Einbahnstraße in die südlichen Stadtteile, zurück gelangt man über die **Avenida Arce**. Beide vereinigen sich weiter südlich zur **Avenida del Libertador**, der Hauptroute zu den modernen, rund 500 m tiefer als das Zentrum gelegenen Stadtteilen Obrajes, Calacoto, San Miguel, Cota Cota und La Florida – zusammengefasst unter der Bezeichnung **Zona Sur**.

Ein guter Orientierungspunkt ist die **Plaza San Francisco**. Hier zweigt die **Calle Sagárnaga** ab, das touristische Zentrum der Stadt, an der sich Hotels, Tourveranstalter und Kunsthandwerksläden aneinanderreihen. Zwischen der Sagárnaga oder der weiter nördlich parallel verlaufenden Calle Santa Cruz und dem Zentralfriedhof *(Cementerio General)*, befinden sich eine Vielzahl von Märkten und Geschäften.

Östlich der Avenida Mariscal Santa Cruz liegt die **Altstadt** mit der Kathedrale und zahlreichen Regierungsgebäuden. Südlich davon gelangt man in den **Finanzdistrikt**, das wirtschaftliche Zentrum des Landes, das sich um die Avenida Camacho ausbreitet. Südlich der Plaza del Estudiante erstreckt sich der Stadtteil **Sopocachi**, das Vergnügungszentrum der Stadt mit zahlreichen Kneipen, Bars und Discos.

€ Eine lohnende, preisgünstige und einmalige Möglichkeit, eine Großstadt in aller Ruhe von oben zu betrachten, bietet eine Fahrt mit einer der zum öffentlichen Nahverkehr gehörenden **Seilbahnen** (s. Kasten S. 619). Dabei eröffnen sich völlig neue Blickwinkel in den Talkessel und auf die umliegenden Berge. Auch nach Anbruch der Dunkelheit bietet eine Seilbahnfahrt spektakuläre Aussichten.

Koloniales Zentrum

Viele Besucher beginnen einen Rundgang durch die Altstadt an der pulsierenden **Plaza San Francisco**. Hier ist immer etwas los, seien es Demos oder Vorführungen von Clowns, Jongleuren oder Straßenmusikanten. Mit dem Bau der **Iglesia San Francisco** als Zentrum der Franziskaner zur Christianisierung des damals Alto Peru genannten Boliviens wurde gegen 1549 begonnen. Große Schneemassen brachten sie zu Beginn des 17. Jhs. zum Einsturz. Der Wiederaufbau aus Stein zwischen 1743 und 1784 wurde mit den Spenden von Minenbesitzern finanziert. Die barocke Fassade zeigt Naturmotive wie Pinienzapfen, Früchte und Vögel.

Auf der anderen Seite der Avenida Mariscal Santa Cruz gelangt man über die steile Calle Socabaya zur **Plaza Pedro Domingo Murillo**, dem Zentrum der Altstadt. Obwohl sich an diesem Platz die politischen Geschicke des Landes entscheiden – hier liegen der renovierte Regierungspalast *(Palacio Presidencial)* und das Parlament *(Palacio Legislativo)* –, besitzt die schmucke Plaza Murillo einen eher provinziellen Charme. Die einstige Plaza de Armas wurde nach der Unabhängigkeit zu Ehren von Pedro Domingo Murillo umbenannt. Der Märtyrer der Unabhängigkeitsbewegung wurde hier 1810 gehängt, nachdem ein von ihm angezettelter Aufstand durch die kolonialen Truppen beendet worden war. Eine Statue von Murillo steht inmitten der Plaza, die schon viel Blutvergießen erlebt hat.

Die wuchtige, zweitürmige **Kathedrale** an der Südseite der Plaza hat eine eher schlichte Fassade. Da das ab 1835 neu errichtete Kirchengebäude an einen steilen Hang gebaut wurde, liegt der Eingang an der Plaza Murillo rund 12 m höher als das Fundament an der Calle Potosí.

An der Südwestseite der Plaza steht eines der schönsten Bauwerke der Kolonialzeit, der **Palacio de Los Condes de Arana**, in dem das **Nationale Kunstmuseum** *(Museo Nacional de Arte)* untergebracht ist. Folgt man ab der Plaza Murillo der Calle Ingavi einen Block in westlicher Richtung, erreicht man die **Iglesia Santo Domingo**, die etwas oberhalb in der Calle Yanacocha liegt. Ihre reich verzierte Mestizenbarockfassade aus der zweiten Hälfte des 18. Jhs. ist ein schönes Beispiel für die Verschmelzung spanischer und indianischer Stilelemente.

Das nur knapp einen Straßenblock entfernt an der Kreuzung Sanjinez und Ingavi befindliche

Simón Bolívar

Der Namensgeber Boliviens kam am 24. Juli 1783 in Caracas, der Hauptstadt Venezuelas, zur Welt. Als Kind verlor er beide Eltern. Verwandte schickten ihn nach Europa, wo er vom liberalen Denken französischer Philosophen beeinflusst wurde. Bereits in Europa schwor er, Südamerika von der spanischen Kolonialherrschaft zu befreien. Nach seiner Rückkehr engagierte er sich aktiv im Unabhängigkeitskampf gegen Spanien und befreite Venezuela im Jahr 1813. Sein unaufhaltsamer Siegeszug führte ihn durch weitere südamerikanische Staaten. 1819 marschierte er in Bogotá ein und verkündete die Gründung der Republik Kolumbien, die fortan auch Venezuela, Panama und Ecuador umfasste. Bolívar wurde Präsident des Staatenbundes und befreite zusammen mit dem Heer des Generals Antonio José de Sucre auch Peru (1823) und Bolivien (1825). Im Jahr 1827 kehrte der *Libertador* („Befreier") nach Kolumbien zurück, um den dort ausgebrochenen Bürgerkrieg zu beenden. Doch neben Venezuela verließ auch Peru 1829 den bolivarischen Staatenbund und zerstörte somit den Traum Bolívars von einer südamerikanischen Nation. Verbittert legte der General 1830 alle Ämter nieder und zog sich in die Kleinstadt Santa Marta in Kolumbien zurück. Dort starb er einsam und verlassen am 17. Dezember 1830.

Auf der Plaza Murillo herrscht immer reges Treiben.

Ethnografie- und Folkloremuseum *(Museo de Etnografía y Folklore)* wurde im schmucken **Palacio de Marqueses** de Villaverde untergebracht, einem Bürgerpalast aus dem 17. Jh. Zur Straßenseite hin sieht man einen ornamentreich geschnitzten Holzbalkon, den letzten seiner Art in La Paz. Neben den Ausstellungsstücken besitzt das Museum auch eine gut sortierte ethnografische Stadtbibliothek.

Vorbei am 1845 eingeweihten neoklassizistischen **Stadttheater** *(Teatro Municipal)* in der Sanjinez biegt man linker Hand in die Indaburo ab und gelangt in den ältesten Teil von La Paz. Einen Straßenblock weiter wird die schönste Kolonialstraße der Stadt erreicht. Die enge **Calle Jaén** vermittelt mit ihrem Kopfsteinpflaster, den weiß getünchten Häusern mit den kleinen Balkonen und den roten Ziegeldächern einen gelungenen Eindruck des kolonialen Boliviens. Zudem fühlt man sich einen Moment lang in ein andalusisches Dorf versetzt. Das Sträßchen ist nach Apollinar Jaén benannt, wie Murillo ein Kämpfer für die Unabhängigkeit von Spanien. In und an der Gasse sind vier verschiedene Museen und einige hübsche Kunsthandwerksläden angesiedelt. Von unten nach oben folgen aufeinander: das **Musikinstrumenten-Museum** *(Museo de Instrumentos Musicales)*, das **Museum der Edelmetalle** *(Museo de*

Wandmalereien auf dem Friedhof

Nicht nur wegen seiner Nischengräber ist der Besuch des **Cementerio General de La Paz** in der Baptista ein besonderes Erlebnis. Herausragend sind die riesigen Wandmalereien *(Murales)*, die jeweils an den Kopfseiten der Gräberreihen angebracht sind. Mal schlicht, mal pompös, mal kitschig oder tiefsinnig sind die Kunstwerke, die man kostenlos anschauen kann. Zu erreichen ist der Friedhof bequem mit der roten Seilbahnlinie (Haltestelle: Cementerio). ⌚ Mo–Fr 10–16, Sa, So 8–17 Uhr.

La Paz Zentrum

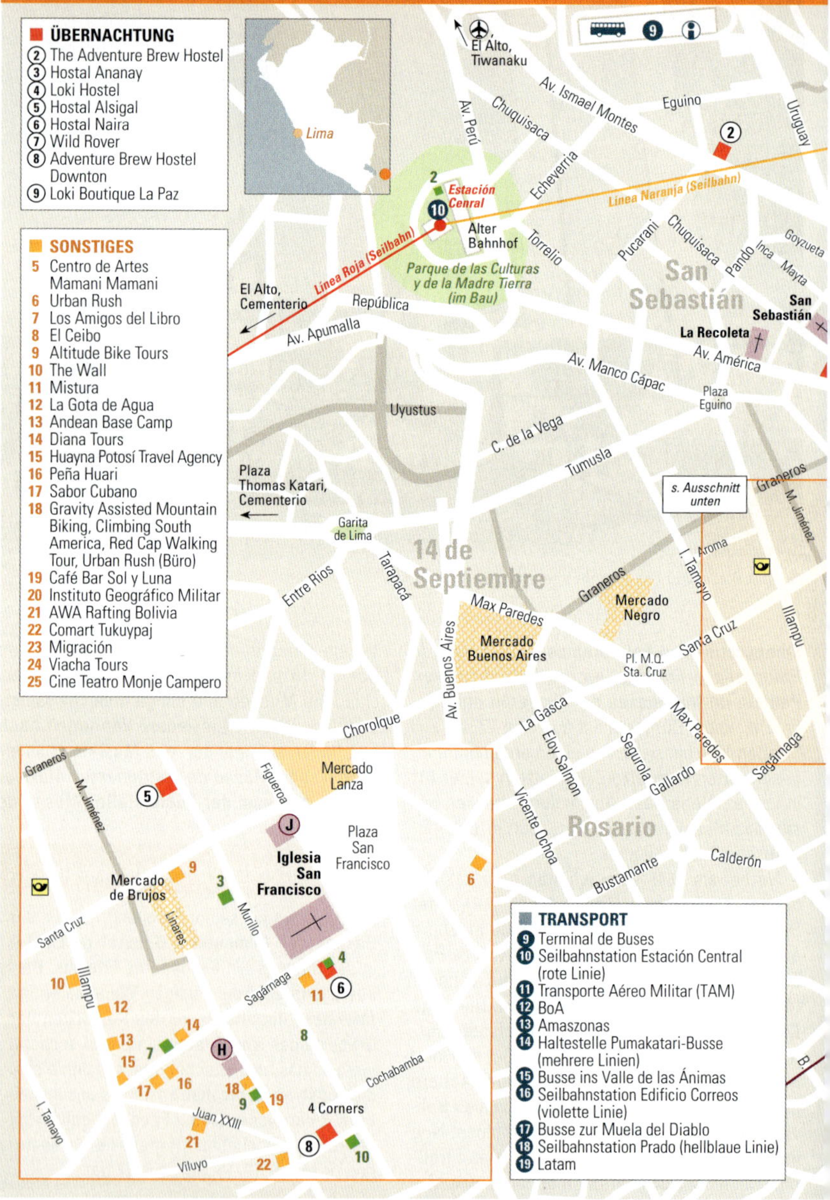
ÜBERNACHTUNG
2 The Adventure Brew Hostel
3 Hostal Ananay
4 Loki Hostel
5 Hostal Alsigal
6 Hostal Naira
7 Wild Rover
8 Adventure Brew Hostel Downton
9 Loki Boutique La Paz
SONSTIGES
5 Centro de Artes Mamani Mamani
6 Urban Rush
7 Los Amigos del Libro
8 El Ceibo
9 Altitude Bike Tours
10 The Wall
11 Mistura
12 La Gota de Agua
13 Andean Base Camp
14 Diana Tours
15 Huayna Potosí Travel Agency
16 Peña Huari
17 Sabor Cubano
18 Gravity Assisted Mountain Biking, Climbing South America, Red Cap Walking Tour, Urban Rush (Büro)
19 Café Bar Sol y Luna
20 Instituto Geográfico Militar
21 AWA Rafting Bolivia
22 Comart Tukuypaj
23 Migración
24 Viacha Tours
25 Cine Teatro Monje Campero
TRANSPORT
9 Terminal de Buses
10 Seilbahnstation Estación Central (rote Linie)
11 Transporte Aéreo Militar (TAM)
12 BoA
13 Amaszonas
14 Haltestelle Pumakatari-Busse (mehrere Linien)
15 Busse ins Valle de las Ánimas
16 Seilbahnstation Edificio Correos (violette Linie)
17 Busse zur Muela del Diablo
18 Seilbahnstation Prado (hellblaue Linie)
19 Latam
Lima
El Alto, Tiwanaku
Av. Ismael Montes
Eguino
Uruguay
Av. Perú
Chuquisaca
Echeverría
Estación Cenral
Línea Naranja (Seilbahn)
Línea Roja (Seilbahn)
Alter Bahnhof
Parque de las Culturas y de la Madre Tierra (im Bau)
Torrelio
Pucarani
Pando
Inca
Goyzueta
Mayta
San Sebastián
La Recoleta
Av. América
El Alto, Cementerio
República
Av. Apumalla
Av. Manco Cápac
Plaza Eguino
Uyustus
C. de la Vega
Tumusla
Plaza Thomas Katari, Cementerio
s. Ausschnitt unten
Graneros
M. Jiménez
Garita de Lima
Tarapacá
14 de Septiembre
Aroma
I. Tamayo
Entre Ríos
Max Paredes
Mercado Negro
Mercado Buenos Aires
Av. Buenos Aires
Pl. M.Q. Sta. Cruz
Santa Cruz
Illampu
Chorolque
La Gasca
Eloy Salmon
Segurola
Sagárnaga
Gallardo
Vicente Ochoa
Rosario
Bustamante
Calderón
Figueroa
Mercado Lanza
Plaza San Francisco
Iglesia San Francisco
Mercado de Brujos
Linares
Murillo
Cochabamba
4 Corners
Juan XXIII
Viluyo

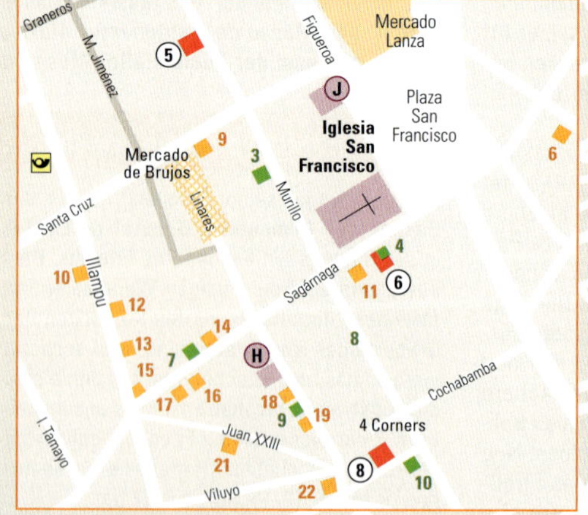

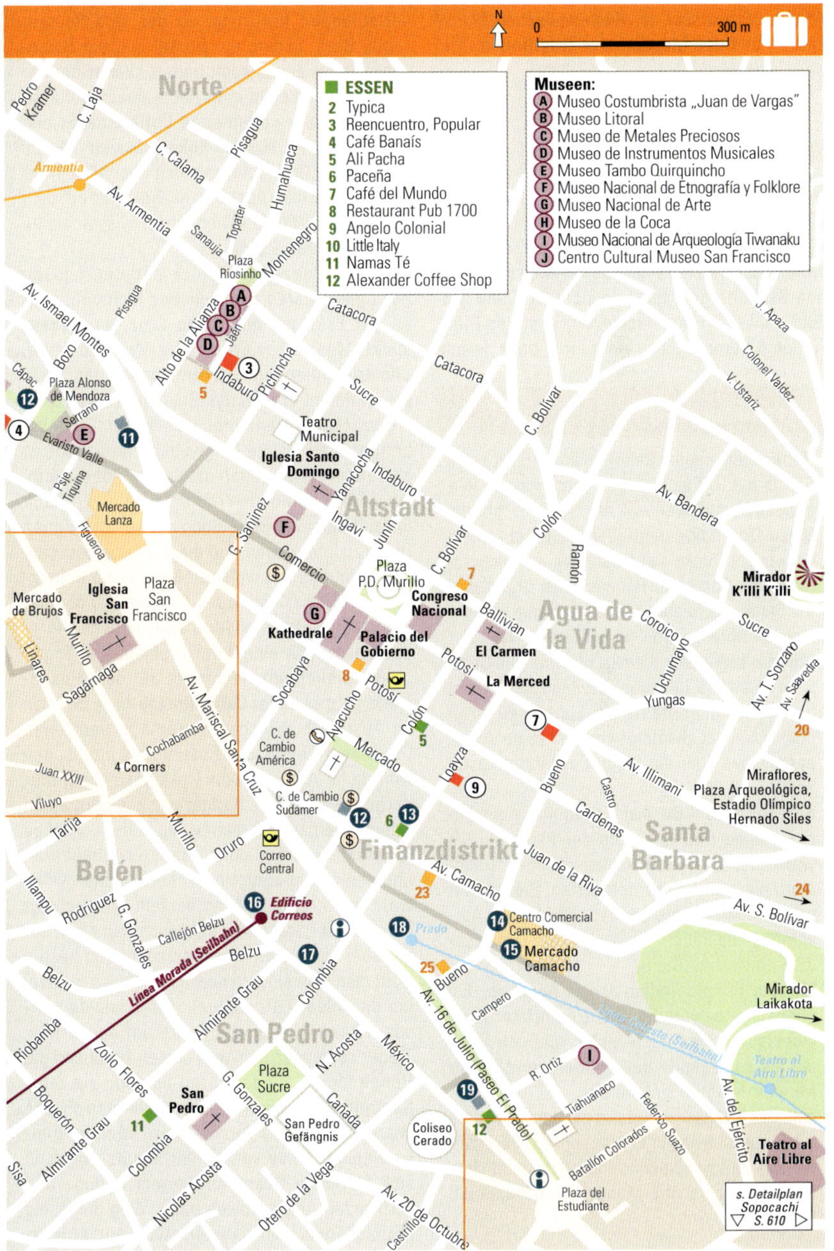
N
0
300 m
ESSEN
2 Typica
3 Reencuentro, Popular
4 Café Banaís
5 Ali Pacha
6 Paceña
7 Café del Mundo
8 Restaurant Pub 1700
9 Angelo Colonial
10 Little Italy
11 Namas Té
12 Alexander Coffee Shop
Museen:
A Museo Costumbrista „Juan de Vargas"
B Museo Litoral
C Museo de Metales Preciosos
D Museo de Instrumentos Musicales
E Museo Tambo Quirquincho
F Museo Nacional de Etnografía y Folklore
G Museo Nacional de Arte
H Museo de la Coca
I Museo Nacional de Arqueología Tiwanaku
J Centro Cultural Museo San Francisco
Norte
Pedro Kramer
C. Laja
Armentia
C. Calama
Pisagua
Humahuaca
Av. Armentia
Sanauja
Topater
Plaza Riosinho
Montenegro
Av. Ismael Montes
Alto de la Alianza
Jaén
Indaburo
Pichincha
Catacora
Sucre
Bozo
Cápac
Plaza Alonso de Mendoza
Serrano
Evaristo Valle
Teatro Municipal
Iglesia Santo Domingo
Yanacocha
Indaburo
Psje. Tiquina
Mercado Lanza
Altstadt
Ingavi
Junín
C. Bolívar
Colón
Av. Bandera
Ramón
G. Sanjinez
Figueroa
Comercio
Plaza P.D. Murillo
Congreso Nacional
Mirador K'illi K'illi
Mercado de Brujos
Iglesia San Francisco
Plaza San Francisco
Kathedrale
Palacio del Gobierno
Ballivian
El Carmen
Agua de la Vida
Coroico
Sucre
Murillo
Linares
Sagárnaga
Socabaya
Potosí
La Merced
Uchumayo
Yungas
Av. T. Sorzano
Av. Saavedra
Av. Mariscal Santa Cruz
Cochabamba
C. de Cambio América
Ayacucho
Mercado
Colón
Loayza
Bueno
Castro
Av. Illimani
Miraflores, Plaza Arqueológica, Estadio Olímpico Hernado Siles
4 Corners
Juan XXIII
Viluyo
Tarija
C. de Cambio Sudamer
Cardenas
Santa Barbara
Murillo
Oruro
Correo Central
Finanzdistrikt
Juan de la Riva
Av. Camacho
Belén
Illampu
Rodriguez
G. Gonzales
Edificio Correos
Callejón Belzu
Belzu
Línea Morada (Seilbahn)
Prado
Centro Comercial Camacho
Mercado Camacho
Av. S. Bolívar
Almirante Grau
Colombia
Bueno
Campero
Mirador Laikakota
Riobamba
San Pedro
Av. 16 de Julio (Paseo El Prado)
Línea Celeste (Seilbahn)
Zoilo Flores
N. Acosta
México
R. Ortiz
Teatro al Aire Libre
Plaza Sucre
San Pedro
G. Gonzales
Cañada
Tiahuanaco
Federico Suazo
Av. del Ejército
Boquerón
Almirante Grau
Colombia
San Pedro Gefängnis
Coliseo Cerado
Batallón Colorados
Teatro al Aire Libre
Sisa
Nicolas Acosta
Otero de la Vega
Av. 20 de Octubre
Castrillo
Plaza del Estudiante
s. Detailplan Sopocachi S. 610

Metales Preciosos), das **Küstenmuseum** *(Museo Litoral)* und das **Museum der Traditionen** *(Museo Costumbrista)*.

Das Indígena-Viertel und seine Märkte

Wer der Calle Sagárnaga mit ihren Kunsthandwerksläden von der Plaza San Francisco aus einen Block bergauf folgt, erreicht die **Calle Murillo**, die linker Hand nach einem weiteren Block zu den **4 Corners** führt, einer nicht ganz gerade verlaufenden Kreuzung, an der sich Restaurants, Bars, Läden, ein Hostel und ein Reiseveranstalter angesiedelt haben. Weiter auf der Sagárnaga erreicht man nach einem weiteren Block die quer verlaufende **Calle Linares** und links bei der Nr. 906 das **Koka-Museum** *(Museo de la Coca)*. Hier kann man sich über alles informieren, was man über das heilige Blatt mit dem „teuflischen" Effekt schon immer wissen wollte (s. auch Kasten S.644).

Nur ein kurzes Wegstück entfernt, entlang der Calle Linares in nördlicher Richtung, liegt an der Ecke mit der Santa Cruz der **Hexenmarkt** *(Mercado de Brujos* oder *Mercado de Hechicería)*. Allerdings wirken die wenigen Stände, an denen überall das Gleiche verkauft wird – getrocknete Lamaföten, Kräuter und Glücksbringer – ein wenig langweilig. Interessant ist allerdings ein Gespräch mit den Standbesitzern, am besten verbunden mit einem kleinen Kauf, um sich über die Bedeutung der verschiedenen Dinge zu informieren. Auf diese Weise lässt sich herausfinden, mit welchen Mitteln die indianischen Heiler *(Yatiris* oder *Kallawayas)* die Leiden ihrer Kunden mildern, oder welche Ingredienzen man für eine Opferzeremonie benötigt.

Wesentlich lebendiger als auf dem Hexenmarkt geht es in der **Calle Illampu** zu, in der sich im Abschnitt zwischen Sagárnaga und Santa Cruz neben Hotels und Restaurants inzwischen zahlreiche Anbieter von Trekkingkleidung niedergelassen haben. Richtig wuselig wird es im Gebiet oberhalb der Illampu, das über unzählige Straßenblocks aus einem undurchschaubaren und manchmal auch undurchdringlichen Wirrwarr aus Straßenständen besteht. Hier schlägt das Herz der Stadt, hier bekommt man alles, findet aber selten das, was man sucht. Am besten lässt man sich einfach durch das Chaos treiben, um die Bilder aufzusaugen: Da schneiden Friseure ihren Kunden die Haare auf der Straße, Träger schleppen schwere Lasten keuchend die Hänge hinauf, Kinder sitzen heulend am Straßenrand neben ihren Müttern, die stoisch ihre Waren anbieten. Dazwischen suchen einige wenige Hunde verzweifelt Schutz, während sich klapprige Busse mit lautem Gehupe und schwarzen Abgaswolken einen Weg durch die Menschenmassen bahnen. Alles nur erdenk-

Aussichtspunkte

Neben den neuen Seilbahnlinien (s. Kasten S. 619) hat La Paz mehrere *Miradores* mit lohnenden Ausblicken auf die Stadt zu bieten. Diese Orte sollte man allerdings nicht allein oder in der Dunkelheit aufsuchen. Am sichersten ist der Besuch im Rahmen einer organisierten Stadtbesichtigung. Am einfachsten sind die meisten *Miradores* mit einem Taxi erreichbar.

Mirador Laikakota: Kleiner Park auf dem Cerro Santa Bárbara inmitten des Zentrums. Recht problemlos über die Av. del Ejército zu erreichen. Man hat allerdings von hier keine Vogelperspektive über die Stadt. Der Eintritt kostet 3,50 Bs.

Mirador K'illi K'illi: Auf diesem Aussichtshügel wenige Blocks östlich der Plaza Murillo waren Teile der indianischen Truppen stationiert, die 1871 La Paz belagerten. Die Anfahrt erfolgt über die Av. Bandera (Busse mit Aufschrift „Villa Pabón"), zwischen der Calle Loayaza und der Av. Sucre.

Mirador Templo Andino Jach'a Apacheta: Ein etwas weiter von der Stadt entfernter Aussichtspunkt, der auch einen schönen Blick auf die umliegende Bergwelt ermöglicht. Der Mirador befindet sich bereits in El Alto, oberhalb des Talkessels. Anfahrt mit dem Micro bis zur Plaza Ballivián in El Alto und von dort weiter zum Aussichtspunkt, der auch unter dem Namen Cruz de Alto Munaypata bekannt ist, Fahrzeit ca. 1 Std.

liche Handwerk ist vertreten; schnell und billig werden Messer geschliffen, Schuhe geflickt und Uhren repariert. Überall schwirren die Gerüche der zahlreichen Garküchen durch die Luft, ebenso wie das Gedudel der Stereoanlagen der Verkäufer von CD-Raubkopien.

Vor allem im Bereich um den **Mercado Lanza** (ein Lebensmittelmarkt) nördlich der Plaza San Francisco geht erst nachmittags so richtig die Post ab, wenn sich die Feierabendpendler unter das Volk mischen. Interessant ist auch der **Schwarzmarkt** *(Mercado Negro)* im Bereich der Graneros bis zur Kreuzung mit der Paredes. In der Paredes kaufen die Indígena-Frauen auch ihre „Uniform" – Bowlerhüte und Petticoats.

Folgt man der Paredes Richtung Westen, gelangt man zum **Mercado Buenos Aires** an der gleichnamigen Straße. Dieser Distrikt ist auch unter seinem alten indianischen Namen Huyustus bekannt. Hier wird alles verkauft – von Kokablättern und Kartoffeln über Fisch vom Titicaca-See und tropischen Früchten bis hin zu Stereoanlagen und Fernsehern. Oberhalb der Avenida Buenos Aires befinden sich zahlreiche Werkstätten, in denen die aufwendig gefertigten Masken und Kostüme für die Tänzer der großen Paraden und Fiestas hergestellt werden.

Prado, Sopocachi und Miraflores

Südlich der Plaza San Francisco zieht sich die Hauptverkehrsader Avenida Mariscal Santa Cruz talwärts und nennt sich wenige Straßenblocks weiter Avenida 16 de Julio oder einfach nur El Prado. Die breite Straße besitzt in der Mitte einen Grünstreifen mit Fußgängerbereich. Vorbei am **Simón-Bolívar-Denkmal** erreicht man die Plaza del Estudiante. Nur zwei Blocks westlich der Avenida 16 de Julio liegen an der **Plaza Sucre** das wie eine Stadt in der Stadt wirkende **Gefängnis San Pedro** (S. 612) und die **Iglesia de San Pedro**. Das heutige Gebäude stammt aus dem späten 19. Jh., nachdem der Originalbau von Aufständischen während der Belagerung der Stadt im Jahr 1871 niedergebrannt worden war.

Folgt man von der Plaza del Estudiante aus der Calle Landaeta und biegt Richtung Süden in die Calle Ecuador ab, gelangt man zur **Casa Museo Marina Nuñez del Prado**, wo eine interessante Ausstellung abstrakter Steinskulpturen des berühmtesten bolivianischen Bildhauers Marina Nuñez del Prado zu sehen ist. Das Haus liegt bereits im Stadtteil **Sopocachi**, einem angenehmen Wohngebiet der Mittelklasse mit der größten Dichte an Restaurants, Bars und Nacht-

Museen in La Paz

Museo Nacional de Arqueología Tiwanaku, Calle Tiahuanaco 93, Ecke Federico Zuazo. ⌚ Mo–Fr 8.30–12.30 und 15–19, Sa, So 9–13 Uhr, Eintritt 15 Bs., Do Eintritt frei.

Museo de Instrumentos Musicales de Bolivia, Jaén 711, ⌚ Mo–Sa 9–13 und 14.30–18.30 Uhr, Eintritt 5 Bs.

Museo de Textiles Andinos Bolivianos, Plaza Benito Juárez 488, Miraflores, Karte S. 603. ⌚ Mo–Sa 9.30–12 und 15–18.30, So 10.30–12.30 Uhr, Eintritt 15 Bs.

Museo Nacional de Etnografía y Folklore, Ingavi 916. ⌚ Di–Fr 9–12.30 und 15–19, Sa 10–17.30, So 10–13.30 Uhr, Eintritt 20 Bs.

Museo Nacional de Arte, Comercio, Ecke Socabaya 485. ⌚ Di–Fr 9–12.30 und 15–19, Sa 10–17.30, So 10–13.30 Uhr, Eintritt 20 Bs.

Museo Costumbrista „Juan de Vargas", Jaén s/n, ⌚ Di–Fr 9.30–12.30 und 15–19, Sa und So 9–13 Uhr, Eintritt 20 Bs. (inkl. Besuch des Museo Litoral Boliviano, Jaén 789; Museo de Metales Preciosos, Jaén 777, und Museo Casa de Murillo, Jaén 790).

Museo Nacional de Historia Natural, Calle 26, Cota Cota (Ovidio Suárez)., Karte S. 603, ⌚ Mo–Fr 8.30–16.30, Sa 9–12, 14–17 Uhr, 10 Bs.

Museo Tambo Quirquincho, Plaza Alonso de Mendoza, ⌚ Di–Fr 9–12.30 und 15–19, Sa, So 9–13 Uhr, Eintritt 8 Bs.

Centro Cultural Museo San Francisco, Plaza San Francisco 503. ⌚ Mo–Sa 9–18 Uhr, Eintritt 20 Bs.

Museo de la Coca, Linares 906, 💻 www.cocamuseum.com. ⌚ tgl. 10–19 Uhr, Eintritt 15 Bs.

WESTBOLIVIEN

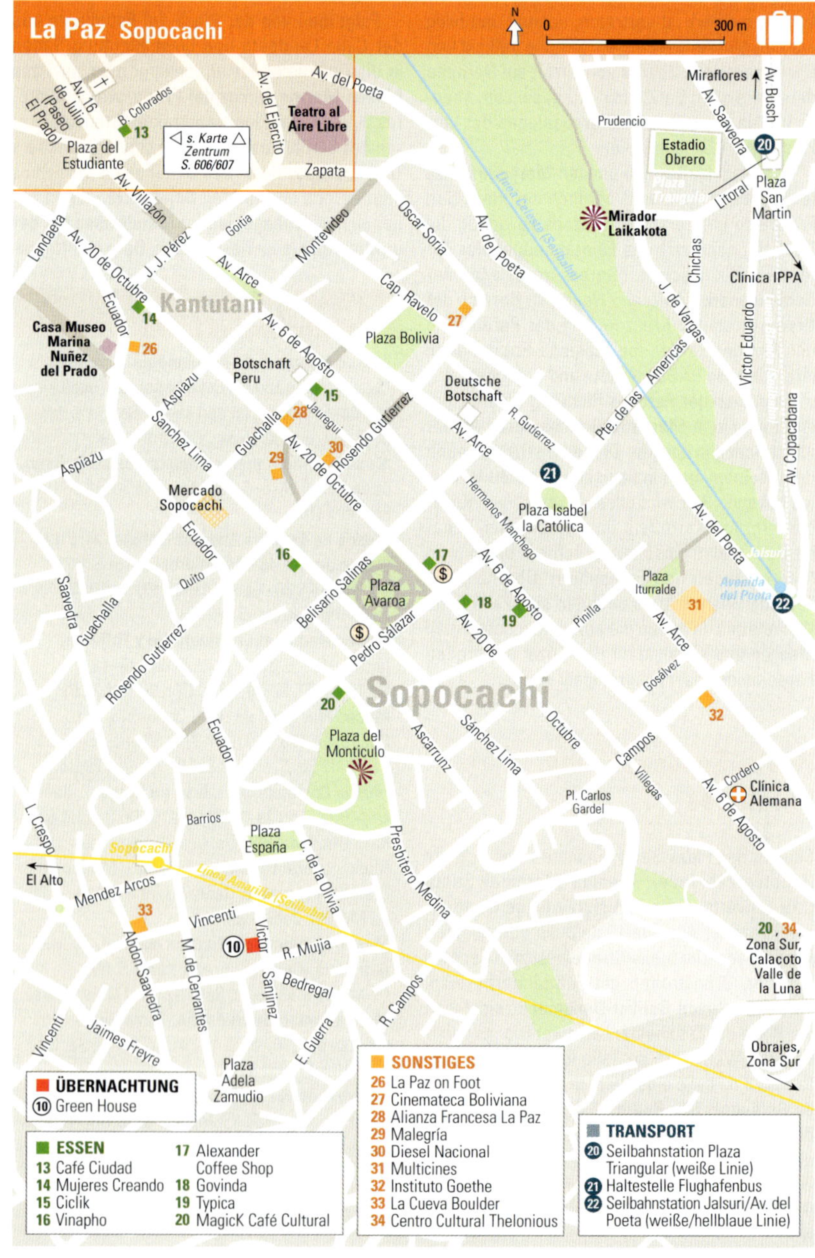
La Paz Sopocachi
N
0
300 m
Av. 16 de Julio (Paseo El Prado)
B. Colorados
13
Plaza del Estudiante
s. Karte Zentrum S. 606/607
Av. del Ejercito
Teatro al Aire Libre
Av. del Poeta
Zapata
Miraflores
Av. Busch
Av. Saavedra
Prudencio
Estadio Obrero
20
Plaza San Martin
Litoral
Linea Celeste (Seilbahn)
Mirador Laikakota
Chichas
Clínica IPPA
Av. Villazón
Landaeta
Av. 20 de Octubre
J. J. Pérez
Goitia
Montevideo
Oscar Soria
Av. del Poeta
Av. Arce
Kantutani
Ecuador
14
Casa Museo Marina Nuñez del Prado
26
Av. 6 de Agosto
Cap. Ravelo
27
Plaza Bolivia
J. de Vargas
Victor Eduardo
Botschaft Peru
15
Deutsche Botschaft
Pte. de las Americas
Av. Copacabana
Aspiazu
Sanchez Lima
28
Jauregui
Rosendo Gutierrez
R. Gutierrez
Av. Arce
Guachalla
30
29
Av. 20 de Octubre
21
Hermanos Manchego
Plaza Isabel la Católica
Mercado Sopocachi
Ecuador
Av. del Poeta
16
17
Plaza Avaroa
Belisario Salinas
Av. 6 de Agosto
18
19
Plaza Iturralde
31
Avenida del Poeta
Jalsuri
22
Saavedra
Guachalla
Quito
Pedro Salazar
Av. 20 de
Pinilla
Av. Arce
Rosendo Gutierrez
Gosálvez
Sopocachi
20
32
Ecuador
Plaza del Monticulo
Ascarrunz
Sánchez Lima
Octubre
Campos
Villegas
Cordero
Clínica Alemana
Av. 6 de Agosto
Pl. Carlos Gardel
L. Crespo
Barrios
Plaza España
Sopocachi
C. de la Olivia
Presbitero Medina
El Alto
Mendez Arcos
Linea Amarilla (Seilbahn)
33
Vincenti
10
Victor
R. Mujia
Abdon Saavedra
M. de Cervantes
Sanjinez
Bedregal
R. Campos
20, 34, Zona Sur, Calacoto Valle de la Luna
Vincenti
Jaimes Freyre
E. Guerra
Plaza Adela Zamudio
Obrajes, Zona Sur
ÜBERNACHTUNG
10 Green House
ESSEN
13 Café Ciudad
14 Mujeres Creando
15 Ciclik
16 Vinapho
17 Alexander Coffee Shop
18 Govinda
19 Typica
20 MagicK Café Cultural
SONSTIGES
26 La Paz on Foot
27 Cinemateca Boliviana
28 Alianza Francesa La Paz
29 Malegría
30 Diesel Nacional
31 Multicines
32 Instituto Goethe
33 La Cueva Boulder
34 Centro Cultural Thelonious
TRANSPORT
20 Seilbahnstation Plaza Triangular (weiße Linie)
21 Haltestelle Flughafenbus
22 Seilbahnstation Jalsuri/Av. del Poeta (weiße/hellblaue Linie)

clubs. Die meisten Lokale finden sich zwischen der Avenida Arce und der Avenida 20 de Octubre. Der **Mercado Sopocachi** in der Calle Guachalla ist klein, aber fein und von guten Lebensmittelläden umgeben.

Einen Block nordöstlich der Plaza del Estudiante liegt das **Museo Nacional de Arqueología Tiwanaku** mit Ausstellungsstücken der Tiwanaku-, Chiripa-, Mollo- und Inkakulturen.

Rund 1 km weiter östlich gelangt man in den Stadtteil **Miraflores**, in dem sich die runde **Plaza Arqueológica** befindet. In ihrer Mitte ist der **Templete Semi-Subterráneo** untergebracht, ein Freiluftmuseum, das halb unterirdisch angelegt ist. Das Gebäude ist einer Struktur der archäologischen Stätte Tiwanaku nachempfunden und enthält einige Imitate der dortigen Steinstatuen. Ein Besuch lohnt nur, wenn die Zeit für einen Besuch von Tiwanaku nicht ausreicht.

Hinter der Plaza, an der auch das Büro der Touristenpolizei liegt, erhebt sich das **Estadio Olímpico Hernado Siles**, das höchstgelegene Fußballstadion der Welt. Obwohl die bolivianische Fußballnationalmannschaft hier fast alle Heimspiele wegen der für die Gegner ungewohnten Höhenlage gewinnt, hat die chronische Auswärtsschwäche bislang verhindert, dass Bolivien an einer Fußballweltmeisterschaft teilnehmen konnte. Östlich des Stadions liegt der Vorort **Villa Fátima**, in dem die Busgesellschaften Richtung Yungas und Amazonasgebiet ihren Sitz haben.

Zona Sur

Ganz im Süden der Stadt und beinahe 1000 m tiefer als El Alto liegen die wohlhabenden Stadtviertel **Calacoto**, **Cota Cota** und **San Miguel**, kurz Zona Sur genannt. Hier haben sich reiche Bolivianer, Politiker, hochrangige Militärs und ein Großteil der ausländischen Botschaftsangehörigen niedergelassen. Wären nicht im Hintergrund die kargen Berghänge zu sehen, so könnten die Boutiquen, Restaurants und Villen auch in einem nordamerikanischen Vorstadtviertel stehen.

Obwohl die Zona Sur nur rund 5 km vom Zentrum der Stadt entfernt ist, scheint das Viertel nicht mehr in Bolivien zu liegen. Die meisten Besucher passieren es höchstens auf dem Weg zum Valle de la Luna oder der Muela del Diablo. Zu sehen gibt es bis auf das **Museo de Historia Natural** in Cota Cota nicht allzu viel. Wem allerdings die Höhe Probleme bereitet oder wer der Kälte ein wenig entfliehen möchte, findet in der Zona Sur einige Unterkünfte.

Neuer Kulturpark

Rund um den alten Bahnhof, der stillgelegten **Estación Central**, wo die rote Seilbahnlinie startet bzw. endet, entsteht eine über 4 ha große Kulturlandschaft.

Der **Parque de las Culturas y de la Madre Tierra**, dessen erste Bauetappe 2019 beendet wurde, soll unter anderem für Ausstellungen und Konzerte genutzt werden, aber auch die Bewohner der Stadt zum Flanieren und Relaxen einladen.

ÜBERNACHTUNG

In den Billighotels kann es gelegentlich zu Problemen mit der Wasserversorgung kommen. Warmes Wasser kommt hier oft aus Elektroduschen. Bessere Hotels verfügen über Zentralheizung oder elektrische Heizöfen auf den Zimmern. Karte S. 606/607, sofern nicht anders angegeben.

The Adventure Brew Hostel, Av. Montes 503, Ecke Batallón Illimani, in der Nähe des Busterminals, ✆ 02-2915896, 💻 www.theadventurebrewhostel.com. Hostel, das über unterschiedlich große Schlafsäle (ab 46 Bs., z. T. mit Bad) und moderne Doppelzimmer mit Bad verfügt. Außerdem Küchenbenutzung, abschließbare Gepäckboxen, Dachterrasse mit Barbecue, Cafetería, Bar, eigenes Craft-Bier, Frühstück inkl. ❸

€ Näher am touristischen Zentrum liegt das verwinkelte **Adventure Brew Hostel Downton**, Tarija 228, ✆ 02-310699, das allerdings nur Mehrbettzimmer mit Gemeinschaftsbad zu bieten hat (ab 51 Bs. p. P.).

€ **Wild Rover**, Ilimani, zwischen Loayza und Bueno, ✆ 02-2116903, 💻 www.wildroverhostels.com. Party-Hostel, Schlafsaal ab 59 Bs. ❷

WESTBOLIVIEN

Das San-Pedro-Gefängnis

Einen Mikrokosmos der bolivianischen Gesellschaft beherbergt die Gefängnisstadt San Pedro an der Plaza Sucre. In dem rund einen Häuserblock großen Komplex leben korrupte Politiker, Drogenbosse und Kleinkriminelle auf engem Raum zusammen. Die Stadt in der Stadt verfügt über Geschäfte, Restaurants, Bars und eine Billardhalle. Doch nur wer Geld hat, führt auch ein relativ angenehmes Leben. Handys und Satellitenschüsseln sind bei betuchten Häftlingen ebenso normal wie der Kauf der besseren Zellen in den beliebteren Ecken des Gefängnisses. Das Gros der Sträflinge schläft aber in den Gängen, lebt von Gelegenheitsjobs und den mageren Essensrationen. Die Kontrollen sind eher lasch, Wachpersonal ist im Inneren des Gefängnisses kaum zu sehen, und die Gefangenen sind sich weitestgehend selber überlassen. Angehörige können auf freiwilliger Basis bei den Gefangenen leben. Marktfrauen bieten täglich frische Waren an, und einige Besucher kommen nur, um günstig in einem der Restaurants zu essen.

Das San-Pedro-Gefängnis kann leider nicht mehr von Touristen besucht werden, da es vorübergehend zu einem regen Kokainhandel zwischen ausländischen Besuchern und Insassen gekommen war. Wer mehr über das Gefängnis und sein bizarres Innenleben wissen möchte, dem sei das auf Englisch erschienene Buch *Marching Powder* empfohlen, in dem der ehemalige englische Sträfling Rusty Young aus dem Nähkästchen plaudert.

Green House, Víctor Sanjinés 2866, Sopocachi, 2 Blocks von der Plaza España, Karte S. 610, ✆ 02- 411668, 💻 www.greenhousebolivia.com. Ruhige Lage, sehr gute Anbindung zur gelben Seilbahnlinie. Alle Zimmer und Schlafsäle (ab 50 Bs.) mit Gemeinschaftsbad und großen Betten (empfohlen wird die helle Nr. 5 mit Terrasse). Ruhiger Innenhof, Gemeinschaftsküche, Frühstück inkl. ❷

Loki Hostel, Las Américas 120, ✆ 02-2457300, 💻 www.lokihostel.com. Teil der Loki-Hostel-Kette. Unterschiedliche große Schlafsäle (ab 59 Bs. p. P.; auch „girls only") und gute Doppelzimmer mit Bad ❷

Hostal Alsigal, Murillo 764-c, ✆ 02-2369609, ✉ alsiigalhostal@gmail.com. Gute Lage im Touristenzentrum. Großes Hostel, dessen Zimmer mit Gemeinschaftsbad oder Privatbad/Elektrodusche/TV meist nach innen liegen. Es gibt aber auch helle Zimmer in jedem Stock, z. B. Nr. 305. Aufzug, Cafetería, Tourservice. Frühstück gegen kleinen Aufpreis. ❷

Wer es luxuriöser mag, wählt das geschmackvoll restaurierte **Loki Boutique La Paz**, Loayza 420, ✆ 02-2202827, 💻 www.lokihostel.com/boutique-la-paz. Unterschiedliche Zimmer, Restaurant, Frühstück inkl. ❸

Hostal Ananay, Jaén 710, ✆ 02-2906507, ✉ hostal.ananay@gmail.com. Verwinkeltes, buntes Hostel in sehr ruhiger Lage in denkmalgeschütztem Haus. Unterschiedliche Zimmer, wahlweise mit Bad oder ohne. Gemeinschaftsräume, Dachterrasse, Tourservice. WLAN nur in den Gemeinschaftsräumen. Frühstück 30 Bs. extra. ❸

Hostal Naira, Sagárnaga 161, ✆ 02-2355645, 💻 www.hostalnaira.com. Gute Lage im Touristenzentrum. Die sauberen Zimmer mit hohen Decken, TV und Telefon verteilen sich um einen Innenhof. Sehr gutes Café, in dem das Frühstücksbuffet serviert wird. Auf Wunsch Heizofen. ❹–❺

Hotel Oberland, Av. Florida C 2, Mallassa, Karte S. 603, ✆ 02-2745040, 💻 www.h-oberland.com. 12 km südlich des Stadtzentrums in der Nähe des Mondtals. Einer der wenigen Orte in La Paz und Umgebung, in denen **Wohnmobile** auch länger abgestellt werden können. Zudem verfügt die große Anlage über einen Indoor-Pool, eine Sauna, ein Jacuzzi und ein Restaurant. Frühstücksbuffet inkl. ❺

ESSEN

Die bunte ethnische Mischung der Stadt spiegelt sich auch im vielfältigen Speisenangebot wider. Essen gehen in La Paz ist sehr günstig. **Günstige Mittagsmenüs** (oft nur Mo–Fr) bekommt man überall für 25–30 Bs. **Salteñas**, die leckeren Teigtaschen, gefüllt mit Fleisch oder Huhn, Gemüse und Ei, werden an vielen **Straßenständen** verkauft. Frittierte *Salteñas* heißen *Tucumanes*.

Cafés und Frühstück

Karte S. 606/607, wenn nicht anders angegeben.
Alexander Coffee Shop, u. a. in der Av. 16 de Julio 1832, Av. 20 de Octubre 2463 (Plaza Avaroa), Karte S. 610, und im Flughafen El Alto. Die lokale Coffeeshop-Kette bietet im Stil von Starbucks Frühstück, verschiedene Kaffeesorten, Kuchen und Snacks. ⌚ tgl. 8–23 Uhr.
Café Banaís, Sagárnaga, im Hostal Naira. Guter Kaffee, leckerer Kuchen, Frühstücksbuffet, exzellente Smoothies und gute Mittagsmenüs. Viele vegetarische Optionen. ⌚ tgl. 7–22 Uhr.
Café del Mundo, Sagárnaga 324. Freundlicher Laden, in dem man Frühstück, gute Salate, Kaffee aus Bolivien, hausgemachte Kuchen, vegetarische und vegane Optionen bekommt. ⌚ tgl. 6–22 Uhr.
Typica, Av. 6 de Agosto 2584, Sopocachi, 💻 Facebook. Sehr guter, selbst gerösteter Kaffee, Frühstück, Außenbereich mit Garten. ⌚ Mo–Sa 7.30–22.30, So 9–20 Uhr. Weitere Filialen an der Seilbahnstation Estación Central und in San Miguel, Calle Enrique Peñaranda L-35.

Restaurants

Zentrum

Karte S. 606/607
Angelo Colonial, Linares 922-924. Gemütlich dinieren bei Kerzenlicht, mittlere Preisklasse. Sehr gut besucht, daher früh kommen! ⌚ tgl. 8.30–23 Uhr.
€ **Paceña**, Loayza, direkt neben der Airline Amaszonas. Leckere *Salteñas*, auch vegetarische. ⌚ tgl. 8.30–14 Uhr.
Little Italy, Tarija 211, Ecke Murillo. Beheiztes Restaurant mit angenehm ruhigem Ambiente. Sehr gute Pasta, Risotto, Lasagne und Pizza. ⌚ tgl. 7–23 Uhr.
Popular, Murillo 826, im Innenhof. Sehr gute bolivianische Küche, die ihren Preis hat. Früh kommen, da sich meist eine Warteschlange bildet! ⌚ Mo–Sa 12.30–15.30 Uhr.
Restaurant Pub 1700, Linares 906, 2. Stock. In dem Restaurant, das wie ein Museum wirkt, bekommt man zu fairen Preisen bolivianische Fusionsküche (auch vegetarisch). Große Auswahl an bolivianischen Bieren und Weinen. ⌚ Mo–Sa 14.30–22 Uhr.

Sopocachi

Karte S. 610
Café Ciudad, Av. 16 de Julio 1901, Plaza del Estudiante. Alteingesessen, mit historischen Bildern der Stadt dekoriert und nach wie vor sehr beliebt. Typische Küche und Salate für Vegetarier. ⌚ 24 Std. geöffnet.
Ciclik, Rosendo Gutierrez 393, Ecke 20 de Octubre, 💻 www.ciclik.com. Internationale Speisen mit vegetarischen Optionen, auch einige gute bolivianische Gerichte, Snacks und Desserts, mittlere Preisklasse. ⌚ Mo–Sa 8–23 Uhr.
MagicK Café Cultural, Presbitero Medina 2526, Ecke Pedro Salazar, Sopocachi. Leckeres internationales Essen mit vegetarischen Optionen. Sehr guter Kaffee, WLAN, gemütliche Einrichtung, Möglichkeit zum Draußensitzen, Kulturveranstaltungen. ⌚ Di–Fr 16–23, Sa 10–23 Uhr.
Mujeres Creando, 20 de Octubre 2060 zwischen Aspiazu und Pérez, 💻 www.mujerescreando.org. Frauenorganisation in grellrosafarbenem Haus; Restaurant mit Mittagsmenü, auch kleines Hostel (alle Zimmer mit Gemeinschaftsbad) und Kulturveranstaltungen. ⌚ Mo–Fr 9–22 Uhr.

Sicherheit

La Paz ist eine quirlige Stadt, in der es allerdings viel Armut gibt. **Diebstähle** sind daher an der Tagesordnung, bevorzugt im Gedränge der Märkte. Auf einigen Aussichtspunkten in der Stadt ist es zu Überfällen gekommen. Polizisten in Zivil sollte man nicht folgen und auf keinen Fall mit ihnen in ein Taxi steigen. Für Taxifahrten wählt man am besten offizielle Taxis. Auf keinen Fall zulassen, dass weitere Personen zusteigen! Wanderungen in und um La Paz sollten mindestens zu zweit gemacht werden. Nachts empfiehlt es sich, ein Taxi zu nehmen. Man sollte sich jederzeit ausweisen können, daher immer eine Passkopie mitnehmen. Nicht bei den Geldwechslern an der Hauptpost wechseln – sie sind für **Betrug** bekannt.

Vinapho, Av. Sánchez Lima 2326. Sehr gutes vietnamesisches Essen. ⌚ Mo–Sa, 12–16 und 17–22, So 12–15 Uhr.

Vegetarisch/vegan

Karte S. 606/607, sofern nicht anders angegeben.

Ali Pacha, Colon 1306, Ecke Potosí, 💻 www.alipacha.com. Exzellentes, aber teures veganes Gourmetrestaurant. Mehrgängige Menüs, ausgefallene Kombinationen, stilvolles Ambiente. Mittagsmenü 100 Bs. Reservierung empfohlen. ⌚ Mo–Sa 12–15, 19–22 Uhr.

Govinda, Av. 20 de Octubre 2519, gleich unterhalb der Plaza Avaroa, Sopocachi, Karte S. 610. Vegetarisches Mittagsmenü mit Salat, Suppe, Hauptgang und Nachspeise. ⌚ Mo–Sa 12.30–14 Uhr.

Namas Té, Zoilo Flores 1334. ✆ 02-2481401. Vegetarisch/veganes Restaurant mit gemütlicher Atmosphäre. Veganes Mittagsmenü. ⌚ Mo–Fr 8.30–19, Sa 8.30–16 Uhr.

Reencuentro, Murillo 826, im Hinterhof. Günstiges, veganes Mittagslokal mit Selbstbedienung. ⌚ Mo–Sa 12–14 Uhr.

UNTERHALTUNG UND KULTUR

Kinos

Cinemateca Boliviana, Oscar Soria, Ecke Rosendo Gutierrez, ✆ 02-2444090. 💻 www.cinematecaboliviana.net. Das Programmkino zeigt bolivianische und internationale Filme.

Cine Teatro Monje Campero, Av. 16 de Julio 1495, 💻 www.monjecampero.com.bo.

Multicines, Av. Arce 2631, ✆ 02-2112463, 💻 www.multicine.com.bo.

Kneipen und Discos

Die meisten Bars und Kneipen liegen im Stadtteil Sopocachi. Unter der Woche ist es eher ruhig.

Diesel Nacional, Av. 20 de Octubre 227. Gastropub in speziellem Design, gute Cocktails, einfaches Essen. ⌚ Mo–Sa 19–2 Uhr.

Livemusik

Café Bar Sol y Luna, Murillo 999. Kneipe, Café und Restaurant (Essen nicht berauschend) mit gelegentlicher Livemusik, s. 💻 www.solylunalapaz.com. Gringo-Treff, WLAN, Büchertausch. ⌚ tgl. ab 12 Uhr.

Centro Cultural Thelonious, Av. del Libertador 2998, San Jorge. Beste Jazz- und Blueskneipe der Stadt. ⌚ Livemusik Do–Sa 20–3 Uhr.

La Gota de Agua, Illampu 837. Tanz am Wochenende ab Mitternacht zu traditioneller bolivianischer (Karnevals-)Musik, oft Livemusik. Vorwiegend bolivianisches Publikum aller Altersklassen. Es geht etwas derber zu. ⌚ Fr, Sa ab 20 Uhr.

Malegría, in der kleinen Gasse Gustavo Medinaceli 2282, Sopocachi. Auftritt ab 24 Uhr der Band Saya's (afrobolivianische Musik). Mitreißende Rhythmen, Eintritt frei, Ausweis nicht vergessen (Kopie genügt). Kontrolle aller Gäste! ⌚ Do nachts.

Peña Huari, Sagárnaga 339, ✆ 02-2316225. Traditionelle, aber touristische Folklorekneipe mit typischem Essen und Livemusik. ⌚ Do–Sa ab 22 Uhr.

Sabor Cubano, Sagarnaga 357. Do–Samstag ab 21 Uhr Livemusik. Außerdem kubanisches Essen, Cocktails. ⌚ Mo–Sa 12–24 Uhr.

EINKAUFEN

Bücher und Karten

Los Amigos del Libro, Calle Ballivián 1273. Reise- und Trekkingführer, deutsche und englische Literatur in sehr begrenzter Auswahl, *Newsweek* und *Time*, Wanderkarten. ⌚ Mo–Fr 9–19, Sa 9–13 Uhr.

Instituto Geográfico Militar, Av. Saveedra 2303, ✆ 02-2220513, 💻 www.igmbolivia.gob.bo. Landkarten, z. T. veraltet. ⌚ Mo–Fr 9–12, 14.30–18 Uhr.

Campingausrüstung und Trekkingkleidung

Am besten klappert man die Läden und Tourveranstalter (s. „Touren") im Block 7–9 der **Calle Illampu** und Umgebung ab. Bei der zum Verkauf angebotenen Outdoorausrüstung handelt es sich meist um gefälschte Markenware.

Eine komplette Bergausrüstung kann man im **Andean Base Camp**, Illampu 1037, ✆ 02-2463782, ✉ basecampbolivia@gmail.com, ausleihen. Deutschsprachige Beratung, wenn Besitzer Christian Menn im Laden ist. ⌚ Mo–Fr 9–13, 15–19, Sa bis 18 Uhr.

The Wall, Illampu 828, ✆ 02-2451265, 💻 www.thewallbolivia.com. Der Laden bietet Originalware und ist spezialisiert auf Kletterausrüstung, aber auch auf andere Outdoorprodukte. ⌚ Mo–Sa 10–19 Uhr.

Kunsthandwerk und Textilien

Im Gebiet der Calle Sagárnaga und Linares reihen sich viele **Kunsthandwerksläden** aneinander. Das Angebot reicht von Textilien über Leder- bis zu Silberarbeiten. Einige **Schneidereien** in diesen Straßen haben sich auf die Anfertigung von maßgeschneiderten Fleece-Textilien spezialisiert, die sehr günstig zu haben sind.

Die Produktionsgenossenschaft *Comunidad de Productores de Artesanías para Todos* vertreibt in ihrem liebevoll eingerichteten Laden **Comart Tukuypaj**, Linares 958, schöne Webarbeiten, Filzschuhe und Schmuck. ⌚ Mo–Sa 9.30–19 Uhr.

€ **Centro de Artes Mamani Mamani**, Indaburo 710, ✆ 02-2906294, 💻 www.fundacionmamanimamani.com. Kleine Ausstellung und Verkauf von Bildern und Postkarten des Malers Mamani Mamani. Auch Kurse, von Karate bis Malerei. ⌚ tgl. 9.30–19 Uhr, Eintritt frei.

Mistura, Sargánaga 163, 💻 www.misturabolivia.com. Bolivianische Produkte, von Salz über Textilien bis Kunst, außerdem schöne Foto- oder Rezeptbücher. ⌚ Mo–Sa 10–20 Uhr.

Märkte

Das gesamte Zentrum scheint sich in einen einzigen Markt verwandelt zu haben. Vor allem das Indígena-Viertel oberhalb der Plaza San Francisco besteht aus endlosen Reihen einfacher Buden und Stände, die tagtäglich auf- und abgebaut werden. Kaufen kann man alles, aber die gezielte Suche nach etwas gestaltet sich oft schwierig.

Nahrungsmittel

Schokolade der Kleinbauernvereinigung **El Ceibo** (s. Kasten) bekommt man in der Potosí, zwischen Socabaya und Ayacucho. Weitere Verkaufsstellen s. 💻 www.elceibo.org. ⌚ Mo–Fr 9–12.30, 13.30–18.30, Sa 8.30–12.30 Uhr.

El Ceibo – eine Erfolgsstory

Fünf Dorfkooperativen haben 1977 den genossenschaftlichen Dachverband **El Ceibo** gegründet, 💻 www.elceibo.org. Zunächst bauten die Bauern in dem strategisch günstig gelegenen Ort Sapecho in den feuchtheißen Yungas eine Trocknungsanlage und einen Sammelplatz für Kakaobohnen. Mithilfe eines eigenen Lastwagens konnte die Kooperative die Ernte direkt nach La Paz bringen.

Kakao – bio und fair

Um nicht nur den Rohstoff zu verkaufen, sondern auch an dessen Wertschöpfung mitzuverdienen, richtete die Genossenschaft eine kleine **Schokoladenfabrik** ein, in der neben Kakaopulver auch Schokoladen und Pralinen produziert werden. Hierfür setzten die Bauern schon früh auf einen umweltfreundlichen Anbau. 1988 war El Ceibo der weltweit erste Exporteur von **Biokakao**. Zehn Jahre später stieg die Kooperative in den **Fairen Handel** ein. Inzwischen verkauft El Ceibo das Gros seiner Produktion mit dem Fairtrade-Siegel, aber auch mit dem Hand-in-Hand-Label von Rapunzel.

Von den Mehrerlösen des Fairen Handels profitieren nicht nur die rund 1500 Familien, die zu El Ceibo gehören oder den Kakao liefern, sondern auch Bauern, die regionale Produkte wie Kaffee, Quinoa oder Zitrusfrüchte anbauen – in Bioqualität. All diese Produkte verarbeitet El Ceibo in seinen Schokoladen.

Lateinamerikanisches Vorbild

Die Bauern von El Ceibo, Vorbild vieler Genossenschaften in Lateinamerika, haben viel erreicht: Die Kooperative betreibt inzwischen eigene Läden in den bolivianischen Städten La Paz, Cochabamba und Santa Cruz. Um die Produktqualität zu verbessern, ist ein eigenes Kakaolabor geplant. Zudem wurde ein Gesundheits- und Pensionsfonds für die Mitglieder sowie ein Uni-Stipendienprogramm für deren Kinder eingerichtet. „Unsere Kinder sind die Zukunft von El Ceibo", sagt Kooperativenmitglied Clemente Puna.

Schokoladen mit Kakao von El Ceibo vertreiben in Deutschland unter anderem die Gepa, El Puente und Rapunzel, in Österreich die Eza und in der Schweiz Claro.

Den von Kleinbauern stammenden **Käse** des Sozialunternehmens **Flor de Leche**, www.flordeleche.com, kann man in größeren Supermärkten und einzelnen Geschäften kaufen (Verkaufsstellen s. Website unter „Puntos de Venta").

TOUREN

Die meisten Veranstalter sitzen in den Straßen Sagárnaga, Linares und Illampu. In vielen der größeren Hotels sind Reisebüros und/oder -veranstalter untergebracht. Kleinere Herbergen hingegen vermitteln Kunden nur an größere Anbieter. Keine Touren einfach auf der Straße kaufen, und bei Bergtouren Zertifizierung des Bergführers nachweisen lassen!

Altitude Bike Tours, Santa Cruz 265, 02-2452874, www.altitudealliance.travel. Spezialist für Biketouren auf der „Todesstraße" (S. 638), aber auch Touren in ganz Bolivien.

Andean Ascents, Strongest 12, Edificio 61, 4. Stock, Achumani, 74108871, www.andeanascents.com. Der Schweizer Alexander von Ungern ist international zertifizierter Bergführer und arbeitet bei der Bergrettung (S. 631). Der Spezialist für Bergtouren und -besteigungen unterstützt auch selbstständige Bergsteiger (u. a. Transport, Maultiere, Kartenmaterial).

AWA Rafting Bolivia, Pasaje Juan XXIII 190, zwischen Linares und Illampu, 74008048. Rafting bei Coroico, auch in Kombination mit Canyoning möglich. Empfehlenswert ist mind. eine Übernachtung in ihrer wunderbar gelegenen Herberge zwischen Yolosa und Caranavi.

Climbing South America, Linares 940, 1. Stock, Büro A, 02-2971543, www.climbingsouthamerica.com. Von einem Neuseeländer geleitete Agentur, die sich auf Klettertouren aller Art spezialisiert hat und auch Ausrüstung verleiht.

Diana Tours, Sagárnaga 326, im Hotel Sagarnaga, 02-2317369, info@diana-tours.com. Langjähriger und zuverlässiger Anbieter von Stadtrundfahrten, Bussen nach Copacabana (s. „Transport"), Touren nach Tiwanaku und ins Valle de la Luna.

Gravity Assisted Mountain Biking, Linares 940, 02-2310218, www.gravitybolivia.com. Anbieter von Mountainbiketouren auf der „Todesstraße" nach Coroico (S. 638) mit sehr guten Rädern und erfahrenen, englischsprachigen Guides.

Huayna Potosí Travel Agency, Sagárnaga 398, Ecke Illampu, 02-2317342, www.huaynapotosi.com. Der Spezialist für Besteigungen des Huayna Potosí betreibt eine Berghütte auf 4780 m und eine kleinere auf 5300 m Höhe. Auch Touren ins Condoriri-Massiv, auf den Illimani und den Sajama.

La Paz on Foot, Av. Ecuador 2022 A, 02-2425073 (auch auf Deutsch), www.lapazonfoot.com. Von der Plaza San Pedro starten mehrmals wöchentlich halb- oder ganztägige Stadtrundgänge, die zu Sehenswürdigkeiten, über Märkte und auch nach El Alto führen. Snack, englischsprachiger Guide und öffentlicher Transport inkl. Zudem Trekkingtouren in ganz Bolivien.

Red Cap Walking Tour, Linares 940, 73739108, www.redcapwalkingtours.com. 2x tgl. um 11 und 14 Uhr verschiedene Stadtrundgänge zu Fuß. Erkennungszeichen der Guides ist ein orangefarbener Hut. Preise auf der Homepage. Treffpunkt u. a. an der Plaza San Pedro.

Robert Rauch, Calle 14 de Obrajes, Nr. 12 B, 73568554, rauchrobert@hotmail.com. Deutscher Bergführer und Trekkingspezialist, der individuelle Touren in den Anden, aber auch im Regenwald veranstaltet. Außerdem Sportkletterkurse in der Umgebung von La Paz.

Urban Rush, Linares 940 (Büro), 02-2310218. Touren starten in der Potosí 920, im 17. Stock des Hotel Presidente, www.urbanrushbolivia.com. 50 m Abseilen am Hochhaus mit spektakulärer Aussicht auf La Paz. tgl. 12–18 Uhr.

Vertical Route Bolivia, 70536312, www.verticalroute.com. Das Unternehmen betreibt Boliviens ersten Klettersteig. Auf der Abenteuerroute in den nördlichen Yungas seilt man sich ab, gleitet an einer Zipline entlang und überquert Hängebrücken. Zu buchen u. a. in den Hostels Loki, Wild Rover und Adventure Brew.

Viacha Tours, Nanawa 1805, Miraflores, 02-2913656, www.viacha-tours.com. Unter deutsch-bolivianischer Leitung. Vermittlung von Touren aller Art, z. T. günstiger als beim Veranstalter.

SONSTIGES

Autovermietungen

Wer sich bei Fahrten durch La Paz und Umgebung Stress sparen will, sollte ein paar Taxifahrer fragen, was sie pro Tag verlangen. Ihre Preise liegen meist unter den Mietwagentarifen.
AVIS Rent a Car, 🖳 www.avis.com.bo.
Budget Rent a car, 🖳 www.budget.bo.
Europcar, 🖳 www.europcar.com.bo.
Hertz, 🖳 www.hertz.es.

Botschaften und Konsulate

Argentinische Botschaft, Aspiazu 497, Ecke Sanchez Lima, Sopocachi, ✆ 02-24177377, ✉ ebolv@mrecic.gov.ar.
Brasilianische Botschaft, Av. Arce, Ecke Rosendo Gutierrez, Edificio Multicentro, Sopocachi, ✆ 02-2166400, 🖳 http://lapaz.itamaraty.gov.br/pt-br.
Chilenisches Konsulat, Calle 14 No. 8024, Cala coto, ✆ 02-2797331, 🖳 www.chile.gob.cl/la-paz.
Deutsche Botschaft, Av. Arce 2395, Sopocachi, ✆ 02-2440066, 🖳 www.la-paz.diplo.de, ⌚ Mo–Do 8–17, Fr 8–14 Uhr.
Österreichisches Honorargeneralkonsulat, Calle Montevideo 130, Piso 6, ✆ 02-2442075, ✉ lapaz@austroko-bo.net, ⌚ Mo–Fr 14.30–16 Uhr.
Peruanische Botschaft, Fernando Guachalla 300, Sopocachi, ✆ 02-2421250, 🖳 www.embaperubolivia.com.
Schweizer Botschaft, Calle 13, No. 455, Ecke 14 de Septiembre, Obrajes, ✆ 591-2-2751001, 🖳 www.eda.admin.ch/lapaz, ⌚ Mo–Fr 9–12 Uhr.

Deutsche Organisationen

Eine Liste deutscher Organisationen findet sich auf den Seiten der deutschen Botschaft auf 🖳 www.la-paz.diplo.de unter „Links und nützliche Adressen".

Feste

24. Jan: Alasitas, Festival des Überflusses, das dem Gott Ekeko (S. 601, Kasten) geweiht ist. Auf einem speziellen Markt kaufen die Einheimischen Miniaturobjekte, die sich – von einem Yatiri-Priester gesegnet – in ihre großen Pendants verwandeln sollen.
Mai/Juni: La Fiesta del Gran Poder, eines der größten und schönsten Feste Boliviens mit Zehntausenden von Teilnehmern. Ein Festzug mit Tänzern und Musikgruppen zieht durch die Stadt.
21. Juni: Año Nuevo Aymara, Neujahrsfest der Aymara.
23. Juni: Entrada de Danzas Autóctonas Andinas, Parade typischer Hochlandtänze.
16. Juli: Aniversario de la Paz, Geburtstag der Stadt.
Juli: Entrada Folklórica Universitaria, Folkloreparade der Universität.
20. Okt: Fundación de la Paz, Feiern zur Stadtgründung.

Geld

Die meisten Banken, Geldautomaten und Wechselstuben befinden sich im „Finanzdistrikt", der die Straßen Camacho und Colón umfasst. Straßenwechsler sollte man nach Möglichkeit meiden und nur für kleinere Geldbeträge bzw. das Umtauschen außerhalb der Bankzeiten nutzen. Reibungsloses, schnelles Tauschen ermöglichen die Wechselstuben. Zu empfehlen sind **Sudamer**, Colón 256, und **América**, Ayacucho 224, ⌚ beide Mo–Sa 9–18 Uhr.

Informationen

Centro de Información Turística, InfoTur, Av. Mariscal Santa Cruz, Ecke Colombia, ✆ 02-2651255, ⌚ Mo–Fr 8–19, Sa, So 9–13 Uhr, und Plaza del Estudiante, ✆ 02-2371044, ⌚ Mo–Fr 8.30–19 Uhr.
Im **Internet** informieren die Seiten 🖳 www.lapazlife.com und www.boliviawebdirectory.com.

Kulturzentren

Alianza Francesa La Paz, Fernando Guachalla, Ecke 20 de Octubre, ✆ 02-2425005, 🖳 www.lapaz.alianzafrancesa.org.bo.
Instituto Goethe, Av. Arce 2708, Ecke Campos, ✆ 02-2431916, 🖳 www.goethe.de/ins/bo/de/index.html.

Medizinische Hilfe

Die deutsche Botschaft hält eine Liste mit **deutschsprachigen Ärzten** bereit.
Clinica IPPA, Av. Copacabana, Prolongación 55, Miraflores Bajo, ✆ 02-2245394, 🖳 www.

altitudeclinic.com. Klinik, die sich auf die Diagnose von gesundheitlichen Problemen bei Aufenthalten in großen Höhen spezialisiert hat.

Naturschutzorganisationen

S. 105.

Polizei

Policia Turística, Plaza del Estadio, Edif. Olímpia 1354, ✆ 800-140071 (gebührenfrei). ⌚ tgl. 24 Std.

Post

Correo Central, Av. Mariscal Santa Cruz, Ecke Oruro. Pakete über 2 kg unverschlossen zum Postamt bringen, da zunächst der Inhalt geprüft und ein Formular für den Zoll ausgefüllt werden muss. Ausweis mitbringen! ⌚ Mo–Fr 8–20 Uhr.

Sport

La Cueva Boulder, Vincenti 850, ✆ 76205172. Boulderhalle in Sopocachi. Gut, um andere Kletterbegeisterte kennenzulernen. ⌚ Mo–Fr 15–21 Uhr.

Sprachschulen

Die Touristeninformation an der Plaza del Estudiante hält eine Liste mit Adressen von Sprachlehrern und -schulen bereit. Unterrichtet wird teilweise auch Aymara und Quechua.

Ayni Spanish Institute, 💻 www.asi-spanish.com. Spanisch-Schule, die auch Privatunterricht bietet und die **Möglichkeit**, bei einheimischen Familien zu wohnen.

Visaangelegenheiten

Die **Einwanderungsbehörde** befindet sich in der Camacho 1480, ✆ 02-2110960. Da man bei der Einreise nach Bolivien meist nur 30 Tage Aufenthaltsgenehmigung in den Pass gestempelt bekommt, kann man hier kostenfrei und ohne größere Formalitäten auf 90 Tage verlängern (Pass und Kopie der *Tarjeta de Migración Andina* mit dem Einreisestempel mitbringen). ⌚ Mo–Fr 7.30–15.30 Uhr.

NAHVERKEHR

Das Zentrum von La Paz kann man gut zu Fuß erkunden, doch wen die Höhe ermüdet, der kann auf ein reichhaltiges Angebot an öffentlichen Verkehrsmitteln zurückgreifen.

Da eine Orientierung anhand der Liniennummern schwierig ist, sollte man auf die Schilder mit dem Fahrtziel achten, die Busse, Micros und **Trufis** (Sammeltaxis, die überwiegend auf der Hauptroute zwischen der Plaza San Francisco und der Zona Sur operieren) hinter der Windschutzscheibe platziert haben. Wer in einem Micro bzw. Trufi mitfahren möchte, hält einfach den Arm raus. Wenn man aussteigen möchte, sagt man dem Fahrer Bescheid („Quiero bajar!"). Bezahlt wird meist beim Aussteigen.

Busse

Die rund um die Uhr fahrenden **Pumakatari-Busse**, 💻 www.lapazbus.bo, die La Paz und El Alto auf 6 verschiedenen Linien durchqueren, konkurrieren mit Tausenden von Micros und Kleinbussen, die täglich auf den Hauptrouten für Dauerstau sorgen.

Der Bus zum **Flughafen** steht unter „Transport/Flüge", S. 621.

Taxis

Obwohl Taxifahren sehr günstig ist, sollte man aus Sicherheitsgründen auf **Funktaxis** (Radio Taxi) zurückgreifen. Ansonsten Registriernummer und Farbe des Wagens merken. Niemals weitere Personen zusteigen lassen und immer vor Antritt der Fahrt nach dem Preis erkundigen (auch bei Funktaxis)!

Radio Taxi Magnifico, ✆ 02-2411411.

TRANSPORT

Busse

Die Busse der internationalen Gesellschaften und die Langstreckenbusse fahren vom **Terminal de Buses La Paz**, Plaza Antofagasta, ✆ 02-2004806, ab. Er ist problemlos mit Minibussen (Aufschrift: „Terminal") in 5 Min. von der Plaza San Francisco aus zu erreichen und verfügt über Geldautomaten, Internet, Apotheke, Telefon, Post, Kurierdienst, Polizei, Restaurant und Gepäckaufbewahrung. Es wird eine **Terminalgebühr** in Höhe von 2,50 Bs. erhoben.

Das Seilbahnnetz – gute Aussichten für Touristen

€ 2014 wurde mit der **Roten Linie** *(Línea Roja)*, einer 2664 m langen Seilbahn zwischen La Paz und der höher gelegenen Nachbarstadt El Alto (S. 483), die erste von mehreren Seilbahnstrecken, www.miteleferico.bo, in Betrieb genommen. Sie führt von der Escuela Naval über die Plaza de las Flores (nähe Friedhof) hinauf zur Avenida Panorámica Norte in El Alto. Während die Fahrt zwischen La Paz und El Alto mit dem Auto bis zu einer Stunde dauert, schafft man dies mit der Línea Roja in rund elf Minuten. Inzwischen gibt es 10 Linien, die miteinander im *Red de Integración Metropolitano* verbunden sind – die elfte, die goldene Linie, soll 2020 eingeweiht werden. Mo–Sa 6–23, So 7–21 Uhr, 3 Bs., mit Umsteigen 5 S/.

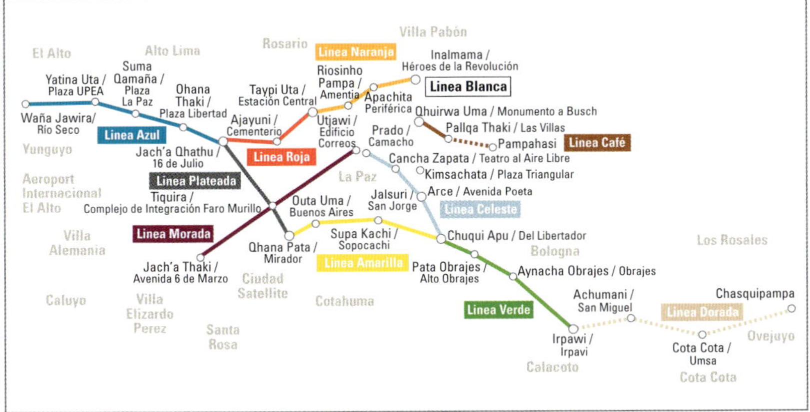

Die Haltestellen der Busse in die Yungas (Coroico, Caranavi, etc.) und weiter östlich gelegene Regionen (Rurrenabaque) befinden sich im östlichen Stadtviertel Villa Fátima im **Terminal Minasa**.

Die Busgesellschaften Richtung Peru (Desaguadero), Sorata, Copacabana und in die Cordillera Apolobamba haben ihre Büros in der Nähe des **Friedhofs** *(Cementerio)* und im neuen Busbahnhof **Terminal de Transporte Interprovincial Ciudad de El Alto** in El Alto. Die blaue Seilbahnlinie passiert das Terminal in Gehweite. Busfahrten über das Hochland nach El Alto/La Paz enden inzwischen oftmals am neuen Terminal und nicht mehr am Friedhof.

Alle nachfolgend aufgeführten Reiseziele werden mehrmals tgl. von unterschiedlichen Busgesellschaften mit Tag- und Nachtbussen vom Terminal de Buses angefahren. Die Fahrpreise variieren und sind i. d. R. an Wochenenden und während der Feiertage höher. Aus Sicherheits- und Komfortgründen empfehlen sich die teuersten Busse.

COCHABAMBA 7 1/2 Std. (390 km)
ORURO 4 STD. (239 km)
POTOSÍ 9–10 Std. (560 km)
SANTA CRUZ 18 Std. (850 km)
SUCRE 8 1/2 Std. (740 km)
TARIJA 14 Std. (881 km)
TUPIZA 15 Std. (811 km)
UYUNI 10 Std. (555 km)
VILLAZÓN 15–16 Std. (900 km)

Yungas und weiter östlich

Die Busgesellschaften Richtung Yungas fahren im Stadtviertel Villa Fátima im Osten von La Paz vom **Terminal Minasa** ab, zwischen Av. America und Av. Mururata; Minibusse mit der Aufschrift „Villa Fátima" ab der Kreuzung Mariscal Santa Cruz/Oruro (bei der Post) oder Taxi (20–25 Bs.) nehmen.

CARANAVI mehrmals tgl. Minibusse von 6–20 Uhr, 3–4 Std. (175 km)

Achtung

Das Gepäck in Busbahnhöfen nicht aus den Augen lassen! Es wird viel gestohlen.

COROICO stdl. 5–19 Uhr, 2 1/2–3 1/2 Std. (92 km). Sammeltaxis fahren etwa jede Stunde los und sind bis zu eine Stunde schneller.

RURRENABAQUE tgl. fahren Busse und Vans, 12 Std. (420 km).

Richtung Cordillera Apolobamba

Die Busse in die Cordillera Apolobamba fahren 5 Blocks oberhalb des Friedhofs rund um den Mercado Tejar ab.

CHARAZANI Abfahrt 6 Uhr, Ticket besser am Vortag kaufen, ca. 8 Std. (251 km).

PELECHUCO tgl. um 8 Uhr, Ticket besser am Vortag kaufen, 10–12 Std. (ca. 320 km)

Richtung Titicaca-See

Die Büros der Busgesellschaften liegen alle in der Umgebung des Friedhofs *(Cementerio)*.

COPACABANA stressfreier als die langsamen öffentlichen Busse, die vom Cementerio fahren, sind die nur unwesentlich teureren Touristenbusse, die vom Busterminal starten, u. a. Titicaca Bolivia, Vicuña Tours, Transzela um 8 und 13.30 Uhr, oder Diana Tours um 8 Uhr (Büro und Abfahrt in der Sagárnaga 326), 4–4 1/2 Std. (158 km).

DESAGUADERO (peruanische Grenze), mehrmals tgl. ab dem Cementerio um 16 Uhr, über TIWANAKU (s. u.), 2 Std. (105 km). Es gibt Direktbusse nach Peru, die nach Puno und gelegentlich auch bis Cusco fahren (s. u.).

SORATA regelmäßig 4–19 Uhr, 3 1/2–4 Std. (150 km).

TIWANAKU ca. alle 30 Min. 7.30–13.30 Uhr, 1 3/4 Std. (72 km).

Peru

In Peru wird die Uhr eine Stunde zurückgestellt! Touristenbusse nach Peru (fast immer über Copacabana) fahren von den Hotels in der Calle Sagárnaga und vom Busterminal ab.

CUSCO über DESAGUADERO, PUNO und JULIACA (u. a. Trans Internacional Litoral), tgl. 16.30 Uhr, 11–12 Std. (ca. 700 km).

Über COPACABANA/KASANI ist Cusco auch an einem Tag zu erreichen, allerdings mit Umsteigen in Copacabana und Puno (Fahrtzeit ca. 14 Std.).

Nach PUNO kann man über DESAGUADERO (2 1/2 Std., 105 km) oder über COPACABANA (ca. 4 1/2 Std., 348 km) fahren. Alle Busse, die von La Paz aus nach Peru fahren, halten in Puno.

Argentinien
BUENOS AIRES (Quirquincho, Busterminal Schalter 26, ✆ 76501061) tgl. um 10.30 Uhr, ca 52 Std. Der Anbieter hat auch Verbindungen nach MENDOZA und CÓRDOBA mit Umsteigen in Santa Cruz.

Chile
ARICA (u. a. Pullman Ayca International) fahren alle vom Busterminal zwischen 5.30 und 6.30 Uhr in 9–10 Std. (410 km). Der Fahrpreis enthält meist ein einfaches Frühstück (nur bei frühen Abfahrten) und ein Mittagessen (manchmal sogar Getränke). Die Fahrzeit ist stark abhängig von der Dauer der Grenzformalitäten. Wichtig: Frisches Obst und Gemüse wird bei der Einreise nach Chile konfisziert! Einige Busse fahren weiter nach IQUIQUE (ca. 15 Std.).

Eisenbahn

Der Bahnhof von La Paz, Av. Manco Capac, ist außer Betrieb. Der nächste größere Bahnhof liegt 230 km südwestlich von La Paz in **Oruro** (dorthin fahren Busse vom Terminal de Buses La Paz). Fahrkarten für die Strecken ORURO–UYUNI–ATOCHA–TUPIZA–VILLAZÓN sind online und in La Paz erhältlich bei **Empresa Ferroviaria Andina FCA**, Calle 1 Juan de Dios Delgado 156, Ecke Avenida Tomasa Murillo (Achumani), ✆ 02-2184555, 💻 www.fca.com.bo.
Vom **Bahnhof in El Alto**, Calle 8 (3 Blocks von der Avenida 6 de Marzo, Zona Santiago I (Anfahrt mit violetter Seilbahn, Línea Morada), fährt ein Touristenzug (Tren Turístico) jeden zweiten Sonntag eines Monats um 8 Uhr morgens nach GUAQUI am Titicaca-See und zurück. Der Zug hält unterwegs 2 Std. in TIWANAKU, um die Ruinen zu besichtigen.

Flüge

Der internationale Flughafen **El Alto**, ✆ 02-8210122, 💻 www.sabsa.aero/aeropuerto-el-alto/default.aspx, liegt rund 12 km südwestlich des Stadtzentrums im Stadtteil El Alto auf 4061 m. Aufgrund der Höhe benötigen Piloten eine spezielle Flugerlaubnis. Daher fliegen nur

WESTBOLIVIEN

Im Busbahnhof von La Paz sollte man sein Gepäck im Auge behalten.

wenige internationale Airlines La Paz an. Der Flughafen verfügt über Telefonkabinen, eine Post, einen Geldautomaten sowie ein Restaurant. Die Flughafensteuer ist inzwischen für alle Flüge im Ticketpreis enthalten (Anreise nach La Paz, s. S. 39, „Traveltipps von A bis Z"). **Minibusse** fahren ständig von 6 bis 22 Uhr ab der Plaza Isabela la Católica zum Flughafen (Aufschrift *Aeropuerto*), 4,20 Bs. Alternativ kann man bis zur Station Qhana Pata/Mirador der **gelben Seilbahnlinie** fahren und von dort ein Taxi für ca. 25 S/. nehmen. Ein **Taxi** vom Zentrum zum Flughafen kostet tagsüber etwa 70 Bs., nachts 90 Bs.

Ausländische Fluggesellschaften mit Direktflügen nach La Paz
Latam (Chile und Peru), 💻 www.latam.com.
Avianca (Kolumbien), 💻 www.avianca.com.

Nationale Fluglinien
Amaszonas, Loayza 233, ✆ 02-2202292, 💻 www.amaszonas.com. Inlandflüge u. a. nach UYUNI und SANTA CRUZ, aber auch Flüge nach BRASILIEN, CHILE und PERU (Cusco). 🕒 Mo–Fr 9–19, Sa 9–14 Uhr.
BoA, Av. Camacho 1413, Ecke Loayaza, ✆ 02-2166500, 💻 www.boa.bo. Inlandsflüge nach COCHABAMBA, TARIJA und SANTA CRUZ, aber auch mit umsteigen nach BUENOS AIRES, SAO PAULO, MADRID und BARCELONA. 🕒 Mo–Fr 8.30–18.30 und Sa 9–13 Uhr.
Ecojet, Av. Ballivián 322, Calacoto, Torre Zafiro, Of. 5, ✆ 901105055, 💻 www.ecojet.bo. Günstige Inlandsflüge landesweit.

Die Umgebung von La Paz

Hat man die Metropole erst einmal hinter sich gelassen, finden Wanderer, Bergsteiger, Hobbyarchäologen und Naturliebhaber zahlreiche Möglichkeiten, ihren Leidenschaften nachzugehen. Wer nach dem kalten La Paz Wärme sucht, sollte einen Abstecher in die üppig grünen Yungas einplanen.

Valle de la Luna

Vom Vorort Calacoto in der Zona Sur folgt die Straße dem Lauf des Río Choqueyapu talabwärts. Nach rund 5 km durch eine trockene, wüstenartige Landschaft, vorbei an Kletterfelsen wie dem **Peñon Aranjuez**, gelangt man zu den bizarren Felsformationen des Valle de la Luna. In vielen Jahrtausenden haben die Naturgewalten Säulen und Türme aus Stein entstehen lassen, die in der Tat einer Mondlandschaft ähneln. Mehrere Wege führen durch das Mondtal, das nicht allzu spektakulär ist. Aber wer ein wenig Wärme tanken und sich die Beine vertreten möchte, ist hier richtig. Die Gegend lässt sich alleine (Bus hält vor dem Eingang, Polizei sorgt für Sicherheit) oder im Rahmen einer organisierten Tour besuchen. 🕒 tgl. 8.30–17.30 Uhr, Eintritt 15 Bs.

Der Ausflug lässt sich gut mit einem Abstecher nach **Mallasa** kombinieren, einem Vorort mit zahlreichen Restaurants und Imbissbuden, in dem sich auch der **Zoo** befindet. Obwohl die Lebensbedingungen der Tiere dort alles andere als optimal sind, gibt der Zoo einen guten Überblick über die einheimische Fauna. 🕒 tgl. 8.30–17 Uhr, Eintritt 5 Bs.

Biegt man aus La Paz kommend vor dem Valle de la Luna rechter Hand ab, gelangt man zum La Paz Golf Club, dem höchstgelegenen Golfplatz weltweit.

Anfahrt: Zu erreichen ist das Valle de la Luna ab der Calle México oder entlang der Av. Santa Cruz mit allen Bussen und Minibussen mit der Aufschrift „Mallasa".

Valle de las Ánimas

Landschaftlich eindrucksvoller als das Valle de la Luna ist das Tal der Seelen, das sich wenige Kilometer nordwestlich von Ovejuyo befindet. Am Ende eines ehemaligen Flusstals verengen sich die Felswände zu spektakulären Canyons, die an einigen Stellen einen schönen Blick auf La Paz freigeben. Auf einem 7,7 km langen Rundweg lässt sich die Gegend erkunden. Bis zum kleinen Ort Uni sind es weitere 5,3 km. Für Wanderungen in dem Gebiet sollte man ge-

© FRANK HERRMANN

Vor dem Einstieg in den Palca-Canyon bieten sich tolle Ausblicke auf den Illimani.

nügend Trinkwasser und eine Kopfbedeckung mitnehmen. Die Anfahrt erfolgt mit der orangefarbenen Linie der Pumakatari-Busse (S. 618). Zustieg an der Plaza Camacho, Ausstieg an der Endhaltestelle (Calle 63) in Chasquipampa.

Anfahrt: Ab der Plaza San Francisco einen Bus mit der Aufschrift „San Miguel/Calacoto" nehmen und in San Miguel an der Calle 21 aussteigen. Dort einen Minibus mit Aufschrift „Pedregal" bis zur Endhaltestelle nehmen. Fahrzeit ca. 1 Std.

Muela del Diablo

Beim „Teufelszahn" handelt es sich um eine erodierte Steinformation (3950 m), die östlich von Calacoto weithin sichtbar aus der kargen Berglandschaft herausragt. Der rund einstündige, steile Pfad zum Fuß des Felsens beginnt hinter dem Friedhof des kleinen Ortes **Pedregal**. Mit entsprechender Kletterausrüstung kann die Felsspitze bestiegen werden. Vom „Teufelszahn" kann man in wenigen Kilometern nach Mallasa wandern (End- bzw. Startpunkt ist der Zoo, fast 1000 Höhenmeter sind zu bewältigen!).

Da es auf allen Teilstücken bereits zu Überfällen gekommen ist, sollten ein Guide angeheuert und die Wertsachen im Hotel gelassen werden. An genügend Trinkwasser und eine Kopfbedeckung denken!

Cañón de Palca

Östlich der Zona Sur erstreckt sich eine ausgedehnte, erodierte Berglandschaft, eine Art Mondtal, nur in größeren Dimensionen. Besonders eindrucksvoll ist die Route durch den Palca-Canyon, die sich als interessante Tagestour (reine Wanderzeit 3–4 Std.) von La Paz aus machen lässt. Ausgangspunkte für Erkundungen des Canyons sind die Orte **Uni** im Westen und **Palca** im Südosten der Schlucht. Die meisten Wanderer starten von Uni, da man sich so sehr viele Höhenmeter spart und tolle Ausblicke auf den Illimani genießen kann. Palca bietet einfache Übernachtungsmöglichkeiten. In einem Seitental versteckt, liegt auf dem Weg nach Uni das „Boutique Eco Resort and Spa" **Allkamari**, ✆ 02-2772711, 💻 www.allkamari.com, das

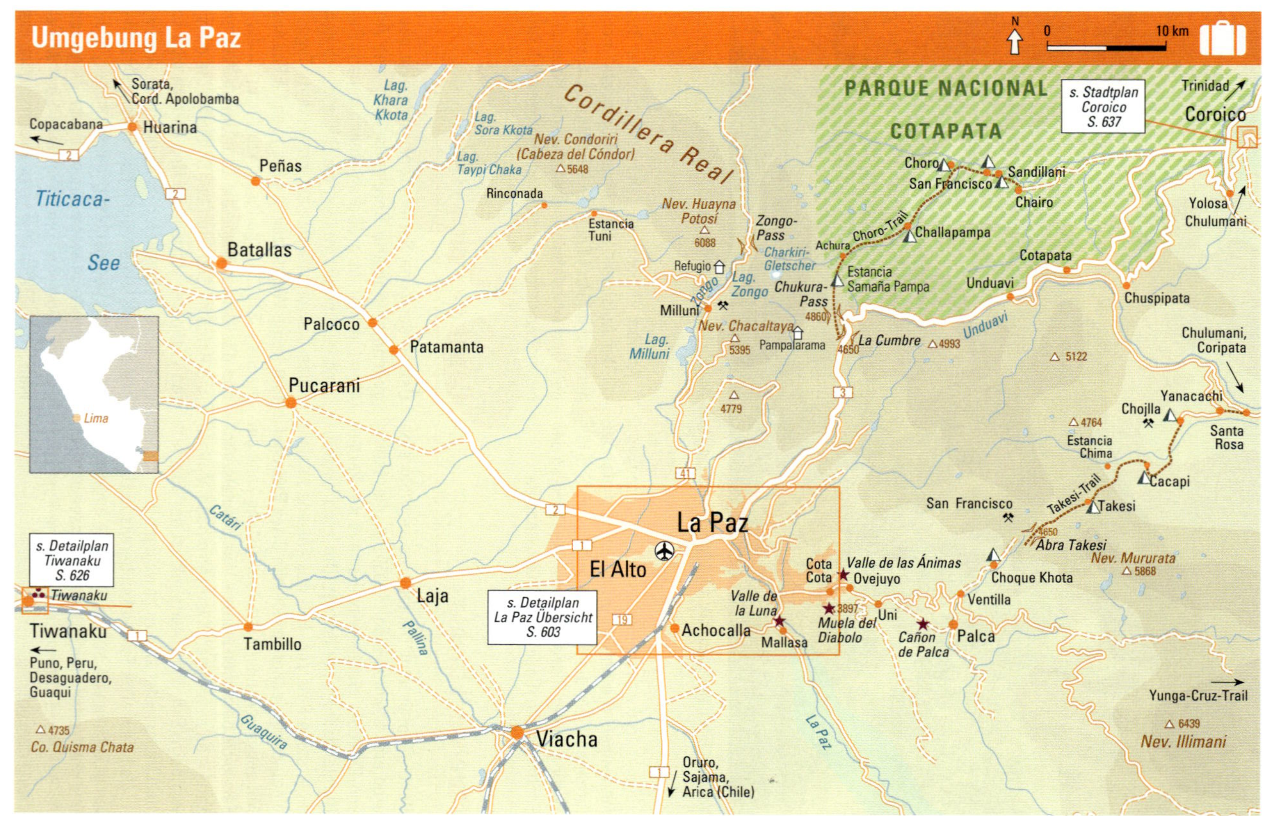
Umgebung La Paz
N
0
10 km
PARQUE NACIONAL COTAPATA
Cordillera Real
s. Stadtplan Coroico S. 637
s. Detailplan La Paz Übersicht S. 603
s. Detailplan Tiwanaku S. 626
Sorata, Cord. Apolobamba
Copacabana
Huarina
Lag. Khara Kkota
Lag. Sora Kkota
Lag. Taypi Chaka
Nev. Condoriri (Cabeza del Cóndor)
5648
Peñas
Titicaca-See
Rinconada
Estancia Tuni
Nev. Huayna Potosí
6088
Zongo-Pass
Charkiri-Gletscher
Batallas
Refugio
Lag. Zongo
Zongo
Milluni
Chukura-Pass
4860
Palcoco
Patamanta
Lag. Milluni
Nev. Chacaltaya
5395
Pampalarama
La Cumbre
4650
4993
Pucarani
4779
Lima
Choro
San Francisco
Sandillani
Chairo
Choro-Trail
Challapampa
Achura
Estancia Samaña Pampa
Cotapata
Unduavi
Chuspipata
Trinidad
Coroico
Yolosa
Chulumani
Chulumani, Coripata
5122
Yanacachi
Chojlla
Santa Rosa
4764
Estancia Chima
Cacapi
San Francisco
Takesi-Trail
Takesi
4650
Abra Takesi
Nev. Mururata
5868
Catári
La Paz
El Alto
Cota Cota
Valle de las Ánimas
Ovejuyo
Choque Khota
Ventilla
Valle de la Luna
3897
Muela del Diabolo
Uni
Cañon de Palca
Palca
Achocalla
Mallasa
Tiwanaku
Laja
Tambillo
Pallina
Puno, Peru, Desaguadero, Guaqui
4735
Co. Quisma Chata
Guaquira
Viacha
Oruro, Sajama, Arica (Chile)
La Paz
Yunga-Cruz-Trail
6439
Nev. Illimani

als spiritueller Rückzugsort genutzt wird. Frühstück inkl. ❻

Ein Ausflug in den Canyon sollte niemals im Alleingang unternommen werden; die Mitnahme von ausreichend Wasser und Sonnenschutz versteht sich von selbst.

Anfahrt: Mit der Seilbahn geht es bis Calacoto (ab Mitte 2020 dann auch bis Chasquipampa) und weiter bis Chasquipampa (Calle 63). Oder man nimmt ab dem Mercado Camacho einen Pumakatari-Bus bis Chasquipampa. Von dort weiter mit Kleinbussen nach Uni. Auf der Rückfahrt hat man tolle Ausblicke auf La Paz (rechts sitzen!)

Chacaltaya, Charkiri-Gletscher und Nevado Mururata

Rund 35 km nördlich von La Paz liegt **Chacaltaya**, das einstmals höchste Skigebiet Boliviens, das mit seinen 5350 m gleichzeitig das weltweit höchste war. Doch der Gletscher ist aufgrund der Klimaveränderung seit 2009 komplett verschwunden, und an die alten Zeiten erinnern nur noch die Reste des Schlepplifts und eine Schutzhütte.

Beliebt ist das Gebiet vor allem bei Wanderern und Bergsteigern, die zur Höhenanpassung hierher kommen. Wer auf den Hügel hinter der Berghütte steigt (ca. 5320 m), wird mit tollen Ausblicken belohnt, die bei schönem Wetter bis zum Titicaca-See im Westen, dem Nevado Sajama im Südwesten, dem Nevado Illimani im Südosten und der Cordillera Real im Norden reichen.

Chacaltaya (Aymara-Wort für „kalte Brücke") ist am einfachsten mit dem Taxi oder im Rahmen einer organisierten Tour (z. B. mit Diana Tours, S. 616) zu erreichen. Es gibt keine öffentlichen Verkehrsmittel dorthin. Der Ausflug sollte aufgrund der Höhe nicht unbedingt an den ersten beiden Tagen eines La-Paz-Aufenthaltes unternommen werden.

Ski- und Snowboardfans tummeln sich an Wochenenden am **Charkiri-Gletscher** gegenüber vom Huayna Potosí (Infos auf der Facebookseite von Ski & Snowboard Bolivia) oder am weiter entfernten, 5868 m hohen **Nevado Mururata**, östlich von La Paz auf dem Weg zum Takesi-Trail (nicht als Tagesausflug machbar, s. S. 634). Der rund 7 km lange Gletscher des Mururata ist allerdings nur zu Fuß zu erklimmen. Da es in den letzten Jahren selten geschneit hat, ist die Piste eher vereist.

Valle de Zongo

Wer mehr Zeit hat, kann den Ausflug nach Chacaltaya mit einem Abstecher in das rund 60 km nördlich von La Paz gelegene Zongo-Tal verbinden. Der Weg führt vorbei an der Südwestflanke des Huayna Potosí über die **Zinnmine Milluni**, die besichtigt werden kann, und den **Zongo-Pass**. In steilen Serpentinen geht es hinab zur künstlich angelegten **Laguna Zongo** auf 4550 m.

Von dort folgt die Straße dem Verlauf des Río Zongo und überwindet auf den folgenden 30 km einen Höhenunterschied von rund 3000 m. Dabei werden zahlreiche Vegetationsstufen durchfahren. Eine schlechte Piste, die aber mit Allradfahrzeugen befahrbar ist, führt weiter in die Yungas (vorher den Straßenzustand erfragen!). Vor allem im oberen Teil des Tals gibt es Wandermöglichkeiten. Viele Radtourenveranstalter bieten eine Abfahrt von Chaltaya hinab ins Zongo-Tal an.

Übernachtungsmöglichkeiten bestehen im **Refugio Huayna Potosí** am Zongo-Pass oberhalb des Dammes (s. „Bergsteigen in der Cordillera Real/Huayna Potosí", S. 630).

Anfahrt: Mit öffentlichen Verkehrsmitteln ab der Plaza Ballivian, El Alto, tgl. um 6 Uhr, Fahrzeit ca. 1 1/2 Std. Mit mehreren Leuten lohnt sich die Miete eines Taxis oder Allradfahrzeugs mit Fahrer (ca. US$100 pro Tag inkl. Wartezeit).

Tiwanaku

Die Ruinen von Tiwanaku (auch Tiahuanaco) – seit 2000 Unesco-Kulturerbe – sind stumme Zeugen einer hoch entwickelten, beinahe 3000 Jahre alten Kultur. Diese hatte u. a. das Verfahren zum Gefriertrocknen von Kartoffeln erfunden, aufwendige Bewässerungssysteme entwickelt und als einzige amerikanische Kultur Steinstrukturen mit Bronzeklammern verbunden. Die Bau-

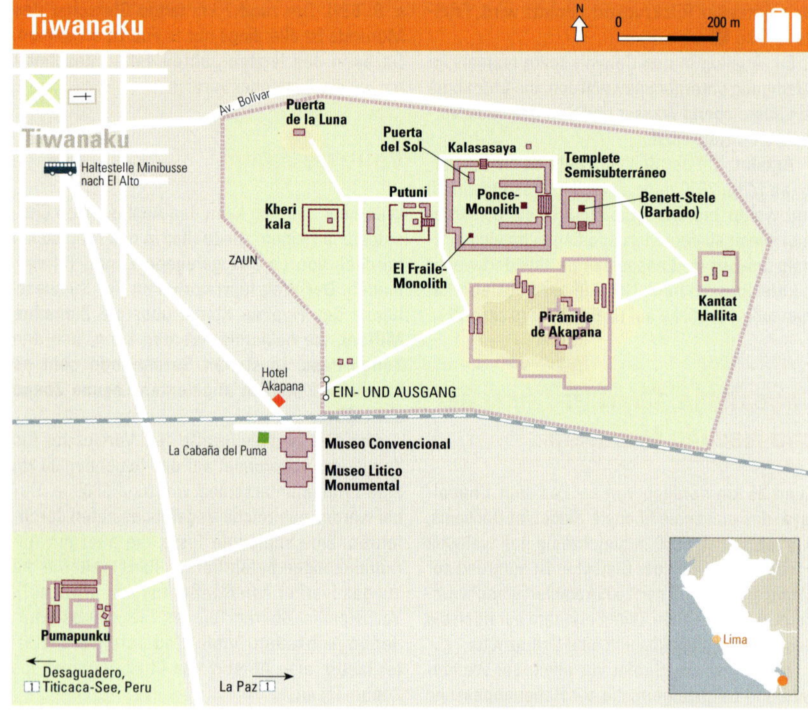

werke sind einfach, die Lage ist wenig spektakulär, doch Tiwanaku begeistert durch seine lange Geschichte, seine Details und seine Erfindungen, die andere Andenkulturen im weiten Umkreis entscheidend beeinflussten.

In den Jahrhunderten nach ihrer Aufgabe wurde die Stadt mehrfach geplündert und diente als Steinbruch für den Bau von Häusern, Kirchen oder Straßen. Was man heute zu sehen bekommt, entspricht daher nicht immer der historischen Realität, sondern zeigt vielmehr eine mit viel Fantasie und einigen Ungenauigkeiten rekonstruierte Vergangenheit. Noch immer gibt Tiwanaku viele Rätsel auf, und nach wie vor ist über die Menschen, die hier jahrtausendelang lebten, wenig bekannt.

Es bedarf einiger Vorstellungskraft, um sich klar zu machen, dass hier bis zu 200 000 Menschen am Titicaca-See lebten, dessen Ufer vor rund 1500 Jahren mehrere Kilometer weiter landeinwärts lag. Auf der heutzutage kargen und unfruchtbaren Hochlandebene breiteten sich vor Jahrtausenden weitläufige Äcker aus, auf denen landwirtschaftliche Erträge erzielt wurden, von denen die heutigen Bauern nur träumen können (s. Kasten, S. 627).

Auch wenn die Tiwanaku-Kultur mehrere Jahrhunderte vor der Ankunft der Europäer verschwand, ist die Stätte auch heute noch ein wichtiges Symbol kultureller Identität für die Aymara, die hier immer noch ihren Berggöttern Opfer bringen. Besonders eindrucksvoll kann man dies am 21. Juni zur Wintersonnenwende erleben, wenn Hunderte traditionelle Priester *(Yatiris)* in Tiwanaku das neue Jahr des Aymara-Kalenders feiern.

Lage

Von El Alto führt eine gut ausgebaute Asphaltstraße über den bolivianischen Altiplano zum 105 km entfernten Grenzort Desaguadero, über den man nach Peru gelangt. Nach rund 30 km passiert man das kleine Örtchen **Laja**, das 1548 vom Capitán Alonzo de Mendoza als erste spanische Siedlung des damals Alto Perú genannten Boliviens gegründet wurde. Aufgrund der besseren klimatischen Verhältnisse verlegte man den Standort kurze Zeit später in den Kessel von La Paz. Die schöne alte Kolonialkirche ist im Inneren mit kolonialen Kunstwerken, Holzschnitzereien sowie Gold- und Silberarbeiten verziert. Nach insgesamt rund 72 km wird schließlich der archäologische Komplex Tiwanaku erreicht, der sich nur wenige Hundert Meter entfernt an der Hauptstraße befindet.

Geschichte

In seinen frühen Anfängen vor über 3500 Jahren war Tiwanaku wenig mehr als eine einfache Siedlung, deren Bewohner vom Kartoffelanbau und der Lamazucht lebten. Bis kurz vor Beginn unserer Zeitrechnung hatte sich ein urbanes Zentrum herausgebildet, das ab etwa 400 n. Chr. die Region des Titicaca-Sees kontrollierte und dominierte. Bis ca. 700 n. Chr. gelang eine rasche **Ausdehnung** des Einflusses, der weite Teile Boliviens sowie Südperu, Nordostargentinien und Nordchile umfasste.

Von großer Bedeutung für die Ausweitung des Machtbereichs Tiwanakus war die stabile **Nahrungsmittelproduktion** mithilfe eines ausgeklügelten Feldbausystems (s. Kasten). Der Lebensmittelüberschuss machte Kapazitäten frei zur Errichtung von Tempeln und Palästen, ermöglichte den Handel mit benachbarten Volksgruppen und ernährte die Soldaten während ihrer Feldzüge. Demzufolge entstanden auch die meisten Steingebäude zwischen 700 und 1200 n. Chr. Doch die Jahre der blühenden Zivilisation waren gezählt: Innerhalb von nur 50 Jahren wurde Tiwanaku von seinen Bewohnern aufgegeben. Wissenschaftler fanden anhand von Eisbohrungen in den Gletschern der Cordillera Real heraus, dass die Region von einer jahrzehntelangen **Dürreperiode** heimgesucht worden war, die zum Kollaps der landwirtschaftlichen Produktion führte. Die Befürworter konkurrierender Untergangstheorien vermuten hingegen andere Naturkatastrophen wie Überschwemmungen oder Erdbeben als Ursachen.

Als die **Spanier** in den bolivianischen Altiplano gelangten, erzählten ihnen die Einheimischen

Sukakullos – Landwirtschaft mit Köpfchen

Nur mit der Einführung einer neuen landwirtschaftlichen Anbautechnik gelang es der Tiwanaku-Kultur, einen bedeutsamen Nahrungsmittelüberschuss zu erwirtschaften, der Freiraum für kulturelle Entwicklung schaffte. Mithilfe von **Sukakullos** – Hochfeldern – lösten die Bewohner des bolivianischen Altiplanos Probleme wie Trockenheit, Überschwemmung, Frost und Bodenerosion auf genial einfache Weise. Sie verwandelten eine für die Landwirtschaft wenig geeignete Region somit in einen blühenden Garten, der Millionen von Menschen ernährte. Noch heute kann man an den Ufern des Titicaca-Sees Überreste von 200 x 15 m großen Plattformen erkennen, die rund 1 m hoch aus dem Boden ragen.

Auf einem Steinfundament wurde eine wasserundurchlässige Tonschicht aufgebracht, gefolgt von Kies, Sand und Muttererde. Mit Wasser gefüllte Gräben umgaben die Hochfelder. Sie speicherten die Tageswärme und gaben sie nachts langsam an die Umgebung ab. Somit verhinderten sie Bodenfrost und verlängerten die Anbauperioden beträchtlich. Fische und Enten ernährten sich von Algen, die in den Gräben wuchsen. Die Tiere waren nicht nur als zusätzliche Proteinquelle wertvoll, sondern reicherten auch den Boden mit Fischresten, Exkrementen und verfaulenden Algen an. Dieser organische Dünger wurde in regelmäßigen Abständen auf die Felder gebracht – die Folge waren äußerst ertragreiche Ernten. Während heutzutage Bauern rund 3 t Kartoffeln pro Hektar ernten, sollen mithilfe der Sukakullos Erträge von bis zu 20 t pro Hektar möglich gewesen sein. Offenbar hängt die Steigerung der Ernteerträge weniger von teurem Kunstdünger und Maschinen ab als vielmehr von der Wiedereinführung längst bewährter Anbautechniken.

von der untergegangenen Kultur und der Hauptstadt des bärtigen weißen Gottes Viracocha. Mit den Eroberungen begannen die Jahrhunderte der Plünderung und Verstümmelung der Stadt. Während die Spanier auf der Suche nach Gold Gebäude zerstörten, wurden später große Steinblöcke gesprengt, um Häuser oder Kirchen zu bauen. Auch für das Kiesbett der an Tiwanaku vorbeiführenden Eisenbahn mussten Teile der Anlage herhalten.

Die ersten **Ausgrabungen** von Archäologen richteten ebenfalls beträchtlichen Schaden an, und viele Fundstücke landeten in europäischen oder nordamerikanischen Museen. Wissenschaftliche Untersuchungen und Restaurierungsarbeiten fanden in den 1930er- und 1960er-Jahren statt.

Rundgang durch die Anlage

Wissenschaftler nehmen an, dass es sich bei Tiwanaku nicht nur um die politische Hauptstadt eines großen Gebietes oder um eine Handelsmetropole an den Ufern des Titicaca-Sees handelte, sondern dass die Stadt auch ein Wallfahrtsort und **religiöses Zentrum** war. Taypicala, der alte Name der Stadt, bedeutet übersetzt so viel wie „Stein im Zentrum". Die Bewohner glaubten, dass hier das Universum erschaffen wurde und sich der erste Mensch von hier aus aufmachte, die Welt zu bevölkern.

In ihrer Blütezeit dehnte sich Tiwanaku auf einer Fläche von rund 5 km^2 aus, umgeben von weiteren 80 km^2 Agrarfläche. Die heute sichtbaren Überreste befinden sich im religiösen Zentrum der Stadt, das von zahlreichen Wohngebäuden umgeben war. Von diesen ist so gut wie nichts übrig geblieben, da sie überwiegend aus Lehmziegeln errichtet worden waren. Der Basalt und der Sandstein für die Steingebäude der Stadt stammen aus kilometerweit entfernten Steinbrüchen. Noch immer ist es ein Rätsel, wie die gewaltigen, teils mehr als 100 t wiegenden Gesteinsbrocken über solche Entfernungen bewegt werden konnten.

Ein Rundgang beginnt in der Regel mit einem Besuch im **Museo Litico Monumental**, wo die Eintrittskarten gelöst werden. In dem neuen Bau sind die steinernen Zeugnisse der Tiwanaku-Kultur zu bewundern. Neben Monolithen wie der Pachamama-Stele und zoomorphen Steinen sind auch Mauer- und Wandverzierungen zu sehen. Im **Museo Convencional** direkt nebenan sind Kulturgegenstände der verschiedenen Epochen Tiwanakus ausgestellt, darunter Keramikgefäße, Bronzearbeiten, Steinwerkzeuge, Weihrauchgefäße etc. Das Eingangstor zu den Ruinen befindet sich nordöstlich der Museen.

Ein kurzer Anstieg führt auf den höchsten Punkt der Anlage, der einen guten Überblick bietet. Beim 18 m hohen Akapana-Hügel, auch **Pirámide de Akapana** genannt, handelt es sich um eine Stufenpyramide mit sieben Plattformen und einer Grundfläche von 114 m^2. Sie stellt symbolisch den Kosmos der Tiwanaku-Kultur dar. Während die unteren Etagen die vier Elemente repräsentieren, stehen die oberen drei Etagen für die drei Weltebenen, die durch Tiere verkörpert werden. Der Kondor bedeutet Himmel und Sonne, der Puma Erde und Natur und die Schlange die Unterwelt. Auf der obersten Plattform des größten Gebäudes Tiwanakus stand vermutlich einst ein Tempel. Noch immer ist ungeklärt, ob das von Erde bedeckte Bauwerk um einen natürlichen Hügel errichtet oder komplett von Menschenhand erschaffen wurde. Heute noch bringen Aymaras dort oben ihren Berggöttern Opfer dar.

Unterhalb des Akapana-Hügels breitet sich der offene Tempelkomplex **Kalasasaya** aus. Bei ihm handelte es sich vermutlich um das religiöse Zentrum der Stadt. Der rund 3 m erhöht liegende, ca. 120 x 130 m große Bereich wird von einer Steinmauer eingefasst, die aus bis zu 150 t schweren Monolithen und kleineren Felsblöcken gebaut wurde. Steinerne Entwässerungsgräben unterstreichen die rituelle Bedeutung des Wassers. Wie die gesamte Stadt wurde auch dieser Tempel genau in Ost-West-Richtung angelegt und diente vermutlich zur Verehrung der Sonne. Darauf deuten auch die elf Steinpfeiler hin, die sich einst an der Westseite der Wand befanden und die exakt auf die verschiedenen Sonnenpositionen ausgerichtet waren. Mit ihrer Hilfe konnten die Priester die Sommer- und Wintersonnenwende bestimmen. Der Name Kalasasaya bedeutet „stehende Steine" und bezieht sich auf die zahlreichen Stelen, die man hier fand.

Leicht vertieft steht in einem rechteckigen Innenhof des Tempels der **Ponce-Monolith**, benannt nach dem bolivianischen Archäologen Carlos Ponce Sanginés, der den Felsblock 1957 entdeckte. Die gut erhaltene, etwa 3 m hohe Figur aus vulkanischem Andesit ist mit zahlreichen Symbolen verziert, die denen des Sonnentores gleichen. Ob es sich bei der Darstellung auf dem Monolith, der früher wohl an einer anderen Stelle stand, um einen Herrscher oder eine Gottheit handelte, ist weiterhin ungeklärt. Um die Hüfte der Figur könnte ein Jaguarfell drapiert gewesen sein, was auf Handel mit den östlich gelegenen Amazonasvölkern schließen ließe.

In der Südwestecke der Kalasasaya steht eine weitere Steinfigur, die aufgrund ihrer Kopfbedeckung **El Fraile**, „der Mönch", genannt wird. Die nicht ganz so gut erhaltene Statue hält ein Zepter und einen rituellen Kelch *(Kero)* in den Händen. Im Hüftbereich sind Meereskrebse abgebildet, ein Symbol für die Verbindung Tiwanakus mit der Pazifikküste.

Von dem wichtigsten Kulturdenkmal der Tiwanaku-Kultur, der berühmten **Puerta del Sol** – dem Sonnentor –, nimmt man an, dass es sich ursprünglich im südwestlichen Puma-Punku-Bereich befunden hat. Der in zwei Teile zerbrochene, ca. 44 t schwere Andesitblock wurde 1908 leicht erhöht in der Nordwestecke der Kalasasaya aufgestellt. Das Tor (3,80 m breit, 2,80 m hoch und ca. 60 cm dick) zeigt ein sehenswertes Flachrelief im Zentrum des Frieses. Es stellt die Figur des Schöpfergottes dar, den die Aymara Thunupa und die Inka Viracocha nannten. Der Kopf ist von einem Strahlenkranz umgeben, der auch als Federschmuck oder einfach als stilisierte Abbildung für Kopfhaar interpretiert werden könnte. Die Bedeutung der Figur lässt sich ferner an den beiden Zeptern ablesen, die sie in den Händen hält: Deren Enden sind oben mit Kondorköpfen und unten mit Schlangen versehen, wichtige Symbole für Himmel und Unterwelt. Auf beiden Seiten der Gottheit sind halb menschliche, halb tierische Mischwesen zu sehen. Die stilisierten Tränen, die aus den Augen Viracochas steigen, deuten auf seine Rolle als Regenbringer hin. Von seinen Armen hängen Menschenköpfe, wahrscheinlich Kriegstrophäen. Dass dies nicht nur symbolische Darstellungen sind, beweisen die 16 enthaupteten Körper, die in der Akapana-Pyramide gefunden wurden. Da die Rückseite des Sonnentores keinerlei Verzierungen aufweist, liegt der Verdacht nahe, dass man das Tor damals nicht mehr fertigstellte.

Westlich der Kalasasaya liegt ein weiterer, ca. 48 x 40 m großer Komplex, **Putuni** oder auch **Palast der Sarkophage** genannt. Etwas weiter davon entfernt steht ein weiteres Tor: Die **Puerta de la Luna** – das Mondtor – wurde ebenfalls aus einem Steinblock gehauen, weist aber deutlich weniger Verzierungen auf als das Sonnentor.

Östlich der Kalasasaya befindet sich der **Templete Semisubterráneo**, ein halb unterirdisch angelegter Bereich, verziert mit 175 Steinköpfen mit menschlichen Gesichtern, die vollplastisch aus den rund 2 m hohen Wänden ragen und in ähnlicher Form auch im peruanischen Chavín de Huántar zu sehen sind. Die rechteckige, rund 750 m² große Plaza wurde 1903 von französischen Archäologen entdeckt, aber erst in den 1960er-Jahren ausgegraben. Künstlich angelegte Kanäle entwässern den Platz über einen unterirdischen Abfluss.

Auf der Plaza stehen drei **Stelen**, von denen eine nach ihrem Entdecker, dem Archäologen Benett, benannt ist. Sie wird auch Monolito Barbado genannt, da auf dem rötlichen Sandsteinblock ein bärtiges Wesen mit zwei Raubkatzen zu erkennen ist. Die beinahe 7 m hohe **Stele Nummer 10** befindet sich nach einem langen Aufenthalt in La Paz inzwischen in einem eigens dafür angefertigten Raum im Museo Litico Monumental von Tiwanaku.

Die Kulturepochen Tiwanakus

Das Tiwanaku-Reich existierte rund 2700 Jahre lang. Dabei werden folgende Perioden unterschieden:

Frühe Periode *(Periodo Aldeano)*	1500 v. Chr.–45 n. Chr.
Klassische Periode *(Periodo Urbano-Clásico)*	45–700 n. Chr.
Späte Periode *(Periodo Expansivo)*	700–1200 n. Chr.

Wenige Meter östlich des Templete liegt ein ungeordneter Haufen umgestürzter, aber behauener Steine, die den Archäologen Rätsel aufgeben. In diesem **Kantat Hallita** genannten Komplex befinden sich u. a. ein dekorierter Türsturz und die aus Stein gehauenen Modelle von weiteren Tempeln.

Südwestlich der Museen liegt auf der anderen Seite **Pumapunku**, das Pumator. Der terrassierte Tempel wurde zunächst aus gewaltigen, bis zu 130 t schweren Sandsteinmonolithen gebaut. In einer späteren Phase kamen Basaltblöcke hinzu, die mit Metallklammern verbunden waren. Pumapunku liegt wenige Hundert Meter südwestlich der Ausgrabungsstätte. Die Eintrittskarte ist auch hier gültig.

🕒 tgl. 8–17 Uhr, Eintritt 100 Bs.

ÜBERNACHTUNG UND ESSEN

Hotel Akapana, Av. Manco Kapac 20, ✆ 02-2895104, 💻 www.hotelakapana.com. Bequeme Zimmer mit Bad und Warmwasser, Frühstück inkl. ❷

Restaurante La Cabaña del Puma, beim Eingang noch ca. 50 m die Bahnschienen entlang. Günstige Mittagsmenüs. 🕒 tgl. 8.30–20 Uhr.

SONSTIGES

Feste

Jedes Jahr feiern die Aymara am 21. Juni **Neujahr** am Sonnentor. Dann fahren bereits frühmorgens Busse aus La Paz nach Tiwanaku, um dort den Sonnenaufgang zu erleben.

Führungen

Die Führer warten am Eingang zur archäologischen Stätte und nehmen 100–120 Bs.

Touren

Zahlreiche Veranstalter aus La Paz bieten Tagestouren nach Tiwanaku ab 80 Bs. p. P. an (inkl. Transport und Guide).

TRANSPORT

Siehe „La Paz, Transport" (Bus und Zug), S. 618 und S. 621.

Bergsteigen in der Cordillera Real

In unmittelbarer Nähe von La Paz liegen zahlreiche Fünf- und Sechstausender, die zur Königskordillere gehören und meist gut erreichbar sind. Die Stadt eignet sich schon aufgrund ihrer Höhenlage für Bergtouren. Inzwischen bieten zahlreiche Veranstalter organisierte Touren mit Führer und kompletter Ausrüstung an (s. „La Paz/Touren", S. 616).

Wer in Bolivien in Höhen über 5000 m bergsteigen geht, sollte sich darüber im Klaren sein, dass nur ein einfaches Rettungssystem (s. Kasten S. 631) existiert. Oft besteht kein Handyempfang. Die Kosten einer eventuellen Rettungsaktion müssen direkt vor Ort bezahlt werden.

Condoriri

Zur Vorbereitung der Besteigung eines höheren Berges eignet sich das Condoriri-Massiv nördlich von La Paz. Es besteht aus 25 Gipfeln mit Höhen zwischen 5100 m und 5648 m. Von der Laguna Chiarkota auf etwa 4700 m kann man mehrere schneefreie Gipfel in Höhen zwischen 5000 m und 5300 m ohne Seil und Steigeisen erklettern. Der 5648 m hohe **Kondorkopf** *(Cabeza del Cóndor)* sollte hingegen nur von erfahrenen Bergsteigern begangen werden.

Der Zugang zum Condoriri-Massiv erfolgt entweder über Palcoco nach Rinconada; von dort läuft man ca. 1 Std. bis ins Basislager (Ausgangsort für die Bergbesteigungen der Umgebung). Oder man nimmt die für Wanderer ansprechendere Variante mit dem Allradfahrzeug über Patamanta (an der Straße 2 La Paz–Titicaca-See) zur **Estancia Tuni** unterhalb des gleichnamigen Stausees. In Tuni kann man auch Tragetiere mieten.

Huayna Potosí

Zu den beliebtesten Sechstausendern gehört der Huayna Potosí (6088 m), der nach einer mehrtägigen Höhenanpassung in zwei Tagen auch von weniger erfahrenen Bergsteigern in Begleitung eines Bergführers bestiegen werden kann. Startpunkt ist der Zongo-Pass, an dem es mehrere für Bergsteiger geeignete Übernachtungsmöglichkeiten gibt, u. a. die **Casa Blanca**

Bergführer und Bergrettung

Ein ausgebildeter (und entsprechend teurerer) Bergführer kann bei Touren im Ernstfall den Unterschied zwischen Leben und Tod bedeuten. Die Namen **offiziell zugelassener bolivianischer Bergführer**, Fotos und ein kleiner Steckbrief finden sich unter 💻 www.agmtb.org/guiasaspirantes.htm. In Notfällen kann man den kostenpflichtigen Rettungsdienst **Socorro Andino Boliviano** (S.A.B.) alarmieren, ✆ 71581118, 💻 www.socorroandinoboliviano.org, der inzwischen auch Helikopter einsetzt.

von Doña Yolanda (einfache Berghütte am Eingang zum Pass, kein Telefonempfang, Essen mitbringen, 50 Bs. pro Nacht und Pers.). Die gleiche Familie besitzt auch eine neuere Berghütte auf 5270 m, die 130 Bs. pro Nacht und Person kostet (Kochutensilien, Geschirr und Gas inbegriffen, Schlüssel in der Casa Blanca). Die Söhne von Doña Yolanda sind erfahrene Bergführer (allerdings ohne offizielle Lizenz, ca. 200 Bs./Tag) und arbeiten auch als Träger (ca. 150 Bs./Tag).

So gut wie alle Abenteuerveranstalter in La Paz bieten günstige Touren zum Huayna Potosí an. Dabei sollte man nicht am falschen Ende sparen, auf eine kleine Größe der Seilschaft achten (max. 2 Pers. pro Bergführer) und sich genau nach Verpflegung, Ausrüstung, dem Guide und dem Transportmittel erkundigen.

Illimani

Für die Besteigung des 6439 m hohen Hausbergs von La Paz benötigt man rund vier Tage. Der Aufstieg ist wesentlich schwieriger als beim Huayna Potosí (u. a. ist die „Escalera al cielo“ zu überwinden, eine 400 m hohe Steilwand, die vereist sein kann). Daher benötigt man unbedingt entsprechende Ausrüstung, Erfahrung und einen offiziellen Bergführer. Am häufigsten wird die Normalroute gegangen, die auf den Südgipfel, den **Pico Sur**, führt, den höchsten der fünf Gipfel des Illimani. Da die Anfahrt mit öffentlichen Verkehrsmitteln sehr umständlich und zeitaufwendig ist, sollte man ein Taxi chartern (La Paz–Pinaya, ca. US$100 Bs.) oder eine organisierte Tour buchen.

Ancohuma

Der höchste Gipfel der nördlichen Ausläufer der Cordillera Real ist 6427 m hoch. Der Aufstieg ins Ancohuma-Massiv beginnt in Sorata (S. 641).

Trekking in der Cordillera Real

Für Wanderfreunde bietet die Königskordillere östlich von La Paz zahlreiche interessante, mehrtägige Treks. Ähnlich wie auch in Peru gehört die Trockenzeit zwischen Juni und September mit den Übergangsmonaten Mai und Oktober zur besten Wanderzeit. Die klaren Nächte bringen aber sehr tiefe Temperaturen mit sich, sodass in Höhen über 4000 m mit Nachtfrost gerechnet werden muss. Vermeiden sollte man die Osterwoche, wenn Heerscharen Einheimischer die Treks bevölkern.

Zu den bekanntesten Wanderwegen von La Paz aus zählen der Choro (3–4 Tage) und der Takesi Trail (2–3 Tage), auf denen besonders in den Monaten Juli und August viele Touristen unterwegs sind. Seltener begangen wird der Yunga Cruz Trail (3–4 Tage). Auf die Wandermöglichkeiten im nördlichen Teil der Cordillera Real wird im Abschnitt Sorata (S. 641) näher eingegangen.

Choro-Trail (auch La Cumbre-Coroico-Trail)

Der Choro-Trail ist ein landschaftlich überaus reizvoller Wanderweg, der einer prähispanischen Fußverbindung von La Paz in die Yungas folgt. Einst während der Tiwanaku-Kultur als wichtigste Handelsroute zwischen dem Altiplano und dem Tiefland angelegt, wurde der Weg von den Inka ausgebaut und verbessert. Seit dem Bau der Straße Richtung Yungas hat der Weg an Wichtigkeit verloren und wird außer von Wanderern nur noch von dort lebenden Campesinos benutzt. In seinem Verlauf durchquert der streckenweise gut erhaltene Trail das rund 400 km² große Naturschutzgebiet **Parque Nacional y Área Natural de Manejo Integrado Cotapata**, das auf Höhen zwischen 1000–6000 m eine erstaunliche Anzahl von Ökosystemen beinhaltet.

Der Großteil der Wegstrecke liegt auf der Anden-Ostseite und führt zunächst durch karge

Berglandschaft, bevor die feuchte Nebelwaldregion der Yungas erreicht wird. Der Choro-Trail führt überwiegend bergab und bietet außer einigen schmalen Holzbrücken, die auch mal weggespült sein können, keine größeren Schwierigkeiten. Dennoch sollte man den Trek nicht unterschätzen, da immer wieder kleinere Anstiege, unwegsames, dicht bewachsenes Gelände und glitschige Steinpartien bewältigt werden müssen.

Vom Start in **La Cumbre** (4650 m, höchster Punkt der Strecke etwa 4860 m) bis zum Ende des Trails in Chairo (ca. 1300 m) sind rund 52 km zurückzulegen, für die man drei bis vier Tage einplanen sollte. Insgesamt werden auf dem Hauptstück des Weges zwischen La Cumbre und Chairo rund 1800 Höhenmeter und ca. 5000 Bergabmeter bewältigt.

1. Tag: La Cumbre – Challapampa

■ ca. 21 km, 6–7 Std.

Der Trek beginnt bei der Christusstatue auf der Passhöhe La Cumbre in 4650 m Höhe, rund 27 km nordöstlich von La Paz (Anfahrt s. S. 633). Je früher man hier oben ankommt, desto besser, da sich im Laufe des Tages fast immer dichte Wolken bilden und diese die Passhöhe am Nachmittag in dichten Nebel hüllen. Wer dort oben in Nebel gerät, wird ohne Führer kaum den Einstieg des Wanderwegs finden. In einem solchen Fall empfiehlt es sich, entweder an der Passhöhe zu zelten (kalt, windig und Schneefall möglich!) oder nach La Paz zurückzukehren und es am nächsten Morgen erneut zu probieren.

Die Einstiegsstelle liegt rund 3 km nordwestlich der Statue; von La Paz kommend hält man sich also zunächst linker Hand und folgt den Jeepspuren. Nachdem man eine kleine Lagune passiert hat (und eine weitere sehen kann), macht der Weg einen scharfen Knick nach rechts. Nun beginnt der kurze, aber steile Anstieg zum **Chukura-Pass**, mit 4860 m gleichzeitig der höchste Punkt des Trails. Auch wenn es hier oben während der Trockenzeit tagsüber angenehm warm sein kann, sollte man jederzeit auf Schnee eingestellt sein. Oben angelangt, bietet sich ein toller Blick auf die umliegende Bergwelt und das Tal des Río Phajchiri, in das man nun über steile Steinstufen im Zickzack einsteigt.

Der breiter werdende Pfad folgt dem allmählich größer werdenden Flusslauf etwa 4 km bis zur **Estancia Samaña Pampa** (3950 m, hier registriert man sich mit Name und Passnummer), wo es einen kleinen Laden mit Getränken und einfachem Trekkingbedarf (Beutelsuppen, Konserven, etc.) gibt. Um die kleine Siedlung herum finden sich einige geeignete Zeltplätze, man sollte aber die Bewohner aus Höflichkeit stets um Erlaubnis fragen und die eventuell geforderte kleine Zeltgebühr zahlen.

Von Samaña Pampa sind es rund sechs einfache Kilometer nach **Achura** (auch Chucura genannt, ca. 3600 m), einem kleinen Bergdorf, in dem indianische Bauern leben. Auch hier sind in begrenztem Umfang Lebensmittel erhältlich. In Chukura befindet sich eine Kontrollstelle des Nationalparks Cotapata: Man registriert sich erneut und zahlt eine Gebühr von ca. 20 Bs. Schon weit außerhalb des Ortes werden Wanderer von bettelnden Kindern bestürmt, die aber bestenfalls etwas zu essen (keine Süßigkeiten!) erhalten sollten.

Außerhalb von Chukura kann gezeltet werden, am besten sucht man sich ein Plätzchen, das außer Sichtweite des Ortes liegt. Unterhalb des Ortes tauchen im weiteren Verlauf des Weges auch noch einige gute Zeltplätze auf. Bis zur kleinen Siedlung Challapampa sind es noch 8 km, die ständig bergab und über teilweise sehr gut erhaltene Stücke der alten Inkastraße führen. In Challapampa, direkt am Río Phajchiri gelegen, kann man gegen eine kleine Gebühr übernachten.

2. Tag: Challapampa – Sandillani

■ ca. 26 km, ca. 8–9 Std.

Immer weiter geht es bergab, das Tal verengt sich, die Temperaturen steigen spürbar an, die Vegetation wird üppiger. Auf den teilweise recht glitschigen Pflastersteinen besteht Rutschgefahr. Nach rund 8 km wird der kleine Ort **Choro** (ca. 2400 m) erreicht, wo man den Fluss auf einer einfachen Hängebrücke überquert. Obwohl viele Bewohner Choros den Ort in den letzten Jahren verlassen haben, um nach La Paz zu ziehen, harren immer noch einige Bauern aus.

In Choro macht der bislang in nordöstlicher Richtung verlaufende Weg eine Biege und führt nun in östlicher Richtung weiter in ein neues Tal. Auf der anderen Flussseite erwartet den Wanderer ein längerer Anstieg. Der Pfad schlängelt sich nun durch dichte Vegetation an der rechten Talseite des Río Huarinilla entlang. Eine ganze Weile finden sich nun keine Zeltmöglichkeiten mehr. Der Weg führt im Wechsel bergauf und bergab in ausgedehnte Nebentäler.

An exponierten Stellen liegen einige wenige Zeltplätze mit herrlichem Blick über das ganze Tal, sie verfügen aber über kein Wasser. Rund 7 km von Choro entfernt, wird der Río Juku Marini überquert und nach weiteren 5 km die morsche Holzhängebrücke des Río Coscapa. Unterwegs passiert man den **Kiosk Kussillonani**, an dem Kekse und Softdrinks erhältlich sind. Auf den letzten 6 km vor Erreichen des Etappenziels Sandillani kommt man an weiteren Hütten mit Verkaufsständen vorbei, an denen man, wie in Bella Vista, auch zelten kann.

In **Sandillani** (ca. 2100 m) befindet sich ein Zeltplatz mit Rasenfläche, Guavenbäumen, einem Laden und wunderschönem Talblick.

Der zweite Tag der Wanderung ist sicherlich der anstrengendste. Wer es ruhiger möchte, kann bereits unweit von **San Francisco** übernachten, etwa dreieinhalb Stunden von El Choro. Rund 20 Gehminuten von San Francisco entfernt lässt es sich an einem kleinen Wasserfall gut zelten. Von dort geht es dann am dritten Tag in rund 4 1/2–5 Std. bis zum Endpunkt des Trails in Chairo.

3. Tag: Sandillani – Chairo

■ 8 km, ca. 2–3 Std.

Zunächst durchquert der Weg ein kleines Waldstück und führt dann offen bergab in weiten Serpentinen in das rund 700 Höhenmeter tiefer gelegene **Chairo**, einen kleinen Ort, der normalerweise den Endpunkt des Choro-Trails markiert (Zeltmöglichkeit vor dem Überqueren der Brücke über den Río Chairo), weil die Transportmöglichkeiten in Richtung Coroico dünn gesät sind. Gelegentlich verlässt ein Lkw oder Pickup den Ort, oder man chartert einen Wagen. Ansonsten stehen zunächst rund 13 eher eintönige Kilometer (Gehzeit 3–4 Std.) entlang der Straße bevor, bis man auf die Hauptstraße Caranavi–La Paz trifft. Hier kommen regelmäßig Fahrzeuge vorbei, die Wanderer ins 4 km entfernte Dorf Yolosa mitnehmen können. Von dort sind es nur noch wenige, aber steile Kilometer nach Coroico auf 1760 m.

SONSTIGES

Ausrüstung

Für den oberen Teil des Weges sowie die erste Zeltübernachtung sind warme Kleidung und ein guter Schlafsack erforderlich. Da einige schlüpfrige Streckenteile zu passieren sind und der Pfad vorwiegend bergab führt, leisten Trekkingstöcke gute Dienste. Im unteren Teil der Wanderung muss mit Mücken gerechnet werden.

Kartenmaterial

Auf der Karte *Coroico Yungas* von Freddy Ortiz, die man in der Post in La Paz bekommt, sind der Trek und auch die „Todesstraße" eingezeichnet. Beim **Instituto Geográfico Militar** in La Paz (S. 614) sind die beiden für den Trek benötigten Detailkarten im Maßstab 1:50 000 erhältlich: *Milluni 5945 II* und *Unduavi 6045 III*.

Klima

Die beste Zeit für den Trek sind die Monate Juni–Sep. Da man sich überwiegend auf der feuchten Anden-Ostseite bewegt, ist das ganze Jahr über mit Regen zu rechnen. Während der Regenzeit (vor allem zwischen Dez und März) ist die Wanderung aufgrund der schwierigen Verhältnisse nicht zu empfehlen.

Sicherheit

Obwohl die Lage momentan als ruhig einzuschätzen ist, sollte man sich vor der Wanderung bei neutralen Stellen (Deutsche Botschaft, Touristeninformation) über die aktuelle Lage informieren. Nachts alle Sachen mit ins Zelt nehmen!

TRANSPORT

Nach **La Cumbre**, dem Ausgangspunkt des Choro-Trails, gelangt man mit allen Bussen und Colectivos, die in die Yungas fahren (s. „La Paz/Transport/Yungas", S. 620, ca. 27 km, Fahrzeit rund 1 Std.).

Takesi-Trail

Wie auch auf dem Choro-Trail wurden auf dem Takesi-Trail, der östlich von La Paz verläuft, Lasten von der Ostseite der Anden ins bolivianische Hochland gebracht. Mehr als ein Drittel des rund 40 km langen Weges, für den zwei bis drei Tage eingeplant werden sollten, besteht auch heute noch aus gut erhaltenen historischen Teilstücken. Das stellenweise mehrere Meter breite Straßenpflaster wird von Mauern gestützt. Der Takesi-Trail gehört zu den beliebtesten Wanderwegen Boliviens und kann v. a. an Wochenenden und in den Monaten Juli/August stark von ausländischen wie einheimischen Touristen frequentiert sein. Die Wanderung führt zunächst über einen 4650 m hohen Pass und danach vorwiegend bergab in die Yungas bis zum Endpunkt Yanacachi auf 2200 m.

Beschreibung

Der Ausgangspunkt des Trails liegt nordöstlich von **Ventilla** (ca. 3500 m) und rund 36 km östlich von La Paz. Der erste Teil der Strecke führt von dort über eine leicht ansteigende Schotterpiste bis zum Andendorf **Choque Khota**. Hier können Maultiere zum Gepäcktransport bis zum Pass oder auch für die gesamte Strecke gemietet werden (ca. US$20 für Treiber plus Maultier pro Tag, nach Don Narcisso fragen und hart verhandeln!). Nach etwa fünf weiteren Kilometern und einer Flussüberquerung gelangt man zu einer umgestürzten Mauer, auf der die Route aufgemalt ist. Hier zweigt rechts ein deutlich sichtbarer Pfad von der Piste ab, die weiter zur stillgelegten Mine San Francisco führt. Bis zu dieser Abzweigung, dem eigentlichen Ausgangspunkt des Takesi-Trails, könnte man sich auch mit dem Taxi bringen lassen und so etwa drei Gehstunden bergauf sparen.

Nun beginnt der Anstieg zum Pass, dem 4650 m hoch gelegenen **Abra Takesi**, der im letzten Abschnitt über steile Serpentinen und zum Teil sehr gut erhaltenes Pflaster erfolgt. Auf der oft windigen, kalten Passhöhe angelangt, zeigt sich der 5868 m hohe Nevado Mururata im Osten in voller Pracht. Nach einem kurzen Abstieg erreicht man die **Laguna Loro Keri** (4400 m), an der sich eine gute, wenn auch kalte Zeltmöglichkeit bietet.

Im nun folgenden Stück der Wanderung, das bald dem Verlauf des Río Takesi folgt, kommt man in den Genuss der schönsten Beispiele prähispanischer Straßenbaukunst in ganz Bolivien. Gut ausgebaute Straßen der Inka führten durch das Hochland und hinab in die Ostanden-Abhänge. Unterwegs finden sich immer wieder gute Zeltplätze, bevor nach rund 5 km das Schäferdorf **Estancia Takesi** (3800 m) erreicht wird. In einigen der sehr einfachen Hütten kann man gegen eine geringe Gebühr auf dem Boden schlafen. Ein nicht immer besetzter Kiosk versorgt Wanderer mit dem Nötigsten.

Unterhalb von Takesi überquert der Weg den Fluss (weitere Übernachtungsmöglichkeit) und führt wenig später langsam steigend um einen steilen Berghang (Loma Palli Palli), hoch oberhalb des Flusses. In diesem Bereich findet sich für ein paar Kilometer kein Trinkwasser mehr. Die Temperaturen steigen spürbar an und mit ihnen nimmt die Vegetation zu. Im Ort **Estancia Cacapi** (ca. 3000 m), rund 6 km nordwestlich von Takesi, sind Getränke erhältlich und hier kann man auch zelten.

Ein steiler Abstieg und ein kurzer Anstieg bringen den Wanderer nach **Chojllita**, einem kleinen, unscheinbaren Weiler, der auf einer Passhöhe in 2600 m Höhe liegt. Nach einem weiteren Abstieg wird erneut der nun deutlich breitere Río Takesi erreicht, der von einem Aquädukt begleitet wird.

Ein letzter Anstieg führt zum erschreckend unansehnlichen Minenstädtchen **Chojlla** (auch Chuxlla genannt, 2300 m), einer heruntergekommenen Wohnsiedlung für die Arbeiter einer nahe gelegenen Schwefelmine. Man kann hier unter primitiven Bedingungen übernachten, es empfiehlt sich aber, vier weitere Kilometer zurückzulegen, um mit **Yanacachi** (2200 m) den Endpunkt des Takesi-Trails zu erreichen. Dort gibt es einfache Übernachtungsmöglichkeiten und Restaurants. Am nächsten Morgen kann man ein Micro nach La Paz (bzw. mit Umsteigen nach Coroico) nehmen oder rund eine Stunde zu Fuß bergab nach Santa Rosa laufen, von wo aus Verbindungen nach Chulumani bestehen. Wer von Yanacachi aus nach La Paz fahren möchte, sollte sich das Busticket bereits abends besorgen.

SONSTIGES

Ausrüstung

Neben einem Zelt sollten Schlafsack, Isomatte, Regenjacke und zumindest ein warmes Kleidungsstück im Gepäck nicht fehlen.

Kartenmaterial

Auf der aktuellen Karte *Yungas* von Freddy Ortiz, die man in der Post erhält, sind der Trek und auch andere Routen eingezeichnet. Das Detailkartenblatt *Chojlla 6044-IV* im Maßstab 1:50 000 vom **Instituto Geográfico Militar** in La Paz (S. 614) deckt die Wanderung komplett ab.

Klima

Die beste Wanderzeit sind die Monate Juni–Sep. Da man sich überwiegend auf der feuchten Anden-Ostseite bewegt, ist das ganze Jahr über mit Regen zu rechnen. Während der Regenzeit (vor allem zwischen Dez und März) ist die Wanderung aufgrund der schwierigen Verhältnisse nicht zu empfehlen.

Sicherheit

Außer ein paar Diebstählen und gelegentlichen Steinwürfen ist es auf der Wanderstrecke zu keinen nennenswerten Zwischenfällen gekommen. Wie immer sollte man sich vor der Wanderung bei neutralen Stellen (Deutsche Botschaft, Touristeninformation) über die aktuelle Lage informieren. Nachts sollte man alle Sachen mit ins Zelt nehmen.

TRANSPORT

Am wenigsten stressig ist die Anfahrt per **Taxi** von LA PAZ bis zum Beginn des Trails, ca. 250 Bs. Wer den Takesi-Trail in umgekehrter Richtung erwandern möchte, muss von COROICO einen Kleinbus nach Yanacachi nehmen. Dort lässt sich ein Taxi zur Mina Chojlla organisieren oder man geht zu Fuß dorthin (ca. 6 km, 2 Std. Gehzeit). Alternativ kann man ein Taxi von Coroico nach Chojlla nehmen.
Nachmittags kann der Transport von Ventilla (Endpunkt des Takesi-Trails in umgekehrter Richtung) nach La Paz problematisch werden, da nach 14 oder 15 Uhr kaum noch Fahrzeuge verkehren. Notfalls lässt sich ein Fahrzeug bis in die Außenbezirke der Stadt chartern, oder man übernachtet einfach in Ventilla.

Yunga-Cruz-Trail

Dieser seltener begangene viertägige Trek verbindet die Nordseite des **Nevado Illimani** mit **Chulumani** (1700 m) in den Süd-Yungas. Die Anfahrt erfolgt in Richtung Ventilla (s. Takesi-Trail) und weiter zum Startpunkt **Chuñavi** (3575 m). Busse dorthin fahren ab der Calle Luis Lara y Venancio Burgoa tgl. ab 6 Uhr in ca. 5 Std. (72 km).

Eine längere Variante ab Tres Ríos, die entlang des Río Pasto Grande und über Estancia Totoral führt, trifft in Chuñavi auf den Hauptwanderweg.

Für die Wanderung benötigt man die **Kartenblätter** *Palca-6044-I, Lambate-6044-II* und *Chulumani-6044-III* im Maßstab 1:50 000, die beim IGM in La Paz erhältlich sind. Von Chulumani bestehen regelmäßige Verkehrsverbindungen nach La Paz.

Die Yungas

Die spektakuläre Fahrt von La Paz in die feucht-heißen Yungas (Anden-Ostabhänge zwischen 1000–2000 m) ist ein faszinierendes **Naturerlebnis**, bei dem man auf einer Gefällstrecke von 3000 Höhenmetern in wenigen Stunden zahlreiche Vegetationsstufen und einen Temperaturunterschied von 25 °C erleben kann. Steil fallen die Anden Richtung Amazonas ab; vom Schnee der Anden bis in die Koka-Anbaugebiete der Yungas sind nur 100 km zurückzulegen.

Paraguayanische Strafgefangene aus dem Chaco-Krieg (S. 128) mussten die Straße in den 1930er-Jahren errichten, damit La Paz mit Agrarprodukten aus dem östlichen Andenvorland versorgt werden konnte. Doch die wichtige Lebensader gelangte recht bald zu trauriger Berühmtheit: Auf keiner **Andenstraße** verunglückten mehr Autofahrer – jährlich waren auf dem Teilstück La Cumbre–Coroico rund 300 Tote zu beklagen. Autofahrern verlangte die rutschige Lehmpiste ihr ganzes Fahrkönnen ab, wenn sie an den wenigen Ausweichstellen und immer nah am Abgrund um jeden Zentimeter Platz kämpfen mussten. Seitdem 2007 eine 120 Mio. US-Dollar teure asphaltierte **Umgehungsstraße** eingeweiht wurde, ist die Benutzung der „Todesstraße" für motorisierte Fahrzeuge offiziell verboten (was aber einige Bus- und Lastwagenfahrer wenig interessiert) und den Mountainbikern überlassen.

Wem die Fahrt mit dem Bus zu stressig ist, der kann die Strecke nach Coroico entweder mit dem Mountainbike (S. 638) oder zu Fuß zurücklegen. Schon seit Jahrhunderten wurden über diese teilweise gut erhaltenen Fußwege Kokablätter aus den Yungas nach La Paz und weiter zu den Silberminen von Potosí gebracht, wo sie auch heute noch von den Minenarbeitern als Mittel gegen Hunger und Erschöpfung gekaut werden. Noch immer zählen die Yungas zu den **wichtigsten Koka-Anbaugebieten** des Landes. Das regenreiche Klima mit hohen Temperaturen ermöglicht jährlich vier Ernten. Mit den hohen Marktpreisen für Koka können jedoch die anderen dort angebauten Produkte wie Zitrusfrüchte, Kaffee und Bananen nicht konkurrieren. Der Versuch, die Anbauflächen mit Gewalt zu reduzieren, stieß auf den energischen Widerstand der Kleinbauern, die sich ihrer Lebensgrundlage beraubt sehen (s. auch Kasten S. 644).

Coroico

Um nach Coroico zu gelangen, muss man die oben beschriebene Straße nehmen, die zunächst vom Vorort Villa Fátima in La Paz aus in rund einer Stunde auf den 4650 m hohen **Abra La Cumbre** mit seiner Christusstatue führt. Ab dort beginnt die atemberaubende Abfahrt in die üppig grünen Yungas, die inzwischen immer mehr Touristen auf dem Mountainbike zurücklegen (S. 638). Im kleinen Ort **Unduavi** gabelt sich die Straße: Rechter Hand gelangt man nach Chulumani ins südliche Yunga-Gebiet, geradeaus weiter nach Coroico und ins Amazonas-Tiefland.

Coroico, einst ein Goldgräberkaff, zählt zu den schönsten Orten in den Yungas, wozu der Talblick beträchtlich beiträgt. Die attraktive Lage und relative Nähe zu La Paz hat zahlreiche Ausländer angezogen. Der Ort mit dem angenehm milden, aber sehr feuchten Klima auf rund 1760 m Höhe lockt vor allem an Wochenenden und während der Ferien Scharen von Paceños an, die der Kälte von La Paz für ein paar Tage entfliehen möchten.

Lohnend ist die reizvolle **Umgebung** mit ihren Hügeln (z. B. Cerro Uchumachi), Wasserfällen, Kokaplantagen, kleinen Kapellen wie der Iglesia Calvario und alten Haciendas, die sich zu Fuß, per Mountainbike oder auf dem Pferderücken erkunden lassen. Richtig Betrieb herrscht am und um den 20. Oktober, wenn Coroico seine alljährliche Fiesta mit traditionellen Tänzen, Prozessionen und viel Schnaps begeht.

ÜBERNACHTUNG

Am billigsten sind die Residenciales in Plaza-Nähe (ab 30 Bs. p. P.). An Wochenenden, über Ostern und während der Hauptsaison kann es zu Engpässen kommen. An Feiertagen und langen Wochenenden steigen die Hotelpreise an.

El Cafetal, ca. 10 Min. südöstlich der Plaza, beim Krankenhaus, ✆ 71933979. Inmitten eines üppigen Tropengartens gelegen. Schöne Zimmer mit/ohne Bad und tollem Blick. Pool und ein exzellentes, französisches Restaurant. ❶–❷

Villa Bonita, s. „Essen".

Hotel Esmeralda, ca. 400 m oberhalb der Plaza und unterhalb des Cerro Uchumachi, zu erreichen über die Zuazo Cuenca, ✆ 70688283, 💻 Facebook. Großes Hotel mit tollem Blick, den man aber nur von den Zimmern mit Bad oder den Suiten genießen kann. Guter Pool, Billard, Büchertausch, Restaurant, Frühstück inkl. ❸–❹

Ecolodge Sol y Luna, ca. 1 km östlich der Plaza, vorbei am Hotel Esmeralda, ✆ 71561626, 💻 www.solyluna-bolivia.com. Rustikale Bungalows inmitten eines üppigen Gartens, sehr ruhig, mit Feuerstellen, Hängematten und 2 kleinen Pools. Dojo für Yoga und Meditation, manchmal Massagen, Restaurant mit vegetarischen und veganen Optionen. WLAN an der Rezeption und im Restaurant. Camping möglich. Soll verkauft werden. ❹–❺

La Senda Verde Animal Refuge, einige Hundert Meter unterhalb von Yolosa an der Straße nach Caranavi (7 km von Coroico), ✆ 74722825, 💻 www.sendaverde.com. Die Tier-

pflegestation liegt schön am Fluss, verfügt über einen großen Pool und ein gutes Restaurant. Übernachtet wird in unterschiedlichen Cabañas, Frühstück inkl. Senda Verde unterstützt ein lokales Tourismusprojekt im Goldenen Tal (Kori Huayku). Von Yolosa aus folgt man, begleitet von einem Guide, einem alten Inkapfad durch das üppig bewachsene Tal (Gehzeit ca. 5 Std.). ❹–❺

ESSEN

Wer billig satt werden will, sollte an den Ständen im Markt oder im **Comedor Popular** in der Heroes del Chaco essen; Letzterer könnte allerdings sauberer sein. Im Comedor gibt es auch einen vegetarisch-veganen Stand gleich an der Treppe, 🕒 Fr–Mi, 10–17.30 Uhr.
Französische Küche gibt es im **El Cafetal** (s. „Übernachtung") mit großer Auswahl, auch mit Lamafleisch, Fisch und vegetarischen Optionen. 🕒 Mi–Mo 8–22 Uhr.

Backstube, Pasaje Adalid Linares, zusammen mit Carla's Garden Pub. Unterschiedliche Gerichte und selbst gemachte Kuchen. 🕒 Mi–Fr 13–22, Sa, So 12–22 Uhr.
M&M Coffee, Pando, Ecke Zuazo Cuenca, im 1. Stock. Guter Kaffee aus eigenem Anbau. Frische Säfte, Pasta, verschiedene Süßspeisen mit Kaffee. Unbedingt Eis-Fruchtsaft-Kaffee probieren! Führungen auf der Kaffee/Obstbaumplantage und Vorführungen der Kaffeeverarbeitung. 🕒 Mi–Mo 9–22.30, So bis 17.30 Uhr.
Villa Bonita, Heroes del Chaco, etwa 10 Min. von der Plaza entfernt, 📞 71918298, ✉ villa_bonita05@yahoo.com. Ein nettes Gartencafé unter schweizerisch-bolivianischer Leitung mit einer schattigen Terrasse. Leckeres, hausgemachtes Eis, vegetarisches Essen, Verkauf von Kaffee, Marmelade, Honig. Es gibt auch günstige Cabañas ❸, Frühstück inkl. 🕒 Mi–So 8.30–17.30 Uhr.

18 HIGHLIGHT

Biken auf der „Todesstraße"

- **Route**: La Cumbre (nordöstlich von La Paz, 4650 m) – Yolosa bei Coroico (1300 m)
- **Länge**: 64 km, Tagestour (Rücktransport nach La Paz inkl.)
- **Schwierigkeitsgrad**: einfach, Grundkenntnisse im Mountainbiken hilfreich

Als sich 1995 einige wenige Verrückte auf Mountainbikes die Strecke zwischen La Cumbre und Yolosa hinabstürzten, ahnte niemand, dass es ihnen wenig mehr als zehn Jahre später jährlich über 30 000 Touristen gleichtun würden. Neben der Wanderung auf dem Inkatrail nach Machu Picchu hat sich die spektakuläre Radfahrt mit einem Höhenunterschied von 3350 m als fester Bestandteil einer Südamerikareise etabliert. Der Nervenkitzel ist garantiert, wenn sich täglich Dutzende von Hobbybikern auf die 64 km lange Abfahrt in die Yungas machen.

Die Auswahl des Anbieters

Rund 30 Agenturen wollen von dem warmen Goldregen profitieren: Die Tour kostet je nach Anbieter und Fahrrad zwischen US$60 und US$100 p. P. Die Größe und Qualität der Räder sowie der Guides spielen dabei eine (über)lebenswichtige Rolle. Regelmäßig kommt es auf der „Todesstraße" zu Unfällen und auch zu Todesfällen unter den Touristen. Ein paar Dollar mehr und die Auswahl eines erfahrenen Anbieters (s. „La Paz/Touren", S. 616) minimieren das Risiko. Gute Veranstalter schicken einen Guide voraus, der die Gruppe auf entgegenkommende Fahrzeuge aufmerksam macht. Sie weisen die Teilnehmer vor dem gefähr-

© FRANK HERRMANN

licheren zweiten Teil der Abfahrt erneut ein und sorgen dafür, dass die Gruppe zusammenbleibt.

Die Tour

Die Touren beginnen gegen 7.30 Uhr mit der Auswahl der Ausrüstung (Fahrräder, Helme, Handschuhe, Regenkleidung). Danach bringt ein Fahrzeug die Teilnehmer zum La-Cumbre-Pass, wo nach einer kurzen Einweisung die Abfahrt beginnt. Es kann oben am Pass sehr kalt und windig sein – oder sogar Schnee liegen! Der erste Teil der Abfahrt (ca. 30 km) findet auf Asphalt statt. Unterwegs werden Foto- und Verpflegungsstopps eingelegt. Zwischendurch wird gehalten, um den Eintritt für den Nationalpark Cotapata von 50 Bs. zu zahlen (nicht in den Tourpaketen enthalten!). In allen Monaten muss mit Nebel und Regen auf der Strecke gerechnet werden, besonders in der Regenzeit von Dezember bis April.

In Yolosa angekommen, werden die Gruppen je nach Veranstalter zu Hotels der Region gebracht, wo man duschen kann und ein Mittagessen bekommt. Am Nachmittag erfolgt der Rücktransport nach La Paz; Ankunft gegen 18–20 Uhr.

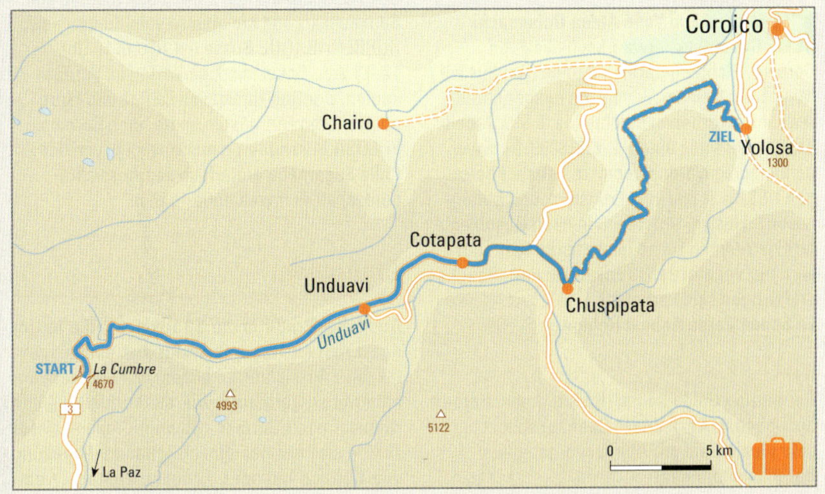

UNTERHALTUNG UND KULTUR

Carla's Garden Pub, Pasaje Adalid Linares. 12 verschiedene Biersorten, Cocktails, einfache Gerichte, am Wochenende gelegentlich Livemusik. ⌚ Mi–Fr 16–22, Sa, So 12–22 Uhr.
In der **Disco Tropicana** am Ortsausgang geht es erst nach 23 Uhr so richtig ab.

TOUREN UND AKTIVITÄTEN

Einige Veranstalter (s. „La Paz", S. 616) bieten **Rafting-Touren** auf dem Río Coroico an. Die Touren sollten schon in La Paz gebucht werden.
Café Munaipata, KM 4 an der Straße Richtung Carmen Pampa, ☏ 73743121, 💻 munaipata.com/tourism. Geführte Tour durch eine Kaffeefarm mit Restaurant unter schweizerischer Leitung. Anmeldung erforderlich.
Zzip the flying fox, Yolosa, am Ende der Death Road Tour, 💻 www.ziplinebolivia.com. Rund 1,5 km lange, dreiteilige Zipline durch und über den Nebelwald der Yungas. Kann online, in Yolosa, Coroico oder bereits in La Paz als Anschlussprogramm der Death Road Tour gebucht werden.

SONSTIGES

Freiwilligenarbeit

Wer im **Eco Yoga Aldea Uchumachi Govardhan**, etwa 7 km östlich von Coroico, Richtung Carmen Pampa (Anfahrt mit Minis 5 Bs.), einem ökologisch ausgerichteten Ashram, mitarbeiten möchte (ca. 5 Std. Arbeit/Tag), findet Infos unter ☏ 72510859, 💻 www.uchumachigovardhan.com. Die Kosten betragen US$7 p. P. und Tag, Frühstück und Mittagessen inklusive, Unterkunft in nach Geschlechtern getrennten Gemeinschaftsräumen. Dort wird nur vegetarisches Essen serviert, Rauchen und Drogen sind verboten!
La Senda Verde Animal Refuge, s. S. 636.

Geld

Der einzige Geldautomat (Banco Unión, Héroes del Chaco, Ecke J. Zuazo Cuenca) spuckt nur sehr wenig Geld pro Abhebevorgang aus. Bargeld mitbringen!

Informationen

Asociación de Guías de Turismo, Plaza Principal, ☏ 73533000 (Miro), 73069888 (Coco). Bei der Vereinigung der Fremdenführer bekommt man Infos und kann Touren buchen. Im Angebot sind Wanderungen, Rafting, Reiten, Paragliding, Besuche von Koka-, Kaffee- und Obstplantagen.

Medizinische Hilfe

Das **Hospital de Coroico** liegt südöstlich der Plaza, an der Sagárnaga, ☏ 02-2136002.

Spanischkurse

Jucumarini, rund 1 km südöstlich des Zentrums entlang der Calle Pacheco, ☏ 77228656. Man spricht auch Englisch. Geboten wird neben Privatunterricht auch eine Unterkunft mit Küche und Bad.

TRANSPORT

Busse und Sammeltaxis

CARANAVI Sammeltaxis fahren mehrmals tgl. vom Busterminal, 2 Std. (85 km). Oder Bus zur Kreuzung Yolosita nehmen (s. „Yolosa") und dort auf einen Bus warten.
CHULUMANI kein öffentlicher Transport. Taxis kosten etwa 500 Bs., 6–7 Std. (ca. 100 km).
LA PAZ mehrmals tgl., 2 1/4–3 Std. (ca. 110 km). Sammeltaxis und Kleinbusse vom Busterminal.
RURRENABAQUE Busse um 10 und 16 Uhr, 12–13 Std., Ticket mind. einen Tag im Voraus kaufen. Der Bus kommt von La Paz und fährt, bei weiteren Fahrgästen, extra nach Coroico.
YOLOSA Busse fahren mehrmals tgl. von der Calle Sagárnaga (unterhalb des Aussichtspunkts) ab, Fahrtzeit etwa 10 Min.

Chulumani

Auch die Straße in die Süd-Yungas, die in Unduavi rechter Hand abzweigt, hat einige spektakuläre Aussichten zu bieten, ist aber nicht annähernd so gefährlich wie die Verbindung von Unduavi nach Coroico. Obwohl Chulumani auf 1640 m sich in einer ähnlich schönen Umgebung wie Coroico befindet, kommen weitaus weniger Bolivianer hierher. Daher geht es in dem typischen Yunga-Städtchen mit seinen gepflasterten Gassen und roten Ziegeldächern auch am Wochenende eher beschaulich zu. In den 1950er-Jahren versteckte sich der Nazi Klaus Barbie in dieser Idylle.

Die Umgebung des Ortes ist voller Kaffee, Zitrus- und Kokaplantagen. Ein lohnender Ausflug führt zum **Bosque Ecológico Apa Apa**, einem rund 5 km² großen, privaten Naturschutzgebiet, das sich etwa 9 km südöstlich des Orts entlang der Straße nach Irupana befindet. Auf dem Gelände kann man in einer alten Hacienda nächtigen.

In Chulumani vermietet das **Hotel Cabañas Paradise**, Tolopata 10, ✆ 77556877, einige Bungalows, ❷.

Die 120 km bis nach La Paz legen regelmäßig von der Plaza Libertad fahrende Minibusse in rund 4 Std. zurück.

Nordwestlich von La Paz

Sorata

Das **Andendorf** am Fuß der nördlichen Ausläufer der Cordillera Real, rund 150 km nordwestlich von La Paz, zieht mit seinen schmalen, gepflasterten Gassen und einer palmenbestandenen Plaza zahlreiche Touristen in seinen Bann. Hinzu kommt, dass sich Sorata von einem Warenumschlagplatz zum wichtigsten Trekking- und Bergsteigerzentrum außerhalb von La Paz entwickelt hat. Neben schönen Tageswanderungen kann man anspruchsvolle mehrtägige Touren unternehmen oder die Eisriesen **Illampu** (6368 m) und **Ancohuma** (6427 m) besteigen.

Eingerahmt von steilen Felswänden, liegt Sorata in einem fruchtbaren Tal auf klimatisch angenehmen 2695 m. Die Nächte sind hier deutlich wärmer als in La Paz, während es tagsüber nicht zu heiß wird. Kaum verwunderlich, dass die spanischen Eroberer glaubten, nach dem Überqueren des harschen und lebensfeindlichen Altiplanos den Garten Eden erreicht zu haben. 1781 zerstörten die Truppen des rebellischen Inkanachfahren **Túpac Amaru II** den Ort, indem sie einen Fluss oberhalb der Stadt stauten und die Wassermassen Richtung Sorata leiteten.

Nach der **Unabhängigkeit** prosperierte das Städtchen stetig, besonders im späten 19. und frühen 20. Jh., als mit Kautschuk, Gold und Chinin beladene Maultierkarawanen aus den östlichen Landesteilen in Sorata Rast machten. Von dem **wirtschaftlichen Boom** profitierten viele deutschstämmige Händler, die sich in Sorata niedergelassen hatten. Nach dem Bau der Straße von La Paz in die Yungas versank der Ort für einige Jahrzehnte in der Bedeutungslosigkeit, doch der zunehmende **Tourismus** hat ihn bereits aus dem kurzen Dornröschenschlaf erweckt, und er wird durch die inzwischen komplett asphaltierte Zufahrtsstraße weiter angekurbelt.

ÜBERNACHTUNG

El Vergel, vom Hostal El Mirador ca. 15 Min. Richtung Fluss, ✉ elquijotebol@gmail.com. Permakultur-Projekt mit wunderschönem Garten und guter Bergsicht. Zimmer mit Gemeinschaftsbad in einer alten Hacienda, Küchenmitbenutzung, Mülltrennung, ökologisches Bad, Freiwillige willkommen. Viel Platz zum Campen. ❶

€ **Reggae House**, Muñecas, ✆ 73238327, ✉ casareggaesorata@gmail.com. Sehr günstige Backpackerabsteige mit Dachterrasse. Zimmer mit Gemeinschaftsbad, vorwiegend junge Traveller. Bar, Küchenbenutzung, einfache Gerichte und Säfte, Tourservice (Trekking, Reiten). ❶

Hostal Las Piedras, schräg gegenüber vom Fußballplatz, ca. 10 Gehminuten unterhalb der Plaza, ✆ 71916341, ✉ soratalaspiedras@yahoo.de. Angenehme, sehr saubere Unterkunft. Zimmer mit Talblick, wahlweise mit/ohne Bad, sehr gutes Frühstück mit Vollkornbrot. Auch Mittag- und Abendessen, Küchenbenutzung, Büchertausch. ❷

Altai Oasis, an einem kleinen Fluss, über die Straße nach San Pedro oder einen steilen Fußweg erreichbar, ✆ 71519856, 💻 www.altaioasis.com. Etwas außerhalb gelegenes Hostel mit Campingplatz. Große gepflegte Anlage mit rustikalen Cabañas für

WESTBOLIVIEN

3 Pers., z. T. komplett ausgestattet, die besseren verfügen über eine Dusche und gute Matratzen. Schlafsaal US$13 p. P., Restaurant, Kaminbar, Pool, Volleyballplatz, Spielplatz für Kinder, Frühstück inkl. ❹–❺

ESSEN

Um die Plaza liegen zahlreiche, einander ähnliche Restaurants, die sich überwiegend als Pizzerias präsentieren. Die meisten servieren auch Frühstück, und es gibt vegetarische Optionen. Preisgünstig isst man in den einfachen Essenständen im Markt.

Café Illampu, auf dem Weg zur Gruta de San Pedro (S. 643). Verkauft leckeren, selbst gebackenen Kuchen, Kekse, Vollkornbrot, selbst gemachten Joghurt und Müsli. Es gibt guten bolivianischen Kaffee. ⏲ Mi–Mo 9–18 Uhr (Jan–Ende März geschl.).

Das gute Restaurant **Altai Oasis** (s. „Übernachtung") verwendet teilweise Biogemüse aus dem eigenen Garten. ⏲ tgl. 8–19.30 Uhr.

TOUREN

Gute Kenntnisse der Region hat der deutsche Wanderführer Robert Rauch (s. „La Paz/ Touren", S. 616). Er bietet u. a. eine fünftägige Wanderung von Sorata zum Titicaca-See an. Die Wanderführer, Träger und Maultiertreiber von Sorata haben sich zusammengeschlossen. Ihr Büro der **Asociación de Guías Turísticas y Porteadores de Sorata**, Calle Sucre, gegenüber vom Residencial Sorata, ist die beste Anlaufstelle für Trekkingtouren. Hier trifft man sich mit anderen Wanderwilligen, um Gruppen zu bilden. Vermietet wird in begrenztem Umfang auch Campingausrüstung, aber um sicherzugehen, sollte man die komplette Ausrüstung aus La Paz mitbringen. Die Guides besitzen gute Orts-

kenntnisse, gelten aber nicht unbedingt als qualifizierte Bergführer – obwohl sie deren Preise nehmen (handeln!).
Beliebte **Touren** sind die Wanderung zur **Laguna Glaciar** (1–3 Tage, s. unten) und die **Illampu-Umrundung** (5–7 Tage, s. unten). Angeboten werden auch der **Mapiri-Trail** von Sorata nach Mapiri (6–7 Tage), der **Camino del Oro** von Sorata nach Guanay (4–6 Tage) und der **Transkordilleren-Trek** von Sorata zum Huayna Potosí (12–13 Tage).

SONSTIGES

Geld

Da es keine Geldautomaten und nur eine Bank in Sorata gibt, sollte man in La Paz ausreichend Geld tauschen. Ansonsten kann man in einigen Hotels und Läden an der Plaza zu bescheidenen Kursen wechseln.
Bei der **Banco Prodem**, Villavicencio, Nähe Plaza, gibt es einen Vorschuss auf Mastercard und Visa.

Informationen

Es gibt eine kleine **Touristeninformation** an der Plaza. 🕒 Mo–Fr 8.30–12, 14–18, Sa 8.30–12 Uhr, manchmal bleibt das Büro aber auch einfach zu. Hotels, Restaurants und Tourveranstalter können ebenfalls weiterhelfen.

TRANSPORT

Nach LA PAZ fahren stdl. **Busse** vom Ortseingang, ca. 500 m von der Plaza, 3 1/2 Std. (150 km). Es besteht keine Direktverbindung nach COPACABANA. Man fährt zunächst nach Huarina (1 1/2–2 Std.) und steigt dort um (2 Std.).
SANTA ROSA mehrmals wöchentl., 10–12 Std., Abfahrten an der Plaza erfragen.
Ein Allradfahrzeug nach ANCOMA (Fahrtzeit ca. 3 Std., s. „Illampu-Trekking" s. rechts) kostet etwa 500 Bs. An der Plaza fragen!

Die Umgebung von Sorata

Die Ausflugsmöglichkeiten reichen von Tageswanderungen bis zu anspruchsvollen einwöchigen Trekking- bzw. Bergtouren in der Cordillera Real oder hinab in die Nord-Yungas. Die beste Wanderzeit in den Bergen sind die Monate von April bis Oktober. Für Wege in die Yungas empfehlen sich die Monate Juni bis September.

Gruta de San Pedro

Die beliebte Tageswanderung führt zur San-Pedro-Höhle, rund 12 km nordwestlich von Sorata (Gehzeit einfache Strecke 2 1/2–3 Std.). Um dorthin zu kommen, folgt man entweder der Avenida 9 de Abril, bis man nach 10 bis 15 Minuten auf das Hinweisschild zur Grotte trifft und links abbiegt. Oder man nimmt den Weg zum Altai Oasis und geht daran vorbei wieder hoch bis zur Hauptstraße, an der auch das Café Illampu liegt. Nach rund 11 km erreicht man den Ort San Pedro.

Die Höhle befindet sich oberhalb der Straße, etwa 1 km vom Ort entfernt. Sie besteht aus einem großen, langen und engen Raum voller **Fledermäuse**, den man rund 150 m tief begehen kann, bevor ein **unterirdischer See** das Weiterkommen unmöglich macht. Ein Wärter stellt die Beleuchtung der Höhle an, eine Taschenlampe leistet trotzdem gute Dienste. 🕒 tgl. 8–17 Uhr, Eintritt 20 Bs.

Laguna Chillata und Laguna Glaciar

Beide Bergseen liegen an den Westhängen des Illampu und können einzeln oder auch zusammen besucht werden. Wer wenig Zeit hat, kann die Wanderung zur Laguna Chillata und zurück nach Sorata an einem Tag machen, da man über eine neue Minenstraße inzwischen sehr nah an den Bergsee heranfahren kann. Schöner ist natürlich eine Zeltübernachtung am See. Kombiniert mit der Laguna Glaciar (5038 m) ergibt sich eine dreitägige Trekkingtour. Obwohl die Laguna Glaciar nur 16 km von Sorata entfernt ist, beträgt der Höhenunterschied dorthin rund 2500 m. Es handelt sich also um eine mittelschwere Hochgebirgstour, für die man am besten einen Guide (Preis 1200 Bs. für 3 Tage) und ein Maultier mitnehmen sollte.

Rundwanderung um den Illampu

Auf der abwechslungsreichen, aber anstrengenden Trekkingtour in großer Höhe wird in fünf bis sieben Tagen das ganze Illampu/Ancohuma-Massiv umrundet (tgl. Gehzeiten 5–8 Std.). Die

Koka

Peru und Bolivien gehören nach Kolumbien zu den Ländern mit der weltweit höchsten Kokaproduktion. Wie in Peru hat der Kokakonsum auch in Bolivien traditionelle Wurzeln. Archäologische Funde bezeugen den Anbau des Kokastrauches sowie die **medizinische und rituelle Verwendung** der Blätter – u. a. als Grabbeigabe – seit rund 5000 Jahren. Bis heute hat sich der magisch-religiöse Gebrauch der Kokablätter in den andinen Gesellschaften kaum verändert. Er hat als Opfergaben bei Taufen, Hochzeiten und Begräbnissen eine große soziale Bedeutung. Beim traditionellen Kauen (*Chaccheo*, auf Aymara *Picchar*) werden die Kokablätter im Mund mit Kalk oder Quinoa-Asche als Katalysator zu einer bitter schmeckenden Kugel *(Bola)* geformt und gekaut. Dieser traditionelle Konsum hat eine leicht anästhesierende Wirkung, dämpft Hungergefühle, steigert die Ausdauer und wirkt der Höhenkrankheit *(Soroche)* entgegen – laut Weltgesundheitsbehörde WHO ohne negative gesundheitliche Auswirkungen.

In der Kolonialzeit nutzten die Spanier die leistungssteigernde Wirkung der Koka ganz gezielt, um die zur Zwangsarbeit in den Silberminen verpflichteten Indianer noch stärker ausbeuten zu können. Koka ist in den Andenländern aber auch heute noch in fast allen Haushalten, Supermärkten und Restaurants als **Kokatee** *(Mate de coca)* zu finden; mit Teebeuteln oder losen Blättern aufgegossen, ist er quer durch alle sozialen Schichten wegen seiner Wirkung gegen Kopf- und Magenschmerzen und die Höhenkrankheit beliebt.

Der Kokastrauch *(Erythroxylum coca)* ist vor allem wegen der derzeit hohen Preise eine ideale Anbaupflanze für die in Peru und Bolivien typische **Kleinbauernwirtschaft**, da Anbau und Ernte arbeitsintensiv und nur manuell möglich sind. Bei vier Ernten im Jahr erwirtschaften die *Campesinos* über das Jahr verteilte, regelmäßige Einkünfte. Die Anbaugebiete, die selten mehr als einen Hektar groß sind, befinden sich meist in schwer zugänglichen, unterentwickelten Regionen mit geringer Infrastruktur. Koka wird in Peru und Bolivien an den Ostabhängen der Anden auf einer Höhe von 500–2000 m angebaut. Während der Anbau von Koka in Peru im oberen Huallaga-Tal aufgrund einer größeren Ausrottungskampagne stark rückläufig ist, konnte die Region Apurímac-Ene stark zulegen. Sie entwickelte sich inzwischen zu Perus wichtigstem Anbaugebiet, aus dem mehr als ein Drittel der einheimischen Kokablätter stammt. Weitere **Anbaugebiete** mit starken Zuwachsraten sind die Regionen Palcazú-Pichis-Pachitea, Marañon, Putumayo und allgemein das Amazonasgebiet. In geringerem Umfang wird auch in den Gebieten Aguatiya und Inambari-Tambopata Koka angebaut. In Bolivien wächst der Strauch vor allem in den Yungas und Chapare.

Das Problem ist Kokain – nicht Koka

Als sich Kokain in den 1970er- und 80er-Jahren in den USA und Europa zur Modedroge entwickelte, kam es zu einem regelrechten **Boom** und die Anbauflächen nahmen dramatisch zu, sodass Peru bis Mitte der 1990er-Jahre zum weltgrößten Kokaproduzenten aufstieg. Aufgrund seiner kulturellen Bedeutung ist der Anbau von Koka in Peru legal, die Vermarktung für den traditionellen Konsum wird durch die staatliche Behörde ENACO geregelt. Die Anbaufläche in Peru ist laut *World Drug Report 2011* des United Nations Office on Drugs and Crime (UNODC) von 46 700 ha im Jahr 2002 auf 61 200 ha im Jahr 2010 gestiegen – dies entspricht einem Zuwachs von rund 76 %. Aus der dabei geernteten Menge von rund 70 000 t Kokablättern wurden etwa 215 t reines Kokain hergestellt. 90 % der Ernte gehen direkt in die illegale Weiterverarbeitung und in den **Drogenhandel** *(Narcotráfico)*. Für die Herstellung eines Kilos Kokain werden etwa 300 kg Kokablätter mit Chemikalien wie Kerosin und Schwefelsäure zu 2,5 kg braun-beigefarbener Kokapaste *(Pasta básica)* weiterverarbeitet. Der letzte Schritt, die Verfeinerung zu Kokain, geschieht zwar zu einem Großteil außerhalb Perus (vor allem in Kolumbien), doch steigt die Anzahl von Drogenlabors in Peru an. Mit dem Drogenanbau und der Drogenverarbeitung gehen immense **Umweltschäden** einher. Für die Kokafelder werden beträchtliche Mengen Regenwald gerodet, und die Chemikalien, die zur Herstellung von Kokain benötigt werden, verunreinigen zahlreiche Flüsse.

Die Präsenz der Drogenhändler und ihre Verbindung zu Terroristen- und Guerillagruppen wie dem Leuchtenden Pfad (S. 200/201) führen zu einem permanenten Klima der **Gewalt und Unsicherheit** in den Kokaanbaugebieten. Von den enormen Summen, die im Drogenhandel verdient werden, erhalten die Bauern nur einen Bruchteil. Der Kokaanbau bringt den Bauernfamilien zwar höhere Erträge und Einkommen als andere landwirtschaftliche Produkte (mit Koka erwirtschaften die Bauern pro Hektar etwa 30–50 % mehr als mit Kaffee, Kakao oder Palmöl), gleichzeitig aber auch ein Leben am Rande der Illegalität und den **Verfall der traditionellen sozialen Strukturen**. Einen nachhaltigen Entwicklungsprozess konnte der Kokaanbau bisher nicht einleiten, er hat ihn eher noch verhindert. Die Bauernfamilien sind auch nach rund 30 Jahren Kokaboom immer noch bitterarm.

Viel Geld, wenig Resultate

Seit Anfang der 1990er-Jahre führte der Staat **Vernichtungsprogramme** zur Reduzierung des Kokaanbaus durch, hauptsächlich in Naturschutzgebieten, auf verlassenen Feldern oder in der Nähe von Koka-Weiterverarbeitungsstätten sowie in freiwilliger Form durch die Bauern. Pflanzengifte wie in Kolumbien wurden in Peru nie eingesetzt. Als Reaktion auf steigende Preise und intensivierten Kokaanbau finanziert die US-Regierung seit Ende 2002 ein Programm, bei dem die Bauernfamilien sich verpflichten, ihre Kokapflanzungen selbst zu vernichten. Dafür erhalten sie bis zu zwölf Monate lang Kompensationsleistungen, die in etwa der Höhe der entgangenen Einnahmen entsprechen.

Doch die staatlich subventionierte Zerstörung von Kokafeldern ist selten sozialverträglich und hat bisher nicht zu einer dauerhaften Reduzierung des Kokaanbaus beigetragen. Solange die Kokabauern keine nachhaltigen alternativen Einkommensquellen haben, die ihnen ausreichende Einnahmen sichern, entzieht man ihnen die Lebensgrundlage. Immerhin sind die klassischen legalen **Alternativen** zur Koka wie Kaffee oder Kakao in den letzten Jahren aufgrund gestiegener Weltmarktpreise deutlich lukrativer geworden, haben es aber weiterhin schwer, der Koka Konkurrenz zu machen. Noch immer erschweren große Preisschwankungen, internationale Schutzzölle für Agrarprodukte und hohe Transportkosten wegen der schlechten Straßen die Vermarktung der Produkte.

Seit Mitte der 1980er-Jahre realisieren internationale Hilfsorganisationen **Entwicklungsprojekte** in den Koka-Anbaugebieten, mit deren Hilfe nachhaltige Alternativen zum Kokaanbau geschaffen werden sollen. Experten beraten Bauern, verbessern die Vermarktung von Agrarprodukten und fördern lokale Bauernorganisationen und Kooperativen. Auch wenn einige dieser Programme erfolgreich sind und die Lebensbedingungen der Bauernfamilien verbessern, konnten sie den Kokaanbau bisher nur regional begrenzen.

Mithilfe deutscher Steuergelder, die über millionenschwere Hilfsprogramme der Vereinten Nationen nach Peru flossen, wurde der Anbau von Koka offenbar sogar gefördert. In der Dokumentation *Steuergelder für die Kokain-Mafia? – Uno-Mitarbeiter unter Verdacht* (2016) zeigte ein Filmteam des Westdeutschen Rundfunks, wie sich Uno-Funktionäre, die eigentlich eine „alternative Entwicklung" koordinieren sollten, Land für den Anbau von Palmöl sicherten. Dafür wurden Wälder gerodet, später sollen die Flächen dann sogar für den Anbau von Koka genutzt worden sein. Die für diesen Zweck neu gegründeten Unternehmen sollen in einigen Fällen Nachschub für die Kokainmafia geliefert haben.

Natalie Bartelt und Frank Herrmann

Route verblüfft mit **landschaftlichen Kontrasten**. Wandert man auf der Ostseite des Illampu durch teilweise bewohntes Gebiet und sieht Hochlandweiden und Lamaherden, so verwandelt sich die Landschaft auf der Südseite in eine karge Hochlandwüste, die sich bizarr von den schneebedeckten Gipfeln im Hintergrund abhebt. Im letzten Teil der Wanderung hat man fantastische Ausblicke auf den tiefblau schimmernden Titicaca-See.

Insgesamt sind auf der Trekkingtour knapp 5500 Höhenmeter zu bewältigen und es werden vier Pässe zwischen 4500 und 5000 m Höhe überquert; die **Übernachtungshöhen** liegen während der ganzen Strecke oberhalb von 4000 m. Die Temperaturen sinken in diesen Höhenlagen während der Trockenzeit immer unter den Gefrierpunkt, manchmal auch in den zweistelligen Minusbereich. Eine entsprechende Ausrüstung ist zwingend erforderlich. Ein Guide mit Maultier ist für die Strecke dringend zu empfehlen (s. „Sorata/Touren").

Cordillera Apolobamba

Der entlegene Gebirgszug nördlich des Titicaca-Sees im äußersten Westen der Provinz La Paz an der Grenze zu Peru kann sich bezüglich spektakulärer Berglandschaften durchaus mit der populäreren Cordillera Real messen. Mit dem Unterschied, dass die unzähligen Gipfel, Täler und Hochebenen der Region Apolobamba erst ganz allmählich von Touristen entdeckt werden. Noch immer ist die touristische Infrastruktur völlig unterentwickelt, und um dorthin zu gelangen, muss man sich – je nach Ziel – mindestens acht bis zwölf Stunden in überfüllten Hochlandbussen durchschütteln lassen. Aber noch vor wenigen Jahren brauchten die Busse doppelt so lang – auch so lässt sich Fortschritt messen.

Jahrhundertelang wurden in den Bergen des Apolobamba-Gebiets Goldminen ausgebeutet, bis im Zuge der indianischen Rebellion von 1871 viele spanische Minenbesitzer die Region verlassen mussten. Der Bergbau fasste hier in den letzten Jahrzehnten wieder zunehmend Fuß. Außer kleineren Quechua- und Aymara-Gemeinden, die von Land- und Viehwirtschaft leben, existieren nur zwei größere Orte, Charazani und Pelechuco, auf einer Fläche von 40 x 80 km Größe.

Die Cordillera Apolobamba ist auch Heimat einer der mysteriösesten indianischen Gruppen – der **Kallahuayas**. Sie sind im Andenraum als Kräuterdoktoren bekannt, die ihre wohlgehüteten Rezepte von Generation zu Generation weitergeben (s. Kasten S. 648).

Im Jahr 2000 wurde die Cordillera Apolobamba zum Naturschutzgebiet erklärt. Die 4837 km² große **Area Natural de Manejo Integrado Nacional Apolobamba** entstand als Erweiterung des 1972 etablierten Ulla-Ulla-Reservats, das von der Unesco als Biosphärenreservat anerkannt ist. Das Schutzgebiet umfasst neben Gletschern und Hochlandtälern auch die Nebelwaldregionen der Anden-Ostseite. Über 800 Pflanzen- und mehr als 270 Tierarten sind inzwischen in der abwechslungsreichen Landschaft registriert worden. Erfreulich ist, dass sich die Vicuña-Population, einer der Gründe für die Schaffung des Schutzgebiets, inzwischen auf mehrere Tausend Exemplare erholen konnte.

Charazani und Curva

Von La Paz führt eine asphaltierte, aber mit Schlaglöchern übersäte Straße an der Nordostseite des Titicaca-Sees entlang. In **Escoma** endet der Katastrophenbelag, um einer nicht viel besseren Erdpiste Platz zu machen. Die Straße windet sich nun in nördlicher Richtung die Berge hinauf, bis nach rund 50 km eine Kreuzung auf über 4400 m erreicht wird. Links geht es weiter Richtung Ulla Ulla und Pelechuco (S. 648), während die rechts abzweigende Straße bergab nach **Charazani** führt.

Der kleine Ort auf 3300 m wurde von den Spaniern im 16. Jh. gegründet, aber die Täler um Charazani waren schon lange zuvor besiedelt, wie die terrassierten Berghänge belegen. Heute ist das schmucklose Städtchen in toller Lage ein wichtiges Markt- und Handelszentrum für die umliegenden Kallahuaya-Dörfer und der Ausgangs- bzw. Endpunkt des **Apolobamba-Treks**. Das Leben spielt sich vornehmlich rund um die Plaza ab, wo auch die Busgesellschaften

Hochlandbauern vor der wolkenverhangenen Kulisse der Cordillera Apolobamba

ihren Sitz haben. Nur wenige Hundert Meter nördlich des Ortes liegen die Aguas Termales, natürliche **Thermalquellen**. Eine selten benutzte Straße führt in nördlicher Richtung an ihnen vorbei nach **Curva** auf 3780 m. Die Busse aus La Paz fahren nur gelegentlich dorthin, und auch nur, wenn sich genügend Dorfbewohner aus Curva an Bord befinden. Zu Fuß ist Curva in rund vier Stunden von Charazani aus zu erreichen. Der Fußweg dorthin entlang einer reizvollen Schlucht und mit einem steilen Schlussanstieg lohnt auch als langer Tagesausflug.

Von Curva aus bietet sich ein fantastischer Blick auf die umliegenden Berge, besonders auf den schneebedeckten 5700 m hohen **Akhamani**. Der Ort ist das Zentrum der Kallahuaya-Heiler, die eifersüchtig über ihre Traditionen wachen und Fremde argwöhnisch beäugen. Übernachten sollte man daher vorzugsweise im rund 15 Gehminuten entfernten Bergdorf **Lagunillas**, das an einem kleinen künstlichen, dicht mit Schilf bewachsenen See liegt, der als Wasserreservoir dient. Die **Wanderhütte**, die dort von der Entwicklungshilfeorganisation Cooperación Española zusammen mit einheimischen Organisationen gebaut wurde, ist leider nicht immer in Betrieb. Es bestehen aber Zeltmöglichkeiten an der Lagune. Neben der Schutzhütte haben die Bewohner ein kleines, aber sehenswertes **Museum** errichtet, das seine Pforten gegen eine kleine Spende öffnet. Es zeigt Alltagsutensilien und Trachten der hier lebenden Menschen.

ÜBERNACHTUNG

Alle Unterkünfte in Charazani sind einfach, schlicht und günstig.
Zu den besseren Hotels gehört das **Akhamani**, einen Block südlich der Plaza. Weitere Optionen sind das **Hotel Charazani** und die **Residencial Inti Huasi**.

TRANSPORT

Busse nach LA PAZ fahren mehrmals wöchentl. von der Plaza in Charazani ab, meist am späten Nachmittag, 12 Std. (251 km). Die Nachtfahrten können unangenehm kalt werden, daher warme Sachen und/oder Schlafsack mit in den Bus nehmen.
Weiterfahrt von Charazani nach APOLO, CURVA und LAGUNILLAS ist möglich.

Ulla Ulla und Pelechuco

Nimmt man an der Abzweigung nach Charazani den linken Weg, gelangt man kurze Zeit später auf ein windgeschütteltes, karges Hochplateau, das sich auf einer durchschnittlichen Höhe von 4300 m parallel zur Cordillera Apolobamba hinzieht. Es wird Ulla Ulla genannt, ebenso wie das seit 1972 bestehende Naturschutzgebiet **Reserva Nacional de Fauna** und der kleine Ort am Nordende der Hochebene. Das Schutzgebiet, das inzwischen Teil der Area Natural de Manejo Integrado Nacional Apolobamba ist (S. 646), dient als Schutzraum für die scheuen Vicuñas (S. 344). Obwohl einige Einheimische verbotenerweise immer noch Jagd auf die grazilen Vierbeiner machen, hat sich ihre Zahl in den letzten Jahren stark erhöht. Daneben bekommt man auch mit etwas Glück Alpaka-Herden, Flamingos, Ibisse und Andengänse zu Gesicht.

Der kleine Ort **Ulla Ulla** besteht hauptsächlich aus einem Militärposten (Passkontrolle!)

Kallahuayas, die mysteriösen Medizinmänner der Anden

In einigen Dutzend Dörfern im oberen Charazani-Tal lebt eine kleine ethnische Gruppe, die seit Jahrhunderten für ihre Erfahrung im Umgang mit Heilkräutern bekannt ist. Ihnen steht in der Cordillera Apolobamba mit ihren unterschiedlichen Klimazonen eine riesige Naturapotheke zur Verfügung, die sie meisterhaft beherrschen. So sollen die Kallahuayas zu den Ersten gezählt haben, die aus der Rinde des Chinchona-Baums Chinin extrahierten – bis heute der gebräuchlichste Wirkstoff im Kampf gegen die Malaria.

Geheimnisvolle Herkunft

Obwohl sich einige Kallahuaya-Heiler als Nachfahren der Tiwanaku-Kultur betrachten, ist der genaue Ursprung ihrer Traditionen unbekannt. Ein Unikum und Garant für die Exklusivität ihrer Rituale ist der Gebrauch einer eigenen Sprache bei Heilzeremonien. Sie stammt aus der Quechua-Sprachfamilie und wird von einigen Forschern mit der Geheimsprache der Inka-Elite in Verbindung gebracht, könnte aber noch viel älter sein.

1970 entdeckten Archäologen ein Grab in der Region Charazani. Darin lag ein Skelett, das erkennbar mit typischen Ausrüstungsgegenständen der Kallahuaya bestückt war. Sein Alter wurde auf 800–1000 v. Chr. eingegrenzt.

Vielseitige Heilkunst

Die besten Heiler können Hunderte von Heilpflanzen unterscheiden, aber sie bedienen sich auch der Magie. Mit Hilfe von Zaubersprüchen versuchen sie das aus dem Gleichgewicht geratene Seelenleben ihres Patienten – ihrer Überzeugung nach die Ursache der Krankheit – wieder ins Lot zu bekommen. Unter Zuhilfenahme von Kokablättern weissagen sie die Zukunft, und von ihnen durchgeführte rituelle Opferzeremonien helfen, die Berggötter zu besänftigen. Erkennungszeichen der Kallahuayas sind die geflochtenen Kopfbänder *(Huinchas)* der Frauen und die Medizinbeutel *(Alforjas)* der Männer. Besonders in der Region um Charazani tragen die Kallahuayas wunderschöne Trachten mit Naturmotiven.

Nachwuchssorgen

In früheren Zeiten waren die Heiler auf der Suche nach seltenen Kräutern und Patienten ständig unterwegs. Heute sind sie weitaus bodenständiger und plagen sich mit Nachwuchssorgen. Traditionell wird ihr Wissen von Generation zu Generation weitergegeben. Doch immer mehr junge Leute wandern nach La Paz ab. Darauf haben einige der erfahrenen Kallahuayas reagiert: Sie sind ebenfalls in die größte Stadt des Landes gezogen, denn ihre natürlichen Heilkünste stehen bei den Bolivianern hoch im Kurs.

und ansonsten über keinerlei touristische Infrastruktur. Noch einmal quält sich der Bus auf der schlechter werdenden Straße über einen 4800 m hohen Pass, bevor es in Haarnadelkurven nach **Pelechuco** geht. Der Ort liegt auf rund 3500 m in einem engen Tal, das sich oft in Wolken hüllt. Noch bestehen viele der Häuser aus traditionellen Baumaterialien wie Lehmziegeln und gebrannten Dachziegeln, aber auch hier beginnen sich Wellblechdächer und Betonmauern durchzusetzen.

Alle für Reisende notwendigen Einrichtungen (Hotels, Restaurants und Läden) liegen an der Plaza, ebenso die koloniale Kirche.

Pelechuco ist Ausgangsort für die schwierige Besteigung des 6044 m hohen **Nevado Chaupi Orko**, dem höchsten Berg der Region Apolobamba.

ÜBERNACHTUNG UND ESSEN

In Pelechuco finden sich einige schlichte Herbergen, darunter das **Hotel Llajtaymanta**, an der Plaza, ✆ 71953252, das über warme Duschen sowie ein Restaurant verfügt und in dem man auch gute Trekking-Infos und Führer/Maultiere bekommt. ❶
Die einfachen **Comedores** an der Plaza servieren noch einfachere Mahlzeiten.
Ob die rund 5 km westlich des Orts gelegene **Albergue Agua Blanca**, eine einfache Herberge und Teil eines Ökotourismus-Projektes der lokalen, indigenen Gemeinde, geöffnet hat, sollte man in Pelechuco erfragen.

TRANSPORT

LA PAZ Busse fahren am frühen Abend von der Plaza in Pelechuco ab, 10 Std. (320 km). Tickets bereits am Vortag kaufen!

Wanderung Pelechuco–Lagunillas–Charazani

Die bekannteste Wanderung der Cordillera Apolobamba kann innerhalb von vier bis fünf Tagen in beide Richtungen zurückgelegt werden. Die Route führt an der Ostseite der Anden entlang, und es muss das ganze Jahr über – vor allem nachmittags – mit Wolken und Nebel gerechnet werden. Die beste Zeit für die Wanderung sind die Monate Mai bis September. Auf der mittelschweren Tour sind mehrere Pässe (der höchste auf 5000 m) und insgesamt rund 4000 Höhenmeter zu überwinden. Die Zeltplätze liegen in Höhen zwischen 3700 und 4500 m. Eine gute Höhenanpassung und gute Ausrüstung sind ratsam. Da es keine verlässlichen Karten der Region gibt (das IGM in La Paz veröffentlicht keine Karten, da es sich um das militärisch sensible Grenzgebiet zu Peru handelt), sollte man auf die Dienste eines einheimischen Maultiertreibers *(Arriero)* zurückgreifen (ca. 330–350 Bs. pro Tag, inkl. Maultiere). In Charazani und Pelechuco, Curva und Lagunillas stehen Maultiertreiber und Tragetiere zur Verfügung. Wer mit einer Trekking-Agentur, z. B. Zig-Zag Bolivia, 💻 www.zigzagbolivia.com, reist, sollte sich nach den Arbeitsbedingungen und der Ausrüstung von Maultiertreibern, Trägern und Küchenpersonal erkundigen. Die Umweltsituation der Region hat sich aufgrund von Bergbauaktivitäten in den letzten Jahren verschlechtert. Flüsse sind in Minennähe teilweise kontaminiert, der Verkehr hat zugenommen und im Einzugsgebiet des Treks ist es wiederholt zu Sprengungen gekommen. Auf jeden Fall am jeweiligen Startort über die aktuelle Lage informieren!

Südwestlich von La Paz

Auf einer sehr guten Asphaltstraße, die La Paz mit der chilenischen Pazifikstadt Arica verbindet, erreicht man in wenigen Stunden zwei spektakuläre Naturschutzgebiete, die nur durch die bolivianisch-chilenische Grenze voneinander getrennt sind.

Parque Nacional Sajama

Der 100 230 ha große **Parque Nacional Sajama** wurde bereits 1939 als erstes Naturschutzgebiet Boliviens gegründet, um die wegen ihrer begehrten Wolle vom Aussterben bedrohten

Vicuñas zu schützen. Da sich ihr Bestand aufgrund von Schutzmaßnahmen erholt hat, bekommt man sie wieder häufiger zu sehen. Vom Aussterben bedroht ist jedoch der **Suri**, der Andenstrauß. Er lebt in Gruppen von zwei bis acht Tieren und taucht sehr selten in den Weidegebieten der Vicuñas auf.

Selten geworden sind zudem die kleinwüchsigen **Queñua-Bäume** *(Polylepis tarapacana)*, die in Sajama bis auf Höhen von 5000 m anzutreffen sind und somit die höchstgelegenen Wälder der Welt darstellen. Eine wichtige Brennstoffquelle für die einheimische Bevölkerung stellt das verholzte Polstergewächs **Yareta** *(Azorella compacta)* dar.

Unübersehbar erhebt sich der höchste Berg Boliviens, der 6549 m hohe **Vulkan Sajama**, inmitten des Schutzgebiets. Er ist bei Bergsteigern beliebt, da sein Gipfel ohne größere technische Schwierigkeiten zu erklettern ist. Bei starkem Wind ist eine Besteigung allerdings nahezu unmöglich. Es kann zudem sehr, sehr kalt werden.

Ausgangspunkt für Wanderungen und Bergtouren ist das verschlafene **Hochlanddorf Sajama**, rund 290 km von La Paz entfernt. Von der Abzweigung an der Hauptstraße zur chilenischen Grenze sind es nur noch 12 km bis zu diesem Ort, einer kleinen Oase inmitten einer lebensfeindlichen, rauen Landschaft. Hier findet man Unterkunft, Essen und Informationen. Alles in sehr schlichter Ausführung; übernachtet wird in einfachsten Zimmern auf Strohmatratzen und mit Außenklo – auf Höhen über 4000 m und mit entsprechender Kälte. In Sajama gefriert der Boden täglich; vor allem in der Trockenzeit wird es nachts sehr kalt.

Außer der Besteigung des Vulkans Sajama kann man unterschiedlich lange Wanderungen unternehmen. Schilder weisen den Weg zum **Basecamp** des Vulkans (ca. 3–4 Std.) auf 4650 m oder dem kleinen **Queñua-Wäldchen**, das nur rund 30 Min. vom Dorf entfernt liegt. Interessant ist der rund zweistündige Weg zu einem **Geysir-Feld**, das aus mehr als 20 dampfenden und blubbernden heißen Quellen besteht. Wer eine heiße Quelle sucht, um seine müden Glieder auszuruhen, sollte zu den **Aguas Termales de Kasillas** wandern, die rund 4 km nördlich von Sajama liegen.

Für die schwierige **Besteigung des Vulkans**, die nur zwischen April und Oktober gestattet ist, werden mindestens 3–4 Tage benötigt. Während sich am Basislager eine ganzjährige Quelle befindet, gibt es an den Hängen des Vulkans kein Wasser. Im Dorf kann man Guides (450 Bs.), Träger (150 Bs.) und Maultiere (100 Bs., je einfache Strecke) mieten. Eine komplette Ausrüstung und Lebensmittel sollten allerdings mitgebracht werden. Wer nach Sajama kommt, muss sich zunächst bei der Nationalparkverwaltung, 💻 www.sernap.gob.bo, am Dorfeingang registrieren lassen und eine Gebühr von 100 Bs. entrichten.

ÜBERNACHTUNG UND ESSEN

Aufgrund der Kälte (Temperaturen bis -20 °C sind möglich) leistet ein warmer Schlafsack gute Dienste. In Sajama gibt es einfache Unterkünfte mit warmem Wasser ❶–❷ und einfache Comedores.

Empfehlenswert ist das **Hostal Sajama** am Dorfeingang, ✆ 71509185, 💻 www.hostalsajama.com.bo. Einfache, gemütliche Zimmer. Don Eliseo vermietet Bergsteigerausrüstung (allerdings nicht das allerneueste Material!). ❷

Nördlich von Sajama liegt die **Albergue Ecoturístico Tomarapi**, ✆ 7247285, 💻 www.ecotomarapi.com, eine von 26 Aymara-Familien betriebene Unterkunft, erbaut aus lokalen Materialien, mit Warmwasser, Heizung, Restaurant mit Kamin, Vollpension inkl. ❻. Sie unterhalten auch eine einfache Schutzhütte auf 5000 m Höhe am Vulkan Sajama.

TRANSPORT

Es gibt keine Direktverbindungen zwischen Sajama und La Paz. Die einfachste Möglichkeit ist, einen der zahlreichen Busse (auf der rechten Seite sitzen, um den Sajama zu sehen!) zu nehmen, die von LA PAZ nach ARICA fahren, und an der Abzweigung nach Sajama (Cruce Sajama) beim Dorf LAGUNAS auszusteigen. Dort warten Allradtaxis, die einen die rund 12 km nach Sajama bringen. Sie stehen auch für Fahrten zu den Thermalquellen und Ausflüge in die Umgebung zur Verfügung. Fahrzeit insgesamt ca. 4–5 Std.

Im Parque Nacional Sajama an der Grenze zu Chile ragt der Vulkan Sajama aus der rauen Landschaft.

Chilenische Grenze

Nur rund 9 km westlich der Abzweigung nach Sajama erreicht der Bus die bolivianisch-chilenische Grenze. Der bolivianische Grenzort heißt **Tambo Quemado** und liegt etwa 300 km von La Paz entfernt (ca. 4 Busstunden). Hier bekommen Reisende ihren Ausreisestempel. Der chilenische Grenzposten **Chungará** liegt rund 10 km weiter westlich am gleichnamigen See auf 4500 m. Beide Grenzstationen sind tgl. 8–20 Uhr geöffnet. Keine Grenzgebühren. Die Einfuhr von offenen Lebensmitteln, Obst und Gemüse nach Chile und umgekehrt von Chile nach Bolivien ist streng verboten!

Parque Nacional Lauca (Chile)

Wer bereits bis nach Sajama gekommen ist, sollte auf jeden Fall die wenigen noch fehlenden Kilometer zum spektakulären Parque Nacional Lauca zurücklegen. Das 137 000 ha große Naturschutzgebiet wurde 1970 eingerichtet, um die Ökosysteme der Anden zu schützen. Direkt an der Grenze wird man von zwei schneebedeckten **Sechstausendern** (Vulkan Parinacota, 6342 m, und Vulkan Pomerape, 6252 m) sowie dem smaragdfarbenen **Chungará-See** auf rund 4500 m begrüßt.

Nur wenige Kilometer von der chilenischen Grenzstation entfernt liegt auf der linken Straßenseite eine **Rangerstation** der Nationalparkverwaltung Conaf, 🖳 www.conaf.cl/parques/parque-nacional-lauca. Der kleine Bau verfügt über vier Schlaf- und zehn Zeltplätze. Genial ist der warme Ofen, der abends für ein paar Stunden die Kälte vertreibt. Man sollte Verpflegung, eine Taschenlampe und einen warmen Schlafsack mitbringen. Von der Station aus kann man durch eine karge Mondlandschaft in 5–6 Std. (ca. 19 km) nach **Parinacota** (4400 m), einem kleinen Dorf abseits der Hauptstraße, wandern. Genug Trinkwasser und Sonnenschutz mitnehmen!

Parinacota besitzt eine urige Kirche aus dem 18. Jh. mit Fresken und den Totenschädeln ehemaliger Priester. Übernachten kann man u. a. im Hostal Uta Kala de Don Leo oder in einem weiteren Conaf-Refugio. Dort ist auch das Zelten gestattet.

Anhang

ANHANG

Sprachführer

Wer Land und Leute näher kennenlernen möchte, sollte sich zumindest ein paar Brocken Spanisch und gegebenenfalls auch einige Wörter in Quechua und Aymara aneignen. Allein der Versuch wird meist mit viel Wohlwollen und aufmunterndem Gelächter seitens der Einheimischen beantwortet.

Sprachführer Spanisch

Aussprache

Aussprache der Vokale wie im Deutschen.

c vor e, i mit stimmlosem „s" wie in Bus: Centro. Vor a, o, u wie „K" in Kind: Casa.

ch stimmlos wie in Quatsch: Cheque, Cucaracha.

g vor a, o, u, wie deutsches „G" in Gans: Ganso, Golpe, Gusano. Vor e, i wie deutsches „ch" in Fach: Genio, Gigante.

gu wie „g", vor a wird das u ausgesprochen: Guardia.

h ist immer stumm.

j wie „ch" in Fach: Junta, Japón.

ll Einheitslaut von „l" und „j" wie in Familie: Llamada, Pollo.

n am Wortende wie „ng" in Hang: Solución, Revolución.

ñ wird „nj" gesprochen wie in Champagner: Campaña, mañana.

qu vor den Vokalen e und i wird qu wie in Keil (ohne „u") ausgesprochen: quema, quien. Ansonsten wie im Deutschen.

r gerolltes Zungenspitzen-r: Carril, Tigre, tragar.

s besonders zwischen den Vokalen scharf wie in „besser": Grasa. Weiche Aussprache vor den Konsonanten b, d, g, l, m, n, r und v: Asma, Ósmosis.

ü wird nach g wie u ausgesprochen: Cigüeña.

v wie ein schwaches „b": vaya, Venado.

x vor Vokalen meist wie „gs": exacto. Vor Konsonanten meist wie scharfes „s": Experto.

y am Wortende wie „i": hay. Sonst wie „j": Coyote.

z stimmloses „s" wie „ß": Plaza.

Betonung

- Im Spanischen wird die vorletzte Silbe betont, wenn das Wort auf einen Vokal sowie auf n oder s endet: Vaso, Farmacia, joven.
- Alle anderen mehrsilbigen Wörter werden auf der letzten Silbe betont: cantar, arroz.
- Ein Akzent kennzeichnet die zu betonende Silbe aller Ausnahmen der beiden o. g. Regeln: Día, Revolución.
- Zur Unterscheidung von gleichen Wörtern werden einige Wörter mit Akzent geschrieben: está (er, sie ist) – esta (diese), sí (ja) – si (wenn), tú (du) – tu (dein).
- Fragewörter schreibt man mit Akzent: quién? cuándo? cómo?

Satzzeichen

Frage- und Ausrufesätze werden im Spanischen mit einem umgekehrten Frage- bzw. Ausrufezeichen begonnen: ¿Dónde estás?

Rechtschreibung

Im Spanischen werden grundsätzlich alle Wörter klein geschrieben. Ausnahmen:
Der Satzanfang, Eigennamen und Titel, Namen von öffentlichen Gebäuden, Plätzen etc. Außerdem Bezeichnungen für Gott und verwandte Begriffe sowie Haupt- und Eigenschaftswörter in Überschriften und Buchtiteln.

Besonderheiten

In Lateinamerika wird die 2. Person Plural – im spanischen Spanisch: voz – (ihr, euch) nicht verwendet. Stattdessen benutzt man die 3. Person Plural (ustedes).

Das Allerwichtigste

Ja, Nein	*Sí, No*
Bitte, Danke	*Por favor, Gracias*
Verzeihung	*Perdón*
Entschuldigen Sie bitte!	*Disculpe*
Darf ich?	*Con permiso?*
Tut mir leid	*Lo siento*
Willkommen	*Bienvenidos*
Hallo	*Hola*
Guten Tag (bis mittags)	*Buenos días*
Guten Tag (bis zur Dunkelheit)	*Buenas tardes*
Guten Abend	*Buenas noches*
Wie geht's?	*Qué tal? Como está?*
Gut, sehr gut, mäßig, schlecht	*Bien, muy bien, regular, mal*
Bis später, auf Wiedersehen	*Hasta luego*
Bis morgen	*Hasta mañana*
Ich spreche kein Spanisch	*No hablo español*
Ich heiße ...	*Me llamo ...*
Herr, Frau, Fräulein	*Señor, Señora, Señorita*
Ich bin Deutsche/r, ... Österreicher/in, ... Schweizer/in	*Soy alemán/a, ... austriaco/a, ... suizo/a*
mit, ohne	*con, sin*
wo, wann	*dónde, cuándo*
es gibt	*hay*

Orientierung und Transport

Wo ist der Busbahnhof?	*Dónde está la terminal de buses?*
In welcher Entfernung befindet sich das Hotel?	*A qué distancia se encuentra el hotel?*
Wie weit ist es bis zum Markt?	*Cuánto tarda hasta el mercado?*
links, rechts, geradeaus	*a la izquierda, a la derecha, de frente*
Es ist weit, nah	*Está lejos, cerca*
um die Ecke, zurück	*a la vuelta, atrás*
hier, dort	*aqui, allí*
Haltestelle	*parada*
Ich möchte aussteigen	*Quiero bajar*
Stadtzentrum	*centro*
Stockwerk	*piso*
Gebäude	*edificio*
Keller	*sótano*
Ampel	*semáforo*
Kreuzung	*cruce*
geöffnet, geschlossen	*abierto, cerrado*
Straße	*calle*
(Pracht-)straße, Allee	*avenida*

Im Hotel

Haben Sie ein Zimmer frei?	*Hay cuartos? Tiene habitaciónes?*
... mit Einzelbett	*... con cama sencilla*
... mit zwei Betten	*... con dos camas*
... mit einem breiten Bett für zwei Personen	*... con una cama matrimonial*
... mit Privatbad, Gemeinschaftsbad	*... con baño privado, general*
Alles belegt, alles voll	*Todo ocupado, todo lleno*
Ja, es gibt noch Platz	*Sí, hay espacio*
... für eine Nacht	*... para una noche*
Wie teuer ist die Übernachtung?	*Cuánto cuesta la noche?*

Kann ich das Zimmer sehen?	*Puedo ver el cuarto?*
Könnten Sie mir ein anderes Zimmer zeigen?	*Me podría enseñar otra habitación?*
Das Zimmer ist nicht gereinigt worden	*No arreglaron el cuarto*
Die Toilette, die Dusche funktioniert nicht	*El baño, la ducha no funciona*
Es gibt kein warmes Wasser	*No hay agua caliente*
Geben Sie mir bitte noch eine Decke	*Déme otro poncho (chamarra), por favor*

Im Restaurant

Die Speisekarte, bitte	*La carta, por favor*
Gibt es ein Tagesgericht?	*Hay un menu del día? Hay almuerzo?*
Einen Tisch für vier Personen, bitte	*Una mesa para cuatro personas, por favor*
Ich möchte ein Bier trinken	*Quiero tomar una cerveza*
Ich esse kein Fleisch/Huhn/Schwein/Fisch	*No como carne/pollo/cerdo/pescado*
Ich bin Vegetarier	*Soy vegetariano*
Ich vertrage keine Laktose	*Tengo intolerancia a la lactosa*
Nur eine Portion Reis, bitte	*Una orden de arroz solamente, por favor*
Ist das alles?	*Solamente? Es todo?*
Noch einen Ananassaft ohne Eis, bitte	*Otro jugo de piña sin hielo, por favor*
Gibt es Nachtisch?	*Hay postre?*
Prost!	*Salud!*
Guten Appetit!	*Buen provecho!*
Die Rechnung bitte	*La cuenta, por favor*
Trinkgeld inbegriffen	*servicio incluido*
Messer	*cuchillo*
Gabel	*tenedor*
Löffel	*cuchara*
Wo ist die Toilette, bitte?	*Donde está el baño, por favor?*
Es gibt kein Toilettenpapier	*Se acabó el papel higiénico*
Es gibt keine Seife	*No hay jabón*

Beim Einkaufen

kaufen, verkaufen	*comprar, vender*
billig, teuer	*barato, caro*
Wie viel kostet ...?	*Cuanto vale ...*
Das ist zu teuer	*Es demasiado caro*
handgemacht	*hecho a mano*
Preisnachlass	*rebaja*
Qualität	*calidad*
Menge	*cantidad*
Kann ich dieses Hemd anprobieren?	*Puedo probar esta camisa?*
tauschen, wechseln	*cambiar*

Polizei, Bank, Post, Telefon und Behörden

Man hat mich überfallen	*Me asaltaron*
Man hat mir mein Geld und mein Gepäck gestohlen	*Me han robado mi dinero y mi equipaje*
Ich habe meinen Reisepass verloren	*Perdí mi pasaporte*
Ich brauche eine Bescheinigung für meine Versicherung	*Necesito una constancia para mi seguro*
Dieb	*ladrón*
Polizei	*policía*
Vergewaltigung	*violación*
Bank	*banco*
Geld	*dinero*
Bargeld	*dinero en efectivo*
Geldautomat	*caja automática*
Wechselkurs	*tasa de cambio*
Konto	*cuenta*
Überweisung	*transferencia*
Schalter	*ventanilla*
Münze	*moneda*
Schein	*billete*

Post	*correos*
Brief, Postkarte	*carta, tarjeta postal*
Paket	*paquete*
Gewicht	*peso*
Briefmarke, Stempel	*sello*
Telefonanruf	*llamada telefónica*
R-Gespräch	*llamada por cobrar*
Wie viel kostet ein dreiminütiger Anruf in die Schweiz?	*Cuánto cuesta una llamada de tres minutos a Suiza?*
Büro	*oficina*
Dokument	*documento*
Visum	*visa*
Reisepass	*pasaporte*
Personalausweis in Peru	*Documento Nacional de Identidad (DNI)*
Name, Nachname, Geburtsdatum	*nombre, apellido, fecha de nacimiento*
Unterschrift	*firma*
Botschaft	*embajada*

Beim Arzt

Ich fühle mich schlecht	*Me siento mal*
Ich hatte einen Unfall	*Tuve un accidente*
Hier tut es mir sehr weh	*Aquí me duele mucho*
Ich brauche ein Medikament	*Necesito un medicamento*
Ich brauche einen Arzt	*Necesito un médico (doctor)*
Wo ist das Krankenhaus?	*Dónde está el hospital (la clínica)?*
Gibt es hier eine Privatklinik?	*Hay una clínica privada por aquí?*
Wo gibt es eine Apotheke?	*Dónde hay una farmacia?*
Fieber	*fiebre, temperatura*
Durchfall	*diarrea*
Kopfschmerzen	*dolor de cabeza*
Bauchschmerzen	*dolor de estomago*
Infektion	*infección*
Schwangerschaft	*embarazo*
Erkältung, Schnupfen	*resfrio*
Husten	*tos*
sich übergeben	*vomitar*
Ich benötige eine ärztliche Bescheinigung für meine Versicherung	*Necesito un informe médico para mi seguro*

Ordnungszahlen

1. *primero*	**6.** *sexto*
2. *segundo*	**7.** *séptimo*
3. *tercero*	**8.** *octavo*
4. *cuarto*	**9.** *noveno*
5. *quinto*	**10.** *décimo*

Wochentage, Monate, Zeit, Datum

Montag	*lunes*
Dienstag	*martes*
Mittwoch	*miércoles*
Donnerstag	*jueves*
Freitag	*viernes*
Samstag	*sábado*
Sonntag	*domingo*
Januar	*enero*
Februar	*febrero*
März	*marzo*
April	*abril*
Mai	*mayo*
Juni	*junio*
Juli	*julio*
August	*agosto*
September	*septiembre*
Oktober	*octubre*
November	*noviembre*
Dezember	*diciembre*
Wie spät ist es?	*Que hora es?*
Es ist ein Uhr	*Es la una*
Es ist vier Uhr	*Son las cuatro*
Es ist viertel nach drei	*Son las tres y cuarto*
Es ist halb sechs	*Son las cinco y media*
Es ist Viertel vor sechs	*Son las seis menos cuarto*

heute, morgen, übermorgen	*hoy, mañana, pasado mañana*
gestern, vorgestern	*ayer, anteayer*
jetzt, später	*ahora, más tarde*
früh, spät	*temprano, tarde*
sofort, gleich	*inmediato, ahorita*
Datum	*fecha*
Was für ein Datum haben wir heute?	*Qué fecha tenemos hoy?*

Kulinarisches Wörterbuch (Spanisch)

Allgemeines

Almuerzo	Mittagessen
Bodega	Weingut
Brostería	Hähnchenbraterei
Carnicería	Fleischerei
Cevichería	Fisch- und Meeresfrüchterestaurant
Cena	Abendessen
Chichería	einfache Kneipe
Chifa	peruanisch-chinesisches Restaurant
Comida	Essen
Comida vegetariana	vegetarisches Essen
Desayuno	Frühstück
Entrada	Vorspeise
Menú	Speisekarte
Mesero	Bedienung, Ober
Panadería	Bäckerei
Peña	Folklorekneipe
Picantería	Spezialitätenrestaurant
Plato fuerte	Hauptgericht
Postre	Nachtisch
Queso	Käse
Quinta	familiäres Gasthaus, meist nur tagsüber geöffnet
Restaurante campestre	Landgasthaus
Restaurante vegetariano	vegetarisches Restaurant

Eiergerichte

Huevos	Eier
Huevos con jamón	Eier mit Schinken
Huevos con tocino	Eier mit Speck
Huevos de codorniz	Wachteleier
Huevos duros	hart gekochte Eier
Huevos fritos/estrellados	Spiegeleier
Huevos revueltos	Rühreier
Huevo tibio	weiches Ei
Tortilla de huevo	Omelett

Fisch / Meeresfrüchte

Almejas	Muscheln
Anchovetas	Sardellen
Atún	Thunfisch (in der Dose)
Bacalao	Dorsch
Bonito	Thunfisch
Calamares	Tintenfisch
Camarones	Garnelen
Camarones del río	Flussgarnelen
Cangrejo	Krebs
Concha	Venusmuschel
Corvina	Seebarsch
Doncella	Amazonas-Fischart
Langosta	Languste
Mariscos	Meeresfrüchte
Mejillones	Miesmuscheln
Ostra	Auster
Paiche	Amazonas-Fischart
Parihuela	Fischsuppe
Pejerrey	Königsfisch
Pescado	Fisch
Pulpo	Tintenfisch
Róbalo	Wolfsbarsch

Salmón	Lachs
Tiburón	Haifisch
Trucha	Forelle

Fleischgerichte

Adobo	geschmorter Schweinebraten
Albóndiga	Fleischkloß
Asado	Braten; gebraten
Bistec	Beefsteak
Cabra	Ziege
Carne	Fleisch
Carne de res	Rindfleisch
Carne molida/picada	Hackfleisch
Carne seca	Dörrfleisch
Cerdo, chancho	Schwein
Chicharrón	gebratene Fleischstücke
Chorizo	scharfe Wurst
Chuleta	Kassler
Conejo	Kaninchen
Cordero	Lammfleisch
Costilla	(Schweine)-Rippchen
Embutidos	Wurst
Estofado	Fleischeintopf
Ganso	Gans
Guisado	Eintopf
Hígado	Leber
Jamón	Schinken
Lechón	Spanferkel
Lengua	Zunge
Lomo, lomito	Rindersteak
Lomo milanesa	Schnitzel
Lomo saltado	Geschnetzeltes
Muslo	Keule
Parrillada	gemischter Grillteller
Pato	Ente
Pavo	Truthahn
Pechuga de pollo	Hähnchenbrust
Pichón	Taube
Pollo	Hähnchen
Pollo a la brasa	Grillhähnchen
Res	Rindfleisch
Riñon	Niere
Salchicha	Würstchen
Ternera	Kalb

Gemüse

Aceituna	Olive
Aji	scharfe Paprika / Chilischote
Aji amarillo	gelber Chili
Alcachofa	Artischocke
Apio	Sellerie
Arveja	Erbse
Betarraga	Rote Beete
Camote	Süßkartoffel
Cebada	Gerste
Cebolla	Zwiebel
Choclo	gekochter Maiskolben
Chonta	Palmherz
Chuño	gefriergetrocknete Kartoffel
Coliflor	Blumenkohl
Col/repollo	Kohl
Col de Bruselas	Rosenkohl
Elote	Maiskolben
Ensalada	Salat
Frijoles	Schwarze Bohnen
Garbanzo	Kichererbse
Haba	Saubohne
Hongos	Pilze
Judías	Bohnen
Kiwicha	Amarant
Lechuga	Kopfsalat
Lentejas	Linsen
Maíz	Mais
Oca (oxalis tuberosa)	kartoffelähnliche Knollenfrucht des Tieflands
Palta	Avocado
Papa	Kartoffel

Papas fritas	Pommes frites
Papas sancochadas	Salzkartoffeln
Pepino	Gurke
Pimentón	süße Paprika
Plátano	Koch- / Mehlbanane
Quinoa	Getreidehirse
Rábano	Radieschen
Repollo	Weißkohl
Tomate	Tomate
Tomatillos	Baumtomate
Trigo	Getreide
Verduras	Gemüse
Yuca	Maniok
Zanahoria	Möhre

Getränke

Agua	Wasser
Agua mineral (con gas)	Mineralwasser (mit Kohlensäure)
Aguardiente	Zuckerrohrschnaps
Batido	Milchshake mit Frucht
Café con leche	Milchkaffee
Café negro	schwarzer Kaffee
Café pasado	Kaffee aus Kaffee-Essenz
Cerveza (del barril)	Bier (vom Fass)
Chicha	lokal gebrauter Alkohol aus vergärten Früchten
Chicha morada	Erfrischungsgetränk aus violettem Mais
Chocolate caliente	heißer Kakao (meist mit Wasser zubereitet)
Chopp	Bier vom Fass
Cremolada	Fruchtgetränk mit Eis gemixt
Cuba libre	Coca-Cola mit Schuss
Gaseosa	Softdrink
Hielo	Eis(würfel)
Inca Kola	bekannteste peruanische Limonade
Jugo	Fruchtsaft
Leche	Milch
Leche de soya	Sojamilch
Masato	Maniokbier
Pisco	Traubentrester, wie Grappa
Pisco sour	peruanischer Nationaldrink aus Pisco, Eischaum und Limettensaft (S. 382)
Refresco	dünnes Erfrischungsgetränk aus kaltem Früchtetee oder -sirup
Ron	Rum
Té	Tee
Vino (tinto, blanco)	Wein (rot, weiß)

Gewürze, Kräuter, Essig, Öl

Aceite	Öl
Aji	Chili (scharf)
Ajo	Knoblauch
Albahaca	Basilikum
Canela	Zimt
Culantro	Koriander
Hierbabuena	Pfefferminz
Manzanilla	Kamille
Perejil	Petersilie
Pimienta	Pfeffer
Pimienta española	Paprikagewürz
Pimienta gorda	Nelkenpfeffer
Sal	Salz
Vinagre	Essig

Nachtisch / Süßigkeiten

Arroz con leche	Milchreis
Azúcar	Zucker
Churros	frittierte Teigstangen
Ensalada de frutas	Obstsalat
Flan	Pudding
Helado	Speiseeis
Humitas	süße Teilchen aus gekochtem Mais

Galletas	Kekse
Manjar blanco	Süßspeise aus eingedickter Milch
Mantequilla	Butter
Mazamorra morada	roter Maispudding
Mermelada	Marmelade
Miel	Honig
Natilla	Süßrahm
Panqueque	Pfannkuchen
Pastel	Kuchen
Pie de manzana	Apfelkuchen
Quesillo con miel	Frischkäse mit Honig
Torta	Torte

Obst / Früchte

Aguaje	Palmfrucht *(Mauritia flexuosa)*
Banano	Banane
Cacao	Kakao
Carambola	Sternfrucht
Cereza	Kirsche
Chirimoya	Annone, Ochsenherzfrucht
Ciruela	kleine Pflaumenart
Coco	Kokosnuss
Cocona	Urwaldfrucht *(Solanum sessiliflorum)*
Durazno	Pfirsich
Fresa	Erdbeere
Granadilla	Passionsfrucht
Guanabana	Riesen-Annone
Guayaba	Guave
Higo	Feige
Limón	Limette
Mango	Mango
Manzana	Apfel
Melón	Honigmelone
Mora	Brombeere
Naranja	Orange
Papaya	Papaya
Pera	Birne
Piña	Ananas
Sandia	Wassermelone
Tuna	Kaktusfrucht
Uva	Weintraube

Spezialitäten

Anticuchos de corazón	gegrillte Rinderherzen am Spieß
Arroz chaufa	gebackener Reis mit Ei und Huhn
Carapulcra	Schweinefleisch, Huhn, Erdnüsse, Ají und Chuño
Ceviche/Cebiche	roher Fisch und/oder Meeresfrüchte in einer Limonen-Zwiebel-Marinade (S. 45)
Cecina	geräucherte Schweinefleischscheiben
Chile relleno	mit Hackfleisch gefüllte Paprika
Cuy chactado	gegrilltes Meerschweinchen
Empanadas	gefüllte Teigtaschen (süß oder pikant)
Escabeche de pollo	kalter Salat aus mariniertem Hühnerfleisch mit Gemüse und Zwiebeln
Masaco	frittiertes Mus aus Trockenfleisch und Bananen
Pachamanca	Fleisch und Gemüse in einem Erdloch gegart (S. 45)
Palta rellena	mit Gemüse und Fleisch gefüllte Avocado
Papa a la huancaina	gekochte Kartoffel mit würziger Käsesoße
Papa con ocopa	Kartoffel mit scharfer Erdnusssoße
Patarashca	in Bananenblätter eingewickelter Fisch
Rocoto relleno	gefüllte Paprikaschote

Salteñas (nur Bolivien)	mit Hähnchen und Gemüse gefüllte Pastete
Tacacho con Cecina	Kochbananenklöße mit Schweinefleisch

Suppen

Caldo	(Rind-)Fleischbrühe
Caldo de carne	klare Fleischbrühe
Caldo de gallina	Hühnerbrühe mit Nudeln
Chairo	Fleischsuppe mit *chuño*
Cheruje	Bananensuppe
Chupe de camarones	Garneleneintopf
Chupe de pallares verdes	Milchsuppe mit Meeresfrüchten und Reis
Chupe de pescado	Fischsuppe
Consomé	Hühnerbrühe
Cremas	Tütensuppen
Inchicapi	Erdnusssuppe
Pampaku	Fleischeintopf mit Gemüse
Sancocho	Fleischeintopf
Shambar	Suppe mit Bohnen, Schweineschwarte und Weizen
Sopa a la criolla	Fleisch-Nudel-Suppe aus Milch
Sopa de arroz	Reissuppe
Sopa de fideos	Nudelsuppe
Sopa de lentejas	Linsensuppe
Sopa de tomate	Tomatensuppe
Sopa de verduras	Gemüsesuppe

Zubereitung

a la jardinera	mit Gemüsefüllung
a la reyna	mit Hähnchenfüllung
a lo macho	mit Meeresfrüchtesoße
al ajillo	in Knoblauch gebraten
al horno	gebacken
a la parrilla	gegrillt
a la plancha	geröstet
asado, frito	gebraten
bien cocido	(Fleisch) gut durch
crudo	roh
empanizado	paniert
picante	scharf
rico, sabroso	lecker, schmackhaft
salado	versalzen
sancochado, cocido	gekocht
termino medio	(Fleisch) medium

Sprachführer Quechua und Aymara

Neben Spanisch (Castellano) gehören auch die indianischen Idiome Quechua und Aymara zu den offiziellen Sprachen in Peru und Bolivien. Sprachforscher schätzen, dass in Peru 6–8 Mio. Menschen Quechua beherrschen, mit Schwerpunkt in Cusco sowie Ayacucho und Umgebung. Für bis zu 2 Mio. von ihnen ist Quechua die einzige Sprache, in der sie sich verständigen. Unter den Inka verbreitete sich das Quechua aus Cusco im ganzen Reich, um als offizielle Amtssprache die Integration im Vielvölkerstaat zu fördern. Auch heute noch werden unterschiedliche Dialekte des Quechua in den Andenregionen Südkolumbiens, Ecuadors, Boliviens, Nordchiles und dem Nordwesten Argentiniens gesprochen. Die Gesamtzahl der Quechua-Sprechenden wird auf bis zu 10 Mio. Personen geschätzt. Aymara sprechen heute bis zu 2 Mio. Menschen auf der Hochebene um den Titicaca-See, weiter südlich davon im bolivianischen Altiplano und in Nordchile. Die Wörter werden in etwa ausgesprochen, wie sie geschrieben stehen.

Deutsch	Quechua	Aymara
Arzt	*Hampej*	*Kkulliri*
Bad	*Tuyuna*	*Hunttuña*
Baum	*Sacha*	*Khokga*
betrunken	*Machaskka*	*Umata*
Bett	*Puñuna*	*Iquiña*

Zahlen			
1	*uno, una*	**30**	*treinta*
2	*dos*	**31**	*treintayuno*
3	*tres*	**40**	*cuarenta*
4	*cuatro*	**50**	*cincuenta*
5	*cinco*	**60**	*sesenta*
6	*seis*	**70**	*setenta*
7	*siete*	**80**	*ochenta*
8	*ocho*	**90**	*noventa*
9	*nueve*	**100**	*cien*
10	*diez*	**101**	*cientouno*
11	*once*	**200**	*doscientos*
12	*doce*	**300**	*trescientos*
13	*trece*	**400**	*cuatrocientos*
14	*catorce*	**500**	*quinientos*
15	*quince*	**600**	*seiscientos*
16	*dieciséis*	**700**	*setecientos*
17	*diecisiete*	**800**	*ochocientos*
18	*dieciocho*	**900**	*novecientos*
19	*diecinueve*	**1000**	*mil*
20	*veinte*	**1001**	*miluno*
21	*veintiuno*	**2000**	*dos mil*
22	*veintidos*	**10 000**	*diez mil*

billig	*Pisillapajg*	*Pistaqui*
Boden	*Pampa*	*Orakke*
Brot	*Ttantta*	*Ttantta*
Chef	*Mallku*	*Mallku*
Chicha	*Akjga*	*Kusa*
(Dorf-) Gemeinschaft	*Ayllu*	*Ayllu*
Durchfall	*Kkechiria*	*Wila wichuchu*
Durst	*Chchaqui*	*Phara*
essen	*Mikhuna*	*Mankaña*
Feld	*Chajgra*	*Yapu*
Feuer	*Nina*	*Nina*
Fisch	*Chaulla*	*Chaulla*
Fluss	*Mayu*	*Hawira*
Frau	*Warmi*	*Warmi*
Freund	*Rejsisga*	*Wintata*
Geld	*Kgolkge*	*Kullkki*
Gipfel	*Apachita*	*Apachita*
Gott	*Pachamac*	*Apu*
gut	*Allin*	*Asqui*
Hilfe	*Kyuyapayana*	*Kyuyapayaña*
Hügel	*Urkku*	*Kullu*
Hunger	*Yarakgay*	*Autjhi*
ja	*Ari*	*Hisa*
Kartoffel	*Amkha*	*Chchukki*
kaufen	*Rantina*	*Alaña*

Kondor	*Kondur*	*Kunturi*
krank	*Onkgoskga*	*Usuri*
Lagune, See	*Kgocha*	*Kkuta*
Deutsch	*Quechua*	*Aymara*
lecker	*Misky*	*Mojgsa*
Mais	*Sara*	*Tunkku*
Mann	*Kgari*	*Chacha*
Markt	*Khatu*	*Khatu*
Medizin	*Hampina*	*Kkullana*
Mestize	*Mistti*	*Mistti*
Nahrung, Essen	*Mikuy*	*Mankka*
Name	*Suti*	*Suti*
nein	*Mana*	*Haniwa*
sagen	*Ninna*	*Saña*
Salz	*Kachi*	*Hayu*
scharf, pikant	*Haya*	*Haru*
Schnee	*Ritti*	*Khuna*
schön	*Kachitu*	*Huwitaqui*
Sonne	*Inti*	*Llinti*
Stadt	*Jathun llajgta*	*Jacha marka*
Stein	*Rumi*	*Kkala*
trinken	*Ucyana*	*Umaña*
trocken	*Chchaki*	*Uaña*
Unterkunft	*Pascana*	*Kkurpa*
Volk	*Llajta*	*Marca*
Wasser	*Yaku*	*Uma*
Weg	*Ñann*	*Thaqui*
Welt	*Kaipacha*	*Acapacha*
Wind	*Huayra*	*Thaya*

Glossar

Abra (Berg)-Pass
Acllahuasi Haus der „Sonnenjungfrauen"
Adobe luftgetrocknete Lehmziegel, die zum Hausbau dienen, oft mit Stroh vermischt
Aguardiente starker Alkohol, der aus Zuckerrohr destilliert wird
Ají Chilischote
Alcalde Bürgermeister
Aldea kleine Siedlung, Dorf
Alpaka Vertreter der Andenkamele; Fleisch- und Wolllieferant
Andenes terrassierte Berghänge, die bereits von präinkaischen Völkern angelegt wurden, um Ackerland zu gewinnen
Apacheta mit einem Steinhaufen markierter Bergpass
Apu Berggottheit
Ayllu Vorläufer der heutigen indigenen Gemeindestruktur; bei den Inka: auf Verwandtschaft beruhende Form der dörflichen Sozialstruktur
Azulejo glasierte Zierkachel
Balneario Bad, Badeort am Meer
Barranco Schlucht
Barrio Stadtviertel, Häuserblock
Brujo wörtlich: Hexer; Schamane
Cabildo Gemeinderat in der Kolonialzeit
Cacique Anführer, Stammeschef (auch Curaca genannt)
Campesino Kleinbauer
Capilla Kapelle
Capitanía Hafenamt
Caracol *Strombus giga*, Meeresschnecke, Blasinstrument, das auch zur Übermittlung von Nachrichten diente
Chacra Stück Land, Kleinparzelle
Charango mandolinenartiges Saiteninstrument, dessen Klangkörper traditionell aus dem Körper eines Gürteltiers besteht
Chasqui Laufbote der Inka
Chicha leicht alkoholhaltiges, vergorenes Maisbier; wird auch als nicht alkoholisches, violettes Getränk gereicht
Chifa chinesische Restaurants in Peru
Cholo abwertende Bezeichnung für einen Mestizen, auch auf Andenbewohner angewandt
Chullpa Grabturm
Chuños gefriergetrocknete Kartoffeln
Coca immergrüner Strauch, der auf der Andenostseite wächst und Kokain enthält
Cocalero Kokabauer
Colla Oberbegriff für die Indianer des Titicaca-Sees
Comedor einfaches Esslokal, meist ohne Speisekarte
Comunidad indianische Gemeinde
Conquista Eroberung Amerikas durch die Spanier
Corregidor eine Art Landvogt während der Kolonialzeit
Curandero (indianischer) Heiler
Departamento Provinz
Don, Doña intimere, respektvollere Anrede für: Herr bzw. Frau
Encomienda durch die spanische Krone an verdiente Eroberer erteiltes Recht, in einem festgelegten Gebiet frei über die indianische Arbeitskraft zu verfügen und von den Indígenas Tribute einfordern zu können. Im Gegenzug war der Encomendero, der Besitzer dieses Rechts, verpflichtet, die ihm zugeteilten Indígenas zu zivilisieren und christianisieren
Faena Gemeinschaftsarbeit indianischer Gemeinden
Finca großes Landgut
Gamonales Großgrundbesitzer
Garúa feuchter Nebel der peruanischen Pazifikküste
Gaseosas übergeordneter Begriff für alle Softdrinks (Coca-Cola, Pepsi, Sprite etc.)
Geoglyphen Erdmarkierungen, z. B. die Nasca-Linien
Gringo Allgemeinbezeichnung für weißhäutige Ausländer, die nur selten als Beleidigung gebraucht wird
Guano nährstoffreicher Vogeldung der peruanischen Pazifikküste
Hayno traditionelles Liedgut und Tanz des Andenhochlands
Huaca heiliger Ort in Form eines Grabes, einer Pyramide, aber auch auffällige Naturformen (z. B. Felsen, Berggipfel, Quellen etc.)
Huaquero Grabräuber
Ichu robustes Hochlandgras, mit dem Häuser gedeckt werden

IGV Impuesto General a las Ventas, Mehrwertsteuer in Peru
Indígenas Bezeichnung für die Nachfahren der präkolumbischen Kulturen in Peru und Bolivien
Indio, Indito abwertende Bezeichnung für Indígenas
Inti Sonne, Sonnengott
IVA Impuesto al Valor Agregado, Mehrwertsteuer in Bolivien
Keru spezieller Ton- oder Holzkrug/-becher
Kiwicha präkolumbische Getreideart
Machete Buschmesser
Machismo, Macho übersteigertes Männlichkeitsgefühl, Mann mit diesem Gefühl
Marinera peruanischer Nationaltanz
Municipio Gemeindebezirk, Landkreis
Narcotraficante Drogendealer
Pachamama Mutter Erde
Patio Innenhof, Hof
Patrón Chef, Arbeitgeber, Aufseher eines Großgrundbesitzers
Peña Folkorelokal
Petroglyphen prähistorische Felszeichnungen
Plaza de Armas, Plaza Mayor das Zentrum in fast jedem Ort
Pollera Überrock indianischer Frauen
Puna Hochsteppe in den Anden Perus und Boliviens
Quinoa *Chenopodium quinoa*, jahrtausendealte Kulturpflanze, deren Anbau unter spanischer Herrschaft verboten war
Quipus Knotenschnüre der Inka, die ihnen als Zählsystem dienten
Reducción von den Spaniern eingeführtes System der Zwangszusammenlegung indianischer Dörfer zur besseren Kontrolle der Bevölkerung
Repartimiento von den Spaniern in der Kolonialzeit verwendetes Verteilungssystem von vorwiegend indianischen Arbeitskräften
Sendero Luminoso „Leuchtender Pfad", peruanische Guerillagruppierung
Sierra das Andenhochland Perus und Boliviens
Soroche Höhenkrankheit
Stele meist länglicher, frei stehender Stein, der an einer oder mehreren Seiten mit Darstellungen verziert ist
Synkretismus Verschmelzung zweier Religionen
Tambo Rasthaus entlang der Inkastraßen
Tawantinsuyu das inkaische Großreich, das nach den Himmelsrichtungen in vier Teilbereiche (Suyos) untergliedert war
Tejido Webarbeit
Terrateniente Landbesitzer
Tienda Laden, kleines Geschäft
Totora *Scirpus riparius*, Binsen- oder Schilfart, aus der Boote gebaut werden
Traje traditionelle Bekleidung, Tracht
Trepanation medizinische oder spirituelle Schädelöffnung
Tumi Zeremonialmesser prähispanischer Kulturen
Viracocha präinkaischer Schöpfergott

Reisemedizin zum Nachschlagen

Chagas-Krankheit

Die Chagas-Krankheit kommt sowohl in Peru als auch Bolivien vor und betrifft vorwiegend Land- und Slumbewohner. Da die Infektion meist in den ersten Lebensjahren erfolgt, sind Reisende nur extrem selten betroffen. Erreger ist der Einzeller *Trypanosoma cruzi*, der durch Raubwanzen von Wildtieren (z. B. Opossums) oder Haustieren auf den Menschen übertragen wird. Die Trypanosomen werden mit dem Kot der Wanzen ausgeschieden und gelangen durch Kratzwunden in die Haut. Eine Übertragung durch Bluttransfusionen sowie eine kongenitale Übertragung sind möglich.

Bei der akuten Chagas-Krankheit tritt im Bereich der Eintrittspforte ein Ödem auf, z. B. ein Lid-Ödem (Romaña-Zeichen). Es entwickelt sich für einige Wochen ein fieberhaftes Krankheitsbild mit einer generalisierten Lymphknotenschwellung und einer leichten Leber- und Milzvergrößerung, gelegentlich auch mit Muskelschmerzen, Übelkeit, Anorexie oder Diarrhö.

Die Veränderungen bei der chronischen Chagas-Krankheit treten 10 bis 20 Jahre nach der akuten Phase auf. Eine Herzmuskelentzündung führt zu Herzvergrößerung und Herzschwäche. Die Diagnose erfolgt im akuten Stadium über direkten Parasitennachweis im Blut. Eine Anreicherung ist möglich über Kulturverfahren oder über die Xenodiagnose (Nachweis von Trypanosomen in Raubwanzen, die am Patienten Blut gesaugt haben).

Chikungunya

Gegen die Virusinfektion, zu deren Verbreitungsraum auch Peru und Bolivien gehören und die von tagaktiven Stechmücken der Gattung *Aedes* übertragen wird, gibt es weder Medikamente noch Impfungen. Symptome sind – ähnlich wie auch bei Dengue und Malaria – nach einer Inkubationszeit von zwei bis zwölf Tagen starke Gelenkschmerzen an Händen und Füßen, begleitet von hohem Fieber und Hautausschlag. Appetitlosigkeit, Übelkeit und Erbrechen können hinzukommen. Die Genesung dauert häufig Monate, begleitet von hartnäckigen Gelenkschmerzen. Schließlich heilt Chikungunya aber folgenlos aus und hinterlässt eine lebenslange Immunität. Wichtigstes Mittel gegen Chikungunya ist vorbeugender Mückenschutz.

Cholera

Die Cholera wird vom Bakterium *Vibrio cholerae* verursacht und durch direkten Kontakt mit infizierten Personen, deren Ausscheidungen oder durch verunreinigte Nahrungsmittel übertragen. Die Symptome – wässrige Durchfälle und starkes Erbrechen – treten nach ein bis fünf Tagen auf und können schnell zur Dehydrierung mit Elektrolytverlust führen. Wer erkrankt, muss umgehend zum Arzt und die verlorene Flüssigkeit ersetzen.

Die Impfung gegen Cholera wird von der WHO nicht mehr empfohlen. Solange man auf eine saubere Umgebung und hygienische Nahrungsmittel achtet und nicht geschwächt ist, wird man kaum gefährdet sein.

Denguefieber

Diese Viruskrankheit ist in Peru und Bolivien wieder auf dem Vormarsch. Bei einzelnen Patienten kann sie zu ernsten Gesundheitsschäden führen. In beiden Ländern gibt es indes nur vereinzelte Fälle, die vor allem in tiefer gelegenen Gebieten während der Regenzeit auftreten.

Übertragen wird die Krankheit durch die *Aedes aegypti*-Mücke, die an ihren schwarz-weiß gebänderten Beinen zu erkennen ist. Sie sticht während des ganzen Tages. Nach der Inkubationszeit von bis zu einer Woche kommt es zu plötzlichen Fieberanfällen, Kopf- und Muskelschmerzen. Nach drei bis fünf Tagen kann sich ein Hautausschlag über den ganzen Körper verbreiten.

Bei Stufe 1 klingen nach ein bis zwei Wochen die Krankheitssymptome ab.

Ein zweiter Anfall (Stufe 2) kann zu Komplikationen (inneren und äußeren Blutungen) führen. Schwere Verläufe oder gar Todesfälle sind bei europäischen Reisenden allerdings selten und wurden in ähnlicher Häufigkeit bei Erst- und Zweitinfektionen beobachtet. Wie bei der Malaria sind ein Moskitonetz und der Schutz vor Mückenstichen (gegen tag- und nachtaktive Mücken) in den Verbreitungsgebieten die beste Vorsorge. Wo viele Mücken auftreten, sollte man lange Hosen und langärmelige Hemden tragen und Insektenschutzmittel benutzen. Zudem sollte man sich dort am frühen Morgen und nach Regenfällen, wenn die Mücken am häufigsten auftreten, möglichst nicht im Freien aufhalten. Gegen Denguefieber gibt es keine Impfung oder spezielle Behandlung. Schmerztabletten, Fieber senkende Mittel und Wadenwickel lindern die Symptome. Keinesfalls sollten ASS, Aspirin oder ein anderes acetylsalicylsäurehaltiges Medikament genommen werden, da diese einen lebensgefährlichen hämorrhagischen Verlauf herausfordern.

Ein einfacher Test kann Denguefieber bestätigen: Fünf Minuten den Oberarm abbinden, öffnen und in der Armbeuge nachsehen – falls rote Flecken erscheinen, ist es zu 90 % Denguefieber.

Durchfallerkrankungen

So gut wie niemand bleibt bei einem Südamerika-Aufenthalt von „Montezumas Rache" oder kurz *Turista*, wie der Reisedurchfall auch scherzhaft genannt wird, verschont.

Auch Peru/Bolivien-Reisende plagen manchmal Durchfälle *(Diarrea)*, die durch Infektionen hervorgerufen werden. Verdorbene Lebensmittel, ungeschältes Obst, Salate, kalte Getränke oder Speiseeis sind häufig die Verursacher. Da auch Mikroorganismen im Wasser durchschlagende Wirkung zeigen können, sollte man unbedingt nur abgefülltes Wasser trinken. Wer ganz sicher gehen will, verzichtet zudem auf zerstoßenes Stangeneis.

Eine Elektrolyt-Lösung, die verlorene Flüssigkeit und Salze ergänzt, reicht bei den meist harmlosen Durchfällen völlig aus. Man kann sich auch selbst eine Lösung herstellen (s. Kasten). Zur Not, z. B. vor langen Fahrten, kann auf Loperamid, das die Darmtätigkeit ruhigstellt, zurückgegriffen werden (bei der Dosierung auf den Beipackzettel achten, da die Ausscheidung von Krankheitserregern verzögert wird!). Wer Durchfälle mit Fenchel, Kamille und anderen Kräutertees lindern möchte, sollte sich einen Vorrat mitnehmen. Zudem hilft eine Bananen- oder Reis-und-Tee-Diät und Cola in Maßen, denn es enthält Zucker, Spurenelemente, Elektrolyte und ersetzt das verloren gegangene Wasser. Generell sollte man viel trinken und die Zufuhr von Salz nicht vergessen.

Bei länger anhaltenden Erkrankungen empfiehlt es sich, einen Arzt aufzusuchen – es könnte auch eine bakterielle oder eine Amöben-Ruhr (Dysenterie) sein. Bei Durchfällen gilt zu bedenken, dass die Wirksamkeit anderer Medikamente, darunter die Antibabypille, beeinträchtigt werden kann.

Verstopfungen können durch eine große Portion geschälter Früchte, z. B. Ananas oder Papaya (mit Kernen essen), verhindert werden.

Elektrolyt-Lösung selbst mischen

Bevor man zu Mitteln aus der Apotheke (z. B. Elotrans) greift, kann man sich eine Elektrolyt-Lösung, die verlorene Flüssigkeit und Salze ergänzt, selbst herstellen. Man mische 1 l Wasser oder Fruchtsaft mit 4 Teelöffel Zucker und 1/2 Teelöffel Salz.

Erkältungen

Die Krankheit, die neben Durchfall zu den häufigsten Beschwerden in den Tropen zählt, wird meist durch plötzliche Temperaturwechsel, Klimaanlagen, Zugluft und durch starke Höhenunterschiede verursacht.

Empfehlung: immer ein paar trockene und warme Kleidungsstücke zum Wechseln greifbar haben.

Fiebre Maculosa

Diese fieberhafte Erkrankung wird durch kleine Bakterien, sog. Rickettsien, verursacht, die von Zecken übertragen werden. Das Krankheitsbild kann einem Denguefieber ähneln. Antibiotika (z. B. Doxycyclin) sind wirksam.

Gelbfieber

Gelbfieber (auf span. *fiebre amarilla*) ist eine tropische Viruserkrankung, die durch die Gelbfieber-Mücke übertragen wird. Sie tritt nur in Afrika und Lateinamerika auf. Nach einer Inkubationszeit von drei bis acht Tagen kommt es zunächst zu Symptomen wie Fieber, Schüttelfrost, Kopf- und Gliederschmerzen sowie Erbrechen (Phase 1). Diese Symptome klingen in den meisten Fällen nach einigen Tagen wieder ab, manchmal verläuft das Krankheitsbild sogar so leicht, dass es nicht einmal bemerkt wird. In etwa 20 % der Fälle tritt jedoch eine zweite Phase ein, in der das Fieber auf über 40 °C steigt und es zu Leberversagen sowie inneren und äußeren Blutungen kommt. Eine Therapie für diese Phase, die in der Hälfte aller Fälle tödlich verläuft, steht bisher nicht zur Verfügung.

Gelbfieber tritt im Amazonastiefland Perus und Boliviens auf. Einen sicheren Schutz bietet die Gelbfieberimpfung, die dringend empfohlen wird, wenn man eine der genannten Regionen bereisen will. Bei Einreise aus Infektionsgebieten (Länder in West- und Zentralafrika sowie Lateinamerika) muss ein gültiger Gelbfieber-Impfschutz im internationalen Impfausweis dokumentiert sein. Die Gelbfieberimpfung darf nur von besonderen Impfstellen verabreicht werden, zu denen alle Tropeninstitute zählen.

Die Behörden in Peru und Bolivien können Touristen, die aus Gelbfiebergebieten einreisen (z. B. Brasilien) zwangsimpfen lassen, wenn sie keinen Impfschutz nachweisen können! Momentan benötigen Touristen, die von Peru oder Bolivien nach Brasilien auf dem Landweg einreisen, eine Gelbfieberimpfung (Adressen der Impfstellen in Lima S. 177). Laut WHO bietet die einmalige Impfung Schutz auf Lebenszeit.

Geschlechtskrankheiten

Gonorrhöe und die gefährlichere Syphilis sind in Peru und Bolivien weitverbreitete Infektionskrankheiten, vor allem bei Prostituierten. Bei den ersten Anzeichen einer Erkrankung (Ausfluss/Geschwüre) muss man unbedingt ein Krankenhaus zum Anlegen einer Kultur und zur Blutentnahme aufsuchen.

Giardiasis (Lambliasis)

Giardiasis ist eine Infektion des Verdauungstraktes, ausgelöst von dem Parasiten *Giardia lamblia*, der über fäkal verunreinigtes Wasser oder Lebensmittel aufgenommen wird. Die Symptome treten ein bis zwei Wochen nach der Infektion auf: Durchfälle, Bauchkrämpfe, Blähungen, Müdigkeit, Gewichtsverlust und Erbrechen. Da sich bei ausbleibender Behandlung (Antibiotika) das Krankheitsbild verschlimmern kann, sollte unverzüglich ein Arzt aufgesucht werden.

Hauterkrankungen

Bereits vom Schwitzen kann man sich unangenehm juckende Hautpilze holen. Gegen zu starkes Schwitzen hilft Körperpuder, der angenehm kühlt und in Apotheken oder Supermärkten erhältlich ist. Für andere Erkrankungen sind häufig Kopf-, Kleider-, Filzläuse, Flöhe, Milben oder Wanzen verantwortlich.

Die beste Vorbeugung ist eine ausreichende Hygiene. Nicht selten treten an Stellen, an denen die Kleidung eng aufliegt, Hitzepickel auf, die man mit Prickly Heat Powder, Zinkoxyd oder Titanoxyd behandeln kann. Gegen Kopfläuse hilft Organoderm, oder, falls man wieder in Deutschland ist, Nyda.

Hepatitis

Die schwere Lebererkrankung Hepatitis B wird vor allem durch sexuellen Körperkontakt und durch Blut (ungenügend sterilisierte Injektionsnadeln, Bluttransfusionen, Tätowierung, Piercen, Akupunktur) übertragen. Eine rechtzeitige vorbeugende Impfung, z. B. mit Gen H-B-Vax oder Engerix, ist sehr zu empfehlen. Die Hepatitis A wird durch infiziertes Wasser und Lebensmittel oral übertragen. Vor einer Ansteckung schützt der Impfstoff Havrix oder Vaqta (auch als Kombi-Impfung Twinrix für Hepatitis A und B erhältlich). Nur ein Drittel aller Europäer sind gegen Hepatitis A immun, ob die Impfung notwendig ist, zeigt ein Antikörpertest (empfehlenswert nur bei Reisenden über 50 Jahren). Hepatitis C und D werden auf demselben Weg übertragen wie Hepatitis B und können ebenfalls zu gefährlichen Langzeitschäden führen.

Höhenkrankheit

Viele Reisende unterschätzen die Konsequenzen einer unzureichenden Höhenanpassung. Aus Zeitmangel und Unwissenheit, oder überredet von unverantwortlichen Veranstaltern vor Ort, riskieren sie lebensgefährdende Situationen. Erste Anzeichen von Höhenbeschwerden können bereits ab 2000 m auftreten. Ab Höhen von 3000 m häufen sich die Symptome wie Kopfschmerzen, Schwindel, Atemnot, Übelkeit, Schlafstörungen, Orientierungslosigkeit etc. als Folge der Sauerstoffverarmung des Blutes. Bei anhaltenden Beschwerden ist der sofortige Abstieg auf eine niedrigere Höhe unumgänglich. Weitere Tipps: Viel Flüssigkeit zu sich nehmen, Alkohol vermeiden und eventuell leichte Schmerzmittel (z. B. Aspirin) nehmen.

Besonders wichtig ist eine ausreichende Akklimatisierung für die Teilnehmer von mehrtägigen Trekkingtouren. Es empfiehlt sich, vor Beginn der Trekkingtour mehrere Tage in Höhen über 3000 m zu verbringen (z. B. in Huaraz, Cusco oder La Paz), die man als Ausgangspunkt für Tageswanderungen in größere Höhen nutzen sollte.

Weitere detaillierte Informationen zur Höhenkrankheit finden sich auf einem Merkblatt vom Gesundheitsdienst des Auswärtigen Amts: 💻 www.auswaertiges-amt.de (suchen nach den Stichworten „Höhenkrankheit Merkblatt").

HIV / Aids

Die Übertragungswege von HIV (Human Immunodeficiency Virus) sind ungeschützter Geschlechtsverkehr, verschmutzte Injektionsnadeln bei Drogenkonsum oder Bluttransfusionen, kurz gesagt alle Wege, auf denen infiziertes Blut oder andere Körperflüssigkeiten in den eigenen Blutkreislauf gelangen können.

Die Immunschwächekrankheit Aids (in Lateinamerika SIDA genannt) hat auch vor den Toren der religiös-konservativen Gesellschaften Perus und Boliviens nicht haltgemacht. Im Vergleich zu Afrika und Asien sind die Zahlen jedoch (noch) relativ niedrig. Aber auch in Peru und Bolivien steigt die Zahl der Infizierten, denn Aufklärung und Prävention stecken noch in den Kinderschuhen. Ein Kondom zu benutzen wird als unmännlich betrachtet, und breite Bevölkerungsschichten können sich diese Art von „Luxus" ohnehin nicht leisten. Prostitution ist zwar offiziell verboten, wird aber geduldet und ist vor allem in den Hauptstädten beider Länder anzutreffen.

Insektenstiche und -bisse

Insekten und Fliegen sind allgegenwärtig und zu Beginn der Trockenzeit eine wahre Plage. Auch in der heißen Jahreszeit lassen sie sich in Scharen von Lichtquellen und Wärme anlocken, doch die meisten sind eher lästig als gefährlich. Vorsicht ist vor **Moskitos** geboten, da gewisse Arten Denguefieber und Malaria übertragen.

An einigen Sandstränden treten vor allem am späten Nachmittag und Abend **Sandfliegen** auf, deren Bisse sich erst einige Stunden später durch juckende, extreme Hautrötungen bemerkbar machen. Kratzen erhöht die Gefahr einer Entzündung, die oft erst nach einem Monat abklingt und hässliche Narben hinterlässt. Da sich die kleinen Plagegeister nur in begrenzten Bereichen aufhalten, sollte man sich von diesen Stränden fernhalten. Es hilft Skin-So-Soft von Avon.

Flöhe und Wanzen, deren Bisse fürchterlich jucken, verstecken sich bevorzugt in schmutzigem Bettzeug. Wanzenbisse bilden eine säuberliche Linie. Nicht kratzen und ein Antihistaminikum (Salbe) gegen Entzündungen auftragen.

Auf dem Land sind viele Tiere mit **Zecken** infiziert, die sich in gesättigtem Zustand von ihrem Wirt fallen lassen und auf das nächste Opfer warten, dem sie ihre mit Haken besetzten Köpfe ins Fleisch bohren können, um Blut zu saugen. Es ist wichtig, sie vorsichtig zu entfernen, damit keine Haken stecken bleiben.

Blutegel sind vor allem zur Regenzeit im Dschungel eine Plage, besonders beim Durchqueren feuchter Stellen und von Wasser. Sobald sie sich mit Blut vollgesogen haben, fallen sie ab, doch schon vorher kann man sie mit brennenden Zigaretten oder Salz vertreiben. Ein wenig schützen langärmelige Hemden und in die Socken gesteckte lange Hosenbeine.

Kinderlähmung (Polio)

Der irreführende Name wiegt viele Erwachsene in einer trügerischen Sicherheit, denn auch als Erwachsener kann man sich mit Polio anstecken. Ähnlich wie bei der Tetanusimpfung sollte die Immunisierung alle zehn Jahre aufgefrischt werden.

Malaria

Ein geringes Malaria-Risiko besteht in ganz **Peru** in Regionen unter 2000 m, vor allem in den Departamentos Ayacucho, Junín, Loreto, Madre de Dios, San Martin, Puerto Maldonado und in Iquitos. Als malariafrei gelten hingegen Lima, Cusco, Machu Picchu, das Anden-Hochland, die Küste im Süden von Lima sowie die Departamentos Ica und Nazca.

Die Deutsche Gesellschaft für Tropenmedizin und Internationale Gesundheit (DTG) rät nur beim Besuch der Grenzregionen zu Ecuador, Kolumbien, Brasilien und Bolivien, vor allem in den Departamentos Loreto und Ucayali, zu regelmäßiger medikamentöser Prophylaxe (mit Malarone oder Doxycyclin). Bei kürzeren Aufenthalten in den genannten Gebieten wird im Falle einer Infizierung eine Stand-by-Therapie empfohlen (mit Malarone oder Riamet); das Medikament sollte vorsorglich mitgebracht werden. Die Auswahl und persönliche Anpassung des Prophylaxemittels sowie mögliche Nebenwirkungen oder Unverträglichkeiten mit anderen Medikamenten sollten unbedingt vor der Einnahme mit einem Tropen- bzw. Reisemediziner besprochen werden. Aktuelle Infos: www.dtg.org/suedamerika.html.

In **Bolivien** besteht im ganzen Land ein geringes Malariarisiko unter 2500 m Höhe. Betroffen sind die Tieflandgebiete im Osten des Landes. In Westbolivien besteht nur in den Tieflagen des Departamentos La Paz ein geringes Malariarisiko.

Die beste **Vorbeugung** gegen Malaria besteht darin, möglichst gar nicht erst gestochen zu werden: Die Anopheles-Mücke, die den Malariaerreger *Plasmodium falciparum* übertragen kann, sticht während der Nacht, also zwischen Beginn der Dämmerung und Sonnenaufgang. Am Abend schützen helle Kleidung wie lange Hosen, langärmlige Hemden, engmaschige Socken und ein Mücken abweisendes Mittel auf der Basis von DEET, das auf die Haut aufgetragen wird und die Geschmacksnerven stechender Insekten lähmt. Einige Apotheken bieten sanftere Mittel an, die auf Zitronella- und Nelkenöl basieren, z. B. Zedan. Bewährt hat sich der Wirkstoff Permethrin, mit dem Kleidung und Moskitonetz eingesprüht werden. Er geht eine Verbindung mit dem Gewebe ein, ohne zu ölen, und bleibt wochenlang wirksam. In Deutschland ist er z. B. in den Handelsmarken NOBITE (100 ml für Kleidung, www.nobite.com) und TYRA-X (500 ml für Moskitonetze, www.tyrax-shop.de) enthalten.

Ist der Schlafraum nicht mückensicher (lückenlose Mückengitter an Fenster und Türen), sollte man unter einem Moskitonetz schlafen. Am sichersten ist ein eigenes, mit Permethrin behandeltes Netz. Löcher verschließt man am besten mit Klebeband. Bei niedrigen Temperaturen in klimatisierten Räumen sind die Mücken zwar weniger aktiv, aber keineswegs ungefährlich. Notfalls verringern das Risiko auch Coils, grüne Räucherspiralen, die wie Räucherstäbchen abbrennen und für ca. 8 Stunden die Luft verpesten. Oft werden sie abends in offenen Restaurants unter die Tische gestellt, um die herumschwirrenden Moskitos zu vertreiben.

Wer aus Peru und Bolivien zurückkehrt und an einer nicht geklärten fieberhaften Erkrankung leidet, auch wenn es sich nur um leichtes Fieber und Kopfschmerzen handelt und erst Monate nach der Rückkehr auftritt, sollte dem Arzt unbedingt über den Tropenaufenthalt berichten. Die ersten Symptome einer Malaria können denen eines banalen grippalen Infektes ähneln und werden daher häufig verkannt.

Schlangenbiss oder Skorpionstich

Von den 186 peruanischen **Schlangenarten** sind rund 32 giftig genug, um Menschen gefährlich werden zu können. Die größte Artenzahl befindet sich im Amazonasbecken. Da Schlangen im Allgemeinen scheue Tiere sind, kommen Bisse selten vor. Meist beißen die Tiere in reiner Notwehr oder um ihren Nachwuchs zu verteidigen. Die gefährlichsten Schlangen Perus und Boliviens sind die Vipernvertreter Lanzenotter und Buschmeister sowie die Korallenschlange, die zur Familie der Kobras gehört.

Gefährlich ist die Zeit nach Sonnenuntergang zwischen 18 und 20 Uhr, vor allem bei Regen. Einige Schlangen töten durch ein Blutgift, in diesem Fall benötigt man sofort ein Serum; andere töten durch ein Nervengift, dann ist außerdem eine künstliche Beatmung wichtig. Das Provinzkrankenhaus, in das der Betroffene schnellstens gelangen sollte, muss zudem sofort informiert werden, damit ein Arzt und das Serum beim Eintreffen bereitstehen. Bei Touren im Regenwald, in hohem Schilfgras und Ruinenstätten sollte hohes, festes Schuhwerk getragen werden. Ein Stock kann hier nützliche Dienste leisten. Schuhe sollten vor dem Anziehen ausgeschüttelt und überprüft werden, da Schlangen gern in ihnen übernachten.

Ein **Skorpionstich** ist zwar äußerst schmerzhaft, aber nicht lebensbedrohlich. Vorsicht ist beim selten anzutreffenden Weißen Skorpion geboten. Sein Biss kann zu Lähmungserscheinungen und bei kleinen Kindern sogar zum Tod führen. Wer gebissen wurde, sollte sich nicht bewegen, viel trinken und einen Arzt rufen. Vorsichtshalber sind Kleidung und Schuhwerk vor dem Anziehen zu überprüfen.

Sonnenbrand und Hitze

Wegen des steileren Strahleneinfalls und der geringeren atmosphärischen Filterung ist die Tropensonne viel intensiver als in unseren Breitengraden. Wichtig ist, sich langsam an die starke Sonne zu gewöhnen, sich wenn möglich im Schatten aufzuhalten und eine dem Hauttyp entsprechende Schutzcreme aufzutragen. Besonders stark ist die Strahlung im Hochland, am Wasser und während der Mittagsstunden.

Eine der Hauptursachen für Unwohlsein während einer Auslandsreise ist in den meisten Fällen Flüssigkeitsmangel. Durch die neuen Eindrücke abgelenkt, vergessen viele Reisende, genügend zu trinken. Hinzu kommt, dass man in tropischen Gegenden mehr schwitzt und daher mehr Flüssigkeit und Mineralien benötigt. Regelmäßiges Trinken plus Mineralienzufuhr ist deshalb unerlässlich.

Erschöpfungszustände bei Hitze äußern sich durch Kopfschmerzen, Übelkeit, Benommenheit und erhöhte Temperatur. Um die Symptome zu lindern, sollte man unbedingt Schatten aufsuchen und genügend Flüssigkeit zu sich nehmen. Erbrechen und Orientierungslosigkeit können auf einen Hitzschlag hinweisen, der potenziell lebensbedrohlich ist – deshalb muss man sich sofort in medizinische Behandlung begeben.

Thrombose

Bei längeren Flugreisen verringert sich durch den Bewegungsmangel der Blutfluss vor allem in den Beinen, wodurch es zur Bildung von Blutgerinnseln kommen kann, die, wenn sie sich von der Gefäßwand lösen und durch den Körper wandern, eine akute Gefahr darstellen (z. B. Lungenembolie). Gefährdet sind vor allem Personen mit Venenerkrankungen oder Übergewicht, aber auch Schwangere, Raucher oder Frauen, die die Pille nehmen. Das Risiko verhindern Bewegung, viel trinken (aber keinen Alkohol) und notfalls Kompressionsstrümpfe der Klasse 1–2.

Tollwut

Wer von einem der zahlreichen streunenden Hunde oder von einem wilden Tier (z. B. einer Vampirfledermaus) gebissen wird, sollte unverzüglich einen Arzt aufsuchen, um festzustellen, ob er sich mit Tollwut (Rabia) infiziert hat. Sollte dies der Fall sein, muss man sich sofort impfen lassen, da eine Infektion sonst tödlich endet. In den meisten Gegenden halten die Krankenhäuser Impfstoffe bereit. Eine vorbeugende Impfung ist sehr teuer und nur bei längerem Aufenthalt oder besonderer Exposition (intensiver Kontakt mit Tieren etc.) ratsam.

Typhus

Typhus ist eine Salmonellenerkrankung, die durch den Verzehr infizierter Lebensmittel oder Getränke (ungereinigtes Wasser) verursacht wird. Typische Symptome: über sieben Tage hohes Fieber einhergehend mit einem eher langsamen Puls und Benommenheit. Empfehlenswert ist die gut verträgliche Schluckimpfung mit Typhoral L für alle Reisenden. Drei Jahre lang schützt eine Injektion des neuen Typhus-Impfstoffs Typhim VI oder Typherix, ehe er wieder aufgefrischt werden muss.

Wurmerkrankungen

Winzige oder größere Exemplare, die überall lauern können, setzen sich an verschiedenen Körperstellen bzw. -organen fest und sind oft erst Wochen nach der Rückkehr festzustellen. Die meisten sind harmlos und durch eine einmalige Wurmkur zu vernichten, andere sind gefährlich, z. B. Hakenwürmer. Sie bahnen sich den Weg durch die Fußsohlen, weshalb man auf feuchten Böden unbedingt Sandalen tragen sollte. Nach einer Reise in abgelegene Gebiete ist es empfehlenswert, den Stuhl auf Würmer untersuchen zu lassen. Notwendig ist das, wenn man über längere Zeiträume auch nur leichte Durchfälle hat.

Wundinfektionen

Unter unhygienischen Bedingungen können sich schon aufgekratzte Moskitostiche zu beträchtlichen Infektionen auswachsen, wenn sie unbehandelt bleiben. Wichtig ist es, dass jede noch so kleine Wunde sauber gehalten, desinfiziert und evtl. mit Pflaster geschützt wird. In jeder Apotheke gibt es Antibiotika-Salben, die den Heilprozess unterstützen.

Wundstarrkrampf (Tetanus)

Wundstarrkrampferreger finden sich überall auf der Erde. Verletzungen kann man nie ausschließen, und wer noch keine Tetanusimpfung hatte, sollte sich unbedingt zwei Impfungen im Vier-Wochen-Abstand geben lassen, die nach einem Jahr aufgefrischt werden müssen. Danach genügt eine Impfung alle zehn Jahre. Am besten ist die Kombi-Impfung mit dem Polio-Tetanus-Diphtherie-(Td-)Impfstoff für Personen über fünf Jahren, mit der gleichzeitig ein Schutz vor Diphtherie und Polio einhergeht.

Zika-Virus

Das Zika-Virus (ZIKV), gegen das es bislang weder eine zugelassene Impfung noch eine medikamentöse Prophylaxe gibt, wird durch *Aedes (Stegomyia) aegypti* und evtl. weitere Stechmückenarten auf den Menschen übertragen. Die Erkrankung geht mit Fieber, Hautausschlag, Gelenkschmerzen, einer Entzündung der Augenbindehaut sowie – seltener – mit Muskel- bzw. Kopfschmerzen und Erbrechen einher. Todesfälle sind selten. Eine Zika-Infektion während der Schwangerschaft kann zu Fehlbildungen des Gehirns beim Neugeborenen und somit zu geistigen Behinderungen führen.

Frauen, die schwanger werden wollen oder bereits schwanger sind, sollten von vermeidbaren Reisen in ZIKV-Gebiete absehen oder auf eine ganztägige Prävention vor Mückenstichen achten.

Bücher

Allgemein

Iken Paap, Friedhelm Schmidt-Welle, *Peru heute: Politik, Wirtschaft, Kultur* (Vervuert 2016). Aktuelles Kompendium mit einer Auswahl von fundierten Beiträgen, geschrieben von Peru-Kennern.

Belletristik

Alfredo Bryce Echenique, *Eine Welt für Julius* (Suhrkamp 2003). Faszinierendes Porträt der bourgeoisen Familie, des Systems von Dienern und Herren und der rauen Oberflächlichkeit in der peruanischen Hauptstadt Lima aus der Sicht des Knaben Julius.

Mario Vargas Llosa, *Tod in den Anden* (Suhrkamp 2002). Ein Klassiker, den man in den peruanischen Anden lesen sollte.

Weitere lesenswerte Romane von Vargas Llosa (alle bei Suhrkamp erschienen) sind: *Der Hauptmann und sein Frauenbataillon, Tante Julia und der Kunstschreiber, Das grüne Haus*, in dessen Mittelpunkt die ansonsten selten literarisch behandelte Amazonasregion steht, *Die Stadt und die Hunde*, eine anschauliche Beschreibung der Verhältnisse in Lima zur Mitte des 20. Jhs., *Maytas Geschichte*, der Vierteiler *Der Krieg am Ende der Welt* und *Das Fest des Ziegenbocks*, eine Abrechnung mit der Diktatur des Präsidenten Leónidas Trujillo in der Dominikanischen Republik. In *Das Paradies ist anderswo* beschreibt Vargas Llosa die Lebenswege des Malers Paul Gauguin und dessen Großmutter, der französisch-peruanischen Frauenrechtlerin und Sozialistin Flora Tristan. *Der Traum des Kelten* ist eine Schilderung der inneren und äußeren Kämpfe des abenteuerlichen Idealisten Roger Casement aus Irland. Die neueren Werke des Erfolgsautors, darunter *Ein diskreter Held, Die Enthüllung* und *Der Ruf der Horde: Eine intellektuelle Autobiografie* haben gemischte Kritiken erhalten.

Weitere interessante Romanciers s. „Literatur" S. 144.

Kolonialzeit

Die Entdeckung von Peru. 1526–1712, Ernst Bartsch, Evamaria Grün (Hrsg.) (Thienemann Verlag 1996). Drei Augenzeugen berichten von der Eroberung Perus. Das Buch enthält zeitgenössische Bilder und Landkarten.

Francisco Pizarro, der Eroberer von Peru, Arthur Schurig (tredition 2011). Die Geschichte des Konquistadoren, nacherzählt aus alten Quellen.

Kurz gefasster Bericht von der Verwüstung der Westindischen Länder, Bartolomé de Las Casas, Hans Magnus Enzensberger (Hrsg.) (Insel Frankfurt 1981). In diesem Bericht von 1524 beschreibt der Dominikaner de las Casas das millionenfache Leid der unterdrückten Ureinwohner und klagt die Machenschaften ihrer spanischen Peiniger an.

Länder, Menschen, Abenteuer

Botschaften im Sand. Reise zu den rätselhaften Nazca-Linien, Carmen Rohrbach (NG Verlag 2014). Neuauflage des bereits 1995 bei Goldmann erschienenen Buchs, in dem die Autorin nicht nur die mysteriösen Linien beschreibt, sondern auch Maria Reiche, die deutsche Erforscherin der Nasca-Linien, porträtiert.

Das weiße Gold der Zukunft: Bolivien und das Lithium, Benjamin Beutler (Rotbuch 2011). Überblick über den epochalen Wandel in Bolivien seit der Machtübernahme durch Präsident Evo Morales. Das Thema Lithium kommt allerdings etwas zu kurz.

Peru. Das Kochbuch, Gastón Acurio (Phaidon by Edel 2016). Starkoch Gastón Acurio präsentiert in diesem Buch die peruanische Küche, die mit ihren asiatischen, arabischen und europäischen Einflüssen zu den aufregendsten der Welt zählt.

Peru und Bolivien, Rolf Seeler (Dumont Kunstreiseführer 2009). Guter kunsthistorischer Überblick mit vielen anschaulichen Grafiken und schönen Fotos.

Wolkenpfad, John Harrison (DuMont Reiseverlag 2013). Der Autor erwandert den Capac Ñan, den Königsweg der Inka, und schildert – wenn auch manchmal etwas langatmig – die vielen Unwägbarkeiten, die Ängste und die Einsamkeit während der Reise.

Natur

Der Spirit von Ayahuasca: Uralte Pflanzenzeremonien für Heilung und spirituelles Erwachen, Joseph Tafur (Arkana 2019). Der Autor zeigt, welche lebensverändernden Erkenntnisse durch Ayahuasca möglich sind und wie die Einnahme unter therapeutischer Begleitung abläuft.

Coca und Kokain. Ethnobotanik, Kunst und Chemie, Christian Rätsch, Jonathan Ott (AT Verlag 2003). Ausführliche Abhandlung, die viele unterschiedliche Aspekte des Themas Koka und Kokain beleuchtet.

Peru – Travellers Wildlife Guide, Les Beletsky (Arris Publishing Travel 2005). Englischsprachiger Führer, der die peruanische Fauna und Flora detailliert erklärt.

Photographic Guide to Birds of Peru, Clive Buyers (New Holland Publishers 2011). Die wichtigsten peruanischen Vogelarten in Wort und Bild.

Prähispanische Kulturen

Die Inka, Catherine Julien (C. H. Beck 2001). Nicht ganz kompletter, aber recht umfassender Einstieg ins Inka-Thema mit Schwerpunkt auf Geschichte, Kultur und Religion.

Inkas – Das große Volk der Anden, Walter Alva, Maria Longhena (Karl Müller Verlag 2002). Dieses Buch beschreibt nicht nur die Welt der Inka, sondern auch ihre Vorgängerkulturen.

Kulturen und Bauwerke des Alten Peru: Geschichte im Rucksack, Doris Kurella (Kröner 2008). Das für Reisende wie Daheimgebliebene geeignete Buch stellt die Kulturen Perus mit ihren Sitten und Besonderheiten sowie die Beziehungen der Kulturen zueinander vor.

Sozial und ökologisch verantwortlich reisen

Bolivien-Ecuador-Peru verstehen, Sandra Weiss (Sympathie-Magazine 2018). Die Moderne und das indigene Erbe sind nicht immer leicht zu vereinen. Wie die Menschen dennoch mit Engagement den Alltag meistern und ihre Zukunft gestalten, berichten einheimische und deutsche Autoren in diesem Magazin.

FAIRreisen. Das Handbuch für alle, die umweltbewusst unterwegs sein wollen, Frank Herrmann (Oekom 2016). Das mit dem ITB BuchAward 2017 für das beste touristische Fachbuch ausgezeichnete Werk geht nicht nur umfassend auf die Missstände des globalen Tourismus ein, sondern zeigt auch auf, wie man es besser machen kann.

Fair Einkaufen – aber wie? Martina Hahn, Frank Herrmann (Brandes & Apsel, 6. Auflage 2019). Im Kapitel „Fairer Tourismus" des Ratgebers erfährt man, was für Auswirkungen der globale Tourismus hat und wie und wo man umweltschonend und sozial verantwortlich Urlaub machen kann.

Trekking

Bolivien – Die schönsten Wanderungen und Trekkingtouren, Thomas Wilken (Bergverlag Rother 2017). Wanderführer mit 52 Routenvorschlägen, Höhenprofilen und Routenkarten.

Peru – Die schönsten Wanderungen und Trekkingtouren, Oskar E. Busch (Bergverlag Rother 2019). Wanderführer mit 62 Routenvorschlägen, Höhenprofilen und Routenkarten.

Trekking Peru: A Traveler's Guide, Robert Kunstaetter (Mountaineers Books 2017). Von leicht bis extrem, darunter viele noch wenig bekannte Routen. Auf Englisch.

Index

ANHANG

ANHANG

D

E

F

ANHANG

ANHANG

ANHANG

M

N

ANHANG

U

V

W

ANHANG

Danksagung

Ich danke **Ulrike Maennig, Silvia Vilchez, Edwin Junco Cabrera, Carlos Montenegro, Rafael Flores, Rodolfo Moreno Origuela, Carolina Egg** und **Beat & Dorothea Aregger**, die mit wertvollen Informationen und/oder logistischer Unterstützung zum Gelingen dieser Ausgabe beigetragen haben. In diesem Zusammenhang geht ein großes Lob auch an die Touristeninformationen von I-Perú und InfoTur in La Paz. Bereichert wird diese Auflage durch die Texte von **Hildegard Willer** sowie **Eva & Mattes Tempelmann**.
Ganz herzlichen Dank auch an die vielen **Leser und Leserinnen**, die sich die Mühe gemacht haben, mit ihren Anregungen und Tipps zur Aktualisierung des Reiseführers beizutragen.

Bildnachweis

Umschlag

Titelfoto laif, Köln/hemis.fr, Franck Charton; Lama
Umschlagklappe hinten Mauritius Images, Mittenwald/Alamy; Kathedrale an der Plaza Murillo in La Paz (Bolivien)

Highlights

S. 8 Shutterstock.com, Amsterdam (NL)/Christian Vinces
S. 9 Mauritius Images, Mittenwald/imageBROKER/Florian Kopp (oben)
Shutterstock.com, Amsterdam (NL)//Juan Fco Campanario (unten)
S. 10 Frank Herrmann (2)
S. 11 Lookphotos, München/age fotostock (oben)
Mauritius Images, Mittenwald/age (unten)
S. 12/13 laif, Köln/Le Figaro Magazine/Martin
S. 14 Lookphotos, München/age fotostock (oben)
Mauritius Images, Mittenwald/Danita Delimont (unten)
S. 15 Mauritius Images, Mittenwald/ Alamy/Phil Crean nature
S. 16 Shutterstock.com, Amsterdam (NL)/Daniel Mejia Novoa
S. 16 Shutterstock.com, Amsterdam (NL)/Marian Makapix (unten)
S. 17 Mauritius Images, Mittenwald/Nicholas Gill (oben)
S. 17 laif, Köln/Gonzalez (unten)
S. 18 Shutterstock.com, Amsterdam (NL)/Renzo Scerpella (oben)
iStock.com, Calgary (CA)/robas (unten)
S. 19 laif, Köln/Sebastian Pfütze
S. 20 Mauritius Images, Mittenwald/Steve Vidler (oben)
Frank Herrmann (unten)
S. 21 Getty Images, München/John Coletti
S. 22 Mauritius Images, Mittenwald/Alamy

Regionalteil

Frank Herrmann 71, 78, 83, 84, 92, 98, 110, 117, 130, 137, 140, 145, 147 (2), 153, 157, 161, 172, 184, 187, 190, 193 (2), 203, 211, 214, 216, 228, 233, 254, 259, 260, 266, 27, 272, 288, 30, 304, 309, 319, 329, 344, 346, 36, 360, 379, 38, 390, 392, 393 (2), 402, 408, 415, 417, 420, 432, 435, 442, 443 oben, 453, 457, 464, 47, 471, 475, 483, 492, 503, 51, 525, 533, 559, 563, 571, 575, 587 unten, 592, 6, 605, 62, 621, 623, 638, 647
Franziska Mitzschke S. 32, 586, 587 oben
Eva Tempelmann S. 109, 135, 155
Fotolia, New York (USA) reisegraf S. 385; Jose Ignacio Soto S. 115; travelstrategy S. 506
iStock.com, Calgary (CA) Holgs S. 146; mundosemfim S. 192; Photocech S. 287; viennetta S. 382
Shutterstock.com, Amsterdam (NL) MYRIAM B S. 23, 56; Pocholo Calapre S. 619; Alexandra_F S. 402; Fotos593 S. 595; ireneuke S. 45; javarman S. 333; Jess Kraft S. 543, 580; Don Mammoser S. 387; Stephen Moilanen S. 549; Karol Moraes S. 584; najafragilis S. 88; NiarKrad S. 495, 515; Noradoa S. 371; Marek Poplawski S. 75; Gustavo Ramirez S. 210; Milton Rodriguez S. 341, 376; saiko3p S. 227; SL-Photography S. 443 oben; streetflash S. 639; sunsinger S. 651; vkilikov S. 118; wayfarerlife S. 42

Impressum

Peru
Westbolivien
Stefan Loose Travel Handbücher
7., vollständig überarbeitete Auflage **2020**
DuMont Reiseverlag, Ostfildern

Die in diesem Buch enthaltenen Angaben wurden von den Autoren nach bestem Wissen erstellt und vom Lektorat im Verlag mit großer Sorgfalt auf ihre Richtigkeit überprüft. Trotzdem sind, wie der Verlag nach dem Produkthaftungsrecht betonen muss, inhaltliche und sachliche Fehler nicht vollständig auszuschließen.
Deshalb erfolgen alle Angaben ohne Garantie des Verlags oder der Autoren. Der Verlag und die Autoren übernehmen keinerlei Verantwortung und Haftung für inhaltliche und sachliche Fehler.
Alle Landkarten und Stadtpläne in diesem Buch sind von den Autoren erstellt worden und werden ständig überarbeitet.

Gesamtredaktion und -herstellung
Bintang Buchservice GmbH
Zossener Str. 55/2, 10961 Berlin
www.bintang-berlin.de
Redaktion: Sabine Bösz, Jan Düker
Lektorat: Oliver Kiesow, Jessika Zollickhofer
Bildredaktion: Gritta Deutschmann, Anja Linda Dicke
Layout: Gritta Deutschmann
Karten: Anja Krapat, Klaus Schindler
Reiseatlas: DuMont Reisekartografie, Fürstenfeldbruck

Printed in Poland

Kartenverzeichnis

ANHANG

Autobahn	Internationaler Flughafen
Schnellstraße	Regionaler Flughafen; Flugplatz
Fernstraße mit Nummer	Hafen
Hauptstraße	Sehenswürdigkeit
Nebenstraße	Kirche; Kloster
Straße, nicht asphaltiert	Burg, Festung
Straße in Bau	Archäologische Stätte
Straße in Planung	Wasserfall
Tunnel	Höhle
Eisenbahn	Berggipfel; Pass
Fähre, Schiffsverbindung	Leuchtturm; Turm
Staatsgrenze mit Grenzübergang	Denkmal
Sperrgebiet	Museum
Nationalpark, Naturpark	Badestrand
Sumpfgebiet	Aussichtspunkt
Mangroven	Lodge

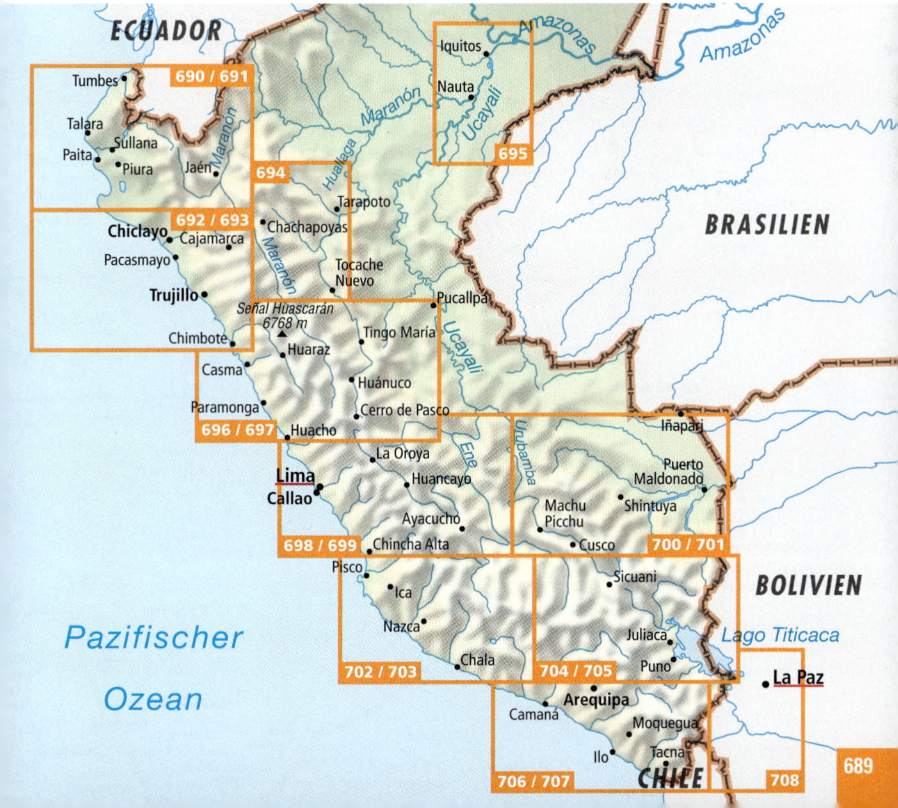

ECUADOR
Amazonas
Amazonas
Iquitos
Nauta
Ucayali
695
690 / 691
Tumbes
Talara
Sullana
Paita
Piura
Jaén
Marañón
Marañón
Huallaga
694
Tarapoto
BRASILIEN
692 / 693
Chiclayo
Cajamarca
Chachapoyas
Pacasmayo
Marañón
Tocache Nuevo
Trujillo
Pucallpa
Señal Huascarán 6768 m
Tingo María
Ucayali
Chimbote
Huaraz
Casma
Huánuco
Paramonga
Cerro de Pasco
696 / 697
Huacho
Iñapari
Urubamba
Ene
La Oroya
Puerto Maldonado
Lima
Huancayo
Callao
Machu Picchu
Shintuya
Ayacucho
698 / 699
Chincha Alta
Cusco
700 / 701
Pisco
Sicuani
BOLIVIEN
Ica
Pazifischer Ozean
Nazca
Juliaca
Lago Titicaca
Chala
Puno
702 / 703
704 / 705
La Paz
Arequipa
Camaná
Moquegua
Ilo
Tacna
706 / 707
CHILE
708

S. 692

S. 694
S. 693

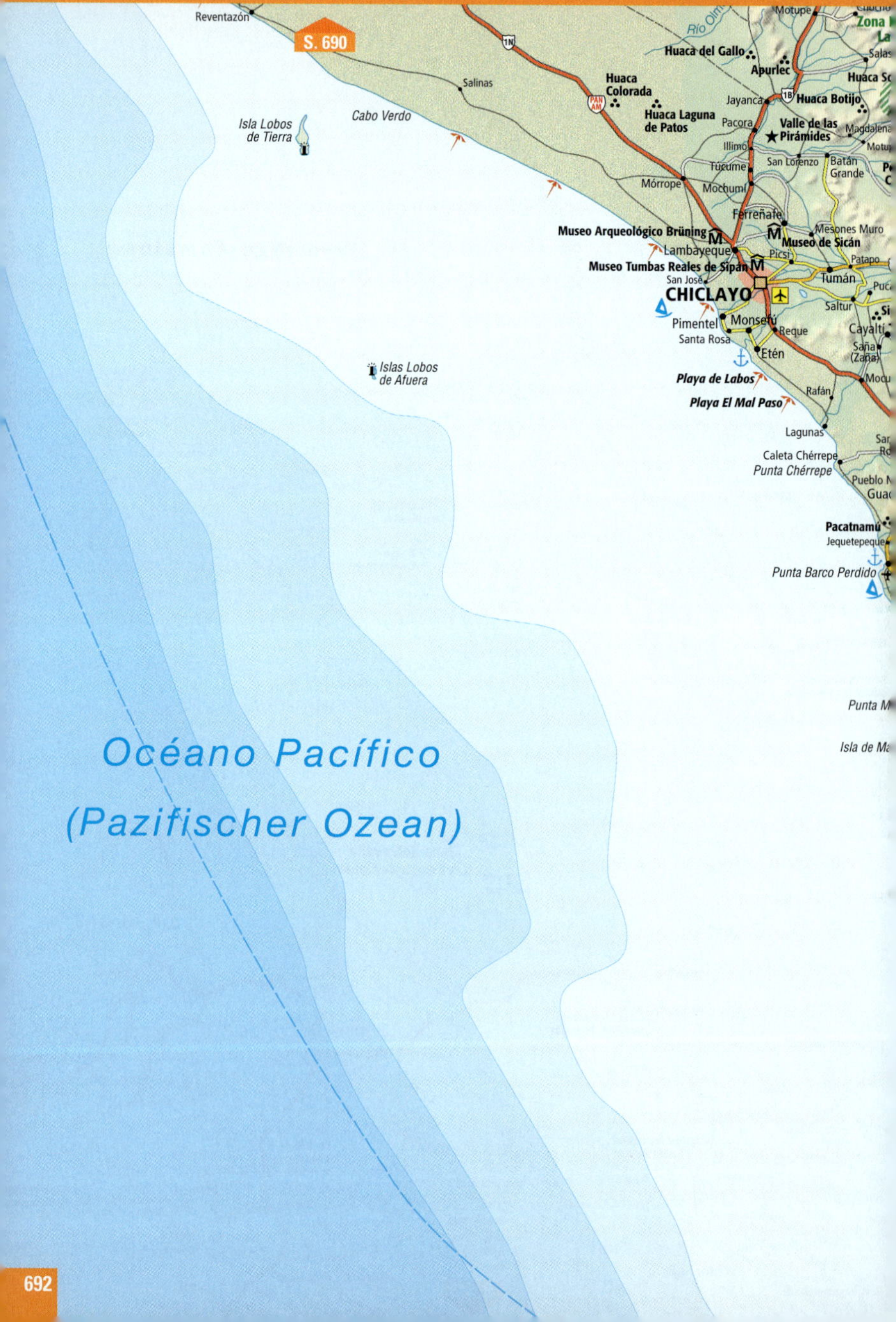

Reventazón
S. 690
Salinas
Río Olmos
Motupe
Huaca del Gallo
Apurlec
Huaca Colorada
Huaca Laguna de Patos
Jayanca
Huaca Botijo
Isla Lobos de Tierra
Cabo Verdo
Pacora
Valle de las Pirámides
Illimo
Túcume
San Lorenzo
Batán Grande
Mórrope
Mochumí
Ferreñafe
Museo Arqueológico Brüning
Mesones Muro
Museo de Sicán
Lambayeque
Picsi
Patapo
Museo Tumbas Reales de Sipán
San José
CHICLAYO
Tumán
Saltur
Pimentel
Monsefú
Reque
Santa Rosa
Cayaltí
Saña (Zaña)
Etén
Islas Lobos de Afuera
Playa de Labos
Playa El Mal Paso
Rafán
Lagunas
Caleta Chérrepe
Punta Chérrepe
Pacatnamú
Jequetepeque
Punta Barco Perdido
Océano Pacífico
(Pazifischer Ozean)

S. 691

S. 694

San Lorenzo
4061 m
Santo Domingo
San Andrés de Cutervo
Gran Vilaya
Tactamal
Cohech
Luya
poyas
Molinopampa
Cheto
Reserva Natural de Huamanpata
Querocotillo
Sócota
San Luis de Lucma
Congon
Colcamar
Yalape
Levanto
Magdalena
Monte Peruvia
Mariscal Benavides
Huambo
Querocoto
Cutervo
Tacabamba
Río Llaucano
Cordillera Central
Nuevo Tingo
Choctamal
Cuélap
María
4297 m
Tingo
Ubilon
La Jalca
Limabamba
B. P. Pagaibamba
Huambos
Cochabamba
Conchan
Chadin
Río Marañón
Ollape
Lago Mamacocha
Chirimoto
Zona Reservada Chancaybaños
Paccha
Revash
Llama
Chancaybaños
Sexi
Chota
Lajas
Co. Alto 4021 m
Chumuch
Cerros de Calla-Calla
Santo Tomás
Yerbabuena
Cerro Olán
Montevideo
Laguna de los Cóndores
Carrizal
Santa Cruz de Succhubamba
Chugur
Bambamarca
Chalan
La Congona
Leymebamba
Blanca
Catache
Yauyucán
Río Chancay
Hualgayoc
Abra Barro Negro 3680 m
Huasmin
Pedernal
Cerro San Cirilo
4183 m
Balsas
Oyotún
La Florida
Celendín
Huacapampa
Lucmapampa
Niepos
Nevado Michiquillay
4139 m
Abra Gran Chimú 3620 m
Sucre
Abra El Indio 3200 m
Chuquibamba
Río Huabal
Nanchoc
San Miguel de Pallaques
Granja Porcón
Llapa
Porcón
Sendamal
Oxamarca
Longotea
Nochapio
San Gregorio
Cobro
Combayo
Uchumarca
4697 m
Livis
San Pablo
Otuzco
Encañada
4701 m
Bolívar
Las Viejas
San Bernardino
Kuntur Huasi
CAJAMARCA
Baños del Inca
Llacanora
Uncuncha
Layzón
Namora
Ciego
Río Jequetepeque
Tembladera
Chilete
Magdalena
Cumbe Mayo
Jesús
Venecia
Río Jel
Represa de Gallito Ciego
Yonán
San Juan
Matará
Trinidad
Asunción
San Marcos
Ichocan
Río Crisnejas
Vada El Moro
Contumazá
Chancay
Guzmango
Co. Prieto 3072 m
San Benito
Cospan
Cachachi
La Grama
Sitacocha
Lluchubamba
Bambamarca
Gran
Co. Coan 4333 m
Sonchubamba
Calemar
Condormarca
Paja
Cascas
Río Chusgón
4375 m
Simbron
Algamarca
Cajabamba
El Cruce
Huancay
Sayapullo
Mocán
Río Chicama
Río Huancay
Lucma
Arequeda
Marcabal
Sartimbamba
Casa Grande
Ascope
Zapotal
Pampa de Jahuay
Huaranchal
Marmot
Huacamochal
Corral Pampa
Marcahuamachuco
Sausacocha
Los Alisos
Sausal
Hacienda Cartavio
4288 m
Usquil
Chugay
Aricapampa
Pataz
Chiclín
Wiracochapampa
Huamachuco
Chagual
Chicama
Sinsicap
Capachique
Curgos
Plas
Chiclayo
El Brujo
Cartavio
La Cuesta
Otuzco
Ventanillas de Otuzco
Sarin
Mumalca
El Charco
Simbal
Agallpampa
Quiruvilca
Parcoy
Huaca La Esmeralda
Huaca del Dragón
Pedregal
Salpo
Huanchaco
Río Moche
Julcán
Shorey
Coñachugo
Tamboras
Sitabamba
Llacuabamba
Laredo
Chan Chan
Catedral de Trujillo
Cachicadán
Chillia
Buldibuyo
Huaca La Esmeralda
Huacas de Moche
Carabamba
Angasmarca
Santiago de Chuco
Pampas
TRUJILLO
Moche
Huaso
Mollepata
Chalán
Salaverry
Mayasgo
Río Virú
Nev. Pelegato 4937 m
Pallasca
Conchucos
Tayab
Punta La Ramada
Tomabal
Huacapongo
Calipuy
Huandoval
Acobamba
Urpa
S. N. de Calipuy
Virú
Cabana
Quiches
Puerto Morín
Punta Guañape
Chorobal
Río Chuquicara
El Carmelo
Reserva Nacional Calipuy
4083 m
Tauca
Cusca
Huayllabamba
Buena Vista
Llapo
Ragash
Sihuas
Puenta Chao
Quiroz
Corongo
Pasacamba
Islas Guañape
Pampas Las Dunas
Bambas
Yanac
Chao
B. P. Puquio Santa Rosa
Chuquicara
Río Santa
Nev. Champará 5749 m
Cordillera Blanca
Palo Seco
La Pampa
Tablones
Yuramarca
Yaino
Punta Chao
Isla Chao
Tanguche
Co. Macon 4301 m
Macate
Yungaypampa
Huallanca
Pomabam
Nevado Alpamayo 5947 m
Huaylán
Cañón del Pato
Laguna Parón
Huaylas
Cupisi
Lacramarca
Huaylas
Huaripampa
Lucma
Santa
Tambo Real
Sucre
Tunshukaiko
Nev. Pisco 5752 m
CHIMBOTE
Jimbe
Ancoraca
Huata
Vaqueria
Yanama
Gran Muralla
Caraz
Laguna Llanganuco
Isla Santa
Paredones
Pamparomás
Nev. Huandoy 6395 m
Parque

S. 696

S. 696

1 cm = 18,5 km 1 : 1.850.000

quitos
1 cm = 18,5 km
1 : 1.850.000
0
20
40
60 km
Negro Urco
Oro Blanco
ACTS Field Station
ExplorTambos Camp
ExplorNapo Lodge
Sucusari
San Jorge
Río Chambira
Huanana
Yuracyacu
Francisco de Orellana
Botanical Lodge
Concordia
Explorama Lodge
Heliconia Amazon River Lodge
Pucallpa
Flautero
Río Napo
Sinchicuy Lodge
Mazán
Indiana
Isla Timicuro
Maniti
Río Mazán
Ceiba Tops
Timicuro
Cumaceba Lodge
Esperanza
Río Momón
Santa Teresa
Amazon Lodge
Santa Cecilia
Puerto Grau
Astoria
Museo Amazónico
IQUITOS
Río Amazonas
Atún Quebrada
Río Yanayacu
San Antonio
Shiriara
Tambo Yanayacu Lodge
San Antonio
Nankin
Libertad
Reserva Nacional
Allpahuayo-Mishana
Río Nanay
Parque Zoologico de Quistococha
Santa María de Nanay
Quistococha
Aucaya
Santa Rosa
Isla Timarco
Isla Tarapoto
Bellavista
Tamshiyaco
Refugio Altiplano
Magdalena
Piura
Tres de Febrero
Luceropata
Puerto Dese
Varadero
Tapira
Serafin Filomeno
Río Tigre
Río Tahuayo
Puerto Franco
Nuevo Esperanza
Río Itaya
Avispa
Puritania
San Fernando
Nuevo Mundo
Muyuna Lodge
Tahuayo Lodge
Nueva York
Amazon Yarapa River Lodge
Río Tamshiyacu
Miguel Grau
Río Yanayacu
Puerto Bosmeridiano
Mariscal Castilla
Miraflores
San Regis
La Fuente del Amazonas Lodge
Reserva Comunal Tamshiyacu Tahuayo
Río Mirisillo
Nauta
Living Light Lodge
arinari
Pacaya Samiria Amazon Lodge
Pucate
Refugio Piranha
Tambo Amazónico Lodge
Sarapanga
Shapajilla
Yarina
Isla Tibeplaya
Dolphin Lodge
Río Tahuayo
Tibeplaya
20 de Enero
Jungle Wolf Expeditions
Río Yanayacu
Yacumama Lodge
Río Ucayali
Bagazán
R. Mayo
Samina
Reserva Nacional Pacaya-Samiria
Lago Cumacebo
San Felipe
Genaro Herrera
Arcaden
Pucate
Boa
Eureka
Santa Teresa
Requena
Yarina
Palmeiras do Javari
Cocha El Dorado
Salvarri
Colonia Angamos
Elvirá
Río Tapiche
Bretaña
Puerto Loboyacu
Puerto Morla Concha
Huatape
Río Galvez
Esperanza
Flor de Punga
Boca Chobas
Pax Soldán
lma
Desahaga
Acuracay
Sociedad
Iberia
República
Río Yavari
BRASILIEN
Tamanco
Desengaño
Río Blanco
apiche
Santa Sofía
695

S. 693
S. 694
S. 693

Chorobal
Reserva Nacional Calipuy
4083 m
Buena Vista
Quiroz
Llapo
Cusca
Ragash
Huayllabamba
Sihuas
Huilacochán
Huancaspata
Pampas Las Dunas
Corongo
Pasacamba
Bambas
Yánac
Nev. Champará 5749 m
Chuquicara
Río Santa
La Pampa
Palo Seco
4047 m
Río Marañón
Huacrachuco
San Pedro de Chon
Tanguche
Tablones
Macate
Yuramarca
Cordillera Blanca
Co. Macon 4301 m
Yungaypampa
Huallanca
Yaino
Pomabamba
San Buenaventura
Cumbre de Arcotambo 4221 m
Cañón del Pato
Nevado Alpamayo 5947 m
Huayllán
Piscobamba
Huaylas
Laguna Parón
Cupisi
Lacramarca
Canchabamba
Pinra
Masqui
Huaylas
Huarripampa
Lucma
Tambo Real
Sucre
Nev. Pisco 5752 m
Santa
CHIMBOTE
Ancoraca
Tunshukaiko
Huata
Vaquería
Yanama
Gran Muralla
Jimbe
Caraz
Laguna Llanganuco
San Luis
Llamellín
Isla Santa
Isla Blanca
Pamparomás
Nev. Huandoy 6395 m
Parque
Mirgas
Paredones
Pueblo Libre
Nevado Huascarán 6768 m
Punkuri
San Jacinto
Moro
Yungay
Pompey
Aczo
Punta Zamora
Nepeña
Ranrahirca
Chacas
Península de Ferrol
Río Nepeña
Cordillera Negra
Cueva Guitarreros
Mancos
Rapayán
Bahía de Samanco
Pañamarca
Purhuash
Shilla
Nacional
Callejón de Conchucos
Samanco
Tinco
Carhuaz
Quebrada Honda
Nev. Tocllaraju 6034 m
Los Chimú
Quillo
Acopampa
Chancos
Cajay
Ponto
Punchao
Isla de La Viuda
Río Sechín
Marcará
Vicos
Huari
Miraflores
Tortuga
Anta
Quebrada Ishinca
Huas-
Pomachaca
Masin
Isla Tortuga
Tarica
Paltay
Pashpa
Huachis
Singa
Baños Termales de Monterrey
Huántar
Puerto Casma
Monterrey
Nev. Huantsán 6410 m
Punchao
Casma
Buena Vista
Cantarilla
Cochabamba
Wilcahuaín
Pitec
Puños
Miraflores
Sechín
Yaután
Punta Callán 4225 m
Huaraz
San Marcos
Mina Antamina
Llata
San Rafael
Río Casma
Pira
Canto
Museo Arqueológico
Chavín de Huántar
Pariacoto
Chanquillo
Co. Mongón 1141 m
Cajamarquilla
Carán
Punta El Huaro
Olleros
Laguna Querococha
Machac
Pampas
Recuay
Túnel de Kahuish 4550 m
Antamina
Huchuy Pampa
Playa Grande
Cerros de Junco 1514 m
Huanchay
La Merced
Ticapampa
Puya Raimondii
Baños termales
Huansala
Ensenada Playa Grande
Succha
Alia
Baños termales
Cátac
La Unión
Cusmo
Huayán
Río Culebras
San Damián
Pachacoto
Carpa
Abra Yanashalla 4720 m
Huallanca
Molino
Huayup
Malvas
Río Santa
Nevado Pastoruri 5240 m
Punta Culebras
Culebras
Cotaparaco
Pachapaque
Barbacay
Cochapeti
Tapacocha
Huamba
Pararin
Huayllapampa
Huarmey
Llaclín
Marca
Conococha
Aquia
Punta Cabeza Lagarto
Puerto Huarmey
Laguna Conococha
Pomapata
Chaucayan
Cajacay
Abra Conococha 4080 m
Chiquián
Quero
Queropalca
Rondoy
Llamac
Pallca
Pacllón
Huayllacayan
Ticllos
Zona Reservada Cordillera Huayhuash
Chasquitambo
Raquia
Corpanqui
Llaclla
La Zorra
Rumi Siki
Congas
Cordillera Huayhuash
Nevado Yerupajá 6634 m
Gramadal
Copa
Ocros
Rajan
Copa
Punta Tiro Alto
Río Fortaleza
Acas
Mina Raura
Utcas
Coy Coy
Aco
Punta Colorado Grande
Huaicanga
Pamplona
Cajatambo
Bermejo
Tunan
Huanchay
Huayllillas Grande
Manás
Paramonga
Cerro Blanco
Cochas
Gorgor
Chanca
Paramonga
Pativilca
Río Pativilca
Cahua
Barranca
Ámbar
Cordillera
Supe
Cauiul
Churín
Puerto Supe
San Nicolás
Aspero
Navan
Caleta Vidal
La Esmeralda
Arcama
Océano Pacífico
Caral
Caral
Río Huaura
Medio Mundo
Amiralla
Piñico
San Martín de Mani
Paccho
Maray
Punta Atahuarca
Santa María
Végueta
Huaura
Casuarinas
Huamboy Grande
Huacho
Huamayo
Santa Cruz
(Pazifischer Ozean)
Cruz Blanca
Chambara
Sayán
Yancao
Lampián
Bahía de Salinas
Andahuasi
Ihuarí
9 de Octubre
El Paraíso
Co. Ampico 2384 m
Playa El Paraíso
Naupay
Acos
Punta Lachay
Reserva Nacional

S. 698

1 cm = 18,5 km
1 : 1.850.000
0 20 40 60 km
S. 694
S. 698
S. 699
Pucallpa
Puerto Inca
Tingo María
Huánuco
Cerro de Pasco
Oxapampa
Villa Rica
Puente Paucartambo
La Merced (Chanchamayo)
San Ramón
Perené
Pichanaki
Parque Nacional Tingo María
Cueva de las Lechuzas
Cataratas de Tambillo
Boquerón del Padre Abad
Abra la Divisoria 1613 m
Reserva Nacional del Sira
Bavarian-Tyrolean Village
Parque Nacional Yanachaga-Chemillén
Reserva Comunal Yanesha
Bosque de Protección
Tunkey Cueva
Cordillera Huagaruncho
Nev. Huagaruncho 5748 m
Cadena de Cerro de la Sal
Santuario Nacional de Huayllay
Reserva Nacional de Junín
Lago de Junín
Santuario Nacional de Pampa Hermosa
Monumento Batalla de Junín
Abra Portillo 960 m
Río Pachitea
Río Pozuzo
Río Palcazu
Río Huallaga
Río Ulcumayo
Río Paucartambo
Satipo
Kotosh
Aguaytía
Alexander Von Humboldt
Ciudad Constitución
Puerto Bermúdez
Pozuzo
Codo del Pozuzo
2830 m
1981 m
2070 m
4843 m

S. 696
S. 697
S. 702
Océano
Pacífico
(Pazifischer
Ozean)
LIMA
CALLAO
Huaral
Chancay
Tarma
La Oroya
Jauja
Mala
Pisco
Chincha Alta
Huayllay
Ondores
Junín
Monumento
Batalla de Junín
Grutas de Guagapo
Santuario de
Muruhuay
San Ramón
Carpapata
Acobamba
Palca
Tapo
Huaricolca
Ricrán
Sayán
Santa Cruz
Chambara
Andahuasi
Ihuarí
Lampián
Yancao
Carac
Vichaycocha
Chuquiquirpay
Santa Barbara
de Carhuacayán
Santa Cruz
de Andamarca
Co. Ampico
2384 m
Ñaupay
Acos
Reserva Nacional
Lomas de Lachay
San Miguel
Río Chancay
San Augustin
de Huayopampa
Abra La Viuda
4500 m
Yantac
Santa Ana
Atocsayco
Leticia
E. Tambo
Sumbilca
Rauma
Cuyo
Huayán
Palpa
Huaros
Canta
Cantamarca
Marcapomacocha
Malpaso
Paccha
Huamantanga
Quilca
Aucallama
Carhua
Lachaqui
Estación de Pasajeros
más Alto del Mundo
Abra de Anticona
(Ticlio)
4818 m
Morococha
Huachac
Huari
Chacapalpa
Tingopaccha
Yauli
Arahuay
Santa Rosa
de Quives
Huanza
Laraos
Chicla
Trapiche
Yangas
Co. Corona
2007 m
Jicamarca
Chaclla
San Pedro
de Casta
Marcahuasi-
Plateau
San Mateo
San Cristóbal
Suitucancha
Huayhuay
Chanchayllo
Piñascochas
Llocllapampa
El Rosario
Acolla
Muquiyauyos
Sincos
Quicha Grande
Chalhuas
Orcotuna
Pasamayo
San Francisco
Ancón
Santa Rosa
Ventanilla
Carabayllo
Puente Piedra
Santa Eulalia
Chosica
Matucana
San Bartolomé
Chanape
Yuracmayo
Chaclacayo
Santa Clara
Ricardo
Palma
Río Rímac
Co. Azulcocha
5768 m
Reserva
Paisajística
Nor Yauyos-
Cochas
Cochas
Consac
San José
de Quero
Cajamarquilla
Puruchuco
Santiago
de Tuna
San Damián
Santiago de
Anchucaya
Yupanca
Museo
Nacional
Museo
Nacional
de Historia
Cieneguilla
Antioquia
Langa
San José de
los Chorrillos
Huarochirí
San Lorenzo
de Quinti
Lorenzo
Isla Fronton
Pantanal
de Villa
Punta La Chira
Pachacamac
Santo Domingo
de los Olleros
Cordillera Yauyos
Tomás
Vitis
Alis
Miraflores
Chaucha
Yanacancha
Zona Reservada de los
Pantanos de Villa
Lurín
Punta Hermosa
Capto
San Joaquín
Quinches
Laraos
Yauricocha
Punta Negra
San Bartolo
Playa de San Bartolo
Santa María del Mar
Pongo
Viscas
Quinocay
Ayaviri
Cucayacu
Collahuasi
San Pedro
de Pilas
Yauyos
Pucusana
Chilca
Calango
Río Mala
Totoral Bajo
Omás
Atcas
Lapa Lapa
San Andrés
Santa Cruz de Flores
San Antonio
Puerto Viejo
Ayauca
Porococha
Tauripampa
Colonia
Lag. Coyllorcocha
Poroche
Lag. Huarmicocha
Playa de Puerto Viejo
Río Omas
San Lorenzo
de Putinza
Capillucas
Río Cañete
Bujuma
Asia
Isla Asia
El Rosario
Coayllo
Cruz Valle
Tupe
Cacra
Hongos
Huayllampi
Zúñiga
Pacarán
Ayamachay
Quilmaná
Pocoto
Huangáscar
Viñak
Punta Corriente
Cerro Azul
Pueblo Nuevo Roma
Lunahuaná
Incahuasi
Totora
Azángaro
Aurahua
Faro Punta Corriente
San Luis
Imperial
San Vicente de Cañete
Castillo de Unanue
Nuevo
Imperial
B. P. Aledaño a la Bocatoma
del Canal Nuevo Imperial
Chavín
Liscay
Tantara
Villa de Arma
Río Topara
Huanupinza
San Juan
de Huchpa
Huachos
Huatiana
Cinco Cruces
Pauna
Topara
Le Champ
Playa Juhuay
Jahuay
San Pedro
Capillas
Río San Juan
Hacienda San José
Pauranga
Ticrapo
Sunampe
Chincha Baja
Tchincha Baja
Lunche
El Carmen
El Salitral
Santa Adela
Hoja Redonda
Pámpano
Islas de Chincha
Tambo
Colorado
Huáncano
Huauyanga
San Clemente
Independencia
Río Pisco
R. Nt. Islas Balletas
Islas Ballestas
San Andrés
Túpac
Amaru
Humay
Bernales
Puerto San Martín
El Candelabro
El Chaco
Paracas
Isla Sagayán
Península de Paracas
Lagunillas
Museo
Julio Tello
La Catedral
Pozo Santo
San José de
los Molinos
Huamani
Ramadillasic

1 cm = 18,5 km
1 : 1.850.000
0
20
40
60 km
S. 697
S. 700
S. 703
Zona Reservada
Parque
Nacional
Otishi
Cordillera Vilcabamba
Cordillera del Apurimac
Bajo Yurinaki
Le Champ
Pichanaki
Río Perené
Abra Portillo 960 m
Maranquiari
Puerto Ocopa
2123 m
Santaro
Río Negro
Satipo
Río Satipo
Coviriali
Río Pangoa
Puerto Prado
Alegre
Misión Ivotsoteni
Montes
Poyeni
Mazamari
Santa Rita
San Martín de Pangoa
San Juan de la Libertad
Carrizales
Mariposa
Kiatari
Río Ene
Llaylla
Cubantia
Calabaza
Runatullo
Hoyo
Andamarca
Santa Domingo de Acobamba
Río San Fernando
Quiteni
Nuevo Mundo
Río Anapati
Campa
Misión
Cutivireni
Anapati
3960 m
Casa R
Picha
Río Picha
Nev. Huaytapallana 5768 m
Parihuanca
Chaquicocha
Acopalca
Huari
Puerto Rico
Quempiri
HUANCAYO
Sapallanga
Huachocolpa
Surcubamba
Tintay
San Marcos de Rocchas
Salcabamba
Quishuar
Pucara
Pazos
Huaribamba
Alto Picha
Río Alto Picha
Mazo
Villa Azul
Río Mantaro
Quellococha
Río Apurímac
Acostambo
Pampas
Ahuaycha
Colcabamba
Cuenca
Izcuchaca
Conayca
Bosque Piedras
Mantacra
Mariscal Cáceres
Pachamarca
Paucarbamba
Mina Cobriza
Ayahuanco
Muchcacocha
San José de Secce
Sivia
Pichari
Huamanpata
Kimbiri
Cosme
Acoria
San Pedro de Coris
San Francisco
Huando
Palca
La Esmeralda
Rosario
Paucara
Paucarbambilla
Locroja
Churcampa
Ayna
Santa Rosa
Koshireni
Huancavelica
Yáuli
San José de Secce
La Merced
Abra Tapuna 3814 m
Palma Pampa
Espiritu Pampa
Concevidayoc
Río Concevidayoc
Cunyac
Rosario
Acobamba
Huayllay 4954 m
Mayocc
Santa Bárbara
Hualla Grande
Huancahuanca
Caja
Marcas
San Juan de Astobamba
Julcán
Lircay
Congalla
Huanta
Chincho
Macachacra
Acco
Tambo
Huamanguilla
San Miguel
Vilcabamba Vieja
Villa Virgen
Chiquintirca
Huachocolpa
Julcamarca
Seccilla
Huari
Quinua
Chonta 4153 m
Recuperada
Santo Tomás de Pata
Pacaycasa
Ayacucho
Museo de Arqueología
Catedral
Tambillo
Chilcas Pampas
Rumichaca
Casapata
Río Apurímac
Choclococha
Lago Choclococha
Lillinta
Vinchos
Socos
Chiara
Pampamarca
Chungui
Santa Inés
Nev. Rozijo 5162 m
Pilpichaca
Casacancha
Mitapasamañan
Ongoy
Jarco
Río Pampas
Pacay
Orcos
Carreta de Sierra
Abra Huamina 4400 m
Abra Apacheta 4750 m
5135 m
Tocctos
Chincheros
Ocobamba
Cocas
Pariona
Añaso
Paras
Pampa Cangallo
Concepción
Uripa
Andarapa
Santua
Totos
Paccha
Vischongo
Vilcashuamán
Abra Soracchocha 4150 m
Pacob
Río Pampas
Chuschi
Cangallo
Vilcanchos
Cocharas
Andahuaylas
Sarhua
Uranmarca
Talavera
Abra Huayllaccasa 4100 m
Carhuanca
Huancapi
Huancaray
Conupa
San Antonio de Chachi
Turpo
Cayara
Belén
Queñahuarán
Santiago de Lucanamarca
Pacchahuallhua
Huanca Sancos
Chilcayoc
Río Pampas

Alto Puru
Agua Negra
Río Sepahua
Sepahua
Boca Unión
Río Las Piedras
Mishagua
Chacra de Piros
Sancha
Cesna
Río Mishagua
Paquiria
Yamehua
Piedra Liza
Río Manú
Cocha Cashu
Tayacome
Casa Romana
Camisea
Fitzcarrald
Cashpajali
Repartición
Río Umerjali
Río Sotileja
Picha
Sabeti
Puerto Peréz
Istmo de Fitzcarrald
Río Picha
Río Camisea
Parque Nacional Manú
Río Urubamba
Río Providencia
Campo Domingo
Lambarry
Pongo de Mainique
Puerto Mainiqui
Malaquiato
Ivochote
Río Mantalo
Marta
Malaquiato
Río Yavero
San Martín
Manguriari
Ocampo
Lacco
Boyero
Chacanares
Chanchamayo
Pavayacu
Rosalinda
Quebrada Honda
Kiteni
Chacanares
Quellouno
San Lorenzo
Río Yanatili
Yuveri
Echarate
Versailles
Co. Atalaya
4382 m
Simón
Río Concepcayoc
Quillabamba
Ocobamba
Erika Lodge
Amazonia Lodge
Colca
Cordillera Urubamba
Pillcopata
Avispa
Maranura
Ipal
Amaybamba
Chaullay
Umasbampa
Río Yavero
Cock-of-the-Rock Lodge
Patria
San Fernando
Lucma
Yupanca
Tocchualla
Huancacalle
Vitcos
Santa Teresa
Aguas Calientes
Lares
Manú Cloud Forest Lodge
Ñusta Hispana
Hidroeléctrica
3279 m
Abra Malaga 4350 m
Manto
Amparaes
Tres Cruces
Machu Picchu
Camino Inka
5682 m
Chilca
Miscabamba
Tanjac
Nev. Panta 6246 m
Parque Histórico Machu Picchu
Ollantaytambo
Ollantaytambo
Termas de Machacancha
Challabamba
Acjanaco 3550 m
Río Urubamba
Corihuayrachina
Huayllabamba
Urubamba
Yucay
Calca
Paucartambo
Nevado Salcantay 6271 m
5219 m
Moray
Lamay
Pacaypata
Choquequirao
Maras
Racchi
Chinchero
Coya (Qoya)
Colquepata
Huarocondo
Tambo Machay
Pisac
Pisac
Huanipaca
Izcuchaca
Sacsay-huamán
(Pukapukara)
Mica
Mollepata
Abra Huillique 4100 m
Anta
Kenko (Quenqo)
Puca Pucara
Santuario Nacional de Ampay
Nev. Ampay 5228 m
Curahuasi
Río Apurímac
Limatambo
Tarahuasi
Pucyura
Poroy
San Sebastian
San Jeronimo
San Salvador
Huancarani
Saywite
Chonta
CUSCO
Huasao
Tipón
Pacobamba
Abra Soccellaccasa 3900 m
Corca
Saylla
Huambutío
Carhuayo
Huancarama
Tamburco
Oropesa
Catcca
Ocongate
Abancay
Antilla
Chinchaypujio
Yaurisque
Lucre
Pikillakta
Tinqui
Kishuara
Lahuani
Andahuaylillas
Urcos
4632 m
Cotabambas
Huanoquite
Paruro
Río Pachachaca
Purco
Quiquijana
Nevado Ausangate 6384 m
Marccune
Lambrama
Circa
Chuquibambilla
Coyllurqui
Capi
Colcha
Cusipata
Huaillati
Acomayo
Cordillera Vilcanota

S. 699

S. 704

BOLIVIEN
Bélgica
Puerto Rioja
Puerto Tacna
Río Tahuamanú
Manaos
Noaya
Aub
Buraco
Ultimátum
Esperanza
Lag. Iberia
Nareuda
Puerto Chiclayo
Iberia
Tres Estrellas
Fortaleza
Extrema
San Lorenzo
Río Las Piedras
Río San Francisco
Río Lidia
Cuse
Puerto Mori
Río Muymanú
Firmeza
Alerta
Izurrieta
La Novia
Providencia
Esperanza
Río Manuripe
Puerto Fortaleza
Puerto Lidia
Purma
Puerto Cusiyacu
Barcelona
Venecia
Shiringayoc
Mavila
Puerto Progreso
Soledad
Loreto
Santa Rosa
Alegría
Río de los Amigos
Río de las Piedras
Lucerna
Reducto
Faber
Planchón
Aguajal
Casa Matsiguenka
Manú Lodge
Cocha Salvador
Manú Wildlife Centre
Boca Manú
Madre de Dios
Macaw Lick Lodge
Río de los Amigos
San Ramón
Sudadero
Río Pariamanú
Puerto Pariamanú o Balta
Las Piedras
La Cachuela
Tambo Lodge
Puerto Fitzcarrald
Isla Fitzcarrald
Río Azul
Puerto Tahuantinsuyo
Boca Colorado
Río Madre de Dios
Las Palmeras
Madre de Dios
Bellavista
Base Lagarto
Sangome
Puerto Maldonado
San Bernardo
Tambopata
Posada
Posada Amazonas
Chonta
Inambari
Laberinto
Libertador Tambopata Eco Lodge
Río Colorado o Arenas
Río Inambari
Huepetue
La Encañada
Las Hormigas
Vírgenes del Sol
Baltimore
Inotawa Lodge
Santa Rosa
Alto Libertad
Wasai Tambopata Lodge
Refugio Amazonas
Explorer's Inn
Tambopata-
Candamo
Punquiri
Puerto Carlos
Mazuco
Zona Reservada
Puerto de 28 de Julio
Chapsi
Río Carama o Malinowski
Tambopata Research Center
Chitorongo
Collpa de Guacamayo
Puerto Leguía
Quincemil
Río Marcapata
Parque Nacional
Río Tambopata
Oroya
Sanire
Limapampa
El Pozo
Astillero (Puerto Markham)
Chitipampa
Río Inambari
Yalu
Seco
San Andrés
Laniacuní Bajo
Bahuaja-Sonene
Candamo
Río Guacamayo
Río Tambopata
Marcapata
Progreso
La Unión
Río San Gabán
Casahuiri
Marte
La Pampa
Chimboyo
Ollachea
Ayapata
Jachucaoc
Ituata
Corani
Phinaya
Acopampa
Tambillo
Oroya
Río Huari Huari
26B
30C

S. 705

S. 698
Playa Juhuay
Chincha Alta
Hacienda San José
Pisco
Túpac Amaru
ICA
Museo Regional de Ica
Huacachina
Reserva Nacional de Paracas
El Candelabro
Museo Julio Tello
La Catedral
Península de Paracas
Islas Ballestas
R. Nt. Islas Balletas
Tablasa de Ica
Petroglifos de Chichictara
Ciudad perdida de Hualluri
Líneas de Nazca
Museo Sitio de María Reiche
Nazca
Cantalloc
Cementerio de Chauchilla
Oasis Yauca
Ruinas Paradones
Cerro Blanco 2078 m
Océano Pacífico
(Pazifischer Ozean)

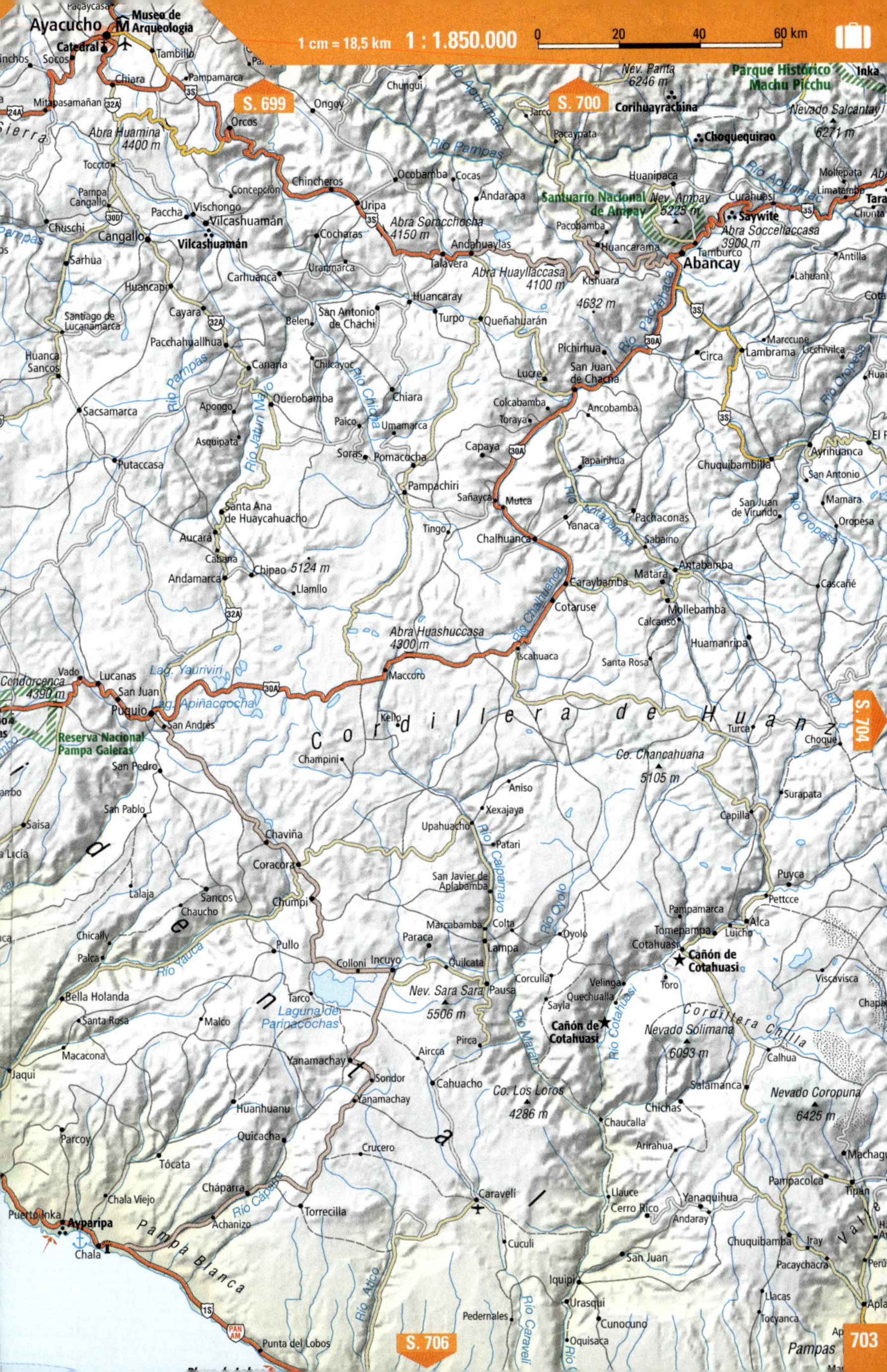

1 cm = 18,5 km
1 : 1.850.000
0
20
40
60 km
Ayacucho
Museo de Arqueología
Catedral
Tambillo
Socos
Chiara
Pampamarca
Mitapasamañan
S. 699
Ongoy
Chungui
Río Apurímac
Río Pampas
Jarco
S. 700
Nev. Panta 6246 m
Corihuayrachina
Parque Histórico Machu Picchu
Inka
Nevado Salcantay 6271 m
Choquequirao
Pacaypata
Orcos
Abra Huamina 4400 m
Toccto
Pampa Cangallo
Concepción
Chincheros
Ocobamba
Cocas
Andarapa
Santuario Nacional de Ampay
Huanipaca
Nev. Ampay 5228 m
Curahuasi
Río Apurímac
Mollepata
Limatambo
Saywite
Abra Soccellaccasa 3900 m
Tamburco
Abancay
Chusehi
Paccha
Vischongo
Vilcashuamán
Uripa
Abra Soracchocha 4150 m
Cocharas
Pacobamba
Huancarama
Cangallo
Vilcashuamán
Sarhua
Carhuanca
Uranmarca
Andahuaylas
Talavera
Abra Huayllaccasa 4100 m
Kishuara
Antilla
Lahuani
Huancapi
Cayara
Santiago de Lucanamarca
Belen
San Antonio de Chachi
Huancaray
Turpo
Queñahuarán
4632 m
Pacchahuallhua
Huanca Sancos
Canaria
Chilcayoc
Río Pampas
Río Chicha
Chiara
Pichirhua
San Juan de Chacña
Lucre
Río Pachachaca
Circa
Marccune
Lambrama
Lucchivilca
Río Oropesa
Querobamba
Apongo
Sacsamarca
Asquipata
Paico
Umamarca
Colcabamba
Toraya
Ancobamba
Río Jatun Mayo
Soras
Pomacocha
Capaya
Tapairihua
Chuquibambilla
Ayrihuanca
San Antonio
Putaccasa
Pampachiri
Sañayca
Mutca
Río Antabamba
Pachaconas
San Juan de Virundo
Mamara
Oropesa
Santa Ana de Huaycahuacho
Tingo
Chalhuanca
Yanaca
Sabaino
Río Oropesa
Aucará
Cabana
Chipao 5124 m
Andamarca
Llamllo
Caraybamba
Matará
Antabamba
Cascañé
Cotaruse
Mollebamba
Río Chalhuanca
Calcauso
Huamanripa
Abra Huashuccasa 4300 m
Ischuaca
Santa Rosa
Condorcenca 4390 m
Vado
Lucanas
San Juan
Lag. Yauriviri
Maccoro
Puquio
Lag. Apiñaccocha
San Andrés
Kello
Cordillera de Huanz
S. 704
Turca
Choque
Reserva Nacional Pampa Galeras
Champini
Co. Chancahuana 5105 m
San Pedro
Aniso
Surapata
San Pablo
Xexajaya
Saisa
Upahuacho
Patari
Capilla
Chaviña
Río Calpamayo
Coracora
San Javier de Aplabamba
Río Oyolo
Puyca
Pettcce
Lalaja
Sancos
Chaucho
Chumpi
Marcabamba
Colta
Pampamarca
Tomepampa
Alca
Luicho
Chically
Pullo
Paraca
Lampa
Oyolo
Cotahuasi
Cañón de Cotahuasi
Palca
Río Yauca
Colloni
Incuyo
Quilcata
Corculla
Velinga
Toro
Viscavisca
Bella Holanda
Tarco
Nev. Sara Sara 5506 m
Pausa
Quechualla
Sayla
Santa Rosa
Malco
Laguna de Parinacochas
Río Marán
Cañón de Cotahuasi
Río Cotahuasi
Cordillera Chilla
Nevado Solimana 6093 m
Macacona
Pirca
Calhua
Jaqui
Yanamachay
Aircca
Sondor
Cahuacho
Co. Los Loros 4286 m
Salamanca
Nevado Coropuna 6425 m
Huanhuanu
Yanamachay
Chichas
Chaucalla
Parcoy
Quicacha
Crucero
Arirahua
Tócata
Chaparra
Pampacolca
Chala Viejo
Río Cápara
Caraveli
Llauce
Yanaquihua
Tipán
Puerto Inka
Torrecilla
Cerro Rico
Andaray
Ayparipa
Achanizo
Chuquibamba
Iray
Chala
Pampa Blanca
Cuculi
San Juan
Pacaychacra
Perú
Iquipi
Río Atico
Urasqui
Llacas
Pedernales
Río Caravelí
Cunocuno
Tocyanca
Apla
Oquisaca
S. 706
Punta del Lobos
Pampas

Machu Picchu
Parque Histórico Machu Picchu
Camino Inka
Ollantaytambo
Urubamba
Calca
Pisac
Moray
Chinchero
Tambo Machay
Sacsay-huamán
Anta
Kenko
Puca Pucara
Tipón
CUSCO
Pikillakta
Abancay
Choquequirao
Saywite
Tarahuasi
Abra Soccellaccasa 3900 m
Abra Huillique 4100 m
Nevado Salcantay 6271 m
Nev. Ampay 5225 m
Cotabambas
Chuquibambilla
Tambobamba
Santo Tomás
Velille
Yauri
Espinar
Sicuani
Raqchi
Waqrapukara
Puente del Inca "Q'eswachaca"
Laguna Pomacanchi
Laguna Langui
Caylloma
Orcopampa
Cañón de Cotahuasi
Cotahuasi
Nevado Solimana 6093 m
Nevado Coropuna 6425 m
Cordillera Chilla
Cordillera de Chilca
Nevado Mismi 5601 m
Cañón de Colca
Mirador Cruz del Cóndor
Chivay
Baños termales
Cabanaconde
Nev. Sabancaya 5976 m
Nev. Ampato 6310 m
Cordillera de Ampato
Valle de los Volcanes
Mirador de los Volcanes
Laguna Mucurca
Vol. Las Minas 5257 m
Cerro Lucería 4257 m
Aplao
Pampas de Majes
Sumbay
Reserva Nacional Salinas-Aguada Blanca
Cordillera de Vilcanota
Nevado Ausangate 6384 m
S. 700
S. 703
S. 706

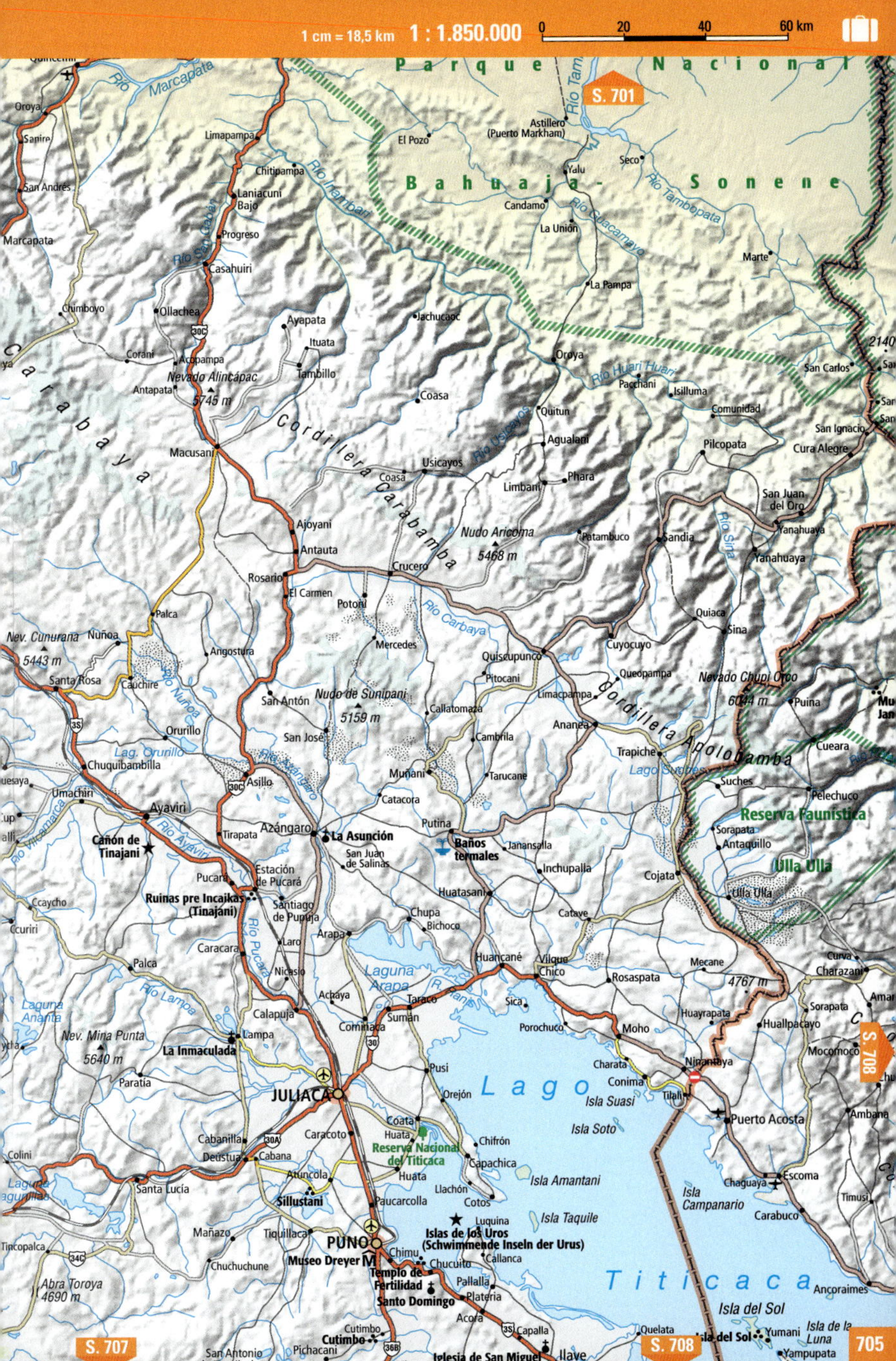
Parque Nacional Bahuaja - Sonene
S. 701
Río Marcapata
Oroya
Sapire
San Andrés
Marcapata
Limapampa
Chitipampa
Laniacuni Bajo
Progreso
Río San Gabán
Casahuiri
Río Inambari
El Pozo
Astillero (Puerto Markham)
Yalu
Seco
Río Tambopata
Candamo
La Unión
Río Guacamayo
Marte
La Pampa
Chimboyo
Ollachea
Ayapata
Jachucaoc
Itauta
Corani
Acopampa
Nevado Alincápac 5745 m
Antapata
Tambillo
Carabaya
Oroya
Río Huari Huari
Pacchani
Isilluma
San Carlos
Coasa
Quitun
Comunidad
Río Usicayos
Aguaiani
San Ignacio
Cura Alegre
Pilcopata
Cordillera Carabamba
Macusani
Coasa
Usicayos
Limbani
Phara
San Juan del Oro
Yanahuaya
Yanahuaya
Ajoyani
Nudo Aricoma 5468 m
Patambuco
Sandia
Río Sina
Antauta
Rosario
Crucero
El Carmen
Potoni
Río Carbaya
Quiaca
Sina
Palca
Nev. Cunurana 5443 m
Nuñoa
Mercedes
Cuyocuyo
Angostura
Quiscupunco
Queopampa
Nevado Chupi Orco 6044 m
Pitocani
Santa Rosa
Cauchire
Río Nuñoa
Limacpampa
Puina
San Antón
Nudo de Sunipani 5159 m
Callatomaza
Cordillera Apolobamba
Orurillo
San José
Cambrila
Ananea
Lag. Orurillo
Trapiche
Cueara
Chuquibambilla
Río Azángaro
Muñani
Tarucane
Lago Suches
Suches
Asillo
Umachiri
Catacora
Pelechuco
Ayaviri
Putina
Reserva Faunística Ulla Ulla
Río Vilcamaca
Cañón de Tinajani
Río Ayaviri
Tirapata
Azángaro
La Asunción
Baños termales
Janansalla
Sorapata
Antaquillo
San Juan de Salinas
Inchupalla
Estación de Pucará
Cojata
Pucará
Ruinas pre Incaikas (Tinajani)
Santiago de Pupuja
Huatasani
Ulla Ulla
Ccaycho
Chupa
Bichoco
Catave
Ccuriri
Río Pucará
Laro
Arapa
Caracara
Huancané
Vilque Chico
Mecane
Curva
Charazani
Laguna Arapa
Palca
Nicasio
Rosaspata
Río Lampa
Achaya
Taraco
R. Ramis
Sica
4767 m
Laguna Ananta
Calapuja
Sumán
Huayrapata
Sorapata
Hualpacayo
Nev. Mina Punta 5640 m
Lampa
Caminaca
Porochuco
Moho
La Inmaculada
Ninantaya
Mocomoco
S. 708
Paratia
Pusi
Charata
Conima
Lago
Isla Suasi
Tilali
JULIACA
Orejón
Puerto Acosta
Isla Soto
Ambana
Coata
Cabanilla
Caracoto
Huata
Chifrón
Reserva Nacional del Titicaca
Colini
Deústua
Cabana
Capachica
Isla Amantani
Escoma
Huata
Chaguaya
Santa Lucía
Atuncolla
Llachón
Isla Campanario
Timusi
Sillustani
Paucarcolla
Cotos
Isla Taquile
Carabuco
Mañazo
Tiquillaca
Luquina
PUNO
Islas de los Uros (Schwimmende Inseln der Urus)
Tincopalca
Chimu
Callanca
Chuchuchune
Museo Dreyer
Chucuito
Titicaca
Templo de Fertilidad
Abra Toroya 4690 m
Pallalla
Ancoraimes
Plateria
Santo Domingo
Isla del Sol
Acora
Cutimbo
Capalla
Quelata
Isla del Sol
Yumani
Isla de la Luna
Cutimbo
San Antonio de Esquilache
Pichacani
Iglesia de San Miguel
Ilave
Yampupata
S. 707
S. 708

S. 703
S. 704
Nevado Coropuna
6425 m
Co. Los Loros
4286 m
Cañón de Colca
Mirador Cruz del Cóndor
Valle de los Volcanes
Cordillera de Ampato
Cerro Lucería
4257 m
Nev. Ampato
6310 m
Laguna Mucurca
Pampas de Majes
Petroglifos de Toro Muerto
Pampa de Cortaderas
Oasis Ocafina
Bahía de Chira
Camaná
La Punta
Punta Tinaja
Punta Hornillos
Punta Islay
Lagunas de Mejía
Punta de Bombón
Río Vítor
Río Camaná
Río Manga
Río Siguas
Río Ocoña
Río Caraveli
Río Atico
Caraveli
Atico
Ocoña
Aplao
Chuquibamba
Mollendo
Islay
Matarani
Quilca
La Joya
Huagri
Cachendo
Mejía
Cocachacra
Océano Pacífico
(Pazifischer Ozean)

S. 705
S. 708
JULIACA
PUNO
TACNA
Moquegua
CHILE
Reserva Nacional del Titicaca
Reserva Nacional Salinas-Aguada Blanca
Islas de los Uros (Schwimmende Inseln der Urus)
Museo Dreyer
Templo de Fertilidad
Santo Domingo
Iglesia de San Miguel
Sillustani
Cutimbo
Ilave
Mirador de los Volcanes
Catedral de Arequipa
Monasterio de Santa Catalina
Vol. Misti 5822 m
Vol. Pichu Pichu 5664 m
Volcán Ubinas 5670 m
Vol. Las Minas 5257 m
Abra Toroya 4690 m
Abra Loripongo 4350 m
Abra Gallatini 4400 m
Abra Chocajinani 4450 m
Volcán Tutupaca 5780 m
Nevado Barroso 5741 m
Volcán Tacora 5998 m
Laguna Lagunillas
Laguna Las Salinas
Lago Jucumarini
Laguna Suches
Laguna Loriscota
Laguna Vilacota
Río Colca
Río Chili
Río Tambo
Río Colaque
Río Torata
Río Osmore
Río Cinto
Río Locumba
Río Sama
Río Vizcachas
Río Aguas Calientes
Río Huenque
Pampa Terrones
Pampa de la Clemesí
Pampa de la Yarada
Pampa Colorada
Cerro Baúl
Huari
Museo Contisuyu
Complejo Arqueológico Miculla
Ilo
Punta Coles
R. Nt. Punta Coles
Punta Huaca Luna
Punta Picata
Punta El Cura
Punta Colorada
Sumbay
Chivay
Imata
Santa Lucía
Cabanilla
Deústua
Cabana
Atuncolo
Caracoto
Paucarcolla
Chucuito
Platería
Acora
Capachica
Isla Amantaní
Isla Taquile
Laraqueri
Loripongo
Mazo Cruz
Santa Rosa
Tarata
Candarave
Toquepala
Locumba
Camiara
Sama Grande
Ite
Pachía
Calana
Pocollay
Alto Peru
Visviri
Putre
Concordia
Palos
La Yarada
Boca del Río
Chiguata
Yura
Cayma
Chapi
Puquina
Omate
Carumas
Chillihua
Humajalso
Torata
Samegua
Tacalaya
Quellaveco
Camilaca
Cairani
Huanuara
Curibaya
Ilabaya
Mirave
Quilahuani
Susapaya
Estique Pampa
Estique
Chucatamani
Quilla
Atsapaca
Palca
Tacora
Chipa
Collpa
Chiluyo Grande
Capazo
Ancomarca
Challapalca
Putina
Viluta
Hualatiri
Vizcallahoco
Rehuta
Ichurasi
Challacollo
Chacapungo
Conduriri
Chinguillani
Huanacamaya
Calacota
Tarucamarca
Huayllane
Coalaque
Chojata
Lloque
Yunga
Ubinas
Matalaque
Ichuña
Juncal
Tolapatilla
Pichacani
Amarumuru
Sorapa
Beringelane
Chulpa
El Chorro
Quinistaquillas
Colacoa
La Capilla
Huayra Punca
Carrizal
Atahualpa
Quelgua
Estuquiña
Otora
Tala
Montalvo
Garbanzal
Conde
Yerba Buena
Platanal
Los Molles
Pocoma
Fundición
El Yaral
Pueblo Nuevo
El Algarrobal
Pampa Salinas
1774 m
Puite
La Capilla
Osmore Grande
Las Yaras
Tomasiri
Cullona
El Golpe
Amopaya
La Vituña
Caleta Morro
La Esperanza
Estación Hospicio
Hospicio
Santa Rosa
Escritos
Pampa Ossa
Pukara
Colacruz
Socoromo
Puquios
Chucuito
General Lagos
Villa Industrial
El Ayro
Lago Blanca
Humapalca
Colonel Alcérreca
Challata
Challata
Paccarani
Pusi
Huata
Coata
Chifrón
Llachón
Cotos
Luquina
Callanca
Chimu
Pallalla
Capalla
Viluyo
Sacuyo
Huanca
Cutimbo
San Antonio de Esquilache
Mañazo
Tiquillaca
Chuchuchune
Paratia
Colini
Morocaque
Jahuay
Colpa Capillo
Callalli
Sibayo
Pulpera
Chucura
Chalhuanca
Chullo
La Capilla
Vincocaya
Vizcachani
San Antonio de Chuco
San Antonio de Chuca
Tincopalca
Cañahuas
Pati
Haroane
Turucani
Charcani Grande
Yanapuquio
Pocsi
Quequeña
Polobaya
Mina Chapi
5475 m
Calahuancane
Huancure

Westbolivien
1 cm = 18,5 km 1 : 1.850.000
0 20 40 60 km
Lago Titicaca
S. 705
Mocomoco
Charata
Ninantaya
Conima
Isla Suasi
Tilali
Puerto Acosta
Chuma
Ambana
Inkanwaya
Ananea
Candelaria
Casteria
Sarampuini
Guanay
Teoponte
Tipuani
Chusi
Río Tipuani
Chifrón
Capachica
Isla Soto
Isla Amantani
Isla Taquile
Luquina
Los Uros
(schwimmende Inseln der Urus)
Callanca
Plateria
Chaguaya
Escoma
Isla Campanario
Carabuco
Timusi
Tacacoma
Yani
La Joya
Poroma
Cordillera
Real
Sorata
Guachalla
Ancoma
Nev. Illampu
6368 m
Cocoyo
Río Challana
Tama Taloto
Ancoraimes
Humacha
Nev. Ancohuma
6427 m
Lijuata
Challana
Isla del Sol
Isla del Sol
Yumani
Isla de la Luna
Yampupata
Quelata
Capalla
Ilave
Pilcuyo
Huarisata
Makata
Cordillera Muñecas
Santiago de Huata
Achacachi
Peninsula de Huata
Le Champ
Pinopata
Peninsula Chocasuyo
Peninsula de Copacabana
Copacabana
San Pablo de Tiquina
Estancia Jankho Amara
Huarina
Co. Condoriri
5589 m
Zongo
Río Zongo
Suapi
Amarumuru
Juli
Yunguyo
San Pedro de Tiquina
Huatajata
Peñas
Botijlaca
Parque Nacional Cotapata
Pomata
San Juan de Cuturapi
Unicachi
Isla de Anapia
Isla Suriqui
Puerto Pérez
Nevado Huayna Potosí
6088 m
Chacaltaya
Calacoto
Co. Ccapia
4810 m
Lago de Huiñaymarca
Isla Pariti
Isla Kalahuta
Batallas
Milluni
Cotapata
Sorapa
Olla
Aygachi
Patamama
La Cumbre
Chojlla
Beringelane
Iruraya
Río Callaca
Copani
Río Huenque
Taraco
Santa Rosa
Pucarani
Lacaya
LA PAZ
EL ALTO
Valle de las Ánimas
Zepita
(Tiwanaku) Tiahuanaco
(Tiwanaku) Tiahuanaco
Laja
Calacoto
Nev. Mururata
5869 m
Desaguadero
Tapena
Guaqui
Palca
Huni
Pichupichuni
Huacullani
San Juan
Iscacircaya
Tambillo
Valle de la Luna
Mecapaca
Condurirí
Tarqui
Tacaca
Jesús de Machaca
4825 m
Viacha
Nevado Illimani
6439
Aguallamaya
Kelluyo
Sombre Pata
Mauri
Chama
Serranía de Sicasica
Zona Reservada Aymara-Lupaca
5213 m
Río Desaguadero
Villa Remedios
Chanca
Tirata
S. 707
Pisacoma
Villa Anta
Nazarara
Viaque
Sapahaqui
Pallca
Laquiñamaya
Chacoma
Collana
Calamarca
Antapalca
San Andres de Machaca
Colquencha
Macata
Santiago de Machaca
Comanche
Caquiavir
Caquiviri
Caracato
Calahuancane
Villa Belén
General Ballivián
Huancure
Vichaya
Ayo Ayo
Ancomarca
Pichuma
Catacora
5130 m
Corocoro
Topohoco
Challapalca
Kusima
Caquingora
Chipa
Achiri
Rosapata
Patacamaya
Río Mauri
Berenguela
Calacotto
BOLIVIEN
Collpa
Condor Iquiña
Cañaviri
Llaytani
Inoca
General Campo
Taypillanga
Chiluyo Grande
Rosario
Umala
Río Desaguadero
Mauri
Chacoma
General Campero
Audiencia
Challapa
Paccarani
Ulloma
Puerto Japonés
Chilahuala
Alto Peru
Avarca
Visviri
Charaña
Jupanani
General Pérez
Chicachata
El Ayro
Lago Blanca
Chacarilla
Río Desaguadero
Tacora
General Lagos
Villa Industrial
Río Achura
Río Pichaca
Mallcu Chusi
San Pedro de Catarilla
Caracolla
Tacora
Cosapilla
Chinocaye
Sepulturas
Nazacara
Crucero
Totora
Mollebamba
CHILE
Serranía Sancari
Nasahuento
Pujsi
Okoruro
Curahuara de Carangas
Papel Pampa
Colpitas
Cala Thia
Río Blanco
Khellkhata
Huancarapi
Chuquichambi
Colonel Alcérreca
Ojsani
Sora Sora
Nev. Condoriri
5762 m
Tomarapi
Culta
Wila Huruta
Acha Caltamba
Caquena
Cerro Larancagua
5439 m
Volcán Sajama
6549 m
Choquecota
Parque
Sajama
Parque Nacional Sajama
Azurita
Choquecota
Canta
Jakanka
Sejruyo
Puquios
Putre
Parinacota
Vol. Parinacota
6342 m
Cosapa
Pukara
Chucuyo
Nacional
Lago Chungará
Tambo Quemado
Huajriri
Turco
Co. Asu Asuni
5088 m
Chacoma
Lagunas
Vicoma
Pumiri
Chungará